# WBC 성경주석

고린도후서

솔로몬

# WORD BIBLICAL COMMENTARY

Volume 40

# 2 Corinthians

RALPH P. MARTIN

THOMAS NELSON PUBLISHERS
Nashville

# 목 차

# 편집자 서문

본 성경 주석 전집(WBC: Word Biblical Commentary)이 세상에 나오기까지는 수 년 간의 기획 과정이 필요했다. 1977년에 본 전집의 편집위원회 위원들은 발행인들과 회합한 자리에서 몇 가지 뚜렷한 특징을 지닌 새로운 성경 주석의 발간 가능성을 면밀하게 검토했다. 그러한 특징이 무엇인지는 독자들이 이 주석서들을 진지한 자세로 읽어 내려가는 과정에서 금방 알게 될 것이다. 하지만 본 성경 주석이 당초에 목표로 삼은 것이 과연 얼마나 완벽하게 성취되었는지는 오로지 시간만이 말해 줄 수 있을 것이다.

우선, 우리는 우리와 뜻을 같이하면서 세계 도처의 대학교, 신학교 등에서 가르침의 사역에 종사하고 있는 학자들을 되도록 폭 넓게 선발하여 본 성경 주석의 기고자로 삼기 위해 많은 노력을 기울여 왔다. 매우 다양한 교단적 배경을 지닌 본서 기고자들의 폭 넓은 시야는 가히 "복음주의적" – 성경을 하나님의 계시로 받아들이고 기독교 복음의 진리와 능력을 자신의 생명처럼 여긴다는 적극적이고 역사적인 의미에서 – 이라 불려지는 것이 마땅하다.

다음으로, 본 전집에 포함된 주석서들은 처음부터 『WBC 성경주석』의 일환으로 쓰여진 책들이다. 오늘날 성경 주석 분야에서 상당한 호평을 받고 있는 몇몇 전집들이 영어 이외의 언어로 쓰여진 저작들을 영어로 번역한 것에 비하여, 본 성경 주석은 오로지 처음부터 영어로 쓰여진 책들만이 포함되어 있다. 또한 본 전집의 주석가들은 성경 원문을 각자 나름대로 영어로 번역한 다음, 그 번역된 성경 본문을 자신들의 주해와 주석의 바탕으로 삼는 것을 원칙으로 삼았다. 나아가서 본 전집의 대표적인 특징으로는, 그 내용이 어디까지나 성경적인 언어를 바탕으로 하면서도 각계 각층의 독자들 – 공부하는 학생들, 현재 목회 사역에 종사하고 있는 교역자들 그리고 이 분야를 전공하는 학자들이나 교수들 – 이 성경에 대한 신학적 이해를 학문적이면서도 실제적으로 쌓아 나갈 수 있고, 또 그들에게 현실적인 도움이 될 수 있도록 구성되어 있다는 점을 들 수 있다.

마지막으로, 본 성경 주석의 구성 양식에 관하여 몇 마디 말을 덧붙이고자 한다. 우리는 여러 계층의 – 그리고 상이한 수준의 – 독자들을 의식하여 확실하게 구분되는 몇 개의 단락으로 나누어 책의 내용을 구성했다. 예를 들어, 번역된 성경 본문의 바탕을 이루는 히브리어와 헬라어 원문에 관하여 좀더 깊이 있게 공부하려는 독자들은 본 성경 본문의 "원문주해"를 살펴보고, 현대 신학자들이 어떠한 해석을 내리고 있는지에 관심이 있다면 "참고문헌" 및 "양식/구조/배경"을 참조하면 될 것이다. 또한 어떤 성경 본문의 의미 및 그 본문에 포함된 성경적 계시를 좀더 폭 넓은 관점에서 이해하려면 "주석"과 "해설"을 보면 된다. 그러므로 본 성경 주석을 펼쳐 든 사람이라면 누구나 자신에게 유익한 자료들을 얻을 수 있으리라 믿어 의심치 않는다.

이상과 같은 우리의 목표가 상당히 만족스러운 수준까지 달성될 때, 우리 편집자들이 당초에 의도했던 것들이 구체적으로 실현됨과 아울러 본 전집의 기고자들이 흘린 땀방울도 충분한 보상을 받을 수 있게 될 것이다.

책임 편집자 : 데이비드 허바드(David A. Hubbard)
글렌 바커(Glenn Barker)
구약 편집자 : 존 와츠(John D. W. Watts)
신약 편집자 : 랠프 마틴(Ralph P. Martin)

# 저자 서문

바울의 고린도후서는 바울 서신과 그 해석사 속에서 적어도 한 가지 특별한 점을 지니고 있었다고 할 수 있다. 즉 고린도후서는 주석가의 낙원임과 동시에 절망을 가져다 주는 서신이라는 것이다. 저자가 전에 고린도후서는 신약성경에서 가장 난해한 글들 중의 하나라고 고백했듯이, 신약성경의 다른 책들 중에서 고린도후서만큼 주의 깊은 주석을 필요로 하거나 노련한 작업과 사고를 필요로 하는 것도 없다. 우리는 사도 시대로부터 아주 멀리 떨어져 있기는 하지만 가능한 한 이 서신의 무대를 제대로 설정하고, 바울이 고린도의 회중을 격렬하게 상대하게 된 배경이 무엇이었는지를 제대로 살펴보는 것이 필수적이다. 하지만 우리가 알고자 하는 것들 중에서 많은 것들이 여전히 추측에 머물 수밖에 없기 때문에, 우리는 이 서신의 몇몇 부분, 예를 들면 바울이 고린도 교회에서 부딪쳤던 반대가 어떤 성질의 것이었는지 등과 관련하여 바울이 한 말들의 의미에 대한 우리의 추측이 올바른 것이기를 바랄 수밖에 없다.

그렇지만 그러한 시도는 충분히 해볼 만한 가치가 있다. 고린도후서가 목회자와 평신도를 막론하고 하나님의 백성에게 소중하다는 것은 너무도 자명하지만, 진정으로 "새 언약의 일꾼"이자 "화해"의 사자(使者) – 이 둘은 이 서신에서 핵심적인 용어들이다 – 가 되고자 하는 사려 깊은 목회자에게는 특별한 의미를 지닌다. 바렛(C. K. Barrett)은 이 서신은 "바울이 생각한 사도직에 관한 아주 자세하고 열정적인 설명"을 담고 있기 때문에 이 서신 속에는 그가 사역에서 무엇이 중심적인 것이라고 생각했는지가 잘 나타나 있다는 평가를 내린다. 이러한 지혜로운 평가는 분명히 복음의 일꾼들 – 경험이 풍부하든 신참내기이든 – 에게 역사적인 문헌이자 그들의 사역을 위한 편람(vade mecum)인 고린도후서의 의미를 찾아보고자 하는 자극제가 될 것이다.

본서에서는 이 서신이 바울의 선교 사역과 사도로서의 경험 속에서 어떤 위치를 차지하고 있는지를 상당히 자세하게 살펴보았고, 이 서신의 강조점들을 설명해 줄 새로운 제안을 제시했다. 또한 해설 항목들에서는 이 서신의 목회적인 차원을 드러내고자 했다.

교회를 구성하는 신자들은 바울의 서신 속에서 결코 배제되어 있지 않다. 실제로 그들은 고린도의 회중에게 보내진 그의 서신 속에서 중심적인 역할을 한다. 바울과 이 공동체의 관계에 있어서 핵심적인 요소는 화해라는 말로 표현될 수 있을 것이다. 그것은 모든 시대에, 특히 우리 시대에 교회의 신학적 및 교회 연합적인 과제와 관련된 시의적절한 주제다.

존스(Ivor H. Jones)는 이 주제에 관하여 다음과 같은 사려 깊은 말을 했다. 그는 오늘날의 세계는 사람들 또는 하나님을 상대로 한 화해의 메시지가 절실히 필요한 때임에도 불구하고 그러한 메시지가 들어설 여지가 거의 없다는 점을 지적하면서 이렇게 말한다.

> 우리는 인간 관계가 아주 복잡하다는 것을 알게 되었고, 우리가 진실에 접근하지 못하도록 진실을 엄호해 주는 말들에 대하여 점차 의구심을 품게 된 것 같다. 예를 들면, 오늘날의 가정의 삶(여전히 화해가 거론되는 부문) 속에 우리는 부부가 원만히 해결하려고 시도하는 것조차 엄두가 나지 않게 만들어 버릴 정도로 압력과 긴장이 너무 많다는 것을 알게 되었다…화해는 실제적인 관계들을 근거로 하는 것인데, 그 실제적인 관계들은 당혹스러울 정도로 복잡할 수 있다(*The Contemporary Cross*, 125).

마지막 문장은 고린도후서가 무엇을 말하고 있는지를 요약한 것이라고 할 수 있는데, 사도와 회중 간의 무너진 관계가 무엇이었는지, 바울은 그 금이 간 관계를 회복하기 위한 방법으로 회중에게 사도가 지닌 신앙과 실천의 기준들을 그리스도 앞에서(in persona Christi, 그가 2:10에서 말하고 있듯이) 상기시켜 주어 따뜻한 신뢰의 관계를 회복시키고자 했는지를 밝히는 것이 본 주석서의 목적이 될 것이다. 우리는 바울이 소기(所期)의 목적을 이루었는지는 확실히 알 수 없지만, 고린도후서가 하나님 및 우리의 동료들과 더 나은 관계로 나아갈 수 있는 문을 열어 주는 열쇠를 쥐고 있다는 것은 의심할 수 없다.

플럼머(A. Plummer), 리츠만-큄멜(H. Lietzmann-W. G. Kümmel), 바렛(C. K. Barrett), 헤링(J. Héring), 브루스(F. F. Bruce)가 쓴 표준적인 저작들을 제외하고는 별 문헌을 찾아볼 수 없었던 시기를 거친 후에 고린도후서에 대한 관심은 영어권 독자와 연구자에게 너무도 소중한 책들이 발간됨으로써 전성기를 맞이했는데, 고린도후서에 나오는 바울의 대적들에 관한 게오르기(D. Georgi)의 연구와 불트만(R. Bultmann)의 마이어 주석(ed. E. Dinkler) – 그의 서문에서는 "그가 은퇴하기 전 마지막 강좌들의 주제"(1951년에 이루어진)라고 말한다 – 에 대한 번역본들이 그것이다. 또한 베츠(Hans Dieter Betz)에 의한 고린도후서 8-9장에 대한 연구서가 곧 나올 예정이다. 무엇보다도 필자의 입장에서 아주 애석한 것은 Anchor Bible의 32A권으로 나온 퍼니쉬(Victor Paul Furnish)의 *II Corinthians*가 너무 늦게 나와서 본 주석서를 집필하는 데 참고할 수 없었고, 단지 이렇게 서문에서만 언급하게 되었다는 것이다. 그의 주석서는 방대한 분량을 통해서 주제들을 종합적이고 포괄적으로 다루고 있기 때문에 모든 진지한 연구자들에게 환영받게 될 것이다.

필자는 본서의 집필에 의미 있는 도움을 주신 여러 분들, 특히 화해를 핵심적인 주제로 삼아서 바울을 이해해 온 맨체스터 신학교의 맨슨(T. W. Manson)을 비롯하여 신학 교육에 종사하는 여러 교사들과 동료 교수들에게 감사드린다. 좀더 최근에는 몇몇 조교들이 나의 작업을 도와주었다. 메닝거(Richard E. Menninger)는 이 서신의 몇몇 장들에 관한 뛰어난 초고(草稿)를 작성해 주었고, 잭슨(J. David Jackson)은 편집과 증거 본문을 살펴 주었으며, 밀웨이(Michael Milway)는 이 서신의 문학적 구조에 관한 레포트를 통해서 그 문제의 성격을 개략적으로 제시해 주었고, 가스라이트(Janet M. Gathright)는 원고를 손질하는 데 놀라운 솜씨를 발휘해 주어서 찬사와 아울러 "감사의 말"을 들을 만하다. 앨스타인(George Van Alstine)은 증거 본문들을 꼼꼼히 살펴 주는 것으로 필자를 도와주었고, 패트리샤 로지(Patricia Losie)와 지니 손다이크(Jeanie Thorndike)는 색인 작업을 도와주었다. 필자는 이 모든 좋은 사람들에게 깊은 감사를 드린다. 하지만 본서와 관련된 여러 가지 결점들은 전적으로 나의 책임이다.

끝으로, 필자는 본서가 이 주석 총서의 다른 책들과 마찬가지로 독자들의 필요를 충족시켜 주고 그들에게 바울의 이 "중하고 힘이 있는"(고후 10:10) 서신에 대한 새로운 통찰을 제공해 줄 수 있기를 소망한다.

1985년 사순절에<br>
캘리포니아 주 패서디나<br>
풀러 신학대학원에서<br>
랠프 P. 마틴

# 약어표

## A. 일반적인 약어

| | |
|---|---|
| A | Codex Alexandrinus |
| *ad* | comment on |
| Akkad. | Akkadian |
| א | Codex Sinaiticus |
| Ap. Lit. | Apocalyptic Literature |
| Apoc. | Apocrypha |
| Aq. | Aquila's Greek Translation of the Old Testament |
| Arab. | Arabic |
| Aram. | Aramaic |
| B | Codex Vaticanus |
| C | Codex Ephraemi Syri |
| c. | *circa*, about |
| cf. | *confer*, compare |
| chap., chaps. | chapter, chapters |
| cod., codd. | codex, codices |
| contra | in contrast to |
| D | Codex Bezae |
| DSS | Dead Sea Scrolls(see **F.**) |
| ed. | edited, edition, editor; editions |
| e.g. | *exempli gratia*, for example |
| Egyp. | Egyptian |
| et al. | *et alii*, and others |
| *et passim* | and elsewhere |
| ET | English translation |
| EV | English Versions of the Bible |
| f., ff. | following(verse or verses, pages, etc.) |
| fem. | feminine |
| FS. | Festschrift |
| ft. | foot, feet |
| gen. | genitive |
| Gr. | Greek |
| Heb. | Hebrew |
| Hitt. | Hittite |
| ibid. | *ibidem*, in the same place |
| id. | *idem*, the same |
| i.e. | *id est*, that is |
| impf. | imperfect |
| infra. | below |
| in loc. | *in loco*, in the place cited |
| Jos. | Josephus |
| Lat. | Latin |
| LL. | Late Latin |
| LXX | Septuagint |
| M | Mishna |
| masc. | masculine |
| mg. | margin |
| MS(S) | manuscript(s) |
| MT | Masoretic text |
| n. | note |
| n.d. | no date |
| Nestle | Nestle(ed.) *Novum Testamentum Graece* revised by K. and B. Aland |
| no. | number |
| NS | New Series |
| NT | New Testament |
| obs. | obsolete |
| OL | Old Latin |
| OS | Old Syriac |

| | |
|---|---|
| OT | Old Testament |
| p., pp. | page, pages |
| *pace* | with due respect to, but differing from |
| par. | paragraph |
| Pers. | Persian |
| Pesh. | Peshitta |
| Phoen. | Phoenician |
| pl. | plural |
| Pseudep. | Pseudepigrapha |
| Q | Quelle("Sayings" source in the Gospels) |
| qt. | quoted by |
| q.v. | *quod vide*, which see |
| rev. | revised, reviser, revision |
| Rom. | Roman |
| RVm | Revised Version margin |
| Samar. | Samaritan recension |
| *sc.* | *scilicet*, that is to say |
| Sem. | Semitic |
| sing. | singular |
| Sumer. | Sumerian |
| s.v. | *sub verbo*, under the word |
| Syr. | Syriac |
| Symm. | Symmachus |
| Targ. | Targum |
| Theod. | Theodotion |
| TR | Textus Receptus |
| tr. | translation, translator, translated |
| UBS | The United Bible Societies Greek Text |
| Ugar. | Ugaritic |
| u.s. | *ut supra*, as above |
| viz. | *videlicet*, namely |
| vol. | volume |
| v, vv | verse, verses |
| vs. | versus |
| vg | Vulgate |
| WH | Westcott and Hort, *The New Testament in Greek* |
| x | number of times words occur |

## B. 번역본 약어

| | |
|---|---|
| AmT | Smith and Goodspeed, *The Complete Bible, An American Translation* |
| ASV | American Standard Version, American Revised Version(1901) |
| AV | Authorized Version |
| Beck | Beck, *The New Testament in the Language of Today* |
| BV | Berkeley Version(The Modern Language Bible) |
| GNB | *Good News Bible* |
| *JB* | *The Jerusalem Bible* |
| JPS | *Jewish Publication Society Version of the Old* Testament |
| KJV | King James Version |
| Knox | R. A. Knox, *The Holy Bible: A Translation from the Latin Vulgate in the Light of the Hebrew and Greek Original* |

| | |
|---|---|
| LB | The Living Bible |
| Moffatt | J. Moffatt, *A New Translation of the Bible* |
| NAB | The New American Bible |
| NASB | New American Standard Bible |
| NEB | The New English Bible |
| NIV | The New International Version |
| Ph | J. B. Phillips, *The New Testament in Modern English* |
| RSV | Revised Standard Version |
| RV | Revised Version - 1881-1885 |
| TEV | Today's English Version |
| Wey | R. F. Weymouth, *The New Testament in Modern Speech* |
| Wms | C. B. Williams, *The New Testament: A Translation in the Language of the People* |

## C. 정기 간행물, 연속 간행물 및 참고 자료

| | |
|---|---|
| *AAS* | *Acta apostolicae sedis* |
| AASOR | Annual of the American Schools of Oriental Research |
| AB | Anchor Bible |
| *ABR* | *Australian Biblical Review* |
| *AbrN* | *Abr-Nahrain* |
| *AcOr* | *Acta orientalia* |
| ACW | Ancient Christian Writers |
| ADAJ | Annual of the Department of Antiquities of Jordan |
| *AER* | *American Ecclesiastical Review* |
| *AfO* | *Archiv für Orientforschung* |
| AGJU | Arbeiten zur Geschichte des antiken Judentums und des Urchristentums |
| *AH* | F. Rosenthal, *An Aramaic Handbook* |
| *AHR* | *American Historical Review* |
| *AHW* | W. von Soden, *Akkadisches Handwörterbuch* |
| *AION* | *Annali dell'istituto orientali di Napoli* |
| *AJA* | *American Journal of Archaeology* |
| *AJAS* | *American Journal of Arbic Studies* |
| *AJBA* | *Australian Journal of Biblical Archaeology* |
| *AJSL* | *American Journal of Semitic Languages and* Literature |
| *AJT* | *American Journal of Theology* |
| ALBO | Analecta lovaniensia biblica et orientalia |
| ALGHJ | Arbeiten zur Literatur und Geschichte des hellenistischen Judentums |
| ALUOS | Annual of Leeds University Oriental Society |
| AnBib | Analecta biblica |
| AnBoll | Analecta Bollandiana |

*ANEP* J. B. Pritchard(ed.), *Ancient Near East in Pictures*
*ANESTP* J. B. Pritchard(ed.), *Ancient Near East Supplementary Texts and Pictures*
*ANET* J. B. Pritchard(ed.), *Ancient Near Eastern Texts*
ANF The Ante-Nicene Fathers
*Ang* *Angelicum*
AnOr Analecta orientalia
*ANQ* *Andover Newton Quarterly*
*Anton* *Antonianum*
AOAT Alter Orient und Altes Testament
AOS American Oriental Series
*AP* J. Marouzeau(ed.), *L'année philologique*
*APOT* R. H. Charles(ed.), *Apocrypha and Pseudepigrapha of the Old Testament*
*ARG* *Archiv für Reformationsgeschichte*
ARM Archives royales de Mari
*ArOr* *Archiv orientální*
ARSHLL Acta Reg. Societatis Humaniorum Litterarum Lundensis
*ARW* *Archiv für Religionswissenschaft*
ASNU Acta seminarii neotestamentici upsaliensis
*ASS* *Acta sanctae sedis*
*AsSeign* *Assemblées du Seigneur*
*ASSR* *Archives des sciences sociales des religions*
*ASTI* *Annual of the Swedish Theological Institute*
*ATAbh* *Alttestamentliche Abhandlungen*
ATANT Abhandlungen zur Theologie des Alten und Neuen Testaments (AThANT)
ATD Das Alte Testament Deutsch
*ATR* *Anglican Theological Review*
*AUSS* *Andrews University Seminary Studies*

*BA* *Biblical Archaeologist*
BAC Biblioteca de autores cristianos
*BAR* *Biblical Archaeology Review*
*BASOR* *Bulletin of the American Schools of Oriental Research*
*BASP* *Bulletin of the American Society of Papyrologists*
BBB Bonner biblische Beiträge
*BCSR* *Bulletin of the Council on the Study of Religion*
BDB E. Brown, S. R. Driver, and C. A. Briggs, *Hebrew and English Lexicon of the Old Testament*
BDF F. Blass, A. Debrunner,

and R. W. Funk, *A Greek Grammar of the NT*

*BeO* *Bibbia e oriente*

BETL Bibliotheca ephemeridum theologicarum lovaniensium

BEvT Beiträge zur evangelischen Theologie(BEvTh)

BFCT Beiträge zur Förderung christlicher Theologie (BFCTh)

BGBE Beiträge zur Geschichte der biblischen Exegese

BGD W. Bauer, F. W. Gingrich, and F. Danker, *Greek-English Lexicon of the NT*

*BHH* B. Reicke and L. Rost (eds.), *Biblisch-Historisches Handwörterbuch*

*BHK* R. Kittel, *Biblia hebraica*

*BHS* *Biblia hebraica stuttgartensia*

BHT Beiträge zur historischen Theologie(BHTh)

*Bib* *Biblica*

BibB Biblische Beiträge

*BibLeb* *Bibel und Leben*

BibOr Biblica et orientalia

BibS(F) Biblische Studien(Freiburg, 1895-)(BSt)

BibS(N) Biblische Studien (Neukirchen, 1951-) (BibSt)

*BIES* *Bulletin of the Israel Exploration Society (=Yediot)*

*BIFAO* *Bulletin de l'institut français d'archéologie orientale*

*BJRL* *Bulletin of the John Rylands University Library of Manchester*

*BK* *Bibel und Kirche*

BKAT Biblischer Kommentar: Altes Testament

*BL* *Book List*

*BLE* *Bulletin de littérature ecclésiastique*

*BLit* *Bibel und Liturgie*

*BO* *Bibliotheca orientalis*

*BR* *Biblical Research*

*BS* *Biblische Studien*, Freiburg

*BSac* *Bibliotheca Sacra*

*BSO(A)S* *Bulletin of the School of Oriental(and African) Studies*

*BT* *The Bible Translator*

*BTB* *Biblical Theology Bulletin*

*BTS* *Bible et terre sainte*

BU Biblische Untersuchungen

*BVC* *Bible et vie chrétienne*

BWANT Beiträge zur Wissenschaft vom Alten und Neuen Testament

*BZ* *Biblische Zeitschrift*

BZAW Beihefte zur *ZAW*

BZET Beihefte z. Evangelische Theologie

BZNW Beihefte zur *ZNW*

BZRGG Beihefte zur *ZRGG*

*CAD* — *The Assyrian Dictionary of the Oriental Instutute of the University of Chicago*
*CAH* — *Cambridge Ancient History*
CAT — Commentaire de l'Ancien Testament
*CB* — *Cultura bíblica*
*CBQ* — *Catholic Biblical Quarterly*
CBQMS — Catholic Biblical Quarterly - Monograph Series
CCath — Corpus Catholicorum
CChr — Corpus Christianorum
*CH* — *Church History*
*CHR* — *Catholic Historical Review*
*CIG* — *Corpus inscriptionum graecarum*
*CH* — *Corpus inscriptionum iudaicarum*
*CIL* — *Corpus inscriptionum latinarum*
*CIS* — *Corpus inscriptionum semiticarum*
*CJT* — *Canadian Journal of Theology*
*ClerRev* — *Clergy Review*
CNT — Commentaire du Nouveau Testament
ConB — Coniectanea biblica
*ConNT* — *Coniectanea neotestamentica*
*Corp Herm.* — Corpus Hermeticum
*CQ* — *Church Quarterly*
*CQR* — *Church Quarterly Review*
*CRAIBL* — *Comptes rendus de l'Académie des inscriptions et belles-lettres*
*CrQ* — *Crozier Quarterly*
CSCO — Corpus scriptorum christianorum orientalium
CSEL — Corpus scriptorum ecclesiasticorum latinorum
*CTA* — A. Herdner, *Corpus des* tablettes en cunéiformes *alphabétiques*
*CTJ* — *Calvin Theological Journal*
*CTM* — *Concordia Theological* Monthly
*CurTM* — *Currents in Theology and Mission*

*DACL* — *Dictionnaire d'archéologie chrétienne et de liturgie*
*DBSup* — *Dictionnaire de la Bible, Supplément*
*DISO* — C.-F. Jean and J. Hoftijzer, *Dictionnaire des inscriptions sémitiques de l'ouest*
DJD — Discoveries in the Judean Desert
*DOTT* — *D. W. Thomas(ed.), Documents from Old Testament Times*
DS — Denzinger-Schönmetzer, *Enchiridion symbolorum*
*DTC* — *Dictionnaire de théologie catholique*(*DTHC*)
*DTT* — *Dansk teologisk tidsskrift*
*DunRev* — Dunwoodie Review

EBib — Etudes bibliques(EtBib)
EBT — *Encyclopedia of Biblical Theology*

*EDB* L. F. Hartman(ed.), *Encyclopedic Dictionary of the Bible*

EHAT Exegetisches Handbuch zum Alten Testament

EKKNT Evangelisch-katholischer Kommentar zum Neuen Testament

*EKL* *Evangelisches Kirchenlexikon*

*EncJud* *Encyclopaedia judaica* (1971)

*EnchBib* *Enchiridion biblicum*

*ErJb* *Eranos Jahrbuch*

*EstBib* *Estudios biblicos*

*ETL* *Ephemerides theologicae lovanienses*(*EThL*)

*ETR* *Etudes théologiques et religieuses*(*EThR*)

*EvK* *Evangelische Kommentar*

*EvQ* *The Evangelical Quarterly*

*EvT* *Evangelische Theologie* (*EvTh*)

*Exp.* *The Expositor*

*ExpTim* *The Expository Times*

FBBS Facet Books, Biblical Series

FC Fathers of the Church

FRLANT Forschungen zur Religion und Literatur des Alten und Neuen Testaments

FTS Frankfurter Theologischen Studien

*GAG* W. von Soden, *Grundriss der akkadischen Grammatik*

GCS Griechische christliche Schriftsteller

*GKB* Gesenius-Kautzsch-Bergsträsser, *Hebräische Grammatik*

GKC *Gesenius' Hebrew Grammar*, ed. E. Kautzsch, tr. A. E. Cowley

GNT Grundrisse zum Neuen Testament

*GOTR* *Greek Orthodox Theological Review*

*GRBS* *Greek, Roman, and Byzantine Studies*

*Greg* *Gregorianum*

*GThT* *Geformelet Theologisch Tijdschrift*

*GuL* *Geist und Leben*

*HALAT* W. Baumgartner et al., *Hebräisches und aramäisches Lexikon zum Alten Testament*

HAT Handbuch zum Alten Testament

HDR Harvard Dissertations in Religion

*HeyJ* *Heythrop Journal*

*HibJ* *Hibbert Journal*

HKAT Handkommentar zum Alten Testament

HKNT Handkommentar zum Neuen Testament

HNT Handbuch zum Neuen Testament

HNTC Harper's NT Commentaries

| | |
|---|---|
| *HR* | *History of Religions* |
| HSM | Harvard Semitic Monographs |
| HTKNT | Herders theologischer Kommentar zum Neuen Testament(HThKNT) |
| *HTR* | *Harvard Theological Review* |
| HTS | Harvard Theological Studies |
| *HUCA* | *Hebrew Union College Annual* |
| *HUTh* | *Hermeneutische Untersuchungen zur Theologie* |
| *IB* | *Interpreter's Bible* |
| *IBD* | *Illustrated Bible Dictionary*, ed. J. D. Douglas and N. Hillyer |
| ICC | International Critical Commentary |
| *IDB* | G. A. Buttrick(ed.), *Interpreter's Dictionary of the Bible* |
| *IDBSup* | Supplementary volume to *IDB* |
| *IEJ* | *Israel Exploration Journal* |
| *Int* | *Interpretation* |
| *ITQ* | *Irish Theological Quarterly* |
| *JA* | *Journal asiatique* |
| *JAAR* | *Journal of the American Academy of Religion* |
| JAC | Jahrbuch für Antike und Christentum |
| *JANESCU* | *Journal of the Ancient Near Eastern Society of Columbia University* |
| JAOS | *Journal of the American Oriental Society* |
| *JAS* | *Journal of Asian Studies* |
| *JB* | A. Jones(ed.), *Jerusalem Bible* |
| *JBC* | *R. E. Brown et al.(eds.), The Jerome Biblical* Commentary |
| *JBL* | *Journal of Biblical Literature* |
| *JBR* | *Journal of Bible and Religion* |
| *JCS* | *Journal of Cuneiform Studies* |
| JDS | Judean Desert Studies |
| *JEA* | *Journal of Egyptian* Archaeology |
| *JEH* | *Journal of Ecclesiastical History* |
| *JEOL* | *Jaarbericht···ex oriente lux* |
| *JES* | *Journal of Ecumenical Studies* |
| *JETS* | *Journal of the Evangelical Theological Society* |
| *JHS* | *Journal of Hellenic Studies* |
| *JIBS* | *Journal of Indian and Buddhist Studies* |
| *JIPh* | *Journal of Indian Philosophy* |
| *JJS* | *Journal of Jewish Studies* |
| *JMES* | *Journal of Middle Eastern Studies* |
| *JMS* | *Journal of Mithraic Studies* |
| *JNES* | *Journal of Near Eastern Studies* |

| | |
|---|---|
| *JPOS* | *Journal of the Palestine Oriental Society* |
| *JPSV* | *Jewish Publication Society Version* |
| *JQR* | *Jewish Quarterly Review* |
| JQRMS | Jewish Quarterly Review Monograph Series |
| *JR* | *Journal of Religion* |
| *JRAS* | *Journal of the Royal Asiatic Society* |
| *JRE* | *Journal of Religious Ethics* |
| *JRelS* | *Journal of Religious Studies* |
| *JRH* | *Journal of Religious History* |
| *JRS* | *Journal of Roman Studies* |
| *JRT* | *Journal of Religious Thought* |
| *JSJ* | *Journal for the Study of Judaism in the Persian, Hellenistic and Roman Period* |
| *JSNT* | *Journal for the Study of the New Testament* |
| *JSOT* | *Journal for the Study of the Old Testament* |
| *JSS* | *Journal of Semitic Studies* |
| *JSSR* | *Journal of the Scientific Study of Religion* |
| *JTC* | *Journal for Theology and the Church* |
| *JTS* | *Journal of Theological Studies* |
| *Judaica* | *Judaica: Beiträge zum Verständnis…* |
| *KAI* | H. Donner and W. Röllig, *Kanaanäische und aramäische Inschriften* |
| KAT | E. Sellin(ed.), Kommentar *zum A. T.* |
| KB | L. Koehler and W. Baumgartner, *Lexicon in Veteris Testamenti libros* |
| *KD* | *Kerygma und Dogma* |
| KJV | King James Version |
| KIT | Kleine Texte |
| LCC | Library of Christian Classics |
| LCL | Loeb Classical Library |
| LD | Lectio divina |
| *Leš* | *Lešonénu* |
| *LLAVT* | E. Vogt, *Lexicon linguae aramaicae Veteris Testamenti* |
| *LPGL* | G. W. H. Lampe, *Patristic Greek Lexicon* |
| *LQ* | *Lutheran Quarterly* |
| *LR* | *Lutherische Rundschau* |
| *LSJ* | Liddell-Scott-Jones, *Greek-English Lexicon* |
| *LTK* | *Lexidon für Theologie und Kirche(LThK)* |
| LUÅ | Lunds universitets årsskrift |
| *LW* | *Lutheran World* |
| *McCQ* | *McCormick Quarterly* |
| MDOG | Mitteilungen der deutschen Orient-Gesellschaft |
| MeyerK | H. A. W. Meyer, Kritisch-exegetischer Kommentar über das Neue Testament |

*MGWJ* *Monatsschrift für Geschichte und Wissenschaft des Judentums*
MM J. H. Moulton and G. Milligan, *The Vocabulary of the Greek Testament*
MNTC Moffatt NT Commentary
*MPAIBL* *Mémoires présentés à l'Académie des inscriptions et belles-lettres*
MPG *Patrologia Graeca*, ed. J. P. Migne, 1844 ff.
*MScRel* *Mélanges de science religieuse*
*MTZ* *Münchener theologische Zeitschrift*(*MThZ*)
*MUSJ* *Mélanges de l'université Saint-Joseph*
MVAG Mitteilungen der vorder-asiatisch-ägyptischen Gesellschaft

NAB *New American Bible*
*NAG* *Nachrichten von der Akademie der Wissenschaften in Göttingen*
NCB New Century Bible(new edit.)
*NCCHS* R. C. Fuller et al.(eds.), *New Catholic Commentary on Holy Scripture*
*NCE* M. R. P. McGuire et al.(eds.), *New Catholic Encyclopedia*
NCIB New Clarendon Bible
NEB *New English Bible*
*NedTTs* *Nederlands theologisch tijdschrift*(NedThTs)
*Neot* *Neotestamentica*
NFT New Frontiers in Theology
NHS Nag Hammadi Studies
NICNT New International Commentary on the New Testament
*NIDNTT* C. Brown(ed.), *The New International Dictionary of New Testament Theology*
*NKZ* *Neue kirchliche Zeitschrift*
*NorTT* *Norsk Teologisk Tidsskrift* (*NTT*)
*NovT* *Novum Testamentum*
NovTSup Novum Testamentum, Supplement
New Docs *New Documents Illustrating Early Christianity*, A Review of Greek Inscriptions etc. ed. G. H. R. Horsley. North Ryde, NSW, Australia
NPNF Nicene and Post-Nicene Fathers
*NRT* *La nouvelle revue théologique*(*NRTh*)
*NTA* *New Testament Abstracts*
*NTAbh* *Neutestamentliche Abhandlungen*
NTD Das Neue Testament Deutsch
NTF Neutestamentliche

Forschungen

*NTS* *New Testament Studies*

NTTS New Testament Tools and Studies

*Numen* *Numen: International Review for the History of Religious*

*OCD* *Oxford Classical Dictionary*

OIP Oriental Institute Publications

OLP Orientalia lovaniensia periodica

*OLZ* *Orientalische Literaturzeitung*

*Or* *Orientalia*(Rome)

*OrAnt* *Oriens antiquus*

*OrChr* *Oriens christianus*

*OrSyr* *L'orient syrien*

OTM Oxford Theological Monographs

OTS Oudtestamentische Studiën

PAAJR Proceedings of the American Academy of Jewish Research

PCB M. Black and H. H. Rowley(eds.), *Peake's Commentary on the Bible*

*PEFQS* *Palestine Exploration Fund, Quarterly Statement*

*PEQ* *Palestine Exploration Quarterly*

*PG* *Patrologia graeca*, ed. J. P. Migne

*PGM* K. Preisendanz(ed.), *Papyri graecae magicae*

*PhEW* *Philosophy East and West*

*PhRev* *Philosophical Review*

*PJ* *Palästina-Jahrbuch*

*PL* *Patrologia Latina*, ed. J. P. Migne

*PO* *Patrologia orientalis*

*PRU* *Le Palais royal d'Ugarit*

*PSTJ* *Perkins(School of Theology) Journal*

PVTG Pseudepigrapha Veteris Testamenti graece

PW Pauly-Wissowa, *Real-Encyklopädie der klassischen Altertumswissenschaft*

PWSup Supplement to PW

*QDAP* *Quarterly of the Department of Antiquities in Palestine*

*RA* *Revue d'assyriologie et d'archéologie orientale*

*RAC* *Reallexikon für Antike* und Christentum

RArch Revue archéologique

RB Revue biblique

*RBén* *Revue bénédictine*

*RCB* *Revista de cultura biblica*

*RE* *Realencyklopädie für protestantische Theologie und Kirche*

RechBib Recherches bibliques

*REg* *Revue d'égyptologie*

*REJ* *Revue des études juives*

RelArts Religion and the Arts

*RelS* *Religious Studies*

| | |
|---|---|
| *RelSoc* | *Religion and Society* |
| *RelSRev* | *Religious Studies Review* |
| *RES* | *Répertoire d'épigraphie sémitique* |
| *RestQ* | *Restoration Quarterly* |
| *RevExp* | *Review and Expositor* |
| *RevistB* | *Revista biblica* |
| *RevScRel* | *Revue des sciences religieuses* |
| *RevSém* | *Revue sémitique* |
| *RevThom* | *Revue thomiste* |
| *RGG* | *Religion in Geschichte und Gegenwart* |
| *RHE* | *Revue d'histoire ecclésiastique* |
| *RHPR* | *Revue d'histoire et de philosophie religieuses* (*RHPhR*) |
| RHR | Revue de l'histoire des religions |
| *RivB* | *Rivista biblica* |
| RNT | Regensburger Neues Testament |
| *RQ* | *Revue de Qumrân* |
| *RR* | *REview of Religion* |
| *RSO* | *Rivista degli studi orientali* |
| *RSPT* | *Revue des sciences philosophiques et théologiques*(*RSPhTh*) |
| *RSR* | *Recherches de science religieuse*(*RechSR*) |
| RscPhTh | *Revue des Sciences Philosophiques et Théologiques* |
| RSV | Revised Standard Version |
| *RTL* | *Revue théologique de Louvain*(*RThL*) |
| *RTP* | *Revue de théologie et de philosophie*(*RThPh*) |
| *RTR* | *The Reformed Theological Review* |
| *RUO* | *Revue de l'université d'Ottawa* |
| RV | Revised Version |
| SAH | *Sitzungsberichte der Heidelberger Akademie der Wissenschaften*(*phil.-hist. Klasse*), 1910 ff. |
| SANT | Studien zum Alten und Neuen Testament |
| SAQ | Sammlung ausgewählter kirchen- und dogmengeschichtlicher Quellenschriften |
| SB | Sources bibliques |
| *SBFLA* | *Studii biblici franciscani liber annuus* |
| *SBJ* | *La sainte bible de* Jérusalem |
| SBLASP | Society of Biblical Literature Abstracts and Seminar Papers |
| SBLDS | SBL Dissertation Series |
| SBLMasS | SBL Masoretic Studies |
| SBLMS | SBL Monograph Series |
| SBLSBS | SBL Sources for Biblical Study |
| SBLSCS | SBL Septuagint and Cognate Studies |
| SBLTT | SBL Texts and Translations |
| SBM | Stuttgarter biblische Monographien |
| SBS | Stuttgarter Bibelstudien |

| | |
|---|---|
| SBT | Studies in Biblical Theology |
| SC | Sources chrétiennes |
| *ScEs* | *Science et esprit* |
| *SCR* | *Studies in Comparatie Religion* |
| *Scr* | *Scripture* |
| *ScrB* | *Scripture Bulletin* |
| SD | Studies and Documents |
| *SE* | Studia Evangelica I, II, III (=TU 73[1959], 87[1964], 88[1964], etc.) (*StEv*) |
| *SEÅ* | *Svensk exegetisk årsbok* |
| *Sef* | *Sefarad* |
| *Sem* | *Semitica* |
| SHAW | Sitzungsberichte heidelbergen Akademie der Wissenschaften |
| SHT | Studies in Historical Theology |
| SHVL | Skrifter Utgivna Av Kungl. Humanistika Vetenskapssamfundet I Lund |
| SJLA | Studies in Judaism in Late Antiquity |
| *SJT* | *Scottish Journal of Theology* |
| *SMSR* | *Studi e materiah di storia delle religioni* |
| SNT | Studien zum Neuen Testament(StNT) |
| SNTSMS | Society for New Testament Studies Monograph Series |
| SO | Symbolae osloenses |
| SOTSMS | Society for Old Testament Study Monograph Series |
| *SPap* | *Studia papyrologica* |
| SPAW | Sitzungsberichte der preussischen Akademie der Wissenschaften |
| SPB | Studia postbiblica |
| *SR* | *Studies in Religion/ Sciences religieuses* |
| SSS | Semitic Study Series |
| *ST* | *Studia theologica*(*StTh*) |
| *STÅ* | *Svensk teologisk årsskrift* |
| *StBibT* | *Studia Biblica et Theologica* |
| STDJ | Studies on the Texts of the Desert of Judah |
| *STK* | *Svensk teologisk kvartalskrift* |
| Str-B | [H. Strack and] P. Billerbeck, *Kommentar zum Neuen Testament* |
| StudNeot | Studia neotestamentica, Studia |
| StudOr | Studia orientalia |
| SUNT | Studien zur Umwelt des Neuen Testaments |
| SVTP | Studia in Veteris Testamenti pseudepigrapha |
| *SWJT* | *Southwestern Journal of Theology* |
| SymBU | Symbolae biblicae upsalienses(SyBU) |
| *TAPA* | *Transactions of the American Philological* Association |
| *TBl* | *Theologische Blätter*(*ThBl*) |
| TBü | Theologische Bücherei (ThBü) |
| *TBT* | *The Bible Today* |

| | |
|---|---|
| *TD* | *Theology Digest* |
| *TDNT* | G. Kittel and G. Friedrich (eds.), *Theological Dictionary of the New Testament* |
| TextsS | Texts and Studies |
| *TF* | *Theologische Forschung* (*ThF*) |
| *TGI* | *Theologie und Glaube* (*ThGI*) |
| *Th* | *Theology* |
| *ThA* | *Theologische Arbeiten* |
| *ThBer* | *Theologische Berichte* |
| THKNT | Theoloischer Handkommentar zum Neuen Testament (ThHKNT) |
| *TLZ* | *Theologische Literaturzeitung*(*ThLZ*) |
| TNTC | Tyndale New Testament Commentary |
| *TP* | *Theologie und Philosophie* (*ThPh*) |
| *TPQ* | *Theologisch-Praktische Quartalschrift* |
| *TQ* | *Theologische Quartalschrift* (*ThQ*) |
| *TRev* | *Theologische Revue* |
| *TRu* | *Theologische Rundschau* (*ThR*) |
| *TS* | *Theological Studies* |
| *TSK* | *Theologische Studien und Kritiken*(*ThStK*) |
| *TT* | *Teologisk Tidsskrift* |
| *TTKi* | *Tidsskrift for Teologi og Kirke* |
| *TToday* | *Theology Today* |
| TTS | Trierer Theologische Studien |
| *TTZ* | *Trierer theologische Zeitschrift(TThZ)* |
| TU | Texte und Untersuchungen |
| *TynB* | *Tyndale Bulletin* |
| *TWAT* | G. J. Botterweck and H. Ringgren(eds.), *Theologisches Wörterbuch zum Alten Testament(ThWAT)* |
| *TWNT* | G. Kittel and G. Friedrich (eds.), *Theologisches Wörterbuch zum Neuen Testament*(*ThWNT*) |
| *TZ* | *Theologische Zeitschrift* (*ThZ*) |
| UBSGNT | United Bible Societies Greek New Testament |
| *UF* | *Ugaritische Forschungen* |
| UNT | Untersuchungen zum Neuen Testament |
| *US* | *Una Sancta* |
| *USQR* | *Union Seminary Quarterly Review* |
| *UT* | C. H. Gordon, *Ugaritic Textbook* |
| UUÅ | Uppsala universitetsårsskrift |
| *VC* | *Vigiliae christianae* |
| *VCaro* | *Verbum caro* |
| *VD* | *Verbum domini* |
| *VF* | *Verkündigung und Forschung* |
| *VKGNT* | K. Aland(ed.), *Vollständige Konkordanz* |

*zum griechischen Neuen Testament*

VS Verbum salutis

*VSpir* *Vie spirituelle*

*VT* *Vetus Testamentum*

VTSup Vetus Testamentum, Supplements

WA M. Luther, Kritische Gesamtausgabe (="Weimar" edition)

WBC Word Biblical Commentary

WC Westminster Commentary

*WDB* *Westminster Dictionary of the Bible*

*WHAB* *Westminster Historical Atlas of the Bible*

WMANT Wissenschaftliche Monographien zum Alten und Neuen Testament

*WO* *Die Welt des Orients*

*WTJ* *Westminster Theological Journal*

WUNT Wissenschaftliche Untersuchungen zum Neuen Testament

*WZKM* *Wiener Zeitschrift für die Kunde des Morgenlandes*

*WZKSO* *Wiener Zeitschrift für die Kunde Süd- und Ostasiens*

*ZA* *Zeitschrift für Assyriologie*

*ZAW* *Zeitschrift für die alttestamentliche Wissenschaft*

*ZDMG* *Zeitschrift der deutschen morgenländischen Gesellschaft*

ZDPV Zeitschrift des deutschen *Palästina-Vereins*

*ZEE* *Zeitschrift für evangelische Ethik*

*ZHT* *Zeitschrift für historische Theologie*(*ZHTh*)

*ZKG* *Zeitschrift für Kirchengeschichte*

*ZKNT* *Zahn's Kommentar zum NT*

*ZKT* *Zeitschrift für katholische Theologie*(*ZKTh*)

*ZMR* *Zeitschrift für Missions-kunde und Religions-wissenschaft*

*ZNW* *Zeitschrift für die neutestamentliche Wissenschaft*

*ZRGG* *Zeitschrift für Religions- und Geistesgeschichte*

*ZST* *Zeitschrift für systematische Theologie*(*ZSTh*)

*ZTK* *Zeitschrift für Theologie und Kirche*(*ZThK*)

*ZWT* *Zeitschrift für wissenschaftliche Theologie*(*ZWTh*)

## D. 성경, 외경 및 위경

| 구약 | | | 신약 | |
|---|---|---|---|---|
| Gen | 2 Chr | Dan | Matt | 1 Tim |
| Exod | Ezra | Hos | Mark | 2 Tim |
| Lev | Neh | Joel | Luke | Titus |
| Num | Esth | Amos | John | Philem |
| Deut | Job | Obad | Acts | Heb |
| Josh | Ps(Pss) | Jonah | Rom | James |
| Judg | Prov | Mic | 1 Cor | 1 Peter |
| Ruth | Eccl | Nah | 2 Cor | 2 Peter |
| 1 Sam | Cant | Hab | Gal | 1 John |
| 2 Sam | Isa | Zeph | Eph | 2 John |
| 1 Kings | Jer | Hag | Phil | 3 John |
| 2 Kings | Lam | Zech | Col | Jude |
| 1 Chr | Ezek | Mal | 1 Thess | Rev |
| | | | 2 Thess | |

외경

| | | | |
|---|---|---|---|
| 1 Esd | 1 Esdras | Ep Jer | Epistle of Jeremy |
| 2 Esd | 2 Esdras | S Th Ch | Song of the Three Children(or Young Men) |
| Tob | Tobit | | |
| Jud | Judith | Sus | Susanna |
| Add Esth | Additions to Esther | Bel | Bel and the Dragon |
| Wisd Sol | Wisdom of Solomon | Pr Man | Prayer of Manasseh |
| Sir | Ecclesiasticus(Wisdom of Jesus the Son of Sirach) | 1 Macc | 1 Maccabees |
| | | 2 Macc | 2 Maccabees |
| Bar | Baruch | | |

## E. 위경과 초대 교부 문헌

| | | | |
|---|---|---|---|
| *Adam and Eve* | Books of Adam and Eve | *As. Mos.* | Assumption of Moses |
| *2-3 Apoc. Bar.* | Syriac, Greek Apocalypse of Baruch | *Bib. Ant.* | Ps.-Philo, Biblical Antiquities |
| *Apoc. Abr.* | Apocalypse of Abraham | *1-2-3 Enoch* | Ethiopic, Slavonic, Hebrew Enoch |
| *Apoc. Mos.* | Apocalypse of Moses | | |
| *Asc. Isa.* | Ascension of Isaiah | *Ep. Arist.* | Epistle of Aristeas |

| | |
|---|---|
| *Ep. Diognetus* | Epistle to Diognetus |
| *Jub.* | Jubilees |
| *Mart. Isa.* | Martyrdom of Isaiah |
| *Odes Sol.* | Odes of Solomon |
| *Pss. Sol.* | Psalms of Solomon |
| *Sib. Or.* | Sibylline Oracles |
| *T. Abr.* | Testament of Abraham |
| *T. 12 Patr.* | Testaments of the Twelve Patriarchs |
| *T. Benj.* | Testament of Benjamin, etc. |
| *T. Levi* | Testament of Levi, etc. |
| *Acts Pil.* | Acts of Pilate |
| *Apoc. Pet.* | Apocalypse of Peter |
| *Gos. Eb.* | Gospel of the Ebionites |
| *Gos. Eg.* | Gospel of the Egyptians |
| *Gos. Heb.* | Gospel of the Hebrews |
| *Gos. Naass.* | Gospel of the Naassenes |
| *Gos. Pet.* | Gospel of Peter |
| *Gos. Thom.* | Gospel of Thomas |
| *Prot. Jas.* | Protevangelium of James |
| *Barn.* | Barnabas |
| *1-2 Clem.* | 1-2 Clement |
| *Did.* | Didache |
| *Diogn.* | Diognetus |

| | |
|---|---|
| *Herm. Man.* | Hermas, Mandates |
| *Sim.* | Similitudes |
| *Vis.* | Visions |
| Ign. *Eph.* | Ignatius, Letter to the Ephesians |
| *Magn.* | Ignatius, Letter to the Magnesians |
| *Phld.* | Ignatius, Letter to the Philadelphians |
| *Pol.* | Ignatius, Letter to Polycarp |
| *Rom.* | Ignatius, Letter to the Romans |
| *Smyrn.* | Ignatius, Letter to the Smyrnaeans |
| *Trall.* | Ignatius, Letter to the Trallians |
| *Mart Pol.* | Martyrdom of Polycarp |
| Pol. *Phil.* | Polycarp to the Philippians |
| *Adv. Haer.* | Irenaeus, Against All Heresies |
| *De Praesc. Haer.* | Tertullian, On the Proscribing of Heretics |

## F. 사해 사본과 관련 문헌

| | |
|---|---|
| CD | Cairo(Genizah text of the) Damascus(Document) |
| Hev | Naḥal Ḥever texts |
| Mas | Masada texts |
| Mird | Khirbet Mird texts |
| Mur | Wadi Murabbaʿat texts |
| P | Pesher(commentary) |
| Q | Qumran |
| 1Q, 2Q, 3Q, etc. | Numbered caves of Qumran, yielding written material; followed by abbreviation of biblical or apocryphal book |

| | |
|---|---|
| QL | Qumran literature |
| 1QapGen | *Genesis Apocryphon* of Qumran Cave 1 |
| 1QH | *Hôdāyôt*(*Thanksgiving Hymns*) from Qumran |

| | |
|---|---|
| | Cave 1 |
| 1QIsa[a,b] | First or second copy of Isaiah from Qumran Cave 1 |
| 1QpHab | *Pesher on Habakkuk* from Qumran Cave 1 |
| 1QM | *Milḥāmāh*(*War Scroll*) |
| 1QS | *Serek hayyaḥad*(*Rule of the Community, Manual of Discipline*) |
| 1QSa | Appendix A(*Rule of the Congregation*) to 1QS |
| 1QSb | Appendix B(*Blessings*) to 1QS |
| 3Q*15* | Copper Scroll from Qumran Cave 3 |
| 4QFlor | *Florilegium*(or *Eschatological Midrashim*) from Qumran Cave 4 |
| 4QMess ar | Aramaic "Messianic" text from Qumran Cave 4 |
| 4QPrNab | Prayer of Nabonidus from Qumran Cave 4 |
| 4QTestim | *Testimonia* text from *Qumran Cave 4* |
| 4QTLevi | *Testament of Levi* from Qumran Cave 4 |
| 4QPhyl | Phylacteries from Qumran Cave 4 |
| 11QMelch | *Melchizedek* text from Qumran Cave 11 |
| 11QtgJob | *Targum of Job* from Qumran Cave 11 |

## G. 탈굼 자료

| | |
|---|---|
| *Tg. Onq.* | *Targum Onqelos* |
| *Tg. Neb.* | *Targum of the Prophets* |
| *Tg. Ket.* | *Targum of the Writings* |
| *Frg. Tg.* | *Fragmentary Targum* |
| *Sam. Tg.* | *Samaritan Targum* |
| *Tg. Isa* | *Targum of Isaiah* |
| *Pal. Tgs.* | *Palestinian Targums* |
| *Tg. Neof.* | *Targum Neofiti I* |
| *Tg. Ps.-J.* | *Targum Pseudo-Jonathan* |
| *Tg. Yer. 1* | *Targum Yerušalmi I** |
| *Tg. Yer. 11* | *Targum Yerušalmi II** |
| *Yem. Tg.* | *Yemenite Targum* |
| *Tg. Esth I, II* | *First or Second Targum of Esther* |

* optional title

## H. 기타 랍비 문헌

| | |
|---|---|
| *ʾAboṯ* | *ʾAbot de Rabbi Nathan* |
| *ʾAg. Ber.* | *ʾAggadat Berešit* |
| *Bab.* | *Babylonian* |
| *Bar.* | *Baraita* |
| *Der. Er. Rab.* | *Derek Ereṣ Rabba* |
| *Der. Er. Zuṭ.* | *Derek Ereṣ Zuṭa* |
| *Gem.* | *Gemara* |
| *Kalla* | *Kalla* |
| *Mek.* | *Mekilta* |
| *Midr.* | *Midraš*; cited with usual abbreviation for biblical book; but |

| | |
|---|---|
| | *Midr. Qoh.*=*Midraš Qohelet* |
| *Pal.* | *Palestinian* |
| *Pesiq. R.* | *Pesiqta Rabbati* |
| *Pesiq. Rab Kah.* | *Pesiqta de Rab Kahana* |
| *Pirqe R. El.* | *Pirqe Rabbi Eliezer* |
| *Rab.* | *Rabbah*(following abbreviation for biblical book: *Gen. Rab.*[with periods]=*Genesis Rabbah*) |

| | |
|---|---|
| *Sem.* | *Semaḥot* |
| *Sipra* | *Sipra* |
| *Sipre* | *Sipre* |
| *Sop.* | *Soperim* |
| *S.'Olam Rab.* | *Seder 'Olam Rabbah* |
| Talm. | Talmud |
| *Yal.* | *Yalquṭ* |

## I. 미쉬나와 관련 문헌

| | |
|---|---|
| *'Abot* | *Pirqe 'Abot* |
| *'Arak.* | *'Arakin* |
| *'Abod. Zar.* | *'Aboda Zara* |
| *B. Bat.* | *Baba Batra* |
| *Bek.* | *Bekorot* |
| *Ber.* | *Berakot* |
| *Beṣa* | *Beṣa*(=*Yom Tob*) |
| *Bik.* | *Bikkurim* |
| *B. Meṣ.* | *Baba Meṣi'a* |
| *B. Qam.* | *Baba Qamma* |
| *Dem.* | *Demai* |
| *'Ed.* | *'Eduyyot* |
| *'Erub.* | *'Erubin* |
| *Giṭ.* | *Giṭṭin* |
| *Ḥag.* | *Ḥagiga* |
| *Ḥal.* | *Ḥalla* |
| *Hor.* | *Horayot* |
| *Ḥul.* | *Ḥullin* |
| *Kelim* | *Kelim* |
| *Ker.* | *Keritot* |
| *Ketub.* | *Ketubot* |
| *Kil.* | *Kil'ayim* |
| *Ma'aś.* | *Ma'aśerot* |
| *Mak.* | *Makkot* |
| *Makš.* | *Makširin*(=*Mašqin*) |

| | |
|---|---|
| *Meg.* | *Megilla* |
| *Me'il.* | *Me'ila* |
| *Menaḥ.* | *Menaḥot* |
| *Mid.* | *Middot* |
| *Miqw.* | *Miqwa'ot* |
| *Mo'ed* | *Mo'ed* |
| *Mo'ed Qat.* | *Mo'ed Qaṭan* |
| *Ma'as. S.* | *Ma'aśer Šeni* |
| *Našim* | *Našim* |
| *Nazir* | *Nazir* |
| *Ned.* | *Nedarim* |
| *Neg.* | *Nega'im* |
| *Nez.* | *Neziqin* |
| *Nid.* | *Niddah* |
| *Ohol.* | *Oholot* |
| *'Or.* | *'Orla* |
| *Para* | *Para* |
| *Pe'a* | *Pe'a* |
| *Pesaḥ.* | *Pesaḥim* |
| *Qinnim* | *Qinnim* |
| *Qidd.* | *Qiddušin* |
| *Qod.* | *Qodašin* |
| *Roš. Haš.* | *Roš Haššana* |
| *Sanh.* | *Sanhedrin* |
| *Šabb.* | *Šabbat* |

| | | | |
|---|---|---|---|
| *Šeb.* | *Šebiʿit* | *Ṭohar.* | *Ṭoharot* |
| *Šebu.* | *Šebuʿot* | *T. Yom* | *Tebul Yom* |
| *Šeqal.* | *Šeqalim* | *ʿUq.* | *ʿUqṣin* |
| *Soṭa* | *Soṭa* | *Yad.* | *Yadayim* |
| *Sukk.* | *Sukka* | *Yebam.* | *Yebamot* |
| *Taʿan.* | *Taʿanit* | *Yoma* | *Yoma(=Kippurim)* |
| *Tamid* | *Tamid* | *Zabim* | *Zabim* |
| *Tem.* | *Temura* | *Zebaḥ* | *Zebaḥim* |
| *Ter.* | *Terumot* | *Zer.* | *Zeraʿim* |

**J. 나그 함마디 문헌**

| | |
|---|---|
| *Acts Pet.12 Apost.* | *Acts of Peter and the Twelve Apostles* |
| *Allogenes* | *Allogenes* |
| *Ap. Jas.* | *Apocryphon of James* |
| *Ap. John* | *Apocryphon of John* |
| *Apoc. Adam* | *Apocalypse of Adam* |
| *1 Apoc. Jas.* | *First Apocalypse of James* |
| *2 Apoc. Jas.* | *Second Apocalypse of James* |
| *Apoc. Paul* | *Apocalypse of Paul* |
| *Apoc. Pet.* | *Apocalypse of Peter* |
| *Asclepius* | *Asclepius 21-29* |
| *Auth. Teach.* | *Authoritative Teaching* |
| *Dial. Sav.* | *Dialogue of the Savior* |
| *Disc. 8-9* | *Discourse on the Eighth and Ninth* |
| *Ep. Pet. Phil.* | *Letter of Peter to Philip* |
| *Eugnostos* | *Eugnostos the Blessed* |
| *Exeg. Soul* | *Exegesis on the Soul* |
| *Gos. Eg.* | *Gospel of the Egyptians* |
| *Gos. Phil.* | *Gospel of Philip* |
| *Gos. Thom.* | *Gospel of Thomas* |
| *Gos. Truth* | *Gospel of Truth* |
| *Great Pow.* | *Concept of our Great Power* |
| *Hyp. Arch.* | *Hypostasis of the Archons* |
| *Hypsiph.* | *Hypsiphrone* |
| *Interp. Know.* | *Interpretation of Knowledge* |
| *Marsanes* | *Marsanes* |
| *Melch.* | *Melchizedek* |
| *Norea* | *Thought of Norea* |
| *On Bap. A* | *On Baptism A* |
| *On Bap. B* | *On Baptism B* |
| *On Bap. C* | *On Baptism C* |
| *On Euch. A* | *On the Eucharist A* |
| *On Euch. B* | *On the Eucharist B* |
| *Orig. World* | *On the Origin of the World* |
| *Paraph. Shem* | *Paraphrase of Shem* |
| *Pr. Paul* | *Prayer of the Apostle Paul* |
| *Pr. Thanks.* | *Prayer of Thanksgiving* |
| *Prot. Jas.* | *Protevangelium of James* |
| *Sent. Sextus* | *Sentences of Sextus* |
| *Soph. Jes. Chr.* | *Sophia of Jesus Christ* |
| *Steles Seth* | *Three Steles of Seth* |

| | |
|---|---|
| *Teach. Silv.* | *Teachings of Silvanus* |
| *Testim. Truth* | *Testimony of Truth* |
| *Thom. Cont.* | *Book of Thomas the Contender* |
| *Thund.* | *Thunder, Perfect Mind* |
| *Treat. Res.* | *Treatise on Resurrection* |
| *Treat. Seth* | *Second Treatise of the Great Seth* |
| *Tri. Trac.* | *Triparite Tractate* |
| *Trim. Prot.* | *Trimorphic Protennoia* |
| *Val. Exp.* | *A. Valentinian Exposition* |
| *Zost.* | *Zostrianos* |

**Note:** The textual notes and numbers used to indicate individual manuscripts are those found in the apparatus criticus of *Novum Testamentum Graece*, ed. E. Nestle and K. Aland et al.(Stuttgart: Deutsche Bibelgesellschaft, $1979^{26}$). The patristic citations are mainly drawn from *From the Fathers to the Churches*(London: Collins, 1983).

# 일반 참고문헌

**Barker, G. W., Lane, W. L.,** and **Michaels, J. R.** *The New Testament Speaks.* New York: Harper and Row, 1969. **Bornkamm, G.** *The New Testament: A Guide to Its Writings.* Tr. R. H. and I. Fuller. Philadelphia: Fortress, 1973. **Cullmann, O.** *The New Testament: An Introduction.* Philadelphia: Westminster, 1968. **Dibelius, M.** *A Fresh Approach to the New Testament and Early Christian Literature.* New York: Scribner's, 1936. **Enslin, M. S.** *Christian Beginnings: The Literature of the Christian Movement.* New York: Harper, 1956. **Feine, P., Behm, J.,** and **Kümmel, W. G.** *Introduction to the New Testament.* Tr. A. J. Mattill, Jr. Nashville: Abingdon, 1966; 1st ed. in E. T. See Kümmel. **Fuller, R. H.** *A Critical Introduction to the New Testament.* London: Duckworth, 1966. **Goguel, M.** *Introduction au nouveau Testament. IV/2: les épîtres pauliniennes.* Paris: Leroux, 1926. **Grant, R. M.** *A Historical Introduction to the New Testament.* New York: Harper and Row, 1963. **Guthrie, D.** *New Testament Introduction.* Chicago: Inter-Varsity Press/London: Tyndale Press, 1963(2d ed.), 1970 (3d ed.). **Harrison, E. F.** *Introduction to the New Testament.* Grand Rapids: Eerdmans, 1964. **Hunter, A. M.** *Introducing the New Testament.* Philadelphia: Westminster, $1957^2$. **Koester, H.** *Introduction to the New Testament.* Vol. 2. Philadelphia: Fortress, 1982. **Kümmel, W. G.** *Introduction to the New Testament.* Rev. ed. Tr. H. C. Kee. Nashville: Abingdon, 1975. **Martin, R. P.** *New Testament Foundations.* Vol. 2. Grand Rapids: Eerdmans/Exeter: Paternoster Press, 1978. **Marxsen, W.** *Introduction to the New Testament.* Tr. G. Buswell. Philadelphia: Fortress, 1968. **McNeile, A. H.** *Introduction to the New Testament.* Rev. ed. C. S. C. Williams. Oxford: Clarendon, 1953. **Michaelis, W.** *Einleitung in das Neue Testament.* 2d ed. Bern: Berchthold Hailer Verlag, 1954. **Moffatt, J.** *An Introduction to the Literature of the New Testament.* New York: Scribner's/Edinburgh: T. & T. Clark, 1911; 3d ed., 1918. **Pertin, N.** *The New Testament: An Introduction.* New York: Harcourt Brace Jovanovich, 1974; rev. D. C. Duling, 1982. **Price, J. L.** *Interpreting the New Testament.* New York: Holt, Rinehart & Winston, 1961. **Riddle, D. W.,** and **Hutson, H. H.** *New Testament Life and Literature.* Chicago: University of Chicago Press, 1946.

**Robert, A.,** and **Feuillet, A.** *Introduction to the New Testament.* Tr. P. W. Skehan. New York: Desclée, 1965. **Vielhauer, Ph.** *Geschichte der urchristlichen Literatur.* Berlin: de Gruyter, 1975. **Wikenhauser, A.** *New Testament Introduction.* Tr. J. Cunningham. New York: Herder & Herder, 1958. **Zahn, T.** *Introduction to the New Testament.* Tr. J. M. Trout et al. Edinburgh: T. & T. Clark, 1909.

# 주석 참고문헌

**Afford, H.** *"ΠΡΟΣ ΚΟΠΙΝΘΙΟΥΣ."* In *The Greek Testament* 2, 3d ed. London: Rivingtons, 1857. **Allo, E. B.** *Saint Paul: seconde épître aux Corinthiens.* EB Paris: J. Gabalda, 2d ed., 1956. **Bachmann, P.** *Der zweite Brief des Paulus an die Korinther.* ZKNT. Leipzig: Verlagsbuchhandlung Werner Scholl, 1918. **Barclay, W.** *The Letters to the Corinthians.* Edinburgh: St. Andrews Press/Philadelphia: Westminster Press, reprint 1975. **Barrett, C. K.** *A Commentary on the Second Epistle to the Corinthians.* New York: Harper & Row/London: A. & C. Black, 1973. **Beasley-Murray, G. R.** "2 Corinthians," *The Broadman Bible Commentary,* vol. 11. Nashville: Broadman Press, 1971. **Beet, J. A.** *II Corinthians.* London: Hodder & Stoughton, 1882. **Bernard, J. H.** "The Second Epistle to the Corinthians." In *The Expositor's Greek Testament* 3, ed. W. R. Nicoll. London: Hodder & Stoughton, 1897. **Boor, W. de.** *Der zweite Brief des Paulus an die Korinther.* Wuppertal: R. Brockhaus, 1972. **Bruce, F. F.** *1 and 2 Corinthians.* NCB. Grand Rapids: Eerdmans/London: Marshall, Morgan & Scott, 1971. **Bultmann, R.** *Der zweite Brief an die Korinther.* Ed. E. Dinkler. MeyerK 6. Göttingen: Vandenhoeck & Ruprecht, 1976. ______. *Exegetische Probleme des zweiten Korintherbriefes.* Reprint. Darmstadt: Wissenschaftliche Buchgesellschaft, 1963. **Calvin, J.** *The Second Epistle of Paul the Apostle to the Corinthians and the Epistles to Timothy, Titus, and Philemon.* Calvin's New Testament Commentaries 10. Tr. T. A. Smail. Grand Rapids: Eerdmans, 1964. **Denney, J.** *The Second Epistle to the Corinthians.* The Expositor's Bible. London: Hodder & Stoughton, 1894/New York: Armstrong, 1903. **Evans, E.** *The Epistles of Paul the Apostle to the Corinthians.* The Clarendon Bible 13. Oxford: The Clarendon Press, 1930. **Fallon, F. T.** *2 Corinthians.* New Testament Message 11. Wilmington, Del.: M. Glazier/Dublin: Veritas, 1980. **Filson, F. V.** "The Second Epistle to the Corinthians." In IB 10. New York: Abingdon Press, 1953. **Furnish, V. P.** *II Corinthians.* AB 32A. Garden City, N.Y.: Doubleday, 1984. **Goudge, H. L.** *The Second Epistle to the Corinthians.* WC. London: Methuen & Co., 1927. **Hanson, R. P. C.** *2 Corinthians.* Torch Bible Commentaries. London: SCM, 1967. **Harris, M. J.** "2 Corinthians." In *The Expositor's Bible Commentary,* ed.

F. E. Gaebelein. Grand Rapids: Zondervan, 1976. **Héring, J.** *The Second Epistle of Saint Paul to the Corinthians.* Originally CNT. Tr. A. W. Heathcote and P. J. Allcock. London: Epworth Publishing Company, 1967. **Hodge, C.** *An Exposition of the Second Epistle to the Corinthians.* New York: A. C. Armstrong & Son, 1891. Reprint. Edinburgh: Banner of Truth, 1959. **Hughes, P. E.** *Paul's Second Epistle to the Corinthians.* NICNT 47. Grand Rapids: Eerdmans/London: Marshall, Morgan & Scott, 1962. **Kennedy, J. H.** *The Second and Third Epistles of St. Paul to the Corinthians.* London: Methuen & Co., 1900. **Lietzmann, H.** *An die Korinther 1/2.* With supplement by W. G. Kümmel. HNT 9. Tübingen: J. C. B. Mohr(Paul Siebeck), 1969. **Menzies, A.** *The Second Epistle of the Apostle Paul to the Corinthians.* London: Macmillan & Co., 1912. **Meyer, H. A. W.** *Kritischexegetischer Handbuch über den zweiten Brief an die Korinther.* MeyerK 6. Göttingen: Vandenhoeck & Ruprecht, 1840. **Plummer, A.** *A Critical and Exegetical Commentary on the Second Epistle of St. Paul to the Corinthians.* ICC 47. Edinburgh: T. & T. Clark, 1915. **Strachan, R. H.** *The Second Epistle of Paul to the Corinthians.* MNTC 7/2. London: Hodder & Stoughton/ New York: Harper & Brothers, 1935. **Tasker, R. V. G.** *The Second Epistle to the Corinthians.* TNTC 8. Grand Rapids: Eerdmans, 1958. **Thrall, M. E.** *The First and Second Letter of Paul to the Corinthians.* The Cambridge Bible Commentary. Cambridge: University Press, 1965. **Wendland, H. D.** *Die Briefe an die Korinther.* NTD 7. Göttingen: Vandenhoeck & Ruprecht, 1964. **Wilson, G. B.** *2 Corinthians.* A Digest of Reformed Comment. Edinburgh: Banner of Truth, 1979. **Windisch, H.** *Der zweite Korintherbrief.* MeyerK 6. Göttingen: Vandenhoeck & Ruprecht, 1924.

# 서 론

## 1. 고린도: 도시와 교회

### 참고문헌

**Barrett, C. K.** "Titus," *Neotestamentica et Semitica.* FS M. Black. Ed. E. E. Ellis and M. Wilcox. Edinburgh: T. & T. Clark, 1969. 1-14. ______. *The New Testament Background: Selected Documents.* London: SPCK/New York: Macmillan, 1956. **Conzelmann, H.** "Korinth und die Mädchen der Aphrodite. Zur Religionsgeschichte der Stadt Korinth." *NAG* 8(1967) 247-61. Reprinted in his *Theologie als Schriftauslegung: Aufsätze zum Neuen Testament.* Munich: Kaiser, 1974. 152-66. ______. *1 Corinthians.* Hermeneia. Tr. J. W. Leitch. Philadelphia: Fortress, 1975. **de Waele, F. J.** "Korinthos." In Pauly, A. and Wissowa, G. *Real-Encyklopädie der klassischen Altertumswissenschaft,* supp. VI, 182-200. 1935. **Doughty, D. J.** "The Presence and Future of Salvation in Corinth," *ZNW* 66(1975) 61-90. **Fascher, E.** "Die Korintherbriefe und die Gnosis." In Tröger, K. W., ed. *Gnosis und Neues Testament,* 281-91. Gütersloh: Mohn, 1973. **Finegan, J.** *Light from the Ancient Past.* Princeton: University Press, 1946-1965. ______. *Handbook of Biblical Chronology.* Princeton: University Press, 1964. **Grant, R. M.** *A Historical Introduction to the New Testament.* London: Collins /New York: Harper & Row, 1963. **Gunther, J. J.** *Paul: Messenger and Exile.* Valley Forge, PA. Judson, 1972. **Hock, R. F.** "Paul's Tentmaking and the Problem of His Social Class." *JBL* 97(1978) 555-64. ______. "The Work-shop as a Social Setting for Paul's Missionary Preaching." *CBQ* 41(1979) 438-50. ______. *The Social Context of Paul's Ministry: Tentmaking and Apostleship.* Philadelphia: Fortress, 1980. **Holmberg, B.** *Paul and Power. The Structure of Authority in the Primitive Church as Reflected in the Pauline Epistles.* ConB 11. Lund: Gleerup, 1983. **Jervell, J.** "Der schwache Charismatiker." In *Rechtfertigung.* FS E. Käsemann, ed. J. Friedrich, W. Pöhlmann, & P. Stuhlmacher, 185-98. Tübingen: J. C. B. Mohr, 1976. **Jewett, R.** *A Chronology of Paul's Life.* Philadelphia: Fortress, 1979. **Koester, H.** and **Robinson,**

J. M. *Trajectories through Early Christianity*. Philadelphia: Fortress, 1971. **Kümmel, W. G.** *Introduction to the New Testament*.[2] Tr. H. C. Kee. London: SCM Press/Nashville: Abingdon, 1975. **Lenschau, T.** "Korinthos." In Pauly, A. and Wissowa, G. *Real-Encyklopädie der klassischen Altertumswissenschaft*, suppl. IV, 991-1036. 1924. **Luedmann, G.** *Paul, Apostle to the Gentiles. Studies in Chronology*. ET. Philadelphia: Fortress, 1984. **Martin, R. P.** *The Spirit and the Congregation: Studies in 1 Corinthians 12-15*. Grand Rapids: Eerdmans/Exeter: Paternoster Press, 1984. **Marxsen, W.** *Introduction to the New Testament*. Tr. G. Buswell. Philadelphia: Fortress, 1968. **McNeile, A. H.** and **Williams, C. S. C.** *An Introduction to the Study of the New Testament*.[2] Oxford: Clarendon Press, 1953. **Murphy-O'Connor, J.** *St. Paul's Corinth. Texts and Archaeology*. Wilmington, Del.: M. Glazier, Inc., 1983. ______. "The Corinth St. Paul Saw," *BA* 47.3(1984) 147-59. ______. *1 Corinthians*. NT Message. Dublin: Veritas/Wilmington, Del.: Glazier, 1979. **Papahatzis, N.** *Ancient Corinth: The Museums of Corinth, Isthmia and Sicyon*. Athens: Ekdotike Athenon, 1977. **Robinson, J. A. T.** *Redating the New Testament*. London: SCM/Philadelphia: Westminster Press, 1976. **Schmithals, W.** *Gnosticism in Corinth*. Tr. John E. Steely. Nashville: Abingdon, 1971. **Smallwood, E. M.** *The Jews under Roman Rule*. Leiden: Brill, 1976. **Theissen, G.** *The Social Setting of Pauline Christianity. Essays on Corinth*. Tr. J. H. Schütz. Philadelphia: Fortress Press, 1982. **Thiselton, A. C.** "Realized Eschatology at Corinth." *NTS* 24(1977-78) 510-26. **Wilson, R. McL.** "Gnosis at Corinth." In *Paul and Paulinism: Essays in Honour of C. K. Barrett*, ed. M. D. Hooker & S. G. Wilson, 102-14. London: SPCK, 1982. **Yamauchi, E.** "Pre-Christian Gnosticism, The New Testament and Nag Hammadi in Recent Debate." *Themelios* 10(1984) 22-27.

주후 1세기의 고린도는 남부 그리스의 주요한 상업 중심지였다(고린도 지역에 대한 최근의 고고학적 연구 성과에 대해서는 Papahatzis, *Ancient Corinth*를 보라). 고린도가 지리학적으로 아주 좋은 여건을 갖추고 있었던 것도 그 도시가 번영하는 데 큰 몫을 했다. 왜냐하면 고린도는 북부 그리스와 펠로폰네소스(Peloponnesus) 반도를 연결해 주는 지협(地峽, 두 육지를 연결해 주는 좁고 잘록한 땅)에 자리잡고 있었고, 서쪽으로는 레게움(Lechaeum)과 동쪽으로는 겐그레아(Cenchreae)라는 두 곳의 천혜의 항구를 보유하고 있었기 때문이다(고린도의 항구들에 대해서는 Pausanias, *Description of Greece* 2.3을 보라. 예전에 이 지협을 통과하는 운하를 건설하고자 한 일들에 대해서는 1.5를 참조하라. Strabo, *Geography* 8.6.20a는 고린도가 "번영한" 것은 그 도시가 "지협에 위치하고 있었고 두 곳의 항구를 보유하고 있었기" 때문이라고 말한다. Horace, *Odes* 1.7.2는 "두 개의 바다를 지닌 고린도"라는 표현을 사용한다). 그래서 고린도는 배를 통해서 양 방향으로 운송되는 물품들의 집하장(集荷場) 역할을 했고, 상당히 많은 수의 길들이 고린도에서 합류했다. J. Murphy-O'Connor, *St. Paul's Corinth*, 20에 실려 있는 지도와 Pausanias, *Description* 2.4, 5.4에 나오는 설명을 보라. 고린도 때문에 선원들은 펠로폰네소스 반도를 둘러 가는 위험한 노선을 피해 갈 수 있었고, 폭풍우를 피해서 에게해를 가로질러 좀더 북쪽으로 여행하는 것도 가능해졌다. 말레아(Malea) 곶을 둘러 가는 항해를 불필요하게 만든 고린도의 지정학적 위치에 대해서 스트라보(Strabo, *Geography* 8.6.20a)는 이렇게 찬사를 보낸다. "고린도에서 화물을 부리는 것은 이탈리아와 아시아에서 온 상인들에게 말레아로 둘러 가는 항해 대신에 선택할 수 있는 매우 환영할 만한 대안이었다." 말레아로 둘러서 항해하다가 거친 바다 때문에 시일이 지체되었다는 것을 보여 주는 증거들에 대해서는 Pliny, *Ep.* 10.15를 보라. 역사 시대 전 기간에 걸쳐서 존재했던 대부분의 항구들과 마찬가지로 고린도는 국제적인 명성을 얻고 있었다. 키케로(Cicero)의 *On the Republic* 2.7-9에서는 그러한 사실을 잘 보여 준다. "항구 도시들이라고 하면, 우리는 도덕적인 부패와 타락을 연상하게 된다. 항구 도시들은 온갖 낯선 언어와 관습들을 받아들이고, 외국의 물품만이 아니라 생활 방식들까지 수입함으로써 조상 때부터의 고유한 문화와 관습을 그대로 유지하기가 거의 불가능하기 때문이다." 고린도의 주민은 상당히 다양한 인종들이 서로 섞여 있었고, 그 결과 여러 종교들을 신봉하고 있었을 것임에 틀림없다. 고린도의 주된 신전은 사랑과 미를 주관하는 그리스 여신인 아프로디테(Aphrodite)의 신전이었다(Pausanias, *Description* 5.1). 고린도에서 아프로디테 제의(祭儀)는 동방 종교의 영향이 가미되어 타락한 형태로 행해져서, 성창(聖娼)을 비롯하여 도덕적으로 낮은 수준과 성적인 타락의 모습을 보여 주었다. 스트라보(Strabo, *Geography* 8.6.20)에 의하면, "아프로디테 신전은 아주 부유했고, 사람들이 여신에게 바친 천 명이 넘는 신전 노예들과 창기(娼妓)들을 보유하고 있었다"고 한다. 그러나 콘첼만(Conzelmann, 12)은 스트라보(Strabo)의 글에 나오는 "(아프로디테의) 신전 제의에 참여했던 성창들"(*ἱεροδούλους ἑταίρας* - 히에로둘루스 헤타이라스)에 대한 언급은 저자가 고린도를 방문했던 주전 29년이 아니라 주전 146년 이전의 고린도와 관련이 있는 것이라는 근거 하에서 그러한 묘사가 바울 시대의 고린도에 해당된다고 보기가 어렵다고 생각한다. 파우사니아스(Pausanias)는 이 문제에 대하여 침묵한다. 머피 오코너(J. Murphy-O'Connor, *St. Paul's Corinth*, 56)는 성창은 결코 그리스의 관습이 아니었다고 말하면서, 만약 고린도가 그 예외였다면 고대 그리스의 다른 저술가들이 그 점에 대하여 침묵하고 있는 것을 설명하기가 불가능하다고 지적한다. 고린도의 사치와 악덕 때문에 부(富)와 음행을 나타내는 수치스러운 관용어인 "고린도화되다"(*κορινθιάζεσθαι* – 코린디아제스다이, 즉 "음행하다")라는 말이 생겨났는데, 그 정도로 고린도는 고대 세계에서 부와 성적인 타락으로 유명했다. 그러나 아리스토파네스(Aristophanes, 주전 450-385경)가 펠로폰네소스 전쟁 기간 동안에 남부 그리스 지역에 대한 아테네인들의 경멸감을 표현한 것들 중의 일부로서 이 동사를 만들어 낸 것일 수 있고, 이 조어(造語)는 고린도 때문에 무역 중심지로서의 지위를 위협받았던 아테네인들의 경쟁심을 반영한 것일 수도 있다. 그렇지만 이 조어는 널리 유행했다. Athenaeus, *Deipnosophistae* 7:313c, 13:559a에 의하면, 필레타이루스(Philetaerus, 주전 4세기)와 폴리오쿠스(Poliochus)는 「매춘부」(*Κορινθιαστής* – 코린디아스테스)라는 희곡을 썼다고 한다. 아테나이우스(Athenaeus, *Deipnosophistae* 13:573c-574c)가 "아프로디테 신전에 들어가서 그리스인들의 구원을 위하여 기도한 고린도의 창녀들"이라는 구절을 인용하여 사용한 것에 대해서는 Conzelmann, "Korinth," 256=*Theologie*, 160f.와 Murphy-O'Connor, *St. Paul's Corinth*, 126, 127를 보라. 플라톤(Plato, *Republic* 404D)은 창녀를 가리키는 말로 "코린디아 코레"("고린도의 소녀")라는 표현을 사용했다(*ψέγεις ἄρα καὶ Κορινθίαν κόρην* – 프세게이스 아라 카이 코린디안 코렌, "고린도의 소녀에게 네가 어찌 눈살을 찌푸리겠는가?").

그러한 곳에 하나님의 은혜와 그의 종 바울의 사역으로 말미암아 교회가 세워졌다. 그 교회에 속한 지체들 중에서 많은 수는 이질적인 삶과 행실의 기준을 지닌 이교 세계로부터 왔을 것임에 틀림없다. 그렇지만 그들은 회당의 신앙으로 개종한 자들로서 유대교의 가르침에 친숙했을 것이다(행 18:4; Murphy-O'Connor, *1 Corinthians* ix, x을 보라). 따라서 그리스도인으로서의 도덕이나 행실과 관련된 문제들이 첫 번째 서신인 고린도전서를 지배하고 있었다는 것은 별로 놀라운 일이 아니고, 고린도후서 6:14-18에도 믿지 않는 자들과 어울리는 것에 대한 강력한 경고가 나온다. "또한 분파의 경향과 불안정한 체제는 그러한 국제적인 도시에서 흔히 찾아볼 수 있는 여러 인종적 특징들 간의 혼합과 충돌이라는 실제적인 심리학적 토대에서 기인한다"(Strachan, *Commentary*).

고린도 교회는 유대인들의 정착지, 이른바 디아스포라 지역에 생겨난 것이었는데, 고린도 같은 상업 중심지에 그러한 정착지가 있었다는 것은 당연한 일이었다. 유대인 디아스포라가 살던 도시들의 명단 속에 고린도가 끼어 있는 것에 대해서는 Philo, *Legat.*, 281, 282를 보라. 시키온(Sicyon)에서 (고린도 북서쪽으로) 온 유대인 유배자들은 그들이 살던 도시가 주전 146년에 멸망당했을 때 거기서 피신해 왔을 것이다. 이 두 도시는 교역(交易)을 통해서 서로 연결되어 있었다(Strabo, *Geography* 8.6.23c). 머피 오코너(Murphy-O'Connor, *St. Paul's Corinth*, 79)는 베스파시안 황제가 고린도 운하를 건설하기 위해서 6,000명의 젊은이들을 보냈던 주후 67년 이후에(Josephus, *J. W.* 3:540) 고린도에 있던 유대인 사회의 핵심적인 구성원이 더 커졌을 것이라는 주목할 만한 말을 했다. 그러한 상황 속에서 유대인들에게 주어진 법적인 권리들로는 함께 모여서 집회를 할 수 있는 권리, 성전세를 예루살렘으로 보낼 수 있도록 허용된 것, 안식일을 지키는 데 방해가 되는 그 어떤 시민적 활동으로부터도 면제된 것 등이 있었다(Smallwood, *Jews*, 120-43). 스몰우드(E. M. Smallwood, 225)는 바울 당시에 고린도에 있던 유대인 사회는 "폴리튜마", 즉 영주권을 지닌 거류민 집단으로 여겨져서 그들 자신의 일들을 스스로 임명한 관리들을 통해서 처리할 수 있는 권한이 부여되어 있었다고 주장한다. 그런 까닭에 우리는 회당장에 관한 언급(행 18:8, 17)을 읽을 수 있고, 논란이 되고 있는 금석문인 [SYN] AGŌGĒ HEBR[AIŌN]([쉬나]고게 헤브라[이온], "히브리인들의 회당")은 그들이 집회를 가졌던 곳의 유적지를 보여 주는 것 같다(Smallwood, 138; Barrett, *New Testament Background*, 51; J. Finegan, *Light from the Ancient Past II*[1969] 360-63).

사도행전 18:1-11은 바울이 지역 회당에서 복음을 전한 결과로 고린도 교회가 형성되었다는 것을 우리에게 말해 준다. 그럼에도 불구하고, 고린도 교회에서는 이교에서 그리스도에게로 회심한 이방인들이 숫적으로 우세했다고 보는 것이 옳을 것이다. 그들은 로마 제국이라는 "허영의 시장" 속에서 하나님의 백성으로 부르심을 받았다. 머피 오코너(Murphy-O'Connor, *BA*, 147)는 바울 당시의 고린도를 황금을 찾아 사람들이 몰려들었던 당시의 샌프란시스코와 비교해서 "사람들이 몰려들었던 신흥 도시"라고 말한다.

고린도는 바울이 거기에 가기 훨씬 전에 그 교역상의 이점들로 인해서 유명한 도시였던 적이 있었지만, 사도가 방문하기 대략 200년 전에 로마의 정복자 뭄미우스(L. Mummius)에 의해서 파괴되었다(로마 군에 의해서 고린도가 이렇게 파괴된 것과 관련해서는 몇 가지 설명이 존재한다: Pausanias, *Description* 7.16.7-10에서는 이 사건이 주전 146년에 일어났다고 말하고, Strabo, *Geography*, 8.6.23b에서는 로마사를 쓴 그리스의 역사가 폴리비우스〈Polybius, B.C. 203-120〉라는 증인을 활용하여 말하고 있으며, Dio Cassius, *Roman History* 21에서는 뭄미우스가 모든 고린도인들을 노예로 삼는 벌을 내리고자 했던 자세한 내막을 덧붙인다). 고린도는 약 한 세기 동안 폐허로 있다가 주전 46-44년에 율리우스 가이사에 의해서 로마 식민지로 재건되었는데, 그 권위 있는 근거가 Appian, *Roman History* 8.136이다. 그는 율리우스 가이사가 한 무리의 식민지 개척자들을 보낸 사실을 말하고 있다. 개척자들이 "카르타고와 고린도에 보내졌다"는 기록은 두 도시의 재건이 서로 관련이 있음을 보여 주는 것으로서 확고한 연대기를 제공해 준다. "이렇게 로마인들은 아프리카에 있는 카르타고를 정복한 후에 그 곳을 파괴했고, 그로부터 102년이 지난 후에 다시 그 곳을 재건하고 주민들로 하여금 거주하게 했다." 카르타고와 고린도라는 두 도시는 주전 146년에 파괴되었기 때문에, 그 도시들이 재건된 것은 주전 44년이었다. 율리우스가 주전 44년 3월 15일에 암살되었기 때문에 이 두 도시의 재건은 그 이전에 일어났을 것이고, 아우구스투스(옥타비아누스)는 아무리 빨라도 주전 43년 말 이전에는 식민지들을 재건하는 계획을 수행할 수 있는 위치에 있지 않았다(Murphy-O'Connor, *St. Paul's Corinth*, 114). 고린도가 재건된 시기는 다소 유동적인 상태로 놓아 두는 것이 더 바람직할 수 있는데, 로마인들에 의해서 고린도가 재건된 때는 율리우스 가이사가 아프리카 원정에 나섰던 주전 46년과 그로부터 2년 후, 즉 그가 죽은 때 사이의 기간이 될 것이다. 율리우스 가이사는 상업 중심지로서의 고린도의 전략적 중요성을 파악하고 있었을 것이다(고린도의 경제적 중요성을 극찬한 Cicero, *On the Agrarian Law=Against Rullus* 2.87를 참조하라). 이러한 역사적 배경은 고린도 서신들 속에 나오는 로마식 이름들을 설명해 줄 수 있을 것이다(고전 1:14의 그리스보, 가이오; 16:17의 스데바나, 브드나도, 아가이고).

주후 1세기에 고린도에는 많은 사람들이 살고 있었고, 정치적-상업적 중심지로서의 고린도의 위치는 로마인들이 주전 27년에 고린도를 남부 그리스에서 원로원 소속 아가야 속주의 주도(州都)로 삼은 것에서 충분히 짐작할 수 있다. 스트라보(Strabo, *Geography* 17.3.25)는 주전 27년에 두 종류의 로마 속주를 만들고자 한 가이사 아우구스투스의 결심을 설명하고 있다: "가이사의 속주들" 또는 제국의 속주들과 총독에 의해서 통치되는 "백성들의 속주들" 또는 원로원 소속 속주들. 아가야는 주후 15년에 "그 지역들(아가야, 마게도냐)을 총독의 관할에서 당분간 황제 직속으로 옮긴다는 결정"(Tacitus, *Ann.* 1.76)이 있기까지는 후자에 속해 있었다. 고린도는 도덕적인 타락으로 유명해서 "고린도적인 생활"은 사치스럽고 방탕한 생활과 동의어가 되긴 했지만, 철학과 문학이 성행하여 "고린도적인 말"이라는 표현은 화려하고 유식한 말을 가리키는 용어가 되기도 했다(Aelius Aristides, *Orations* 46:20-31를 보라). 그러나 고린도가 이러한 찬사를 받게 된 것은 바울 시대보다 훨씬 후대의 일이었다.

이 크고 분주한 도시에 바울은 제2차 선교 여행 중이던 주후 50/51년 겨울에 도착해서 일 년 반 또는 그 이상을 머물렀다(행 18:11, 18; 갈리오가 남부 그리스 아가야 지방의 총독으로 부임한 주후 51년 7월 1일은 사도의 연대기를 계산할 때 중요한 기준 시점들 중의 하나다. 또한 J. Finegan, *Handbook of Biblical Chronology* [1964], 316-18에 제시된 증거들도 그 시기가 열두 달 후라는 것[주후 52년]을 확증해 주는 것으로 해석될 수 있다; J. J. Gunther, *Paul: Messenger and Exile*[1972] 57, 171f.를 보라. 그리고 이른 시기로 설정하는 견해에 대해서는 F. F. Bruce, *New Testament History*[1969] 282, 298; J. A. T. Robinson, *Redating the New Testament* [1976] 31, 35; E. M. Smallwood, *Jews under Roman Rule*[1976] 213, n. 35를 보라. 단호하게 이른 시기를 주장하는 견해로는 R. Jewett, *A Chronology of Paul's Life*[1976] 36-40과 J. Murphy O'Connor, *St. Paul's Corinth*[1983] 141-52를 보라). 바울은 유대인 부부인 아굴라와 브리스길라의 집에 머물렀는데, 이 부부는 경건으로 유명한 자들로서 주후 49년(이것은 전통적인 연대 설정이다; Murphy O'Connor, 130-139는 G. Luedmann, *Paul*, 162-71에 의해서 추가적으로 제시된 논거들을 토대로 이 칙령이 나온 때를 주후 41년으로 설정하고자 한다)에 글라우디오의 칙령이 나온 직후 로마를 떠나 이 곳으로 왔었다. 바울은 그들과 함께 천막 만드는 일을 했다(R. F. Hock, *JBL* 97[1978] 555-64; *CBQ* 41[1979] 438-50; *The Social Context*[1980]를 보라).

바울은 회당에서 사역을 시작했지만 곧 유대인들의 반대에 부딪쳐서 다른 집회 장소를 물색하지 않을 수 없었고, 회심한 개종자였던 유스도의 집을 그러한 장소로 삼았다. 거기서 그는 하나님이 주신 환상을 통해 힘을 얻어서 복음을 전했다. 유대인들은 무리들을 부추기고 동원해서 바울을 해치고자 했지만, 하나님의 축복으로 그의 복음 전파를 통해서 청중들이 회심하여 기독교 공동체가 세워지게 되었다(행 18:4-18). 회심한 사람들은 모두가 그런 것은 아니었지만(참조. 고전 4:10; 10:27; 11:17-34; 12:24, 25; Theissen, *Social Setting*, 70-99를 보라) 하층민 출신이었던 것으로 보인다(고전 1:26-29). 그들은 지성을 자랑하는 당시의 풍조로부터 자유롭지 못했다(참조. 1:18-20; 3:18, 19; 8:1). 아울러 그들에게는 그들이 태어나서 자란 도시의 특성을 이루고 있었던 성적(性的)인 죄에 이끌리는 성향도 존재했다(5:1-11; 6:15-18; 11:21). 물론 그러한 성향들과 관련하여 신학적인 이유도 존재했던 것 같지만 말이다(R. P. Martin, *The Spirit and the Congregation: Studies in 1 Corinthians 12-15*[1984]에 의해서 개략적으로 설명되고 있듯이).

고린도 교회에 보내진 첫 번째 서신에 나오는 내적인 증거들은 몇 가지 특징들이 이 교회의 삶에 장애가 되었다는 것을 보여 준다. 파당을 짓는 성향으로 인해서 교회는 몇 개의 분파로 나뉘어 있었고, 그 분파들은 서로 다툼을 벌여서 결국에는 그들 간의 분쟁을 해결하기 위하여 세속의 법정까지 끌어들였다(고전 6장). 교인들이 이렇게 분파로 나뉘어 서로 경쟁하고 다툼으로써 그리스도의 몸의 하나됨은 파괴되었고(고전 12장), 심지어 애찬식에서도 그런 일이 벌어졌다(11:17ff.). 또한 고린도 교인들은 그들이 지닌 "지식"(8:1)과 "자유함"(6:12; 8:9; 10:23)을 자랑했다. 이 두 개의 용어를 근거로 일부 학자들은 일종의 유대 영지주의적인 사상과 실천이 고린도 교회에 침투해서 몇몇 지체들의 사고와 행위에 영향을 끼친 것이라고 주장했다(W. Schmithals, *Gnosticism in Corinth*[ET 1971] 117-285; W. Marxsen, *Introduction to the New Testament*[ET 1968] 75를 보라). 그러나 이 주장에 대하여 R. McL. Wilson, "Gnosis at Corinth"(1982) 102-14에서는 반론을 제기한다. 이 문제에서 많은 것이 파악하기 어려운 애매한 용어인 "영지주의"에 대한 정확한 정의에 달려 있다. E. Yamauchi, "Pre-Christian Gnosticism"(1984), 22-27에 나오는 가장 최근의 이해를 보라.

이 "고린도 교회에 나타난 이단적인 신학"(Schmithals의 용어)의 몇 가지 특징들이 제시되어 왔다: 비의적(秘儀的)인 "지식"(*γνῶσις*-그노시스, 고전 1:5; 8:1, 7, 10, 11; 12:8; 13:2; 14:6; 이 특징은 고린도후서에도 다시 나타난다: 2:14; 4:6; 8:7; 10:5; 11:6을 보라)과 수많은 방식으로 주장되고 사용된 "자유함". 고린도 교인들이 즐겨 사용했던 용어들 중에는 그런 것들 외에도 "신령한, 영적인"(*πνευματικός*-프뉴마티코스)이라는 용어가 추가되어야 하는데, 이 단어는 바울의 다른 진정한 서신들 속에서는 단지 4번 나오는 데 그치는 반면에 고린도전서에서는 14번 사용된다. 몇몇 고린도 교인들은 교회 공동체의 질서와 통제를 벗어나 있었고, 각각의 지체는 각자가 법이 되어 있었음에 분명하다(고전 8:9; 10:23; 14:32-40). 또 다른 특징들로는 장래의 부활을 부정한 것(고전 15장; 참조. 딤후 2:18), 성례전이

신자들에게 "보호"를 제공해 준다고 믿고서 아주 소중히 여긴 반면에(고전 10장) 윤리적인 행실의 중요성은 무시한 것, 성령의 나타남들(*τὰ πνευματικά*-타 프뉴마티카, 14:1ff.)을 중시한 것, 성령을 받은 사람들끼리 파당을 형성한 것(14:37), 혼인과 관련된 이상한 관습들(고전 7장; 참조. 딤전 4:3), 지상의 예수에 대해서는 관심을 갖기를 거부하고 하늘의 "영원한" 그리스도에게 관심을 집중함으로써(고전 12:3) 십자가를 중심으로 한 케리그마(메시지)를 무시한 것(1:18f., 23; 참조. J. M. Robinson, "Kerygma and History in the New Testament," in *Trajectories through Early Christianity*[with H. Koester, 1971], 34: "바울이 고린도전서에서 직접 다루고 있는 고린도 교회의 여러 가지 이상한 행위들 배후에는 케리그마를 이미 완성된 종말이라는 관점에서 신자들에게 가르친 이러한 이단적 해석이 있는 것으로 보인다") 등이 있었다. 2:8에 나오는 "영광의 주"라는 기독론적인 칭호는 아마도 바울이 고린도 교회의 대적자들이 사용하던 것을 빌어온 것으로서, 예수는 오직 먼저 낮아지심과 죽음에 순복함을 통해서만 주가 되었다고 역설함으로써 영광의 주가 십자가에 토대를 두고 있다고 반박한다.

이러한 해석이 매력적인 것은, 그것이 고린도 교인들의 그릇된 가르침과 실천의 모든 면면들이 하나의 근원에서 나온 것으로 만든다는 것이다. 하지만 주후 2세기의 영지주의적 개념들이 사도 시대라는 그토록 이른 시기에 출현했는가라는 의문이 들지 않을 수 없다(이 주제는 우리가 나중에 다루게 될 것이다). 어떤 학자들은 고린도 서신의 내용들을 영지주의화된 개념들에 의거함이 없이 설명해 왔지만(예를 들면, J. C. Hurd, Jr., *The Origin of 1 Corinthians*[1965; 2d ed., 1983]), 고린도 교회에서는 기독교 복음을 헬레니즘의 신비주의에 맞추고자 하는 시도가 시작되었을 가능성이 크고, 이러한 경향은 나중에 여러 영지주의 학파들을 통해서 꽃피우게 되었다. 브루스(F. F. Bruce)가 사용한 "초기 영지주의"라는 용어는 고린도 교회의 현상들을 충분히 설명해 줄 정도로 융통성이 있는 것 같다(F. F. Bruce, *1 and 2 Corinthians*, 21, 참조. R. McL. Wilson, "How Gnostic were the Corinthians?" *NTS* 19[1972-73] 65-74). 그랜트(R. M. Grant, *A Historical Introduction to the New Testament*[1963] 204-206)는 고린도 교인들이 부분적으로는 유대의 묵시 사상에서 가져온 온전히 실현된 종말론을 채택했다는 것을 근거로 "고린도 교회에는 영지주의자들이 있었고, 영지주의는 기본적으로 기독교 복음을 바라보는 한 방식이었다" 고 확신한다. 도티(D. J. Doughty, "The Presence and Future of Salvation in Corinth," *ZNW* 66[1975] 61-90)는 그러한 견해에 반대하여 고린도 교회에서의 논쟁은 구원의 미래성이 아니라 구원 자체에 대한 이해와 관련된 것이었다고 주장한다. 하지만 이 두 가지 개념은 서로 연결되어 있다(R. P. Martin, *The Spirit and the Congregation*; A. C. Thiselton, "Realized Eschatology"를 보라).

고린도후서로 눈을 돌리면, 우리는 고린도 교인들의 "신학"을 서술하기 위하여 우리가 사용할 수 있는 자료들이 동일하지 않다는 것을 발견하게 된다. 고린도전서에서는 교회 지도자들과 지체들이 바울에게 조언을 구하기 위해서 편지를 썼고, 바울은 고린도 교회의 문제들에 대하여 소문을 전해 들었던 반면에(고전 1:11; 11:18), 고린도후서에서는 바울의 정보의 원천이 좀더 간접적이다. 우리는 본문들로부터 바울과 그의 회중 간에 벌어진 논쟁의 성격이 무엇이었는지를 추론할 수밖에 없는데, 적어도 회중의 일부는 외부로부터 침입한 교사들, 특히 10-13장에 언급된 사자(使者)들의 영향력 아래 있었던 것으로 보인다. 정경에 나와 있는 고린도후서의 순서를 따르면, 이미 2:17; 3:1-18; 4:2-6에서 바울은 그가 전한 케리그마와 부합하지 않는 가르침을 베푼 자들과 맞닥뜨리고 있기 때문에, 우리는 이러한 본문들이 논쟁의 토대를 설정하는 방식과 관련하여 가장 개연성 있는 이유를 논의하지 않을 수 없다. 그 이유 중의 일부는 바울의 사람됨과 관련된 것이었다: 바울은 변덕스럽고 믿지 못할 자라는 비난을 받는다. 그러나 그의 메시지와 거짓 교사들이 고린도 교회에 가져온 "복음" 간에는 신학적인 차이가 존재한다(11:4). 그들의 "복음"이 지닌 "이질적인" 성격 중에서 일부는 기독론적인 것이었고(5:16), 일부는 종말론적인 것이었으며(5:1-10), 일부는 이 거짓 교사들이 권세를 자처하게 된 토대인 "영"(*πνεῦμα*-프뉴마; 11:4)의 임재 및 능력과 관련된 것이었다. 그들의 메시지의 중심에는 구약성경에 대한 해석, 특히 모세의 역할에 대한 이해가 자리잡고 있었음이 분명하다. 후자는 그들에게 그들이 바울보다 우월하다는 확신을 주었는데, 바울은 그들에 비하면 두드러지게 "열등한" 자로 보였다(11:5, 6; 12:11을 보라). 적극적으로 쟁점이 된 것은 능수능란한 화술 및 당당한 자세와 관련된 것이었는데, 바울의 사역 속에는 그러한 것들이 결여되어 있었다. 예르벨(Jervell, "Der schwache Charismatiker")과 홈버그(Holmberg, *Paul and Power*, 78, 79)가 주장했듯이, 소극적인 차원에서 바울은 교회들에서 주목할 만한 지도자로 알려져 있었지만(12:12) 육체적으로 약한 자였고(10:10) 스스로를 치유할 수 없었다는 것(12:7; 참조. 갈 4:13f.)은 부정할 수 없는 사실이었다. 고린도 교회에 출현했던 대적자들은 바울이 스스로 사도를 자처하면서도 실제로는 약함을 보여 주고 있어서, 이 둘이 서로 모순되기 때문에 그는 하나님의 능력을 전혀 나타내 주고 있지 않다고 추론했을 것이다(참조. E. Käsemann, *Die Legitimität des Apostels*, 38-43). 그들에게는 "카리스마적 지도자이자 이적을 일으키는 자가 병든 몸을 이끌고 있다"는 것은 그 말 자체가 모순된 것(contradictio in adjecto)이었다(Jervell, loc. cit., 192, 194). 그러므로 그들은 바울이 진정한 사도가 아니라고 은근히 비아냥거렸다. 왜냐하면 그들은 여기저기를 돌아다니며 선교하는 "거룩한" 전도자의 모습을 그들의 판단 기준으로 삼았기 때문이다. 그들은 성령(πνεῦμα-프뉴마)을 소유하고 있고, 예루살렘 교회의 "지극히 큰 사도들"의 이름을 등에 업고서(11:5; 12:11) 고린도 지역에 대한 그들의 관할권을 주장했다(10:13-18). 이 시점에서 해석자에게 다음과 같은 의문이 제기된다: 우리는 자신의 사도직에 대한 바울의 의식적인 변호와 부합하지 않는 이러한 교사들에 의해 행해진 "카리스마적인" 사역이 어떤 것이었는지를 잠정적으로나마 밝혀낼 수 있는가? 나중에 우리는 이 문제를 좀더 폭넓은 틀 속에서 살펴보게 될 것이기 때문에, 여기서는 로빈슨(J. M. Robinson)의 결론을 잠시 생각해 보기로 하자: "바울은 일차적으로 예수를 영광스러운 이적을 일으키는 자로 보는 왜곡된 전승의 흐름에 직면해서, 그러한 전승의 흐름이 잘못된 것임을 입증하고 예수에 대한 그러한 지식을 반박하기 위하여 역설적으로 자기 자신을 그러한 전승의 흐름 속에서 묘사하는 것으로 답변했다"(*Trajectories*, 59 ff.). 이와 비슷한 결론으로는 R. H. Fuller, *A Critical Introduction to the New Testament*(London: Duckworth, 1966), 49f.를 보라.

## 2. 바울의 고린도 방문들

이 도시의 방문들과 관련된 바울의 동기와 움직임은 복잡하고 난해한 문제를 이루고 있지만, 학자들에 의해서 제시된 일련의 사건들에 대한 개요는 충분히 가능성이 있기 때문에, 우리는 특별히 그렇게 재구성된 고린도후서에 비추어서 바울의 고린도 서신에 대한 우리의 논의를 진행하고자 한다. 다음은 잠정적인 개요로서, 우리는 고린도후서의 저작과 관련된 몇 가지 문제들을 다룬 후에 그것을 살펴보게 될 것이다. 우리는 나중에 여기에 제시된 바울의 여정으로 다시 돌아가고자 한다.

(1) 바울은 교회를 세운다(행 18:1ff.). (2) 바울은 고린도를 떠나서 에베소로 간다(행 18:18f.). (3) 그는 고린도 교인들에게 지금은 멸실되고 없는 한 서신, 즉 고린도전서 5:9에 언급된 서신을 보낸다. 일부 학자들은 고린도후서 6:14-7:1이 그 서신의 단편일 것이라고 믿는다. (4) 그는 "글로에의 집 편으로"(고전 1:11) 고

린도 교회가 여러 파당들로 쪼개져 있다는 소식을 듣는다. (5) 대략 그 무렵에 바울은 고린도 교인들로부터 예배의 질서 및 외부 세계에 대한 그리스도인들의 관계와 관련된 몇몇 문제들에 대하여 그의 조언과 지도를 구하는 편지를 받는다(고전 7:1). (6) 그는 고린도전서를 써서 그들이 파당을 이룬 것에 대하여 질책하고, 그들의 요청에 따라 조언을 한다. 이 서신은 아마도 디도 편에 보내진 것 같고(참조. 고후 12:18, 이 절은 아래의 항목 (10)에 나오는 "엄중한 서신"을 가리킬 가능성이 더 높긴 하지만), 디도는 서신을 전달한 후에 바울이 있던 에베소로 되돌아온다. (7) 바울은 디모데에게 특별한 임무를 주어서 고린도 교회로 보낸다(고전 4:17; 16:10). (8) 그 사이에 바울을 개인적으로 공격한 어떤 우두머리에 의해서 고린도 교회에 심각한 위기 상황이 발생한다(고후 2:5-11; 7:8-13). 디모데는 그 일을 어떻게 처리해야 할지 몰라서 당혹해 했음이 분명하고, 그 소식을 에베소로 가져온다. (9) 디모데의 보고를 받은 바울은 그 문제를 직접 처리하기 위하여 고린도 교회를 짧게 방문한다. 이것을 바울은 나중에 "고통스러운 방문"(고후 2:1)이었다고 언급한다. 그는 고린도 교회 앞에서 창피를 당하고 큰 근심을 안고서 에베소로 돌아올 수밖에 없었다. (10) 그는 이 위기를 타개하기 위해서 커다란 위험을 무릅쓰고 강력한 경고를 담은 편지를 쓴다(고후 2:4; 7:8). 이 편지는 "눈물의 편지" 또는 "엄중한 편지"로 알려져 있는 것으로서 완전히 멸실되었거나 고린도후서 10-13장에 부분적으로 보존되어 있다. 디도는 바울을 드로아에서 영접하도록 지시를 받는다. (11) 고린도전서 16:5 이하에 개략적으로 나와 있는 계획을 따라서 바울은 에베소를 떠나 마게도냐로 향한다. 하지만 그것은 고린도 교회에 대한 "잠시의 방문"(위의 항목 (9)에서 언급된)으로 인해서 기일이 약간 지체된 후였다. 그는 드로아로 갔으나, 디도를 찾을 수 없어서 그를 따라잡기 위해 계속해서 마게도냐로 간다(고후 2:12f.). (12) 바울은 디도를 만났고, 디도는 최악의 상황은 끝났고, 반역은 진압되었다고 말한다(고후 7:6-16). (13) 바울은 우리가 고린도후서로 알고 있는 서신 전체(이렇게 보았을 때는 이 서신의 마지막 네 개의 장은 고린도 교회에서 활동하던 반대파의 잔당을 소탕하기 위한 것이 된다) 또는 일부(즉 1-9장)를 쓴다–후자의 가능성이 더 높다. 그는 이 서신을 마게도냐에서 디도를 통해서 보내는데, 이때 두 명의 다른 형제가 디도와 동행한다. (14) 고린도후서 1-9장으로 이루어진 서신을 보낸 직후에 바울은 고린도 교회에서 새로운 문제가 발생했고, 교인들 중 한 무리가 바울의 권위에 도전하며 거짓된 가르침을 베푼 외부 세력에 넘어갈 위기에 처해 있다는 소식을 듣게 된다(고후 10:10; 11:27; 12:6f.). 이러한 반대파의 재등장은 고린도 교회가 잘 되어 가고 있지 않다는 바울의 잠재적인 염려를 확인시켜 준다. 그는 이 문제에 대처하기 위해서 10-13장을 쓴다. (15) 바울은 직접 고린도 교회를 방문하고(행 20:2), 거기서 1년도 채 못 되어서 로마서를 쓴다.

### 3. 바울이 고린도 교회에 보낸 편지들

우리는 바울이 선교 여정 가운데서 어느 시점에 고린도전서를 썼는지를 거의 확실하게 말할 수 있기는 하지만, 그 저작의 좀더 정확한 때를 확정하기는 어렵다. 고린도전서 16:8은 그가 오순절 직전에 이 서신을 썼다는 것을 보여 주는데, 우리는 그 때를 주후 54년(또는 55년) 5월 초로 추정할 수 있다. 또한 우리는 16:1 이하로부터 예루살렘 교회의 가난한 성도들을 위한 고린도 교회에서의 연보가 아직 시작되지 않았다는 것을 알 수 있다. 고린도후서 8:10과 9:2에서 그는 고린도 교인들이 "지난 해에" 연보를 시작했다고 쓴다. 맥닐(McNeile)과 윌리엄스(Williams)가 말하듯이 "두 서신의 연대 관계는 이 어구에 달려 있다"(*An Introduction to the Study of the New Testament*[1953] 133; 그러나 Kümmel, *Introduction to the New Testament*, 282; Gunther, *Paul*, 77를 보라). 고린도후서가 바울이 에베소를 떠난 후에 마게도냐에서 쓰여졌다는 것은 분명하다. 바울은 자신의 지시를 시행하고 그의 "눈물의 편지"에 대한 반응을 알아보기 위해 디도를 고린도 교회로 보내고 나서 그 결과를 눈이 빠지게 기다리고 있었던 터라 드로아에서 만나기로 했던 디도가 거기에 나타나지 않자 거기서 전도할 정신이 없었다. 마침내 그들은 마게도냐에서 만났다. 디도는 바울의 서신이 잘 통해서 고린도 교인들이 회개하고 근심하게 되었다는 좋은 소식을 바울에게 전해 주었다. 위기가 지나갔다는 소식을 전해듣고서 바울이 기뻐하게 된 것은 주후 55년(또는 56년) 가을에 쓰여진 고린도후서(적어도 1-9장)의 직접적인 배경이 되었고, 현재의 고린도후서의 마지막 네 개의 장은 그것보다 조금 후에 쓰여졌다. 이상은 전통적인 견해를 아주 간략하게 소개한 것이다.

그는 고린도 교인들이 그가 보낸 눈물의 편지에서 행한 호소들에 귀를 기울이지 않고 그의 지시들을 따르지 않음으로써 그의 권위에 도전할까 봐 몹시 노심초사했었다. 디도로부터 그들이 그의 서신을 받고서 정신을 차려서 잘못을 범한 자를 엄하게 – 너무 엄하게 – 처리하는 것으로 그들이 회개했음을 보여 주었다는 소식을 듣고 나서야 그는 안도했다. 그는 또다시 이 서신을 썼다. 이 서신은 기독교의 교리나 교회의 실천을 다룰 계제가 되지 못했다. 이 서신은 단지 바울이라는 인간 자체를 쏟아내고 있을 뿐이다(A. H. McNeile-C.

S. C. Williams, Introduction, 138; 또한 C. K. Barrett, "Titus," in *Neotestamentica et Semitica* [M. Black Festschrift, ed. E. E. Ellis & M. Wilcox, 1969] 1-14를 보라).

고린도전서의 내용은 대체로 고린도 교회가 바울에게 조언을 구한 문제들에 따라서 단락들이 확연히 구분되는 반면에, 고린도후서에서 바울의 글의 흐름은 특히 처음의 일곱 개의 장에서 산만하고 엉뚱하며 질서가 잘 잡혀 있지 않다. 우리는 이 서신의 몇 가지 비평적인 문제들을 다루기 전에 이 서신의 내용이 어떻게 분해되는지를 살펴보고, 그런 다음에 마지막 항목에서 이 서신이 바울의 선교 역사에 대한 우리의 이해에 어떤 기여를 하는지와 관련하여 몇 마디 해두고자 한다.

## 4. 고린도후서의 내용 분해

**서론**(1:1-11): 인사말(1-2절)과 감사(3-11절)

I. **바울이 고린도 교인들에게 자신의 행실이 올바른 것이었다고 변호함**(1:12-7:16)

A. **바울의 고린도 교회 방문들과 관련된 문제**(1:12-2:13): 바울은 자신의 여행 계획을 변경했고, 그 결과 변덕스럽다는 비난을 받게 되었다. 그는 지난번의 "고통스러운 방문"(아래의 설명을 보라)과 같은 고통스러운 일이 다시 벌어지지 않도록 그들과 자신을 둘 다 위하는 마음에서 그렇게 한 것이라고 자신을 변호한다. 그는 자기가 디도로부터 소식을 듣기 위해서 드로아에서 마게도냐로 간 것을 설명한다.

B. **사도직에 대한 첫 번째 변호**(2:14-7:4)

1. **사도의 신실성**(2:14-3:6): 그리스도의 사도는 "구원받는 자들 가운데서 하나님께 그리스도의 향기"다. 그는 자신이 선포하는 메시지에 확신을 갖고 있기 때문에 다른 그 어떤 "천거서"도 필요로 하지 않는다. 복음에 응답하는 믿는 자들은 성령에 의해서 그들의 마음에 부어진 새 언약의 유효성을 증명하는 살아 있는 편지들이다.

2. **새 언약의 사도의 우월성**(3:7-4:6): 이러한 새 언약의 탁월성은 모세의 질서와 대비된다.

3. **사도의 약한 것과 고난**(4:7-5:10)

a. 예수의 죽음을 그의 몸에 지니고 다니면서 겪은 **그의 과거와 현**

**재의 경험**(4:7-12)

b. 사도적 삶이 장래를 지향하고 있음을 보여 주기 위하여 그리스도의 부활에 의해서 보증된 하나님의 영원한 영광에 대한 **그의 소망**을 말함(4:13-5:10)

4. **하나님의 대사이자 종으로서의 사도**(5:11-6:10): 하나님의 화해의 복음에 대한 해설과 관련하여 가르침(5:11-6:1)과 실천(6:2-10)을 결합하여 제시함

5. **이중적인 결론**(6:11-7:4): "우리의 마음이 너희에게 열려 있으니, 너희의 마음을 우리에게 온전히 열어라." 이 단락의 중간에 화해의 요청을 거절하는 것은 믿지 않는 자들과 어울리는 것과 매한가지이니 그 요청을 거절하지 말라는 권면(6:14-7:1)이 삽입되어 있다.

C. **다시 한 번의 바울의 여행들**(7:5-16): 그의 사도직에 대한 긴 설명 뒤에 2:13을 다시 가져와서 개인적인 문제들로 되돌아간다. 디도는 그에게 그의 마음을 기쁘게 해줄 좋은 소식을 가져다 주었었다.

II. **예루살렘 교회를 위한 연보**(8:1-9:15)

A. **연보 및 사절단과 관련된 권면**(8장): 마게도냐 교회들은 후하게 연보를 했다. 디도가 고린도 교회에서 시작한 연보와 관련해서 고린도 교인들은 마게도냐 교인들의 이러한 후함, 무엇보다도 특히 성육신하신 주님에게서 볼 수 있는 희생을 본받으라고 한다. 그들에게 여유가 있는 것들을 드림으로써 그들은 가난한 자들의 필요를 충족시켜 주게 될 것이다. 바울은 그가 보낸 세 명의 형제들을 고린도 교인들에게 따뜻한 마음으로 칭찬하고 천거한다.

B. **두 번째 권면**(9장): 고린도 교인들의 열심에 대한 바울의 평가가 옳았다는 것을 마게도냐 교인들에게 증명하기 위해서는 연보가 즉각적으로 모아져야 한다. 후하게 주는 자는 하나님으로부터 후하게 받는다. 현재의 섬김은 복음의 영광에 기여하게 되고, 교회를 구성하고 있는 이방인과 유대인 간의 사랑을 공고하게 해줄 것이다.

III. **고린도 교회에서의 새로운 위기와 관련된 변증과 변호**(10:1-13:10)

A. **바울은 자신에 대한 비난들에 맞서서 자기 자신과 자신의 사역을 변호한다**(10장): 바울은 "세상 사람처럼 살아간다"(10:2-3)는 비난에 대하여 해명하고, 주께서 직접 자신에게 사도로서의 권위를 주셨다는

것을 그의 합법적인 사도직을 부정하는 자들에게 지적한다.

B. **바울의 자기 자랑**(11:1-12:18): 바울은 이렇게 자기 자신에 대하여 말해야 하는 상황에 대하여 유감을 표하지만, 그의 자랑은 고린도 교인들과 복음을 위한 것이다. 그는 짐짓 한 번 "어리석은 자"가 되어서 자신에 관한 이야기를 하고자 한다. 그는 "지극히 큰 사도들"과의 인맥을 자랑하는 자들에 비해서 어떤 점에서도 결코 열등하지 않다. 실제로, 그는 그들보다 더 사심이 없다. 그의 "케리그마적인 자전적 서술"(11:21-12:18)이 이어지는데, 그것은 바울의 자기 자신을 위한 변호(apologia pro vita sua)이지만 복음을 위한 변호(apologia pro evangelio suo)이기도 하다. 그는 자신의 자격, 사역, 고난, 하나님으로부터 받은 놀라운 은사들을 열거하고, 이와 동시에 그의 약한 것들, 특히 그의 "육체의 가시"를 언급한다. 그는 끝으로 반어법적인 표현을 통해서 탐욕에 대한 그 어떤 의구심으로부터도 자신과 자신의 동역자들이 결백하다고 말한다: 바울과 그의 동역자들은 고린도 교인들에게 그 어떤 재정적인 부담도 지운 적이 없었다!

C. **마지막 경고**(12:19-13:10): 사도는 세 번째 방문이 엄중한 조치를 취하는 때가 될 것을 염려한다. 그는 고린도 교회 교인들에게 마지막으로 그 삶을 개혁하라고 요구하고, 그들에 대한 신뢰감을 나타낸다.

**결론**(13:11-13): 마지막 호소와 인사, 그리고 삼위일체적인 문구로 된 사도의 축도.

## 5. 고린도후서의 개요

I. 인사말(1:1-2)

II. 바울의 지난날에 대한 회고(1:3-11)

A. 찬송과 위로(1:3-7)

B. 아시아에서의 바울의 환난(1:8-11)

III. 서신의 첫 번째 주제로 넘어가기 위한 이행 단락(1:12-14)

IV. 자신의 여행 계획과 관련된 바울의 자기 변호(1:15-2:13)

A. 여행 계획에 대한 회고(1:15-22)

B. 바울의 여행 계획을 설명하고, 그가 앞서 편지를 쓴 것이 잘한 일이라고

말함(1:23-2:11)
C. 고린도 교회에 대한 바울의 관심(2:12-13)
V. 본론: 바울의 사도직(2:14-7:16)
A. 바울에게 있어서 사도직의 적절성(2:14-3:6)
B. 두 언약 아래에서의 삶(3:7-18)
C. 사도직, 케리그마, 사역(4:1-6)
D. 바울의 사역: 그 영광과 연약성(4:7-18)
E. 하늘의 집(5:1-10)
F. 바울의 전도와 삶의 동기(5:11-15)
G. 새 시대 속에서 살아감(5:16-21)
H. 마음을 열라는 바울의 호소(6:1-13)
I. 살아 계신 하나님의 전(6:14-7:1)
J. 마지막 호소와 디도가 가져온 좋은 소식(7:2-16)
VI. 연보 문제(8:1-9:15)
A. 마게도냐 교인들에 대한 칭찬(8:1-6)
B. 고린도 교인들에 대한 호소(8:7-15)
C. 디도의 파송(8:16-24)
D. 형제들을 아가야 지방에 칭찬함(9:1-5)
E. 연보와 교회의 연합(9:6-15)
VII. 고린도 교회에서의 새로운 문제들(10:1-13:10)
A. 바울의 자기 변호(10:1-11)
B. 바울의 사도직과 관련된 문제(10:12-18)
C. 거짓 사도들의 정체(11:1-15)
D. 바울의 "어리석은 자의 변(辯)"(11:16-12:10)
E. 바울의 사도직에 대한 변호(12:11-18)
F. 경고와 세 번째 방문에 대한 약속(12:19-13:10)
VIII. 결론(13:11-13)

## 6. 고린도후서의 문헌 비평적인 문제들

고린도후서의 대부분이 고린도 교인들이 태도를 바꾼 것에 대하여 바울이 안도한 것과 관련되어 있다는 것을 염두에 두고서, 우리는 이제 문헌 비평과 관련된 몇 가지 좀더 복잡한 문제들을 살펴보고자 한다.

## 쟁점들

고린도후서의 내용을 설명하기 위하여 제시되어 온 문헌 비평적인 학설과 견해들에 대한 우리의 연구를 시작하기에 앞서 우리는 먼저 어떤 내용들이 난점을 불러일으키고 있는지를 짤막하게 설명해 두고자 한다.

이 서신을 쭉 읽어 가다 보면, 우리는 2:13에서 2:14로 넘어갈 때 바울의 사고의 흐름 속에 중단이 있다는 것을 감지하게 된다. 이와 같은 행간(行間)의 휴지(休止)는 7:4에서 7:5로 넘어갈 때도 감지된다. 바울은 2:13에 이르기까지 디도를 만나기로 한 약속 때문에 자기가 드로아와 마게도냐로 여행하게 된 것을 설명해 왔다. 그런 후에 2:14에서 7:4까지 이어지는 긴 단락이 시작된다. 여기서의 주제들은 그가 고린도 교회와 접촉하는 것과는 별 상관이 없는 것들로서(적어도 표면적으로 본다면; 그러나 우리는 Harris, 317, 331에게는 유감이지만 "여담"이라는 용어가 부적절하다는 것을 보여 줄 것이다) 그의 사도직에 대한 변호라는 범주에 해당한다. 그렇지만 바울은 7:5에서 다시 앞서 그가 했던 이야기의 실마리를 이어서 그가 디도를 어떻게 만났고, 고린도 교인들이 자신의 책망의 편지를 받아들였다는 소식을 디도가 전해 주었다는 것을 이야기한다(7:6-13).

우리는 6:13에서 다시 바울의 사고 속에서의 중단을 만난다. 그는 그의 "자녀들", 즉 그의 전도를 통해서 회심한 고린도 교인들에게 자신의 마음이 고린도 교인들을 향하여 열려 있으니(6:11) 그들도 자신을 향하여 "마음을 넓게 열라"고 호소하고 있었다. 그런 다음에 이상하게도 그러한 호소는 독자들에게 믿지 않는 자들과 어울리지 말라고 권면하는 것을 목적으로 하는 경고의 말에 의해서 느닷없이 중단된다. 이 단락은 7:1-2까지 이어지고, 거기서 바울의 사고 패턴은 마찬가지로 주목할 만한 방식으로 6:13에서 중단되었던 호소를 다시 이어받는다. 그는 계속해서 "너희의 마음속에 우리를 받아들일 만한 여지를 만들어라"(7:2)고 말하며, 그들에게 그의 동기가 진실하다는 것을 믿으라고 다시 한 번 호소한다(7:3). 이것은 그의 사고가 갑자기 옆으로 빗나간 단순한 여담인가? 아니면 이것은 기존의 편지 속에 끼워넣어진 별개의 글로서 그 양쪽 끝부분에서 꿰매어진 흔적들을 분명하게 보여주고 있는 것인가? 아니면 화해에 대한 이 권면적인 호소가 이전에 존재했을 수도 있고 그렇지 않았을 수도 있는 이 단락에 의해서 예시되고 있는 것인가?

8장과 9장도 이것과 동일하지는 않지만 비슷한 문제점들을 보여 준다. 이 장들은 8:4에서 언급되고 9:1에서 다시 반복되는 예루살렘 교회를 위한 연보를 다루는 내용으로 되어 있다. 문제는 이 두 개의 논의가 왜 이런 식으로 연속적으로 등장하느냐는 것이다. 이 두 개의 장을 별개의 글로 보아야 한다는 논거는 단지 동일한 논의가 두 번 연속해서 나오는 것만이 아니다. 바울은 7:5에서 그의 삶에서의 위기의 때에 그의 독자들에게 말하고 있고, 그러한 환난들을 마게도냐 교인들과 공유하고 있는 반면에, 8:1-2에 와서는 마게도냐 교인들은 분명히 그 환난들을 과거의 일로 회고하고 있는 것으로 나온다. 우리는 바울이 이야기를 이런 식으로 풀어 가는 것에 대하여 의문을 제기하게 된다. 게다가 9장은 아가야 교인들(9:2, 즉 남부 그리스에 거주하는 교인들)을 대상으로 하고 있는 반면에, 8장은 직접적으로 고린도 교인들과 관련되어 있다. 이것은 두 가지 상반된 의미로 해석될 수 있는 현상이다. 그것은 이 두 장이 원래 각기 다른 대상에게 독립적으로 보내졌다는 것을 증명해 주는 증거가 될 수 있다. 또한 그것은 바울이 처음에는 고린도 교회를 향하여 편지를 쓰다가 그런 후에 다음 장에서 대상을 바꾸어서 좀더 폭넓은 아가야 지방의 교인들을 대상으로 썼다는 것을 보여 주는 증거가 될 수도 있다.

문헌 비평적인 난점들 중에서 마지막 것은 좀더 상세하게 다룰 필요가 있다. 이 마지막 난점은 정경에 나와 있는 고린도후서를 읽는 모든 독자들에게 너무나 뚜렷하게 나타나는 현상, 즉 9:15에서 10:1로 넘어가는 대목에서 사고의 흐름이 끊긴다는 것이다. 이 새로운 장(10장)은 문체와 내용이 앞의 단락과는 확연히 다르다. 9장의 끝부분에 이르기까지 바울의 어조는 추한 위기가 적어도 주요 부분에서는 해결되어서 고린도 교인들과의 관계가 회복되었다는 안도감 속에서 그들을 달래는 듯한 확신에 찬 어조였다. 그런데 10:1에서 바울의 어조는 갑자기 그의 사도직을 다시 열띤 논쟁의 주제로 띄워 놓고서 격렬하고 비꼬는 듯한 어조로 공격하는 호전적인 것으로 바뀐다. 바울은 여기서 방어적인 입장에 있었던 것이 분명하다.

이렇게 바울의 어조가 예고 없이 갑작스럽게 바뀐 것에 대한 몇 가지 설명들이 제시되어 왔는데, 우리는 쟁점이 되는 내용들을 다 말했기 때문에 이제 그것들이 어떻게 설명되고 있는지를 살펴보고자 한다.

몇몇 연구자들은 위의 난점들을 근거로 현재의 고린도후서는 별개의 "글들"로 구성되어 있다는 결론을 내리지 않을 수 없다고 보게 되었다. 보른캄(G. Bornkamm, "The History"; 나중의 설명을 보라)은 바울이 고린도 교회에 침입하여 그의 권위에 도전하고 고린도 교인들을 뒤흔들어 놓고 있었던 순회 전도자들과 관련된 문제를 처리하기 위하여 디도 편에 보낸 "변호의 편지"(2:14-6:13; 7:2-4)를 비롯해서 5-6개의 별개의 글들이 현재의 고린도후서를 구성하고 있다고 보는 견해를 제시했다. 이 변호의 편지를 통해서 바울은 스스로를 변호하면서 그의 여행 계획을 변경한 이유를 설명하고 고린도 교회를 방문하고 싶다는 뜻을 전한다. 그는 고린도 교인들이 그를 거부하고 있던 때에 그 곳을 방문했다가(2:5-6) 그들이 그의 복음에서 벗어나 있는 것을 목격했다. 바울은 에베소로 되돌아와서 그의 사도직을 변호하는 "눈물의 편지"(10-13장)를 써서 고린도 교회로 보냈다. 에베소에서 감옥에 갇혔다가 풀려난 후에(1:8-10에서 언급된) 그는 디도를 만나러 드로아로 갔고, 결국 마게도냐에서 디도를 만났다. 거기서 고린도 교인들이 다시 바울에게로 돌아왔다는 소식을 전해들은 바울은 "화해의 편지"(1:1-2:13; 7:5-16)를 썼고, 그 후에도 디도 및 그와 동행한 형제들을 칭찬하고(8장) 연보를 모으는 데 힘쓴 지도자들을 칭찬하는(9장) 내용으로 되어 있는 한두 개의 "편지들"을 더 썼다. 그런 후에 바울은 고린도로 가서 예루살렘으로 마지막 여행을 떠나기 전에 거기서 겨울을 났다. 보른캄(Bornkamm)은 사도의 이동 경로와 그가 쓴 편지들에 대한 재구성을, 우리가 현재 지니고 있는 고린도후서의 형태는 이 여러 단편들을 하나의 "연결된 전체"로 만들어서 교회들에 대한 바울의 마지막 유언으로 삼고자 했던 한 편집자의 작품이라고 말하는 것으로 마무리한다. 편집자는 이때 바울의 가르침에 충실하라는 권면인 6:14-7:1을 첨가했다. 성경의 장르로서의 유언 문학은 족장 또는 선지자가 장래의 일을 알리고 장차 배교가 있을 것을 경고하는 내용을 담고 있는 것이 하나의 특징이다. 이러한 사실은 10-13장이 고린도후서의 끝부분에 오는 이유를 설명해 주는데, 그것은 이 서신을 사도의 권면과 마지막 기도(13:11-13)로 마무리하기 위한 것이었다.

이러한 단편 가설의 또 다른 변형들이 제시되어 왔는데, 그러한 것들은 아래에서 설명될 것이다. 두 번째 견해는 현재의 고린도후서는 현재의 장들의 순서를 따라서 서로 연결되는 일련의 사건들을 서술하고 있는 하나의 단일한 작품이라는 것이다. 따라서 이 서신에 나타나는 여러 번의 중단들은 바울이 본론에서 벗어나 다른 이야기들을 하는 버릇이 있었다는 것, 또는 구술하는 과정에서 자연스럽게 여러 번 중단한 것(예를 들면, 바울은 9장을 구술하고 나서 잠을 잔 후에 10장을 구술했다는 것 등)으로 설명된다. 끝으로, 또 하나의 가능성-본 주석서가 취하고 있는 입장-은 고린도후서를 이루고 있는 장들은 원래의 순서대로 되어 있지만(단, 6:14-7:1의 단락은 앞서 쓰여진 별개의 글이었는데 여기에 포함된 것으로 예외다), 10-13장은 바울이 앞의 장들을 쓴 후에 고린도 교회에서 새롭게 문제가 발생하자 나중에 쓴 것이라는 것이다.

우리는 짤막한 보론(補論)을 통해서 지금까지 제시되어 온 여러 가지 변형된 견해들을 살펴본 후에 이와 같은 가능한 해법들을 고찰해 볼 것이다.

## 보론: 고린도후서의 편집사에 관한 고찰

### 참고문헌(나중에 사용된 주석들은 제외)

**Bates, W. H.** "The Integrity of 2 Corinthians." *NTS* 12(1965-66) 50-69. **Batey, R.** "Paul's Interaction with the Corinthians." *JBL* 84(1965) 139-46. **Betz, H.-D.** "2 Cor. 6:14-7:1: An Anti-Pauline Fragment?" *JBL* 92(1973) 88-108. **Bornkamm, G.** *Die Vorgeschichte des sogenannten zweiten Korintherbriefes.* SAH Phil.-hist. Klasse. Heidelberg: Winter, 1961: partial ET. "The History of the Origin of the So-Called Second Letter to the Corinthians." In *The Authority and Integrity of the New Testament.* London: SPCK(1965) 73-81(from *NTS* 8[1962] 258-64). **Buck, C. H.** "The Collection for the Saints." *HTR* 43(1950) 1-29. **Drescher, R.** "Der zweite Korintherbrief und die Vorgänge in Korinth seit Abfassung des ersten Korintherbriefs." *TSK* 70(1897) 43-111. **Fee, G. D.** "2 Corinthians 6:14-7:1 and Food Offered to Idols." *NTS* 23(1977) 140-61. **Fitzmyer, J. A.** "Qumrân and the Interpolated Paragraph in 2 Cor 6:14-7:1." *CBQ* 23(1961) 271-80. **Georgi, D.** *Die Gegner des Paulus im 2 Korintherbrief.* WMANT 11. Neukirchen-Vluyn: Neukirchener Verlag, 1964. **Gnilka, J.** "2 Cor 6:14-7:1 in the Light of the Qumran Texts and the Testaments of the Twelve Patriarchs." In J. Murphy-O'Connor, *Paul and Qumran: Studies in New Testament Exegesis.* London: Chapman, 1968. **Goguel, M.** *Introduction au nouveau Testament. IV/2: les épîtres pauliniennes.* Paris: Leroux, 1926. **Halmel, Anton.** *Der zweite Korintherbrief des Apostels Paulus.* Geschichte und literarkritische Untersuchungen. Halle: Niemeyer, 1904. **Hausrath, Adolf.** *Der Vier-Capitelbrief des Paulus an die Korinther.* Heidelberg: Bassermann, 1870. **Hyldahl, N.** "Die Frage nach der literarischen Einheit des zweiten Korintherbriefes." *ZNW* 64 3/4(1973) 289-306. **Kennedy, J. H.** *The Second and Third Epistles of St Paul to the Corinthians.* London: Methuen, 1900. **Koester, H.** *Introduction to the New Testament.* Vol. 2: History and Literature of Early Christianity. Philadelphia: Fortress, 1982. **Krenkel, M.** *Beiträge zur Aufhellung der Geschichte und der Brief des Apostels Paulus.* 2d ed. Braunschweig: Schwetschke, 1895. **Kuhn, K. G.** "Die Schriftrollen vom Toten Meer." *EvT* 11(1951) 72-5. **Kümmel, W. G.** *Introduction to the New Testament.* Rev. ET by Howard Clark Kee. London: SCM/Nashville: Abingdon, 1975. **Lake, K.** *The Earlier Epistles of St. Paul.* London: Rivington's, 1927. **Lambrecht, J.** "The Fragment 2 Corinthians 6:14-7:1: A Plea for its Authenticity." In *Miscellanea Neotestamentica II*, ed. T. Baarda et al. NovTSup 47, 143-61. Leiden: Brill, 1978. **Marxsen, W.** *Introduction to the New Testament.* Tr. G. Buswell. Philadelphia: Fortress, 1968. **Munck, J.** *Paulus und die Heilsgeschichte.* København: Munksgaard, 1954. Tr. Frank Clarke, *Paul and the Salvation of Mankind.* London: SCM, 1959. **Nickle, K. F.** *The Collection: A Study in Paul's Strategy.* SBT 48. London: SCM Press, 1966. **Perrin, N.** *The New Testament: An Introduction.* New York: Harcourt Brace Jovanovich, 1974; rev. ed. D. C. Duling, 1982. **Pherigo, L. P.** "Paul and the Corinthian Church," *JBL* 68(1949) 341-50. **Plummer, A.** *The Second Epistle of St. Paul to the Corinthians.* ICC. Edinburgh: T. & T. Clark/ New York: Scribner's, 1915. **Price, J. L.** "Aspects of Paul's Theology and Their Bearing on Literary Problems of Second Corinthians." In *Studies in the History and Text of the New Testament*, FS K. W. Clark. Ed. B. D. Daniels and M. J. Suggs, 95-106. Grand Rapids: Eerdmans, 1967. **Schenke, Hans-Martin** and **Fischer, Karl Martin.** *Einleitung in die Schriften des Neuen Testaments.* I. Die Briefe des Paulus und Schriften des Paulinismus. Berlin: Evangelische Verlagsanstalt, 1978. **Schmithals, W.** "Die Korintherbriefe als Briefsammlung." *ZNW* 64 3/4(1973) 263-88. ______. *Die Gnosis in Korinth.* FRLANT 66. Göttingen: Vandenhoeck & Ruprecht, 1965. Tr. John E. Steely, *Gnosticism in Corinth.* Nashville: Abingdon, 1971. **Semler, J. S.** *Paraphrasis II. Epistolae ad Corinthos.* Halle: 1776. **Stephenson, A. M. G.** "A Defence of the Integrity of 2 Corinthians." In *The Authorship and Integrity of the New Testament.* SPCK Theological Collections 4, 82-97. London: SPCK, 1965. ______. "Partition Theories on 2 Corinthians." *Studia Evangelica II.* 1. TU 87. Berlin: Akademie, 1964. **Thrall, M. E.** "A Second Thanksgiving Period in 2 Corinthians." *JSNT* 16(1982) 101-24. **Vielhauer, Ph.** *Geschichte der urchristlichen Literatur.* Berlin: de Gruyter, 1975. **Watson, Francis.** "2 Cor. x-xiii and Paul's Painful Visit to the Corinthians." *JTS* 35(1984) 324-46. **Weiss, J.** *Das Urchristentum.* 1917. Tr. F. C. Grant, *Earliest Christianity: A History of the Period AD 30-150.* Vols. 1, 2. New York: Harper & Row, 1959. **Wendland, H. D.** *Die Briefe an die Korinther.* NTD 7. Göttingen: Vandenhoeck & Ruprecht, 1968-1972.

이 주제에 대한 접근 방식의 한쪽 극단은 휴즈(Philip E. Hughes)에게서 찾아볼 수 있는데, 그는 "고린도후서의 통일성을 부정하는 오늘날의 견해들은 객관적인 성격을 지닌 그 어떤 증거나 심지어 상황 증거에 의해서조차 뒷받침되지 않는다"(*Commentary*, xxi) 고 주장한다. 다른 쪽 극단에는 이 서신을 아홉 개의 요소로 구분하여 재구성해서 세 개의 별개의 서신들을 찾아낸 할멜(Anton Halmel, *Der zweite Korintherbrief*)과 바울이 고린도 교인들에게 보낸 아홉 개의 서로 다른 서신들이 모두 고린도전서와 후서에 들어 있다는 견해(*Briefsammlung*)를 제시한 슈미탈스(Walter Schmithals)가 있다. 슈미탈스(Schmithals)는 이 서신들을 다음과 같이 정리한다("Die Korintherbriefe," 288).

서신 A: I 11:2-34.
서신 B: I 6:1-11 + II 6:14-7:1 + I 6:12-20 + 9:24-10:22 + 15:1-58 + 16:13-24(이전 편지).
서신 C: I 5:1-13 + 7:1-8:13 + 9:10-22 + 10:23-11:1 + 12:1-31a + 14:1c-40 + 12:31b-13:13 + 16:1-12(답신).
서신 D: I 1:1-4:21.
서신 E: II 2:14-6:2(중간 편지).
서신 F: I 9:1-18 + II 6:3-13 + 7:2-4.
서신 G: II 10:1-13:13(눈물의 편지).
서신 H: II 9:1-15(연보의 편지).
서신 I: II 1:1-2:13 + 7:5-8:24(화해의 편지).

자세한 것은 H.-M. Schenke-K. M. Fischer, *Einleitung*을 보라.

제믈러(J. S. Semler)가 1776년에 쓴 *Paraphrasis II. Epistolae ad Corinthos*는 이 서신의 통일성에 의문을 제기한 최초의 글이었다. 그는 12:14-13:13을 따로 떼어내어 나중에 쓰여진 부록으로 규정했고, 9장이 고린도 교회가 아닌 다른 곳으로(아마도 아가야 지방의 교회들에) 보내진 글이었을 가능성을 제기했다. 하지만 신약학계의 대표적인 진영들로부터 인정 받은 최초의 학설은 1870년에 하우스라트(Adolf Hausrath, *Die Vier-Capitelbrief des Paulus an die Korinther*)에 의해서 소개되었다. 이 학설이 "네 장(章) 가설"로 알려지게 된 것은 이상한 일이 아니다. 이 견해에 의하면, 10-13장은 1-9장 이전에 쓰여진 것으로서 2:3-4:9; 7:8, 12의 "눈물의 편지"(Tränenbrief)로 규정되었다. 이 견해를 지지하는 학자들로는 Kennedy(1900), Plummer(1915), Lake(1927), Goguel(1926), Strachan(1935), Filson(1953), Hanson(1967), Watson(1984) 등이 있다.

네 장 가설의 한 변형은 널리 퍼지게 된 하우스라트(Hausrath)의 학설보다 더 최근에 나온 것이긴 하지만 사실은 고린도 서신을 재구성한 옛 모델이다. 이 견해의 선구들(antecedents)은 제믈러(Semler)의 주장(1776년)에 뿌리를 두고 있다. 이 견해에 의하면, 10-13장은 "눈물의 편지"로 규정되지 않고 1-9장 뒤에 쓰여진 것으로 주장된다. 이것은 본 주석서에서 채택한 견해다. 이 해석을 따르고 있는 학자들로는 Krenkel(1895), Drescher(1897), Windisch(1924), Pherigo(1949), Buck(1950), Munck(1954), Batey(1965), Bruce(1971), Barrett(1973), Furnish(1984) 등이 있다.

이 모든 것에도 불구하고, 우리는 고린도후서의 통일성을 옹호하는 자들은 이미 틀린 것으로 입증된 견해를 지지하고 있다고 말하는 것이 아니다. 사실, 이 서신의 통일성은 Bernard(1903), Lietzmann(1909), Menzies(1912), Goudge(1927), Allo(1936), Tasker(1958), Guthrie(1961-1970), Hughes(1962), Kümmel(1963), Stephenson(1965), Bates(1965), Price(1967), Hyldahl(1973), Harris(1976)를 포함해서 여러 학자들의 지지를 받아 왔고, 지금도 받고 있다.

10-13장의 적절한 위치와 관련된 문제는 고린도후서에 대한 문학적인 분석과 관련된 대부분의 논의를 불러일으켜 왔다. 하지만 그 밖의 다른 난점들도 논란이 되어 왔고, 주석가들 사이에서 큰 견해 차이를 야기시켜 왔다. 일부 비평학자들은 2:14-7:4의 대부분을 따로 떼어내어 별개의 서신으로 보아 왔다. 이러한 결론에 도달한 최초의 학자는 할멜(Halmel, 1904)이었다(사소한 차이들은 있지만). 그의 견해는 슈미탈스(Schmithals, 1956), 게오르기(Georgi, 1958)의 지지를 받았고, 최근에 와서는 그의 견해를 따른 보른캄(Bornkamm, 1961)의 논증이 약간의 수정을 통해서 마르크센(Marxsen, 1968), 페린(Perrin, 1974), 쾨스터(Koester, 1982)에 의해 받아들여졌다. 게다가 몇몇 학자들은 2:14-7:4을 별개의 서신이 아니라 10-13장과 더불어서 "눈물의 편지"에 속하는 것으로 규정했는데, 그런 학자들로는 바이스(Weiss, 1917), 불트만(Bultmann, 1947), 비엘하우어(Vielhauer, 1975) 등이 있다.

이 큰 단락(2:14-7:4) 속에는 6:14-7:1의 작은 단락이 나오는데, 이 작은 단락도 그 자체로 다소 수수께끼 같은 의문점을 지니고 있다. 이 작은 단락은 제자리에 있는 것 같지 않고, 어느 정도는 바울이 쓴 글 같아 보이지 않기도 한다. 쿤(Karl Georg Kuhn, 1951)은 이 단락과 쿰란의 여러 글 간의 문헌적인 관계를 발견하고자 한 최초의 학자들 중에 한 사람이었다. 그때 이후로 이 단락은 불트만(Bultmann, 1947), 피츠마이어(Fitzmyer, 1961), 보른캄(Bornkamm, 1965), 그닐카(Gnilka, 1968)에 의해서 바울이 아닌 다른 사람에 의한 첨가로 여겨져 왔다. 베츠(Betz, 1973)는 심지어 이 단락이 갈라디아서에 나오는 바울의 대적들의 신학과 유사하다는 점을 근거로 이 단락이 바울에 반대하기 위하여 쓰여진 글이었을 것이라고 주장하기까지 했다.

그 밖의 다른 문제들로는 8장과 9장의 관계를 어떻게 이해해야 하고, 이 두 장은 어디에서 어떻게 고린도 서신의 목적과 부합하는가에 관한 것들이 있다. 몇몇 학자들은 이 두 장을 별개의 것으로 구별했던 세믈러(Semler, 1776)의 전통을 따르고 있고, 바이스(Weiss, 1917), 그리고 최근에는 보른캄(Bornkamm, 1965), 니클(Nickle, 1966), 헤링(Héring, 1967), 벤틀란트(Wendland, 1968), 바렛(Barrett, 1973)도 이러한 구분을 주창했다. 전체적으로 보아서 이 견해는 별로 박수 갈채를 받아 오지 못했지만, 제믈러(Semler)의 가설을 지지하는 베츠(Betz)의 연구서(1985?)가 나오게 되면, 이 문제는 또다시 쟁점이 될 전망이다.

우리가 앞에서 문제점들을 나타낸 대목들로부터 보았듯이, 고린도후서의 통일성은 역사적으로 네 부분에서 도전을 받아 왔다. (1) 8장과 9장, (2) 2:14-7:4, (3) 6:14-7:1, (4) 10-13장. 이제 우리는 이 네 개의 문제 있는 대목들 각각에 초점을 맞추어서 논쟁이 되고 있는 내용들을 살펴볼 것이다.

(1) 7장에서 8장으로 넘어가는 것은 두드러지게 갑작스럽기는 하지만, 그것은 충분히 이해가 되는 일이다. 왜냐하면 주제가 사도의 자기 고백에서 예루살렘의 가난한 그리스도인들을 위한 연보로 바뀌기 때문이다. 겉으로 보기에 바울이 마치 이전에는 연보에 관하여 전혀 말한 적이 없다는 듯이 연보에 대하여 소개하고 있는 것으로 보이는 9:1의 내용은 느닷없이 등장하면서도 분명한 설명이 주어져 있지 않다. 하지만 우리는 만약 바울이 정말 새로운 주제를 도입하고자 했다면, 그는 다시 요약해서 말한다는 것을 보여 주는 페리 멘 가르(*περὶ μὲν γάρ*)가 아니라 그가 습관적으로 사용하는 페리 데(*περὶ δὲ*)를 사용했을 것이라고 예상해 볼 수 있다. 나아가서, 바울은 9:3, 5에서 "형제들"을 언급할 때 그의 독자들이 자신이 누구에 대하여 말하는지를 알고 있다고 전제한다. 그렇지만 오직 8:6, 16 이하에만 이 사람들의 정체를 보여 주는 내용이 나온다.

불트만(Bultmann)은 바울이 아가야 지방의 교인들이 연보에 기꺼이 동참했다고 마게도냐 교인들에게 자랑했다는 것(9:2) -그는 아가야 지방의 교인들이 후하게 연보하는 것을 고무시키기 위하여 마게도냐 교인들이 후하게 냈다는 것을 말하기도 했다(8:1-5) - 이 의미가 있으려면 9장을 이전에 쓰여진 별개의 서신으로 보아야 한다고 주장했다. 그러나 불트만의 재구성은 순환 논법의 형태를 띠고 있는 이 딜레마(너희는 그들이 낸 만큼 내야 한다; 그들은 너희가 낸 만큼 내야 한다)를 해결해 주지 못한다. 시간표를 재구성함으로써(즉 9장이 8장보다 먼저 쓰여졌다고 함으로써) 그 딜레마를 제거하고자 하는 시도에도 불구하고 순환 논법은 여전히 사라지지 않는다.

빈디쉬(Windisch)는 8:20에서는 형제들이 온 것과 관련하여 9:3-5에서 제시된 이유와는 상반되는 소위 다른 이유들이 제시되고 있다고 주장한다. 전자에서는 이 형제들이 온 것은 연보와 관련된 바울의 책임성과 신실성에 대한 증인들이 되기 위한 것이라고 말하는 반면에, 후자에서는 이 형제들이 바울이 도착하기에 앞서 연보를 준비하게 하기 위하여 먼저 보내진 것이라고 말한다. 하지만 이러한 주장이 8장과 9장의 통일성을 반박하는 논거가 되려면, 우리는 첫 번째로는 8:20에서는 오직 한 형제만을 염두에 두고 있는 반면에 9장에서는 두 형제(아마도 디도를 포함해서)를 염두에 두고 있다는 사실, 두 번째로는 이 형제들의 역할이 앞에서 말한 두 가지 역할을 다 포함하고 있었을 가능성을 배제하지 않으면 안 된다.

그럼에도 불구하고, 우리가 이 두 장이 원래부터 연속적으로 이어져서 통일성을 갖추고 있다는 견해를 고수한다면, 8:24에서 9:1로 넘어가는 것이 어색한 이유를 설명해야 한다는 것이 여전히 문제점으로 남게 된다. 브루스(F. F. Bruce, 225)의 견해처럼, 정확히 바로 이 대목에서 구술이 일시 중단되었다고 보는 것이 합리적인 것 같다. 사고의 흐름은 짧은 휴식에 의해서 중단되었다.

(2) 두 번째 문제는 2:13과 2:14이 무리 없이 연결되지 못한다는 것이다. 앞의 단락들에서 바울은 고린도 교회와 관련된 그의 여행 계획들을 다루었었다. 그러나 2:14부터 그는 자신의 사도직에 관한 말을 시작해서, 7:5에 이르러서야 다시 그의 여행 계획에 관한 내용으로 되돌아간다. 사실 만약 2:14-7:4을 본문에서 빼버린다면, 2:12-13에 나오는 디도와 마게도냐에 대한 바울의 언급은 7:5-16에서 바울이 마게도냐에서 디도를 만나게 되었다는 언급으로 아주 자연스럽게 이어지게 된다. 따라서 우리는 2:14-7:4이 (a) 후대의 삽입인지(그렇다면 그 단락이 여기에 어색하게 놓이게 된 이유는 어떻게 설명해야 하는가), 아니면 (b) "고상한 여담"(Bengel이 사용한 표현; 그렇다면 이러한 여담을 하게 만든 상황은 무엇이었을까)인지를 결정해야 할 처지에 놓이게 된다.

2:14-7:4이 후대의 삽입이 아니라는 가장 설득력 있는 증거는 7:4과 7:5-7이 단어상으로 연결되어 있는 가운데 7:16로 이어진다는 점이다(해당 "주석"을 보라). 이러한 연결관계는 만약 저자가 의도한 것이 아니었다면 극도로 눈치채기 어려운 것이다. 7:4에 나오는 몇몇 단어들은 7:5-7에서 유사한 형태로 다시 등장한다. 이것은 리츠만(H. Lietzmann, 131; 또한 Thrall, 109)에 의해서 제시된 논증이다.

> 5절 이하와 4절이 긴밀하게 연결되어 있다는 것은 분명하기 때문에(*παρακλήσει* – 파라클레세이[4] = *παρακαλῶν* – 파라칼론[6], *παρεκάλεσεν* – 파레칼레센[6], *παρακλήσει* – 파라클레세이[7]; *χαρᾷ* – 카라[4]=*χαρῆναι* – 카레나이[7]; *θλίψει* – 들립세이[4] = *θλιβόμενοι* – 들리보메노이[5]), 7:5이 2:13과 밀접하게 연결되어 있다는 후대 삽입설은 심각한 난점들에 봉착하게 된다.

알로(Allo)가 제시했듯이, 우리는 2:12-13과 2:14-17이 서로 잘 연결되지 않는 문제에 대해서는 바울이 2:13에서 마게도냐를 언급하다가 불현듯 거기서 있었던 일, 즉 디도가 고린도 교회에서 돌아와 좋은 소식을 전한 일을 기억하고서 감사의 마음이 들었던 것이라고 설명하는 것이 가능하다(Thrall, 107를 보라). 결국 잘 연결되지 않는 대목 이전의 절들은 그 뒤에 이어지는 장들과 별로 다르지 않다는 결론이 나온다(Thrall, 112-116).

(3) 6:14-7:1의 작은 단락은 거기에 다음과 같은 몇몇 특이점들이 존재한다는 이유로 그 진정성을 의심받아 왔다. (a) 이 절들은 독립적인 단락으로서 고린도 교회의 상황과의 그 어떤 연관관계도 보여 주지 않는다. (b) 이 절들은 사고의 흐름을 중단시킨다: 바울은 6:11-12에서 "마음을 열라"는 권면으로 시작했지만, 나중에 7:2-4에서 "마음으로 우리를

영접하라"는 말로 그러한 사고를 마무리한다. (c) 이 절들은 신약성경에 단 한 번 나오는 단어들(hapax legomenon)을 8개나 포함하고 있다: 헤테로쥐군테스(*ἑτεροζυγοῦντες*), 메토케(*μετοχή*), 쉼포네시스(*συμφώνησις*), 벨리아르(*βελιάρ*), 쉉카타데시스(*συγκατάθεσις*), 몰뤼스모스(*μολυσμός*), 또한 엠페리파테소(*ἐμπεριπατήσω*)와 에이스덱소마이(*εἰσδέξομαι*, 칠십인역 본문에서 발견되는 구약 인용문들), 판토크라토르(*παντοκράτωρ*, 이 단어는 오직 요한계시록에만 나온다). (d) 이 절들은 쿰란에서 발견된 몇몇 문헌들과의 유사성을 보여 준다: 의/불법, 빛/어두움, 그리스도/벨리알이라는 세 가지의 이분법, 우상 숭배의 거부, 하나님의 성전 신학, 육욕에 대한 거부, 구약의 본문들을 연쇄적으로 나열함(Betz, Fitzmyer, Harris를 보라).

하지만 이러한 특이점들을 토대로 6:14-7:1이 후대의 삽입이라고 결론을 내린다고 해서 모든 문제점이 해결되는 것은 아니다. 최종 편집자가 바울이 본론에서 벗어나 윤리적인 훈계를 하는 이유를 설명하기 위해서 이 본문을 겉보기에 별 상관도 없는 권면 가운데 배치한 이유를 이해하는 것은 마찬가지로 어렵기 때문이다. 몇몇 학자들은 6:13과 6:14 간의 부자연스러운 연결관계를 신경쓰지 않고서, 그 대신에 6:14-7:1과 그 앞의 문맥들 간의 유사점들을 찾아내고자 시도해 왔다(예를 들면, Harris). 그러나 우리는 이 본론에서 벗어난 여담은 이 서신이 여러 단계들에 걸쳐서 쓰여진 것과 부합한다는 견해(Stephenson, Bates, Bruce, Guthrie, Tasker, Hughes, Kümmel)가 좀더 매력적인 가설이고, 바울은 기존에 쓰여진 글의 단편을 가져다가 화해를 위한 그의 호소와 권면을 강화하기 위한 목적으로 사용했다는 견해(해당 "주석"을 보라)가 더 유력한 설명이 될 수 있다고 믿는다.

이 단락 속에는 바울적인 특징들이 존재한다. 피(Fee)는 적어도 세 가지를 찾아낸다: 하나님의 성전으로서의 교회, 의에 대한 강조, 빛과 어두움을 대비시킨 것. 람브레히트(Lambrecht)는 여기에 "이미"와 "아직" 간의 긴장관계라는 개념을 덧붙인다. 슈미탈스(Schmithals, *Gnosticism*, 94, 95)는 이 단락이 바울이 고린도 교회에서 목격한 바로 그런 부류의 상황을 전제하고 있는 것으로 보인다는 점을 근거로 바울의 저작권을 옹호한다. 이 단락이 고린도후서의 현재의 위치게 놓이게 된 것을 옹호하는 것은 아니지만 말이다. 우리는 여기에 이 단락에 표현되어 있는 것과 비슷한 태도는 고린도전서 10:14 이하에서도 발견된다는 점을 덧붙일 수 있을 것이다: "그런즉 내 사랑하는 자들아 우상 숭배하는 일을 피하라…."

이 단락은 바울이 구술을 하다가 휴식을 갖게 된 것을 보여 준다. 뿐만 아니라, 그 휴식 시간에 바울은 쿰란 공동체의 문헌 또는 그와 비슷한 문헌에 나오는 글을 접하게 되었을 가능성이 있어 보인다. 바울은 그가 접한 글을 아무런 수정도 없이 그대로 인용한 것이 아니라(분명히 거기에는 "그리스도"에 대한 언급이 없었을 것이다), 고린도 교인들에게 유익이 될 만한 글로 수정해서 그의 서신 속에 끼워 넣었을 것이다. 바울이 이 글을 끼워 넣은 목적은 고린도 교인들이 그의 제안을 받아들이지 않으면 그들은 믿지 않는 자들과 매한가지가 될 것임을 보여 줌으로써 화해에 대한 그의 권면을 강화하고자 그 글의 강조점을 활용하고 있다는 데서 드러난다. 사도는 7:2에서 중간에 삽입된 호소 전에 그가 했던 이야기를 다시 재개한다.

(4) 학자들로부터 최대의 주목을 받아 온 문헌상의 문제점은 의심할 여지 없이 1-9장과 10-13장의 관계다. 이 네 개의 장은 예기치 않은 어조의 변화를 뚜렷하게 보여 준다. 앞의 장들은 주로-오로지는 아니지만-뛸 듯이 기뻐하는 것으로 가득 차 있었지만, 10-13장에서는 모든 것이 통렬한 항변과 충고의 어조로 바뀐다. 사도는 처음에는 다소 직설적으로 고린도 교인들에게 호소하지만, 10:1 이후에는 그러한 어조가 사라지고 반어법이 등장한다. 나아가, 10-13장에서 두 번이나 바울은 자기가 곧 고린도 교회를 세 번째로 방문할 것이라고(12:14; 13:1) 약속하지만(아니, 위협하지만), 1-9장에서는 그러한 방문에 대해서는 전혀 언급이 없고, 특히 1-9장이 쓰여졌을 때 그 방문이 계획되었다면 그것에 대한 언급이 반드시 나왔을 법한 대목(1:15-2:13)에서조차 그러한 언급이 없다(Harris).

그러므로 우리가 10-13장이 별개의 서신이라는 의구심을 갖게 된다면, 우리는 그것이 쓰여져서 보내진 것이 1-9장 이전인지 이후인지를 결정해야 할 과제를 안게 된다. 게다가, 우리는 10-13장이 1-9장과는 별개의 서신이었던 것이 아니라 갑작스러운 변화를 보여 주는 것이라는 또 다른 견해들이 왜 이러한 현상을 설명하는 데 적절한 이유가 될 수 없는지도 설명하지 않으면 안 된다.

10-13장이 1-9장보다 앞선 서신이었다는 견해를 뒷받침하기 위하여 제시된 논거들은 기본적으로 네 가지다(이것들은 원래 Kennedy에 의해서 제시되었고, 나중에 Lake에 의해서 가다듬어졌다). 우리는 나중에 좀더 자세하게 살펴보기 전에 그 네 가지 논거들을 짤막하게 개관해 보고자 한다. 처음 두 개의 논거는 이 두 개의 단락이 별개의 서신이었음에 틀림없다는 것을 논증하는 것이고, 나머지 두 개는 10-13장이 1-9장 이전의 것임을 보여 주는 것이다. (a) 1-9장은 주로 찬송과 칭찬으로 가득 차 있지만, 10-13장은 전체적으로 단죄하는 특징을 지닌다(위에서 본 것처럼). (b) 사용된 어휘들이 서로 다른데, 이것은 현재의 고린도후서가 통일성을 갖춘 하나의 서신으로 의도되지 않았다는 것을 보여 준다. 예를 들면, 카우카스다이(*καυχᾶσθαι*, "자랑하다")와 그 동족어들은 1-9장에서 사도가 애용하는 단어들이다. 바울은 고린도 교인들에게 마게도냐 교인들이 후하게 연보를 했다는 것을 "자랑한다". 그렇지만 이 단어는 10-13장에서는 좋지 않은 의미로 사용된다. 그는 고린도 교인들에게 그가 "자랑하는 것"을 용납해 달라고 요구한다. 그는 "어리석은 자의 변(辯)"을 늘어놓기 위해서 한 번 그렇게 해보는 것이라고 말한다(Koester, *Introduction*, 129; 참조. J. Zmijewski, *Der Stil der paulinischen "Narrenrede"*[Köln-Bonn: Hanstein, 1978]). (c) 10-13장의 글들은 몇몇 사건들을 내다보는 관점을 보여 주는 반면

에, 1-9장은 이 동일한 사건들을 되돌아보는 듯한 관점을 보여 준다. 예를 들면, 바울은 "내가 다시 고린도에 가지 아니한 것은 너희를 아끼려 함이라"(고후 1:23)고 말하는데, 이것은 "내가 다시 가면 용서하지 아니하리라"(고후 13:2)는 말보다 먼저 했다고 보는 것이 아주 자연스럽다. (d) 바울은 그가 고린도 "너머"의 지역에 전도하고자 한다고 말했을 때 틀림없이 고린도의 동쪽(아마도 에베소)에 있으면서 로마(심지어 서바나까지? 롬 15:24, 28을 보라)로 가고자 생각했을 것이다. 만약 그가 마게도냐(고린도의 북쪽)에 있었다면 고린도 "너머"는 남쪽을 의미했을 텐데, 그가 그쪽 지역으로 가고자 했다는 것은 의심스럽다. 그러므로 바울은 10-13장을 쓸 때는 에베소에 있었고, 1-9장(7:5ff.)을 쓸 때는 마게도냐에 있었으며, 역사적으로 볼 때 우리는 그가 마게도냐에 앞서 에베소에 있었다고 볼 수 있기 때문에, 에베소에서 쓰여진 10-13장은 마게도냐에서 쓰여진 1-9장보다 앞선다.

위에서 세 번째 논거인 (c)는 결정적인 것은 아니다. 왜냐하면 벅(Buck, "The Collection")이 논증했듯이 10-13장에 나오는 사건들을 돌아보며 언급하고 있다고 상정(想定)되는 1-9장의 글들은 고린도전서에 자세하게 서술된 사건들을 가리키는 것일 수도 있기 때문이다. 사실 퍼니쉬(Furnish)는 위의 견해와는 정반대의 논증을 편다: 사도가 연보에 대하여 보여 준 것과 같은 확신(8-9장)이 바울이 "기만"과 "사기"를 행했다는 비난에 맞서 스스로를 변호하고 있는 10-13장 이후에 있었다고 생각하는 것은 터무니없는 것이다(Furnish, 38).

네 번째 논거인 (d)는 로마(그리고 서바나)가 "너머"의 땅으로 지칭되는 것은 자연스러운 것이었을 수 있다는 사실을 간과하고 있다. 복음과 선교의 지상 명령은 예루살렘에서 태동했고, 그 곳과 안디옥으로부터 선교는 세계로 퍼져 나갔다. 로마서 15:24-29이 보여 주듯이, 이러한 관점에서 볼 때 로마는 당연히 고린도 "너머"에 있는 것이었다.

## 결론

8장과 9장은 현재의 최종 본문 구성 속에서 서로 양립될 수 없다는 주장, 2:14-7:4은 후대의 삽입이라는 주장, 6:14-7:1은 현재의 고린도후서에서 "이물질"(Fremdkörper)로서 비바울적인 또는 반바울적인 후대의 삽입이라는 주장에도 불구하고, 고린도후서의 통일성은 옹호될 수 있다. 내적인 증거들을 다루었던 위의 논의 속에서 제시된 근거들은 이 서신을 여러 개의 서신이 결합된 것으로 본 사본이나 교부의 저작이 단 하나도 없었다는 외적인 증거에 의해서 더욱 강화된다. 우리는 이 서신을 여러 개로 쪼개는 것을 지지하는 그 어떤 본문상의 증거도 가지고 있지 않다. 가장 초기의 본문 증거들이 편집자의 활동보다 후대의 것이라면, 이러한 반론의 증거력은 약화된다(Bornkamm: 앞서의 설명을 보라).

하지만 우리가 10-13장과 1-9장이 서로 다른 서신이고 10-13장이 먼저 쓰여지지 않았을 수 있다는 것(위에서 논증한 대로)을 받아들인다면, 우리는 10-13장이 1-9장보다 후대의 서신이라고 추론하는 것도 얼마든지 가능하다. 이와 같은 결론을 지지하는 적극적인 논거는 12:18에 묘사된 디도의 임무가 8:16-24; 9:3-5에 시사된 디도(그리고 두 형제)의 임무와 동일할 수 있다는 것이다. 이것은 고린도후서가 실제로 하나의 서신이었을 가능성이 없다고 말하는 것은 아니다. 하지만 그런 가능성을 받아들인다면, 우리는 9장과 10장 사이에 상당한 간격이 존재하는 이유를 제시하지 않으면 안 되는데, 이러한 간격은 바울이 1-9장을 다 쓴 후에 고린도 교회의 상황에 대한 소식을 접하고서 그들에 대한 그의 태도를 바꾸었다는 것으로 가장 잘 설명될 수 있다. 하지만 이러한 설명이 옳다면, 우리는 바울이 이미 쓴 1-9장이 고린도 교회의 현재의 상황과 맞지 않는다고 보고 그 장들을 파기하고 서신을 다시 썼어야 하지 않느냐고 생각할 수 있다. 하지만 바울이 고린도 교회에 새로운 문제들이 불거졌다는 소식을 접했을 때는 이미 1-9장으로 이루어진 서신은 바울의 손을 떠나서 고린도 교회를 향하여 가고 있었을 것이다. 그러므로 좀더 매력적인 가설은, 10-13장은 1-9장이 보내진 후에 추가로 쓰여진 별개의 서신이었다는 것이다.

우리가 지지하는 현재의 견해에 의하면, 고린도 서신을 둘러싼 역사적 상황은 다음과 같이 구성될 수 있다.

| | |
|---|---|
| 주후 50-51년 | 바울이 고린도에 교회를 세움 |
| 51-54년 | 바울이 고린도 교회에 편지를 씀(지금은 멸실된 서신 A, 고전 5:9을 보라) |
| 54년 | 바울이 고린도 교회의 문제들을 전해듣고 나서 편지를 씀(서신 B: 고린도전서) |
| 55년 봄 | 바울이 긴급히 고린도 교회를 방문했으나, 반대에 부딪쳐서 급히 떠날 수밖에 없었음(고후 1:15ff.) |
| 55년 여름 | 바울이 고린도 교인들에게 다시 편지를 씀(지금은 멸실된 고후 2:4; 7:8의 "눈물의" 편지 C) |
| 55년 가을 | 바울이 마게도냐에서 디도를 만나 고린도 교인들이 심경의 변화를 겪었다는 말을 전해듣고서, 자기가 기뻐하고 확신한다는 말을 하기 위해 다시 한 번 편지를 보냄(서신 D, 고후 1-9장) |
| 56년 | 바울은 고린도 교인들의 태도가 악화되었다는 말을 전해듣고서, 그것들을 바로잡고 자신의 사도직을 변호하기 위하여 편지를 씀(서신 E, 고후 10-13장). 그는 나중에 고린도 교회를 방문했고, 영접을 받는다(확실하지는 않지만 아마도). 이것이 사실이었다면, 그는 거기서 겨울을 나면서 로마서를 쓸 수 있었을 것이다. |

우리는 여기서 고린도후서의 문헌상의 현상들을 좀더 자세하게 살펴보고, 그러한 현상들에 의해서 야기된 문제점들을 해결하기 위하여 제시된 해법들의 장단점들을 지적해 볼 것이다.

## 개요

### A. "고통스러운 방문"

고린도후서에서(우리가 이 서신을 성경에 나와 있는 대로 통일성을 갖춘 것으로 생각한다면) 바울은 고린도를 두 번 방문하고자 계획했다-한 번은 에베소에서 직접 해로를 통해 즉시 방문하고자 했고, 그런 후에 거기서 마게도냐에 갔다 온 후에 다시 방문하고자 했다(1:15f.). 이 두 번의 방문 계획 중에서 첫 번째 방문만이 이루어졌다. 첫 번째 방문이 너무 고통스러웠기 때문에 다시 고린도 교회를 방문할 수 없어서 바울의 두 번째 방문은 이루어지지 못했다(1:23; 2:1). 그러나 18장(교회를 세우기 위한 첫 번째 방문)과 20장(마게도냐에서 돌아오면서 방문한 것)의 방문들만을 알고 있는 사도행전에 기록되지 않은 두 번째 방문이 필수적이었다는 것은 그가 "세 번째로" 고린도로 갈 것이라고 약속하고 있는 12:14과 13:1 이하에서 확인된다.

그러므로 바울의 고린도 교회 방문은 다음과 같이 도표화할 수 있다.

1. 첫 번째 방문(행 18:1-11)은 바울의 제2차 선교 여행의 과정 속에서 이루어졌다.
2. 두 번째 방문(이른바 일시적인 방문)은 바울이 고린도전서를 보낸 후에 좋지 않은 소식을 접하고 나서 이루어졌다. 그는 이 방문 기간 동안 고통스럽고 굴욕적인 일을 당했다. 이 일 후에 그는 급히 에베소로 돌아와서 문제를 바로잡기 위한 시도로 "큰 환난과 애통한 마음으로"(고후 2:4) 쓴 편지를 고린도로 보냈다. 이 편지는 흔히 "눈물의 편지" 또는 "엄중한 편지"로 지칭된다. 바울은 이 엄중한 편지를 전달했던 디도를 마게도냐에서 만나 그로부터 좋은 소식을 전해들었고, 우리가 앞에서 보았듯이 안도하는 마음을 지니고서 고린도후서(적어도 1-9장 또는 그 대부분)를 쓰게 되었다.
3. 그는 고린도후서 12:14과 13:1 이하의 약속을 지키기 위해서 이듬해 겨울을 고린도에서 보냈는데, 이것이 세 번째 방문으로 기록되어 있다(행 20:2).

우리는 바울이 고린도 교회를 두 번째이자 고통스러운 방문을 하고 나서 쓴 "엄중한 편지"의 흔적을 추적할 수 있는가? 오늘날의 많은 학자들은 이러한 질문과 아울러서 한 가지 의구심을 제기한다: 과연 고린도후서 전체가 고린도 교회가 사도에게 호의적으로 행한 것에 대한 사도의 만족감과 안도감을 표현하고 있는 것으로 볼 수 있는가? 큄멜(Kümmel)의 말을 빌면, "결정적인 문제는 1-9장과 10-13장이 동일한 서신을 이루는 부분들이었을 수 있느냐는 문제다"(*Introduction2*, 290). 이 두 가지 문제는 전혀 별개이긴 하지만, "엄중한 편지"의 일부가 실제로는 감사와 축하의 편지에 속하지 않는 고린도후서 10-13장에 살아 남아 있을 수 있다는 오늘날의 추정 속에서는 서로 밀접하게 연관되어 있다.

## B. "엄중한 편지"

1. 일부 학자들은 이 편지가 정경에 나와 있는 고린도전서일 수 있다고 주장해 왔다. 고린도 교인들에게 근심을 불러일으킨 바울의 첫 번째 편지 속의 내용은 그들의 느슨한 치리(治理)와 무질서하고 난잡한 행실에 대한 그의 책망이었다고 주장된다(특히 5-6, 11장). 그러나 오늘날의 대부분의 학자들은 엄중한 편지가 고린도전서였다고 한다면, 바울이 엄중한 편지를 쓰면서 지니고 있었던 자신의 심경을 묘사하는 표현(고후 2:4)은 너무 지나치다고 할 수 있다는 이유를 들어서 이러한 동일시를 거부한다. 하지만 바울의 이러한 표현은 적어도 그가 첫 번째 편지를 쓰고 있었을 때 지녔던 심경－당시에는 가까스로 숨길 수 있었던－을 회고한 것일 가능성이 존재한다. 유력한 가능성은 아니라고 할지라도 말이다.

모팻(J. Moffatt, *Introduction to the Literature of the New Testament*[3], 119, 122n)은 고린도전서가 차분한 실천적 논의의 분위기가 배어 있다는 견해를 반대한다. 고린도전서에서 이따금 억눌려져 있던 감정이 터져 나오는 대목들(예를 들면, 5-6장)에서 바울은 순간적으로 극심한 고통과 회한을 느꼈을 것이다. 고린도후서 2:4과 7:8의 언어는 너무 명확하기 때문에 단지 규모와 전체적인 성격에 있어서 고린도전서 같은 서신에 나오는 한두 개의 문장을 떠올린 것으로 설명될 수 없다. 또한 모팻(Moffatt)은 고린도후서 2:5-8과 7:12에 언급된 범죄자가 고린도전서 5:1-5에 나오는 근친상간을 범한 자와 동일인이라는 견해(Hughes와 Stephenson을 비롯해서 J. Denney, 2f.에 의해서 주장된)를 비판한다. 모팻은 바울이 근친상간을 범한 자의 범죄를 그렇게 가볍게 처리하고자 했을 리가 없다는 것을 근거로 고린도후서 7:12에 나오는 사람과 고린도전서 5장의 죄인을 동일시하는 것에 반대한다.

2. "엄중한 편지"의 정체와 관련된 두 번째 추정은 이 서신이 서두를 제외한 채 고린도후서 10-13장에 보존되어 있다는 것이다. 이 학설은 하우스라트(A. Hausrath)에 의해서 1870년에 처음으로 제시된 이래로 오늘날 널리 받아들여지고 있는 견해인데, 우리가 앞서 살펴보았듯이 그는 두 가지 주장을 제시했다: 첫 번째는 고린도후서 10-13장은 서두 부분이 잘려 나간 형태의 별개의 서신이라는 것이고, 두 번째는 이 서신은 고린도후서 2:4에서 말하는 눈물로 쓴 편지(Tränenbrief)라는 것이다. 이러한 견해는 어떠한 근거 위에

서 제시된 것인가?

a. **1-9장과 10-13장 간의 어조의 차이.** 1-9장에서 바울은 고린도 교인들의 태도가 변화되었다는 소식을 전해듣고서 상당히 안도하는 마음을 가지고 글을 쓴다. 거기에는 적대감은 보이지 않는다. 우호적인 관계가 회복되었던 것으로 보인다. 그러나 10-13장은 "항변과 분노와 신랄한 비꼼과 자기 변호의 어조로"(McNeile-Williams, *Introduction*2, 139) 쓰여진다(그렇게 주장된다). 이 두 부분이 서로 잘 부합하지 않는다는 주장은 일찍이 1776년에 제믈러(Semler)에 의해서 제기되었는데, 그는 12:14-13:14을 따로 떼어내어 나중에 쓰여진 서신으로 보았고, 9장을 고린도 서신들과는 무관하게 독립적으로 쓰여진 별개의 "글"이라고 생각했다.

과연 사도는 앞서 보낸 좀더 엄중한 편지가 소기의 목적을 이룬 것에 대하여 기쁨을 표현하면서 그 엄중한 편지를 쓴 후에 자기가 후회했다는 것을 암시하는 말을 하고 나서 고린도후서 10-13장에서 발견되는 것과 같은 자기 변호를 위한 유례 없는 독설로 그의 서신을 마무리할 수 있었겠는가? 하지만 고린도후서의 두 가설적인 부분 간의 대조적인 성격이 과장되어서는 안 된다. 1-7장에는 바울에 대한 배척이 여전히 계속되고 있었음을 보여 주는 증거들이 존재한다(Stephenson, "A Defence," 87 ff.를 보라; 또한 idem, "Partition Theories on 2 Corinthians," SE II. 1.[1964] 639 ff.; Bates, "The Integrity," 56-69; J. L. Price, "Aspects," 100). 바울은 1:17 이하에서 강력하게 자기를 변호하지만, 2:6에서는 고린도 교회의 범죄자가 대다수 교인들에 의해서 처벌을 받은 것으로 말한다. 이것은 이 사건에 대한 바울의 권위 있는 지시에 동의하지 않았던 소수가 있었다는 것을 보여 준다. 또한 2:17과 4:2-5에는 참된 복음에 충실하지 않음으로써 사도의 마음을 괴롭게 한 자들에 대한 언급이 나오고, 5:12 이하에서는 바울에 대한 그들의 태도가 언급된다. 이러한 증거들은 1-7장이 고린도 교인들이 이제 완전히 바울 편이 되었다는 인상을 보여 주기에 충분하다. 바울은 고린도 교인들 중 대다수가 그에 대한 태도를 바꾼 것-이것은 큰 진전이었다-으로 인해서 안도하게 된 것이지만, 좀더 위험한 소수를 다루어야 할 과제를 여전히 안고 있었다. 따라서 바울은 10-13장에서 여전히 말을 듣지 않는 소수에 대한 엄중한 책망의 말을 하기 전에 1-9장에서 다수를 칭찬하고 있는 것일 가능성이 있다. 그러나 이러한 입장들은 유지되기가 힘들다. 우리는 해당 주석에서 "대다수"(*οἱ πλείονες* -호이 플레이오네스)에 대한 바울의 언급이 반드시 "여전히 말을 듣지 않는 소수"의 존재를 전제하는 것은 아니라는 것을 논증할 것이다. 나아가서 2장과 7장에 나오는 "모두"에 대한 분명한 언급들은, 고린도 교인들이 기본적으로 바울 편이 되었고 교회에 침투한 거짓 교사들을 받아들인 것은 일시적인 것에 그쳤다는 것을 보여 주는 것이든(Barrett), 또는 바울과 디도가 고린도 교회의 변절은 궁극적으로 진압되고 처리되었다고 너무 낙관적으로 믿었다는 것을 보여 주는 것이든, 또는 바울이 1-9장을 보낸 후에 거짓 교사들이 나타나서 새로운 상황이 전개된 것을 보여 주는 것이든, 주목할 만하다.

b. **사도의 고린도 교회 방문들에 대한 서로 다른 언급들**. 케네디(Kennedy)와 레이크(K. Lake)에 의하면, 10-13장이 1-7장보다 앞선다는 주장을 뒷받침해 주는 세 쌍의 구절들이 존재하는데, 그것들은 다음과 같다(Kennedy, *The Second and Third Epistles*, 81 ff.; Lake, The *Earlier Epistles*, 159f.; 또한 Bruce, 166-70; D. Guthrie, *Introduction*3, 433 ff.를 보라; 이 주장은 F. Watson, "2 Cor x-xiii," 326f.에 의해서 다시 제기되었다).

| I | II |
|---|---|
| 10:6 | 2:9 |
| 13:2 | 1:23 |
| 13:10 | 2:3 |

이 서신의 후반부에 나오는 구절들(위의 도표에서 항목 I)이 모두 앞을 내다보는 것들인 반면에, 전반부에 나오는 구절들(항목 II)이 모두 과거로 되어 있다는 것은 분명하다. 이 부분들의 연속적인 순서를 뒤집어본다면, 즉 항목 I이 시간적으로 항목 II보다 앞선다면, 두 개의 항목에 나오는 구절들은 모두 동일한 방문을 가리킬 수 있다.

레이크(Lake)의 논증은 참신하기는 하지만 결정적이지는 않다. 13:2과 1:23을 비교해 볼 때, 우리는 후자에서 바울은 그의 고통스러운 방문 이후에 그의 계획을 변경했다는 설명을 마무리하고 있는 반면에, 전자는 자기가 가서 여전히 말을 듣지 않는 자들에게 엄중한 조치를 할 계획이라고 말하고 있는 것으로서 그가 마게도냐에서 고린도 교회를 방문할 계획을 내비치고 있는 것으로 해석될 수 있다는 점을 지적하지 않을 수 없다. 사도가 13:10에서 내비친 소망은 그가 다음번에 방문할 때 엄중한 조치를 취하는 일이 없었으면 좋겠다는 것인데, 그것은 2:3에 표현된 것과 동일한 소망이다. 차이가 있다면, 그것은 2:3에서는 이전의 편지를 통해서 자신의 감정을 표현한 것을 되돌아보고 있는 반면에, 13:10에서는 고린도 교인들에 대한 현재의 서신의 효과를 예상하고 있다는 것이다. 10:6을 2:9 이전에 배치할 분명한 이유는 존재하지 않는다. 왜냐하면 후자의 맥락은 그들의 순종이 이제 완료되었다는 것을 시사해 주지 않기 때문이다. 하지만 2:9에서 사도가 그의 이전 편지에서 그들의 순종의 증거를 요구했다고 말하고 있는 것이라면, 그가 받은 대답은 100% 설득력 있는 것이 아니어서, 그가 10:6에서 여전히 그 순종이 온전히 이루어지기를 기대하고 있는 것이라고 보는 것은 일리가 있다. 비록 우리가 1-9장이 쓰여진 후에 새로운 상황이 발생했다고 전제하지 않는다고 해도 말이다.

c. **자천(自薦, self-commendation)에 대한 서로 다른 태도.** 자천하는 것에 대한 두 가지 서로 화해될 수 없는-"거의 정신 분열증적인"(R. P. C. Hanson, *Commentary*, 20에서 사용한 표현)-태도가 고린도후서에서 발견된다고 주장된다: 사도는 3:1에서는 자천하는 것을 비난하고 반대하는 반면에, 10-13장에서는 스스로를 자천하려고 무척 애를 쓴다. 그는 5:12에서 "우리가 다시 너희에게 자천하는 것이 아니요"라고 단언한다. 3:1과

5:12은 둘 다 "다시"라는 단어를 사용하기 때문에, 바울이 앞서 그가 보낸 10-13장의 표현을 염두에 두고 있었다고 보는 주장은 매력적이다.

그러나 3:1은 분명히 고린도 교회에 침투했던 바울의 일부 대적자들이 천거서로 무장한 것-바울은 이렇게 천거서로 무기를 삼는 것에 대하여 강력히 반대한다-과 관련되어 있다. 실제로, 바울은 그러한 천거서의 필요성을 느끼지 못한다: 고린도 교인들이 바로 그의 천거서이기 때문이다. 이와 동일한 사고는 5:12에도 나타난다. 하지만 10-13장에서 바울은 고린도 교회에 침투하여 그의 사도직을 집중적으로 공격한 거짓 사도들(11:4)의 등장으로 인해 힘을 얻어서 바울의 자격 요건들을 문제 삼으며 그를 여전히 반대하고 있는 자들에게 말한다(10:7, 8; 11:12; 13:13). 바울은 그들에게 말할 때 분명히 다른 접근 방식이 필요했다.

이러한 세 가지 근거 위에서 이 서신은 두 개의 별개의 서신을 합친 것으로 여겨진다. 그러한 근거들이 옳다는 전제 하에서 말이다. 하지만 위에서 우리가 지적한 것들 외에도 이러한 견해를 의심스럽게 만들거나 그러한 견해가 적어도 입증되지 않았다는 것을 보여주는 그 밖의 다른 근거들이 존재한다.

이 가설이 옳다면, 먼저 바울이 디도의 이전 방문을 언급한 것(12:18에서)에 대한 설명이 요구된다(Kümmel, *Introduction*2, 290에서 지적하듯이). 10-13장이 "엄중한 편지"라면, 분명히 이 방문은 디도가 엄중한 편지를 전달한 때가 될 수 없을 것이다. 그렇지만 거기에 나오는 표현은 디도가 엄중한 편지를 가지고 고린도 교회로 간 때를 가리키는 것으로 읽는 것이 더 자연스럽다. 디도는 엄중한 편지를 전달하고 돌아와서 사도에게 고린도 교인들의 태도가 변화되었다는 소식을 전해 준 후에 고린도후서를 받아 가지고 다시 고린도로 향했다(참조. 8:16f.).

둘째, 2:1 이하와 7:12로부터 보건대, 바울이 엄중한 편지를 쓴 이유는 어떤 사람의 잘못된 행위 때문이었던 것으로 보인다(나중에 나오는 설명과 C. K. Barrett, *Essays on Paul*, chap. 6을 보라). 그렇지만 10-13장에는 이것에 대한 언급이 없다. 이렇게 언급이 없는 것을 그러한 언급이 지금은 현존하지 않는-우연히 멸실된 것이든, 그 범죄자가 살아 있는 동안에 유포가 억제되었기 때문이든-엄중한 편지 속에 담겨 있었기 때문이라고 설명하는 것은 대단히 취약한 설명이다.

끝으로, 우리는 이 서신을 두 부분으로 나누는 것을 보여 주는 사본상의 증거가 하나도 없다는 점을 지적할 수 있다. "우리는 이 서신 전체가 여러 이질적인 단편들로 이루어져 있다고 볼 정도로 이러한 단절-또는 여러 해당 구절들(6:14-7:1; 8-9장; 10-13장)의 첨가-이 그토록 심각한 것이라고 말할 수 있으며, 그러한 단절이나 첨가가 본문 전승의 흐름 속에서 아무런 여파도 남김이 없이 일어날 수 있었을 것이라고 생각할 수 있는가"라는 반문을 제기하게 된다(A. Robertson, *Hastings' Dictionary of the Bible*, vol. 1 [1898], 497; Tasker, 25. 그러나 Barrett, *Commentary*, 14f.와 J. J. Gunther, *Paul: Me-*

*ssenger and Exile*, 74f.에서 지적하듯이, 이러한 반문에 대하여 답변이 불가능한 것은 아니다). 게다가, 고린도후서를 별개의 서신들로 나누는 구분설(partition theory)은 각각 부분적으로만 보존되어 있는 두 개의 별개의 서신을 엮어 짜는 뛰어난 솜씨를 요구한다. 하나의 서신은 그 말미가 잘려 나갔고, 또 다른 서신은 서두가 사라졌다. 이렇게 일부가 잘려 나간 두 개의 단편들이 우연히 결합되어서 단일한 서신을 이루어 전체적으로 통일성을 갖춘 서신으로 출현하게 되었다.

3. 엄중한 편지의 정체라는 문제와 관련하여 세 번째 대답이 존재하는데, 그것은 그 엄중한 편지가 더 이상 현존하지 않는다는 것이다. 고린도전서 5:9에 언급된 서신 전체가 지금 보존되고 있지 않다는 것은 확실하기 때문에(앞의 설명을 보라), 바울과 고린도 교인들 사이에 오고간 다른 서신도 멸실되었을 가능성은 얼마든지 존재한다. 이 견해를 지지하는 학자들(예를 들면, Hughes, Tasker, Kümmel, 특히 Allo, excursus xiv)은 이 견해야말로 다른 어떤 견해보다도 난점들을 적게 남긴다고 믿는다. 비록 이 견해는 그 엄중한 편지의 내용을 재구성하기 위한 자료를 우리에게 하나도 남겨 주지 않지만 말이다. 이 서신은 보존할 만한 가치가 있는 일반적인 내용을 하나도 담고 있지 않았거나, 사도의 어떤 개인적인 대적에 대하여 다루고 있었기 때문에(고후 2:5ff.) 유포가 억제되거나 파기되었을 수도 있으며, 고린도 회중이 바울 편으로 돌아온 후에 이 불행한 사건을 덮기 위해서 이 편지를 없애 버린 것일 수도 있다. 그러나 그러한 친절한 설명은 그러한 가설과는 어긋나게(ex hypothesi) 10-13장이 보존되었다는 사실을 해명하지 않으면 안 된다.

그럼에도 불구하고, 우리는 고린도후서 9장의 끝에서 분명히 어조가 바뀌고 있는 것-헤링(J. Héring, 11)은 이것을 청명한 하늘과 쾌청한 날씨였다가 느닷없이 폭풍우가 몰아치는 것에 비유했다-을 해명해야 한다. 리츠만(H. Lietzmann)은 사도의 심리 속에서 그 해법을 찾아야 한다고 주장했다. 그는 바울이 1-9장을 쓰고 나서 잠자리에 들었지만 한바탕의 불면증으로 인해서 다음날 10장을 쓸 때 완전히 가라앉은 분위기를 보여 주게 된 것이라고 상상했다(138; 그러나 이러한 주장을 올바르게 반박하고 있는 Moffatt, *Introduction*3, 123를 보라). 이러한 주장을 진지하게 받아들이기는 어렵지만, 어쨌든 그러한 주장은 일부 저술가들로 하여금 두 번째 가능성, 즉 바울이 고린도후서를 쓰는 데는 여러 날이 걸렸는데, 9장을 쓰고 나서 10장을 쓸 때까지는 상당한 시간 간격이 있었다는 견해를 제기하게 만들었다. 바울이 고린도후서를 쓰고 있는 동안에 고린도 교회에 관한 걱정스러운 소식이 그에게 전해졌고, 이것이 그의 눈에 다름아닌 "사탄의 일꾼들"이었던 "거짓 사도들"에 대한 그의 분노에 기름을 끼얹었을 가능성이 있다(11:13-15). 어쨌든, 빌립보서 3:1에 나오는 증거를 근거로 바울의 글쓰기 방식 속에는 갑작스럽게 본론을 벗어나서 다른 말을 하는 현상도 포함되어 있다고 학자들은 말한다. 끝으로, 바울은 1-9장에서 고린도 교인들 중 다수를 대상으로 말한 후에 10-13장에 가서 고린도 교인들 중에서 아직도 여전히 그의 말을 듣지 않고 말썽을 피우는 소수를 공격하는 쪽으로 방향을 바꾼 것이라는 이러한 연구자들의 견해가 옳다면, 이렇게 주제가 바뀜에 따라서 감정적인 반응도 달라지게 되었다는 것은 아주 자연스러운 일일 것이다. 리츠만-큄멜(Lietzmann-Kümmel)은 사도의 의도의 변화 속에서 해법을 찾는다.

> 고린도후서 1-9장에서 바울은 오직 교회를 향하여 말해 왔다. 이제 (10장에서) 그는 그의 대적들을 다루기 시작하면서 분노가 작렬하게 되었고, 그 분노로 인해 1-9장에서 그가 억제해 두었던 고린도 교회와 관련된 온갖 일들이 다시 표면으로 출현하게 되었다(*Kommentar*, 139; 참조. A. Wikenhauser, *New Testament Introduction*[New York: Herder & Herder, tr. J. Cunningham, 1958] 397f.; J. Munck, *Paul and the Salvation of Mankind*, 171).

우리는 지금까지 모든 설명들을 다 검토해 보았다. 우리가 보기에 그 중 어느 것도 결정적이지 않고, 몇몇 견해들은 오히려 더욱 의문을 부추기는 것으로서 설득력이 없다. 따라서 우리는 세 번째 대안을 제시해야 하는 입장에 놓이게 되었다. 기존의 학설은 다 의심스럽다고 소극적으로 말하는 것만으로는 만족스럽지 못하기 때문이다. 새로운 대안은 반드시 시험을 통과해야 하는데, 고린도후서의 여러 가지 복잡한 현상들을 해명해 줌과 동시에 바울이 고린도후서를 쓸 당시에 그의 삶의 배경을 조명해 주는 것이 바람직하다.

4. 우리의 정경에 수록된 형태의 고린도후서의 문학적인 현상들을 해명해 줄 또 하나의 가능성이 여전히 남아 있다. 이 견해는 1-9장과 10-13장의 현재의 순서가 올바르지만, 현재의 서신을 이루는 이 두 부분 간에는 어조를 비롯한 여러 문학적인 특징들에 있어서 충돌이 존재한다는 전제 위에 구축되어 있다. 이러한 견해는 제믈러(Semler)의 최초의 통찰, 즉 10-13장은 현재의 고린도후서에서 앞 부분들과 구분되는 별개의 서신이라는 통찰에 입각해 있지만, 이 네 개의 장이 제자리에 있지 않다는 하우스라트(Hausrath)의 논리적인 결론을 받아들이는 것은 거부한다. 빈디쉬(Windisch)에 의해서 1924년에 명확히 진술된 이 견해는 몇몇 저술가들에 의해서 옹호되었지만, 이 견해를 지지해 온 바렛(Barrett), 브루스(Bruce), 퍼니쉬(Furnish), (부분적으로는) 해리스(Harris) 덕분에 지난 세대에 다시 새롭게 각광을 받게 되었다. 해리스는 이 견해의 유용성을 올바르게 보고 있다. 첫째, 이 견해는 바울의 자기 변호가 1-9장의 온건한 어조에서 10-13장의 격렬한 어조로 변한 것을 잘 설명해 준다. 이러한 사실은 바울의 사도적 권위를 반대하는 움직임이 고린도 교회에서 다시 대두됨으로써 바울의 반격이 10-13장에서 보여 주듯이 격렬해졌다는 것을 시사해 준다. 둘째, 8:17-18, 22에 나오는 디도의 방문들과 관련된 일련의 사건들의 순서는 그대로 보존될 수 있다. 왜냐하면 그것은 12:18에서 당연히 과거의 일로 언급되고 있는 동일한 사건이기 때문이다(Barrett, *Essays on Paul*, chap. 7을 보라).

이 네 번째 견해는 본서의 이후의 서술에서 채택된 것으로서, 우리는 이 견해가 개연성이 있다는 것을 석의적인 차원에서 보여 주고자 한다. 석의를 통해서 우리가 얻을 수 있는 최선의 성과는 개연성(probability)이다. 그렇지만 베이티(Batey, "Paul's Interaction")가 지적하듯이, 이 견해는 고린도에 대한 바울의 선교의 성과를 미완성인 채로 의문 부호로 남겨 두는 결과는 낳는다. 바울은 실제로 10-13장의 글을 고린도 교인들에게 써 보냄으로써 과연 자신의 사도적 지위를 회복하고 침입자들의 공격으로부터 자신의 결백을 지켜내는 데 도움을 받았을까? 우리는 그 결과에 대하여 결코 알 수 없을 것이다. 그러나 우리의 마지막 항목이 보여 주듯이(아래의 설명을 보라), 바로 그러한 불확실성이야말로 고린도후서가 바울의 십자가의 신학(theologia crucis)이라는 좀더 넓은 틀 속에 자리잡고 있다는 것을 설명해 줄 수 있다. 사도행전 20장에 기록된 고린도 교회에 대한 바울의 마지막 방문은 고린도 교회의 위기가 좋은 방향으로 끝났음을 시사해 주는 것이라고 우리는 추론해 볼 수 있다. 그러나 물론 우리는 바울에게서 그러한 취지의 말을 직접적으로 듣지는 못한다.

### C. 고린도후서 6:14-7:1의 문제

한 가지 두드러진 문제가 여전히 남아 있다. 고린도후서 6장의 후반부는 사고의 흐름을 중단시키고 있기 때문에 다른 별개의 서신에서 가져온 단편이 여기에 끼워넣어진 것으로 볼 수 있다는 주장이 이 서신의 통일성을 옹호했을 많은 학자들에 의해서 강력하게 제기되어 왔다(T. W. Manson, "The Corinthian Correspondence," *Studies in the Gospels and Epistles*, ed. M. Black [Manchester: Manchester University Press, 1962] 222를 보라). 이 단락은 믿지 않는 자들에 대한 믿는 자들의 관계라는 문제를 다루고 있고, 사도는 고린도전서 5:9에서 "내가 너희에게 쓴 것에 음행하는 자들을 사귀지 말라 했거니와"라고 말하고 있기 때문에, 이러한 주장은 고린도후서의 이 단락과 관련하여 매력적인 가설일 수 있다. 게다가 고린도전서 5:10 이하는 바울의 권면이 오해를 받았다는 것을 분명히 보여 주기 때문에, 일부 학자들이 고린도후서 6:14-7:1을 근거로 결론을 내려 왔던 것처럼, 바울이 믿는 자들에게 믿지 않는 자들과 어울리지 말라고 권면하는 글을 썼을 가능성은 적어도 충분히 생각해 볼 수 있는 일이다(J. C. Hurd, Jr., *The Origin of 1 Corinthians*, rev. ed.[Macon, Ga: Mercer Press, 1983]). 나아가서, 6:13은 7:2에 대한 적절한 도입부가 되기 때문에, 6:14-7:1을 제거하면 문맥의 흐름은 무척 자연스러워진다.

그렇지만 이 단락이 후대의 첨가임에 틀림없다는 결론을 내리기 전에 연구자는 이것이 본론을 벗어나 여담을 즐기는 사도의 성향을 보여 주는 또 하나의 예는 아닌지 검토해 보지 않으면 안 된다(고전적인 논문인 E. Stange, "Diktierpausen in den Paulusbriefen," *ZNW* 18[1917-18] 115f.를 보라). 6:13에서 6:14로의 이행은 갑작스럽고, 6:14 이하의 어조는 앞의 단락들과 다르다. 논문에서는 이러한 일탈은 용납될 수 없는 일이지만, 그러한 엄격한 글쓰기 법칙은 편지를 쓸 때는 적용될 수 없다. 바울이 긴 시간에 걸쳐서 중간에 여러 번 쉬어 가면서 이 편지를 쓴 것이라면, 바울은 이 대목에서 한 번의 휴식 시간을 가졌을 수 있고, 휴식 후에 편지를 다시 쓸 때 새로운 주제를 꺼내들고 나왔을 수 있다. 이러한 설명은 주제의 연속을 찾을 수 없을 때 앞의 문맥과의 부자연스러운 단절을 전제하고자 하는 시도보다 더 만족스러운 것으로 보인다.

다른 한편으로, 이 단락이 실제로 고린도전서 5:9에 언급된 서신의 단편이라면, 우리는 그 단편이 고린도후서의 현재의 위치에 있게 된 현상을 어떻게 설명할 수 있는가? 누군가가 의도적으로 그 단편을 여기에 집어넣었을 것이라고 믿기는 어렵기 때문에, 우리가 유일하게 추정할 수 있는 것은 이 단편이 여기에 우연히 또는 실수로 끼어들게 되었다는 것이다[그러나 이 단락을 고린도전서에 나오는 우상에게 드려진 고기라는 문제와 결부시키고자 하는 G. D. Fee의 시도를 보라("I Corinthians vi.14-vii.1 and Food Offered to Idols," *NTS* 23〈1976-77〉 140-61). Fee가 인정하듯이, 이러한 시도의 약점은 우상에게 드려진 고기가 이 단락이나 그 인접 문맥 속에 구체적으로 언급되고 있지 않다는 것이다]. 그러나 이러한 견해는 특히 별개의 서신 단편을 기존의 사본에 집어넣었다고 주장하기 때문에 그것을 뒷받침하는 사본상의 증거가 전혀 없는 상황 속에서 유지되기 어려운데, 사실 본문 전승 속에는 그러한 견해를 조금이라도 편들어 줄 만한 흔적(예를 들면, 사이를 띄운다든가 하는)이 없다. 후대의 편집자가 바울의 서신 단편들을 한데 모아서 현재의 고린도후서를 만들었다는 견해(Bornkamm)를 받아들인다고 할지라도, 우리는 여전히 6:14-7:1을 최종적인 고린도후서의 이 대목에 배치한 이유를 제시하지 않으면 안 된다. 하지만 그러한 가설은 바울 서신들의 보존과 관련하여 우리가 현재 알고 있는 것이 거의 없다시피 하기 때문에 제기된 것이고, 또한 이 단락의 기원을 쿰란 두루마리에 비추어서 검토한 최근의 연구들은 이 단락이 고린도후서의 이 대목에 느슨하게 덧붙여진 바울의-또는 비바울적인-한 독립적인 서신의 단편이었다는 견해에 힘을 실어 주었다. 우리는 나중에 석의(釋義)와 관련된 논의를 한 후에 이 문제로 다시 돌아가서, 이 독립적인 단락이 바울의 논증의 이 단계에서 본 서신의 이 대목에 끼워넣어지게 된 이유를 살펴보게 될 것이다.

## 7. 바울의 생애에서 고린도후서의 위치

### 참고문헌

**Barrett, C. K.** "Paul and the 'Pillar' Apostles." In *Studia Paulina in honorem Johannis de Zwaan*, 1-19. Haarlem: Bohn, 1953. **Black, David Alan.** *Paul, Apostle of Weak-*

*ness. Astheneia and Its Cognates in the Pauline Literature.* New York: Lang, 1984. **Brown, R. E.** and **Meier, J. P.** *Antioch and Rome. New Testament Cradles of Catholic Christianity.* New York: Paulist Press, 1983. **Bruce, F. F.** *New Testament History.* London: Nelson/New York: Doubleday, 1969. ______. *Paul, Apostle of the Heart Set Free.* Grand Rapids: Eerdmans. UK title *Paul, Apostle of the Free Spirit.* Exeter: Paternoster, 1977. **Catchpole, D. R.** "Paul, James and the Apostolic Decree." *NTS* 23(1977) 428-44. **Dunn, J. D. G.** "The Incident at Antioch." *JSNT* 18(1983) 3-57. ______. *Jesus and the Spirit.* London: SCM/Philadelphia: Westminster, 1975. ______. *The Unity and Diversity of the New Testament.* Philadelphia: Westminster/ London: SCM, 1977. **Fee, G. D.** "Eidolothyta Once Again: An Interpretation of 1 Corinthians 8-10." *Bib* 61(1980) 172-97. **Fuchs, E.** "La faiblesse, glorie de l'apostolat selon Paul(Etude sur 2 Co 10-13)." *ETR* 2(1980) 231-53. **Gnilka, J.** *Der Philipperbrief.* HTKNT 10. Freiburg, Basel, Wien: Herder, 1968. **Guüttgemanns, E.** *Der leidende Apostel und sein Herr.* FRLANT 90. Göttingen: Vanderhoeck & Ruprecht, 1966. **Hengel, M.** *Acts and the History of Earliest Christianity.* Tr. J. Bowden. London: SCM Press, 1979. ______. *Between Jesus and Paul.* Tr. J. Bowden. London: SCM Press, 1983. **Hickling, C. J. A.** "Is the Second Epistle to the Corinthians a Source for Early Church History?" *ZNW* 66(1975) 284-87. **Holmberg, B.** *Paul and Power. The Structure of Authority in the Primitive Church as Reflected in the Pauline Epistles.* ConB 11. Lund: Gleerup, 1978. **Jewett, R.** "The Agitators and the Galatian Congregation." *NTS* 17(1970-71) 198-212. **Käsemann, E.** *Die Legitimität des Apostels. Eine Untersuchung zu II Korinther 10-13.* Darmstadt: Wissenschaftliche Buchgesellschaft, 1956. (Originally in *ZNW* 41[1942] 33-71). **Martin, R. P.** *Carmen Christi. Philippians 2:5-11 in Recent Interpretation and in the Setting of Early Christian Worship.* SNTSMS 4. Cambridge: Cambridge University Press, 1967: 2d ed. Grand Rapids: Eerdmans/Exeter: Paternoster Press, 1983. ______. *Philippians.* NCB. Grand Rapids: Eerdmaris, 1980. ______. *Reconciliation: A Study of Paul's Theology.* London: Marshall, Morgan & Scott/ Atlanta: John Knox, 1981. **Moore, G. F.** *Judaism in the First Three Centuries of the Christian Era.* Cambridge, Mass: Harvard University Press, 1927-30. **Reicke, B.** *The New Testament Era.* Tr. D. E. Green. London: A. & C. Black, 1968. **Robinson, W. C., Jr.** "Word and Power(1 Corinthians 1:17-2:5)." In *Soli Deo Gratia: New Testament Studies in Honor of William Childs Robin-*

*son*, ed. J. M. Richards, 68-82. Richmond: John Knox, 1968. **Schütz, J. H.** *Paul and the Anatomy of Apostolic Authority.* SNTSMS 26. Cambridge: University Press, 1975. **Tannehill, R. C.** *Dying and Rising with Christ.* BZNW 32. Berlin: Töpelmann, 1967. **Theissen, G.** *The Social Setting of Pauline Christianity. Essays on Corinth.* Tr. J. H. SchUtz. Philadelphia: Fortress, 1982.

이 단원에서는 선교사이자 교회 지도자로서의 바울의 생애에서 이 서신의 위치를 검토해 볼 것이다-그의 사도적 지위는 고린도 교회에서 열띤 논쟁의 주제였다. 그러한 목적을 위해서 우리는 사도의 행적을 개략적으로 살펴보고, 바울의 사명이 고린도후서라 불리는 현재의 서신을 쓰게 만든 일련의 사건들에 의해서 형성된 방식을 보여 주고자 한다. 이러한 작업은 바울의 서신들과 사도행전에 나오는 내용을 토대로 초대 교회에서 사도로서의 바울의 역할과 관련된 일련의 사건들을 보여 주는 일련의 진술들을 나열할 때 가장 잘 수행될 수 있다. 비록 사도행전에 나오는 내용들이 아무리 문제가 있는 것으로 보인다고 할지라도 말이다. 그런 식으로 해서 우리는 고린도후서의 내용과 주된 강조점들은 이 서신을 바울의 선교 활동과 관련된 역사적 및 신학적 삶의 자리(Sitz im Leben) 속에 위치시킬 때 가장 잘 이해될 수 있다는 것을 보여 주고자 한다. 그런 과정에서 우리는 본의 아니게 간접적으로 히클링(C. J. A. Hickling)의 입장에 도전하게 될 것이다("Is the Second Epistle to the Corinthians a Source of Early Church History?"; 그는 이 서신이 고린도 교회에 있던 바울의 대적들로 인해서 야기된 "구체적인 문제를 대상으로 한 변증"으로 구성되어 있지 않다고 봄으로써 그의 질문에 대하여 부정적으로 대답한다[286]). 물론 히클링(Hickling)은 바울과 고린도 교인들 간의 "대결 속에서 강력하게 등장하는 인간관계적인 요인들"을 올바르게 강조한다. 그러나 그는 "교리적인" 문제가 바울과 고린도 교인들을 갈라놓았고, 바울의 대적자들은 이 삼각관계에서 세 번째 축을 형성하고 있었다는 것을 부정함으로써 스스로 소중한 정보원에서 소외되었고, 석의에 도움이 되는 방향으로 이 서신의 배경을 규정하는 데 실패했다.

1. 논의의 적절한 출발점(terminus a quo)은 사도행전 11:27-30에 나오는 이른바 "기근" 방문이다. 바울과 바나바는 오론테스 강변에 있던 안디옥에서 함께 힘을 모아서 주로 이방인들로 구성되었던 한 선교 교회(행 11:19-21), 유대교의 제한들로부터의 자유를 소중히 여겼던 한 선교 교회를 이끌다가 예루살렘으로 왔다(J. P. Meier, *Antioch and Rome*, 32-35를 보라). 그렇지만 사도행전 11:29-30의 방문은

예루살렘의 모교회와 바울의 선교 지역 간의 실제적인 지원과 관심을 통한 협력관계를 만들어 내고자 하는 의도를 지니고 있었다. 이 방문을 갈라디아서 2:1-10의 사건들과 동일시할 수 있다면, 거기에는 "기둥 같은" 사도들(*οἱ στῦλοι*-호이 스튈로이)과 바울이 각각의 선교 담당 지역에 관하여 합의하고(참조. 고후 10:12-18), 감독자들(*agents provocateurs*)을 자처하며 갈라디아의 이방인 회중 속에 침투하고자 했던 "거짓 형제들"의 책략을 은연중에 받아들이기를 거부한(갈 2:4-5) 약정서(갈 2:7의)를 체결했다는 것이 나온다. 바울과 바나바는 예루살렘 지도자들에 의해서 인정 받은 이방 선교의 진정한 대표자들로 보인다. 그렇지만 안디옥은 사도행전 11장 및 15장의 공의회에 대표단을 파견함으로써 모교회와의 관계를 유지하고자 한다는 것을 표현했다(Holmberg, *Paul and Power*, 18-20).

2. 이러한 합의는 바울의 선교에 대한 유대주의자들의 반대를 촉발시키는 결과를 가져왔는데, 논쟁의 핵심은 할례 문제였다. 이 문제는 당시에 폭넓은 전선에서 많은 논란을 불러일으켰다. 할례의 위치 및 할례가 이방인 신자들이 유대 공동체로 들어오기 위한 필수 요건(*sine qua non*)으로 요구되는 것인가 하는 문제는 아디아베네의 이자테스(Izates of Adiabene) 사건을 통해 첨예하게 부각되었는데, 그는 처음에 자신을 유대인이라고 밝혔지만, 할례 의식을 받아들이려 하지는 않았다(Josephus, *Ant.* 20.34-48를 보라). 그는 "진실로 온전히 유대교의 독실한 신봉자가 되기로 결심했다면 할례를 받지 않고도 하나님을 예배할 수 있는데, 이는 이러한 결심이 할례보다 더 중요하기 때문이다"라는 양보를 받아내었다. 이 사건에서 갈릴리의 엘르아살은 그에게 할례를 받으라고 설득했고, 자기 자신도 할례를 받았다(F. F. Bruce, *New Testament History*, 266). 그 후에 유대 땅에서 열심당이 유대인들의 결속을 강화시켜 이교의 영향력을 배제하고자 했을 때 유대 그리스도인들에 대한 정치적인 압박이 가해졌다(Josephus, *Ant.* 20.102, 186f.의 증거에 대해서는 Reicke, *The New Testament Era*, 202-3; R. Jewett, *NTS* 17[1970-71] 198-212를 보라). 예수를 믿는 유대인들은 이중적인 압박감에 시달리고 있었다. 한편으로 그들은 조상들의 신앙과 그 전통에 대한 충성을 밝힘으로써 그들의 애국심을 존중하고자 했고, 다른 한편으로는 소문에 의해 들리는 바울의 행동들(행 21:18-25의 증언에 의하면 왜곡된 소문)을 내버려 둔다면 그것들이 유대 종교와 정면으로 충돌해서 결국 기독교회는 오로지 이방인들로만 이루어지고 그 유대적 뿌리로부터 단절되는 결과가 초래하게 될 것임을 볼 수 있었다. 사도행전의 저자는 이러한 염려를 진지하게 취급하지 않고, 단지 제의(祭儀)에 의해서 속박받지 않는 자유로운 하나님의 은혜에 의거하고 있

던 바울의 메시지와 선교 활동에 대한 경고로만 바라본다. 따라서 유대 그리스도인들의 항의가 사도행전 15:1-2에서 단호한 말로 표현되고 있다: "어떤 사람들이 유대로부터 (안디옥으로?) 내려와서 형제들을 가르치되 너희가 모세의 법대로 할례를 받지 아니하면 능히 구원을 얻지 못하리라 하니라." 아주 솔직하게 표현된 유대 그리스도인들의 이러한 정서는 베드로의 반응을 바울의 신학적인 관용어구와 선교적 관심사로 가득 찬 언어를 통해 표현하고 있는 사도행전 15:11에 비추어서 해석될 필요가 있다: "우리(유대 그리스도인들)가 저희(이방인 신자들)와 동일하게 주 예수의 은혜로 구원받는 줄을 믿노라."

그래서 안디옥 교회는 유대 그리스도인의 지도자들과 협의하도록 바울과 바나바를 예루살렘으로 보내게 되었다. 우리가 보기에, 이것이 바로 주후 50년경에 열린 이른바 예루살렘 공의회의 배경이다.

3. 사도행전 15:1-19에 보도된 회의에서 세 개의 축 간의 협의가 이루어졌다. 물론 우리는 거기에 대해 단지 최소한의 정보만을 가지고 있고, 몇 가지 의문들은 여전히 풀리지 않고 있지만 말이다. 이 회의를 촉발시킨 중심적인 문제는 무엇보다도 할례의 문제, 즉 메시아 신앙을 갖게 된 이방인 신자들도 반드시 할례를 받아야 한다는 유대 그리스도인들의 주장이었다(행 15:5). 베드로는 이 회의에서 첫 번째 축을 이루고 있었는데, 그는 고넬료 사건(행 10-11장) 이후의 자신의 경험과 갈라디아서 2:4, 7에 나오는 이미 이루어진 합의를 토대로 해서 겉보기에는 양 당사자의 간격을 메워 주고 유대 그리스도인과 이방 그리스도인이 서로에 대한 의구심을 해소하고 서로 연합할 수 있는 연결 고리를 제공해 주는 "중재자"(J. D. G. Dunn, *Unity and Diversity*, 385이 Hengel, *Acts*, 92-98를 따라서 사용한 어구) 역할을 했다.

바울은 두 번째 축으로서(행 15:12) 그가 수리아, 길리기아, 안디옥에서 수행한 최초의 복음 전도가 성공적으로 이루어져 왔다는 것을 간략하게 요약해서 보고했다(참조. 갈 1:21). 다음으로 세 번째 축인 야고보는 주님의 형제로서 유대 그리도인들의 입장(modus vivendi)을 대변하여 그 집단의 우려를 불식시키고자 했다. 하지만 이 공의회의 "회칙"(回勅)은 할례 문제를 교묘하게 빠져 나가면서(20절) 그 대신에 비교적 논란이 적은 주제, 즉 유대 그리스도인들과 이방 그리스도인들 간의 식탁 교제, 이 두 진영의 우호적인 관계가 지속되도록 하기 위하여 이방 그리스도인들에게 요구되는 몇 가지 것들을 집중적으로 다루고 있다. 따라서 이방 그리스도인들은 의심할 여지 없이 거기에 열거된 항목들(이 항목들은 창 9:4에서 유래한 도덕 및 음식에 관한 기본적인 규정을 받아들임으로써 모든 사람들을 하나로 연합하고자 한 하나님의 원래의 의도라고 믿어진 유대교의 노아 법에서 나온 것들이다; G. F. Moore, *Judaism*, 1:274f., 339를 보라)을 지켜야 하는 의무 아래 놓이게 되었다. 바울-그리고 아마도 베드로도-은 회의의 이 국면에는 참여하지 않았던 것 같다. 왜냐하면 사도행전 21:18-25에서 야고보는 바울에게 분명히 새로웠을 회칙을 선포하기 때문이다(25절의 "우리가 일치 가결했노라"는 표현 속에서 바울은 배제되고 있는 것으로 보인다; Hengel, *Acts* 117: "거기서 야고보는 이 회칙을 바울이 모르고 있던 새로운 것이라고 표현한다").

4. 공의회 이후의 상황은 조상들의 신앙에 좀더 열심을 갖고 있었던 유대 그리스도인들을 깜짝 놀라게 하는 방향으로 전개되었다. 우리는 그들이 무슨 이유로 경악했는지를 추측해 볼 수 있다. 사도행전 13-14장에 나오는 바울의 전도 설교는 이방인들이 대거 복음화되는 문을 열었기 때문이다. 할례 문제가 예루살렘 공의회에서 얼렁뚱땅 넘어감에 따라서 그 설교 속에서는 할례 문제에 대한 언급이 전혀 이루어지지 않았다. 사도행전 14:23에 따르면, 바울은 곧 최초의 선교 여행에 뒤이어 유대적인 구조를 내포한 초보적인 교회 조직을 제안하고, 초기 공동체들을 감독하기 위하여 "장로들"을 임명했다. 유대인 신자들은 그들이 우려한 일이 벌어지자 유다와 실라를 지명하여 안디옥 교회에서 예루살렘 회칙이 잘 시행되고 있는지를 감독하게 했다. 바울이 안디옥에 있었다는 것은 본문에서 분명하게 확인되지만(행 15:35), 바울과 바나바가 이 장 또는 사도행전 16:4에 나오는 회칙과 결부되어 있었는지에 대해서는 본문이 침묵하고 있다. 누가의 목적은 여러 파당들과 그 지도자들 간의 화목을 부각시키는 것이었다는 것이 분명해 보인다. 예루살렘 회칙의 항목들과 밀접한 연관이 있는 문제들, 특히 "우상들에게 드려진 음식"(*εἰδωλόθυτα*-에이돌로뒤타, 고전 8:1-10; G. D. Fee, *Bib* 61[1980] 172-92를 보라)이 뜨거운 논란거리가 되고 있었던 고린도 교회에서 바울이 그 회칙의 권위에 의거한 발언을 한 번도 하고 있지 않다는 것은 주목할 만하다. 그 대신에, 고린도전서에서 바울이 근거로 제시하고 있는 것은 그 어떤 문서-그것이 존귀한 원천, 즉 예루살렘 교회의 지도자들로부터 나온 것이었을지라도-도 인격적인 것이다. 그는 뷔크셀(Büchsel)이 "사랑의 의무"라고 부른 것에 호소한다(*Liebespflicht*: *TWNT* 2:379; 또한 R. P. Martin on "Idols, Meat offered to," *IBD* part 2[1980] 680, 681를 보라).

갈라디아서 2:12에 따르면, 베드로가 안디옥에서 보여 준 행위는 유대 그리스도인들의 관심을 더욱 증폭시키는 원인이 되었다. 야고보가 보낸 사자(使者)들은 베드로가 이방인들과 어울리는 것을 보고서 그를 공격했다. 갈라디아서 2:12이 보여 주듯이, 이 문제는 단지 식탁 교제 자체에 대한 것이 아니라, 할례 받지 않은 자들과 함께 어울림으로써 베드로가 보여 준 안이한 태도였다. 그래서 바울은 그 절에서 이렇게 썼다. "그가 **할례자들의 무리**에 속한 자들을 두려워했다(NIV, 강조체는 저자의 첨가임).

5. 안디옥에서 바울과 베드로의 충돌에 관한 기록(갈 2:11-14)은 오늘날의 해석자들에게 일련의 문제점들을 불러일으킨다(여러 가지 반응들에 대해서는 Holmberg, *Paul and Power*, 32-34; Dunn, "The Incident," *JSNT*를 보라; 오늘날의 통설〈Holmberg, 34, n. 117을 보라〉은 안디옥 교회에서 바울의 주장이 "무시되었고", 이 시점부터 안디옥 교회에서의 바울의 소외가 시작되었다는 것이다: Hengel, *Acts* 123). 논란이 된 문제는 새롭게 그리스도인이 된 새 신자들은 "유대의 관습들"을 따름으로써(*ἰουδαΐζειν*-유다이제인) "유대인처럼 살아야"(2:14) 하느냐는 문제였는데, 바울은 이것을 음식과 관련된 율법들과 할례 의식을 받아들이는 것을 의미하는 것으로 해석했다. 이 점들과 관련해서 유대 그리스도인들의 태도가 워낙 강경했고(그들은 예루살렘 회칙을 그들에게 유리한 쪽으로 할례를 포함하는 것으로 재해석했던 것 같다), 바울도 공의회의 결과를 자기 식으로 해석하여 강경한 입장을 보였기 때문에, 베드로는 이러지도 저러지도 못하는 동요하는 모습을 보였다(Holmberg, *Paul and Power*, 21, 22를 보라). 바울은 베드로가 유대 그리도인들의 압력을 순순히 받아들인 것을 용납할 수 없는 행동으로 규정했다. 베드로의 행동은 앞서 예루살렘 공의회에서 합의한 "복음의 진리"(갈 2:5)를 포기한 것이나 다름없는 것이라고 바울은 생각했다. 캐치폴(D. R. Catchpole, "Paul, James and the Apostolic Decree," *NTS* 23[1977] 428-44)이 지적하듯이, 이 시점에서 바울은 예루살렘 회칙에 대한 그의 냉담한 태도를 굳혔다. 이 회칙은 연합을 위한 화해의 몸짓이 아니라 도리어 일보 후퇴해서 그의 선교에 제약을 가하는 초대 예루살렘 교회(Urgemende)에 대한 항복 문서로 여겨졌다. 이런 사건이 벌어지기 전까지만 해도 그 시점까지 바울은 이 회칙이 우상 숭배와 간음에 대한 혐오와 금지, 바울이 그의 전도를 통해 회심한 자들에게 가르쳤던 것과 같이 유대교의 음식법들의 적용을 최소화하고 그 대부분을 배제할 것(고전 6:18-20; 8:4-8: "식물은 우리를 하나님 앞에 세우지 못하나니") 등을 처음으로 규정하고 있다는 이유로 이 회칙의 가치를 어느 정도 용인하고 있었던 것 같다. 바울은 이러한 문제들을 그의 케리그마의 중심으로 다루지 않았고(롬 14:14-18), 그는 단지 융통성을 발휘해서 이 회칙을 받아들인 것에 지나

지 않았던 것 같다. 브루스(F. F. Bruce, *Paul*, 186)가 표현한 대로, "복음의 원칙들과 관련된 문제가 아닌 경우에 바울은 사람들 중에서 대단히 유화적인 인물이었다". 바울이 나중에 이 회칙에 대하여 저항하고 무시하는 태도를 보여 준 것은 애초부터 이 회칙에 대하여 그가 지니고 있던 반감이 최종적으로 발전된 것일 가능성이 높다. 또한 캐치폴(Catchpole)이 이 회칙의 규정에 대하여 바울로 하여금 반감을 갖게 만들었을 회칙의 세 가지 측면을 지적한 것은 분명히 옳다: 이 회칙이 모세적인 성격을 지니고 있다는 것, 인종적인 근거 위에서 유대인과 이방인을 암묵적으로 차별하고 있다는 것, 예식(禮式)상의 정결에 토대를 둔 레위기의 법을 준수하고 있다는 것. 고린도후서 3:1-18; 갈라디아서 3:28-29; 로마서 3:27-31을 쓴 바울이 오직 예식상의 근거들 위에서 기독교 신앙의 유대성과 배타성을 강조하는 데 기여한 기독교의 문서에 대하여 열심을 보였을 리는 만무하다. 따라서 바울은 이 회칙은 시계를 거꾸로 되돌려서 기독교 선교의 방향을 케케묵은 통로들로 돌려놓고자 하는 시도라고 결론을 내리지 않을 수 없었을 것이다. 하지만 그러한 중대한 결론은 실천적인 근거들이 아니라 신학적인 확신들에 토대를 둔 바울의 선교 사명과 관련하여 폭넓은 반향을 지니게 되었다.

a. 이 결론을 통해서 바울이 전하는 복음의 초점이 더욱 명확해져서, 율법의 행위와는 아무런 상관이 없는 칭의(justification)가 중추적인 쟁점으로 떠오르게 되었고, 이러한 명확한 초점의 결과들은 갈라디아서와 빌립보서에 나오는 변증적인 진술들, 로마서 – 적어도 4장까지 – 에 나오는 좀더 논리 정연한 해설 속에서 드러난다. "이신칭의"(Justification by faith)는 이러한 급박한 사건들의 전개 아래서 바울의 선교의 명쾌한 나팔 소리가 되었다. 왜냐하면 그것은 유대 그리스도인들의 주장과 대비되는 바울의 선교 신학의 독특성을 보여 주는 것이었기 때문이다. "칭의"를 바울의 신학 전체에 대한 토대로 삼고자 하는 좀더 큰 목적을 지니고 있었는지는 의심스럽다. 우리는 고린도후서 5:18-21에 개략적으로 묘사되었다가 나중에 유대 그리스도인들과의 논쟁이 일단락된 후에 로마서에서 상세하게 서술된 이방인들에 대한 바울의 메시지의 정수(精髓)는 "화해" 같은 좀더 포괄적인 용어를 통해서 나타낼 수 있다는 것을 논증하고자 해 왔다(R. P. Martin, *Reconciliation: A Study of Paul's Theology*, 특히 149-54를 보라).

b. 바울의 태도는 그로 하여금 "기둥 같은" 사도들과 맞설 수밖에 없게 만들었고, 이제 그는 그들의 권위에 도전하는 데로 나아갔는데, 이것은 부분적으로는 그들이 배신한 "복음의 진리"를 고수하기 위한 것이었고, 부분적으로는 유대 기독교의 이

진영으로부터 나타나기 시작했던 그에 대한 흑색 선전, 즉 바울은 사실 참된 사도가 아니라는 것 - 실제로 그는 결코 사도가 아니었고(RSV에서는 모호하게 번역되어 있는 고후 12:12에 대한 올바른 번역을 보라), 심지어 그리스도인조차도 아니라는 것(고후 10:7을 근거로 한 E. Käsemann, *Die Legitimität*, 11, 12의 견해가 옳다면) - 에 대하여 대응하기 위한 것이었다. 바울은 고린도 교회의 위기 속에서 그러한 흑색 선전의 영향을 보았고, 그가 사도적 지위를 가지고 있다는 비난에 대하여 여러 가지 방식으로 대응하고 있는 고린도후서 3-7장; 10-13장을 쓸 때 그 구체적인 과제로 설정했음이 분명하다. 게다가, 이 장들은 모세라는 인물 속에서 그들의 사도직의 근거를 발견하고자 하고 자칭 "지극히 큰 사도들"(고후 11:5; 12:11)을 "그리스도의 종들"(고후 11:23)이자 "그리스도의 사도들"(고후 11:13)로서의 그들의 지위를 정당화해 주는 권위들로 내세우고자 했던 대적자들에 맞서서 그가 자신의 유효한 자격 요건들이라고 여겼던 것을 드러내 준다.

c. 바울이 예루살렘으로부터 고립된 것은 양면적인 성격을 지니고 있었다. 그는 "육체를 따른"(*κατὰ σάρκα* - 카타 사르카), 즉 인종적 토대 위에서의 이스라엘 민족에 대한 관심을 여전히 공공연하게 밝혔고(롬 9:1-5; 10:1-12), 여전히 거룩한 도성의 "가난한 성도들"을 긍휼히 여겨서 기꺼이 실제적인 방식으로 돕고자 했다(고후 8-9장; 롬 15:25-31; 참조. 갈 2:10). 그럼에도 불구하고, 그의 이전의 동역자들과의 단절의 증거는 너무도 분명한 것이었다. 그는 자신의 최초의 후원자(행 9:26-28)였던 바나바와 결별하고(행 15:36-41), 자기 마음에 맞는 동역자인 실라를 만나서 본거지를 안디옥에서 아시아로 옮겼다. 실제로, 우리는 이방 교회의 중심이었던 안디옥 교회가 박해에도 불구하고 조상들의 신앙과의 연결의 끈을 놓지 않으려 하고, 너무 지나치게 나아간 바울의 복음을 견제하는 보호 장치로서 기독교 율법주의와 국수주의(particularism)에 문호를 개방하여(예를 들면, 마 5:17-20; 7:21; 10:5, 6; 15:24; 19:28; 23:2, 3, 23), 마태복음에서의 베드로의 수장성(primacy)을 받아들인(마 14:28f.; 16:16ff.; 17:24; 18:21; 참조. R. E. Brown and J. P. Meier, *Antioch and Rome*, 45-72; M. Hengel, *Acts*, 98) 유대 기독교와의 유대를 강화하는 쪽으로 점차 나아갔다는 것을 보게 된다.

바울의 주된 사역 중심지들은 이제 로마 세계에 있게 되었다: 그가 선교 교회를 세운 것이 "복음의 시초"라고 환영받았던 빌립보(빌 4:15; Gnilka, *Der Philippenbrief*, 177; Martin, *Philippians*, NCB, 165를 보라), 고린도, 에베소. 이 교회 공동체들 속에서 바울은 자신이 선택한 입장을 따라서 복음 사역을 해 나갔다. 그는 예식상의 제약들과 제의적 금기(禁忌)들로부터 벗어난, 보편적이고 율법에서 자유로우며 할례를 행하지 않는 복음을 선포했고, 이렇게 그의 복음에서 배제된 것들은 유대파(빌립보서에서)나 헬라파(골로새서에서) 진영들로부터 다시 도입되었을 때는 "오직 은혜, 오직 믿음"(*sola gratia, sola fide*)이라는 바울의 가르침에 비추어서 거부되었다.

고린도후서 10:12-18에서 바울은 약간 복잡한 한 가지 주제를 다룬다. 우리는 그 자세한 내용에 대해서는 나중에 다시 고찰하려고 한다. 그러나 주된 주제는 분명하다. 바울은 자신이 하나님께서 배정해 주신 "합당한 한계"(참된 사도의 "합당한 분량"〈*μέτρον τοῦ κανόνος*-메트론 투 카노노스〉: Käsemann, *Legitimität*, 43-51에서는 이 용어가 바울의 사도적 소명 전체와 도처에서의 그의 선교의 유효성을 포괄하는 것으로 본다) 내에서 사역하고 있다는 근거 위에서 고린도에 대한 그의 선교 활동을 정당화하고자 한다. 바울은 "우리의 분량을 넘어서서"(10:15) "남들", 즉 고린도에서의 바울의 선교 활동에 대하여 경멸하는 태도를 취했던 유대 그리스도인 지도자들에게 합법적으로 속한 지역을 넘볼 의도가 전혀 없다고 말한다. 그는 베드로와 바나바가 잘 알려져 있음과 동시에 받아들여지고 있었음이 분명한 고린도 지역에서 선교 활동을 할 권한이 없다고 비난을 받았다(고전 9:5-6; C. K. Barrett, "Cephas and Corinth," *Essays on Paul*, chap. 2을 보라). 이 단락은 로마서 15:17-22과 더불어서 바울이 그를 무단 침입자라고 비난했던 자들에 대하여 자신을 가장 분명한 어조로 변호하는 진술들 중의 하나다. 바울은 하나님께서 자신의 관할 구역으로 주신 이 이방인 지역들-"기둥 같은" 사도들도 앞서 받아들였던 것(갈 2:7-9)-을 상대로 사도로서의 선교 활동을 편 것이라고 열렬하고도 담대하게 반박했다(C. K. Barrett, "Paul and the Pillar' Apostles"를 보라). 이 논의의 핵심은, 바울이 자신의 선교 활동을 지원하던 안디옥 교회와의 관계가 소원해지면서 그의 활동을 합법화해 줄 "후원" 교회 없이 홀로 여기저기를 떠돌며 사역하는 순회 전도자로 여겨져서, 일시적으로 영적인 고향(Heimat)을 잃어버리고 쉽게 공격을 당하는 처지가 되었다는 것이다. 바울의 대적들이 고린도 교회에 제시한 "천거서들"은 이러한 관점에서 보아야 한다. "이렇게 그들은 언제나 특정한 그리스도인 공동체를 대표했지만, 바울은 그렇지 못했다"(Theissen, *Social Setting*, 50). 그런 까닭에 그는 자신이 하나님께서 자신을 보내신 고린도에 있는 사람들 가운데서 주의 일을 하고 있는 것이고(고전 1:1; 15:58; B. Holmberg, *Paul and Power*, 30, 31 *et passim*을 보라), 자신이 전도한 사람들이야말로 그의 신임장들이라고 역설한다(3:1-3; 참조. 고전 9:

1-2).

d. 이러한 우회로를 거쳐서 우리는 고린도후서가 쓰여지게 된 정황, 즉 바울의 선교 이력 속에서 고린도후서의 삶의 자리(*Sitz im Leben*)에 이르게 된다. 특히 바울이 유대 그리스도인들과 맞설 수밖에 없게 만든 일련의 사건들, 고린도후서 10-13장에서 대결해야 했던 그의 대적들은 바울이 자신의 사도직에 대한 확신을 새롭게 표현하는 계기가 되었다.

홈버그(Holmberg, *Paul and Power*, 7)는 바울이 자신의 "합법적인 사도직"을 강조하게 된 것은 그의 대적들이 고린도 교회에 출현해서 처음에 교인들을 회유하고 장악하여 그의 사도직을 부정하게 만드는 데 성공했기 때문이라고 말한다. 따라서 바울의 태도를 결정한 것은 바로 이 새로운 요인(11:4에 나타나 있는; 거기서 호 에르코메노스〈*ὁ ἐρχόμενος*, "온 자"〉는 이제까지 알려져 있지 않았던 선교단이 다른 복음을 가지고 고린도 교회에 출현했다는 의미를 내포하고 있다)이었다는 결론이 나온다. "바울이 고린도후서 10:1-6과 13:10에서 경고하고 있는 것은 그가 고린도 교회에서 이전에 한 번도 시도해 본 적이 없는 것", 즉 격렬한 변증을 행하고 "하나님의 사도"로서 하나님이 그에게 주신 권세(*ἐξουσία*-엑수시아)를 행사하는 것이다. 이 논의에서 쟁점은 자기가 강력한 사도직을 소유하고 있다는 바울의 의식과 관련된 것이었다.

그러나 주목할 만한 것은 **그것이 놀라울 정도로 새로운 방식으로 표현되어 있다**는 것이다. 바울 자신을 유대 그리스도인 지도자들 및 그들이 고린도에 파송한 선교사들로부터 철저하게 구별시킴과 동시에 사람들에게 바울에 대한 짙은 의구심을 불러일으키는 결과를 초래했던 이 일련의 사건들의 압박은 바울로 하여금 그의 연약함과 선천적인 약함을 통해서 하나님의 능력을 드러내는 고난받는 사도로서의 자신의 역할을 분명하게 드러내지 않을 수 없게 만들었다(고후 4:7-12; 12:9, 10; 13:3, 4, 9). 바울의 신임장은 글로 쓰여진 문서들이 아니라 그가 전도한 사람들의 삶 속에서 발견된다(고후 3:1-3). 좀더 구체적으로, 그는 유형적이고 눈에 보이는 증거가 아니라 내적인 실체에 호소한다(4:16-18; 5:12; 13:3). 블랙(D. A. Black, *Paul, Apostle of Weakness*, 1984)은 "십자가의 약함"이라는 표현을 만들어 냈다(239). 자기 자신에 대한 이러한 평가는 구원론 또는 하나님이 믿는 자들을 구원하시는 방식에 대한 바울의 새로운 통찰들의 자연스러운 결과였다. 바울에게 십자가는 그리스도께서 그분이 가진 모든 것을 포기하신 것을 통해서 표현된 하나님의 낮아지심과 자기 희생의 장소로서의 새로운 차원을 띠고 있었다(고후 8:9; 빌 2:6-

11).

바울이 고린도 교회의 헬파파 진영에서 통용되었던 "영광의 신학"(theologia gloriae) 및 구원을 받기 위해서는 십자가와 더불어서 할례를 받는 것이 필수적이라고 주장했던 율법주의적인 가르침에 대항하여 "십자가의 신학"(theologia crucis)을 분명하게 표현한 것이 그의 생애에서 바로 이 때였다고 보는 것은 일리가 있다. "만일 의롭게 되는 것이 율법으로 말미암으면 그리스도께서 헛되이 죽으셨느니라"(갈 2:21)는 말씀은 율법주의자들에 대한 바울의 가장 직설적인 부정(否定)들 중의 하나다.

약함 속에서 하나님의 능력이 나타나는 장소(고전 1:18-2:5)이자 "그리스도 안에서의 약함"으로서의 바울의 사역의 근거인 그리스도의 십자가에 관한 바울의 가르침은 나아가 블랙(Black)에 의한 최근의 연구에 의해서 밝혀진 통계학적인 현상들(*Paul*[1984], 18-21)을 설명해 준다. 그는 "약함"(ἀσθένεια-아스데네이아)을 나타내는 바울의 용어는 고린도 서신에서 가장 빈번하게 등장한다는 것(총 44번의 용례 중에서 29번; 고린도후서에서는 44번 중에서 14번; 이 14번은 모두 고후 10-13장에 나온다)을 보여 준다-그러나 그는 이러한 증거가 어떠한 결론으로 귀결되는지를 묻지는 않는다. "이 두 서신에서(또한 정도는 덜하지만 로마서에서도) 그는 약함을 **신학적인** 표현으로 발전시킨다"(Black, 85, 강조체는 원래의 것). 이것은 사실이다. 이제 다음과 같은 질문이 제기된다. 무엇이 바울로 하여금 이러한 신학적인 표현을 만들어 내게 이끌었던 것인가? 블랙(Black)의 추측(101)과는 달리, "아덴에서의 그의 실패로 인한 고독감과 낙심"(행 17장)만이 그 원인이었을 리는 없다. 좀 더 깊은 원인을 찾아야 하는데, 우리는 그가 이전에 그의 선교 활동을 지원해 주고 있던 교회 및 사람들과 결별하게 된 것, 고린도 교회의 위기로 인해서 그의 사도적 권위가 타격을 입게 된 것, 유대교 및 유대 기독교의 이데올로기와는 분명하게 구별되는 방식으로 복음을 재정의할 필요성을 느끼게 된 것 등이 한데 결합된 데서 그 원인을 찾아야 한다고 주장한다. 결과적으로, 바울은 복음의 메시지를 "십자가의 도"(고전 1:18)라고 정의했고, 강한 자들을 이기는 그리스도의 약함이라는 감추어진 지혜 속에서 하나님의 능력을 찾게 되었다(고전 1:27-29). "약하심으로 십자가에 못 박히신"(고후 13:4) 그리스도는 자신의 영광을 버리고 자기를 희생하여 종의 형체를 취하고 죽기까지 순종함으로써 구원을 이루셨다. 바울의 언어는 그의 생애와 이력 속에서 이 결정적인 시기에 그에게 닥쳐왔던 경험들로부터 그가 얻은 이 새로운 통찰과 정확하게 부합한다(J. H. Schütz, *Paul and the Anatomy of Apostolic*

*Authority*, 235-48를 보라; W. C. Robinson, Jr., "Word and Power"에서는 이렇게 중요한 결론을 내린다: 십자가의 신학〈theologia crucis〉은 단지 회심을 위한 신학이 아니다. 십자가의 도는 그리스도인의 모든 삶을 위한 하나님의 능력이다〈82〉).

바울이 "기존의 자료를 구체적인 상황 속에서 사용했다"는 로빈슨(Robinson)의 주장(loc. cit., 79)은 구속주가 영원으로부터 만물을 다스리는 자로서의 그의 최종적인 영광에 이르기까지 걸어온 역정(歷程)을 송축하는 그리스도 찬가인 빌립보서 2:6-11에서 잘 예시될 수 있다. 이 그리스도 찬가(carmen Christi)는 집중적으로 연구되어 왔는데, 우리는 여러 가지 최근의 논의들 중에서 바울이 고린도후서를 쓸 당시에 그의 마음에 영향을 주었을 몇 가지 것들을 간추려서 살펴보고자 한다. 우리는 빌립보서가 바울의 에베소 사역 시기, 즉 고린도 교회의 위기가 그의 마음을 가득 채우고 있던 바로 그때 쓰여졌다는 것을 작업 가설로 사용할 수 있을 것이다. 바울은 빌립보서에서 기존의 찬송 자료를 사용한다. 그러나 그 배경은 분명히 권면과 관련된 것으로서, 이 찬송은 2:12의 권면적인 호소로 이어지고, 그 권면은 2:1-4의 목회적 상황을 염두에 두고 있다.

바울이 이 기존의 찬송을 활용한 한 가지 방식은 그 찬송 중에 나오는 "순종"이라는 주제를 뽑아내어 2:12에서 구체적인 상황에 적용하는 것이다. 통설에 의하면, 빌립보서 2:6-8은 자신의 권세를 다 버리고 "종"(*δοῦλος*-둘로스)으로서 낮은 삶을 받아들이는 데 동의하여 큰 희생을 치르고서 인간의 삶 속에 들어오신 분의 순종을 집중적으로 다루고 있다. 분명히 "종"(*δοῦλος*-둘로스)은 이제 높아지신 그리스도에게 수여된 칭호인 "주"(*κύριος*-퀴리오스)와 짝을 이룬다(11절). 그러나 11절의 찬송에 이 땅에서의 이름인 "예수"가 포함되어 있는 것은 이 찬송의 처음 부분과의 연결을 꾀하고, 6-8절에서 명시적인 주어 없이 사용된 재귀 동사들에 의해서 표현된 일련의 행위들 속에 묘사된 그의 지상적 실존 전체에 걸쳐서 그 그림자를 드리우기 위한 것이다. 이 찬송의 원래의 판본으로부터 우리가 알 수 있는 모든 것은 하나님의 형상으로 존재했던 천상의 존재(6절)가 자기를 부인하는 삶을 시작하는 데 동의했다는 것이다. 11절의 환호 문구 속에 "예수"(*'Ιησοῦς*)를 포함시킨 것은 천상의 존재가 마치 연극을 하는 것처럼 사람 흉내를 내어 여러 가지 움직임을 보여 준 것이 아닌 예수의 이 땅에서의 실제적인 삶을 상기시키기 위한 것이다. 그분은 진정으로 사람이 되어서 사람의 삶을 사셨다. 그렇기 때문에 지금 그분이 왕으로 즉위했을 때 드러난 그의 이름은 높아져서 얻은 칭호인 "주"에 덧붙여져 있는 "예수"다.

이것이 바로 고린도 교회의 일부 지체들이 천상적 존재인 그리스도에 대한 그들의 종교적 열망에 집중하여 지상의 예수를 부정하며 "예수를 저주할 자라"(*ἀνάθεμα Ἰησοῦς*-아나테마 예수스)-분명히 오늘날의 그리스도인 신자에게와 마찬가지로 바울에게도 듣기 거북했을-라고 소리쳤을 때 바울이 고린도전서 12:1-3에서 말한 요지다. 바울은 그들이 세상을 다스리는 분이자 그들 회중의 주이신 그리스도에게 열심으로 나아가고자 하는 것에 대하여 냉담한 태도를 보였다. 왜냐하면 바울이 전한 복음이 "가현설적인"(docetic) 철학이나 당시에 유행하던 헬레니즘 종교와 유사한 일종의 영지주의 종교로 변질되지 않으려면, 그것은 지상의 예수를 높아지신 주와 한데 결합시킨 것이 되어야 했기 때문이다. 이러한 변질을 막아 주는 바울의 해독제는 고린도후서 4:9-12에서 찾아볼 수 있는데, 거기서 "예수"라는 이름이 빈번하게 언급되고 있는 것은 결코 우연이 아니고, 그의 대적들에게 맞선 바울의 주된 취지를 강화시켜 주는 역할을 한다.

또한 바울이 자신의 호소를 강화시키고, 6-8절의 성육신 모티프들을 십자가 위에서의 구속주의 죽음을 포함한 구원 사건과 단단히 결합시키기 위하여 8c절(*θανάτου δὲ σταυροῦ*-다나투 데 스타우루, "십자가의 죽으심")을 삽입하여 "그리스도 찬송"을 편집했다는 것은 꽤 확실해 보인다. 그분이 자신을 낮추어 이 땅에 오셔서 순종하셨다는 요소들과 더불어서 그 종결부(8c에서)의 기능은 빌립보 교인들에게 그들이 주로 고백하는 분은 다름아닌 십자가에 못 박히신 예수라는 것을 드러내는 것이다(11절). "그리스도 예수 안에서의" 그들의 삶(5절)은 바로 그것에 의해서 지배되어야 한다. 이것은 바울이 십자가의 신학(theologia crucis)에 토대를 두고서 그의 독자들에게 그리스도인의 삶이 어떤 모습이 되어야 하는지를 직시하라고 촉구하는 것이다(참조. R. P. Martin, *Carmen Christi* 2[1983] xii-xxxix).

이렇게 십자가가 그리스도 찬송의 핵심에 놓여 있는 것-이것은 바울의 의도에 의해 형성된 것이다-은 그의 권면과 호소가 어디에 놓여 있는지를 보여 준다. 그것은 그들이 주(主)이신 그리스도의 주관 아래 있는 삶으로서 이해하고 있는 것(바울과 그의 독자들이 공유한 확신)을 "십자가의 신학"에 정초시킴으로써 그리스도 안에서의 독자들의 삶에 케리그마적인 차원을 부여하는 역할을 한다. 바울이 그의 선교 사역의 이 국면에서 알게 된 이해 속에서 십자가는 영광으로 가는 길에 잠시 머무는 정류장 또는 그리스도의 이야기를 할 때 여담으로 잠시 말하고 나서 얼른 지나가야 하는 대목(고전 15장이 보여 주듯이, 고린도 교회는 그런 식으로 생각하고 있었다: R. P. Martin, *The Spirit and the Congregation*, chap. 6을 보라)이 결코 아니었다. 도리어 십자가는 그리스도인들의 실존의 실재(esse)이고, 바울이 고린도후서 10:7에서 "그리스도에게 속했다"(*Χριστοῦ εἶναι* – 크리스투 에이나이)고 하는 것의 결정적인 판별 기준이다(Käsemann, *Legitimität*, 11). 예수의 죽음을 단순한 과거의 사실이나 부활하신 분의 영광을 통해서 곧 삼켜지게 될 잠깐 동안의 해프닝으로 보는 것은 옳지 않다. 십자가는 예수의 역사적 실존과 구원과 관련된 모든 사건의 특징을 이루는 품질 보증서다. 예수를 선포하는 것은 곧 십자가를 선포하는 것이다(고전 1:18). 이것과 다른 방식으로 십자가를 다루는 것 – 고린도후서 5:11-21에서 바울이 말하고 있는 자들의 경우처럼 – 은 십자가의 의미를 왜곡시키는 것이다. 좀더 나쁘게 말해서, 그것은 다른 곳에서 "그리스도의 십자가의 원수들"(빌 3:18)이라고 불린 자들(고후 6:14-7:1; 11:13-15)과 한 통속이 되어 어울리는 것이다(고후 10-13장에 나오는 바울의 대적들과 빌립보서에서의 대적들 간의 연결관계에 대해서 자세한 것은 R. P. Martin, *Philippians*, NCB, 22-36, 143, 144를 보라).

이러한 가르침의 이면(裏面)은 십자가의 케리그마를 사도직에 실제적으로 적용하는 것이다. 이제 바울은 교회의 실재(esse)는 고난받는 백성으로서의 그 역할이고, 그 역할은 "그리스도와 함께 죽는 것"(고후 4:10-11; 13:4)으로 표현될 수 있다는 것을 본다 – 현재 기록이 남아 있는 초기 기독교(Urchristentum)에 속한 모든 그리스도인 지도자들 중에서 최초로. 그러므로 태너힐(R. C. Tannehill, *Dying and Rising*, 177)이 다음과 같이 지적한 것은 옳다. "과거에 그리스도와 함께 죽은 것과 현재 고난을 받음으로써 그리스도와 함께 죽는 것은 서로 관련이 없는 별개의 사건이 아니라, 두 개의 서로 다른 차원에서 일어나고 있는 동일한 사건이다." 그렇지만 바로 그 약함은 역설적이게도 사도적 권위의 근거이기도 하다(*ἐξουσία* – 엑수시아: 고후 10:8; 13:10). 사실 약함은 사람들을 끌어내리는 것이 아니라 오히려 덕을 세워서 믿음이 성숙하게 자라도록 힘을 주고자 하는 사랑의 섬김을 낳는 능력이다(고후 1:24).

여기서 우리는 바울을 고독한 자리로 내몬 일련의 역사적 사건들을 보게 된다. 신학적인 준거틀(frame of reference)과 영원이라는 관점에서(sub specie aeternitatis) 볼 때, 바울로 하여금 고린도 교회의 위기에 직면하게 만든 사건들은 모든 것을 주관하시는 하나님의 기가 막힌 연금술을 통해서 그리스도인의 삶이 어떠한 모습이어야 하는지, 그리스도의 교회가 세상에서의 자신의 실존과 선교를 어떻게 바라보아야 하는지, 참된 사도적 계승 속에서 그리스도인의 섬김이 이 세대와 모든 세대에서 어떤 식으로 나타나야 하는지에 대한 장엄한 해설을 산출해 내는 결과를 가져왔다.

## 8. 고린도후서의 특징

고린도후서를 이방인의 사도로서의 바울의 생애와 경험 내의 어느 시기에 위치시켜야 하는지, 어떻게 고린도후서의 주된 강조점들이 고린도 교회의 위기 상황을 촉발시켰던 사건들의 영향으로 생겨나게 되었는지를 살펴보기 위해, 우리가 위에서 행한 시도를 토대로 해서 우리는 이제 자신의 삶과 사역과 메시지에 관한 바울의 인식과 관련된 이 서신의 주된 통찰들을 이끌어낼 수 있게 되었다. 이 서신의 첫 부분은 바울의 삶 속에서 가장 괴로운 경험들 중의 하나였음에 틀림없는 것을 반영하고 있다. 그는 고린도 교회에 있는 어떤 개인 또는 집단에 의해서 인격적으로 배척과 모욕을 당했는데, 그(또는 그들)는 바울을 진실하지 못하고 이중적이라고 조롱했고(1:17), 약속을 해놓고 지키지 않는 자라고 비방했으며, 지니고 있지도 않은 권세를 오만하게 행사했다고 비난했다. 이 서신의 첫 번째 대단락(1-7장)은 바울이 자신의 행위들을 그의 사도적 사역에 비추어서 해명하고 정당화하는 내용으로 되어 있다. 마지막에 나오는 장들(10-13장)은 유대 그리스도인들인 선교사들의 출현으로 인해서 고린도 교회에서 새로운 위협이 생겨나게 되었다는 것을 보여 주는데, 그 위협은 그들이 바울 자신 및 사도직을 공격함으로써 고린도 교인들 사이에 바울에 대한 적대감이 새롭게 일어난 것으로서 2장과 7장에서 언급된 상황에서 그를 겨냥한 인격적인 모욕들보다 더 심각한 것이었다. 이제 10-13장에서 가장 문제가 된 것은 바울은 참된 사도가 아니고 종교적인 사기꾼이라는 비방이었다. 전체적으로, 바울이 글을 쓰고 있는 여러 분야들은 이 서신 속에서 다음과 같은 가르침들이 나온다는 것을 보여 준다.

1. 바울은 그가 반대를 당하여 굴욕적인 경험을 한 경우들과 소아시아에서 최근에 사도로서 환난 가운데 체험한 것을 이야기한다(1:8-11). 그는 거의 죽을 뻔했고, 완전히 낙심한 상태가 된 것 같았지만, 하나님의 임재와 능력을 새롭게 깨닫게 되었고, 하나님을 더 온전히 의지하게 되었다(4:7-12은 이와 같은 내용에 대한 통렬한 표현이다).

2. 바울은 자신을 비방하는 자들이 자신에게는 참된 사도임을 보여 주는 신임장이 없다고 주장하는 것에 맞서서, 자기는 그러한 신임장을 가지고 있다고 주장한다.

그렇지만 그 신임장이라는 것은 그가 지니고 있는 그 무엇이 아니라 하나님이 그를 통해 역사하신다는 것을 보여 주는 증거들이다(12:12에 대한 설명을 보라; Holmberg, *Paul and Power*, 78, 79). 바울의 영혼 속에 있는 하나님의 소명, 바울의 전도를 통해 회심한 자들의 변화된 삶 속에서 나타난 그의 사역에 대한 살아 있는 증거들, 하나님이 그를 통해서 역사하신 것 속에 나타난 "사도의 징표들", 특히 그의 끈질기고 결연한 사역(ὑπομονή-휘포모네: 참조. 6:4) 등 이 모든 것들이 그가 진정으로 하나님의 종이라는 것을 보여 주는 신임장이다. 대적자들은 바울에 대하여 세 가지로 공격했다: 그들은 그의 인격, 그의 가르침, 그의 성품을 공격했다(10:1, 10; 11:6; 또한 10:7; 13:4에 나오는 바울의 답변을 보라; 두 번째 공격에 대해서는 2:17; 10:12-18; 11:7-12; 12:13; 11:4을 보라; 거기에 대하여 그는 2:17; 4:2, 5; 10:12-18; 11:1-4, 22-30; 12:1-12에서 답변한다; 그의 성품에 대한 세 번째 공격에 대해서는 1:15-17; 10:9, 11; 11:16-19; 12:16-19을 보라; 거기에 대한 바울의 변호는 1:15-24; 3:1-6; 5:13; 7:2-4; 10:18; 11:16-19; 12:14-18에 나온다).

그들이 바울을 공격한 근거들은 다음과 같은 것들이었다: 변덕스럽다는 것(1:17f., 23), 오만하고 자기를 자랑한다는 것(3:1, 12; 5:12), 말을 잘 못하고 어눌하다는 것(4:3), 육체적으로 약하다는 것(10:10), 말이 "조잡하고" 수사학적 기법이 부족하다는 것(11:6), 은사가 없다는 것(4:7-10; 10:10; 12:7-10; 13:9), 정직하지 못하다는 것(12:16-19), 행색이 "어리석은 자" 같다는 것(5:13; 11:16-19; 12:6), 사도적 지위가 없다는 것(11:5; 12:12). 무엇보다도 바울은 사기꾼(4:8), 허풍쟁이(10:1), 기독교의 메시지의 능력을 뻔뻔스럽게 부정하는 자(13:2-9)로 취급되었다.

3. 끝으로, 바울은 고린도 교인들이 후한 연보를 할 것을 호소하는데 이 주제는 8장과 9장에서 다루어진다. 그것은 고린도 교회에서 서로 다투고 분쟁하는 자들은 눈을 들어서 멀리 교회 밖의 필요들, 특히 예루살렘 교회의 가난한 "성도들"의 필요를 보아야 한다는 것이었다. 이 점에서 최고의 모델은 성육신하신 주의 모범이다(8:9).

무엇보다도 고린도후서는 사도의 내면의 삶을 들여다볼 수 있는 창을 열어 주는 매우 인간적인 문서다. 슈트라한(R. H. Strachan)의 말(xxix)은 이 서신이 지닌 이러한 특징에 대한 찬사다.

이 서신은 바울이 비방과 중상모략, 육체적인 위험과 고난, 그가 최선을 다해서 살펴주었던 자들로부터의 배신과 배은망덕, 종종 그의 심령에 느껴졌던 환멸과 실망을 어떤 식으로 소화했는지를 무의식중에 가식 없이 보여 주는 자전적인 서술이다.

이 서신 속에서는 자주 개인적인 요소가 전면에 등장하고 있음이 분명한데, 이것은 이 서신이 지닌 뛰어난 가치들 중의 하나다. 헹엘(M. Hengel, *Between Jesus and Paul*, tr. J. Bowden, Philadelphia: Fortress, 1983, 69)은 고린도후서를 바울의 가장 개인적인 서신이라 불렀다. 그렇지만 우리는 이 서신의 장(章)들 속에서 사도와 복음이 아주 밀접하게 결합되어 있다는 것을 간과해서는 안 된다. 고린도 교회에서 문제가 되었던 것은 다름아닌 복음 선포와 일상적인 삶을 위한 십자가의 길(theologia crucis)로 표현되는 케리그마의 핵심이었다.

이 서신은 그리스도인들, 실제로 바울을 신앙의 지도자이자 영적인 인도자로 진지하게 받아들이는 모든 자들에게 가르쳐 줄 많은 교훈들을 담고 있다. 우리는 기꺼이 용서를 베풀고(2:10), 우리의 사기를 높여 주는 좋은 소식에 대하여 감사하며(2:13-14; 7:6), 환난 속에서 담대하고 소망을 가지며(4:8-10), 환난이 교회의 참된 영광이라는 것을 인정해야 한다(4:8-10, 16-18; 6:3-10). 우리에게는 하나님을 기쁘시게 해드리고자 하는 참된 야망이 있어야 한다(5:9). 우리는 인생이 역설들을 내포하고 있다는 것을 알아야 한다(6:10). 우리에게는 교회의 가난한 지체들을 돕고자 하는 관심이 있어야 한다(8-9장). 우리는 다른 사람들의 공격에 맞서서 자신을 변호하는 데 열을 올려서는 안 되지만, 그렇게 해야만 할 때가 있는데, 특히 참된 복음이 훼손될 우려가 있는 경우에는 자신을 변호하는 것이 옳고, 또한 반드시 그렇게 해야 한다(10-11장). 우리는 하나님의 뜻을 따라 당하는 고난을 기뻐해야 한다(12:8-10). 우리는 모든 일에 정직해야 한다(8:16-22; 12:17, 18).

복음의 부르심은 현재에 있어서는 우리의 눈에 감춰어져 있지만, 우리가 믿음을 통해서 이해하고(5:7), 확신을 가지고 기다리는 하나님의 미래를 기대하며, 그리스도와 함께 "가서 죽는"(4:10-12) 것이다. 이 두 박자의 리듬(죽음/생명, 환난/위로, 환난/영광, 약함/강함)은 이 서신 전체를 관통하고 있고, 성육신해서(8:9) 우리의 죄를 속하시고(5:18-21) 하늘 보좌에 앉으신 주님이 그 핵심에 자리잡고 있는데, 그리스도는 "죽었다가 일으키심을 받아서"(5:15) 하나님의 능력으로 살아나셨기 때문에(13:4), 그의 "은혜"와 능력은 모든 사람의 필요를 충족시켜 준다(12:10; 13:13). 그렇지만 그리스도의 현재적인 능력은 역설적이게도 자기가 선포하는 복음을 자신의 사역 속에서 "행동으로 보여 주고" 구현하는(5:20) 고난받는 사도를 통해 드러난다(4:7; 13:4). 제임스 던(James Dunn)이 표현하고 있듯이, 바울은 "그리스도를 높아지신 분임과 동시에 십자가에 못 박히신 분으로 경험한다. 실제로, 그는 오직 십자가에 못 박히신 분으로서의 그리스도를 경험할 때만 높아지신 분으로서의 그리스도를 경험할 수 있고, 그리스도의 죽으심을 따라 죽음을 경험할 때만 그리스도의 부활 생명을 경험할 수 있다"(*Jesus and the Spirit*, 334).

이 서신에서 중심적인 요소는 아마도 바울의 인격과 사역을 그에게 맡겨진 케리그마와 하나로 연합시키는 밀접한 연관관계다. 그리스도 예수와 그의 사도 바울이 "주"와 "종"으로서 밀접하게 연합되어 있듯이(4:5), 사도와 복음은 뗄레야 뗄 수 없을 정도로 한데 연합되어 있다. 그리스도와 바울은 아무리 뗄레야 뗄 수 없을 정도로 결합되어 있다고 해도 여전히 두 개의 별개의 인격이다(4:10; 13:3; Güttgemanns, *Der leidende Apostel*, 134에서는 이러한 관계를 새로운 방식으로 표현한다. 그는 바울의 사도적 실존 속에 주님으로서 십자가에 못 박히신 예수의 "실제적인 임재"가 존재하기 때문에, 바울의 "몸"은 지상적 예수의 출현과 임재가 존재하는 장소가 된다고 말한다). 그렇지만 고린도 교회에서 일어난 긴박한 상황과 바울의 선교 활동 가운데 갈등과 고립이라는 현실 속에서 바울은 그리스도와 바울이 각각 복음-그리스도의 복음임과 동시에 바울의 복음이기도 한-과의 긴밀한 관계로 인해서 종종 서로 융합되는 방식으로 글을 쓴다. 따라서 바울과 관련된 결정은 복음과 관련된 결정이 되고(Bultmann, 149), 그 결정은 동시에 그리스도와 관련된 결정이 된다.

# 고린도후서

# I. 인사말(1:1-2)

## 참고문헌

**Barrett, C. K.** *The Signs of an Apostle.* London: Epworth Press, 1970. **Carrez, M.** "Le 'nous' en 2 Corinthiens." *NTS* 26(1979-80) 474-86. **Delling, G.** "Merkmale der Kirche nach dem Neuen Testament." *NTS* 13(1966-67) 297-316. **Dobschütz, E. von.** "Wir und Ich bei Paulus." *ZSTh* 10(1933) 251-77. **Doty, W. G.** *Letters in Primitive Christianity.* Philadelphia: Fortress Press, 1973. **Evans, O. E.** *Saints in Christ Jesus: A Study of the Christian Life in the New Testament.* Swansea: John Penry Press, 1975. **Fridrichsen, A.** *The Apostle and His Message.* Uppsala: Lundequistska Bokhandeln, 1947. **Hainz, J.** *Ekklesia.* Strukturen paulinischer Gemeinde-Theologie und Gemeinde-Ordnung. Regensburg: Verlag Friedrich Pustet, 1972. 127-29. **Kirk, J. A.** "Apostleship since Rengstorf: Towards a Synthesis." *NTS* 21(1975) 249-64. **Kramer, W.** *Christ, Lord, Son of God.* SBT 50. Tr. B. Hardy. London: SCM Press, 1966. § 13e, 42b. **Lofthouse, W. F.** "'I' and 'We' in the Pauline Epistles." *BT* 6(1955) 72-80. **Ollrog, W.-H.** *Paulus und seine Mitarbeiter.* WMANT 50. Neukirchen-Vluyn: Neukirchener Verlag, 1979. **Rissi, M.** *Studien zum zweiten Korintherbrief.* ATANT 56. Zurich: Zwingli Verlag, 1969. 43. **Snaith, N. H.** *The Distinctive Ideas of the Old Testament.* London: Epworth Press, 1944. 21-50.

## 본 문

**1** 하나님의 뜻으로 말미암아 그리스도 예수의 사도 된 바울과 및 형제 디모데는 고린도에 있는 하나님의 교회와 또 온 아가야에 있는 모든 성도에게
**2** 하나님 우리 아버지와 주 예수 그리스도로 좇아 은혜와 평강이 있기를 원하노라

**1** Paul, apostle of Christ Jesus by the will of God, and brother Timothy, to the church of God that is at Corinth and to all the saints who are in the whole of Achaia.
**2** Grace to you and peace from God our Father and the Lord Jesus Christ.

## 원문주해

a. 본서 전체에서 저자의 사역(私譯)은 *Novum Testamentum Graece*, ed. E. Nestle and

K. Aland et al.(Stuttgart: Deutsche Bibelgesellschaft, 1979, 26)에 토대를 두었다. Bratcher는 *A Translator's Guide to Second Corinthians* by R. G. Bratcher(New York: United Bible Societies, 1983)를 가리키고, Diglot는 *A Greek-English Diglot*, ed. R. G. Bratcher (London: British and Foreign Bible Society, 1964)를 가리킨다.

## 양식/구조/배경

바울 서신들에 나오는 인사말은 당시에 서신을 쓸 때 관행적으로 사용된 양식에 몇몇 뚜렷한 기독교적 특징들을 덧붙인 것이다(Doty, *Letters*, 21-47를 보라). 서신의 이 대목에는 보내는 자와 받는 자의 이름이 나오고, 인사말도 나온다. 이 서신의 경우에는 바울은 "그리스도 예수의 사도"라는 자기 소개말을 덧붙이고 있고, 별 특색 없는 헬라어 인사말인 카이레인(χαίρειν)은 풍부한 바울적 특징을 지닌 카리스(χάρις)로 바뀌어 있다.

디모데의 이름을 바울의 이름과 나란히 둔 것은 분명히 이 서신을 두 사람이 공동으로 썼다는 것을 나타내려는 의도가 아니다. 물론 이 서신에서는 단수형("나")과 복수형("우리")이 번갈아 사용되고 있는데, 이러한 특징은 학자들 사이에서 상당한 정도로 논의되어 왔다(Windisch, 33, 34; von Dob Schütz, "Wir und Ich"; Lofthouse, "'I' and 'We'"; Carrez "Le 'nous'"를 보라). 그러나 바울이 자신의 사도직을 뒷받침하기 위하여 디모데를 일부러 서신 속에 끼워 넣었다거나 디모데가 이 서신의 공동 저자였다는 것을 보여 주는 그 어떤 암시도 존재하지 않는다.

도리어 정반대로, 디모데는 사도행전 18:3과 20:4에 나오는 바울의 첫 번째 방문과 두 번째 방문 사이의 기간 동안에 그가 담당했던 모든 일들에 대한 바울의 재가를 필요로 했기 때문에 이 서신의 인사말에서 언급될 필요가 있었을 가능성이 높다. 바울의 첫 번째 방문과 두 번째 방문 사이의 기간 동안에 바울이 고린도전서를 보낸 후에 디모데가 고린도 교회를 방문했던 것 같다(행 19:22을 토대로 할 때). 고린도전서 4:17-21을 토대로 추론해 본다면, 바울은 고린도 교회의 위기 상황을 파악하기 위하여 디모데를 고린도 교회로 급파했던 것 같은데, 그 본문에서 17절은 서신에서 흔히 사용되는 단순과거의 한 예로서 "내가 너희에게 디모데를 보낼 것이다"라는 의미를 지닌다. 바울의 심부름으로 디모데가 고린도 교회에 간 것에 대해서는 고린도전서 16:10도 참조하라.

고린도후서가 이러한 사실을 조금도 내비치고 있지 않다는 것은 바울이 고린도 교회에서 자신의 권위에 큰 상처를 준 것으로 밝혀진 사건을 일부러 들추어 내지 않고 덮어 두고 있음을 보여 주는 것일 수 있다. 만약 그렇다면 이 서신의 인사말에 디모데의 이름이 언급된 것은 바울이 자신의 사자로 고린도 교회에 갔다가 모욕을 당하고 퇴짜를 맞았던 자신의 동역자인 디모데의 명예를 회복시켜 주려는 시도였을 것이다. 바울이 이 서신을 쓸 당시에 디모데와 고린도 교인들 사이에 그 어떤 갈등도 없었다는 빈디쉬(Windisch)의 주장은 증명하기 어려운 것이지만, 어쨌든 위에서 말한 것과 같은 사건이 일어났다는 것은 불확실한 추론이다. 알로(Allo)는 우리가 디모데의 동향에 관하여 거의 아는 것이 없기 때문에 그가 실제로 고린도 교회에 갔는지의 여부에 대해서도 확실하게 말할 수 없다고 주의를 준다. 디모데가 고린도 교회에 가서 봉변을 당했다는 가설은 대단히 위험스러운 것이라고 알로(Allo)는 결론을 내린다(1, 2). 그렇지만 위에서 말한 사건이 일어났을 개연성은 충분히 존재한다. 고린도후서의 본문 속에는 그러한 개연성을 보여 주는 몇몇 단서들이 나오고, 바울이 디모데의 이름을 인사말 속에 포함시킨 목적 중의 일부도 고린도 교회의 성도들에게 디모데의 지위를 재확인시켜 주고자 하는 것이었다고 할 수 있다(Strachan, 40).

## 주석

1 바울은 자기 자신을 "그리스도 예수의 사도"(*ἀπόστολος Χριστοῦ Ἰησοῦ*–아포스톨로스 크리스투 예수)로 소개하는데, 그 뒤에 나오는 "하나님의 뜻으로 말미암아"(*διὰ θελήματος θεοῦ*–디아 델레마토스 데우)라는 어구를 통해서 자신의 그러한 직함의 근거를 제시한다. 바울의 사도적 권위에 대한 암시는 1:21; 2:17; 4:5; 5:20; 10:8; 13:10에서 거듭거듭 제시된다. 이러한 절들은 "새 언약"(참조. 3:6)이라는 틀 속에서 복음 사역을 위하여 특별히 구별되고 사명을 위임받은 하나님의 종이라는 바울의 자기 의식에 상당한 기여를 하고 있다. 모든 면에서 바울의 사역을 힘있게 추진시켜 주었던 것은 이러한 자기 호칭들 속에서 드러나듯이 자신의 삶에 대한 하나님의 "뜻"과 그리스도를 이방인들에게 전하라는 하나님의 "뜻"에 대한 바울의 인식이었다. Fridrichsen, *The Apostle*을 보라. 교회들에 대한 바울의 관계 속에서 "핵심 용어"로서의 "사도"에 대해서는 Hainz, *Ekklesia*, 128, 129를 보라.

"사도"는 이 서신에서 중심축을 이루고 있는 용어로서 부정적인 의미와 긍정적인 의미 양쪽으로 모두 이해될 수 있다. 전자의 의미에서 바울은 자신의 소명과 사역에 관하여 쓰고 있는 내용은 고린도 교회에서 몇몇 교사들에 의해서 제기된 주장들을 정면으로 반박하고 있는 것이라는 관점에서 보아야 한다. 바울은 그러한 교사들을 "거짓 사도들"이라고 규정하기를 주저하지 않는다(*ψευδαπόστολοι* - 프슈다포스톨로이: 11:13; Kramer, sec. 13e를 보라). 그는 그들이 "사도"라는 직함을 사용했다는 것을 알고 있었기 때문에, 사도에 대한 그들의 개념과 반대되는 자신의 이해를 명확히 규정하는 것이 중요했다. 바울이 제시한 판별 기준은 복음의 선포(11:4)와 참된 복음을 전파하는 자임을 보여 주는 여러 가지 증표들이었다(Rissi, *Studien*, 43). 긍정적인 측면에서 "이 서신은 바울이 말하는 사도직에 관한 아주 자세하고 열정적인 설명을 담고 있다"(Barrett, 53; 또한 그의 *Signs*, 35-46를 보라). "사도"라는 용어의 의미와 관련해서 바울의 이해 속에서 이 용어가 지닐 수 있는 의미들에 대한 도표를 제시하고 있는 J. A. Kirk, "Apostleship since Rengstorf: Towards a Synthesis"와 J. Roloff, *Apostolat-Verkündigung-Kirche*(Gütersloh: Verlag Mohn, 1965) 9-37를 보라.

디모데는 "형제"로 지칭되는데, 이 용어는 데살로니가전서 3:2; 골로새서 1:1에도 나온다. 디모데와 관련해서 "내 사랑하고 신실한 아들"(고전 4:17)과 바울의 "아들"(빌 2:22)같이 좀더 애정어린 표현들이 사용되기도 하고, 목회 서신들에는 디모데를 칭찬하는 말들이 나오기도 한다. "형제"라는 용어는 공식적인 직함과 유사한 기능을 지니고 있던 용어로서(8:22에서처럼) 디모데의 임무가 고린도 교회에서 실패로 끝났는지와는 상관없이 바울이 디모데를 고린도 교회에 자신의 사자로 보냈을 가능성이 있다는 것을 보여 준다. 바울이 세운 교회들에서 디모데의 역할에 대해서는 W.-H. Ollrog, *Paulus und seine Mitarbeiter*, 20-23를 보라.

"교회"(*ἐκκλησία* - 에클레시아)는 이 서신에서 9번 나오는데, 통상적으로 새 언약의 하나님의 백성의 지역 회중을 가리키는 의미로 사용된다. 단 하나의 예외는 11:28인데, 거기서 "모든 교회"는 적어도 바울이 세운 모든 교회들과 관련하여 그것들을 전체적으로 지칭하는 교회 연합적인 의미를 지닌다(아래의 설명을 보라).

"고린도에 있는"(*ἐν Κορίνθῳ* - 엔 코린도). 바울 당시와 그 이전 시대에 헬라의 도시로서의 고린도에 대해서는 위에 나오는 설명을 보라. 테 에클레시아 투 데우테 우세(*τῇ ἐκκλησίᾳ τοῦ θεοῦ τῇ οὔσῃ*)라는 어구의 표현 형태는 이 어구가 염두에 두고 있는 것이 고린도라는 지역에 출현하게 된 "하나의 큰 교회"라는 슈미트(K. L. Schmidt)의 주장(*TDNT* 3:506)에 비추어서 고찰해야 한다. 그는 이 어구를 "고린도 교회"라고 번역하는 것은 잘못된 것이라고 주장하면서, 이 어구의 의미는 고린도라는 무대에 등장한 오직 하나뿐인 하나님의 교회라는 것이라고 말한다.

쉰 토스 하기오이스 파신 토이스 우신…(*Σὺν τôς ἁγίοις πᾶσιν τοῖς οὖσιν, κτλ*). 이 구절에서 우리가 살펴볼 필요가 있는 것은 다음의 두 가지다. (1) 그리스도인들을 "성도"(*οἱ ἅγιοι*)라고 묘사한 것과 (2) 이 서신의 수신자를 고린도에 있는 교회(들)만이 아니라 더 넓은 지역의 교회로 확대한 것. 바울이 사용한 표현으로 보아서, 그는 아가야 지역 전체에 있는 회중들을 염두에 두고 있다. "아가야"는 주전 27년 이후에는 그리스 전체에 대한 명칭이 되었지만(Pauly-Wissowa, *RE* 1: 193f.), 로마 시대 이전에는 펠로폰네소스 반도의 북쪽 연안에 있는 좀더 작은 지역을 가리키는 명칭이었다. 여기서 바울의 용례(그리고 고전 16:15; 참조. 롬 15:26; 살전 1:7, 8)는 아마도 이전 시대의 용례를 반영하고 있는 것으로 보인다. 사도행전 17:34에 나오는 아덴에서 회심한 자들은 분명히 몇몇 그리스도인들이 아가야 지방에서 최초로 믿는 자들이 되었다는 바울의 말(고전 16:15) 속에서 고려되고 있지 않다. 바울이 고린도를 아가야 지방 전체의 주도(州都)로 여겼다는 것은 분명하지만(Lietzmann-Kümmel, 99; Bultmann, 24), 그가 정확히 아가야 지방의 경계가 어디까지라고 생각했는지가 불확실하다는 것에 대해서는 Goudge, 1을 보라. 하지만 고린도는 아가야 지방에서 "후대의 대도시 교회의 형성의 뿌리"로 불렸다는 리츠만(Lietzmann)의 학설은 Hainz, *Ekklesia*, 130에 의해서 올바르게 비판되었다.

그리스도인들을 가리키는 명칭으로 사용된 형용사적 명사 하기오스(*ἅγιος*)는 구약성경에 그 뿌리를 두고 있다. 이 명사는 "구별하다"(קדשׁ -카다쉬)를 의미하는 히브리어에서 나온 것인데, 칠십인역에서는 그 히브리어의 어근을 하기오스(*ἅγιος*)라는 형용사적 형태로 옮겨 놓았다. 성도들은 이중적인 의미에서 구별된 자들이다. 소극적으로는 악으로부터의 구별이 존재하고, 적극적인 측면으로는 하나님과 하나님을 섬기는 일에 대한 헌신이 존재한다(Snaith, *Distinctive Ideas*, 29, 30를 보라).

구약성경에서 이스라엘은 정확히 바로 이 두 가지 점에서 하나님의 거룩한 백성이다. 이스라엘은 하나님의 택하심에 의해서 고대 세계의 나머지 민족들로부터(민 23:9; 시 147:20) 구별된 민족이다(A. Asting, *Die Heiligkeit im Urchristentum* [FRLANT 46; Göttingen: Vandenhoeck-Ruprecht, 1930] 133-51를 보라). 이스라엘의 민족적 삶은 하나님에 대한 증인으로서의 삶이라는 특징을 지닌다. 왜냐하면 이스라엘은 "거룩한 나라"(출 19:5, 6; 레 11:44, 45; 19:1, 2; 신 7:6; 14:2)로 불리기 때문이다. "성도"라는 용어가 보여 주듯이, 교회는 이스라엘이라는 신성 공동체의 계승자다(벧전 2:9-10을 보라). 또한 우리가 주목할 것은 "하기오이"는 신약성경에서 오직 복수형으로만 사용된다는 것이고, 단 하나의 예외인 빌립보서 4:21에서도 이 단어의 단수형은 하나의 집단을 가리킨다. 이 단어는 영적인 엘리트의 선별된 집단이 아니라 신약의 모든 신자들을 가리키는 데 사용된다. 교회가 "거룩한" 무리로 부르심을 받은 것과 관련하여(1:12; Evans, 71) 주어진 도덕적 명령들에 대해서는 Evans, *Saints*, 29-34와 G. F. Hawthorne, *Philippians*, WBC 43(Waco: Word Books, 1983) 6를 보라. 고린도 교인들은 빌립보 교회의 신자들과 마찬가지로 구별되는 삶의 방식을 특징으로 하는 하나님 자신의 백성, 최고 수준의 윤리적인 행실을 통해서 하나님께 충성함으로써 그들이 선택받았다는 것을 보여 주는 하나님의 백성으로서의 "성도들"이 되도록 명령을 받는다. 하기오이(*ἅγιοι*-성도)와 에클렉토이(*ἐκλεκτοί*-택함받은 자들)와 클레토이(*κλητοί*-부르심을 받은 자들)가 서로 동일하게 사용되는 것에 대해서는 Delling, "Merkmale," 305를 보라.

2 바울의 인사말은 축도 비슷한 기도와 결합되어 있다: 카리스 휘민 카이 에이레네(*χάρις ὑμῖν καὶ εἰρήνη*, "너희에게 은혜와 평강이 있기를 원하노라")라는 어구는 헬라-로마 문화 속에서 서신들에서 사용되었던 관습적인 기원, 즉 카이레인(*χαίρειν*, "인사"), 플레이스타-폴라 카이레인(*πλεῖστα-πολλὰ χαίρειν*, "풍성한 인사")을 기독교적으로 개작한 것이다(E. LohMeyer, "Briefliche Grussüberschriften," *ZNW* 26, 1927, 158-73과 인사말에 나오는 표현들은 바울 자신이 만들어 낸 것이라고 주장하는 G. Friedrich, "LohMeyers These," *ZNW* 46, 1955, 273, 274에 의한 비판을 보라). 바울의 손에서 카이레인(*χαίρειν*)이라는 용어는 그 자체로 효력이 있는 강력한 기원문으로 채워지고 있는데, 이 기원문은 하나님의 은혜를 받을 자격이 없는 자들에게 하나님의 은혜(*χάρις*-카리스)가 있기를 원한다는 것("복음의 가장 중요한 전제가 되는 사실," Menzies, 4)과 인간의 연약함과는 달리 하나님께서는 강하시다는 것(카리스〈*χάρις*, "은혜"〉의 이러한 의미에 대해서는 12:9을 보라)이라는 개념을 전달해 준다. J. Moffatt, *Grace in the New Testament*(London: Hodder-Stoughton, 1931) 19와 G. D. Fee, "*ΧΑΡΙΣ* in II Corinthians I. 15," *NTS* 24(1977-78) 533-38를 보라.

바울은 "은혜"라는 표현에 하나님께서 "평강"(*εἰρήνη*-에이레네)을 주시라는 기도를 추가하는데, 이와 같이 이 두 단어를 함께 사용하는 것은 바울의 전형적인 표현이 되었다(롬 1:7; 고전 1:3; 갈 1:3; 빌 1:2; 골 1:2; 살전 1:1; 살후 1:2; 몬 1:3; 참조. 엡 1:2). "평강"은 셈족 세계에서 가져온 전형적인 인사말이지만(J.

A. Fitzmyer, "Some Notes on Aramaic Epistolography," *JBL* 93[1974] 214-16를 보라), 그 다음에 나오는 구절인 "하나님 우리 아버지와 주 예수 그리스도로 좇아"라는 표현 속에서 평강이라는 단어가 지니는 기독교적인 뉘앙스가 분명하게 감지된다. 하나님의 명칭으로서 중요한 "아버지"(1:3에 대한 "주석"을 보라)와 예수 그리스도를 부를 때 바울이 통상적으로 사용했던 명칭인 "주"(*κύριος*-퀴리오스) 같은 명칭들이 여기서 중요한 의미를 지닌다. 이 명칭에 대해서는 예수의 주 되심이 "모든 사람이 그들 각자의 행위에 대하여 책임을 져야 하는 그런 권세를 지니신 분"이라는 것을 보여 준다는 점을 강조하는 Kramer, sec. 47b를 보라. 하나님 아버지와 높아지신 주 예수를 함께 나란히 언급하고 있는 것은 주목할 만한 것으로서, "서신들의 모든 곳에서 그리스도를 대하는 바울의 태도는 단지 사람에 대한 사람의 태도 또는 스승을 대하는 학생의 태도가 아니라 하나님을 대하는 사람의 태도"라는 메이첸(J. G. Machen, *The Origin of Paul's Religion*[New York: Macmillan, 1921] 198)의 고찰은 옳다.

## 해설

바울의 서론은 이 서신의 나머지 부분에서 여러 가지 방식으로 본격적으로 다루어지게 될 문제에 주의를 환기시키는 데 집중되어 있다. 그 문제라는 것은 고린도의 회중 속에서 바울의 사도적 권위에 관한 문제였다. 바울의 사도적 권위가 고린도 교회에서 문제가 되었고 뜨거운 논쟁거리가 되었다는 것은 분명하다. 따라서 바울은 서신의 첫머리에서 자기가 갖고 있는 사도적 권위는 "주께로부터 직접" 받은 것으로서(13:10에서 말하고 있듯이) 교회의 "덕을 세우기" 위하여 행사되고 있다는 것(10:8; 12:9)을 분명하게 보여 줄 필요가 있었다.

또한 교회는 그가 보기에 하나님의 성품을 닮고 이 세상에서 하나님을 섬기도록 부르심을 받은 하나님의 "거룩한 백성"이다. 도덕적인 문제들은 고린도 교회에서 전염병의 진원지였기 때문에, 바울은 이 서신의 마지막 네 장에 걸쳐서 교회에서 잘못을 저지르는 여러 집단들을 호되게 질책한다. 또한 이 서신의 첫 머리에서 교회는 하나님의 "성별된" 백성이라는 본질을 지니고 있다는 것이 교회로 부르심을 받은 고린도 회중 앞에서 명확히 제시될 필요가 있었다.

# II. 과거의 체험에 대한 바울의 회고(1:3-11)

## A. 찬송과 위로(1:3-7)

### 참고문헌

**Cuming, G. J.** *Hippolytus: A Text for Students.* Bramcote: Grove Books, 1976. **Deichgräber, R.** *Der Gotteshymnus und Christushymnus in der frühen Christenheit.* SUNT 5. Göttingen: Vandenhoeck & Ruprecht, 1967. 64-87. **Jeremias, J.** *The Prayers of Jesus I. "Abba."* SBT 2d ser. 6. London: SCM, 1967. 11-65. **Kleinknecht, K. T.** *Der leidende Gerechtfertigte.* WUNT 2d ser. 13. Tübingen: Mohr, 1984. **O'Brien, P. T.** *Introductory Thanksgivings in the Letters of Paul.* NovTSup 49. Leiden: Brill, 1977. 233-58. ______. "Thanks-giving within the Structure of Pauline Theology." In *Pauline Studies: Essays Presented to F. F. Bruce*, ed. D. A. Hagner and M. J. Harris, pp. 50-56. Exeter/Grand Rapids: Paternoster Press/Eerdmans, 1980. **Rissi, M.** *Studien zum zweiten Korintherbrief.* **Robinson, J. M.** "Die Hodajot-Formel in Gebet und Hymnus des Frühchristentums." In *Apophoreta*, FS E. Haenchen, 194-235. BZNW 30. Berlin: Töpelmann, 1964. **Sanders, J. T.** "Hymnic Elements in Eph 1-3." *ZNW* 56 (1965) 214-32. **Schubert, P.** *Form and Function of the Pauline Thanksgivings.* BZNW 20. Berlin: Töpelmann, 1939. **Tannehill, R. C.** *Dying and Rising with Christ. A Study in Pauline Theology.* BZNW 32. Berlin: Töpelmann, 1966. 90-98. **Turner, N.** *Christian Words.* Edinburgh: T. & T. Clark, 1981. **Warfield, B. B.** "Some Difficult Passages in the First Chapter of 2 Corinthians." *JBL* 6(Dec. 1886) 27-39. **White, J. L.** "Introductory Formulae in the Body of the Pauline Letters." *JBL* 90(1971) 91-97. **Wiles, G. P.** *Paul's Intercessory Prayers: The Significance of the Intercessory Prayer Passages in the Letters of St. Paul.* SNTSMS 24. Cambridge: University Press, 1974. 226-29.

## 본　　문

3 찬송하리로다 그는 우리 주 예수 그리스도의 하나님이시요 자비의 아버지시요 모든 위로의 하나님이시며

3 Blessed (be) the God and Father of our Lord Jesus Christ, the Father of mercies and the God of all encouragement.

4 우리의 모든 환난 중에서 우리를 위로하사 우리로 하여금 하나님께 받는 위로로써 모든 환난 중에 있는 자들을 능히 위로하게 하시는 이시로다

4 He encourages us in all our trial, so that we can encourage those who are in any trial by the (same) encouragement with which we ourselves are encouraged by God.

5 그리스도의 고난이 우리에게 넘친 것같이 우리의 위로도 그리스도로 말미암아 넘치는도다

5 For just as Christ's sufferings overflow to us, so also does the encouragement that we receive through Christ overflow.

6 우리가 환난 받는 것도 너희의 위로와 구원을 위함이요 혹 위로 받는 것도 너희의 위로를 위함이니 이 위로가 너희 속에 역사하여 우리가 받는 것 같은 고난을 너희도 견디게 하느니라

6 If we are facing trials, it is for your encouragement [a]and salvation. If we are encouraged, it is for your [b]encouragement which (God) produces as you remain steadfast under the same sufferings that we suffer.

7 너희를 위한 우리의 소망이 견고함은 너희가 고난에 참예하는 자가 된 것같이 위로에도 그러할 줄을 앎이라

7 And our hope for you is firmly grounded, because we know that, as you share the sufferings, so too (you share) in the encouragement.

## 원문주해

a, b. 6-7절에서 사본상의 증거들은 어순과 관련하여 상당한 혼란이 있다는 것을 보여준다(Bultmann, 29, 30를 보라). 우리는 bo sa vg syr[p], $P^{46}$에 의해서 지지를 받고 있는 ℵ A C의 본문을 토대로 번역했는데, Bultmann도 이 본문을 원래의 것으로 보았다. 하지만 B 33을 따라서 "…와 구원"을 생략할 것이냐 말 것이냐를 결정하는 문제를 제외한다면(B. B. Warfield는 이 사본들을 따르고 있다), 본문의 의미는 별 영향을 받지 않는다. 그러나 이 어구의 생략은 근거가 희박한 것으로서, 카이 소테리아스(*καὶ σωτηρίας*)라는 어구의 생략은 난해한 단어들에 대한 필사자들의 혼동에 의한 것이라고 설명될 수 있다.

## 양식/구조/배경

바울이 "하나님을 찬송하리로다"라는 정형 문구를 사용하고 있는 것은 회당 예배에서 "송축하리로다"(ברכה - 베라카)라는 환호성을 이스라엘의 하나님께 찬송을 돌려 드릴 때 사용했던 것에서 가져온 것이다. 이 정형 문구의 용례들에 대해서는 S. Singer, *The Authorised Daily Prayer Book*, 신약 서신들에 나오는 "도입부의 송

영"에 관한 Deichgräber의 글(*Gotteshymnus*, 64-87), 쿰란 문헌들(예를 들면, 1QH 3:19ff.), 후대의 기독교의 기도문들(예를 들면, *1 Clem* 59:2, 3; *2 Clem* 1:4-8; Hippolytus, *Apost. Tradition*, sec. 4; Cuming's text, 1-10)을 보라.

신약성경에 나오는 후기의 서신들에서는 저자들이 서신의 서문에서 갑자기 하나님을 찬송하는 표현으로 넘어가는 것이 공통적인 특징이다(엡 1:3-14; 벧전 1:3-9). 그러나 이 정형 문구가 사용된 곳들에서는 구속의 축복들에 대하여 하나님께 감사하는 내용이 나오는 것에 반하여, 우리가 살펴보고 있는 이 본문에서는 하나님에 대한 찬송이 특별히 아시아에서 받은 몇몇 환난들로부터 구원을 받은 바울의 최근의 체험에 초점이 맞춰져 있다(1:8). 다이히그래버(Deichgräber, *Gotteshymnus*, 87)는 이것을 "구체적인 곤경의 때에 일어난 특별한 개입"을 보여 주는 한 예라고 부른다.

"하나님을 찬송하리로다"라는 정형 문구는 쿰란 문헌에 나오는 찬송들, 특히 "호다요트" 두루마리에 비추어서 연구되어 왔고, 초기 기독교 예배의 성격과 관련된 몇몇 광범위한 결론들이 도출되어 왔다(J. M. Robinson, J. T. Sanders를 보라; 이 주제는 *New Testament Interpretation*, ed. I. H. Marshall[Exeter: Paternoster/Grand Rapids: Eerdmans, 1977] 233, 234에서 R. P. Martin에 의해 간략하게 논의되고 있다). 이러한 연구가 얻어낸 한 가지 긍정적인 수확은 신약성경의 서신들은 하나님을 부르거나 찬송하는 예전적인 언어가 자연스럽게 사용될 수 있는 회중 예배 속에서 봉독되었다는 것을 밝혔다는 것이다. 바울은 분명히 회중들이 예배를 위하여 모였을 때 그들과 자기가 하나가 되어 있다는 것을 느꼈고(고전 5:3-5; 참조. 골 2:5), 따라서 그의 서신들을 통해서 그들에게 말할 때 그들을 예배를 드리고 있는 무리들로 바라보고 있었다. 이와 같은 정황은 그의 서신들의 도입부에서 기도나 찬송과 관련된 관용 표현들이 집중적으로 나온다는 사실을 잘 설명해 준다(B. Rigaux, *The Letters of St. Paul*, tr. S. Yonick[Chicago: Franciscan Herald Press, 1968] 120-22와 L. G. Champion, *Benedictions and Doxologies in the Epistles of Paul*[Oxford: publ. privately, 1934]).

이 단락(1:3-7)에는 예전(liturgica)과 관련된 온갖 뚜렷한 특징들이 풍부하게 나온다. (1) 하나님을 "자비의 아버지"라고 진부하게 표현하고 있는 것은 회당에서의 기도문들에서 가져온 것이다. (2) "위로"(*παράκλησις*-파라클레시스)라는 핵심어의 도입부 역할을 하는 "위로하시는 이"(4절)라는 서술적 분사절-헬라어 구약성경의 시편에 나오는 용례들에 대해서는 찬송 양식 속에서 분사와 정관사를 사용하고 있는 시 102:1ff.; 135:3f., 143:1; 146:7ff.을 보라: E. Norden, *Agnostos Theos*, Untersuchungen zur Formengeschichte religiöse Rede(Stuttgart: Teubner, 1956 ed.) 166 ff.를 보라-은 이 단락 전체와 이 서신의 나머지 부분을 하나로 관통하여 묶는 실과 같은 역할을 한다. (3) 5절에는 적어도 하나의 교차대구법적인 구조가 존재한다.

A 넘친(*περισσεύει*-페리쒸에이) — B' 우리의 위로도 그리스도로 말미암아
B 그리스도의 고난 — A' 넘치는도다(*περισσεύει*-페리쒸에이)

좀더 정교한 구조 분석은 클라인크네히트(Kleinknecht, *Der leidende Gerechtfertigte*, 243f.)에 의해서 시도되었는데, 그는 파라클레시스(*παράκλησις*, "위로")와 들립시스(*θλῖψις*, "환난")가 중심적인 역할을 하고 있음을 밝혀 냈다.

## 주석

도입부는 하나님을 찬송하고 감사하는 것으로 갑자기 시작된다(3-4절). 오브라이언(O'Brien, *Introductory Thanksgivings*, 254-58)은 바울이 그의 서신들을 그의 독자들의 상황과 관련하여 감사하는 것으로 시작하는 습관에 대하여 자세하게 설명하고 있다. 그가 사용한 어휘들의 용법이 얼마나 정형적인 특징들을 지니고 있는지와는 상관없이 말이다. 그는 율로게토스(*εὐλογητός*, "찬송하리로다")라는 형태는 바울이 전승에서 물려받은 것으로서 하나님을 송축하는 데 사용되는 반면에, 유카리스테인(*εὐχαριστεῖν*, "감사하다")은 바울의 용법 속에서 서신의 수신자들의 삶 속에서 하나님께서 행하신 일에 대하여 감사하는 데만 사용되고 있다고 주장한다. 이 "감사하다"라는 두 번째 동사는 11절에 나온다. 또한 그는 유카리스테인(*εὐχαριστεῖν*)은 이방인 독자들에게 적합한 단어였던 반면에, 율로게인(*εὐλογεῖν*)은 주로 유대적인 표현이라고 말한다. 그러나 유카리스테인(*εὐχαριστεῖν*)이 구약 및 유대적인 배경을 지니고 있다는 것을 보여 주면서 이 두 동사의 상호 관계를 다르게 설명하고 있는 것에 대해서는 W. L. Knox, *Some Hellenistic Elements in Primitive Christianity*(London: Oxford University Press, 1944) 3-7를 보라. 바울이 무엇을 기뻐하는지 그 주된 내용들은 그가 하나님을 찬송하고 감사할 때 격한 감정들을 표현하고 있는 말들 속에 내포되어 있다. 그 중 첫 번째 이유는 이 단락에 나오고, 두 번째 이유는 8-11절에서 다루어진다.

바울은 수많은 환난이 그에게 닥쳐와서 그를 짓눌렀음에도 불구하고 그가 하나님께서 주신 특별한 힘을 알게 된 것을 기뻐한다(4절). 그리스도를 위하여 고난받는 것은 언제나 이방인들의 사도로서의 그의 숙명이었다(살전 2:2; 참조. 골 1:24; 엡 3:13). 누가가 쓴 이야기를 보면, 이러한 소명은 그가 그리스도인으로서의 삶을 시작할 때 그에게 알려졌다(참조. 행 9:15, 16). 그러한 끊임없는 경험으로부터 이교 세계 속에서 환난과 시험을 견딜 수밖에 없었던 그의 교회들과의 유대감이 바울에게 생겨났다. 바울은 수많은 환난을 통과해 나가면서 자기와 더불어서 하나님의 위로를 받고 그 위로를 다른 사람들에게도 나누어 주는 법을 배우는 성도들의 소명을 자신의 소명과 결합시킨다. 이것이 우리 앞에서 전개되고 있는 주제다.

3 "자비의 아버지"(*ὁ πατὴρ τῶν οἰκτιρμῶν*-호 파테르 톤 오이크티르몬)는 분명히 셈어적인 표현으로 회당의 기도문을 본뜬 것이다. 이스라엘의 신앙을 고백하는 유대인들의 기도문인 쉐마는 "오, 우리 아버지, 자비하신 아버지"(אב הרחמים -아브 하라하밈)로 시작된다(A. Marmorstein, *The Old Rabbinic Doctrine of God* [New York: KTAV Publ., reprint, 1968] 56). 쿰란 공동체에서 사용되었던 기도문들(예를 들면, "자비의 하나님"이라는 표현이 나오는 1QH 10:14; 11:29; 정확하게 "자비의 아버지"라는 표현은 DSS에 나오지 않는다: O'Brien, 241)을 포함한 그 밖의 다른 예들은 R. Deichgräber, *Gotteshymnus*, 93, 94에 나와 있다. 또한 이 어구는 단지 "자비로운 아버지"라는 의미 이상을 뜻하는 것으로 하나님이 그 자체로 어떤 분이신지, 즉 자비의 원천이심을 나타내는 것이라고 결론을 내리는 J. Jeremias, "Abba," 27를 보라(마찬가지로, Windisch, 38에서는 이 어구가 단지 "자비로운 아버지"〈속성의 속격〉를 뜻하는 것이 아니라 "자비의 원천"〈목적격적 속격〉으로서의 하나님을 뜻하는 것이라고 말한다). 하나님은 아버지로서 "그분으로부터 자비가 나오고"(Lietzmann-Kümmel; 출 34:6; 시 25:6; 68:17[LXX 69:16]), 사람들을 "안위"함으로써 은혜를 베푸신다(롬 15:5).

파라클레시스(*παράκλησις*, "위로")는 이하에 나오는 논의를 지배하는 핵심어다(Windisch: 이 동사에 대해서는 O. Schmitz-G. Stählin, *TDNT* 5:773-99; Tannehill, *Dying and Rising*, 90-98; O'Brien, *Introductory Thanksgivings*, 242-47를 보라). 동사와 명사 형태로 된 이 단어의 어근은 다섯 절에 걸쳐서 10번이나 나온다. 또한 이 어근은 이 서신 전체에 걸쳐서 자주 발견된다(8:4, 17에서는 명사; 2:8; 5:20; 6:1; 8:6; 9:5; 10:1; 12:8, 18에서는 동사; 고린도후서에서 그 밖의 다른 용례들은 2:7; 7:4, 6, 7, 13; 13:11에 나온다). 이 단어는 다양한 문맥 속에서 사

용되고 있기 때문에, 어느 한 가지 의미만을 지니고 있는 것이 아니고, "하나의 역어(譯語)만으로는 충분하지 않다"(Barrett, 60). 이 단락은 바울의 환난들과 그가 구원받은 것을 배경으로 하고 있기 때문에, 바울이 구약성경에서 약속되었고(사 40:1; 51:3, 12, 19) 이스라엘의 "위로자"로서의 메시아의 역할로 설명된 메시아적 구원에 동참하고 있다는 것을 나타내는 특별한 뉘앙스를 지니는 "위로"(히브리어로 니함⟨נחם⟩)가 강조되고 있음에 분명하다. 하지만 영어로 위로(comfort)는 바렛(Barrett)에 의해서 선호되고 있기는 하지만 애매모호한 번역이기 때문에, 우리는 "comfort"(RSV, NIV, 편하게 해준다는 의미 – 역주) 또는 "consolation"(NEB, Héring, 달래서 위로해 주는 것 – 역주)이 아니라 "encourage"/"encouragement"(힘과 용기를 불어넣어 준다는 의미 – 역주)를 사용하고자 한다. TEV/GNB는 "모든 도움이 오는 하나님"이라고 의역한다. F. V. Filson, "The God of all Comfort – 2 Cor. 1:3-7," *TT* 8(1951-52) 495-501를 보라.

4 "우리의 모든 환난 중에서"(*Ἐπὶ πάσῃ τῇ θλίψει ἡμῶν* – 에피 파세 테 들립세이 헤몬). "환난"이라는 용어는 흔히 종말론적인 뉘앙스를 지니고 있어서 종말에 대한 서곡으로 교회에 닥쳐오는 환난을 가리킨다(R. P. Martin, *Philippians*[NCB, 1976=1980] 164를 보라). 이와 같은 맥락 속에서 이 단어는 9절에 나오는 "사형 선고"와 더 밀접하게 연결되어 있다. 바울이 일찍 죽는 것을 두려워한 이유가 무엇이었는지에 대해서는 나중에 나오는 설명을 보라. 그러나 4절에서 들립시스(*θλῖψις*, "환난")에 대한 두 번째 언급은 이 세상에서 복음 때문에 미움을 받을 수밖에 없는 그리스도인들의 숙명을 포함하는 방향으로 이 단어의 범위를 넓혀 주는데, NIV의 번역어인 trouble/troubles는 그 의미가 아주 약해서 복음으로 말미암아 바울과 고린도 교인들이 환난을 겪을 수밖에 없었다는 의미를 제대로 전달해 주지 못한다. 또한 그러한 번역은 이러한 모든 경험들을 관통하는 "하나님의 목적"(Rissi, *Studien*, 34)을 극도로 약화시키는 것이기도 하다. 릿시(Rissi)는 바울이 환난의 때에 하나님으로부터 힘을 얻어서 어떻게 다른 사람들을 도울 수 있었는지를 주목한다.

에이스 톤(*εἰς τόν*) + 부정사 뒤나스다이(*δύνασθαι*, "우리가 능히 하다")는 목적 또는 결과 중 어느 하나로 해석될 수 있는데(BDF § 402.2), 여기서는 아마도 후자일 가능성이 높다. 빈디쉬(Windisch, 39)는 인간의 경험 속에서 어떤 일을 겪어 본 사람들은 자기와 동일한 처지에 있는 사람들을 도울 수 있다는 것을 보여 주는 예화들을 Epictetus(Diss. III. 23.8)와 Seneca(*Cons. ad Polyb.* 15.5)에서 가져와 제시한다.

5-6 "그리스도의 고난"(τὰ παθήματα τοῦ Χριστοῦ－타 파데마타 투 크리스투)은 이 단락에서 급소에 해당된다. 바렛(Barrett, 61)은 이 표현 속에 두 가지 개념이 어떻게 결합되어 있는지를 보여 준다. (1) "다른 사람들에게 미침과 동시에 다른 사람들에 의해서 공유되도록 확장되는" 그리스도가 체험한 고난들과 (2) 헤블레 함마쉬아흐(חבלי המשיח, 직역하면 "메시아의 환난들")에 관한 유대교의 가르침을 토대로 해서 메시아 자신이 겪는 고난들이 아니라 메시아 시대에 메시아와 관련되어서 장차 다가올 지극히 복된 시대의 전주곡으로서의 고난들을 가리키는 메시아적 고난들. 이 어구를 포함하고 있는 맥락 속에서 그러한 메시아적 고난들이 "우리에게 넘쳤다"(즉 "우리의 운명이 되었다," Lietzmann-Kümmel)고 말하고 있는 것으로 보아서, 두 번째 개념이 여기에 더 잘 어울리는 것 같다. 바울은 환난 아래에서의 교회, 특히 바울 자신의 사도적 사역(빌 3:10; 참조. 골 1:24; 엡 3:13)과 그리스도를 위한 그의 수고 속에서 겪는 그리스도의 지속적인 고난들을 염두에 두고 있다. 이렇게 바울이 복음을 위하여 받는 고난 속에는 하나님의 목적이 존재한다. E. Best, *One Body in Christ,*(London: SPCK, 1955) 131, 132와 E. Güttgemanns, *Der leidende Apostel und sein Herr: Studien zur paulinischen Christologie.* FRLANT 90(Göttingen: Vandenhoeck-Ruprecht, 1966) 323-28를 보라.

또한 바울은 여기서 "우리가 그리스도로 말미암아 받는 위로"라고 표현된 하나님의 구원하심과 힘주심도 알고 있었다. 이러한 것들도 그의 회중들, 특히 그에게 아주 많은 고통을 안겨 주었던 고린도 교인들을 포함하는 방향으로 확대된다(참조. 4:12, 11:28). 이것은 우리가 그 다음에 나오는 수수께끼 같은 어구를 어떻게 이해해야 하는지를 보여 준다: 우리가 환난을 받고 있다면(εἴτε δὲ θλιβόμεθα－에이테 데 들리보메다; 또한 4절에 나오는 θλῖψις－들립시스), 그것은 너희의 위로(ὑπέρ－휘페르, "너희를 위하여"에 대해서는 BDF § 231.2를 참조하라)와 구원을 위한 것이다. 마지막에 나오는 어구인 카이 소테리아스(καὶ σωτηρίας)는 해석하기가 어렵다. 이 어구는 비록 바울이 그리스도와 고린도 교인들 사이에서 어느 정도 매개적인 역할을 하고 있기는 하지만, 그가 구원자라는 뉘앙스를 풍길 수도 있기 때문에 개인적인 구원으로 해석하는 것은 옳지 않다(Windisch, 39). 도리어 이 어구는 교회가 악으로부터 보호를 받는 것, 또는 교회가 온전하고 건강하게 보존되거나 그 최고의 선을 보존하는 것을 의미한다("zu eurem Besten," Bultmann, 29; 소테리아〈σωτηρία-〉는 행 27:34; 빌 2:12에서처럼 그런 것들을 의미할 수 있다; 이 본문들에 대해서는 J. H. Michael, "Work out your own salvation," *Expositor* 9th ser. 12[1924], 439-50과 빌 1:19, 28을 인용하는 R. P. Martin, *Philippians*[NCB 1976=1980], 103를 보라). 그리스도의 수난(빌 3:10)과 바울의 경험 간의 밀접한 연결 관계는 J. D. G. Dunn, *Jesus and the Spirit* (London: SCM Press, 1975) 332, 449, 450에서 자세하게 설명되고 있다.

6 "우리가 위로 받는 것도 너희의 위로를 위함이니 이 위로가 너희 속에 역사하여 우리가 받는 것 같은 고난을 너희도 견디게 하느니라"(*Εἴτε παρακαλούμεθα, ὑπὲρ τῆς ὑμῶν παρακαλήσεως τῆς ἐνεργουμένης ἐν ὑπομονῇ τῶν αὐτῶν παθημάτων ὧν καὶ ἡμεῖς πάσχομεν*-에이테 파라칼루메다 휘페르 테스 휘몬 파라칼레세오스 테스 에네르구메네스 엔 휘포모네 톤 아우톤 파데마톤 혼 카이 헤메이스 파스코멘).

여기서 주된 번역상의 쟁점은 분사 에네르구메네스(*ἐνεργουμένης*)를 어떻게 보아야 하는지, 즉 그것을 진정한 수동태로서 "너희의 견딤으로 인해서 효과 있게 되다"로 해석해야 하는지, 아니면 "신성 수동태"로 보아야 하는지를 결정하는 것이다. 후자의 경우라면, 이 구절은 고린도 교인들의 견딤 속에서 그들이 필요로 하는 위로을 받게 하시는 하나님의 역사를 염두에 두고 있는 것이다(K. W. Clark, "The meaning of *ἐνεργέω* and *καταργέω* in the New Testament," *JBL* 54[1935] 93-101). 우리는 이 두 번째 견해를 따랐다. 바렛(Barrett, 62)은 이 분사가 능동태의 의미를 지닌다고 주장하는데, 그의 주장은 별로 설득력이 없다.

하지만 어느 쪽을 택하든, 그 의미는 꽤 분명하다. 바울이 사도로서 고난을 받는다면, 그것은 교회들의 유익을 위한 것이다(4:12). 하나님이 바울을 그의 환난들 속에서 위로하실 때, 그 효과는 환난당한 신자들에게 주어지는-주술적으로나 신비적으로 주어지는 것이 아닌(Bultmann, 31; Strachan, 47, 48)-힘으로 나타난다. 우리는 고난당하는 것은 적대적인 세상 속에서 하나님의 백성의 숙명이라는 것(참조. 딤후 3:12) 외에는 고린도 교인들이 왜 고난을 당하고 있었는지를 설명할 수 없다. 그러나 여기서 고린도전서 12:26; 로마서 12:15에 나오는 바울의 가르침의 실제적인 결론을 살펴보는 것이 중요하고, 바흐만(Bachmann, 35)과 마찬가지로 이 도입부에서 우리는 바울과 고린도 교인들 사이에서 논쟁의 핵심에 있었던 상황을 만나게 된다는 것을 강조하는 것도 아울러 중요하다. 바울이 약할 때 그에게 주어진 고난과 하나님의 위로는 고린도 교회의 상황과 관련된 바로 그 문제들이었다(특히 10-13장에 나오는 대결 장면에서). 따라서 이 도입부는 이 서신이 구체적으로 무엇을 다루고 있는지를 "확정하고" 있는데, 그것은 이 서신의 마지막 네 장에 걸쳐서 언급되는 바울의 원수들이 그는 고난을 받는 인물로서 환난에서 면제받고 있지 않다는 점을 고린도 교인들에게 분명하게 지적하면서 그의 사도직을 의심한 것에 대하여, 바울이 "약함 속에서의 강함"이라는 가르침으로 응답하고 있는 것이다. "환난-위로"라는 바울의 도식이 부분적으로는 유대교 사상에 나오는 고난받는 의인이라는 개념에 토대를 두고 있다고 할지라도(Kleinknecht, *Der leidende Gerechtfertigte*, 245-49), 이러한 결론은 여전히 유효하다.

7 "너희를 위한 우리의 소망이 견고함은 너희가 고난에 참예하는 자가 된 것같이 위로에도 그러할 줄을 앎이라"(*Καὶ ἡ ἐλπὶς ἡμῶν βεβαία ὑπὲρ ὑμῶν, εἰδότες ὅτι ὡς κοινωνοί ἐστε τῶν παθημάτων, οὕτως καὶ τῆς παρακλήσεως*–카이 헤 엘피스 헤몬 베바이아 휘페르 휘몬, 에이도테스 호티 호스 코이노노이 에스테 톤 파데마톤, 후토스 카이 테스 파라클레세오스).

사도의 현재적인 환난들과 그의 위로가 그의 백성의 삶 속으로 옮겨지게 되리라는 것을 한데 결합시켜 주고 있는 것은 "확신"(직역하면 "소망"; 엘피스⟨*ἐλπίς*⟩는 신약성경에서 통상적으로 "강력한 확신"이라는 의미를 지니지만, 바울에게는 결코 세속적인 맥락들에서와는 달리 겁내고 두려워한다는 뉘앙스가 가미되어 있지 않다" [Turner, *Christian Words*, 214]), 즉 그의 독자들에게 모든 일이 잘 될 것이라는 바울의 확신이다. 그의 소망은 "견고하다"(*βεβαία*–베바이아). 여기서 견고하다는 것을 나타내기 위해서 사용된 단어는 믿을 만한 증권같이 안전하고 우량한 것을 의미하는 상업 용어다. 이 단어는 하나님의 약속들과 어느 정도 관련되어 있고(롬 4:16), 바울은 나중에 하나님의 성품을 나타내는 동사로 이 단어를 사용한다(1:21). 고린도전서 15:58에서 말하고 있는 것처럼, 바울은 하나님이 환난 중에 있는 교회를 붙들어 주어서 그 환난을 통과하게 해주실 수 있는 분이기 때문에 우리가 그분을 의지할 수 있다는 것을 알고 있었다. 이것은 그가 기도로 이어지는(7절) 기쁨의 찬송(3절)을 부를 수 있는 주된 이유였다(Wiles, *Paul's Intercessory Prayers*, 228를 보라). 여기서 핵심어는 코이노노이(*κοινωνοί*, "참예하는 자")인데, 이것은 믿는 자들의 체험 바깥에 있는 실체에 함께 참여했다는 것을 의미하는 것이다(빌 1:5에 대한 H. Seesemann, *Der Begriff KOINONIA im Neuen Testament*, BZNW 14[Giessen: Töpelmann, 1933] 73-83). 본문의 경우에 그것은 바울이 말하고 있는 대로 "견딤"(*ὑπομονή*–휘포모네) 가운데 있는 교회로 하여금 그 환난을 견딜 수 있도록 붙들어 주는 하나님의 "위로"(*παράκλησις*–파라클레시스)에 함께 참여하는 것이다(Bultmann, 31). 하지만 우리는 오브라이언(O'Brien, *Introductory Thanksgivings*, 247, 248)의 견해처럼 고린도 교인들은 메시아적 환난들에 동참하기는 하지만 사도가 겪었던 것과 같은 동일한 환난(*θλῖψις*-들립시스)을 겪지는 않는다는 것을 주목해야 한다(6절). 사실 우리는 교회의 고난들의 정확한 성격을 알지 못하지만, 그 고난들은 "그리스도의 고난들"과 연결되어 있다.

## 해설

바울은 그를 짓눌러 왔던 수많은 환난들-11:28에 비추어 볼 때 우리는 그에게 목회의 책임이 맡겨진 "모든 교회", 특히 고린도의 교회를 "위한 염려"도 배제해서는 안 된다-에도 불구하고 자기가 하나님께서 공급해 주시는 특별한 힘을 알게 되었다는 것을 기뻐한다(4절).

사람들이 복음을 위하여 받는 고난 속에는 하나님의 뜻이 있다. 그 고난을 통해서 그리스도의 나라가 진보한다(행 14:22; 골 1:24ff.를 보라). 그러나 이 단락 속에는 한 가지 특별한 이유가 제시되어 있다. 하나님으로부터 위로를 받는 자들은 눈물 골짜기를 통과해 가고 있는 다른 사람들을 위로할 자격을 갖추게 된다(4, 6-7절). 가우지(Goudge)는 "연민은 체험에 의해서 온전하게 된 사랑이다"라는 말을 덧붙인다. 사도 바울은 이 세상의 삶 속에서 찾아오는 역경들을 겪지 않고서 초연한 삶을 산 그런 인물이 아니었다. 마찬가지로, 그는 자신이 목회하는 신자들과는 동떨어져서 고고하게 산 목회자가 아니었다. 이 감동적인 단락으로부터 도출될 수 있는 결론은 분명한 것 같다. "어떤 종류의 환난을 경험한 자는 바로 그러한 환난 속에서 고통당하는 다른 사람들을 위로할 수 있는 특별한 자격을 갖추게 된다" ("Qui in uno genere afflictionum fuit, in eo potissimum potest alios consolari; qui in omni in omni," Bengel).

# B. 바울이 아시아에서 당한 환난(1:8-11)

## 참고문헌

**Baumert, N.** *Täglich Sterben und Auferstehen. Der Literalsinn von 2 Kor 4, 12-5, 10.* SANT 34. Munich: Kösel-Verlag, 1973. **Deissmann, A.** *Light from the Ancient East.* Tr. R. M. Strachan. London: Hodder & Stoughton, 1927. ______. *Bible Studies.* Tr. A. Grieve. Edinburgh: T. & T. Clark, 1903. **Dunn, J. D. G.** *Jesus and the Spirit.* London: SCM Press, 1975. 206, 259. **Hemer, C. J.** "A Note on 2 Corinthians 1:9." *TynB* 23(1972) 103-7. **Hoffmann, P.** *Die Toten in Christus.* Münster: Aschendorff, 1966. 234, 247, 328 f., 344. **Nägeli, Th.** *Der Wortschatz des Apostels Paulus.* Göttingen: Vandenhoeck & Ruprecht, 1905. 30. **Singer, S.** *Authorised Daily Prayer Book.* London: Eyre and Spottiswoode, 1925. **Stanley, D. M.** *Christ's Resurrection in Pauline Soteriology.* AnBib 13. Rome: Pontificio Istituto Biblico, 1960. 129-131. **Steinmetz, F. J.** "'So dass wir keinen Ausweg mehr sahen'(2 Kor 1, 8). "Apostolische Mühsal bei Paulus - und heute." *GuL* 41(5, 1968) 321-26. **White, J. L.** *The Form and Function of the Body of the Greek Letter.* Missoula, MT: Scholars Press, 1972. **Young, N. M.** "…'To make us rely not on ourselves but on God who raises the dead' - 2 Cor 1, 9b as the Heart of Paul's Theology," *Die Mitte des Neuen Testament.* FS Eduard Schweizer, ed. U. Luz and H. Weder, 384-98. Göttingen: Vandenhoeck & Ruprecht, 1983.

## 본 문

| | |
|---|---|
| **8** 형제들아 우리가 아시아에서 당한 환난을 너희가 알지 못하기를 원치 아니하노니 힘에 지나도록 심한 고생을 받아 살 소망까지 끊어지고 | **8** We want you to know, then, brothers, about the affliction that came to us[in the province of] Asia. We were under extreme pressure beyond our power [to cope], so that we despaired even of life itself. |
| **9** 우리 마음에 사형 선고를 받은 줄 알았으니 이는 우리로 자기를 의뢰하지 말고 오직 죽은 자를 다시 살리시는 하나님만 의뢰하게 하심이라 | **9** Indeed, it seemed to us that we had received the death sentence, that we should trust no longer in ourselves, but in the God who raises the dead. |
| **10** 그가 이같이 큰 사망에서 우리를 건지셨고 또 | **10** It is God who rescued us from so menacing |

건지시리라 또한 이후에라도 건지시기를 그를 의지하여 바라노라
11 너희도 우리를 위하여 간구함으로 도우라 이는 우리가 많은 사람의 기도로 얻은 은사를 인하여 많은 사람도 우리를 위하여 감사하게 하려 함이라

a death,[a] and he will rescue[b] us. We have set our hope on him that[c] he will rescue us yet again,
11 if you also work with us by your prayer. Then from many people[d] thanks may be rendered to God on [e]our behalf for the gracious gift granted us through the help of many people.

## 원문주해

a. 에크 텔리쿠투 다나투(ἐκ τηλικούτου θανάτου). $P^{46}$, 630 $1739^{v.l.}$ vg: *de tantis periculis* $syr^{p}$ Orig. Ambst.은 복수형인 텔리쿠톤 다나톤(τηλικούτων θανάτων)으로 읽고 있고, TEV는 분명히 그렇게 번역하고 있다: "그러한 무시무시한 죽음의 위험들." Bratcher, *Translator's Guide*, 11를 보라. Kümmel, 197에서는 나중에 나오는 복수형(11:23)이 필사자에게 영향을 미친 것으로 본다. "그러한 오랫동안 계속된 죽음"이라는 알로(Allo)의 번역은 그것이 오랫동안 지속되었던 죽음의 위험이었다는 뜻을 내포하고 있는데(11:23; 고전 15:31), 만약 복수형이 진정한 것이라면 이러한 번역도 허용될 수 있을 것이다. 한편, G. Zuntz, *The Text of the Epistles*(London: Oxford University Press, 1953) 104에서는 이 복수형("그러한 엄청난 죽을 위험들로부터")이 "진정한 바울적인 어법의 흔적"을 지니고 있는 것으로 보고서, "단수형은 분명히 사람은 한 번 이상 죽을 수 없다는 현학적인 생각에서 비롯된 것"으로 여긴다. 그러나 우리는 본문이 단지 "죽을 위험들"과 죽을 "고비"에 대해서만 말하고 있는 것인지의 여부에 대하여 의문을 품을 수 있다. 이 본문은 바울이 죽음 자체를 경험한 것을 반영하고 있는 것은 아닌가? 만약 그렇다면 단수형이 옳을 것이다.

b. $P^{46}$ ℵ B는 카이 뤼세타이(καὶ ῥύσεται)로 읽고 있는 반면에, 이 동사의 현재 시제(καὶ ῥύεται－카이 뤼에타이)는 아마도 그 의미를 "개선하기" 위한 시도인 것 같다(후대의 대문자 사본들인 $D^{3}$ E F G K L M $syr^{h}$ vg에서처럼). G. Zuntz, *Text*, 197를 보라.

c. 여기서는 ℵ A TR을 따라서 호티(ὅτι)를 그대로 둔다. 하지만 $P^{46}$ B D* 1739는 이 단어를 생략한다. Zuntz, *Text*, 196과 Barrett, 57 n. 2는 "어색하고 반복적인" 본문이 더 오래된 본문이라고 판단해서 이 단어를 생략한 쪽을 따른다. Bultmann, 34에서는 이것을 필사자에게 받아 쓰게 함으로써 생겨나게 된 중복의 한 예라고 본다.

d. 직역하면 "많은 얼굴들(=사람들)로부터". $P^{46}$ G M에는 단수형인 엔 폴로 프로소포(ἐν πολλῷ προσώπῳ)로 되어 있는데, Héring은 프로소폰(πρόσωπον)이 구약에서처럼 "얼굴"을 의미하는 것으로 보고 이 단수형이 "많은 사람들 앞에서"를 의미하는 것으로 해석하고자 하지만(참조. Allo, 13f.; Plummer, 21f.; Tasker, 44; Bachmann["von vielen Angesichtern," 44]), Hughes, 23f.가 지적하고 있듯이 그러한 해석은 받아들이기 어렵다.

가장 좋은 본문에는 복수형인 에크 폴론 프로소폰(ἐκ πολλῶν προσώπων)으로 되어 있지만, 이것은 이 절의 나중에 나오는 병행 어구인 디아 폴론(διὰ πολλῶν)에 비추어 볼 때 동어반복적인 것으로 보인다. "주석"을 보라.

e. 여기서는 휘페르 휘몬(ὑπὲρ ὑμῶν, $P^{46}$ B $D^2$와 소문자 사본들)이 아니라 휘페르 헤몬(ὑπὲρ ἡμῶν)이라는 읽기를 따른다.

## 양식/구조/배경

바흐만(Bachmann, 35)은 바울의 사고의 흐름 속에서 새로운 단락이 8절에서 시작되는 것으로 보고서, "형제들"(ἀδελφοί-아델포이)이라는 부름말, 도입 문구(οὐ γὰρ θέλομεν ὑμᾶς ἀγνοεῖν-우 가르 델로멘 휘마스 아그노에인, "너희가 알지 못하기를 원치 아니하노니," 참조. 빌 1:12), 8절 이하와 3-7절 간의 문체상의 차이를 그 근거로 든다. 앞의 절들에서는 예전적인 문체와 수사적인 관용 표현이 나왔지만, 8절에서는 그러한 특징들이 결여되어 있는 단락이 시작된다. 따라서 바흐만(Bachmann)은 1:8을 이 서신의 대단락(1:8에서 7:16까지)이 시작되는 곳으로 보아야 한다고 주장한다.

불트만(Bultmann, 32)은 1:8-7:16은 하나의 통일된 단락이 아니라는 반론을 제기하면서, 서론(proem)이 11절까지 이어진다고 주장한다. 그는 연결어인 가르(γάρ, "왜냐하면")가 3-7절과 8-11절이 서로 연결되어 있는 것을 보여 준다고 지적하면서, "고난"과 "위로"(3-7절에서)가 8-11절에서 언급되고 있는 어떤 구체적인 상황과 연결되어 있다는 것을 설득력 있게 설명한다. 오브라이언(P. T. O'Brien, *Introductory Thanksgivings*, 235, 236)도 이와 비슷한 결론을 제시한다. 바울이 어떤 구체적인 상황을 염두에 두고 있다는 것(Hoffmann, *Die Toten*, 328에서는 불충분한 근거들 위에서 이것을 부인한다)과 아시아에서 그의 극심한 환난(θλῖψις-들립시스)이 그가 이 서신(특히 4:16-5:10)을 쓰는 데 영향을 미쳤다는 것을 보여 주는 추가적인 증거로 우리는 에크 투 다나투(ἐκ τοῦ θανάτου)와 함께 사용된 동사 뤼오마이(ῥύομαι)에 대한 BGD, xxvii의 사전적인 설명을 들 수 있을 것이다. 이 경우에 이 동사는 추상적으로 "죽음으로부터 보호하다"를 의미하는 것이 아니라, "죽음의 위협이 있었던 실제 상황으로부터 구하다"를 의미한다.

이 단락은 특히 10절에서 서로를 연결해 주는 일련의 단어들, 즉 연결 어구들(catch-phrases)에 의해서 서로 연결되어 있다(ἐρρύσατο…ῥύσεται…ῥύσεται-에르뤼사토…뤼세타이…뤼세타이, "건지셨고…건지시리라…건지시기를"). 알로(Allo,

13)와 멘지스(Menzies, 9)는 다수의 사본들에서 발견되는 본문상의 다른 읽기인 뤼에타이(*ῥύεται*, 10절에서)가 현재 시제로서 일련의 시간상의 연속을 보여 준다는 것을 근거로 해서 그러한 읽기를 따르고 있다: 과거, 현재, 미래. 그러나 뤼에타이(*ῥύεται*)를 생략할 때 본문의 의미가 더 잘 통한다.

또한 11절에서 단어들의 위치도 인위적이어서 약간 모호한 결과가 되어 문자적인 번역을 어렵게 만든다. 이 문장은 지나치게 많은 단어들이 사용되고 있는 것으로 보이는데(Héring), "지나치게 꾸민 표현 양식"(Windisch)이 존재한다. 플럼머(Plummer)는 이 문장을 "헷갈리게 만드는 당혹스러운 문장"이라고 말하는데, 이것은 충분히 이해할 수 있는 말이다. 아마도 그 이유는 11b절에 나오는 교차대구법적인 형태에 있는 것 같다.

| | | | |
|---|---|---|---|
| A | *ἐκ πολλῶν προσώπων*<br>(에크 폴론 프로소폰) | B' | *εὐχαριστηθῇ*<br>(유카리스테데) |
| B | *χάρισμα*<br>(카리스마) | A' | *διὰ πολλῶν*<br>(디아 폴론) |

이 문장의 해석 중 많은 것은 유카리스테데(*εὐχαριστηθῇ*, "감사하게 하려")를 어떻게 해석하느냐에 달려 있다. 헤링(Héring)은 유카리스테인(*εὐχαριστεῖν*)을 또 다른 의미인 "간구하다" 또는 "은혜를 베풀다"로 해석하고자 한다. 그런 후에 그는 이 문장 중에서 그 단어가 들어가는 대목을 이렇게 번역한다: "너희가 내게 베푼 은혜(*τὸ εἰς ἡμᾶς χάρισμα*－토 에이스 헤마스 카리스마)가 많은 사람의 기도를 통해서 베풀어지게 하려 함이라(*διὰ πολλῶν εὐχαριστηθῇ*－디아 폴론 유카리스테데)." 어쨌든 바울이 여기서 표현하고자 하는 것은 고린도 교인들이 자기를 위하여 중보 기도를 해줌으로써 하나님이 자기를 구원하시는 긍휼을 베풀어 주셨고, 그 결과 많은 사람들이 입을 열어서 하나님을 찬송하게 되었기 때문에 자기가 고린도 교인들에게 빚을 지고 있다는 것이다. "은혜"(개역 성경에서는 "은사"〈*χάρισμα*－카리스마〉)는 비록 인간적인 돌봄이 무시되고 있는 것은 아니라고 할지라도 사람들에게 거저 주어지는 하나님의 역사다(신성 수동태의 구문은 하나님이 감추어진 행위자시라는 것을 보여 준다). 동사 유카리스테데(*εὐχαριστηθῇ*)의 수동태에 대해서는 P. Schubert, *Form and Function of the Pauline Thanksgivings*, 46ff.와 O'Brien, *Introductory Thanksgivings*, 250-54를 보라(참조. BDF § 312.2).

## 주석

8 우리가…너희가 알지 못하기를 원치 아니하노니(*οὐ γὰρ θέλομεν ὑμᾶς ἀγνοεῖν*-우 가르 델로멘 휘마스 아그노에인, 직역하면 "우리는 너희가 알지 못하기를 원치 아니한다": 8:1; 롬 1:13; 11:25; 고전 10:1; 12:1; 살전 4:13에 병행문들이 나오고, 뭔가를 밝히려 할 때 사용되는 이 정형 문구에 대해서는 White, *Form and Function*을 보라). 바울은 이 관용적인 표현을 그가 하나님께 감사하는 두 번째 이유를 환기시키는 방식으로 사용한다. 그는 자신이 알게 된 구원을 로마의 한 속주였던 아시아에서 자신에게 "닥쳐온 환난"이라는 배경 속에 둔다. 분명히 바울은 어떤 구체적인 사건 또는 일련의 사건들을 염두에 두고 있지만, 그 정확한 세부적인 내용을 꼭 집어내기는 쉽지 않다(Allo, 15-19에서는 바울이 직면했던 여러 가지 위기 상황들에 대하여 길게 설명한다). 본문(8-9절에 나오는)은 바울을 절망의 벼랑 끝까지 몰아부쳤던 경험(수동태로 "큰 어려움에 처하다"를 의미하는 〈BGD〉 동사 엑사포레인〈*ἐξαπορεῖν*〉은 4:8에도 나오고 시 87:16 LXX에도 나온다: Héring은 "그것은 모든 소망을 사라지게 만드는 일종의 발작적인 불안이다"라고 말한다), 심지어 그를 죽음의 문 앞까지 끌고 갔던 경험이 있었음을 암시해 준다. 그는 심한 환난에 의해서 "부담을 안게"(*ἐβαρήθημεν*-에바레데멘, 마치 짐을 너무 많이 실은 배처럼) 되었다. 바울은 심지어 그가 좋아하는 표현들 중의 하나, 즉 로마서 7:13; 고린도전서 12:31; 고린도후서 4:17; 갈라디아서 1:13에서도 사용했던 "심한"(*καθ' ὑπερβολὴν*-카드 휘페르볼렌, 직역하면 "극도로")이라는 표현을 덧붙이기까지 한다. 그리고 추가적인 강조를 위해서 덧붙여진 표현인 "우리 힘에 지나도록"(*ὑπὲρ δύναμιν*-휘페르 뒤나민)은 8:3에 나온다(참조. 고전 10:13). 이렇게 여러 가지 표현들을 중첩적으로 사용하고 있는 것은 바울이 겪었던 환난이 너무도 극심해서 그의 기억 속에 지금도 생생하게 남아 있다는 것을 보여 준다.

9-10 "우리가 받았었다"(*ἐσχήκαμεν*-에스케카멘). 이 동사의 시제는 완료인데, Menzies는 이 완료 시제를 다음과 같이 설명한다: "우리는 우리의 마음속에 죽음이라는 응답을 받았고, 이 날까지 죽음을 느끼고 있다." 그러나 이것은 너무 지나친 설명이고, 우리는 이 시제를 단순과거와 동일한 것으로 보아야 한다(2:13에서처럼; BDF § 343; Hughes, 9; Windisch, 46; Bultmann, 32를 보라). 그러므로 이 구절의 의미는 바울이 사형 선고를 받아들여서 "자기가 요절하리라는 생각에 대항하여 반기를 드는 것을 그쳤다"(Héring, 5)는 것을 회고적으로 말하고 있는 것이다.

그러나 그가 아시아에서 큰 환난을 당했던 자신의 당시의 상황을 바라보았을 때 그의 표현은 죽음이 불가피하다는 생각으로 꽉 차 있었다는 것을 부정할 수 없다. 바울이 에베소에서 죄수로 있었고, 소위 "옥중 서신들" 가운데 어떤 것 또는 전부(특히 빌립보서, 골로새서, 빌레몬서)가 이 시기에 에베소에서 쓰여졌다는 주장이 얼마나 신빙성이 있는지에 대해서는 Martin, *Philippians*(NCB) 48-57에 나오는 해당 자료들에 대한 검토(주로 추론적인)를 보라.

하나님을 "죽은 자를 다시 살리시는" 분으로 묘사한 것(신 32:39; 삼상 2:6 LXX을 보라)은 유대교 예전 속에서 하나님의 능력에 대한 잘 입증된 이해로부터 가져온 것이다. 18축도문(the Eighteen Benedictions)에 나오는 두 번째 기도문은 이렇게 되어 있다: "오, 여호와여, 주는 영원히 능력이 있으시고, 주는 죽은 자를 살리시나이다"(Str-B 3:242; Singer, *Authorised Daily Prayer Book*, 44). 사망을 다스리는 하나님의 능력이라는 사상을 되풀이하고 있는 로마서 4:17에 대해서는 E. Käsemann, *Perspectives on Paul*, tr. M. Kohl(Philadelphia: Fortress Press, 1971) 90를 보라. 그러나 우리는 로마서 4:17을 근거로 해서 바울에게 "죽은 자를 다시 살리시는" 하나님이라는 표현은 그에게 친숙했던 유대교의 기도문들에서 가져온 것이 아니라 하나님께서 십자가에 못 박히셨던 예수를 다시 살리셨다는 "급진적 신앙"(Bultmann, 33)에서 나온 것이라고 주장하지 않도록 조심해야 한다. 바울은 하나님의 은혜의 이러한 나타남을 자기 자신이 곤경에 처해 있었던 상황들과 결부시킨다(Windisch, 48).

하나님의 구원하심으로 인해서 바울은 "이같이 큰 사망"(*τηλικοῦτος θάνατος*-텔리쿠토스 다나토스의 문자적인 의미)의 위협에서 벗어날 수 있었다. 그렇지만 바렛(Barrett)이 지적하듯이 "이같이 큰"이라는 표현은 무미건조하고 별 감흥을 일으키지 못하는 표현이기 때문에, 우리는 "이같이 위협적인 사망"으로 번역하고자 한다(NIV의 번역인 "이같이 치명적인 위기"는 별로 강력한 표현이 아니다). 과거의 경험은 사도에게 하나님께서 장래에도 그를 구원하시리라는 확신을 주었다. 그러나 고린도후서 5:1-10에서 바울은 계속해서 그러한 확신이 삶과 죽음 모두와 관련하여 무엇을 의미하는지를 설명한다. 그의 소망(*ἐπλίς*-엘피스)에 대한 신학적인 토대는 로마서 4:17-18에 제시되어 있다: 아브라함은 소망 중에 하나님께서 죽은 자를 다시 살리시고 없는 것을 마치 있는 것처럼 부르신다는 것을 믿었다. 시제에 대해서는 Moulton, Grammar 1:145; BDF § 343.2를 보라. 아마도 이 시제는 헤링(Héring)의 주장처럼 바울이 "사형 선고"로서 그에게 닥쳐온 사건들의 압력에 저항할 수 없었다는 것을 보여 주는 것 같다.

마지막에 나오는 어구(*τὸ ἀπόκριμα τοῦ θανάτου*-토 아포크리마 투 다나투)는 많은 논란이 되고 있다. 이 어구의 해석과 관련해서는 다음과 같은 주장들이 제기되어 왔다. (1) 바울은 에베소 극장에서의 소요를 언급하고 있는 것이다(행 19:23-41, 이 사건은 총독의 암살에 뒤따른 사회적인 혼란기와 상관이 있을 수도 있고 없을 수도 있다, M. Junius Silanus: G. S. Duncan, *St. Paul's Ephesian Ministry*[London: Hodder-Stoughton, 1929] 100-107를 보라). (2) 바울은 그가 경기장에서 짐승들에게 노출되었다고 말한 것이 보여 주듯이 법과 질서가 무너진 상태에서 그의 생명을 잃을 뻔한 훨씬 더 위험한 위기 상황을 가리키고 있다(고전 15:32: B. B. Warfield, *JBL* 6[1886] 34; A. J. Malherbe, "The Beasts at Ephesus," *JBL* 87[1968] 71-80를 보라). (3) 바울은 시민 법정에서 그에게 내려진 사형 선고를 가리키고 있다(Deissmann, *Bible Studies*, 257에서는 오늘날의 표현인 "사형 집행 영장"과 같은 전문적인 용어가 이 구절 속에 사용되고 있는 것을 환기시킨다; D. M. Stanley, *Christ's Resurrection*, 129). 그러나 (4) 헤머(C. J. Hemer, "A Note")는 이 마지막 주장을 반박하면서, 이 용어는 사법적인 것이 아니라 일상적인 용어일 뿐이라고 주장한다. 이 용어가 "선고"로 번역될 수 있다고 할지라도, 그것은 법정적인 의미를 지니고 있지는 않다고 헤머(Hemer)는 주장한다. 하나님께서 주신 대답은 "죽음"이었다. 즉 바울은 재림 이전에 죽음을 피할 수 없을 것이고(5:1-10), 육체적인 고난으로부터 면제받지도 않았다(12:8-9). 그러나 바울은 아시아에서 죽은 것이 아니라 거기서 살아나서 고린도후서를 쓰면서 이 이야기를 들려주고 있는 것이기 때문에, 이러한 재구성은 이 절을 그 직접적인 맥락으로부터 벗어나게 만든다. (5) 어떤 학자들(예를 들면, 8-10절의 표현을 오랫동안 지속되고 반복해서 재발했던 육체적인 질병을 가리키는 것으로 해석하는 Allo, 18; 또한 이 본문이 심각한 질병과 관련이 있는 것으로 해석하는 M. J. Harris, "2 Corinthians 5:1-10: Watershed in Paul's Eschatology?"[*TynB* 22 1971] 57; 참조. H. Clavier, "La santé de lapôtre Paul," in *Studia Paulina in honorem Johannis de Zwaan*[Haarlem: 1953] 66-82)은 바울의 환난을 심각한 건강상의 문제가 생긴 것과 결부시키면서, 이러한 위험은 외부로부터가 아니라 바울의 삶 내부로부터 일어났던 것으로 보인다고 지적한다(Barrett, Allo: 12:7의 "육체의 가시"에 관한 설명을 보라; 그러나 이와 같은 연관성은 결코 분명한 것이 아니다).

이 문제와 관련하여 잠정적인 결론에 도달함에 있어서 많은 것이 "우리가 가시"

라는 표현의 의미, 사람을 죽음 직전까지 몰고 간 질병과 "부활"로 묘사되는 하나님의 치유를 서로 연결시키고 있는 유대적인 사상(시 85:6; 119:25; 호 6:2; E. Jacob, *Theology of the Old Testament*, tr. A. W. Heathcote and P. J. Allcock[London: Hodder-Stoughton, 1958] 308를 보라)에 어느 정도의 비중을 부여하느냐에 달려 있다. 다른 한편으로, "우리로 자기를 의뢰하지 말고"라는 구절은 바울이 스스로의 노력으로 환난에서 벗어나고자 애썼지만 결국 그렇게 하지 않기로 결심하게 된 일련의 상황들을 시사해 준다. 이것은 질병과의 한판 승부에는 잘 들어맞지 않기 때문에, 우리는 바울이 타협하지 않고 복음에 충성함으로써 겪게 된 어떤 곤경을 생각해 보아야 할 것 같다(죽음을 몰고 올 수도 있었기 때문에 오직 하나님만이 그를 구원하실 수 있었던 "심각한 물리적 폭력", Strachan, 52; O'Brien, *Introductory Thanksgivings*, 249를 보라). 영(N. M. Young, "…To make us rely")은 이 절은 바울의 신학 전체의 비밀을 풀 수 있는 열쇠를 담고 있다고 주장하는데, 그것은 너무도 대담한 주장이다! 헤링(Héring, 3)은 바울은 자기가 죽는 것을 그 자체로 두려워했던 것이 아니라, 자기가 죽음으로써 이방인들을 복음화하는 종말론적인 선교가 갑자기 중단되어서 종말이 지연될 것을 두려워한 것이라고 날카롭게 지적한다.

11 바울은 빌립보서 1:19과 비슷한 일련의 사고 속에서 "하나님께서 그의 백성의 기도를 통해서 활동하신다는 것을 기억한다"(Barrett, 67). 이 그림같이 생생한 동사(*συνυπουργούντων*-쉰휘푸르군톤, 직역하면 "나를 뒷받침하기 위하여 함께 일함"), ASV에서 명령의 의미로 번역하고 있는 분사("너희도 기도로 나를 도와야 한다"; 그러나 TEV는 이 동사가 부대상황을 말하는 절을 이끄는 것으로 보고서 "너희가 너희의 기도라는 수단을 통해서 우리를 도울 때에"로 번역한다. 본서의 번역문은 세 번째 대안을 제시한다)는 바울의 사도직 수행에 있어서 그를 도왔던 친구들의 중보 기도가 한 역할을 상기시켜 준다(살후 3:1-3). 바울이 이러한 간구의 기도를 얼마나 소중히 여겼는지는 그 결과에 나타나 있다: 하나님께서 "많은 사람", 즉 바울을 위하여 기도했던 충성된 고린도 교인들의 기도에 응답하여 그에게 거저 주신(*εὐχαριστηθῇ*-유카리스테데) "은사"(*χάρισμα*-카리스마; 즉 그의 구원[Dunn, *Jesus and the Spirit*, 206])에 대하여 많은 사람들이 하나님께 감사하게 되리라는 것. 통상적으로 우리는 바울이 기도에 관하여 말할 때 그가 그의 회중들을 위하여 기도한 것들과 결부시킨다. 하지만 여기서 바울이 칭찬하고 있는 것은 그의 회중들이 그를 위하여 한 기도에 대한 것이다. "많은 사람"(*οἱ πολλοί*-호이 폴로이)이라는 표현은 고린도 교인들 중 대다수가 최근에 시험의 때에 바울의 사도적

사역에 대한 충성을 선언하고서, 바울에 대항하여 반기를 들 것을 선동했던 저 완악한 자들과의 관계를 스스로 단절했다는 것을 보여 준다(2:6; 7:12). 이러한 해석은 바울이 두 번 사용한 "많은 사람"(*ἐκ πολλῶν…διὰ πολλῶν*-에크 폴론…디아 폴론)이 각각 서로 다른 부류의 사람들을 가리킨다고 보는 해석보다 더 낫다. 본문이 훼손된 것이 아니라면-본문에 너무 많은 단어들이 사용되어서 서로 뒤얽히고 꼬여 있기 때문에 나온 주장-바울의 단어 배치는 그의 편에 선 "많은 사람"을 의도적으로 칭찬하는 데 주안점이 있다. 만약 본문에서 두 부류의 사람들이 지칭되고 있는 것이라면, 브래처(Bratcher)의 주장처럼(*Translator's Guide*, 12) 우리는 바울이 첫 번째 부류의 "많은 사람"을 칭찬하는 것은 두 번째 부류의 사람들에게 영향을 미치기 위한 것이라고 생각할 수 있을 것이다. 따라서 그는 이렇게 번역한다. "많은 사람이 우리를 위하여 (하나님께) 기도할 것이고, 하나님은 그들의 기도에 응답하셔서 우리를 축복하실 것이다. 그래서 많은 (다른) 사람들이 하나님께서 우리를 축복하신 것에 대하여 감사하게 될 것이다." 그러나 이것은 불필요한 편법으로 보인다. Baumert, *Täglich Sterben*, 106를 참조하라.

## 해설

바울은 아시아에서 그가 겪은 시련을 다시 한 번 이야기함으로써-모호해서 감질나게 하는 것이기는 하지만-그가 자신의 기도에 대한 응답으로 하나님께서 긍휼과 은총을 베푸심으로써 죽음의 아가리에서 구원받게 되었다는 것을 분명하게 보여 준다. 그렇지만 하나님은 그의 백성의 기도를 통해서 역사하셨고(11절), 바울은 이 이야기의 그러한 측면을 잊지 않는다. 그를 위하여 기도한 자들(11절에서 바울이 사용한 동사는 주목할 만한 정도로 풍부한 의미를 담고 있어서, 우리에게 골 4:12-13에서처럼 기도는 곤경에 처한 자들과 함께 하는 사역이자 특권이라는 것을 상기시켜 준다)은 그의 기쁨에 동참하도록 초대를 받는다. 우리가 본국에 있거나 해외에 나가 있는 어떤 친구로부터 그가 우리의 기도에 하나님께서 응답하신 것을 기뻐하고 있다는 말을 전해 들었을 때보다 우리의 기도에 대한 더 훌륭한 자극제는 없다.

# III. 서신의 첫 번째 주제로의 이행(1:12-14)

## 참고문헌

**Bultmann, R.** *Theology of the New Testament 1.* Tr. K. Grobel, London: SCM Press, 1952. 211-20. **Hahn, F.** "Das Ja des Paulus und das Ja Gottes. Bermerkungen zu 2 Kor 1:12-2:11." FS Herbert Braun, ed. H.-D. Betz & L. Schottroff, *Neues Testament und christliche Existenz,* 229-38. Tübingen: J. C. B. Mohr, 1973. **Jewett, R.** *Paul's Anthropological Terms: A Study of Their Use in Conflict Settings.* AGJU 10. Leiden: Brill, 1971. 402-46, 458-60. **Pierce, C. A.** *Conscience in the New Testament.* SBT 15. London: SCM Press, 1955. **Rissi, M.** *Studien zum zweiten Korintherbrief,* 43. **Schnackenburg, R.** *The Moral Teaching of the New Testament.* Tr. J. Holland-Smith and W. J. O'Hara, New York: Herder and Herder, 1968. 287-96. **Spicq, C.** "Conscience." *EBT* 1. 131-134. **Thrall, M. E.** "The Pauline Use of *ΣΥΝΕΙΔΗΣΙΣ.*" *NTS* 14(1967-68) 118-25. ______. "2 Corinthians 1:12: *ΑΓΙΟΤΗΤΙ* or *ΑΠΛΟΤΗΤΙ?*" In *Studies in New Testament Language and Text,* ed. J. K. Elliott, 366-72. NovTSup 44. Leiden: Brill, 1976.

## 본 문

**12** 우리가 세상에서 특별히 너희에게 대하여 하나님의 거룩함과 진실함으로써 하되 육체의 지혜로 하지 아니하고 하나님의 은혜로 행함은 우리 양심의 증거하는 바니 이것이 우리의 자랑이라

**12** Our confidence[a] is this: the testimony of our conscience that we behaved in the world, and more particularly in our dealings with you, with honesty[b] and sincerity like that of God,[c] not with worldly[d] a wisdom but [in reliance on] the grace of God.

**13** 오직 너희가 읽고 아는 것 외에 우리가 다른 것을 쓰지 아니하노니 너희가 끝까지 알기를 내가 바라는 것은

**13** Now we are not writing to you anything different from what you read or from what you recognize.[e] And I hope that you will recognize it fully,[f]

**14** 너희가 대강 우리를 아는 것같이 우리 주 예수의 날에 너희가 우리의 자랑이 되고 우리가 너희의 자랑이 되는 것이라

**14** just as you have recognized us partially, that we are your confidence, as you too are our confidence, in the light of the Day of the Lord Jesus.

## 원문주해

a. 카우케시스(καύχησις, "자랑할 이유": BGD)는 이 맥락 속에서 "우리의 자랑"(NIV)이 될 만한 것을 가리키는 것이라기보다는 좀더 구체적으로 자신의 삶과 사역 속에서 하나님께서 주신 바울의 "확신"을 가리키는 것으로 보인다. 어근 καυχ-는 고린도후서에서 29번 나오는데, 이 숫자는 바울이 그의 다른 모든 서신들 속에서 이 어근을 사용한 회수(回數)보다 더 많은 것이다. "자랑하다"라는 개념은 고후 10:13에서 특히 중요하다(나중에 나오는 설명을 보라). 바울에게 이 단어가 중요했다는 것에 대해서는 R. Bultmann, *TDNT* 3:646-54를 보라.

b. 여기서는 "솔직함"을 의미하는 하플로테티(ἁπλότητι: א[2] D F G lat syr)라는 읽기를 택한다. 또 다른 읽기는 P[46] א* A B에 의해서 채택되고 있는 하기오테티(ἁγιότητι, 거룩함)이다. 자음들이 서로 비슷해서 필사자들의 착각을 불러일으켰음이 분명하다. 하지만 바울은 다른 곳에서 정확히 하기오테스(ἁγιότης)라는 단어를 사용하고 있지 않다. "육체의 지혜"와의 대비 및 바울이 13절에서 쓰고 있는 내용으로 보아서 하플로테티(ἁπλότητι)의 읽기를 택하는 것이 옳다(Lietzmann, 101). 또한 문맥으로 보아서 바울의 이중성을 의심하는 것에 대하여 바울이 자신을 변호하는 것을 나타내는 용어가 이 자리에 필요하다(Barrett). 플로테스(πλότης)는 이 서신에서 8:2; 9:11, 13; 11:3; 롬 12:8에 나온다. 양쪽 모두에 대한 증거가 많다는 것을 인정하면서도 하기오테스(ἁγιότης)라는 읽기를 균형 있게 옹호하고 있는 M. E. Thrall, "2 Cor 1:12"를 보라. 그녀가 "거룩함"이라는 읽기를 옹호하는 가장 강력한 논거는 바울이 연보를 모으는 문제에 있어서 부정을 행했다고 비난받았을(4:2; 12:16[그리고 그녀가 인용하고 있지 않은 2: 17]) 가능성이 높다는 것이다(371-372). 그러나 비록 그렇다고 해도, 그녀도 인정하고 있듯이 하플로테스(ἁπλότης)는 파누르기아(πανουργία)와 대비되는 것으로 좀더 자연스러울 수 있다.

c. 투 데우(τοῦ θεοῦ, "하나님의")는 분명히 이사일어(hendiadys)로 되어 있는 앞의 두 명사에 걸린다(Bultmann, 37).

d. 사르키케(σαρκικῇ, 직역하면 "육체의"). 바울에게 사륵스(Σάρξ, "육체")는 흔히 사람의 교만한 자기 주장과 하나님을 의지하지 않는 것이라는 부정적인 의미를 지닌다. 고전 1:21-2:16은 그 자체로 하나님을 거역하는 사람의 지혜가 얼마나 어리석은 것인지를 설명한다. 획일적인 번역은 가능하지 않다. 우리는 이 "세상"(αἰών-아이온, 고전 2:8에 나오는 용어; 또는 κόσμος-코스모스, 고전 1:20; 7:31, 33에 나오는 용어)에 속한다는 의미에서 "세상적인"이라는 역어를 선택했다.

e. 아나기노스코(ἀναγινώσκω)와 에피기노스코(ἐπιγινώσκω) 간에는 단어 유희가 존재한다(P[46] B는 이 두 번째 동사를 생략하고 있지만, 그것은 분명히 실수에 의한 것이다: Barrett, 63 n. 2). 여기에 "apprehend and comprehend"의 단어 유희가 존재한다고 주장되

어 왔다. 바울이 말하고자 한 것은 그의 서신들 속에는 그 어떤 감춰진 비의적(秘儀的) 의미들이 없기 때문에 그의 본심을 파악하기 위해서 "너희가 행간을 읽을 필요가 없다" (Moffatt의 번역)는 것이다. 그러나 다음 단락에 나오는 설명을 보라.

f. 헤오스 텔루스(ἕως τέλους, 직역하면 "끝까지"). 고전 13:12b은 "부분적으로"(여기서 14절에 나오는 아포 메루스〈ἀπὸ μέρους〉도 마찬가지다)와 대비되는 "완전하게, 온전히"라는 번역을 시사해 준다. 아포 메루스(ἀπὸ μέρους)의 이러한 의미에 대해서는 Poxy XIV. 1681를 인용하고 있는 Windisch, 57, 58를 보라. 이러한 대비로 인해서 헤오스 텔루스(ἕως τέλους)는 고전 헬라어의 에이스 텔로스(εἰς τέλος)에 해당하는 부사적 표현이 된다.

## 양식/구조/배경

이 단락의 양식은 변증(apologia)의 하나다. 바울은 분명히 변호하는 입장에 서 있었기 때문에, 과거에 고린도 교인들을 상대하면서 그의 의도는 언제나 선하고 진실했다는 것, 즉 그에게 이중성이 없었다는 것을 명확하게 밝힐 필요가 있었다. 고린도 교인들이 그를 향하여 "변덕스럽다"고 비난했다는 사실은 17절에 가서 표면으로 떠오르게 된다. 여기서 그는 미리 앞서서 반론을 제기해 두고 있는 것이다. 이것은 12, 14절에 나오는 무거운 "신학적" 호소, 특히 사람들의 모든 동기들이 그대로 다 드러나서 심판을 받게 될 종말론적인 "주 예수의 날"(고전 4:4-5)에 대한 호소를 설명해 준다.

두 가지의 대비는 고린도 교인들의 비난과 거기에 대한 바울의 열렬한 반박을 나타내는 것이다. (1) "육체의(σαρκική–사르키케) 지혜" 대 "하나님의 은혜". 이와 동일한 대비는 10:4에 다시 나온다: "우리가 육체대로(κατὰ σάρκα–카타 사르카) 싸우지 아니하노니 우리의 싸우는 병기는 육체에 속한(σαρκικά–사르키카) 것이 아니요 오직 하나님 앞에서 견고한 진을 파하는 강력이라." "은혜"(χάρις–카리스)와 "능력"(δύναμις–뒤나미스)은 사실상 동의어다(12:9을 보라). (2) 이미 앞에서 지적했듯이, 어근 γνω–에 대한 단어 유희가 존재한다(13절): 우리가 너희에게 쓰고 있는 내용은 너희가 읽고 있거나(ἀναγινώσκετε–아나기노스케테) 이해할 수 있는(ἐπιγινώσκετε–에피기노스케테) 것과 조금도 다르지 않다. 이것은 바울이 그의 이중성을 은폐하기 위해서 서신을 쓸 때 일부러 모호한 문체를 사용하고 있다는 비난을 받았다는 것을 보여 준다(Strachan). 또는 그렇지 않았다면, 바울은 그가 마음속으로 생각하고 있었던 것과 정반대로 말하고 있다는 비난을 받고 있었을 것이다. 17절의 변증은 이 두 번째 해석이 더 유력하다는 것을 보여 준다.

이 단락은 수미쌍관법(inclusio), 즉 한 단락의 처음과 끝에서 동일하거나 비슷한 개념을 사용하여 저자의 생각을 앞뒤로 묶는 수사학적 기법을 사용한 구조로 되어 있다. 카우케시스 헤몬(*καύχησις ἡμῶν*, "우리의 자랑", 12절)은 14절에서 다시 사용된다(*καύχημα ὑμῶν*-카우케마 휘몬, "우리가 너희의 자랑이다"). 이것은 사도가 강조하고자 하는 것, 즉 그와 고린도 교인들의 관계가 심하게 상처를 입은 지금 둘 사이에 서로를 온전히 믿어 주는 흠 없는 상호관계를 정립하고자 하는 것에 강조점을 부여하는 역할을 한다.

## 주석

12-14 이 단락(하나의 완결된 단위로 보는 것이 가장 좋다)의 주된 취지는 사도로서의 신뢰성에 대한 바울의 단언을 전달하는 것인데, 고린도 교회에서 바울의 원수들은 그의 사도직이 신뢰성이 없다고 공격했었다. 바울은 몇 가지 방식으로 이러한 공격에 대하여 온건하게 대응한다. (1) 그의 양심(C. A. Pierce, *Conscience*; M. E. Thrall, "The Pauline Use"; H. C. Hahn-C. Brown, NIDNTT 1:348-53를 보라)은 그의 행실이 그가 하나님의 도우심을 의지할 만큼 모범적이었다는 것을 분명하게 증언한다. "양심"(*συνείδησις*-쉰에이데시스)은 고린도 교회에서 유행하고 있던 용어를 가져와서 사용하고 있는 것일 수 있다(Pierce, 60-65). 이러한 견해에 의하면, 고린도 교인들은 그들의 "양심"을 걸고서 몇몇 유형의 도덕적인 행위를 정당화하고 있었다(고전 8, 10장에서처럼: Jewett, *Paul's Anthropological Terms*, 436: "기독교 신학에 쉰에이데시스〈*συνείδησις*〉라는 표현을 도입한 것은 고린도 교인들이었다"). 바울은 이 측면을 쟁점화해서 오직 양심만으로는 아무런 오류도 없는 지침이 될 수 없고, 하나님과의 관계와 이웃이 잘 되는 것이 연관된 좀더 폭넓은 일련의 문제들 속에서 양심 문제가 다루어져야 한다고 주장했다. 바울에게 "양심"은 사람을 단지 죄책감과 참회의 경험으로 이끌 뿐이라는 피어스(Pierce)의 소극적인 판단은 드롤(Thrall)에 의해서 고린도후서 4:2; 5:11을 근거로 비판받아 왔다. 그녀는 "바울의 양심은 고린도후서 1:12에서 그의 행실의 거룩함과 진실함을 증언할 수 있었다"(125)고 주장한다. 피어스(Pierce, 86)는 그의 주장을 관철하기 위해서 1:12을 "이 원칙에 대한 예외"로 볼 수밖에 없었다.

바울은 그의 양심이 깨끗하다고 주장하면서도, 그의 도덕적인 행위들("우리가 세상에서 어떤 식으로 행했는가" -Bultmann, 37에서 생각하는 것과 마찬가지로, 롬 15:19에서처럼 이방 나라들에 대한 사도로서의 그의 역할에 대한 암시일 가능성이 있는 말; 그러나 아나스트라페나이〈*ἀναστραφῆναι*〉와 함께 사용된 코스모스〈*κόσμος*, BDF § 219.4〉는 그의 원수들의 생활 방식과 대비되는 그의 사도로서의 처신 전체〈4:2; 5:7; 10:2f.; 12:18에서처럼〉를 가리킬 가능성이 더 많다)을 하나님의 규범들에 의해서 검토하고, "그의 신앙에 비추어서 결정되도록"(R. Schnackenburg, *Moral Teaching*, 294) 하고자 했다. 이미 1:12에서 바울은 그의 사도직에 이의를 제기했던 자들에게 반론을 제시하고 있고(Rissi, *Studien*, 43), 나중에 2:16-17에서 그의 "진실성"을 다시 단언한다.

"결백"과 "진실함"은 하나님 앞에서의(coram Deo) 그의 관계와 대비되는 기준들로서 사륵스(*σάρξ*, "육체", 빌 3:3)에 대한 모든 자랑을 폐기 처분하고서 그의 사역을 할 수 있도록 능력을 주신 하나님의 은혜만을 의지했던 한 사람으로서의 그의 삶의 특징을 이루는 것이었다(고전 15:10; 또한 고전 2:5에 나오는 대비를 보라: *μὴ…ἐν σοφίᾳ ἀνθρώπων ἀλλ' ἐν δυνάμει* -메…엔 소피아 안드로폰 알 엔 뒤나메이). "진실함"(*εἰλικρίνεια* -에일리크리네이아)은 어떤 물건 또는 사람이 진정한지를 입증하기 위하여 시험을 해본다는 개념을 지닌다. 바울은 하나님에 의한 그러한 감정 평가에 동의했다고 주장한다.

(2) 그의 서신들은 속이고자 의도한 것이 아니었다. 도리어 그는 곧 그의 여행 계획들과 여행에 관한 약속들을 회고하면서 다루게 될 그에 대한 비난, 즉 그가 이중성을 가지고 그들을 대했다는 비난에 맞서서(17절) 정확히 자기 마음속에 있는 것을 그대로 말하고자 애를 썼다고 말한다. 그의 서신들은 너무도 투명하고 명명백백한 것이었기 때문에, "우리는" 고린도 교인들이 쉽게 이해할 수 있는 것"과 다른 그 무엇"(*οὐκ ἄλλα…ἀλλ' ἤ* -우크 알라…알 에, "…외에는 아무것도"; 이것은 고전적인 표현이다, BDF § 448.8)을 "너희에게 쓰고 있지 않다"고 그는 공언한다. "그가 글로 쓴 것이 그가 의도한 것이기"(Bultmann, 39) 때문에, 나중에 사도의 효과적인 서신 쓰기 관행은 칭찬을 받게 될 것이다(10:10).

(3) 목회적인 문제가 심각하다는 것에 대한 바울의 인식은 14절에 나오는 다소 비비꼬인 단어 사용들에서 드러난다. 이러한 특징은 바울이 동일한 문장 속에서 두 가지 개념, 즉 시간적인 대비("지금"과 "그때")와 서술적인 대비("부분적으로"와 "온전히")를 함께 결합시켜 놓은 데서 기인한다(Windisch, 57). 현재에 있어서 고린도 교인들은 바울의 이야기 중에서 오직 일부만을 알고 있다. 그는 자신이 이 이

야기를 자세하게 말해 줄 때 그들이 자신을 용납해 주기를 바란다. 그때 그들은 왜 그가 그렇게 행했는지를 알게 될 것이다. 그 결과는 서로를 믿는 가운데 서로를 의지하는 회복된 관계가 될 것이다. 그는 이미 기독교 신자들로서의 그들의 온전함에 대하여 확고한 믿음을 가지고 있다. 그는 이제 그들이 자신의 진실함을 받아 준다는 뜻을 표명함으로써 그러한 신뢰가 그들로부터 자신에게 찾아오리라고 믿는다. 주 예수의 재림의 날에는 사람들의 모든 동기가 밝히 드러나게 될 것이다(고전 4:2-5). 그 때에 심판을 받게 될 자는 바울이 아니라 그 진면목이 드러나게 될 고린도 교인들이 될 것이다(Bultmann, 40). 아니, 그 때가 되면 그가 한 행위가 옳다는 것이 드러나게 될 것이다(살전 2:19; 빌 2:16). 그러한 확신에 찬 기대가 이 이야기의 끝이 아니라는 것은 12:21에서 분명하게 나타난다.

## 해설

이 단락은 15-22절에 나오는 것에 비추어 볼 때만 올바르게 이해될 수 있다. 바울은 그가 행한 모든 일들, 그의 말들, 그가 서신을 쓰는 습관들을 지배했던 동기들을 밝히 드러냄으로써 그가 마음을 바꾸지 않았다는 것을 솔직하게 진술하는 데 이른다. 이 단락의 가치는 그리스도인들의 행실에 있어서 동기가 얼마나 중요한지를 정확히 꼬집어 준다는 데 있다. 또한 우리는 부수적으로 우리의 동기가 다른 사람들에게 아주 투명하고 분명하며 명확히 전달되게 할 필요가 있다는 것을 배우게 된다. 다른 말로 표현하자면, 동료 신자들을 상대할 때 그리스도인들의 행위는 종종 올바르게 행해져야 할 뿐만 아니라, 올바르게 행해졌다는 것이 다른 사람들의 눈에도 보이게 해야 한다.

# IV. 바울의 여행 계획에 대한 자기 변호(1:15-2:13)

## A. 여행 계획에 대한 회고(1:15-22)

### 참고문헌

**Delling, G.** *Die Taufe im Neuen Testament.* Berlin: Evangelische Verlagsanstalt, 1963. 105-107. **Dinkler, E.** "Die Taufterminologie in 2 Kor. 1, 21 f," in *Neotestamentica et Patristica.* Freundesgabe Oscar Cullmann. NovTSup 6, Leiden: Brill, 1962. 173-91. Reprinted in *Signum Crucis.* Aufsätze zum Neuen Testament und zur christlichen Archäologie. Tübingen: J. C. B. Mohr, 1967. 99-117. **Dunn, J. D. G.** *Baptism in the Holy Spirit.* SBT 15, 2d ser. London: SCM Press, 1970. 131-34. **Fee, G. D.** "*ΧΑΡΙΣ* in II Corinthians 1:15: Apostolic Parousia and Paul-Corinth Chronology." *NTS* 24 (1977-78) 533-38. **Hahn, F.** "Das Ja des Paulus und das Ja Gottes. Bermerkungen zu 2 Kor 1, 12 - 2, 1." In *Neues Testament und christliche Existenz,* FS H. Braun, ed. H.-D. Betz and L. Schottroff, 229-39. Tübingen: Mohr, 1973. **Hill, E.** "The Construction of Three Passages from St. Paul, Romans 8:20-21, 2 Corinthians 1:20, 2 Corinthians 3:10." *CBQ* 23(1961) 296-301. **Kramer, W.** *Christ, Lord, Son of God,* 1963, sec. 53, 54a. **Panikulam, G.** *Koinonia in the New Testament. A Dynamic Expression of Christian Life.* AnBib 85. Rome: Biblical Institute Press, 1979. 59-63. **Potterie, I. de la.** "L'onction du chrétien par la foi," *Bib* 40(1959) 12-69. **Rieger, J.** "Siegel und Angeld." *BibLeb* 7(1966) 158-61. **Thrall, M. E.** "Christ Crucified or Second Adam?" In *Christ and Spirit in the New Testament.* FS C. F. D. Moule, ed. B. Lindars and S. S. Smalley, 143-50. Cambridge: University Press, 1973. **Trimaille, M.** and **Coune, M.** "Les Apôtres, envoyés authentiques du Dieu fidèle(2 Cor 1:18-22)." *AsSeign* 38(1970) 42-50. **Unnik, W. C. van.** "Reisepläne und Amen-Sagen. Zusammenhang und Gedankenfolge in 2 Korinther 1:15-24." In *Studia Paulina,* 1953, 215-34; reprinted in *Sparsa Collecta. The Collected Essays of W. C. van Unnik.* NovTSup, Part One, 29. Leiden: Brill, 1973. 144-59.

## 본 문

**15** 내가 이 확신을 가지고 너희로 두 번 은혜를 얻게 하기 위하여 먼저 너희에게 이르렀다가

**15** On the ground of this confidence I was intending to come to you first so that you might have a second opportunity to do a favor,[a] and

**16** 너희를 지나 마게도냐에 갔다가 다시 마게도냐에서 너희에게 가서 너희가 보내 줌으로 유대로 가기를 경영하였으니

**16** then, having been with you, to go my way to Macedonia. From Macedonia [I planned] to come to you once more and to be helped on my way to Judea with your support.

**17** 이렇게 경영할 때에 어찌 경홀히 하였으리요 혹 경영하기를 육체를 좇아 경영하여 예, 예 하고 아니, 아니라 하는 일이 내게 있었겠느냐

**17** With this as my intention, surely I was not fickle? Or do I make my [travel] plans on a human level, that there should be on my part a vacillating attitude, saying "Yes" and "No" [b]in the same breath?

**18** 하나님은 미쁘시니라 우리가 너희에게 한 말은 예 하고 아니라 함이 없노라

**18** But as certain as God is trustworthy, our message to you was not a "Yes"-and-"No".

**19** 우리 곧 나와 실루아노와 디모데로 말미암아 너희 가운데 전파된 하나님의 아들 예수 그리스도는 예 하고 아니라 함이 되지 아니하였으니 저에게는 예만 되었느니라

**19** For the Son of God, Jesus Christ, who was proclaimed among you by us – that is, by myself, Silvanus and Timothy, was not "Yes"-and-"No". Rather, the "Yes" has always been a reality in him.

**20** 하나님의 약속은 얼마든지 그리스도 안에서 예가 되니 그런즉 그로 말미암아 우리가 아멘 하여 하나님께 영광을 돌리게 되느니라

**20** To all the divine promises, however many they are, the "Yes" is in him; and that is why it is through him that we say[c] our Amen to God for his glory.

**21** 우리를 너희와 함께 그리스도 안에서 견고케 하시고 우리에게 기름을 부으신 이는 하나님이시니

**21** Now it is God who confirms both us and you in our relationship to Christ. He has anointed us,

**22** 저가 또한 우리에게 인치시고 보증으로 성령을 우리 마음에 주셨느니라

**22** set his seal upon us, and imparted the Spirit to us as a pledge.

## 원문주해

a. 카리스(*χάριν*, "은혜")라는 읽기는 ℵ* A C D G K와 좀 덜 중요한 사본 증거들인 vg syr$^{p,h}$ cop$^{sa}$ arm에 의해서 지지를 받고 있다. 또 다른 읽기인 카란(*χαράν*, "기쁨"; ℵ$^{c}$ B L P cop$^{bopc}$ Theodoret에 의해서 확인되는)은 분명히 사도의 생각을 문맥 속에서 설명하기 위하여 "받은 은혜라는 개념을 경험된 기쁨이라는 개념으로 부드럽게" 하기 위한 필사자의 시도다. 이러한 읽기를 따르는 B. B. Warfield, "Some Difficult Passages," *JBL* 6 (1886) 36에서는 바울의 생각을 다음과 같이 해석한다(카란〈*χαράν*〉을 원래의 것으로 보

고서): "그는 당시에 자신이 그들에게 가는 것이 기쁨을 가져다 줄 것이라고 확신했다." 그러나 카란(*χαράν*)은 분명히 이차적인 읽기다. 카리스(*χάρις*)와 카라(*χαρά*)가 의미상 동일한 것으로 보이지 않는다면(Chrysostom, *Hom.* 3 in 2 Cor, Migne *PG* 81 col. 408: *χάριν δὲ ἐνταῦθα τὴν χαρὰν λέγει*; Bleek, *TSK*[1830] 622) 더 어려운 읽기를 택해야 한다는 원칙(lectio difficilior potior)을 따라서 카린(*χάριν*)이 받아들여져야 한다. 해당 "주석"을 보라.

b. 이 번역은 가장 좋은 사본들의 지지를 받고 있는 읽기가 토 나이 나이 카이 토 우 우(*τὸ ναὶ ναὶ καὶ τὸ οὔ οὔ*)라는 견해를 간과하고 있는 것이 아니다. 바울은 동시에 "예, 예"와 "아니, 아니라"는 말을 하고 있는 것이라고 주장된다. 짧은 읽기인 토 나이 카이 토 우(*τὸ ναὶ καὶ τὸ οὔ*, $P^{46}$ $424^{c}$ vg Pelagius)는 사본상의 지지를 별로 받고 있지 못한데, 아마도 18절에 나오는 어구와 동화되는 과정에서 생겨난 것으로 보인다. 그러나 헤링(Héring, 10)은 짧은 읽기를 주장하면서 "예"와 "아니오"를 두 번 중복해서 사용한 것은 바울을 마 5:37(참조. 약 5:12)과 조화시키고자 하는 후대의 시도라고 생각하지만, 영어 번역에서는 강조를 위해서 굳이 그러한 중복이 필요하지 않다. 그는 본문이 다음과 같이 되어 있었을 것이라고 추정한다. "따라서 나의 예가 아니오를 의미하고 나의 아니오가 예를 의미하게 된다." 하지만 그러한 추측을 뒷받침해 주는 증거는 없다. 이 문맥 속에서 바울의 "예"가 강조되고 있다는 것에 대해서는 F. Hahn, "Das Ja," 234-37를 보라. 그러나 그가 원래의 본문을 히나 에 파르 에모이 토 나이 나이 카이 우(*ἵνα ᾖ παρ' ἐμοι τὸ ναὶ ναὶ καὶ οὔ*)로 복원한 것은 본문이 진화되어 가는 한 방식으로 충분히 이해할 수 있기는 하지만 설득력은 거의 없다.

c. 디 헤몬(*δι' ἡμῶν*)은 Hill, "2 Cor 1,20," 298에 의해서 다른 의미가 부여되고 있는데, 그는 이 어구가 문장의 끝에 위치해 있는 것을 주목할 필요가 있다고 본다. 그렇게 해서 그가 제시하는 의미는 이런 것이다. "그런즉 그로 말미암아 우리를 통하여 (드려지는) 영광(또는 송영)에서 아멘이 하나님께 향한다." 아마도 여기서 디아 헤몬(*δι' ἡμῶν*)은 그리스도께서 우리의 예배를 아버지께 드릴 때 일어나는 일을 우리가 시인하는 것과 관련되어 있는 것 같다. 토 데오(*τῷ θεῷ*)의 이러한 의미에 대해서는 요 9:24을 보라. Thüsing, *Per Christum in Deum*(Münster: Aschendorff, 1965), 178에서 지적하듯이, 엔 아우토(*ἐν αὐτῷ*, "그 안에서")와 디 아우투(*δι' αὐτοῦ*, "그로 말미암아," 그리스도), 디 휘몬(*δι' ὑμῶν*, "우리로 말미암아")의 반복은 주목할 만하다. 그리스도는 아멘과 동일시될 수 없다(Hill, 299에서 주장하는 것과는 달리). 왜냐하면 그리스도를 "예" 및 "아니라"와 동시에 동일시하는 것은 논리에 맞지 않기 때문이다(Thüsing, 179). 도리어 그리스도는 우리의 응답 속에서 아멘이 되고, 우리의 응답은 하나님을 찬송하는 그리스도의 아멘이 된다(Thüsing, 180).

## 양식/구조/배경

바울은 고린도 교인들이 기꺼이 자신을 믿어 줄 것이라는 "확신"(πεποίθησις-페포이데시스), 즉 14절에 표명되었던 소망을 다시 피력한다. 하지만 그는 자신의 여행 계획을 바꾸어서 그가 "변덕스럽다"는 비난을 받게 된 상황을 다시 이야기하는 것이 꼭 필요하다는 것을 발견하게 된다. 17절은 핵심적인 어구를 담고 있는데, RSV에서는 이 어구를 다소 모호하게 번역해 놓았다("내가 이것을 행하고자 했을 때에 오락가락했던 것인가?"). 이 어구를 직역해 보면 다음과 같이 된다: "그러므로 내가 이렇게 (나의 계획을 변경하고자) 했을 때에 내가" 지금 비난을 받고 있는 것같이 "변덕스럽게"(τῇ ἐλαφρίᾳ-테 엘라프리아, 정관사를 주목하라) "행했는가?" 여기에 나오는 정관사와 동일한 절에서 "예"와 "아니라" 앞에 붙어 있는 정관사는 "바울이 고린도 교회에서 그에 대하여 떠돌고 있는 말을 인용하고 있는 것임을 보여 주는 것일 가능성이 높다"(Tasker, 47). 바울이 변덕을 부리며 주관 없이 왔다갔다 했다는 비난은 그가 방문 약속을 어긴 것에서 직접적으로 비롯되었다(15-16절).

고린도전서 16:5-7에서 그는 먼저 궁핍에 처한 예루살렘 교회를 위하여 연보를 모으려고 마게도냐에 갔다가 그 후에 고린도 교회를 방문해서 한동안 거기에 머물겠다는 소망을 피력했다. 그런데 지금 그는 당시에 그 원래의 계획이 수정될 수밖에 없었고, 자신이 마게도냐로 가는 도중에 잠깐 고린도 교회에 들르기로 결심했다고-우리에게 불분명한 이유들로 인해서-설명한다. 그런 후에 그는 고린도로 다시 와서, 고린도 교회가 모아 놓은 연보를 더해서 그를 유대로 보내 주기를 원했다(고전 16:1-6). 사도와 고린도 교인들 사이에서 쟁점이 되고 논란이 되었던 것, 또는 적어도 오해의 소지가 있었던 것은 바울이 고린도 교회에 오래 머물고자 했던 계획(고전 16:7; 참조. 15)을 고린도에 잠시 들러 가는 것으로 변경했다는 것이었다. 우리는 다음과 같은 것들을 알고자 하는 흥미가 생겨난다. (a) 왜 그의 원래의 계획이 그들에게 "두 번 은혜"(δευτέραν χάριν-듀테란 카린)를 가져다 주는 것이었을까? (b) "두 번" "은혜"(χάρις-카리스)가 결코 현실화되지 못했는데도, 바울은 나중에 "이 은혜"(χάρις-카리스)에서도 너희가 풍성하다"고 쓸 수 있을 정도로(8:7에서) 상황이 호전되었다는 소망을 피력했는가?

많은 것이 1:15에 나오는 카리스(χάρις)의 정확한 의미가 무엇이냐에 달려 있다. 피(G. D. Fee, "*ΧΑΡΙΣ* in II Corinthians I.15")는 이 단어가 의미하는 것에 대하여 매력적인 주장을 했는데, 이 단어는 고린도 교인들이 바울의 방문을 통해서 받게 되어 있었던 것을 가리키는 것이 아니라, 그들이 바울의 사도적 선교를 뒷받침하는 데 있어서 그에게 호의를 베푸는 동시에 연보를 모으는 문제에서 그들 안에서 역사하시는(8:7의 χάρις-카리스) 하나님의 은혜(χάρις-카리스)의 증거를 보여 줄 "이중적인 기회"를 가리키는 것이라고 주장했다. 그들은 바울이 그들 가운데 머물기를 원했다. 본문에 나오는 바울의 말을 살펴보면, 그의 원래의 의도는 마게도냐로 가는 길에 그들을 먼저(*πρότερον*-프로테론, 15절) 방문해서 그들로 하여금 여기서와 동일한 배경 속에서(mise en scène), 즉 성도들을 위하여 연보를 모으는 문제와 관련해서 말하고 있는 로마서 15:23-24의 정신을 따라서 북쪽으로의 여행을 위한 경비를 대도록 하는 것이었다.

원래 바울은 마게도냐에서 돌아오는 길에 고린도 교회를 다시 방문하기로 되어 있었고, 그 후에 그들은 그를 신속하게 예루살렘으로 보내 줄 기회를 갖게 될 것이었다. 그러나 바울은 이전에 고린도 교회를 방문했을 때 강한 반대와 모욕을 당해서(2:5; 7:12; 12:21) 고린도 교회를 다시 방문하는 것을 포기하고 마게도냐에서 에베소로 건너갔기 때문에, 그러한 여행 계획은 차질을 빚고 말았다. 이 방문은 그에게 고통스러운 것이었기 때문에(그러한 사정은 1:23-2:4에 자세하게 나와 있다), 바울은 1:15의 계획을 없던 것으로 하고, 실제로 고린도전서 16:5-7에서 그가 한 약속을 파기하는 것 외에는 다른 도리가 없었다-그의 목회적인 감수성이라는 관점에서 볼 때. 그리고 지금 시일이 흐른 후에 고린도후서 1:9을 쓰면서 바울은 왜 그가 마게도냐에서 돌아올 때 고린도 교회를 방문하겠다는 약속을 지키지 못했는지를 고통스럽게 해명하고 있다(1:23; 2:1). 이렇게 그가 처음 했던 약속을 지키지 못하고 우유부단했다는 비난을 반박하기 위하여 자기가 왜 여행 계획을 변경했는지에 대하여 자세히 이야기하고 있는 것은 고린도 교회에서 아주 첨예하게 문제가 되고 있었던 것, 즉 예수 그리스도의 참된 사도로서의 그의 신뢰성을 중심으로 다루어지고 있다. 이러한 특징은 18-22절에서 바울의 무게 있는 신학적 표현이 나오는 이 단락의 주목할 만한 문체상의 특징을 잘 설명해 준다(하지만 Wendland, 170, 171에서는 하나님의 능력을 담당하고 있는 자이자 직접 하나님의 은혜를 공동체에 전해 줄 수 있는 자로서의 사도의 역할과 결부시킨다).

우리가 지금까지 개략적으로 살펴본 배경은 아무리 잠정적인 것이라고 할지라도 우리가 이전 단락(12-14절)의 의미를 파악하는 데 도움을 준다. 왜냐하면 바울은 그의 모든 행위들, 그의 말들, 그가 서신을 쓸 때 보여 준 습관들을 지배했던 동기들을 밝히 드러냄으로써 그가 마음을 바꾼 것에 대하여 솔직하게 말하게 되었기 때문이다.

## 주석

15 모든 번역자들은 아니지만(예를 들면, "내가 처음에는 너희를 방문할 계획을 세웠다"로 번역하고 있는 TEV) 대부분의 주석가들이 보여 주듯이(예를 들면, Bultmann, 41), "먼저"(*προτέρον*-프로테론)는 "내가 경영했으니"(*ἐβουλόμην*-에불로멘)가 아니라 "너희에게 이르렀다가"(*πρός ὑμᾶς ἐλθεῖν*-프로스 휘마스 엘데인)에 걸린다: "내가 너희로 두 번 친절을 베풀 기회를 갖도록 하기 위하여(*ἵνα δευτέραν χάριν σχῆτε*-히나 듀테란 카린 스케테) 먼저 너희에게 가고자 했다." 피(Fee, 536)는 이 동사가 "취하다"(*λάβητε*-라베테, 롬 1:5; 5:17) 또는 "받다"(*δέξησθε*-덱세스데, 고후 6:1)라기보다는 "가지다"라는 의미를 지닌다고 지적한다. 피(Fee)의 이해에 의하면, 이러한 맥락 속에서 "은혜"는 다른 사람들에 대한 섬김(Windisch의 번역은 "Gnadenerweisung"이다, 63), 좀더 구체적으로 말하면 예루살렘 성도들을 위한 연보를 통해서 경험되고 증명된다. 하지만 대부분의 주석가들은 본문에 나오는 은혜를 고린도 교인들이 바울이 그들에게 옴으로써 기대할 수 있었던 것이라는 관점에서 생각하고, 듀테란 카린(*δευτέραν χάριν*)은 "유익"(KJV/AV, RV, NEB, NIV, Menzies, Goudge, Denney, Hughes), 두 번째의 "친절"(Barrett), "두 번째로 즐거워할 기회"(Héring), "갑절의 즐거움"(Moffatt), "그의 존중의 두 번째 징표"(Allo), "나의 선의의 두 번째 증거"(BGD, 877, 그러나 이 항목에서는 카리스〈*χάρις*〉와 카라〈*χαρά*〉가 얼마나 밀접하게 연결되어 있는지도 보여 준다) 등과 같이 다양하게 번역된다. 우리의 번역은 피(Fee, "친절을 베풀 수 있는 두 번의 기회")의 번역을 약간 수정한 것이다.

바울이 고린도를 방문해서 모욕을 당했던 것을 언급하고 있는 것이라면(2:1), 왜 그가 "내가 가고자 경영했다"(*ἐβουλόμην…ἐλθεῖν*-에불로멘…엘데인) 대신에 "내가 갔다"(*ἦλθον*-엘돈)라는 표현을 사용하지 않았겠느냐고 불트만(Bultmann)은 반문한다. 그러나 이러한 반문은 바울이 그의 원래의 계획이 무엇이었는지, 즉 그가 마게도냐를 갔다 온 후에 다시 고린도를 방문하고자 했던 계획을 말하고 있다는 사실을 간과하고 있는 것이다(16절). 바울과 그의 독자들 사이에서 문제가 된 것은 이러한 두 번의 방문 중에서 두 번째 방문이었다. 이미 밝혀졌듯이, 세 번째 방문은 고린도후서에서는 오직 미래적으로만 언급된다(12:14; 13:1f.).

16 "너희가 보내 줌으로(*ὑφ' ὑμῶν προπεμφθῆναι*-휘프 휘몬 프로펨프데나이) 유대로 가기를." 여기서 말하고 있는 것은 "배가 있는 데까지 나를 배웅해 달라는 것" 이상의 것이다(이 동사는 행 21:5에서 그러한 의미로 사용된다). 바울은 분명히 일단 아가야에서 연보를 모은 후에 고린도 교인들 중 일부 대표자들이 그와 함께 연보를 예루살렘으로 가져가는 데 동참하도록 할 계획이었던 것으로 보인다(고전 16:3, 4; 롬 15:26). 빈디쉬(Windisch, 63)는 "고린도로부터의 수행"을 바울이 계획했다고 말하지만, 사도행전 20:2-4에 의하면 그리스를 출발한 바울의 일행 속에는 고린도 교인들이 포함되어 있지 않았다. 그렇게 된 이유는 아마도 고린도 교인들의 불만이 결코 해소되지 않았기 때문일 것이다.

17 "이렇게 경영할 때에 어찌 경홀히 했으리요"(*τοῦτο οὖν βουλόμενος μήτι ἄρα τῇ ἐλαφρίᾳ ἐχησάμην*-투토 운 불로메노스 메티 아라 테 엘라프리아 에케사멘). 바울은 지금 그의 여정과 관련된 논쟁의 핵심을 말한다. 바울은 테 엘라프리아(*τῇ ἐλαφρίᾳ*; *ἐλαφρία*-엘라프리아, "변덕, 경솔," BGD)라는 구체적인 비난에 대하여 자신을 변호하고 있는데, 우리가 앞에서 보았듯이 이 단어는 정관사가 붙어 있기 때문에 "너희가 나를 변덕스럽다고 비난한 것"을 의미한다(Windisch; 하지만 Barrett은 문제가 된 것은 바울이 약속된 방문을 취소한 것, 즉 우리의 재구성에 의하면 그가 마게도냐로 갔다가 다시 고린도로 오지 않고 에베소를 향하여 항해했다는 것이라고 본다). 바울의 이러한 행동을 그의 대적자들은 그가 지닌 "세상적인 사람"(RSV: *κατὰ σάρκα*-카타 사르카, "순전히 인간적인 동기들에 의해서" 결정을 내리는 사람, Héring, 9)의 면모가 드러난 것으로 보았다. "육체"(*σάρξ*-사륵스)는 성령과 대비되는 것으로서, 바울은 자기가 성령의 인도하심을 받았다고 주장한다(22절). 바울에 대한 여기서와 동일한 비난은 10:2에도 다시 나온다: "우리를 육체대로 행하는 자로(*ὡς κατὰ σάρκα περιπατοῦντας*-호스 카타 사르카 페리파툰타스) 여기는 자들을 대하여." 예, 예하고 아니, 아니라 하는 일이 내게 있었겠느냐(*ἵνα ᾖ παρ' ἐμοὶ τὸ ναὶ ναὶ καὶ τὸ οὔ οὔ*-히나 에 파르 에모이 토 나이 나이 카이 토 우 우). 여기에는 바울의 이중성에 대한 비난이 내포되어 있다. 히나(*ἵνα*)는 결과절을 표현하는 데 사용된다(BDF § 391.5; Moulton, *Grammar* 1:210). 바울이 사륵스(*σάρξ*)를 따라, 즉 자신의 이해관계에 따라서 행동하는 사람이라고 비난하는 것은 "'예' 했다가 금방 '아니오'라고 말한다"(Héring)는 것을 의미한다. 여기서 "예"는 구체적으로 고린도를 다시 방문하겠다는 그의 약속과 관련되어 있다. 그

러므로 우리는 "18절의 말은 계획을 바꾼 것에 대한 그의 변명과 별로 관계가 없다"고 한 슈트라한(Strachan)의 판단(55)에 동의할 수 없다.

18 "하나님은 미쁘시니라"(πιστὸς δὲ ὁ θεὸς – 피스토스 데 호 데오스)로 시작되는 신학적인 변론은 우리로 하여금 바울은 그의 명성 이외에도 자신의 행위를 변호해 줄 수 있는 더 많은 것을 가지고 있었다는 것을 생각하게 만든다. 바울을 헐뜯고 비방하는 자들이 그가 변덕스럽다고 공격하는 것은 매우 악한 짓이었다(어쨌든 그는 한 번 이상 자신의 계획을 변경했는데, 그러한 계획의 변경은 그렇게 할 만한 선한 이유들이 있었고, 그 이유들은 그의 독자들의 유익을 위한 그의 관심과 밀접하게 연결되어 있었다, 1:23). 바울의 메시지는 믿을 수 없다고 그들이 계속해서 불신의 태도를 취한 것은 더욱 나쁜 일이었다. 18-22절의 목적은 바울에게 있어서 하나님께서 그와 그의 동역자들에게 맡기신 메시지와 밀접하게 결부되어 있었던 자신의 사도직을 변호하는 것이다. 바울이 자신의 메시지가 일관된 것이라고 호소하고 있는 것을 근거로 드롤(M. E. Thrall, "Christ Crucified," 143, 144)은 18-19절 속에서 고린도 교인들의 비난에 대한 답변이 주어지고 있다고 보았다. 이 문제는 3장과 4:4에 다시 나온다. 바울은 다음과 같이 몇 가지 방식으로 자신의 일관성을 변호한다.

(1) "미쁘신" 또는 "언약을 지키시는"(πιστός – 피스토스) 분으로서의 하나님의 성품이 근거로 제시된다. 따라서 하나님은 그의 약속들에 대한 "보증인"이시다(Lietzmann-Kümmel, 103). "미쁘신 하나님"(האל הנאמן – 하엘 한네에만)이라는 하나님의 칭호에 해당하는 신명기 7:9의 데오스 피스토스, 호 퓔랏손 디아데켄 카이 엘레오스 토이스 아가포신 아우톤(LXX: θεὸς πιστός, ὁ φυλάσσων διαθήκην καὶ ἔλεος τοῖς ἀγαπῶσιν αὐτόν)을 보라. 반 운닉(van Unnik, "Reisepläne und Amen-Sagen," 221, 222)은 이 본문을 이사야 49:7; 시편 89:38; 잠언 14:5, 25과 더불어서 18-24절을 이해하기 위한 열쇠는 셈어 어근인 אמן(20절의 "아멘"처럼)과 관련된 단어 유희라는 그의 주장에 대한 근거들로 인용한다.

(2) 19절에 나오는 "왜냐하면"(γὰρ – 가르)은 적절한 비중으로 다루어져야 한다(van Unnik, 218). 왜냐하면 바울은 자신의 메시지가 진실하고 "헛된 약속들" (Héring)이라는 모든 비난에서 자유롭다는 것을 밝히기 위한 근거로서 계속해서 하나님의 진리와 약속들에 대하여 언제나 예만 되시는 그의 주님을 들고 있기 때문이다(20절). 구약에 나오는 하나님의 약속들과 관련해서 "하나님의 아들"(이 기독론적인 칭호에 대해서는 W. Kramer, *Christ, Lord, Son of God*, 54a, d; M. Hengel, *The*

*Son of God*, tr. J. Bowden[London: SCM Press, 1976] 7-15를 보라)에게는 이중성이 전혀 없다고 바울은 공언한다. 예수 그리스도는 "하나님께서 참되시다는 것을 보여 주고 하나님의 약속들을 견고하게 하기 위하여"(Denney, 39: 그는 이 번역문을 이탤릭체로 처리한다) 할례의 사역자가 되셨다. 바울의 기독론의 긍정적인 분위기(*ἀλλὰ ναὶ ἐν αὐτῷ γέγονεν*–알라 나이 엔 아우토 게고넨, "저에게는 예만 되었느니라")는 2:17, 더 나아가 11:4에 나오는 하나님의 말씀을 혼잡하게 하는 자들과 대비된다.

20 (3) 따라서 바울의 일련의 논증 속에서 다음 단계가 논리적으로 따라나온다. 그리스도 안에서 구약은 성취되었다. "하나님의 약속은 얼마든지 그리스도 안에서 예가 되니"(*ὅσαι γὰρ ἐπαγγελίαι θεοῦ, ἐν αὐτῷ τὸ ναί*–호사이 가르 에팡겔리아이 데우, 엔 아우토 토 나이; 이것은 주격 구문인데, 좀더 자연스러운 구문은 *πάσαις ταῖς ἐπαγγελίαις τοῦ θεοῦ, ὅσαι γὰρ εἰσίν γέγονεν ἐν αὐτῷ τὸ ναί*–파사이스 타이스 에팡겔리아이스 투 데우, 호사이 가르 에이신 게고넨 엔 아우토 토 나이가 될 것이다, BDF § 466.2)에서 분명하게 볼 수 있듯이, 바울은 이러한 성취가 아주 광범위하게 일어났다고 주장한다: "하나님의 약속은 얼마든지 그리스도 안에서 예가 된다."

"예"(*τὸ ναί*–토 나이)는 믿는 자가 예전 속에서 시인(是認)을 표현하기 위하여 사용하는 "아멘"이라는 단어로 이어진다(고전 14:16, 거기서도 이 단어는 정관사를 지니고 있다: 히브리어 어근인 아멘〈אמן〉은 확고함, 견고함을 의미하는 것으로 앞서 행해진 기도 또는 신앙 고백에 대한 동의를 표현한다). 교회에서의 예배를 배경으로 하고 있다는 것은 고린도전서 14장을 보면 분명하게 나타나고(R. P. Martin, *The Spirit and the Congregation*[Grand Rapids: Eerdmans, 1984] 71를 보라), 그러한 배경은 여기서도 추적될 수 있다: C. F. D. Moule, *The Phenomenon of the New Testament*, SBT 1, 2d ser.(London: SCM Press, 1967) 54, 68를 보라.

예전 속에서의 그러한 반응은 "하나님께 영광을 돌리기" 위한 것으로서 사도가 항상 그 입에 올리고 싶어하는 그런 말이다(Lohmeyer *Kyrios Jesus. Eine Untersuchung zu Phil* 2, 5-11[Heidelberg: C. Winter, 2d ed. 1961] 60-62에서 지적하고 있듯이; 빌 2:11에서처럼).

"우리로 말미암아"(*Δι' ἡμῶν*–디 헤몬)는 "우리의 믿음으로 말미암아"(Plummer, 30)라는 의미가 아니라, 믿는 자들이 하나님께 찬송을 돌려 드리기 위해서 아멘이라는 "말을 우리가 입 밖으로 내는 것으로 말미암아"를 의미한다–"우리의 믿음"이 하나님의 미쁘심에 응답한다는 것이 일반적으로 사실이라고 할지라도.

21-22 (4) "우리를 너희와 함께 그리스도 안에서 견고케 하신 이는 하나님이시니"(*ὁ δὲ βεβαιῶν ἡμᾶς σὺν ὑμῖν εἰς Χριστὸν…θεός*-호 데 베바이온 헤마스 쉰 휘민 에이스 크리스톤…데오스). 언약에 대한 하나님의 신실하심과 관련된 바울의 신학적인 해설로부터 또 하나의 결론이 도출되어 나온다. 그것은 인간적인 경험, 특히 "하나님의 사도"로서의 바울 자신의 자의식에 근거한 것이었다. 바울의 메시지는 고린도에서 공격을 받았지만, 그는 자신의 메시지가 옳다는 것을 보여 주기로 결심한다. 아울러 바울은 자신의 성품이 그가 전하도록 위임받은 말씀만큼이나 결코 모호하지 않고 명확하다는 것을 변호하는 데 관심을 가진다. 데니(Denney, 38)는 호 로고스 헤몬(*ὁ λόγος ἡμῶν*, 18절에 나오는 "우리가 한 말")이 이중적인 의미를 지닌다는 것을 지혜롭게 상기시킨다. 그 표현은 바울이 자신의 여행 계획들에 관하여 말한 것을 가리킴과 동시에, 그가 고린도에서 전한 말씀의 핵심을 가리키는 것이기도 하다. 이렇게 바울은 자신의 사도직에 관하여 암호적으로 쓰여진 변증(apologia)을 시작하게 된다. 그것은 하나님에 의해서 재가된 것이다(van Unnik, 227에 의하면, 호 베바이온〈*ὁ βεβαιῶν*, "견고케 하시는 이, 보증하시는 이"〉은 "확증하다, 약속을 성취하다"를 의미하는 히브리어 동사로부터 나온 것이다: 롬 15:8과 H. Schlier, *TDNT* 1:600-3를 보라: 그러나 Barrett, 78, 79에서는 van Unnik이 설정하고자 하는 아멘〈אמן〉과의 언어학적인 연결관계를 의심한다). 고린도전서 1:6은 좋은 병행으로서 그리스도에 관한 사도의 증언이 종말의 때까지 "견고하게" 될(*βεβαιώσει ὑμᾶς ἕως τέλους*-베바이오세이 휘마스 헤오스 텔루스) 그의 백성 안에서(고전 1:8) 견고하게 되었다(*ἐβεβαιώθη*-에베바이오데)고 말한다. 따라서 이 동사는 복음 전도자의 증언에 의해서 믿는 자들이 그리스도인으로서의 삶과 경험 속으로 들어와 하나님의 소유가 되었다는 것을 가리킨다(*περιποίησις*-페리포이에시스; 참조. 엡 1:14). 또한 베바이오시스(*βεβαίωσις*)는 적절하게 보증이 이루어진 담보를 가리키는 법적이고 상업적인 용어이기도 하다: BGD(138)와 Deissmann, *Bible Studies*(104ff.)를 보라. 하나님의 그러한 은혜의 역사는 그리스도인이 그리스도에게 참여하는 자가 되게 하는 특권을 수여한다(*εἰς Χριστόν*-에이스 크리스톤). 이 후자의 개념은 카이 크리사스 헤마스 데오스(*καὶ χρίσας ἡμᾶς θεός*, "하나님이 우리에게 기름을 부으셨다"; 크리사스〈*χρίσας*〉와 크리스토스〈*Χριστός*〉 간에는 분명한 단어 유희가 존재한다)에서 가져온 것이기도 하다: 기름부음받은 자(=*Χριστός*-크리스토스, "그리스도") 안에서 하나님은 "우리에게 기름을

부으셨다"(L. Cerfaux, *Christ in the Theology of St. Paul*, tr. G. Webb and A. Walker[London, 1959] 498). 이 동사(*χρίειν*-크리에인)는 구약에서 제사장이 머리에 기름을 부어서 성별하여 직임을 맡겼던 하나님의 종들(사사, 왕, 선지자)을 연상시킨다. 여기서 그러한 것이 배경으로 작용하고 있다면, 우리의 본문 속에서 일차적으로 가리키는 것이 기름을 부어서 사도직을 맡기신 것이라는 데니(Denney)의 지적(51)은 고려해 볼 가치가 있지만, 여기서 기름부음은 성령의 임함을 통해서 사람들을 하나님의 일에 적합하도록 준비시키기 위한 은사들의 수여를 가리키는 것이다(눅 4:18, 19; 행 4: 27; 10 :38에 인용된 사 61:1-3을 참조하라). 그 결과는 하나님이 그리스도의 신실한 제자들인 "우리"를 견고하게 하신다(현재 시제)고 말해지고 있지만-그리고 바울은 고린도 교회의 독자들을 포함시키기 위하여 "너희와 함께"라는 말을 덧붙인다-이 본문의 후반부는 기름부음과 성령에 의한 인침(*καὶ σφραγισάμενος ἡμᾶς καὶ δοὺς τὸν ἀρραβῶνα τοῦ πνεύματος ἐν ταῖς καρδίαις ἡμῶν*-카이 스프라기사메노스 헤마스 카이 두스 톤 아르라보나 투 프뉴마토스 엔 타이스 카르디아이스 헤몬, "우리에게 인치시고 성령을 우리 마음에 주셨느니라")을 기독교의 사도들에게 국한시키고 있는 것이 된다. 네 개의 분사(*βεβαιῶν*-베바이온, *χρίσας*-크리사스, *σφραγισάμενος*-스프라기사메노스, *δούς*-두스)에 대해서 빈디쉬(Windisch)는 첫 번째 분사인 "견고케 하다"는 지속적인 효과를 가리키는 반면에, 다른 동사들은 이미 이루어진 사건을 말하는 것이라고 설명한다(Panikulam, *Koinonia*, 60-62도 마찬가지인데, 그들은 베바이온 헤마스 에이스 크리스톤 〈*βεβαιῶν ἡμᾶς εἰς Χριστόν*〉이 골 2:7에 나오는 것과 같은 베바이온 텐 코이노니안 헤몬 텐 쉰 크리스토〈*βεβαιῶν τὴν κοινωνίαν ἡμῶν τὴν σὺν Χριστῷ*, 그리스도와의 교제 속에서 견고하게 했다〉의 축약된 형태처럼 보인다는 Windisch의 견해에도 동의한다).

이러한 세 가지 행위가 오직 하나의 배경을 지니고 있다면, 그러한 결론은 별로 논란이 되지 않을 것이다: 최종적인 구원의 담보로서 보증하고, 기름을 붓고, 성령으로 인치는 것(*τοῦ πνεύματος*-투 프뉴마토스, "성령의"는 분배의 속격이 아니라 5:5에서처럼 보충 설명의 속격이기 때문에 Barrett, 80에서 생각하는 것과는 달리 여기에는 네 가지의 분명한 이미지들이 나오는 것이 아니다: Delling, *Die Taufe*, 106를 보라). 특히 "성령을 주심"은 세례와 결부되어 왔다(E. Dinkler, "Die Taufterminologie," 177-90에서는 Windisch[73], Lietzmann-Kümmel, Allo, Denney, Bultmann와 더불어서 여기에 나오는 네 개의 동사들을 모두 세례와 결부시키고자 한

다: G. W. H. Lampe, *The Seal of the Spirit*[London: Longmans, 1951] 3-7, 61, 62를 보라; 물 세례와의 직·간접적인 관련을 모두 부인하는 J. D. G. Dunn, *Baptism in the Holy Spirit*[London: SCM Press, 1970] 131-34와 대조해 보라). "인치다"(*σφραγίζω*-스프라기조)는 여기서 종말론적인 의미에서 사용되고 있는 것이 아니라(계 7:2ff.; 14:1ff.), 합법적인 소유주에게 속해 있는 재산이라는 것을 나타내는 의미로 사용되고 있다(Deissmann, *Bible Studies*, 238f.). 이 동사는 다른 곳에서는 할례와 관련하여 사용된다(롬 4:11; *Barn* 9:6). 에베소서 1:14에서처럼 성령을 받은 것이 "보증금"(*ἀρραβών*-아르라본, 구약의 에라본〈ערבון〉, 파피루스 문서들 속에서 계약 당사자들끼리 계약을 맺을 때 내는 보증금을 가리키는 데 사용된 또 하나의 상업적인 용어; 참조. 창 38:18; 또한 BGD 109를 보라)인 것과 마찬가지로, "인침"(*σφραγίς*-스프라기스)은 세례 속에서의 성령의 역사(役事)에 대한 극적인 묘사가 되었다는 것을 부인할 수가 없다(엡 1:13; 4:30; Hermas, *Sim.* 8:6; *2 Clem* 7:6, 8:6; Abercius의 금석문, signaculum fidei 같은 세례에 대한 후대의 교부들의 증거들: J. Ysebaert, *Greek Baptismal Terminology: Its Origin and Early Development*[Nijmegen: Dekker-Van de Vegt, 1962] 204f., 226, 265-71, 379-87). 바렛(Barrett)은 여기서 회심, 믿음, 세례, 성령을 받음을 포함하여 그리스도 안에서의 새로운 삶으로 입문하는 전체 예식에 관한 포괄적이고 종합적인 서술을 볼 수 있다는 더 나은 주장을 한다.

끝으로, 우리는 하나님과 그리스도와 성령에 대한 이 장엄한 묘사의 목적으로 되돌아간다(우리는 이 절들 속에서 삼위일체 간의 "분업"을 함축적이고 불안전하게나마 볼 수 있다). 이것은 바울이 히브리어 어근 אמן("아멘")과 관련된 그의 단어 유희에 토대를 둔 최초의 사고로부터 시작하여 거기서 최대한의 교훈을 도출해 낸 후에 그 연장선상에서 그의 사도직이 하나님 아래서 이루어 낸 모든 일에 관한 논의로 옮겨가고 있는 것이거나, 바울의 초점이 좀더 좁혀진 것이다. 후자의 경우라면, 바울은 정직한 사람이자(1:12을 보라) 하나님께서 주신 메시지를 전하도록 위임받은 사도로서의 자신의 신뢰성과 권위를 변호하는 변론으로 들어가고 있는 것이다. 이 후자의 목적이 작용하고 있는 것이라면, 바울이 한 모든 말들은 변증적이고 변호적인 경향을 띄고 있는 것이고, 이러한 일련의 이미지들(21-22절에서 주목할 만한 분사들의 사용과 더불어서; E. Norden, *Agnostos Theos*, 384에서는 여기서 강력한 셈어적인 영향을 추적한다)-미쁘신 하나님, 하나님의 약속들을 긍정하신 분으로서의 그리스도, 하나님의 견고케 하시는 사역을 보여 주는 예배 속에서의 너희의 아멘, 성령에 의해서 우리가 위임을 받고 성별됨－은 바울의 사도직을 믿어서는 안 된다는 빈정거림을 반박하기 위한 것이 된다. 그러한 비난에 맞서서, 바울은 그와 그의 동역자들(19절: J. Hainz, *Ekklesia*[1972], 299; E. E. Ellis, "Paul and his Co-Workers," *NTS* 17[1970-71] 437-52; Windisch, 67에서는 이 세 사람은 "높아지신 주님을 전하도록 위임받은 선포자들"이라고 말한다)은 결백하고 믿을 만한 자들이라고 결론을 내린다. 왜냐하면 그들은 그들의 사역이 옳다는 것을 입증해 줄 만한 모든 증표들을 지니고 있기 때문이다－겉보기에는 그것과 정반대인 것처럼 보인다고 할지라도(즉 바울이 그의 순회 여행 계획들을 변경한 것).

## 해설

이 짤막한 단락은 바울에게 전형적인 몇몇 특징들을 잘 보여 주고, 목회적인 책임과 관심에 관한 그의 의식(意識)에 접근할 수 있는 창문을 열어 준다. 그는 분명히 자신의 신뢰성을 의심받았던 자로서 글을 쓰고 있고, 그런 의심은 결코 이유 없는 것이 아니었다. 그는 실제로 고린도를 방문하겠다는 자신의 원래의 계획을 변경하는 것이 지혜로운 일이라고 여겼다. 그러나 그 일 때문에 바울은 자신의 개인적인 명성보다도 더 큰 것을 잃게 될 위험에 처하게 되었다. 말씀을 전하는 자가 한 입으로 두 말을 한다면, 바울이 고린도에 와서 하나님의 말씀이라고 전하는 메시지를 고린도 교인들이 어떻게 받아들이겠는가? 바울 자신의 사역과 그 타당성은 아가야 지방의 독자들에 대한 그의 과거의 처신을 스스로 변호하는 것과 결부되어 있었기 때문에, 그는 골치 아픈 문제에 휘말리게 된 것이었다. 바울은 그가 여행 계획을 수정한 이유를 제시해야 했다. 사실 그가 그 이유를 말하고 있는 대목(1:23-2:13; 7:5-16)은 많은 부분이 모호해서, 본문과 관련된 우리의 의문들은 흔히 대답되지 않은 채로 남겨져 있다. 그러나 의심할 여지 없이 확실한 것은 바울이 그의 메시지가 하나님 자신의 성품, 그리스도의 인격, 성령 안에서의 삶으로서의 그리스도인들의 경험에 의해서 그 옳음이 입증된다고 호소하고 있다는 것이다.

이러한 실체들에 대하여 바울은 전혀 의심이 없었고, 그와 그의 동역자들, 실라와 디모데－그리고 사역에 있어서 그들의 모범을 따르고자 하는 자들－에게 이 실체들은 바울이 "복음"이라고 부른 것, 즉 그리스도를 중심으로 하는 복음의 핵심을 이루고 있었다. "그리스도를 선포한다는 것 자체가 그들이 옳다는 것을 증명해 주는 것이다"(Hainz, *Ekklesia*, 131). 이 말의 취지는 너무도 분명하고, 그 속에는 시간을 초월하는 진리가 담겨 있다. 왜냐하면 "하나님의 아들 예수 그리스도에 대하여 강력한 긍정-그 어떠한 모호성도 존재하지 않고 그 어떠한 의문도 존재하지 않는-을 갖고 있지 않은 자는 아무도 복음을 전할 권한을 갖고 있지 않은"(Denney, 41) 것이기 때문이다.

## B. 바울이 자신의 여행 계획을 해명하고, 앞서 서신을 보낸 것이 잘한 일이었다고 말함(1:23-2:11)

### 참고문헌

**Barrett, C. K.** *The Signs of an Apostle.* 41-44. ______. "*Ὁ ἈΔΙΚΗΣΑΣ*(2 Cor 7.12)." In *Verborum Veritas.* FS G. Stählin. Wuppertal: Verlag Rolf Brockhaus, 1970; reprinted in *Essays on Paul,* London: SPCK, 1982, 108-17. **Batey, R.** "Paul's Interactions with the Corinthians." *JBL* 84(1965) 139-46. **Binder, H.** *Der Glaube bei Paulus.* Berlin: Evangelische Verlagsanstah, 1968. 57. **Cox, S.** "That Wicked Person," *Exp* 1st ser. 3(1875) 355-68. **Daniel, C.** "Un mention paulinienne des esséniens de Qumran." *RQ* 5(1966) 553-59. **Friedrich, G.** "Glaube und Verkündigung bei Paulus." In *Glaube im Neuen Testament,* FS H. Binder, ed. F. Hahn and H. Klein, 93-113. Biblisch-Theologische Studien 7. Neukirchener-Vluyn: Neukirchener Verlag, 1982. **Hahn, F.** "Das Ja des Paulus und das Ja Gottes." In *Neues Testament und christliche Existenz,* 229-39. **Hainz, J.** *Ekklesia. Strukturen paulinischer Gemeinde-Theologie und Gemeinde-Ordnung,* 132-41. **Jones, Ivor H.** *The Contemporary Cross: A Study for Passiontide - A Theme and Four Biblical Variations.* London: Epworth Press, 1977. **Lampe, G. W. H.** "Church Discipline and the Interpretation of the Epistles to the Corinthians." In *Christian History and Interpretation,* Studies presented to John Knox, ed. W. R. Farmer et al., 353-54. Cambridge: University Press, 1967. **Ljungman, H.** *PISTIS. A Study of Its Presuppositions and Its Meaning in Pauline Use.* ARSHLL 64. Lund: C. W. K. Gleerup, 1964. **Schweizer, E.** *Church Order in the New Testament.*

Tr. F. Clarke. SBT 32. London: SCM Press, 1961.

## 본 문

| | |
|---|---|
| **23** 내가 내 영혼을 두고 하나님을 불러 증거하시게 하노니 다시 고린도에 가지 아니한 것은 너희를 아끼려 함이라 | **23** I call upon God as a witness against me [if I am not telling the truth]: it was to spare you that I did not come again to Corinth. |
| **24** 우리가 너희 믿음을 주관하려는 것이 아니요 오직 너희 기쁨을 돕는 자가 되려 함이니 이는 너희가 믿음에 섰음이라 | **24** This does not mean that we are ruling over your faith, but we are working with you for your joy, because it is by faith that you stand firm. |
| **2:1** 내가 다시 근심으로 너희에게 나아가지 않기로 스스로 결단하였노니 | **2:1** So[a] I decided not to pay you another painful visit. |
| **2** 내가 너희를 근심하게 하면 나의 근심하게 한 자밖에 나를 기쁘게 하는 자가 누구냐 | **2** For if I cause you sorrow, then who is to cheer me? Certainly not[b] the person who is made sorrowful on my account. |
| **3** 내가 이같이 쓴 것은 내가 갈 때에 마땅히 나를 기쁘게 할 자로부터 도리어 근심을 얻을까 염려함이요 또 너희 무리를 대하여 나의 기쁨이 너희 무리의 기쁨인 줄 확신함이로라 | **3** I wrote moreover as I did so that, when I came, I might not be saddened [c]by those who ought to make me rejoice, for I was confident that my joy is the joy of you all. |
| **4** 내가 큰 환난과 애통한 마음이 있어 많은 눈물로 너희에게 썼노니 이는 너희로 근심하게 하려 한 것이 아니요 오직 내가 너희를 향하여 넘치는 사랑이 있음을 너희로 알게 하려 함이라 | **4** For I wrote to you out of great distress and anguish of heart, with many tears, not to make you sorrowful but to make you know the love which I have in great measure[d] for you. |
| **5** 근심하게 한 자가 있었을지라도 나를 근심하게 한 것이 아니요 어느 정도 너희 무리를 근심하게 한 것이니 어느 정도라 함은 내가 너무 심하게 하지 아니하려 함이라 | **5** But if anyone has caused sorrow, he has caused sorrow not to me but in some measure – I mustn't put it too strongly – to all of you. |
| **6** 이러한 사람이 많은 사람에게서 벌 받은 것이 족하도다 | **6** The censure in question, which was inflicted on that person by the majority [of church members] is enough for him, |
| **7** 그런즉 너희는 차라리 저를 용서하고 위로할 것이니 저가 너무 많은 근심에 잠길까 두려워하노라 | **7** so that on the other hand, you should rather forgive and console him to prevent his being swallowed up by excessive sorrow. |
| **8** 그러므로 너희를 권하노니 사랑을 저희에게 나타내라 | **8** So I urge you, therefore, to affirm your love for this person. |
| **9** 너희가 범사에 순종하는지 그 증거를 알고자 하여 내가 이것을 너희에게 썼노라 | **9** The reason I wrote to you was to see if[e] you would pass the test and be obedient in everything. |
| **10** 너희가 무슨 일이든지 뉘게 용서하면 나도 그리하고 내가 만일 용서한 일이 있으면 용서한 그 | **10** If you forgive anyone, I also do the same. For what I have forgiven – if indeed there was anything |

| | |
|---|---|
| 것은 너희를 위하여 그리스도 앞에서 한 것이니 | to forgive – it was done on your account in the presence of Christ, |
| 11 이는 우리로 사단에게 속지 않게 하려 함이라 우리가 그 궤계를 알지 못하는 바가 아니로라 | 11 to prevent Satan from taking advantage of us: for we know well his designs. |

## 원문주해

a. 데(δέ, "그러나": D*에는 테⟨τέ, "그리고"⟩로 되어 있다)라는 읽기는 ℵ A G lat syr$^{p}$과 비잔틴 사본들에서 발견된다. P$^{46}$ B 69 syr$^{h}$에는 가르(γάρ, "왜냐하면")로 되어 있다. Barrett가 말하듯이 가르가 1:23과 연결되어 있다면, 그것은 바울이 고린도를 다시 방문하지 않기로 결심하게 된 이유를 제시해 주는 것이고, 1:24은 삽입구가 된다: "너희를 아끼려 함이라…내가 스스로 결단했노니." 만약 1:24이 보충 어구로서 끼어든 것이고, "2:1이 바울이 고린도 교인들을 방문하는 것을 지체하게 된 이유를 제시해 주고(1:23f.)" 있는 것이 확실하다면, 그렇게 파악하는 것은 의미가 잘 통하게 된다(B. M. Metzger, *Textual Commentary*, 576; 그러나 "주석"을 보라).

b. Héring의 제안을 따라서 구두점을 다시 찍으면, 그 의미는 놀라울 정도로 잘 통하게 된다. 그는 의문 부호를 메(με, "나를") 뒤에 찍고, 에이 메(εἰ μή)를 강력한 부정인 "분명히 그렇지 않다"로 해석할 것을 제안한다.

c. D G 1739 lat syr$^{h}$은 이 어구를 뤼펜 에피 뤼펜(λύπην ἐπὶ λύπην, "근심 위에 근심")까지 연장시킨다(빌 2:27을 토대로 해서).

d. 페리쏘테로스(περισσοτέρως, 직역하면 "한층 더", "아주 심한 정도로")에 대해서는 논란이 없지만, 그것이 "사랑을 지니다"라는 동사에 걸려서 바울의 사랑의 범위를 한정하는 역할을 하는지(위의 번역문에서처럼) 또는 에이스 휘마스(εις ὑμᾶς, "특히 너희를 위한")에 걸리는지(Barrett)는 불분명하다.

e. A B는 에이(εἰ, "…한다면", "…인지")를 εἰ의 이독이 될 수도 있고(이것은 ℵ C D it vg syr cop$^{bo}$에서 강력하게 확인된다) 관계대명사 여성 단수 대격으로서 "in which [matter]"라는 의미를 지닐 수도 있는 헬라어 문자인 헤(ᾗ)로 읽는다. 그러나 그런 경우에 마지막에 나오는 어구인 "범사에"(εἰς πάντα – 에이스 판타)의 의미를 이해하기가 어렵게 된다. Moulton, *Grammar* 2:72를 보라. P$^{46}$이 에이(εἰ)를 생략하고 있는 것은 필사자가 실수로 이 단어를 건너뛰고 그 다음에 나오는 단어인 에이스(εἰς)로 넘어갔기 때문에 생긴 것이다.

## 양식/구조/배경

이 단락은 바울이 고린도를 다시 방문하지 않은 것에 대한 긴 변명(*apologia*)을 이루고 있다. 불트만(Bultmann, 47)은 "이제 마침내 바울은 그가 여행 계획을 바꾼 실제적인 이유를 제시한다"고 말한다. 그러나 우리는 존스(I. H. Jones, *The Contemporary Cross*, 36)와 마찬가지로 이 단락 속에는 바울에 대한 두 번째의 비판, 즉 그가 이전에 서신을 너무 엄하게 쓴 것에 대한 대답도 들어 있다고 보아야 한다(2:4). 첫 번째 이유와 관련해서 많은 것은 1:23; 2:1에 나오는 부사들을 구체적으로 어떻게 이해하느냐에 달려 있다. 팔린(*πάλιν*, "다시")은 두 가지 서로 판이하게 다른 방식으로 동사들과 연결될 수 있다: (1) 바울은 사도행전 18:1-18에 나오는 고린도에 대한 그의 첫 번째 방문을 염두에 둔 가운데 "내가 가는 것이 이번에는 나로 하여금 근심하게 하는 것이 될 그러한 상황 속에서 나는 너희에게 다시 가지 않기로 결심했다"고 말하고 있는 것이다(R. Batey, "Paul's Interaction," *JBL* 84[1965] 139-46를 보라). (2) 바울의 말은 이런 것이 될 수도 있다: "나는 내가 고통스러우리라는 것이 뻔했던 상황 속에서 이미 너희를 방문했는데, 이제 동일한 경험을 두 번 되풀이하지 않기로 결심했다." 엔 뤼페(*ἐν λύπῃ*, "근심으로")라는 어구가 이 부사(*πάλιν*-팔린) 직후에 나오는 것으로 보아서 두 번째 견해가 더 가능성이 높지만, 명백하게 그런 것은 아니다. 만약 두 번째 견해를 택한다면, 우리는 바울이 사도행전 18:1-18에 나오는 첫 번째 방문과 고린도후서 1:15에서 약속하고 아마도 12:14; 13:1에서도 거론하고 있을 가능성이 많은 장래의 방문 사이에 다시 한 번 고린도 교회를 방문했던 것이라고 추정할 수 있다. 바울이 고린도 교회에서 곤경을 겪게 된 것은 미리 예정된 두 번의 방문 중에서 첫 번째 방문 때의 일이었기 때문에, 그는 두 번째 방문을 포기한 것이 된다. 이것은 이러한 "변명", 즉 그가 방침을 바꾼 것에 대하여 그 이유를 해명하는 말을 할 필요가 있었다는 것을 설명해 준다. 그러한 경우에 그는 왜 자신이 고린도 교회를 다시 방문하겠다는 약속을 지키지 않았는지에 대한 이유를 해명해야 했다. 만약 위에서 말한 첫 번째 견해를 택한다면, 우리는 바울이 고린도후서를 쓰지 않을 수 없었던 사건들의 경위를 전혀 모르게 된다. 왜냐하면 모든 증거들을 볼 때, 사도행전 18장에 나오는 그의 첫 번째 방문에서 그가 지금 회고적으로 쓰고 있는 "근심"을 그에게 가져다 준 일이 있지 않았다는 것이 분명하기 때문이다.

바울이 해명하는 문체로 글을 쓰고 있다는 것은 그가 이전에 한 행동들이 무지에 의해서든 악의에 의해서든 오해되고 있었다는 것을 의미한다. 고린도 교인들이 사도의 의도와 동기를 파악함에 있어서 얼마나 잘못이 있었는지에 관한 문제는 (a) 2:5에 언급된 자의 정체("근심하게 한 자〈*τις*-티스〉가 있었을지라도 나를 근심하게 한 것이 아니요 어느 정도 너희 무리를 근심하게 한 것이니")와 (b) 고린도 교회 전체가 바울의 편이었다는 것을 보여 주는 "너희 모두"(3, 5절에 나오는 *ἐπὶ πάντας ὑμᾶς…πάντων ὑμῶν…πάντας ὑμᾶς*-에피 판타스 휘마스…판톤 휘몬…판타스 휘마스) 같은 어구들 속에서 그가 표현하고 있는 확신의 정도에 달려 있다. 실제로 7:11에서 바울은 이렇게 쓸 수 있었다: 바울에 대하여 "불의를 행한 자"(7:12)-이 사람은 "그 불의 행한 자를 위한 것도 아니요"라는 구절 속에 드러나 있나-를 나무는 "서 일에 대하여 너희가 일설 너희 자신의 깨끗함을(*ἁγνοὺς*-아그누스) 나타내었느니라." 고린도 교회가 이 문제를 적절하게 다루었기 때문에 바울은 힘을 얻게 되었고, 부분적으로는 "그의 마음이 너희 무리를 인하여(*ἀπὸ πάντων ὑμῶν*-아포 판톤 휘몬) 안심함을 얻었다"(13절)는 디도의 보고도 바울이 힘을 얻는 데 기여했다. 바울은 다시 한 번 고린도 교회에 대한 신뢰를 표명하게 된다(7:16).

1:23-2:11과 7:5-13을 이해하는 데 결정적으로 중요한 이 두 가지 문제를 살펴보기 위한 전반적인 배경으로서 우리는 Allo(54-63)와 C. K. Barrett("*Ὁ ἈΔΙΚΗΣΑΣ*," 109-11)에 의해서 열거되고 고찰된 몇 가지 일치된 견해들을 먼저 살펴볼 수 있을 것이다. 고린도 교회에서 행해진 해악은 신학적인 논쟁을 불러일으킨 교리적인 일탈이 아니었고, 1:24의 테 가르 피스테이 헤스테카테(*τῇ γὰρ πίστει ἑστήκατε*, "이는 너희가 믿음에 섰음이라")는 우리가 그것을 어떻게 해석하든지 간에 알로(Allo)가 주장하는 것과는 달리 바울이 그의 독자들에게 그들이 버린 사도적 진리를 상기시키고 있는 것이라고 단언하기가 힘들다. 둘째, 7:12에서 동사 아디케인(*ἀδικεῖν*, "잘못하다, 부당하게 대우하다, 해치다"; BGD를 보라)이 두 군데에 걸린다는 것은 이 문제가 동료 그리스도인들 간의 불화였다는 것을 보여 준다. 셋째, 이 일은 한 사람에 의해서 야기되었고, 그가 불화의 주된 이유였다(2:5, 6, 7, 8, 10; 7:12; 이 모든 절들은 특정한 한 사람에 관하여 말하고 있고, 이 점은 마지막 절에서 가장 분명하게 드러난다). 동료 그리스도인들 간의 불화와 언쟁은 중대한 문제였기 때문에, 바울은 여행 계획을 수정하기에 이르렀고, 그 사람의 태도에 의해서 야기된 문제를 해결하기 위하여 서신을 쓸 수밖에 없었다(1:23; 2:1, 3, 4; 7:8). 바울에 대한 이 한 개인의 반대가 가져온 결과는 고린도 교회 전체의 삶에 영향을 미쳤지만(2:5), 2:5; 7:12에서 분명하게 나타나듯이 그러한 공격의 대상은 바울 자신이었다. 그 공격이 바울이라는 인물을 겨냥했었는지, 아니면 그의 사역이나 가르침을 겨냥했었는지는 여전히 의문으로 남아 있다. 이러한 사건이 일어났을 때

고린도 교인들은 그 중대성을 알지 못했거나 그 사람의 편을 들었다. 고린도 교인들 중 압도적인 다수가 바울을 반대했던 것인지, 아니면 단지 그 특정한 인물과 함께 파당을 형성했던 일부 교인들이 바울을 반대했던 것인지는 아주 분명한 것은 아니다. 2:5-6은 "너희 중 모두가 아니라 일부만이" 바울을 반대하는 쪽으로 이끌렸다는 것을 의미할 수도 있고, 한 그리스도인에게 상처를 주는 것은 교회 전체에 영향을 주는 것이기 때문에 "너희 모두"가 연루되었다는 것을 의미할 수도 있다: 전자는 "의견을 달리하는 반체제적인 소수"(Barrett의 용어)를 가리키는 것으로 보이는데, 그런 자들이 존재했기 때문에 바울은 고린도 교회 전체의 순종을 시험하지 않을 수 없었다(2:9). 고린도 교회의 일부 지체들이 작은 저항 세력을 형성하고 있었고, 바울은 분명히 그 우두머리에 의해서 조장된 그들의 영향력이 두루 퍼져서 온 교회를 "불순종"으로 이끌게 될 것을 염려했다.

나중에 "엄중한 서신"이 고린도 교회에 도달한 후에, 그리고 아마도 디도가 고린도 교회에 가 있었기 때문에 이와 같은 문제를 일으킨 자가 회개했던 것으로 보인다-물론 고린도 교회와 바울의 관계에 그림자가 드리워졌고(7:9에서 교회가 "스스로를 깨끗히 하도록" 참회할 것을 요구받았다고 말하고 있기 때문에, 7:11), 몇몇 나머지 문제들이 처리되어야 하긴 했지만 말이다. 대단히 주목할 만한 것(2:10; 7:6-13)은 고린도 교회가 이 문제를 일으킨 자에 대하여 취한-또는 대다수의 교인들(*οἱ πλείονες*, 2:6)이 이 사건을 일으킨 자와 그를 지지한 자들에 대하여 취한-징계 조치는 가혹했다는 것이다. 이 문제를 일으킨 자는 절망에 빠질 위험에 처해 있었다. 그래서 바울은 자기는 그 사람을 용서했다는 것을 강조하고서, 문제를 일으킨 자를 그리스도의 사랑으로 회복시키도록 고린도 교회에 간곡히 당부한다. 바울이 끝까지 염려했던 것은 너무 가혹한 "벌"(*ἐπιτιμία*-에피티미아, 2:6)로 인해서 교회의 분열과 분파적인 상태가 더욱 촉진될 수 있다는 것이었다(2:10-11).

이제 우리는 앞서 우리가 제기했던 두 가지 문제에 답할 수 있게 되었다. (a) 바울을 반대했던 자의 정체와 관련해서 우리는 그 자가 고린도 교회 자체의 지체가 아니라 잠시 고린도 교회를 방문했던 자, 고린도 교회라는 무대에 갑자기 끼어든 자라고 주장하는 바렛(Barrett)의 견해가 설득력이 있다고 생각한다. 1:15-16에서 약속된 두 번의 방문 중에서 첫 번째 방문 기간 동안에 또는 그 직후에 바울은 그 사람을 접하게 되었는데, 당시 고린도 교회에 있던 그 사람에 대하여 바울은 그 사람을 고린도 교회 전체와 분리해서 말하고 있다. 또한 7:12에서 바울은 그 사람을 자기 자신과 고린도 교인들 간의 관계의 삼각 구도 속에서 제3자로 취급한다. 그 사람이 바울을 어떤 식으로 모욕했는지는 분명하지 않지만, 우리는 바울이 고린도 교회를 방문하여 오랫동안 머물겠다고 한 약속을 지키지 못한 것에 대하여(고전 16:1-8에 의하면) 문제를 제기하고 비난했던 인물은 바로 그 사람이었을 것이라고 추측할 수 있다. 만약 바울이 이렇게 약속을 지키지 못한 것에 대하여 책망을 받고서 부랴부랴 서둘러 고린도 교회를 떠나서 다시는 그 교회로 되돌아오지 않고, 대신에 에베소에서 2:4에 나오는 서신을 쓴 것이라면, 문제를 일으켰던 그 사람은 바울을 "진실하지 못하다"라거나 "이중적인 처신"을 하고 있다고 비난할 만한 충분한 근거를 가지게 되었을 것이다(여기에 대하여 바울은 1:12에서 답변한다).

바울로 하여금 서신을 쓰게 만들고 고린도 교회가 이 문제를 처리하도록 만든 상황에 대한 이러한 묘사는 여기서 "문제를 일으킨 자"를 고린도전서 5:1에 나오는 근친상간을 한 자와 동일시하는 견해(Cox, Denney, Hughes가 주장했고, 좀더 최근에는 Lampe가 주장했던 견해)를 사실상 배제시킨다: 그러한 견해에 의하면, 호 아디케사스(ὁ ἀδικήσας)는 자신의 계모와 잠자리를 같이 한 자가 될 것이고, 호 아디케데이스(ὁ ἀδικηθείς)는 양부가 될 것이다. 램피(Lampe)의 강력한 논증은 2:7 이하에서 그 죄인을 회복시키는 것은 교회 전체가 행사하는 치리 행위인 것으로 보인다는 것과 2:9과 7:12에 나오는 동사가 이전에 보내진 서신을 가리키는 것으로서, 에그랍사(ἔγραψα, "내가 썼다")는 고린도전서 5:5에 나오는 바울의 권면으로 거슬러 올라가는 진정한 단순과거라는 것이다. 그러나 우리가 앞으로 보겠지만, 이 두 가지 논증은 어느 것도 설득력이 없다.

여기서 바울이 염두에 두고 있는 것이 고린도전서 6장의 상황으로서, 아디케인(ἀδικεῖν)이 엄밀하게 법적인 의미를 지니는 단어이고, 그 단어가 그리스도인들이 그들의 분쟁을 해결하기 위하여 세속 법정에 간다는 것을 가리키는 것이라면 또 다른 종류의 도덕적인 문제가 시사된다(Strachan, 70; Windisch, 238를 보라). 하지만 그러한 견해로는 바울의 강력한 표현이 설명되지 않고, 그가 개인적으로 연루되어 있는 것도 설명되지 않는다. 그러한 것들은 방금 위에서 말한 두 가지 해석 중에서 어느 쪽으로도 설명될 수 있다는 것이 분명해 보인다. 불트만(Bultmann, 51, 52)은 이 점을 분명하게 말한다. "그 어떤 경우에도 아디케사스(ἀδικήσας, "근심하게 한 자")는 고린도전서 5장에 나오는 근친상간한 자가 될 수 없다. 왜냐하면 그러한 행위는 바울에 대한 인격적인 모욕이 아니라 공동체를 직접적으로 모독한 것이기 때문이다. 바울은 고린도전서 5:5에서 요구한 출교로 만족할 수 없었고, 개인적인 용서(그의 편에서의 용서, 2:10)에 의해서 이 문제가 해결되기를 바랐다는 것을 우리는 간과해서는 안 된다." 게다가, 고린도후서 2장에서 문제가 되고 있는 것은 도덕적인 문제(고전 5장)나 법적인 분쟁이 아니라, 바울이 "무례하고 불쾌한 행위"(Menzies)를 감내해야 하는 문제다.

우리는 본문에 대한 가장 명백한 읽기를 얻게 되었는데, 바울은 고린도 교회에서 어떤 사람에 의해서 몇 가지 방식들 중의 한 가지 방식으로 모욕을 당했었다는 것이다. 바울은 그의 두 번째 방문 중에 교회의 한 지체와 직접적으로 부딪치게 되었거나(가장 일반적인 견해, W. G. Kümmel, *Introduction to the New Testament*, 1st ed.[Nashville: Abingdon Press, 1966] 208를 보라; 그러나 다른 강조점에 대해서는 2d ed.[1975] 283를 보라) 그가 두 번째 방문을 마치고서 고린도 교회를 떠난 후에 "고약한 불순종과 반항의 행위"(Barrett)가 있었다-그러나 그러한 결론을 내리기에는 직접적인 증거가 없다. 또는 바울은 디모데 같은 그의 동역자들 중의 한 사람에 의해서 모욕을 당했다(Barrett의 입장이지만, Allo, 62에 의해서 반대를 받았는데, 알로는 디도가 공격의 대상이었다는 주장도 거부한다, 74-76). 이러한 여러 가지 대안들 중에서 가장 가능성이 있는 것-그것은 본문으로부터의 추론을 최소화하는 것이 되어야 한다-은 첫 번째 견해다. 또한 문제를 일으킨 사람은 고린도 교회를 일시적으로 방문한 자였던 것으로 보인다.

이러한 가설이 건전하다면, 우리는 질문 (b), 즉 고린도 교인들 중에서 어느 정도가 바울에게 모욕을 가하는 일에 연루되었는가 하는 문제에 대하여 가장 개연성 있는 답변을 즉시 제시할 수 있다. 바울의 어조(2:2, 4〈분노가 아니라 근심 가운데서 "많은 눈물로 썼다"고 언급하고 있는〉과 7:8에 나오는)는 비중 있게 다루어져야 한다. 우리는 여기서 이 사람이 적어도 교회의 상당수의 교인들에게 영향을 주었다는 결론을 도출해 내는 것이 옳은 것으로 보인다. 이렇게 그 사람에 의해서 이끌린 교인들은 나중에 그들이 사도를 불신하고 멀리한 것에 대하여 회개해야 했고, 바울을 반대하는 것을 이끌었던 그 사람에게 부당할 정도로 가혹한 벌을 내렸다. 교회 전체가 잘 되기를 바라는 바울의 관심은 이 두 장 속에서 분명하게 드러나고, 바울이 주안점을 두었던 것은 고린도 교회라는 지역 교회와 그의 관계, "눈물의 편지"가 효력을 발휘하여 고린도 교회 전체가 다시 바울 편으로 되돌아오게 되었다는 디도의 보고 이전에 발생했던 모든 일에 의해서 암운이 드리워졌던 바로 그 관계를 올바르게 회복하는 것이었다고 한다면, 7:11-12은 그 의미가 가장 잘 통할 수 있고, 바렛(Barrett)의 지적처럼 이 서신의 나머지 부분도 실제로 가장 잘 의미가 통하게 된다.

## 주석

23 "내가 하나님을 불러 증거하시게 하노니"(ἐγὼ δὲ μάρτυρα τὸν θεὸν ἐπικαλοῦμαι, κτλ-에고 데 마르튀라 톤 데온 에피칼루마이; 롬 1:9; 빌 1:8; 살전 2:5, 10에서처럼)는 온건한 맹세를 보여 주는 예인데, 이것에 대하여 다이스만(Deissmann, *Light from the Ancient East*[4], London: Hodder & Stoughton, 1927, 304)은 헬레니즘의 저주 문구 속에서의 느슨한 병행을 제시한다. 그러나 이러한 정서와 관련해서 구약성경에는 선례들이 존재한다(룻 1:17; 삼상 14:44; 삼하 3:35; 왕상 2:23). "내 영혼을 두고"(Ἐπὶ τὴν ἐμὴν ψυχήν-에피 텐 에멘 프쉬켄, Moffatt)는 "그가 거짓말을 하고 있다면, 하나님은 그 위증을 벌하실 것이다"라는 의미를 내포하고 있다. 하지만 이 어구는 히브리어 알 나프쉬(עַל־נַפְשִׁי)를 반영한 것으로서 "나 자신"이라는 의미를 지니고 있을 가능성이 더 많다. 따라서 이 어구는 하나님께서 모든 생명을 낱낱이 알고 계신다고 고백하는 바울의 습관의 일부다. 이 어구의 취지는 그가 여행 계획을 바꾼 이유를 명확히 말함으로써 모든 의혹이 해소되기를 간절히 바라고 있다는 것이다: 바울이 이전에 약속했던 것과는 달리 고린도를 다시 찾지 않기로 한 것은 고린도 교인들, 즉 "너희를 아끼려는" 것이었다. 부사 우케티(οὐκέτι, 이 맥락 속에서 "다시…않다"를 의미하는)는 동사 엘돈(ἦλθον, "내가 갔다")과 연결되어 있고, 이 둘을 합쳐서 "내가 다시 가지 않았다"는 말은 바울이 고린도 교인들로부터 "경솔하다"(ἐλαφρία-엘라프리아, "경솔함, 변덕스러움," 1:17)는 비난을 받게 된 이유를 보여 준다.

24 "우리가 너희 믿음을 주관하려는 것이 아니요 오직 너희 기쁨을 돕는 자가 되려 함이니"(οὐχ ὅτι κυριεύομεν ὑμῶν τῆς πίστεως, ἀλλὰ συνεργοί ἐσμεν τῆς χαρᾶς ὑμῶν-우크 호티 퀴리유오멘 휘몬 테스 피스테오스, 알라 쉰에르고이 에스멘 테스 카라스 휘몬). 바울은 자기가 그렇게 행한 동기를 분명하게 밝히고자 한다. 교회에 더 많은 고통(7:8, 11에서 언급된 "근심" 외에)을 주려 하지 않겠다는 결심은 마치 바울이 그들의 믿음을 주관하기를(κυριεύειν-퀴리유에인) 원하는 독재자(κύριος-퀴리오스)인 것처럼 고압적인 태도로 이루어진 것이 아니었다(Héring). 그러나 헤링(Héring)이 24절을 본론에서 이탈한 여담으로 본 것은 분명히 잘못된 것이다. 도리어 불트만(Bultmann)이 말하고 있듯이, 24절은 23절을 위한 토대를 제공한다. 우크 호티(οὐχ ὅτι)는 앞 절의 밑바닥에 있는 이유를 제시하고 있다(참조. 빌 4:17). 사도는 동역자이고(고전 3:5-9에서처럼 쉰에르고스〈συνεργός〉), 그의

본분은 믿음의 공동체를 섬기는 것이며, 그가 원하는 것은 자기 자신의 만족이 아니라 주 안에서 믿음의 공동체가 계속해서 "기쁨"을 누리는 것이다(Lietzmann-Kümmel). 그렇지만 바울은 여기서 교회와 관련하여 여전히 사도다-그렇지 않다면, 자기가 한 행동에 대하여 이렇게 애써 해명할 필요가 없을 것이다. 바울이 지켜주고 싶어한 것은 그들의 그리스도인으로서의 본분이다(*τῇ…πίστει ἑστήκατε*-테…피스테이 헤스테카테: 피스티스〈*πίστις*, "믿음"〉는 여기서 살전 3:8; 고전 16:13에서처럼 바울의 사도적 복음에 대한 그들의 충성을 의미할 수 있다; F. Hahn, "Das Ja des Paulus," 231를 보라). 로마서 11:20을 보라: "너는 믿으므로 섰느니라"(*σὺ δὲ τῇ πίστει ἕστηκας*-쉬 데 테 피스테이 헤스테카스). 불트만(Bultmann, *TDNT* 6:218)은 여기서 믿음에 의해서 얻어진 그리스도인으로서의 신분이 강조되고 있는 것을 보고자 하지만, 그러한 해석은 빈더(H. Binder, *Der Glaube*, 57)에 의해서 비판을 받았다. 슈바이쩌(E. Schweizer, *Church Order*, § 23*e*)는 바울이 갈라디아서 6:1; 데살로니가후서 3:14에서처럼 치리를 행함에 있어서 "교회가 진정한 책임자가 되도록 하기 위하여 얼마나 애쓰고 있는지"를 지적한다.

2 1 "내가 다시 근심으로 너희에게 나아가지 않기로 스스로 결단했노니"(*ἔκρινα δὲ ἐμαυτῷ τοῦτο, τὸ μὴ πάλιν ἐν λύπῃ πρὸς ὑμᾶς ἐλθεῖν*-에크리나 데 에마우토 투토, 토 메 팔린 엔 뤼페 프로스 휘마스 엘데인). 마침내 그 대비가 명시적으로 이루어진다: 바울은 오직 고린도 교인들이 "기쁨"(*χαρά*-카라)을 유지하기를 바랐을 뿐이다. 만약 그가 "또 한 번의 고통스러운 방문"을 했더라면(아람어 동사 아타 베〈אתא ב, "…와 함께 오다", "불러일으키다"〉에 해당하는 어구인 엘데인 엔〈*ἐλθεῖν ἐν*〉), 그 결과는 정반대가 되어서 그들은 기쁨이 아니라 "근심"(*λύπη*-뤼페, 2:3)을 갖게 되었을 것이다. 게다가, 그는 오직 신실한 믿는 자들로서의 그들의 기쁨에 동참하기를 원했기 때문에, 그 자신의 "기쁨"도 상실되고 말았을 것이다. 그래서 그는 분쟁이 해결될 때까지는 고린도 교회를 방문하지 않기로 결심한 것이었다.

2 "내가 너희를 근심하게 하면"(*εἰ γὰρ ἐγὼ λυπῶ ὑμᾶς*-에이 가르 에고 뤼포 휘마스)은 바울로 하여금 서신을 쓰도록 만들었던 상황과 더불어서 2:4의 서신과 그 직접적인 결과(7:8)를 가리킨다. 바울과 고린도 교회에 고통을 준 장본인이 이제 "나의 근심하게 한 자"(*ὁ λυπούμενος*-호 뤼푸메노스)라는 표현을 통해서 드러나 있다. 헤링(Héring, 14)은 본문을 다르게 끊어 읽음으로써 바울의 생각이 어떤 것이었는지를 분명하게 드러내고 있는데, 우리는 그의 끊어 읽기를 채택했다(참조.

BDF § 442.8). 바울은 이 문제가 해결될 때까지는 그 어떤 위로도 받기를 기대하지 않았다—ἐξ ἐμοῦ—엑스 에무, "나로 인하여": 문제를 일으킨 사람이 바울을 반대했을 때 "내가 거기에 있음으로써 생겨나게 된 근심." 빈디쉬(Windisch)는 바울이 여기서 이기적인 모습을 보이고 있다고 생각하지만 그 문제가 해결될 때에야 비로소 바울은 기뻐하게 될 터인데, 이것은 전혀 이상한 것이 아니다. 도리어 그것은 사랑의 표현이다(Bultmann, 50).

3 "내가 이같이 쓴 것은 내가 갈 때에 마땅히 나를 기쁘게 할 자로부터 도리어 근심을 얻을까 염려함이요"(*καὶ ἔγραψα τοῦτο αὐτὸ ἵνα μὴ ἐλθὼν λύπην ἔχω ἀφ' ὧν ἔδει με χαίρειν*—카이 에그랍사 투토 아우토 히나 메 엘돈 뤼펜 헤코 아프 혼 헤데이 메 카이레인). 바울은 장차 그가 고린도 교회를 방문하게 될 때 서로 기뻐하게 될 것을 미리 내다본다(12:14; 13:1). 그는 이 서신을 쓰게 된 한 가지 이유를 제시하는데, 거기에는 난해한 어구가 앞에 붙어 있다: *καὶ ἔγραψα* [*ὑμῖν*] *τοῦτο αὐτὸ*—카이 에그랍사 [휘민] 투토 아우토. KJV/AV는 TR에 나오는 별로 좋지 않은 읽기인 휘민(*ὑμῖν*)을 토대로 해서 "너희에게"라는 어구를 덧붙이고 있다. 세 가지 가능성이 열려 있다. (1) "내가 바로 이러한 이유 때문에 편지를 썼다"(BDF § 160, 290.4, Bultmann과 Héring). 이 말의 취지는 그 뒤에 나오는 구절에 힘을 더해 주는 것이다. (2) "나는 이와 같이 썼다." 이것은 투토 아우토(*τοῦτο αὐτὸ*)가 동사(서신에서 의례적으로 사용되는 단순과거가 아니라 진정한 단순과거로 해석되는)의 직접 목적어로서 1:23 또는 2:1에 나오는 이 서신의 개략적인 내용을 가리키거나, 뒤쪽으로 "내가 가서 근심하지 않게 하기 위하여"를 가리키는 것으로(Héring, 15에서는 텐 에피스톨렌〈*τὴν ἐπιστολήν*, "서신"〉이 의미상의 목적어라고 생각한다) 보는 것이다. (3) 바렛(Barrett)은 (2)와 비슷한 견해를 지지하지만 투토 아우토(*τοῦτο αὐτὸ*)라는 어구가 이 서신의 주요한 내용을 요약하고 있는 것으로 본다: "내가 바로 그러한 취지로 썼다." 여기서 확실한 결정은 가능하지 않기 때문에, 우리의 번역은 바울이 사용한 헬라어만큼이나 의도적으로 모호하게 처리되었다.

이 문장은 기쁨의 확신을 지닌 말로 끝난다. 바울은 5절을 토대로 해서 "나의 근심이 너희 모두의 근심이다"(Bachmann, 94)라고 말할 수도 있었겠지만, 그는 7장이 보여 주듯이 이 문제가 해결되었다는 것을 잘 알고 있었기 때문에 긍정적인 면을 강조한다. 그의 기쁨은 온 교회에 의해서 공유된 기쁨으로부터 나온다. 어느 한 쪽의 기쁨이 없다면 다른 쪽의 기쁨도 있을 수 없다(반면에, Windisch, 81에서는 바울의 기쁨이 고린도 교인들의 기쁨의 원인이 되는 것으로 파악하고자 한다).

4 "내가 큰 환난과 애통한 마음이 있어 많은 눈물로 너희에게 썼노니"(*ἐκ γὰρ πολλῆς θλίψεως καὶ συνοχῆς καρδίας ἔγραψα ὑμῖν διὰ πολλῶν δακρύων*–에크 가르 폴레스 들립세오스 카이 쉬노케스 카르디아스 헤그랍사 휘민 디아 폴론 다크뤼온). 이 절은 이 서신을 써 보냈을 때 이 서신을 쓴 사람의 내적인 삶을 들여다볼 수 있는 창문을 열어 준다. 이 절은 바울이 지나치게 강한 어조로 서신을 썼다고 느낀 게 아닌가 하는 문제를 불러일으키는 7:8의 빛 아래서 읽을 필요가 있다. 하지만 여기서 보면, 바울에게는 온통 자애로움과 고뇌뿐이다. 들립시스(*θλῖψις*, "환난")는 1:8에서와 동일한 단어이긴 하지만 동일한 감정을 표현하고 있는 것은 아니다. 쉬노케(*συνοχή*, "애통함")는 자연스럽게 따라오는 단어다(롬 2:9; 살전 3:7; 참조. 시 106:39; 24:17 LXX에서의 비슷한 단어 사용에서 볼 수 있듯이). 묘사의 세 번째 부분은 디아 폴론 다크뤼온(*διὰ πολλῶν δακρύων*)이다: "많은 눈물로"(디아⟨*διά*⟩가 이런 의미로 사용된 것에 대해서는 BDF § 223.3과 고후 3:11; 5:7; 롬 14:20을 보라). 그러므로 문제가 되고 있는 서신은 우리의 성경 속에 나와 있는 고린도전서가 될 수 없다(Denney, Hughes와 이전의 주석가들). 그 서신은 바울에게 고통을 안겨다 준(*ἐν λύπῃ*–엔 뤼페, "근심으로," 참조. 7:8) 방문 직후에 써서 디도의 손으로 고린도 교회에 보낸(7:6ff.) 서신임에 틀림없다.

얼핏 보면, 그 서신을 쓰게 된 이유–"이는 너희로 근심하게 하려 한 것이 아니요 오직 내가 너희를 향하여 넘치는 사랑이 있음을 너희로 알게 하려 함이라"(*οὐχ ἵνα λυπηθῆτε ἀλλά τὴν ἀγάπην ἵνα γνῶτε ἥν ἔχω περισσοτέρως εἰς ὑμᾶς*–우크 히나 뤼페데테 알라 텐 아가펜 히나 그노테 헨 에코 페리쏘테로스 에이스 휘마스). 이것은 우크 히나(*οὐχ ἵνα*)에 의해서 도입되고 있다–는 7:8("내가 편지로 너희를 근심하게 했다")과 잘 맞지 않는 것처럼 보인다. 그러나 우리는 바울이 스스로 큰 희생을 치르면서 서신을 쓰게 된 직접적인 목적과 그러한 서신이 고린도 교회에서 읽혀졌을 때 고린도 교인들이 그 서신에 대하여 보인 반응, 즉 불트만(Bultmann)의 표현을 빌면(51) 그 서신의 "직접적인 결과"를 서로 구별해야 한다. 그 서신의 내용은 남아 있지 않을 가능성이 많지만(고후 10-13장이 바로 그 서신이라는 견해에 대해서는 서론을 보라), 우리는 그 서신이 고린도 교인들이 그의 사랑에 부응하여 "마음을 바꾸게 될 것"(*μετάνοια*–메타노이아, 7:9ff.)이라는 바울의 확신으로 가득 차 있었을 것이라고 추측해 볼 수 있다. 실제로 바울은 그들이 이 상황의 중대성을 깨닫고서 그의 편으로 되돌아오게 되리라는 것을 확신하고 있다. 따라서 "사랑"(*ἀγάπη*–아가페)은 이 문장 속에서 두드러진 역할을 한다. 왜냐하면 바울이 실제로 그 서신을 쓰게 된 동기는 문제를 일으킨 개인과 교회가 잘 되기를 바라는 그의 깊은 관심(8-10절)에서 비롯되었기 때문이다.

5 "근심하게 한 자가 있었을지라도 나를 근심하게 한 것이 아니요 여간 너희 무리를 근심하게 한 것이니 여간이란 말은 내가 너무 심하게 하지 아니하려 함이라"(*εἰ δέ τις λελύπηκεν οὐκ ἐμὲ λελύπηκεν, ἀλλὰ ἀπὸ μέρους, ἵνα μὴ ἐπιβαρῶ, πάντας ὑμᾶς*-에이 데 티스 렐뤼페켄 우크 에메 렐뤼페켄, 알라 아포 메루스, 히나 메 에피바로, 판타스 휘마스). 현재의 서신에서 보면, 이 절에서 새로운 하위 단락이 시작된다. 마침내 우리는 바울과 고린도 교회 간의 문제의 주된 배경을 이루고 있던 "불행한 사태의 근원적인 이유를 보여 주는 어떤 단서"(Héring, 15)를 여기서 보게 된다. 그러한 모든 상황의 중심에는 바울이 그토록 자주 은연중에 내비쳐 왔던 고통을 야기시킨 한 개인이 있었다(*τις*-티스, 5절; *τοιοῦτος*-토이우토스, 6-7절). 바울이 매우 개인적인 견지에서 말하고 있는 것으로 보아서, 그 사람이 바울의 동역자들 중 한 사람(예를 들면, 디모데, 디도)을 비방한 자였을 가능성은 배제된다. 10절에 나오는 인칭대명사는 바울 자신이 그 사람의 공격 대상이었다는 점을 확실하게 보여 준다.

그렇지만 바울은 이 문제를 일으킨 자의 입장이 고린도 교회 전체에 근심을 가져다 주었다는 것을 인정하지 않을 수 없었다. 이것은 알라 아포 메루스, 히나 메 에피바로, 판타스 휘마스(*ἀλλὰ ἀπὸ μέρους, ἵνα μὴ ἐπιβαρῶ, πάντας ὑμᾶς*)라는 수수께끼 같은 표현 속에서 드러난다: 근심은 (오직) 나에게만 일어난 것이 아니었고, "과장이 아니라 어느 정도는(관련된 사람들의 수가 아니라 동사를 수식한다) 너희 모두에게" 생겨났다. 물론 모팻(Moffatt)이 번역하고 리츠만-큄멜(Lietzmann-Kümmel)이 따르고 있듯이, 바울이 사용한 어구인 아포 메루스(*ἀπὸ μέρους*)가 이 사건을 과장하기를 원하지 않는다는 의미를 내포하고 있을 가능성이 있기는 하지만, 그는 그 고통이 "나에게만이 아니라 너희 모두에게-어쨌든 적어도 너희 중 일부에게-생겨났다는 것을 인정한다.

6 "이러한 사람이 많은 사람에게서 벌 받은 것이 족하도다"(*ἱκανὸν τῷ τοιούτῳ ἡ ἐπιτιμία αὕτη ἡ ὑπὸ τῶν πλειόνων*-히카논 토 토이우토 헤 에피티미아 하우테 헤 휘포 톤 플레이오논). 이 마지막으로 언급된 번역은 "벌"(*ἐπιτιμία*-에피티미아)을 내려야 한다는 쪽으로 대다수의 교인들(*ὑπὸ τῶν πλειόνων*-휘포 톤 플레이오논)이 찬성 투표를 했고, 그 결과 문제를 일으킨 사람이 혹독한 징계 또는 교회의 교제나 애찬식(고전 11:17-22; 행 2:44-46; 벧후 2:12, *v.l.*과 R. J. Bauckham,

*Jude, 2 Peter*, WBC 50[Waco: Word Books, 1983] 84, 85에 나와 있는 참고 문헌들; 여기에 *Did.* 10:6이 추가될 수 있다: "거룩한 자는 누구든지 오고, 거룩하지 않은 자는 회개하라"는 표현은 애찬식에서 사용되었던 배제 문구일 가능성이 있다; 참조. 고전 16:22)으로부터 영구히 제명되는 것을 통해서 크게 낙심하게 되었다는 생각으로 이어질 수 있다. 그렇게 본다면, 바울의 말은 부분적으로는 문제를 일으킨 자에 대한 징계를 결정했던 "주된 몸"(main body, Barrett의 용어)을 향하여 징계를 완화해 줄 것을 요청하고 있는 것이고, 부분적으로는 문제를 일으킨 자의 편에 섰던 소수를 향하여 바울의 주된 관심이 교회의 하나됨이고, 그는 그 하나됨이 회복되었다고 확신한다는 것을 그들로 하여금 알게 하고자 하는 것이다. 하지만 호이 플레이오네스(*οἱ πλείονες*, "많은 사람")라는 용어는 다니엘 9:27; 11:33, 39; 12:3(사 53:11을 인용한)과 쿰란 문헌 속에서 총회에 참석한 공동체 전체를 가리키는 데 사용되었던 히브리어 하랍빔(הרבים)에 해당하는 포괄적인 칭호일 가능성이 있다(C. Daniel, "Une mention paulinienne"을 보라; M. Black, *The Scrolls and the Christian Faith*[London: Thomas Nelson & Sons, 1961] 177과 M. Delcor, "The Courts of the Church of Corinth and the Courts of Qumran," *Paul and Qumran*, ed. J. Murphy-O'Connor[London: Chapman, 1968] 79, 80에서는 바울은 쿰란 문헌에서 이 용어를 직접 가져온 것이 아니라 구약에서 가져온 것이고, 에세네파에 친숙했던 사법적인 절차가 아니라 목회적 절차가 바울의 본문 속에 나타나 있는 것이라고 지적한다).

7 "그런즉 너희는 차라리 저를 용서하고 위로할 것이니 저가 너무 많은 근심에 잠길까 두려워하노라"(*ὥστε τοὐναντίον μᾶλλον ὑμᾶς χαρίσασθαι καὶ παρακαλέσαι μή πως τῇ περισσοτέρᾳ λύπῃ καταποθῇ ὁ τοιοῦτος*-호스테 투난티온 말론 휘마스 카리사스다이 카이 파라칼레사이 메 포스 테 페리쏘테라 뤼페 카타포데 호 토이운토스). 문제를 일으킨 자에게 어떤 벌이 내려졌든지, 바울은 지금 "짧고 날카로운 충격"이 그 치료적인 효과를 충분히 거두었다고 판단했기 때문에 기꺼이 이전과는 다른 태도를 보여 주고자 했다: 말론(*μᾶλλον*, "차라리")은 그의 생각이 바뀌었음을 보여 주는 전환축 역할을 한다. 에피티미아(*ἐπιτιμία*, "벌, 책망, 질책": Bultmann은 "이것"〈*αὕτη*-하우테〉을 "벌"이 아니라 바울의 서신이 어떤 결과를 가져왔는지에 대한 디도의 보고인 7:11과 연결시키는데, Barrett의 결정적인 연구가 그것을 잘 보여 준다, 90)는 문제를 일으킨 사람을 그의 잘못된 처신과 반대로부터 돌이키는 데 "충분한"(*ἱκανόν*-히카논, "족한") 것으로 판명되었기 때문에 지

금은 모든 것을 회복할 때다: 교회는-우리는 동사 앞에 "너희는 하여야 한다"와 같은 어구를 추가할 필요가 있다(Windisch, 87)-이제 그 사람을 "용서하고"(*χαρίζεσθαι*-카리제스다이: 아피에나이⟨*ἀφίεναι*⟩와 상응하는 자비롭고 너그러운 것) 위로함으로써(또는 *παρεκαλέσαι*-파레칼레사이, "격려하다"), 그가 "너무 많은 근심에 잠겨서" 신앙 자체를 완전히 포기하는 일이 없도록 해야 한다. 이 사람이 잘되기를 바라는 사도의 깊은 관심이 본문 속에 너무도 분명하게 드러나 있기 때문에, 이 절의 분위기는 고린도전서 5:5에서 사도가 고린도 교회에게 음행한 자를 엄중하게 조치하라고 명한 것과 거의 비교가 되지 않는다. 따라서 이것은 그 두 사건이 동일한 사건이 아니라는 것을 보여 주는 또 하나의 증거가 된다(Bruce, 185).

우리는 고린도 교회가 자신의 지체들 중의 한 사람을 상대하고 있는 것인지, 아니면 믿는 자이기는 하지만 고린도 교회로 와서 바울의 경쟁자이자 대적으로 등장한 외부인과 관련된 문제를 해결하도록 요구받고 있는 것인지를 다시 한 번 묻지 않으면 안 된다. 7절의 취지는 이 문제를 해결하기에 결정적이지 않다. 그러나 그 다음에 나오는 절들은 이 문제를 조명해 준다.

**8**-**9** "그러므로 너희를 권하노니"(*Διὸ παρακαλῶ ὑμᾶς κυρῶσαι εἰς αὐτὸν ἀγάπην*-디오 파라칼로 휘마스 퀴로사이 에이스 아우톤 아가펜, 이 동사가 앞 절에서와는 다른 뉘앙스를 지니는 것으로 이해하는 것이 문맥상으로 요구된다; 아마도 여기에는 바울의 사도적 권위가 새로운 방식으로 저류하고 있는 것 같다; C. J. Bjerkelund, *Parakalô. Form, Funktion und Sinn der Parakalô-Sätze in der paulinischen Briefen*[Oslo: Universitetsforlaget, 1967] 154를 보라). "사랑을 저에게 나타내라." 고린도 교인들은 아마도 바울이 그들의 행위를 칭찬해 주고, 그들이 어떠한 벌을 내렸을지라도 그 벌을 "확증해"(*κυρῶσαι*-퀴로사이) 주기를 기대했을 것이다. 하지만 바울은 이 동사를 자신의 요청을 제시하는 데 사용한다: 이제 그 사람을 향한 너희의 사랑을 "확증하라". 바흐만(Bachmann)과 바렛(Barrett)이 지적했듯이, 법적인 용어(*κυριόω*-퀴리오오, BGD)와 비법률적인 용어(*ἀγάπη*-아가페)를 혼합해서 사용하고 있는 것이 두드러진다.

회복과 용서를 위주로 하는 바울의 목회적인 태도는 그의 서신의 표현들 속에서 처음에 감지되었던 태도(7:8에 나오는 서신)와는 달라진 것으로 보인다. 그래서 그는 계속해서 그의 원래의 의도는 교회를 시험해 보아서(*δοκιμάζειν*-도키마제인) 그들이 진정으로 그의 편인지를(*ὑπήκοοι*-휘페코오이, "순종하는") 알아보는 것이었다는 점을 분명히 한다. 그 순종이 누구에게 드려져야 하는지에 대해서는 본문은 명시적으로 말하고 있지 않다. 그러나 7:9은 그들의 회개에 대하여 구체적으로 말하고 있기 때문에, 우리는 그들이 그 장에서 문제가 되고 있는 바울의 사도적 사역에 대하여 새롭게 생각하게 되기를 그가 바랐다는 사실을 알게 된다. 그렇지만 바울의 사도적 지위를 받아들이는 문제는 바울을 주의 종이자 그의 회중들 속에서 순종을 기대할 수 있는 지도자로 임명받은 자라고 말하고 있는 1:24에 비추어서 보아야 한다(Bultmann, 53에서는 7:15; 10:6; 빌 2:2; 몬 21절; 살후 3:14을 인용해서 후자의 역할을 강조한다). 분명한 것은, 바울은 고린도 교회라는 무대로 갑자기 뛰어든 한 문제아에 대한 그의 승리를 확정하는 것이 아니라 교회와 그 교회가 잘되는 것에 더 관심을 가지고 있었다는 것이다(Barrett).

10 "너희가 무슨 일이든지 뉘게 용서하면 나도 그리하고 내가 만일 용서한 일이 있으면 용서한 그것은 너희를 위하여 그리스도 앞에서 한 것이니"(*ᾧ δέ τι χαρίζεσθε κἀγώ καὶ· γὰρ ἐγὼ ὅ κεχάρισμαι εἴ κεχάρισμαι δι' ὑμᾶς ἐν προσώπῳ Χριστοῦ*-호 데 티 카리제스데 카고 카이 가르 에고 호 케카리스마이 에이 케카리스마이 디 휘마스 엔 프로소포 크리스투). 앞에서 보았듯이, 바울의 주된 관심사인 고린도 교회에 대한 그의 깊은 배려가 여기서는 전면에 등장한다. 이 사건과 관련된 예상된 순서와는 반대로, 바울은 이렇게 말한다: 너희가 그 사람을 용서한다면(*ᾧ δέ τι χαρίζεσθε κἀγώ*-호 데 티 카리제스데 카고), 나는 너희와 뜻을 같이 하여 그 사람을 용서할 것이다. 내가 그 사람을 용서하고 받아들인 것은 너희를 위한 것이었고(*δι' ὑμᾶς*-디 휘마스) 우리 주님 앞에서 이루어진 일이었다(*ἐν προσώπῳ Χριστοῦ*-엔 프로소포 크리스투; "마치 그리스도께서 보시는 가운데 행해진 것처럼"〈참조. 고전 5:4〉, 그는 그리스도를 증인이자 보증인으로 호출한다; Bratcher, *Translator's Guide*, 24; Windisch, 91).

11 만약 그렇게 하지 않는다면, 그 결과는 재앙에 가까운 것이 될 것이다: "이는 우리로 사단에서 속지 않게 하려 함이라"(*ἵνα μὴ πλεονεκτηθῶμεν ὑπὸ τοῦ Σατανᾶ*-히나 메 플레오네크테도멘 휘포 투 사타나, 동사 플레오네크테인〈*πλεονεκτεῖν*〉은 "속이다"를 의미하지만 수동형은 "사탄에게 속아 넘어가다"〈BGD〉를 의미하는 것으로서 사탄으로 하여금 교회에 속한 지체를 약탈하는 것을 허용한다는 뜻을 지닌다). 두 가지 조치는 원수로 하여금 이 문제에 있어서 자신의 목적을 달성하게 하는 결과를 가져오게 될 것이다. 한편으로, 문제를 일으킨 자가 "너무 많은 근심"에 빠져서 교회를 떠나게 된다면, 사탄의 궤계는 성공을 거두게 될 것이다. 다른 한편으로, 바울과 교회가 그 사람에 대한 사랑과 용납을 베풀지 않는다면, 교회

의 원수는 마찬가지로 기뻐하게 될 것이다. 하지만 우리는 사탄이 방심한 그리스도인들의 발을 덫으로 잡기 위하여 세워 놓은 악한 "궤계"(*νοήματα*-노에마타)를 "잘 알고"(계 2:24) 있기 때문에(벧전 5:8; *Barn.* 2:8-10; *T. Dan* 6:3), 이러한 두 가지 경우는 일어나지 않을 것이고, "사탄"(하나님과 사람의 큰 원수로서 고소하고 비난하는 역할을 하는 존재를 가리키는 히브리어; 참조. 욥 1-2장; 그리스도인들을 고소하는 자로서의 사탄의 역할에 대해서는 M. Dibelius, *Die Geisterwelt im Glauben des Paulus*[Göttingen: Vandenhoeck & Ruprecht, 1909] 53f.를 보고, 사단이 교회에 대적하는 것에 대해서는 J. Weiss, *Earliest Christianity*, vol. 2, tr. F. C. Grant[Gloucester, MA: Peter Smith, 1970 reprint] 602f.를 보라)은 이기지 못할 것이다. 노에마타(*νοήματα*, "궤계")는 바울의 서신 속에서 "어느 정도 부정적인 뉘앙스"를 지닌다(3:14; 4:4; 10:5; 11:3[Bruce]).

## 해설

이 단락 속에는 바울의 목회적인 태도가 많이 드러나 있다. 그가 자신이 한 약속을 철회한 것으로 보이는 것이 고린도 교회에서 큰 논쟁거리가 되었기 때문에, 그는 자기가 왜 그렇게 행동했는지를 설명할 필요가 있다는 것을 알았다. 그는 자기가 원래 계획했던 대로 고린도를 방문하지 않았기 때문에 고린도 교회에서 공격을 받았고, 그의 사도직도 의심을 받았다. 의심할 여지 없이 이러한 일련의 공격은 그것을 바울을 개인적으로 공격할 계기로 사용했던 고린도 교회의 어떤 사람에 의해서 취해졌다. 바울은 이러한 공격이 단지 자신에 대한 개인적인 공격이 아니라 그의 사도적인 사역을 깎아 내리는 것임을 알았기 때문에, 그것을 그저 참아내야 할 개인적인 모욕이 아니라 반드시 제거되어야 할 장애물로 보았다(4:3).

바울의 반격은 자기가 고린도 교회를 다시 방문하지 않은 이유들을 밝히고 "눈물의 편지"(2:4)를 보내게 된 배경을 설명하는 것이었다. 바울이 그가 받았던 고통과 문제를 일으킨 사람이 그를 반대했던 것을 뉘우쳤을 때 그에게 찾아온 안도감을 회고하고 있는 이 단락 속에는 슬픔과 기쁨이 뒤섞여 있다. 또한 고린도 교회에서 그의 편에 서 있었던 무리들도 다시 그에게로 돌아왔다.

따라서 지금은 허물어진 곳을 수선하고 회복시킬 때다. 바울의 능숙한 목회적 발언(pastoralia)은 장래를 지향하고 있다. 엄중한 책망은 효력을 발휘했다. 따라서 지금은 잘못을 범한 형제를 용서하고 다시 일으켜 세울 때다. 충성스러운 고린도 교인들은 그 사람에 대한 자신들의 사랑을 확증해야 하고, 교회의 하나됨을 회복시키는 일에 착수해야 한다 - 이것은 바울이 회중의 모든 분쟁들을 목회적으로 다룰 때 항상 존재했던 관심이다. 바울은 한편으로는 무관심과 불화, 다른 한편으로는 혹독한 태도와 용서하고자 하지 않는 마음 사이에서 배를 현명하게 조종해 나간다. 바울은 "교회를 위한 염려"(11:28)라는 압박감 때문에 고린도 교회에서 무엇이 행해져야 하는지에 대하여 맹목적이지 않았다: 고린도 교회에 대한 책망과 더불어서 확고한 입장과 엄중한 편지가 필요했지만, 이제 그러한 엄격함은 교회 공동체를 회복시키기 위한 따뜻하고 너그러운 용서의 몸짓으로 대체되어야 한다. 여기서 실패하는 것은 바로 사탄의 손아귀에서 놀아나는 꼴이 된다. 교회의 원수는 무엇이 그리스도인들을 분열시킬 수 있고 또한 분열시키는지를 "알고 있다". 그러나 우리는 사탄이 무엇을 알고 있는지를 "우리도 알고 있다는"(2:11) 것을 무기로 삼아서 사탄의 궤계를 벗어날 수 있다.

## C. 고린도 교회에 대한 바울의 관심(2:12-13)

### 참고문헌

**Barrett, C. K.** "Titus." In *Essays on Paul*, 118-31. London: SPCK; Philadelphia: Westminster Press, 1982. **Hemer, C. J.** "Alexandria Troas." *TynB* 26(1975) 79-112. **Rissi, M.** *Studien zum zweiten Korintherbrief* 15-17. **Robinson, J. A. T.** *Redating the New Testament*. London: SCM Press, 1976. 47-52, 54, 55.

### 본 문

| | |
|---|---|
| 12 내가 그리스도의 복음을 위하여 드로아에 이르매 주 안에서 문이 내게 열렸으되 | 12 When I came to Troas [to proclaim[a]] the Gospel of Christ, in spite of there being an opportunity[b] opened by the Lord for me, |
| 13 내가 내 형제 디도를 만나지 못하므로 내 심령이 편치 못하여 저희를 작별하고 마게도냐로 갔노라 | 13 I had[c] no relief for my spirit[d] because I could not find[e] my brother Titus. For that reason I bade them farewell[f] and went off to Macedonia. |

## 원문주해

a. 이 동사는 바울의 본문의 의미가 통하게 하기 위하여 첨가된 것으로서, 이 본문을 직역하면 다음과 같이 된다: "내가 복음을 위하여(*εἰς*-에이스) 드로아에 이르렀다" (*εὐαγγέλιον*-유앙겔리온은 행위 명사<nomen actionis>의 역할을 하기 때문에, 이 절은 이런 뜻이 된다: *εἰς τὸ εὐαγγελίζεσθαι Χριστόν*-에이스 토 유앙겔리제스다이 크리스톤).

b. 본문의 헬라어는 은유이기 때문에, 직역하면 "주 안에서/주에 의해서 문이 내게 열렸다"가 된다. 바울이 "어떤 사람 앞에 기회가 생겼다"를 나타내는 랍비들의 이러한 관용표현을 다른 곳에서 사용한 예로는 고전 16:9; 골 4:3을 보라(Str-B 3:484f.).

c. 역사적 사실을 나타내는 단순과거 대신에 완료 시제인 에스케카(*ἔσχηκα*, "내가 했다")가 사용되었다: Moule, *Idiom Book*, 145; BDF § 343.2; 참조. 1:9.

d. 바울의 프뉴마(*πνεῦμα*, "심령")는 바울 자신이다(Bultmann, 55, 그는 롬 1:9; 고후 7:13; 고전 16:18을 인용한다). 병행은 7:5에 나오는데, 거기서 사륵스(*σάρξ*, "육체")는 이례적으로 프뉴마(*πνεῦμα*)와 동의어로 사용된다.

e. 부정사의 대격(*τῷ εὑρεῖν*-토 유레인)은 신약에서 오직 여기에만 나온다(BDF § 401). 그러나 Héring, 17를 보라.

f. 동사는 단순과거 중간태인 아포탁사메노스(*ἀποταξάμενος*)로서 이는 "작별을 고하다, 작별하다"를 의미한다(BGD).

## 양식/구조/배경

이 짤막한 단락은 바울이 그의 여행 계획을 회고하는 것을 마무리하고 있다. 이 단락은 바울이 고린도에서 돌아와 드로아에서 디도와 만나기로 한 약속이 이야기 형태로 제시되고 있는 7:5과의 연결 고리를 제공해 준다. 바울은 디도를 만나지 못하자 마게도냐로 건너갔는데, 이 이야기는 7:5 이하에서 다시 재개된다.

불트만(Bultmann, 55)은 이 단락은 고린도 교회의 상황이 어떻게 되었는지를 바울이 몹시 알고 싶어했다는 것을 강조하고 있기 때문에, 비록 이야기 식의 문체로 되어 있기는 하지만 여전히 자기 자신을 변호하는 글의 일부라고 주장한다. 이 이야기는 2:13에서 중단되었다가 7장에서 재개되어 완성되고, 그 중간에 끼어 있는 2:14-7:4은 사도적 직무에 관한 설명을 하고 있는 긴 보론으로서의 역할을 하고 있는 것이 분명하다. 그러나 2:13과 7:5이 연결되어 있다는 것은 자명한 것이 아니다. 왜냐하면 릿시(Rissi, *Studien*, 15f.)는 (a) 하나님의 인도하심을 통한 위로를 바울이 체험한 것을 말하고 있는 7:5-7은 바울의 환난 가운데서 하나님의 위로를 받은 것을 주제로 하고 있는 7:2-4과 연결되고, (b) 2:12에 나오는 바울의 "복음 선포"에 대한 언급은 거짓 전도자들에 대하여 변증적으로 다루고 있는 2:14-17로 연결되고 있다는 것을 지적하기 때문이다. 이러한 고찰들은 우리가 고린도후서의 구조를 알아보려고 할 때 깊이 숙고해 볼 가치가 있는 것들이다. 그러나 2:12-13과 7:5 간에는 단어상의 연결 고리들, 언어적인 일치, 문체상의 연속성이 존재한다는 것을 여전히 부정할 수 없다.

| **2:12-13** | **7:5** |
|---|---|
| *ἐλθὼν*(엘돈) | *ἐλθόντων ἡμῶν*(엘돈톤 헤몬) |
| *εἰς τὴν Τρῳάδα*(에이스 텐 트로아다) | *εἰς Μακεδονίαν*(에이스 마케도니안) |
| *οὐκ ἔσχηκα ἄνεσιν*<br>(우크 에스케카 아네신) | *οὐδεμίαν ἔσχηκεν ἄνεσιν*<br>(우데미안 에스케켄 아네신) |
| *τῷ πνεύματί μου*(토 프뉴마티 무) | *ἡ σὰρξ ἡμῶν*(헤 사륵스 헤몬) |

바렛(Barrett, "Titus," 130, n. 25)은 사실상 1인칭에서 3인칭으로 바뀌고 있다는 것은 2:13과 7:5을 원래 하나의 연속된 글로 보고서 2:14-7:4이 별개의 글이었다가 나중에 그 중간에 삽입된 것이라는 주장을 불가능하게 만든다고 결론을 내린다.

## 주석

12 "내가 드로아에 이르매"(*ἐλθὼν δὲ εἰς τὴν Τρῳάδα*–엘돈 데 에이스 텐 트로아다). 드로아에 정관사가 붙어 있는 것은 1:23과의 연관성을 보여 주는 것일 수도 있지만, 거기서는 드로아가 언급되고 있지 않다(Barrett, BDF § 261.1).

하지만 "드로아"는 분명히 앞에서 말했던 그 지방이 아니라, 배를 타고 여행하는 자들이 아시아에서 마게도냐로 가기 위하여 승선했던 항구인 알렉산드리아의 드로아다(행 16:8, 11; 20:5f.; 참조. 딤후 4:13). 바울의 이러한 여행은 사도행전에는 기록되어 있지 않고, 바울이 아시아에서 "환난"을 당한 후에(1:8) 이루어졌다. 고대 알렉산드리아의 드로아에 대한 연구로는 Hemer, *TynB* 26(1975) 79-112를 보라. 그는 "드로아는 신약의 본문들 속에서 의외로 두드러지게 부각되어 있다"(95)고 지적한다.

뒤라스 모이 아네오그메네스 엔 퀴리오(*θύρας μοι*〈이익의 여격〉 *ἀνεῳγμένης ἐν κυρίῳ*): "주에 의해서", 즉 바울에게 그의 복음을 전하도록 책임을 맡기셨던 부활하신 그리스도(갈 1:15f.; 고전 1:17: *ἀπέστειλέν με Χριστὸς…εὐαγγελίζεσθαι* - 아페스테일렌 메 크리스토스…유앙겔리제스다이; 참조. 고전 9:16)에 의해서 "나를 위하여 문이 활짝 열렸으되" - 완료 시제에 힘을 실어 주는 표현.

바울이 어떠한 역사적 상황을 두고서 드로아에서 선교를 위한 "문이 열렸다"고 말한 것인지에 대해서 우리는 단지 추측만 할 수 있을 따름이다. 빈디쉬(Windisch, 94)는 바울의 이 말은 적어도 그가 머무르면서 선교를 시작할 수 있는 "활동 근거지"로 삼을 집이 마련되었나는 것을 의미한나고 생각한나(행 16:15에서 루디아의 집이 기독교 신앙을 논하고 그리스도인들을 묵을 수 있게 해주는 거처가 되었다는 것을 참조하라: H. J. Klauck, *Hausgemeinde und Hauskirche im frühen Christentums*[Stuttgart: Verlag katholisches Bibelwerk, 1981]를 보라). 하지만 바울의 이 말 속에는 그러한 것보다 더 많은 것이 내포되어 있을 것임에 틀림없고, 우리는 여기서 바울이 드로아에서 복음을 전하고 교회를 형성하는 데 상당한 정도로 성공을 거두었다는 것을 생각할 수 있다. 바울은 생각보다 일찍 드로아를 떠나게 되었을 때 그 곳을 떠나기를 못내 아쉬워했다: "저희를 작별하고"(*ἀποταξάμενος αὐτοῖς* - 아포탁사메노스 아우토이스, 13절). 헤링(Héring)은 이 고별사가 지닌 "공식적인 성격"을 지적한다. 또한 릿시(Rissi, *Studien*, 16)는 선교가 성공적으로 이루어지고 있었던 드로아를 생각보다 일찍 떠나기로 바울이 결심한 것 속에서 그가 깊은 관심을 가지고 있었던 고린도 교회를 향한 그의 "사랑의 궁극적인 표현"을 볼 수 있다고 말한다. 그는 디도로부터 고린도에서의 문제가 어떻게 해결되었는지를 듣기 위해서 디도를 무척 만나고 싶어했다.

13 바울은 드로아에서 선교의 좋은 기회를 잡았음에도 불구하고 마음이 편치 않았다(*ἄνεσιν* - 아네신). 그 이유는 그가 거기서 만나기로 했던 디도가 거기에 나타나지 않았기 때문이다. 이 대목은 이 서신 속에서 디도에 대한 언급이 최초로 나오는 곳이다. 바울이 고린도 교회와 상대할 때 디도가 중요한 역할을 했다는 것에 대해서는 7장과 거기에 나오는 "주석", 그리고 C. K. Barrett, "Titus"를 보라.

그래서 바울은 "드로아에 있던 사람들"(아우토이스〈*αὐτοῖς*〉라는 표현 속에 함축되어 있다, Lietzmann-Kümmel, 107)과 작별하고서, 가능한 한 디도를 빨리 만나고자 하는 마음에 배를 타고서(이그나티우스가 그랬듯이, *Polyc.* 8) 트라키아 해의 맞은편에 있는 마게도냐로 향했다. 그러나 바울은 겨울에는 바닷길이 막혀 있었기 때문에 육로를 통해 그 곳에 가야 했을지도 모른다. 그러므로 그는 디도도 육로를 택하리라는 것을 알고 있었을 것이다. 육로로 가는 길에는 헬레스폰트(Hellespont)

를 지나가는 것이 포함되어 있었는데, 바렛(Barrett, "Titus," 124)은 이 두 사람이 서로 길이 엇갈렸다고 추측한다. 이것은 바울이 마게도냐에 도착했을 때 마음이 편치 않았던 이유를 설명해 준다(7:5: "우리가 마게도냐에 이르렀을 때도〈*καὶ*－카이〉" 디도가 올 때까지는 "우리 육체가 편치 못했다," 7:6). 그러나 디도가 마게도냐에서 바울을 맞으러 나오지 않은 것은 그가 고린도에서 출발하여 마게도냐에 도착하는 데 시일이 지체되었기 때문이라고 설명할 수도 있다.

바울의 이 여행은 통상적으로 사도행전 20:1에 나오는 여행과 동일시되는 것으로서 주후 55년 말경이라고 그 구체적인 연대를 설정할 수 있다(서론을 보라; 참조. Barrett, "Titus," 123f.; Robinson, *Redating*, 50, 55).

## 해설

바울의 심령을 편치 않게 만들고 드로아에서의 그의 사역을 예상보다 일찍 끝내게 만든 것이 무엇이었는지는 이 본문 속에 분명하게 나타나 있다. 목회적인 관심이 바울을 무겁게 짓누르고 있었기 때문에, 그는 복음 전도를 위한 기회가 자신에게 주어졌음에도 불구하고 전도에 온 마음을 쏟을 수가 없었다. 따라서 결국 바울은 드로아에서의 복음 전도를 일찍 중단하고서 고린도에서 돌아오는 그의 동역자를 만나고자 마게도냐로 향했다. 우리는 여기서 그리스도인은 자신의 진정한 관심이 다른 곳에 있을 때는 섬김의 일을 제대로 할 수 없다는 교훈을 배우게 된다. 이 때는 바울의 과제 속에서 목회적인 책임이 더 높은 우선 순위에 있었다.

# V. 본론: 바울의 사도직(2:14-7:16)

## A. 사도직을 위한 바울의 자격(2:14-3:6)

### 참고문헌

**Baird, W.** "Letters of Recommendation. A Study of 2 Cor. 3:1-3." *JBL* 80(1961) 166-72. **Bartelink, G. J. M.** "*Θεοκάπηλος* et ses synonymes chez Isidore de Péluse." *VC* 12(1958) 227-31. **Barth, G.** "Die Eignung des Verkündigers in 2 Kor 2, 14-3, 6." In *Kirche*, FS G. Bornkamm, ed. D. Lührmann and G. Strecker, 257-70. Tübingen: J. C. B. Mohr, 1980. **Betz, H.-D.** *Der Apostel Paulus und die sokratische Tradition*. BHT 45. Tübingen: J. C. B. Mohr, 1972. **Collange, J.-F.** *Enigmes de la deuxième épître de Paul aux Corinthiens*. SNTSMS 18. Cambridge: University Press, 1972. **Collins, J. N.** "Georgi's 'Envoys' in 2 Cor 11:23." *JBL* 93(1974) 88-96. **Daniel, C.** "Un mention paulinienne des esséniens de Qumran." *RQ* 5(1966) 553-59. **Denis, A. M.** "La fonction apostolique et la liturgie nouvelle en Esprit. Etude thématique des métaphores pauliniennes du culte nouveau." *RscPhTh* 42(1958) 401-36, 617-56. **Egan, R. B.** "Lexical Evidence on Two Passages." *NovT* 19(1977) 36-42. **Friesen, I. I.** *The Glory of the Ministry of Jesus Christ. Illustrated by a Study of 2 Cor 2:14-3:18*. Theologischen Dissertationen 7. Basel: Fr. Reinhardt, 1971. **Georgi, D.** *Die Gegner des Paulus im 2 Korintherbrief*. WMANT 11. Neukirchen-Vluyn: Neukirchener Verlag, 1964. **Hickling, C. J. A.** "The Sequence of Thought in II Corinthians Chapter Three." *NTS* 21(1974) 380-95. **Jaubert, A.** *La notion d'alliance dans le judaïsme aux abords de l'ère chrétienne*. Paris: Editions du Seuil, 1963. **Käsemann, E.** *Die Legitimität des Apostels. Eine Untersuchung zu II Korinther 10-13*. Darmstadt: Wissenschaftliche Buchgesellschaft, 1956. (Also in *ZNW* 41[1942] 33-71.) **Kinsey, A. B.** "The Triumph-Joy." *ExpT* 21(1910) 282 f. **Knox, W. L.** *St Paul and the Church of the Gentiles*. Cambridge: University Press, 1939. 129-31. **Lane, W. L.** "Covenant: The Key to Paul's Conflict with Corinth." *TynB* 33(1982) 3-29. **Lohmeyer, E.** *Vom göttlichen Wohlgeruch*. Heidelberg: Carl Winter, 1919. **Lührmann, D.** *Die Offenbarungsverständnis bei*

*Paulus und in paulinischen Gemeinde.* WMANT 16. Neukirchen: Neukirchener Verlag, 1965. **Manson, T. W.** "2 Cor 2:14-17: Suggestions Towards an Exegesis." In *Studia Paulina*(de Zwaan FS), ed. J. Sevenster and W. C. van Unnik, 155-62. Haarlem: Erven F. Bohn, 1953. **Marshall, P.** "A Metaphor of Social Shame: *ΘΡΙΑΜΒΕΥΕΙΝ* in 2 Cor 2:14." *NovT* 25(1983) 302-17. **Moore, G. F.** "Conjectanea Talmudica: 2 Cor 2:14-16: The Savour of Life or of Death." *Journal of the American Oriental Society* 26/2(1905) 329, 30. **Pope, R. M.** "Studies in Pauline Vocabulary 1: of the Triumph-Joy." *ExpTim* 21(1910) 19-21. **Prat, F.** "Le triomphe du Christ sur les Principautés et les Puissances(Col 2:15)." *RSR* 3(1912) 201-29. **Provence, T. E.** "'Who Is Sufficient for These Things?' An Exegesis of 2 Corinthians 2:15-3:18." *NovT* 24(1982) 54-81. **Prümm, K.** "Phänomenologie der Offenbarung laut 2 Kor." *Bib* 43(1962) 396-416. ______. *Diakonia Pneumatos.* Der 2 Korintherbrief als Zugang zur apostolischen Botschaft. Vols. 1, 2. Rome/Freiburg/Wien: Herder, 1960-67. **Rissi, M.** *Studien zum zweiten Korintherbrief.* **Wilckens, U.** *Weisheit und Torheit. Eine exegetisch-religionsgeschichtliche Untersuchung zu 1 Kor. 1 und 2.* BHT 26. Tübingen: J. C. B. Mohr, 1959. **Williamson, L., Jr.** "Led in Triumph: Paul's Use of *Thriambeuō*." *Int* 22(1968) 317-32.

## 본 문

**14** 항상 우리를 그리스도 안에서 이기게 하시고 우리로 말미암아 각처에서 그리스도를 아는 냄새를 나타내시는 하나님께 감사하노라

**15** 우리는 구원 얻는 자들에게나 망하는 자들에게나 하나님 앞에서 그리스도의 향기니

**16** 이 사람에게는 사망으로 좇아 사망에 이르는 냄새요 저 사람에게는 생명으로 좇아 생명에 이르는 냄새라 누가 이것을 감당하리요

**17** 우리는 수다한 사람과 같이 하나님의 말씀을 혼잡하게 하지 아니하고 곧 순전함으로 하나님께 받은 것같이 하나님 앞에서와 그리스도 안에서 말하노라

**14** But thanks be to God, who is ever leading us in his triumph in the cause of Christ and through us is making known the fragrance of the knowledge of God in all places.

**15** For we are an aroma of Christ to God among those on the road to salvation—and among those on the road to ruin.

**16** Among those in the latter case [we are] a deadly fume [a]that leads to death, but for those in the former a lifegiving fragrance that leads to life. And who is adequate for this [kind of ministry]?

**17** For we do not go about adulterating God's message as our many[b] [opponents] do. No, we speak as those who do so with sincerity, whose word is from God and given in the sight of God and as servants of Christ.

**3:1** 우리가 다시 자천하기를 시작하겠느냐 우리
가 어찌 어떤 사람처럼 천거서를 너희에게 부치
거나 혹 너희에게 맡거나 할 필요가 있느냐
**2** 너희가 우리의 편지라 우리 마음에 썼고 뭇사
람이 알고 읽는 바라
**3** 너희는 우리로 말미암아 나타난 그리스도의 편
지니 이는 먹으로 쓴 것이 아니요 오직 살아 계신
하나님의 영으로 한 것이며 또 돌비에 쓴 것이 아
니요 오직 육의 심비에 한 것이라

**4** 우리가 그리스도로 말미암아 하나님을 향하여
이 같은 확신이 있으니
**5** 우리가 무슨 일이든지 우리에게서 난 것같이
생각하여 스스로 만족할 것이 아니니 우리의 만
족은 오직 하나님께로서 났느니라
**6** 저가 또 우리로 새 언약의 일꾼 되기에 만족케
하셨으니 의문으로 하지 아니하고 오직 영으로
함이니 의문은 죽이는 것이요 영은 살리는 것임
이니라

**3:1** Are we starting over again recommending
ourselves to you? Or do we require, as some do,
letters of recommendation to you or from you?
**2** You yourselves are our letter, written in your[c]
hearts, read and recognized by all people:
**3** and you clearly show yourselves [to be] a
letter of Christ, composed by our ministry [to
you], written not in ink but by the Spirit of the
living God, not on stone tablets but on tablets of
the human heart.[d]
**4** This is the confidence we have through Christ
in the presence of God.
**5** It is not that we are adequate in ourselves to
reckon anything to our credit, but our adequacy
comes from God,
**6** who indeed gave us our adequacy to be servants of a new covenant, based not on the letter
but on the Spirit: for the letter kills, but the
Spirit imparts life.

## 원문주해

a. D G와 비잔틴 대문자 사본들이 일반적으로 에크(*ἐκ*)를 생략하고 있는 것에서 볼 수 있듯이, 오스메 에크 다나투 에이스 다나톤(*ὀσμὴ ἐκ θανάτου εἰς θάνατον*)은 헬라어에서 난해한 표현이다. 후대의 필사자들은 당혹스러워했음이 분명하고, 본문은 전치사가 없을 때 더 부드럽게 읽힌다: 사망에 이르게 하는 사망의 냄새(*ἐκ*는 롬 1:17을 본떠서 후대에 삽입한 것이라고 생각하는 Godet, 90를 보라). 따라서 우리의 번역에서도 전치사를 생략한 것을 택했는데, 그러면 다나투(*θανάτου*)는 형용사적인 것이 된다. Barrett의 경우처럼 에크(*ἐκ*)를 lectio difficilior("어려운 읽기" 우선의 원칙)에 의해서 그대로 유지시킨다면, 에크 다나투(*ἐκ θανάτου*)를 Barrett처럼 "사망으로 좇아 사망에 이르는 냄새"로 해석하거나(그러나 이것은 진정으로 무엇을 의미하는가? Barrett, 101를 보라) Collange(35, 36)처럼 Hughes의 해석(*ἐκ…εἰς*-에크…에이스를 최상급으로 해석한다)과 Plummer와 Lietzmann의 해석(점층법을 나타내는 수사학적 어구로 설명하는)을 거부하고 이 표현을 바울의 삶이 어떻게 인식되고 있는가와 결부시켜서, 믿지 않는 자들의 눈에 그는 사망에 넘겨진 자로 보이고, 그의 사역은 사망 선고 속에서 그들의 운명을 인치는(4:10 이하를 인용해서) 것으로 해석해야 하느냐는 석의의 문제다.

b. ℵ A B C K P Ψ 88 1739 *Byz* vg $\text{cop}^{bo,sa}$ eth은 호이 폴로이(*οἱ πολλοί*)로 읽고,

$P^{46}$ D G syrph Marcion은 로이포이(λοιποί)로 읽는다("다른 사람들이 하는 식으로", Héring의 번역). Metzger의 UBSGNT 위원회는 로이포이(λοιποί)를 "바울이 사용했다고 보기에는 너무 건방진 표현"이라고 여겨서 거부하지만, Godet, 91, 92에서는 이러한 읽기를 받아들이고 있다는 것을 주목하라. "주석"을 보라.

c. 엔 타이스 카르디아이스 휘몬(ἐν ταῖς καρδίαις ὑμῶν)은 사본상으로는 별로 지지를 받고 있지 못하지만(ℵ, 33, 88, 436, 1881, eth) 문맥상으로는 적합한 것으로 보인다(Barrett, Héring, Bultmann, Provence). 카르디아이스 헤몬(καρδίαις ἡμῶν, "우리 마음")은 $P^{46}$ A B C D의 읽기이기는 하지만 7:3과의 동화 때문인 것 같다. Bultmann, *Theology*, 1:222를 보라.

d. 카르디아이스(καρδίαις)는 분명히 "더 어려운 읽기"로서, F K vg $syr^{p}$ $cop^{bo,sa}$은 이 읽기를 카르디아스(καρδίας, 속격)로 읽어서 좀더 부드럽게 하고 있고, Moulton-Turner, *Grammar*, 3:214에서는 이러한 읽기를 받아들인다. 그러나 여기서 사용된 칠십인역의 본문은 카르디아이스(καρδίαις)를 설명해 주고 있을 가능성이 높기 때문에 이 읽기가 선호되어야 한다.

## 양식/구조/배경

토 데 데오 카리스(τῷ δὲ θεῷ χάρις, 14절)는 고전 헬라어의 용례에서 가져온 생략 구문(BDF § 128.6)으로 "하나님께 감사하노라"는 의미를 지니고, 바울에 의해서 자주 사용되고 있다(롬 6:17; 7:25; 고전 15:57; 고후 8:16; 9:15). 여기서의 어순은 고린도전서 15:57에 나오는 것과 동일하고, 강조점은 "하나님"에게 있다(찬송받으실 하나님, Plummer, Hughes, Bachmann).

Collange, *Enigmes*(22, 23)와 Bornkamm, "The History of the Origin," *The Authorship and Integrity of the New Testament*([London: SPCK, 1965] 75-77)에서의 주장처럼(그러나 서론을 보라), 이 문장은 원래 독립적이었던 한 서신의 서문이었다가 고린도후서의 단편들이 다시 모아져 결합되었을 때 이 대목에 첨가되어 편집자에 의해서 사도직에 대한 이후의 설명을 위한 무대를 설정하는 역할을 하게 된 것일 수 있다. 14절에서 판토테(πάντοτε, "항상")와 함께 사용된 엔 판티 토포(ἐν παντί τόπῳ, "각처에서")라는 어구는 이 긴 단락 속에서 염두에 두고 있음이 분명한 자신의 대적들에 대한 변호 속에서 바울이 자신의 선교와 사역이 보편성을 띠고 있음을 힘주어 말하고 있다는 것을 보여 준다(2:17; 3:1; 4:2, 10).

14절이 지닌 예전적인 분위기(이러한 것은 동사 없이 나오는 환호에 이어지는 분사 형태들 속에서도 볼 수 있다)는 제의 또는 희생 제사와 관련된 용어들이 뒤따라 나오는 것(*ὀσμή*-오스메, "냄새": *εὐωδία*-유오디아, "향기")에 의해서 더욱 강화된다. 그러한 용어들은 구약의 희생 제사들이 "하나님을 기쁘시게 해 드리는" 것으로 여겨졌듯이(레위기, 에스겔서) 바울의 사역도 그러한 것이었음을 강조하기 위한 것이다.

그렇지만 "냄새"는 이중성을 지닌 용어다. 그것은 고약한 냄새가 될 수도 있고 기분 좋은 향기가 될 수도 있다. 따라서 바울은 일련의 병행법들을 발전시키는데(15절), 그것은 바울의 대적자들이 말했던 것으로부터 직접적으로 가져온 것일 수도 있고(Georgi, *Die Gegner*, 224) 그렇지 않을 수도 있는(대부분의 주석가들과 특히 Hickling, "The Sequence") 암묵적인 주장을 담고 있는 수사의문문에서 그 절정에 도달한다: "우리는" 우리의 사역을 수행할 수 있는 "적절한 자격을 갖추고 있다". 바울은 3:5에서 이 수사의문문에 대한 대답을 제시한다: "우리의 자격은 (오직) 하나님에게서 난 것이고"(*ἡ ἱκανότης ἡμῶν ἐκ τοῦ θεοῦ*-헤 히카노테스 헤몬 에크 투 데우), 그의 대적자들이 분명히 근거로 제시한 그러한 원천들에 의거한 것이 아니다(2:17; 3:1).

그렇지만 바울은 메시지를 값싸게 만들 수 있는 그 어떤 방식도 경멸했기 때문에 고린도 교회에서의 그의 사역을 증거로 제시했다(3:2, 발음이 비슷한 단어들을 사용한 유희가 여기서도 나타난다: *γινωσκομένη καὶ ἀναγινωσκομένη*-기노스코메네 카이 아나기노스코메네). 고린도 교인들은 그의 사역을 살펴보고자 하는 사람이면 누구나 "읽고서 알아볼 수 있는" 편지들이고, 그의 사역은 고린도 교인들의 마음에 쓰여진 편지에 비유된다(2절; 고전 9:1-2을 보라).

바울이 마지막으로 제시하는 근거는 구약의 예언, 특히 하나님의 말씀이 언젠가는 돌판이 아니라(겔 31:18) "육의 심비"(사르키나이스〈*σαρκίναις*, "육의"〉는 리디나이스〈*λιθίναις*-"돌"〉와 대비되는 용어로서 칠십인역에서 가져온 것이다; 사륵스〈*σάρξ*〉/사르키노스〈*σαρκινός*〉는 바울 서신에서 독특한 의미를 지닌다)에 새겨질 것이라는 에스겔의 예언(11:19; 36:26)이다. 그러나 바울이 그러한 생각에 이르게 된 것은 편지라는 유비 때문이었고, 편지라는 개념은 그의 대적들이 그들의 선교가 신뢰할 만한 것임을 입증하기 위하여 고린도 교인들 앞에 무수히 내놓았던 "천거서"에서 촉발되었음이 분명하다(Collange, *Enigmes*, 44).

하지만 "편지"라는 이미지는 두 가지 언약 간의 대비에 의해서 희미해진다. 이러한 전환은 3절-그 편지는 우리에 의해서 "나타난"(*διακονηθεῖσα*-디아코네데이사) 것이다-에서 6절-새 언약의 일꾼들(*διακόνους*-디아코누스)-로 일어난다.

바울의 역할은 예레미야의 예언 속에서 주어진 새 언약(렘 31:31-4; 그러나 또한 32:37-40; 50:5에서도; 겔 36:26f.)의 "일꾼"(*διάκονος* – 디아코노스, 6절)의 역할을 하는 것이다. 바울이 자기 자신에게 맡겨진 것이 어떤 사역이었는지를 말해 주는 이 개념은 "자격"(*ἱκανότης* – 히카노테스, 개역 성경에서는 "만족")에 대한 그의 논의의 핵심에 자리잡고 있고, 이 논의는 2:16b에서 제기된 질문과 연결된다. 1-3절은 4절에 나오는 "사도의 특별한 자기 인식"(Bultmann, *TDNT* 6:8)에 관한 진술을 하기 위한 정지 작업에 해당한다. 우리가 가지고 있는 "그러한 확신"은 우리 자신에게 토대를 둔 것이 아니라 생명에 이르는 새 언약을 섬기도록 하기 위하여 동일한 성령을 통해서 우리에게 능력을 주신 하나님에게 토대를 둔 것이다(6절).

Provence, "Who Is Sufficient?" 57, 58에서 제시하고 있는 것처럼, 우리는 이제 주의 깊게 배열된 이 단락의 구조를 볼 수 있다. 이 단락의 무대는 병행법으로 이루어진 2:15-16에 의해서 설정된다: 바울의 사역과 전도는 "이중적인 효과"(Bultmann, 70)를 지니는데, 그는 고린도 교회의 예기치 않은 비상 상황에 의해서 이것이 왜 그런지를 해명하도록 요구받게 된다. 교차대구법적인 구조는 다음과 같이 나타난다.

**쟁점(2:16b)**

| | |
|---|---|
| A 2:17<br>대적들에 대한 바울의 소극적 평가 | B′ 3:7-11<br>바울이 새 언약을 옹호하는 적극적인 진술을 한다 |
| B 3:1-6<br>바울은 그의 사역이 이룬 일에 대하여 적극적인 진술을 한다 | A′ 3:12-18<br>바울의 진술은 옛 언약과 새 언약을 소극적으로 대비시킨다 |

이와 같은 깔끔한 정리가 지나치게 정연하다는 인상을 줄 수 있다는 점을 감안하더라도, 중심적인 모티프가 2:7-3:18로 이루어진 단락을 관통하고 있고, 이전의 단락을 요약하면서 다시 진술하고 있는 4:1-6까지 이어지고 있다는 것은 여전히 사실이다. 그 단락은 하나님께서 바울에게 맡기신 양면적인 사역을 위한 근거를 제시한다. 그것은 네 부분으로 이루어져 있다. (1) 그는 순전한 진리를 전하는 것을 두려워하지 않는다(A). (2) 성령은 그의 사역을 통해서 사람들의 삶을 변화시켜 왔다(B). (3) 새 언약과 마찬가지로, 그의 사역은 하나님의 영광에 참여한다(B'). (4) 모세의 사역과는 달리, 그의 사역은 마음의 완악함의 베일을 벗겨낸다(A').

## 주석

14 바울은 한 가지 특별한 이유를 들어서 하나님을 찬송한다: "우리를 그리스도 안에서 이기게 하시고"(*θριαμβεύοντι ἡμᾶς ἐν τῷ Χριστῷ*-드리암뷰온티 헤마스 엔 토 크리스토). 이 동사의 의미를 놓고서는 많은 논란이 있어 왔다(Bultmann, 66에서는 분사적인 의미에서든〈Scipio Africanus에 대하여, Appian, *Rom. Hist. Pun.* 20〉 종교적인 의미에서이든〈Dionysus 찬가로서의 *θρίαμβος*-드리암보스〉 "개선을 축하하다"라는 의미로부터 "개선하게 하다"〈KJV/AV와 좀더 오래된 주석가들, 그러나 지금은 진부하고 낡은 견해가 되었다: Pope, Kinsey, Héring에 의한 이전의 논의들을 보라. 그들은 이 동사를 일종의 히필형으로서 사역의 의미를 지닌 것으로 본다: 그러나 L. Williamson, "Led in Triumph," *Int* 330, n. 45에서는 이 견해에 반대한다〉에 이르기까지 네 가지의 의미를 제시한다. Bengel의 번역인 qui facit ut semper triumphemus in Christo는 사전적인 지지를 얻고 있지 못하다는 반론을 받고 있고, 또한 바울의 문맥 속에서 부적절하다).

"개선 행진에서 앞장서다"(Delling, *TDNT* 3:160; 이 번역은 Rissi, *Studien*, 17와 Friesen, *Glory*, 25에 의해서 받아들여지고 있다)는 좀더 안전한 지지를 얻고 있다(BGD, 363를 보라). 윌리엄슨(Williamson)과 콜랑쥐(Collange)는 역설적인 뉘앙스를 제시함에 있어서 서로 일치한다: 바울은 정복당한 노예로서 대중들의 웃음거리가 되고 있지만(고전 4:9-10, 13), 이와 동시에 "그는 그리스도의 승전 축하식에 기쁘게 참여하고 있다. 이것은 사실 바울이 좋아했던 그런 종류의 역설이다!"(Williamson, 325f.). 4:10과 12:9을 근거로 "약함 속에서의 강함"이라는 역설 속에서 이 서신의 이후의 장들 속에서 전개되는 바울의 주제를 보고 있는 Collange, *Enigmes*, 24, 25를 보라(Egan, 37에 대한 반응인 Marshall, 312를 보라). 콜랑쥐(Collange)는 바울은 그의 대적자들의 "승리주의적인" 기조에 의해서 영향을 받고 있었던 독자들 앞에서 자기가 행하고 있는 그런 종류의 사역을 정당화할 필요가 있었다고 설득력 있는 지적을 하고 있는데, 이러한 모티프는 이 동사가 12:7의 "가시"와 더불어서 사회적인 수치의 뉘앙스를 지니고 있다는 Marshall의 논증에 의해서 강화된다. Hickling, "The Sequence"는 고린도후서에 나오는 바울의 글의 배경을 이런 식으로 이해하는 것에 반대하면서, 바울이 이 서신 전체에 걸쳐서 거짓된 가르침에 대응하여 답변하고 있다는 가설을 세워놓고서(*ex hypothesi*) 그러한 거짓된 가르침을 이런 식으로 재구성하는 것은 순환 논법에 불과한 것이라고 비난한다. 히클링

(Hickling)의 입장(381)은 "바울이 여기 3장에서 반박하고 있는 것은 그들의 신앙이 아니라 단지 그들이 바울의 인격과 주장을 비방한 것에 대한 것"이라는 것이다. 그러므로 우리가 바울의 사고를 이끌고 있는 동기가 무엇이었느냐고 물을 때, 그는 "대적자들"의 영향력은 "극히 제한된" 것이라고 여겨서 배제시킨다. 그가 인정하고자 하는 것은 바울이 "자기는 사람들에게서 실제로 받는 것보다 더 큰 존중을 받을 자격이 있다는 것을 입증하고자" 한다는 것이다.

그러나 자신의 사도직에 대한 바울의 변호와 그가 자기 자신과 자신의 사도직에 대하여 정반대의 입장을 지니고 있었던 "수다한 사람"(2:17) 간에 둔 거리는 실제적인 결과들을 가져오는 신학적인 문제였다. 그것은 단순히 "교리적인 것이 아니라 인격적인" 문제로 치부되어서는 안 된다. 왜냐하면 바울에게 "사도직"과 "복음"은 동전의 양면이기 때문이다. 이런 이유로 우리는 콜랑쥐(Collange)의 주장(위에서 언급했고, 그의 *Enigmes*, 56, 57에 나오는)이 옳다고 여기는데, 그 주장은 여기서 바울이 이런 식으로 말한 이유를 제시해 주고 있다. 그의 주장을 받아들이지 않는다면, 바울이 이런 식으로 말하는 것을 우리는 문맥 속에서 제대로 설명하기가 어려울 것이다. 게다가, 히클링(Hickling, 394, n. 3)도 그의 흥미로운 연구의 말미에서 이 단락이 "다양한 신학적 모티프들"을 담고 있다는 것을 인정하지 않을 수 없었다.

그 다음에 나오는 분사인 파네룬티(*φανεροῦντι*, "나타내다"; RSV는 "그리스도를 아는 냄새"와 결합시켜서 "퍼뜨리다"로 번역한다)도 이러한 맥락 속에서 그들의 삶과 사역 속에서 하나님의 능력을 나타낸다고 주장한 자들을 염두에 둔 변증적인 용어다(참조. 13:3-10: 이 문제는 사도로서의 신빙성의 "증거들" 중 하나다; Georgi, 224; Käsemann, *Die Legitimität*, 51-66; Betz, *Der Apostel Paulus*, 133).

바울이 사용한 동사는 4:2에 비추어서 이해되어야 한다: 진정한 천거(*συνιστάνοντες*-쉬니스타논테스)는 "오직 진리를 나타냄으로써"(*φανέρωσις*-파네로시스) 이루어진다. 2:14에 나오는 동사는 고린도 교회에서 열띤 논쟁의 주제가 되었던 사도의 자격에 관한 논쟁을 염두에 둔 것인데, 15-16절은 4:3-6에서 확대되어 바울이 자신이 연약하다는 것과 자기가 사람일 뿐이라는 것을 말하기 위하여 스스로를 "질그릇"(4:7)으로 묘사하는 데까지 도달한다. 그렇지만 그는 여기서 "하나님의 계시의 향기"에 비유되는 하나님의 메시지의 "보화"를 전하도록 책임을 맡았다(그노시스〈*γνῶσις*, "지식"〉는 파네로시스〈*φανέρωσις*〉와 더불어 고린도 교회에서 격렬한 논쟁에 휘말린 용어로서 신령한 것은 어떻게 알게 되고 계시되느냐는 문제를 중심으로 한 고린도 교회에서의 논쟁 속에서 핵심적인 용어들이었다. 변증적인 맥락에 대해서는 Lührmann, *Das Offenbarungsverständnis*, 45-66, 159ff.를 보라: Prümm, *Bib* 43[1962] 399는 이것에 반대하여 바울에게 있어서 고린도 교회의 위기 상황이라는 맥락은 별 상관이 없었다고 주장한다).

바울의 은유("향기"〈*ὀσμή*-오스메, 그러나 바울이 15절에서 사용하고 있는 것과 같은 "냄새"라는 좀더 중립적인 용어가 더 어울릴 것이다〉는 두 가지 종류의 냄새를 구별한다)는 로마의 최고 사령관이 전쟁에서 승리하고 돌아오는 길을 따라서 향을 뿌린 것에서 가져온 것일 수 있다(Windisch, Plummer, Hughes). 이러한 설명의 이점은 그것이 어떻게 오스메(*ὀσμή*)가 전쟁 포로들에게는 사망에 이르는(*εἰς θάνατον*-에이스 다나톤) 것으로 이해되고, 승리한 군대에게는 생명에 이르는(*εἰς ζωήν*-에이스 조엔) 것으로 이해될 수 있는지를 설명해 준다는 것이다. 그러나 그러한 관습을 보여 주는 증거들은 약하고(Collange, 29; 그러나 Knox, *St. Paul*, 129 n. 5; Lietzmann, Friesen, *The Glory*, 26를 보라), "향기"는 많은 종교들 속에서 신의 임재를 나타내는 일반적인 용어였다는(예를 들면, Euripides, *Hippolytus*, 1392: 여신 아데미는 "신령한 향기의 영"〈*ὦ θεῖον ὀσμῆς πνεῦμα*-오 데이온 오스메스 프뉴마〉으로 나타난다) 로마이어(Lohmeyer)의 주장(*Vom göttlichen Wohlgeruch*, 33ff.)에 대해서도 동일한 비판이 성립된다.

좀더 구체적으로 구약의 지혜 문헌의 예를 적용한다면(Sir 24:15; 39:14; 50:15; Bultmann, 68, 69), 바울은 "하나님을 아는 지식"을 통상적으로 향기로운 냄새에 비유되는 지혜(Prümm, *art. cit.*)와 결부시키고 있는 것이다. 그러나 여기에 나오는 냄새를 구약의 희생 제사에 나오는 유오디아(*εὐωδία*, 15절: 창 8:21; 참조. 출 29:18; 레 1:9, 13, 17; 겔 20:41, Strachan, Denis, Stumpff, *TDNT* 2:808-10)와 연결시키는 견해나 앞에서 본 지혜 문헌과 연결시키는 견해에 있어서 15절이 두 가지 반응을 토대로 독특한 대비를 하고 있다는 난점은 여전히 남게 된다.

그래서 맨슨(T. W. Manson, "2 Cor 2:14-17")은 그러한 반론을 랍비 문헌에 근거하여 반박할 수 있었다(Str-B 3:498f.를 인용해서; 그러나 우리는 G. F. Moore, "Coniectanea Talmudica"가 이미 1905년에 그와 같은 주장의 토대를 닦아 놓았다는 점을 지적했다). 토라는 흔히 그것을 어떻게 사용하느냐에 따라서 유익이 되기도 하고 해가 될 수도 있는 약으로 불린다(아람어로 삼〈סם〉; 삼마〈סַמָּא〉). 사실 약은 변함이 없다. 즉 토라는 변함이 없지만, 토라와 접촉하게 된 자들은 토라가 그들에게 불로장생의 영약(סם חיים-삼 하이임)가 되기도 하고 치명적인 독약(סם המות -

삼 하마웨트)이 되기도 한다는 것을 발견한다. 즉 토라는 이스라엘에게는 생명이 되고, 이방인들에게는 사망이 된다. 바울은 토라의 이러한 이중적인 효과를 가져와서 그것을 그의 복음 또는 좀더 구체적으로 말해서 바울이 그의 사역을 통해서 사람들에게 알리도록 책임을 맡은 "하나님을 아는 지식"(*γνῶσις τοῦ θεοῦ*-그노시스 투 데우)에 적용하고 있는 것이다. 우리가 "냄새"(*ὀσμή*-오스메)에서 "약"(Manson, 158이 근거로 제시하는 *Yoma* 72b에서처럼; 그러나 Kümmel, 198은 여기에 반대한다; Kümmel에 대한 답변은 이하에 서술되고 있다)으로 조금만 옮겨 간다면, 우리는 그 연결 관계를 볼 수 있다. 바울의 사도적 사역은 그리스도가 하나님을 아는 지식의 보고(寶庫)임(참조. 골 2:3)을 알리는 것이고, 사람들은 그리스도를 받아들여서 생명을 얻을 수도 있고, 그리스도를 거부함으로써 사망에 이를 수도 있다. 그리스도 안에는 죄를 치료해 줄 수 있는 약이 들어 있다. 사람들이 그리스도를 받아들이면 그것은 생명을 주는 약이 되지만, 그것을 거부한다면 사도의 사역은 독약처럼 작용하게 된다. 그런 까닭에 바울은 17절에서 자기는 그의 대적자들이 하는 것과는 달리 하나님의 말씀을 혼잡하게 하지 않는다고 주장한다. 맨슨(Manson)의 주장에 의하면, 이 문제는 기독론적인 것이다. 따라서 이 문제는 "수다한 사람"(*οἱ πολλοί*-호이 폴로이)을 11:4에 비추어서 다루고 있는 최근의 논의와 결부될 수 있다.

15 "구원 얻는 자들에게나 망하는 자들에게나"(*ἐν τοῖς σῳζομένοις καὶ ἐν τοῖς ἀπολλυμένοις*-엔 토이스 소조메노이스 카이 엔 토이스 아폴뤼메노이스). 현재분사들은 "구원" 또는 "영원한 죽음"을 향하여 "길을 가고 있는 자들"을 의미한다(4:3; 참조. 고전 1:18; 빌 2:18; 벧전 2:7). 이 절은 14절의 연장으로 단지 이렇게 말하고 있을 뿐이다(편집된 것이라면): 복음을 전하는 것은 냄새다. 아마도 바울의 명백한 적용은 이런 것인 것 같다: 그렇다, 우리는 그리스도(크리스토스 〈*Χριστός*, 기름부음 받은 자〉는 크리에인〈*χρίειν*, "기름을 붓다"〉에서 나온 말이다: 위의 Kümmel에 대한 답변으로서 여기서는 약과의 연결 관계가 존재하는 것 같다)의 향기로운 냄새다. 바울의 복음 선포는 듣는 자들을 "구원"(*σωτηρία*-소테리아: W. Förster-G. Fohrer, *TDNT* 7:966-1004, esp. 992를 보라: 이것은 하나님께서 이스라엘을 구원하기로 약속하신 날〈참조. 6:2〉이 도래했음을 알리고서 믿음과 감사함으로 맞이하라고 부르는 종말론적인 용어다: 롬 10:1, 11; 11:14; 고전 9:22; 10:33; 살전 2:16을 보라. 그러나 이 용어는 "이방인의 사도"〈롬 1:5〉로서의 바울에 의해서 이방인들을 포함하는 것으로〈롬 10:12-17〉 좀더 폭넓게 사용된다)

으로 이끌기 위한 것이었다. 그 반대는 "멸망, 파멸, 상실"(*ἀπώλεια*–아폴레이아) 인데, 이 용어도 하나님과 분리된 실존을 가리키는 종말론적인 암호다: 두 개의 분사 소조메노이…아폴뤼메노이(*σῳζόμενοι…ἀπολλύμενοι*)에 대해서는 U. Wilckens, *Weisheit und Torheit*, 21-23를 보라.

16 분명히 여기서 "냄새"(*ὀσμή*–오스메)는 그것을 어떻게 인식하느냐에 따라서 두 가지 상반된 의미를 지니게 된다. "망하는 자들"에게 그것은 "사망으로 좇아 사망에 이르는"(*ἐκ θανάτου εἰς θάνατον*–에크 다나투 에이스 다나톤) 냄새, 즉 그 자체로 "사망을 가져오는" 냄새이거나 사망 선고를 "현실화하는" 바울에 의해서 옮겨지는 냄새(4:10-12)이거나 받아들이지 않는 자들에게는 단지 죽은 예수만을 연상시키는 냄새(Barrett, 101)다. 응답하는 자들에게는 바울의 선포는 "생명으로 좇아 생명에 이르는"(*ἐκ ζωῆς εἰς ζωήν*–에크 조에스 에이스 조엔) 향기, 즉 예수의 부활 생명으로부터 나오는 향기(Barrett) 또는 감춰져 있기는 하지만 실재하는 것으로서(빌 1:23; 참조. 골 3:3) 듣는 자들을 "영생"으로 이끄는(롬 6:23) 그리스도 안에 있는 바울 자신의 생명에 대하여 말해 주는 향기다. 이렇게 동일한 사도와 복음(이 두 용어는 서로 결합되어 있기 때문에 어느 한 쪽을 배제하고서 다른 쪽을 이해할 수 없다[Bultmann, *Theology* 1:59f.])은 두 가지 완전히 상반된 결과를 가져왔다.

이 사역은 이렇게 큰 무게가 실려 있는 것이기 때문에, 바울은 수사학적으로 이렇게 물을 수 있었다: "그러므로 누가 이러한 일들을 할 자격이 있는가"–또는 "그러한 자격을 갖추고 있는가?"(*καὶ πρὸς ταῦτα τίς ἱκανός*–카이 프로스 타우타 티스 히카노스) 문제가 되고 있는 것은 단순히 직임이나 가르침이 아니라, 그러한 책임을 맡고 있는 사람이다. 바로 그 책임을 맡고 있는 사람이 이렇게 갑자기 자신의 감정을 토로한다(Windisch, 99; Georgi, *Die Gegner*, 221f.). 불트만(Bultmann, 72)은 여기에 함축되어 있는 질문은 어떻게 내가 그러한 사자가 될 수 있겠느냐는 것이라고 올바르게 보고 있다.

문제는 히카노테스(*ἱκανότης*, "자격, 자질, 역량", 그러나 이것은 진정한 권한과 그것에 대한 증거의 문제다; 고린도 교회에서 뜨거운 논쟁이 되었던 용어)다. 바울은 3:5-6에서 이 문제로 다시 돌아오게 될 텐데, 다음 절은 바울이 히카노테스(*ἱκανότης*)와 둘로이 크리스투(*δοῦλοι Χριστοῦ*, "그리스도의 종들"; 11:23; 참조. 11:13: "저런 사람들은 그리스도의 사도로 가장하는 자들이니라")로서의 사역을 어느 정도 성공적으로 수행했다고 주장하는 자들을 염두에 두고 있었다는 것을 보여 준다. Georgi, *Die Gegner*, 224를 보라: "대적자들은 그들이 충분히 자격을 갖추고 있다고 말했고, 그 자격을 하나님과의 직접적인 관계와 결부시켰을 가능성이 높다." 그들은 헬레니즘 종교와 유대교 전통이 결합된 신인(*θεῖος ἀνήρ*-데이오스 아네르)으로서의 모든 증표들을 갖추고 있었기 때문에 바울의 질문에 대답하여 "우리는 자격이 있다"고 말하기까지 했을 것이다. 그들은 자신들이 "하나님에 의해서 충만한 영감을 받은 신인(*ἔνθεοι*-엔데이오이)"이라고 주장했다(Georgi, 147). 바렛(Barrett, 103)은 이러한 주장에 부분적으로 동의하지만, 과연 "신인"(神人)이라는 명칭이 옳은가에 대해서는 의구심을 표시한다. 이러한 의구심은 "A Critique of the Use of This Category in' New Testament Christology"라는 부제를 통해서 그 책의 의도를 보여 주고 있는 할러데이(C. H. Holladay)의 연구서인 *Theios Aner in Hellenistic Judaism*(SBL Dissertation Series 40[Missoula: Scholars Press, 1977] esp. 34-40)에 의해서 상당한 정도로 강화된다.

어쨌든 우리는 16절에 나오는 의문문에는 변증적인 뉘앙스가 존재한다는 것을 확신할 수 있다. 그렇지 않다면, 그 의문문을 다음 절과 연결시키기가 어렵다.

17 "우리는…아니하고"(*οὐ γάρ ἐσμεν κτλ*-우 가르 에스멘…). 연결사인 가르(*γάρ*)는 온전한 비중을 두고서 해석되어야 한다. 바울이 앞서 던진 질문인 "누가 감당하리요"는 부정적인 대답을 전제하고 있다(Barrett, Collange: Plummer, Bachmann, Lietzmann, Héring은 여기에 반대해서 과감하게 "우리가 감당한다"는 말을 첨가한다). 또는 적어도 그 대답이 3:5 이하에 주어져 있다고 할 때, 그것은 상당한 정도로 수정된 긍정의 대답이다. 그 대신에 여기서 바울은 사도직에 대한 그의 개념과 그의 대적자들이 지니고 있고 선전했던 개념 간에 거리를 둔다. 바울이 그들의 주제넘은 주장을 어떻게 보았는지는 분명하다. 그들은 "돈이 되는 일이라면 무엇이든지 하는 자들"에 다름아니다(Bengel은 바울이 사용한 이 동사 카펠류온테스⟨*καπηλεύοντες*⟩에 관한 최근의 논의를 미리 내다보았다). 이 동사는 두 가지 의미를 아울러 지니고 있다. (1) 포도주에 "물을 타는"(Barrett) 것과 같이 희석시키는 것. (2) 싸구려 물건을 팔아서 이문을 남기는 것(Windisch, *TDNT* 3:606-9; Bartelink는 아름다운 여성들의 말을 듣고 그들의 직분을 더럽혀서 거짓된 교리를 가르치는 몇몇 교회 지도자들의 행태에 대해 이 동사를 사용하여 묘사하는 후대의 Isidore of Pelusium의 글을 증거로 인용한다). 이 동사는 신약성경에서 단 한 번 나오는 단어로 칠십인역에서는 오직 두 번 나온다(포도주에 물을 타는 것을 가리키는 흥미로운 용례에 대해서는 사 1:22을 참조하라). 플라톤(Plato, *Protagoras*, 313)은 이

동사를 당시의 거짓 궤변론자들과 엉터리 철학자들에 대하여 사용한다: "궤변론자들은 지식을 팔아 먹는 장사꾼이다"(*κάπηλος*–카펠로스). 또한 필로스트라투스(Philostratus, *Life of Apollonius* 1.13)는 이 동사를 "여기저기 돌아다니며 지식을 팔아 먹다"(*σοφίαν καπηλεύειν*–소피안 카펠류에인)라는 뜻으로 사용한다.

이 용어는 분명히 바울에게는 고린도 교회의 무대에 중간에 끼어든 것으로 보이는 "수다한 사람"(*οἱ πολλοί*–호이 폴로이)을 겨냥한 경멸과 비난의 용어다(그들의 관심과 동기가 이득을 보는 데 있었다는 것에 대해서는 11:7-10, 20; 12:13을 보라; 참조. Georgi, *Die Gegner*, 234ff.). 그러나 그들의 행실은 바울이 보기에는 탐욕보다도 더 악한 것이었다(4:2; 11:4: 그들은 진리를 왜곡시키고 다른 복음을 소개한다). "수다한 사람"은 그들의 수가 많다는 것을 말하는 것이 아니라, 그들이 쿰란 공동체의 가르침들과는 분명히 아무런 상관도 없는 거짓 복음을 소개함에 있어서 영향력이 컸다는 것을 말해 주는 것이다(Daniel, "Une mention"). 바울이 꾸짖고 있는 것은 그들이 퍼뜨리고 다닌 거짓된 기독교적 가르침이었다.

반면에, 바울이 전한 메시지는 "하나님으로부터"(*ἐκ θεοῦ*–에크 데우) 나온 것이고 "하나님 앞에서"(*κατέναντι θεοῦ*–카테난티 데우)와 "그리스도 안에서"(*ἐν Χριστῷ*–엔 크리스토) 선포된 것인데, 4:5에 나오듯이 그리스도의 종이라면 마땅히 그렇게 해야 한다. 이러한 세 개의 어구 속에서 3-7장의 설계도를 찾고자 하는 것은 아무런 근거가 없는 것이다: 에크 데우(*ἐκ θεοῦ*)=3:1-4:12; 카테난티 데우(*κατέναντι θεοῦ*)=4:13-5:10; 엔 크리스토(*ἐν Χριστῷ*)=5:14-7:1(Prümm, *Diakonia Pneumatos* 1.93ff.). 그러나 콜랑쥐(Collange)가 보여 주고 있듯이, 14-17절이 우리가 앞에서 본 것처럼 이 서신의 나중에 나오는 단락들에 대한 복선을 이루고 있다는 주장은 충분히 따를 가치가 있다.

무엇보다도 특히 바울과 그의 동역자들은 "순전함"(*εἰλικρίνεια*–에일리크리네이아)의 "사람들"(*ὡς*–호스의 의미, Bultmann, 73)이기 때문에, 그들의 말은 신뢰할 수 있다(변증적 배경에 대해서는 1:12을 참조하라). 두 번의 "그러나"(*ἀλλά*–알라)는 바울을 고린도에 와서 분란을 일으킨 자들로부터 구별시키는 역할을 한다. 그런 까닭에 답변을 한다는 것을 보여 주는 "우리가 말하노라"(*λαλοῦμεν*–랄루멘)가 사용되고 있다. 이렇게 직설적으로 변호를 해야 할 필요성이 있었다는 것은 3:1-3에서 분명하게 드러나는데, 이 구절들은 "본론에서 벗어난 여담"(Bultmann, 73)이 아니라 2:16-17이 옳다는 것을 보여 주기 위하여 꼭 필요한 내용이다.

3:1 바울의 열띤 변호는 너무 건방진 것으로 보일 수 있었을 것이다: "우리가

다시"(ἀρχόμεθα πάλιν ἑαυτοὺς συνιστάνειν-아르코메다 팔린 헤아우투스 쉬니스타네인. 그러나 팔린〈πάλιν〉이라는 부사가 동사 쉬니스타네인〈συνιστάνειν〉에 걸린다고 해도 전체적인 의미는 동일하다) "자천하기를 시작하겠느냐." 부사 팔린(πάλιν)은 우리로 하여금 바울이 스스로를 자천한 것이 언제였는지를 묻게 만든다(이것과 동일한 개념에 대해서는 4:2; 5:12을 참조하라). 그것은 고린도전서를 쓸 때였던가(예를 들면, 고전 9:1, 2, Bruce, Héring, Hughes), 아니면 이 절은 고린도후서 10-13장(특히 12:19)을 이전에 쓴 서신으로 전제하고 있는 것인가? 또는 그것은 지금은 없어져서 우리에게는 전해지지 않는 2:4의 "눈물의 편지"를 가리키는 것인가? 우리는 어느 쪽이라고 말하기가 어렵다. 서론을 보라.

"천거서들"은 사도행전 9:2; 22:5; 18:27; 로마서 16:1에 나온다(마지막 두 개의 전거들은 믿을 만하다는 것을 확증해 주기 위하여 사용된 기독교의 문서들을 가리킨다; 쉬니스테미〈συνίστημι〉라는 동사는 신약에서 16번 발견되고, 바울 서신에서는 13번 나오는데, 바울은 이 동사를 고린도후서에서 8번 사용한다; 로마서 16:2에 나오는 뵈뵈의 경우처럼 천거서를 지니고 가는 자의 신분과 자격에 관하여 말하고 있는 Georgi, *Die Gegner*, 241ff.를 참조하라. Georgi는 이 동사가 고린도 교회에서 활동하던 "수다한" 거짓 교사들과 바울 간의 논쟁에서 주요한 개념이었다고 결론을 내린다).

바울은 고대 세계에서 잘 알려져 있었던 그러한 외적인 증빙들을 사용할 필요가 없었다(참조. C. W. Keyes, "The Greek Letter of Introduction," *American Journal of Philology* 56[1935] 28-44)-비록 그러한 것들이 존중되어야 했다고 할지라도. "너희에게"(πρὸς ὑμᾶς-프로스 휘마스)는 그 천거서들이 모교회인 예루살렘 교회로부터 나왔다는 것을 보여 주는 것이라고 케제만(Käsemann, *Die Legitimität*, 25)은 생각한다(그러나 Georgi, *Die Gegner*, 245에서는 그러한 생각에 도전해서 바울의 대적들은 기독교 신앙에 대하여 자유분방하고 은사적으로 접근했기 때문에 예루살렘 교회의 위계 질서적이고 제도적인 지배에 복종할 수 없었을 것이라고 생각한다: "그들에게는 성령의 진정성을 권위〈Recht〉가 보장하는 것이 아니라, 성령이 권위의 진정성을 보장하는 것이었다"). 어쨌든 이 사람들은 그러한 신임장으로 무장하고서 고린도 교회에 왔다. 아마도 그 신임장들은 그들의 "영적인" 업적들을 나열한 목록들이었을지도 모른다(참조. 11:21-33).

바울은 나중에 이런 종류의 활동들이 그들의 신분을 보장해 준다는 것을 반박할 기회를 갖게 되는데(10:12, 18에서), 그가 호소한 것은 "사도의 표적들"(11:21-33;

12:12)로서의 그의 고난이었다. 이 시점에서 바울은 "너희로부터 받는(ἐξ ὑμῶν-엑스 휘몬) 천거서들"에 더 큰 관심을 보이고 있는데, 그러한 관심은 그로 하여금 자연스럽게 고린도 교회에서의 그의 목회 사역을 생각하도록 이끈다.

2 고린도 교인들이 지닌 그리스도인으로서의 지위는 바울의 사역이 과연 유효한 사역이었는지를 보여 주는 시금석이 된다: "너희는 너희 마음에 쓴 우리의 편지라." 고린도후서를 읽는 독자들 자신의 체험은 바울이 교회를 세운 자로서 행했던 모든 일이 유효하고 가치가 있었다는 것을 보여 주는 증거가 된다(고전 3:6-10). 엔 타이스 카르디아이스 휘몬(ἐν ταῖς καρδίαις ὑμῶν, "너희 마음")이라고 읽어야만 그 뒤에 나오는 분사들이 제대로 의미가 통하게 된다. 왜냐하면 여기서 바울의 생각은 고린도 교인들의 변화된 삶("마음"〈καρδία-카르디아〉은 성령이 역사하는 신앙 활동의 본거지이자 인간의 인격의 중심이다: J. Behm, *TDNT* 3:609-16) 속에 쓰여진 편지는 세상에 대한 증언이기도 하다는 것이기 때문이다. "온 세상"은 그 편지를 "읽고 알게" 된다(우리는 앞서 영어로는 제대로 재현할 수 없는 단어 유희가 여기서 사용되고 있다는 것을 지적한 바 있다). 아마도 이 마지막 어구는 바울의 대적들이 고린도 교인들을 상대함에 있어서 떳떳하지 못했다는 것과 그들이 교회에서 지니고 있는 세력이 너무 낱낱이 파헤쳐지기를 바라지 않았다는 것에 대한 풍자를 은연중에 내포하고 있는 것 같다(11:20; 12:16, 17). 반면에, 바울의 사역은 "각처에서"(2:14) 모든 사람들에게 공개되었다.

3 동사 파네룬(φανεροῦν/φανεροῦσθαι-파네루스다이, "나타나다")은 이미 바울의 자기 고백(2:14)의 일부를 형성하고 있었고, 바울은 4:2에서 다시 명사 형태로 이 단어를 사용하게 될 것이다. 3절의 문맥은 앞에서와는 좀 다르기는 하지만 여전히 권위의 참된 원천이 어디에 있고, 사역을 위한 진정한 신임장은 무엇이냐는 전체적인 문제를 염두에 두고 있는 것 같다. 고린도 교인들은 그들이 "그리스도의 편지"(ἐπιστολὴ Χριστοῦ-에피스톨레 크리스투, 여기서 속격은 주격적 속격이다: 그들은 그리스도가 직접 쓴 편지다)라는 증거를 나타내 보였다. 그렇지만 만약 바울이 그들을 상대로 "목회하지"(διακονηθεῖσα ὑφ' ἡμῶν-디아코네데이사 휘프 헤몬) 않았다면, 그들은 그러한 편지가 될 수 없었을 것이다. 바울의 충성스러운 섬김(διακονία-디아코니아)은 그가 이러한 절들 속에 내포되어 있는 주장과 반박을 뒷받침하기 위하여 근거로 제시하는 증표다. 그들의 생명은 오직 섬김 속에서의 "우리의 수고"로 인해서 그리스도께로부터 온 것이라는 것은 "명백히"(파네루메노이〈φανερούμενοι〉를 Héring의 주장대로 중간태로 보고 Lührmann과 마찬가지로

변증적인 것으로 보아서) 사실이다.

디아코니아(*Διακονία*, "섬김")는 사도가 좋아하는 용어다(바울 서신 속에 동사와 명사 형태로 51번 나오고, 그 중 20번은 고린도후서에 나오는데, 6번은 8-9장에서 연보와 관련하여 나오기 때문에 그 의미는 획일적이지 않다). 아가야 사람들에게 전달된 그리스도의 메시지는 하나님의 성령의 역사라는 것이 인정되는데, 성령은 이렇게 함으로써 바울의 사역에 권위를 부여했다(동사 디아코네인〈*διακονεῖν*〉이 "메시지를 전하다"를 의미한다는 것에 대해서는 Josephus, *Ant.* 6. 298를 인용하고 있는 W. Baird, *JBL* 80[1961] 166-72를 보라).

"성령의 사역"(*διακονία τοῦ πνεύματος*-디아코니아 투 프뉴마토스)이라는 어구가 이 장에서 이후로 주도적인 개념이 됨에 따라서(Prümm), 바울의 민첩한 사고는 돌연히 "편지"에서 "언약"으로 옮겨 간다(Provence, 60). 콜랑쥐(Collange, *Enigmes*, 51)는 이것을 예화를 들어서 생생하게 설명한다: 두 개의 강(편지/언약)은 좀더 광활한 곳으로 흘러 들어간다. 그리고 우리는 이 두 가지 개념이 공통적으로 지니고 있는 것이 사람들의 마음에 그리스도의 편지를 써서 바울의 사역을 통해서 새 언약의 시대가 개시되게 함으로써 새 생명을 가져다 주는 "성령"(*πνεῦμα*-프뉴마)이라는 것을 덧붙일 수 있을 것이다.

"먹으로 쓴 것이 아니요"(*οὐ μέλανι*-우 멜라니, 3b절)는 파피루스와의 연관성을 시사해 주는 것일 수도 있지만, 여기서 대비되고 있는 것은 마음/성령과 돌/모세의 율법(적어도 추론상으로)이다. 바울은 출애굽기 31:18(LXX)로 거슬러 올라간다: "하나님의 손가락으로 쓰여진 돌판들"(*πλάκας λιθίνας γεγραμμένας τῷ δακτύλῳ τοῦ θεοῦ*-플라카스 리디나스 게그람메나스 토 다크튈로 투 데우; 참조. 출 32:19; 신 9:17). 여기서 가장 두드러진 변화는 "하나님의 손가락으로"가 "살아 계신 하나님의 영으로"로 바뀌었다는 것인데, 이 표현은 성경에서 오직 여기에만 나오는 성령을 가리키는 예외적인 호칭이다. 출애굽기 본문은 모세 언약을 가리킨다. 그러나 구약에서 "새 언약"에 관하여 언급하면서 율법이 "그들의 생각 속에"(*διάνοιαν*-디아노이안) 두어지고 "그들의 마음에"(*ἐπὶ καρδίας αὐτῶν*-에피 카르디아스 아우톤) 쓰여질 것이라고 말하고 있는 것은 오직 예레미야 31(38):33뿐이다. 그러나 콜랑쥐(Collange, *Enigmes*, 51)가 지적하듯이, 모세의 율법(옛 언약과는 구별되는)과의 대비는 존재하지 않고, 성령에 대한 언급도 존재하지 않는다. 이 주제에 대해서는 R. P. Martin, "Writing and Writing Materials," "Papyrus," *Dictionary of the Bible and Religion*, ed. W. Gentz(Nashville: Abingdon, 1986)를 보라.

우리는 이 두 가지 간접 인용과 관련해서 에스겔서를 살펴보아야 한다(11:19; 32:26). 바울이 "새 영"과 "돌비"를 "육의 심비"와 대비했을 때 에스겔서에 나오는 그러한 본문들이 그의 마음속에 있었다는 것은 분명하다. 그렇지만 바울은 그러한 본문들을 주목할 만한 방식으로 새롭게 바꾸어 놓았다: 그는 "돌 같은 마음"을 "돌비"와 동화시켰는데, 후자의 어구는 모세의 율법과의 연관성을 보여 주기 위하여 사용된 것이었다. 그가 고린도후서 3장에서 살펴보고자 하는 것이 바로 이러한 연결 관계라는 것은 앞으로 분명해질 것이다.

4 "우리가 이 같은 확신이 있으니"(*πεποίθησιν δὲ τοιαύτην ἔχομεν*-페포이데신 데 토이아우텐 에코멘). 여기서 도출되는 결론은 3:1-3(Plummer, Hughes), 또는 2:17(Strachan, Godet, Windisch, Provence, 62)로 거슬러 올라간다. 이 용어는 자기가 "새 언약의 일꾼"으로 활동하고 있고, 그가 자유함을 누리고 있다는 것에 대한 바울의 자기 인식을 뒷받침하기 위하여 선택된 것이다(3:12, 17, 18; Bultmann, *TDNT* 6:1-12). 그러나 이 용어는 고린도 공동체에 대한 바울의 관계를 표현하는 것이기도 하다(페포이데시스〈*πεποίθησις*, "확신"〉의 6번의 용례들 중에서 4번이 고린도후서에 나온다). 따라서 "우리가 가지고 있다"(*ἔχομεν*-에코멘)는 하나의 선언으로 보아야 한다: "우리가 이러한 확신을 가지고 있는 것은 정당한 이유가 있는 것이고 결코 환상이 아니다"(Godet의 자유로운 의역). 동사 에케인(*ἔχειν*, "가지다")은 2:14-7:4을 관통하면서 바울이 하나님의 뜻에 따라 붙잡혀서 사용되고 있다는 것을 나타낸다(3:12; 4:1, 7, 13; 5:1, 12, [14]; 6:10; 7:1: so Prümm, *Diakonia Pneumatos* 1, 111; 2, 36, 39).

바울이 지니고 있는 그러한 확신은 "그리스도로 말미암아"(*διὰ τοῦ Χριστοῦ*-디아 투 크리스투)라는 어구에서처럼 적절한 수식어가 따라붙을 때는 그리스도께서 고린도 교인들 가운데서 바울을 통하여 역사하셨다는 것을 말해 줌으로써 바울의 역할을 보여 주는 문구가 되고 있는 것 같다(M. Bouttier, *En Christ*, Etude d'exégèse et de théologie paulinienne[Paris: Universitaires de France, 1962] 33f.). 두 번째 어구는 "하나님을 향하여"(*πρὸς τὸν θεόν*-프로스 톤 데온)인데, 이것은 바울의 사역이 이루어지고 있는 영역을 가리키는 것으로서 2:17b로 거슬러 올라간다. 바울은 자기 자신에게 그 어떤 공로도 없다고 말하면서, 과부하가 걸린 문장을 통해 사도로서의 그의 "자격"은 하나님의 은혜의 선물이라고 말한다(살전 2:4; 고전 15:10; 참조. 엡 3:7, 8; 딤전 1:12, 14).

5 "우리가 무슨 일이든지 우리에게서 난 것같이 생각하여 스스로 만족할 것이

아니니 우리의 만족은 오직 하나님께로서 났느니라"(οὐχ ὅτι ἀφ' ἑαυτῶν ἱκανοι ἐσμεν λογίσασθαί τι ὡς ἐξ ἑαυτῶν, ἀλλ' ἡ ἱκανότης ἡμῶν ἐκ τοῦ θεοῦ-우크 호티 아프 헤아우톤 히카노이 에스멘 로기사스다이 티 호스 엑스 헤아우톤, 알 헤 히카노테스 헤몬 에크 투 데우, 직역하면 "우리는 우리에게 무슨 자격이 있는 것으로 여기는 것이 마땅하지 않으니 우리의 자격은 하나님께로서 나느니라").

마침내 우리는 바울이 2:16에서 다음과 같은 수사의문문으로 시작했던 여정의 종착역에 도착했다: 이러한 책임을 맡을 자격이 있는 자가 누구인가? 핵심적인 용어는 이 절에서 다시 사용되고 있는 히카노스(ἱκανός)이다. "우리는 스스로(ἀφ' ἑαυτῶν-아프 헤아우톤) 자격이 있는(ἱκανοί-히카노이) 것이 아니라 우리의 자격(ἱκανότης-히카노테스)은 오직 하나님께로서 난다." 아마도 여기에는 요엘 2:11, "(여호와의 날이 크고 심히 두렵도다) 누가 그것을 능히 감당하랴"(καὶ τίς ἔσται ἱκανὸς αὐτῇ-카이 티스 에스타이 히카노스 아우테)에 대한 간접 인용이 존재하는 것 같다. 따라서 하나님의 임재 앞에서(πρὸς τὸν θεόν-프로스 톤 데온, 4절) 사람은 자신의 유한성과 깨어지기 쉽다는 것을 너무도 통렬히 깨닫게 되고, 그때 사람이 취할 적절한 태도는 자신을 낮추는 겸손이다. 왜냐하면 하나님은 "스스로 충족하신 분"(Heb. 엘 샤다이=שדי-샤다이, LXX ὁ ἱκανός-호 히카노스, 룻 1:20; 욥 21:15; 31:2; 40:2; 겔 1:24[A]; 이것은 Aquila, Symmachus, Philo에서 하나님을 가리키는 통상적인 호칭이다; Knox, *St. Paul*, 131, n. 1을 보라)이신 반면에, 사람은 단지 죽을 수밖에 없는 자이기 때문이다. 그러나 게오르기(Georgi, *Die Gegner*, 223, 224)는 이러한 주장이 옳지 않다고 본다.

그런 후에 바울이 자기 자신 속에 자격이 있다는 것을 부인한 목적이 명확히 진술된다: "우리가 무슨 일이든지 우리에게서 난 것같이"(ὡς ἐξ ἑαυτῶν-호스 엑스 헤아우톤, 이것은 엉성하게 표현된 어구이기는 하지만〈Collange, *Enigmes*, 60〉 뭔가를 강력하게 환기시키는 어구다; Allo, Héring, Collange는 준상업적인 뉘앙스를 제시하고, Georgi, *Gegner*, 223에서는 이것이 10:2, 7, 11; 11:15; 12:6에서 보여 주듯이 고린도 교회의 표어였다고 본다) "생각하여"(λογίσασθαί τι-로기사스다이 티) 스스로 만족할 것이 아니니 도리어(ἀλλά-알라) "우리의 자격은 오직 하나님께로서 났느니라"(ἐκ τοῦ θεοῦ-에크 투 데우; 에크〈ἐκ〉는 엑스 헤아우톤〈ἐξ ἑαυτῶν〉과 대응된다). 우리는 이 말이 변증적인 뉘앙스를 지닌 것으로서, 자기들은 성령의 은사들로 "잘 준비된 자들"이며 그들이 지닌 천거서가 그들의 주장을 뒷받침해 준다고 자랑했던 바울의 대적들을 향한 것이라고 결론내리지 않을 수 없다. 이 절에 대해서는 C. H. Dodd, *BT* 28(1977) 101-16를 보라.

6 "저가 또 우리로 새 언약의 일꾼 되기에 만족하게 하셨으니"(*ὃς καὶ ἱκάνωσεν ἡμᾶς διακόνους καινῆς διαθήκης*-호스 카이 히카노센 헤마스 디아코누스 카이네스 디아데케스, 직역하면 "저가 또 우리에게 새 언약의 일꾼이 되는 자격을 주셨으니"). 바울은 마치 자신이 그의 독자들에게 잘 알려져 있던 교리 문답 전승에 빚을 지고 있다는 듯이 정밀하게 글을 쓴다. 분명히 이 절 속에는 이례적인 어구들이 나온다. 좀더 구체적으로 살펴보면, (1) "하나님은 우리에게 자격을 주셨다"(*ἱκάνωσεν*-히카노센, 개역 성경에서는 "우리로 새 언약의 일꾼 되기에 만족하게 하셨으니"). 어떤 학자들(Hughes, Plummer, Windisch)은 여기서 사용된 단순과거 시제를 근거로 해서 바울이 자기가 회심할 때 그리스도의 종으로 부르심을 받은 것을 여기서 회고하고 있는 것이라고 말한다(S. Kim, *The Origin of Paul's Gospel*[Grand Rapids: Eerdmans, 1982] 11를 보라). 다음으로는 (2) "새 언약의 일꾼"(다메섹 문서〈CD〉 6:19; 8:21; 19:34; 20:12; 그리고 아마도 1QpHab 11:3에 나오는 표현에 상응하는 카이네스 디아데케스〈*καινῆς διαθήκης*〉; 그러나 가장 중요한 것은 이 어구가 렘 31:31-4로 거슬러 올라가고 눅 22:20〈D〉, 고전 11:25에 분명하게 나타난다는 것이다; 참조. 히 8:8; 9:15; 12:24). 끝으로 (3) 수수께끼 같은 어구인 우 그람마토스 알라 프뉴마토스(*οὐ γράμματος ἀλλὰ πνεύματος*), 즉 언약은 "의문이 아니라 성령에" 토대를 두고 있다. 한편, 다음과 같은 병행이 보여 주듯이 이 절은 2:16b과 나란히 놓여 있다.

| **3:6** | **2:16b** |
| --- | --- |
| *ἱκάνωσεν*(히카노센) | *ἱκανός*(히카노스) |
| *ἡμᾶς*(헤마스) | *τίς*(티스) |
| *διακόνους*(디아코누스) | *πρὸς ταῦτα*(프로스 타우타) |
| *καινῆς διαθήκης*(카이네스 디아데케스) | |

여기에 열거된 핵심적인 용어들은 우리를 고린도 교회에서의 바울의 사역을 폄하하고 아가야 지방의 그리스도인들을 거짓된 길로 이끌었던 자들에 대한 바울의 반론의 핵심으로 데려다 준다. 그는 특별히 그의 사도적 사역과 관련해서 하나님께서 자신을 인정하셨다는 것을 어근 *ἱκαν*-("충분한, 자격이 있는")을 통해서 주장한다. 바울은 스스로 사도가 되었다거나 천부적으로 받은 재능에 의지해서 사도가 되었다는 모든 주장을 일축하고서 자신의 삶이 하나님 앞에(coram Deo) 있다고 말

하고, 하나님은 그의 약함을 아시기 때문에, 그는 오직 하나님만이 그가 사도직을 수행할 수 있도록 능력을 주실 수 있다는 것을 알고 있다(고전 15:9: *ὅς οὐκ εἰμι ἱκανὸς καλεῖσθαι ἀπόστολος*-호스 우크 에이미 히카노스 칼레이스다이 아포스톨로스, "나는 사도라 칭함을 받기에 감당치 못할 자로라").

"직분"(*διακονία*-디아코니아)으로의 이행은 별 무리없이 부드럽게 이루어진다. 예레미야 31장이 이미 바울의 생각 속에 있었기 때문에(3:3), 바울의 사고가 계속해서 모세의 율법과 어느 정도 긴장 관계에 있는 "새 언약"을 고찰하는 데로 이동하게 된 것은 충분히 예상할 수 있는 일이다. 그러나 아포스톨로이/디아코노이 크리스투(*ἀπόστολοι/διάκονοι Χριστοῦ*; 11:15, 23)에 대한 바울의 대적들의 주장이 여기에도 반영되어 있다고 보는 우리가 옳다면, 바울은 그의 대적들에게 반응하고 있는 것이라고 보는 것이 옳을 것이다. 왜냐하면 바울은 고린도 교회에서 논란이 되고 있던 바로 그 용어를 선택해서(Georgi가 제시하는 증거들은 인상적이다, *Die Gegner*, 31-49; 또한 Collins, *JBL* 93[1974] 88-106를 보라), 여기서의 맥락 속에서 그가 일부러 애써 설명하고자 하지 않는 서술적인 어구인 카이네스 디아테케스(*καινῆς διαθήκης*, "새 언약의")를 통해서 그 용어를 재형성하기 때문이다. 아마도 그의 독자들이 그 용어의 의미를 잘 알고 있었거나(W. C. van Unnik, "La Conception," 111) 베리트(ברית, "언약")에 관한 자료(E. Jacob, *Theology of the Old Testament*, tr. A. W. Heathcote and P. J. Allcock[London: Hodder & Stoughton, 1958], 209-17)의 서술이 보여 주듯이 구약에 풍부하게 나오는 단어인 디아테케(*διαθήκη*)는 바울의 대적들이 그들 자신의 주장을 뒷받침하기 위하여 제멋대로 사용했기 때문에(A. Jaubert, *La notion d'alliance*, 447), 바울은 이 용어를 아무런 설명 없이 인용할 수 있었을 것이다. 또는 레인(W. L. Lane, "Covenant," *TynB* 33, 1982)이 의미심장하게 주장하고 있듯이, 고린도 교인들은 바울 사도가 "하나님께서 고린도 교회의 반역한 봉신(封臣)들에 대하여 제기하신 언약에 근거한 소송(히. ריב-리브)을 위한 사자"(18)라는 것을 알지 못했을 것이다. 더 개연성이 있는 것은 강조점이 카이네(*καινή*, "새로운")에 있다는 것이다. 왜냐하면 바울은 "새 언약"에 수반된 몇몇 오해를 극복해야 했다는 것이 분명해 보이기는 하지만, 어쨌든 바울은 그가 선포하도록 위임받은 복음 속에 있는 "새로움"의 요소들, 좀더 구체적으로 말해서 복음은 유대교의 개혁을 보여 주는 신호탄이 아니라, 하나님께서 인류를 상대하심에 있어서 새로운 장 즉 "종말론적인 새로운 구속 질서"라는 것을 호소하고자 하기 때문이다(E. Käsemann, "The Spirit and the Letter," *Perspectives on Paul*, tr. M.

Kohl[Philadelphia: Fortress Press, 1971] 150). 디아데케스(*διαθήκης*)에 카이네스(*καινῆς*)가 추가된 것을 뒷받침하기 위해서 우리는 바울이 "옛 것"과 "새 것"을 대비시킴으로써 죄와 사망의 옛 질서로부터 그리스도 안에서 성취된 새로운 종말론적 시대로부터의 이행을 얼마나 말하기를 좋아했는지를 지적할 수 있을 것이다(고전 5:7: *παλαὶα ζυμή…νέον φύραμα*-팔라이아 쥐메…네온 퓌라마; 롬 7:6: *παλαιότης γράμματος…καινότης πνεύματος*-팔라이오테스 그람마토스…카이노테스 프뉴마토스; 갈 4:24: *δύοδιαθῆκαι*-뒤오디아데카이; 참조. 골 3:9, 10: *παλαιὸς ἄνθρωπος…καινὸς*-팔라이오스 안드로포스…카이노스; 엡 4:22, 24 idem.).

"의문(문자)/영"(*γράμμα*-그람마/*πνεῦμα*-프뉴마)이 보여 주는 뚜렷한 대비는 바울의 문장이 끝나는 방식에 의해서 결코 해소되지 않는다: "그람마(*γράμμα*)는 죽이는 것이요 프뉴마(*πνεῦμα*)는 살리는 것이다." 연관된 논쟁의 많은 부분이 이 말에 집중되어 왔는데, 이 말은 로마서 2:29; 7:6에 나오는 비슷한 말들에 비추어서 보아야 한다. 이 공리는 바울의 사역이 유효하다는 것에 관한 논의를 마무리하기 위하여 도입된 전통적인 가르침 같아 보인다: 바울의 사역은 그가 전하는 말씀을 듣고서 받아들이는 자들에게 생명을 나누어 주는 것이다(이것은 2:15에도 나오는 내용이기 때문에, 이 두 절은 처음과 마지막이 서로 대응되는 일종의 수미쌍관법을 형성한다). 사망이라는 결과를 초래하게 되는 불신앙의 반응은 그람마(*γράμμα*)에 머물러 있으면서 새 시대로 옮겨 오기를 거부하는 자들이 그 의문에 의해서 죽게 되리라는 내용과 동일하다. 사망은 옛 시대에 머물러 있는 자들을 기다리고 있는 "종말론적인 선고"다(4:4).

**그람마**(*γράμμα*)라는 용어는 당연히 성경으로서의 구약을 가리키는데, 해석자에게 열려 있는 온갖 다양한 가능성들 중에서(편리하게 요약해 놓은 것으로는 Provence, 62-68를 보라) 가장 만족스러운 것은 그람마(*γράμμα*)를 고린도 교회에서 유행했던 토라에 대한 특정한 해석으로 보는 것이다. 그러한 견해는 그람마(*γράμμα*)를 모세의 율법을 그 자체로 목적으로 오해하고서 율법의 진정한 목적(롬 10:4: *τέλος*-텔로스)이 그리스도에게로 사람들을 이끄는 데 있으며 율법은 그리스도 안에서 성취되었다는 것(갈 3:24)을 인식하지 못한 것이라고 본 크랜필드(Cranfield)의 설명(*The Epistle to the Romans* 1[ICC: Edinburgh: T. & T. Clark, 1975] 339f.)과 어느 정도 일치한다. 그러나 3:7-18의 단락으로 넘어가면서 바울은 모세의 율법에 대하여 좀더 가혹한 태도를 보이게 되는데, 우리는 6절이 교리 문답에서의 가르침에 속한 것으로 바울이 그것을 인용한 것이라고 할 때(Collange, *Enigmes*,

63, 64, 66) 고린도 교회에서의 악의적인 반대는 바울로 하여금 "사망"과 "정죄"의 "직분"(διακονία–디아코니아)인 토라를 토대로 한(3:7, 9) "옛 언약"을 좀더 날카롭게 부각시키도록 내몬 것이라고 추측해 볼 수 있을 것이다.

좀더 폭넓은 관점에서 볼 때, 우리는 고린도 교회에서의 문제에 의해서 더욱 부각된 유대 기독교에 맞선 권위의 위기는 바울로 하여금 그의 사역의 이 시점에서 율법에 대하여 좀더 세분된 의미를 부여하도록 이끌었을 것이라고 주장한 바 있다(서론을 보라).

## 해설

수많은 하위 주제들을 지니고 있는 2:14-3:6 같은 긴 단락 속에서 우리가 중심적인 주제를 뽑아낼 수 있다면 그것은 큰 도움이 된다. 분명히 바울은 자신을 변호하는 입장에 서 있고, 자신의 사도직이 의심을 받고 있는 상황 속에서 자신의 사도직의 유효성을 가능한 한 폭넓게 보여 주고자 하는 데 관심을 갖고 있다. 바울을 비방하는 자들은 바울 자신에게 창을 겨누고 있고, 그가 과연 사도로서 "자격을 갖추고 있는지"에 대하여 의문을 제기하며 도전하고 있다. 그러나 이 문제는 바울 개인에 관한 문제가 아니라 그보다 훨씬 더 깊은 의미를 지닌 문제였다(Hickling, "The Sequence"의 주장과는 달리). 사도직에 관한 논쟁의 밑바닥에는 어떠한 종류의 사역이 하나님의 인정을 받는 사역인지에 대한 신학적인 대결과 긴장이 놓여 있다. 제대로 된 사역은 무엇인가라는 실용적인 질문은 사역에 있어서 권위의 원천은 어디에 있는가라는 좀더 근본적인 문제에 비추어 볼 때만 대답될 수 있다.

바울은 그리스도 안에서 하나님께서 승리의 원정을 개시하셨고, 결국에는 그 끝이 오게 되리라는 것을 하나의 전제로 받아들인다(2:14). 메시아의 승리에 관한 복음이 선포되어야 하고, 사람들은 성령의 새 시대에 동참하도록 부르심을 받아야 한다. 고린도 교회에서의 논쟁의 핵심은 이러한 메시지를 전하도록 책임을 맡은 자들의 신임(信任)과 관련이 있었다.

왜냐하면 바울의 대적자들(2:17)은 분명히 그들 자신을 하나님께로부터 신임을 받은 "그리스도의 종들"(11:23에서는 이 용어를 고린도 교회에서 문제를 일으킨 자들에 대하여 사용한다)로 여겼고, 그리스도를 섬김에 있어서 그들의 혁혁한 전과(戰果)를 잘 입증해 주는 "천거서들"로 무장한 채 고린도에 왔기 때문이다. 이와는 대조적으로, 바울의 사역은 그 효과가 미미하고 보잘것없어 보였다. 따라서 바울은 자신의 사도직을 강력하게 "변호해야" 했을 뿐만 아니라, 그와 동시에 그의 경쟁자들이 의지하고 있던 신임의 토대를 공격해야 했다.

그는 "천거서들"의 사용을 멸시했다. 그러면서 그는 여러 가지 방향에서 자신의 사도직을 증명해 주는 것들을 제시한다. 그는 자기가 진실하다는 것을 근거로 해서(2:17) 고린도 교회의 신자들이 그의 증인이라고 추가적인 결론을 이끌어 낸다. 외적인 증표들과는 대조적으로, 그는 하나님의 영이 그들의 삶 속에서 내적으로 역사하여 그들의 "새 생명"이 나타나고 있는 것을 증거로 제시한다.

누구든지 자기 자신이 가진 자원과 힘만으로는 하나님의 사역을 감당할 수 있는 자격을 갖추었다고 주장할 수 없다. 따라서 사도직과 관련된 최후의 보루는 하나님께서 주시는 능력이다(3:5-6). 어떤 직분이 올바른 것이냐를 결정해 주는 유일한 것은 그것이 하나님의 검열을 통과했고 그리스도에게 충실하냐는 것이다(하나님/그리스도라는 이름들이 자주 반복해서 등장한다, 예를 들면 2:17; 3:4). 하나님의 말씀으로서의 메시지는 그것에 사람들이 어떻게 반응하느냐에 따라서 구원을 가져다 주기도 하고 파멸을 가져다 주기도 하기 때문에(2:15-16), 말씀을 전하는 자는 결코 사람들에게 대중적으로 인기 있는 인물이 되지 못할 것이다. 하나님의 말씀은 어떤 일이 있더라도 물로 타서 희석되어서는 안 되고, 거짓이 섞여 들어가서 모조품이 되어서도 안 된다. 하나님의 말씀을 듣는 자들은 양자택일 식의 결단에 직면하게 된다. 결국 루이스(C. S. Lewis)가 말하듯이 오직 두 부류의 사람들만이 존재한다. 즉 하나님을 향하여 "주의 뜻이 이루어지이리다"라고 말하는 자들과 하나님으로부터 "너의 뜻이 이루어질 것이다"라는 말을 듣는 자들이다.

## B. 두 언약 아래서의 삶(3:7-18)

### 참고문헌

**Balch, D. L.** "Backgrounds in 1 Cor 3: The Sayings of the Lord in Q: Moses as an Ascetic in 2 Cor 3." *NTS* 18(1971/72) 351-64. **Barth, G.** "Die Eignung des Verkündigers in 2 Kor 2, 14-3, 6." 257-70. **Chevaller, M.-A.** *Esprit de Dieu, Parole* *d'Hommes.* Neuchâtel: Delachaux & Niestlé, 1966. 91-99. **Collange, J.-F.** *Enigmes de la deuxième épître de Paul aux Corinthiens.* **Doeve, J. W.** *Jewish Hermeneutics in the Synoptic Gospels and Acts.* Assen: Gorcum, 1954. **Dunn, J. D. G.** "2 Corinthians III. 17 - 'The Lord is the Spirit,'" *JTS* 21 n.s.(1970) 309-20. **Dupont, J.** "Le chrétien, miroir de la gloire divine après II Cor III. 18." *RB* 56(1949) 392-411. **Ellis, E. E.** "How the New Testament Uses the Old" in *New Testament Interpretation.* Ed. I. H. Marshall. Exeter: Paternoster Press/Grand Rapids: Eerdmans, 1977. 199-219. **Feuillet, A.** *Le Christ sagesse de Dieu, d'après les épîtres pauliniennes.* Paris: Gabalda, 1966. 113-61. **Fitzmyer, J. A.** "Glory Reflected on the Face of Christ(2 Cor 3:7-4:6) and a Palestinian Jewish Motif." *TS* 42(1981) 630-44. ______. "'To Know Him and the Power of His Resurrection' Phil 3, 10." In *Mélanges bibliques en hommage au R. P. Béda Rigaux,* ed. A. Descamps and A. de Halleux, 422-24. Gembloux: Duculot, 1970. **Friedrich, G.** "Die Gegner des Paulus im 2. Korintherbrief." In FS O. Michel *Abraham unser Vater,* ed. O. Betz, M. Hengel, P. Schmidt, 181-215. AGJU 5. Leiden: Brill, 1963. **Friesen, I. I.** *The Glory of the Ministry of Jesus Christ.* **Göttsberger, J.** "Die Hülle des Moses nach Ex 34 und 2 Kor 3." *BZ* 16(1924) 1-17. **Grech, P.** "2 Corinthians 3, 17 and the Pauline Doctrine of Conversion to the Holy Spirit." *CBQ* 17(1955) 420-37. **Greenwood, D.** "The Lord is the Spirit: Some Considerations of 2 Cor 3:17." *CBQ* 34(1972) 467-72. **Griffiths, D. R.** "'The Lord is the Spirit'(2 Corinthians 3:17, 18)." *ExpT* 55(1943-44) 81-83. **Hanson, A. T.** "The Midrash in II Corinthians 3: A Reconsideration." *JSNT* 9(1980) 2-28. **Hermann, I.** *Kyrios und Pneuma. Studien zur Christologie der paulinischen Hauptbriefe.* SANT 2. München: Kösel-Verlag, 1961. 17-19, 38-56. **Hickling, C. J. A.** "The Sequence of Thought in II Corinthians, Chapter Three." *NTS* 21(1974) 380-95. **Hill, E.** "The Construction of Three Passages from St. Paul…1 Corinthians 3:11." *CBQ* 23(1961) 296-301. **Hugedé, N.** *La métaphore du miroir dans les épîtres de s. Paul aux Corinthiens.* Neuchâtel: Delachaux & Niestlé, 1957. 17-24, 32. **Jervell, J.** *Imago Dei. Gen. 1, 26 f. im Spätjudentum, in der Gnosis und in den paulinischen Briefen.* FRLANT 76. Göttingen: Vandenhoeck & Ruprecht, 1960. **Kim, S.** *The Origin of Paul's Gospel.* WUNT 4. Tübingen: J. C. B. Mohr, 1981; Grand Rapids: Wm. B. Eerdmans, 1982. **Le Déaut, R.** "Traditions targumiques dans le corpus paulinien?" *Bib* 42(1961) 28-48. **McNamara, M.** *The New Testament and the Palestinian Targum to* *the Pentateuch.* AnBib 27. Rome: Pontifical Biblical Institute, 1966. ______. *Targum and Testament. Aramaic Paraphrases of the Hebrew Bible: A Light on the New Testament.* Grand Rapids: Wm. B. Eerdmans, 1972. **Meeks, W. A.** *The Prophet-King. Moses Traditions and the Johannine Christology.* NovTSup 14. Leiden: Brill, 1967. **Moberly, R. W. L.** *At the Mountain of God. Story and Theology in Exodus 32-34.* Sheffield: JSOT Press, 1983. 106-9. **Moule, C. F. D.** "2 Cor 3:18b, *καθάπερ ἀπὸ κυρίου πνεύματος*." In *Neues Testament und Geschichte,* ed. H. Baltensweiler and B. Reicke. FS O. Cullmann. Zurich: Theologischer Verlag, 1972. 231-37. **Patte, D.** *Early Jewish Hermeneutic in Palestine.* SBL Dissertation 22. Missoula: Scholars Press, 1975. **Provence, T. E.** "Who is Sufficient for These Things? An Exegesis of 2 Corinthians ii:15-iii:18." *NovT* 24(1982) 54-81. **Schmithals, W.** *Gnosticism in Corinth.* Tr. John E. Steely. Nashville: Abingdon, 1971. **Schulz, S.** "Die Decke des Moses. Untersuchungen zu einer vorpaulinischen Überlieferung in II Cor 3:7-18." *ZNW* 49(1958) 1-30. **Smith, William H., Jr.** "The Function of 2 Corinthians 3:7-4:6 in Its Epistolary Context." Ph.D. diss., Southern Baptist Theological Seminary, 1983. **Ulonska, H.** "Die Doxa des Moses," *EvT* 26(1966) 378-88. **Unnik, W. C. van.** "'With Unveiled Face,' An Exegesis of 2 Corinthians iii. 12-18." *NovT* 6(1963) 153-69(in *Sparsa Collecta,* Part I: NovTSup 29. Leiden: Brill[1973] 194-210). **Wainwright, A. W.** *The Trinity in the New Testament.* London: SPCK, 1962. 217, 225-27.

## 본 문

**7** 돌에 써서 새긴 죽게 하는 의문의 직분도 영광이 있어 이스라엘 자손들이 모세의 얼굴의 없어질 영광을 인하여 그 얼굴을 주목하지 못하였거든

**7** Now if the ministry that leads to death, engraved in letters of stone, appeared with [such] glory that the Israelites were not able to fix their eyes on Moses' face because of his glory, although it was transient,

**8** 하물며 영의 직분이 더욱 영광이 있지 아니하겠느냐

**8** how much more glorious will be the ministry of the Spirit!

**9** 정죄의 직분도 영광이 있은즉 의의 직분은 영광이 더욱 넘치리라

**9** For if the ministry[a] that leads to condemnation was glorious, how much more will the ministry that leads to righteousness abound in glory!

**10** 영광 되었던 것이 더 큰 영광을 인하여 이에 영광 될 것이 없으나

**10** Indeed, that which had partial glory has really lost whatever glory it had, compared with

11 없어질 것도 영광으로 말미암았은즉 길이 있을 것은 더욱 영광 가운데 있느니라

12 우리가 이 같은 소망이 있으므로 담대히 말하노니
13 우리는 모세가 이스라엘 자손들로 장차 없어질 것의 결국을 주목치 못하게 하려고 수건을 그 얼굴에 쓴 것같이 아니하노라

14 그러나 저희 마음이 완고하여 오늘까지라도 구약을 읽을 때에 그 수건이 오히려 벗어지지 아니하고 있으니 그 수건은 그리스도 안에서 없어질 것이라

15 오늘까지 모세의 글을 읽을 때에 수건이 오히려 그 마음을 덮었도다
16 그러나 언제든지 주께로 돌아가면 그 수건이 벗어지리라
17 주는 영이시니 주의 영이 계신 곳에는 자유함이 있느니라
18 우리가 다 수건을 벗은 얼굴로 거울을 보는 것같이 주의 영광을 보매 저와 같은 형상으로 화하여 영광으로 영광에 이르니 곧 주의 영으로 말미암음이니라

the surpassing glory [of the new covenant].
11 For if the transient [ministry] had its moments of glory, how much is the enduring ministry filled with glory!
12 Since, then, we really do have such a hope, we speak with great freedom born of confidence.
13 We are not like Moses who was in the habit of putting a veil over his face to prevent the Israelites from fixing their eyes [to see] the significance of what was about to be done away.
14 But [this happened because] their minds were obtuse; for until the present day, the same veil remains at the reading of the old covenant, and since the veil is not lifted, it is not evident that [only] in Christ is the glory done away.
15 But until today, as often as Moses is read, a veil lies over their mind;
16 yet "whenever there is a turning to the Lord, the veil is removed."
17 "The Lord" represents the Spirit; and wherever the Spirit of the Lord is, there is freedom.
18 And we, all of us, with faces uncovered, beholding as in a mirror the glory of the Lord are being transformed into the same image [of God] from one degree of glory to another; this is the work of the Lord, who is the Spirit.

## 원문주해

9. a. B D$^2$와 비잔틴 사본들을 따라서 주격인 디아코니아(*διακονία*)로 읽는다. 여격인 테 디아코니아(*τῇ διακονίᾳ*)는 사본상의 강력한 지지를 받고 있는데(p$^{46}$ ℵ A C D* G), 이 읽기를 택하면 다음과 같은 해석이 나온다: "정죄로 이끄는 직분도 영광이 있은즉 하물며 더욱." 어느 쪽이든 의미는 별로 달라지지 않지만, 디아코니아(*διακονία*)가 더 어려운 읽기(lectio difficiliar)여서 좀더 쉬운 읽기로 바뀐 것으로 보인다. 그러나 UBSGNT와 Nestle$^{26}$을 보라. Barrett(109)와 Collange, *Enigmes*(79)는 주격으로 된 읽기를 선호하지만, 후자는 "어느 쪽으로 읽든 의미는 전적으로 동일하다"고 올바르게 말하고 있다.

## 양식/구조/배경

빈디쉬(Windisch, 112)는 최근에 해석자들을 괴롭혀 온 한 가지 문제를 짤막한 문장으로 제시했다. 그는 Göttsberger, "Die Hülle"을 단서로 삼아서 3:7-18은 출애굽기 34:29-35에 대한 기독교적인 미드라쉬로서 그리스도 안에서의 새 직분(Amt)이 옛 직분보다 더 영광스러운 것임을 보여 주기 위하여 덧붙여진 것이라고 주장했다. 그는 이러한 새로운 생각에 대한 몇 가지 이유들을 제시했다. (1) 문체상의 근거들 위에서 이 단락은 이 단락을 앞뒤로 둘러싸고 있는 단락들과 같지 않고, 또한 앞뒤의 단락들과 연결되어 있지도 않다. (2) 이 단락 속에는 우리가 2:16b-3:6에서 보았고 4:1 이하에서 다시 재개되는 변증적인 모티프가 나오지 않는다. (3) 이 단락의 주제는 유대 기독교에 대한 바울의 지위가 아니라 "기독교와 유대교"다. (4) 이 단락은 지금 이 단락이 위치해 있는 고린도후서라는 맥락과는 독립적으로 하나의 문학적인 단위였다는 것을 보여 주는 온갖 표지들을 지니고 있다.

빈디쉬(Windisch)의 가설은 Schulz, "Die Decke"와 Georgi, *Die Gegner*에 의해서 다루어지고 확대되었는데, 전자는 이 절들 속에 나오는 하팍스 레고메논들(hapax legomena), 즉 성경에서 단 한 번 나오는 단어들을 지적했고(예를 들면, 3:14의 "구약", 3:15-16의 고전적 표현인 "언제든지, …할 때마다"〈*ἡνίκα ἄν*-헤니카 안〉; 3:16의 "주께로 돌아가다"는 Schulz, 11에서 열거한 가장 뚜렷한 예들이다), 후자는 이 단락을 문헌 비평적으로 분석했다(274-82). 두 사람은 모두 바울이 여기서 이미 형성되어 있던 유대 기독교의 미드라쉬를 가져와 자신의 말을 거기에 덧붙여서 "해설한" 것이라고 결론을 내린다. 그 결과 모세의 영광을 칭송하는 내용을 담고 있던 원래의 문서는 바울에 의해서 고린도 교회에서의 그와 관련된 논쟁에 추가적으로 기여하는 방식으로 편집되고 활용되었다는 것이다(Georgi, *Die Gegner*, 282).

이러한 학설은 매력적인 것으로 보이지만-이 단락의 문체가 전후의 단락들과 다르다는 것과 3:7-18에는 몇몇 잘 사용되지 않는 용어들이 나온다는 것은 주목할 만하다-다음과 같은 문제들이 여전히 남는다. (1) 바울은 어떻게 그러한 글을 사용하게 되었고, 비록 편집된 형태이긴 하지만 왜 그것을 여기에 삽입하게 되었는가? (2) 우리는 로마서와 갈라디아서에서 이미 발견되는 "사망/영", "정죄/의"라는 일련의 대비들을 어떻게 설명할 수 있는가(Prümm, "Röm. 1-11 und 2 Kor. 3," *Bib* 31[1950] 164-203; idem, "Gal. und 2 Kor. Ein lehrgehaltlicher Vergleich," *Bib* 31 [1950] 27-72)?

콜랑쥐(Collange, *Enigmes*, 68)는 여기에 몇 가지 비판을 추가한다. (3) 이 가설은 매우 복잡해서, 우리에게 "원래의 글"에 속한 부분이 어느 정도이고 바울 자신의 글이 어느 정도인지 알 것을 요구한다(예를 들면, Schulz[5]는 9, 11절의 대비들을 "전형적으로 바울적인" 것으로 본다). (4) 이 가설은 바울의 전략과 관련하여 문제점을 불러일으킨다. 그는 그의 독자들이 분명히 매우 존중하고 있던 글을 인용하면서, 수정들을 통해서 그 내용을 훼손함으로써 그가 자신의 독자들에게 교만한 자로 보이기를 원했을 것인가? 예를 들면, 슐츠(Schulz, 2)는 18절의 운율과 송영적인 양식을 지적하면서 18절을 원래의 본문으로 전제하고(Plummer, 103), 그 절은 반바울적인 유대 기독교의 미드라쉬의 일부였는데 바울이 "형상"(εἰκών-에이콘)을 높아지신 예수 그리스도로 규정하기 위하여 거기에 기독론적인 해설을 덧붙여 수정했다고 주장한다(롬 8:29; Schulz, 25, 26). (5) 이러한 복잡한 제안은 바울의 융통성 있는 사고를 간과함으로써 본문의 의미를 변질시키고 있다.

여기서 바울이 이전에 회당에서 한 설교를 발전시킨 것을 볼 수 있다고 말하는 마울(Moule)의 주장(*The Birth of the New Testament*, 3d ed.[New York: Harper & Row, 1982] 70, n. 1)은 좀 덜 과격하다. 이러한 주장은 우리가 살펴보고 있는 단락 속에 나오는 두 가지 당혹스러운 특징들을 설명하는 데 큰 진전을 보여 준다. (1) 목회 서신이라는 맥락 속에서 잘 어울리지 않는 이례적인 문체와 (2) 성경의 한 단락(출 34장)에 대하여 해설하면서 그 교훈을 구체적인 문제에 적용하는 듯이 보이는 바울의 석의 방법론. 또한 우리는 12절이 중심 주제인 그리스도 안에서의 그리스도인들의 자유(17절)와 종말론적인 성취의 새로운 질서 속에서의 "영의 직분"(διακονία πνεύματος-디아코니아 프뉴마토스)으로 이어지는 "담대히 말함"(παρρησία-파르레시아)과 연관이 있다는 사실을 지적하고자 한다. 또한 사소한 것이기는 하지만, 이 서신 속에서 중심적인 위치를 차지하는 바울의 "권위"에 관한 문제가, 통상적으로 "영광"으로 번역되지만 해당되는 절들 속에서 서로 대비되는 두 인물인 모세와 바울 같은 하나님의 대표자들에게 권위를 수여하는 것으로 해석될 수도 있는 독사(δόξα)에 관한 설교에 의해서 적절하게 파헤쳐진다(J. Jervell, *Imago Dei*, 176-80). 그러한 동일시는 왜 바울이 "미드라쉬 페셰르"(midrash pesher)라는 형태로 된 "설교", 즉 구약의 본문을 해석하여 고린도 교회에 보내는 자신의 서신의 이 대목에서 그 해석을 적용하는 형태로 된 설교를 선택했는지를 설명해 줄 수 있다.

이 단락의 구조와 관련해서 우리는 이 단락이 인위적으로 구성되었다는 것을 알아차릴 수 있다. 가장 주목할 만한 문학적 장치는 영어로 "if then…how much more"(라틴어로 a minori ad maius)로 번역되는 "하물며" 논법(קל־וחומר – 칼-와호메르, Str-B 3:223-26)이라는 랍비들의 석의 방법론(middah)을 사용하고 있는 세 개의 서술문(7-11절에서)이 나온다는 것이다.

7f.: *εἰ δὲ…πῶς οὐχὶ μᾶλλον*(에이 데…포스 우키 말론)
9절: *εἰ γὰρ…πολλῷ μᾶλλον*(에이 가르…폴로 말론)
11절: *εἰ γὰρ…πολλῷ μᾶλλον*(에이 가르…폴로 말론)

또한 우리가 주목해야 할 것은 반의 병행법으로 된 일련의 대비들이다.

| | |
|---|---|
| *θάνατος* – 다나토스, "죽음"(7절) | *πνεῦμα* – 프뉴마, "성령"(8절) |
| *κατάκρισις* – 카타크리시스, "정죄"(9절) | *δικαιοσύνη* – 디카이오쉬네, "의"(9절) |
| *τὸ καταργούμενον* – 토 카타르구메논, "없어질 것"(11절) | *τὸ μένον* – 토 메논, "길이 있을 것"(11절) |

플럼머(Plummer, 91f.)는 또 하나의 주목할 만한 문학적 특징을 지적한다. 그것은 3:9, 10-11에서 가르(*γὰρ*, "왜냐하면")가 반복적으로 사용되고 있다는 것이다. 각각의 경우에 대비를 담고 있는 세 개의 서술문 뒤에 분사가 이끄는 설명적인 서술문이 나온다. 따라서 스미스(W. H. Smith)가 감지했듯이, 그 패턴은 주목할 만하다: 구약의 본문을 자유롭게 의역한 내용이 나오고, 그 다음에는 대비가 따르며(7-11절에서 사용되고 있는 문학적 장치는 "칼-와호메르"이다, A. T. Hanson, "The Midrash in II Corinthians 3: A Reconsideration," *JSNT* 9[1980] 2-28; D. Patte, *EarlyJewishHermeneutic in Palestine*[SBL Dissertation Series 22, Missoula: Scholars Press, 1975] 109-15), 그 다음에는 해설이 나온다.

12-15절은 이러한 패턴의 동일한 특징을 지니고 있다.

12절: 알기 쉽게 풀어 말한 서두의 진술

13-14절: 대비의 구조로 되어 있지만, 포스 우키 말론(*πῶς οὐχὶ μᾶλλον*, "하물며")이 아니라 우…알라(*οὐ…ἀλλὰ*)로 되어 있다: 모세가…한 것같이 아니하고, 저희 마음이 완고하여졌다. 왜냐하면(*γὰρ* – 가르) 오늘까지라도…

15절: 그러나(*ἀλλὰ* – 알라) 오늘까지

이러한 미드라쉬적 패턴이 우리의 석의에 도움이 되는 것이 있다면, 그것은 대비의 핵심이 (a) 그리스도인의 "담대함"(*παρρησία* – 파르레시아)과 모세의 수건 쓴 얼굴의 대비(13절)가 아니라 (b) 이스라엘은 하나님께 직접 나아갈 수 없었다는 것-모세가 하나님의 영광을 가리는 수건을 쓰고 있었기 때문에-과 그리스도인은 그리스도로 말미암아 하나님께 직접 나아갈 수 있다는 것(14절) -16-18절에서 중심적이 되는 사고-의 대비라는 것을 보여 준다는 것이다(Smith는 위의 (a)를 지지하는 van Unnik, "'With Unveiled Face,'" 159-68에 도전한다). 따라서 일련의 대비는 다음과 같다.

| | | |
|---|---|---|
| 1. 이스라엘 자손들 | 대 | 그리스도인들(이전의 대비들에 토대를 둔) |
| 2. 모세 | 대 | 바울(12-13절) |
| 3. 율법 | 대 | 성령(7-8절) |
| 4. 의문(儀文) | 대 | 언약(6절) |

여기서 우리는 이스라엘 백성이 하나님의 영광을 볼 수 없도록 가로막은 것은 로마서 11:7-8, 25이 "이스라엘의 더러가 완악하게 되었다"고 말한 것처럼 그들의 "완고함"(*πώρωσις*-포로시스; *ἐπωρώθη*-에포로데, "저희 마음이 완고하여", 14절)이었다는 결론을 내릴 수 있다.

또 하나의 미드라쉬적인 패턴은 퀴리오스(*κύριος*, "주")를 핵심어로 하고 있는 16-18절에서 발견된다. 이러한 랍비적인 석의 방법론은 구약에서 서로 공통점이 없는 두 개의 본문을 "이것은 저것이다"라는 공식을 통해서 동일시하는 것(유비의 원칙: "게제라 샤와")에 토대를 두고 있다(J. W. Doeve, *Jewish Hermeneutics*, 98). 이 방법론에 의거해서 바울은 엘리스(E. E. Ellis)가 "종말론적인 석의"라고 명명한 확신, 즉 구약의 약속들과 예언들이 자기 시대와 자신의 경험 속에서 성취된 것으로 보는 저자의 확신에 의해서 출애굽기 34장에 나오는 퀴리오스(*κύριος*)에 대한 언급을 가져와서 그것을 성령에 적용할 수 있었다. 이러한 방법론은 "카리스마적인 석의", 즉 성령의 새 시대는 옛 본문에 새로운 의미를 부여해서 그 본문이 (기독교적인) 저자의 필요에 합당한 것이 되게 한다는 석의 방법론으로 불릴 수도 있다(E. E. Ellis, "How the New Testament Uses the Old," 207, 2).

## 주석

**7** 앞 절에서는 엄격한 반립 명제가 제시되었다: "의문은 죽이는 것이요 영은 살리는 것임이니라"(*τὸ γράμμα ἀποκτέννει, τὸ δὲ πνεῦμα ζῳοποιεῖ*-코 그람마 아포크텐네이, 토 데 프뉴마 조오포이에이). 이제 바울은 그 명제를 일련의 정교한

대비들을 통해서 풀어 놓는다. 그람마/프뉴마(*γράμμα*/*πνεῦμα*)라는 두 용어를 통해서 그는 모세 및 그리스도/성령과 결부되어 있는 두 언약의 상대적인 연관성을 고찰한다. 예르벨(Jervell, *Imago Dei*, 178f.)이 추정하듯이, 바울의 사고 속으로 들어가는 것은 아주 간단한 것일 수도 있다: 그람마(*γράμμα*)는 일차적으로 "천거서들"(3:1-3)을 가리키고, 그 천거서들을 지니고 온 "거짓 형제들"과의 논쟁을 보여주는 것이다. 이와는 대조적으로, 바울의 사도직은 또 다른 종류의 편지, 즉 "영적인"(geistig) 편지를 만들어 낸 성령의 "능력"(Vollmacht)에 의해서 그 진정성이 입증된다. 그러나 그것이 이후의 논의의 출발점이라면, 그것은 바울의 석의적인 보충설명이 제시되는 방식으로는 상당히 장황하다. 왜냐하면 그는 그의 신학의 핵심에 무엇이 있는지로 나아가기 때문이다: "새 언약의 일꾼"으로서의 그의 직임–새 언약은 그가 "그의 복음"(갈 1:1, 12; 3:1-4)이라는 말을 통해서 이해했던 모든 것을 다르게 표현한 것이다. "다른" 복음(갈 1:8-9)은 사망으로 귀결되는 반면에, 고린도 교회에서의 그의 복음 사역은 성령 안에서의 새 생명을 가져다 주었다(참조. 롬 8:9-11, 14-17; 갈 5:25). 그리고 그 최종적인 결과는 하나님의 자녀들의 자유 속에서 하나님의 형상(*imago Dei*)이 회복되어 찬란하게 만개하는 것이었다(롬 8:21, 29; 고전 15:43, 49; 빌 3:21). 17, 18절을 보라. 따라서 바울의 사고가 "형상"(*εἰκών*–에이콘)의 모티프가 올바른 취지로 다시 사용될 고린도 교회에서의 지역적인 무대로 되돌아오기 전에(4:4-6) 이와 같이 광범위한 논거를 포괄적으로 다루고 있는 것을 보는 것은 합당한 일이다. 가장 먼저 나온 대비는 모세/바울인데, 이것은 모세/그리스도 또는 모세/성령이라는 대비로 넘어가게 된다. 왜냐하면 모세가 출애굽기 34장에서 자기 자신을 여호와의 선물인 토라와 동일시한 것처럼, 바울은 담대하게 자기 자신을 "주"와 결부시키기 때문이다. 바울이 토라, 즉 율법 자체가 잘못되었다고 말하지 않았다는 것은 분명하지만(롬 7:12, 14), 그는 자신의 경험을 통해서 율법은 사람들에게 높은 기준을 설정해 놓고 그것을 이루도록 요구하지만 그 목표를 이룰 수 있는 힘을 사람들에게 제공해 주지는 않는다는 것을 알고 있었다. 문제는 "육체"(*σάρξ*–사륵스)로서의 "사람"에게 있었다. 사람의 연약함과 악에 이끌리는 소질 때문에 사륵스(*σάρξ*)는 하나님의 법(하나님이 선한 것으로 의도하셨던 것)을 사망을 가져오는 도구로 변화시켜 버렸다(롬 7:13). 율법이 우리의 원수가 된 이유는 로마서 8:3a에 주어져 있는데, 바울은 인류가 하나님으로부터 소외된 것을 평가할 때 일련의 것들을 동일시하여 제시할 수 있었다: 죄, 육체, 사탄, 율법은 모두 사망이라는 궁극적인 결과로 귀결된다(관련 본문들에 대한 개관으로는 R.

P. Martin, *Reconciliation: A Study of Paul's Theology*[London: Marshall, Morgan and Scott; Atlanta: JohnKnoxPress, 1981] 48-67를 보라).

이렇게 바울은 현상적으로, 즉 그가 알고 있는 인간적인 경험에 토대를 두고서 율법은 "정죄의 직분(*διακονία*-디아코니아)", 즉 로마서 6:23; 8:6의 "사망"을 낳는다고 쓸 수 있었다(참조. 엡 2:2; 4:18, "저희 마음이 굳어짐〈*πώρωσις*-포로시스〉으로 말미암아 하나님의 생명에서 떠나 있도다").

"돌에 써서 새긴"(*ἐν γράμμασιν ἐντετυπωμένη λίθοις*-엔 그람마신 엔테튀포메네 리도이스)은 "천거서들"을 하나님의 영이 "돌비"(*ἐν πλαξὶν λιθίναις*-엔 프락신 리디나이스)가 아니라 사람의 마음에 쓴 것(*ἐγγεγραμμένη*-엥게그람메네)과 대비하고 있는 3:1-3을 되돌아보고 있는 것으로 보인다. 지금 이 어구와 관련이 있는 본문은 모세가 율법을 받는 장면을 말하고 있는 출애굽기 34:29f., 35이다. "이 절들 속에서 성경 본문은 단지 모세가 하나님과 대화를 나누었기 때문에 그의 얼굴이 빛났다고만 말하고 있다. 유대 전승(칠십인역을 포함해서) 속에서 이 구절은 모세의 얼굴이 영광스럽게 변했음을 의미하는 것으로 해석되었다"(McNamara, *Targum and Testament*, 111; 참조. dem., *The New Testament and the Palestinian Targum*, 168-88).

이러한 일련의 사고는 본문이 진행되는 방식에서 분명하게 나타나는 것으로 보인다: 모세의 질서는 "영광으로 개시되었다"(*ἐγενήθη ἐν δόξῃ*-에게네데 엔 독사: Godet와 Plummer는 시내 산에서의 하나님의 현현과 관련하여 이 표현을 사용했다; 그러나 Allo〈86〉는 이 구절이 가리키는 것은 좀더 구체적으로 모세가 율법을 받은 것과 그의 얼굴이 변하여 광채가 났다는 것〈un éclat lumineux〉이라고 지적한다; 참조. Bachmann).

독사(*Δόξα*, "영광, 광채")는 이 단락에서 핵심 단어다. 이 단어는 고린도후서 1-8장에 19번 나오는데, 그 가운데 15번은 3-4장에 나온다. 이것은 생생한 묘사라기보다는 신학적인 암호다(A. M. Ramsey, *The Glory of God and the Transfiguration of Christ*[London: Longmans, 1949]를 보라; 이 단어의 구약적인 배경과 발전 과정에 대해서는 L. H. Brockington, "The Septuagintal Background to the New Testament Use of *δόξα*," *Studies in theGospels:Essays in Memory of R. H. Lightfoot*, ed. D. E. Nineham[Oxford: Blackwell, 1955] 1-8를 보고, 18절의 에이콘(*εἰκών*, "형상")과의 의미론상의 연관성에 대해서는 R. P. Martin, *Carmen Christi: Philippians 2:5-11*[SNTSMS 4, Cambridge: University Press, 1967; 2d ed., Grand-

Rapids: Wm. B. Eerdmans, 1983] 102-20를 보라).

모세의 얼굴에 나타난 이 광채는 한 가지 무시무시한 효과를 낳았다: 이스라엘 백성은 모세의 얼굴을 "주목하지 못했다"(*ἀτενίσαι*-에테니사이: 출 34:30 외에는 히브리 성경과 칠십인역에 나오지 않는다; 아론과 백성들은 모세에게 가까이 다가가는 것을 두려워했다: *ἐφοβηθησαν ἐγγίσαι αὐτόν*-에포베데산 엥기사이 아우톤). 바울은 이 "두려움"에 대해서는 언급하지 않지만, 그 광채가 너무도 눈부셔서 "주목할" 수 없었다고 말하는데, 이 동사는 하늘에 속한 것이 지니는 강렬함을 보여주는 것이다(Windisch; 참조. 행 1:10; 6:15; 10:4; *1Clem* 7:4; 9:2; 17:2; 19:2; 36:2). 하지만 필로(Philo, *Life of Moses* 2.70)는 "그들의 눈은 태양 광선처럼 모세에게서 뿜어져 나오는 눈부신 광채를 견딜 수 없었다"고 말한다. 바울이 MT/LXX에 대하여 행하고 있는 두 번째 수정은 텐 카타르구메넨(*τὴν καταργουμένην*)을 텐 독산 투 프로소푸(*τὴν δόξαν τοῦ προσώπου*)에 추가하는 것이었다. 여기서 그는 모세가 이 대목에서 "마음"(*καρδία*-카르디아, 이 단어가 구약 전승〈삼상 16:7〉에서처럼 변증적으로 사용되는 5:12을 참조하라; 우리는 출 34장의 칠십인역 본문에 대한 바울의 관심이 마찬가지로 이 대목을 지배하고 있다고 추정할 수 있다)과 대비되는 관계에 있는 광채나는 "얼굴"(*πρόσωπον*-프로소폰, 출 34:29에 2번 나온다; 이 단어는 바울 서신에 22번 나오는데 그 중 절반 이상이 고린도후서에 나온다: E. Lohse, *TDNT* 6:67-69; C. F. D. Moule, "Peculiarities in the Language of II Corinthians," in his *Essays in NT Interpretation*, 159-61)을 소유함에 있어서 지니고 있었던 특권을 제한한다. 따라서 바울은 모세가 죽는 날까지 광채나는 얼굴을 그대로 지니고 있었다는 유대인들과 사마리아인들의 일부 전승들(Str-B 3:516가 신 34:7에 대한 Tg. Onq.를 인용해서: "모세는 120살이 되어서 죽었는데, 그의 얼굴의 광채는 그 때까지 변하지 않았다": van Unnik, "'With Unveiled Face,'" 198 n. 4)에 도전하여 그 영광은 "없어질" 것 또는 단지 일시적인 것이었다고 추론한다(13절에서부터). 모세의 지위를 손상시키는 텐 카타르구메넨(*τὴν καταργούμενην*, "없어질")이 첨가되었다는 것(바울은 이 동사를 통상적으로 사람들을 해치는 원수들의 세력이 승리하신 그리스도에 의해서 무효화되고 그쳤다는 것을 말하는 데 사용한다: 롬 6:6; 7:2, 6; 고전 15:24, 26; 참조. 살후 2:8; 딤후 1:10)은 슐츠(Schulz, "Die Decke," 3f.)와 게오르기(Georgi, *Die Gegner*, 274) 같은 학자들-Windisch (114)를 따라서-이 바울은 모세를 하나님께서 그에게 주신 "영광"(*δόξα*-독사)으로 인해서 특별한 자가 된 "신적 인간"으로 칭송하는 종결부를 원문에 첨가했다고 보는 것에 대하여 경종을 울린다. 모세의 영광이 이렇게 제한적이고 "잠정적인" 것이라고 본문이 말하고 있는 것은 분명히 주목할 만한 것이다. 이러한 특징은 새 시대는 영원할(*μένον*-메논) 것이기 때문에 더 우월하다고 말하는 11절에서 다시 해설의 주제가 된다. 하지만 보충 설명적인 8절은 또 다른 방향으로 나아간다.

8 "하물며"(*πῶς οὐχὶ μᾶλλον*-포스 우키 말론)를 도입부로 해서 대비가 이루어진다: "하물며 의의 직분은 영광이 더욱 넘치리라(*ἔσται*-에스타이)." 여기서 말하고자 하는 것은 모세의 얼굴에 있던 독사(*δόξα*)의 잠정적인 성격은 그 연약성의 유일한 특징이 아니라는 것이다: 새 언약에서의 독사(*δόξα*)의 정도는 더욱 우월하다. 성령의 새 시대는 에스타이(*ἔσται*, "…일 것이다"; 미래)라는 동사에 의해서 서술되는데, 이것은 장차 이루어질 일을 가리키는 것으로 보인다. 그 의미는 논리적인 것이 될 수도 있고(Bultmann, 84; Barrett, 116, 롬 8:18에서처럼 하나님의 영광이 온전히 나타나게 될 재림의 때를 예상하고 있는 것이기 때문에 "연대기적인 것이 아니라 논리적인" 것이다), 우리가 프뉴마(*πνεῦμα*, "성령")를 현재와 미래를 이어주는 다리로 여길 수 있다면 종말론적인 것이 될 수도 있다(Hermann, *Kyrios und Pneuma*, 31-34). 하지만 더 설득력이 있는 것은 Collange, *Enigmes*(78)과 Bouttier, *En Christ*(45-48)에서의 주장처럼 이 두 가지 의미를 따로 떼어서 보지 않는 것이고, 다만 종말론적인 차원이 더 우세하다고 보는 것이다. 왜냐하면 바울에게 미래는 믿는 자들이 미리 맛보고 있는 성령의 시대 속에서 이미 시작된 것이기 때문이다(1:22; 5:5; 롬 8:23; 참조. 엡 1:14). 12절에 대한 설명을 보라. 에코멘(*ἔχομεν*, "우리가 가지고 있다")은 비록 그것이 완성되는 것은 장래의 일이기는 하지만 현재 그것을 온전한 확신 속에서 소유하고 있다는 뜻을 함축하고 있다(참조. 5:1).

9 또 하나의 추가적인 차이점: 옛 질서는 "정죄"(*κατάκρισις*-카타크리시스)를 가져왔다. 왜냐하면 옛 질서는 죄악된 인간의 상태를 완화시키는 일을 전혀 하지 못했거나(롬 8:3), 율법은 사람들 속에서 죄악된 성향을 부추겨서 죄를 짓게 했기 때문이다(롬 7:7-20; 갈 3:19: *τῶν παραβάσεων χάριν προσετέθη*-톤 파라바세온 카린 프로세테데, 율법은 "범법함을 인하여 더한 것이라"; Strachan, 81를 보라). 우리가 살펴보고 있는 절 속에서 바울은 명시적으로 그렇게 말하고 있지는 않다. 그가 말하고 있는 것은 율법적인 종교의 최종적인 결말은 하나님의 심판인 반면에, 성령의 직분은 "의"(*δικαιοσύνη*-디카이오쉬네)의 축복을 수여한다는 것이 전부다. (1) 이 일은 죄와 사망의 옛 시대를 이길 수 있는 하나님의 능력을 공급해

주는 것을 통해서 일어난다(E. Käsemann, "'The Righteousness of God' in Paul," *New Testament Questions of Today*, tr. W.J. Montague(London: SCM Press, 1969) 173-74). (2) 이 일은 믿는 자들을 새로운 세상(*καινὴ κτίσις*-카이네 크티시스, 5:17)으로 이끄는 것을 통해서 일어난다(P. Stuhlmacher, *Gerechtigkeit Gottes bei Paulus*, FRLANT 87; Göttingen: Vandenhoeck & Ruprecht, 1965), 76과 Barrett, 117). (3) 이 일은 죄 있는 자들을 의롭다 하기 위하여 하나님께서 행하신 모든 것을 제공해 주는 것을 통해서 일어난다(Bruce, 191). (4) 이 일은 사람들의 삶 속에 의를 이루게 하는 것을 통해서 일어난다(E. Hill, *CBQ* 23, 1961, 299-301; 또한 J. Reumann[and J. A. Fitzmyer & J. D. Quinn], *Righteousness in the New Testament*, Philadelphia: Fortress Press, 1982, 50, 51를 보라). 그러므로 새로운 질서는 "뛰어나다"(*περισσεύει*-페리쓔에이). 이 동사는 바울이 옛 질서와 대비되는 구원의 새 시대를 구별짓기 위하여 자주 사용한다(Collange, 79). 이것은 "이미 시작되었다"는 요소를 뒷받침하는 것으로서, 그러한 요소는 비록 완성되지 않은 것이기는 하지만 현재 속으로 들어온 미래를 나타내는 에스타이(*ἔσται*, "…일 것이다")에서 볼 수 있다.

10 가르(*γὰρ*, "왜냐하면 진실로")는 앞에서의 결론들이 근거로 삼고 있었던 토대를 견고히 세워 준다. 우리는 콜랑쥐(Collange)와 고데(Godet)의 견해를 따라서 이것을 "그러므로 …는 진정으로 사실이다"로 번역할 수 있지만, 게오르기(Georgi, *Die Gegner* 275, 278)는 이것을 바울이 기존에 존재하던 본문을 편집했음을 보여주는 또 하나의 예로 보고서, 바울은 앞서 모세에 관한 두 번의 묘사를 통해서 찬사를 받았던 율법에 관한 긍정적인 언급을 제한하기 위하여 부정의 엔 투토 토 메레이(*ἐν τούτῳ τῷ μέρει*), 직역하면 "이 부분에서"(전체 중에서; 또 다른 의미에 대해서는 나중에 나오는 서술을 보라)를 집어넣은 것이라고 말한다. 출애굽기 34:29-35에서 "영광되었던"(*δεδόξασται*-데독사스타이) 것은 모세의 얼굴이었고(29, 35절), "그의 얼굴이 빛났다"(*καὶ ἦν δεδοξασμένη ἡ ὄψις τοῦ χρώματος τοῦ προσώπου αὐτοῦ*-카이 엔 데 독사스메네 헤 옵시스 투 크로마토스 투 프로소푸 아우투, 30절).

영광이 모세의 얼굴에서 빛이 나게 했다거나 그의 모습이 광채가 나게 했다고 바울이 말한 것은 복잡미묘한 유대 전승에 의거한 것이었다(LXX과 Philo에 나오는 옵시스〈*ὄψις*〉). 주된 자료들은 Philo, *Life of Moses* 2.69, 70; *Exod Rabbah* 47.5, 6인데, 거기서는 다음과 같은 흥미로운 해설을 하고 있다. "모세는 그의 얼굴이 광채를 발하고 있다는 사실을 알지 못했다"(출 34:29에 대하여). 그러한 광채는 모세가 하나님을 가까이 한 것(출 33:22) 또는 쉐키나(Shekinah) 또는 하나님께서 십계명을 쓰실 때 사용했던 펜에 남은 잉크가 모세의 머리카락을 통과하여 "광채들"을 생겨나게 한 것에 의해서 비롯되었다. *Pesiq. Rab Kah.* 32에서는 모세는 "얼굴에서 광채를 발한"(출 34:20에 대하여) 신 같은 인물로 묘사된다. *Midr Taḥuma* 51에서는 민수기 10:1-2에 대하여 모세가 어떻게 신이라 할 수 있느냐(출 7:1)는 질문을 제기하고서, 그는 왕권의 상징인 홀을 지니고 있었고(출 4:16) "뿔들"(히브리어로 케렌〈קרן〉이며, 이것은 시 47:5, "하나님이 즐거이 부르는 중에 올라가심이여 여호와께서 나팔 소리 중에 올라가시도다"에서의 "나팔"과 동일시된다; W. A. Meeks, *The Prophet-King*, 193를 보라)을 지니고 있기 때문이라고 대답한다. *Pesiq. R., Piska* 10.6은 하박국 3:4을 인용해서 모세가 하나님의 천사로부터 광채를 받아서, 그의 얼굴이 "지극히 찬란한 광채를 발하는" 얼굴이 되었다고 말한다. *Piska* 15.3은 출애굽기 34:30의 사건 전체를 완화시키고 있다.

스미스(W. H. Smith)는 이러한 자료들을 다 검토하고 나서 자료들의 내용이 서로 일치하지 않고, 바울은 그 중의 어느 한 자료와도 동일하지 않다고 지적한다. 사실 이러한 자료들 중에서 상당수는 바울이 활동하던 시대보다 후기의 것들이다. 오직 *Pesiq. R.*에서만 적극적으로 다루어지고 있는 수건에 관한 문제는 12절에 관한 "주석"에서 다루어지게 될 것이다. 여기서 우리는 단 하나의 사항에 대하여 관심을 갖는다: 앞에서 우리가 살펴본 한 무리의 자료들은 그 설명이 어떻게 되었든 모세의 얼굴이 "광채"(קרן -케렌, "뿔"로부터)를 발했고, 그의 얼굴(또는 피부)이 빛을 내었다는 데서 서로 일치한다. 대부분의 자료들은 이 광채를 모세가 시내 산에 올라갔다 온 것과 연결시키고 있고, 두 개의 자료는 모세가 그러한 사실을 알지 못했다는 것에 대하여 일치한다. Philo와 *Pesiq. R.*은 모세의 얼굴을 본 백성들이 두려워했다고 말하고 있다는 점에서 MT/LXX과 일치하지만, 백성들이 모세의 얼굴을 쳐다볼 수 없었다고 말하고 있다는 점에서 구약의 본문과 다르다.

바울과 그가 사용한 자료들이 서로 일치하는 두 가지 내용은 모세의 얼굴에서 빛이 났다는 것과 그것이 영광스러웠다는 것이다. 그러나 10절은 겉보기에는 출애굽기 34:29-35을 가져와서 사용하고 있는 것처럼 보이지만, 사실은 마치 바울이 모세를 옹호하는 유대인들(또는 유대 그리스도인들)의 주장에 대하여 대응하고 있는 것처럼 구약의 그러한 전승을 상당한 정도로 수정한다. 바울이 한 말들을 전체적으로 종합하면 다음과 같은 역설적인 결론이 도출된다: 영광을 가지고 있었던 바로 그것은 사실 영광을 가지고 있지 않은 것이었다! 이러한 역설은 몇몇 난해한 단어들로 이루어진 하나의 어구에 의해서 생겨난다: 엔 투토 토 메레이(*ἐν τούτῳ τῷ μέρει*, 직역하면 "이 점에 있어서" 또는 "이 경우에 있어서"〈Barrett, Allo〉), 즉 복음의 영광에 비한다면. 9:3의 의미가 하나의 단서가 된다. 왜냐하면 그 절에서 이 어구의 의미는 "이 경우에"(BGD, 1b *θ*)가 되어야 하기 때문이다. 그러나 바흐만(Bachmann)과 헤링(Héring)의 주장대로 1:14; 2:5을 근거로 할 때 메로스(*μέρος*)는 제한적인 의미만을 지니게 되는데, 우리는 이 견해가 더 바람직하다고 생각한다(참조. Georgi, *Die Gegner*, 275). "제한적으로 또는 부분적으로 영광되었던 것" (즉 그 영광이 단지 잠정적인 성격을 지니고 있었기 때문에; 이것은 7절에 나오는 카타르구메넨〈*καταργουμένην*〉의 의미인데, Bultmann은 이것을 die vergänglich war〈"지나간"〉로 번역함으로써 그러한 의미를 뒷받침하고 있고, 이 분사는 동사적 형용사를 대신하는 것이다, BDF § 65.3)은 그것을 능가하는 새로운 영광에 비하면/으로 인하여(*εἵνεκεν*－에이네켄; BDF § 216.1) 실제로는 전혀 영광된 것이 아니었다." 동사적 형용사인 휘페르발루세스(*ὑπερβαλλούσης*, "더 큰")는 이 서신 속에서 다양한 문맥 속에 등장하는 핵심적인 표현들 중의 하나다(4:17; 11:23; 12:7). 따라서 바울은 역설적으로 시내 산 언약이 하나님의 영광을 나타낸 것이라는 구약의 사상을 일정 정도 인정하고 있는 것이다. 그러나 선한 것은 이제 더 선한 것에 의해서 대체되었다. 아니, 선한 것이 바울이 다른 곳에서 좀더 개인적인 언어로 표현하고 있는 가장 선한 것에 의해서 대체되었다: "내 주 그리스도 예수를 아는 지식이 가장 고상함(*τὸ ὑπερέχον*－토 휘페레콘)"(빌 3:8).

11 "없어질 것도 영광으로 말미암았은즉 길이 있을 것은 더욱 영광 가운데 있느니라"(*εἰ γὰρ τὸ καταργούμενον διὰ δόξης, πολλῷ μᾶλλον τὸ μένον ἐν δόξῃ*－에이 가르 토 카타르구메논 디아 독세스, 폴로 말론 토 메논 엔 독세). 바울은 동사가 없는 문장을 통해서 요약적인 결론으로 자신의 사상을 완성한다: "그러므로(*γὰρ*－가르) 잠정적인 것에도 영광이 함께 했은즉 길이 있을 것은 더욱 영광을 지니고 있느니라." 몇몇 학자들은 디아 독세스(*Διὰ δόξης*, "영광으로")와 엔 독세(*ἐν δόξῃ*, "영광 가운데")를 구별하고자 시도하지만 둘 사이의 의미의 차이를 구별하기는 어렵다(Windisch, Lietzmann-Kümmel). 굳이 둘을 구별하자면, 옛 질서는 그 시작 때에 하나님의 영광이 나타난 일이 수반된 반면에, 영구한 새 질서는 지속적으로 영광스럽다(*ἐν*+여격은 빌 4:19의 "영광스러운 풍성"이라는 표현처럼 형용사적인 의미를 지닌다; 또한 Moule, *Idiom Book*, 58를 보고, Collange, 83의 "지나친 석

의"를 보라. 그는 전치사구에서 아주 많은 의미를 추출해 내는데, 그것들은 모두 사실이긴 하지만〈예를 들면, 예수의 십자가는 "영광"에 관한 이전의 모든 개념들을 뒤집어 놓았다〉, 그러한 고찰들은 여기에 적용될 수 없다).

12 이 절에서 새로운 단락이 시작된다. 이제까지 바울은 각각 "하물며" 논법(a minori ad maius)을 이용한 대비를 사용하여 세 가지 명제를 제시했다.

1. 모세의 얼굴에 광채가 나게 했던 영광은 잠정적인 것이었던 반면에, 성령 시대는 생명을 주는 영광이 부여되어 있다(6절). 이것은 "논쟁의 중심에 서 있는 용어"(Kampfbegriff: G. Barth, "Die Eignung," 267)이고, 이후의 논의는 이 용어를 중심으로 진행된다. 논쟁이 되고 있던 것은 사도적 전도자라는 "교회 직분을 이해함에 있어서 판별 기준과 잣대"가 무엇이냐는 것이었다(idem., 270).

2. 옛 시대의 영광은 존재하기는 했지만 한계들을 지니고 있었던 반면에(즉 그것은 정죄라는 결과를 가져오는 것이었다), 새 시대는 하나님의 "의", 하나님의 구원의 능력을 가져오는 더 우월한 목표를 지니고 있다.

3. 모세의 질서는 그 영광이 점점 사라졌다는 것에서 알 수 있듯이 단지 제한적인 생명만을 지니고 있었던 반면에, 새 세상의 영광은 영속적이다.

어떤 의미에서 바울의 논증은 여기서 멈출 수도 있었다. 왜냐하면 자신의 전제들을 고려한다면, 그는 자기가 말하고자 한 것을 만족스러울 정도로 충분히 증명한 것이기 때문이다. 새 언약의 직분은 하나님께서 사람들에게 생명을 수여하시는 방식이고, 그것과 견줄 만한 것은 존재하지 않는다(참조. 갈 2:21). 문제가 된 것이 "새 언약의 일꾼"(3:6)이라는 바울의 주장이 중심적인 것인지 그렇지 않은지에 관한 것이라면, 그의 주장은 그가 도출해 낸 반박할 수 없는 논리에 의거하고 있다-부분적으로는 출애굽기 34장에 대한 자세한 석의를 사용했고, 부분적으로는 고린도 교인들의 삶 속에 "성령이 쓴 것"을 중심으로 한 그의 사도로서의 사역을 근거로 하고 있는 논리.

12절에서 시작되는 새로운 단락에서는 얼핏 보아도 다른 주제가 나온다. 거기서 다루어지는 내용은 모세가 자신의 얼굴에 쓴 수건(*κάλυμμα*-칼뤼마)인데, 우리가 충분히 알아들을 수 있는 12절을 몇몇 별 상관 없는 것들, 예를 들면 모세의 수건, 모세의 수건이 유대인들의 마음을 가리는 수건이 되어서 그들의 마음이 완악해졌다는 것, 바울을 비롯한 그의 무리보다 더 많은 믿는 자들이 함께 공유했던 그리스도인으로서의 경험이었던 것, 즉 하나님의 영광을 "수건을 벗은 얼굴로" 보게 된 것 등을 소개하고 있는 것으로 보이는 13절 이하와 연결시키는 것은 그리 쉬운 일이 아니다. 일부 주석가들은 13-18절을 앞에 나오는 내용과 연결시키는 것을 포기한다(Strachan, 87, 88에서는 이것을 그의 대적자들을 "확신시키거나 회유할 수 없는 갑작스러운 사고의 전환"이라고 말한다). 또 어떤 주석가들은 좀더 과격하게 13-18절을 "황당무계한 이야기 같은 단락"이라고 말하며 거의 의미가 없고 별 상관이 없는 구절들이라고 완전히 거부한다("*du coq á l'âne,*" Collange, *Enigmes*, 89). 이러한 것들은 성급한 판단들이다. 우리는 3:12-18 속에서 기존에 형성되어 있었던 유대 기독교적인 글에 대한 바울의 해설을 보고 있는 슐츠(Schulz, "Die Decke," 7-9)와 게오르기(Georgi, Die Gegner, 275, 279)의 견해에 공감할 수 있다. 그들의 견해는, 모세의 수건과 이스라엘의 완악하게 된 것을 연결시킨 것은 바울의 대적자들이었다는 것이다. 따라서 바울의 책임은 기존에 존재하고 있었던 본문 속에 그가 삽입해 넣은 것으로 보이는 내용에만 국한된다. 그러나 몇몇 최근의 저자들(예를 들면, G. Friedrich, "Die Gegner," 181-215, 특히 184)이 3:7-18의 출처를 유대화된 자료에서 나온 신학적인 글이라고 인정했거나 그 글을 수정한 것이라고 주장한다고 할지라도(예를 들면, G. Barth, "Die Eignung," 260, 269에서는 대적자들은 바울이 세운 교회들을 돌아다녔던 헬라파 유대 그리스도인들 중에서 "은사자들"이었다고 본다), 우리가 앞서 제시한 여러 가지 이유들로 보아서 그러한 주장은 사변적인 것이다. 그렇지만 이 후자의 입장은 바울의 석의 방법론이 랍비적인 방법론들로 훈련받은 자들을 근거로 하고 있다는 고찰을 실제로 뒤집는 것이다.

12절을 그 뒤에 나오는 내용과 연결시키는 방법 중에서 가장 독창적인 것은 몇몇 의미론상의 일치점들을 근거로 한 반 운닉(van Unnik, "'With Unveiled Face,'")의 방법이다. 서로 연결되는 두 개의 용어는 (1) 확신과 자유로부터 생겨나는 파르레시아(*παρρησία*, "담대히 말함")와 (2) 자유의 증표로서의 갈레 레쉬(גלה ראש, "머리에 쓰다")라는 아람어 관용 표현이다. 갈레 압핀(גלה אפין, "얼굴을 가리다")이라는 병행적인 표현은 "말할 자유를 가지다"로 번역하는 것이 가능한데, 이것은 랍비들이 관용적으로 사용하던 어구다. 반 운닉(Van Unnik)은 두 가지 언어를 사용했던 바울에게 이러한 논증은 설득력이 있었을 것이고, 모세를 구약의 중보자로 여겼던 자들에 대한 그의 대답이 될 수 있었을 것이라고 생각한다. 바울은 모세의 얼굴(그리고 입?)을 가리고 있었던 수건을 가리키면서, 거기서 상징적인 의미를 이끌어낸다: 모세는 그리스도인들인 우리가 가지고 있는 "담대함"(*παρρησία*-파르레시아)을 가지고 있지 않았다(3:18). 바울의 변증의 흐름은 모세가 새 언약의 사도 공동체들에게는 적용되지 않는 여러 가지 제약 하에 활동했다는 것을 보여 주는 것이다. 그러나 본문의 배경을 이런 식으로 추적하는 것은 너무도 포괄적인 것이기 때문에, 우리는 최초의 독자들이 과연 본문의 그러한 배경을 이해할 수 있었을 것인지 의구심이 들지 않을 수 없다. 또한 모세(황소의 뿔을 지닌)와 숭배의 대상이 된 송아지 간의 잠재적인 대비−R. W. L. Moberly가 "무모한 병행"이라고 부른 것−에 대해서도 동일한 평가가 내려져야 한다. 그는 히브리어 "뿔"(케렌)과 "수건"(마스웨, 이것은 어근 *'wr* 〈"빛나다"〉와 연결되어 있다, *At the Mountain*, 106-9)의 반대말을 근거로 제시한다. 그러나 그러한 주장은 구약 본문 속에 지나치게 많은 것을 집어넣어서 읽어내는 것이다.

바울이 구약 본문 속에 명시적으로 드러나 있지 않은 "모세 미드라쉬"로부터 몇몇 내용들을 가져왔다고 할지라도, 우리는 여전히 가능한 한 본문 속에 다른 것을 집어넣지 않고서 본문을 읽어내고, 그 밖의 다른 근거들 위에서 이 장 전체에서 중심적인 문제가 되고 있는 것, 즉 바울이 자신의 사도직을 변호하고 있는 것에 초점을 맞추고 있는 주장을 통해서 석의상의 난점들에 대한 해법을 찾아 내어야 한다.

그렇게 하고자 할 때 우리는 두 가지 예비적인 문제를 명심할 필요가 있다. (1) 12절의 주장은 하나님에 의해서 인정을 받고(3:5) "새 언약"(3:6)을 풍부하게 표현하고 있는 바울의 직분에 대한 바로 그러한 평가를 내포하고 있다. (2) 3:12-18의 단어상의 연결 고리들은 그 단락을 앞의 내용과 연결시키고 있고(*διαθήκη*−디아데케, *κάλυμμα*−칼륌마, *καρδία*−카르디아, *πνεῦμα*−프뉴마), 4:1-6에 나오는 내용과 연결시키고 있다(*διακονία*−디아코니아, *κεκαλυμμένον*−케칼륌메논〈2x〉, *νοήματα*−노에마타, *δόξα*-독사, *εἰκών*−에이콘, *κύριος*−퀴리오스, *καρδία*-카르디아, *πρόσωπον*−프로소폰). 이러한 연결 고리들은 그 수나 비중에 있어서 상당한 것이기 때문에 3:12-18이 3장에 느슨하게 덧붙여져 있는 독립적인 단락이 아니라 3장의 한 구성 부분으로 통합되어 있다는 생각을 불러일으킨다. 또한 비록 소재가 달라졌다고 해도, 바울의 사고의 초점은 여전히 그의 말씀을 전하는 직분 및 그 권위와 효력에 맞춰져 있다. 하지만 차이점이 있다면, 그것은 3:12에서 바울은 또 다른 도전에 대하여 응답하고 있다는 것이다. 바울은 그의 동포인 유대인들이 복음을 받아들이지 않은 것에 대하여 어떻게 설명할 수 있었을까? 본문의 기조는 성격상 논쟁적인 것이다. 왜냐하면 그의 대적자들이 제시한 비난은 의심할 여지 없이 여전히 그의 사도직을 손상시키기 위한 것이었고, 단지 그 공격의 토대만이 새로운 것이었기 때문이다. 바울은 그가 유대인들 가운데서 복음을 전하는 데 거의 성공을 거두지 못했다는 비난(스스로 "그리스도의 종들"이라고 자처하며 모세 속에서 강력하고 성공적인 인물의 표상을 발견했던 "수다한"〈2:17〉 대적자들과는 대조적으로), 그는 후광을 덧입고 있었던 이스라엘의 지도자 모세와는 달리 보잘것없는 연약한 용모만을 지니고 있다는 비난(4:7-12, 17; 5:12, 13; 6:4-10; 10:1, 10; 11:6; 12:5-10; 13:4-이 모든 절들은 바울이 선천적으로 약했고, "영광"은 오직 그의 고난 속에서 나타났다는 것을 보여 준다)에 대하여 대답해야 했다.

그러나 바울은 "담대함"(*παρρησία*-파르레시아)을 지니고 있다. 이 단어는 길고 파란만장한 역사를 지니고 있는 단어다(Bultmann, 87, 88를 보라). 헬레니즘 유대교에서 이 단어는 선한 양심으로 하나님께 나아갈 수 있는 권한을 의미한다(참조. 1:12; 4:2). 기독교 진영에서 이 단어는 "자유"(*ἐλευθερία*-엘류데리아) 및 "권세"(*ἐξουσία*-엑수시아) 둘 다와 연결되어 있다. 그러한 맥락 속에서 이 단어는 바울이 "확신"으로 번역된 그의 페포이데시스(*πεποίθησις*, 4절)와 관련하여 이미 말했던 것의 일부다. 그러나 여기서 이 단어는 논쟁적인 어조를 띄고 있고, 다음에서 볼 수 있듯이 4:1에 대한 복선 역할을 한다.

> 3:12: *ἔχοντες οὖν τοιαύτην ἐλπίδα πολλῇ παρρησίᾳ χρώμεθα*-에콘테스 운 토이아우텐 엘피다 폴레 파르레시아 크로메다, "우리가 이 같은 소망이 있으므로 담대히 말하노니."
>
> 4:1: *ἔχοντες τὴν διακονίαν ταύτην…οὐκ ἐγκακοῦμεν*-에콘테스 텐 디아코니안 타우텐…우크 엥카쿠멘, "우리가 이 직분을 받았기 때문에 낙심하지 아니하고."

이러한 병행으로부터 몇 가지 결론이 드러난다. (1) 파르레시아(*παρρησία*)는 엥카케인(*ἐγκακεῖν*, "낙심하다")과 대비된다. 바울은 그러한 "담대함"이 무엇을 의미하는지를 알기 때문에 낙심에 대한 해독제를 지니고 있는 것이다. (2) 이러한 "담대함"은 일차적으로 하나님이 아니라 사람들을 향한 것으로서, 모든 "속임"(*δόλος*-돌로스, 4:2)과 반대되는 그의 "정직함"(2:17)에서 나온다. (3) 바울의 확신은 우리가 그의 디아코니아(*διακονία*)를 그가 높이리라고 기대할 수 있는 바로 그 대목에 등장하는 그의 소망(*ἐλπίς*-엘피스)에 의거한 것이다. 바울은 잠정적인 것이 아니라 영속적인 것(3:11; 그는 4:16-18에서 이러한 대비로 다시 돌아가게 될 것이다), 즉 그가 섬기도록(*διάκονος*-디아코노스) 부르심을 받아서 합법적인 권세(*δόξα-ἐξουσία*-독사-엑수시아)를 소유하게 된 바로 그 새 언약(앞에 나온 설명을 보라)에 토대를 둔 "소망"을 근거로 제시한다. 그러므로 바울이 자신의 그러한 부르심을 적극적인 측면과 소극적인 측면 양쪽에서 이스라엘의 위대한 지도자 모세의 부르심과 나란히 두고 있는 것은 당연한 일이다. 바울이 과감하게 새롭게 주장하고 있는 것은 그가 하나님의 구원사 속에서 최종적인 말씀으로서 모세에 도전할 수 있는 파르레시아(*παρρησία*)를 가지고 있다고 단언하는 것(Georgi, *Die Gegner*; C. K. Barrett, *From First Adam to Last*[London: A. & C. Black, 1962] chap. 3을 보라)과 그 구원사 속에서 새로운 최종적인 시대가 도래했다는 것을 천명하는 것이었다. 불트만(Bultmann, 88)이 적절하게 표현하고 있듯이, "우리가 담대히 말한다는 것은 내가 복음을 부끄러워하지 않는다(롬 1:16)는 말과 서로 상응한다."

13 바울의 담대함은 그와 마찬가지로 영광의 순간들을 맛보았던 모세에 의해서 즉시 상쇄된다. 구문상으로 12절과의 연결 관계가 끊어져 있기 때문에 우리는 동사를 추가할 필요가 있다: "그러나 모세에게는 그러했지만 우리에게는 그렇지 않다"(BDF § 482). 7절에서 모세에게 일어났던 일이 그리스도인들에게는 일어나지 않는다. 여기서 강조점은 자연스러운 결과에 있다: 모세의 얼굴은 광채로 빛났고, 그 광채 때문에 이스라엘 백성은 모세를 쳐다볼 수 없었다. 모세는 그 광채로 인하여 "이스라엘 자손들로 장차 없어질 것의 결국을 주목치 못하게 하려고"(*πρὸς τὸ μὴ ἀτενίσαι τοὺς υἱοὺς Ἰσραὴλ εἰς τέλος τοῦ καταργουμένου*–프로스 토 메 아테니사이 투스 휘우스 이스라엘 에이스 텔로스 투 카타르구메누) 자신의 얼굴에 수건을 써야 했다.

이 구절의 중심이 되고 있는 텔로스(*τέλος*)라는 단어는 "끝" 또는 "목표"라는 두 가지 의미 중에 하나를 지닐 수 있다. 영어에서 "end"도 이 두 가지 의미를 모두 지니고 있어서 이 단어를 사용하여 예를 들면 한 날의 끝 또는 "사람의 제일의 목적"(웨스트민스터 요리문답)같이 표현하는 것이 가능하다. 이 두 가지 의미가 서로 뗄 수 없을 정도로 결합되어 있는 것으로 보이는 대목은 빌립보서 3:19이다(H. Köster, *NTS* 8[1961-62] 325f.). 또한 로마서 10:4도 이 두 가지 뉘앙스를 모두 지니는 것으로 해석될 수 있다: 그리스도는 정해진 기한에 율법을 완성하셨고, 그렇게 함으로써 의로 가는 길로서의 율법 체제를 종식시키셨다. 대부분의 주석가들은 3:13에 나오는 바울의 표현 속에서 프로스 토 메(*πρὸς τὸ μὴ*)+부정사를 목적을 표현하는 것으로 보아서(Plummer, Bachmann, Georgi; BDF § 402.5) 이스라엘 백성이 곧 끝나게 될 영광을 주목하지 못하도록 하기 위하여(아테니사이⟨*ἀτενίσαι*⟩에 대해서는 7절에 대한 설명을 보라) 모세가 그의 얼굴에 수건을 쓴 것이라고 말했다고 본다. 모세와 여호와의 만남은 끝이 났고, 그 광채의 원천도 물러갔다. 따라서 우리가 우리의 몸을 햇빛에 더 이상 노출하지 않으면 썬텐한 흔적이 점점 사라지듯이, 모세의 얼굴에 있던 광채도 점점 그 빛을 잃어 가게 될 것이었다. 이렇게 모세가 얼굴에 수건을 쓴 목적은 이스라엘 백성이 실망하는 것을 막기 위한 것이었다.

그러나 이것이 본문의 진정한 의미인지는 불확실하다. 다른 한편으로, 텔로스(*τέλος*)를 "목표" 또는 "목적"(*Ziel*, Rissi, 31, 32; Provence, 75) 또는 "궁극적인 의미"(Héring, 24는 모세의 광채나는 얼굴과 그가 하나님과 친밀하게 교통한 것이 무엇을 의미하는 것인지에 대하여 이스라엘 백성이 오해한 것이라고 생각한다; 텔로스⟨*τέλος*⟩에 대한 이러한 읽기는 Provence의 비판, *art. cit.*, 76 n. 62에 대한 대답이다)으로 해석하는 것도 얼마든지 가능하다. 이 후자의 견해를 가장 강력하게 뒷받침해 주는 것은 본문의 흐름이다: *ἀλλὰ ἐπωρώθη τὰ νοήματα αὐτῶν*-알라 에포로데 타 노에마타 아우톤, "그러나 저희 마음이 완고하여." 여기서 알라(*ἀλλὰ*, "그러나")는 새로운 적용이 시작되었다는 것을 보여 주는 것으로서, 바울은 모세 시대의 이스라엘로부터 자신의 시대의 "혈통적인 후손인"(*κατὰ σάρκα*-카타 사르카) 이스라엘로 옮겨간다(14절). 투 카타르구메누(*τοῦ καταργουμένου*, "없어질, 사라져 가는, 이미 지나간")의 주어는 독사(*δόξα*, 여성 명사)가 아니라, 중성 또는 남성 분사 어미와 일치하는 칼륌마(*κάλυμμα*, "수건") 혹은 노모스(*νόμος*, "율법")다. 하지만 그렇게 해석한다고 할지라도 여전히 균열은 존재한다. 왜냐하면 이 견해에 의하면, 알라(*ἀλλὰ*)는 새로운 단락을 시작하는 것이 되어야 하는데, 13절과 대비해 볼 때 그렇게 새로운 단락을 시작할 이유를 제시할 수 없기 때문이다.

따라서 우리는 콜랑쥐(Collange)의 해석(*Enigmes*, 96, 97)이 더 낫다고 본다. 그는 칼륌마(*κάλυμμα*, "수건")가 아니라 "주목하다"라는 강력한 의미를 지니고 있는 동사인 아테니조(*ἀτενίζω*)가 핵심적인 단어라고 생각한다. 이스라엘의 잘못-이 절 속에서 좋은 견지 또는 중립적인 견지에서 바라보아지고 있는 모세의 잘못은 아니지만(Hickling, "The Sequence," 391)-은 그들이 장차 없어지게 될 "직분"(*διακονία*-디아코니아)을 상징하고 있던 얼굴을 계속해서 주목하고 있었다는 것이다. 모세의 얼굴에서 광채가 점점 사라지고 있었다는 것은 율법적인 종교가 잠정적인 성격을 지니고 있음을 보여 주는 것이었다. 그러나 유대인들은 모세 시대에는 물론이고 심지어 "오늘날까지"(*ἄχρι* ⟨*γὰρ*⟩ *τῆς σήμερον*-아크리 ⟨가르⟩ 테스 세메론) 모세가 하나님의 구원을 최종적으로 실현한 것이라고 여겨서 여전히 완악하게 모세를 주목했다. 이러한 깔끔한 석의는 실제로 우리의 본문 번역에서 채택된 헤링(Héring)의 번역 속에 담겨 있는 개념과 일치한다.

14 바울은 이스라엘이 수건을 주목한 것 속에서 옛날과 오늘날의 이스라엘에 대한 정죄를 발견한다. 모세가 얼굴에 수건을 쓴 것은 이스라엘 백성을 잘못된 오해에서 벗어나게 하기 위한 행위였음과 동시에 하나님을 공경하는 행위이기도 했다. 그러나 모세는 그 수건을 벗었다(출 34:34; 동사 야싸르〈יסר〉는 중간태다: "그는 수건을 스스로 벗었다."; LXX의 페리에레이토〈περιῃρεῖτο〉도 마찬가지다). 그렇지만 이스라엘은 민족적인 불신앙 속에서 모세의 권위에 대한 상징으로서의 수건의 지위를 그대로 고수했다. 그러나 바울은 자신의 답변 속에서 바로 그것이 이스라엘 백성이 행했던 잘못이고 여전히 행하고 있는 잘못이라고 지적한다.

"구약을 읽을 때에"(*'Επὶ τῇ ἀναγνώσει τῆς παλαιᾶς διαθήκης*-에피 테 아나그노세이 테스 팔라이아스 디아데케스; 에피〈*ἐπί*〉를 Bachmann은 장소적인 의미로 해석하고, Plummer는 시간적인 의미로 해석해서 "구약을 읽을 때에"로 번역한다)는 대중들 앞에서 율법책을 봉독하는 것을 가리킨다(히브리어 미크라〈מקרא〉를 아나그노시스〈*ἀνάγνωσις*, "읽음, 봉독"〉로 번역하고 있는 행 13:15; B. Gerhardsson, *Memory and Manuscript: Oral Tradition and Written Trammission in Rabbinic Judaism and Early Christianity*, ASNU 22[Lund: Gleerup, 1961] 67-70). 이례적인 것은 토라, 즉 모세 오경을 "구약"으로 표현한 구절이다. 이 표현을 만들어 낸 것은 분명히 바울인데(아마도 렘 31:31에 근거해서; H. Seesemann, *TDNT* 5:720 n. 13), 바울 이후에 이 표현을 사용하고 있는 것은 상당히 후대인 Melito of Sardis, *On the Passion*(주후 190년 이전)에서가 처음이다. 게다가, 이 표현은 "옛"에 강조점을 둔 것으로서(히 8:13에서처럼) 경멸적인 것이다. 이 점은 다음 구절-이 구절도 마찬가지로 모호하긴 하지만-이 소개될 때 명확해진다: *μὴ ἀνακαλυπτόμενον ὅτι ἐν Χριστῷ καταργεῖται*-메 아나칼륍토메논 호티 엔 크리스토 카타르게이타이, "벗어지지 아니하고 있으니 그리스도 안에서 없어질 것이라." "그 수건이 오히려 벗어지지 아니하고 그대로 있어서"(*μένει*-메네이, 이 동사에 대해서는 11절을 참조하라) 사람들의 마음을 덮고 있다고 바울은 유대교의 회당 예배에 대하여 서글픈 논평으로 끝을 맺는다. 유대인들이 눈이 멀게 된 이유는 "그 수건이 벗어지지 않는 한"이라는 표현 속에 나타나고 있는데(일종의 절대적 대격으로 해석한 것; 그러나 그렇게 해석하려면 분사 메 아포칼륍토메논〈*μὴ ἀποκαλυπτόμενον*〉이 필요하게 된다; 이것은 Allo, Moffatt, Bachmann에 의해서 지지를 받고 있는 해석이다), 이 표현은 "그 수건이 벗어지지 아니하고 있기 때문에"(메네이〈*μένει*〉에 대한 술어적 보어로 해석한 것; Luther, Héring)로 해석되기도 하고 "벗어지지 않은 수건은 오직 그리스도 안에서 율법이 폐하여졌다는 것을 아는 지식에 의해서 설명된다"는 의미로 해석되기도 한다(Cramer, *Catenae*, 370.9, 이것을 Bultmann이 인용함). 해석의 많은 부분이 호티(*ὅτι*)를 어떻게 이해하느냐에 달려 있다. 불트만(Bultmann)은 그것이 이유를 나타낸다고 본다. 하지만 그것은 팔라이아 디아데케(*παλαιὰ διαθήκη*) 또는 "구약"에 해당하는 것, 즉 구약의 "영광"(*δόξα*-독사)을 주어로 해서 그 주어를 보충 설명하고 있는 것으로 해석될 수도 있다. "수건"이 주어가 될 수는 없다. 왜냐하면 동사 카타르게이타이(*καταργεῖται*, "없어질 것이라")는 수건에 걸린다고 보기가 어렵고(Bachmann), 인접한 다른 절들(7, 11, 13절)에서 없어져 가고 있는 것은 "구약"의 영광이라고 말하고 있기 때문이다. 게다가, 칼륍테인(*καλύπτειν*, "가리다")은 이 분사가 다시 나오는 18절에서와 동일한 의미가 부여되어야 한다. 다른 한편으로, 우리는 카타르게이타이(*καταργεῖται*)의 주어는 특별히 정해진 것이 없고 바울의 대적자들이 모세와 그의 언약에 대하여 행한 해석을 가리킨다는 콜랑쥐(Collange, 99)의 주장에 동의할 수도 있다.

이와 같은 여러 가지 다양한 가능성들 가운데서 우리는 본문의 번역 속에서는 호티(*ὅτι*)가 보충 설명적인 기능을 하는 것으로 보아서, "그리스도 안에서 그 영광이 없어지고 있다는 사실"을 유대인들의 저항의 결과로 해석했다. 그들이 모세의 율법을 읽을 때 그들에게는 여전히 수건이 덮혀 있어서, "오직 그리스도 안에서 구약의 영광이 없어졌다는 사실이 그들에게 가리워져 있다"(Moffatt; 참조. Bachmann, Godet). 구약에 대한 이러한 부정적인 평가의 다른 면은 누가복음 24:45-46에서 볼 수 있는데, 거기서 제자들의 "마음"이 열려서(그래서 우둔함에서 벗어나), 그들은 구약이 메시아에 대한 예표들로 가득 차 있다는 것을 볼 수 있었다(참조. 눅 24:27, 32).

15 엠마오로 내려가던 제자들과는 달리, 바울의 동포들이었던 이 사람들-지금 여기서의 맥락 속에서는 "참 이스라엘 사람들"(11:22)이라고 자처했던 바울의 대적들-은 여전히 "수건이 그들의 마음을 덮어서"(*ἐπὶ τὴν καρδίαν αὐτῶν*-에피 텐 카르디안 아우톤; 카르디아⟨*καρδία*, "마음"⟩는 14절의 노에마⟨*νόημα*⟩와 동일한 의미다) "모세의 글"(=토라; 행 15:21에서처럼)을 읽을 때(*ἡνίκα ἄν*-헤니카 안, 신약의 하팍스 레고메논이지만, 출 34:34 LXX에서 직접 가져온 것이다: *ἡνίκα δ' ἂν εἰσεπορεύτο Μωυσῆς ἔναντικυρίου λαλεῖν αὐτῷ, περιῃρεῖτο τὸ κάλυμμα* -헤니카 단 에이세포류토 모우세스 에난티퀴리우 랄레인 아우토, 페리에레이토 토 칼륌마, "모세가 여호와 앞에 들어가서 함께 말씀할 때에는 수건을 벗었다") "수건

이 그 마음을 덮고" 있었다. 마지막에 나오는 단어는 바울이 "마음(καρδία-카르디아)이 아니라 모양(πρόσωπον-프로소폰)을 자랑한" 자들을 반박하고 있는 것을 우리가 다시 보고 있다는 단서를 보여 준다. 이것과 관련된 명시적인 대비에 대해서는 5:12을 보라. 모세 및 권위의 상징으로서 그가 대표하고 있었던 모든 것을 굳게 부여잡고서(그들의 모세 모형론은 J. H. Schütz, *Paul and the Anatomy of Apostolic Authority*, SNTSMS 26[Cambridge: University Press, 1975] 173, 174, 185에 의해서 잘 묘사되어 있다: 바울의 원수들은 구약 속에 나오는 전승의 원리를 근거로 삼고 있었다; "신인"〈θεῖος ἀνήρ-데이오스 아네르〉으로서의 모세의 역할이 그들의 모델이었다; 기독교의 은사자들은 모세와 마찬가지로 성령 충만한 사람들이었고, 그들의 손에서 "수건"은 그들이 동경했던 모세의 권위의 상징이었으며, 모세와 마찬가지로 그들은 영광을 받기 위하여 "주께로 나아갔다"), 바울의 대적자들은 자기 기만 속에 빠져 있었고, 그들이 소중히 여겼던 바로 그 수건은 바울이 본 대로 그들을 진리로부터 단절시켜 놓는 휘장 역할을 하고 있었다.

16 바울의 대적들이 그들의 삶의 모범으로 삼고 있었던 모세는 분명히 수건을 쓰고 있었다. 그러나 모세는 여호와의 임재 앞에서 여호와와 교통하기 위하여 "스스로 수건을 벗었다"(출 34:34 LXX). 바울은 여기서 그의 대적들이 수건을 모세의 권위의 상징으로 보고, 그들도 거기에 참여하고 있다고 주장하는 것에 대하여 책망하고 있는 것인가? 16절의 단어 사용은 정확히 같은 것은 아니지만 칠십인역 본문과의 병행을 보여 준다. 그러나 바울이 칠십인역 본문을 재해석해서 읽고 있는 것은 그가 적극적으로 제시하고자 한 교훈들을 이끌어 내기 위한 것이었는가?

"돌아가다"(ἐπιστρέψῃ-에피스트레프세)의 주어가 일차적으로 모세라면, 이것은 분명히 바울이 취하고 있는 일종의 "역사화" 작업이다: "모세가 여호와께 나아갈 때마다 그는 수건을 벗었다"(Schulz, "Die Decke," 15, 16). 그러나 바울의 관심이 오로지 그리고 오직 역사적인 것이었다면, 왜 그는 구약의 본문을 재해석해서 다시 쓰고자 했던 것인가? 또한 "이스라엘 백성"은 의미상의 주어가 될 수 없다. 왜냐하면 16절과 같은 짤막한 문장 속에서 주어가 바뀐다고 보는 것은 어렵기 때문이다.

이 본문은 바울 당시의 유대 백성을 가리킬 수도 있고("한 유대인이 회심할 때마다", 여기서 에피스트레인〈ἐπιστρέφειν〉은 의미론상으로 슈브〈שׁוּב, "회개하다, 돌이키다"〉를 번역한 용어로 해석된다: 갈 4:9; 살전 1:9 등등; Le Déaut, "Traditions targumiques," 46, 47를 보라), 로마서 11:25, 32(동사 에피스트레페인〈ἐπισ-

*τρέφειν*〉이나 명사 에피스트로페〈*ἐπιστροφή*, "회심"〉가 나오지는 않지만)에서 말하고 있는 장래의 소망 속에 등장하는 유대 백성을 가리킬 수 있다. 그렇다면 현재 시제(*περιαιρεῖται*-페리아이레이타이)를 수반한 에이스트렙세(*ἐιστρέψη*)의 단순과거 가정법은 회심이 갑작스럽게 이루어진다는 의미를 내포한다. 어떤 사람이 주께로 돌아오자마자 순식간에 수건이 벗겨진다(Godet). 하지만 휴즈(Hughes)는 여기에 나오는 현재 시제를 유대 백성 또는 영적인 이스라엘, 곧 "영을 따른"(*κατὰ πνεῦμα*-카타 프뉴마) 이스라엘에 대한 하나님의 계획 속에서 장래에 일어날 일에 대한 확신을 표현하는 것이라고 해석한다(Héring). 바렛(Barrett, 122)은 15절에 나오는 카르디아(*καρδία*)를 주어로 보는데, 이것은 출애굽기와 관련된 배경을 간과하고 있는 것이다. 이러한 모든 해석들은 억지스러운 점이 없지 않지만, 바울의 본문에 대한 석의에 있어서 여러 가지 추가적인 차원을 더하여 줄 수 있을 것이다("해설"을 보라).

이러한 해석들 대신에, 우리는 동사 에피스트렙세(*ἐπιστρέψη*)가 일반화된 주어를 가지고 있고, 헤니카 데…프로스 퀴리온(*ἡνίκα δὲ…πρὸς κύριον*)이 보어라고 보아서, 이 본문이 출애굽기 34:34을 모델로 하고 있다는 것을 인정하고서 "언제든지 주께로 돌아가는 일이 있다면"이라고 해석할 것을 제안한다. 바울이 역설하고 있는 것은 "돌아가는 것"이 아니라 수건을 벗는 것이고, 따라서 그가 그의 독자들에게 역설하고자 했던 것도 바로 그러한 것이다. 모세는 여호와의 임재 앞에 나아갈 때마다(미완료, *εἰσεπορεύετο*-에이세포류에토) 거기서 "나올 때까지"(*ἕως τοῦ ἐκπορεύεσθαι*-헤오스 투 에크포류에스다이) 수건을 벗곤 하는 습관이 있었다. "들어가다"나 "나가다"라는 표현들은 부수적인 것이다. 바울에게 있어서 중요한 행위는 모세가 "여호와 앞에서" 행한 것, 즉 그가 수건을 벗은 것이었다. 이러한 결론은 모세가 쓴 수건에 신비적인 의미를 부여했던 자들에 대한 대답이 된다. 바울이 그들의 주장을 강력히 부인하고 나서, 그의 사고는 18절로 이어진다: "우리가 다 수건을 벗은 채로." 우리는 옛 질서의 특징인 그람마(*γράμμα*, 3:6)가 아니라 성령의 역사를 통해서 주의 영광을 본다.

[17] 이 절은 삽입구로서 16절에 대한 페쉐르(pesher) 또는 해설이라는 것이 학자들 간의 공통된 견해다. 16절에서는 모세가 주(=여호와)께로 돌아가는 것에 대하여 말했다. 바울의 석의 방법론에 있어서 새로운 것은 계사인 에스틴(*ἐστιν*)을 "a는 b를 나타낸다"를 의미하는 석의상의 기표(記標, significat)로 여겨서 인용 부호로 묶여져 있는 호 퀴리오스(*ὁ κύριος*, "주": 앞에 나온 말을 가리키는 관사를 통해

서, N. Turner, *Grammatical Insights into the New Testament*[Edinburgh: T. & T. Clark, 1965] 126f.)가 성령(τὸ πνεῦμα-토 프뉴마)을 가리키는 것이라고 해설하는 것이다. 방금 인용한 구절 속에서 "주"는 (우리에게는) 성령을 의미한다(Dunn, "2 Corinthians III. 17"은 Hermann, *Kyrios und Pneuma*, 39ff.에 반대하여 Moule, "2 Cor 3:18*b*," 231, 232를 약간 수정하여 이 견해를 제시한다). 만약 우리가 히클링(Hickling)의 색다른 해석(394, n. 3)을 받아들일 수 있다면, 모세 모형론을 주장했던 바울의 대적자들은 치명적인 일격을 받게 될 것이다. 그는 바울이 출애굽기 본문을 모세가 시내 산에 올라갔을 때 자유의 원천인 성령을 만났다는 것으로 재해석했다고 본다. 그러나 모세의 마음은 이스라엘 백성을 대표하는 자로서 "완악해져" 있었기 때문에, 그는 율법적인 종교를 상징하는 십계명을 들고 산에서 내려왔다. 따라서 모세는 "완고하게" 되었음(πώρωσις-포로시스)을 보여 준 최초의 인물이었고, 이스라엘은 그 후에 단지 모세의 (나쁜) 모범을 따랐을 뿐이다. 그러나 이러한 해석은 견강부회적인 석의로 들린다.

"영"은 통상적으로 성령으로 해석되지만, 이 본문에서 염두에 두고 있는 것은 성령이라는 인격 자체라기보다는 성령의 역동적인 역사다(고전 15:45; Barrett, 123; Collange, 109; Hermann, 17-58). 그렇지만 슈발리에(Chevallier, *Esprit de Dieu*, 93-97)는 하나님을 아는 지식을 계시하는 자로서의 성령의 역할을 강력하게 주창해 왔고, 그가 17절을 18절과 연결시키는 방식은 우리에게 시사해 주는 바가 많다. 출애굽기 이야기에 대한 유대 해석자들은 모세가 하나님께 나아가서 하나님과 교통한 것이라고 읽고 있다. 그러나 그들은 여전히 수건을 쓰고 있기 때문에, 그들의 지도자와는 달리 그들은 하나님과 교통하는 것이 불가능하다. 우리가 성령을 통해서 "주"를 찾을 때 우리에게 하나님께 나아갈 수 있도록 해주는 것은 주의 영이라고 바울은 결론을 맺는다.

이러한 읽기에 의하면, 바울이 하나님께 나아간다고 말할 때 쓴 용어는 "자유"(ἐλευθερία-엘류데리아)인데, 이 용어는 고린도후서에서 오직 여기에만 나온다. 이 용어는 12절에 나오는 "담대함"(παρρησία-파르레시아)과 연결되어 있고, 자신의 사도직의 가치와 유효성에 대한 바울의 논증, 즉 하나님의 자녀(롬 8:14-17)와 하나님의 피조물의 일부(롬 8:19-25)로서의 우리의 유업을 자세히 밝히고 있는 "그리스도 안에서의 자유"에 관한 메시지(갈 5:1; 롬 8:2)를 선포하고 있는 바울의 논증의 결론이다.

18 이것은 길게 이어져 온 바울의 논증에 대한 고상한 결론이다. "그러나 우리는

다"(ἡμεῖς δὲ πάντες-헤메이스 데 판테스)는 하나님의 영이 행하시는 것의 범위를 넓혀 주는 역할을 한다. 바울에게 그리스도는 하나님의 계시의 살아 있는 화신(εἰκών-에이콘, "형상")이라고 할 정도로 바울의 사고는 기독론적이다. 바울은 새 언약의 직분(διάκονος-디아코노스)을 지니고 있는데, 새 언약이라는 호칭을 지니게 된 것은 그리스도 안에서 "새로운 창조"(καινὴ κτίσις-카이네 크티시스, 5:17), 즉 구원과 의의 새 시대가 동텄기 때문이다.

모세의 수건은 이스라엘에게 장애물 역할을 했지만, 그 수건은 그리스도 안에서 제거되어서(14절) "그리스도인마다 모세 같은 사람이 되었다"(Héring 27 n. 21). 그리스도인들은 주의 영광을 "보거나" "반영하고" 있다고 말해진다(τὴν δόξαν κυρίου κατοπτριζόμενοι-텐 독산 퀴리우 카톱트리조메노이). 이 두 가지 의미는 어느 것이나 가능하긴 하지만, 큄멜(Kümmel)의 지적은 그 중의 어느 한쪽으로 저울이 기울어지게 만든다. "우리가 반영하고 있다"라는 번역은 그들의 수건 때문에 주의 영광을 볼 수 없는 유대인들과 그리스도인들 간의 대비를 제거해 버린다. 따라서 Hugedé, *La mètaphore du miroir*, 17-24, 32에서는 "우리가 본다"라는 번역이 더 낫다고 강력히 주장한다.

이 분사의 목적어는 하나님의 "형상"(εἰκών-에이콘: 4:4-6; 참조. 골 1:15; 히 1:1-4; 요 1:18; 모르페〈μορφή〉가 독사/에이콘〈δόξα/εἰκών〉과 의미론상으로 동일한 경우는 빌 2:6; R. P. Martin, *Carmen Christi: Philippians 2:5-11*, 99-133를 보라) 속에서 계시된 하나님의 영광이다.

동사 메타모르푸메다(μεταμορφούμεθα, "변화되어 가고 있다")는 그리스도에게 속해서 그리스도 안에서 형체를 이루어 가는(갈 4:19) 모든 자들에게 원형이 되는(Abbild: Jervell의 용어, *Imago Dei*) 하나님의 "형상"으로서 그리스도와의 연결 관계를 강력하게 시사해 준다. 최근의 논의에 대한 고찰로는 고린도전서 15:44-49에 대한 여러 학자들의 논의, 예를 들면 M. J. Harris, *Raised Immortal*(London: Marshall, Morgan & Scott, 1983) 114-33; R. P. Martin, *The Spirit andtheCongregation: Studies in 1 Corinthians 12-15*(Grand Rapids: Eerdmans/Exeter: Paternoster Press, 1984) 129-42를 보라.

이러한 "변화"(μεταμορφοῦσθαι-메타모르푸스다이: 참조. 롬 12:2)의 과정은 한 수준의 영광에서 더 높은 수준의 영광으로(ἀπὸ δόξης εἰς δόξαν-아포 독세스 에이스 독산) 점진적으로 이루어지는 것으로서(*2 Bar* 51:3, 7, 10) 로마서 8:17, 29, 30에서 말하고 있는 목표에 도달함으로써 절정에 달하게 된다(참조. A. R. C.

Leaney, "Conformed to the Image of His Son," *NTS* 10[1963-64] 470-79).

이러한 과정을 이끌어 가는 주체는 카다페르 아포 퀴리우 프뉴마토스(*καθάπερ ἀπὸ κυρίου πνεύματος*)라는 해독하기 어려운 표현으로 묘사되고 있는데, 이 표현은 아주 간단하게는 "영이신 주로 말미암아"(Barrett)로 해석될 수도 있고, 우리가 영으로 알고 있는 주로 말미암아(참조. Moule), "최고의 영으로 말미암아"(W. L. Knox, S*t. Paul*, 131f.), 예수께서 죽으신 후에 계속해서 기독교를 성장시킬 때 기능적인 수단으로 "사용되고 있는 성령으로 말미암아(Greenwood, "The Lord is the Spirit," 471) 등으로 해석될 수도 있다. 이러한 석의상의 난제는 우리가 두 개의 속격 명사, 즉 퀴리우(*κυρίου*)와 프뉴마토스(*πνεύματος*)를 잘 연결시킬 때만 풀어질 수 있는데, 여기에는 몇 가지 대안들이 가능하다. 아마도 우리가 선택했듯이, 좀 더 단순한 번역이 가장 좋은 번역이 될 것이다. 본문을 난외주로 보는 슈미탈스(Schmithals)의 견해는 최후의 수단이다(*Gnosticism*, 315-25).

어쨌든 이 논의는 그리스도를 믿는 자들은 아버지의 아들에게서 "영광"을 볼 수 있는 새 시대에 살고 있고, 그 새 시대에 참여하고 있는 자들은 "영광"을 공유하고 있는 것이라는 바울의 증언에서 절정에 도달한다. 이러한 변화를 주도해서 믿는 자들을 새 인류, 새 아담의 원안(原案)이신 분을 닮도록 변화시키고, 그들이 "그의 아들을 닮게 되는"(롬 8:29) 약속된 목표에 이르고, 새 언약 아래서 그들에게 날 때부터 주어진 권리인 온전한 자유를 누리게 될 때까지 그들을 변화시키는 것은 성령의 역사다.

## 해설

이 절들(7-18절)은 상당히 자세하게 천착되어 왔기 때문에, 이제 우리가 할 일은 그 석의의 결과들을 한데 모아서 일관된 형태로 서술하는 것뿐이다. 우리는 석의와 관련된 갖가지 주장들과 거기에 대한 반론들을 추적하다가 길을 잃고서 바울의 중심적인 주제들을 소홀히 다루었다는 비판을 받을 수도 있다. 따라서 우리는 이제 사도의 논증을 상당히 직설적으로 요약하여 명료하게 제시함으로써 복잡하게 꼬여 있는 이 단락의 핵심에 접근할 수 있는 길을 제시해 보고자 한다.

자신의 사도직에 관한 바울의 진술 속에서 우리는 이 대목에서 옛 언약과 새 언약이 함께 논의되는 가운데 일련의 대비들이 제시되고 있는 것을 보게 된다. 사도는 세 가지 방향의 접근 방식을 취하고 있다. 7-11절은 그 중에서 두 가지를 제시한다.

첫째, 율법은 기준을 제시했지만, 거기에 도달할 수 있는 능력을 제공해 주지는 않았다. 그런 이유 때문에 바울은 조심스레 말하는 것이 아니라 직설적으로 꾸미지 않고 솔직히 말한다: 율법은 "죽이는"(6절) 것이다. 율법은 "정죄"(9절)를 낳는 "정죄의 직분"(7절)이다. 이러한 강력한 용어들은 율법은 완전한 기준을 제시하는 과녁을 세워 놓았지만, 사람들은 죄로 인하여 연약해져서 그 목표에 도달할 수 없다는 의미만을 지닐 수 있다.

바울은 율법 자체 속에서는 결함을 발견하지 못하고 율법 자체에 대하여 시비를 걸지 않지만(롬 7:12, 14), 율법은 그가 도저히 도달할 수 없는 높은 목표를 설정하고 그를 부르면서도 그에게 그 목표에 도달할 수 있는 힘이나 도움을 주지 않음으로써 그를 조롱했다는 것을 발견하게 된다. 이렇게 해서 하나님께서 원래 선한 것으로 의도하셨던 것이 죽음을 가져오는 치명적인 도구로 바뀌어 버렸다(롬 7:13). 그렇다면 그 이유는 무엇인가? 우리는 로마서 8:3a에서 그 대답을 구할 수 있다: 율법은 인간의 부적합성, 즉 "육체"로 말미암아 연약해졌다.

둘째, 바울은 계속해서 율법은 존귀한 의도를 지니고 있었지만, 그것은 단지 잠정적인 것에 불과했다는 것을 가르친다. 율법이 지닌 "삽입구적인 성격"(갈 3:16ff.의 묘사에 의하면)은 율법(7, 11절)과 율법 수여자인 모세(7절)의 영광이 단지 장차 없어질 영광이었다는 사실 속에서 분명하게 드러난다. 바울이 이러한 예시를 들면서 그 배경으로 삼았던 전거(典據)는 분명히 모세가 하나님과의 교통으로부터 돌아왔을 때 그의 얼굴에서 빛났던 광채를 묘사하고 있는 출애굽기 34:29-35이다. 하지만 그 광채는 시간이 지나면서 희미해졌고, 결국에는 사라져 버렸다. 바울은 율법 수여자인 모세를 빌어서 그가 설명하고자 한 것, 곧 옛적 유대교의 영광은 한때는 역사적으로 하나의 현실이었지만 지금은 희미해져 사라지고 있다는 것, 실제로 그 날은 지나갔고, 그 잠정적인 영광은 이미 도래한 영원한 것, 즉 복음에 길을 내어 주었다는 것(10-11절)을 논증한다.

이러한 대비들을 모두 종합하면 한 가지 확고한 결론이 도출된다: 하나님은 옛 유대교의 예식 중심의 질서를 폐하기 위하여 기독교의 직분을 세웠다. 이제 하나님의 영광은 율법이나 성전 또는 제사장에게서가 아니라 예수 그리스도의 얼굴에서 찾아야 한다(고후 4:6; 딛 2:13). 요한복음의 서문(요 1:17)은 히브리서의 본론(특히 8장)과 마찬가지로 정확하게 동일한 것을 말해 주고 있다.

자신의 독자들을 여기까지 끌고 온 바울은 이제 두 언약의 차이와 관련해서 세 번째 요소를 제시한다. 율법은 모세 시대에나 바울 시대에나 하나님과 이스라엘 백성을 가로막고 있었던 장애물을 상징하는 것이었다. 율법 수여자인 모세는 왜 그의 광채나는 얼굴에 수건을 썼던 것인가(13절; 출 34:33)? 모세가 그렇게 한 이유 중의 하나는 이스라엘 백성이 모세의 얼굴에 빛났던 영광이 점차 희미해지는 것을 보고서 실망하게 되는 것을 미리 막기 위한 것이었다. 그러나 출애굽기 34:30은 모세의 얼굴에서 빛나는 "광채" 때문에 "그에게 가까이 하기를 두려워했다"고 보도한다(출 34:29은 문자 그대로 직역하면 "그의 얼굴의 가죽이 광선들을 발했다"가 된다).

바울은 이러한 정황 묘사 속에서 심오한 해석을 찾아낸다. 왜냐하면 모세가 썼던 수건은 단지 역사적인 하나의 사소한 사실에 그치는 것이 아니었기 때문이다. 그것은 구약을 읽는 유대인 독자들에게 여전히 진리를 감추는 장애물을 상징적으로 보여 주는 것이었다.

안디옥, 에베소, 고린도의 유대인들이 회당의 안식일 예배 속에서 율법이 봉독되는 것을 들을 때(14-15절), 그들은 율법의 참된 의미를 깨달을 수 없었다. 그들은 바울이 보여 준 대로 그들로 하여금 그리스도를 받아들이게 하기 위하여 예비적인 수단으로 율법을 바라본 것이 아니라(갈 3:24), 율법을 하나님의 최종적인 계시로 여겼다. 그러므로 그들은 하나님으로부터 율법을 최초로 위임받은 유서 깊은 하나님의 백성으로서의 그들의 이루 헤아릴 수 없는 특권들에도 불구하고(롬 3:1, 2; 9:4, 5) 여전히 마음이 완고하고 눈이 멀어 있었다(4:3-4; 롬 11:25).

그러나 한 유대인이 주께로 돌아올 때마다 그 수건이 벗겨져서 "모든 성경 속에서 그리스도"를 알게 됨으로써 그 결과가 얼마나 달라지게 되는가? 바울 자신의 경험은 기독교적인 눈을 통해서 추가적인 차원을 띠게 되는 구약에 대한 이러한 "종말론적인 석의"의 타당성과 효력을 보여 주는 살아 있는 증거였다.

17-18절은 설명을 필요로 한다. 우리가 풀어야 할 난제는 "주는 영이시다"라는 문장이다. 바울이 앞에 나온 절을 원래 출애굽기 34:34에서 가져왔다는 것-물론 바울은 그 본문을 적용하는 방식에서 새롭기는 하지만-을 상기한다면, 우리는 올바른 해석의 길로 접어들고 있는 것이다. 그렇게 본다면, 17절은 모세가 하나님의 임재 앞에 나아간 것에 대한 언급과 관련된 해설이 된다: "방금 언급한 절에서 모세가 주께로 나아갔다고 우리는 말했는데, 이 주는 우리에게는 어떤 사람을 그리스도에게 나아가게 해서 그리스도가 주가 되신다는 것을 고백하도록 이끄는 성령을 의미한다"(참조. 고전 12:3). 이것이 바울이 의도했던 분명한 의미다.

성령이 행하시는 일은 17b, 18절에서 좀더 설명된다. 성령은 유대인 신자를 종살이에서 건져내어 자유로 이끄시고, 유대인이든 이방인이든 모든 신자들을 살아 계신 하나님과의 교통과 점진적인 체험을 통해서 완전한 인간의 원형(原型)인 그리스도 예수를 닮도록 변화시키신다(롬 8:29; 갈 4:19; 빌 3:21; 요일 3:2). 이렇게 해서 "모든 그리스도인"은 내세에서 그리스도를 완전히 닮는 것에 대한 맛보기로서 현세에서 하나님의 영광을 보는 "모세 같은 인물이 되었다"(Héring).

# C. 사도직, 케리그마, 직분(4:1-6)

## 참고문헌

**Bain, John A.** "2 Cor iv.3-4." *ExpT* 18(1906-07) 380. **Baumert, N.** *Täglich Sterben und Auferstehen.* 115-17, 318-46. **Benoit, P.** "Qumrán et le Nouveau Testament." *NTS* 7(1960-61) 289, 290. **Bouttier, M.** "Le tesson. 2 Cot 4, 6-11." *AsSeign* 40 (1972) 37-42. **Cranfield, C. E. B.** "Minister and Congregation in the Light of II Cot 4:5-7." *Int* 19(1965) 163-67. **Davies, S.** "Remarks on the Second Epistle to the Corinthians 4:3, 4." *BSac* 25(1968) 23-30. **Doeve, J. W.** "Some Notes with Reference to *τὰ λόγια τοῦ θεοῦ.*" *Studia Paulina.* FS de Zwaan. 111-23. **Fitzmyer, J. A.** "Glory Reflected on the Face of Christ(2 Cor 3:7-4:6) and a Palestinian Jewish Motif." *TS* 42(1981) 639-44. **Hopfl, H.** "2 Cor iv.3,4." *ExpTim* 18(1906-07) 428. **Iverach, J.** "The Ministry of Light." *Exp* 4th series 3(1891) 92-103. **Kim, S.** *The Origin of Paul's Gospel.* Grand Rapids: Wm. B. Eerdmans, 1982. **Larsson, E.** *Christus als Vorbild.* ASNU 23. Lurid/ Uppsala: Gleerup, 1962. 279-89. **MacRae, G. W.** "Anti-Dualism Polemic in 2 Cor 4.6?" *SE* IV/1(1968) 420-31. **Martini, C.** "Alcuni temi letterari di 2 Cot 4,6 e i racconti della conversione di San Paulo negli Atti." *Studiorum Paulinorum Congressus.* AnBib 17-18(1961) I, 461-74. **Muellensiefen, W.** "Satan der *θεὸς του αἰῶνος τούτου.* 2 Kor. 4.4?" *TSK* 95(1923-24) 295-98. **Rissi, M.** *Studien.* 58-60. **Schmithals, W.** *Gnosticism in Corinth.* Tr. J. E. Steely. Nashville: Abingdon, 1971. **Smith, William H., Jr.** "The Function of 2 Corinthians 3:7-4:6 in Its Epistolary

Context." Ph.D. diss., Southern Baptist Theological Seminary, 1983. **Zorell, F.** "'Deus huius saeculi'(2 Cor 4.4)." *VD* 8(1928) 54-57.

## 본 문

**1** 이러하므로 우리가 이 직분을 받아 긍휼하심을 입은 대로 낙심하지 아니하고

**1** Therefore, since we have this ministry, as we have had mercy shown [to us], we are not discouraged.[a]

**2** 이에 숨은 부끄러움의 일을 버리고 궤휼 가운데 행하지 아니하며 하나님의 말씀을 혼잡게 아니하고 오직 진리를 나타냄으로 하나님 앞에서 각 사람의 양심에 대하여 스스로 천거하노라

**2** We have repudiated shameful practices devised in secret; we do not employ cunning methods nor do we tamper with God's word, but by an open declaration that reveals the truth, we recommend ourselves to everyone's conscience as living in God's sight.

**3** 만일 우리 복음이 가리웠으면 망하는 자들에게 가리운 것이라

**3** Yet if even our gospel preaching is veiled, it is veiled only to those on the way to perdition,

**4** 그 중에 이 세상 신이 믿지 아니하는 자들의 마음을 혼미케 하여 그리스도의 영광의 복음의 광채가 비취지 못하게 함이니 그리스도는 하나님의 형상이니라

**4** that is, to those nonbelievers whose minds the god of this age has blinded to stop them from seeing the revealed splendor of the Gospel, that is the glory of Christ who is the image of God.

**5** 우리가 우리를 전파하는 것이 아니라 오직 그리스도 예수의 주 되신 것과 또 예수를 위하여 우리가 너희의 종 된 것을 전파함이라

**5** For it is not ourselves we are proclaiming but Jesus Christ as Lord; we ourselves are simply your slave—for Jesus' sake.

**6** 어두운 데서 빛이 비취리라 하시던 그 하나님께서 예수 그리스도의 얼굴에 있는 하나님의 영광을 아는 빛을 우리 마음에 비취셨느니라

**6** For it is the God who said, "Light shall shine out of darkness," who has shone in our hearts to illumine them with the knowledge of God's glory seen in the face of Christ.[b]

## 원문주해

a. 여기서는 엥카쿠멘(ἐγκακοῦμεν)으로 읽는다. 몇몇 질이 떨어지는 사본들(C Ψ 0243 TR)에는 엑카쿠멘(ἐκκακοῦμεν, "우리가 지치게 되다")으로 되어 있다. 이러한 잘못된 필사는 두 동사가 소리가 비슷할 뿐만 아니라 의미도 서로 연관이 있다는 것에 비추어 볼 때 충분히 설명이 된다: "피곤함은 의무를 게을리하는 원인이 될 수 있기 때문에"(Barrett는 이렇게 설명하면서 엥카쿠멘⟨ἐγκακοῦμεν⟩을 택한다).

b. 짧은 읽기는 크리스투(Χριστοῦ, "그리스도의": A B 33 1739* cop[sa] arm Marcion Tert. 후대의 교부들)로 되어 있는데, "짧은 읽기가 우선이라는"(lectio brevior potior) 원칙에 따라서 채택된다(Metzger, *Textual Commentary*, 579). 그러나 예수('Ιησοῦ)가 그리

스도라는 신성한 이름(nomen sacer)에 첨가되어 있는 것은 상당한 정도의 사본상의 증거를 받고 있다(incl. $P^{46}$ ℵ 대문자 사본들; D F G에는 순서가 뒤바뀌어서 크리스투 예수 〈*Χριστοῦ 'Ιησοῦ*〉로 되어 있다).

## 양식/구조/배경

2:14-17과 4:1-6 간의 연결 고리들은 바울이 "수미쌍관법"이라고 알려진 문학적 장치, 즉 한 단락을 마무리할 때 앞서 말했던 것으로 되돌아가서 사고의 흐름을 마무리함으로써 개념들의 원을 완성하는 기법을 채택하고 있다는 것을 보여 준다. 2:14-17의 단락은 바울의 복음의 대적자들을 설명하고서, 그들의 서글픈 처지를 "망하는 자들"(*οἱ ἀπολλύμενοι*-호이 아폴뤼메노이, 참조. 4:3, *ἐν τοῖς ἀπολλυμένοις*-엔 토이스 아폴뤼메노이스)로 특징지었다. 그러한 거짓 교사들은 "하나님의 말씀을 팔아 먹는 행상들"로 규정되었고(참조. 4:2), 반면에 바울은 자기가 언제나 하나님이 보시는 가운데(2:17, *κατέναντι θεοῦ*-카네난티 데우; 참조. 4:2, *ἐνώπιον τοῦ θεοῦ*-에노피온 투 데우, "하나님이 보시는 가운데 살아가다") "정직함"의 동기에서(*ἐξ εἰλικρινείας*-엑스 에일리크리네이아스, 2:17; 참조. 4:2) 행했다고 주장했다. 게다가, 바울의 케리그마의 핵심은 "하나님을 아는 지식"(2:14, *τῆς γνώσεως αὐτοῦ*-테스 그노세오스 아우투, 이것은 4:6의 *τῆς γνώσεως τῆς δόξης τοῦ θεοῦ*-테스 그노세오스 테스 독세스 투 데우, "하나님의 영광을 아는 지식과 연결된다)으로 묘사된다. 바울의 사고는 의식적으로 2:14-17에서의 거짓 교사들에 대한 그의 이전의 고발에서 사용된 용어들을 다시 사용하여 그들에 대한 변증을 계속하고 있다는 것이 분명해 보인다.

불트만(Bultmann, 101)도 4:1-6과 3:7-18에 나오는 논증 간의 여러 연결 고리들을 본다. 공통적인 주제는 사도직인데, 사도임을 보증해 주는 것은 "확신"(*πεποίθησις*-페포이데시스, 3:4)으로서, 이 확신으로 말미암아 바울은 하나님의 말씀을 두려움 없이 담대하게 전할 수 있다(*παρρησία*-파르레시아, "담대히 말함", 3:12). 바울은 2:17의 부패한 교사들 및 4:2에서 언급된 자들과 구별된다. 이 두 개의 직분을 나누는 것은 다음과 같은 방식들로 3장까지 거슬러 올라간다.

(a) 바울의 직분(*διακονία*-디아코니아, 4:1)은 3:7에서 행해진 대비(거기서 바울의 직분과 반대되는 것은 "정죄의 직분"이다)를 사용하여 3:8-9에서 언급되고 있는 것과 동일하다. (b) 바로 그러한 것을 지니고(*ἔχοντες*-에콘테스, 4:1) 있기 때문에 바울의 직분은 "담대할" 수 있고(3:12, *ἔχοντες…πολλῇ παρρησίᾳ χρώμε-*

θα-에콘테스…폴레 파르레시아 크로메다), 그는 낙심하지 않는다(οὐκ ἐγκακοῦ-μεν-우크 엥카쿠멘). 또한 바울은 "숨은 부끄러움의 일"(τὰ κρυπτὰ τῆς αἰσχύ-νης-타 크륍타 테스 아이스퀴네스, 4:2)에 맞서서 담대하게 말할 수 있다(3:12). (c) 하나님께서 그에게 보여 주신 긍휼하심을 인정하는 것(4:1)은 3:4로 거슬러 올라간다(διὰ Χριστοῦ-디아 크리스투, "그리스도로 말미암아"; 그는 전도의 일로 부르심을 받았다). (d) 뚜렷한 연결 고리로서 4:3 이하의 "가리워진 복음"은 모세의 수건에 대한 논쟁(3:13-18)을 잇고 있는 것으로서, 칼륌마(κάλυμμα, "수건")만이 아니라 4:4과 3:14 이하에 나오는 노에마타(νοήματα, "마음"), 그리고 아우가사이(αὐγάσαι, "보다"; 4:4), 아테니사이(ἀτενίσαι, "주목하다"; 3:13) 같은 여러 동사들도 공통적으로 나오는 단어들이다.

결론은 분명해 보인다. 바울은 3장에 나오는 그의 대적들과의 이전의 논쟁을 이어가면서, 그의 복음과 직분에 대하여 제기된 또 다른 방향의 비판에 대하여 답변하고 있는 것이다. 우리는 이러한 비판의 흐름이 다음과 같았을 것이라고 추론해 볼 수 있다: 바울은 약했고, 그의 메시지는 굉장한 것이 아니었기 때문에(10:10에 대한 설명을 보라) 낙심할 만한 충분한 이유를 가지고 있었다. 그의 말씀을 듣는 자들은 어둠 속에서 헤매고 있었고, 그가 전하는 말씀은 그들에게 그 말씀의 진정성을 확신시켜 줄 수 있는 뚜렷한 능력의 표적들을 보여 주지 못했기 때문에 그들을 도울 수 없는 듯했다. 바울은 이러한 문제들을 4:1-6에서 정면으로 다룬다. 이렇게 해서 그는 2:14에서 시작된 그의 공들인 논의를 마감한다.

## 주석

1 "이러하므로"(διὰ τοῦτο-디아 투토)는 그 다음에 나오는 구절에 걸린다고 보아야 할 것이다. 왜냐하면 4:1을 그 직전의 단락과 연결시키는 것은 쉽지 않기 때문이다. 바울의 단언의 근거는 그가 하나님의 긍휼하심에 대하여 알고 있다는 것에 있었다(καθὼς ἠλεήθημεν-카도스 엘레에데멘, "긍휼하심을 입은 대로"; 하나님으로부터의 은총 또는 "긍휼하심을 입었다"는 이러한 의미에 대해서는 마 5:7을 참조하라. 바울에게 그것은 사도직으로의 부르심과 연관이 있었다; 참조. 딤전 1:13). 이러한 사고를 다른 식으로 표현하고 있는 것은 3:4에서 볼 수 있다(Bultmann).

"이 직분"(τὴν διακονίαν ταύτην-텐 디아코니안 타우텐)은 3장, 특히 "영의 직분"(*διακονία τοῦ πνεύματος* – 디아코니아 투 프뉴마토스)을 3:18과 연결시키고 있는 3:6, 8에 개략적으로 소개된 새 언약의 직분이다. 따라서 3:18과 4:1 간에는 잠재적인 연결 고리가 존재할 가능성이 있지만, 그것은 어디까지나 잠재적인 것이다.

바울이 사도의 직분을 받은 것은 그의 "회심" 사건의 일부이기 때문에, 몇몇 주석가들은 하나님의 긍휼하심 또는 은혜에 대한 이러한 언급 속에서(고전 15:10; 참조. 딤전 1:13-16) 그의 회심에 대한 암시를 찾아내고자 한다(Prümm, *Diakonia*; Lietzmann; Windisch; Plummer; Barrett; Bultmann의 반론은 고전 7:25을 인용해서 4:1에 나오는 "우리가 긍휼하심을 입었다"는 동사의 부정과거 시제를 해명하는 근거로 삼은 Kim, *The Origin*, 5-11, 26의 자세한 논의에 의해서 반박되었다고 할 수 있다).

하나님이 자기에게 주신 사도직에 대한 바울의 확신(3:4, 12에서 분명하게 언급된)의 결과는 "우리가 낙심하지 않는다"는 것이었다. 이 동사는 "우리가 지치게 되다"(루터) 또는 "우리가 우리에게 주어진 일들을 게을리하지 않다"(Windisch, 132; Barrett)라는 의미로부터 "우리가 절망하지 않는다"(Lietzmann, 114) 또는 "우리가 복음을 부끄러워하여서"(롬 1:16) "겁쟁이처럼 행하지 않는다"는 의미에 이르기까지 여러 가지 뉘앙스의 의미들을 지닐 수 있다. 불트만(Bultmann)은 바울이 3:12에서 "우리가 담대히 말하노니"라고 공언하고 있는 것을 근거로 마지막에 제시된 의미를 취한다. 이러한 선택이 지니는 장점은 그것이 자신의 메시지에 대한 믿음을 바울이 천명하고 있는 것에 초점을 맞추고 있고(2절), 이 동사는 단순히 주관적인 감정을 나타내고 있지 않다는 것(4:16에서와는 달리)이다. 만약 바울이 그에게 맡겨진 하나님의 말씀의 진정성에 대하여 의심을 가졌다면, 그는 절망의 희생양이 되고 말았을 것이다. 엥카케오(*ἐγκακέω*, "낙심하다" 또는 "연약하게 행하다")는 신약에서는 언제나 그 앞에 부정의 우(*οὐ*) 또는 메(*μή*)가 나오는데, 이것은 지속성을 나타내는 것이다(Collange, *Enigmes*, 128). 병행적인 표현들은 5:6-8; 7:16; 10:1-2에 나오고, 휘포모네(*ὑπομονή*, "견디는 것")는 1:6; 6:4; 12:12에 다시 나온다. 이 절에서 "하나님의 긍휼이 그를 찾아내어 단순하고 강하고 진실하게 만들었다"(Iverach, "The Ministry," 94는 Bengel을 인용한다: "misericordia Dei, per quant ministerium accipitur facit strenuos et sinceros," 즉 "우리에게 직분을 주신 하나님의 긍휼하심은 우리를 일하게 만들고 정직하게 만든다"). 바우메르트(Baumert, *Täglich Sterben*, 318-46)는 엥카케인(*ἐγκακεῖν*)에 대하여 자세한 사전적 설명을 하면서, 이 동사는 일차적으로 육체적이거나 심리적인 탈진 또는 곤고함(Angst)이 아니라 싫증을 내서 회피하는 것을 의미한다는 것을 보여 준다. 바울은 이런 식으로 자기는 자신의 전도 사역이 혐오스러운 것임을 발견하지 못했다고 고백하고 있는 것이다. 도리어 그는 자신의 전도 사역을 자랑스러워한다. 왜냐하면 그는 자기를 부르신 분과 십자가의 도 속에서 소망을 발견하기 때문이다(갈 6:14). 우리는 이러한 정서가 고린도후서를 쓸 당시의 바울의 삶과 연관이 있다는 것을 보아야 한다(서론을 보라).

2 강한 역접의 "그러나"(*ἀλλὰ*–알라)에 의해서 이 절에 나오는 그의 부정의 표현과의 연결 고리가 제시되고 있다. 그것은 그가 하나의 행동 방식에서 의도적으로 떠나서 다른 행동 방식을 좇았다는 것을 말해 주는 관용 표현이다(이러한 포기〈renuntiatio〉 모티프에 대한 고전적 진술인 빌 3:7-14을 참조하라; 이것은 2절이 바울의 생애에 있어서 결정적인 순간이었던 그의 회심 속에서 무슨 일이 일어났는지를 잠깐 보여 주는 것임을 확증해 준다: Plummer, Hughes, Collange). 또는 그 다음에 나오는 동사는 바울이 에베소에서 사역을 하던 때에 위기를 맞았던 순간을 가리키는 것일 수도 있다(서론을 보라).

하지만 바울은 고린도 교회에서 그의 대적들이 그를 어떤 식으로 비난했는지를 직시하고서(Strachan; Schmithals, *Gnosticism*, 183, 184), 그의 대적들이 범한 죄들에 대한 공격을 감행하기 시작한다: "은밀하게 부화되고 있는 부끄러운 음모들"(*Bible du Centenaire*는 이렇게 생생하게 번역하고 있다, "les intrigues qui se trament en cachette"). 타 크륍타(*τὰ κρυπτά*, "숨겨진 행위들")와 아이스퀴네(*αἰσχύνη*, "부끄러움, 수치")라는 어구는 빌립보서 3:19에서도 이와 같이 부정적인 방식으로 사용된다.

바울은 힘주어 말한다: "우리는 교활한 방법들을 사용하여 행하지 않는다." 이는 문자 그대로 직역하면 "우리는 교활함(*ἐν πανουργίᾳ*–엔 파누르기아, 신약에서 6번 나오는 명사로 그 중 3번은 고린도후서에 나온다, 4:2; 11:3; 12:16; 이 단어는 문자 그대로 "무슨 짓이든지 할 수 있고, 또한 그럴 준비가 되어 있다"는 것을 의미한다; 이것은 불가능한 목표를 달성할 수 있다고 하는 주제넘은 주장이기 때문에, 이 단어는 교활함, 궤휼, 과시하는 것과 결부되었다, BGD, 608를 보라)으로 행하지 않는다(*περιπατέω*–페리파테오, 사람의 행위를 가리키는 구약의 동사: H. Seesemann, *TDNT* 5: 940-46)"이다. 12:16을 통해서 우리는 바울이 이러한 거짓된 주장을 하고 있는 것으로 비난받았다는 사실을 알고 있는데, 그 근거가 참으로 아이러니컬하다. 이와 동일한 비난은 1:12의 근저에도 존재한다.

바울의 생활 방식과 그가 전하는 말씀이 모두 공격을 받았다. 4, 5절에서는 "하나님의 말씀"이 바울의 전도를 위한 메시지, 즉 그의 케리그마를 가리킨다고 설명하고 있다(참조. 2:17). 바울은 아마도 이방인 회심자들에게 할례를 요구하지 않음으로써 복음을 혼잡케 하고 있다는(*δολοῦν*-돌룬) 비난을 받았을 것이다(Barrett) - 그러나 할례는 고린도후서에서 뜨거운 쟁점은 아니었다. 하지만 가능성이 더 큰 것은 문제가 되었던 것은 바울이 구약을 나룬 방식(이런 의미에서의 로고스 두 네우 ⟨*λόγος τοῦ θεοῦ*⟩에 대해서는 롬 9:6을 보라; 또한 3:2에 대한 Doeve, "Some Notes"의 설명을 참조하라)과 3:14-16의 "수건"이 오직 그리스도 안에서만 제거된다는 그의 주장이었으리라는 것이다. 그렇게 본다면, 그러한 일련의 사고는 역접을 나타내는 알라(*ἀλλά*, "그러나")에 의해 연결되어서 자연스럽게 다음 구절로 이어진다.

"진리를 나타냄으로 스스로 천거하노라"(*τῇ φανερώσει τῆς ἀληθείας συνιστάντες ἑαυτούς*-테 파네로세이 테스 알레데이아스 쉬니스탄테스 헤아우투스). 이러한 부인 속에서 핵심적인 부분은 바울이 "스스로를 천거하고자" 하지 않는다는 것이다(참조. 3:1; 5:12). 바울은 고린도 교회에 등장한 그의 대적들과는 달리 스스로를 선전하는 그런 주장들에 의지하지 않는다. 도리어 그는 모든 사람이 알 수 있도록 복음의 진리를 공개적으로 선포함으로써 - 가리워진 말씀과 반대되는 것으로서(3절) - 자기가 사도직으로 부르심 받았다는 것을 드러낸다. 파네로시스(*φανέρωσις*, "공개적으로 나타냄")는 바울이 고린도후서에서 자주 사용하기를 좋아했던 표현이다(10번; Schmithals, *Gnosticism*, 190에서는 바울의 대적들은 고전 12:7에서 성령의 나타남을 즐겨한 반면에 바울은 진리를 나타내는 것을 기뻐했다고 말하면서, 이 표현이 고린도 교인들이 사용하던 것을 바울이 빌어온 것이라고 주장하지만 그럴 가능성은 거의 없다). 이 표현은 쿰란 공동체의 가르침 속에 병행들을 가지고 있다(CD 2.12f., "하나님은 그의 기름부음 받은 자들의 손을 통해서 그들에게 그의 성령을 알게 하셨고, 그들에게 진리를 선포하셨다. 그러나 하나님은 그분이 미워하는 자들을 어그러진 길로 가게 하셨다"; 그러나 J. Murphy-O'Connor in *Paul and Qumran*[London: Chapman, 1968] 198-99에서는 이 본문의 읽기가 불확실하다는 점을 지적한다). 그런 이유 때문에 바울은 인간의 "양심"(*συνείδησις*-쉬네이데시스, R. P. Martin, *Dictionary of the Bible and Religion*[Abingdon, 1986]에 나오는 항목을 보라)에 직접적으로 호소할 수 있었다. 바렛(Barrett, *Signs*, 85-86)

은 바울이 선포하는 복음이 그의 사도 직분을 증명해 주는 것이었고, 그 반대가 아니었다는 중요한 점을 지적한다. 무엇보다도 - 자신의 대적자들과는 달리 - 바울은 "하나님 앞에서"(*ἐνώπιον τοῦ θεοῦ* - 에노피온 투 데우) 살아가기를 힘썼다.

3 이 절의 근저에 있는 비난은 바울의 복음은 모호하다는 것(Lietzmann; Schmithals, *Gnosticism*, 184)이다. 아니, 바울은 모세의 수건에 대한 해석을 제시했는데, 그의 대적들은 그 해석에 대하여 시비를 걸었다. 후자의 견해는 에이 데 카이(*εἰ δὲ καὶ*, "만일 …하다고 할지라도")라는 표현이 사용된 이유를 설명해 주고, 에스틴(*ἔστιν*, "…이다")이 이 문장 속에서 강조적인 위치에 놓이게 된 이유를 설명해 준다. 바울은 복음이 가리워졌다는 그들의 말을 순순히 인정한다. 그러나 복음은 수건에 대한 기존의 이해를 고수하고 거기에 매달림으로써 그 수건이 그리스도 안에서 없어졌다는 것을 깨닫지 못하는 자들에게만 가리워진 것이다. 슬프게도, 그들은 "멸망의 길에 있는 자들"(개역 성경에서는 "망하는 자들")이다(이 용어가 바울의 원수들에 대하여 사용된 예에 대해서는 2:15; 고전 1:18; 빌 1:28; 3:19을 보라; 참조. 살후 2:10). 토이스 아폴뤼메노이스(*τοῖς ἀπολλυμένοις*, "망하는 자들에게")가 그 다음에 나오는 구절과 어떻게 연결될 수 있는지와 관련해서는 문제가 있다. 다음 구절은 엔 호이스(*ἐν οἷς*, "…자들 안에서")로 시작되는데, 이 어구는 엄밀하게 말해서 잘못된 것으로서 아우톤(*αὐτῶν*)이 되어야 하고, 그 구절 전체는 "이 세상 신이 그들의 마음을 눈멀게 했다"로 번역되어야 한다. 베인(Bain, "2 Cor iv.3-4," *ExpTim* 18, 1906-07, 380)은 엔 토이스 아폴뤼메노이스〈*ἐν τοῖς ἀπολλυμένοις*〉가 남성이 아니라 중성이라는 취지의 매력적인 제안을 한다. 따라서 그는 이 구절을 다음과 같이 번역한다: "그것은 멸망해 가는 것들, 이 세상의 신이 그 가운데 있는 것들 속에서 가리워져 있다." 우리가 톤 아피스톤(*τῶν ἀπίστων*, "믿지 아니하는 자들의")이 동어반복인지 아닌지, 만약 아니라면 그것이 누구를 가리키는지를 생각해 본다면, 우리는 이 구절을 해석하는 데 유익을 얻을 수 있다. 그러나 바울이 사용한 구문은 언제나 정확한 것은 아니기 때문에, 엔 호이스(*ἐν οἷς*)는 우리의 번역 속에서처럼(참조. RSV, "그들의 경우에") 보충 설명적인 것이 될 수도 있고 앞에 나온 것을 요약한 것이 될 수도 있다. 빈디쉬(Windisch, 135)는 이러한 문법상의 파격을 바울이 자신의 서신을 구술(Diktierstil)을 통해서 쓴 결과라고 설명한다.

4 바울의 마귀론에 있어서 이 "세상"(*αἰών* - 아이온)의 신은 사탄을 가리킨다(참조. 11:13-15; 이 분야에서 바울의 사상에 대한 일반적인 배경에 대해서는 R. P. Martin, *Reconciliation: A Study of Paul's Theology*[1981] 51-54를 보라). 유대

교의 두 세대론은 바울 사도에게 중요했다. 사탄은 하나님의 작정하심 아래서 이 세대를 주관한다. 바울은 사람들의 마음을 눈멀게 하여 복음의 광채가 그들의 마음 속으로 들어가지 못하게 하는 것 속에서 이 악한 세력의 활동을 본다. 눈이 먼 자들은 "믿지 아니하는 자들"(*οἱ ἄπιστοι*-호이 아피스토이, 그들의 마음을 가리키는 노에마타〈*νοήματα*〉는 이 서신에서 "바울의 직분이 어떤 식으로 사도성을 결여하고 있는지를 보이고자 했던 바울의 대적들의 사고들"을 가리키는 데 사용된다, Collange, *Enigmes*, 134; 하지만 믿지 아니하는 사들이라는 용어는 통상적으로 교회 밖에 있는 불신자들을 가리키는 데 사용된다, 고전 14:23)이지만, 여기서는 주로 바울의 사역을 훼손시킴으로써 사탄의 일을 하는 데 몰두하고 있는 거짓 형제들을 가리킨다(11:13-15). 이것은 6:14을 해석하는 데 중요한 자료가 된다(거기에 나오는 "주석"을 보라). 따라서 "망하는 자들"은 (엄밀하게 말해서) 공개적으로 선포된 십자가의 복음을 거부한 외인(外人)들을 의미하지만(고전 1:18; 참조. 살후 2:10), 바울이 전한 말씀을 공격한 대적들에게 적용될 수 있다. 호이 아폴뤼메노이(*οἱ ἀπολλύμενοι*)와 호이 아피스토이(*οἱ ἄπιστοι*)라는 두 어구는 여기서 동일한 의미를 지닌다(Bultmann, 108).

에이스 토 메 아우가사이(*εἰς τὸ μὴ αὐγάσαι*, "그들로 하여금 보지 못하게 하다")는 난해한 구절이다. 왜냐하면 동사 아우가조(*αὐγάζω*)는 신약에서 오직 여기에만 나오고 칠십인역에서는 드물게 나오는 단어로서 세 가지 의미를 지닐 수 있기 때문이다: "빛나다"(Bachmann, Prümm); "비추다"-그러나 이런 뜻을 지니게 되려면 사람을 가리키는 직접 목적어가 필요한데, 가장 좋은 권위 있는 사본들에도 그러한 목적어는 나오지 않는다; "분명히 보다"-이것은 사탄이 사람들의 마음을 눈멀게 하는 것과 대비되는 것으로 적합하기 때문에 대부분의 주석가들에 의해서 선호된다(Lietzmann, Windisch, Barrett, Bultmann). 이것은 3:13에서 "가리웠다"는 것(모세의 예)과도 잘 들어맞고, 3:18과도 잘 대비된다.

이 동사의 목적어는 실제로 톤 포티스몬(*τὸν φωτισμόν*, 직역하면 "광채")인데, 이 목적어에 붙어 있는 일련의 속격 명사들(*τοῦ εὐαγγελίου τῆς δόξης τοῦ Χριστοῦ*-투 유앙겔리우 테스 독세스 투 크리스투)은 형용사적인 것으로 보는 것이 가장 좋다. 이 용어는 "계시된" "영광"(*δόξα*-독사)을 묘사하고 있다. 게다가, 일차적인 목적어는 이 단락에서 고찰되고 있는 쟁점인 복음이다. 바울은 계속해서 그의 케리그마의 내용을 다음과 같은 방식으로 묘사한다. 그 "영광"(모세의 독사〈*δόξα*〉와 그리스도인들의 영광을 대비시킨 3장으로 거슬러 올라간다)은 다름 아닌 그리스도 자신인데, "그리스도는 하나님의 형상이다." 이러한 속격들의 중첩적인 사용을 근거로 예르벨(Jervell, *Imago Dei*, 214, 215)은 높아지신 그리스도를 이렇게 에이콘 투 데우(*εἰκὼν τοῦ θεοῦ*)로 지칭하는 것은 전승에 의한 문구였고, 바울은 빌립보서 2:6; 골로새서 1:15; 고린도전서 15:45f., 49에서와 마찬가지로 그러한 문구를 송영 또는 신앙 고백과 관련된 자료로부터 가져와서 여기에 삽입했다고 말한다. 이러한 기독론적인 글들 속에서 여기에 나오는 에이콘(*εἰκών*)은 그리스도는 단순히 하나님을 온전히 나타내신 분일 뿐만 아니라 하나님의 본성을 표현하신 분, 자기 자신 속에서 하나님이 누구인지를 가시적으로 보여 주신 분(여기에 이러한 문맥 속에서 파네로오-파네로시스〈*φανερόω-φανέρωσις*, "계시"〉라는 단어들과의 연결 고리들이 존재한다)이라는 것을 의미한다: "그리스도의 얼굴에서 우리는 쉐키나가 가시적인 형태로 현존하는 것을 본다"는 테일러(V. Taylor)의 판단(*The Names of Jesus*[London: Macmillan, 1954] 127)을 뒷받침해 주는 전거들에 대해서는 R. P. Martin, *Carmen Christi: Philippians* 2:5-112, 110-13를 보라.

5 "우리가 우리를 전파하는 것이 아니라 오직 그리스도 예수의 주 되신 것을 전파함이라"(*οὐ γὰρ ἑαυτοὺς κηρύσσομεν ἀλλὰ Ἰησοῦν Χριστὸν κύριον*-우 가르 헤아우투스 케뤼쏘멘 알라 예수 크리스톤 퀴리온). 바울에게 있어서 복음을 전한다는 것은 그리스도를 전하는 것이었다(단지 몇 개의 대표적인 본문들만을 제시한다면, 갈 1:16; 고전 1:23; 빌 1:15-18). 여기서 바울은 추가적으로 두 가지를 더 이야기한다: 그는 예수 그리스도를 주로 선포한다(*κύριος*-퀴리오스, 초기 기독교의 교리 문답에서 가져온 것; 롬 10:9; 고전 12:3; 빌 2:11; 골 2:6에 의하면, 복음을 통한 바울의 부름에 응답한 자들은 그들이 자신들의 삶의 도덕적 지향과 관련하여 주이신 그리스도께 책임을 져야 한다는 것을 인정하는 것이다; W. Kramer, *Christ, Lord, Son of God*, tr. B. Hardy[London: SCM Press, 1966] 169-73, sec. 47을 보라). 두 번째 요소는 부정의 방식으로 제시된다: "우리는 우리 자신을 선포하고 있는 것이 아니다." 여기서 바울은 또다시 그가 천거의 방식으로 자기 자신을 선포하고 있다는 비판이나 주장에 맞서 대응하고 있는 것으로 보인다(3:1; 5:12). 그는 자신의 역할은 단지 종(*δοῦλος*-둘로스)의 역할이지 그 반대인 "주, 주인"(*κύριος*-퀴리오스)의 역할이 아니라는 것을 단언함으로써 그러한 비난을 단호하게 일축한다(동일한 어원에서 나온 동사인 퀴리유에인〈*κυριεύειν*〉에 대해서는 1:24을 보라, "우리는 너희 믿음을 주관하려는 것이 아니요"). 바울은 자신을 "예수 그리스도의 종"(롬 1:1; 빌 1:1; 갈 1:10)으로 부르는 것을 좋아했는데, 자스(G.

Sass, "Zur Bedeutung von δοῦλος bei Paulus," *ZNW* 40, 1941, 24-32에서는 빌 2:7에 대한 로마이어〈E. Lohmeyer〉의 통찰〈*Philipper*, MeyerK: Göttingen: Vandenhoeck & Ruprecht, 1930)의 토대 위에서 "유대교의 종교적인 언어 속에서 종이라는 것은 하나님에 의해서 택함받은 자라는 것을 의미했다"는 취지의 주장을 했다. 이사야서에 나오는 종의 노래들 속에서 여호와의 종은 사명을 성취하도록 하나님에 의해서 택함받은 인물이고, 그는 그러한 사명이 고난을 수반한다고 할지라도 그 사명을 즐거운 일로 여기는 것과 마찬가지로, "그리스도의 종"(δοῦλος-둘로스)이라는 칭호 속에서 강조점은 노예가 되었다는 것이 아니라 특권을 받았다는 것에 있다. 바울이 디아 예순(διὰ Ἰησοῦν, "예수를 위하여")을 첨가하고 있는 것은 이후에 나오는 단락(4:10-12, 여기서 예수라는 이름이 다시 거론된다) 속에서 좀더 자세하게 다루어질 내용에 대하여 복선으로서의 역할을 한다. 바울은 대적들이 자신의 약함과 초라한 행색을 경멸하고 비웃는다고 할지라도(10:10) 자기가 고난받는 사도로서 부르심 받았다는 것을 숨길 이유가 없었기 때문에 솔직하게 인정한다. 7절에 대한 설명을 보라.

6 "어두운 데서 빛이 비취리라 하시던 그 하나님께서…"(ὅτι ὁ θεὸς ὁ εἰπών, ἐκ σκότους φῶς λάμψει, κτλ-호티 호 데오스 호 에이폰, 에크 스코투스 포스 람프세이…). 사고의 흐름은 4절에 나온 어두움/빛의 대비로 되돌아간다. 분명히 바울은 구약을 염두에 두고 있었다. 그렇다면 바울은 도입 문구인 "말씀하시던 그 하나님께서"(ὁ θεὸς ὁ εἰπών-호 데오스 호 에이폰)를 시작으로 "어두움으로부터 빛이 비추라"(ἐκ σκότους φῶς λάμψει-에크 스코투스 포스 람프세이)를 인용했을 때 구체적으로 구약의 어떤 본문을 염두에 두고 있었던 것인가? 통설은 창세기 1:3을 인용하고 있다는 것이지만, 그 본문은 "빛이 있으라"(γενηθήτω φῶς-게네데토 포스)로 되어 있다. 또 다른 가능성은 이사야 9:1, "어두움에(ἐν σκότει) 다니는 자들…너희 위에 빛이 비취리라(φῶς λάμψει ἐφ᾽ ὑμᾶς-포스 람프세이 에프 휘마스)"를 염두에 두고 있었다는 것이다. 바울이 사용한 동사는 이와 같은 예언적인 약속의 의미를 지니고 있고, 시제도 동일하게 미래 시제로 되어 있다. 그러나 그것은 예언의 약속을 말씀하시는 여호와의 직접적인 예언은 아니다. 아마도 우리는 콜랑쥐(Collange, *Enigmes*, 139)의 견해를 따라서 이사야 49:6(참조. 42:6, 16; 60:1-2)에 나오는 종의 역할을 고려하지 않으면 안 될 것 같다. 이 여호와의 종은 "이방의 빛"이 될 것이라고 말해지고 있는데, 바울은 이 약속의 말씀(testimonium)이 자신의 사도직을 통해서 성취되었다고 보았다(롬 1:5; 15:8-13, 15, 16; Martini,

"Alcuni temi letterari," AnBib 17-18, 1, 461-74) - 그리고 누가는 사도행전 13:47; 26:18, 23에서 그렇게 말한다. 후자의 경우에 바울은 틀림없이 자기가 회심할 때의 부르심, 즉 전승에 의하면 빛과 하늘에서의 소리, 사도직의 위임을 수반한 회심 사건을 염두에 두고 있었을 것이다(Kim, *Origin*, 6-8; 동사 엘람프센〈ἔλαμψεν, "비취었다"〉의 단순과거 시제는 바울에게 "하나님의 형상"이신 그리스도의 계시를 알게 해주었던 다메섹 도상에서의 그리스도의 현현과 관련이 있는 것으로 주장된다, idem., 229-32).

천지창조 때 빛을 탄생시킨 하나님은 새 창조 속에서 그의 빛이 사람들의 마음 속에 비취게 하셨다(ἔλαμψεν - 엘람프센, "그가 비추셨다", 그러나 히브리어에서는 "비치게 하다"라는 사역의 의미를 지닌다). 하나님이 사람들의 마음속에 빛을 비춰 주신 목적은 지식을 나눠 주기 위한 것이다(γνῶσις - 그노시스, 이 용어는 종종 반영지주의적인 어조〈Jervell, *Imago Dei*, 218 n. 172〉 또는 반이원론적인 어조〈MacRae, "Anti-Dualist Polemic"〉를 시사해 주는 것으로 해석된다; 그러나 그러한 해석은 여전히 증명되고 있지 않다). 하나님의 영광을 아는 지식이야말로 바울의 복음이 전하고 있는 바로 그것이다. 그리고 바울에게 있어서 하나님의 영광을 아는 지식은 그리스도의 "얼굴"(ἐν προσώπῳ - 엔 프로소포) 또는 그리스도 "자신"에게 초점이 맞춰져 있다. 부활하신 주님은 그의 종들에게 빛을 비춰 주심과 동시에 그를 섬기도록 그들을 부르시는 주체이고(여기서 다시 한 번 바울 자신의 경험이 염두에 두어지고 있다; 참조. 갈 1:15, 16; 고전 9:16; 15:8-10), 바울과 그의 동역자들은 바로 이 부활하신 주님을 세상 사람들에게 알게 하여 구원의 진리를 드러내도록 주님으로부터 부탁받았다(우주적이고 인간적인 지성에 빛을 가져다 주는 것으로서의 바울의 사역에 대한 묵상적인 고찰에 대해서는 엡 3:7-11을 보라).

피츠마이어(Fitzmyer)가 보여 주고 있고("Glory," 639-44) 스미스(William H. Smith)의 박사 학위 논문이 잘 논증했듯이, "그리스도의 얼굴에 있는 영광"에 대한 언급은 3장, 특히 3:7(모세의 얼굴과 사라져 가는 영광)과 3:18(믿는 자들은 수건을 벗은 얼굴로 주의 영광을 바라본다는 것)에 나오는 앞서의 논의로 되돌아가고 있는 것이다. 쿰란 문헌에 나오는 병행들(1QH 4.5-6, 27-29; 1QSb 4.24-28; 1QS 2.2-4)은 중요하다. 이 모든 본문들은 하나님의 얼굴이 그의 백성에게 빛을 발한다는 것을 강조한다. 바울은 자신의 중심적인 취지를 강화시키기 위하여 이러한 이미지를 빌어다 쓰고 있다: 종말론적인 성취의 새 시대에 하나님의 영광은 구약이나 모세의 언약 속에서가 아니라 하나님의 "형상"(εἰκών - 에이콘)인 그리스도 안에서 발견된다.

## 해설

"기독교의 사역자를 괴롭히는 여러 가지 시험 가운데 가장 주요하고 치명적인 시험은 자기 자신을 전파하고자 하는 유혹이다"(Cranfield, "Minister," 163). 4:5에서 하고 있는 것처럼 "몇 마디 안 되는 말을 통해서 기독교의 사역자를 그토록 포괄적으로 묘사하기는 쉽지 않을 것이다"(Barrett, 134). 이 두 개의 인용문은 이 단락 전체의 목적을 아주 적절하고 설득력 있게 잘 말해 준다.

잘 알다시피, 바울은 고린도 교회를 무대로 한 그의 대적자들과의 논쟁을 계속하고 있기 때문에, 그의 글은 전체적으로 논쟁의 성격을 띠고 있다. 그들은 온갖 비열한 동기들을 가지고서 육체적인 약함과 신학적인 왜곡이 있다고 바울을 비난했다. 여기에 대응하여 바울은 몇 가지 견고한 토대 위에 자신의 주장을 세운다: 그는 그리스도가 주시라는 문구를 인용하고 있는 것처럼(4:5), 교회에 현존하는 전승을 토대로 삼는다. 또한 그는 그를 부르신 분이 자기 자신을 "하나님의 임재"(4:4), 인간의 형태로 된 하나님의 영광(4:6)으로 계시하셨다는 뉘앙스를 지닌 그의 회심과 소명 사건을 토대로 삼는다. 바울은 이방인에게 선교하라는 사명을 받고서 새로운 "하나님의 종"(4:5)으로서 이방에 빛을 비추라는 소명을 자신이 받았다는 것을 토대로 삼는다. 또한 그는 자신은 대중적인 인기를 얻기 위해서 사악한 방법들이나 의심스러운 방법들에 의지하지 않고 그러한 것들을 거부한 결백한 자라는 것을 토대로 삼는다(갈 1:10; 4:16).

이러한 점들에서 이 짧은 단락은 모든 시대의 기독교 지도자들에게 많은 격려를 줄 수 있는 것들을 담고 있고, 몇 줄 안 되는 이 절들은 모든 문화와 환경 속에 적용할 수 있는 사역의 지침을 제공해 주고 있다. 이 단락이 지닌 그 밖의 다른 측면들은 우리가 4:7-18의 세부적인 내용들을 살펴본 후에야 비로소 제대로 인식될 수 있다(해당되는 "해설"을 보라).

# D. 바울의 직분: 그 영광과 연약성(4:7-18)

## 참고문헌

**Baumert, N.** *Täglich Sterben und Auferstehen.* 72-82, 82-88. **Bishop, E. F. F.** "Pots of Earthenware." *EvQ* 43(1971) 3-5. **Bultmann, R.** *Der Stil der paulinischen Predigt und die kynisch-stoische Diatribe.* FRLANT 13. Göttingen: Vandenhoeck & Ruprecht, 1910. **Chavasse, C.** "Studies in Texts - 2 Cor. 4:7." *Th* 54(1951) 99-100. **Cobb, W. H.** "*Αἰώνιος* II. Cor. iv.17 and v. 1." *JBL* 3(June & December, 1883) 61. **Dahood, M. J.** "Two Pauline Quotations from the Old Testament." *CBQ* 17(1955) 19-24. **Güttgemanns, E.** *Der leidende Apostel und sein Herr.* FRLANT 90. Göttingen: Vandenhoeck & Ruprecht, 1966. **Harman, A. M.** "Aspects of Paul's Use of the Psalms." *WTJ* 32 (1969) 1-23. **Joüon, P.** "Reconnaissance et action de grâce dans le NT." *RSR* 29 (1939) 112-14. **Kleinknecht, K. T.** *Der leidende Gerechtfertigte.* WUNT 2d. ser. 13. Tübingen: Mohr, 1984. **Leivestad, R.** "'The Meekness and Gentleness of Christ'(II Cor. x.1)." *NTS* 12(1965/66) 156-64(162). **Noack, B.** "A Note on II Cor. iv.15." *ST* 17(1963) 129-32. **Perrin, N.** "The Use of (*παρα*)*διδόναι*, in connection with the Passion of Jesus in the New Testament." In *Der Ruf und die Antwort der Gemeinde.* FS J. Jeremias, ed. C. Burchard. Göttingen: Vandenhoeck & Ruprecht, 1970. 204-12. **Popkes, W.** *Christus Traditus.* Eine Untersuchung zum Begriff der Dahingabe. ATANT 49. Zurich: Zwingli Verlag, 1967. 150-51. **Proudfoot, C. M.** "Imitation or Realistic Participation? A Study of Paul's Concept of 'Suffering with Christ.'" *Int* 17(1963) 140-60. **Rey, B.** "L'homme nouveau d'aprés St. Paul." *RscPhTh*(1965) 161-95. **Rissi, M.** *Studien zum zweiten Korintherbrief.* 47-53. **Robinson, J. A. T.** *The Body. A Study in Pauline Theology.* SBT 5. London: SCM Press, 1952. 75-78. **Robinson, W. C., Jr.** "Word and Power(1 Corinthians 1:17-25)" In *Soil Deo Gloria,* FS W. C. Robinson, ed. J. M. Richards. Richmond: John Knox, 1968. 68-82. **Schweizer, E.** "Dying and Rising with Christ." *NTS* 14(1967-68) 1-11. ______. "Die 'Mystik' des Sterbens und Auferstehens mit Christus bei Paulus." *EvT* 26(1966) 239-57. **Siber, P.** *Mir Christus Leben.* Eine Studie zur paulinischen Auferstehungshoffnung. Zurich: Zwingli Verlag, 1971. 67-76. **Spicq, C.** "L'image sportive de 2 Corinthiens

4, 7-9." *ETL* 14(1937) 209-29. **Tannehill, R.** *Dying and Rising with Christ. A Study in Pauline Theology.* BZNW 32. Berlin: Töpelmann, 1967. 84-90.

## 본 문

| | |
|---|---|
| **7** 우리가 이 보배를 질그릇에 가졌으니 이는 능력의 심히 큰 것이 하나님께 있고 우리에게 있지 아니함을 알게 하려 함이라 | **7** But we have this treasure in clay pots, to show the preeminent power as God's, not our own. |
| **8** 우리가 사방으로 우겨쌈을 당하여도 싸이지 아니하며 답답한 일을 당하여도 낙심하지 아니하며 | **8** We are hard pressed in every way, but not crushed by it; thrown into perplexity, but not left to despair; |
| **9** 핍박을 받아도 버린 바 되지 아니하며 거꾸러뜨림을 당하여도 망하지 아니하고 | **9** harassed, but not abandoned; knocked down, but not knocked out. |
| **10** 우리가 항상 예수 죽인 것을 몸에 짊어짐은 예수의 생명도 우리 몸에 나타나게 하려 함이라 | **10** We always bear in our bodily existence the dying of Jesus, so that the life too of Jesus may be displayed in our mortal existence. |
| **11** 우리 산 자가 항상 예수를 위하여 죽음에 넘기움은 예수의 생명이 또한 우리 죽을 육체에 나타나게 하려 함이니라 | **11** For we as living persons are always[a] being handed over to death for the sake of Jesus, so that the life of Jesus may also be displayed in our mortal nature. |
| **12** 그런즉 사망은 우리 안에서 역사하고 생명은 너희 안에서 하느니라 | **12** Thus death is at work in our case, but it is life for you. |
| **13** 기록한 바 내가 믿는고로 말하였다 한 것같이 우리가 같은 믿음의 마음을 가졌으니 우리도 믿는고로 또한 말하노라 | **13** But since we possess the same spirit of faith as that shown by the Scripture writer,[b] "I believed, and so I spoke," we too believe, and thus we speak |
| **14** 주 예수를 다시 살리신 이가 예수와 함께 우리도 다시 살리사 너희와 함께 그 앞에 서게 하실 줄을 아노니 | **14** in the knowledge that he who raised up Jesus[c] [from death] will raise up us also with Jesus and lead us with you into his presence. |
| **15** 모든 것을 너희를 위하여 하는 것은 은혜가 많은 사람의 감사함으로 말미암아 더하여 넘쳐서 하나님께 영광을 돌리게 하려 함이라 | **15** For all this will happen on your account, so that as grace extends to yet more people, it may cause gratitude to abound to God's glory. |
| **16** 그러므로 우리가 낙심하지 아니하노니 겉사람은 후패하나 우리의 속은 날로 새롭도다 | **16** So we are not discouraged. But even if our outward person is wasting away, our inward person is being renewed day by day. |
| **17** 우리의 잠시 받는 환난의 경한 것이 지극히 크고 영원한 영광의 중한 것을 우리에게 이루게 함이니 | **17** For our affliction, light and momentary, is producing for us out of all proportion an eternal weight of glory |
| **18** 우리의 돌아보는 것은 보이는 것이 아니요 보 | **18** as we set our gaze not on what is seen but |

| | |
|---|---|
| 이지 않는 것이니 보이는 것은 잠깐이요 보이지 않는 것은 영원함이니라 | what is not seen; for what is seen is transient, but what is not seen is eternal. |

## 원문주해

a. 상당수의 권위 있는 사본들은 아에이(ἀεί, "항상")로 읽고 있지만, P[46] F G syr[p] Iren Tert Ambrosiaster에는 에이(εἰ, "…이라면")로 되어 있다. 후자의 읽기를 따른다면 본문은 다음과 같이 해석될 것이다: "우리 산 자가 예수를 위하여 죽음에 넘기운다면 예수의 생명이 또한 우리 죽을 육체에 나타날 것이다."

b. 직역하면 카타 토 게그람메논(κατὰ τὸ γεγραμμένον)은 "기록된 바에 의하면"이 된다. 이것은 구약성경을 소개할 때 인용문구로서는 이례적인 것으로 신약에서 아주 독특한 것이다. Bultmann은 이것이 법적인 양식이라고 주장하는데(123), 이러한 주장에 대해서는 A. Deissmann, *Bible Studies*, 250를 참조하라. 그러나 랍비들의 문헌 속에 병행들이 존재한다; 참조. J. Bonsirven, *Exégèse rabbinique et exégès paulinienne*(Paris: Beauchesne et ses fils, 1939) 32; G. Schrenk, *TDNT* 1:749.

번역에 있어서 여기서는 어느 정도의 의역이 허용될 수 있다(RSV; Barrett, "성경 구절에 언급된 바에 따라서"; Héring, "성경 구절에 영감을 주었던 것"; Collage는 "성경이 말하고 있는 바"라고 번역한다).

c. 여기서는 "주 예수를 다시 살리신 이"라고 읽지만(τὸν κύριον 'Ιησοῦν-톤 퀴리온 예순, by ℵ C D G K L P Ψ TR과 주요한 역본들), P[46] B 33이 확인해 주고 있는 짧은 읽기도 강력한 지지를 받고 있다-알렉산드리아 사본이 이 읽기를 지지하고 있다고 할 때. 그렇지만 Origen and 1739는 가이사랴 사본의 증거를 보여 주고, 라틴 역본은 cop and arm과 마찬가지로 퀴리온(κύριον)의 생략을 지지한다. 자료들의 이러한 분포는 원래의 본문 형태가 톤 예순(τὸν 'Ιησοῦν)이었고, 나중에 경건과 존숭(尊崇)을 근거로 해서 퀴리온(κύριον)을 포함하도록 확대되었다는 것을 보여 준다(Metzger, *Textual Commentary*, ad loc.). W. Kramer, *Christ, Lord, Son of God*, sec. 3h, and n. 738를 보라.

## 양식/구조/배경

이 단락은 바울의 문체와 관련된 몇 가지 특징들을 한데 결합시키고 있기 때문에 흥미롭다: 이미지들의 사용(7절), 헬레니즘의 도덕주의자들이 애호했던 "환난 목록들"(περιστάσεις-페리스타세이스; Bultmann, *Der Stil*, 19에서는 이것을 Peristasenkataloge라 불렀다)이라는 수사학적인 장치, 스토아 학파에서 사용한 통렬한 반박문의 형태를 따른 대조법과 비슷한 음을 가진 단어들을 사용한 단어 유희. Epictetus, *Diss.* II.19, 24; Seneca, *Ep.* 41.4와 관련해서는 *Der Stil*, 25ff., 79ff.를 보라.

이러한 "환난 목록들"에 대해서 자세한 것은 Prümm, *Diakonia*, 232f.; Georgi, *Die Gegner*, 194f.를 보라. 그러나 콜랑쥐(Collange, *Enigmes*, 149)가 지적하고 있듯이 구약-유대교 전승, 예를 들면 시편들에 나오는 "의인의 환난"(시 3:2, LXX; 12:5; 22:5; 34:19) 같은 것도 간과해서는 안 된다. H. Schlier, *TDNT* 3:139-48과 이후에 나오는 "주석"을 보라.

무엇보다도 특히 11-12절에서 "생명"과 "사망"이 경구적인 방식으로 결합되어 있듯이 역설이 존재한다. "보이는 것"과 "보이지 않는 것"이 역설적인 방식으로 병렬적으로 배치되어 있고(18절), 바울이 현재 겪고 있는 "환난의 경한 것"에 대한 분명히 과장된 언급이 장차 올 시대(*αἰώνιος*-아이오니오스, "영원한", 17절)의 일부인 "영광의 중한 것"(히브리어에 바탕을 둔 단어 유희, 구약에서 통상적으로 "영광"으로 번역되는 카보드〈כבוד〉는 기본적으로 "무거움"이라는 의미를 지니고 있기 때문에)에 대한 그의 기대에 의해 상쇄됨으로써 현재와 미래가 팽팽한 긴장 속에서 한데 결합된다.

그러므로 바울은 파르레시아(*παρρησία*, "확신"; 13절)에 대한 근거를 제시하고 뒷받침하기 위하여 구약성경에 의존한다. 이 인용문은 카타 토 게그람메논(*κατὰ τὸ γεγραμμένον*, "기록한 바같이")이라는 어구를 통해서 소개되고 있다는 점에서 이례적이다("원문주해"를 보라). 통상적으로 바울은 카도스(*καθὼς*, "같이") 또는 카다페르 게그랍타이(*καθάπερ γέγραπται*)라는 도입 문구를 선호한다(그가 "파라도시스"〈전승〉를 빌어서 사용하고 있는 고전 15:3-4). E. E. Ellis, *Paul's Use of the Old Testament*(Edinburgh: Oliver and Boyd, 1957)를 보라. 게다가, 이 인용문의 핵심-시편 115:1(칠십인역; 마소라 본문에서 116:10은 칠십인역 본문과 약간 다르다)-은 랍비들이 구약 본문을 사용한 것 속에 그 병행이 없다(Str-B 3:517). 바울은 시편 115편의 문맥을 무시하고 있지만(그렇지만 Kleinknecht, *Der leidende Gerechtfertigte*, 260f.는 바울과 고난받는 의인인 시편 기자 간의 접촉점을 본다), 말씀을 선포하는 직분으로서의 자신의 사도직을 정당화하기 위하여 "믿다", "말하다"라는 두 개의 동사를 주목한다. 바울은 고린도 교회에서 그가 전한 복음을 변호하고 있기 때문에 여기에는 바울의 변증과 관련된 단편이 존재할 수 있다. 다후드(Dahood, "Two Pauline Quotations," 23)는 시편 기자와 사도 바울을 한층 더 밀접하게 연결시키는 주장을 제시했지만, 그러한 주장은 어느 정도의 본문 수정을 포함하고 있기 때문에 설득력이 떨어진다. 그는 마소라 본문 "헤에만티 키 아답베르 아니 아니티 메옷"("나는 내가 말할 때에 믿는다: 나는 크게 환난을 당했다")에 모음의 방점을 다시 찍어서 "아답베르"는 "아둡바루"("딥베르"의 푸알형, "내몰다, 뒤쫓다, 박해하다")로 바꾸고 "아니티"는 "운네티"로 읽을 것을 제안한다(참조. 시 119:71). 이렇게 해서 재구성된 문장은 다음과 같이 해석된다: "나는 박해를 당했지만 믿었고, 많은 환난을 당했다."

마지막으로 사용된 문학적 장치–우리가 그것을 그렇게 부를 수 있다면–는 예수라는 인간적인 이름 자체에 분명한 강조점이 두어지고 있다는 것이다. 예수라는 이름은 5개의 절(10-14절)이라는 공간 속에서 6번 나오는데, 이것은 어떻게 보아도 상당히 높은 빈도다. 14절이 "예수"에 퀴리온(*κύριον*, "주")을 첨가한 다른 읽기가 있다는 것을 감안하더라도, 그것은 여전히 설명을 요구하는 주목할 만한 특징이다. 벵엘(Bengel)은 예수라는 이름이 이렇게 반복해서 나오는 것은 여기서 바울이 묵상의 분위기 속에 있었음을 보여 주는 것이라고 본다(singulariter sensit [Paulus] dulcedinem eius, "바울은 예수라는 이름의 감미로움에 심취했던 것으로 보인다; Güttgemanns, *Der leidende Apostel*, 112, n. 101에서 재인용). 데니(Denney)는 슈미델(P. W. Schmiedel)을 인용해서 예수라는 이름의 이러한 반복은 단지 우연에 불과한 것이고, 부분적으로는 그리스도의 죽음이 여기서 메시아의 구속 사역이 아니라 순전히 인간적인 사건으로 여겨지고 있다는 사실에 기인하는 것이라고 주장한다. 그러나 그러한 주장은 반론이 생길 수밖에 없다. 본문의 맥락 속에는 그러한 결론을 보장해 줄 만한 것이 전혀 존재하지 않는다. 데니(Denney)는 바울은 온갖 위험과 죽음의 위험이 수반된 자신의 선교 사역(11-12절)과 예수의 지상 사역 및 십자가 처형과 의도적으로 병행시키고 있다고 본다. 또 다른 주장은 바울이 예수의 "모범"을 그리스도인들의 삶을 위한 모델, 즉 모든 믿는 자들이 따라야 할 모델로 설정하고 있거나 그리스도의 참된 사도가 걸어가야 할 길, 즉 예수가 했던 것처럼 고난과 순종의 길을 보여 주는 것으로서(Güttgemanns, *Der leidende Apostel*, 112-19; Collange, 153, 154; 참조. E. J. Tinsley, *The Imitation of God in Christ*, London: SCM Press, 1960) 제시하고 있다는 것이다(Proudfoot, "Imitation or Realistic Participation?"). 이 후자의 해석을 강력하게 뒷받침해 주는 것은, 바울은 그가 약하고 환난받는 사람이라는 것이 알려져 있었기 때문에 자신이 진정한 "그리스도의 사도"라고 주장하는 것에 대하여 비방하고 있었던 고린도 교인들과 계속적으로 논쟁을 하고 있는 것으로 보인다는 것이다. 이 몇 개의 절들은 존재 이유에 대한 이러한 이해 아래서만 이 본문이 지닌 추가적인 독특한 특징들을 이해할 수 있을 것으로 보인다.

(1) "예수 죽인 것"(*τὴν νέκρωσιν τοῦ 'Ιησοῦ*-텐 네크로신 투 예수, 10절)이라는 특이한 어구, (2) "우리 죽을 육체에"(*ἐν τῇ θνητῇ σαρκὶ ἡμῶν*-엔 테 드네테 사르키 헤몬, 11절; *σάρξ*-사륵스, "육체"는 통상적으로 바울에 의해서 이러한 의미로 사용되지 않는다)라는 드문 표현, (3) 바울이 예수를 따라 "행하는 것"(많은 해석자들은 닮은 것〈imitatio〉이 아니라 따르는 것〈Nachfolge〉을 선호한다: H.-D. Betz, *Nachfolge und Nachahmung Jesu Christi im Neuen Testament*[Tübingen: J. C. B. Mohr, 1967])의 직접적인 수혜자들은 바로 고린도 교인들이라고 말하는 결론(15절).

## 주석

7 "그러나"(*δὲ*-데)는 앞에 나온 내용과의 대비를 나타내기 위한 것이다. 바울은 예수 그리스도의 얼굴(*πρόσωπον*-프로소폰)에 있는 최고의 계시(6절)를 집중적으로 조명하기 위한, 하나님의 역사로부터 나온 영광의 광채들에 초점을 맞추고 있는 복음의 영광을 찬양했다. 우리는 그리스도에게서 영광스러운 형태와 빛으로 나타난 하나님을 아는 지식을 본다. 그러나 바울의 사고는 그가 선교를 하면서 고생한 현실로 신속하게 돌아온다-거기에는 그러한 영광스러운 복음을 전하는 자들을 둘러싼 영광의 후광이라는 것이 존재하지 않는다. 도리어 그들은 "질그릇"(*ὀστράκινον σκεῦος*-오스트라키논 스큐오스)과 같다. 질그릇이란 것은 인간의 부서지기 쉬움과 육체적인 연약함을 뜻하는 것이다(시 30:13; 히브리어 켈리〈כלי〉를 칠십인역에서 스큐오스〈*σκεῦος*〉로 번역하고 있는 렘 22:28). 여기서 바울이 사용한 이미지의 배경과 관련하여 몇 가지 주장들이 제시되어 왔다. 우리는 바울이 여기서 사용한 표현은 유딧서 7:16-20에 나오는 이야기(기드온이 "빈 항아리들"에 횃불들을 숨겨 놓은 것)에 의거하고 있다는 Chavasse, "Studies"의 다소 허황된 주장을 즉시로 기각할 수 있다-사용된 표현들이 어느 정도 피상적인 유사점들을 지니고 있다고 해도. 하지만 다음과 같은 주장들은 좀더 진지하게 받아들여져야 한다. (1) 알로(Allo)는 질그릇이 지니고 있는 깨어지기 쉬운 요소에 주목하고서, 계속해서 질그릇이 내재적으로 약하고 부서지기 쉬운 성격을 지닌 것을 바울이 인간의 형질을 지니고 있다는 것과 연결시켜서 말한다(8-10절). (2) 그러나 바렛(Barrett)은 바울이 여기서 대비하고 있는 것은 그 내용물이 보화인데 그것을 담고 있는 자들은 "값싸다는 것"이라고 주장한다. 좋은 예화는 *Sifre* Deut 48(신 11:12에 대한 84a)에

나온다: 포도주를 금그릇이나 은그릇에 보관하는 것은 불가능하고 오직 그릇들 중에서 가장 값싼 질그릇에만 보관할 수 있는 것과 마찬가지로, 토라의 말씀들은 자신의 눈으로 보기에 보잘것없는 자에게만 담겨질 수 있다. 외모가 보잘것없었던 랍비 여호수아 벤 하나야(R. Jehoshua ben Hanaiah)가 "혐오스러운 질그릇 속에 담긴 영광스러운 지혜"로 묘사되었다는 말이 나오는 *b. Ta'an.* 7a를 참조하라(참조. W. L. Lane, *NIDNTT* 3[1978] 914에 의해서 인용된 고후 10:10; 10:1; 11:6). (3) 질그릇이 심지를 이용한 등불을 위한 용기로 사용되었다는 사실에 착안해서 맨슨(T. W. Manson, "2 Cor. 2:14-17," *Studia Paulina*, 156)은 여기서의 대비는 "고린도의 가게들에서 살 수 있었던 값싸고 깨지기 쉬운 작은 질그릇 등불들"(헤롯 시대의 기름 등불에 대해서는 *BAR* 11[1985] 42-56를 보라)과 비록 "깨어지기 쉽고 죽을 몸"을 지니고 있지만 "예수 그리스도의 얼굴에" 있는 중심적인 빛의 원천으로부터 나오는 빛을 지니고 있는 그리스도의 신자들 간의 대비라고 두 개의 상반된 절들인 빌립보서 2:15과 4:6, 10을 인용하여 주장했다. 이러한 주장은 상당히 시사해 주는 바가 많고, 특히 어두운 곳에서 빛을 발하는 빛이라는 공통의 주제를 강조하고 있다는 점에서 더욱 그렇다. 스피크(C. Spicq, "L'image sportive," 210)는 고대의 꽃병들은 조잡하고 흔하게 만들어져서 별 가치가 없는 가정의 소품이었던 것이 아니라 "운동 선수들에 대한 그림으로 장식된" 매우 값비싼 물건이었다는 반론을 제기한다. (4) 이러한 반론을 근거로 해서 콜랑쥐(Collange, *Enigmes*, 146)는 스큐오스(σκεῦος)가 영광스럽고 위엄 있는 칭호였다는 견해를 제시한다(바울이 부활하신 주를 "택한 그릇"〈σκεῦος ἐκλογῆς-스큐오스 에클로게스〉이라고 부르고 있는 행 9:15을 보라). 이 칭호는 사람을 토기장이(렘 18:1-11)인 하나님의 손에 의해서 사용되는 도구라고 말하고 있기 때문에(사 10:15; 54:16f.) 그러한 특별한 높임의 의미를 지닌다. 이러한 해석에 의하면, 바울은 하나님이 그분의 종들로 택하신 이스라엘의 일련의 선지자들(특히 사 40-55장에 나오는 여호와의 종) 속에서의 자신의 영광스러운 위치를 송축하고 있는 것이 된다. 이러한 칭호는 바울의 회심과 부르심을 뒤돌아보고 있는 것이라고 할 수 있다(갈 1:15-16; S. Kim, *The Origin of Paul's Gospel*[1982] 93-99를 보라). 그러므로 여기서 도출되는 결론은, 아무 짝에도 쓸모없고 약한 질그릇들은 그것들이 내재적인 가치를 전혀 가지고 있지 않다는 것을 너무도 분명하게 보여 준다는 것과, 그렇기 때문에 질그릇들은 인간의 삶, 특히 사도의 삶 속에서 하나님의 능력을 나타내는 도구가 될 수 있다는 것이다. 그런 이유로 바울은 감히 자발적으로 사도가 되겠다고 나설 수 없었다. 어느 쪽으로

해석하든지 간에, 히나(ἵνα)가 이끄는 절은 목적을 나타낸다: "능력의 심히 큰 것(ὑπερβολή-휘페르볼레)이 하나님께 있고, 우리에게서(ἐξ-엑스) 나오는 것이 아님을 보여 주기 위하여-이 동사는 문장의 의미가 통하게 하기 위하여 보충되어야 한다"(Barrett의 번역).

8 그러나 "능력"(δύναμις-뒤나미스)에 대한 언급은 엄밀하게 제한되어야 한다(C. H. Powell, *The Biblical Concept of Power*[London: Epworth Press, 1963]; B. Holmberg, *Paul and Power: The Structure of Authority in the Primitive Church as Reflected in the Pauline Epistles*[Philadelphia: Fortress Press, 1978]를 보라). 바울은 그의 사역에 있어서 능력의 원천이 아니었다. 오히려 정반대로, 그는 그가 행사하도록 부르심을 받은 모든 권세를 하나님으로부터 받았다(10:8; 12:9; 13:10을 보라). 겉보기에는(10:7, 10) 그는 능력 있고, 당당하며, 자족하는 인물상과는 정반대의 모습을 보였다. 강력한 일련의 대조법들을 통해서 바울은 스스로에 대한 자신의 평가와 관련된 통찰을 제시하고, 13:4에서 분명하게 진술되고 있는 그의 주된 취지를 강화해 주는 수사학적인 비유의 언어들을 구사한다: "우리도 저의 안에서 약하나 너희를 향하여 하나님의 능력으로 저와 함께 살리라"(ἡμεῖς ἀσθενοῦμεν ἐν αὐτῷ, ἀλλὰ ζήσομεν σὺν αὐτῷ ἐκ δυνάμεως θεοῦ εἰς ὑμᾶς-헤메이스 아스데누멘 엔 아우토, 알라 제소멘 쉰 아우토 에크 뒤나메오스 데우 에이스 휘마스).

"우겨쌈을 당하다"(θλιβόμενοι-들리보메노이). 이 동사는 여호와와 그분에 대한 신앙을 충실히 지킴으로써 곤경을 견뎌야 했던 시편 기자들의 비참한 경험들을 상기시킨다(3:2 LXX; 12:5; 22:5; 34:19). 흥미롭게도 헬레니즘 저술가들(Epictetus, *Diss.* I. 25, 26)과 성경의 기자들(예를 들면, 욥 18:11; 신 28:53ff.; 사 8:22; 30:6; 에 1:1g LXX) 속에는 들립시스(θλῖψις, "환난")와 스테노코리아(στενοχωρία, 직역하면 좁은 곳, "따라서" 어려움, "역경", "근심"을 의미한다; BGD를 보라) 간의 독특한 연결 관계가 존재한다. 이것은 이 표현이 정형화된 문구라는 것을 시사해 준다. 그러나 바울이 이러한 연관 관계를 사용한 것(롬 2:9; 8:35에서도)은 그러한 대조법이 전혀 나오지 않는 6:4; 12:10에서 그가 나중에 쓰고 있는 것에 비추어 볼 필요가 있다. 어근 들리보/들립시스(θλίβω/θλῖψις)는 앞으로는 1:3-11, 뒤로는 "환난"이 고린도 교회에서의 위기로 인해서 촉진되었다고 말하는 7:5과 연결된다. 좁은 길처럼 "간히다" 또는 "짓눌리다"(수동태로)를 의미하는 동사 스테노코레오(στενοχωρέω, "부수다"; 개역 성경에서는 "싸이다")는 고린도 교회의 상황과 직접적으로 관련하여 6:12에 다시 나온다. 그러므로 바울이 사용한 대조법은 어느 정도는 문학적인 관습과 곳에 따라서는 불과 60피트밖에 되지 않았던 타우르스 산맥의 좁은 길(다소 가까이에 있었던 "길리기아의 관문")에 대한 개인적인 회상에 기인하는 것이기는 하지만, 그가 고린도 교회에서 최근에 겪었던 일들에 의해서 촉발되었던 것으로 보인다. 고린도 교인들이 그의 권위에 도전함으로써, 그는 그리스도의 사도로서 혹독한 시험을 받아야 했다. 그렇지만 그는 지금 오늘날의 관용 표현으로 "궁지" 또는 "코너"에 몰려서 그대로 주저앉지 않았다고 고백한다. 하나님은 은혜를 베풀어서 그에게 피할 길을 내어주셨고(7:6), 잘못을 저질러서 그로 하여금 많은 근심에 싸이게 만들었던 고린도 교회에 대한 그의 태도는 그들에 대한 그의 애정을 "제한하는" 그런 것이 아니었다(*οὐ στενοχωρεῖσθε ἐν ἡμῖν*-우 스테노코레이스데 엔 휘민). 오히려 마음을 활짝 열지 못하고 스스로를 제한했던 것은 고린도 교인들이었다(*στενοχωρεῖσθε δὲ ἐν τοῖς σπλάγχνοις ὑμῶν*-스테노코레이스데 데 엔 토이스 스플랑크노이스 휘몬). 나중에 나오는 설명을 보라.

"답답한 일을 당해도 낙심하지 아니하며"라는 번역은 바울이 사용한 유사한 음을 이용한 단어 유희와 서정적인 문체를 제대로 담아내고 있지 못하다: *ἀπορούμενοι ἀλλ' οὐκ ἐξαπορούνενοι*-아포루메노이 알 우크 엑사포루네노이. 엑스(*ἐξ*)는 완료의 의미를 보충하기 위하여 더해진 것이다(Moulton, *Grammar* 1:237; 2:310; Robertson, *Grammar*, 596). 후자의 동사는 드물게 사용되는 것으로서 헬라 성경에서는 오직 시편 87:16(LXX)에만 나온다. 그러나 이 동사가 1:8에서 사용되고 있는 용법은 여기서 이 동사의 의미를 확실하게 결정해 준다. 바울은 자신의 환난 속에서 자기가 과연 그 환난을 피해서 목숨을 건질 수 있을 것인가에 대하여 "낙심했는데", 그 정도로 그가 아시아에서 만난 위험은 매우 컸다. 이 절은 앞에 나온 말을 제한해서, 바울은 아무리 크고 답답한 일에 직면해서도 자기가 하나님으로부터 버림받았다고 느끼지 않았다는 것을 말해 준다.

디오코메노이(*διωκόμενοι*, "핍박을 받다")는 디오케인(*διώκειν*, "쫓다, 추격하다, 사냥하다")에서 나온 분사형으로서 사냥감을 찾는 것을 가리키는 데 사용되는 용어다. 명사 디오그모스(*διωγμός*, "핍박")는 마가복음 4:17; 로마서 8:35; 데살로니가후서 1:4에서 그리스도의 증인이 공격을 받고 시련을 당하는 것을 묘사하는 데 들립시스(*θλῖψις*)와 결합되어 사용된다. 12:10에 나오는 바울의 자서전은 스테노코리아(*στενοχωρία*, 어려움을 만들어 내는 막다른 길)와 더불어서 이 단어를 포함하고 있다. 바울은 여기서 다시 한 번 자신의 환난이 얼마나 깊었는지를 말하고서, 하나님이 그 가운데서 그를 버리지 않았다는 것을 고백한다(엥카탈레이페인

〈*ἐγκαταλείπειν*, "버리다"〉은 다른 사람들에 의해서 버림받은 것에 대하여 사용되기도 하고, 딤후 4:10, 16에서 하나님에 의해서 버림받는 것에 대하여 사용되기도 한다, 시 22:2을 인용하고 있는 막 15:34=마 27:46; 참조. 히 13:5; 후자의 의미는 창 28:15; 수 1:5 같은 칠십인역 본문에서 가져온 것이다; 행 2:27은 하나님이 곤경에 처한 그의 종들을 버리지 않으셨다는 것을 보증하는 내용으로서 이 단어에 대한 신약의 용례들을 열거하는 데 추가될 수 있을 것이다).

9 "거꾸러뜨림을 당해도 망하지 아니하고"(*καταβαλλόμενοι ἀλλ' οὐκ ἀπολλύμενοι*–카타발로메노이 알 우크 아폴뤼메노이). 필립스(J. B. Phillips)에 의하면, 이것은 구어체를 사용한 것으로서 바울의 시련 목록 속에서 음이 비슷한 단어들을 사용한 유희를 보여 주는 가장 분명한 예이다. 첫 번째 동사는 독특한 것으로서 신약에서는 오직 여기에만 나오는데, 이는 땅바닥에 던져진다는 의미를 지닌다. 함께 사용된 동사인 아폴뤼미(*ἀπόλλυμι*)는 최후의 멸망으로 향하는 길 위에 있는 자들(2:15; 4:3), 즉 믿지 않는 자들과 사도의 대적들에 대하여 이미 사용된 바 있다. 바울은 여기서 자신의 대적들이 힘이 있고 막강해서 자신을 거꾸러뜨릴 수 있는 것처럼 보이지만, 그들은 자신의 사도직을 전복시키거나 자신을 사역을 망하게 할 수 없다고 주장하고 있는 것으로 보인다.

10 사도 바울은 고난받는 예수와의 밀접한 연합으로 인해서(13:3-4) 이상한 역설을 보여 준다. 그가 사도로서 "몸으로" 사는 삶은 "죽는 것"(*νέκρωσις*–네크로시스)이 나타나는 장소다. 바울이 사용한 이 용어는 드문 단어로서 오직 여기와 로마서 4:19에만 나온다. 그는 지상의 예수를 십자가 위에서 타격한 세력을 가리키는 데 "사망"(*θάνατος*–다나토스, 다른 곳에서 45번)이라는 명칭을 선호한다. 슐라터(A. Schlatter, *Paulus, der Bote Jesu* [4][Stuttgart: Calwer Verlag, 1969] 553)가 표현하고 있듯이, 바울이 자신의 사도직을 예수의 죽음과 밀접하게 연결시키고 있는 것은 사도로서의 그의 삶과 관련된 주요한 주제다: "예수를 알리는 전령관으로서 그는 예수의 수난에 관한 이야기를 전했다. 그는 그 이야기를 전했을 뿐만 아니라 실제로 그것을 체험하기도 했다"(참조. 빌 3:10). 또한 R. Tannehill, *Dying and Rising*, 특히 84-90; E. Schweizer, "Die 'Mystik' des Sterbens und Auferstehens mit Christus bei Paulus," *EvT* 26 (1966) 239-57와 바울의 고난과 관련해서 "신비주의"라는 용어를 사용하는 것이 과연 적절한 것인지에 대하여 의문을 제기하는 E. Güttgemanns, *Der leidende Apostel*, 97-119를 보라. 엄밀하게 말해서, 네크로시스(*νέκρωσις*)는 죽음을 불러오는 행위가 아니라 죽어 가는 과정 또는 상태를 가리킨다.

빈디쉬(Windisch), 스트라한(Strachan), 플룸머(Plummer), 불트만(Bultmann, *TDNT* 4:899)은 모두 바울이 그의 삶의 긴 과정을 지속적으로 죽어 가는 과정으로 말하고 있다고 본다(6:9에서처럼; 고전 15:31; 참조. R. P. Martin, *The Spirit and the Congregation*[Grand Rapids: Wm B. Eerdmans, 1984] 121-23). 그러나 태너힐(Tannehill, *Dying*, 85ff.)과 귀트게만스(Güttgemanns. *Der leidende Apostel*, 114-17)는 바울이 "죽음의 고난들"이라고 말하고 있는 것이 아니라, 그가 자신의 죽을 몸에 "객관적인 사건"(Collange), 즉 그의 전도의 주제인 예수의 단번의 죽음(롬 6:7-10)을 지니고 있다고 말한다는 점에 착안해서 로마서 4:19과의 병행을 근거로 "죽는 것"(*νέκρωσις*-네크로시스)과 "죽음"(*θάνατος*-다나토스)이 대략적으로 동일한 의미를 지닌다고 주장한다. "짊어진다"는 모티프는 질그릇들인 사도들이 그들에게 맡겨진 복음의 보배를 지니고 있다고 말하는 7절과 연결된다.

그렇지만 예수에게 있어서 죽음은 끝이 아니었다. 그의 (부활한) 생명이 죽음 후에 이어져서, 그분은 능력 가운데서 살아 계신다(13:4; 또한 롬 1:3, 4; 4:24f.). 지금 바로 그 생명이 그의 사도들의 "몸들"(RSV, 그러나 헬라어 본문에서는 단수로 되어 있다. *ἐν τῷ σώματι*-엔 토 소마티) 속에 나타난다. 따라서 "몸"(J. A. T. Robinson, *The Body*, 75-78를 보라)은 바울이 십자가에 못 박힌 예수의 복음에 헌신하는 장소이자(갈 6:14) 하나님의 능력이 나타나는-파네로데(*φανερωθῇ*)는 문장의 끝에 옴으로써 강조되어 있다-매개체다. 고린도 교회에서 주된 논쟁점은 바로 이 문제였다: 진정한 파네로시스(*φανέρωσις*), 즉 하나님의 능력이 진정으로 나타나는 곳은 어디인가(4:2; 5:10-11에 대한 설명을 보라)? 바울의 대적자들은 그들이 은사들을 지니고 있다는 것과 그들이 은사를 통해서 보여 주는 표적들을 하나님의 능력이라고 제시했다(12:12). 하지만 바울은 자신의 연약함 속에서 하나님의 능력이 나타나는 것을 보았다(12:1-10; W. C. Robinson, "Word and Power"). 왜냐하면 자신이 약할 때 그는 "연약한 가운데서 십자가에 못 박히신"(13:3) 분과 하나가 되었기 때문이다. 특히 바울은 자신의 직분을 "새 언약의 일꾼"(3:6)으로 보았는데, 이것은 이스라엘에서 고난받는 의인을 모델로 한 것이지만, 그리스도를 중심으로 하는 새 시대 속에서 살아가고 있다는 것을 알고 있는 바울에 의해서 기독교화된 것이다(Kleinknecht, *Der leidende Gerechtfertigte*, 268-78, esp. 277).

11 선호되는 읽기인 아에이(*ἀεί*, "항상")는 끊임없는 싸움으로서의 바울의 삶을 가리킨다: 살아 있는 자들인 우리는 "우리의 모든 날들 동안에"(Collange) "죽음에 넘기워지고" 있다. 전문적인 의미를 지니고 있는 동사인 파라디도나이(*παραδιδό-*

*ναι*, "넘기다") - 통상적으로 하나님의 계획 속에서 고난을 받게 되어 있는(*δεῖ* - 데이) 자로서의 자신의 삶을 살아가는 고난받는 자로서의 예수의 운명에 대하여 사용되는 동사(Popkes, *Christus Traditus*, 150, 151; N. Perrin, "The Use of(*παρα*) *διδό-ναι*"를 보라) - 는 이것이 하나님에 의해서 작정된 바울의 운명이라는 것을 보여 준다. 폽케스(Popkes)는 고난받아야 하는 바울의 운명은 그의 사고 속에서 "핵심적인" 요소였다고 말한다. 바울은 마치 그가 무모한 자가 되거나(아마도 이러한 빈정거림은 12:10의 배경과 빌 1:26-30 속에서 볼 수 있는 것 같다, R. P. Martin, *Philippians*[NCB 1976=1980] ad loc.) 인생의 온갖 역경을 통해서 용감한 삶을 살아가는 사람에 관한 스토아 학파의 이상을 닮고자 했던 자인 것처럼(H. Braun, "Das 'stirb und werde' in der Antike und im NT," *Gesammelte Studien zum Neuen Testament* [Tübingen, J. C. B. Mohr, 1962] 136-58, 특히 186-91를 보라) 일부러 위험스러운 삶을 살기로 선택한 것이 아니었다. 단지 그는 자신의 사도로서의 소명에 따라서 고난을 당한 것이었고, 이것은 그러한 부르심이 그의 삶에 대한 하나님의 목적이었다는 것과 그가 "참된" 사도라는 것을 보여 주는 증거가 되었다(12:12, RSV). "예수를 위하여", 직역하면 "예수 때문에"(*διὰ* 〈*'Ιησοῦν*〉 - 디아 〈예순〉=propter, Plummer, 131; Popkes, 150), 즉 예수의 죽음과 부활에 관한 복음에 대한 충성으로 인하여라는 말은 바울이 고난을 받고 위험에 노출되는 이유를 제시해 준다. 이 표현은 "그리스도와 택함 받은 자(백성) 간의 물리적인 연합"을 의미한다고 역설하는 A. Schweitzer, *Mysticism*, 125-27를 보라(이것은 전혀 가당치 않은 견해로서, 이 견해에 대한 비판으로는 A. C. Thiselton, "Schweitzer's Interpretation of Paul," *ExpTim* 90[1978-79] 20-25와 "여호와의 종"이라는 역할을 배경으로 하고 있다고〈사 40-55장〉 주장하는 D. M. Stanley, "The Theme of the Servant of Yahweh," *CBQ* 16 [1954] 385-425, 특히 412ff.를 보라).

그 결과(또는 목적 히나〈*ἵνα*〉를 J. D. G. Dunn, *Jesus and the Spirit*, 327, 328에서는 그렇게 해석한다)는 "(부활한) 예수의 생명이 나타나게 하는" 것이다. 우리는 여기서 다시 한 번 핵심적인 단어인 파네로데(*φανερωθῇ*, "나타나게")를 보게 되는데, 이것은 사도로서의 바울의 권위는 탈혼 상태에서의 표적들이나 외적인 천거서들에 있는 것이 아니라 "우리의 죽을 몸"(*ἐν τῇ θνητῇ σαρκὶ ἡμῶν* - 엔 테 드네테 사르키 헤몬)에 있다는 것을 보여 준다. 여기에 나오는 사륵스(*σάρξ*, "육체")와 앞 절에 나오는 소마(*σῶμα*, "몸") 간에는 거의 차이가 없다(7:5과 2:13에서 사륵스〈*σάρξ*〉와 프뉴마〈*πνεῦμα*, "영"〉가 사실상 동의어로 사용되고 있는 것과 마찬가지로). "육체"는 몇 가지 이유로 인해서 연약하다: 육체는 죄의 공격을 받고(롬 6:12) 타락하기 쉬운 소질을 지니고 있다(고전 15:53-54; Martin, *The Spirit and the Congregation*, 134, 135).

12 "그런즉 사망은 우리 안에서 역사하고 생명은 너희 안에서 하느니라"(*ὥστε ὁ θάνατος ἐν ἡμῖν ἐνεργεῖται ἡ δὲ ζωὴ ἐν ὑμῖν*–호스테 호 다나토스 엔 헤민 에네르게이타이 헤 데 조에 엔 휘민). 콜랑쥐(Collange, *Enigmes*, 159)는 이 절은 뜻밖의 결론이라고 말한다. 왜냐하면 우리는 그런 결론을 들을 만한 준비가 되어 있지 않기 때문이다. 칼빈(Calvin)과 고데(Godet)는 이 말을 반어법적인 것으로 치부해 버리지만, 플럼머(Plummer)는 이 말이 만전을 기하자는 의미에서 재치 있는 여담으로 덧붙여진 것이라고 생각한다. 귀트게만스(Güttgemanns, *Der leidende Apostel*, 99)는 이 말이 바울의 대적자들을 향한 논쟁적인 성격을 지니고 있다고 지적한다. 그러나 엔 휘민(*ἐν ὑμῖν*, "너희 안에서")은 분명히 유익의 여격으로서 바울의 대적들을 염두에 두고 있는 것이 아니기 때문에, 그러한 주장은 성립될 수 없다. 유익을 받고 있는 자들은 고린도 교인들이다: "생명은 너희를 위한 것이다." 프라우드풋(Proudfoot, "Imitation," 특히 155)은 그리스도의 몸으로서의 교회를 통하여 성례전적으로 전달된 신비적 생명 속에서 한 이유를 찾는다. 콜랑쥐(Collange)는 바흐만(Bachmann), 리츠만(Lietzmann), 바렛(Barrett), 트롤(Thrall)의 견해를 따라서 사망/생명이라는 대비는 앞에 나온 절들의 패턴을 따른 것으로서 바울이 사도로서 수고한 것을 가리킨다고 주장한다. 겉보기에 바울의 선교 사역은 실패한 사역처럼 보인다: 사망이 바울에게서 끊임없이 역사하고 있고, 그에게서 그의 능력을 빼앗아 가고 있지만, 바울은 그가 고린도에서 전한 말씀을 듣고서 회심한 자들이 "생명으로 좇아 생명에 이르는 냄새"(2:16)에 관한 메시지를 받아들이고 있기 때문에 이러한 자신의 무능력이 가치 있는 것으로 여긴다. 아마도 여기에는 죽음을 부르는 옛 질서(3:6-11)와 대비되는 새 언약의 축복들에 대한 암시도 들어 있는 것 같다(3:6).

13-14 "기록한 바 우리가 같은 믿음의 마음을 가졌으니…주 예수를 다시 살리신 이가 예수와 함께 우리도 다시 살리실 줄을 아노니"(*ἔχοντες δὲ τὸ αὐτὸ πνεῦμα τῆς πίστεως κατὰ τὸ γεγραμμένον…εἰδότες ὅτι ὁ ἐγείρας τὸν κύριον Ἰησοῦν καὶ ἡμᾶς σὺν Ἰησοῦ ἐγερεῖ καὶ παραστήσει σὺν ὑμῖν*–에콘테스 데 토 아우토 프뉴마 테스 피스테오스 카타 토 게그람메논…에이도테스 호티 호 에게이라스 톤 퀴리온 예순 카이 헤마스 쉰 예수 에게레이 카이 파라스테세이 쉰 휘민). 여기서

사도로서의 바울의 섬김과 신앙을 말하는 새로운 단락이 시작된다. 중심이 되고 있는 것은 "우리가 믿는다"(*πιστεύομεν*-피스튜오멘, 13절)라는 단언이다. 바울의 확신은 그가 단어까지 그대로 옮겨 놓은 시편 기자에게서 발견한 동일한 확신으로 거슬러 올라간다: "내가 믿으므로 말했다"(*ἐπίστευσα, διὸ ἐλάλησα*-에피스튜사, 디오 엘랄레사). 무엇이 바울로 하여금 그의 증언을 시편 기자의 증언과 동일시하게 만들었을까? 12절에 나오는 그의 암울한 평가를 액면 그대로 받아들인다면, 그것은 그의 침묵을 권고하시 않았을 것이나(Plummer). 바울은 고린도 교회 공동체가 사도와는 달랐기 때문에(12절) 자신과 거리가 멀리 떨어져 있는 그의 독자들과 그들이 지금 자신과 공통적으로 가지고 있는 것(Strachan, 96에서는 Schlatter의 견해를 따라서 "동일한 신앙의 정신"이 바울과 고린도 교인들을 하나로 묶어 주고 있다고 생각한다)을 공유하는 것으로 되돌아가고 있는 것인가? 하지만 우리는 바울이 생사의 문제를 놓고 고민했던 시편 기자(시 116편)와 자기 자신을 의식적으로 동일시하고자 한 것에서부터 출발해야 할 것이다. 따라서 바울은 말씀을 통한 자신의 사역을 사망에 대한 생명의 승리에 관한 그의 신앙-시편 기자의 신앙이기도 한-을 증언하는 것이라고 여겼다. 게다가, 그리스도인으로서 바울은 자신의 신앙을 죽음에서 새로운 생명으로 "예수를 다시 살리신" 하나님에게 토대를 두면서, 신앙 고백과 관련된 문구를 가져와서(W. Kramer, *Christ, Lord, Son of God*, sec. 3a-i, 20-26) 그것을 확대하여 하나님께서 그의 아들 예수만이 아니라 그의 백성과 종들을 보살피신다는 것을 포함시킨다. 죽음을 초월한 예수의 존재는 바울의 신앙의 확실한 신조였다(빌 1:20-23; 살전 4:16-18; 5:10). 예수라는 인간적인 이름이 자주 언급되고 있는 것을 주목하라(10-14절에서 6번). 이것은 지상의 주님과 "그리스도 안에서" 살 뿐만 아니라 그리스도와 함께 생명을 공유하고 있는 그의 백성에게는 공통적인 믿음이 존재한다는 것을 강조하기 위한 것으로 보인다(M. Bouttier, *En Christ*, 53). 예수와 함께 하는 삶은 지금과 마찬가지로 재림 때도 여전히 존재할 텐데, 다이스만(A. Deissmann)은 이것이 예수(*Ἰησοῦ*)와 함께 사용된 쉰(*σὺν*, "함께")의 핵심적인 의미라고 본다(*Light from the Ancient East*[London: Hodder & Stoughton, ET 1927] 303, n. 1; 비슷하게 Kümmel). 그러나 그것은 이 땅에서 살아 있는 동안이든 죽음 이후이든 "그리스도와 사도 간의 인격적인 사귐"(W. Grundmann, *TDNT* 7:784)을 가리키는 좀더 폭넓은 의미를 지니고 있을 가능성이 더 높다. "그리스도와 함께"(*σὺν Χριστῷ*-쉰 크리스토)에 대한 최근의 논의에 대해서는 R. P. Martin, *Philippians*(NCB, 1976=1980, 78, 79)에 나오는 참고문헌들을 보고, 이렇게 그리스도의 지상적 이름에 대한 빈번한 언급을 통해서 인간 예수에 대한 강조가 이루어지고 있는 것이 지닌 좀더 폭넓은 의미들에 대해서는 서론을 보라.

전승 자료들이 들어 있음을 보여 주는 정형화된 어구들로 가득 차 있는 이 문장의 끝 부분은 전형적으로 바울의 방식을 따르고 있다. 그는 다른 곳에서도 전승으로부터 권면과 관련된 자료를 가져와서 거기에 해설을 덧붙여 그의 독자들의 상황에 적용한다. 그래서 그는 이렇게 쓴다: "너희와 함께(*σὺν ὑμῖν*-쉰 휘민) 우리도 그 앞에 서게 하실 줄을 아노니." 이것은 생략법을 사용한 문장으로서 그리스도의 재림(롬 14:10) 또는 하나님께서 작정하신 최후의 날(엡 5:27)과 연관이 있는 동사 파라스테세이(*παραστήσει*)의 보어가 빠져 있는데, 그 보어를 보충하면 헤아우토(*ἑαυτῷ*, "자기 자신")가 될 것이다(Reicke-Bertram, *TDNT* 5:835-40). 그러나 그것은 지금 여기서 주의 임재 속으로 들어가는 것을 좀더 직접적으로 가리키는 것일 수 있다(고전 8:8; 골 1:22, 28). 하지만 미래 시제가 사용되고 있는 것은 심판의 뉘앙스와 더불어서 최후의 완성의 때를 보여 주는데, 바울은 5:10에서 그러한 주제로 되돌아간다.

15 "모든 것을 너희를 위하여 하는 것은"(*τὰ γὰρ πάντα δι᾽ ὑμᾶς*-타 가르 판타 디 휘마스, 직역하면 "이 모든 것은 너희를 위하여 행해질 것이다"; 미래 시제의 동사를 보충해서). 바울은 자신이 받는 고난들과 장래의 부활의 때에 그 고난들이 신원되는 것은 이 세상에서의 삶 속에서이든 죽고 난 이후에서이든 고린도 교회의 그의 친구들에게 돌아갈 유익 속에서 그 존재 이유를 발견할 수 있음을 기억하고 있는 것이기 때문에, 우리는 이 암호 같은, 동사가 사용되지 않은 말 속에서 바울의 목회적인 관심이 빛나고 있는 것을 볼 수 있다(7:3: G. Stählin, "'Um mitzusterben und mitzuleben.' Bemerkungen zu 2 Kor 7, 3," *Neues Testament und christliche Existenz*. FS Herbert Braun, ed. H.-D. Betz and L. Schottroff[Tübingen: J. C. B. Mohr, 1973] 503-21를 보라). 이러한 것은 하나님의 백성이 하나님의 은혜를 즐거워하여 그들의 기쁨을 감사함으로 바꾸시는 하나님에 대한 바울의 찬송의 제사로 읽혀질 수 있는 15절의 전체적인 취지로부터 아주 분명하게 드러난다. 그러나 이 문장은 석의상의 여러 가지 난점들로 가득 차 있다. 그 난점들은 한 가지 주된 쟁점을 중심으로 한다: 동사 페리쓔세(*περισσεύσῃ*, "넘치다, 풍성하다")는 목적어를 필요로 하는 타동사인가, 아니면 목적어가 필요 없는 자동사인가? 후자의 경우라면 이 동사는 사역의 의미를 지닌다. 바렛(Barrett)은 "은혜가 감사함으로 말미암아 더하여 넘쳐서 하나님께 영광을 돌리게 하려 함이라"고 번역하는데, 우리는 이러한

번역을 따랐다. 이것은 페리쓔에인(*περισσεύειν*)의 직접 목적어를 유카리스티안(*εὐχαριστίαν*)으로 보고서, "은혜가 감사함을 더하게 하려 함이라"고 번역한 RSV 보다 더 낫다. 왜냐하면 노악(B. Noack, "A Note on II Cor iv. 15")이 말하고 있듯이, 바울에게 있어서 은혜는 사람들의 행위로 말미암아서가 아니라 하나님의 뜻으로 말미암아 풍성해지기 때문이다. 하지만 그의 해법은 카리스(*χάρις*, "은혜")를 유카리스티아(*εὐχαριστία*, "감사함")의 주어로 수정해서, "하나님의 은혜로 말미암아 더 많은 그리스도인들이 하나님께 감사하게 됨으로써 그 풍성한 은혜가 하나님께 더 큰 영광이 되게 하려 함이라"로 번역하는 것이다. 그러나 유카리스티아(*εὐχαριστία*)를 중복해서 사용한 것은 동어반복적이고 거친 해석으로 보인다.

노오크(Noack)와 마울(Moule, *Idiom Book*, 108)은 디아 톤 플레이오논(*διὰ τῶν πλειόνων*)이라는 어구를 "너희의 늘어나는 수로 말미암아"로 해석하는데(Bratcher, *Translator's Guide*, 47, 48), 바울의 관점에서 볼 때 이것은 하나님의 은혜에 관한 복음이 이 세상에서 점점 더 많은 수의 사람들에게 전파되는 것을 보고자 하는 복음 전도와 관련된 소원을 함축한다. 그러한 것이 바울의 정서였을 가능성도 있지만(참조. 고전 9:19-23; 롬 15:14-29), 과연 그런 해석이 이 문맥 속에서 타당한 것인가에 대해서는 의문이 제기되어 왔다. 이 절은 고린도 교회라는 무대와 전혀 상관이 없는 것이 아니라 밀접하게 연관된 것이라고 한다면, 우리는 "많은 사람"(*οἱ πλείονες*-호이 플레이오네스)이 그가 이미 쓴 바 있는 고린도 교회의 대다수의 교인들을 가리키는 것이라고 볼 수 있다(공적인 치리권을 행사하는 회중 전체 또는 적어도 바울 편에 서 있었던 상당수의 교인들과 관련된, 2:6). 그러므로 바울은 고린도 교회의 그러한 신자들을 염두에 두고서 "고린도 교회의 대다수의 교인들이 자신들이 하나님의 은혜에 의존해 있다는 것을 깨달은" 것에 대하여 감사를 표시하고 있는 것일 수 있다(Barrett). 결국 그들은 최근의 불화와 관련해서 바울의 입장을 지지하는 쪽으로 넘어온 것으로 생각되고 있기 때문에, 그들은 이렇게 관계가 회복된 것이 하나님의 은혜에 기인한 것이라고 여겨서 자기 자신들에 대하여 좀 더 건전한 견해를 갖게 되었고, 하나님께 그들의 감사하는 마음을 찬송으로 표현하고자 했다. 이러한 방향의 해석은 상당히 일리가 있다. 그러나 우리는 바울이 여전히 논쟁 속에 휘말려 들어가 있다는 것을 근거로 해서 전자의 견해-바울은 독자들에게 점점 더 많은 불신자들에게 확대되어 가는 은혜에 감사하도록 요청하고 있다는 것-를 선택했다. 그는 사도로서의 자신의 지위를 확대하고자 하는 욕망 속에서 점점 더 많은 사람들을 신자들로 끌어들이고 있다는 것을 부인하고 있다. 이것은 바울에 대하여 그렇게 공격했던 대적자들에 대한 반격에 해당한다. 그는 하나님의 은혜가 더욱더 널리 나타나기를 소망하고 있지만, 그것은 자신의 영광을 위해서가 아니라 사람들의 감사함으로 말미암아 하나님의 영광이 풍성하게 하기 위한 것이다. 페리쑤에인(*περισσεύειν*)이 고린도 교회의 표어였다는 우리의 견해는 이러한 해석을 뒷받침해 준다(Martin, *The Spirit and the Congregation*, 154, n. 13을 보라).

16 "그러므로(*διὸ*-디오) 우리가 낙심하지 아니하노니." 동사 우크 에카쿠멘(*οὐκ ἐκακοῦμεν*)은 앞서 1절에 나온 것을 다시 이어받고 있다. 연결사인 디오(*διὸ*)는 바울이 낙심하지 않는 이유를 제시해 주고 있다. 앞서 그는 자신에게 베풀어진 하나님의 긍휼하심을 깊이 생각했었다. 여기서는 예수를 죽은 자 가운데서 다시 살리신 하나님의 능력이 상기된다. 이러한 신앙의 신조들은 그가 시험을 받을 때 그를 굳건하게 떠받쳐 주는 것들이었다. 그렇지만 그는 자신이 죽을 몸을 지닌 유한한 존재라는 엄연한 사실을 부정할 수는 없었다. "그러나 …라고 할지라도"(*ἀλλ' εἰ καὶ*-알 에이 카이, 알라〈*ἀλλά*〉 뒤에 게〈*γέ*〉가 오는 것에 대해서는 M. Thrall, *Greek Particles*, 36-39를 보라)는 현실에 대한 인정이다. 바울은 지금 인간의 체질이 지닌 낡고 없어질 수밖에 없는 필연적인 결과에 직면한다. "우리의 겉사람"(*ὁ ἔξω ἡμῶν ἄνθρωπος*-호 엑소 헤몬 안드로포스)은 단순한 인간으로서의 그의 삶, 그의 죽을 수밖에 없는 몸으로 인하여(고전 15:42-50, 53) "수많은 환난을 겪을 수밖에 없고 사망의 선고 아래 있을 수밖에 없는"(Barrett) 자신의 삶과 관련되어 있다. 그런 후에 바울은 "날마다" 새로워지고 있는(*ἀνακαινοῦται*-아나카이눈타이) "우리의 속사람"(*ὁ ἔσω* 〈*ἄνθρωπος*〉 *ἡμῶν*-호 에소 〈안드로포스〉 헤몬)과 대비시킨다. 마지막에 언급된 부사구인 헤메라 카이 헤메라(*ἡμέρᾳ καὶ ἡμέρᾳ*)는 분명히 히브리적인 표현으로서(에 3:4; 시 68:20; BDF § 200; 그러나 이 어구가 구약적인 배경을 가지고 있다는 것을 의심하는 Barrett를 보라) 우리가 이 어구를 고린도전서 15:31에 비추어서 읽을 때 그것은 하나의 단서가 된다: "나는 매일 죽는다"(*καθ' ἡμέραν ἀποθνῄσκω*-카드 헤메란 아포드네스코). 바울의 육체적인 실존은 점점 소모되어 가고 있었고, 사망 선고는 이미 진행 중에 있었다. 그렇지만 그의 "속사람"(롬 7:22)은 날로 새로워지고 있다-헬레니즘과 영지주의적인 사고에서처럼 어떤 것을 흡수함을 통해서가 아니라 몸으로 존재하는(*σῶμα*-소마) 겉사람을 위한 미래도 수반하는 부활에 대한 소망을 통해서. 콜랑쥐(Collange)가 인용하고 있는 B. Rey, "L'homme nouveau"를 보라. 이것은 인간을 물질적인 껍데기와 보배로운 알맹이, 즉 불멸을 동경하는 영혼으로 이루어진 복합체로 보는 Plato, *Rep.*

IX 589A; Epictetus, Diss. II 7.3, 8.14; Philo, *Det.* 22f.와 구별되는 바울의 인간론을 보여 주는 중요한 고찰이다. 바울은 이 대목에서 인간이 몸과 영혼의 혼합체라고 말하고 있는 듯이 보이지만(나중에 나오는 5:7에 대한 우리의 "주석"을 보라), 플라톤이 말하고 있는 것과 같은 그러한 이분법은 실제로 바울에게서는 발견되지 않는다. 아마도 여기에 나타나는 바울의 관용적인 표현은 그의 논쟁의 급박한 상황에 의해서 생겨난 것일 가능성이 크다. 왜냐하면 다른 곳들에서 그는 몸과 영혼을 근본적으로 구별해서, 마치 몸이라는 외부의 틀은 물질로 되어 있지 않은 불멸의 영혼을 담고 있는 그릇인 것같이 말하고 있지 않기 때문이다. "바울에게 있어서 인간은 나뉠 수 없는 하나의 전체다"(Fallon, 47). 그는 그의 대적자들의 표현들을 사용하는 과정에서 그들의 이원론도 가져와서 사용하고 있는 것으로 보인다. 그들은 "속사람"(영혼)을 육체적인 실존으로부터 분리될 수 있는 것으로 여겨서 매우 중시했다(Güttgemanns, *Der leidene Apostel*, 115). 그러나 5:7과 12:2-3은 다르게 말하고 있는데, 바울이 시도하고 있는 것은 현세의 삶은 점점 무너져 가는 것이고, 사람에게 예비된 영원한 운명은 이미 형성되어 가는 중에 있다는 결론을 이끌어 내기 위해 인간의 총체성을 여러 가지 상반된 각도에서 보고 나란히 배열해 놓는 것이 전부다. 바울이 지닌 소망은 기존의 "몸"을 벗어 버리는 것이 아니라, 그 몸이 하나님의 목적을 따라서 부활을 기다리고 있는 종말론적인 몸 속으로 삼켜지는 것이다. 우리는 세례를 받을 때 주어지고(골 3:10, 새 아담) 성령으로 말미암아(1:22; 5:5) 그리스도가 내주하는(엡 3:16; 4:22, 24) "새 사람"을 통해서 그러한 소망을 맛본다. 그것은 바울이 자신의 관용 표현 속에서 "마음"(*καρδία*-카르디아: 고후 5:12; 롬 2:29; 10:9, 10 등)이라고 부르는 것이다. 베드로전서 3:4의 "마음에 숨은 사람"(*ὁ κρυπτὸς τῆς καρδίας ἄνθρωπος*-호 크륍토스 테스 카르디아스 안드로포스)은 바울의 사상을 집약해 놓고 있다. 이것이 사실이라면, 우리는 4:17-5:10의 본문의 신비를 풀 수 있는 귀중한 열쇠를 가지게 된다.

17 사도로서의 바울의 "환난"(*θλῖψις*-들립시스, 참조. 1:8)은 고난받는 사도로서의 바울에게 요구되는 시련을 가리킨다. 그것은 완곡하게 "경한 것"(*ἐλαφρόν*-엘라프론, 추상명사임을 나타내는 중성 형용사)이자 "잠시 받는 것"(*παραυτίκα*-파라우티카, 신약에서 단 한 번 나오는 단어)이라 불린다: "잠시 받는 것"과 "영원한 것"(*τὸ μέλλον*-토 멜론 또는 토 에페이타〈*τὸ ἔπειτα*〉)이라는 대비와 관련된 예시들에 대해서는 Bachmann을 보라. 여기서는 가벼운 것과 무거운 것이라는 쌍둥이 개념이 대비되고 있다. "영원한 영광의 중한 것"(*αἰώνιον βάρος δόξης*-아이오

니온 바로스 독세스)은 그 속에 유사한 음을 이용한 단어 유희를 지니고 있는 어구다. 왜냐하면 독사(*δόξα*)는 히브리어에서 해당하는 단어(כבוד-카보드) 속에 "무거움"이라는 의미를 지니고 있기 때문이다. 마찬가지로, "잠시 받는" 환난(*θλῖψις*-들립시스)은 하나님에 의한 "영원한" 신원과 대응된다. 바울은 자기가 현재 받는 고난은 그가 여기서 겪는 쓴 경험과는 비교도 되지 않을 정도로 하나님으로부터 풍성한 상을 받게 될 것이라는 사실을 부사적 표현인 카드 휘페르볼렌 에이스 휘페르볼렌(*καθ' ὑπερβολὴν εἰς ὑπερβολὴν*, 직역하면 "지극히 크고")을 통해서 강조한다. "의인들은 조금 고난을 받고서 아주 좋은 것을 갖는다"고 말하고 있는 솔로몬의 지혜서 3:5과 로마서 8:18을 참조하라.

18 "우리의 돌아보는 것은 보이는 것이 아니요 보이지 않는 것이니"(*μὴ σκοπούντων ἡμῶν τὰ βλεπόμενα ἀλλὰ τὰ μὴ βλεπόμενα*-메 스코푼톤 헤몬 타 블레포메나 알라 타 메 블레포메나). 메(*μή*, 우〈*οὐ*〉와 함께가 아니라)를 스코푼톤 헤몬(*σκοπούντων ἡμῶν*)과 함께 사용하고 있는 것은 이 동사가 조건의 의미를 지니고 있다는 것을 상기시켜 준다(Héring, 하지만 Denney는 반대다): "우리가 눈에 보이는 것을 주목하지 않는다면"-왜냐하면 만약 그렇게 하면, 우리는 거의 틀림없이 삶의 다양한 시련과 형편 때문에 낙심하고 절망하게 될 것이기 때문이다. 이와는 반대로, 바울은 의도적으로 눈에 보이는 것(*τὰ βλεπόμενα*-타 블레포메나)을 보지 않고 하나님의 섭리와 다스림이 있는 보이지 않는 세계를 바라보기 때문에, 자신의 직분을 감당하지 못할 정도로 낙심하지 않을 수 있었다(Barrett). 동사 스코페오(*σκοπέω*, "시선을 고정하다"; E. Fuchs, *TDNT* 7:415-19)는 단지 "보다, 바라보다"를 의미하는 별 색깔 없는 동사인 블레포(*βλέπω*)와는 다르게 "목적을 가지고서 주목하다"라는 의미를 지닌다(J. B. Lightfoot ad Phil 2:4). 신약에서 오직 바울의 글들 속에서만 발견되는(눅 11:35은 유일한 예외다) 스코페오(*σκοπέω*)는 대상의 가치를 평가하기 위하여 단순히 어떤 것을 "보는 것"을 넘어서서 날카롭게 응시하여 우리가 보는 목적을 실현한다는 뉘앙스를 지닌다. 그러한 역설은 이 절에서 스코페인(*σκοπεῖν*)과 블레페인(*βλέπειν*)을 나란히 배치하고 있는 것에서 분명하게 드러난다. 메 스코푼톤…타 블레포메나(*μὴ σκοπούντων…τὰ βλεπόμενα*)는 인생에서 우리의 목적이 우리의 눈앞에서 벌어지고 있는 것에 의해서 결정되도록 하지 않는다는 것을 의미한다. 왜냐하면 그러한 "현상들"은 단지 오직 믿음의 눈에만 열리는(히 11장에서처럼) 실체에 대한 표면적인 인상들에 불과한 것들이기 때문이다. 이러한 지적은 17절의 미래적인 지향성을 다시 현실로 옮겨와서, 바울의 사역만이

아니라 하나님의 상급에 대한 그의 확신과 관련해서도 17절을 현재에 적용되는 것으로 만든다. 현재에 있어서 그의 눈은 "과녁에" 조준되어 있다. 그것은 그리스도의 영광(Denney) 또는 적어도 그리스도께서 영광의 광채 가운데서 다스리시고(4:4-6) 바울 자신의 사역이 사람들의 삶 속에서 새롭게 하는 능력을 행사하는 영광스러운 세상이라는 목표다.

그 이유가 지금 제시된다. 눈에 보이는 현실은 "잠깐"(*πρόσκαιρα*-프로스카이라)이지만, 바울에게 육안에는 숨겨져 있는 현실의 측면들은 하나님의 생명에 참여하는 것으로서, 그런 것들은 하나님이 영원하신 것처럼 "영원하다"(*αἰώνια*-아이오니아). 전자의 것들은 바울의 죽을 생명이 "소모되어서 없어져" 가듯이(*διαφθεί-ρεται*-디아프데이레타이, 16절) 사라져 없어질 운명을 지니고 있다. 바울이 그의 독자들에게 바라보라고 격려하는 눈에 보이지 않는 실체들은 하나님과의 사귐이 삶의 모든 경험들 중에서 가장 실제적인 것이 되는 새로운 세상의 일부다(Collange, *Enigmes*, 179). 여기서도 또다시 겉보기에 플라톤적인 사상을 담고 있는 것 같은 표현들 속에는 논쟁적인 기조가 그 밑바탕에 깔려 있다. 바울이 단언하고자 하는 것은, 영원한 실체는 감각으로 인식되지 않는 세계에 있다는 것이다. 바울의 대적자들은 현세의 삶의 외적으로 "보이는 것"(*εἶδος*-에이도스, 5:7)에 집착하여 정반대의 것을 주장하기를 좋아했다. 바울이 삶을 바라보는 시각은 "믿음"에 토대를 둔 것이었고(5:7: *περιπατοῦμεν*…*διὰ πίστεως*-페리파투멘…디아 피스테오스), 그 믿음은 눈에 보이지 않는 하나님의 세계를 향한 것이었으며, 미래에 소망을 두는 것이었다. 바울은 5:1-10의 논증 속에서 어디에 실체가 존재하는지에 대한 계속된 논쟁으로 되돌아갈 것이다-실체가 현재에 있는지 아니면 미래에 있는지, 실체가 육체적 현존을 초월하는 탈혼을 통해서 얻어질 수 있는지 아니면 하나님의 선물인 육체적 차원의 "새 창조"(5:17을 보라)와 뗄래야 뗄 수 없을 정도로 결부되어 있는지.

## 해설

"이 직분"은 바울이 그리스도 안에서 폐하여졌다고 선언한 모세의 질서와의 대비와 이어진다. 그러나 마찬가지로 이 어구는 바울의 사도직이 뜨거운 논쟁 속에서 의심 받고 있었던 고린도 교회라는 무대와도 관련이 있었다. 따라서 바울은 방어적일 수밖에 없었고, 자신의 그러한 직분이 어떻게 해서 정당할 수 있는지를 설명해야 했다.

분명히 바울은 사도로서 활동했던 자신의 삶의 이 시기에 "낙심할"(4:1, 16에서 두 번 반복된) 시험에 직면해 있었다. 우리는 바울이 그러한 것을 부인하는 이유에 대하여 그를 압박하며 캐물을 수 있을 것이다: "우리가 낙심하지 아니한다." 만약 그가 단지 사람으로서 지닌 능력에 의지했거나 소견머리 없이 값싼 승리들을 얻기 위해서 "부끄럽고 음흉한 일들"을 행했다고 한다면(2절), 그는 틀림없이 자신의 절망감을 인정했을 것이다. 왜냐하면 사람의 마음은 끈질기게 완고하고 완악해서 이상하게도 사랑의 호소에 저항하기 때문이다. 아마도 우리는 이 절들 속에서 바울의 사역이 별 효과가 없었고 약했다는 빈정거림을 들을 수 있는 것 같다. 바울의 사역은 "결과"라는 측면에서 볼 때 그리 대단한 반향을 불러일으키지 못했다. 따라서 그의 대적자들은 그가 사도로서 자격을 갖추지 못했다고 평가했기 때문에, 그는 자신의 사역이 이렇게 "성공"을 거두지 못한 것에 대하여 해명해야 했다. 그렇지만 그는 몇 가지 근거 위에서 확신을 가지고 있었다. (1) 그는 자기가 정직하게 행했다는 것은 자명한 것이라고 주장한다(2절). (2) 그가 고린도 교회에 전한 복음은 그 복음을 전한 자들의 성품에 의해서 뒷받침되고(2b절), 복음은 자체의 빛으로 인하여 빛나기 때문에 외적으로 보강해 주는 증거가 필요하지 않다. (3) 많은 사람들이 복음에 응답하지 않은 것은 복음 메시지가 적절하지 않거나 타당하지 않아서가 아니었다. 오히려 그 이유는 사탄이 그들의 마음과 생각을 사로잡고 있었다는 데 있다(4절). (4) 그렇지만 바울은 고린도 교인들의 삶 속에서 자신의 사역의 옳음을 보여 주는 어떤 가시적인 증거를 기쁜 마음으로 제시하는데, 그들의 수가 늘어나는 것은 하나님께 찬송을 드리고 감사해야 할 일이라는 것이다. 그들은 자신의 자아를 세우거나 개인적인 이익을 얻기 위해서 섬기는 것이 아니다(15절). 바울은 자기 자신을 전파하는 것이 아니다(5절). 그는 "주이신 예수 그리스도"를 전파하고, 고린도 교회의 상황 속에 주의 권세가 이루어지기를 추구한다. 예수의 얼굴에 있는 하나님의 광채는 모세 시대를 이은(3:7-18) 새 질서의 최종성을 보여 주는 한 가지 설득력 있는 표지인데, 바울 자신도 자신의 회심과 소명을 받을 때 바로 그 영광을 알게 되었고, 그 회심 사건은 여기서 그가 글을 쓰고 있는 것의 배경이 되었을 가능성이 있다(4-6절).

5-6절이 설명하고 있는 것과 같은 그러한 메시지는 한 치의 과장도 없이 그것을 담고 있는 값싼 질그릇들에 의해서 조금도 그 가치가 감소되지 않는 "보배"라고 불리는 것이 당연하다. 이것이 바울이 자기 자신을 본 방식이었다–그에게는 말씀을

전달하는 자로서의 가치 이외에는 그 어떠한 내재적인 가치도 없다. 그의 은유를 사용해서 표현하자면, 그는 어떤 내용물을 실어 나르는 질그릇에 불과하다. 바울이 좋아했던 자신에 대한 호칭은 그의 연약하고 흔히 위협받는 삶을 통해서 영광의 주를 밝게 비치게 하는 데 유용한 "종"(5절) 또는 "영광을 받은 그릇"이다(7절).

하나님의 진리가 깨어지기 쉬운 연약한 그릇들 속에 담겨지게 하신 하나님의 목적은 그런 후에 분명하게 제시된다(7b절). 11:5, 13-15에 나오는 "지극히 큰 사도들"과 그들의 사자들 같은 바울의 대적들은 자기 자신들이 특별한 은총을 받고 있다고 믿었을 테지만, 그리스도의 사자들은 "성난 운명의 물맷돌과 화살들"로부터 아무런 해도 입지 않고 보호받기는커녕 굴욕과 위험의 삶에 부쳐진다. 그리고 그것은 하나님의 말씀의 능력이 그 말씀을 전하고 권하는 자들의 뛰어난 솜씨와 재능에서 나오는 것이 아니라, 오로지 하나님의 말씀이 내재적으로 지닌 참됨으로부터만 나온다는(2:17과 연결되는) 명백한 인상을 사람들에게 심어 주기 위한 것이다. 따라서 바울의 단언(7절)은 고린도 교회에서의 논쟁, 그리고 모든 시대에 기독교의 직분의 의미와 관련된 갖가지 논쟁의 성격에 대하여 가장 큰 계시를 보여 주는 요약문들 중의 하나다.

> 사람의 지혜는 자신의 힘을 오직 하나님 안에서 구하는 것이다.
> 천사일지라도 자신의 힘을 의지하기에는 연약하다.
>
> 윌리엄 카우퍼

"죽는 자 같으나 보라 우리가 살고"(6:9), "나는 날마다 죽노라"(고전 15:31) 같은 말들은 얼핏 보기에는 바울이 한 말로서는 적절하지 않은 것으로 치부될 수 있을지도 모른다. 그러나 일련의 유창한 대비들과 기억하기 쉬운 어구들로 이루어진 그 다음에 나오는 단락(8-10절)은 이러한 결론(11-12절)으로 귀결된다. 간단한 말로 표현해 보자면, 바울의 사도적 사역은 그가 주의 승리의 삶에 참여하게 될 것이라는 확신 속에서 주의 낮아지심에도 참여할 것을 요구했다는 것이다(14절). 우리가 고린도후서 1-9장과 곧 이어지는 10-13장의 전체 서신의 배경을 재구성한 것이 진실에 가깝다고 한다면, 이 말의 통렬함은 상실되지 않는다. 고린도후서와 관련해서 우리는 이 서신이 저자의 삶 속에서 무척 고통스러웠던 시기, 즉 그가 사람들의 지지를 받지 못하고 홀로 내버려진 것을 알았고, 그가 일생을 바쳐서 선교하여 세운 교회가 자신의 눈앞에서 수증기처럼 사라질 위기에 놓여 있다는 것을 보았으며, 에베소와 고린도의 회중들이 "하나님 안에서 아비"가 되는 그들의 사도로부터 멀어져 갈 위기에 놓여 있던 때에 쓰여졌다고 본다. 본서의 서론을 보라.

그러나 최후의 신원에 대한 소망, 즉 사람들이 죽고 나서 부활을 통하여 교회 전체가 최종적으로 다 모이게 될 때 그가 옳다는 것이 드러나게 되리라는 소망만을 사도가 가지고 있었던 것은 아니다. 바울이 주 앞에 나아갈 때(14절), 그리스도 안에서 그와 함께 한 자들도 그 승리에 동참하게 될 것이다. 바울의 전망을 사로잡고 있었던 것은 도피를 위하여 죽고자 하는 것이 아니었지만, 죽어서 그리스도와 함께 하는 것이 그의 열렬한 열망이었다(빌 1:21-23; 3:10, 11; 빌립보서는 그의 생애의 동일한 시기에 나온 것으로서, 그가 에베소에 억류되어 있는 동안에 쓰여졌고, 그의 현재의 상황과 그 영향을 반영하고 있다). 바울이 빌립보 교인들에게 말하고 있듯이(빌 1:24), 하나님이 바울 사도의 시련과 수고가 지속되기를 원하셨다면, 그의 회중들은 유익을 얻게 될 것이고, 그 결과는 "하나님의 풍성하신 은혜가 점점 더 많은 사람들에 의해 공유됨으로써 감사의 찬송이 더 많이 올라가서 하나님께 영광이 될 것이다"(15절, NEB).

한편, 사도의 육체적 형질이 유한하고 약하다는 것은 16절에서 그가 한 말 이외의 다른 증거를 필요로 하지 않는다. 연약하고 위험에 노출되어 있는 바울의 몸은 통상적인 "노화" 과정과 그의 사도의 직분을 수행하는 과정 속에서 끊임없이 후패되어 가고 있다. "이 잠시 받는 환난의 경한 것"(17절)이라는 말은 그가 자신의 환난을 아주 가볍게 본 가장 큰 과장법 중의 하나임에 틀림없다! 그러나 그것은 그의 소망이 어디에 있는지를 부각시키는 데 기여한다: 진정한 영의 생명은 하나님의 능력에 의해서 계속해서 새로워지고 생기를 부여받고 있다(16절).

그것이 그에게 가져올 결과는 의심되지 않는다. 그는 믿음의 눈으로 눈에 보이는 것들-고린도 교회에 있는 그의 대적들이 그토록 자랑했던 외적인 신임장들과 눈에 보이는 표적들-을 넘어서서 하나님의 영광이 그리스도의 인격 속에서 빛나는 저 세계의 영원한 실체들을 바라볼 수 있었기 때문에(4:6), 그의 지평은 영원한 전망에 의해서 둘러싸여 있었다(18절). 그 소망의 성취로 옮겨가는 것은 죽음과 재림을 수반하게 될 것이다. 따라서 그는 5장에서 그러한 주제로 옮겨가게 된다.

# E. 하늘에 있는 거처(5:1-10)

## 참고문헌

**Baumert, N.** *Täglich Sterben und Auferstehen: Der Literalsinn von 2 Kor 4, 12-5, 10.* SANT 34. Munich: Kosel-Verlag, 1973. **Berry, R.** "Death and Life in Christ." *SJT* 14(1961) 60-76. **Bornkamm, G.** "Der Lohngedanke im Neuen Testament." In *Studien zu Antike und Urchristentum.* BzET 28. Munich: Kaiser Verlag, 1959. **Bruce, F. F.** "Paul on Immortality." *SJT* 24(1971) 457-74. **Cassidy, R.** "Paul's Attitude to Death in II Corinthians 5:1-10." *EvQ* 43(1971) 210-17. **Collange, J.-F.** *Enigmes de la deuxiéme èpître de Paul aux Corinthiens.* Cambridge, 1972. **Conzelmann, H.** *An Outline of the Theology of the New Testament.* Tr. J. Bowden. London: SCM Press, 1969. **Cox, S.** "The Earnest of the Spirit." *Exp* 2d ser. 7(1884) 416-26. **Danker, F. W.** "Consolation in 2 Corinthians 5:1-10." *CTM* 39(1968) 552-56. **Davies, W. D.** *Paul and Rabbinic Judaism*[2]. London: SPCK, 1955. **Dodd, C. H.** "The Mind of Paul: Change and Development." In *New Testament Studies.* Manchester: University Press, 1953. **Ellis, E. E.** "II Corinthians v. 1-10 in Pauline Eschatology." *NTS* 6(1959-60) 211-24. **Feuillet, A.** "La demeure céleste et la destinée des chrétiens: Exégèse de II Cor 5:1-10 et contribution à l'étude des fondements de l'eschatologie paulinienne." *RSR* 44(1956) 161-92, 360-402. **Hanhart, K.** "Paul's Hope in the Face of Death." *JBL* 88(1969) 445-57. **Harris, M. J.** "2 Cor 5:1-10: A Watershed in Paul's Eschatology?" *TynB* 22(1971) 32-57. ______. "Paul's View of Death in 2 Corinthians 5:1-10." In *New Dimensions in New Testament Study,* ed. R. N. Longenecker and M. C. Tenney. Grand Rapids: Eerdmans, 1974. 317-28. ______. *Raised Immortal: Resurrection and Immortality in the NT.* London: Marshall, Morgan & Scott, 1983. **Hettlinger, R. F.** "2 Corinthians 5:1-10." *SJT* 10(1957) 174-94. **Hodge, C.** *An Exposition of the Second Epistle to the Corinthians* Reprint. Grand Rapids: Eerdmans, 1959. **Jeremias, J.** "Flesh and Blood Cannot Inherit the Kingdom of God." *NTS* 2(1956) 151-59. **Jewett, R.** *Paul's Anthropological Terms: A Study of Their Use in Conflict Settings.* AGJV 10. Leiden: Brill, 1971. **Kennedy, H. A. A.** *St. Paul's Conception of the Last Things.* London: Hodder and Stoughton, 1904. **Knox, W. L.** *St. Paul and the Church* *of the Gentiles.* Cambridge: University Press, 1939. **Lang, F. G.** *2 Korinther 5, 1-10 in der neueren Forschung.* BGBE 16. Tübingen: Mohr, 1973. **Lincoln, A. T.** *Paradise Now and Not Yet: Studies in the Role of the Heavenly Dimension in Paul's Thought with Special Reference to his Eschatology.* SNTSMS 43. Cambridge: University Press, 1981. **Manson, T. W.** "*ΙΛΑΧΤΗΡΙΟΝ.*" *JTS* old ser. 46(1945) 1-10. **Mattern, L.** *Das Verständnis des Gerichtes bei Paulus.* ATANT 47. Zurich: Zwingli Verlag, 1966. **Milton, C. L.** "Paul's Certainties. The Gift of the Spirit and Life beyond Death: 2 Corinthians 5:1-5." *ExpT* 69(1958) 260-63. **Moule, C. F. D.** "St Paul and Dualism: the Pauline Conception of Resurrection." *NTS* 12(1965-66) 106-23. Reprinted in *Essays in New Testament Interpretation,* chap. 14. Cambridge: University Press, 1982. **Robinson, J. A. T.** *The Body.* SBT 5. London: SCM Press, 1952. **Roetzel, C. J.** *Judgement in the Community: A Study of the Relationship between Eschatology and Ecclesiology in Paul.* NovTSup. Leiden: Brill, 1972. **Schlatter, A.** *Paulus, der Bole Jesu.* **Schmithals, W.** *Gnosticism in Corinth.* Tr. J. E. Steely. Nashville: Abingdon, 1971. **Schweitzer, A.** *The Mysticism of Paul the Apostle.* Tr. W. Montgomery. New York: H. Holt and Co./London: A & C Black, 1931. **Sevenster, J. N.** "Einige Bemerkungen über den 'Zwischenzustand' bei Paulus." *NTS* 1(1954-55) 291-96. ______. "Some Remarks on the *ΓΥΜΝΟΣ* in II Cor. v. 3." In *Studia Paulina,* FS de Zwaan. Haarlem: Bohn, 1953. **Stevens, G. B.** *The Pauline Theology.* New York: Scribner's, 1892. **Thrall, M. E.** *Greek Particles in the New Testament.* Grand Rapids: Eerdmans, 1962. **Thornton, L. S.** *The Common Life in the Body of Christ.* London: Dacre Press, 1942. **Vos, G.** *The Pauline Eschatology.* 1930 ed. Reprint. Grand Rapids: Baker, 1979. **Wagner, G.** "Le tabernacle et la vie 'en Christ.' Exégèse de 2 Cor. 5:1-10." *RHPR* 41(1961) 379-93. **Watson, N. M.** "2 Cor. 5:1-10 in Recent Research." *ABR* 23 (1975) 33-6. **Whiteley, D. E. H.** *The Theology of St. Paul.* Philadelphia: Fortress, 1966.

## 본 문

**1** 만일 땅에 있는 우리의 장막 집이 무너지면 하
나님께서 지으신 집 곧 손으로 지은 것이 아니요
하늘에 있는 영원한 집이 우리에게 있는 줄 아나
니
**2** 과연 우리가 여기 있어 탄식하며 하늘로부터

**1** For we know that if the earthly tent we live
in is dismantled, we have a house from God, one
not built by human hands, eternal, in the
heavens.
**2** And indeed in this [tent] we groan, longing

오는 처소로 덧입기를 간절히 사모하노니
3 이렇게 입음은 벗은 자들로 발견되지 않으려 함이라
4 이 장막에 있는 우리가 짐 진 것같이 탄식하는 것은 벗고자 함이 아니요 오직 덧입고자 함이니 죽을 것이 생명에게 삼킨 바 되게 하려 함이라
5 곧 이것을 우리에게 이루게 하시고 보증으로 성령을 우리에게 주신 이는 하나님이시니라
6 이러므로 우리가 항상 담대하여 몸에 거할 때에는 주와 따로 거하는 줄을 아노니
7 이는 우리가 믿음으로 행하고 보는 것으로 하지 아니함이로라
8 우리가 담대하여 원하는 바는 차라리 몸을 떠나 주와 함께 거하는 그것이니라
9 그런즉 우리는 거하든지 떠나든지 주를 기쁘시게 하는 자 되기를 힘쓰노라
10 이는 우리가 다 반드시 그리스도의 심판대 앞에 드러나 각각 선악간에 그 몸으로 행한 것을 따라 받으려 함이라

to put on our heavenly house,
3 since indeed[a] we shall put it on,[b] and we shall not be found naked.
4 For while we remain in this tent, we groan and are burdened, because we do not desire to be unclothed, but clothed, in order that what is mortal may be swallowed up by life.
5 The one who prepared[c] us for this very purpose [is] God, who also gave us the Spirit as a pledge.
6 Accordingly, we are always confident and know that while we are at home in the body, we are away from the Lord,
7 for we live by faith, not by sight.
8 We are confident [I repeat] and would rather be away from the body and be at home with the Lord.
9 And so our ambition, whether we are at home or away, is to please him.
10 For we must all appear before the judgment seat of Christ, in order that each one may receive recompense for what he has done in the body,[d]

## 원문주해

3. a. P$^{46}$ B D G에서 발견되는 에이페르(εἴπερ)는 "추정이 사실과 일치한다"는 것을 좀더 강력하게 시사해 준다(Liddell and Scott, 1:489). 이 본문(εἴ γε-에이 게)은 C와 대부분의 사본들에 의해서 지지를 받는다. 그러나 Lincoln, *Paradise*, 212, n. 50에 의해서 인용된 M. J. Harris의 말을 보라. 하지만 Thrall, *Greek Particles*, 86-91에서 인정하듯이 이것은 오직 문맥만으로 결정될 수 있다.

b. 엔뒤사메노이(ἐνδυσάμενοι)는 P$^{46}$ ℵ B D$^2$(참조. RSV)에서 발견되는데, 이는 좀더 오래된 읽기인 것으로 보인다. 에크뒤사메노이(ἐκδυσάμενοι)는 D* 같은 후대의 사본에서 나타난다. Plummer, 148에서는 후자의 읽기를 "겉보기에 동어 반복으로 보이는 것을 피하기 위한 초기의 수정"으로 본다. 외적인 증거들을 토대로 볼 때 그의 주장은 옳은 것 같다(Barrett, 149, n. 2; Schmithals, *Gnosticism*, 263f.). 그러나 전자의 견해를 포함시키면 사도의 말은 진부해 보이기 때문에(Metzger, *A Textual Commentary on the Greek New Testament*[New York: United Bible Societies, 1975] 579, 580-메츠거 자신은 위원

회의 결정에 동의하지 않지만), 불트만(Bultmann, 137, 138)은 오직 두 번째 읽기만이 실제로 분명하다고 주장한다. 하지만 이 대목에서 우리는 Aland의 제28판과는 다르게 첫 번째 읽기를 택한다.

c. 서방 사본(D F G lat)은 카테르가조메노스(*κατεργαζόμενος*)를 지지한다.

d. P[46] lat에는 타 이디아 투 소마토스(*τὰ ἴδια τοῦ σώματος*)로 되어 있다.

## 양식/구조/배경

첫 번째 단락(5:1-5)에서 바울은 4:7에서 시작된 해설을 계속해 나간다(*γάρ*–가르, "왜냐하면"). 그는 일시적인 것과 영원한 것, 보이는 것과 보이지 않는 것 간의 대비에 관한 그의 논증을 길게 이어 나간다(4:18; 참조. 고전 15:51-58). 그의 독자들이 그러한 대비를 계속해서 주목할 수 있도록 하기 위하여 바울은 5:1에서 그리스도인의 현재의 몸과 대비가 되는 것, 즉 장래의 "영적인" 몸을 설명한다.

| **현재의 몸** | **영적인 몸** |
|---|---|
| *τοῦ σκήνους*(투 스케누스) | *οἰκοδομὴν*(오이코도멘, 참조. 히 11:9,10) |
| *ἐπίγειος*(에피게이오스) | *οἰκίαν ἀχειροποίητον*(오이키안 아케이로포이에톤) |
| *καταλυθῇ*(카탈뤼데) | *αἰώνιον ἐν τοῖς οὐρανοῖς*(아이오니온 엔 토이스 우라노이스) |

이러한 서로 반대되는 것들은 바울이 이전에 동일한 사상에 대하여 고린도 교인들을 가르친 것을 반영하고 있는 것이다.

| | |
|---|---|
| *σῶμα ψυχικόν*(소마 프쉬키콘, 고전 15:44) | *σῶμα πνευματικόν*(소마 프뉴마티콘) |
| *σώματα ἐπίγεια*(소마타 에피게이아, 고전 15:40) | *σώματα ἐπουράνια*(소마타 에푸라니아) |
| *σπείρεται ἐν φθορᾷ*(스페이레타이 엔 프도라, 고전 15:42) | *ἐγείρεται ἐν ἀφθαρσίᾳ*(에게이레타이 엔 아프다르시아) |

바울은 흙으로 만들어진 이 몸은 소모되어서 무너질 것이라고 본다. 그렇지만 그것을 대체할 그 무엇, 즉 흙으로 만든 그릇이 지닌 연약함으로부터 자유로운 몸이 존재한다.

5:2-4에서 바울은 신령한 또는 영적인 몸에 관한 논의를 계속해 나가지만, 그가 왜 그렇게 하는지는 분명하지 않다. 그는 땅에 있는 장막 위에 하늘의 몸을 덧입는

(ἐπενδύσασθαι – 에펜뒤사스다이) 것이라고 말한다(5:2). 그러나 이러한 논의 속에 바울은 벌거벗었다(γυμνός – 귐노스, 5:3)는 개념을 도입한다. 우리는 바울이 5:2-4을 고린도후서에 포함시킨 이유가 무엇이었는지를 확실하게 알지 못한다. 바울은 그리스도인들이 죽을 때 또는 재림 때 신령한 몸을 입게 된다고 말하고 있는 것인가? 아니면, 그리스도인들은 "이미" 그러한 몸을 지니고 있는 것인가? 또한 "벌거벗다"라는 개념의 배후에서 중간 상태(그리스도인의 죽음과 그리스도인이 재림 때 신령한 몸을 입게 되는 것 사이의 기간)을 시사해 주고 있는 것인가, 아니면 이것은 구약에서 묘사되고 있는 것과 같은 심판의 개념을 시사해 주는 것인가? 바울이 5:2-4을 쓴 목적에 대해서는 학자들 간에 일치된 견해가 존재하지 않지만, 적어도 우리는 세 가지 이유를 제시할 수 있을 것이다.

(1) 한 가지 가능한 이유는 바울이 자신의 종말론을 변경했다는 것이다. 왜냐하면 바울이 고린도후서에서 그리스도인들이 죽을 때 신령한 몸을 받는 것으로 보고 있다면, 그것은 그리스도인들이 오직 재림 때에 가서야 부활의 몸을 입게 된다고 보았던 고린도전서에서의 그의 입장(고전 15:51-58; 참조. 살전 4:13-18; 빌 3:20, 21)을 변경한 것이 되기 때문이다. 이러한 수정이 이루어지고 있다고 보는 녹스(Knox, *St Paul*, 121-45)는 바울이 그리스도인들이 신령한 몸을 받게 되는 때에 관한 자신의 견해를 실제로 변경했다고 주장한다. (또한 바울이 영지주의적인 사상들을 의도적으로 반박하고 있는 것인지의 여부를 놓고도 논쟁이 있다[Baur, Windisch, Käsemann, Kümmel, Friedrich, Bornkamm, Rissi, Schmithais; 참조. Barrett 28-30]. 우리가 여기서 안전하게 말할 수 있는 것은 바울의 대적들의 정체가 무엇이냐와는 상관없이 그의 생각의 배경 속에 어떤 영지주의적인 요소가 존재한다는 것이다.) 바울의 유대적 종말론은 아마도 헬라인들의 사고 속에서는 만족스러운 것이 되지 못했을 것이기 때문에(Knox, *St. Paul*, 26, 69-71; Knox가 자신의 주장을 뒷받침하기 위한 수단으로서 헬레니즘 문헌〈참조. Wisd Sol 9:15에 나오는 σκῆνος – 스케노스〉을 인용하고 있는 136 n. 8을 참조하라; 반대의 견해에 대해서는 Manson "*ΙΛΑΧΤΗΡΙΟΝ*," 1-10를 보라), 녹스(Knox, 128)는 고린도후서가 "대체로 바울의 종말론을 완전히 개정하는 데 바쳐지고 있다"고 이해한다. 고린도후서에서 바울은 헬레니즘 사상의 영향을 받아서 영지주의에서 말하는 것과 같은 것, 즉 사람은 죽으면 그 영혼이 하나님의 불의 "옷"을 입게 된다고 가르친다(*Corp. Herm.* 10.18; Windisch; Bultmann, *Theology*, 1:201, 2).

바울이 여기서 그리스도인들은 죽을 때 신령한 몸을 받게 될 것이라고 가르친다고 믿는 데이비스(Davies, *Paul and Rabbinic Judaism*, 310-18)는, 바울의 개념들은 용어상으로는 비슷한 점이 있기는 하지만 엄밀하게 말해서 헬레니즘적인 것이 아니라는 근거 위에서(참조. Grundmann, *TDNT* 2:63-64; Schweitzer, *Mysticism*, 134) 녹스(Knox)의 견해를 공격한다. 영을 소유한다는 개념과 아울러서 이 몸으로부터 자유롭게 되고자 하는 것(Davies, 144)은 유대적인 것으로 볼 수도 있다(참조. Sevenster, "Some Remarks," 208-10). 게다가, 녹스(Knox)의 논증은 바울이 자신의 사고 속에 헬레니즘적인 죽음에 대한 이해를 왜 갑자기 끼워넣고자 마음을 바꾸었는지에 대한 이유를 우리에게 설득력 있게 설명해 주고 있지 못하다는 점에서 취약하다(Sevenster, "Einige Bermerkungen," 295). 바울이 아덴을 방문한 것이 그가 자신의 사고를 수정하는 계기가 된 것이라는 녹스(Knox, *St. Paul*, 1-26)의 주장은 오히려 자신의 입지를 갉아먹는 것이 되었다(Davies, 314). 왜냐하면 사도행전 17장이 보여 주는 인상은 바울이 좀더 실용적인 근거들 위에서 사람들의 반응에 실망하고서 아덴을 떠났다는 것이기 때문이다.

데이비스(Davies)는 바울이 종말론에 대한 사상을 변경하게 된 이유가 헬레니즘의 영향 때문이었다는 것에 대해서는 반대하지만, 그럼에도 불구하고 그는 바울이 자신의 사상을 수정했다고 본다. 그는 바울이 장차 올 시대, 즉 내세를 다른 방식으로 보게 되었을 때 그에게서 사상의 변화가 일어난 것이라고 생각한다. 바울은 고린도전서 15장에서는 재림 때에 자기가 살아 있을 것을 확신하고 있었기 때문에 일반적인 부활에 집중했다. 그러나 고린도후서 5장에서는 바울은 이제 자신의 죽음과 중간 상태에 관심을 가지고 있었기 때문에 "무의식적으로 모호한 사상"을 보여 준다. 바울은 자기가 회심한 이래로 장차 올 내세는 다음 세상에서 현실화될 것이고, 그리스도인들은 죽을 때 신령한 몸을 받게 되리라는 것을 깨닫게 되었다(Davies, 317-18; Whiteley, *Theology*, 206-7; Bruce, "Paul," 470, 71).

그러나 모든 학자들이 바울이 여기서 종말론에 관한 자신의 사상을 수정했다고 확신하는 것은 아니다. 베리(Berry)는 바울이 그리스도인들이 신령한 몸을 받게 되는 때에 관한 자신의 생각을 바꾸었다는 주장에 동의하지 않는다. 또한 베리는 바울이 자신의 입장을 바꾼 것이 아니라, 자기가 몸을 입지 않은 상태 또는 벌거벗은 상태로 "중간기"로 들어갈 것에 대한 염려를 표현하고 있는 것이라고 본다(64). 오직 베리(Berry)만이 그렇게 생각하는 것은 아니다(Stevens, *Pauline Theology*, 343, n. 1; Kennedy, *St. Paul's Conception*, 264-81; Plummer 160-64; Thornton, *Common Life*, 284-86; Goudge, 45-55). 베리는 바울이 5:2-4에서 새로운 것을 말하고 있는 것이 아니라고 본다(62; 참조. 5:1). 그러나 바울은 죽음이 가까워지고 있다는 것을 점점 더 뚜렷하게 인식하게 되었기 때문에, 그의 소망은 이제 그가 죽음을 피하고자 한다는 것에 집중되었다. 바울은 죽음 자체를 두려워한 것이 아니라, 그 두려움은 영혼이 몸과 분리되는 것에 있었다. 해리스(Harris, "2 Cor 5:1-10: A Watershed…?")는 이렇게 결론을 내린다(56). "이 단락에 나타나는 종말론은 바울의 사상에 있어서 일시적인 일탈로 여겨질 수 없다. 다른 한편으로, 고린도후서 5장에서 전망의 수정들과 가르침에 대한 해명은 바울의 종말론에 대한 근본적인 수정을 이루고 있지도 않다. 왜냐하면 그의 종말론의 중요한 개념들-재림, 부활, 심판-은 폐기되지 않았고,(재림-부활 모티프의 경우에) 단지 새로운 통찰들에 비추어서 재정의되었기 때문이다." 또한 그가 쓴 "Paul's View"도 보라.

어떤 학자는 바울이 그의 이전의 가르침과 다른 가르침을 제시하고 있을 리가 없다고 지적한다(5:1; 고전 15장을 보라; Ellis, "II Cor. v. 1-10," 217; Vos, *Pauline Eschatology*, 172-205). 만약 바울이 그렇게 했더라면, 그렇지 않아도 그는 이미 변덕스럽다는 비난을 받고서 그것을 해명하는 중이었는데(1:15-23; 2:17을 보라), 고린도 교인들로부터 더욱더 그런 비난을 받게 되었을 것이다. 캐시디(Cassidy)는 이미 죽은 신자들과 관련해서는 완전히 다른 시간 틀이 존재한다고 주장한다("Paul's Attitude"[210-17]). 따라서 그들은 여전히 이 땅에서 살아가고 있는 자들과 동일한 시간 개념에 종속되지 않는다. 그 결과 그들은 이론상으로는 "중간 상태"가 존재한다고 할지라도 그 상태를 경험하지 않는다. 그러나 이미 죽은 자들도 여전히 더 나은 때를 기다리고 있다는 쿨만(Cullmann)의 입장(Rev 6:10, "How long, O Lord?")은 캐시디(Cassidy)에 대한 강력한 반론이 된다(O. Cullmann, *Christ and Time*[2], tr. F. V. Filson[Philadelphia: Westminster Press/London: SCM Press, 1950] 239-42를 보라).

요컨대, 그리스도인들은 하나님이 지으신 새 집을 기다리면서 신음하고 있고(*στενάζομεν*-스테나조멘, 5:2, 4) 무거운 짐을 지고 있다(*βαρούμενοι*-바루메노이, 5:4). 바울은 땅에 있는 자신의 몸 위에 하늘의 옷을 덧입고자 하고(*ἐπενδύσασθαι*-에펜뒤사스다이, 5:2), 벌거벗은 자로 발견되지 않기를 원한다(*γυμνός*-귐노스; 참조. *m. Ber.* 3:5: 옷을 입은 자만이 쉐마를 암송할 수 있다). 바울은 아마도 벌거벗은 것에 대한 유대인들의 두려움을 보여줌과 동시에(Barrett, 154, 155) 옷을 벗어 버려야 행복이 찾아온다는 영지주의적인 사상을 반박하는 가운데(Bultmann, 137-38; 참조. Plato과 Philo) 죽음을 피하고 부활의 몸으로 덧입기를 갈망한다. 이렇게 5:2-4은 바울의 종말론에 있어서의 변화를 보여 주는 것이 아니라, 자기가 살 날에 대한 바울의 기대에 있어서의 변화를 보여 주는 것으로 여겨진다. 아래에 나오는 "주석"이 보여 주듯이, 바울은 중간 상태에 관한 문제를 아주 잘 알고 있었다. 물론 그는 중간 상태에 대하여 자세하게 말하고 있지는 않지만, 그가 그 중간 상태를 기대하고 있지 않다는 것을 보여 준다(Barrett, Hughes).

(2) 바울이 5:2-4을 왜 썼느냐는 것과 관련된 두 번째 주장은 엘리스(Ellis, "II Cor. v. 1-10")에 의해서 제시되었다. 그는 5:2-4의 논의를 개별 신자들의 몸이 아니라 공동체적인 몸을 강조하고 있는 것으로 본다(Lang, *2 Korinther 5:1-10*, 179-82; Watson, "2 Cor 5:1-10"): "바울의 일차적인 사고는 결코 개별 신자들의 몸에 관한 것이 아니고, 옛 시대와 새 시대에 있어서 아담과 그리스도 안에 내재되어 있는 공동체적인 연대(連帶)에 관한 것이다"(Ellis, 217). 사실 엘리스는 현재의 대목이 중간 상태를 전혀 다루고 있지 않다고 본다(224). 엘리스는 로빈슨(Robinson, *The Body*, 76)의 추론을 따라서 바울은 개별 신자가 아니라 교회를 염두에 두고서 부활 소망에 대하여 말하고 있는 것이라고 이해한다(Robinson, 81, 82를 보라).

엘리스(Ellis)의 입장은 "그리스도 안에서의"(*ἐν Χριστῷ*-엔 크리스토) 그리스도인들의 실존을 부각시킨다. 이러한 견해에 의하면, 몸의 부활은 신자가 세례를 받을 때 개시된다(Robinson, 79, 80; 참조. 엡 5:26-27). 그때 그리스도인은 주와 한 영이 되고(고전 6:17) 그리스도를 덧입는다(갈 3:27). 이러한 행위는 한 몸(*ἐν 'Αδάμ*-엔 아담, "아담 안에")이 다른 몸(*ἐν Χριστῷ*-엔 크리스토, "그리스도 안에")에 의해서 대체되기 시작하는 것으로 여겨진다(Robinson, ibid.). 그리스도인의 목표는 결국 "몸을 떠나" 있는 것이다. 엘리스는 이 어구가 신자는 더 이상 "죽을 몸"(즉 "자연적인 몸"〈*σῶμα ψυχικόν*-소마 프쉬키콘〉; 참조. 고전 15:44)의 "연대"에 참여하지 않는다는 것을 의미하는 것이라고 해석한다(222). 주요한 계기들은 "세례"와 "재림"이 된다(Robinson, 79): 전자의 때에 그리스도인에게 부활의 과정이 시작된다. 후자의 때에 그리스도인에게 이러한 변화의 과정이 완성된다(ibid., 80, 81; Ellis, 218). 엘리스의 입장에 대한 비판으로는 Hughes(184, 185); Harris, *Commentary*(349); idem, "2 Cor 5:1-10," *TynB* 22(1971) 39, 40를 보라.

엘리스(Ellis)의 입장은 바울의 신학에서의 변화가 여기서 감지된다고 보지 않는 것이다. 바울에게 재림의 때는 여전히 그리스도인들이 하나님으로부터 최종적인 상급을 받는 때다. 그리스도인이 죽는 때는 새로운 연대가 완성되는 때라기보다는 옛 연대가 해체되는 때다. 엘리스는 사도가 공동체적인 몸에 대하여 말하고 있는 것이라는 주장을 제시한다. 그리스도인은 이미 "몸"을 지니고 있기 때문에 "벗은" 상태로 들어가지 않는다. 엘리스는 벗은 상태라는 것은 죄책과 수치라는 개념들을 가리킨다고 본다(219-22).

5:2-4에 나오는 바울의 가르침에는 헬라적인 "색채"가 존재하기는 하지만, 그의 주된 공격 대상이 영지주의였을 가능성은 없어 보인다(Bultmann, 141에서는 이러한 주장에 반대한다). 아마도 여기서 바울은 단지 다른 평범한 유대인들과 마찬가지로 "중간기"에 대한 자신의 두려움을 거론하고 있는 것일 뿐이다. 게다가, 그는 고린도 교회에서의 종말론과 관련된 논쟁, 즉 중간 상태에 관한 그의 새로운 관심 속에 반영되어 있는 논쟁에 대하여 답변하고 있는 것일 수 있다. 물론 바울은 죽음에 더 많은 관심을 가지고 있지만, 결코 그의 죽음이 그의 글을 지배하고 있었던 것은 아니다. 도리어 그가 죽을 수 있다는 가능성이 점점 더 커지고 있는 것과 관련된 논쟁이 바울로 하여금 5:2-4을 쓰도록 자극했을 것이다.

(3) 앞서의 논의는 우리에게 5:2-4 배후에 있는 세 번째로 가능한 이유를 제공해 준다. 그것은 고린도 교인들의 상황 속에서 찾아질 수 있다. 그것은 논쟁적인 것이다(참조. Lang, 2 Kor, 183; 5:1에 대한 정반대의 견해는 고린도 교회에서 땅에 있는 집이 하늘에 있는 집과 동일시되고 있었다는 것이다). 여기에 나타난 내세에 관한 바울의 사고가 주로 그의 대적자들에 의해서 영향을 받았다는 주장이 이러한 새로운 해석을 낳게 되었다. 이 새로운 해석은 4:16과 5:1 이하가 완전히 단절되어 있는 것으로 보기를 거부한다. 이러한 주장은 바울을 혼란스럽거나 엉뚱한 사상가로 상정하고자 하지 않는다-빈디쉬(Windisch)의 소박한 은유를 사용하자면, 꽃들을 무작위로 꺾어서 배열하여 잡다한 꽃들이 뒤섞인 부케를 만드는 정원사. 불트만(Bultmann, 132)은 5:1-5이 사도 직분에 관한 논쟁과는 아무런 상관도 없는 여담이라고 말한다. 하지만 이 세 번째 해석은 그런 것과는 정반대로 사도의 사고가 일관되고 동일한 목적을 염두에 두고서 5장으로 계속되고 있는 것으로 본다. 즉 그의 대적자들의 가르침을 반박하는 것(이러한 견해는 Lincoln, *Paradise*, 59-71에서 분명하게 볼 수 있고, 5:1-10의 주도적인 모티프를 논쟁적인 상황으로 보고 있는 Lang, *2 Korinther 5, 1-10*에서 극단적으로 나타난다). 쟁점은 "그리스도 안에" 있는 것으로 돌려지고 있는 그리스도인의 실존의 두 가지 "형태"를 결정하는 데 있다(Collange, 198). 바울의 대적들은 그리스도인으로서의 그들의 모습이 이미 이루어졌다고 주장한 반면에, 바울은 몸의 부활이 약속되어 있는 저 미래에 가서야 그리스도인의 모습이 완성될 것이라고 반박했다(Harris, *Raised Immortal*, 223,

224).

우리가 이 문제를 그리스도인이라는 것에 대한 두 가지 이해가 어떻게 달랐느냐는 질문으로 집약한다면, 이 논쟁의 초점은 좀더 뚜렷하게 드러난다. 여기서 쟁점은 죽음과 부활이 아니라 영혼과 몸의 구별이다(Fallon, 47를 보라). 바울의 대적들의 관점에서 볼 때, 영혼은 오직 신비적인 비상(飛上)에 의해서만 하나님에게 도달할 수 있다. 현재에 있어서 영혼은 몸이라는 감옥 속에 갇혀서 짓눌리며 구원해 달라고 소리치고 있다. 영혼의 구원 또는 해방은 몸이 소모되거나 멸해지거나 의복처럼 벗어지거나, 마치 먼 곳으로 유배를 떠난 자가 본국으로 돌아오기 위하여 낯선 땅을 떠나듯이 영혼이 몸을 떠날 때 이루어질 수 있다. 이렇게 영혼은 하나님의 전이 되어서 "속사람"이 생명을 얻고 영원히 죽지 않는 새 옷을 입거나 유배 생활로부터 되돌아옴으로써 해방되어 그 영광을 얻게 된다.

5:1-10에 나오는 바울의 논고는 이러한 모든 단언들을 반박하기 위한 것이다. 그것은 장래의 실존을 인식하는 올바른 방식에 관한 것이 아니라, 케리그마를 현재의 실존과 연관시키는 데 관심을 갖는다(Lang, *2 Kor*, 194에서는 자신의 생각을 경구적으로 표현한다: 바울은 사람이 동시에 두 곳에 머물 수 없다고 말하는 것이 아니라, 그가 말하고 있는 것은 5:7에서 삶에 대한 두 가지 태도, 즉 피스티스〈*πίστις*, "믿음"〉와 에이도스〈*εἶδος*, "보이는 것", "모양"〉 간의 대비가 보여 주듯이, 사람은 두 주인을 섬길 수 없다는 것이다). 바울은 헬레니즘적인 유대교 전승 속에 있던 그의 대적자들의 언어를 사용하지만, 그것을 자신의 목적에 맞게 수정한다(Lincoln, *Paradise*, 59에서는 이러한 강조점을 바울이 "탈혼 상태 속에서의 현재의 영광과 성령의 나타남, 그들의 수사학적인 재능들과 당당한 외모를 내세운 지극히 큰 사도들〈11:5; 12:11〉의 주장들"을 반박하고자 한 것에서 그 원인을 찾는다). 구체적으로 말해서, 영광은 바울에게 있어서 그 어떤 탈혼 상태의 체험 속에서가 아니라 오직 재림의 때에 오는 것이었다. 현재의 삶은 탈혼 상태의 영광이 아니라 고난으로 점철되어 있다. "탈혼 상태"는 이중적인 의미를 지니는 용어다(5:13). 그것이 올 때(12:2-3) 그것은 하나님의 은사이기는 하지만, 더 중요한 것은 일상의 삶 속에서 주를 섬기라는 부르심이다(5:9-10).

우리가 살펴보고 있는 단락의 첫 번째 부분은 5절에서 끝난다. 바울이 절망어린 어조로 말을 끝맺는 것은 적절하지 않았을 텐데, 그는 그의 독자들을 실망시키지 않았다. 바울의 확신과 담대함은 하나님의 보증(*ἀρραβών*-아르라본)에 토대를 둔 것이었다. 보증 또는 담보물이라는 이러한 개념은 5:5을 5:1-4의 담대한 확신을 요약함과 동시에 5:6의 소망을 위한 토대를 제공하는 이행절로 만드는 것으로 보인다.

두 번째 단락(5:6-10)은 5:5에서 도입된 낙관적인 기조를 계속해 나간다. 5:6-8은 문법상으로 어색한 구문이다(Héring, 38, n. 8; Hughes, 178, n. 53을 보라). 그는 갑자기 보충 설명을 위한 삽입절을 끼워 넣고 있는데(7절), 이것은 바울의 글의 한 특징이다. 그렇게 해서 그의 사고는 그 흐름이 분명해지지 않게 되었다. 그러나 7절은 지금 진행되고 있는 논의를 풀 수 있는 열쇠를 쥐고 있는 듯이 보이고(나중에 나오는 설명을 보라), 따라서 우리가 위에서 고찰한 세 번째 해석이 유리하게 된다. 그럼에도 불구하고 5:6-8은 중간 상태와 관련된 그 어떤 문제에 대한 "승리"를 반영하고 있다(아마도 그것은 고린도 교회에서의 종말론적이고 인간론적인 논쟁과 관련이 있을 것이다). 바울은 재림의 때에 자기가 여전히 살아 있게 되기를 바라지만, 5:8에서 주로부터 떠나 있는 것보다는 차라리 몸에서 떠나 있는 편이 더 낫다고 말한다(참조. 빌 1:23; Martin, *Philippians*[NCB, 1976=1980] 79). 헤틀링어(Hettlinger, 176-79)는 바울의 태도에 있어서 이러한 "갑작스러운 변화"를 근거로 해서, 바울이 내세로 만족하고 있다는 것은 5:4이 몸을 지니지 않은 상태라는 개념을 포함할 수 없었다는 것을 보여 준다고 주장한다. 그러나 그러한 주장은 바울이 죽음에 관하여 두 가지 생각을 지닐 수 있었을 가능성을 무시한 것임과 동시에 5:2-4의 증거를 간과한 것이다(Berry, 66-68).

그러나 바울은 단지 미래만을 강조하는 것으로 만족하지 않는다. 실제로 그는 고린도 교회에서 벌어지고 있는 현세에서의 쟁점들에 관심을 갖고 있다. 5:9-10에서 그는 고린도 교인들에게 재림의 때에 믿는 자의 상태가 어떻게 되는지와는 상관없이(Conzelmann, *Theology*, 165), 믿는 자들이 이 세상 속에서 살아가는 동안에는 그 목표가 주를 기쁘시게 해 드리는 것이 되어야 한다고 경고한다(5:9). 그리스도인들이 이 세상에서 어떻게 살았는지에 대하여 심판이 내려질 때가 장차 도래할 것이다(5:10). 이런 식으로 바울은 5:1-10의 단락을 그가 처음에 이야기했던 내용을 마지막에서 다시 이야기하는 것으로 끝낸다. 땅에 있는 이 장막 또는 몸은 믿는 자들이 죽을 때 없어져 버릴 것이지만, 부르심에 신실한 자들에게는 더 나은 것이 기다리고 있다: 그들은 미래의 사건으로서의 부활을 기다리고 있기 때문에, 그들의 현재의 경험을 안전치 못한 것으로 본다.

## 주석

1 "우리가 아나니"(*οἴδαμεν γὰρ*–오이다멘 가르). 바울이 4:16-18에서 다루었던 주제를 계속해서 말하고 있다는 것은 그가 가르(*γὰρ*)를 사용한 것과 5:1의 구조(앞에 나온 설명을 보라)에서 드러난다. 오이다멘(*οἴδαμεν*)을 포함시킴으로써 바울은 믿는 자들에게 확신을 전달하고(Bruce, 201), 그들에게 앞서의 가르침을 상기시키고자 했던 것 같다(Berry, 61, 62; 고전 15:42-45). 콜랑쥐(Collange, *Enigmes*, 183)는 바울이 공관복음서의 어록 속에 나오는 예수의 가르침을 떠올리고 있는 것이라고 생각한다(막 14:58, Lincoln, *Paradise*, 62). 이렇게 녹스(Knox, p. 98)의 견해와는 반대로, 바울은 그의 독자들에게 뭔가 새로운 것을 제시하려고 정지작업을 하고 있는 것이 아니라, 이미 그의 독자들이 알고 있는 것을 제시하려고 한다는 것을 분명히 한다. 그의 독자들이 "알고 있는 것"이 인간의 지식을 통해서 배운 것이 아니라 계시된 것이라는 사실은, 바울이 기노스케인(*γινώσκειν*) 대신에 오이다(*οἶδα*)를 사용한 것(둘 다 "알다"를 의미한다)에 의해서 시사되고 있다(Seesemann, *TDNT* 5:120-22). 그러나 이러한 구별은 항상 성립되는 것은 아니다(나중에 나오는 설명을 보라). 바울이 인지 문구(Wissenformel, 1:7; 4:14; 5:6, 11〈16〉)를 사용하고 있는 것을 근거로 해서 몇몇 주석가들(Windisch, Héring, Ellis[213], Bultmann[132])은 바울이 여기서 모두가 인정하는 기독교 전승을 인용함으로써 그의 비판자들에게 답변하고 있는 것이라고 주장했다(Prümm, *Diakonia*, 1:40, 174를 보라).

눈에 보이는 것은 일시적인 것이라는 그의 사상을 확장해서(4:18), 바울은 사람의 몸을 "땅에 있는 우리의 장막 집"(*ἡ ἐπίγειος ἡμῶν οἰκία τοῦ σκήνους*–헤 에피게이오스 헤몬 오이키아 투 스케누스, 참조. RSV)으로 묘사한다. 장막이라는 은유는 아마도 바울이 고린도후서를 쓸 때가 장막절 또는 초막절(레 23:42)이 가까운 때였음을 보여 주는 것일 가능성이 있는 것으로서(Manson, "*ΙΛΑΧΤΗΡΙΟΝ*," 8, 9; Wagner, "Le tabernacle"), 사람의 몸은 일시적인 구조물임을 암시해 준다. 그러나 바울이 장막을 진정한 자아를 감싸고 있는 외부의 덮개로 보았는지는 의심스럽다(Schmithals, *Gnosticism*, 262; 참조. *Hipp.* VI, 9:4-5; VII, 29:22). 사실 그는 그러한 사상에 의도적으로 반대하고 있는 것일 수 있다. 우리는 바울에게 그가 인간을 소마-프쉬케(*σῶμα-ψυχή* 또는 소마-프뉴마〈*σῶμα-πνεῦμα*〉)라는 이원론적인 관점에서 보고 있는 것에 대하여 해명하도록 지나치게 압박하고 있는 것인지도 모른다. 세븐스터(Sevenster, "Remarks," 210-12)는 바울이 이 글을 쓸 때 장막이 무엇을 덮고 있느냐는 질문에 대해서는 대답하지 않은 채로 남겨 두었다고 말하는데, 그의 말이 옳을 것이다. 왜냐하면 사도는 일차적으로 개인의 죽음에 관심을 두지 않았기 때문이다. 바울의 관심은 구속사(Heilsgeschichte)와 관련된 종말론적인 일련의 사건이었다.

땅에 있는 이 장막은 머지않아 "무너지게"(καταλυθῇ-카탈뤼데) 될 것이다. 큄멜(Kümmel, *Theology*, 239, 240)과 휴즈(Hughes, 162, n. 18)는 바울이 장막이 무너진다고 말할 때 죽음을 염두에 두고 있었다고 주장한다. 카탈뤼에인(καταλύειν)과 아날뤼에인(ἀναλύειν)은 서로 동의어이기 때문에(아날뤼에인⟨ἀναλύειν⟩은 2 Macc. 9:1에서 장막을 해체하는 것을 가리키는 데 사용된다; 참조. BGD 57), 빌립보서 1:23을 통해서 우리는 바울이 5:1에서 죽음을 염두에 두고 있었다는 것을 알게 된다. 또한 바울이 재림의 때의 변화에 관하여 말하는 것이었다면, 우리는 당연히 알라게나이(ἀλλαγῆναι, "변화하다," 참조. 고전 15:51, 52; 15:51에서 본문상의 문제점들에 대해서는 Hodge[354 n.]을 보라)라는 개념을 예상할 수 있었을 것이다. 바렛(Barrett, 151)은 바울이 장막이 무너질 것이라고 말할 때 앞에서 말한 두 가지 가능성-죽음과 재림-을 모두 염두에 두고 있었다고 본다. 바울이 가정법을 사용하고 있다는 점에 비추어 볼 때 그러한 입장은 가능하다(아래를 보라). 그러나 바울이 "벗는 것(5:3b)에 집중하고 있다는 것과 그의 사고 속에서 재림은 변화를 암시한다는 점(고전 15:51)을 고려하면, 이 단락의 의도는 일차적으로 죽음과 관련된 것으로 보인다. 특히 죽음이 부활보다 선행되어야 한다는 것-고린도전서 15:12-28에서 말하고 있는 핵심-은 필연적인 결론인 것 같다(R. P. Martin, *The Spirit and the Congregation*, 109-18를 보라). 어떠한 가능성이 바울에게 영향을 미쳤는지와는 상관없이, 그는 4:18에서 하고 있는 것과 마찬가지로 사도적인 믿음을 공유하고 있는 자들에게는 더 좋은 것이 기다리고 있다고 말하고 있다. 이런 식으로 바울은 미래에 대하여 언급함으로써 현재의 상황에 의미를 부여하고자 한다(Bornkamm, *Paul*, 230).

우리는 에안(ἐάν)이 가정법 동사인 카탈뤼데(καταλυθῇ)에 걸려서 조건이 되는 상황을 나타내고 있다는 점을 지적하고자 한다. 하지만 바울이 표명한 의심은 귀결절의 진정성에 대한 것이 아니다(왜냐하면 우리는 바울이 새로운 몸에 대하여 확신하고 있다는 것을 알기 때문이다. 고전 15:51-58). 도리어 5:1의 문장의 구문은 사도가 재림의 때에 변화를 겪기 전에 그의 몸이 해체되는 것을 겪을지 그렇지 않을

지에 대하여 확실히 알고 있지 못하다는 것을 표현하고 있다. 또 다른 가능성은 바울이 긴박한 논쟁 상황에 내몰려서, 신자들이 죽을 때 또는 죽은 이후에 이루어지게 될 장래의 소망이 이제는 단축되어서 현재적으로 경험이 되고, 세례를 받을 때 부활의 과정이 이미 시작된다는 고린도 교회의 "실현된" 종말론자들(고전 4:8; 15:12)에 대항해서 장차 믿는 자들에게 주어질 하늘의 집은 죽음을 전제로 한다는 것을 단언했다는 것이다.

믿는 자가 죽게 되면, 땅에 있는 장막은 "하나님께서 지으신 집"(*οἰκοδομὴν ἐκ θεοῦ*-오이코도멘 에크 데우), 즉 일시적이지 않고 영원한 집인 "하늘에 있는 영원한"(*αἰώνιον ἐν τοῖς οὐρανοῖς*-아이오니온 엔 토이스 우라노이스) 집(참조. 욥 16:19; 히 11:16; 빌 2:10; 고전 15:49; 요 3:12)으로 대체될 것이다. 이 영원한 거처, 이 신령한 몸은 "손으로 지은 것이 아닌"(*ἀχειροποίητον*-아케이로포이에톤) 집이다(Collange, *Enigroes*, 186; 막 14:58; 골 2:11을 보라). 이 새 집이 손으로 지어지지 않았다고 말하는 것은 하나님이 사람을 창조하셨다는 것을 부정하는 것이 아니다(창 2:7). 그것은 이 장막은 땅에 속한 것이어서 뭔가 다른 것, 즉 온전히 하나님으로부터 오는 장막이 필요하고(고전 15:22), 믿는 자들은 그러한 장막을 원한다는 것(5:8)을 말하는 것이다.

바울은 거처 자체가 아니라 새로운 거처의 특징들을 강조하고 있는 것이라는 슈미탈스(Schmithals)의 단언(*Gnosticism*, 263)은 어느 정도 일리가 있다. 그러나 바울이 하늘에서는 몸을 지니고 살지 않는다고 말한 영지주의자들의 주장을 뒤집기 위하여 그렇게 했는지는 확실하지 않다(ibid., 160f., 176; 또한 Sevenster, "Some Remarks"[210]는 단어들의 의미가 서로 유사하다고 해서 반드시 개념들이 일치한다고 보아서는 안 된다고 올바르게 말하고 있다). 또한 바울은 "보이는 것"이 소모되어 없어져 가 버리고 있다고 할지라도, 눈에 보이지 않는 것이 존재한다는 자신의 주장을 뒷받침하기 위하여 땅에 있는 장막과 하늘에 있는 처소 간의 이러한 "차이들"을 부각시켰을 가능성도 있다. 대부분의 학자들은 바울이 영지주의자들과의 줄기찬 싸움이 아니라 영원이라는 관점에서 볼 때 일시적인 환난의 가벼운 것 속에서의 소망에 더 관심을 가지고 있었다고 믿는다. 그러나 고린도 교회의 특수한 상황은 바울 서신 속에서 오직 여기에만 나오는 이러한 표현들을 잘 설명해 줄 수 있을 것이다.

바울은 에케인(*ἔχειν*, "가지다")에서 나온 에코멘(*ἔχομεν*, 현재 시제)을 사용하고 있기 때문에, 몇몇 학자들(Schlatter, *Paulus*, 544; Robinson, *The Body*, 80, 81;

Hettlinger, "2 Corinthians 5:1-10," 185)은 바울이 그리스도인들은 죽기 전에 새로운 몸을 지니고 있는 것으로 보고 있다고 결론을 내렸다(Lincoln, *Paradise*, 211, n. 38에서는 그 밖의 다른 몇몇 해석자들을 열거하고 있지만 강력한 반론을 제기한다). 엘리스(Ellis)는 믿는 자들은 세례를 받을 때 이 몸을 입게 된다고 말한다(고전 12:13; 갈 3:27). 이렇게 공동체적인 그리스도의 몸 속으로 세례를 통해 들어감으로써(Ellis[218]는 5:1에 나오는 집을 메시아 공동체라고 부른다; 참조. 막 14:58) 그리스도인은 결코 "몸이 없는" 상태가 되지 않는다. 그러나 바울이 이 대목에서 그리스도인은 이미 하나님의 집을 가지고 있다고 주장하는 것으로 해석하는 것은 바울이 그리스도의 몸이라는 표현을 사용하고 있는 용법을 오해하는 것이고, 또한 이 집을 사모한다고 말하고 있는 5:2을 무시하는 것이다. 이미 가지고 있는 것을 사모한다는 것이 도대체 말이 되는 것인가? 게다가 성전이 몸이라면 왜 성전을 장막과 결부시키는가(Barrett, 152)? 에코멘(*ἔχομεν*)의 목적어는 믿는 자에게는 위에 있는 예루살렘을 닮은(갈 4:26) 집이 예비되어 있다는(참조. 요 14:2) 소망일 가능성이 크다(Barrett, 151). 그러나 Lincoln, *Paradise*, 63를 보라. 이러한 해석은 4:16-18의 어조와 부합한다-소망이 존재하지만, 그 소망은 아직 손에 넣은 것이 아니다. 바울 사상에 있어서 소망이 지니는 이러한 차원에 대해서는 로마서 8:24-25(참조. 빌 3:20f.)을 보라. 소망의 이러한 차원은 고린도전서 15장과 데살로니가전서 4장에 나오는 바울의 논증의 방향과 정확히 일치한다(Lincoln, 64, 65).

2 에코멘(*ἔχομεν*, "우리가 가지고 있다")에 대한 우리의 해석이 십중팔구 옳으리라는 것은 5:2의 첫 번째 부분에서도 드러난다: "과연 우리가 여기 있어 탄식하며 하늘로부터 오는 처소로 덧입기를 간절히 사모하노니"(*καὶ γὰρ ἐν τούτῳ στενάζομεν, τὸ οἰκητήριον ἡμῶν τὸ ἐξ οὐρανοῦ ἐπενδύσασθαι ἐπιποθοῦντες*-카이 가르 엔 투토 스테나조멘, 토 오이케테리온 헤몬 토 엑스 우라누 에펜뒤사스다이 에피포둔테스). 바울이 사용한 어구인 엔 투토(*ἐν τούτῳ*, "여기 있어")는 "이 장막에 있어"를 가리킨다. 엔 투토(*ἐν τούτῳ*)는 "이런 이유로"를 의미할 수도 있지만(요 16:30; 고전 4:4; 참조. Bruce, 202), 여기서의 증거들은 이 어구가 그런 뜻이 아니라는 것을 보여 준다. 이 지시대명사의 선행사가 스케노스(*σκῆνος*, "장막")가 되어야 한다는 것에 대해서는 바울이나 그의 독자들의 생각 속에서 별 의심이 없었을 것이다. 게다가 바울은 나중에 가서 엔 투토(*ἐν τούτῳ*)를 다시 한 번 사용하는데, 거기서는 "장막"이라는 단어를 포함시킨다(엔 토 스케네이〈*ἐν τῷ σκήνει*〉를 보라). 엔 투토(*ἐν τούτῳ*)를 "그 동안에는"(NIV에서처럼)으로 번역해야 한다

는 휴즈(Hughes, 167, n. 27)의 주장에 따르면, 5:2에 대한 도입부는 색깔이 없어져 버리게 된다. 그러나 Bultmann, 136를 보라.

그리스도인들은 땅에 있는 장막 속에 거하기 때문에 탄식할(*στενάζειν*-스테나제인) 수밖에 없다. 그러나 Bruce, 202의 주장과는 반대로, 그리스도인들이 탄식하고 신음하는 이유는 소극적인 것이 아니라 적극적인 것이다. 바울은 비록 그가 "사형 선고" 아래 있었을지라도(1:9; 참조. Bruce *Paul*, 468; 참조. 4:8-12; 11:23-7) 자기에게 불리한 상황과 여건에 대하여 탄식하고 절망했을 것이라고 생각하는 것은 말도 되지 않는다(빌 4:11-13). 바울이 스테나제인(*στενάζειν*, "탄식하다"를 의미하는 이 동사는 여기 5:4과 롬 8:23에 나온다)을 사용하고 있는 것은 그가 현재의 상황에 대한 괴로움 속에서가 아니라 장차 도래할 그 무엇을 기다리는 가운데 탄식한다는 것을 보여 준다. 로마서 8:23은 이러한 해석이 사실이라는 것을 보여 준다. 거기서 탄식하는 것은 그 자체로 하나님의 선물인 성령의 도우심과 결부되어 있다-우리는 열렬히 성령을 사모하며 탄식한다(롬 8:25; 참조. 5:5; 또한 Black, *Romans*[NCB; Grand Rapids: Eerdmans, 1973=1981] 122). 장차 도래할 좋은 것이 존재하지 않는다면, 믿는 자들이 왜 성령의 내주를 따라서 사모하며 탄식하겠는가? 로마서 8:23에서 탄식하는 것은 소망이 존재한다는 것을 보여 주는 증표다(Murray, *Romans*[NICNT; Grand Rapids: Eerdmans, 1959] 1:306). 거기서 사고의 흐름은 우리가 지금 살펴보고 있는 단락에서의 흐름과 비슷해 보인다.

바울이 탄식하는 이유는 그것이 믿는 자들이 사모하는 것의 일부이기 때문이다: 에피포둔테스(*ἐπιποθοῦντες*, "간절히 사모하노니," 현재분사) 에펜뒤사스다이(*ἐπενδύσασθαι*, "덧입기를") 오이케테리온…토 엑스 우라누(*οἰκητήριον…τὸ ἐξ οὐρανοῦ*, "하늘로부터 오는 처소로"; 참조. 벧후 1:13ff.). 탄식하는 것은 긍정적인 맥락에서 보여지고 있다. 왜냐하면 바울은 장차 좋은 일이 일어날 것을 기대하고 있기 때문이다(Barrett, 152). 우리는 바울이 사모하는 것은 이미 입고 있는 것 위에 무엇을 덧입는 것이라는 점을 지적하지 않을 수 없다. 이것은 에펜뒤사스다이(*ἐπενδύσασθαι*, BGD, 284; "overcoat," Barrett, 153)에서 드러난다. 에펜뒤사스다이(*ἐπενδύσασθαι*)와 엔뒤에스다이(*ἐνδύεσθαι*)가 서로 동의어라는 하지(Hodge)의 주장(115; 이 두 동사의 의미는 거의 구별되지 않는다고 생각하는 Feuillet, "La demeure"와 Bultmann, 136를 참조하라)은, 바울은 그가 입고 있는 땅에 있는 몸을 벗는(*ἐκδυσάμενοι*-에크뒤사메노이) 것이 아니라 그 위에 하늘의 옷을 덧입기를(*ἐπενδύσασθαι*-에펜뒤사스다이, 5:4) 사모한다고 말하는 5:3을 무시하는 것이다.

그는 주께서 다시 오시기 전에 자신이 죽는 일이 일어남으로써 자신이 땅의 옷을 벗고서 하늘의 옷을 갈아입는 데 시차가 발생하지 않기를 바라고 있다. 은유에 있어서의 변화–집에서 옷으로–는 바울이 무엇을 생각하고 있는지를 한층 더 분명하게 보여 준다. 앞에서 논의했듯이, 바울은 그리스도인들이 부활의 몸을 받게 되는 때와 관련해서 그의 입장을 바꾸지 않은 것으로 보인다. 이것은 바울이 에펜뒤사스다이(*ἐπενδύσασθαι*)를 선택해서 사용하고 있는 것 속에서 드러난다. 벌거벗게 되는 것을 두려워하지 않는다면 "덧입으려고" 할 이유가 어디에 있겠는가? 여기서의 요지는 바울이 이 땅에서의 그의 옷, 즉 그의 물리적인 몸 위에 겉옷을 걸치게 되기를 사모하고 바란다는 것이다. 이런 일이 일어난다면–이 일은 재림의 때에 반드시 일어날 것이라고 그는 주장했다(고전 15:51ff.)–바울은 그가 벌거벗은 채로 있게 될 중간기를 피하게 될 것이다(*γυμνός*–귐노스).

3 이 절과 관련된 본문상의 문제들은 우리가 이미 논의한 바 있다("원문주해" a와 b를 보라, *εἴγε καὶ*–에이게 카이, "진실로 …이기 때문에"). 바울은 그리스도인의 소망이 반드시 실현되리라는 것을 확신한다(Thrall, *Greek Particles*, 85-91). 장막이 무너지면 그리스도인에게는 하나님께서 지으신 집이 기다리고 있다. 그러나 이 집은 그리스도인이 죽을 때 얻어지는 것인가, 아니면 그리스도께서 재림하실 때 얻어지는 것인가? 이제 우리가 위에서 제시했던 결론이 옳다는 증거들을 제시할 때가 되었다.

우리가 5:2에 대하여 논의했던 것처럼, 바울은 땅에 있는 옷을 벗어 버리는 것이 아니라 그 옷 위에 하늘의 옷을 덧입기를 바라고 있었다. 그는 자기가 죽음을 맛보는 것을 피하기를 바라지만, 만약 그에게 죽음이 찾아온다고 해도 그는 벌거벗은 상태로 영원히 지내지는 않을 것이다. 바울은 이미 고린도 교인들에게 그리스도 안에서 죽은 자들은 새로운 몸을 입게 될 것이라고 단언했다(고전 15:52, 54). 이러한 단언과 5:2이 가르치고 있는 내용을 고려하면, 우리는 바울이 부활에 관한 두 가지 개념, 즉 그리스도 안에서 이미 죽은 자들과 여전히 살아 있는 자들은 모두 재림의 때에 옷을 입게 되리라는 것–이것은 5:2의 주제다–을 그의 독자들에게 계속해서 역설하고 있다는 것을 보게 된다. 그러나 우리의 입장을 지지해 주는 증거들은 단지 상황적인 증거 그 이상의 것이다.

앞으로 보게 되겠지만, 5:4은 바울이 죽음과 재림 사이의 기간, 소위 중간기(Zwischenzeit) 또는 중간 상태(Zwischenzustand)를 피하고자 한다는 것을 보여 준다. 왜냐하면 그는 5:2에서 그랬듯이 자신이 현재 지니고 있는 몸 위에 새로운 몸을 덧입기를 바라고 있기 때문이다. 그러나 죽은 채로이든 산 채로이든 그리스도인은 재림의 때에 새로운 몸을 입게 될 것이다.

바울이 바란 것은 새로운 형체를 입어서 벌거벗은(*γυμνός*-귐노스) 채로 발견되지 않는 것이다. 유대인이었던 바울은 벌거벗은 것에 대한 혐오감을 지니고 있었을 것이다(Barrett, 153; Knox, 137; 위에서 인용한 *m. Ber.* 3:5을 보라). 왜냐하면 벌거벗는다는 것은 사람이 "진정한 사람이기를 그친다"는 것을 의미하는 것이었기 때문이다(Hughes, 171). 하지만 우리는 이것을 견강부회적으로 해석해서 바울이 인간에 대한 이원론적인 해석을 옹호하고 있는 것이라고 보아서는 안 된다. (여기서 소수 의견-Ellis, "II Cor," Hanhart, "Paul's Hope," Lang, 2 Kor 5, 188에 의해서 공유되고 있는-은 휴리스케스다이〈*εὑρίσκεσθαι*, "발견되다"〉는 법정적인 의미로 해석되어서, 바울은 장차 내세에 들어갈 때 하나님에 의해서 선한 일들을 하나도 하지 않은 벌거벗은〈*γυμνός*-귐노스〉 자로 드러나게 될 것을 두려워한 것이라고 해석하는 것이다. 이러한 해석은 거의 설득력이 없다.) 죽음이 일어났다고 말하는 것-즉 필연적으로 벌거벗었다는 느낌을 지닐 수밖에 없는 죽음-은 사람이 불안전하게 되었다고 말하는 것이다. 우리는 헬라인들은 죽기를 고대했다는 것을 기억해야 한다. 왜냐하면 그들에게 죽음은 영혼이 몸에서 벗어나는 것이어서, 사람이 죽으면 더 좋은 곳으로 간다고 믿었기 때문이다(*Corp. Herm.* 1:26; 10:8; Philo, *Leg. All.* II 57, 59; Plato *Rep.* IX 577B, *Phaedo* 67DE). 바울이 5:3에 귐노이(*γυμνοί*)라는 단어를 포함시킨 것은 무엇을 의미하는가? 바울이 귐노테스(*γυμνότης*)를 언급한 것을 "나중에 문득 생각난 것"(Plummer, 147) 또는 "발작적인 불신앙"(Moule, "Dualism," 121)이라고 평가하는 것은 만족스럽지 못하다. 바울이 말한 벌거벗음은 심판과 관련된 수치와 죄책을 가리킨다는 엘리스(Ellis, 220, 21)의 주장은 그 논거가 취약하다. 왜냐하면 이 단락에서 심판은 5:10에 가서야 나오고, 거기서도 오직 그리스도인들과 관련된 심판만이 다루어지기 때문이다(참조. Oepke *TDNT* 1:774; 2:318; 참조. Sevenster, "Some Remarks," 204f.). 또한 바울이 벌거벗음에 대한 헬라적인 이해와 맞서서 싸우고 있다고 보는 것도 적절하지 못하다(참조. Davies, *Paul*, 191-200; contra Schmithals, *Gnosticism*, 204). 물론 바울은 영혼이 몸을 입지 않은 것과 관련된 영지주의적인 사상을 모르고 있지는 않았지만(Bultmann, *Theology* 1:201, 202), 그는 그것을 바람직한 상태로 보지 않는다. 도리어 죽음은 이제 바울에게 하나의 현실적인 가능성이 되었고, 그는 죽음을 좋은 것으로 받아들이지 않는다.

바울이 보기에 중간기는 몸을 가지고 있지 않는 시기다(고전 15:35-38). 물론 그것은 일시적이고 잠정적인 기간이다(고전 15:42-44). 그러나 그러한 중간기가 존재한다(고전 15:37). 바울은 실제로 이러한 중간 상태에 대하여 자세하게 설명하지 않고, 그러한 중간 상태를 크게 염두에 두고 있지 않은 것으로 보이지만, 그러한 기간을 자기가 그냥 통과하기를 바란다는 뜻을 표현하고 있다. 그러나 이러한 벌거벗은 상태로 있는 기간이 소망의 궁극적인 실현보다 덜한 것을 제공해 주지 않는다면(5:4), 바울은 왜 굳이 그러한 중간기를 피하고자 하는 것인가? 그리스도인이 죽고 나서 부활의 몸을 받게 되는 것이라면, 그리스도인이 왜 재림의 때를 사모하겠는가(G. E. Ladd, *A Theology of the New Testament*[Grand Rapids: Eerdmans, 1974] 554를 보라)? 그리스도인의 구원이 죽을 때에 완성된다고 한다면, 하나님이 피조 세계를 구속하실 필요가 어디 있겠는가(롬 8:23-27)? 죽음이 모든 소망에 대한 대답이라면, 우리는 바울이 죽기를 바랐을 것이라고 생각할 수 있을 테지만, 우리는 본문 속에서 바울이 죽기를 바랐다는 것을 발견하지 못한다. 도리어 바울은 죽음을 여전히 자신의 원수로 여겼다(고전 15:26). 그는 자기가 죽음을 모면한 것에 대하여 감사하고(1:10), 현세에서의 그의 사역을 끝내기를 바란다(빌 1:20-24; 고전 9:23-27).

그러나 바울은 5:3과 5:4에서 벌거벗은 채로 발견되기를 원하지 않고 재림의 때에 여전히 살아 있기를 바란다는 뜻을 표명하고 있기는 하지만, 중간 상태를 공포스러운 상태로 묘사하고자 하지는 않는다. 한편으로, 바울은 그리스도인이 죽을 때 그리스도에게서 분리된다고 주장하지 않는다(롬 8:30ff.). 오히려 현세에서의 삶을 떠나는 것은 그리스도와 함께 하는 것이 된다(5:8; 빌 1:23). 바울의 목표는 그가 "벌거벗은" 상태를 거치지 않고 현세를 살아 있는 채로 끝내고서 내세로 들어가는 것이다(Schmithals의 견해와는 반대로). 5:4이 보여 주듯이, 이렇게 중간 상태를 "건너뛰는 것"은 여전히 바울의 마음속에 자리잡고 있었다. 그러나 바울은 자기가 이 세상을 떠나게 되리라는 것을 예감하고서도 절망할 정도까지 당혹스러워하지는 않는다. 오히려 그의 목표는 재림의 때이지만 죽음도 그리스도인에게는 여전히 유익한 것이다.

4 "이 장막에 있는 우리가 탄식하는 것은"(*οἱ ὄντες ἐν τῷ σκήνει στενάζομεν* – 호이 온테스 엔 토 스케네이 스테나조멘, "우리는 이 장막에 있는 동안 신음한다"). 이는 5:2에서 도입된 사상을 다시 재개하고 있다. 바울은 신령한 몸을 덧입고자 하는 사모함 속에서 탄식한다. 그가 탄식하는 것은 새로운 몸을 입고자 하는 그

의 사모함을 나타내는 것이다. 이러한 탄식한다는 개념에 "짐 지다"(*βαρούμενοι*－바루메노이)가 더해진다. 이러한 짐을 지고 있다는 개념은 환난이나 염려에 의해서 짓눌리고 있다는 것을 보여 준다(RSV, "우리는 염려로 탄식한다"). 바울이 여기서 그의 비판자들에게 답변하려 하고 있다는 점을 고려하면, 바루메노이(*βαρούμενοι*, 바레오⟨*βαρέω*⟩의 현재분사)에 대한 전자의 이해가 더 나은 것으로 보인다(1:8, 그리고 4:17에서의 단어 유희를 보라). 하지만 다른 한편으로, 환경과 여건들은 바울에게 "영향을 미치지" 못하고 그를 위협하지도 못한다(빌 4:11-13; 참조. 고후 4:7-12). 나아가 5:2에 대한 우리의 해석이 옳다면, 바울은 단지 새로운 몸을 받게 될 것에 대한 관심을 표명하고 있는 것이다. 그러나 그는 여기서 자신에 대한 대적들의 비난, 즉 그가 아무런 열매도 없는 사역을 하고 있다는 비난에 대하여 고난받는 사도라고 맞받아 치고 있는 것으로 보인다(Hanhart, "Paul's Hope", 그러나 그는 귐노스⟨*γυμνός*⟩에 대해서는 설득력이 없는 견해를 보인다).

바울은 계속해서 "우리가 옷을 벗는 것이 아니라 옷 입기를 바라기 때문에"(*ἐφ' ᾧ οὐ θέλομεν ἐκύσασθαι ἀλλ' ἐπενδύσασθαι*－에프 호 우 델로멘 에퀴사스다이 알 에펜뒤사스다이) 짐 진 것같이 탄식하는 것이라고 설명한다(Moulton, *Grammar* 1: 107; Turner, *Grammatical Insights*, 131를 보라)－"우리가 원하기 때문이 아니라"는 Hettlinger의 번역은 유지될 수 없다. 바울은 하늘의 옷을 덧입게 되어서(*ἐπενδύσασθαι*－에펜뒤사스다이) 땅에 있는 옷을 벗어 버리게 되는(*ἐκδύσασθαι*－에크뒤사스다이) 것을 피할 수 있기를 바란다. 우리는 앞서 바울은 그리스도인이 재림의 때까지는 신령한 몸을 덧입을 수 없다고 믿었다는 것을 논증한 바 있다. 죽은 자들은 죽음과 재림의 때 사이의 중간기를 의식을 지닌 채로 경험하는 것이 아니라는 주장(Bruce, 204)도 여기서의 핵심을 놓치고 있는 것이다. 바울은 자기가 땅에 있는 몸을 벗어 버리지 않은 채로 부활의 몸을 "덧입게" 되기를 바란다는 것을 두 번이나 말했다. 만약 바울이 죽음이 가져올 결과를 피하고자 했다면, 그런 말은 불필요했을 것이다. 그는 자기가 죽을 것이라는 생각을 열렬히 환영하지는 않는다. 몸이 없는 상태로 들어간 자들은 비록 현세에서의 삶보다는 낫겠지만(5:8; 참조. 빌 1:23), 여전히 "이미와 아직"의 긴장(계 6:9에 의하면, 그들의 부르짖음은 "주여 언제까지니이까"라는 것이다; 참조. 히 11:39f.)을 경험하게 된다는 쿨만(Cullmann, *Christ and Time*², 231-41)의 말은 옳을 것이다. 요지는 우리가 중간 상태를 바울이 두려워하는 상태, 즉 벌거벗고 지내는 기간으로 본다면, 죽음의 결과에 대한 바울의 두려움을 우리는 가장 잘 이해할 수 있고 별 문제 없이 이해할 수 있다는 것이다.

이러한 것은 5:4의 끝에 나오는 히나(ἵνα, "…하기 위하여")가 이끄는 절의 사용을 통해서 좀더 분명하게 드러난다. 바울은 그가 다음과 같은 궁극적인 결과를 경험할 수 있기 위해서 재림의 때에 하늘의 옷을 "덧입는 것"을 사모한다: "죽을 것이 생명에게 삼킨 바 되게 하려 함이라"(*καταποθῇ τὸ θνητὸν ὑπὸ τῆς ζωῆς*-카타포데 토 드네톤 휘포 테스 조에스). 우리는 그리스도가 승리함으로써 죽음이 "삼키워진다"고 말하는 고린도전서 15:54에서 그 병행을 볼 수 있다. 주께서 재림하실 때 여전히 살아 있는 그리스도인은 죽을 것-죽음을 통해서 아직 해제되지 않은 것(Jeremias, "Flesh and Blood," *NTS* 2[1956] 154)-이 생명에게 삼킨 바 될 것이기 때문에 죽음을 모면하게 될 것이다. 생명은 하나님이 주시는 선물이다. 그 생명(*ζωή*-조에="불멸의 생명": Harris, *Raised Immortal*, 220-26)은 아직 주어지고 있지 않다. 왜냐하면 생명은 아직 사람들의 소유가 되지 않았기 때문이다(Schmithals, *Gnosticism*, 268).

바울은 그리스도 안에서 죽은 자들의 운명에 관한 자신의 짤막한 여담을 마무리한다. 그의 관점에서 볼 때, 죽음을 경험하는 것보다는 주의 오심을 기다리는 편이 훨씬 더 낫다(참조. 사 25:8). 이것은 고린도전서에서 바울이 제시했던 가르침을 단순히 확대한 것이다. 바울은 이제 자신도 죽음을 경험할 가능성이 많다는 것을 깨닫고서 자기가 무엇을 원하는지를 밝힌다. 그는 신령한 몸을 덧입기를 기다리는 중간기로 들어가는 것보다는 재림의 때에 여전히 살아 있어서 곧바로 신령한 몸을 덧입게 되기를 바란다. 이것은 5:2-4의 주제였지만, 부활의 소망은 죽은 자들과 관련하여 여전히 없어진 것이 아니다(5:3). 살아 있든 죽었든 그리스도인들의 소망은 전혀 변함이 없다(Héring, 38).

우리는 잠시 멈춰서 바울이 왜 중간 상태에 관하여 별로 말하지 않았는지를 물을 수 있을 것이다. 그 이유가 지금에 와서야 분명해진다. 바울의 소망은 그리스도의 부활이고, 그리스도의 부활은 장차 완성될 소망을 보여 주는 것이기 때문에 구속사(Heilsgeschichte)의 전개에서 중심축이 된다. 4:13에서 우리가 현재 살펴보고 있는 절들에 이르기까지 바울은 눈에 보이는 것 너머에 놓여 있는 것을 강조해 왔다. 중간 상태에 관한 바울의 짤막한 여담은 단지 바울이 벌거벗음을 피하고자 한다는 것을 보여 주는 것이다. 그러나 바울은 자신에게 계시되지 않았던 신비에 관한 상세한 신학을 우리에게 전해 주고자 하는 관심이 없었다. 바울의 취지는 개별 신자들의 죽음이 아니라 종말론과 관련된 사건들에 관하여 쓰는 것이었다(Sevenster, "Some Remarks," 212)-특히 그러한 문제들은 고린도 교회의 거짓 교사들과의 논쟁에서 핵심을 이루고 있었기 때문에. 그들(고전 15:12에 언급된 자들)은 "그들 자신이 하늘에서의 실존을 온전히 누리고 있는 것으로 여겼고, 몸을 입고 살게 될 추가적인 단계가 존재한다고 생각하지 않았다"(Lincoln, *Paradise*, 67). 그러므로 쟁점이 된 것은 케리그마로부터 나오는 바울의 사도적 권위에 관한 것이었고, 바울의 케리그마는 아직 실현되지 않은 종말론에 토대를 둔 것이었다. 고린도 교회에서의 논쟁은 장래의 사건들 자체에 그 초점이 맞춰져 있었다.

따라서 고린도 교인들은 이미 중간 상태에 관한 사상에 노출되어 있었던 것으로 보인다. 아마도 바울은 이미 죽은 자들과 관련하여 이 주제를 개략적인 방식으로 다루었을 가능성이 있다(고린도 교인들에게 썼던 것처럼〈고전 15:12-19〉). 그는 이미 고린도 교인들의 그러한 관심에 대하여 답변을 했던 것이다. 따라서 중간 상태에 관한 문제는 앞에서 이미 다루어졌고, 바울은 여기서 앞서 이야기했던 것을 간략하게 되풀이하고 있는 것으로 보인다. 그러나 바울의 대적들은 장래의 부활이 필요 없다고 주장했기 때문에, 그는 나중의 가르침 속에서 그 내용을 좀더 날카롭게 다루게 된다.

5 "곧 이것을 우리에게 이루게 하시고 보증으로 성령을 우리에게 주신 이는 하나님이시니라"(*ὁ δὲ κατεργασάμενος ἡμᾶς εἰς αὐτὸ τοῦτο θεός, ὁ δοὺς ἡμῖν τὸν ἀρραβῶνα τοῦ πνεύματος*-호 데 카테르가사메노스 헤마스 에이스 아우토 투토 데오스, 호 두스 헤민 톤 아르라보나 투 프뉴마토스). 5:4이 바울이 중간 상태에 들어가는 것에 대하여 싫어하는 마음을 보여 준 것이라고 한다면, 그가 자기도 중간 상태에 들어갈 수 있다는 것을 예감하고서 두려움으로 얼어 붙었다는 것은 서로 앞뒤가 맞지 않을 것이다. 앞의 몇몇 절들에서 바울이 다룬 주제는 소망과 관련된 것으로서 본질적으로 눈에 보이지 않고 아직 이루어지지 않은 것을 강조하는 것이었다. "이것을 우리에게 이루게 하시는 이는 하나님이시니라"는 말은 5:4의 마지막 어구에 나오는 사상을 반복한 것이다. 온 피조물은 하나님의 최종적인 역사를 기다리고 있는데(롬 8:23-27), 그 때가 되면 온전한 교제가 회복되고 영원한 삶이 완성될 것이다. 사람들의 소망은 하나님(*θεός*-데오스)에게 두어져야 한다(하나님이라는 단어는 이 구절의 끝에 놓여서 강조되고 있다). 하나님은 바로 그런 목적을 위해서(*αὐτὸ τοῦτο*-아우토 투토) 그의 백성을 창조하셨다(*κατεργασάμενος*-카테르가사메노스, 단순과거 분사). 바울은 여기서 그리스도인들에게 하늘의 몸이 수여되는 것을 염두에 두고 있는 것 같다(빌 3:21). 이것은 눈에 보이지 않는 것이라는 바울의 주제, 이 땅에 속한 일시적인 것에서 영원한 것으로 넘어가는 것에 관한 주

제를 다시 되살리고 있는 것이다. 그러나 지금 바울은 이러한 소망에 대한 이유를 소개한다. 그것은 단지 "어둠 속에서 한번 시도해 보는 것" 이상의 것이다. 오히려 바울은 하나님이 장래에 무엇을 하실 것인가는 그분이 과거에 무엇을 행해 오셨고, 현재 무엇을 행하고 계시는지에 의해서 보증된다고 확신한다(단순과거의 사용은 그 행위가 이미 완료되어서 현재에 영향을 미치고 있다는 의미를 지닌다).

바울이 영원한 것이 일시적인 것에 대하여 승리를 거두게 되리라는 확신을 갖게 된 근거는 믿는 사들에게 주어진 보증(*ἀρραβών*-아르라본) 때문이다. 이 보증 또는 담보물은 성령(*πνεῦμα*-프뉴마)이다. 하나님은 믿는 자들에게 이미 성령을 나누어 주셨다-성령은 하나님의 보증 또는 담보물로 "주어진"(*δοὺς*-두스, 단순과거 분사) 것으로 언급된다. 바울이 사용한 아르라본(*ἀρραβών*), 1:22에 대한 설명을 보라; 참조. 창 38:17, 18, 20)이라는 용어는 "장차 최종적으로 대금을 모두 지불하겠다"는 것을 보증하는 의미에서 지불되는 계약금을 가리킨다(1:22). 그리스도인들은 현재 그러한 계약금을 가지고 있고, 그것은 장차 온전한 것을 받게 되리라는 것을 보증해 준다(Cox, 424; Vos, *Eschatology*, 165; Hughes, 41f.). 물론 바울은 성령을 "속사람"(*ἔσω ἄνθρωπος*-에소 안드로포스)을 새롭게 하기 위한 하나님의 도구로 묘사한다. 그러나 바울은 예수를 죽은 자 가운데서 다시 살린 구원의 능력이 현재 하나님의 백성들에게도 작용하고 있다는 것을 확신한다(롬 8:11). 하나님은 영원한 생명이 그리스도인을 기다리고 있다는 확신을 우리에게 주신 것과 더불어서 자기 자신의 일부를 지금 우리에게 주어서 누리게 하신다(Cox, 425; Mitton, "Paul's Certainties").

마울(Moule, "St. Paul and Dualism," 118-20)은, 바울이 탄식하는 것은 하나님이 단지 우리에게 새 옷으로 갈아입게 될 것을 약속하시기만 했을 뿐이고, 새 옷은 장차 주어질 것임을 충분히 깨닫고 있었기 때문이라고 믿는다. 마울(Moule)은 하나님이 "벌거벗은" 상태를 계획하셨고, 모든 사람이 이러한 "죽음의 과정"을 인식할 것을 요구하고 계신 것으로 본다(ibid., 119). 변화를 피할 방도는 없다. 따라서 누구에게나 삶의 곤경이 닥쳐온다. 변화의 과정은 단지 죽을 때 일어나는 것이 아니라 삶의 전 과정을 통해서 일어난다. 바울이 두려워하는 위기는 하나님께 순종하여 우리의 힘과 건강을 다 써 버리고 그것과 결별하는 것이다(ibid., 121). 성령은 실제로 변화가 있을 것임을 보증하는 담보에 불과하다. 따라서 마울(Moule)은 5:5a을 "그러나 우리를 그렇게 하도록, 즉 옷을 벗어 버리고 새 옷으로 갈아입도록 만드신 분은 하나님이시다"라고 번역한다(ibid., 118 n. 1). 그러나 이러한 해석은,

하나님의 피조물은 죽기 위해서 탄생한 것이라는 의미를 내포하게 된다. 또한 마울(Moule)은 바울이 사용한 복합 동사인 에펜뒤사스다이(ἐπενδύσασθαι)의 의미를 제거해 버린다. 왜냐하면 이 학자는 바울이 새 옷을 덧입는다는 개념을 부인하고 있다거나 단순한 소원 이상의 것을 제시하고 있지 않다고 주장하기 때문이다. 우리는 그러한 결론들이 적절하지 않은 것임을 알기 때문에 벌거벗은 상태가 피해질 수 있다는 입장을 고수한다. 하나님은 우리를 위해서 중간 상태가 아니라 새 생명을 예비해 놓으셨다(Lincoln, *Paradise*, 212, n. 46).

6 문법적으로 말해서, 5:6은 파격 구문의 문장이다. "이러므로 우리가 항상 담대하여 몸에 거할 때에는 주와 따로 거하는 줄을 아노니"(*θαρροῦντες οὖν πάντοτε καὶ εἰδότες ὅτι ἐνδημοῦντες ἐν τῷ σώματι ἐκδημοῦμεν ἀπὸ τοῦ κυρίου*-다르룬테스 운 판토테 카이 에이도테스 호티 엔데문테스 엔 토 소마티 에크데무멘 아포 투 퀴리우). 바울은 5:6 이후에서 그가 앞에서 말했던 원래의 생각을 접어 둔 채 보충 설명적인 삽입구라는 형태를 통해서 갑작스럽게 해석을 제시하고 있는 것으로 보인다(5:7; Bultmann, 141). 이것은 바울의 화법의 특징이다(Hughes 178, n. 53를 보라). 바울이 자신의 원래의 의도와는 다른 생각을 여기에 끼워넣고 있다는 것은, 그가 5:8에서 "우리가 담대하여"(*θαρροῦμεν*-다르루멘)라는 표현을 여분으로 집어넣은 것 속에서 드러난다. 아마도 바울은 "그러므로 항상 담대하고, 몸에 거하는 것은 주와 따로 거하는 줄을 알아서, 우리는 기꺼이 다음과 같이 하고자 한다"라고 말할 의도였던 것으로 보인다. 바울은 자기가 직접 이 서신을 썼든지, 아니면 다른 사람으로 하여금 대필하게 했든지 5:6의 끝부분에 와서 현세의 삶이 그리스도로부터의 분리를 의미한다고 사람들이 오해할 수 있을지도 모른다는 점을 깨닫게 되었던 것으로 보인다. 물론 5:5을 통해서 우리는 그것이 그가 의도했던 의미가 아니라는 것을 알고 있다. 그러므로 오해가 있을 수도 있다는 것을 알아차리고서 그 오해를 바로잡기 위해서 바울은 5:7을 끼워넣는다.

이 질그릇 속에 담겨져 있는 내용물은 그 값을 따질 수 없을 정도로 귀한 것이다(4:7-11). 이 그릇, 이 장막은 깨지기 쉽고 일시적인 것이기는 하지만 낙심할 필요가 없다(Barrett, 157). "이러므로"(*οὖν*-운)는 5:5에서 거론된 소망과 연결된다. 성령이 그와 함께 있기 때문에 바울은 절망할 이유가 없다. "절망은 바울이 겪을 수 없는 경험이다. 왜냐하면 절망한다는 것은 성령과의 관계를 부인하는 것이고, 성령과의 관계를 부인한다는 것은 전혀 그리스도인이 아니라는 것이기 때문이다"(Tasker, 82). 따라서 "항상 담대한"(*θαρροῦντες πάντοτε*-다르룬테스 판토테)은 하나님의 보증을 간직하고 있는 자들을 묘사하는 말이다.

바울이 사용한 카이(*καὶ*, "그리고")는 "그렇기 때문에"(NEB)를 의미하는 것으로 해석될 수 있다. 이것이 옳다면, 그것은 바울이 확신과 담대함을 가지는 이유는 그가 주와 따로 거하고 몸에 거하기 때문이라는 것을 시사해 준다. 그러나 카이(*καὶ*)가 그러한 의미를 지닌다는 것은 문맥상으로나 바울에 대하여 우리가 알고 있는 것을 토대로 할 때 가능성이 희박하다. 이미 지적했듯이, 전자와 관련해서 운(*οὖν*)은 5:5에 나오는 바울의 소망과 확신을 가리킨다. 따라서 바울은 자신의 환경이 아니라 하나님의 역사에 대한 확신과 담대함을 표현하고 있는 것이다. 후자의 논증은 한층 더 명백하다. 왜냐하면 바울은 하나님의 도우심으로 말미암아 여러 가지 상황들로 인해서 자신의 평안한 마음을 그대로 지킬 수 있는 능력을 가지고 있기 때문이다(빌 4:10-13). 게다가 그의 확고한 소망은 하늘의 옷을 입는 것인데, 그 하늘의 옷은 그를 주께로 가까이 데려다 줄 것이라고 그는 분명하게 느낀다(빌 3:21). 따라서 카이(*καὶ*)는 "그렇기 때문에"라는 의미를 지니고 있는 것이 아니라, 단지 이러한 사상을 연결시키는 역할만을 할 뿐이다.

"몸에 거하다"(*ἐνδημῆσαι ἐν τῷ σώματι* - 엔데메사이 엔 토 소마티)는 일부 그리스도인들은 여전히 몸을 지닌 채로 남게 되리라는 것에 대한 바울의 인식을 표현하고 있다. 위에서 살펴보았듯이, 바울은 그의 독자들이 그리스도 안에서 죽는 것이 두려운 일이라고 생각하는 것을 원하지 않는다. 그와는 정반대로(5:8), 바울은 그리스도 안에서 죽는 것은 현세의 삶과 관련해서 커다란 유익이라고 본다. "몸에" 거한다는 것(바울이 몸에 대한 모든 은유들을 다 떨쳐내 버리고 있다는 것을 주목하라)은 "주와 따로 거하는" 것이기 때문에 불리한 점들을 지니고 있다. Goudge는 "몸에 거한다"라는 표현은 통탄스러운 해석이라고 말한다. 그가 지적하고자 하는 것은 현재의 몸은 우리의 본거지라고 불릴 가치가 없다는 것이다. 그러나 바울은 그리스도인이 이 땅에서 순례의 삶을 사는 동안에 주와의 교통이 전혀 존재하지 않는다고 말하고 있는 것이 아니다(Knox, *St. Paul*, 140, 141). 오히려 바울은 그리스도인이 몸에 거하는 동안에는 주를 얼굴을 맞대고 볼 수 없고 주와 따로 거하는 것이라고 말하고 있는 것이다(고전 13:12; 참조. Bruce, 205; Martin, *The Spirit and the Congregation*, 53-56). 만약 바울이 피조물과 창조주 간의 절대적인 분리라는 개념을 말하고자 했다면, 그는 필로(Philo)와 마찬가지로 아포데메인(*ἀποδημεῖν*)이라는 단어를 사용했을 것이다. 바울은 성령을 통해서 신자는 언제든지 주와 교통할 수 있다고 주장한다. 따라서 몸에 거한다는 것은 살아 있는 자들이 몸에 "거주한다"(Strachan, 99)는 고백이다. 그러나 몸에 거하는 것은 그리스도인과 주 간의 더 나은 교제의 성취를 뒤로 미루는 것이다. 우리가 이 몸에 그대로 머물러 있는 동안에 "우리는 주와 따로 거한다"(*ἐκδημοῦμεν ἀπὸ τοῦ κυρίου*－에크데무멘 아포 투 퀴리우). 에크데메사이(*ἐκδημῆσαι*)라는 단어 배후에 있는 개념은 그리스도인들이 낯선 땅에 있다는 것이다(BGD, 238; Liddell and Scott, 1:504; 참조. 벧전 2:11; 히 11:13-16; *Ep. Diognetus* 5). 그리스도인들은 하나님과 교통하는 가운데 있기는 하지만, 이 땅에서 순례의 길을 계속해서 가고 있는 동안에는 낯선 땅에 살고 있는 것이다. 그리스도인이 이 땅에 존재하는 동안에는 그가 바라는 신자와 주 간의 온전한 교제는 여전히 이루어지기가 힘들다.

7 "이는 우리가 믿음으로 행하고 보는 것으로 하지 아니함이로라"(*διὰ πίστεως γὰρ περιπατοῦμεν, οὐ διὰ εἴδους*－디아 피스테오스 가르 페리파투멘, 우 디아 에이두스). 그러나 바울은 몸에 거하는 신자와 그리스도 간에 이루어지는 현재적인 교통에 관한 그의 논증이 충분히 명료하지 않았다고 느끼고 있는 것으로 보인다. 마치 바울은 몸에 거한다는 것이 "절대적인" 의미에서 주와 따로 거한다는 것을 의미하지 않는다는 점을 강조하려는 듯이, "이는 우리가 믿음으로 행하고 보는 것으로 하지 아니함이로라"(*διὰ πίστεως γὰρ, κτλ*－디아 피스테오스 가르…)는 삽입구를 다소 어색하게 끼워 넣는다. 바울은 고린도 교인들이 그들이 소망하는 것이 비록 눈에 보이지 않는다고 할지라도 그 소망을 그대로 간직하도록 역설하고자 했다(참조. 롬 8:24). 따라서 바울은 5:6 배후에 있는 개념이 표현해 주고 있듯이, 5:7에서 그리스도의 부재(不在) 자체가 아니라 단지 그리스도는 눈에 보이지 않을 뿐이라는 것을 말한다(Barrett, 158). 그리스도는 실제로 계시기 때문에 믿음은 실제적인 것이 될 수 있다. 믿음은 눈에 보이지 않는 것들을 믿는 것으로서(참조. 4:18) 그리스도인이 "몸에 거하는" 동안에 행하는 것의 토대가 된다.

우리는 페리파투멘(*περιπατοῦμεν*)이 현재 시제로 번역되어야 한다는 것을 지적했는데, 이것은 "행한다"는 것이 우리가 현세의 삶 속에서 행하는 것임을 보여주는 것이다. 그리스도를 따르는 자의 "행함"(즉 행실, BGD, 649)은 "믿음"(*πίστις*－피스티스)을 통해서 가능해진다. 디아(*διά*)는 속격(*πίστεως*－피스테오스)과 함께 사용되었기 때문에 "무엇을 수단으로 해서"라는 의미를 갖는다(Moule, *Idiom Book*, 56, 57). 성령을 보증으로 주어진 하나님에 대한 소망은 사람의 육안으로는 볼 수가 없다. 그러나 하나님이 요구하시는 것은 하나님을 기쁘시게 하고자 하는 자들은 그분을 믿어야 한다는 것이다(히 11:6). 그리스도인은 주와 떨어져 있기는 하지만 소망을 지니고 있다. 왜냐하면 믿는 자로서 그는 그리스도가 눈에 보이지는 않지만 실제로 계신다는 확신 속에서 행하기 때문이다(벧전 1:8-9을 보라).

그러나 바울이 에이도스(*εἶδος*)를 어떤 의미로 사용하고 있는지가 논쟁이 되고 있기 때문에, 그가 5:7을 통해서 무엇을 말하고자 했는지를 완벽하게 알기는 어렵다. 해석상의 문제는 에이도스(*εἶδος*, "보이는 것")가 능동의 의미를 지니는지, 아니면 수동의 의미를 지니는지에 주로 달려 있다. 키텔(Kittel, *TDNT* 2:374, 375)은 에이도스(*εἶδος*)가 능동의 의미로 해석되어서는 안 된다고 주장한다(참조. Liddell and Scott, 1:482). 따라서 디아 에이두스(*διὰ εἴδους*)는 "눈에 보이는 것을 토대로"를 의미한다(Hughes, 176, n. 2; Plummer, 151f.를 보라). 키텔(Kittel)은 5:7이 믿는 자는 그가 눈으로 볼 수 없는 것들에 의해서 지배를 받는 것이 아니라, 눈으로 볼 수 없는 것들이 존재한다는 믿음에 의해서 지배를 받는다는 것을 말하고 있는 것이라고 본다(우리는 사물들의 현상에 의해서가 아니라 믿음에 의해서 행한다). 하지만 큄멜(Kümmel, 121, 203)은 에이도스(*εἶδος*)가 능동의 의미를 지닐 수 있기 때문에(민 12:8 LXX), 5:7은 그리스도는 비록 눈에 보이지 않지만 그리스도인의 삶 속에서 그리스도에 대한 믿음이 결정적인 요소라는 것을 강조하고 있는 것이라고 지적한다(Tasker, 82; 우리는 비록 우리가 그리스도를 볼 수는 없다고 할지라도 그리스도에 대한 믿음으로 행한다). 문맥상으로 볼 때 바울은 아마도 후자를 의도했던 것 같다. 왜냐하면 키텔(Kittel)의 해석처럼 에이도스(*εἶδος*)를 수동의 의미로 이해하게 되면, 바울이 그것을 믿음에 대한 반대말로 사용하는 의미가 상실되기 때문이다. 이 삽입구(5:7)는 5:6이 불러올 수 있는 오해를 바로잡기 위하여 삽입된 것이다. 그리스도인이 지닌 믿음은 주가 눈에 보이지 않는다는 것으로 인하여 생기는 문제를 극복한다. 주와 따로 거한다는 것은 주와의 교통이 단절되어 있다는 것이 아니다. 비록 온전한 것은 아니라고 할지라도 우리는 주와 교제하며 행하는 것이 믿음으로 인하여 가능하다(Bruce, 205). 바렛(Barrett)은 에이도스(*εἶδος*)를 수동의 의미로 보아서 "우리는 눈에 보이는 형태들을 바라봄으로써가 아니라 눈에 보이지 않는 부재하신 그리스도를 믿음으로써 살아간다"는 해석도 가능하다고 주장한다(159). 에이도스(*εἶδος*)의 의미에 대한 우리의 선택과는 상관없이, 이러한 주장이 옳다면 5:7의 강조점은 5:6b이 사실이라고 할지라도 그리스도에 대한 믿음이 여전히 가능하다는 것에 있다.

이러한 진술이 지닌 논쟁적인 측면을 무시할 수 없기 때문에, 1-5절을 "논쟁적인 보론"이라고 말한 불트만(Bultmann)의 평가(141)는 옳다. 그는 H. Jonas, *Gnosis und die spätantiker Geist* (Göttingen: Vandenhoeck & Ruprecht, 1954) II. 1.48을 인용해서 디아 피스테오스 가르 페리파투멘…(*διὰ πίστεως γὰρ περιπατοῦμεν κτλ.*)이라는 어구를 "반영지주의적인 기독교의 근본적인 진술"이라고 평가한다. 7절이 지닌 논쟁적인 성격은 링컨(Lincoln, *Paradise* 68, 213, n. 60)이 열거한 일련의 해석자들에 의해서 인정된다. 바울의 대적자들은 종말이 장래에 있을 것임을 인정하지 않고서(고전 13:12) 탈혼 상태에서 경험되는 환상 속에서 "그들이 본 것" 위에 그들의 소망의 토대를 구축했고, "외모"(5:12) 즉 외적으로 나타나는 것들을 자랑했다. 그들이 현재적으로 능력을 지니고 있다고 자랑한 것(12:12)은 그들이 "본" 것에 토대를 둔 것이었다(4:18과는 대조적으로). 그들에게 있어서 그들이 본 것은 실상의 "형상"(*εἶδος*－에이도스, Gestalt; Jervell, *Imago Dei*, 270를 보라)이었다. 바울은 이러한 주장을 반박한다. 왜냐하면 믿음은 탈혼 상태의 환상 속에서 실현되는 것이 아니었기 때문이다. 이렇게 바울은 그들의 탈혼 체험의 가치를 상대화시키고(Fallon), "순수한" 영혼을 "불안전한" 몸으로부터 분리시키기를 거부하는 가운데 인간을 전인적으로 파악한다(12:2-3에서처럼). 바울은 이분법, 즉 사람은 열등한 가치를 지닌 몸과 신과의 친밀한 교제가 가능한 유일한 구성 부분인 영혼이라는 두 개의 분리될 수 있는 별개의 부분으로 구성되어 있다는 사상을 거부한다. 바울에게 있어서 인간이라는 것은 나누어질 수 없는 하나의 전인이었다. 사람을 몸과 영혼으로 분리하는 이원론적인 사고는 그의 인간론의 일부가 아니다(6절에서의 소마〈*σῶμα*〉의 사용이 8, 10절에 의해서 수정되고 있다고 주장하는 Jewett, *Paul's Anthropological Terms*, 275-77를 보라; 이러한 주장은 바울이 앞서 나온 절들에서 그런 용어들을 사용한 것이 그의 대적들 때문이라는 것을 보여 준다).

8 5:7이 삽입절, 즉 바울의 일련의 사고의 흐름 속에서 하나의 단절을 보여 준다는 것은 그가 5:8을 시작하는 방식에서 분명하게 드러난다. 다르루멘(*θαρροῦμεν*, "우리는 담대하다, 확신한다")은 비록 중첩적인 여분의 표현이기는 하지만 5:6에서 중단되었던 사고, 즉 그리스도인은 몸에 거하든지 몸을 떠나든지 담대할 수 있다는 사고를 다시 이어받고 있다(Höring, 39; Bultmann, 141를 보라). 그리스도인은 몸에 거하든지 몸을 떠나든지 언제나 담대함을 지닐 수 있다. 왜냐하면 그리스도인이 몸에 거할 때는 하나님이 그에게 보증을 주셨기 때문이고, 몸을 떠날 때는 "몸을 떠나 주와 함께 거하는 그것이니라"(*ἐκδημῆσαι ἐκ τοῦ σώματος…ἐνδημῆσαι πρὸς τὸν κύριον*－에크데메사이 에크 투 소마토스…엔데메사이 프로스 톤 퀴리온)는 더 큰 소망이 그에게 있기 때문이다(Martin, *Philippians*, 79, *ad* Phil 1:21-23; 또한

Lincoln, *Paradise*, 69).

5:6과 비교해 볼 때 바울은 이 절에서 몇 가지 변화를 주고 있다. 그는 몸에 거하는 것과 몸을 떠난다는 것의 순서를 뒤바꾸어 놓았다. 이 두 가지 표현이 무엇을 의미하는지에 대해서는 앞에서 이미 우리가 논의했다. 5:6에서 몸에 거한다는 것은 현재적인 실체였는데, 이것은 현재 분사의 사용을 통해서 드러난다. 따라서 주와 따로 거한다는 것은 현재 시제의 정형 동사를 통해서 표현되었다. 그러나 5:8에서 바울은 사건들이 단번에 변화되리라는 것을 나타내기 위해서 단순과거 부정사(에크데메사이〈*ἐκδημῆσαι*〉와 엔데메사이〈*ἐνδημῆσαι*〉, 성격상으로 동작 또는 상태의 개시를 나타내는 것일 가능성이 크다)를 사용한다. 죽음을 통해서 믿는 자는 주와 함께 거하는 것이 시작될 것이다. 프로스 톤 퀴리온(*πρὸς τὸν κύριον*)이라는 어구는 어떤 것을 향한 직선적인 움직임과 안식의 장소를 둘 다 암시해 준다(Moule, *Idiom Book*, 52, 53; 그러나 문법상의 이 두 가지 의미는 Harris, *TynB* 22[1971] 46에 의해서 도전을 받았다). 이것은 바울이 그의 독자들이 5:6에서 그가 말한 것을 주와 교제하지 못한다는 의미로 오해할 것을 염려해서 그것을 떨쳐내기 위하여 주와의 친밀한 교제가 그리스도인을 기다리고 있다고 말한 것으로 해석될 수도 있다(Hughes, 178, n. 52; 참조. Moulton, *Grammar* 2:467). 5:8의 취지는 분명히 그리스도인에게는 주와 따로 거하는 것에 대한 대안이 존재한다는 것이다. "차라리 우리는 …하고자 한다"(*εὐδοκοῦμεν μᾶλλον*–유도쿠멘 말론)는 분명한 선호를 나타낸다(대부분의 주석가들, 그러나 Berry, "Death," 65에서는 여기에 반대한다; Collange, *Enigmes*[233, 234]에서는 그러한 견해가 지닌 약점을 보여 준다; 하지만 의구심들이 여전히 남아 있다).

여기서 다소 갑작스럽게 등장하고 있는 것은 바울이 "우리는 차라리"(*εὐδοκοῦμεν μᾶλλον*–유도쿠멘 말론) 몸을 떠나 있고 싶다고 쓰고 있다는 것이다. 이와 같은 말이 예기치 않은 갑작스러운 것으로 받아들여지는 것은, 5:2-4을 볼 때 바울은 바로 그러한 일이 일어날까 봐 염려하고 있었던 것으로 보이기 때문이다. 그에게 죽음이라는 사건은 몸을 벗어 버리고 벌거벗은 상태가 된다는 것을 의미하는 것으로서, 그는 그러한 상태를 피하고자 탄식했었다. 그러나 5:8에서 그는 그러한 상태로 들어가기를 원한다는 뜻을 표명하고 있다. 요컨대, 바울은 현세에서의 삶보다는 차라리 벌거벗은 상태를 더 선호한다는 것이다(Héring, 39). 바울의 이러한 중간기에 대한 "선호"는 그가 벌거벗음을 몸이 없는 상태라고 생각한 것이라는 주장을 반박하는 것이라는 헤틀링어(Hettlinger, "2 Cor 5:1-10", 176-79)의 지적은 너무 성급하다. 바울은 왜 그가 두려워했던 것을 오히려 갈망하게 된 것인가? 그 대답은 바울이 벌거벗음을 궁극적으로 두려워해야 할 상태로 보지 않았다는 것이다. 왜냐하면 벌거벗음은 장차 몸을 입게 되는 것으로 나아가는 전 단계이기 때문이다.

5:8이 5:3을 뒤집어 엎는 것이고, 더 나아가서 5:3과 관련하여 우리가 찾아낸 결론들을 부정하는 것이라는 이러한 주장을 채택하는 것은 바울(또는 그 어떤 사람)이 특정한 개념에 대하여 오로지 한 가지 견해만을 지니고 있을 수 있다고 가정하는 것이다. 그러나 베리(Berry)가 보여 주듯이(66-68), 그러한 가정은 반드시 옳은 것이 아니다. 바울은 죽음과 관련하여 두 가지 생각을 충분히 지닐 수 있었다. 한편으로, 그는 죽음을 피하고자 했다. 왜냐하면 그는 죽음이 가져올 몇몇 가능성들을 피하고자 했기 때문이다. 다른 한편으로, 이 몸에서 자유롭게 된다는 것은 그리스도와의 좀더 온전한 교제를 가져오게 될 것이었다. 왜냐하면 재림이 이루어져서 "몸 안에" 거하며 그가 행한 모든 섬김을 끝내게 될 것이었기 때문이다. 달리 말하면, 죽는다는 것은 그리스도인에게 구원의 완성이 아니었지만, 그리스도와의 교제라는 관점에서 볼 때는 죽는 것이 몸에 머무는 것보다 더 나았다. 이것은 빌립보서 1:20-26에서 그가 보여 준 일련의 사고와 정확히 일치한다.

바울이 몸을 떠나서 그리스도와 함께 있고자 한 자신의 바람을 표명한 것은 그가 적극적으로 죽기를 원한다고 말한 것이 결코 아니다. 바울에게 있어서 그의 직분은 하나님으로부터 받은 거룩한 직분으로서 매우 중요한 것이었다(4:1; 살전 2:1-8; 고전 9:23ff.; 참조. 딤후 4:7). 이것은 빌립보서 1:21-26에서 특히 분명하게 드러나는데, 거기서 바울은 자기는 그리스도와 함께 있는 것을 바라지만 빌립보 교인들의 유익을 위해서는 자기가 살아 있는 것이 좋다고 말한다.

이러한 점을 종합해 볼 때, 데살로니가전서에서 고린도전서 15장을 거쳐 고린도후서 5:1-10에 이르기까지 바울의 종말론은 거의 발전이 없는 것으로 보인다(Vos, *Pauline Eschatology*, 172-205). 그러나 해리스(Harris, *TynB* 22[1971])는 바울은 종말이 오기 전에 그에게 죽음이 닥쳐올 수 있다는 것을 깨닫고서 그가 간절하게 원했던 임박한 재림에 대한 묵시론적 소망과 표현으로부터 그의 사고가 멀어져 가고 있는 것을 감지한다. 따라서 바울의 사고는 그리스도의 통치라는 실상이 현재에는 많이 감추어져 있지만 장래에는 그 실상이 확연하게 드러나게 되리라는 일종의 종말론적인 사고를 지향하게 되었다. 이러한 "수정된 종말론적 관점들"(56)은 고린도후서 1:8-11에 나오는 바울의 체험과 그가 죽을 때 소마 프뉴마티콘(*σῶμα πνευματικόν*)을 받게 되리라는 기대 때문이다. 또한 바울은 재림이 있을 때까지 무덤 또는 음부에서 잠자고" 있을 것이라는 소망을 버렸다. 하지만 해리스(Harris)의 해석 속에서 결여되어 있는 것은 고린도후서 5장에 나오는 바울의 가르침을 그의 사도적 사역에서 특별히 이 시점에 고린도 교회에서 일어난 우발적인 사건과 결부시키고자 하는 관심, 그리고 이 절들 속에서 그가 쓴 내용이 논쟁적인 성격을 지니고 있다는 것에 대한 인식이다. 바울은 그가 생명을 간신히 부지하고 있다는 것(4:7-12; 6:9)과 임박한 죽음이 어른거리고 있다는 것에 대한 점점 더 커져 가는 인식 속에서 그리스도 안에서 죽은 자들이 주와 함께 거한다는 사실이 얼마나 중요한 것인지를 생각하게 되었다(Héring, 39; Barrett, 159; Lincoln, *Paradise*, 69-71). 바울의 생애에서 이와 동일한 상황은 빌립보서 1:20-26; 2:17; 로마서 15:31에서 발견된다. 이러한 글들은 고린도후서와 더불어서 바울이 두려움과 고립감을 경험하고 있던 동일한 시기에 쓰여졌을 것이다.

9 "그런즉 우리는…힘쓰노라"(*διὸ καὶ φιλοτιμούμεθα*-디오 카이 필로티무메다). 디오(*διό*)가 사용되고 있는 것은 사도가 논리적인 결론을 제시하리라는 것을 그의 독자들에게 알려 주고 있는 것이다(Moule, *Idiom Book*, 164). 바울은 주를 기쁘시게 하는 것이 그리스도인의 야망(*φιλοτιμούμεθα*-필로티무메다)이라고 쓴다. 필로티메이스다이(*φιλοτιμεῖσθαι*)의 배후에 있는 개념은 "열망하다"(BGD, 861) 또는 "어떤 일에 열심을 다하여 헌신하다"(Hughes, 178, n. 54)이다. 여기서 어떤 일이라는 것은 주를 기쁘시게 해 드리는 것(*εὐάρεστος τῷ κυρίῳ εἶναι*-유아레스토스 토 퀴리오 에이나이) 또는 주께 열납되는 것(BGD, 318)이다. 롬 12:1f.; 14:18; 빌 4:18; 골 3:20; 엡 5:10; 히 13:21; *1 Clem* 35:5[62:2]을 보라). 또한 바울은 5:6-8에 비추어서 재림이 일어날 때 그리스도인이 어떤 상태에 있든지 간에 그런 것은 전혀 문제가 되지 않는다는 것을 분명히 한다(*εἴτε ἐνδημοῦντες, εἴτε ἐκδημοῦντες*-에이테 엔데문테스, 에이테 에크데문테스, "거하든지 떠나든지"; Kümmel[121]은 이러한 분사들은 5:6의 순서를 뒤집어 놓은 것이라고 지적한다; 그러나 우리가 "몸" 또는 "주" 중에서 어느 것을 보충해 넣는다고 할지라도 의미상의 차이는 별로 없어 보인다; Barrett, 159를 보라). 재림의 때에 믿는 자가 살아 있느냐 죽어 있느냐는 것은 구원 사건에 있어서 별로 중요치 않다(Conzelmann, *Theology*, 165; 참조. 살전 5:9, 10). 재림 때에 살아 있든 죽어 있든 그리스도인은 부활의 몸을 받게 될 것이다. 요지는 5:10에서 좀더 자세하게 서술되듯이 믿는 자는 언제든지 주를 기쁘시게 하고자 해야 한다는 것이다(참조. 요 8:29; 요일 3:22; *Did.* 4:12; *Barn.* 19:2).

우리는 바울이 그리스도 안에서 죽은 자들, 즉 그리스도에게 더 가까이 가 있는 상태 속에 있는 자들(Héring, 39)이 그리스도를 기쁘시게 하지 못할 가능성이 있다고 말하고 있는 것인지 반문할 수 있다. 달리 말하면, "벌거벗은" 사람들도 여전히 옳은 일을 행하는 것과 나쁜 일을 행하는 것 사이에서 싸움을 벌이고 있는 것인가? 그렇게 보이지는 않는다. 일례로 바울이 만약 그러한 것을 주장했다면, 그것은 주와 함께 거하는 것이 주는 매력을 감소시키게 될 것이다. 게다가, 5:10이 보여 주듯이 그리스도인들에 대한 심판은 "그 몸으로 행한 것들"에 국한된다. 이것은 중간 상태에서는 잘못을 범할 가능성이 없다는 것을 강력하게 시사해 주는 것이기 때문에, 우리는 논리적으로 일단 우리가 그리스도와 함께 거하게 되면 그리스도를 화나시게 할 길은 없다는 결론을 내리게 된다. 필슨(Filson)은 바울이 그리스도 안에서 잠자고 있는 자들이 "도덕적인 씨름"을 하고 있다는 것을 암시하는 대목은 그 어디에도 없다고 주장한다(230, 231). 바울이 추가하고 있는 것은 각자에게 남겨진 시간을 효율적으로 사용하라는 권면이다. 이 서신을 받을 시점에 고린도 교인들은 여전히 "살아서" 그 서신을 읽었을 것이다. 따라서 바울은 5:9에서 각 사람에게 "끝"이 어떻게 찾아오는지와는 상관없이–죽음을 통해서든 재림을 통해서든–그리스도인은 주를 기쁘시게 해야 한다는 책임에서 놓여나 있는 것이 아니라고 말하고 있다. 종말이 일어날 때까지 그리스도인들은 자신의 행실이 선한 행위의 기준 아래 있다면 그 행실에 대하여 책임을 져야 한다(5:10). 이 절이 논쟁적인 성격을 지니고 있다는 것은 바울이 다음 절에서 동사 파네로데나이(*φανερωθῆναι*, "드러나다, 나타나다")를 사용하고 있는 것에서 드러나는데, 이 동사는 고린도 교회에서 바울의 대적자들이 "하나님을 나타내는" 특징들을 가리키는 데 유행처럼 사용된 용어였다(4:2-3에 대한 설명을 보라). 바울이 사용한 단어(*δεῖ*–데이, "반드시 …하다")는 인간의 삶 속에서 하나님의 임재를 나타낸다는 주장에 대하여 그가 특별히 꼬집고 있다는 것을 보여 준다(4:2에 대한 설명을 보라). 어떤 사람이 하나님을 나타내고 있다고 주장하는 것이 옳다는 것은 오직 몸에 거하는 실존의 구체적인 상황들 속에서의 선한 삶을 통해서 드러난다(*τὰ διὰ τοῦ σώματος*–타 디아 투 소마토스, 우리는 $P^{46}$과 라틴 역본이 "그 자신의 몸으로"라고 읽고 있다는 것을 지적하고자 한다). 바울은 여기서 그의 대적들을 염두에 두고 있는 것이 분명하다.

10 바울은 고린도 교인들 앞에 주를 기쁘시게 해 드리는 행실을 해야 할 확실한 동기를 제시함으로써 4:7-5:10의 "여담"(이러한 용어가 옳다고 한다면)을 5:10에서 마무리한다. 재림의 때에 그리스도인이 살아 있든 죽어 있든 그런 것과는 상관

없이 그리스도인의 장래는 확실하게 보장되지만, 바울은 거짓된 보장에 대하여 쓰고 있다(최초의 독자들은 그리스도인은 행실을 토대로 "거절될" 수 있다는 것을 암시하는 고전 9:27을 알고 있었을 것이다; Rissi, *Studien*, 98에서는 믿음은 생의 마지막까지 계속 새로워져야 한다고 말한다).

투스 가르 판타스(*τοὺς γάρ πάντας*, "이는 우리가 다")는 그리스도인들 전체를 가리킨다(Moulton, *Grammar* 3:203). 바울이 모든 그리스도인들이 심판을 받게 될 것이라고 생각했다는 것은 데이(*δεῖ*, "반드시 …하다")라는 표현을 통해서도 분명하게 드러난다. 그리스도인들은 단순히 "출두한다"라는 의미에서가 아니라 온 세상이 각 사람의 진상을 볼 수 있도록 벌거벗겨진다는 의미에서 파네로데나이(*φανερωθῆναι*, "나타나다"; 단순과거 부정사)가 요구된다(Hughes, 180; 참조. 삼상 16:7; 히 4:13; 참조. 고전 4:5). 우리가 서게 될 자리는 "그리스도의 심판대 앞"(*ἔμπροσθεν τοῦ βήματος τοῦ Χριστοῦ* – 엠프로스덴 투 베마토스 투 크리스투)이다. 세상을 심판하시는 이는 하나님이지만(롬 3:6), 그리스도도 재판장으로 거론된다(롬 2:16; 참조. 마 25:31; 요 5:22; 롬 14:10). 이것은 모순으로 보이지 않는다. 그것은 하나님이 세상을 심판하시지만 그리스도를 통해서 심판하신다는 것을 의미하기 때문이다(Barrett, 160).

5:10에 언급된 심판이 모든 사람에 대한 것이냐, 아니면 그리스도인들에게 국한된 것이냐는 문제가 생겨난다. 바울의 초기의 글들을 볼 때, 오직 그리스도인들만을 다루는 심판이 존재하는 것으로 보인다(Héring, 39; 참조. 고전 3:10-15). 여기 이 땅에서 몸에 거하는 동안에 하나님을 기쁘시게 해 드리지 못할 가능성이 고린도 교인들 앞에 피해야 할 것으로 제시된다. 우리가 여기서 추론할 수 있는 것은, 바울은 비록 자신이 사람들을 기쁘게 하지 못하는 일이 있더라도 하나님을 기쁘시게 해 드리고자 한다는 것이다(Collange, *Enigmes*, 243). 우리는 고린도전서 3:10-15을 통해서 믿는 자의 삶이 다른 믿는 자를 기쁘게 해주지 못했다는 이유만으로 그가 구원을 잃게 되는 것은 아니라는 것을 알고 있다. 그러나 어느 쪽으로든 이 심판의 엄숙성이 간과되어서는 안 된다(Tasker, 82). 그리스도인을 대상으로 한 그리스도의 법정은 거룩함과 공평이라는 관점에서 하나님의 공의를 완성시키는 데 필요하다(아래를 보라). 믿음의 삶은 그리스도인을 순종의 삶으로부터 해방시켜 주지 않는다(Hughes, 180f.; 참조. Tasker, 83; Denney, 185; and Bultmann, 146에서는 오직 믿음만으로 의롭다 하심을 받는다는 것과 5:10 간에는 그 어떤 모순도 존재하지 않는다고 말한다).

하나님의 심판이 보편적이라는 것은 그 누구도, 심지어 그리스도인이라고 할지라도 피할 수 없다는 것에서 드러난다. "각각"(ἕκαστος-헤카스토스)은 그리스도의 심판대 앞에 서야 한다(10절의 논쟁적인 배경을 밝힌 C. J. Roetzel, *Judgement in the Community*, 175를 보라: 심판대에서 "바울의 복음은 그 옳음이 인정될 것이고, 그와 그의 복음을 반대하는 자들은 종말론적인 파멸⟨φαῦλον-파울론⟩를 예상할 수 있다"; L. Mattern, *Das Verständnis des Gerichtes bei Paulus*, 151-58에서는 이러한 관점을 무시하고 있다). 그리스도인들이 각자 심판을 받는다는 이러한 사상 속에는 심판이 집단적으로 이루어지는 것이 아니라 한사람 한사람 각자의 경우를 따라서 이루어진다는 것(참조. "우리가 다 드러나야 한다")을 보여 준다고 플럼머(Plummer, 157)는 올바르게 지적한다. 모든 그리스도인들(Bruce, 206)이 그리스도 앞에 서서 개별적으로 답변하는("ein jeder," Bornkamm, "Der Lohngedanke," 74를 보라) 이유는 "상응한 보상을 받기 위한"(ἵνα κομίσηται-히나 코미세타이) 것이다. 그리스도 앞에 "서게 되는" 목적은 히나(ἵνα)가 이끄는 절에 의해서 분명하게 밝혀진다. 그리스도인들은 "자신의 행위에 따라서"(Moule, *Idiom Book*, 53) 받거나(코미세타이⟨κομίσηται⟩의 중간태가 사용되고 있는 것은 행위자의 행위를 강조하는 것임을 주목하라; 이것은 이 절의 나머지 부분과도 잘 부합한다) "돌려받거나" "자기 자신의 것을 받을"("거두다" 또는 "자기를 위하여 돌려받다," Liddell and Scott 1:975, 76) 것이다. 그리스도인들을 위한 이러한 보상의 토대는 "그가 몸으로 행한 것"(τὰ διὰ τοῦ σώματος πρὸς ἃ ἔπραξεν-타 디아 투 소마토스 프로스 하 에프라센)이다. 이 마지막 어구는 행위와 말을 둘 다 가리킬 수 있다. 왜냐하면 이 둘은 그리스도인의 주관 하에 있기 때문이다(Plummer, 58). (본문상의 고찰을 주목하라: 몇몇 사본 증거들에 첨가되어 있는 히디아(ἴδια)는 코미제스다이(κομί-ζεσθαι)의 응보적인 성격을 강화시키지만, Hughes, 181, n. 57에서는 그러한 다른 읽기가 본문의 의미에 영향을 미치지 않는다고 주장한다; "원문주해" d를 보라.) 디아(διά)는 도구의 의미("몸이라는 수단을 통해서", Barrett, 160)가 될 수도 있고 시간적인 의미가 될 수도 있다("몸에 거하는 동안에"). 이러한 두 가지 개념은 결국 동일한 의미다(Bultmann, 145). 바울은 분명히 후자의 개념을 간과하고 있는 것은 아니겠지만, 프로스 하 에프락센(πρὸς ἃ ἔπραξεν)이라는 어구에 비추어 볼 때 전자의 개념이 더 어울리는 것으로 보인다. 여기서 우리가 주목해야 할 중요한 점은 "받다"로 번역된 동사의 단순과거 시제다. 바울이 단순과거 시제를 사용하고 있다는 것은 그것이 사실 확인적인 의미를 지니고 있음을 보여 주는 것이다. 그렇다면 그리스도는 그리스도인의 행실을 개별적인 행위들의 연속이 아니라 하나의 통일체로 보고 있다는 것이다(Hughes, 181, n. 58). 이것은 바울이 하 에프락센(*ἃ ἔπραξεν*)을 설명하기 위해서 사용하고 있는 에이테 아가돈 에이테 파울론(*εἴτε ἀγαθὸν εἴτε φαῦλον*, "선악 간에")이라는 어구 속에서도 추가적으로 확인된다. 플럼머(Plummer, 158f.)는 "선악 간에"라는 어구는 중성 단수로의 변화를 구성한다고 지적한다. 그렇다면 각 개인은 자신의 행실을 토대로 심판을 받기는 하지만, 각 사람의 개별적인 행위들이 아니라 각 사람의 습관적인 행위가 심판의 토대가 된다. 구체적으로 말해서, 문제가 되는 것은 고린도 교회에서의 바울의 가르침에 대한 독자의 태도다. 이렇게 하나님의 심판은 공평하다. 왜냐하면 어떤 한 사람에게서 기인하는 것이 그 사람에게 주어지기 때문이다.

그러나 우리는 이러한 응보를 오로지 형벌적인 것으로만 규정해서는 안 된다(Hughes, 181). 바울은 선한 일을 행한 자들은 좋은 것을 받을 것이라고 말하고 있다. 이것은 고린도전서 3:10-15에서 그가 묘사하고 있는 것과 일치한다. 자신의 행위가 금, 은, 보석들로 밝혀진 그리스도인들은 상을 받게 될 것이다(고전 3:14; 참조. 마 16:27). 하지만 그들이 그리스도인으로서의 그들의 삶을 단지 나무나 풀이나 짚으로 세운다면, 그들은 생명은 건진다고 하더라도 해를 받게 될 것이다(고전 3:15). 바울은 그의 독자들에게 주를 기쁘시게 하라고 강권했기 때문에, 그러한 행위를 하도록 하기 위하여 "적극적인 보강"이 있어야 한다. 그리스도인은 선을 행하는 것으로부터 면제받는 것이 아니라 자신의 행위들에 대하여 책임을 져야 한다(엡 6:8; 골 3:25).

이 절에서 바울은 각 사람의 행위가 드러나게 되는 일이 언제 일어나는 것인지, 즉 죽을 때 일어나는 것인지 재림의 때에 일어나는 것인지를 분명하게 보여 주지 않는다. 그러나 각 사람이 그리스도의 심판대 앞에 선 직후에 그런 보응이 뒤따르게 되리라는 것을 추정하는 것은 그리 어렵지 않다(Plummer, 159). 마찬가지로, 바울은 상급이라는 개념을 설명하지 않는다(참조. 고전 3:14). 물론 이러한 개념의 배후에는 하나님의 인정이 분명히 포함되어 있기는 하지만 말이다(Barrett, *1 Corinthians*, 88, 89).

## 해설

이 절들(5:1-10)은 자신의 직분(그리고 그와 함께 한 자들의 직분)이 수많은 환난에도 불구하고 왜 계속해서 진행되고 있는지, 그리고 그 직분이 그의 고난에도 불구하고 적법한 자격을 갖고 있는지에 관한 문제에 대한 바울의 논고(4:7-5:10)를 마무리한다. 사망의 직분(3:7)은 하나의 표적, 즉 토라를 가지고 있었던 반면에, 그리스도인들은 눈에 보이지 않는 세계를 바라본다. 왜냐하면 눈에 보이지 않는 세계가 영원한 것이기 때문이다. 바울은 땅에 있는 몸은 점차 닳아서 없어지기는 하지만 성령의 거처라는 것을 보여 주었다(참조. 고전 6:19에 나오는 개념). 하나님으로부터 주어진 보증인 성령은 하나님이 그의 백성을 위하여 더 좋은 것을 예비해 두고 계시다는 것을 그리스도인들이 믿는 근거가 된다. 그리스도인들이 하나님에게서 영원한 거처, 즉 신령한 몸을 받게 될 날이 장차 올 것이다. 그것은 바울의 대적들이 주장하고 있는 것과는 달리 현재적으로 소유한 것이 아니라 장차 주어질 것이다. 비록 바울은 죽음을 맛보지 않고서 땅에 있는 몸 위에 하늘의 몸을 덧입기를 바라지만(다른 많은 이유들 가운데서 특히 그가 끊임없이 위험에 노출된 것은 그의 대적들이 그의 사도직에 대하여 한층 더 의구심을 갖고 비난하게 된 한 가지 이유였다), 성령은 하나님께서 재림의 때에 그리스도 안에서 죽은 자들이나 살아 있는 자들을 둘 다 영접해 주실 것임을 보여 주는 증거다.

바울은 이 절들 속에서 자기가 벌거벗은 상태로 들어갈 것을 두려워한다는 것에 관한 여담을 했지만, 특히 후반부(5:6-10)에서 그가 다룬 주제는 하나님에 대한 소망과 그 소망이 그리스도인으로 하여금 실제적인 순종을 하게 하는 동력이 되고 있다는 것이었다. 그리스도인들은 죽을 때까지 또는 재림의 때까지 주를 기쁘시게 하고자 해야 한다. 왜냐하면 그리스도인들은 그리스도인으로서의 자신의 행위들에 대하여 나중에 책임을 져야 할 것이기 때문이다.

## F. **바울의 전도와 삶의 동기**(5:11-15)

### 참고문헌

**Black, D. A.** *Paul, Apostle of Weakness: Astheneia and Its Cognates in the Pauline Literature*. New York: Peter Lang, 1984. **Carrez, M.** "Le 'nous' en 2 Corinthiens:

contribution à l'étude de l'apostolicité dans 2 Corinthiens." *NTS* 26(1980) 474-86. **Cerfaux, L.** *Christ in the Theology of St. Paul.* Tr. G. Webb and A. Walker. New York: Herder & Herder, 1959. **Collange, J.-F.** *Enigmes de la deuxième épître de Paul aux Corinthiens.* SNTSMS 18. Cambridge: University Press, 1972. **Denney, J.** *The Death of Christ.* London: Tyndale, 1951. **Dunn, J. D. G.** "Paul's Understanding of the Death of Jesus." In *Reconciliation and Hope*, FS L. Morris, ed. R. Banks. Grand Rapids: Eerdmans, 1974. ______. "The Incident at Antioch." *JSNT* 18(1983) 3-57. ______. *Jesus and the Spirit*, 1975. **Elling-worth, P.** "'We' and 'I' in 2 Corinthians: a Question." *BT* 34(2, 246[1983]). **Enslin, M. S.** "The Constraint of Christ." *CrQ* 11(1934) 315-22. **Fahy, T.** "St. Paul's 'Boasting' and 'Weakness.'" *ITQ* 31(1964) 214-27. **Furnish, V. P.** *Theology and Ethics of Paul.* Abingdon: New York, 1968. **Glombitza, O.** "Mit Furcht und Zittern. Zum Verständnis von Phil. 2:12." *NovT* 3(1959) 100-06. **Gollwitzer, H.** "'Hinfort nicht mehr,' Predigt über 2 Kor 5, 15…." *EvTh* 14(1954) 1-6. **Hahn, F.** "'Siebe, jetzt ist der Tag des Heils.' Neuschopfung und Versöhnung nach 2 Korinther 5, 14-6, 2." *EvTh* 33(1973) 244-53. **Hanson, B.** "School of Suffering." *Dialog* 20(1981) 39-45. **Hendry, G. S.** "*ἡ γὰρ ἀγάπη τοῦ Χριστου συνέχει*: 2 Cor 5:14." *ExpTim* 59(1947-48) 82. **Lofthouse, W. F.** "Singular and Plural in St. Paul's Letters." *EvT* 57-58(1946-47) 179-82. **Manson, T. W.** "2 Cor 2:14-17: Suggestions towards a Exegesis." In *Studia Paulina* FS de Zwaan. Haarlem: Bohn, 1963. **Martin, R. P.** *Reconciliation: A Study of Paul's Theology.* London: Marshall, Morgan & Scott/Atlanta: John Knox, 1981. ______. *Worship in the Early Church.* London: Marshall, Morgan & Scott, 1964; Grand Rapids: Eerdmans, 1974 ed. **Meyer, H. A. W.** *Kritisch-exegetischer Kommentar über den zweiten Brief an die Korinther.* Göttingen: Vandenhoeck & Ruprecht, 1856. **Otis, W. S. C.** "Exposition of 2 Cor 5:14." *BSac* 27(1870) 545-64. **Reumann, J.** *Righteousness in the New Testament*, 1982. **Romaniuk, K.** "L'origine des formules pauliniennes 'le Christ s'est livré pour nous.'" *NovT* 5(1962) 55-76. **Schlatter, A.** *Paulus, der Bore Jesu.* Stuttgart: Calwer, 1956. **Spencer, A. B.** "The Wise Fool(and the Foolish Wise): A Study of Irony in Paul." *NovT* 23(1981) 349-60. **Spicq, C.** "L'étreinte de la charité." *ST* 8(1956) 123-32. **Stuhlmacher, P.** "Das paulinische Evangelium." In *Das Evangelium und die Evangelien.* WUNT 28. Tübingen: Mohr, 1983. 157-82. **Wood, J. E.** "Death at Work in Paul." *EvQ* 54(1982) 151-55.

## 본 문

11 우리가 주의 두려우심을 알므로 사람을 권하
노니 우리가 하나님 앞에 알리워졌고 또 너희의
양심에도 알리워졌기를 바라노라

12 우리가 다시 너희에게 자천하는 것이 아니요
오직 우리를 인하여 자랑할 기회를 너희에게 주
어 마음으로 하지 않고 외모로 자랑하는 자들을
대하게 하려 하는 것이라

13 우리가 만일 미쳤어도 하나님을 위한 것이요
만일 정신이 온전하여도 너희를 위한 것이니
14 그리스도의 사랑이 우리를 강권하시는도다 우
리가 생각건대 한 사람이 모든 사람을 대신하여
죽었은즉 모든 사람이 죽은 것이라
15 저가 모든 사람을 대신하여 죽으심은 산 자들
로 하여금 다시는 저희 자신을 위하여 살지 않고
오직 저희를 대신하여 죽었다가 다시 사신 자를
위하여 살게 하려 함이니라

11 Therefore, since we know the fear of the Lord, we attempt to persuade[a] men; we stand open to God and, I hope, also open in your consciences.

12 For we are not again commending ourselves to you, but giving you an occasion to boast on our behalf[b] so that you may have something to set against those who boast of what is seen and not[c] of what is in the heart.[d]

13 For if we are out of our minds, it is for God; if we are of sound mind, it is for you.
14 For the love of Christ compels us, since we have concluded that[e] one has died for all. Therefore, all died.
15 And he died for all that those who are living might no longer live for themselves, but for the one who died for them and was raised.

## 원문주해

a. P[46]에는 페이도멘(πείθομεν)이 아니라 페이도멘(πείθωμεν, 가정법)이라는 읽기로 되어 있다.

b. P[46] *b.* ℵ에는 휘페르 헤몬(ὑπὲρ ἡμῶν)이 아니라 휘페르 휘몬(ὑπὲρ ὑμῶν, "너희를 자랑하다")으로 되어 있다. Barrett(162, n. 1)는 사람들이 휘페르 휘몬 아우톤(ὑπὲρ ὑμῶν αὐτῶν) 또는 휘페르 헤아우톤(ὑπὲρ ἑαυτῶν)을 예상했을 것이라고 주장한다. 휘페르 휘몬(ὑπὲρ ὑμῶν)은 바울이 고린도 교인들을 위하여 행한 것을 인하여 그들은 그들 자신으로 말미암아 자랑할 이유를 가지고 있음을 보여 주는 것으로 해석될 수도 있다. "주석"에서 볼 수 있듯이, 문맥상 우리는 휘페르 헤몬(ὑπὲρ ἡμῶν)이라는 읽기를 택하는 것이 좋다. 그러나 Barrett는 P[46] B ℵ가 잘못된 것이라면 왜 오직 이러한 초기 사본들만이 잘못되어 있는 것이냐고 적절한 질문을 한다. Collange, *Enigmes*, 248에서는 이러한 의미는 바울이 그의 사도적 사역을 확증해 줄 법정으로서의 고린도 교인들의 양심에 호소하고 있음을 의미한다는 것을 근거로 "더 어려운 읽기"(ὑπὲρ ὑμῶν-휘페르 휘몬)를 택한다. 그들은 그의 "자녀들"(6:12)이다. 그러나 그러한 주장은 억지가 있어 보이기 때문에, 우리는 "더 어려운 읽기"는 결국 "무의미한" 것으로 밝혀졌다는 Lietzmann의 평가를 받아

들인다.

c. 이 본문은 ℵ B에 의해서 확인된다. 우크(οὐκ)는 D C G에 의해서 지지를 받고 있다. 이러한 수정은 처음에 나오는 우(οὐ, "아니다")와의 균형을 맞추기 위한 시도였을 가능성이 있지만, 히나(ἵνα)의 사용은 아마도 그러한 수정을 배제하는 것 같다.

d. 우리의 본문은 P[46] ℵ B(μὴ ἐν καρδίᾳ—메 엔 카르디아)에서 발견된다. C D[2]에는 우 카르디아(οὐ καρδίᾳ)로 되어 있고, D* F G에서는 우크 엔 카르디아(οὐκ ἐν καρδίᾳ)로 읽는다.

e. 조건문을 구성하고자 하는 시도는 사본상의 증거가 약하다(ℵ[3] C* vg). 그러나 우리의 본문을 지지하고 있는 사본들(ℵ* B C[2] D)은 그러한 시도를 배제하고 있는 것으로 보인다(하지만 에이〈εἰ〉가 그 다음에 나오는 단어인 헤이스〈εἷς〉 앞에서 생략되었을 수도 있다고 주장하는 BDF § 451.2를 보라).

## 양식/구조/배경

바렛(Barrett, 163)은 이 단락(5:11-21)을 "바울 서신 전체 속에서 가장 의미가 풍부하고 난해하며 중요한 단락 중의 하나"라고 부른다. 이 단락 가운데서 5:11-15은 토대가 되는 부분이다. 이 서신의 앞부분에서 발견되는 바울의 사상의 한 측면이 이 절들 속에서 계속된다. 복음을 역설이라는 견지에서 제시하고자 하는 사도의 경향은 5:11-15에서 뚜렷하게 나타난다. 앞에 나온 절들(특히 4:1-18)은 복음이라는 보배와 그것을 담고 있는 용기(容器)인 질그릇을 묘사했었다. 비록 비유들은 바뀌지만, 그러한 대비는 여전히 계속된다. 5:11-13에서 바울은 하나님의 사자로서의 그의 위엄과 권세를 단언하지만, 그러한 단언은 종으로서의 자기 자신에 대한 묘사에 토대를 둔 것이다(Barrett를 보라). 이러한 역설은 하나님의 아들을 하나님의 종으로 묘사하고 있는 것 속에서 계속된다(5:14-15). 역설은 바울에 의해서 가르침의 보조 수단으로 사용되고 있는 것이다.

바울은 자신의 사역이 사도로서의 신빙성을 보여 주는 것이라고 논증하는 데 관심을 갖는다. 주의 두려우심을 생각하고서 바울은 더욱 박차를 가하여 그의 독자들을 설득하고자 한다. 그러나 이 목표에 대한 이해는 자신에 대한 변호(자신의 사도직의 진정성)를 개인적인 자랑의 근거로 삼지 않고자 하는 바울의 바람(5:12)에 의해서 어느 정도 희석된다(5:11b은 바로 그러한 비난을 극복하기 위한 삽입구적인 발언일 수 있다, Schmithals, *Gnosticism*, 188). 이렇게 복음을 자랑한다는 주제와 자기 자신을 자랑하지 않는다는 주제는 역설 모티프가 지속되고 있는 이 단락 전체에 걸쳐서 서로를 돋보이게 만드는 역할을 한다.

바울은 역설 모티프의 양면을 계속적으로 긴장 관계에 놓고자 한다. 고린도 교인들은 바울이 하나님의 작품을 보여 주는 하나의 예라는 것을 자랑할 이유를 가지고 있다. 그러나 고린도 교인들은 바울의 진실을 의심하고 있기 때문에, 그는 그들 앞에 사실들, 즉 그가 고린도 교인들을 위하여 아무것도 숨김이 없이 열심히 일했다는 것을 나타내 보일 수밖에 없었다. 바울은 자신이 그들에게 자신의 사역이 정직했다는 것을 상기시키는 것 이외에는 아무것도 그들에게 제시할 것이 없다는 딜레마에 직면한다.

이 단락(5:11-15)은 5:1-10에 대한 결론부이자 앞으로 나올 내용에 대한 이행 단락이라는 것을 보여 주는 방식으로 시작된다("주석"을 보라). 바울은 자신의 사역이 주에 대한 두려움에 의해서 이루어졌다고 말한다. 또한 그는 자신의 직분을 자신의 사역에 비추어서 정당화한다. 바울의 사역은 하나님이 세상과 화해하시는 통로다. 5:18-20은 화해의 이유를 밝혀 주고 있지만, 5:14-15은 사자(使者)들과 그들이 청중의 삶 속에서 화해의 토대, 즉 예수의 죽음과 그것이 그의 백성 안에서 만들어 내는 사랑을 말한다. 바울은 하나님의 부르심으로 인하여 새 생명으로 다시 살아났다. 게다가, 그는 공개적으로 하나님 앞에 서 있다. 따라서 고린도 교인들에 대한 그의 사역은 다른 사람들, 특히 그의 전도를 통해서 회심한 고린도 교인들에게 그대로 공개되어 있을 수밖에 없다. 바울의 모든 행위는 그것이 미친 것이든 온전한 것이든(5:13) 다른 사람들을 위한 것이다.

우리가 살펴보고 있는 절들은 바울이 고린도 교인들에 의해서 받아들여지기를 원하고 있다는 것을 보여 준다. 종이 되었다는 역설은 하나님의 요구를 충족시키는 것이지만, 우리의 연구는 고린도 교회에 등장한 대적들로 인해서 그에 대하여 의구심을 품고 있던 고린도 교인들을 만족시키는 데는 바울이 어려움을 겪고 있었다는 것을 보여 주게 될 것이다. 바울은 화해에 대하여 집중적으로 다루는 것을 통해서 5:11-21을 마무리하지만, 우리는 고린도 교인들이 화해를 받아들이는 데 주저했다는 것을 결코 놓쳐서는 안 된다. 6:1-13; 7:2-13b에서 바울은 다시 한 번 고린도 교회를 위하여 자기가 했던 일을 되풀이해서 말하게 될 것이다. 그것은 바울의 사역을 반영하는 것이기는 하지만, 바울의 직분이 참되다는 것을 보여 주는 하나님을 나타내는 것이다.

## 주석

11 "우리가 알므로"(*Εἰδότες οὖν* – 에이도테스 운). 이 단락의 처음에 나오는 절들 속에서 바울은 자기가 5:10의 권면을 얼마나 진지하게 받아들이고 있는지를 말한다. 오이다(*οἶδα*)와 기노스코(*γινώσκω*)가 어느 정도나 차이가 있는지를 확인하기는 종종 어렵지만, 그럼에도 불구하고 바울이 전자를 선택한 것은 하나님에 대한 그의 경외심을 그가 얼마나 마음속 깊이 인식하고 있는지를 강조하기 위한 것이라고 생각하는 데는 별 문제가 없다(5:1에 대한 "주석"을 보라; 또한 Héring, 40). 이러한 경외심이 바울의 삶에 얼마나 많이 영향을 미치고 있는지는 이후에 나오는 내용 속에서 그대로 드러난다.

그러므로 어떤 의미에서 바울은 앞의 절들에서 그가 한 논증을 여기서 마무리하고 있는 것이다. 그는 여담이라는 형식을 빌어서(4:7-5:10) 자기가 어떤 식으로 직분을 수행했는지에 대하여 설명했었다("지극히 큰 사도들" 및 그들의 사자들의 삶과는 달리〈11:5, 13-15〉, 바울의 삶은 적어도 대적자들의 관점에서 볼 때는 연약함과 단점들로 점철되어 있었다). 이러한 논증은 주를 기쁘시게 해 드리는 것이 모든 그리스도인의 목표라고 말하고 있는 5:9에서 절정에 달한다. 이렇게 말하고도 부족했는지, 바울은 그리스도인들은 하나님의 부르심에 얼마나 충실했는지에 따라서 주의 심판대 앞에서 선악 간에 보응을 받게 될 것이기 때문에 이 땅에 사는 동안 주를 기쁘시게 해 드리는 일을 해야 한다는 말을 덧붙인다. 이러한 기준을 그의 독자들 앞에 제시했기 때문에, 바울은 그 기준이 그의 사역에 어떠한 영향을 미치고 있는지를 결론적으로 제시할 준비가 되었다. 운(*οὖν*, "그러므로")이 사용된 것은 그가 자신의 생각으로부터 하나의 결론을 제시하고자 한다는 것을 보여 준다.

하지만 운(*οὖν*)은 이중적인 역할을 하고 있는 것일 수도 있다. 이 단어는 신약에서 결론을 나타내는 데 가장 흔하게 사용되고 있지만(거의 400번 가량 나온다), 이행(移行)을 위한 목적으로도 사용될 수 있다(Robertson, *Grammar*, 1191). 자신의 사역의 스타일을 설명한 후에(4:7-5:10), 바울은 5:11에서 자신의 강조점을 바꾼다. 그는 5:11-21에서 그의 사역의 목표는 세상을 하나님과 화해시키는 일을 돕는 것임을 보여 주는 데 관심을 갖게 될 것이다(5:18-21). 바울의 사역은 하나님이 죄악된 세상을 자기에게로 돌아오라고 부르시는 통로가 된다(물론 우리는 이 사역 속에서 바울이 그의 동포들인 유대인들에 대하여 간절한 소원을 지니고 있었다는 것을 간과할 수 없다, 롬 9-11장). 이 절(5:11)을 통해서 바울은 자신의 섬김의 목표가 무엇인지를 보여 준다. 그런 까닭에 운(οὖν)은 그의 여담의 결론임과 동시에 (Hughes, 186) 화해에 관한 그의 랩소디가 시작된다는 것을 알리는 표시다.

"주의 두려우심"(*τὸν φόβον τοῦ κυρίου*－톤 포본 투 퀴리우). 바울이 5:10의 의미에 의해서 크게 영향을 받고 있다는 것이 이 어구 속에서 드러난다. 그는 자신의 독자들에게 여기서의 속격이 주격적 속격인지 목적격적 속격인지를 확정하지 않은 채로 이 속격을 제시한다. 사도가 주가 두려워한다고 (주격적 속격으로 해석해서) 말하고 있는 것으로 이해하기는 어렵다. 왜냐하면 바울이 주가 두려워한다는 것을 자신의 활동의 동기로 여겼다는 것은 의미가 잘 통하지 않기 때문이다(게다가, 주가 무엇을 두려워한단 말인가?). 따라서 바울은 퀴리우(*κυρίου*)를 목적격적 속격으로 보았을 가능성이 더 크다(Tasker, 83). 즉 바울은 주를 두려워한다는 것이다.

그렇다면 이러한 두려움은 어떤 성격의 두려움인가? 분명히 바울은 주에 대한 "공포"를 말하고 있는 것이 아닐 것이다(KJV/AV, Ambrose, Beza). 하나님의 보좌 앞에 서는 것에 대한 공포는 불경건한 자들의 몫이다(롬 2:1-11; 참조. 계 6:15-17). 그러한 "공포" 가 바울의 생각 속에 있지 않았다는 것은 "두려움"이 그리스도인의 삶 속에서 중요한 역할을 한다는 것을 통해서도 드러난다(아래의 설명을 보라). 여기서 말한 두려움이 그러한 공포를 의미하는 것이었다면, 바울이 그러한 두려움을 부각시키려 했다는 것은 말이 되지 않는다. 왜냐하면 그는 방금 주와 함께 거하고 싶다는 뜻을 밝혔기 때문이다(5:8).

긍정적인 맥락에서 바울은 두려움을 넘어서서 지혜로 귀결되는 것이라는 견지에서 말하고 있을 가능성이 크다(욥 28:28; 전 12:13; 잠 9:10; Sir. 1:18). 바울은 좀더 깊은 의미에서의 두려움, 즉 소망의 차원을 포함하는 두려움에 대하여 말하고 있는 것이다(Bruce, 206). 이것은 포보스(*φόβος*)가 지혜로 귀결되지 않는다거나 이 포보스(*φόβος*)가 주를 재판장으로 보지 않는다고 말하는 것이 아니다. 그러나 여기서 바울은 "그리스도인들이 그들이 사랑하고 섬기며 장차 그들이 몸으로 행한 일들에 대하여 심판을 행하실 주인에 대하여 마땅히 느껴야 할 경외감"(Hughes, 186)이라는 뜻을 전달하기 위하여 포보스(*φόβος*)를 사용하고 있다.

나중에 보게 되겠지만, 이러한 두려움은 바울의 삶과 사역에서 길잡이이자 원동력이었다. 이러한 두려움은 그로 하여금 성경적인 의미에서의 지혜로 특징지어지는 삶을 영위하도록 이끌었다. 바울의 사역은 하나님의 뜻을 따른 것이었다(행 9:15-16). 그는 신뢰할 수 있는 자였고, 주에 대한 그의 섬김은 살든지 죽든지 주를 기쁘시게 해 드리는 그런 것이었다(5:9). 주에 대한 바울의 "두려움"은 그로 하여금 그리스도 앞에서 올바르게 서는 것을 보장해 주는 수단으로서 그리스도인의 삶 속에서 포보스($\phi\acute{o}\beta o\varsigma$)를 부각시키도록 이끌었다(Barrett, 163). 그리스도인들은 그들의 행위와 관련하여 올바른 동기를 지니는 데 실패해서는 안 된다. 만약 그들이 올바른 동기를 지니는 데 실패한다면, 그들은 장차 해(害)를 입고 수치를 당하게 될 것이다(고전 3:10-15). 그러나 주를 두려워하는 것은 단지 올바른 삶을 이끄는 지침이 될 뿐만 아니라, 삶을 올바르게 살 수 있게 해주는 원천이 된다.

바울에게 있어서 포보스($\phi\acute{o}\beta o\varsigma$)는 능력의 성령을 의지하는 것을 촉진시키는 건강한 태도라는 의미에서 중요한 것이었다(고전 2:4). 이것은 바울이 믿는 자들의 태도를 묘사할 때 "두렵고 떨림으로"(빌 2:12)라는 어구를 사용한 것에서도 드러난다(Martin, *Philippians*[NCB, 1976=1980] 103; 참조. 고전 2:3; 고후 7:15; 엡 6:5). 발츠(Balz, *TDNT* 9:213-14, n. 132)는 바울에게 있어서 두려움은 신앙의 본질적인 측면이었다는 것을 근거로 삼아서 이 어구가 기독론적인 지향성을 지니고 있다고 본다. 믿는 자들에게는 아들로서의 두려워함이 필요하다. 왜냐하면 그러한 두려움은 "믿는 자들이 하나님의 구원 사역에 근본적이고도 전적으로 의지하는 태도"(Balz, *TDNT* 9:214)를 가져다 주기 때문이다. 이것은 두려움이 믿는 자의 삶을 결정한다는 것을 의미하는 것이 아니라, 믿는 자는 회심 후에도 지속적으로 하나님을 재판장으로서 경외해야 한다는 것을 의미한다(롬 11:20). 그렇지만 재판장으로서의 하나님의 역할은 믿는 자들에게 불안과 공포를 가져다 주는 것이 아니라, 하나님은 믿는 자들이 신뢰할 수 있는 분이기 때문에 도리어 소망을 가져다 준다(1:18을 보라). 물론 믿음은 하나님을 두려워하는 것, 하나님을 재판장으로서 경외하는 두려움에 입각해 있고, 동시에 성령을 통해서 가치 있는 삶을 살기 위한 힘을 얻기 위하여 이 재판장에게 의지한다. 그러므로 어떤 사람이 소망과 기대 속에서 하나님을 기쁘시게 해 드리는 삶을 산다면, 그는 그리스도 앞에 서게 되기를 고대할 수 있다(Plummer, 168; 두려움은 신앙에 있어서 본질적인 것이기 때문에 단지 공포라는 견지에서 설명될 수 없다고 말하는 Glombitza, "Mit Furcht und Zittern," 105, 106를 보라).

두려움이라는 단어를 이렇게 검토한 결과를 명심하는 것은 중요하다. 왜냐하면 바울의 권면의 토대가 되고 있는 이 단어가 지니는 의미를 놓치는 것은 바울이 5:11-13에서 자신의 결백함을 변호하고 있는 내용의 핵심을 놓치는 것이 되기 때문이다. 자기가 하나님을 기쁘시게 해 드리고자 한다는 맥락 속에(5:6-10) 주를 두려워하는 마음을 첨가했기 때문에, 바울은 고린도 교인들을 섬기는 그의 동기들에 바탕을 둔 논증의 토대를 다 닦아놓은 것이 되었다. 그의 삶은 하나님에 대한 믿음과 동시에 하나님을 의지하는 것으로 특징지어진다. 고린도 교인들에게 바울은 자신이 그들을 사랑하고자 했을 때 정직하고 공명정대했다고 말한다. 그는 자신의 이기적인 야망을 달성하려는 동기에서 어떤 일을 한 적이 전혀 없었고, 오직 언제나 그들에게 가장 유익이 되는 것을 염두에 두고서 그들을 섬겨 왔다. 바울이 앞으로 말하겠지만, 그의 신임장은 외적인 "명예들"로 이루어져 있는 것이 아니라, 하나님에 대한 헌신과 바울이 사역을 하도록 보내심을 받은 대상인 사람들에 대한 헌신을 특징으로 하는 삶으로 이루어져 있다. 그러므로 여기에는 바울의 직분에 대한 "평가에 있어서 새로운 기준"이 제시되고 있는 것이다(Bultmann, 147).

"우리는 사람들에게 권하고자 한다"(*ἀνθρώπους πείθομεν*–안드로푸스 페이도멘). 주의 두려우심을 알기 때문에 바울은 사람들을 설득하고자 한다. 그러나 우리 앞에 있는 문제는 설득(*πείθειν*–페이데인)에 대한 바울의 이해 배후에 무엇이 놓여 있는가 하는 것이다.

바울이 페이도멘(*πείθομεν*, "우리가 설득한다")이라는 단어를 사용해서 전달하고자 했던 것은 그가 유대인이나 헬라인이나 모두가 하나님의 구원을 받아들이도록 설득시키고자 했다는 것이다(그러나 Bachmann, Godet, Plummer, Hughes, 186에서는 여기에 반대한다). 또한 이 동사가 전도와 관련된 의미를 지닌다는 것은 다른 저술가들(Windisch, Prümm)에 의해서도 지적된다. 5:9-10을 볼 때, 바울이 복음을 온 세상에 전하고자 하는 동기를 지니고 있었음을 보는 것은 그리 어렵지 않다(행 18:4; 19:8, 26; 26:28; 28:23을 보라). 이것은 화해에 대한 바울의 설명에 비추어 볼 때도(5:18-20) 그가 자기 자신을 화해의 도구로 믿고 있었다는 점에서도 의미가 잘 통한다. 심판의 날에 생각이 미치자 바울은 더욱더 세계를 복음화해야겠다는 생각이 간절해진 것이다(Schlatter, *Paulus*, 556, 557; 참조. Tasker, 83).

그러나 바울이 자신의 동기들에 대하여 변호하고 있다는 점을 고려할 때(5:11b-13), 그는 고린도 교인들에게 자신의 사역과 동기들이 진실했다는 것을 설득하고자 하는 마음도 지니고 있었던 것으로 보인다. 바울은 사도로서의 권위를 공격받고 있었다(3:1-3; 10:1-18). 그는 고린도 교회의 몇몇 지체들에게 자기가 결백하다는 것을 설득해야 했다(1:12-14; 4:1, 2; 6:3-10; 7:2-4). 사실, 휴즈(Hughes)가 "이 서신 전체는 바울이 자신의 참됨을 밝히고 있는 것이라고 설명될 수 있다"(186, 187)고 말할 정도로 고린도후서의 많은 부분은 바울이 자기 자신을 변호하는 내용이다.

따라서 바울이 페이도멘(*πείθομεν*)을 사용한 것은 두 가지 의미를 동시에 가진다. 그는 그리스도가 구원의 수단이라는 것을 사람들에게 설득시키고자 하고 있고, 자신의 동기가 순수하다는 것을 그들에게 설득시키고자 시도한다. 데니(Denney)가 말하고 있듯이, "첫 번째 뉘앙스는 이 단락의 전체적인 어조에 의해서 드러나고, 두 번째 뉘앙스는 이후에 나올 내용에 의해서 요구되는 것으로 보인다"(187).

페이도멘(*πείθομεν*)의 현재 시제는 우리에게 바울이 설득하고자 하는 시도는 현재에도 진행 중인 시도라는 것을 알게 해준다. 페이데인(*πείθειν*)은 바울의 대적자가 사용한 단어였다는 불트만(Bultmann)의 주장(*Probleme*, 13)이 옳다면, 본문에 대한 설명은 한층 더 잘 풀리게 된다. 갈라디아 교인들에게 일어났던 일이 여기 고린도 교인들에게도 일어난 것일 수 있다. 불트만이 제시한 단서를 통해서 우리는 고린도 교회의 일부 사람들이 바울을 음흉한 수단들을 통해서 사람들로부터 인정받으려 한다고 비난했다는 것을 알 수 있다(갈 1:10, *πείθω*-페이도; Burton, *Galatians*[ICC; New York: Scribner's, reprint 1970] 30). 바울이 그의 대적자가 사용한 가시돋힌 말을 다른 식으로 사용하고 있는 것이 아니라면, 그는 5:11에서 페이데인(*πείθειν*) 대신에 파라칼레인(*παρακαλεῖν*)을 사용했을 것이다(Bultmann). 만약 바울이 후자의 단어를 사용했다면, 그것은 바울의 말을 좀더 긍정적인 의미를 지니게 해서, 자신에 대한 반대를 이기기 위한 시도가 아니라 충성심에 대한 호소로 바뀌게 되었을 것이다(우리가 5:12-13에 대한 "주석"을 할 때, 우리는 바울이 왜 공격을 받았는지 그 이유에 대하여 보게 될 것이다. 분명히 사도는 고린도 교회에 등장했던 몇몇 "지극히 큰 사도들"이 과시했던 외적인 표적들을 보여 주지 않았다).

슈미탈스(Schmithals, *Gnosticism*, 189-92)는 바울의 공격은 이러한 "지극히 큰 사도들"의 진영을 향한 것이 아니라, 바울이 탈혼 상태를 사용하지 않는 방법으로 복음을 전하는 것에 대하여 시비를 걸었던 영지주의자들의 비판을 겨냥한 것이라고 본다. 슈미탈스(Schmithals)는 5:13에 가르(*γὰρ*)가 등장한다는 것을 이유로 5:11a과 5:13을 서로 연결시킨다. 그런 후에 안드로푸스 페이도멘(*ἀνθρώπους πείθομεν*)을 에이테 소프로누멘(*εἴτε σωφρονοῦμεν*)과 대응시키고, 데오 페라네로메다(*θεῷ πεφανερώμεθα*)를 에이테 엑세스테멘(*εἴτε ἐξέστημεν*)과 대응시킴으로써, 그는 두 절 간의 병행을 이끌어 낸다. 나아가서 그는 파네로시스(*φανέρωσις*, 고전 12:7)의 사용은 "탈혼 상태 속에서의 성령의 나타남"이라는 견지에서 5:11b에 나오는 페파네로메다(*πεφανερώμεθα*) 및 페파네로스다이(*πεφανερῶσθαι*)와 서로 부합한다고 결론을 내린다. 하지만 이러한 주장은 바울이 5:10에서 파네로데나이

(φανερωθῆναι)를 사용하고 있는 것을 고려하지 못한 것이다. 게다가 슈미탈스(Schmithals)는 그가 주장하는 이론을 뒷받침해 줄 만한 그 어떤 병행도 영지주의 문헌들 속에서 발견하지 못했다고 스스로 인정한다(Barrett, 164를 보라).

"우리가 하나님 앞에 알리워져 있다"(*θεῷ δὲ πεφανερώμεθα*-데오 데 페파네로메다). 사람들을 설득하고자 애쓰는 것과는 대조적으로, 바울은 그가 하나님을 "설득했다"는 것에 대해서는 하등의 의심도 갖고 있지 않았다. 그는 하나님 앞에 당당히 서 있다(*πεφανερώμεθα*-페파네로메다). 완료 시제는 이것이 이미 이루어진 상태라는 것을 보여 주는 것이기 때문에, 그는 자신의 마음속에 그가 하나님 앞에 선다면(5:10) 무죄로 방면될 수 있음을 믿고 있었다(고전 4:4)는 것을 보여 준다. "선한" 상급을 받을 기회가 바울에게는 이미 주어진 것이나 다름없다. 이러한 사고가 의도하고 있는 것은 독자들을 5:11-13의 주된 관심, 즉 하나님과 사람 앞에서 바울의 사역(그리고 사도직)이 흠이 없다는 것을 보여 주는 것이다. 그는 사람은 스스로 속을 수 있지만, 하나님 앞에 숨겨져 있는 것은 아무것도 없기 때문에 하나님을 속일 수는 없다는 것을 너무도 잘 알고 있었다. 바울은 매우 당당하게 자신의 입장을 제시할 수 있다. 왜냐하면 중요한 것은 하나님의 판단이기 때문이다(Barrett, 164).

바울의 논리는 이런 것이다: 그의 직분이 하나님으로부터 "재가의 도장"을 받은 것이라면(고전 9:1-2), 그 결과로 그의 직분은 하나님의 뜻 가운데 있다. 따라서 고린도 교인들은 마땅히 그의 직분과 사역이 거짓된 것이 아니고 진실한 것이며, 스스로에게서 나온 것이 아니라 하나님에게서 왔다고 보아야 한다. 달리 말하면, 바울이 깨끗한 양심으로 하나님 앞에 설 수 있다면, 그가 고린도 교인들의 눈앞에 무엇을 숨기거나 은폐할 필요가 있겠는가? 게다가, 주를 두려워하는 것이 바울의 생각과 마음속에 깊이 자리 잡고 있다면, 그가 사람들 앞에서 거짓된 복음을 전함으로써 하나님 앞에서 자신의 지위를 위태롭게 할 이유가 어디에 있겠는가? 하나님이 바울의 사역(하나님이 이미 인정한 사역)에 대하여 모든 것을 온전히 알고 계시다는 것은 바울에게 있어서 스스로를 기쁘게 하고자 하는 그 어떠한 마음에 대해서도 "제동 장치"로서의 역할을 한다(Tasker, 83). 바울은 하나님 앞에서 한 치도 숨김없이 모든 것을 다 드러내었듯이, 사람들 앞에서도 그렇게 했다(Bruce, 206).

"또 너희의 양심에도 알리워졌기를 나는 바라노라"(*ἐλπίζω δὲ καὶ ἐν ταῖς συνειδήσεσιν ὑμῶν πεφανερῶσθαι*-엘피조 데 카이 엔 타이스 쉬네이데세신 휘몬 페파네로스다이). 바울은 자기가 고린도 교인들 앞에서 한 치의 거짓도 없이 참되게 행했다는 주장을 계속한다. 우리는 바울이 5:11의 앞부분에서 복수형인 "우리"를 사용하다가 "나는 바란다"(ἐλπίζω-엘피조)에서 단수형 대명사인 "나"로 바꿔서 사용하고 있는 것을 주목할 수 있을 것이다. 이것은 이 단락을 주석하는 자들에게 깜짝 놀랄 만한 일은 아니겠지만, 몇 가지 의문을 불러일으킨다.

바울이 단수형과 복수형 대명사("나/우리")를 번갈아 사용함으로써 통상적으로 그의 서신들을 시작할 때(고전 1:1; 빌 1:1; 골 1:1; 살후 1:1; 고린도후서의 경우에는 그는 디모데를 언급한다)와 끝낼 때(롬 16:1; 고전 16:19, 20; 엡 6:21; 빌 4:21, 22; 골 4:7-18; 딛 3:15; 고린도후서에서는 13:13에 나오는 "성도들"이라는 표현을 보라) 언급하고 있는 특정한 무리들이 은폐될 수 있다. 바울이 지역의 회중에 대하여 말하고 있든 온 세상의 교회에 대하여 말하고 있든 복수형 대명사들은 아마도 그리스도인 공동체를 포함하는 것일 수 있다(1:1b; 13:13을 보라). 또한 바울은 사역자들 전체를 염두에 둔 것일 수도 있다(Plummer, 169; "우리"라는 표현이 나오는 단락들을 다음과 같이 요약하고 있는 Cerfaux, *Christ*, 176, n. 25, and Carrez, "Le 'nous'"를 보라: (1) 바울의 사역에 동참하고 있는 공동체 전체의 행위, (2) 바울 자신과 그의 팀의 지체들에 의해서 경험된 사도적인 연대(連帶), (3) 사도들 가운데 그가 한 자리를 점하고 있다는 그의 주장, (4) 고린도 교회와의 그의 인격적인 연대, 486).

"우리"의 선행사를 확실하게 결정할 수 없다고 해서, 우리는 이러한 구절들을 해석할 때 당혹스러워해서는 안 된다(왜냐하면 앞에서 말한 그 어떤 추정도 진리에 가까울 것이기 때문이다). 도리어 우리는 바울이 "나"를 사용한 것에 대하여 집중해야 한다. 단수 인칭대명사는 바울이 자신의 모범을 강조적으로 가리키는 방식일 수 있다. 이것은 5:11의 전체적인 어조에 비추어 볼 때 일리가 있다. "우리"에서 "나"로 바꿈으로써 바울은 자신의 경우를 근거로 제시하는 입장을 취하고 있다. 그가 회중에게 자신의 확신들을 전할 때 근거로 제시하는 것은 개인적인 성격을 띤다. 요컨대, "나"로의 전환은 바울의 간청의 정서를 표현해 주고 있다는 것이다.

이러한 간청이 이미 행해진 것이고 또한 지금도 계속되고 있는 간청이라는 것은 페파네로메다(πεφανερώμεθα)의 완료 시제를 통해서 분명하게 드러난다. 바울이 목표물로 삼고 있는 것은 고린도 교인들의 양심이다(바울이 각 사람의 양심에 대하여 자신을 천거하고 있는 것에 대해서는 4:2에 대한 "주석"을 보라). 바울은 자기가 흠이 없다는 것을 근거로 해서 고린도 교인들을 멸시한 것이 아니었다(1:12). 그는 다름 아닌 십자가를 전하러 왔었다(고전 2:1-5; 또한 동일한 단락에서 바울이 말을 잘하는 것이나 지혜와 관련해서 그가 다른 사람들보다 우월하다는 그 어떤 주장도 공개적으로 일축했다는 것을 주목하라). 그는 그들에게 복음을 전했다. 실제로 이것이 사실이라면, 그의 대적들은 바울을 공격하거나 비난할 근거를 가지고 있지 못하다. 고린도 교인들은 바로 그것을 알아야 한다(5:11은 바울이 복수형 쉬네이데세신〈*συνειδήσεσιν*, "양심들"〉을 사용하고 있는 드문 경우라는 것을 주목하라. 이것은 그가 각 사람의 양심에 호소하고자 하고 있다는 것을 보여 준다, Plummer, 169). 고린도 교인들이 각자 자신의 양심을 깊이 살펴본다면, 그들은 모두 바울이 진실하다는 것을 알게 될 것이다.

바울은 그러한 결과를 소망하고 있었던 것으로 보인다. 완료 부정사(*πεφανερῶσθαι*-페파네로스다이; 참조. 고전 16:7; 빌 2:19, 23; 딤전 3:14)를 수반한 엘피조(*ἐλπίζω*, "소망한다")의 사용은 "믿다"(Hughes, 188) 또는 "생각하다"(Barrett, 164; 참조. BFD § 350)라는 개념을 시사해 준다. 따라서 바울은 고린도 교인들이 깊은 성찰을 통해서 올바른 길로 다시 나오게 될 것을 어느 정도 확신하고 있었던 것으로 보인다. 그들은 바울의 행위들이 이기적이었다는 것을 보여 주는 증거들을 찾지 못할 것이고(즉 자신이 공식적으로 받지 못했던 열등한 사도직을 극복하고자 하는 시도를 한 것이 아니라는 것), 도리어 그의 행위들이 복음을 존중한 행위들이었다는 것이 드러나게 될 것이다.

하지만 우리는 바울이 자기 자신에 대하여 조금도 편향이 없는 묘사를 제시하고 있다고 말할 수는 없다. 그는 자신의 변호를 하나님이 자신의 직분을 인정한 것과 동일한 선상에 놓았다. 그렇게 함으로써 바울은 그와 그의 직분을 거부하는 자들은 5:10에 비추어서 정죄를 받게 될 것임을 어느 정도 강력하게 암시하고 있는 것이다. 그리스도를 따른다고 공언한 자들은 하나님으로부터 인정 받은 자를 거부해서는 안 된다. 바울의 양심 속에는 그 어떤 편견이나 시기(猜忌)도 존재하지 않는다. 우리가 보는 것은 하나님의 요구들을 전하는 "깨끗한" 양심이다("어떤 사람이 자신의 양심 앞에 있듯이, 그는 하나님 앞에 있다", Hughes, 187). 바울은 하나님 앞에 서야 하고, 사람들 앞에서 진실했기 때문에, 그의 부르심이 참되다는 것에 대하여 그 어떤 추가적인 "신임장"을 제시할 필요가 없다. 이러한 고찰을 근거로 슈미탈스(Schmithals, *Gnosticism*, 188)는 5:11b은 바울이 또다시 자기 자신을 천거하고자 하고 있는 것이라는 비난을 제압하려고 한 삽입구적인 발언이라고 보았다.

**12** "우리가 다시 너희에게 자천하는 것이 아니요"(*οὐ πάλιν ἑαυτοὺς συνιστάνομεν ὑμῖν*-우 팔린 헤아우투스 쉬니스타노멘 휘민). 바울은 그럴 생각이 아니

었지만, 자신의 행위에 대한 이 마지막 묘사는 아마도 그가 스스로를 자천한 것으로 여겨졌을 가능성이 크다(Bultmann, *Probleme* 13, 14를 보라). 그는 3:1에서 이것을 피하고자 했었다(해당 "주석"을 보라). 왜냐하면 바울은 자기가 진실했다는 것을 말한 후에(1:1-2:17) 다시 한 번 "내가 나의 직분이 참되다는 것을 다른 방식으로 증명할 필요가 있겠는가?"(3:1-3)라고 반문했기 때문이다. 이 절에서 다시 한 번 바울은 그가 자기 자신의 영광을 구하고 있는 것이 아님을 보여 준다(강조적인 위치에서 우⟨*οὐ*⟩를 사용하고 있는 것과 복수형 인칭대명사로 되돌아가고 있는 것을 주목하라). 4:2에서 말하고, 또한 7:4에 나오는 사도의 "자기 자신과 복음을 위한 변호"(apologia pro vita sua et evangelio)가 보여 주듯이, 그가 선교 사역의 "최전선에 있다는 것"은 모든 사람의 양심에 알려져 있는 사실이다. 그러나 우리는 바울이 그의 마음에 가까이 두었던 자들이 그의 그러한 사역을 뭔가 의도가 있는 이기적인 것으로 받아들였을 때 겪은 좌절감을 분명히 공감할 수 있다. 바울은 딜레마에 빠져 있었다. 한편으로, 그는 하나님에 의거하지 않은 그 어떤 자천함도 잘못된 것이라는 사실을 알고 있었다(고전 1:31). 그렇지만 다른 한편으로, 바울은 그가 하나님이 의도하신 대로 복음을 전하고 있다는 것, 즉 자신의 신실함을 고린도 교인들에게 설득시키기 위하여 뭔가 다른 것을 해야 할 필요가 있었다. 이하에 나오는 내용을 좀더 면밀하게 검토해 보면, 바울은 그러한 딜레마를 빠져 나갈 수 있었던 것으로 보인다.

"오직 우리를 인하여 자랑할 기회를 너희에게 주어"(*ἀλλὰ ἀφορμὴν διδόντες ὑμῖν καυχήματος ὑπὲρ ἡμῶν*-알라 아포르멘 디돈테스 휘민 카우케마토스 휘페르 헤몬). 바울이 자신의 양심에 대해서는 관심을 두지 않은 것이 이상한 일로 여겨져서는 안 된다(5:11). 도리어 그는 자신의 주장에 동조하는 자들에게 그들이 정당하다고 하는 근거를 제공해 주고자 한다. 나아가, 고린도 교인들 중에서 적어도 일부에게 자신의 복음이 참되다는 것을 확신시킴으로써 그는 그들이 화해의 도구들이 될 힘과 이유를 가지게 되기를 바랐다.

바울은 아마도 그의 독자들과의 사이에 신앙에서의 "부자" 관계를 염두에 두고 있었을 것이다(6:13). 바울과 그의 전도를 통해서 회심한 자들 간의 관계는 흔히 "부모와 자식"의 관계로 묘사된다(아버지라는 개념, 특히 바울에게 교인들의 순종을 기대하는 부모로서의 권리⟨고전 4:21; 고후 1:9; 7:15; 10:6; 빌 2:12; 몬 21절⟩와 그를 본받으라고 요구하는 것⟨고전 4:16; 10:33-11:1; 살전 1:6; 빌 3:17; 4:9; 갈 4:12; W. P. de Boer, *The Imitation of Paul*, Kampen: Kok, 1962⟩과 관련된 다양한 이미지들을 지적하는 B. Holmberg, *Paul and Power*, 80를 보라). 바울은 고린도 교인들에게 뭔가를 주고 있고(*διδόντες*-디돈테스; 직설법 대신에 분사가 절대적인 용법으로 사용된 것에 대해서는 Moule, *Idiom Book*, 179; Moulton, *Grammar* 3:343; Hughes, 140, 141, n. 10, 188, n. 5를 보라; 참조. 7:5, 7; 8:19, 20, 24; 9:11; 롬 5:11을 보라), 그것은 바로 카우케마(*καύχημα*, "자랑")에 의해서 수식을 받고 있는 아포르메(*ἀφορμή*, "기회, 동기," Hughes, 188; 이 단어는 11:12에 나오고 논쟁적인 맥락 속에 두어진 용어다, Collange, *Enigmes*, 247, n. 2)이다. 고린도 교회에서는 어떤 형태의 하나됨을 유지시키는 데 도움이 될 만한 행위가 필요했다. 아마도 바울은 그의 지지자들(그의 삶으로 말미암아)과 대적자들(복음의 능력으로 말미암아)이 만남을 위한 공통의 근거를 갖게 되고, 그가 논쟁과 불화의 중심이 되는 것을 그치게 되기를 소망했을 것이다.

바울이 자기 자신을 하나의 모범으로 제시한 것은 피할 수 없는 일이었지만, 5:12c에서 볼 수 있듯이 그가 최종적으로 근거로 삼은 것은 자기 자신이 아니라 복음이었다. 그의 역할은 복음의 신실하고 참된 일꾼이 되는 것이었다(Barrett, 165). 모든 사람이 그의 삶과 사역 속에서 하나님의 능력이 역사하는 것을 볼 수 있다면, 바울이 아니라 복음이 실제로 천거되는 것일 것이다.

"너희로 대하게 하려 하는 것이라"(*ἵνα ἔξητε πρός*-히나 엑세테 프로스). 이 목적(또는 결과)절 속에서(히나〈*ἵνα*〉를 주목하라: 에케인〈*ἔχειν*〉에 대해서는 행 4:14; 25:26; 딛 2:8을 보라) 바울은 왜 그가 고린도 교인들에게 자랑할 기회를 주고 있는 것인지를 설명한다. 바울이 그러한 기회를 주는 목적은 "친바울적인" 고린도 교인들이 바울의 대적들에 대항하여 방어를 하게 하기 위한 것이다. 바울은 고린도 교인들이 자신이 신실하다는 것을 안다는 전제 하에서 앞으로 전진해 나간다.

에케테(*ἔχητε*, "〈뭔가〉를 갖다", 에케테〈*ἔχητε*〉는 히나〈*ἵνα*〉 뒤에 오는 가정법이다)의 문법상의 목적어가 무엇인지에 대해서는 많은 논란이 있어 왔다. 어떤 이들은 티(*τι*), 또는 레게인 티(*λέγειν τι*), 또는 카우케마(*καύχημα*, "…하는 자들에 대하여 자랑할 것", Hodge; 참조. Bultmann, 150), 또는 심지어 아포르멘(*ἀφορμήν*, "손에 쥐어져 있는 자원", Plummer, 170; 참조. 롬 4:2과 갈 6:4의 카우케마/에케인〈*καύχημα*/*ἔχειν*〉, 롬 7:8, 11의 아포르멘/라베인〈*ἀφορμήν*/*λάβειν*〉)을 목적어로 보충해 넣는다. 그렇지만 바울은 여기서 고린도 교인들에게 뭔가 새로운 것을 주고 있는 것이 아니라 그들이 이미 알고 있는 것을 상기시키고 있는 것이라는 휴즈(Hughes)의 주장(188, 189)이 더 낫다. 고린도 교인들은 바울을 개인적으로 잘 알고 있었고 그들 자신의 양심의 증언이 있었기 때문에 바울을 공격함과 동시에 복음을 공격하는 자들을 상대할 수 있는 근거들을 가지고 있는 것이었다. 바울이 대표하는 것은 진리의 원천이고(13:8), 이것은 "전투의 시발점이자 전투를 개시하는 데 사용될 수 있는 자원"이었다(Tasker, 84; 참조. 롬 4:2; 7:11; 딤전 5:14). 이러한 전투의 토대 - 바울의 직분을 성공적으로 변호함으로써 복음을 나타내는 것 - 는 5:12의 나머지 부분에서 설명된다.

"마음으로 하지 않고 외모로 자랑하는 자들"(*τοὺς ἐν προσώπῳ καυχωμένους καὶ μὴ ἐν καρδίᾳ* - 투스 엔 프로소포 카우코메누스 카이 메 엔 카르디아). 여기서 분명히 볼 수 있듯이, 바울만이 자신을 "자랑하고" 있는 것이 아니었다. 그의 대적자들 - 저 엄중한 서신 속에서 언급된 자들(Filson, 333) - 도 스스로를 자랑했다. 그러나 바울은 이 두 가지 자랑이 판이하게 다른 근원을 지니고 있다는 것을 신속하게 지적한다(동사 카우카스다이〈*καυχᾶσθαι*, "자랑하다"〉는 바울 자신의 태도와 관련해서 더 자주 사용되는데, 우리가 이 동사의 빈도를 살펴볼 때 그것은 흥미로운 결과를 보여 준다. 이 동사는 신약에 59번 나오는데, 그 중 55번이 바울이 사용하고 있다. 그 중에서 29번은 고린도후서, 특히 10-13장에 나온다[Collange, *Enigmes*, 247, n. 2]). 바울을 대적한 자들은 "지극히 큰" 신임장을 지니고 있었고, 그것을 사용하여 바울의 열등한 지위를 근거로 삼아 고린도 교인들을 지배하고 그들 위에 군림했다. 그들이 바울을 조롱한 근거에는 다음과 같은 것들이 포함되어 있었을 것이다. (a) 바울은 개인적으로 예수를 알지 못한다는 것(Strachan, 106; 참조. 5:16), (b) 바울과 예루살렘 교회가 좋지 않은 관계 속에 있다는 것(갈 2:11-16에 보도된 둘 간의 대결은 바울이 안디옥 교회에서 유대 그리스도인들에 의해서 어떻게 패했는지를 보여 준다. Dunn, "The Incident"; Stuhlmacher, "Das paulinische Evangelium," 특히 175-78와 본서의 서론을 보라), (c) 바울에게 강력한 개성이 결여되어 있다는 것(10:10), (d) 바울이 다른 사람들에게 의존하고 있다는 것(10:16), (e) 바울의 언변이 신통치 않다는 것(11:6), (f) 그가 자랑하는 근거들이 "소극적인" 성취들이라는 사실(11:21-31, Hodge, 131를 보라). 이러한 "결함들"을 가지고 있지 않은 자들에게 있어서 그들의 자랑의 근거는 프로소폰(*πρόσωπον*)에 있었는데, 그것은 의미상 에이도스(*εἶδος*, 5:7)와 비슷해서 눈에 보이는 것들이라는 개념, 즉 "외적인 것들" 또는 "외모"라는 개념을 지니고 있었다(BGD, 721). 아마도 이 대목은 고린도후서에서 할례와 관련된 논쟁이 그 밑바닥에 깔려 있다고 할 수 있는 그러한 대목이다(참조. 롬 2:25-29). 그러나 불트만(Bultmann)은 엔 프로소포(ἐν προσώπῳ)가 카타 사르카(κατὰ σάρκα)와 동일한 의미라고(참조. 10:2, 3) 주장하지만, 여기에 할례 논쟁이 나타난다고 보는 주장은 의심스럽다(빌 3:3-5).

바울이 전달하고자 하는 것은 그의 관심이 자기 자신에게 있는 것이 아니라 하나님과 그의 백성, 이 경우에는 고린도 교인들에게 있다는 것이다. 외적인 것을 자랑하는 자들은 그들의 내적인 성향을 드러내는 것이다(마 12:34b). 바울은 자기가 그의 마음속에(ἐν καρδίᾳ–엔 카르디아, 내적인 삶 전체의 중심이자 원천, BGD, 403, 404; 참조. 갈 2:6) 있는 것 외에는 아무것도 행하지 않았다고 말하고 있다. 사도는 외적으로 주어진 자격들을 근거로 스스로 자랑하고자 하지 않는다(Calvin). 참된 사역자는 굳이 외모를 자랑하고자 한다면 자신의 강함이 아니라 연약함을 자랑할 것이다(Denney, 189-90). 여기에는 베츠(Betz)가 표현하고 있는 대로 말하자면(*Der Apostel Paulus*, 133; 나중에 나오는 설명을 보라) 증거 문제(Evidenzproblem), 즉 사도직과 관련하여 어떠한 신임장이 유효하냐는 문제를 중심으로 해서 바울이 고린도 교인들과 줄기차게 벌인 논쟁에 있어서 하나의 매듭이 나온다.

바울의 대적자들이 말하는 것을 따르는 자는 자신의 사역을 받아들이는 자들을 희생양으로 삼아서 스스로를 높이고 자랑하고자 하는 시험에 빠지기가 쉽다. 그러나 바울은 주에 대한 두려워하는 마음을 동기로 삼아서(5:11) 고린도 교인들에게 "순수한" 사역을 하기 위하여 깨끗한 양심으로 왔다. 그는 복음이 그의 삶 속에서 역사하도록 함으로써 자기 자신을 하나의 모범으로 삼아서 그 복음을 모든 사람들에게 권한다. 고린도 교인들은 (바울을 공격함으로써) 복음을 전복시키고자 한 자들에 대항하여 공격을 감행했다(Denney, 188). 그들은 바울을 대신해서 자랑할 수 있다. 왜냐하면 하나님의 능력이 약함 속에서 빛을 발했기 때문이다(12:9). 바울은 자신을 과시하거나 사람들로부터 섬김을 받기 위해서가 아니라 그의 부르심에 충실하기 위해서 나가 행했고, 이것은 복음에 토대를 둔 것이었다(참조. 살전 2:4-8; 또한 행 20:24; 26:19). 그런 까닭에 고린도 교인들이 바울의 모범을 기억하기만 한다면, 그는 앞서 언급된 딜레마를 피할 수 있었을 것이다. 왜냐하면 그는 자신의 결백함을 증명하기 위해서 다른 뭔가를 할 필요가 없을 것이기 때문이다. 이것은 5:13에서 좀더 자세하게 나타난다.

13 "우리가 만일 미쳤어도 하나님을 위한 것이요 만일 정신이 온전해도 너희를 위한 것이니"(εἴτε γὰρ ἐξέστημεν, θεῷ…εἴτε σωφρονοῦμεν, ὑμῖν–에이테 가르 엑세스테멘, 데오…에이테 소프로누멘, 휘민). 바울은 자신의 동기의 순수함과 진

실함을 의심하는 자들에 대하여 답변을 계속한다(바울은 "영웅" 또는 슈퍼맨이 되고자 하지 않았다, Fahy, "St. Paul's 'Boasting,'" 216). 피상적으로 보면, 바울은 여기서 자신의 마음이나 정신의 상태가 어떠하든지 간에 자기는 자신을 위해서는 아무것도 하지 않고 모든 것을 하나님과 고린도 교인들을 위하여 행하고 있다고 말한 것으로 보이지만, 그러한 말의 표면 하에는 그가 "미치다"(*ἐξίστασθαι* – 엑시스타스다이)라는 표현을 통해서 전달하고자 한 것의 신비가 숨겨져 있다. 우리의 능력으로는 이 내목을 온전히 이해하서나 파악할 수 없을지도 모른다.

여기서 소프로네인(*σωφρονεῖν*, 온전하다; "정신상으로 건강함," BGD, 802)과 반대되는 것(Hughes, 190)으로 나오는 엑시스타나이(*ἐξιστάναι*)의 의미는 정신 이상의 한 유형을 가리키는 것일 수 있다(적어도 바울의 대적자들이 보기에는, Plummer, 172). 5:13은 고린도후서에서, 아니 실제로는 바울 서신 속에서 이 동사가 사용되고 있는 유일한 구절이다. 신약의 나머지 부분에서 이 동사는 통상적으로 "놀라다"로 번역된다(마 12:23; 막 2:12; 눅 8:56; 행 2:7, 12; 8:13; 9:21; 10:45; 12:16; 또한 출 19:18; 룻 3:8 LXX을 보라, 거기에는 하라드⟨חרד, "떨다"⟩에서 나온 동사가 엑세스테⟨*ἐξέστη*⟩로 번역되어 있다; Luck, *TDNT* 7:1102). 또한 동일한 어원에서 나온 명사인 엑스타시스(*ἔκστασις*, "탈혼")는 "놀람"(막 5:42; 16:8; 눅 5:26; 행 3:10)을 의미하거나 어떤 사람이 환상 또는 탈혼으로 인하여 "제정신이 아니게" 된 사건을 묘사하는 데 사용된다(행 10:10; 11:5; 22:17). 게다가, 우리는 바울이 왜 베스도 총독 앞에서 심문을 받을 때 베스도가 그를 보고 "미쳤다"고 말하는 데 사용한 단어들(행 26:24-25)인 마니아(*μανία*, "미침, 제정신이 아님") 또는 마이노마이(*μαίνομαι*, "제정신이 아니다"; Plato, *Phaedrus* 244)를 사용하고 있지 않은지를 반문할 수 있다. 따라서 이러한 추론 과정을 통해서 볼 때, 우리는 비록 바울의 대적자들은 그의 광신적인 행동(11:1, 16-32)을 "종교적인 광신"으로 보았을 테지만(Hughes, 191, 192; Strachan, 106; Lietzmann; Wendland는 바울은 자신의 사역이 구속사에 있어서 신기원을 이룩한 것이라고 생각했기 때문에, 그의 대적자들은 그가 탈혼 상태 속에서 나타나는 과대망상증에 빠진 것이라고 보았다고 생각한다) 바울이 "정신적인 이상"에 대하여 말한 것인지를 진지하게 의심해 볼 수밖에 없다.

바울은 아마도 여기서 그의 영이 "몸 밖으로 빠져 나가서" 하나님을 만난 자신의 탈혼 상태의 경험들을 묘사하고 있는 것일 가능성이 크다(Dunn, *Jesus and the Spirit*, 215, 216). 만약 데오(*θεῷ*, "하나님을 위한")가 준거(準據)의 여격이라면, 아마도 엑시스타나이(ἐξιστάναι)는 정신 이상을 가리킬 것이다. 그러나 분명히 휘민(ὑμῖν, "너희에게")은 이익의 여격이기 때문에, 바울이 두 개의 여격을 동일한 방식으로 사용하지 않았을 가능성은 매우 희박하다(Tasker, 85, Bultmann, 151). 그러므로 데오(θεῷ)도 이익의 여격이라면, 엑시스타스다이(ἐξίστασθαι)가 정신 이상이라는 의미를 지닐 가능성은 배제된다. 왜냐하면 바울의 "정신 이상"이 어떻게 하나님께 유익이 되겠는가? 도리어 이 동사는 "커다란 영적 감정의 압박감"(Tasker, 84) 또는 영적 고양(高揚)을 강조한다.

바울이 여기서 언급하고 있는 탈혼 상태의 체험들은 아마도 방언을 말하는 것이나(고전 14:18; Denney, 192) 고린도후서 12:7에 묘사된 환상에 수반된 경험들을 가리킬 것이다(Barrett, 166). 얼핏 보기에는 여기서 사용된 단순과거는 다메섹 도상에서의 사건 또는 그의 "성난"(또는 근심어린) "방문(Bachmann) 또는 12:7의 환상 같은 바울의 생애에서 일회성의 사건을 시사해 주는 것같이 보인다(Allo). 그러나 이 단순과거는 그의 습관을 나타내는 무시간적인 것을 의미하는 것일 수도 있다(Plummer, 172; Moulton, *Grammar* 1:134). 바울은 지금까지 계속해서 고린도 교인들에게 조리 있는 말로 자기 자신을 설명하고 분명한 말로 자신의 입장을 전달한 후에(5:11에 나오는 완료 시제들을 주목하라) 자기가 엑시스타나이(ἐξιστάναι)를 통해서 끊임없이 그러한 체험을 하고 있다는 것을 고린도 교인들에게 암시하고 있는 것일 수 있다(헬라어에서 단순과거는 "완료 대신에 사용되기도 했다", Robertson, *Grammar*, 843). 이것은 소프로누멘(σωφρονοῦμεν)의 현재 진행 시제(현재형)와 부합하기 때문에, 5:13의 두 번째 동사는 첫 번째 동사의 의미에 영향을 미친다. 또한 소프로네인(σωφρονεῖν)은 정신의 온전함이라는 좀더 폭넓은 맥락이 아니라 말이나 가르침과 밀접하게 결부되어 있다는 Barrett의 주장(167)은 엑시스타나이(ἐξιστάναι)와 소프로네인(σωφρονεῖν)이 서로 대조되고 있음을 보여 주는 토대가 된다. 즉 이 두 동사가 반대말인 것은 그것들이 각각 정신 이상과 온전한 정신을 말하고 있기 때문이 아니라 탈혼 상태에서의 행동과 이성이 온전할 때의 행동을 가리키기 때문이다(Bultmann; Kümmel; Güttgemanns, *Der leidende Apostel*, 301; Georgi, *Die Gegner*, 196). 이렇게 바울은 하나님을 향한 자신의 행동은 탈혼 상태에 속한 것이고, 고린도 교인들을 향한 자신의 행동은 합리적이고 절제된 것이라고 자신의 행동을 두 개의 범주로 나누고 있다(그러므로 고린도 교인들은 이 두 가지를 모두 잘 하는 사도를 가지고 있다는 것에 대하여 자랑할 수 있을 것이다, Schlatter, *Paulus*, 557, 558; 참조. Lietzmann, 124)

그러므로 이것은 우리가 이 절의 표면적인 의미 아래로 가장 가까이 접근했을 때의 의미다. 기껏해야 우리가 말할 수 있는 것은 바울은 그의 예외적인 행동이나 통상적인 행동에 대하여 말할 때 그의 모든 행동은 자기 자신이 아니라 다른 사람을 향하여 있다는 것이다(Plummer, 173). 그가 환상 체험들-그의 대적자들이 스스로 자랑하는 것들-을 가졌다면, 그 체험들은 하나님과 그 자신이 친밀한 교제를 나누는 계기들일 뿐이고, 결코 사람들에게 떠벌리며 자랑할 일들은 아니었다. 그가 온전한 정신으로 조리 있게 말한다면, 그것은 그의 사도직이 참된 것임을 말해 주는 것일 뿐이다. 왜냐하면 그러한 "건전한" 말은 "그의 사도직의 유익들을(탈혼 상태 속에서 일어나는 것에 의한 것보다) 더 온전히 받아들일 수 있는"(Fallon, 50) 고린도 교인들의 선(善)을 증진시키는 데 기여하기 때문이다. 이것은 5:11-12에서의 그의 항변을 견고하게 함과 동시에 요약하고 있는 것이다. 그는 복음의 일꾼이 되는 것 이외에는 자기 자신을 나타내기 위해서 아무런 일도 하지 않아 왔다. 도리어 그는 하나님을 기쁘시게 해 드리고 그의 동료들을 섬기는 일에 몰두해 왔다(Hodge, 132를 보라).

14 "그리스도의 사랑이 우리를 강권하시는도다"(*ἡ γὰρ ἀγάπη τοῦ Χριστοῦ συνέχει ἡμᾶς*-헤 가르 아가페 투 크리스투 쉬네케이 헤마스). 이 절은 자기가 스스로를 천거하고 있는 것이 아니라는 바울의 명시적인 증거의 끝이자 화해에 대한 그의 선언서의 시작이다(물론 우리는 그가 자신의 이익을 추구하지 않는 것의 배경에는 그리스도의 사랑이라는 힘이 토대가 되고 있음을 볼 수 있다). 이 구절에 대한 이해와 관련해서 우리 앞에는 두 가지 질문이 제기된다. (1) 투 크리스투(*τοῦ Χριστοῦ*, "그리스도의 사랑")는 어떤 유형의 속격인가? (2) 쉬네케이(*συνέχει*)의 의미는 무엇인가?

첫 번째 질문과 관련해서 헤 아가페 투 크리스투(*ἡ ἀγάπη τοῦ Χριστοῦ*)는 주격적 속격일 수도 있고(우리를 위한 그리스도의 사랑) 목적격적 속격일 수도 있다(그리스도를 위한 우리의 사랑). 학자들의 공통된 견해는 여기서는 전자가 옳다는 것이다(Bultmann, *Theology* 1:304-5; Denney, 193; Godet, 179; Hodge, 133; Plummer, 173를 보라; 또한 Robertson, *Grammar*, 499에서는 5:14의 속격은 어느 쪽으로 보아도 상관없다는 것을 인정한다〈참조. 갈 2:20; 롬 8:35-39〉; Spicq, "L'étreinte," 124에서 바울을 위한 그리스도의 사랑은 그리스도를 위한 바울의 사랑의 이유가 된다고 지적한 것은 옳다; Spicq〈132〉는 주격적 속격/목적격적 속격이라는 개념은 잘못된 구분이고, 여기서 강조점은 아가페〈*ἀγάπη*〉-쉬네케이〈*συνέχει*〉-

크리난타스⟨κρίναντας⟩에 두어져야 한다고 주장한다. 이 세 단어는 초대 교회의 영웅적인 행위, 특히 십자가의 신비와 더불어서 이방인들을 향한 바울의 열심을 나타낸다. 즉 믿는 자는 그리스도 안에서 사랑을 인식하고 고난 속에서 사랑을 배운다. 또한 Héring, 41, 42를 보라. 아가페(ἀγάπη)가 목적격적 속격과 함께 사용된 것에 대해서는 살후 2:10; 눅 11:42을 보라. Lietzmann, 124에서는 이것이 신비롭게도 이중적인 의미를 지니고 있다고 본다). 이러한 추론은 바울이 그리스도가 죄인들을 위하여 행하신 것을 묘사하고 있는 이하의 내용과 부합한다(참조. Barrett, 167; 롬 5:8을 보라).

우리의 두 번째 질문은 쉬네케이(συνέχει, 원형은 쉬네케인⟨συνέχειν, "꼭 붙잡다"⟩)의 의미를 중심으로 하고 있다. 여기 이외에 오직 하나의 구절 속에서 우리는 바울이 쉬네케인(συνέχειν)을 사용하고 있는 것을 발견하게 된다(빌 1:23; G. F. Hawthorne, *Philippians*, WBC[1983] 43, 47에서는 이 단어가 이 경우에 바울의 행위가 두 가지 상반되는 욕구에 의해서 제한되고 있음을 의미하는 것으로 해석한다; Köster, *TDNT* 7:882-85를 보라). "강요하다" 또는 "통제하다"라는 이러한 의미는 많은 학자들에 의해서 지지를 받고 있다(RSV, Barrett, 168; BGD, 789, "urge"; Hodge, 133; 또한 Lietzmann, 124, "exert domination"; NEB, "leaves us no choice"). 마치 바울이 자기가 자랑하지 않는 것에 대한 이유를 제시하는 것처럼(Bultmann, 152) 여기서 "자기를 추구하는 것을 자제하다"라는 약화된 의미를 찾는 것(Plummer, 173; Strachan, 107)은 바울의 입장을 제대로 다루고 있지 못한 것이다(아래의 설명을 보라). 바울은 여기서 왜 자신이 마음속에 고린도 교인들을 향한 그토록 많은 사랑을 지니고 있는지에 대한 이유를 설명하고 있다고 보는 슐라터(Schlatter)의 견해는 좀더 진실에 가깝다(*Paulus*, 558, 559). 쉬네케인(συνέχειν)이 "붙잡고 있다"라는 의미를 지니는 것이라고 이해하는 퍼니쉬(Furnish)의 견해(*Theology*, 167)는 부분적으로 옳기는 하지만 문맥상으로 볼 때 그것보다 좀더 세분된 의미가 요구된다. 헤 아가페 투 크리스투(ἡ ἀγάπη τοῦ Χριστοῦ)가 주격적 속격이라면, 바울은 자신을 향한 그리스도의 사랑에 의해서 두 개의 담 사이에 끼인 것처럼 갇혀 있는 것이다. 이 사랑 때문에 바울은 한 가지 목적만을 지니게 되었다–하나님과 그의 동료 사람들에 대한 이타적인 헌신(5:13에 요약되어 있듯이). "먼저 시작하신 분은 하나님이시다. 그분은 이 관계를 굳건히 세우셨다. 이것은 로마서 8장에 너무도 명확하게 서술되어 있다. 하나님의 결심, 택하심, 부르심은 결정적인 것이다(롬 11:29). 아가페(ἀγάπη)라고 불릴 수 있는 모든 것은 하나님께로부터 나온다"(Stauffer,

*TDNT* 1:50).

쉬네케인(*συνέχειν*)이라는 표현의 배후에 있는 개념은 그리스도의 사랑이 지닌 "도덕적인 감화력"보다 더 깊은 것으로서 자랑이라는 관점에서 볼 때 어떤 사람의 행동을 억제하는 역할을 한다는 의미를 지닌다. 5:14에서 바울은 5:11-13을 되돌아보고 있는 것이 아니라(물론 그는 5:13의 토대 위에서 그 말을 하고 있는 것이기는 하지만), 그가 앞으로 말하게 될 화해라는 주제를 미리 내다보고 있는 것이다. 그리스도의 사랑은 우리로 하여금 그리스도와 그분이 맡기신 사명에 헌신하도록 강권한다("할 수 있게 해준다", Hendry, "*ἡ ἀγάπη*," 82). 요지는 "강권하다"는 적극적인 힘을 의미한다는 것이다. 바울은 자신의 사역 계획을 따를 수밖에 없다. 왜냐하면 그것은 하나님의 계획이기 때문이다. 그리스도께서 바울을 위하여 행하신 것은 사도의 삶의 토대가 된다(그리스도의 사랑이 지닌 이러한 강권하는 능력은 빌 1:21; 3:7-11에서 분명하게 드러난다. "그것은 바울이 그리스도를 위하여 기꺼이 모든 것을 잃어버리도록 자원할 것을 요구하는 논리다. 그것은 그가 무엇보다도 그리스도를 얻고 그리스도 안에서 발견되며 그리스도를 알고자 하는 최고의 야심을 갖게 된 이유다", Hughes, 193).

"우리가 생각건대"(*κρίναντας τοῦτο*-크리난타스 투토). 바울이 지금까지 계속해서 그의 논증을 진행해 오고 그리스도의 사랑에 초점을 맞추고 있다는 것을 기억할 때, 우리는 이 작은 구절이 5:14-15의 나머지 부분으로 뛰어오르는 데 중요한 발판이 된다고 말할 수 있을 것이다. 단순과거 분사인 크리난타스(*κρίναντας*)는 바울이 뭔가(*τοῦτο*-투토)를 결심했다는 것을 전달해 준다(BGD, 451를 보라). 5:14-15에서 자세하게 서술되고 있는 이 "무엇"은 아마도 과거에 바울이 다메섹 도상에서의 체험 직후에 형성된 판단을 토대로 하고 있을 가능성이 크다(Hughes, 193, n. 22). 우리는 여기서 단순과거 시제가 사용되었다고 해서 묵상을 위한 일정 기간을 배제해서는 안 된다. 아마도 바울은 그의 글 속에서 회심과 선교 활동 사이의 성찰의 기간(갈 1:17, 18; Plummer, 174), 곰곰이 생각하고 숙고한 시간(Otis, "Exposition," 558)을 포함시키고 있을 것이다. 이 마지막 사항은 바울이라는 인물이 세월의 테스트를 받은 후에도 십자가의 수난 속에서 나타난 그리스도의 사랑이 그의 삶을 지배하는 힘임을 확신했다는 것을 보여 주는 데 도움이 된다(Hughes, 193에게 있어서 바울의 결론은 "그리스도 안에서의 그의 안전함에 대한 합리적인 근거"다).

"한 사람이 모든 사람을 대신하여 죽었은즉"(*ὅτι εἷς ὑπὲρ πάντων ἀπέθανεν*-

호티 헤이스 휘페르 판톤 아페다넨). 5:14-15의 나머지 부분에서 바울은 화해에 관한 그의 가르침을 위한 토대를 놓는다. 이러한 확신의 토대는 예수의 죽으심에 대한 바울의 평가, 예수의 죽으심이 그리스도인들에게 소망이 된다는 것, 그가 그 죽음을 전하도록 부르심을 받았다는 것이다. 5:14-15에 대한 확고한 이해는 말씀을 전하는 동기에 관한 바울의 논증을 떠받쳐 줄 것이다. 아울러서 그러한 이해는 5:16-20을 위한 무대를 설정해 줄 것이다.

요컨대, 5:14-15은 대표(representation)와 갱신(renewal)에 관하여 말하는 절들이다(Martin, *Reconciliation*, 97-101). 우리의 현재의 구절 속에서 두 가지 관심 영역은 휘페르(*ὑπέρ*)와 판톤(*πάντων*)이라는 단어들과 관련되어 있다. 이 구절은 바울이 앞의 구절에서 결론을 내린 것의 내용을 정의하는 것으로 시작된다. 요약이 뒤따르리라는 것은 인용을 나타내는 접속사인 호티(*ὅτι*)에 의해서 드러난다. 그가 결론을 내린 것은 한 사람(*εἷς*-헤이스), 즉 그리스도가 모든 사람을 위하여 죽으셨다는 것이다. 단순과거 아페다넨(*ἀπέθανεν*, 참조. 롬 6:10, 14:9)은 역사적 사건으로서의 십자가 사건을 가리킨다(이것은 고전 15:3에서 발견되는 바울 이전의 전승 속에서도 찾아볼 수 있다). 그러나 바울은 휘페르(*ὑπέρ*, "…를 위하여")라는 표현을 통해서 무엇을 말하고자 한 것인가? 그는 이 전치사를 "누구 대신에"라는 의미로 사용한 것인가, 아니면 "누구의 유익을 위하여"라는 의미로 사용한 것인가? 아니면 이 두 가지 의미가 서로 중첩되어 있는 것인가?

이 마지막 질문들은 휘페르(*ὑπέρ*)가 대리(代理)라는 측면에서 안티(*ἀντί*)와 동일한 의미를 지니고 있는가의 여부(막 10:45; 마 20:28; 딤전 2:6을 보라)를 중심으로 한다(Moulton, *Grammar* 3:258를 보라). 일부 저술가들은 휘페르(*ὑπέρ*)가 사전적으로 안티(*ἀντί*)와 동일한 의미라고 보지 않는다. 예를 들면, 마이어(Meyer, 129, 130)와 필슨(Filson, 334)은 휘페르(*ὑπέρ*)가 약한 의미를 지니고 있어서, 이 전치사는 "그들을 대신하여 그들의 선을 위하여"를 의미한다고 주장한다. "누구 대신에"는 "누구의 유익을 위하여"라는 개념을 포함하는 반면에, 그 역은 반드시 성립하는 것이 아니다(따라서 그리스도의 죽음은 주로 "누구의 유익을 위하여"라는 개념을 지니지만 대속의 요소도 담고 있다는 Filson의 주장은 대단히 의심스럽다). 우리가 살펴보고 있는 절의 문맥을 볼 때 휘페르(*ὑπέρ*)는 "누구 대신에"라는 의미를 지닐 것이 요구된다(Delling, "Der Tod Jesu in der Verkündigung des Paulus," *Apophoreta*[FS E. Haenchen; Berlin: Töpelmann, 1964] 85-96, Collange, *Enigmes*, 254에서 재인용). 호티 헤이스 휘페르 판톤 아페다넨(*ὅτι εἷς ὑπὲρ πάντων ἀπέθα-*

νεν)에 이어서 "그러므로 모든 사람이 죽은 것이라"는 말이 나온다는 것은 휘페르(ὑπέρ)가 대리의 의미로 사용되었다는 것을 보여 주고, 만약 그렇지 않다면 그 말은 의미가 통하지 않게 된다(Hughes, 193; Bultmann, 152, 153에서는 "…의 유익을 위하여"〈zugunsten von〉가 아니라 "…를 대신하여"〈an Stelle von〉로 번역한다). 즉 그리스도가 모든 사람을 대리하여 죽은 것이 아니라면 이러한 보충 설명은 참된 결론이 될 수 없다(예수의 죽음이 모든 사람을 대신한 것이 아니라면, 어떻게 모든 사람이 죽었다고 말할 수 있겠는가?). 게다가, 휘페르(ὑπέρ)는 5:20; 빌레몬서 1:13; 에베소서 6:20 같은 본문들 속에서도 대리의 의미로 사용된다(또한 8:23을 보라; 참조. Moulton, *Grammar* 1:105). 디모데전서 2:6에서 안티(ἀντί)와 휘페르(ὑπέρ)는 서로 결합되어서 사용되고 있는데, 이러한 것은 이 두 단어가 대리의 의미를 지니고 있음을 보여 준다(Hughes 193, 194, n. 24를 보라; 또한 휘페르〈ὑπέρ〉가 대리의 의미로 반복적으로 사용되고 있는 것에 대해서는 Euripides, *Alcestis*, 682, 690, 700, 701를 참조하라. 아드메투스〈Admetus〉의 청원에 대한 페레스〈Pheres〉의 답변 속에 이 전치사가 접두사로 나오는데, 거기서 그는 노인이 그를 위하여 죽어서〈ὑπερθνήσκειν - 휘페르드네스케인〉 어린 알케스티스〈Alcestis〉를 살리는 것이 마땅했다고 말한다. 즉 노인이 그를 대신해서 죽었어야 했는데, 오히려 알케스티스가 노인을 대신해서 죽었다는 말이다). 따라서 이 전치사가 대리의 의미를 지니고 있다는 것은 매우 분명하다. 그러나 그러한 문법적인 설명이 신학적인 논증을 입증할 수 있는지에 대해서는 여전히 논란이 되고 있다. 일부 옛 저술가들은 그것이 가능하다고 본다. 하지만 어떤 저술가들은 그리스도가 죄인들을 구원한 행위를 가리키는 데 "대속"이라는 용어가 신학상으로 최선의 용어인지에 대해서 그렇게 확신을 갖고 있지 않다. 이것과 관련해서 이제 몇몇 대안들을 살펴보기로 하자.

휘페르(ὑπέρ)를 "누구 대신에"라는 의미 이외의 것으로 해석하는 것은 "사도의 논증의 주된 원천을 파괴하는 것"이다(Hughes, 193). 그런 까닭에 휘페르(ὑπέρ)는 대속의 의미를 지니고 있는 것으로 보인다(Robertson, *Grammar* 631, 632; Hodge, 135; Denney, *Death*, 83-85; Strachan, 107; 또한 Moule, *Idiom Book*, 64, 65를 보라). 태스커(Tasker, 86)가 쓰고 있듯이, "그리스도는 모든 사람이 죽었어야 하는 죽음을 맞이하신 것이기 때문에 그리스도의 죽음은 모든 사람의 죽음이었다. 그리스도는 그들의 죄에 대한 형벌을 친히 짊어지셨다(고전 15:3; 고후 5:20). 따라서 그리스도는 그들을 대신하여 죽으신 것이다"(Athanasius, *De Incarn.* 8를 보라).

바렛(Barrett)은 대리 또는 대표가 "정확히" 바울이 염두에 두고 있었던 것이 아니라고 주장함으로써 휘페르 판톤(ὑπὲρ πάντων)의 의미에 대하여 중도적인 입장을 취한다(168, 169). 대신에, 그는 그리스도의 죽음은 갱신을 위한 길을 열어 놓았다고 추론하는 것으로 보인다(5:15). 우리는 그러한 것이 그리스도의 죽음의 결과라는 것에 동의하긴 하지만, Barrett는 자기도 모르는 사이에 예수의 죽음이 지닌 중요한 기능을 빠뜨린 것으로 보인다. 던(Dunn, "Paul's Understanding," 특히 140, 141)도 이와 같은 문맥 속에서 대속이 가장 사용하기에 적절한 단어인지에 대하여 의문을 제기하면서, "대표"라는 개념이 그리스도가 그의 백성을 위하여 행한 것이 지닌 의미를 더 잘 전달해 준다고 강력하게 주장한다. 그가 보기에는 대표라는 용어는 "대속"이라는 용어가 지닌 일방성과 협소함을 지니고 있지 않다.

우리가 K. Romaniuk, "L'origine des formules pauliniennes, 'le Christ s'est livré pour nous'"의 논증에 충분한 비중을 둔다면, 이러한 궁지를 돌파하는 것이 가능할 수도 있을 것이다. 그는 "그리스도가 우리를 위하여 넘겨지셨다"라는 문구가 세례를 배경으로 하고 있다고 말한다. 우리는 콜랑쥐(Collange, *Enigmes*, 255)의 견해를 따라서 로마서 6:1-14이 우리가 지금 살펴보고 있는 절의 의미를 조명해 줄 수 있는 최고의 병행 본문이라고 보아야 한다. 바울은 인용을 나타내는 호티(ὅτι)와 더불어서 크리난타스(κρίναντας)라는 분사를 사용함으로써 의도적으로 세례라는 배경을 상기시키고, 그리스도의 이름으로 세례를 받은 자들을 위하여 "그리스도가 죽었다"는 그의 선포를 상기시키고 있다. 그리스도가 십자가 위에서 죽으신 것-그의 대속적 행위-은 이제 그들이 그들의 죄악된 과거에서 놓여나 새로운 삶으로 들어가는 장소가 된다(Gollwitzer, "Hinfort," 5). 그들은 "세례를 받아서 그리스도와 함께 죽었는데", 이것은 그들이 이제 그리스도의 고난의 유익들을 얻을 수 있게 되었다는 것을 의미한다. 왜냐하면 그리스도는 그들이 결코 스스로 할 수 없었던 것을 그들을 위하여 행하셨고(그러므로 대속), 그들은 그들을 대신한 그리스도의 죽음이 가져다 준 축복들에 참여하게 되었기(그러므로 대표) 때문이다. 따라서 그리스도는 그들의 이름으로, 그리고 그들 대신에 행한 그들의 집단적인 대표다. "대리인"은 다른 사람들을 위하여 행할 권한을 부여받은 자이면서도 두 당사자와 긴밀한 관계를 지니고 있는 자를 말하는 것이기 때문에, 이것이 더 나은 용어일 수 있다. 따라서 이러한 용어를 쓰게 되면 "대리자"라는 용어에 대한 주된 반론, 즉 그리스도는 하나님과 인간 사이를 매개하는 이질적인 제3자로서 양 당사자와 단지 느슨한 관계만을 지니고 있는 자로 여겨질 수 있다는 반론을 피할 수 있게 된다. "대표자"라는 용어는 너무 약한 것일 수 있다. 왜냐하면 그리스도가 우리의 이름으로 행하신 것은 유일무이하게 독특한 방식으로 행해진 것이기도 하기 때문이다. 우리는 우리 자신을 구원할 힘이 없었지만, 그리스도는 우리의 죄를 대신 짊어지고 그 죄를 자신의 것으로 삼으셨다.

휘페르(*ὑπέρ*)의 의미와 연관되어 있는 것은 형용사 판테스(*πάντες*, "모든 사람")다. 그리스도는 누구를 위하여 죽으셨는가? 온 인류를 위한 것인가, 아니면 그리스도를 받아들이는 자들을 위한 것인가? 어떤 의미에서 이 두 가지가 모두 답이 될 수 있다. 그리스도의 죽음이 온 인류에게 유익이 된다는 것은 신학의 선험적(a priori) 진리다(Barrett, 168). 그러나 아래에서 볼 수 있듯이, 판톤(*πάντων*, 5:14d과 5:15)은 화해의 말씀을 받아들인 자들만을 가리킬 수 있다(Otis, 559). "여기서 모든 사람이라는 말은 그 유익이 오직 믿음으로 말미암아서만 효력이 있게 된다는 사실을 표현하는 것"이라고 쓴 필슨(Filson)은 옳다(334, 335).

"그러므로 모든 사람이 죽은 것이라"(*ἄρα οἱ πάντες ἀπέθανον*-아라 호이 판테스 아페다논). 앞의 논의에서 우리는 바울이 예수의 죽음을 "대리"와 "대표"라는 전통적인 관점에서 보았다는 것을 확인했다. 이 문장 속에서 강조점은 후자의 측면에 더 두어진다. 그러나 이사야 53장에서 "하나님의 종"(עבד יהוה-에벳 아도나이)이 모든 사람을 위하여(*ὑπέρ πάντων*-휘페르 판톤) 죽었다는 것이 이 구절의 배경이 되고 있다는 것은, 우리가 그러한 구별을 지나치게 인위적으로 만들어서는 안 된다는 것을 보여 준다. 이 절이 복음 전도를 위한 말씀 선포를 반영하고 있고(Popkes, *Christus Traditus*, 255ff.), 그리스도가 그의 백성의 대리인으로서 "그들의 죄를 짊어진"(사 53:5, 10-11) 중보자와 구원자로서의 여호와의 종의 역할을 하고 계신다고 보는 것이라면, 그리스도의 죽음으로 인하여 유익을 얻는 "모든 사람"은 분명히 하나님의 백성이고, 여호와의 종인 그리스도는 그들을 위하여 및 그들 대신에 행하신 것이 된다. 초기 구원론에 있어서 이사야 53장의 위치에 대해서는 O. Cullmann, *Christology*, 51-82; H.-R. Weber, *The Cross: Tradition and Interpretation*, tr. E. Jessett(Grand Rapids: Eerdmans/London: SPCK, 1978) 50-63를 보라.

"모든 사람이 죽었다"(*ἀπέθανον*-아페다논, 단순과거)는 것은 예수를 받아들인 자들을 의미한다. 그러나 이것은 물리적인 죽음을 가리키는 것인가? 바울은 그리스도인들이 직면한 죽음의 위협을 알고 있었지만(1:9), 바울이 보낸 이 서신을 읽는 자들은 여전히 살아 있는 자들이어서 아직 죽음을 겪지 않았을 것이기 때문에, 여기서 그런 것을 말하는 것은 거의 의미가 없다. 따라서 바울은 죄에 대한 그리스도의 죽음을 토대로 해서 그리스도인들이 자아에 대하여 죽는 "상징적인" 죽음에 대하여 말하고 있는 것이다(Barrett, 169). 우리가 로마서 5:12-19에서 보듯이, 아담과 그리스도의 행위는 둘 다 이례적인 결과들을 가져왔다(Hughes, 195; 아페다네테⟨*ἀπεθάνετε*⟩에 대해서는 골 2:20; 3:3을 보고, 또한 롬 6:1-11을 보라; 참조. Kümmel, *Theology*, 214, 215). 아담은 자신의 고집을 따라서 스스로를 위하여 살아가는 사람을 대표하고, 예수는 새 인류를 낳은 시조(始祖), 새 인류의 대표자다. 그리스도에게 오는 자들은 이전의 삶에 대하여 죽고 새로운 삶에 대하여 다시 살아나게 된다(롬 6:1-11; "그리스도와 합한 세례"의 상징적 의미가 무엇인지를 구약의 예언적 행위를 토대로 설명하고 있는 Martin, *Worship*, 104, 105를 보라). 예수가 모든 사람(즉 그의 백성)을 대신하여 죽으신 것은 하나님의 계획의 요구들을 충족시킨 것이다(롬 5:6, 8). 우리가 그리스도를 위하여 죽는 것은 거룩함 속에서 새로운 삶을 살기 위한 유일한 길이다(롬 6:8; Hughes, 195, 196; 참조. 갈 2:20).

이렇게 바울은 자신의 주장을 논리적으로 구축해 왔다. 그는 이기적인 마음에서는 아무것도 한 것이 없다. 이것이 어떻게 가능한지에 대한 하나의 예로서 바울은 예수가 행하신 것을 인용한다. 그리스도는 하나님의 뜻을 받들기 위한 자원하는 심정 속에서 자신의 육체적인 생명을 자발적으로 드리셨다. 이것으로 인해서 바울은 그리스도와 마찬가지로 행하도록 강권함을 받는다. 고린도 교인들을 향한 바울의 "사심 없는" 태도는 그를 향한 그리스도의 사랑의 결과다. 그리스도의 죽음은 바울이 자기 자신을 자랑하지 않고, 그와 동시에 하나님으로부터 인정 받고자 하는 데 꼭 필요하고 충분한 동력이 된다.

15 "저가 모든 사람을 대신하여 죽으심은"(*καὶ ὑπὲρ πάντων ἀπέθανεν*-카이 휘페르 판톤 아페다넨). 이 문장은 단지 5:14 처음에 나오는 전제를 되풀이한 것에 불과하다. 하지만 바울은 여기서 삼각축의 세 번째 부분, 즉 도덕적인 갱신을 밝힌다.

"산 자들로 하여금 다시는 저희 자신을 위하여 살지 않게 하려 함이라"(*ἵνα οἱ ζῶντες μηκέτι ἑαυτοῖς ζῶσιν*-히나 호이 존테스 메케티 헤아우토이스 조신). 죽은 자들(5:14d)은 "새로운 삶을 위하여 자유롭게 된" 것이다(Windisch, 182). 예수의 죽음 속에는 갱신, 즉 새롭게 하는 능력이 존재한다(아마도 바울은 그의 독자들이 자신의 삶을 이러한 갱신의 한 예로 보기를 원했을 것이다. 그런 까닭에 그의 사역은 순수함을 지닌 사역이다). 결과가 아니라 목적을 표현하기 위하여 히나(*ἵνα*)를 사용하고 있다는 것을 주목하라.

산 자들(*οἱ ζῶντες*-호이 존테스, 현재 분사)은 더 이상(*μηκέτι*-메케티) 자기 자신을 위하여 살지 않는다(ζῶσιν-조신, 가정법)-바울의 대적자들과는 달리. Plummer, 175에서는 4:17을 근거로 해서 존테스(ζῶντες)가 물리적으로 살아 있는 자들만을 가리키는 것이라고 본다. 그러나 그러한 주장은 유지될 수 없는 것으로 보인다. 왜냐하면 그것은 5:14d에 나와 있듯이 죽음에 대한 우리의 이해와 부합하지 않기 때문이다. 따라서 존테스(ζῶντες)는 죄의 종살이에서 벗어나 영적으로 살아 있는 자들을 가리키는 것으로 보인다. 그리스도의 속죄를 받아들이는 자는 "죄악된 옛 자아가 지배하는 중생하지 못한 삶"(창 2:7; 롬 6:23)에 대하여 죽고, "또 다른 자아를 중심으로 하는 새로운 삶을 얻는다"(Tasker, 86; 여기서 다시 한 번 위에서 언급한 롬 6:1-11에 나오는 세례와 죽음에 관한 바울의 가르침을 보라; 십자가는 세례에 의미를 부여하는 종말론적인 사건이라고 설명하는 R. Tannehill, *Dying and Rising*, 70, 71의 견해는 옳다).

"오직 저희를 대신하여 죽었다가 다시 사신 자를 위하여"(ἀλλὰ τῷ ὑπὲρ αὐτῶν ἀποθανόντι καὶ ἐγερθέντι-알라 토 휘페르 아우톤 아포다논티 카이 에게르덴티). 자기 자신을 위하여 사는 것의 반대는 모든 사람을 위하여 죽은 자를 위하여 사는 것이다. 우리는 아포다논티(ἀποθανόντι)가 단순과거 분사이자 능동태라는 것은 예수의 죽음이 역사적인 사실이라는 것을 보여 주는 것일 뿐만 아니라 예수가 자원하여 자신의 목숨을 내놓으셨다는 것을 보여 주는 것이기도 하다는 점을 주목한다. 또한 단순과거 분사인 에게르덴티(ἐγερθέντι, 원형은 에게이레인〈ἐγείρειν〉)도 부활의 역사적 사실을 나타낸다("죽은 구주라는 말은 그 말 자체가 모순이다," Hughes, 196). 그러나 우리는 에게르덴티(ἐγερθέντι)가 수동태로 되어 있어서 부활에 있어서의 하나님의 역사를 부각시키고 있다는 점도 지적하고자 한다(부활 사건을 하나님이 예수가 누구인지를 제대로 밝히신 사건이라고 해석하는 롬 1:4를 참조하라).

예수의 죽음과 부활은 죽었다가(5:14d) 지금은 살아 있는(5:15a) 자들에게 새로운 삶을 전달해 주는 것을 가능하게 했다(구원론적인 인용구 속에서 그리스도의 죽음과 다시 살아나심의 결과들을 한데 결합시키고 있는 롬 4:25을 보라, Martin, *Reconciliation*, 140). 5:15d의 구문이 분사가 토 휘페르 아우톤(τῷ ὑπὲρ αὐτῶν)에 연결될 수 있다는 것을 보여 주는지에 대해서는 약간의 의문이 존재한다. 두 번째 분사가 토 휘페르 아우톤(τῷ ὑπὲρ αὐτῶν)과 연결되어 있지 않다면 문장의 흐름은 깨지고, 본문은 "그가 그들을 위하여 죽었다가 다시 살아나셨다"(자기 자신의 유익을 위하여)로 해석된다. 이것은 바울의 논증의 논리를 깨뜨려 버리게 된다. 예수가

"그들"의 유익을 위하여 다시 살아나신 것이 아니라면, "새로워진" 삶이라는 개념이 바울의 생각 속에 있었을 가능성은 희박해진다. 따라서 두 개의 분사를 토 휘페르 아우톤(τῷ ὑπὲρ αὐτῶν)과 연결시켜서 사도의 논증을 그대로 유지시켜야 한다는 주장(Plummer, 175를 보라)이 더 자연스럽다.

이렇게 해서 바울은 그의 삼각축-대리, 대표, 갱신-을 완성했다. 이러한 논증은 그리스도의 "강권하시는 사랑"이 그로 하여금 복음을 정직하게 전하는 진실한 사역을 통해서 하나님께 영광을 돌리는 자로서의 갱신의 삶을 살 수밖에 없게 했다는 바울의 입장을 기가 막히게 잘 요약해 놓고 있다. 이것은 바울로 하여금 앞으로 전진하게 만든 것, 즉 그리스도의 사역으로 말미암아 가능하게 된 것이었다. 게다가, 바울의 결론은 그리스도인과 사도로서의 실존의 의미에 초점을 맞춤으로써 그의 사도직을 제대로 평가할 수 있는 "잣대"를 제시한다(Bultmann, 154).

## 해설

이 단락의 절들 속에서 바울은 주를 경외하는 자에게 마땅한 결과가 무엇인지를 설명해 왔다. 이러한 주에 대한 두려움 또는 경외심으로 인하여 그는 모든 그리스도인들이 심판 때에 그의 아들 앞에 서게 될 것이라는 하나님의 명령에 비추어서 그의 사역을 행하도록 부르심을 받았다. 바울이 염두에 두고 있었던 것은 신약 전체에 골고루 스며들어 있는 패러다임이었다. 이 패러다임은 그리스도의 죽음과 부활에서 나타난 하나님의 사랑이 그리스도인으로 하여금 온전히 하나님에게 헌신된 삶을 살도록 강권한다는 것이다. 또한 이러한 동기가 지닌 힘은 다른 그리스도인들에게도 미친다. 왜냐하면 그것은 우리에게 동료 그리스도인들에 대한 전적인 헌신을 보여 줌으로써 하나님의 사랑을 나타낼 것을 요구하기 때문이다.

그러나 불행히도 바울은 그러한 사도로 받아들여지지 못했다. 도리어 그는 그의 약함을 통해서 하나님의 능력을 드러냈기 때문에, 복음의 일꾼으로서의 그의 자격은 의심을 받았다. 고린도 교회에 속한 몇몇 교인들은 자신들이 "능력 있는" 지도자와 설교자로 부상하기 위하여 바울을 열등한 자로 공격했다. 이러한 공격의 밑바닥에 있는 전제는 강력한 설교자는 그의 삶이 약함과 환난으로 점철될 수 없다는 것이었다. 하지만 이것은 바울이 지닌 비밀이었다.

바울은 고린도 교인들에게 예수가 그의 모든 백성을 위하여 죽으셨다는 것을 상기시키면서, 이것은 그의 백성으로 하여금 그리스도와 마찬가지로 죽도록 이끌고 있다는 것을 지적한다. 바울이 염두에 두고 있던 것은 물리적인 죽음이 아니라, 자아를 십자가에 못 박는다는 의미에서 영적인 죽음이었다. "와서 죽으라"(Bonhoeffer)는 그러한 부르심을 받아들이면, 그리스도인은 박해를 당하게 된다. 그러나 그리스도인은 바로 그러한 행동을 할 때만 하나님의 능력이 나타나는 것을 볼 수 있다. 게다가, 자기 자신에 대하여 죽은 자는 다른 사람들로부터 이기적인 유익을 구하는 사역을 하고 있다는 비난을 받아서는 안 된다-자기 자신에 대하여 죽었다는 것을 보여 주는 증표로서. 말할 필요도 없이, 바울의 경우에는 이것이 그렇게 되지 않았다(교회사 전체를 통해서 많은 성인들의 경우가 바울과 같았듯이).

다른 사람들의 평가와는 관계없이 바울은 "복음을 자랑하는" 자신의 입장을 고수한다. 바울은 자신의 지지자들은 물론이고 자신의 비판자들도 자신이 약함 속에서 살아가는 것이 하나님의 역사의 결과라는 것을 보게 되기를 바란다. "주를 두려워하는 것"과 "예수를 위하여 사는 것"은 서로 손 잡고 같이 간다. 이러한 입장을 받아들이는 자들에게 하나님의 능력이 나타난다. 하나님이 주신 것을 잘못 사용하지 말라는 경고는 우리에게 이 "능력"을 지혜롭게 사용하고자 하는 동기가 된다-바울이 12:9-10; 13:1-4에서 자세하게 말하고 있는 역설, 이것에 대해서는 David A. Black, *Paul, Apostle of Weakness*를 보라: "바울이 연약할 때에만-박해받고 모욕을 받으며 낮아져서 굴욕을 당하고 가난하며 병들고 멸시받고 자신의 전도로 회심한 자들에게 사랑받지 못할 때만(우리는 여기에 그의 이전의 동역자들로부터 고립되었다는 말도 덧붙여야 할 것이다; 본서의 서론을 보라)-하나님의 능력이 나타나서, 바울은 내가 강하다고 말할 수 있게 된다"(151). "자신에 대하여 죽고 하나님을 향하여 사는 것"이 이 단락에서 바울의 모토다. 다음과 같은 맨슨(T. W. Manson)의 말은 옳은 것으로 들린다.

> 그리스도의 죽음은 그를 따르는 모든 자들이 함께 동참하고 있는 그 무엇이다. 또한 그들은 그리스도의 부활 생명에도 동참한다. 이것은 그들이 더 이상 이전의 이기적인 삶을 살 수 없고, 죽었다가 다시 살아나셔서 그들을 위하여 새로운 삶을 시작하게 해주신 분을 위하여 살아야 한다는 것을 의미한다("2 Cor 2:14-17," 156).

# G. 새 시대 속에서의 삶(5:16-21)

## 참고문헌

**Bouttier, M.** *En Christ.* Etude d'exégèse et de théologie pauliniennes. 1962. **Brauch, M. T.** "Perspectives in 'God's Righteousness' in Recent German Discussion." In **Sanders, E. P.** *Paul and Palestinian Judaism*, 523-35. London: SCM/Philadelphia: Fortress Press, 1977. **Bultmann, R.** *Theology of the New Testament.* Tr. K. Grobel. Vol. 1. London: SCM, 1952. 270-84. **Cambier, J.** "Connaissance charnelle et spirituelle du Christ dans 2 Cor. 5:16," in *Littérature et théologie pauliniennes.* Recherches bibliques v, 72-92. Bruges: Desclée de Brouwer 1960. **Collange, J.-F.** *Enigmes de…Corinthiens.* 258-80. **Conzelmann, H.** *An Outline of the Theology of the New Testament.* Tr. J. Bowden. London: SCM, 1969. **Dunn, J. D. G.** "Paul's Understanding of the Death of Jesus." In *Reconciliation and Hope*, ed. R. Banks, 125-44. Grand Rapids: Eerdmans/Exeter: Paternoster, 1974. **Dupont, J.** *La réconciliation dans la théologie de saint Paul.* Paris/Bruges: Descleé de Brouwer, Publications Universitaires de Louvain, 1953. ______. *Gnosis: La connaissance religieuse dans les épîtres de St. Paul.* Louvain/Paris: Gabalda, 1949. **Fitzmyer, J. A.** "Reconciliation in Pauline Theology." Chap. 7 in To *Advance the Gospel.* New York: Crossroad, 1981. **Fraser, J. W.** "Paul's Knowledge of Jesus: II Corinthians V. 16 Once More." *NTS* 17(1970-71) 293-313. **Goppelt, L.** *Christologie und Ethik.* Göttingen: Vandenhoeck & Ruprecht, 1968. 147-64. **Hainz, J.** *Ekklesia.* 272-80. **Hanson, A. T.** *Studies in Paul's Technique and Theology.* Grand Rapids: Wm. B. Eerdmans, 1974. 72, 73. **Hofius, O.** "Erwägungen zur Gestalt und Herkunft des paulinischen Versöhnsgedanken." *ZNW* 77(1980) 18-99. **Johnson, H.** *The Humanity of the Saviour.* London: Epworth, 1962. 101-104. **Käsemann, E.** *Perspectives on Paul.* Tr. M. Kohl. ET London: SCM/Philadelphia: Fortress Press, 1971. 32-59. ______. "Some Thoughts on the Theme 'The Doctrine of Reconciliation in the New Testament.'" In *The Future of our Religious Past*, ed. J. M. Robinson. London: SCM/New York: Harper and Row, 1971. ______. "The Righteousness of God in Paul." In *New Testament Questions of Today*, tr. W. J. Montague. London: SCM/Philadelphia: Fortress Press, 1969. **Kertelge, K.** *'Rechtfertigung' bei*

*Paulus. Studien zur Struktur and zum Bedeutungsgehalt des paulinischen Rechtfertigungsbegriff.* Neutestamentlichen Abhandl. 3 Münster: Aschendorff, 1966. 99-107. **Lohse, E.** "Das Amt, das die Versöhnung predigt." In *Rechtfertigung*, FS E. Käsemann, ed. J. Friedrich, W. Poehlmann, P. Stuhlmacher, 339-49. Tübingen: J. C. B. Mohr, 1976. **Lyonnet, S. and Sabourin, L.** *Sin, Redemption and Sacrifice. A Biblical and Patristic Study.* Rome: Pontifical Biblical Institute, 1970. **Marshall, I. H.** "The Meaning of Reconciliation." In *Unity and Diversity in New Testament Theology: Essays in Honor of George E. Ladd*, ed. R. A. Guelich, 117-32. Grand Rapids: Wm. B. Eerdmans, 1978. **Martin, R. P.** *Reconciliation. A Study of Paul's Theology.* London: Marshall, Morgan & Scott/Atlanta: John Knox, 1981. 90-110. **Martyn, J. L.** "Epistemology at the Turn of the Ages: 2 Corinthians 5:16." In *Christian History and Interpretation. Studies Presented to John Knox*, ed. W. R. Farmer *et al.*, 269-87. Cambridge: University Press, 1967. **McDonald, J. I. H.** "Paul and the Preaching Ministry." *JSNT* 17(1983) 35-50. **Michel, O.** "'Erkannen dem Fleisch nach'(II Kor 5, 16)." *EvT* 14(1954) 22-29. **Reumann, J.** (with Fitzmyer, J. A., and Quinn, J.). *Righteousness in the New Testament.* Philadelphia: Fortress Press, 1982. **Rey, B.** "L'homme nouveau d'après St. Paul." *RScPhTh*(1965) 161-95. **Sabourin, L.** "Note sur 2 Cor. 5, 21: Le Christ fait péché." *Sciences ecclésiastiques* 11(1959) 419-24. **Schlier, H.** "La notion paulinienne de la Parole de Dieu." In *Littérature et theologie pauliniennes* (1960) 127-41. **Stanton, G. N.** *Jesus of Nazareth in New Testament Preaching.* SNTSMS 27. Cambridge: University Press, 1974. 88-93. **Stuhlmacher, P.** "Erwägungen zum ontologischen Charakter der *καινὴ κτίσις* bei Paulus." *EvT* 27(1967) 1-35. ______. *Gerichtigkeit Gottes bei Paulus.* FRLANT 87. Göttingen: Vandenhoeck & Ruprecht, 1965. ______. "Jesus als Versöhner." In *Jesus Christus in Historie und Theologie*, FS H. Conzelmann. ed. G. Strecker. Tübingen: Mohr, 1975. **Tannehill, R. C.** *Dying and Rising with Christ: A Study in Pauline Theology.* BZNW 32. Berlin: Töpelmann, 1967. **Thrall, M. E.** "Salvation Proclaimed: V. 2 Corinthians 5:18-21." *ExpTim* 93(1982) 227-32. **Thüsing, W.** "Rechtfertigungsgedanke und Christologie in den Korintherbriefen." In *Neues Testament und Kirche*, FS R. Schnackenburg, ed. J. Gnilka, 301-24. Freiburg/Basel/Wien: Herder, 1974. **Williams, A. T.** "Reconciliation with God." *ExpTim* 32(1919-20) 280-82. **Ziesler, J. A.** *The Meaning of Righteousness in Paul.* SNTSMS 20. Cambridge: University Press, 1972. 158-65.

## 본 문

**16** 그러므로 우리가 이제부터는 아무 사람도 육체대로 알지 아니하노라 비록 우리가 그리스도도 육체대로 알았으나 이제부터는 이같이 알지 아니하노라
**17** 그런즉 누구든지 그리스도 안에 있으면 새로운 피조물이라 이전 것은 지나갔으니 보라 새것이 되었도다
**18** 모든 것이 하나님께로 났나니 저가 그리스도로 말미암아 우리를 자기와 화목하게 하시고 또 우리에게 화목하게 하는 직책을 주셨으니
**19** 이는 하나님께서 그리스도 안에 계시사 세상을 자기와 화목하게 하시며 저희의 죄를 저희에게 돌리지 아니하시고 화목하게 하는 말씀을 우리에게 부탁하셨느니라
**20** 이러므로 우리가 그리스도를 대신하여 사신이 되어 하나님이 우리로 너희를 권면하시는 것 같이 그리스도를 대신하여 간구하노니 너희는 하나님과 화목하라
**21** 하나님이 죄를 알지도 못하신 자로 우리를 대신하여 죄를 삼으신 것은 우리로 하여금 저의 안에서 하나님의 의가 되게 하려 하심이니라

**16** Therefore from now we judge no one from an outward point of view. Though[a] we may have judged Christ from such a viewpoint, now we do so no longer.
**17** So, if anyone comes to be in Christ, there is a new creation; the old order has gone, to be replaced by the new [in every way[b]].
**18** And this new order in all respects is God's doing, who reconciled us to himself through Christ and has given us the ministry of reconciliation.
**19** Its terms are that in Christ God was reconciling the world to himself not charging humankind's offenses against them. And he has entrusted us with the message[c] of reconciliation.
**20** We are then ambassadors for Christ, with God making his plea through us. We implore you, in Christ's behalf, Be reconciled to God!
**21** God appointed him (who was without any acquaintance with sin) to be a sin-offering on our behalf, that in him we might become the righteousness of God.

## 원문주해

a. $P^{46}$ B ℵ* D*는 에이 카이(εἰ καὶ, "비록")로 읽는다. 대부분의 사본들에서 에이(εἰ)와 카이(καί) 사이에 데(δέ)를 첨가하고 있지만 의미는 변하지 않는다. 그러나 G와 vg의 읽기인 카이 에이(καὶ εἰ, "비록 …일지라도")와 K의 읽기인 에이 데(εἰ δέ, "그러나 …한다면")로 단어들의 순서를 뒤바꾸면 강조점이 변화된다(Barrett; 그러나 불트만은 K의 읽기가 "불가능하다"고 말한다). Collange(262)는 에이(εἰ)와 카이(καί) 사이에 쉼표를 찍고서 카이(καί)를 비교급의 의미로 해석한다. 그는 BDF § 453.1에 의거해서 "마찬가지로 우리가 그리스도를 육체대로 알았지만, 우리는 이제 더 이상 그리스도를 이같이 알지 아니하노라"로 번역한다.

b. 우리는 타 판타(τὰ πάντα)를 게고넨(γέγονεν)의 비한정적인 주어가 아니라 부사로 본다. 고전 13:7을 참조하라. 그러나 타 판타(τὰ πάντα)는 많은 사본들과 마르시온

(새 언약의 우월성을 주장하는 신학적인 근거 위에서)에 의해서 채택되고 있기는 하지만 P[46] ℵ B C D* vg 등에 의해서 생략되었기 때문에 후대의 첨가일 가능성이 있다. 타 판타(τὰ πάντα)는 필사자가 다음 절에 나오는 동일한 단어(τὰ δὲ πάντα - 타 데 판타)로 인해서 혼동한 중복 오사로 말미암아 첨가되었을 가능성이 크다.

c. 토 로곤(τὸν λόγον, "말씀")은 사본상으로 최고의 지지를 받는 가장 간단한 읽기지만, P[46]은 토 유앙겔리온(τὸ εὐαγγέλιον, "화해의 복음")이라는 표현으로 손질하고 있고, D F G는 두 개의 동사를 함께 결합해서 "화목하게 하는 말씀의 복음"이라고 읽고 있다.

## 양식/구조/배경

이 단락은 바울이 자기 자신에 대하여 죽고 그리스도 안에서 산 자로서(14-15절) 새로운 세계관으로 들어갔다는 것을 보여 주기 때문에 앞 단락과 연결되어 있다는 것이 분명하다(ὥστε - 호스테, "그러므로", 16절; 호스테⟨ὥστε⟩는 17절에서 반복된다). 이 긴 단락 전체에 걸쳐서 그는 사도로서의 그의 활동과 그 동기를 위한 근거를 제시하고 있다. 특히 그는 이제 그의 사역에 두어진 두 가지 제약에 대하여 분명하게 말한다 - 이 두 가지 제약은 고린도 교회와의 지속적인 논쟁이라는 관점에서 보아야 한다. 그 두 가지 제약은 이런 것이다.

1. 바울은 "그리스도 안에서" 그의 "신분"을 공유하고 있는 모든 자들과 더불어서 새로운 세상에서 살고 있다. 새로운 시대는 예수의 십자가와 부활에 의해서 개시되었고, 바울은 "시대들의 전환점"(*Aeonenwende*)에서 도래한 새로운 창조 질서로 인하여 새로운 눈을 통해서 삶 전체를 바라본다. 옛 시대와 대비하여 새 질서 속에서 살아간다는 것 속에 함축되어 있는 수많은 종말론적 "변화"를 지적하고 있는 J. L. Martyn, "Epistemology"를 보라.

2. 또 하나의 실체는 하나님의 화해를 아는 지식인데, 이것은 그가 18-21절에서 하나의 전승 단편을 가져와 거기에 자신의 해석을 겸한 설명을 제시하는 것을 통해서 표현되어 있다.

이 두 가지 해석학적인 열쇠들은 최근에 이루어진 많은 학문적인 연구의 주제가 되어 왔기 때문에, 그것들은 다음과 같은 항목들 하에 길게 다루는 것이 좋을 것이다. (a) 이 단락의 지평(5:16-21), (b) 이 절들의 구조(18-21절), (c) 특히 바울이 기존의 전승을 각색한 것으로 보이는 18-21절 속에 나타나 있는 독특한 요소들, (d) 이러한 전승사적 연구를 고린도 교회에서의 바울의 상황에 적용하기. 이렇게 해서 도출되는 결론들을 발판으로 삼는다면, 우리는 바울의 이 본문이 당시의 상황 속에서 무엇을 의미하고 있는지에 대하여 새로운 경각심을 가지고서 석의(exegesis)에 접근하는 것이 가능할 것이다.

**a. 지평,** 즉 저자의 글 전체 속에서 이 단락이 차지하는 위치에 의해서 확인되고 이해되는 한에 있어서 이 단락의 목적이 먼저 설명될 수 있을 것이다. 이러한 작업은 필연적으로 저자가 쓴 이전의 장들에 대한 상당한 정도의 재요약을 필요로 하는 것이기는 하지만, 그것은 5:16-21을 제대로 보기 위해서 꼭 필요한 일이다.

2:14에서 바울은 아시아 연안에 있는 드로아 근방에서 배를 타고 마게도냐로 항해하게 만든 사건들에 대한 이야기를 막 마무리했다. 이 일련의 이야기는 그가 그의 주제로 되돌아간 7:5에서 다시 이어진다. 그 중간에서 그는 본론에서 벗어나 자신의 직분과 그가 전한 복음을 집중적으로 변호하는 기회를 갖는 것으로 보인다. 그렇다면 무엇이 그로 하여금 자신의 서신 속에서 이러한 긴 "우회"(이것이 옳은 말이라면)를 하게 만들었던 것인가?

이 질문에 대한 신속한 대답은 바울이 자신의 사명에 대하여 어떤 이해를 가지고 있었는지를 살펴보면 드러날 수 있다. 디도가 마게도냐로 돌아와서 바울과 만났을 때 전해 준 고린도 교회의 상황에 대한 소식은 바울의 마음을 고양시켰고(7:6), 그것은 고린도 교회(또는 적어도 그 지체들 중의 대다수)가 그들이 한때 바울에게 보였던 충성으로 되돌아온 것을 축하할 때였다. 고린도 교회와 바울 간의 심각한 불화는 끝났고, 이제는 바울의 복음과 자신의 사도직에 대한 바울의 변호가 그의 비판자들을 이긴 것에 대하여 하나님께 감사하며 기뻐해야 할 때였다. 2:14의 엄청난 표현은 이렇게 설명된다: 하나님은 우리를 승리로 이끄셔서 "온 세상을 휩쓸고 있는 메시아의 개선 행진 속에 우리를 합류시키고 있다"(T. W. Manson이 이 동사를 이렇게 의역하고 있다. 앞의 설명을 보라). 게다가, 메시아의 그러한 계속적인 승전은 바울에게 맡겨진 생명을 주는 말씀, 즉 복음을 받아들이는 자들에게는 생명의 향기가 되고 복음을 거부하는 자들에게는 파멸과 죽음의 냄새가 되는 복음의 말씀이 가져오는 성공을 포함하는 것이다. 여기서 후자에 속한 자들은 사도가 전한 말씀을 혼잡케 한 거짓된 가르침에 희생양이 되어서(2:17) 여전히 사탄의 지배를 받고 있는 불신자들과 같이 눈먼 상태에 있는(4:3-4) 자들이다.

여기서 추론할 수 있는 것은 말씀과 그 말씀을 전하는 자는 모종의 방식으로 서로 연결되어 있기 때문에, 말씀을 거부하는 것은 그 말씀을 전함과 동시에 그들의 삶 속에서 그 말씀을 구현하고 있는 자들을 멸시하는 것이라는 것이다(4:7). 역으로, 바울에게서 등을 돌리고 떠난 고린도 교인들 – 아마도 그들 중의 일부는 여전히 자신의 주장을 고수하면서 바울에게 돌아오기를 거부하고 있었을 것이다-은 단지 바울이라는 사람을 거부하고 있는 것이 아니라 이 사도가 대표하고 있던 바로 그것, 즉 생명을 나눠 주는 능력을 지닌 "하나님의 말씀"을 거부하고 있는 것이다. 케리그마는 "하나님을 아는 지식"(2:14)을 담고 있는 하나님의 향기이지만, "하나님이 너희를 권면하시는"(5:20) 것은 우리의 인격과 사역을 통해서이기 때문에, 바울은 "우리가 그리스도의 향기"(2:15)라고 담대하게 말할 수 있었다.

이 단락 전체(2:14-7:4)는 바울의 호소와 항변(appeal)으로 읽혀져야 한다. 이 단락은 그가 "눈물로 쓴 편지"와 관련해서 말했던 것, 즉 고린도 교회에서 바울에게 불만을 품은 자들이 범죄자를 제대로 다루기만 한다면 화해를 보장할 수 있다는 그의 말로부터 벗어난 일탈도 아니고, 그가 단지 드로아를 떠나서 마게도냐에 이르기까지 과거에 일어난 사건들을 다시 말하고 있는 것도 아니다. 이 단락은 그가 고린도 교인들에게 회개(2:2; 7:8-11)와 순종(2:9)을 요구하면서 보여 주었던 것과 동일한 정신의 연장이고, 그가 앞서 호소하고 압박했는데도 여전히 그의 말을 듣지 않고 있어서 그들이 그에 대한 우호적인 태도를 가지고 있는 것에 대하여 의심할 수밖에 없었던 그런 자들에 대한 열렬하고도 조리 있는 호소다. 이러한 호소는 그들에게 그의 메시지와 그의 사역에 대한 그들의 적대적인 태도와 의구심을 버리고, 이미 그의 대적자들의 우두머리에게 주어진 화해의 권고를 받아들이라는 새로운 요청이다(2:5-11; 7:12).

그러므로 2-7장으로 이루어진 대단락은 일련의 대비들을 사용해서 체계적으로 배열되어 있다(참조. McDonald, "Paul and the Preaching Ministry").

(1) 바울의 가르침은 모세를 "신적인 인간"(*θεῖος ἀνήρ*-데이오스 아네르)인 율법 수여자로 떠받드는 것(3:1-18), 세상적인 성공과 능력의 과시에 의거해서 그 사역자들이 옳다는 것을 증명하고자 하는 것(4:1-15), 미래가 이미 현재 속에 담겨 있다고 보고서 장래의 부활에 대한 소망을 부정한 그런 유형의 종말론적인 사상(4:16-5:10; 그들의 슬로건은 "우리는 보는 것에 의지해서 행한다"였는데, 바울은 이것을 반박한다)을 특징으로 한 기독교 메시지에 대한 다른 이해와 대비된다. 무엇보다도 특히 이런 유형의 가르침을 베푼 자들은 바울에 대하여 "정신나간 자"라고 조롱하며(5:13) 적대감을 보였다. 바울이 여기에 맞서서 제시할 수 있는 유일한 대답은 그에게 사역을 감당할 동기를 제공해 주었을 뿐만 아니라, 사역을 위한 추진력을 제공해 주기도 한 그를 향한 그리스도의 사랑에 호소하는 것 뿐이었다(5:14-15). 바로 그러한 그리스도의 사랑은 아주 최근에 그에게 고린도 교회에 있는 그

의 원수들을 용서할 수 있게 해주었고(2:10), 이제 그는 그와 동일한 화해의 손짓을 그들을 비롯해서 여전히 그에게 완강하게 반항하고 있는 자들에게 뻗친다. 그러므로 이러한 호소는 하나님이 그리스도를 통해서 세상과 화해하셨다는 것에 대한 "교회의 가르침"의 한 전승 단편(5:18-21), 즉 이러한 기독론적인 강조점(5:16)은 인간 역사 속에 "새 것이 왔다"(5:17)는 것, 곧 새 시대의 도래를 의미한다는 바울의 주장을 강화함과 동시에 고린도 교회의 대적자들과 그들로 인한 여러 가지 문제들에 대한 그의 태도가 새 시대가 가져온 새로운 삶을 따라서 형성된 것임을 분명히 밝히기 위하여 제시된 하나의 전승 단편을 그대로 구체화한 것이었다.

(2) 바울이라는 인물은 새 시대에 속해 있다. 그와 그를 따르는 자들은 모세보다 더 빛나는 영광을 공유하고 있고(3:18), 그의 회심(4:6)과 소명(4:5) 사건 속에서 일어난 것은 그 이후의 그의 삶과 사역을 위한 패턴을 설정해 주는 것이었다(4:7-12). 바울의 삶과 사역은 본질적으로 인간적인 약함과 종말에 죽은 자들을 다시 살리실 하나님에 대한 전적인 의지(依支)를 보여 주는 일련의 과정이었다. 성령은 새 시대의 능력 중에서 우리에게 최초로 주어진 "보증금"(5:5)이지만, 종말은 아직 오지 않았다. 종말이 올 때까지 바울은 "믿음으로"(5:7) 행하고 장래에 있을 부활을 기대하며 살아간다. 현재에 주어진 것과 장래의 소망 간의 이러한 긴장 관계는 화해에 대한 그의 언급 속에서도 발견된다.

하나님은 그리스도 안에서 세상과 화해하셨다. 그러나 화해를 선포하는 일은 계속되고 있고, 바울은 그것이 고린도 교인들이 직면해 있는 것과 같은 인간의 구체적인 상황들에 적용되어야 한다는 말을 덧붙인다. 그래서 바울은 "너희는 하나님과 화목하라"(5:20)는 진지하면서도 부드러운 호소를 곁에 끼워 넣는다. 바울은 고린도 교인들을 온전히 회복시키기 위한 조치로서 자신이 행하고 있는 것이 옳다는 것을 확신하고 있었기 때문에 하나님을 자기 편이라고 말할 수 있었고(6:1), 이러한 노력 속에서 그가 하나님과 함께 하고 있기 때문에 하나님이 그와 "함께 일하고"(συνεργοῦντες-쉬네르군테스) 계신다고 자신 있게 말할 수 있었다. 바울 편에서는 곤혹스러운 감정이 없었다(6:11). 그는 온전한 화해를 위하여 일하고 있기 때문에, 고린도 교인들도 계속해서 저항하지는 못할 것이었다(6:12). "너희의 행실을 고치고 평안 중에 살라"(RSV)는 그의 마지막 호소는 예전적(禮典的)인 결말을 준비하는(13:13) 끝부분의 절(13:11)에 다시 나온다-아마도 더 악화된 상황을 염두에 두고 있기라도 한 것처럼.

"배경을 설정하고자" 하는 이러한 짤막한 시도를 통해서 우리는 이제 우리가 살펴보고자 하는 단락을 좀더 자세하게 들여다볼 수 있게 되었다.

**b. 이 절들(18-21절)의 구조.** 우리가 여기에 나오는 바울의 글을 좀더 산문적인 번역을 채택해서 여러 행으로 일렬로 나란히 배치해 본다면 우리의 논의에 도움이 될 것이다.

18 모든 것이 하나님께로 났나니

1a 저가 그리스도로 말미암아 우리를 자기와 화목하게 하시고

1b 또 우리에게 화목하게 하는 직책을 주셨으니 19 이는

2a 하나님께서 그리스도 안에 계시사 세상을 자기와 화목하게 하시며
[저희의 죄를 저희에게 돌리지 아니하시고]

2b 화목하게 하는 말씀을 우리에게 부탁하셨느니라

3b 20 이러므로 우리가 그리스도를 대신하여 사신이 되어 하나님이 우리로 너희를 권면하시는 것같이 [그리스도를 대신하여 간구하노니 너희는 하나님과 화목하라]

3a 21 하나님이 죄를 알지도 못하신 자로 (a)
우리를 대신하여 (b)
죄를 (c)
삼으신 것은 (d)
우리로 하여금 (a')
되게 하려 하심이니라 (d')
하나님의 의가 (c')
저의 안에서 (b')

화해에 관한 바울의 가르침을 보여 주는 이 짤막한 해설은 세 가지 근거 위에서 기존에 이미 존재하고 있던 전승 자료를 가져와서 각색한 것으로 보인다. 첫째, 여기에 나오는 호소가 고린도 교회에서의 목회적인 문제들에 대한 것이고, 아마도 그 교회의 신자들을 향한 것이라는 맥락 속에서 볼 때 바울이 교회 밖에 있는 불신자들에게 복음을 전할 때 더 적합한 케리그마적 관용 표현들을 사용했다는 것은 주목할 만하다. "하나님과 화목하라"는 요구는 "복음 전도와 관련된 표현"으로서(I. H. Marshall이 "The Meaning of Reconciliation," 129에서 그렇게 부른다), 바울이 고린도 교인들이 사도적 지도자인 자신과 좋은 관계를 회복하게 되기를 바라는 그의 관심을 강화시키기 위하여 복음 전도와 관련된 전승 자료를 이차적으로 사용하고 있는 것이라는 설명을 통해서 명확하게 해명된다(고후 6:11-13을 보라).

둘째, 이 단락의 문학적인 구조는 이 단락이 세심하게 준비된 구원론적 신조의

한 단편이라는 것, 즉 최초의 그리스도인들이 그리스도 안에서의 하나님의 구속 사역에 관하여 믿었던 것을 요약적인 형태로 표현하고 있는 신앙 고백적인 진술의 표본이라는 것을 말해 준다. 두 절(18, 19절)은 서로 의존하고 있는 가운데 결합되어서, 후자의 절은 전자의 절에 담겨 있는 내용을 확장시키고 설명하는 역할을 한다. 따라서 1a행(하나님이 우리와 화목하셨다)은 2a행(하나님 또는 그리스도 안에서 하나님이 세상과 화목하셨다)에서 다시 받아져서 약간의 수정을 거쳐 반복된다. 마찬가지로 1b행은 2b행과 병행을 이루고, "직책"과 "말씀"이 서로 대응되고 있다.

20-21절의 구조는 좀더 복잡하다. 서로 대응되는 사고가 반복되고 있지만 반대의 순서로 되어 있다. 20절에 나오는 동사들("사신이 되다", "권면하다", "간구하다")은 불필요한 반복으로 보이는데, 이것은 이 동사들이 사용된 특별한 이유가 있다는 것을 시사해 준다. 21절과 관련해서 심지어 영어 번역문 속에서도 서로 다른 행들이 어떻게 대응되어서 일련의 대비들을 형성하고 있는지를 보기는 매우 쉽다. 전반부는 구속주의 사역을 말하고 있고, 후반부는 구속받은 사람들의 유익을 말하고 있다.

마지막 절에서 단어들이 열십자형으로 배치되고 있는 교차 대구법적 구조를 찾아내고자 하는 시도들이 있어 왔지만, C. K. Barrett가 인정하듯이 단어들의 배치가 보여 주는 대칭성은 그리 완전하지 않다. 그가 최대한으로 인정하고자 하는 것은 "바울은 그가 다루고 있는 주제에 의해서 감동을 받아 송영 또는 예전의 언어를 암시하는 고양된 문체로 글을 쓰고 있다"(163)는 것이다. 바울이 글을 쓸 때의 습관들에 대하여 우리가 알고 있는 모든 것은, 그는 송영(頌詠) 또는 시적인 문체를 사용할 때 이미 존재하고 있는 글들을 빌어서 사용하고 있는 것이고 "그 자리에서 서둘러" 지어낸 것이 아니라는 것이다. 또한 그가 서신을 쓰는 방식은 기존에 존재하는 송영들을 가져와서 거기에 해석이나 보충 설명이나 수정을 위한 말을 덧붙여서 엄격한 대칭적 형태를 깨뜨리고 있다는 것이다. 바울의 이러한 관행을 보여 주는 예들은 로마서 3:24-26; 빌립보서 2:6-11; 골로새서 1:15-20에서 찾아볼 수 있다.

이러한 것은 우리를 바울 이전에 형성된 전승이 우리가 살펴보고 있는 본문 속에 섞여 있는 것이 아닌가 하는 의구심을 가질 만한 세 번째 이유로 데려다 준다. 두 개의 행이 제자리를 벗어난 것으로 보이는데, 우리는 그 행들이 바울이 기존의 전승 문구를 자신의 서신 속에 집어넣으면서 첨가한 것이었다고 본다.

19b: 저희의 죄를 저희에게 돌리지 아니하시고

20c: 그리스도를 대신하여 간구하노니 너희는 하나님과 화목하라

흥미로운 것은, 첨가라고 주장되는 이 두 행은 바울이 자주 사용하는 단어들로 가득 차 있다는 것이다. 동사 "돌리다, 여기다"는 다른 곳에서도 비슷한 맥락 속에서 사용된다(롬 4:3f., 5f., 9, 11). 두 번째 동사인 "간구하다"는 고린도후서 8:4; 10:2; 갈라디아서 4:12에서 사용되고 있다. 우리는 이 두 행이 기존의 전승에 대한 바울의 해석적인 "주해들"로서 두 가지 목적을 달성하기 위하여 첨가된 것이라고 주장한다. 한편으로(19절) 바울은 "세상의 화해"가 하나님이 인류의 죄악들을 그들에게 돌리지 않고-관련된 행이 "저희에게"라고 말하고 있는 반면에, 이 단락의 다른 곳에서는 그 표현이 1인칭 복수형(우리)으로 되어 있다는 것이 주목할 만하다-그들의 죄악을 깨끗하게 도말하심으로써 이루어졌다는 것을 분명하게 하고자 했다. 이것은 아마도 바울이 잘못된 이해를 사전에 막기 위해서 삽입한 칭의와 관련된 관용 표현인 것 같다. "화해"는 저절로 이루어진 자동적인 과정이나 하나님의 묘기쯤으로 생각될 수 있었을 것이기 때문에, 바울은 화해가 인간의 죄를 처리한 하나님의 능력의 역사 속에 확고하게 토대를 두고 있다는 것을 확실히 하고자 한 것이었다(이것은 정확히 롬 4:25; 5:15-18, 20에 나오는 그의 가르침이다). 다른 한편으로, 20절은 바울이 "대사"(*πρεσβεύομεν*-프레스뷰오멘, Lohse, "Das Amt," 340)의 역할로 등장함으로써 다소 거친 사도적 호소로 시작된다. 그는 빌레몬서 1:9(거기서의 본문 읽기는 논란이 되고 있다)을 제외하고는 다른 곳에서 자기 자신에 대하여 이러한 호칭(*πρεσβευτής*-프레스뷰테스)을 사용하고 있지 않은데, 이것은 오직 나중에 바울에게 돌려진 권위를 반영하고 있는 용어다(엡 6:20에서처럼). 따라서 우리는 "그리스도의 사신으로 행하고 있다"는 호소가 여전히 바울의 사도직에 대하여 의심하고 저항하고 있었던 고린도 교회의 대적자들을 염두에 두고서 "우리가 그리스도를 대신하여 간구하노니(*δεόμεθα*-데오메다) 너희는 하나님과 화목하라"는 좀더 온건하고 온유한 요청을 통해서 완화되고 있는 것이라는 결론을 내리게 된다. 이것은 분명히 고린도후서 6:1에 나오는 호소의 의미다.

언어학적인 특징들에 토대를 둔 이러한 세 번째 논증의 연장선상에서 우리는 계속해서 이 절들 속에 과연 비바울적인 특징을 지닌 표현들이 존재하는지를 물을 수 있다. 바울의 구원에 관한 가르침은 정확히 "하나님의 의"라는 어구를 중심으로 하고 있다는 것을 부인할 수 없지만, 이 어구는 통상적으로 세상에서 은혜와 죄 사함의 새로운 시대를 연 하나님의 능력에 대하여 사용되는 어구이기 때문에(로마서에

서처럼), 21절에 나오는 "하나님의 의"라는 표현은 비바울적인 것으로 충분히 의심받을 만하다. 그러나 우리가 살펴보고 있는 본문 속에서 그리스도인들은 "저(그리스도)의 안에서 하나님의 의가 되었다"고 말하는 21절의 사상은 바울 서신의 다른 곳에 병행이 없다-고린도전서 1:30이 여기에 나오는 사상과 가장 근접하긴 하지만 상당한 차이도 보여 준다: "우리의 의"는 하나님의 의와 상당한 정도로 불편한 긴장 관계 속에 놓여 있다. 달리 말하면, 고린도후서 5:21에서 이 용어를 인간론적으로 적용하고 있는 것은 다른 대목들에서 사도가 이 용어를 사용하고 있는 용례들과 잘 들어맞지 않는다는 것이다.

21절에 나오는 또 하나의 어구가 앞에서 말한 것과 동일한 의심을 받고 있다는 점도 지적될 수 있을 것이다. "하나님이 그를 우리를 대신하여 죄를 삼으셨다"는 문장은 그 의미를 정확하게 설명하기가 어려운 문장이다. 왜냐하면 우리는 이러한 표현의 배경을 알지 못하기 때문이다. 세 가지 가능성이 L. Sabourin and S. Lyonnet(*Sin, Redemption, and Sacrifice*, 250-56; 참조. L. Sabourin, "Note," 419-24)에 의해서 검토되고 있다. (a) 그리스도는 그 자신이 죄인으로 취급되었다. (b) 그리스도는 그의 성육신을 통해서 자기 자신을 죄와 동일시했다(롬 8:3에서처럼). (c) 그리스도는 죄를 위한 희생 제물이 되었다. 그들은 (c)가 가장 나은 해석이라고 결론을 내리고, 이 문장이 이사야 53장에 나오는 고난받는 종이라는 모티프, 특히 이사야 53:10의 가르침으로 거슬러 올라간다는 설득력 있는 근거들을 제시한다: "주께서 그의 영혼을 속건 제물로 드릴 때에"(히브리어 원문, RSV의 난외주). 이것이 옳다면, 그것은 바울이 전승에 의한 가르침을 빌어서 사용한 또 하나의 예가 어떤 방식으로 사용되고 있는지를 보여 주는 것이 된다. 왜냐하면 오늘날의 학자들은 한결같이 이 절을 다음과 같이 평가하기 때문이다. "바울은 그가 바울 이전의 기독교로부터 전해 받은 전승을 인용하고 있는 경우를 제외하고는 여호와의 종과 관련된 표현을 전혀 사용하고 있지 않다"(R. H. Fuller, *The Mission and Achievement of Jesus*, SBT 12[London: SCM Press, 1954] 57).

여기서 우리는 우리의 결론을 분명하게 밝힐 수 있을 것이다. 바울은 고린도 교회와의 논쟁 과정에서 화해라는 주제에 관한 기존의 가르침 중 일부를 도입한다. 그 가르침은 여러 행으로 일렬로 나란히 의미 있게 배열해 보면 도입 문구("모든 것이 하나님께로 났다")가 붙어 있는 신조적인 진술의 형태를 띠게 된다. 바울은 자신이 인용한 글 속에서 핵심적인 대목들에 두 행(19b, 20c절)을 삽입했는데, 이것은 한편으로는 그 의미를 자세하게 설명하기 위한 것이고, 다른 한편으로는 기존의 전승이 지닌 의미를 수정하기 위한 것이었다. 그렇게 함으로써 그는 화해에 관한 가르침 중에서 특별히 강조할 필요가 있었던 그러한 요소들을 부각시켰다.

따라서 바울은 당시에 통용되고 있던 전승 문구를 인용하여 그것을 자기 자신의 것으로 만들고자 했던 것이다. "기존의 전승은 사도 자신의 신학에 더 뚜렷한 윤곽을 부여하는 데 사용된다"(E. Käsemann, "The Saving Significance of the Death of Jesus in Paul," *Perspectives*, 44). 그렇지만 "그렇게 됨으로써 그 전승은 새로운 의도를 지니게 되었다는 사실을 놓치는 것은 불가능하다"고 케제만(Käsemann)은 계속해서 말한다. 하지만 케제만은 "새로운 의도"가 과연 무엇이었는지에 대해서는 답을 제시하지 못한다.

**c. 사도의 가르침 속에 나타난 독특한 요소들(18-21절).** 바울에게 있어서 "세상과의 화해"는 칭의라는 관점에서 해석된다. 즉 하나님은 인간이 지은 죄악들을 인간에게 돌리지 않음으로써 자기 자신이 "경건치 않은 자들을 의롭다 하시는"(롬 4:5) 자이시라는 사실을 보여 주었다는 것이다. 하나님의 의롭다 하시는 은혜 속에서 살아가라는 부르심은 영원한 효력을 지닌 부르심이다. 그리스도인들은 하나님이 세상을 자기와 화목하게 하신 과거의 행위로 말미암아 "이미 의롭다 하심을 받은" 것으로 말해진다(롬 4:25; 5:1; 8:30, 33). 그렇기 때문에 그리스도인들은 하나님의 그러한 선물을 감사함으로 받을 수 있고, 그리스도 안에서 하나님이 완성하신 일이 이미 최종적이고 온전히 이루어진 것으로 송축할 수 있다. 하지만 바울의 사상에는 또 다른 측면이 존재한다. 하나님의 은혜 안에서 살아간다는 현재적인 실상은 장래에 있을 심판에서 하나님이 그들을 받으셨다는 판결이 확증되리라는 확실한 확신을 수반한다(갈 5:5; 빌 1:11; 3:9). 칭의는 아직 완성되지 않은 측면을 지니고 있기 때문에 최종적으로 무죄가 선고될 그 날을 기다리고 있다(고전 4:5; K. P. Donfried, "Justification and Last Judgment in Paul," *ZNW* 67[1976] 90-110; 그러나 참조. J. Reumann's critique, *Righteousness*, 82를 보라). "이미 의롭다 하심을 받았지만 아직 최종적으로 구원받지는 못했다"는 지속적인 긴장 관계는 바울의 서신들 전체를 관통하면서 교회들을 향한 바울의 권면을 위한 토대가 되고 있다.

이와 동일한 긴장 관계는 "화해"와 관련해서도 볼 수 있다. 바울은 전승 문구 속에 하나님이 인간의 죄들을 인간에게 돌리지 않으셨다는 소극적인 요소와 그리스도인들은 하나님과 화해를 이루어서 "하나님의 은혜를 헛되이 받지"(6:1) 말아야 한다는 적극적인 측면을 삽입함으로써 화해를 재해석한다. 이러한 두 가지 문제는 그 가르침을 이러한 맥락 속에서 확고한 바울적 토대 위에 놓는 세 번째 특징과 더불어서 긴 설명을 필요로 한다. 이 세 번째 내용이 먼저 다루어지게 될 것이다.

(1) 바울의 이전의 논의는 이상하게도 5:18-21에 결여되어 있는 내용에 집중되어 있었다. 예수의 십자가와 부활에 대한 명시적인 언급은 14, 15절에서 이루어진다: "한 사람이 모든 사람을 대신하여 죽었은즉…저가 모든 사람을 대신하여 죽으심은 산 자들로 하여금 다시는 저희 자신을 위하여 살지 않고 오직 저희를 대신하여 죽었다가 다시 사신 자를 위하여 살게 하려 함이니라." 이 표현은 그가 전해 받은 가르침에 토대를 둔 바울의 공적인 말씀 선포에 있어서 중심적인 내용들이 무엇이었는지를 분명하게 보여 준다(고전 15:3ff.). "그리스도께서 죽으셨고 다시 살아나셨다"는 말은 바울이 자신의 메시지를 직접 요약한 말이 되었다(예를 들면, 롬 8:34; 고후 13:4). 그러나 그것은 단지 바울의 흥미를 끈 과거의 사건에 불과한 것이 아니었다. 그는 예수의 죽음과 부활이 그리스도인의 삶과 지속적인 연관을 지니고 있다는 점을 강조하는 데 관심을 두었다. 그리스도께서 죽으셨고, 따라서 우리도 그리스도 안에서 죽었다. 그리스도께서 다시 살아나셨고, 따라서 하나님께서 우리를 다시 살리실 것이다(4:14; 고전 6:14; 참조. 롬 6:1-11; 살전 5:10).

그리스도의 십자가와 부활이 가져온 결과는 거기에 응답한 믿는 자들을 그의 옛 "자아"를 중심으로 한 삶과 단절시키고(갈 2:20) 그 이후로 주이신 그리스도의 통치 아래서 살도록 이끄는 것이다(롬 14:7-9). 그러므로 바울은 하나님의 구속 역사는 그 역사로 인하여 수혜를 받는 자들에게 "적용되지" 않는다면 아무런 소용이 없다는 것을 분명하게 상기시키는 서론을 덧붙임으로써 5:18-21에 나오는 "화해"와 관련된 단락에 안전 장치를 단 것이었다. "하나님께서 그리스도 안에서 세상을 자기와 화목하게 하셨다"고 말하는 것－이 신조는 아주 단순하고도 놀라울 정도로 장엄하게 그렇게 선언하고 있다－은 필수불가결한 토대이기는 하지만 케리그마의 일부에 지나지 않는다. 거기에 상응하는 각 사람에 대한 적용의 차원이 있어야 한다. 그렇지 않다면, 이 심오한 가르침은 "추상적인 것"으로 남아서 사람들의 경험과 아무런 상관도 없는 동떨어진 것이 되고 말 것이다. 객관적인 케리그마는 그것을 보완해 주는 믿음으로의 부르심을 필요로 한다. 바울이 말하는 "믿음"은 그리스도의 죽음과 부활 속에서 그리스도와 하나가 되어서 그것이 그리스도인의 삶의 구성 부분이 되어 그리스도인이 자기 자신에 대하여 "죽고" 그리스도를 주로 삼아 새로운 생명 가운데서 "행하고" "섬기며" "살아가는" 것이다(롬 6:6; 7:6; 참조. 골 2:6). 여기서 사용된 동사들은 새로운 시대 속에서의 삶을 보여 준다(5:17; Tannehill, *Dying and Rising*, 39-43를 보라).

(2) "저희의 죄를 저희에게 돌리지 아니하시고"(5:19b)라는 행이 바울에게서 나온 것이라는 우리의 입장이 옳다면, 이제 우리는 그 행이 지니는 의미를 평가할 수 있다. 우리가 이미 지적했듯이, 하나님이 인간이 지은 죄를 인간에게 "돌리지 아니하신다"는 것은 로마서 4-5장에 나오는 바울의 논의에 서 기본이 되고 있다. 여기서 추가된 새로운 특징은 21절에서 하나님의 행위의 "기제"(mechanics)를 주의 깊게 설명하고 있다는 것이다.

그것은 우리가 바울의 말을 그것이 원래 지니고 있던 것보다 더 큰 논리적인 통일성을 부여하는 것처럼 보일 위험성을 감수하고서라도 도표화할 수 있는 몇 가지 단계를 포함한다. 분명히 우리는 교의 신학의 단편으로 작성된 초기 기독교의 "속죄론"을 접하고 있는 것이 아니다. 우리가 할 수 있는 최선의 것은 몇 가지 개념들 또는 확신들을 요약하는 것이다(14절을 보라: "우리는 결론을 내린다", "우리는 이러한 확신에 도달했다", 아마도 여기서는 구원론적인 신조를 암묵적인 근거로 삼고 있을 것이다; 앞의 설명을 보라; Héring, 41). 이러한 것을 유의하는 가운데 다음과 같은 도식이 제시될 수 있다.

**(a) 동일시.** "하나님께서 그리스도 안에 계시사 세상을 자기와 화목하게 하셨다"는 말은 몇 가지 방식으로 해석될 수 있다("주석"을 보라). "그리스도 안에서"라는 어구는 "하나님"과 결합되어서 "그리스도 안에서의 하나님"이라는 복합적인 표현을 이루고, 그 뒤에 분사형의 동사가 나오는 것으로 볼 수 있다. 또는 "그리스도 안에서"는 하나님이 세상과 화해하실 때 그 수단이 되는 것을 의미할 수도 있다(Barrett). 후자의 번역은 주도권을 하나님에게 돌리는 18절의 사고를 이어받고 있는 것이기 때문에 더 나아 보인다. 그럼에도 불구하고, 바울이 사용한 헬라어가 정밀하지 못하다는 것은 여전히 사실이다. 그렇지만 그의 논증의 흐름은 하나님이 어떻게 직접 그리스도를 통하여(18절, *διὰ Χριστοῦ*-디아 크리스투) 역사하셨고 그리스도 안에서(*ἐν Χριστῷ*-엔 크리스토, 19절) 세상과 화해하게 되셨는지를 보여주고 있다는 것도 사실이다. 우리는 바울의 본문이 다음과 같은 것을 전달하고 있는 것으로 해석할 수 있다: 그리스도 안에서 하나님은 우리 인류 중 하나가 되셨고 자기 자신을 우리 인류와 동일시하셨다.

**(b) 대표.** 던(J. D. G. Dunn, "Paul's Understanding," 130)은 5:14-15이 "예수를 인간의 대표로 본 바울의 이해에 대한 가장 명시적인 표현들 중의 하나"라고 올바르게 지적했다: "한 사람이 모든 사람을 대신하여 죽었은즉 모든 사람(*οἱ πάντες*-호이 판테스)이 죽은 것이라." 액면 그대로 본다면, 이 본문은 그리스도가 마

지막 아담의 역할을 맡았고, 인간으로서 그는 모든 인간이 죽을 수밖에 없기 때문에 다른 길이 없어서 죽었다는 것을 의미하는 것으로 해석된다. "그리스도의 죽음은 타락한 인간에게는 죽음 이외에는 다른 출구가 존재하지 않는다는 것을 시인하는 것이다." 그러므로 새로운 인간은 오직 죽음을 통과하고 나서 부활의 생명 가운데서 출현하게 된다. 하지만 새로운 삶에 대한 그러한 소망은 앞에 나왔던 "그리스도께서 죽으셨은즉 모든 사람이 죽은 것이라"는 말과는 달리 믿는 자들에게만 국한된다. 죽음은 그리스도를 포함해서 모든 인류에게 공통적이다. 하지만 부활(15절에 나오는)은 오직 "부활하신 분을 주로 시인하는" 자들에게만 해당된다.

그리스도가 인간의 대표라고 역설하는 것은 옳지만, 우리가 던(Dunn)의 견해를 따라서 "모든 사람"(14절에 나오는)의 죽음을 "온 인류"의 죽음을 가리키는 것으로 보는 것은 성급할 수 있다. 예수가 대표하는 것은 그의 백성이다. 오직 그들만이 그들의 대표자 안에서 죽은 것으로 묘사된다. 브루스(F. F. Bruce, 207)가 지적하듯이, "이 단락에 나오는 모든 사람은 로마서 5:15, 19에 두 번째로 나오는 많은 사람과 동의어다." 게다가, 우리가 앞에서 말했듯이 본문이 염두에 두고 있는 것은 삶의 마감으로서의 물리적인 죽음일 수가 없다. 왜냐하면 "모든 사람"은 더 이상 자기 자신에 대하여 사는 것이 아니라 새로운 머리 아래서 사는 것이기는 하지만 계속해서 살기 때문이다(15절). 이 죽음은 자기 자신을 위하여 살았던 옛 질서에 대한 죽음이다: 칼빈(Calvin)은 마가복음 8:34을 반영해서 "그리스도는 우리로 하여금 우리 자신에 대하여 죽게 하기 위해서 우리를 대신하여 죽으셨다"고 지적한다. "모든 사람"의 죽음은 단지 옛 생활 방식을 묻은 무덤을 봉인하는 역할만을 하는 것이 아니라, 그리스도의 죽음에 참여한 자들을 자유롭게 해서 그들로 하여금 그리스도의 부활의 새 생명에 참여할 수 있게 한다. 즉 그들은 "새로운 목표와 목적을 지닌 새로운 삶을 살기 위하여 자유하게 되는 것이다"(Windisch, 182).

"한 사람이 모든 사람을 대신하여 죽었다" 또는 "그가 모든 사람을 대신하여 죽었다"는 말들 속에서 전치사의 의미는 말할 것도 없이 중요하다. 바울이 "예수께서 모든 사람을 대신하여 죽었다"고 썼을 때 "그 의미는 모든 사람은 죄에 대한 형벌로 죽게 되어 있다는 것임에 틀림없다"는 견해에 대하여 반대한 태스커(Tasker, 86)의 논증은 우리가 판단하기에 옳다. 그는 "바울이 지금 강조하고 있는 것은 그러한 진리가 아니다"라고 결론을 내린다. 하지만 그는 이 절의 전반부를 그가 이 절의 후반부와 관련하여 거부했던 바로 그런 방식으로 해석한다. "사도는 그리스도의 죽음이 그분이 그들이 죽어야 했던 그런 죽으심을 당했다는 의미에서 모든 사람의 죽음이었다는 것을 말하고자 한 것이다. 그리스도는 그들의 죄에 대한 형벌을 짊어지고서 그들 대신에 죽으셨다." 전통적으로 이 절에 적용된 대속의 개념이 21절에서 요구되느냐는 문제는 우리가 이미 논의한 바 있고, 나중에 다시 한 번 고찰하게 될 것이다. 하지만 그러한 해석이 14-15절에 대한 유일한 해석으로서 타당할 수 있는지는 의심스럽다. 왜냐하면 휘페르 판톤(*ὑπὲρ πάντων*, 개역 성경에서는 "모든 사람을 대신하여")이라는 어구는 그리스도의 대표성 외에도 더 많은 것을 말하고 있는 것으로서, 그리스도가 그의 백성을 대신하여 죽으셨다는 것, 즉 자기 자신을 그의 백성 및 그들의 곤경과 동일시한 것은 죄에 대한 그의 죽으심이 그들이 동참하고 있는 순종과 순복의 행위로 여겨질 수 있기 때문이다. 20절에 나오는 전치사(2번 반복된다, *ὑπὲρ Χριστοῦ*…*ὑπὲρ Χριστοῦ*-휘페르 크리스투…휘페르 크리스투)는 사도직을 비슷한 방식으로 묘사한다: 사도는 바울이 그리스도의 종으로서 그리스도를 위하여 행한다는 점에서만이 아니라 "마치 하나님께서 우리를 통해서 권면하시는 것처럼" 하나님이 바울의 사역 속에 인격적으로 현존하신다는 점에서 그리스도의 대표자다. 이와 같은 밀접한 동일시를 통해서 바울이 전하는 말씀은 하나님의 말씀이라는 성격이 부여되고(참조. 살전 2:13), 오코너(J. Murphy-O'Connor)가 분명히 보여 주고 있듯이(*Paul on Preaching*[London: Sheed & Ward, 1964] 72-76), 바울이 선포하는 말씀은 바울을 통한 하나님의 음성에 다름아니다. 이러한 병행이 사용될 수 있다면, 우리는 그리스도가 인류와 하나 되신 것은 그분이 그들의 이름으로 행하시고 그들의 대리인으로서 그들을 대신하여 하나님에게 아들로서의 순종과 충성의 제사를 지내셨고, 하나님은 그 제사를 받아들여서 죄인들이었던 인류를 용서하고 그들과 화해하셨음을 의미하는 것이라는 결론에 이르게 된다. 이 장의 이 대목에서 바울은 그리스도가 그들의 이름으로 대표자로서 "다른 사람들을 대신하여 죽으셨고", 그 결과로 그리스도의 행위는 사람들의 태도와 성향을 변화시키는 엄청난 효력을 지니게 되었다고 말하는 것으로 보인다. 그리스도가 그들을 대신하여 죽으셨기 때문에, 그들은 더 이상 자기 자신을 위해서가 아니라 그리스도를 위하여 살아간다. 그러나 그들이 결코 스스로 할 수 없었던 일을 그리스도가 그들을 대신하여 행하셨다는 것이 18-21절에서 분명하게 제시되고 있다.

**(c) 전가.** 죄악된 인류가 어떻게 다시 회복되어 하나님의 은총을 받게 되느냐는 당황스러운 질문은 21절에서 나중에 제기된다. 그 대답은 전이(轉移) 또는 바울의 말을 사용하자면 "전가"(롬 4:4-8)라는 견지에서 주어진다. 그 요소들은 아주 단순하고 간략하게 제시되고 있다. 우리에게 더 이상 정죄함이 없게 하기 위하여 죄 없

는 그리스도가 우리에 대한 정죄를 짊어지셨다는 것이다. 적극적인 측면에서 이러한 "거래"의 복된 결과는 죄 없는 그리스도가 우리의 잘못에 대한 책임을 짊으로써 우리는 우리로 하여금 하나님께 열납될 수 있게 해주는 저 실체("하나님의 의")를 선물로 받게 되었다는 것이다. 이러한 맞교환을 표현하는 방식이 가장 적절한 것이라면, 거기에 적합한 용어는 죄책과 의를 맞교환했다는 것을 가리키는 데 사용되는 "대속"이 되겠지만, "전가"는 이 문제와 관련된 양면이 어떻게 관련되어 있는지를 강조하는 용어다: (a)는 (b)가 되었기 때문에, (b)는 (a)가 될 수 있다.

전이의 과정이 이렇게 무미건조한 용어들로 명시되는 순간 우리는 바울이 다른 곳에서는 결코 그런 식으로 말하지 않고, 이 문제와 관련해서 좀더 적극적인 내용을 제시하고 있다는 사실을 깨닫게 된다. 바울에게서 확인되는 가르침, 즉 구속주는 "아들"로서 하나님과 아버지와 아들의 관계 속에 있었다는 점과 "보내심을 받은" 분으로서 선재(先在)했다는 점에서 독특했다는 것에 대한 가르침-M. Hengel은 이러한 점들을 주목했다(*Son of God*[London: SCM, ET 1976] 12-15)-은 구속주가 죄가 없었다는 내용을 포함하고 있지 않다. 실제로 로마서 8:3-그리스도가 "죄 있는 육신의 모양으로 왔다"-은 다른 방향, 즉 그분의 온전한 인성은 인간의 타락한 본성을 포함하고 있었음을 보여 주는 것이라고 주장되어 왔다. 물론 이러한 주장은 논란이 될 수 있다. 해리 존슨(Harry Johnson)이 그의 연구서인 *The Humanity of the Saviour*에서 제시한 그러한 논란은 지금까지 계속되고 있다(Barth와 Edward Irving이 제시한 이러한 논의의 역사에 관한 평가에 대해서는 D. M. Baillie, *God was in Christ*[London: Faber, 1948] 16-18를 보라). 하지만 더 중요한 것은 로마서에서 바울의 논의의 또 다른 부분, 즉 "맞교환"(M. D. Hooker, "Interchange in Christ," *JTS* 22[1971] 349-61)이라는 개념이 분명하게 나타나서 여기서와의 병행을 보여 주고 있는 것 같은 그러한 측면을 고찰하는 것이다. "한 사람의 순종치 아니함으로 많은 사람이 죄인 된 것같이 한 사람의 순종하심으로 많은 사람이 의인이 되리라"(롬 5:19). 이러한 요약적 진술의 핵심은 크랜필드(Cranfield)에 의해서 잘 파악되고 있다: "하나님이 그리스도 안에서 자기 자신을 죄인들과 동일시해서 그들의 죄의 짐을 스스로 짊어지셨기 때문에, 그들은 하나님으로부터 오직 그리스도의 온전한 순종에만 주어졌던 저 의의 상태를 거저 주시는 선물로 받게 될 것이라는 의미에서, 많은 사람이 하나님에 대한 그리스도의 순종하심으로 말미암아 의롭게 될 것이다"(*The Epistle to the Romans*, ICC[Edinburgh: T. & T. Clark, 1975] 1: 291).

이러한 설명을 염두에 둔다면, 우리는 고린도후서 5:21에서 독특한 요소들을 찾아낼 수 있다. (i) 거기서는 그리스도가 자원하여 순종하셨다는 것에 대한 아무런 언급이 없다(빌 2:6-8에 고전적으로 언급된 것). 대신에 하나님이 그리스도를 죄로 "삼으셨다"고 말하고 있는데, 이것은 아마도 "정하셨다" 또는 "지명하셨다"는 의미일 것이다(해당 "주석"을 보라). (ii) "아담의 범죄"(*παράπτωμα*-파랍토마, 롬 5:18)는 마지막 사람의 저 빛나는 순종을 더 부각시키기 위한 것으로 사용되지 않는다. 흥미롭게도 바울이 5:19에 선가와 관련된 언어를 사용하여 삽입한 것은 인간의 죄를 가리키는 바로 이 용어다-"죄들"(*παραπτώματα*-파랍토마타). (iii) "그리스도 안에서 하나님의 의가 되다"라는 표현은 그 자체로 문제점들을 지니고 있는데, 특히 "하나님의 의"라는 어구가 유례가 없는 방식으로 사용되고 있는 것이 하나의 문제점이다. 바울은 통상적으로 이 어구를 사람들을 구원과 이 세상에서의 새로운 삶으로 이끄는 하나님의 능력의 나타남을 가리키는 의미로 사용한다(J. Reumann, *Righteousness*를 보라; 롬 1:17; 3:21; 10:3은 그 서신에서 중심축이 되는 대목들에서 나타나기 때문에 특징적인 것이라고 할 수 있다). 믿는 자들이 그러한 사건의 일부가 "된다"(*γενώμεθα*-게노메다, 21절)는 사상은 바울에게는 생소한 것으로서 믿는 자들이 그리스도의 대속적인 순종으로 말미암아 "의롭게 되었다"고 말하고 있는 로마서 5:19과 전혀 병행을 보여 주지 않는다. 달리 말하면, 고린도후서 5:21의 관용 표현들은 칭의와 관련된 용어들이 아니라 단지 대속적인 맞교환을 말하고 있는 것이다. 하나님이 인간의 죄를 어떻게 처리하셨는가와 관련된 문제는 다루어지지 않고, 하나님이 그리스도를 죄로 삼으신 것이 어떻게 그리스도인들이 그리스도의 의를 받는 길을 열어 준 것이냐는 도덕적으로 절박한 수수께끼 같은 문제에 빛을 던져 줄 수 있는 것, 즉 칭의에 관한 바울의 가르침이 제시하는 근본적인 원리가 여기에는 주어져 있지 않다. 그러므로 이 절은 다른 곳에 나오는 바울의 가르침에 비추어서 이해될 필요가 있고, 그런 점에서 우리는 로마서에서 볼 수 있는 내용을 통해서 보완하고 수정할 필요가 있다. 구체적으로 말한다면, 바울은 그리스도가 우리의 죄를 짊어지신 것-그것이 속건 제물이든 희생 제사이든 이사야 53장의 에벳 아도나이(עבד יהוה)를 모델로 한 구주라는 인물이든-을 하나님의 아들로서 새로운 인류의 구속주가 되라는 자신의 사명에 순종하신 것 또는 신실하신 것으로 보고 있다는 것이다. 그리스도의 구원 사역의 수혜자들이 된 자들은 하나님으로부터 열납하심을 받게 된다. 왜냐하면 그들은 하나님 앞에서(coram Deo)의 그들의 신분에 있어서 "의롭게 되었기" 때문이다. 이런 일이 일어난 것은 로마서 5:18 이하에서 말하고 있듯이 하나님이 사람들의 죄를 그들에게 돌리지 않고 그들을 대신한 의로운 자, 마지막 아담의 아들로서의 순종을 받기로 은혜로 결정하셨기 때문이다. 그렇기 때문에 "그들은 그리스도 안에서 하나님의 의가 된다". 즉 그들은 하나님에 의해서 신성이 부여되는 것이 아니라, 하나님과 올바른 관계에 있게 된 사람들로서 구원받은 신분이 주어진다는 것이다. 이러한 결론은 바울이 19절에 그의 독특한 해설을 삽입한 것에서 드러난다: "저희의 죄를 저희에게 돌리지 아니하시고."

**(d) 화해.** 이렇게 해서 우리는 신조를 다루고 있는 이 장엄한 단락의 핵심에 도달하게 되었다. 바울은 그리스도로 말미암아 생겨나게 된 새 질서를 성찰함으로써 이 주제에 이르게 된다. 그가 새 시대와 관련하여 발견한 것의 핵심은 그로 하여금 자신의 직분을 다하도록 강권한 "그리스도의 사랑"(5:14)으로 요약된다. 그 사랑은 십자가를 통해서 최고로 표현되었는데, 바울은 화해에 대한 그의 이해를 간략하게 제시하고 있는 로마서 5:1-11에서 다시 이 주제로 되돌아간다.

"메시아의 십자가"는 유대인 청중들에게와 마찬가지로 바울에게도 참으로 난감한 문제점을 불러일으켰다. "인간적인 관점"(16절, 카타 사르카〈*κατὰ σάρκα*〉는 바울 서신에서 인간의 버림받고 오만한 지혜에 묶여 있는 지평을 암시하는 부정적인 의미를 지닌 어구다)에서 볼 때 그리스도가 단지 지상적인 메시아였다면, 그분이 십자가에 못 박히셨다는 것은 근본적으로 모순이다. 이런 식으로 죽은 자는 누구나 신명기에 의해서 하나님의 저주를 받은 것으로 간주되었다(신 21:23). 그는 "저주 아래"(חרם-헤렘) 있는 자였기 때문에 이스라엘의 공동체로부터 출교를 당한 자였다(M. Hengel, *Crucifixion*, tr. J. Bowden[Philadelphia: Fortress Press, 1977] 85를 보라). 또 다른 곳에서 바울은 우리로 하여금 이 당혹스러운 문제가 어떻게 풀렸는지를 보게 한다. 그는 신명기의 본문이 기이하게 성취된 것을 설명하기 위해서 "그리스도께서 우리를 위하여 저주가 되셨다"(갈 3:13)고 말한다. 여기서 그는 사람들이 주장하는 반론의 토대를 부정한다. 민족주의적이거나 정치적인 범주들로는 메시아를 설명하는 데 충분하지 않을 것이기 때문에, "우리는 이제 그리스도를 세속적인 관점에서 바라보지 않는다." "그리스도"(=메시아)는 바울이 오직 유대인들에게만 의미가 있는 직함에 대한 명칭이 아니라 예수라는 인물에 대한 호칭으로 사용하게 된 용어다(N. A. Dahl, "The Problem of Messiahship in Paul," *The Crucified Messiah*[Minneapolis: Augsburg, 1974] 37-47; M. Hengel, "'Christos' in Paul," *Between Jesus and Paul*, tr. J. Bowden[Philadelphia: Fortress Press, 1983] chap. 4를 보라).

모든 한계와 제한들로부터 자유롭게 된 보편인으로서 그리스도는 "두 시대의 전환점"에서 새 시대를 열었다(17절). 바울은 그의 서신 속에서 창세기에 나오는 창조 이야기를 성찰하면서 그리스도가 새 시대를 여신 것은 새로운 창조 질서와 같은 것이라고 말한다(4:6). 사람들이 세상 신의 통치를 받고서 종살이를 하며 두려워하던 옛 세상(4:4)은 퇴출되는 중에 있다. 옛 세상은 포로기 선지자의 불타는 말씀들(사 51:9ff.; 54:9f.; 옛 세상과 새 세상 간의 대비에 대해서는 사 42:9과 43:18 이하를 참조하라) 속에서 약속된 새 시대에 의해서 대체되었고, 그 새 시대는 죄사함과 세례의 기쁨을 사람들이 맛보는 것을 통해서 이미 도래해 있다. 그러나 우리는 랍비들이 유대교로 개종한 자들에게 "새로운 피조물"이 될 것이라고 약속했던 것과는 달리, 새 시대를 "새로운 피조물"이라는 어구에 국한시키지 않도록 조심해야 한다("주석"을 보라). 바울은 여기서의 맥락 속에서 새로운 출생이라는 개인적인 차원을 말하고 있는 것이 아니다. 오히려 그는 "그리스도 안에서" 새로운 창조의 도래, 즉 이전에 소외되고 뒤틀려 있던 세상을 하나님이 그리스도 안에서 종말론적으로 역사함으로써 극적으로 회복시켜서 이제 세상을 그분의 통치 아래 두셨다는 케리그마를 선포하고 있는 것이다.

바렛(C. K. Barrett)가 18절과 관련해서 다음과 같이 쓰고 있는 것은 이상한 일이다: "이 시점까지 바울은 우리 안에서의 하나님의 역사, 즉 믿음으로 말미암아 그리스도 안에 있게 된 자들에게 효력이 생기는 새 창조를 설명해 왔다." 바울의 논증의 흐름은 그 정반대의 것을 보여 준다. 바울이 지금까지 말해 온 것, 적어도 그가 18절에 인용된 문구에 도달할 때까지 말해 온 것은 인간에 대한 적용과는 별개로 객관적으로 보아진 "우리 외부에서의"(*extra nos*) 하나님의 역사다. 그런 후에 그리스도인의 "신앙고백"으로 만들어져서–여기서 사용된 표현은 19b절을 제외하고는 개인적인 것임과 동시에("우리와 화목하셨다") 보편적인 것이다("세상")–비바울적인 용어들로 화해의 성취와 요구들을 표현하고 있는 우주적 구원론의 한 단편이 뒤따라온다. 권위와 관련된 문제는 이러한 서술을 관통하고 있다. 왜냐하면 "화목하게 하는 직분"을 맡게 된 자들은 다름아닌 "그리스도의 사신들"이기 때문이다. 앞에서 지적했듯이, 이러한 독특한 칭호는 그 다음에 나오는 행 "우리가 그리스도를 대신하여 간구하노니 너희는 하나님과 화목하라"는 말이 바울이 앞서의 호소를 부드럽게 하기 위하여 살짝 끼워넣은 말이 아닌가라는 의문을 촉발시킨다. 우리는 인용된 문장 속에서 동사 카탈라게테(καταλλάγητε, "화목하게 되다, 화해하다")가 수정된 뉘앙스를 띄고 있다는 것을 지적함으로써 이러한 주장을 검증하고자 하는데,

이 동사는 고린도 교회에서의 목회적인 문제들에 적용되고 있기 때문에 앞서의 우주적인 맥락으로부터 수정된 것이다.

동사 (카트) 알라쎄인(⟨κατ⟩ *αλλάσσειν*, "화목하게 하다")의 의미 장(semantic field)은 몇몇 학자들에 의해서 연구되어 왔다(F. Büchsel, *TDNT* 1:251-59; J. Dupont, *La réconciliation*; 최근에는 J. A. Fitzmyer, "Reconciliation"을 보라). 이 동사가 지닌 가장 단순한 의미는 모세가 사이가 틀어진 자신의 동포들을 규합한 것과 같이(행 7:26, 거기서 사용된 동사는 쉰엘라센⟨*συνήλλασεν*⟩이다) "서로 원수가 되어 있는 자들 사이에 화평을 이루게 하는 행위"다. 그것은 "적대감을 그치게 하여 화평으로 이끄는 것"을 자신의 일로 삼는 중재자가 하는 행위다. 하나님과 인간의 관계에 적용될 때 "화목하게 하다"라는 동사는 하나님과 사람 간의 어떤 감정의 변화를 묘사하는 것이 아니라, 콜랑쥐(Collange, *Enigmes*, 268)가 말하고 있듯이 하나님과 사람이 서로 대면하는 "상황의 객관적인 변화"를 묘사한다. 화해는 "하나님과 사람 사이의 관계에 있어서의 변화, 좀더 구체적으로는 사람 자신에 있어서의 변화를 가리킨다"(T. W. Manson, *On Paul and John*, SBT 38[London: SCM, 1963] 52). 바울의 본문에 나오는 절들은 두 가지 중요한 것들을 말해 준다: 사람들로 하여금 하나님과 화해하도록 역사하신 분은 하나님이고, 이러한 화해는 그리스도의 중보를 통해서 이루어졌다. "그리스도로 말미암아"(*διὰ Χριστοῦ*-디아 크리스투, 18절)라는 어구 속에 그리스도의 십자가와 부활이 포함되어 있는지는 분명하게 나타나 있지 않지만 말이다. 19절이 "그리스도 안에서 하나님이 세상을 자기와 화목하게 하셨다"로 해석된다면, "그리스도 안에서"(*ἐν Χριστῷ*-엔 크리스토)라는 문구는 좀더 통상적으로 사용되는 "그리스도로 말미암아"라는 표현을 문체상으로 다르게 표현한 것으로 설명되거나(F. Neugebauer, *In Christus*[Göttingen: Vandenhoeck & Ruprecht, 1961] 85f.; Lietzmann, 125) 좀더 분명한 비바울적인 용례임을 보여 주는 증거로 설명될 수 있을 것이다(Collange, 272; Collange가 Allo, 170를 따라서 "하나님이 그리스도 안에 계셔서 세상을 자기와 화목하게 하셨다"라는 취지로 번역한 것을 우리가 채택한다면, 이러한 용법은 더욱더 이상한 용법이 될 것이다).

19절에서 "하나님이 화목하게(*καταλλάσσων*-카탈라쏜, 분사) 하셨다(*ἦν*-엔, 미완료)"고 시제를 우회적으로 표현한 것(우언적 시제)은 석의상의 문제점을 불러일으켜 왔다. 이것은 하나님 편에서는 화해가 완전히 종결된 것인 반면에, "일부 사람들은 그들이 하나님과 화목하게 되었다는 것을 받아들이지 않을 수 있다"는 가능성이 존재한다는 점에서 화해가 하나의 과정(Plummer), 또는 미완의 행위(Windisch), 또는 "끝이 열려 있는" 것이라는 의미를 함축하고 있는 것인가(von Allmen, "Réconciliation du monde et christologie cosmique," *RHPR* 1[1968] 32-45, esp. 37, n. 20])? 콜랑쥐(Collange)는 동사의 시제들에 있어서 이러한 변화는 사소한 것으로서 운율과 문체상의 이유들로 인해서 생겨난 것이고, 여기서 미완료 시제는 과거의 행위를 의미하는 단순과거 대신에 사용된 것이라고 믿는다. 이 마지막에 언급된 설명은 지나치게 단순한 것일 수도 있지만, 우리는 5:18-19에 나타난 이러한 모호성은 화해를 과거에 단번에 일어난 사건으로 말하고 있는 로마서 5:1-11에서는 나타나지 않는다는 점을 지적하지 않을 수 없다.

해석자들에게 있어서 난점은 이 동사가 수동적으로 사용되어서(20절에서처럼) 어떤 사람이 다른 사람에 대한 자신의 적대감을 포기하는 행위를 가리킨다는 점에 있다. 그러므로 여기서는 그가 남으로부터 해악을 입은 자에게 적대감이나 분노를 버리라고 호소하고 있다는 것이다. 요세푸스(Josephus, *Ant.* 7:184)는 다윗이 자신에게 잘못한 그의 아들 압살롬과 화해하고 그의 분노를 그치도록 요청을 받은 것과 관련하여 이 동사를 사용한다. 뒤퐁(Dupont, *La réconciliation*, 13)이 말하고 있듯이, 마카베오 2서에는 이스라엘이 배교로 인하여 하나님의 진노를 받아야 마땅했고, 그 결과로 고통을 당하는 상황들과 관련된 몇 가지 예가 나온다. 심판은 사람들이 여호와에게 자신들과 화해하여 진노를 그쳐 달라고 기도하게 하는 유익한 결과를 가지고 있다(2 Macc 1:5). 자기 자신의 죄(2 Macc 7:18)와 민족 전체의 죄를 위하여 고통당하는 순교자들은 그들의 고난이 대속적인 가치를 지니고 있기 때문에 특히 강력한 기도를 드린다. 그들은 하나님의 진노를 짊어졌기 때문에, 그 결과로 "백성들을 살려 달라"고 기도한다. 그들은 하나님이 이스라엘 민족과 화해하시도록 탄원한다(2 Macc 7:32ff.).

우리가 유대교 문헌 속에서의 이러한 용례들이 진정한 병행을 제공해 주는지의 여부를 묻는다면, 바울의 본문에 대하여 분명하게 말할 수 있는 것이 있다. 즉 분명한 차이점이 있다는 것이다. 마카베오 가문의 순교자들은 하나님께 자신들과 화해를 하도록 강청하면서, 자신들의 삶과 죄악들을 대속적인 경건과 공로의 행위들로 제시한다. 이러한 묘사는 바울의 가르침 – 그 가르침이 전해 받은 것이든 스스로 만들어 낸 것이든 – 과 뚜렷하게 대비된다. 사도의 가르침 속에서는 일관되게 그 강조점이 화해의 행위를 먼저 시작하신 분으로서의 하나님에게 두어진다. 하나님은 언제나 이 동사의 주어이고 결코 직접 목적어가 되지 않는다. 하나님은 결코 우리와 화해되셨다고 말해지지 않는다. 오히려 정반대로, 수동태 "화해되다"는 사람들에게 적용된다(또는 "교회"; 20c절은 이 동사의 명령형이 나오는 유일한 대목이기 때문에, 우리는 그것이 바울의 고린도 교회의 상황과 특별히 연관되어 있다고 보아야 한다). 물론 하나님의 진노(*ὀργὴ θεοῦ*-오르게 데우, 롬 1:18; 3:5)와 심판(*δικαιοκρισία τοῦ θεοῦ*-디카이오크리시아 투 데우, 롬 2:5)은 하나님이 "사람들의 죄로 인하여 해악을 입어서" "그의 진노를 불러일으킨 죄들을 처리함으로써" 그의 편에서 평화와 우호적인 관계를 정립하는 데 장애물이 되는 것을 제거하셨다는 것을 전제하는 용어들이라고 주장될 수 있다. 이러한 방향의 설명은 계속해서 "그리스도의 죽음 속에서 죄에 대한 하나님의 진노의 결과는 그 수명을 다했다"(Marshall, "Reconciliation," 123)고 결론을 내리게 된다. 그러나 우리가 살펴보고 있는 구절은 그리스도 안에서 하나님이 세상과 자기 자신 간의 우호적인 관계를 회복시키는 방식으로 행하셨다는 것 외에는 말하고 있지 않기 때문에 그러한 구성을 거의 보여 주고 있지 않다(Denney에 의해서 행해진 것처럼, 그런 것이 추론될 수 있기는 하겠지만)고 말하는 것이 공정할 것이다. "하나님께서 우리를 그분과 화목하게 하셨다"는 말은 단지 "하나님께서 우리를 그분 자신과 올바른 관계 속에 두셨다"를 의미한다. 뒤퐁(Dupont)이 표현하고 있듯이, "하나님은 자기 자신을 세상과 화해하게 하시는 것이 아니라, 세상을 자기 자신과 화해하게 하신다"(*La réconciliation*, 15).

20b절에 나오는 분사구, 즉 "하나님이 우리를 통해서 권면하신다"라는 표현은 석의상의 관점에서 볼 때 논의가 필요하다. 앞에서 보았듯이, 그러한 권면의 토대는 하나님이 그리스도 안에서 행하신 결정적인 행위, 즉 하나님으로부터 멀리 떠나 있던 세상을 하나님에게로 되돌아오게 한 행위다. "화해"라는 단어는 이전에 불화하고 적대감이 있었다는 것을 전제하는 단어다. 그렇다면 이 경우에는 어느 쪽에 그러한 것들이 있었던 것인가? 의심할 여지없이, 그 원인은 양편에 다 있다. 하나님 편에서는 그분의 "의"라 불리는 그분의 거룩한 사랑의 나타남이 있어서, 거기에 비추어서 세상은 정죄되었고 "상실되어" 있었다. 세상은 하나님으로부터 소외되어서 악한 세력의 통치 아래 있었다. 인간 편에는 "적대감", "종살이", "두려움", "절망"-바울의 인간론을 이루고 있는 인간의 상태에 관한 표현들(롬 5:1-11; 8:1, 2, 12-17; 갈 4:3-9; 참조. 엡 2:1-3; 4:18)-같은 용어들로 요약될 수 있는 모든 것이 존재했다. 진정한 화해가 이루어지려면 이러한 장애물들이 깨뜨려지고 무너져야 한다는 것은 너무도 분명한 일이었다.

이 "권면"은 하나님이 먼저 이루신 조치에 의거하고 있다. 바울의 사역은 바울이 하나님께서 화해의 일을 주도적으로 이루고서 지금 화평을 제안하고 계신다는 소식을 가지고 그의 동시대인들에게 나아간 것이었다. 그의 청중들은 의구심과 적대감을 버리라는 요구(그러한 요소가 존재한다는 것을 부인하기는 어렵지만: "주석"에서 인용된 Denney를 보라)가 아니라 좋은 소식을 기쁜 마음으로 영접하고 받아들이라는 요구를 받는다. 또는 바울이 좀더 주의 깊게 표현하고 있듯이, 그의 청중들은 믿음의 순종으로 복음을 받아들이도록 요구받는다(롬 1:5; 6:16; 16:26). 사신(使臣)이라는 직책은 "존귀함을 지닌" 직책이다(Denney, 216; Collange, *Enigmes*, 274). 왜냐하면 바울의 본문은 사신이라는 직책은 사람들에게 그러한 순종을 요구한다는 점에서 권위와 관련된 문제를 말하고 있기 때문이다.

그러나 우리는 위의 설명 속에서 주의를 필요로 하는 두 가지 문제를 눈여겨 보아야 한다. 우리는 우리가 살펴보고 있는 단락에 나오는 문장들을 충실하게 설명해 내기 위해서 다른 곳들에서 "적대감"과 "화평"에 관한 바울의 가르침을 가져와서 사용할 수밖에 없었다. 여기서의 "권면"은 일반적인 것으로서 20c절까지는 무대에 등장하지 않는 고린도 교인들을 대상으로 한 것이 아니다. 그 결과로 "하나님과 화목하라"는 요구는 사도적인 케리그마의 정당한 연장일 수 있지만, 그것에 대한 증거는 없다. 이러한 요구는 고린도의 회중과 그 교회의 목회적인 문제점들을 염두에 둔 것이기 때문에 일차적으로 그러한 맥락 속에서 해석되어야 한다. 20절에서 연결이 부드럽지 못하고 어색하다는 점은 "그러므로 우리가 하나님이 우리를 통해서 권면하고 계시다는 확신을 가지고서(*ὡς*-호스〈Collange, 274f.〉; 이것은 RSV에서는 번역되어 있지 않다) 그리스도를 대신하여 사신들로서 행하고 있다"는 구절이 비바울적인 기원을 지니고 있다고 전제할 때 설명될 수 있다. 여기서 사용된 동사는 파라칼룬토스(*παρακαλοῦντος*, 바울 서신, 특히 고린도후서에 자주 나오는 용어)인데, 이 동사는 죄인들을 심문한다는 의미가 아니라 바울 또는 하나님이 그의 백성을 "위로한다"거나 "권면한다"거나 "힘을 북돋아 준다"는 통상적인 의미를 지닌다(1:3-7에 대한 "주석"을 보라). 바울이 이 동사를 이와 같은 맥락 속에서 통상적으로 사용하는 용법은 6:1에서 볼 수 있다: "우리가 너희를 권하노니(*παρακαλοῦμεν*-파라칼루멘) 하나님의 은혜를 헛되이 받지 말라."

**d. 고린도 교회의 상황에 대한 이 가르침의 적용.** "화해"라는 말은 5:18-21의 단락 속에서 고상한 용어인데, 칼빈(Calvin)은 "바울 서신 전체 속에서 그러한 것이 있다면 이 곳이 바로 주목할 만한 곳이다"(est hic insignis locus, si quis alius est in toto Paulo)라고 올바르게 지적한다. 그리고 21절에 대해서 휴즈(Hughes)는 "성경 전체에서 여기보다 더 심오한 문장은 존재하지 않는다"고 쓰고 있다. 그리스도

의 사역에 관한 사도의 메시지가 지닌 몇몇 특징들이 여기에 뚜렷하게 부각되어 있다. 그러나 많은 부분이 감질나게 모호해서 그 뜻을 파악하기가 힘들다. 우리는 화해에 있어서의 그 기원과 총체적인 집행에 대한 하나님의 주도권을 확인할 수 있다. 인간은 하나님의 화해의 "대상"으로서 "화해되고", 또한 화해를 받아들이도록 "권면 받는" 수동적인 역할만을 할 뿐이다(나중에 인용될 Bultmann; Denney). 만유 전체가 창조주와 다시 화목하게 되고 그와 올바른 관계로 회복되어서 그리스도 안에서 "하나님의 의가 된다"는 의미에서 하나님의 화해의 결과는 만유 전체에 미친다고 할 수 있다. 여기서 화해에 대한 내용은 바울 이전의 가르침이라는 것이 입증될 수 있다(Stuhlmacher, *Gerichtigkeit Gottes*, 74-77에서는 여기에 반대한다; J. Reumann, *Righteousness*, 51, 52에서는 21절의 기원에 대한 논의로 나아가지 않는다). 케제만(E. Käsemann, "Some Thoughts," 53)은 이러한 결론을 보여 주는 세 가지의 논거를 제시한다. (i) 바울은 통상적으로 "죄에 대한 형벌"이라는 의미로 "죄"(*ἁμαρτίαν*-하마르티안⟨*ἐποίησεν*-에포에센, 21절⟩)라는 용어를 사용하지 않는다. (ii) 21절의 끝부분은 고린도전서 1:30보다 덜 기독론적이다. (iii) 여기서 "의"는 바울 서신의 다른 곳에서 확인되는 용법과는 다른 방식으로 사용된다. 하지만 19절에 나오는 바울의 어구는 맥락에 맞추어서 재구성한 것이라는 사실을 우리는 인정해야 한다. 바울의 관점에서 볼 때 그 어구는 칭의라는 틀에 대한 도입부로서 "이중적인 전가"-그리스도가 우리의 죄를 짊어지셨다는 것과 그리스도의 거룩한 신분이 우리에게 이전되었다는 것-가 바울의 가르침 속에서 중심적인 것으로 여겨지는 범주들 속에서 이해되는 것을 보장해 주는 것이었다. (a) 하나님은 죄악된 사람들로 이루어진 만유와 화해하셨다. (b) 하나님은 그리스도 안에서 그들의 죄를 처리하기 위한 조치를 취하셨다. (c) 화해는 고린도 교회에서의 바울의 사도적 책임과 관련된 개인적이고 도덕적인 관심사들과 밀접하게 관련되어 있다. (d) "의"는 하나님이 사람들을 자기와 올바른 관계 속에 두시는 것임과 동시에 자기 자신을 의롭다 하시는 것이다. 하나님이 그렇게 하심으로써 바울 자신의 복음이 "의롭게 된다". 즉 그 옳음이 입증된다. 특히 중요한 것은 17절에 나오는 바울의 선언, 즉 모세의 옛 질서를 개조하여 유대교를 일신(一新)하는 것이 아니라 새 언약이 지닌 새 시대가 세계사 속에서 새롭게 시작되었다(3장)는 선언이다(E. Käsemann, "Paul and Israel," *New Testament Questions of Today*, tr. W. J. Montague[London: SCM, 1969] 183-87를 보라).

이러한 역사(役事)의 초점은 "그리스도께서 죄가 되셨다"는 것이다-여기에 십자가가 명시적으로 언급되고 있지는 않지만, 분명히 이것은 십자가 위에서의 그리스도의 사역을 가리킨다. 이러한 구원론적인 신조의 "원본"(原本)에서는 단지 하나님의 기가 막힌 역사를 통해서 새 시대가 시작되었다는 것을 선언하고서(E. Güttgemanns, *Der leidende Apostel und sein Herr*, 312-17에서는 바울이 18절에서 반대하고 있는 피조 세계의 "스스로의 구속"에 관한 영지주의적인 가르침을 추정하는 데까지 나아간다: "모든 것이 하나님께서 하신 일이다"), 죄 없으신 그리스도에 대한 하나님의 정죄를 그리스도에게 속한 자들에게 부여된 새로운 신분과 연결시켰을 수도 있다. 그러나 18-21절에서는 14-15절이 도입부로 자리 잡게 되자 역사적 예수가 자기 자신을 드린 것, 십자가 위에서의 그분의 죽음 그리고 그분의 부활에 의해서 설정된 차원이 오해될 소지가 없어졌다.

바울은 이렇게 기존에 있던 신조를 가져와서 우리가 앞서 살펴보았던 방식으로 그 의미를 분명하게 설명했다. 한편으로 그는 편집을 통해서 다른 곳에서 확인되는 그의 관례적인 방식에 비추어 볼 때 여기에 나오는 그의 가르침 속에서 핵심이 되는 것을 보여 주는 어떤 조치를 취했다.

바울은 "우리가 그리스도를 대신하여(그는 우리를 위하여 너무도 많은 것을 하셨다, *ὑπὲρ ἡμῶν*-휘페르 헤몬) 너희(고린도 교인들)에게 간구하노니 너희는 하나님과 화목하라"는 말을 덧붙였다. 사도는 고린도 교인들의 귀에 불쾌하게 들릴 수도 있었던 자신의 목소리를 좀더 애정어린 어조로 부드럽게 하기 위하여 6:11-13에서 이 말을 반복하면서 케리그마적인 선포를 각색하여 거기에 개인적인 차원을 부여했다. 그는 믿지 않는 자들에 대한 요구에 더 적절한 표현을 가져와서 그것을 고린도 교회와의 부자연스러운 관계에 적용함으로써, 그들에게 그의 사도직에 함축되어 있는 하나님이 주신 그의 권위를 받아들이고(10:8; 13:10, 11) 근심하는 아버지에게 자녀들이 돌아오듯이 자기 편으로 되돌아올 것을 요구했다(6:11-13). 이러한 애정어린 호소가 어느 정도나 죄인들을 상대로 한 케리그마를 반영하고 있는 것인지는 여전히 의문으로 남아 있다. 바울과 관련된 증거들이 희소하다는 점을 감안할 때, 우리는 결코 그를 비롯한 복음 전도자들이 과연 회당이나 저자 거리의 청중들에게 하나님과 화목하라고 외쳤는지의 여부를 알 수 없을 것이다. 여기서 우리가 추정할 수 있는 것은, 그들은 사람들에게 "하나님 앞에서 의롭게 되어라"는 메시지를 전하지 않은 것과 마찬가지로 하나님과 화목하라고 전하지도 않았다는 것이다. 사도행전에 나오는 자료들(13:39)과 바울의 주요 서신들이 보여 주듯이, 바울이 복음을 전할 때 사용한 언어는 권면이 아니라 선포의 성격을 지니고 있었다.

그러나 그리스도인들에 대한 케리그마와 권면 간의 연관 관계는 중요하다. 두 경우에 바울보다 앞선 사람들의 경우에는 분명하지 않지만 적어도 바울에게 있어서 화해의 선포는 오직 개인적인 관점에서만 표현될 수 있었고-우리가 하나님에 대한 그리스도의 순종을 중심적인 것으로 보든 화해에 수반되는 모든 것에 대한 믿는 자의 반응을 중요한 것으로 보든-사람들 가운데 세워진 사랑의 관계를 항상 염두에 두고 있었다. 폽케스(Wiard Popkes)가 우리의 현재의 단락에 대한 석의와 관련해서(사적인 서신 교환 속에서) 다음과 같이 쓰고 있는 것은 우리에게 도움이 되는 요약이 될 수 있을 것이다.

> 바울은 자신이 살고 있는 새로운 종류의 삶, 자신의 전망과 행동을 결정하고 있는 새로운 종류의 삶을 설명하고자 한다. 그는 이 문제를 세 가지 각도에서 접근한다. (i) 새 창조, (ii) 화해, (iii) 하나님의 의. 이 모든 개념들은 하나님의 성품을 반영하고 있다. 하나님은 창조주, 아버지, 심판자이시다. 이 모든 개념들은 우리의 상황을 반영하고 있다. 그리스도가 없다면, 우리는 썩어져 가는 옛 피조 세계에 속해 있고, 하나님으로부터 소외되어 있으며, 죄에 대한 심판 아래 서 있다. 이 모든 용어들은 그리스도 안에서 하나님에 의해 이루어진 큰 변화를 반영하고 있다. 우리는 새로운 세상 속에 서 있고, 하나님에 대한 우리의 개인적인 관계는 회복되었으며, 심판으로부터 자유롭다.

이 마지막 말에 대해서는 한 가지 추가적인 내용을 덧붙일 필요가 있다. 바울이 신앙 고백을 한 그리스도인들에게 "하나님과 화목하라"는 목회적인 요구를 하고 있는 것은 다음과 같은 것을 강조하기 위한 것으로 보인다. (a) 칭의와 은혜의 역사를 통해서 개시된 새로운 삶을 지속적으로 이어가라는 것(6:1을 보라). (b) 바울이 보편적으로 인정된 것으로서, 그가 인용한 선포 속에 표현된 그의 사도적 권위가 고린도 교회에서 다시 굳건히 세워질 필요가 있다는 것. "외적인 것"을 자랑하고 "내적인 것"을 멸시했던 자들(5:12)에게 반대하여 바울의 케리그마는 십자가에 못 박히신 그리스도의 약하심(13:4a)과 그분의 사자들의 연약함(4:7-12; 13:4b)에 초점이 맞춰져 있었다. 그러나 바울은 이제 포고자로서의 자신의 직책에 구체적인 형태를 부여하는 복음의 위대성에 호소한다. 따라서 그리스도의 사도가 된 자에게 마음을 여는 것은 복음에 대한 인간의 응답의 일부가 된다. 바울은 하나님과 소원해진 고린도 교회의 "자녀들"(6:13; 참조. 고전 4:15-21)에게 다시 새롭게 "너희는 하나님과 화목하라"고 요청한다.

## 주석

16 "이제부터는"(ἀπὸ τοῦ νῦν-아포 투 뉜)은 "육체대로"(κατὰ σάρκα-카타 사르카) 산 옛 질서, 즉 하나님이나 하나님의 목적과는 아무 상관없이 산 인간의 삶으로부터 새로운 질서(κατὰ πνεῦμα-카타 프뉴마; 3:6에 의하면, 성령은 새 시대를 개시시킨다)로의 이행을 보여 준다. 그것은 바울의 회심(Lietzmann〈"νῦν-뉜은 회심의 순간이다," 126〉, Windisch, 185) 또는 믿음에 의해서 현실화되는 종말론적인 위기의 순간(Bultmann, 156)만을 암시하고 있는 것이 아니다. 도리어 그것은 "믿는 자로 하여금 새로운 삶 속으로 들어가게 만든 결정적인 사건", 즉 한 사람이 모든 사람을 대신하여 죽어서 모든 사람이 죽은 것이고, 지금은 이 세상에서 사람들의 상황을 바꾼 하나님의 결정적인 역사가 이루어진 때라는 사실을 가리킨다(R. C. Tannehill, *Dying and Rising*, 67). 부사 뉜(νῦν)은 6:2에서와 동일한 의미를 지닌다: "지금은 은혜 받을 만한 때요 지금은 구원의 날이로다."

구체적인 관점에서 바울은 "새로운 때", 즉 그리스도 안에서 "모든 것(τὰ πάντα-타 판타, 이것이 올바른 읽기라면)이 새 것이 됨"(17절)으로써 세상의 운명과 구원에 있어서 종말론적인 때가 이르렀다고 호소하고 있다. 그 새로운 시대의 한 측면은 믿는 자들이 그 구원을 시작하신 분에 대한 참된 통찰을 가지게 되었다는 것이다. 그분이 눈에 보이게 나타나셨다(바울이 사용한 동사는 히브리어 야다아〈ידע〉와 유사한 기노스케인〈γινώσκειν, "알다"〉이지만, 16a절에서 에이데나이〈εἰδέναι〉는 서로 구별될 정도의 의미상의 차이를 가지고 있지는 않다). 이 두 동사는 교제가 이루어질 수 있을 정도의 친밀함과 인격적인 교류를 지니고서 하나님 또는 그리스도를 아는 것을 가리키는 데 사용된다(H. Seesemann, *TDNT* 5:121; J. Dupont, *Gnosis*, 186를 보라).

하지만 이 절의 전반부와 후반부 사이에는 미묘한 언어상의 유희가 존재하는데, 이것은 동사를 서로 다르게 바꿔 쓰고 있는 것에서가 아니라, 크리스톤(Χριστόν)이 아닌 에그노카멘…기노스코멘(ἐγνώκαμεν…γινώσκομεν)에 걸리는 부사적 수식어인 카타 사르카(κατὰ σάρκα)에 의해서 분명하게 드러난다(그러나 Bultmann, 156를 보라: 그는 크리스토스 카타 사르카〈Χριστὸς κατὰ σάρκα〉가 그리스도의 죽음과 부활 이전에 지상에 계시던 대로의 그리스도를 가리킨다고 본다〈빌 2:7을 인용해서〉). 이 문제의 많은 부분이 불변사 에이 카이(εἰ καὶ)가 현실적인 조건문을 이끄는 것인지, 아니면 비현실적인 조건문을 이끄는 것인지의 여부에 달려 있다.

후자로 본다면, 그것은 바울이 논증의 필요상 가설적인 경우를 제시하고 있는 것이 된다(갈 5:11에서처럼). 그러나 여기서는 그럴 가능성은 없어 보인다. 오히려 그는 이 땅에 계실 때의 예수를 아는 지식이 현실적인 것임을 인정하고 있다-그토록 많은 특권을 받은 그의 대적자들에게와 마찬가지로 그에게도(Héring; 10:7과 비교해 보라). 바울은 그러한 지식이 그리스도를 유대의 메시아로 인식하는 것에 국한되어 있다는 것을 인정하고서, 그러한 지식이 그리스도를 모든 피조 세계의 주라고 믿는 믿음을 갖는 데 방해물이 될 것임을 말함으로써 그러한 지식의 한계를 제시한다. 그러한 지식은 인간적인 업적이 될 수 있을 것이다(*σάρξ*-사륵스, "육체"; 참조. 빌 3:3). 그러한 지식은 너무도 협소한 관점을 지니는 것이기 때문에 바울은 그러한 지식을 받아들일 수 없다. 즉 그는 그런 식으로 그리스도를 아는 것은 어떤 사람이 하나님과의 관계를 맺는 데 아무런 역할도 할 수 없다고 말한다(Barrett, 172). 우리에게 필요한 것은 성령과 믿음을 통해서 그리스도를 "온전한 그리스도"로 인식하는 것이다(J. W. Fraser, "Paul's Knowledge," *NTS* 17, 293-313). 또한 그것은 바울이 다른 모든 사람들을 바라보는 방식이기도 하다. 새 창조 속에서 바울은 사람들이 그리스도 안에서 새로운 종말론적 상황 가운데 서 있는 신분을 따라서 사람들을 바라본다(Fraser)-나아가서 우리는 이것이 바울이 고린도 교인들이 그와 그의 직분을 그런 식으로 바라보도록 기대하는 것이기도 하다는 말을 덧붙여야 할 것이다. 모델이 되는 것은 십자가에 못 박혔다가 부활하신 주님이고, 바울은 그의 사역이 바로 그러한 판별 기준을 따라서 판단받기를 바란다(14-15절).

17 그리스도가 만물을 새롭게 하셨기 때문에 그리스도 안에는 만물을 "보는" 새로운 방식이 존재한다는 동일한 사상이 반복된다. 엔 크리스토(*ἐν Χριστῷ*)는 티스(*τις*, "누구든지")가 아니라 카이네 크티시스(*καινὴ κτίσις*, "새로운 창조"; 개역성경에서는 "새로운 피조물")라는 표현에 걸린다. 따라서 이 절을 어떤 사람의 회심을 새로운 출생이라는 유비를 통해서 묘사하고 있는 것으로 해석하는 것(요 3:3, 5, 7)은 옳지 않다. 그러나 "새로운 피조물"이라고 번역하고 있는 것에 대해서는 J. Reumann, *Righteousness*, 51과 n. 65를 보라. 강조점은 그리스도 안에서 새로운 질서 속으로 들어가는 어떤 사람(*τις*)에게 두어지고 있기 때문에, 카이네 크티시스(*καινὴ κτίσις*)는 랍비들이 가르친 "새로운 피조물"이 아니라 이사야 51:9f.; 54:9f.(참조. 42:9; 43:18f.)에 토대를 둔 하나님의 구원의 시대를 가리키는 종말론적인 용어(Bultmann, *Theology* 1,306-8)가 된다(W. D. Davies, *Paul and Rabbinic Judaism*, 2d ed.[London: SPCK, 1955] 121ff.를 보라). 바울은 여기서 한 개인이

대속죄일의 제사를 통해서 개종자 또는 죄사함 받은 죄인으로서 새롭게 된 것을 말하고 있는 것이 아니라 하나님의 "새로운 창조 행위"를 말하고 있는 것이다. 바울의 이러한 사상 속에는 존재론적인 차원까지 들어 있는데(P. Stuhlmacher, "Erwägungen"), 그것은 그리스도가 오심으로써 하나님에 대한 만유의 관계에 있어서 새로운 장이 열렸고, 옛 창조를 개시시켰던 아담의 타락의 재앙스러운 결과를 역전시켰다는 것이다(Kümmel, 205). 결론적으로 말하자면, 엔 크리스토 카이네 크티시스(*ἐν Χριστῷ καινὴ κτίσις*)는 이러한 맥락 속에서 그리스도의 도래에 의해시 출현한 새로운 종말론적 상황과 결부되어 있다(갈 6:14-15의 의미와는 달리).

태너힐(Tannehill, *Dying and Rising*, 68, 69)은 이러한 종말론적인 변화는 마치 그것이 단순히 개인의 관점만이 변화되었다고 말하고 있는 것처럼 주관적인 변화로 변질되어서는 안 된다고 올바르게 지적했다. "만약 바울이 나에게 있어서 또는 나의 관점에 있어서 옛 세상이 지나갔다고 단언할 수 있었다면, 그는 다른 사람들이 더 이상 그를 육체대로 판단해서는 안 된다고 주장할 수 없었을 것이다. 왜냐하면 바울이 자기 나름대로 볼 권한이 있는 것처럼, 그들도 그들 나름대로의 관점을 지닐 권한이 있을 것이기 때문이다. 이 절들에서 바울 자신의 논증은 새로운 시대의 현존이 사실이냐 아니냐에 달려 있다."

"이전 것, 옛 질서"(*τὰ ἀρχαῖα*-타 아르카이아)는 죄와 사망의 옛 세상을 의미하지만 "육체"(*σάρξ*-사륵스)의 영역이기도 하다. 옛 세상을 다스리던 세력이 여전히 남아 있어서(갈 5:16-21, 24) 그리스도 안에서 무력화되어 가고 있기는 하지만, 옛 세상의 체제는 무너진 상태라는 의미에서 그것은 "지나갔다." 게고넨 카이나(*γέγονεν καινά*, 직역하면 "새롭게 되었다")는 바울이 3장에서 처음으로 묘사했던 카이네 디아데케(*καινὴ διαθήκη*, "새 언약")를 이어받고 있는 것으로서 그리스도 안에서의 새 것의 도래를 그 새로운 체제의 종으로서의 사도의 직분과 견고히 결합시키는 역할을 한다(Collange, *Enigmes*, 264, 265).

18 바울의 직분(*διακονία*-디아코니아)의 공통적인 특징이 이제 어느 정도 상세하게 서술되고 있기 때문에, 이 절이 3장과 연결되어 있음을 아는 것은 중요하다. 우리가 위에서 지적했듯이("양식/구조/배경"을 보라), 바울은 지금 보편적으로 인정된 구원론적인 가르침에 관한 모종의 신조 전승(*παράδοσις*-파라도시스)에 대한 해석과 주해를 제시하고 있다. 바울이 이러한 기법을 사용한다는 것은 잘 알려져 있다. 즉 그는 자신과 자신의 독자들이 공통적으로 소유하고 있는 것을 인용함으로써 그들이 자신의 말에 동의할 것을 요구하는 것이다. 그 이유는 분명하다: 바

울과 그의 독자들 간의 싸움은 단지 사람과 관련된 것이 아니라 무엇보다도 케리그마에 관한 것이다. 그런 까닭에 바울은 전승(*παράδοσις*-파라도시스)에 호소하는 것인데, 고린도전서 15:1-11에서 그 유사한 예를 볼 수 있다(R. P. Martin, *The Spirit and the Congregation*, chap. 6을 보라).

도입 문구는 타 데 판타 에크 투 데우(*τὰ δὲ πάντα ἐκ τοῦ θεοῦ*, 직역하면 "모든 것이 하나님께로 났다")이다. 타 판타(*τâ πάντα*)의 선행사가 무엇인지는 명시되어 있지 않다. 아마도 그것은 14, 16-17절에 나온 것을 가리킬 것이다(Bengel; 또한 Windisch, Bultmann, Barrett, Collange도 여기에 동의한다). 하지만 헤링과 라이케(Héring and Reicke, *TDNT*, 5:885-95)는 타 판타(*τâ πάντα*)가 전문적인 용어라고 생각해서 "만유"로 번역하고, 헤링과 귀트게만스(Héring and Güttgemanns, *Der leidende Apostel*: 위를 보라)는 바울이 플라톤 철학에 나오는 조물주가 화해를 주도했다는 영지주의자들의 사상에 반대하여 자신의 가르침을 제시하고 있다는 것을 근거로 해서 여기에 만유와 관련된 관용 표현이 나오는 것은 적절하다고 말한다. 이러한 주장은 가능한 것이기는 하지만 증명되지는 않았다. 그럼에도 불구하고, 이 어구가 직접적으로 가리키는 것은 그리스도 안에서 새 시대가 열렸고 "만물이 새로워졌다"고 말하는 17절이라고 보는 것이 더 낫다(타 판타〈*τὰ πάντα*, "모든 것"〉로 읽는다면: 그것이 본문 속에 포함되어 있지는 않지만, 복수형들은 아르카이아〈*ἀρχαîα*, "옛"〉와 카이나〈*καινά*, "새로운"〉에서 나타난다). "모든 것"은 새로운 창조 속에서의 하나님의 역사다. 지금 바울은 그 새 시대 속에 무엇이 함축되어 있는지를 정확히 정의하고 있음에 틀림없다. 그는 나아가 그 새 시대를 만유의 회복에 대하여 말하고 있었던 원본(Vorlage) 속에 나왔던 화해(본문에 대한 우리의 이해에 의거해서)라는 관점에서 설명해 나간다. 바울의 손에서 화해에 대한 가르침은 새로운 의미를 지니게 된다: 그는 고린도 교회의 상황을 염두에 두고서 화해를 사람들 간의 문제로서의 용서라는 관점에서 해석했다(19b절). 그는 그의 독자들에게 더 이상 그들 자신을 "믿지 않는 자들"(*οἱ ἄπιστοι*-호이 아피스토이, 4:4; 6:14)과 동일한 반열에 두지 말라는 목회적인 호소(20c절)를 했다. 바울의 독자들에게 필요했던 것은 공적으로 선포되는 케리그마에 응답하는 것이 아니라, 그의 복음을 받아들이는 것이 그의 사도직을 받아들이는 것이라는 원칙 하에서 그가 내민 우정의 손길을 받아들이는 것이었다.

단순과거 분사 형태인 투 카탈락산토스 (헤마스 헤아우토)(*τοῦ καταλλάξαντος* 〈*ἡμᾶς ἑαυτῷ*〉, "〈우리를 자기와〉 화목하게 하신")는 그리스도의 중보를 통한(*διὰ*

*Χριστοῦ*-디아 크리스투) 하나님의 과거의 행위를 나타낸다. 항상 화해를 시작하신 분으로 말해지는 하나님의 주도권(Dupont, *La réconciliation*, 15를 보라)과 그의 아들에 의해서 행해진 역할은 역사적으로나 종말론적으로나 서로 결합되어 있는 주제들이다(디아 크리스투〈*διὰ Χριστοῦ*〉에 대해서는 M. Bouttier, *En Christ*, 31-35를 보라; 그리스도의 십자가를 통한 화해에 관한 일반적인 가르침으로는 Bachmann과 Collange를 보라). 다음에 나오는 절은 이 주제를 계속 이어가고 있지만, 우회적으로 시제를 표현하는 동사가 보여 주듯이 강조점은 달라진다.

복음의 메시지를 그의 종들, 특히 바울에게 맡기기로 한 계획은 하나님의 활동의 일부다(*δόντος ἡμῖν τὴν διακονίαν τῆς καταλλαγῆς*-돈토스 헤민 텐 디아코니안 테스 카탈라게스, "우리에게 화목하게 하는 직책을 주셨으니"). 디아코니아(*διακονία*, "직책")는 핵심어로서 십자가와 부활을 전하는 자로서의 바울의 직분을 가리킨다. 그러한 선포의 내용은 곧이어 나온다.

19 호스 호티(*ὡς ὅτι*, "that is", RSV; "that", NIV)는 이해하기가 난감한 어구로서 흔히 말하는 것이나 느끼는 것을 표현하는 동사들 뒤에 나오는 호티(*ὅτι*)와 동일한 것으로 해석되지만(Plummer, Hughes, Windisch), 여기에는 그러한 동사가 나오지 않는다. 고데(Godet, 191)는 호스(*ὡς*)가 비교의 의미를 지닌다고 보고 그것을 앞 절과 연결시킨다: 하나님은 그리스도 안에 계셔서 이런저런 일을 하셨기 때문에 우리를 자기와 화목하게 하셨다. 리츠만(Lietzmann)은 BDF § 396의 견해를 받아들여서 호스 호티(*ὡς ὅτι*)를 호스(*ὡς*)와 동일한 것으로 여기는데, 이것이 좀 더 설득력이 있다(T. Muraoka, "The Use of *ΩΣ* in the Greek Bible," *NovT* 7[1964] 51-72, esp. 65). 이 어구는 여기서 인용문을 이끄는 것으로, 즉 인용의 의미로 해석되어야 할 것이다.

하나님은 콜랑쥐(Collange)가 열거하고 있는 몇 가지 방식으로 해석될 수 있는 가능성을 지닌 행위를 취한 것으로 말해진다. (1) "하나님은 세상을 자기와 화목하게 하셨다(이 일은 그리스도 안에서 이루어졌다)"-가장 받아들이기 어려운 견해다. (2) "하나님이 계셔서 세상을 자기와 화목하게 하셨다"-이것도 마찬가지로 받아들이기 어려운 견해다. (3) "하나님은 그리스도 안에서"(또는 그리스도로 말미암아), 즉 그리스도를 대리인으로 내세워서 "세상을 자기와 화목하게 하셨다"(Plummer; Hughes; Godet; Bruce; Tasker; Barrett; Bultmann; Thrall, "Salvation Proclaimed," 228). (4) "하나님은 그리스도 안에 계셔서 세상을 자기와 화목하게 하셨다"(Allo; Bachmann; Collange는 이 절에서 카탈라쏜〈*καταλλάσσων*, "화목하게 하다”〉과 그 밖의 다른 분사들인 로기조메노스〈*λογιζόμενος*〉와 데메노스〈*θέμενος*〉 사이에 대칭 관계가 존재한다는 중요한 점을 지적하고서, 그 결과 “화목하게 하다”는 “하나님께서 그리스도 안에 계셨다”라는 문장과 서로 분리되어 있다고 주장하지만, 그것은 의심스러운 해석이다; M. J. Harris, “Prepositions and Theology in the Greek New Testament,” *NIDNTT* 3:1193에서는 “하나님께서 그리스도 안에 계셔서 세상을 자기와 화목하게 하셨다”라는 읽기에 대한 더 나은 근거, 즉 “화해가 이루어지게 된 것은 하나님이 그의 모든 충만으로 그리스도 안에 거하기를 선택하셨기 때문이라는”〈골 1:19〉 근거를 제시한다. 그러나 이러한 견해는 이 진술을 좀더 바람직한 구원론적 진술이 아니라 계시적 진술〈하나님의 계시의 장소로서의 그리스도〉로 바꾸어 버리는 단점을 지니고 있다). 우리는 대부분의 주석가들과 마찬가지로 (3)의 견해를 채택하고 있는데, 이 견해는 “하나님께서 그리스도 안에 계셨다”를 그 뒤에 이어지는 내용과 구분된 것이라고 볼 때 종종 주장되는 것과 같이(Bruce를 보라) 성육신이 아니라 주로 구원론적인 사상에 무게를 둔다. 우회적인 방식의 시제 표현(분사+동사 엔〈*ἦν*, “…이었다”〉)은 하나님 편에서는 화해가 완성되었지만 일부 사람들은 그것을 받아들이지 않을 수 있거나(von Allmen, “Réconciliation,” 37) 바울의 독자들이 화해에 대한 온전한 경험 속으로 들어가지 않았을 수 있다는 (Thrall, “Salvation Proclaimed,” 231) 가능성이 존재한다는 것을 보여 주는 것이다.

두 개의 병행적인 분사들인 메 로기조메노스 아우토이스(*μὴ λογιζόμενος αὐτοῖς*, “저희의 죄를 저희에게 돌리지 아니하시고”)와 데메노스 엔 휘민 톤 로곤(*θέμενος ἐν ἡμῖν τὸν λόγον*, “〈화목하게 하는〉 말씀을 우리에게 부탁하셨느니라”)은 서로 결합되어서 화해가 무엇을 수반했는지를 설명해 준다. 첫 번째 행에 나오는 일반적인 진술에 대한 종결부가 바울 자신의 것이라고 보는 우리의 견해가 옳다면, 그것은 화해가 죄들을 전가하지 않는 것을 포함하고 그것을 통해서 표현된다고 역설하는 바울의 방식이다(롬 4:3ff.가 시 32〈31〉:2에 근거해서 명확히 하고 있듯이: “주께서 그 죄를 인정치 않으실 사람은 복이 있도다”). 로기제스다이 (티니 티)(*λογίζεσθαι* 〈*τινί τι*〉, “여기다, 돌리다”)는 바울의 구원론과 그 관용 표현들의 한 특징이다. 파랍토마(*παράπτωμα*, “죄”)도 바울 서신에 자주 등장한다(16번, 그러나 고린도후서에서는 오직 여기에만 나온다).

그런 후에 바울 자신의 직분은 “화목하게 하는 말씀”을 전하는 것으로 묘사된다. 하나님이 행하신 일은 선포될 필요가 있고, 하나님의 제안은 청중들에게 제시될 필요가 있다. 거기에 대한 응답의 성격이 이제 우리가 살펴보고 논의해야 할 내용이다. 그러나 데니(Denney)의 저서의 다섯 페이지(211-15)가, 화해의 복음을 전하는 것이 바울 및 그리스도인 교사로서 그와 뜻을 같이 한 자들에게 무엇을 의미했는지에 대한 강력한 요약이라는 것은 거의 의심의 여지가 없다. 우리는 그의 요약을 자세하게(in extenso) 인용할 필요가 있고, 적어도 중요한 내용을 발췌해서 살펴볼 필요가 있다.

> 바울에게 있어서 기독교적인 화해가 극복해야 하는 소외는 의심할 여지없이 양면적인 것이었다. 화해가 이루어질 수 있기 위해서는 먼저 처리되어야 할 것이 사람에게도 있고 하나님에게도 있다. 아니, 하나님 편에 있는 것이 너무도 비할 바 없이 심각하고 중대한 것이기 때문에, 사람 편에 있는 것은 그만 시야에서 사라져 버리고 만다. 하나님이 사람과의 화평을 이루기 위하여 자기 쪽에 있는 장애물을 진지하게 처리하셨기 때문에, 사람은 하나님의 사랑의 진정성을 믿고서 불신을 버리게 된다. 화해를 구성하는 것은 하나님이 자기 쪽의 장애물을 진지하게 처리하신 것이다. 그것에 관한 이야기가 "화목하게 하는 말씀"이다. 사람들이 그 말씀을 받아들일 때, 그들은 화해를 받아들이는 것이다(롬 5:10). 신약적인 의미에서 "화해"는 우리가 하나님에 대한 적대감을 버림으로써 얻는 그 무엇이 아니다. 그것은 하나님이 그리스도의 죽음을 통해서 하나님 쪽에서 소외를 의미했던 모든 것을 제거함으로써 하나님이 와서 화평을 전할 수 있게 했을 때 하나님이 이루신 그 무엇이다. 이것을 부정하는 것은 사도 바울의 복음을 뿌리째 흔드는 것이다. 바울은 언제나 복음을 하나님과 사람 사이에 존재하는 어떤 상태라는 관점에서 하나님의 지혜와 사랑이 나타난 것으로 인식한다. 그렇다면 이러한 상황 속에서 진정으로 중대한 요소는 무엇인가? 하나의 복음을 꼭 필요한 것으로 만드는 것은 무엇인가? 하나님의 지혜와 사랑이 복음을 구성하는 저 기이한 방식으로 처리되어야만 했던 것은 무엇인가? 그것은 하나님에 대한 인간의 불신인가? 그것은 인간의 증오, 두려움, 적대감, 영적 소외인가? 우리가 사도의 가르침을 받아들인다면, 그것은 그런 것들이 아니다. 복음을 꼭 필요하게 만들었던 바로 그 중대한 것, 그것을 없애야만 복음이 될 수 있었던 것은 세상과 그 죄에 대한 하나님의 정죄였다. 그것은 "사람들의 모든 경건치 않음과 불의에 대하여 하늘로 좇아 나타나는"(롬 1:16-18) 하나님의 진노였다. 이것을 없앤 것이 "화해"다. 그리고 이 화해를 전하는 것이 복음을 전하는 것이다.
>
> 사도 바울이 하나님께서 자신에게 화목하게 하는 직분을 주셨다고 말할 때, 그것은 그가 이 화평의 말씀을 전하는 자가 되었다는 것을 의미한다. 그는 세상에 대하여 화목하게 하는 일을 하는 일꾼이다. 앞으로 보게 되겠지만, 그의 사역은 분명히 권면적인 측면을 가지고 있지만, 그러한 측면은 부차적인 것이다. 그의 소명의 주된 부분은 사람들에게 하나님과 화목하라고 말하는 것이 아니라, 하나님이 세상을 자기와 화목하게 하셨다는 것을 그들에게 말해 주는 것이다. 엄밀히 말해서, 복음은 좋은 권면이 아니라 좋은 소식이다.

복음이 주는 모든 좋은 권면은 이것, 즉 좋은 소식을 받아들이라는 것 속에 집약되어 있다. 그러나 이 좋은 소식이 빠져 버린다면, 즉 하나님이 화평을 이루셨고 죄에 대한 그의 정죄를 진지하게 처리하셨기 때문에 더 이상 죄는 너희가 하나님에게로 돌아가는 데 방해가 되지 않는다고 우리가 말할 수 없고, 여기에 화해가 주어져 있으니 그것을 받아들이라고 말할 수 없다면, 인간의 현실적인 상태와 관련해서 복음이라는 것은 전혀 존재하지 않게 된다.

그리스도의 사역이 이루어졌을 때, 세상을 화목하게 하는 화해는 성취된 것이었다. 사람들이 그것을 받아들이도록 부르심을 받았을 때, 그들은 자신들이 더 이상 하나님을 대적하지 않을 뿐만 아니라－물론 이것은 포함되어 있지만－하나님이 더 이상 그들을 대적하지 않으실 관계로 부르심을 받은 것이다. 그런 까닭에 예수 그리스도 안에 있는 자들에게는 정죄함이 없다.

세상을 자기와 화목하게 하셨다는 이 표현이 지닌 보편성 자체는 오직 객관적인 화해와만 부합된다. 그것은 하나님이 세상의 적대감을 이기셨다는 것을 의미할 수 없고(물론 이것은 배후의 목적이다), 하나님이 자신의 정죄와 진노를 제거하셨다는 것을 의미한다. 이 일이 이루어졌을 때, 하나님은 사람들을 보내서 그 일이 이루어졌다는 것을 선포할 수 있었고, 또한 선포하셨다. 이러한 사람들 가운데서 사도 바울만큼 하나님이 무슨 일을 이루셨고, 자기가 하나님의 기쁜 소식으로 무엇을 선포해야 하는지에 대하여 더 깊이 인식하고 있었던 사람도 없었다.

20 "이러므로 우리가 그리스도를 대신하여 사신이 되어 하나님이 우리로 너희를 권면하시는 것같이 그리스도를 대신하여 간구하노니 너희는 하나님과 화목하라" (*ὑπὲρ Χριστοῦ οὖν πρεσβεύομεν ὡς τοῦ θεοῦ παρακαλοῦντος δι' ἡμῶν…δεόμεθα ὑπὲρ Χριστοῦ, καταλλάγητε τῷ θεῷ*－휘페르 크리스투 운 프레스뷰오멘 호스 투 데우 파라칼룬토스 디 헤몬…데오메다 휘페르 크리스투, 카탈라게테 토 데오). "이 절은 18-21절의 논증에 대한 열쇠를 쥐고 있다"(Collange, *Enigmes*, 273). 바울은 고린도 교인들에게 두 가지, 즉 하나님의 화해의 열매들을 받아들이라는 것(그들이 하나님의 복음에서 멀어진 정도만큼), 그가 내민 우정의 몸짓을 받아들이라는 것(6:1-2, 11-13; 7:2-4에서 자세하게 이야기될)을 호소하고 있다.

그는 자신의 경우에 대한 말을 "이러므로 우리가 그리스도를 대신하여 사신이 되어(*οὖν πρεσβεύομεν*－운 프레스뷰오멘) 하나님이 우리로 너희를 권면하시게 하노니"(*ὡς τοῦ θεοῦ παρακαλοῦντος*－호스 투 데우 파라칼룬토스)라는, 인용된 것으로 추측되는 말(ex hypothesi)로 시작하는데, 이런 말을 여기에 끼워 넣고 있는 것은 위에서 인용한 전승(paradosis)을 강화함과 동시에 부드럽고 애정이 담긴 동사를 통해서 그것을 부드럽게 하고 그의 독자들에게 직접적으로 명령형으로 말하기 위한 것이다. 우리가 보기에는 데오메다(*δεόμεθα*, "우리가 간구한다")는 전승에 의한 가르침을 새로운 방향으로 바꾸어 놓는다. 그것은 바울의 적용(applicatio)이다. 왜냐하면 그는 고린도 교회에 있는 그의 대적자들과 관련해서 화해가 무엇을 의미하는지를 제시하고 있기 때문이다. "너희는 하나님과 화목하라"는 말은 케리그마의 언어임과 동시에(I. H. Marshall: 앞에 나온 설명을 보라) 바울이 그 케리그마적인 권면을 고린도 교회에서 목회적으로 요구되는 상황에 맞춰서 각색한 것이다. 위에서 살펴보았듯이, 통상적으로 바울에 의해서 잘 사용되고 있지 않은 단어들에 대한 언어학적인 자료들(*πρεσβεύομεν*-프레스뷰오멘: Bornkamm, *TDNT* 6:651-83; 수동 명령형으로 된 동사 카탈라쎄인〈*καταλλάσσειν*〉: F. Büchsel, *TDNT* 1:256를 보라; "다음과 같은 확신을 가지고서"라는 의미로 호스〈*ώς*〉를 사용한 것, BDF § 425.3; T. Muraoka, *NovT* 7[1964] 58ff.)은 모두 여기서 기존에 있던 전승 단편이 바울에 의해서 그 실질적인 내용이 변경되지 않는 한도 내에서 각색되었다는 것을 보여 준다. "하나님이 우리를 통해서 권면하고 계신다"라는 어구도 잘 사용되지 않는 표현이기는 하지만, 화목하게 하는 말씀을 전할 책임이 인간에게 주어져 있으나 그러한 선포 속에서 들려지는 것은 인간의 목소리가 아니라 바로 하나님의 부르심과 초청이라는 것을 말하고 있다는 점에서 대단히 시사하는 바가 많다. 이러한 고찰이 기독교적인 의사 소통과 관련하여 지니는 가치는 분명하다. "바울이 하나님의 부르심을 들었고 거기에 응답했다는 것은 사실이 아니고(갈 1:15-16), 그가 말씀 선포 속에서 그의 일생의 사역의 비밀을 발견했다는 것도 사실이 아니다(고전 9:16). 오히려 그는 이 말씀의 선포 속에서 하나님이 친히 임재해 계시다는 것을 알게 되었다. 하나님을 대신하여 행하고 말한다는 대담한 주장은 충분히 무엄한 발언일 수 있었다. 그렇지만 바울은 자신과 하나님의 역할을 바꾸어서, 그가 케리그마를 선포할 때 하나님이 친히 주역이 되시고, 사람들이 듣는 것은 하나님의 음성이며, 사람들의 삶에 영향을 미치는 것은 하나님의 권세라고 역설한다. 그래서 바울의 말은 전혀 무엄한 것이 되지 않는다"(본 저자가 쓴 *The Worship of God: Some Theological, Pastoral and Practical Reflections*[Grand Rapids: Eerdmans/Exeter: Paternoster Press, 1982] 104, 105에서 인용함).

"하나님께서 우리를 통해서 권면하고 계신다"라는 말의 배경은 하인츠(J. Hainz, *Ekklesia*, 273)에 의해서 잘 묘사되었다: "사도는 이 화해의 사건의 일부다. 하나님이 그에게 주신 화목하게 하는 직분(*διακονία τῆς καταλλαγῆς*-디아코니아 테스 카탈라게스)은 화해 자체와 동일한 기원을 갖는다. 이 두 가지 속에서 바울은 하나님의 활동을 본다. 그리스도로 말미암아 우리를 자기와 화목하게 하시는 바로 그 하나님은 사도를 통해서 선포될 화목하게 하는 말씀의 직분으로서의 사도직을 창설하신 분이기도 하다." 바울이 이렇게 단언하는 근거는, 바울에게 있어서 "그의 선포는 화해의 사건을 설명하는 것으로서" 화해의 사건의 연속은 아니지만, 그리스도 안에서의 하나님의 행위를 현재화시키는 것(Vergegenwärtigung)이라는 사실이다. 따라서 사도는 그리스도의 대표자임과 동시에 하나님의 대표자다(이러한 개념은 1:18f.; 12:19; 13:3에서와 마찬가지로 6:1, 3-10절에서도 자세하게 전개될 것이다, Hainz, 277-80).

이러한 가르침이 당시의 상황과 관련되어 있다는 점은 팰론(Fallon, 52)에 의해서 밝혀졌다. "복음을 통한 하나님과의 화해, 따라서 현재의 맥락 속에서 암묵적으로는 참된 복음의 사도로서의 바울과의 화해는 하나님의 지속적인 역사의 일부다. 참된 복음을 받아들인다는 것은 바울을 그 복음의 진정한 사도로 받아들인다는 것을 의미하는 것이기도 하다."

21 이 절이 고린도전서 11:23ff.; 15:3ff.와 유사하게 고린도 교인들에게 전해진 신조와 관련된 글의 단편이라는 증거는 주목할 만한데, 케제만(Käsemann, "Some Thoughts," 53)은 두 가지 논거 위에서 자신의 그러한 주장을 제시한다(앞에서 보았듯이): 하마르티아(ἁμαρτία)가 하나의 세력으로서의 죄를 가리키는 바울의 통상적인 용법과는 달리 여기서는 죄에 대한 형벌을 가리키는 데 사용되고 있다는 사실. 그리고 이 절의 끝부분에 나오는 "주어진" 의라는 개념(J. Reumann, *Righteousness*; P. Stuhlmacher, *Gerechtigkeit*, 74-77, 특히 77, n. 2는 Käsemann의 논증들에 대하여 반론을 제기하고 있지만, 그의 반론은 설득력이 없다; Collange, 275에서는 여기서 우리가 바울의 호소에 대하여 인을 치기 위한 목적으로 전승에 의한 문구를 보고 있다는 주장을 뒷받침하기 위하여 문체상의 근거 하에 21절의 운율과 독특한 특징을 20절과 21절의 연결 관계가 희박함을 보여 주는 특징들로 첨가한다).

우리는 이 구원론에 있어서 중심적인 문제를 이미 다룬 바 있다: "하나님이 그리스도로 죄를 삼으신(ἐποίησεν-에포이에센)" 것은 무엇을 의미하는가? 이러한 문제에 대하여 우리가 내린 결론은 이 본문은 구약의 증언, 즉 하마르티아(ἁμαρτία)라는 말 속에 "속건 제물"(אשם חטאת-아샴 하타아트)이라는 의미를 함축하고 있는 이사야 53:10에 의거하고 있다는 것이다(Bruce, 210; Hofius, "Erwägungen," 196f.; 그러나 Thrall, 230, 231에서는 아주 조심스러운 평가를 내린다). 구약에 나오는 여호와의 종이라는 모티프로부터 유래한 표현을 참조하면 여기에 나오는 이례적인 관용 표현을 설명하는 데 도움이 될 수 있고(이 관용 표현과 가장 가까운 병행은 갈 3:13이다), 이것은 이사야 53장을 많이 사용했던 초기 기독교의 석의 전승에 의거해서 설명될 수 있는데, 바울은 전승을 가져와서 사용하는 경우 외에는 십자가와 부활을 설명할 때 이사야 53장이라는 구약의 증언(testimonium)을 근거로 사용하지 않는다(O. Cullmann, *The Christology of the New Testament*, tr. S. C. Guthrie and C. A. M. Hall[London: SCM, 1959] 76를 보라). 바흐만(Bachmann)은 이러한 견해에 반대하여 여기서 "삼다"라는 동사는 어울리지 않으며, 우리는 그 동사 대신에 "주다", "제공하다", "내놓다" 같은 동사를 사용했어야 한다고 주장한다. 하지만 우리가 선택한 번역은 이 절 전체가 비바울적인 성격을 지니고 있다는 사실에 의해서 설명될 수 있기 때문에 바울 서신 속에 이 표현과 병행되는 것들이 존재하지 않는다고 해서 당혹해 할 필요는 없다. 또한 콜랑쥐(Collange)는 갈라디아서 3:13을 여기에 나오는 것과 비슷한 표현으로 보고, 바렛(Barrett)은 빈디쉬(Windisch)의 견해를 따라서 로마서 8:3에 의거하여 디카이오쉬네(*δικαιοσύνη*, "의")와 연결되어 있는 하마르티아(*ἁμαρτία*)는 제의적인 뉘앙스가 아니라 법정적인 뉘앙스를 지닌다고 주장한다. 그러나 21절이 그 밖의 다른 근거들 위에서 바울 이전의 또는 비바울적인 성격을 지니고 있다는 것이 증명된다면, 비록 소극적인 방식이긴 하지만 그것은 우리의 결론을 추가적으로 확증해 주는 것이 될 것이다. 그 논증은 바울이 레위기적인 것이든(롬 3:24-26: Héring, 45에서는 고후 5:21에 나오는 예수를 레 16장에 나오는 아사셀 염소와 동일시하려고 시도하지만, 그의 제안은 기괴하다) 희생 제사 전반과 관련된 것이든(롬 4:24, 25; 8:32; 빌 2:6-11) 제의적인 이미지에 의거하고 있는 것이라면 그는 전승에 빚을 지고 있다는 것이다. 이렇게 볼 때 21절 상반절과 하반절은 모두 바울 외적인(즉 전승적인) 것들을 반영한 것들로 가득 차 있다: 선재하시는 예수(Windisch; 그러나 빌 2:6의 "동등됨을 취할 것으로"〈파르파그모스〉라는 표현과의 병행 가능성에도 불구하고 이 주장은 설득력이 없다: 그리스도는 인간적인 실존 속으로 들어가기로 "결정함"에 있어서 잘못 선택한 것이 아니었다) 또는 역사적 예수는 죄와 아무런 상관이 없었지만, 십자가 위에서의 죽음으로 그는 "죄를 위한 희생 제물"로 정해져서 우리의 대표자로서 "죄에 대한 형벌을 포함해서 인간의 죄가 가져온 모든 결과를 스스로 짊어지고 고난을 당하셨다"(Thrall, 230).

여기에는 하나님이 죄 없으신 그리스도("죄를 알지도 못하신 자"라는 표현은 동사 기노스케인〈γινώσκειν〉= OT 야다아〈ידע, "…를 알다"〉를 사용한 히브리적인 표현이다: Windisch〈198〉는 그노나이 하마르티안〈γνῶναι ἁμαρτίαν〉이 이러한 의미로 사용된 것으로 롬 7:7〈참조. 계 2:24〉을 인용한다; 받아들임 또는 인정함을 의미하는 "알다"의 또 다른 개념에 대해서는 마 7:23을 참조하라; 이 두 가지 의미는 정확할 것이다)를 지명하신 목적이 분명하게 나와 있다. 그것은 두 가지다. 한편으로, 하나님은 그의 아들을 소외되고 상실된 인간의 상태와 동일시하셨다. 다른 한편으로, 하나님은 자기 자신의 의를 통해서 믿는 자들이 의롭게 될 수 있다는 것을 선언하셨다(참조. NEB: "우리로 하여금 저의 안에서 하나님 자신의 선하심과 하나가 되게 하려 하심이니라"). 이러한 동일시에 있어서 중간의 연결 고리는 하나님이 그리스도 안에서 주권적으로 행하여 이러한 새로운 질서를 견고히 세움으로써 "하나님의 의"(δικαιοσύνη τοῦ θεοῦ-디카이오쉬네 투 데우)를 하나의 선물로서 믿음에 의해서 한 개인이 얻는 특질(Bultmann, 167; 참조. his *Theology* 1:270-87과 그의 논문인 "*ΔΙΚΑΙΟΣΥΝΗ ΘΕΟΥ*," *JBL* 83[1964] 12-16; Conzelmann, *Outline*, 214-20)이 아니라 세상을 하나님의 뜻에 맞춰서 올바르게 바로잡은 하나님의 종말론적인 권능의 행위를 가리키는 전문적인 용어가 되게 하셨다는(P. Stuhlmacher, *Gottesgerechtigkeit*, following E. Käsemann, in *New Testament Questions of Today*, 168-82) 것이다(M. T. Brauch, "Perspectives," 523-35, J. Reumann, *Righteousness*, 50-52에 나오는 요약들을 보라). 콜랑쥐(Collange, *Enigmes*, 278-80)는 하나님이 자신의 의 안에서 인간을 대신하여 행함으로써 하나님과 인간의 관계와 관련된 새로운 시대를 여셨다고 말하는 케르텔게(K. Kertelge, '*Rechtfertigung*,' 304)와 더불어서 이 두 가지 개념, 즉 개인적인 차원과 우주적인 차원을 결합시키려고 애쓴다. 그가 두 가지 요소를 결합시키고자 함에 있어서 설득력이 있는 점은 "우리로 하여금 저의 안에서…되게 하려 하심이라"(γενώμεθα…ἐν αὐτῷ-게노메다…엔 아우토)가 "그리스도 안에"(ἐν Χριστῷ-엔 크리스토, 17절) 있다는 것과 동일한 의미라고 하는 것이다. 인류를 위하여 행하기로 "지명된"(막 3:14; 행 2:36에서처럼 에포이에센〈ἐποίησεν〉에 이러한 의미를 부여해서) 그리스도와 믿음으로 결합됨으로써 믿는 자들은 하나님이 그의 아들의 관계를 기뻐하시기 때문에 그리스도의 화해 사역의 유익들에 참여하게 되고, 하나님 앞에서(coram Deo) 열납받는 새로운 세상 속으로 들어가게 된다. 따라서 "의"는 "예수 안에서의 하나님의 전적인 개입"과 관련되어 있다(Ziesler, *The Meaning of Righteousness*, 159).

## 해설

16-21절이라는 길고 무게 있는 단락은 많은 면모들을 지니고 있긴 하지만 하나의 주된 주제를 가진다. 이 단락에서 바울은 그리스도 사건을 통해서 새로운 세상이 탄생했고 세계사에서 새로운 시대가 도래했다는 기독교적인 확신을 서술하고 있다. "새로운 창조", "화해", "하나님의 의" 같은 어구들은 모두 하나님과 인간의 관계 및 모든 지상적인 관계들에 근본적인 영향을 미친 이 새로운 시대를 가리키는 동의어들이다.

하나님은 자신의 주권적인 조치(18절)와 일련의 유례 없는 사건들을 통해서 새로운 시대를 열었기 때문에, 그것이 구약적인 관용 표현을 통해서 묘사되고 법정적이고(19절) 제의적인(21절) 이미지들이 당혹스러울 정도로 만화경처럼 펼쳐져서 그 새로운 시대를 묘사하고 있다고 할지라도, 바울이나 그가 사용한 자료는 오늘날의 독자들에게 그러한 모든 진술들을 적절하게 다루기 어렵게 만들었다. 우리는 "바울이 최초로 이 길을 선도하지 않았다면, 누가 감히 그렇게 말했을 것인가"(*quis auderet sic loqui, nisi Paulus praeirit*)라고 말한 벵엘(Bengel)의 당혹감에 공감할 수 있다. 하지만 한두 가지는 뚜렷하게 드러난다.

첫째로, 이 본문, 특히 바울이 편집한 부분의 취지는 너무도 명확하게 개인적이라는 것이다. 19절에 함축되어 있는 우주적인 변화는 우리가 화목하게 된 자들로서 우리의 창조주와 하나가 되게 하는 토대인 그리스도로 말미암은 죄사함과 하나님과의 새로운 관계가 그 핵심에 자리잡고 있다는 것을 결코 놓칠 수 없는 방식으로 바울의 손에 의해서 재구성된다.

따라서 바울의 의도는 실제적이고 목회적이라는 것이 뚜렷하게 드러난다. 그는 자신의 케리그마와 그들에 대한 자신의 태도를 의심하고 있던 고린도 교회의 대적자들을 향하여 "하나님과 화목하라"고 요청한 것을 강화시키기 위하여 구원론적인 신조의 한 단편을 가져와서 사용하고 있는 것이다. 따라서 그는 세상의 구원에 관한 케리그마를 자신의 복음의 한 판본으로 변화시킨다. 그러한 판본으로 무장한 가운데 그는 자신의 독자들에게 그 메시지를 적용하여 하나님과 "화목하게 된 자녀들"이자 그의 참된 회심자들로서 살아갈 것을 간청한다(6:13).

# H. 마음을 열라는 바울의 호소(6:1-13)

## 참고문헌

**Betz, H.-D.** *Lukian von Samosata und das Neue Testament.* TU 76. Berlin: Akademie, 1961. **Brillet, G.** "Voici les jours de salut(2 Cor. 6:10)." *AsSeign* 26(1962) 21-36. **Congar, Y.** "In the World and not of the World." *Scr* 9(1957) 53-59. **Ellis, E. E.** *Prophecy and Hermeneutic in Early Christianity.* Grand Rapids: Wm. B. Eerdmans, 1978. **Fascher, E.** "Theologische Beobachtungen zu *dei.*" In *Neutestamentliche Studien für Rudolf Bultmann,* ed. W. Eltester, 248-54. Berlin, Töpelmann, 1954. **Fridrichsen, A.** "Paulus und die Stoa." *ConNT* IV(1944) 27-34. **Friedrich, G.** *Amt und Lebensführung: Eine Auslegung von 2 Kor. 6:1-10.* Neukirchen-Vluyn: Neukirchener Verlag, 1963. **Furnish, V. P.** "The Ministry of Reconciliation." *CurTM* 4 (1977) 204-18. **Harnack, A. Von.** "*κόπος*(*κοπιᾶν, οἱ κοπιῶντες*) im frühchristlichen Sprachgebrauch." *ZNW* 27(1928) 1-10. **Höstad, R.** "Eine hellenistiche Parallele zu 2 Kor 6, 3ff." *ConNT* IX(1944) 22-27. **Kamlah, E.** *Die Form der katalogischen Paränese im NT.* WUNT 7. Tübingen: J. C. B. Mohr, 1964. **Kleinknecht, K. T.** *Der leidende Gerechtfertigte.* WUNT 2nd series, 13. Tübingen: Mohr, 1984. **Martin, R. P.** *Reconciliation. A Study of Paul's Theology.* **Mealand, D. L.** "As having nothing and yet possessing everything: 2 Cor. 6:10*c.*" *ZNW* 67(1976) 277-79. **Müller-Bardorff, J.** "Nachtlicher Gottesdienst im apostolischen Zeitalter." *TZ* 81(1956) 347-52. **Neumann, M.** "Ministry, Weakness, and Spirit in II Corinthians." *ClerRev* 59(1974) 647-60. **Rood, L. A.** "Le Christ comme *δύναμις θεοῦ.*" *RechBib* 5(1960) 93-108. **Schoeps, H. J.** *Theologie und Geschichte des Judenchristentums.* Tübingen: J. C. B. Mohr, 1949. ______. *Paul.* Tr. G. A. F. Knight. London: Lutterworth Press, 1961. **Schrage, W.** "Leid, Kreuz und Eschaton: Die Peristasenkatologe als Merkmale paulinischer theologia crucis und Eschatologie." *EvT* 34(1974) 141-75. **Stählin, G.** "'Um mitzusterben und mitzuleben' Bemerkungen zu 2 Kor 7, 3," In *Neue Testament und christliche Existenz.* FS H. Braun. ed. H.-D. Betz and L. Schottroff, 503-21. Tübingen: J. C. B. Mohr, 1973. **Stoger, A.** "Die paulinische Versöhnungstheologie." *TPQ* 122(1974) 118-31. **Von Hodgson, R.** "Paul the Apostle and First Century Tribulation Lists." *ZNW* 74(1983) 59-80. **Werff, B.** "Teurgeefs ontvangen Genade, 2 Cor 6:1-2." *GThT* 7(1906) 114-16. **Wibbing, S.** *Die Tugend- und Lasterkataloge im NT.* BZNW 25. Berlin: Töpelmann, 1959.

## 본 문

**1** 우리가 하나님과 함께 일하는 자로서 너희를
권하노니 하나님의 은혜를 헛되이 받지 말라
**2** 가라사대 내가 은혜 베풀 때에 너를 듣고 구원
의 날에 너를 도왔다 하셨으니 보라 지금은 은혜
받을 만한 때요 보라 지금은 구원의 날이로다

**3** 우리가 이 직책이 훼방을 받지 않게 하려고 무
엇에든지 아무에게도 거리끼지 않게 하고
**4** 오직 모든 일에 하나님의 일꾼으로 자천하여
많이 견디는 것과 환난과 궁핍과 곤난과

**5** 매 맞음과 갇힘과 요란한 것과 수고로움과 자
지 못함과 먹지 못함과

**6** 깨끗함과 지식과 오래 참음과 자비함과 성령의
감화와 거짓이 없는 사랑과
**7** 진리의 말씀과 하나님의 능력 안에 있어 의의
병기로 좌우하고

**8** 영광과 욕됨으로 말미암으며 악한 이름과 아름
다운 이름으로 말미암으며 속이는 자 같으나 참
되고
**9** 무명한 자 같으나 유명한 자요 죽는 자 같으나
보라 우리가 살고 징계를 받는 자 같으나 죽임을
당하지 아니하고
**10** 근심하는 자 같으나 항상 기뻐하고 가난한 자
같으나 많은 사람을 부요하게 하고 아무것도 없
는 자 같으나 모든 것을 가진 자로다
**11** 고린도인들이여 너희를 향하여 우리의 입이
열리고 우리의 마음이 넓었으니
**12** 너희가 우리 안에서 좁아진 것이 아니라 오직
너희 심정에서 좁아진 것이니라
**13** 내가 자녀에게 말하듯 하노니 보답하는 양으

**1** Thus, as co-workers [with him],[a] we exhort[b]
you not to receive God's grace in vain.
**2** For he says, In an acceptable time I heard you
and in a day of salvation I helped you. Look,
now is the acceptable time [of salvation]; look,
now is the day of salvation.
**3** We do not put a stumbling-block in anyone's
path so that the ministry[c] may not be faulted.
**4** Rather, in every way, as God's servants,[d] we
commend[e] ourselves: in great endurance, in mo-
ments of affliction, anguish, and distress,
**5** in beatings, in imprisonments, in social disor-
ders, in labors, in times of sleeplessness, and hun-
ger,
**6** in purity, in knowledge, in patience, in kind-
ness, in the Holy Spirit,[f] in genuine love,
**7** in the message of truth, in the power of God;
through the weapons of righteousness, both on
the right hand and on the left,
**8** through glory and dishonor, through bad
reputation and good; as deceivers, yet true men;
**9** as unknown, yet well-known; as dying, and
yet we live; as being chastened,[g] yet not killed;
**10** as sorrowing, yet always rejoicing; as poor,
yet making many rich; as having nothing, yet
possessing everything.
**11** We have spoken freely to you, Corinthians
and opened our[h] hearts wide.
**12** We do not withhold our affection from you,
but you withhold affection from us.
**13** In return[i] – as I speak to [my][j] children –

로 너희도 마음을 넓히라 you do the same to us.

## 원문주해

a. "하나님과 함께"라는 어구는 원문에는 나와 있지 않지만, 영어 번역문에서는 의미가 통하게 하기 위하여 보충해 넣는 것이 필요하다. "주석"을 보라.

b. P[46] D F G에는 파라칼루멘(*παρακαλοῦμεν*) 대신에 파라칼룬테스(*παρακαλοῦντες*)로 되어 있다.

c. NIV, RSV가 선호하고 있는 서방 본문(D F G it vg syr)은 헤몬(*ἡμῶν*)을 첨가하고 있기 때문에 "우리의 직분"이 된다. "우리의 직분"은 자연스러운 강조점이긴 하지만 헤 디아코니아(*ἡ διακονία*)를 바울의 활동에 국한시켜서는 안 된다는 Barrett(182, n. 1)의 주장은 검토해 볼 만하다.

d. 주격으로 되어 있는 디아코노이(*διάκονοι*)는 대격으로 사용될 수 없다(Robertson, *Grammar*, 454를 보라). 따라서 본문은 "우리가 우리 자신을 하나님의 일꾼으로 자천한다"는 의미가 아니라 "하나님의 일꾼인 우리가 천거한다"는 의미가 된다("주석"을 보라).

e. 이 본문은 P[46] ℵ* C D*의 지지를 받는다. 그 밖의 다른 읽기들로는 B 1175에서 발견되는 쉬니스타논테스(*συνιστάνοντες*)와 ℵ[2] D[2] TR에 나오는 쉬니스톤테스(*συνιστῶντες*)가 있다.

f. 본문에는 정관사가 나오지 않지만, 대다수의 주석가들은 이것이 삼위일체의 제3위를 가리키는 것으로 본다(Barrett는 여기에 반대한다).

g. 좀더 흔한 읽기인 페이라조메노이(*πειραζόμενοι*, "시험을 받는")가 서방 본문(D* F G it Ambst)에서 발견되지만, 본문에 대한 우리의 읽기인 파이듀오메노이(*παιδευόμενοι*)가 더 나은 지지를 받고 있는 것으로 보인다. 그것은 분명히 더 어려운 읽기다.

h. P[46] ℵ B에서는 휘몬(*ὑμῶν*, "너희의")으로 읽는데, 이것은 아마도 서로 다른 모음들이 그 근저에 있는 동일한 모음으로 동화되어 비슷하게 발음되어서 발음이 비슷한 단어로 잘못 쓰는 이태시즘(itacism: Metzger, *The Text of the New Testament*, 191, 192)의 오류의 결과일 가능성이 크다. 좀더 오래된 읽기를 택한다고 해도 이 절의 의미는 거의 달라지지 않는다. Bruce는 우리에게 본문 증거가 오래되었다고 해서 그것이 언제나 원래의 읽기임을 보여 주는 것은 아니라는 점을 일깨워 준다(213).

i. 직역하면 "보상으로". 대격의 사용에 대해서는 Moule, *Idiom Book*, 160f.를 보라. 또한 이것에 대해서는 "주석"을 보라.

j. "나의"는 헬라어 본문에는 나와 있지 않지만, 바울의 의도를 나타내기 위해서는 영어 번역문에 첨가할 필요가 있다. "주석"을 보라.

## 양식/구조/배경

우리가 지금 살펴보고 있는 단락은 자신의 직분이라는 주제를 놓고 바울이 설명해 온 것(5:20)에 대한 적절한 결말을 제공해 준다. 자신의 호소를 강화시키기 위해서 바울은 고린도 교인들에게 온 마음을 다해서 하나님의 은혜를 받아들이라고 강권한다(6:1). 그는 성경(사 49:8 LXX)을 인용한 후에 거기에 그의 주해("페셰르"), 즉 지금은 그 예언이 성취된 때라는 말을 덧붙임으로써 이러한 권면을 더욱 강화시킨다. 현재는 하나님을 위하여 행동할 적기임과 동시에 하나님께서 행하시기에 적기가 된다. 그러나 6:2은 바울의 일련의 사고의 흐름을 깨뜨리는 삽입구인 것으로 보인다(이것은 바울이 자신의 서신을 대필하게 했기 때문에 그 흐름이 순조롭지 않게 되었다는 것을 보여 주는 또 하나의 예이다).

바울이 이렇게 본론의 흐름을 깨뜨리고 있다는 것은 우리에게 그가 곧 화해라는 주제에서 벗어나 자기가 하나님의 직분을 맡을 자격이 있는 사람이자 고린도 교인들의 사랑을 받을 만한 자격이 있는 자라는 것을 스스로 천거하는 새로운 주제로 옮겨갈 것이라는 사실을 일깨워 주는 역할을 한다. 6:3에서 바울은 고린도 교인들이 적어도 그의 사역과 관련하여 하나님의 은혜를 헛되이 받은 것이 아니라는 것을 보여 줌으로써 자신의 직분을 변호하는 변증을 시작한다. 바울이 자기 자신을 다시 그들에게 자천할 정도로 그의 사역은 흠이 없는 것이다. 그는 6:4-10에서 발견되는 것과 같은 일련의 대비되는 것들을 통해서 이러한 자천을 한다. 바울이 스스로를 자천하고 있는 방식을 자세하게 검토해 보는 것이 좋을 것이다.

우리는 이 단락을 분석함에 있어서 콜랑쥐(Collange, *Enigmes*, 281-301)의 도움을 받고자 한다. 이 학자는 바울이 고린도후서에 6:4-10을 포함시킬 때 이미 존재하고 있던 기존의 텍스트를 사용한 것이라고 믿는다(290). 우리가 이 단락이 지닌 흥미로운 구성을 알아차리게 되면, 그의 주장은 여러 가지 근거들을 갖게 될 것이다. 우리 앞에 놓인 절들은 흔히 사용되지 않지만 풍성한 의미를 지닌 어휘들이 나오는 4개의 연(4b-5; 6-7a; 7b-8a; 8b-10)으로 구성되어 있는 것으로 보인다. 이것과 가장 가까운 병행은 에녹 2서 66:6에 나온다(Windisch, 206에서는 "놀라울 정도의 일련의 병행들"이라고 말한다). 이 절들 전체에 걸쳐서 당시의 도덕론자들에 의해서 사용된 전형적이고 상투적인 표현들을 반영하는 용어들이 산재해 있다. 바울은 기존에 형성되어 있는 글을 가져와서 개작했을 가능성이 있다. 왜냐하면 우리는 여기에 나오는 용어들 중 일부는 논쟁적인 것으로서 아마도 그의 대적자들을 직접적으로 염두에 둔 것일 가능성이 있음을 보기 때문이다. 또한 우리는 바울에게 있어서 자전적인 것으로 보이는 용어들도 일부 찾아낼 수 있다. 요컨대, 바울은 스토아적인 성격을 지닌 하나의 본문을 가져와서(Höistad, "Hellenistische Parallele," 22-27; Fridrichsen, "Paulus und die Stoa," 27; 그러나 이러한 견해는 유대교의 고난받는 의인이라는 모델에서 근거를 찾는 Kleinknecht, *Der leidende Gerechtfertigte*, 264, 265, 268에 의해서 도전을 받는다) 자신의 목적에 맞추어 편집했을 가능성이 크다는 것이다(또 다른 예로는 6:14-7:1의 단락을 보라; 거기서 바울은 기존의 텍스트-그 경우에는 아마도 에세네파적인 배경을 지닌 글-를 가져와서 자신의 의도에 따라 개작했다).

(1) 제1연(4b-5절)에서 바울은 우리에게 자신이 겪은 아홉 가지 형태의 고난을 제시한다. "본문" 중에서 휘포모네(*ὑπομονή*, "견디는 것")가 가장 먼저 나온다 (Kleinknecht, ibid., 256를 보라). 이 아홉 가지 형태의 고난은 각각 세 개씩 묶여져서 세 묶음으로 나뉜다. 첫 번째 묶음(*θλῖψις, ἀνάγκη, στενοχωρία*-들립시스, 아낭케, 스테노코리아)은 바울의 고난을 일반적인 관점에서 묘사한다("환난에 관한 총칭", von Hodgson, 63). 사실 이러한 용어들은 그의 사역이 지닌 종말론적인 성격을 반영하는 것이다(Collange, 293). 우리는 전치사 엔(*ἐν*-, "안에")은 6:7까지 이어지는 달리기의 시작이라는 점을 지적하고자 한다(정확히 18번 반복되고 있다). 또한 우리는 들립시스(*θλῖψις*)와 아낭케(*ἀνάγκη*, 살전 3:7), 들립시스(*θλῖψις*)와 스테노코리아(*στενοχωρία*, 고후 4:8; 롬 8:35)가 서로 연결되어 있다는 점도 지적하고자 한다. 바울에게 있어서 이것은 사도로서의 그의 실존을 가리키는 것이다 (Collange, 293, 94).

제1연에서 세 가지 고난으로 이루어진 두 번째 묶음은 바울이 겪은 고난의 구체적인 예들, 즉 플레게(*πληγή*), 퓔라케(*φυλακή*), 아카타스타시아(*ἀκαταστασία*)에 초점이 맞춰져 있다. 세 번째 묶음은 바울이 자원한 것으로 보이는 여러 가지 측면들을 집중적으로 부각시킨다(*κόπος, ἀγρυπνία, νηστεία*-코포스, 아그뤼프니아, 네스테이아). 이 마지막 여섯 가지 항목을 종합해서 고찰해 볼 때, 우리는 두 가지 중요한 점을 알아차리게 된다. 첫 번째 고찰은 6:5과 11:23, 27이 서로 유사하다는 것이다. 아카타스타시아(*ἀκαταστασία*, 12:20에서만 다시 나오는 단어〈Collange, 294, n. 2〉)를 제외한다면, 6:5에 사용된 용어들은 모두 11:23, 27에서 다시 나온다. 후자의 구절은 전자의 구절을 가다듬어서 확대한 것으로 보이지만, 그 정확한 의미는 반드시 동일한 것은 아니다. 하지만 이 두 구절은 서로 합쳐져서 사도의 사역과 관련된 "환난 목록들"(페리스타세이스)을 구성하고 있다.

다음으로 두 번째 점을 살펴보기로 하자. 네 개의 용어들(*πληγή, φυλακή, ἀγρυπνία, νηστεία*-플레게, 퓔라케, 아그륍프니아, 네스테이아)은 6:5과 11:23, 27 외에는 바울에 의해서 그 어디에서도 사용되고 있지 않다. 다섯 번째 용어(*κόπος*-코포스)는 바울이 자신의 선교 사역을 개략적으로 설명할 때 자주 사용하는 관용 표현들 중의 하나다(살전 2:9; 3:5; 살후 3:8; 고후 10:15). 이러한 점을 감안할 때, 바울은 6:4b-5에서 자신의 사역이 어떤 것이었는지를 특징적으로 보여 주고 있다는 것이 분명해 보인다. 그렇지만 이 제1연은 고린도후서의 다른 부분들로부터 고립된 채로 따로 쓰여진 것이 아니었다. 바울은 나중에 다시(11:23, 27) 자기가 진정한 사도로 여겨져야 한다는 것을 보여 주는 자신의 신임장에 그의 독자들의 관심을 환기시킨다.

(2) 제2연(6-7a절)에서 바울은 자신의 삶의 외적인 상황들(Barrett, 186)로부터 눈을 돌려서 그의 도덕적인 특성을 묘사하는 내적인 증표들을 제시한다. 그의 독자들이 이러한 묘사의 취지를 제대로 포착하는 것을 돕기 위해서 바울은 두운법이나 교차대구법 같은 문학적인 장치들을 사용한다. 그는 이 연을 두 개의 미덕을 하나로 묶은 네 개의 묶음으로 시작한다. 처음 두 묶음(*ἁγνότητι-γνώσει*-하그노테이-그노세이; *μακροθυμίᾳ-χρηστότητι*-마크로뒤미아-크레스토테이)은 엔(*ἐν*)으로 시작되고, 바울이 사용한 두운법(Collange, 295) 또는 적어도 유운법의 특징을 지니고 있다. 나아가서, 바울은 고린도 교인들의 방종한 사상을 염두에 둔 논쟁적인 성향을 배제하고 있다고 할 수 있다(Collange, 295). 이 점은 제2연의 맨 처음에 나오는 하그노테스(*ἁγνότης*, "깨끗함")와 관련하여 지적된다(참조. 12:20, 21; 그러나 이 단어는 4:2에서처럼 동기의 순수성을 의미할 가능성이 더 크다).

우리가 살펴보고 있는 현재의 연(聯)의 끝부분은 나머지 두 묶음의 미덕들을 열거하고 있다. 하지만 이번에는 바울은 그러한 미덕들을 묘사하는 데 중첩적인 용어들을 사용한다. 그렇게 함으로써 바울은 교차대구법이라는 수사학적 장치를 활용하고 있는 것이다.

A *πνεύματι ἁγίῳ* (프뉴마티 하기오) — B′ *ἀγάπῃ ἀνυποκρίτῳ* (아가페 아뉘포크리토)

*ἐν*(엔) +

B *λόγῳ ἀληθείας* (로고 알레데이아스) — A′ *δυνάμει θεοῦ* (뒤나메이 데우)

좀더 자세히 살펴보면, 우리는 바울이 그의 언어 사용에 있어서 전형적인 것과 논쟁적인 것을 동시에 반영하는 관용 표현들을 사용했다는 것을 알게 된다. 로고스 알레데이아스(*λόγος ἀληθείας*, "진리의 말씀")와 관련해서 우리는 이 표현이 신약의 다른 곳에서 복음이 참되다고 말하고 있는 것(Collange, 296; 엡 1:13; 골 1:5; 딤후 2:15; 약 1:18)과 일치한다는 것을 알게 된다. 아울러, 이러한 맥락 속에서 알레데이아(*ἀλήθεια*)를 사용하고 있다는 것은 논쟁적인 성향을 보여 준다. 이것은 우리가 살펴보고 있는 서신 속에서 여러 차례 찾아볼 수 있다(1:18; 2:17; 4:2; 7:14; 11:10; 12:6; 13:8). 이런 식으로 바울은 그가 대적자들을 진리라고 할 수 없는 주장들을 펼치는 거짓된 사이비 교사로 묘사하는 것을 독자들이 받아들일 수 있도록 준비시키고 있다. 따라서 프슈다포스톨로이(*ψευδαπόστολοι*, "거짓 사도들")와 에르가타이 돌리오이(*ἐργάται δόλιοι*, "궤휼의 역군", 11:13)라는 호칭들이 나온다. 바울이 논쟁적이라는 것은 이 교차대구법적 구조 속에서 로고스 알레데이아스(*λόγος ἀλήθειας*)라는 병행적인 요소도 논쟁적인 것일 가능성이 매우 크다는 것에서도 볼 수 있다(Collange, 296). 우리는 바울이 12:15-17에서 고린도 교인들을 향한 그의 사랑을 자세히 설명하고, 비꼬는 듯한 어조로("공교한 자가 되어 궤계로 너희를 취했다 하니") 그의 사랑이 진정한(즉 교활함〈*δόλος*-돌로스〉과 거짓이 없는〈*ἀνυπόκριτος*-아뉘포크리토스〉) 것이라고 고백하고 있다는 점을 지적하고자 한다.

(3) 제3연(7b-8절)은 주로 사용되고 있는 형태들의 변화와 이 단락에서의 패턴을 깨뜨리고 있는 것으로 인해서 구별된다. 바울은 (끝이 없을 것처럼 보였던) 엔(*ἐν*, "안에")의 사용을 마무리하고서 전치사 디아(*διά*)를 도입한다. "말미암아"로 번역되는 이 전치사는 바울의 논증에 앞에서와는 다른 뉘앙스를 부여하는 데 도움이 된다. 바울은 제1연에서는 그의 사역을 둘러싼 외적인 상황들을 밝혔고, 제2연에서는 그가 도덕적으로 올바르다는 것을 보여 주었다. 요컨대, 이 글을 쓴 기자는 자신의 사도직을 묘사하고 있는 것이었다. 하지만 제3연에서 바울은 그가 자신의 직분을 수행할 때 사용한 수단들(7b절)과 그러한 사역으로부터 생겨난 역설적인 결과들(8a절)을 설명하고자 한다(Collange, 297). 우리는 여기서 다시 한 번 교차대구법적인 구성을 지적하고자 하는데, 이번에는 8a절에서 그러한 구조가 발견된다.

A *δόξης*(독세스) ╲ ╱ B′ *ἀτιμίας*(아티미아스)
*διὰ*(디아) +
B *δυσφημίας*(뒤스페미아스) ╱ ╲ A′ *εὐφημίας*(유페미아스)

바울은 여러 가지 다양한 평가들을 낳는 직책이라는 개념을 소개했었다. 이러한 사상은 8b-10절의 나머지 전체에 걸쳐서 계속될 것이다. 서로 대비되는 요소들을 함께 제시하고 있는 것은 바울이 하나님의 참된 사역자일지라도 선한 의도를 지닌 그의 사역이 부정적인 반응을 얻을 수도 있다는 것을 보여 주기 위한 것일 수 있다. 이것은 바울이 그의 대적자들의 비난들을 극복해야 했다는 점 속에서 볼 수 있다. 바울의 사역은 사람들의 비난을 초월해 있는 것이 아니었다. 우리는 그의 사도직과 관련하여 그에게 쏟아진 모든 비난에 대하여 그가 적극적으로 반박하고 있다는 것을 지적하지 않을 수 없다. 8a절은 이러한 대비적인 또는 역설적인 성격을 지니고 있기 때문에, 그 앞에 나오는 것보다는 8b-10절에 나오는 것과 더 잘 어울린다(Collange). 또한 우리는 8a절에서 함께 나오는 용어들(*δυς-φημίας*/*ἐυ-φημίας*-뒤스-페미아스/유-페미아스) 사이에 유운법과 각운법(단어들의 어미를 비슷하게 하는 것)이 존재한다는 것을 감지한다.

(4) 우리가 살펴보고 있는 현재의 단락(6:4-10)에서 마지막으로 나오는 제4연(8b-10절)에서 바울은 세상적인 것과 하나님께 속한 것을 대비시키는 모자이크를 구성함으로써 "사도직과 관련된 상반된 견해들"(Bruce, 212; Héring, 48)의 목록을 띄운다. 이 연 속에서 우리는 일곱 가지의 역설을 발견하게 된다: 속이는 자/참되다, 무명한 자/유명한 자, 죽는 자/산 자, 징계를 받는 자/죽임을 당하지 아니함, 근심하는 자/항상 기뻐함, 가난한 자/ 많은 사람을 부유하게 함, 아무것도 없는 자/모든 것을 가진 자.

6:8b-10의 문학적인 양식은 이 단락의 나머지 부분과 약간 다르다. 각각의 대비 중에서 첫 번째 용어 앞에는 앞의 연에서 사용된 디아(*διά*) 대신에 나오는 호스(*ὡς*, "…처럼")가 붙어 있다. 두 번째 용어 앞에는 카이(*καὶ*, 첫 번째, 두 번째, 세 번째, 네 번째, 여섯번째 대비들) 또는 데(*δὲ*, 다섯 번째와 여섯 번째 대비들)가 나온다. 카이(*καὶ*)는 여기서 역접의 기능을 수행하고 있다는 것을 지적해야 할 것이다. 따라서 카이(*καὶ*)와 데(*δὲ*)를 서로 바꾸어서 사용하고 있는 것은 의미의 실질적인 차이를 보여 주는 것이 아니라 문체상의 이유 때문이라고 보아야 한다.

제4연은 역설들로 구성되어 있지만, 자세히 살펴보면 각각의 용어는 그 짝이 되고 있는 용어와 반드시 상반되는 것은 아니라는 것이 드러난다. 두 번째로 사용되는 용어는 첫 번째에 나오는 용어를 보완하고 있는 것일 가능성이 더 크다("주석"을 보라). 이것이 바울의 의도였다는 것은 그가 의미가 비슷한 말들을 한데 결합하여 사용하고 있는 것 속에서 찾아볼 수 있다. 이것은 아그로우메노이(*ἀγνοούμενοι*)와 에피기노스코메노이(*ἐπιγινωσκόμενοι*)가 사용되고 있는 9a절에서 특히 분명하게 드러난다. 바울은 자신의 직분에 대한 부정적인 비난들에도 불구하고 하나님이 자신을 그 모든 비난들을 통과하여 안전하게 지켜 주셨다는 것을 보여 주고자 하는 것이다. 나아가서 그는 역설을 구성하고 있는 두 개의 용어가 실제로 모두 참될 수 있다는 논증을 뒷받침하기 위하여 또다시 논쟁 중인 생각들을 사용한다. 즉 바울이 비방을 받고 그릇된 평가를 받아 왔다는 것은 사실이다. 그러나 그가 8b절(3:12; 4:2을 보라), 9a절, 10b, c절에서 보여 주는 것은 그의 사역에 관한 묘사들이 사실인 반면에, 각각의 부정적인 평가는 사실이 아니라는 것이다. 그것은 사도가 계속해서 하나님의 보호하심 아래 머물러 있었다는 사실에 의해서 증명된다. 또한 그것은 그의 사도직이 참되다는 것을 증명해 주는 것이기도 하다. 그는 "천거서"(3:1-3)의 도움을 받을 필요가 없었다. 오히려 바울은 그의 대적자들의 공격에 비추어 볼 때 하나님의 참된 사도로서 계속해서 살아 남았다.

이 단락 속에 어떠한 정서가 깃들어 있는지를 보는 것은 쉬운 일이다. 바울의 호소가 지닌 무게는 6:4-10의 구조 속에 반영되어 있다. 이 단락, 특히 6-10절은 바울의 글들 중에서 가장 서정적으로 매력적인 글 중의 하나로서 고린도전서 13장과 어깨를 나란히 한다. 우리가 지금 살펴보고 있는 단락은 바울의 서신들 속에서 최고의 절정들 중의 하나로 불려 왔다(Hughes, 238). 그러한 평가가 옳다는 것을 보여 주는 증거는 이 단락의 구조가 전체적으로 지니고 있는 효과 속에서 드러난다. 물론 "바울이 그의 독자들에게 끼치고자 하는 효과는 현란한 언변의 효과가 아니라 진리의 효과이긴" 하지만 말이다(Hughes, 226, n. 67).

6:1-13은 고린도 교인들을 향한 진심어린 호소(6:11-13)로 끝난다. 바울은 많은 말로 자신의 심정과 의도를 다 말함으로써 고린도 교인들에게 자신의 마음을 열었다("나는 내 속에 있는 것을 내 혀로 다 토해 내었다," Barrett, 191). 그러나 그는 고린도 교인들 편에서의 응답을 구한다. 바울과는 달리 그들은 그에 대한 애정을 보류했는데, 이것은 "아비"(바울 자신이 사용한 용어, 고전 4:14-15) 된 자인 바울에게는 당혹스러운 것이었다.

콜랑쥐(Collange, *Enigmes*, 281-84, 300, 301)는 6:3-13이 바울에 의해서 준비된 하나의 서신의 두 판본 중 하나에 대한 결말 부분을 보여 주는 것이라는 가설을 제기했다. 전체적으로 보아서, 2:14-6:2이 바울이 쓴 기본적인 서신을 이루고 있다는 것이다. 바울은 자신의 서신을 읽을 독자들을 두 부류로 나누어서 각각의 독자들에게 서로 다른 서신을 보내기 위하여 두 가지 서로 다른 결말을 준비했다. 구체적으로 말하자면, 고린도 교인들(고린도에서 살고 있는 그리스도인들)은 2:14-6:2을 본론으로 하고, 6:3-13을 결말로 하며, 거기에 8장이 더해진 서신을 받기로 되어 있었고, 또 하나의 서신(2:14-6:2에 6:14-7:4을 더한 것)은 "아가야 지방"의 사람들, 즉 9장에서도 인급되고 있는 남부 그리스에 살고 있던 사람들에게 보내질 것이었다. 콜랑쥐(Collange)가 보기에는 우리가 살펴보고 있는 단락의 결말(6:13)은 전자의 서신의 결론부다.

이러한 주장은 거의 지지를 받지 못했는데, 두 개의 별개의 판본들을 뒷받침해 줄 수 있는 사본상의 증거가 전혀 발견되지 않았기 때문에 특히 그러했다. 사본상의 증거들은 고린도후서가 결코 현재의 정경 속에 나오는 것과 다른 형태로 유포된 적이 없었다는 것을 보여 준다. 물론 우리는 고린도후서가 정경 이전의 단계에서 하나의 문헌으로 편집되었는지의 여부에 대해서는 뭐라고 말할 수가 없다. 그렇지만 콜랑쥐(Collange)는 6:1이 6:14과 직접적으로 연결되어 있었다고 주장함으로써 6:14-7:1을 둘러싼 난점들을 아주 수월하게 극복하기 위해서 그러한 주장을 이용한 것으로 보인다. 그는 빈디쉬(Windisch)의 견해를 따라서 바울이 사용한 파라칼루멘(*παρακαλοῦμεν*, "우리가 권한다")이라는 표현 뒤에 6:14-7:1과 같은 권면이 등장하리라는 것을 예상하는 것은 자연스럽다는 것을 인정한다. 이렇게 해서 그는 6:13과 14절 사이에 벌어진 균열을 깔끔하게 설명하고자 했다.

## 주석

1 "이렇게 (하나님과) 함께 일하는 자로서"(*Συνεργοῦντες δὲ καὶ* – 쉰에르군테스 데 카이). 앞의 절들에서 바울은 그의 직분의 성격에 대해서 설명했다. 그의 직분이 지닌 성격은 바울이 5:20에서 하고 있는 간청 속에서 드러난다. 6:1-2에서 우리는 이 간청의 내용이 무엇인지를 알 수 있다("양식/구조/배경"을 보라). 하지만 이 내용을 살펴보기 전에 우리는 먼저 분사 쉰에르군테스(*συνεργοῦντες*, "함께 일하는 자들로서")에 대해서 살펴볼 필요가 있다.

"이렇게 함께 일하는 자들로서"라는 어구는 영어의 구문으로는 불완전하다(영어로는 어떤 식으로 번역하더라도 보충하는 말이 필요하다; Barrett, 183). 바울은 "누구와 함께" 일하고 있다고 말하는 것인가라는 문제가 제기된다(바울이 1인칭 복수형을 사용하고 있다는 점을 주목하라; 5:11에 대한 "주석"을 보라). 이 질문에 대한 대답으로 몇 가지 주장들이 제시되어 왔다. 그 중 하나는 쉰에르군테스(*συνεργοῦντες*, 쉰에르게오〈*συνεργέω*〉의 현재 분사)는 "다른 가르치는 자들"을 그 보어로 갖는다는 것이다(Plummer, 189를 보라). 그러나 이 주장이 지지를 받기 위해서는 우리는 하나의 딜레마를 극복하지 않으면 안 된다. 1인칭 복수형은 오직 바울을 가리키는 것인가, 아니면 쉰에르군테스(*συνεργοῦντες*)는 결국 "우리 자신과 함께 일하는 자"로 번역되어야 하는 것인가? 만약 바울이 자기 자신을 특별히 부각시키고자 했다면, 그는 1인칭 단수형을 사용했을 것이기 때문에(5:10에 대한 "주석"을 보라), 첫 번째 해법은 대단히 의심스럽다고 할 수 있다. 두 번째 해법은 그 자체로 무의미한 것이기 때문에 기각되어야 한다.

어떤 학자들은 이 분사의 보어가 고린도 교인들이라고 주장했다(Chrysostom, Bachmann, Allo). 그러나 바울은 방금 고린도 교인들에게 자신을 복음의 참된 일꾼으로 받아들이라고 강권하는 말을 끝낸 상태이기 때문에(5:11-13), 이러한 입장도 의문시된다. 게다가, 그는 이 주제를 다시 재개해서 다루게 될 것이다(6:3-12; 7:2-7). 실제로 고린도 교인들은 바울의 동역자로서의 역할과는 정반대의 태도를 보이는 것으로 비난받고 있는 마당에, 마치 그들이 자신의 동역자들인 것처럼 바울이 말할 이유가 어디에 있었겠는가?

쉰에르군테스(*συνεργοῦντες*)의 보어로 가장 적절한 것은 하나님이다(Calvin; Hodge, 152; Denney, 225; Tasker, 91; Plummer, 189; Héring, 46; Barrett, 183; Hughes, 216, 217; 또한 Collange, 285는 D* 33 lat를 따라서 디모데를 "그리스도 복음의 하나님의 일꾼"〈*συνεργὸς τοῦ θεοῦ ἐν τῷ εὐαγγελίῳ τοῦ Χριστοῦ*–쉰에르고스 투 데우 엔 토 유앙겔리오 투 크리스투〉이라고 말하고 있는 살전 3:2을 인용한다: F. F. Bruce, *1 & 2 Thessalonians* WBC[1982] 82를 보라). 이것은 사도 바울을 "하나님의 동역자"라고 말하고 있는 이전의 진술 속에서 드러난다(고전 3:9; 하나님과 함께 일한다는 개념은 바울의 사고에 생소한 것이 아니었다; Hughes, 216). 더 나아가서, 6:1의 문맥은 "하나님과 함께"를 보어로 본 우리의 선택을 뒷받침해준다. 앞에서 보았듯이, 5:20에서 바울은 하나님에 의해서 화해의 메시지가 흘러가는 통로로 사용되고 있다. 이러한 내용은 그 뒤에 이어지는 내용("우리가 너희를 권하노니 하나님의 은혜를 헛되이 받지 말라")과 단절되지 않고 잘 이어진다. 바울은 화해의 메시지를 고린도 교인들에게 전함에 있어서 하나님과 함께 일하고 있는 것이다. 바울은 그 화해의 메시지를 헛되이 받지 말라고 고린도 교인들에게 권면함에 있어서 하나님과 함께 일하고 있다. 그런 까닭에 원문에는 명시적으로 보어가 나오고 있지 않지만(Bruce, 211), 우리는 우리의 번역문 속에 "그와 함께"라는 말을 집어넣었다(우리는 "그" 의 선행사를 통상적으로는 하나님으로 보지만〈KJV/AV, RSV, NIV, GNB, NEB, Phillips〉 그리스도가 될 수도 있다는 것〈Plummer, 189〉을 지적해 두고자 한다).

"우리가 너희를 권한다"(*παρακαλοῦμεν*–파라칼루멘, 파라칼레인〈*παρακαλεῖν*, "권하다"〉은 5:20에서 사용되었다). 이러한 호소는 바울(그리고 그의 동역자들?)에 의해서 화해를 위한 호소로 행해졌다. 하나님은 인류와 화해하는 것을 이미 완료하셨다. 그러나 이러한 권면은 반복적으로 말해질 필요가 있었다. 왜냐하면 앞으로 보게 되겠지만, 바울은 또다시 고린도 교인들에게 권면해야 했기 때문이다(Barrett, 183에서는 파라칼루멘〈*παρακαλοῦμεν*〉의 목적어가 모든 그리스도인들이라고 본다). 물론 이번에 바울은 화해의 메시지를 고린도 교인들에게 처음으로 전하고 있는 것이 아니다. 오히려 그는 고린도 교인들에게 그들이 하나님의 은혜를 헛되이 받지 말라고, 즉 그가 그들에게 이미 말해 준 것대로 행하지 않고 그의 사역에 대하여 반대함으로써 하나님의 은혜를 수포로 돌아가게 하지 말라고 강권한다. 그러나 이 어구에는 좀더 광범위한 의미가 부여되어 있다. 그러면 소규모의 해석사를 통해서 여러 가지 견해들을 살펴보기로 하자.

"하나님의 은혜를 헛되이 받지 말라"(*μὴ εἰς κενὸν τὴν χάριν τοῦ θεοῦ δέξασθαι ὑμᾶς*–메 에이스 케논 텐 카린 투 데우 덱사스다이 휘마스). 우리는 이 구절을 읽자마자 두 가지 중요한 문제에 직면하게 된다. (1) 바울은 "하나님의 은혜를 헛되이 받지 말라"고 말했을 때 도대체 무엇을 말하고자 했던 것인가? (2) 무엇이 고린도 교인들로 하여금 은혜를 헛되이 받도록 이끌었던 것인가? 우리는 이러한 질문들에 대하여 방금 제시된 순서대로 대답하고자 한다.

바울이 "하나님의 은혜(*χάρις*–카리스: 5:21에서 다루어지고 있듯이 그리스도의 구속 사역을 통해서 드러난 은혜; 참조. 고전 15:10)를 헛되이(〈*εἰς*〉 *κενόν*–〈에이스〉 케논, "헛된, 소용 없는, 소득이 없는"; LXX 레 26:20; 욥 39:16; 사 29:8; 렘 6:29; 28:58; 살전 3:5; 갈 2:2; 빌 2:16을 보라) 받지 말라"고 한 말의 의미에 대한 한 가지 설명은 바울은 고린도 교인들 중 일부가 하나님의 은혜를 오직 외적인 수단들에 의해서만 받고 있다고 생각한 것으로 보는 것이다. 이것은 네 가지 씨앗에 관한 비유(막 4:1-9, 13-20; 마 13:1-9, 18-23; 눅 8:4-8; 11-15),

즉 하나님 나라에 관한 말씀(씨앗)을 기쁨으로 받은 후에 어려움과 박해를 만나게 되었을 때 그 말씀을 잃어버리는 자들에 관한 비유(마 13:5, 20-21) 속에서 발견되는 개념을 반영한 것일 수 있다. 그러나 우리는 6:1에서 바울이 사이비 신앙이나 신앙을 지켜낸다는 개념을 염두에 두고 있었다는 것은 의심스럽다고 말하는 휴즈(Hughes, 217)의 견해에 동의한다. 또한 단순과거 부정사가 항상 주동사의 행위에 앞서 일어난 사건을 의미하는 것은 아닐지라도(Héring, 46를 보라), 단순과거 부정사로 되어 있는 덱사스다이(*δεξασθαι*, "받다")는 과거의 사건을 암시하고 있다(회심, Plummer, 190).

또 하나의 가능성은 바울이 어떤 사람이 하나님의 은혜를 받고 나서 그 후에 그 은혜를 잃어버리게 되는 것을 상정하고 있다는 것이다. 그러나 이것은 바울이 다른 곳에서 가르치고 있는 그런 내용이 아니다. 빌립보서(1:6)에서 바울은 그들 속에서 선한 일을 시작하신 하나님이 그 일을 끝까지 이루시리라는 것을 확신했다.

바울이 하나님의 은혜를 헛되이 받지 말라고 말한 것이 무엇을 의미하는지에 대한 세 번째 가능성은 하지(Hodge, 154)에 의해서 제시되었다. 그는 우리가 살펴보고 있는 진술은 인류 전체를 향하여 말하고 있는 것으로서 바울이 말씀을 전하는 방식에 대한 선언이라고 본다. 그러나 하지(Hodge)는 "하나님의 은혜를 헛되이 받지 말라"는 것은 모든 사람들에게 구원을 거절하지 말라고 권면하는 것과 매한가지라고 씀으로써 이 절을 이상하게 왜곡시킨다. 인용된 이 말은 뭔가가 이미 받아들여졌다는 것을 함축하고 있기 때문에 이상하다. 게다가, 헤링(Héring)이 반문하고 있듯이(46) 이미 어떤 일을 한 사람에게 그 일을 하지 말라고 권면하는 것이 어떻게 가능하단 말인가(여기서의 요지는 단순과거 덱사스다이⟨*δέξασθαι*⟩가 무슨 일이 이미 일어났다는 것을 보여 주고 있기 때문에, 어떤 사람에게 이미 일어난 그 일을 행하지 말라고 권면하는 것이 불가능하다는 것이다)? 또한 하지(Hodge)는 휘마스(*ὑμᾶς*, "너희")가 보여 주고 있듯이 바울의 관심의 초점이 인류가 아니라 고린도 교인들에게 맞추어져 있다는 것을 간과하고 있다.

5:10("그리스도의 심판대")에 나타난 바울의 사상에 비추어 볼 때 이 질문에 대한 가장 좋은 대답은 고린도 교인들이 합당한 결과들을 산출해 내지 못했기 때문에 하나님의 은혜가 헛되이 그들에게 주어진 것이라고 바울이 말하고 있다는 것이다. 바렛(Barrett)은 "모든 사람이 자기 자신에 대한 살기를 그치고 이후로는 그리스도를 위하여 살아야 한다는 것은 결코 해도 되고 안 해도 되는 그런 결론이 아니다(5:14-15)"라고 적절하게 쓰고 있다(183). 바울은 고린도 교인들에게 화해의 복음

을 전했었다. 골자만 이야기하자면, 그들이 그들의 신앙 고백대로 "실천하지" 않은 것은 "복음의 논리적인 함의들에 대한 부정"(Hughes, 218)에 해당하는 것이었다. 예수가 그들을 대신하여 죽으셨다고 배웠으면서도, 그들은 아직 그들 자신에 대하여 죽지 않았다. 이렇게 그들이 자기 자신에 대하여 죽지 않았다는 것은 그들이 바울 편에 서지 않은 것을 통해서 부분적으로 드러났다. 이렇게 "은혜를 배신한 것"(Barclay, Commentary ad loc.)은 하나님의 사랑에 대한 배은망덕을 보여 주는 한 예였다(Filson, 345).

바울은 그들에게 단지 이론적인 것만을 남겨 준 것이 아니었다. 그는 고린도 교회를 고통스럽게 방문했을 때 자신에게 잘못을 범한 자를 만나서 그 사람을 용서함으로써 그들에게 모범("화해가 어떤 것인지에 대한 하나의 전형")을 보였었다(2:8-11, 특히 10절을 보라; 참조. 7:12a). 즉 바울은 하나님의 죄 사하심이 어떤 식으로 작용하고 그것이 사람들의 삶에 어떤 식으로 영향을 미칠 수 있는지를 보여 줌으로써 "화해의 비유"를 실천으로 보여 준 것이었다. 따라서 고린도 교인들도 잘못을 범한 자를 받아서 용납하고 그 사람을 벌함에 있어서 지나치게 엄해서는 안 된다(2:7). 그러나 기독교의 지도자이자 교사로서의 바울의 역할이 고린도 교회에서 심각하게 의문시되고 있는 상황이었기 때문에, 여기에는 위에서 말한 것보다 더 깊은 것이 담겨 있다. 즉 화해는 바울과 고린도 교회 사이에서 일어나야 한다. 이러한 화해가 고린도후서 1-9장을 쓰기 이전에 이루어졌다는 것은 7장에서 드러난다. 그러나 요지는 분명하다. 하나님이 세상을 자기와 화목하게 하셨기 때문에 그의 백성이 이 사실을 믿는다면 그들 가운데는 화해가 있어야 한다. 바울의 복음이 참되다면, 고린도 교인들은 그가 전한 말씀과 아울러 바울도 받아들여야 한다("이렇게 하나님의 사도에 대하여 마음 문을 여는 것은 복음의 메시지에 대한 사람들의 응답의 일부다," Martin, *Reconciliation*, 110; 참조. Furnish, "The Ministry," 216-18). 그러므로 바울이 하나님의 은혜를 헛되이 받지 말라고 한 말의 의미는 사도가 전한 케리그마를 받아들이고서는 곧 그것을 폐기하지 말라는 것이거나, 고린도 교회에서 활동하는 바울의 대적들이 전하는 가르침을 쉽게 받아들여서 사이비 신앙을 갖게 되는 일이 없도록 하라는 것(11:4: 거짓 교사들에 의해서 전해진 "다른 복음을 너희가 받는다면", 11:13-15)을 의미하는 것으로 보인다. 그것은 믿는 자들을 대신하여 죽은 분의 주관 아래서 사는 삶이 보여 주듯이 기독교적인 삶 속에서 자라고 성장하는 것(나중에 12:21에서 볼 수 있듯이 고린도 교인들 속에서 나타난 결과들과는 달리)에 실패하는 것이다. 바울이 이것을 보여 주는 가장 좋은 방법은 이전에 그의 원수였던 자를 용서하고 받아들이는 것이었다. 마찬가지로, 고린도 교인들은 바울의 심정을 그대로 받아들여서 바울 편으로 오도록 권면을 받는다.

첫 번째 질문에 대하여 대답을 다 마쳤기 때문에, 우리는 이제 두 번째 질문으로 넘어가야 한다. 바울이 고린도 교인들이 그가 전한 복음에 대하여 적절하게 응답하지 못한 것으로 보고 있는 것이라면, 그들이 복음에 대하여 적절하게 응답하지 못하게 된 이유는 무엇이었을까? 우리는 첫 번째 질문에 대해서는 어느 정도 확실하게 대답할 수 있었던 반면에, 두 번째 질문에 대한 대답은 여전히 추정에 머물러 있기 때문에 해석사 속에서 제시된 몇 가지 견해를 제시하고자 한다. 아마도 고린도 교인들은 이기적인 목적들을 추구하느라 신앙에서 그 어떤 성장도 보여 주지 못했을 것이다. 이것은 고린도전서 3:1-3에 나오는 바울의 뼈아픈 말에 비추어 볼 때 하나의 가능성이 될 수 있다. 또는 고린도 교인들은 바울이 전한 것과는 다른 복음을 가르친(11:4; 바울은 11:4에서 6:1에서 사용된 것과 동일한 동사에서 온 에덱사스데〈ἐδέξασθε〉를 사용하고 있다는 것을 주목하라) 거짓 사도들의 영향을 받았을 수도 있다(2:17; 나중에 11:1-15에서 이러한 영향력은 실제적인 위협이 된다). 후자가 맞다면, 우리는 바울이 갈라디아서 3:1-3에서 만나게 된 상황, 즉 교회의 일부 지체들이 구원을 얻음에 있어서 그들 자신이 무엇인가에 기여할 수 있다는 입장을 지니게 된 그런 상황이 여기에 반영되어 있는 것을 볼 수 있다. 이것은 바울이 특히 고린도 서신에서 "자랑"(καύχησις-카우케시스)이라고 부르는 것이다. 이것은 하나님의 주권을 찬탈하고 그분의 은혜를 전복시키고자 하는 그 어떤 시도에 대해서도 적용될 수 있는 용어다(Collange, *Enigmes*, 285). 이런 것이 시도된다면, 은혜(Augustine은 은혜가 거저〈gratis〉 주어진다는 것을 상기시킨다)는 그 독특한 성격을 잃게 된다(P. S. Watson, *The Concept of Grace*[London: Epworth Press, 1959] chap. 6). 그렇게 될 때 사람은 더 이상 그를 대신하여 그리스도가 행한 일에 대하여 감사할 수 없고, 따라서 자기를 대신하여 죽은 분을 위하여 살아가야겠다는 마음도 지닐 수 없게 된다(이러한 개념에 대해서는 Denney를 보라). 아마도 고린도 교인들이 신앙의 성장을 이루지 못하게 된 이유는 위에 제시된 두 가지 가능성이 서로 결합된 데 있었을 것이다. 하나님의 은혜가 고린도 교인들에게 주어졌음에도 불구하고, 그것은 그들로 하여금 그들을 대신하여 죽었다가 다시 살아나신 분을 위하여 살도록 이끌지 못했다(5:15; 고린도 교인들은 여전히 6:13; 7:2에 나오는 바울의 호소에 저항하고 있음에 틀림없다). 브루스(Bruce, 211)는 사도행전 20:24을 인용한다.

2 "가라사대"(λέγει γάρ－레게이 가르). 이 절은 삽입구로서(Tasker, 92) 권면에 대한 바울의 주제를 중단시키고 있는 것으로 보인다. 그렇지만 이사야 49:8(칠십인역 본문을 거의 그대로 인용하고 있음)을 포함시킨 것은 때가 절박함을 강조함으로써 6:1에서의 바울의 권면을 확장시키는 역할을 한다. 주어를 명시하지 않은 채로 레게이(λέγει)를 사용하는 것은 서신들에서 흔하게 나타난다(롬 9:25; 10:8; 15:10; 갈 3:16; 엡 4:8; 5:14; 또한 참조. 히 8:8, 13; 약 4:6; 우리는 종종 페신〈φησίν, "그것이 말한다"〉노 마찬가지로 사용되고 있음을 본다. 고전 6:16; 히 8:5). 레게이(λέγει)는 "하나님이 말씀하신다" 또는 "성경이 말한다"로 번역될 수 있는데, 어느 쪽으로 번역해도 의미에는 영향을 미치지 않는다(Hughes, 219, n. 58을 보라). 하지만 어느 쪽으로 번역하더라도 인용 부호가 포함되어야 한다(Plummer, 190; 하지만 Goudge는 여기에 반대하여 레게이〈λέγει〉의 주어는 제2이사야에 나오는 여호와의 종이라고 생각한다. 하지만 이것은 여호와의 종이 아니라 하나님이 말씀하시는 자로 나오는〈"주께서 이렇게 말씀하시되"〉 이사야 49:8의 맥락에 맞지 않는다).

"내가 은혜 베풀 때에 너를 듣고 구원의 날에 너를 도왔다"(*καιρῷ δεκτῷ ἐπήκουσά σου καὶ ἐν ἡμέρᾳ σωτηρίας ἐβοήθησά σοι*－카이로 덱토 에페쿠사 수 카이 엔 헤메라 소테리아스 에보에데사 소이). 우리는 바울이 왜 이 절을 삽입한 것인지를 물을 수 있을 것이다. 그러한 질문에 대한 대답의 일부는 바울이 지금이 때가 좋다는 것과 아울러서 긴급하다는 것을 강조하고자 한다는 것이다.

바울에게 있어서 그리스도가 온 것은 메시아 시대, 즉 하나님이 그의 긍휼하심 가운데 사람들을 은혜로 받으시는 좋은 때가 시작되었다는 것을 의미하는 것이었다(Barrett, 183). 바울은 예언이 성취되었다는 것을 주장하고 있다. 그 때(*καιρός*－카이로스)가 받아들여졌다. 플럼머(Plummer)는 덱토스(*δεκτός*, "받으실 만한, 은혜 베풀, 열납하시는")가 사용된 것은 그 강조점이 사람들과 관련해서 무엇이 받아들여질 수 있는지에 놓여 있다는 것을 보여 주는 것이라고 생각한다(190, 191). 그는 이사야 61:1-2을 사용하고 있는 누가복음 4:19을 인용한다(또한 바울과 누가의 대조적인 모습을 보는 H. Conzelmann, *Theology of St. Luke*, tr. G. Buswell[London: Faber, 1960] 36를 참조하라; 왜냐하면 전자가 아니라 후자만이 예수의 사역을 여호와의 열납하시는 해로 보기 때문이다; 참조. I. H. Marshall, *Luke: Historian and Theologian*[Grand Rapids: Zondervan/Exeter: Paternoster Press, 1970] 120, 121). 그러나 플럼머(Plummer)의 입장은 이사야 61:2(שְׁנַת־רָצוֹן יהוה－쉐바트

-라촌 아도나이, "여호와의 은혜의 해")과 49:8(בעת רצון-베아트 라촌, "은혜의 때")이 둘 다 하나님이 사람들을 받으시리라는 것을 말하고 있다는 점을 간과한다(Hughes, 220). 또한 Bultmann, 169를 보라.

이 열납하시는 때에 하나님은 자기 백성을 "들으셨고"(*ἐπήκουσα*-에페쿠사, "들었다"; 원형인 에파쿠에인⟨*ἐπακούειν*⟩은 기도를 들으신다는 것을 가리키는 전문적인 용어일 수 있다, Betz, *Lucian*, 61) 도우셨다(*ἐβοήθησα*-에보에데사). 이것은 바울이 하나님으로부터의 도우심과 종 됨이라는 두 가지 주제를 결합시키고 있는 방식에서 볼 수 있다(Hughes 219, 220). 한편으로, 고린도 교인들은 하나님의 은혜가 그들에게 임했다는 것을 증언할 수 있었다(본질적으로 하나님은 그들의 기도를 들으신 것이었다). 다음으로, 화해의 메시지를 지닌 하나님의 사신인 바울도 하나님의 은혜를 보여 주는 한 가지 예였다(바울은 그러한 하나님의 은혜가 자기에게 잘못한 자에 대한 그의 행위와 아울러서 그의 사역 속에서 표현되었다고 생각했다). 또한 이사야 49:8은 여호와의 종, 화해의 시대, 즉 "열납하시는 때"를 성취하신 분으로서의 예수라는 개념을 시사해 주는 것일 수 있다. 그러므로 이사야 49:8은 고린도 교인들에게 바울이 전한 말씀을 통해서 그들이 그들의 구주의 변화시키는 능력 안에서 은혜를 받았다는 것을 상기시켜 준다. "자신의 사도직을 신실하게 수행함으로써 바울은 여호와의 종의 종으로서 자기 자신을 그들의 종이 되게 했다. 그들은 종말론적인 메시아의 나라와 그 모든 축복들에 참여하게 되었다"(Hughes, 219, 220).

"보라 지금은 은혜 받을 만한 때요 보라 지금은 구원의 날이로다"(*'Ἰδοὺ νῦν καιρὸς εὐπρόσδεκτος, ἰδοὺ νῦν ἡμέρα σωτηρίας*-이두 뉜 카이로스 유프로스덱토스, 이두 뉜 헤메라 소테리아스). 바울은 앞 부분에서의 자신의 주장을 한층 더 역설한다: 여호와의 종에 대한 대망은 너희 고린도 교인들 가운데서 현실이 되었다. 우리가 여기서 볼 수 있는 것은 바울이 "페쉐르"라고 불리는 해석 방법을 사용하고 있다는 것이다. 즉 그는 구약의 인용문을 분석해서 그것이 오늘날에 어떻게 성취되고 있는지를 보여 주고 있다는 것이다(Ellis, *Paul's Use of the Old Testament*[Edinburgh: Oliver & Boyd, 1957] 143; Bruce, 211, "avail themselves now of the grace of God"; 참조. 히 3:12-15).

바울은 이사야서에서 가져온 인용문 속에 나오는 덱토스(*δεκτός*)를 좀더 강화된 형태인 유프로스덱토스(*εὐπρόσδεκτος*)로 수정했다(Barrett, 183에서는 이 본문을 "보라, 지금은 환영받는 때이다"로 번역한다). 바울이 고린도 교인들의 관심을 환기시키려 하고 있다는 것은 이두(*ἰδού*, "보라")와 뉜(*νῦν*, "지금은")을 중복해서 사용하고 있는 것에서 분명하게 드러난다.

"지금"이라는 표현을 사용하고 있는 것이 하나님의 은혜를 받아들이는 것이 얼마나 긴급한 일인지를 암시하는 것임은 쉽게 알 수 있다(O. Cullmann, *Salvation in History*, tr. S. G. Sowers et al.[New York: Harper & Row/London: SCM, 1967] 248). 허비할 시간이 없다. 이것은 주어진 시간이 짧다는 것에 대한 염려라기보다는 즉시 행할 것을 권면하는 것이라고 보아야 한다는 플럼머(Plummer)의 말(191)은 옳다. 또한 이러한 긴급성은 바울이 자신의 복음 선포를 종말론적인 사건 자체의 일부로 보고 있는 것을 통해서도 드러난다(Bultmann, *Exegetica*[Tübingen: J. C. B. Mohr, 1967] 164를 보라). 바울이 복음, 즉 화해의 말씀을 들고서 고린도 교인들에게 온 것은 사람이 그리스도의 부활로 말미암아 시작된 시대의 요구들에 응답해야 한다는 의미에서 위기(crisis)를 만들어 내는 십자가의 말씀을 공급한 사건이다(뉜〈*νῦν*, "지금"〉을 2번 사용하고 있는 5:16에서처럼).

쿨만(Cullmann)은 뉜(*νῦν*)이 단지 지금이라는 순간만이 아니라 하나의 기간을 의미하는 것이기도 하다고 해석한다(254, 255). 인류(그리고 피조 세계) 전체에게와 마찬가지로 각각의 개인에게도 하나의 기간이 주어져 있다. 바울에게 있어서 하나님은 이미 행하셨기 때문에 사람들이 받아들일 일만 남아 있다. 그리스도가 오기 전에 시작점이 있었고, 피조 세계와 마찬가지로(마 13:24-50) 각각의 개인에게도(죽음에 의해서 끝나는, 히 9:27) 끝점이 존재한다. 바울은 지금 행동하라고 강권한다. 왜냐하면 지금이 그렇게 할 수 있도록 허용된 유일한 때이기 때문이다.

그러나 우리는 6:2에 대한 설명을 마치기 전에 바울은 단지 구원이라는 문제만을 염두에 두고 있었던 것은 아니라는 점을 지적하지 않을 수 없다. 하나님에게 합당한 삶을 살 필요성에 대한 바울의 강조(5:9, 10, 14, 15)와 6:1에 대한 우리의 이해(하나님의 은혜를 헛되이 받지 말라는 것)에 비추어 볼 때, 바울은 고린도 교인들에게 그들의 삶을 기독교적인 이상(理想)에 다시 헌신하라고 강권하고 있을 가능성이 매우 크다. 바울의 설교는 하나님과 화해하라는 요구로 끝나지 않는다. 그의 설교는 사람들을 기독교적인 삶을 살도록 이끈다는 목표를 지향하고 있는데, 이것에 대해서 그는 나중에 좀더 자세히 말하게 될 것이다(6:14-7:1). "지금"은 하나님의 은혜를 받아들이는 것이 허용된 때, 하나님의 은총을 받을 기회를 의미하기 때문에, "지금"은 사람들에게 책임이 주어진 때이기도 하다. 하나님과 화목하게 된 자는 하나님의 말씀과 그 말씀을 전하는 자를 멸시함으로써 하나님의 은혜를 헛되이 받지 말라는 요구를 받는다(Hughes, 220). 하나님은 바울을 통해서 "종말론적인 실존"(Barrett, 184), 하나님이 구원의 능력으로 행하기로 선택하신(덱토스〈*δεκτός*, "은혜받을 만한"〉는 히브리어 라촌〈רצון, 하나님이 기뻐하심〉을 반영한 것일 수 있다) 하나님의 때(*καιρός*-카이로스)로 나아가는 길을 열었다(구원사적 사건이 실현된 것을 가리키는 용어인 카이로스(*καιρός*)에 대하여 잘 설명해 놓고 있는 것으로는 O. Cullmann, *Christ and Time*, tr. F. V. Filson[London: SCM, 1951] 37-59를 보라). 하나님의 부르심과 하나님의 요구가 서로 밀접하게 연결되어 있다는 것은 카이로스(*καιρός*), 즉 하나님의 나라가 임하기로 되어 있는 때(참조. *Pss. Sol.* 17:24)를 회개와 하나님에 대한 믿음의 순종으로의 부르심과 대응시켜 놓고 있는 마가복음 1:15에서 잘 드러난다. 바울의 본문은 두 가지에 대한 역설을 통해서 "지금"(*νῦν* -뉜), 즉 "여호와의 날"이 도래했다고 선포한다. 프리드리히(G. Friedrich, *Amt und Lebensführung*, 29f.)가 잘 표현하고 있듯이, 뉜(*νῦν*)은 승리의 기쁨과 거기에 수반되는 의무에 대한 권면을 동시에 나타내는 말이다.

3 "우리가 아무에게도 거리끼지 않게 하고"(*μηδεμίαν ἐν μηδενὶ διδόντες προσκοπήν*-메데미안 엔 메데니 디돈테스 프로스코펜). 문법상으로 2절은 삽입구이기 때문에, 이 절은 6:1에서 이어진다. 6:3의 분사는 "10절까지 이어지는 이례적으로 긴 일련의 분사들 중의 첫 번째"다(Barrett, 184; 또한 Moulton, *Grammar*, 3:343에서는 이 분사들이 지속의 의미를 지닌다고 본다; Barrett의 고찰로 인해서 그는 그의 번역문에 "이렇게 너희를 권하노니"라는 말을 포함시킨다). 디돈테스(*διδόντες*, 직역하면 "주는")는 현재의 의미를 내포하고 있는 것으로 보인다(Barrett, 184). 이것을 통해서 우리는 쉰에르군테스(*συνεργοῦντες*, "함께 일하는")와 디돈테스(*διδόντες*, "주는")가 서로 연결되어 있다는 것을 알게 되고, 이 행에 세 번째 분사, 즉 쉬니스탄테스(*συνιστάντες*, "권하는")가 곧 추가될 것이다(Plummer, 191). 바울은 고린도 교인들에게 하나님의 은혜를 받아들여서 그 은혜에 따라 살 수 있는 가장 좋은 기회를 제공하기 위하여 하나님과 함께 일하고 있다.

바울은 방금 "지금"이야말로 하나님의 화해 제안을 받아들여서(5:20-21) 이러한 복된 관계를 반영하는 삶을 살아야 할 때라고 썼다(6:1, 2; 참조. 5:14, 15; Bultmann, 169). 이러한 사고들의 연속선상에서 바울은 자기는 고린도 교인들 앞에 그들을 어그러진 길로 인도함으로써 하나님에게 누를 끼칠 그 어떤 일도 행하지 않았다고 말한다(그의 이러한 말은 또다시 그의 사역의 모범에 대하여 언급하고 있는 6:4까지 이어진다). 그는 그 어떤 종류의 "걸림돌"(*προσκοπή*-프로스코페, 헬라어 신약성경에서 이 단어는 단 한 번 나오는 단어이지만〈Stählin, *TDNT* 6:745-59〉, 11:12에 동일한 어원에서 파생된 동사가 나오고, 동일한 어원에서 나온 명사 프로스콤마〈*πρόσκομμα*, 롬 9:32-33; 14:13, 20; 고전 8:9; 또한 벧전 2:8을 보라〉도 참조하라)도 피하고자 애썼다. 우리는 프로스코페(*προσκοπή*)의 의미 속에 포함될 수 있는 여러 가지 가능성을 나중에 논의하게 될 것이다.

지금으로서 우리가 말할 수 있는 것은 그 어떤 걸림돌도 바울에게서 오지 않았다는 것이다. 이것은 메데미안 엔 메데니(*μηδεμίαν ἐν μηδενί*)라는 어구 속에서 볼 수 있다. 메데미아(*μηδεμία*)는 직역하면 "아무것도 아니다"를 의미한다. 엔 메데니(*ἐν μηδενί*)의 배후에 있는 개념은 "어느 누구 앞에"(메데니〈*μηδενί*〉를 남성형으로 볼 때; vg, Chrysostom, NIV, RSV, Phillips) 또는 "그 어느 것 속에서"(중성으로 볼 때; KJV/AV, NEB, Plummer, Filson, Barrett, Hughes)를 의미하는 것으로 해석될 수 있다. 우리는 바울이 6:4에서 이것과 상응하는 단어로 엔 판티(*ἐν παντί*, "무엇에든지")를 사용하고 있다는 점에 비추어서 엔 메데니(*ἐν μηδενί*)를 후자로 번역하는 쪽을 택했다. 이렇게 번역하면, 우리가 전자의 번역을 취한 경우에는 볼 수 없는 바울 편에서의 일관성이 여기에 드러나게 된다. 엔 메데니(*ἐν μηδενί*)에 대한 번역과는 상관없이 확실한 것이 한 가지 있다: 바울은 여기서 또다시 고린도 교인들에 대한 자신의 사역이 정직한 것이었고 하나님의 인정을 받은 것이었다고 말하고 있다는 것이다.

"이 직책이 훼방을 받지 않게 하려고"(*ἵνα μὴ μωμηθῇ ἡ διακονία*－히나 메 모메데 헤 디아코니아, 모마스다이〈*μωμᾶσθαι*〉라는 동사는 신약에서 여기와 8:20에서 단지 두 번 나온다: 두 대목은 모두 의심을 받고 있는 바울의 직분과 관련되어 있다). 이 구절에서 바울은 그가 왜 고린도 교인들 앞에 걸림돌("거리낌", Barrett)을 놓으려 하지 않았느냐는 잠재적인 질문에 대하여 대답한다. 히나(*ἵνα*)는 목적을 나타내고 가정법을 이끈다(목적을 소극적으로 말하기 위해서 메〈*μή*〉를 사용하고 있다는 것을 주목하라; 참조. 마 7:1). 이 시점에서 바울이 염두에 두고 있는 것은 그의 직분이다(헤 디아코니아〈*ἡ διακονία*〉는 문자 그대로 본다면 단지 "직분"이라고 말하고 있는 것이지만; "우리의" 직분이 포함되느냐에 대해서는 "원문주해"를 보라; NIV, RSV, NEB, Hughes). 바울은 자기 자신이 옳다는 것을 증명하고자 하는 것이 아니다(참조. 5:12). 디아코니아(*διακονία*)라는 용어는 그 다음에 나오는 어구, 즉 생략 구문인 호스 데우 디아코노이(*ὡς θεοῦ διάκονοι*, "하나님의 일꾼들로")에서 다시 사용된다(4).

바울이 그의 직분을 염두에 두고 있다는 것은 모메데($\mu\omega\mu\eta\theta\hat{\eta}$, 모마오마이 ⟨$\mu\omega\mu\acute{\alpha}o\mu\alpha\iota$⟩의 가정법)의 사용 속에서 드러난다. 이 동사(Homer 이래로 헬라어에서 사용되어 왔지만, 칠십인역에서는 드물게 사용되었다; 참조. Wisd Sol 10:14) 배후에 있는 개념은 책망의 개념이다. 모모스($\mu\hat{\omega}\mu o\varsigma$): 동일한 어근에서 나온 모무스(Momus)는 헬라 신화에서 조롱과 비난의 신의 이름이다(Hughes, 221). 아마도 바울은 단지 손가락질 받는 것 이상의 것을 염두에 두고 있었을 것이다. 왜냐하면 그가 전한 메시지는 사람들에게 거슬리는 것이었기 때문이다(고전 1:23; 또한 갈 5:11을 참조하라). 이것보다 더 가능성이 있는 것은, 바울은 그의 사역이 "웃음거리"로 여겨질까 봐 염려했다는 것이다. 즉 자신의 사역이 순수한 것이라고 말하고자 한 그의 바람에 비추어 볼 때, 그의 연약함은 사소한 것으로 여겨질 수 있었다. 그는 고린도 교인들을 설득하여 아무도 그의 사역이 사람들(믿지 않는 자들이나 회심자들이나 똑 같이)을 하나님으로부터 멀어지게 만든다는 비난을 할 수 없게 되기를 원했다. 바울의 주장이 잘못된 것임이 입증된다면, 그는 실제로 조롱거리가 될 것이었다(Plummer, 192).

바울은 사역자에게 주어진 막중한 책임, 즉 회중의 선한 모범이 되어야 하는 책임을 깨닫고 있었다(Hughes, 221). 이것은 6:4-10에서와 마찬가지로 6:3에도 나타난다. 고린도 교인들의 행동, 특히 그들이 바울의 순수성을 의심하고서 다른 교사들에게로 가 버린 행동은 앞뒤가 맞지 않는 모순된 것이었다. 바울은 자신의 여행 계획들과 관련해서 이랬다 저랬다 하며 변덕을 부린 것(1:17)과 그의 약함, 자주 고난을 받는다는 것(4:7-12, 이것은 6장에서 좀더 자세하게 거론된다) 때문에 좋지 않은 평판을 듣고서 비난을 받아 왔다. 그러나 6:3을 통해서 바울은 자신의 과거의 삶과 행위들에 대한 "변호"를 시작한다. 그는 고린도 교인들 앞에 그 어떤 장애물도 놓지 않았고, 자천하는 것, 자랑하는 것, 탐욕(12:14-18), 이기적인 동기들을 비롯해서 하나님이 사람들의 삶 속에서 가질 수 있는 변화시키는 능력을 부인하는 그 어떤 걸림돌도 그들 앞에 두지 않았다(4:7). 이 모든 주장들은 바울이 전하는 복음을 고린도 교인들이 받아들이지 않으려고 한 이유들(또는 핑계들, Denney)이었다. 좀더 폭넓게 본다면, 사역자 쪽에서의 부도덕하고 부적절한 삶으로 인해서 하나님이 조롱당하고 욕을 먹으며, 그런 일로 인해서 그것을 지켜 보는 사람들이 복음을 거부하게 되는 일이 일어나고 있다는 것은 슬픈 현실이다(Filson, 346).

하지만 우리가 다시 한 번 말해 둘 것은, 바울은 자기 자신에 대하여 "변호하고자" 하는 데 관심을 두지 않았다는 것이다("자기라는 인물이 아니라 자신의 직분이 중요한 것이었다"고 Barrett, 184에서는 말한다; Bruce, 212에서는 바울이 그의 전도를 통해서 믿게 된 자들이 그의 대적들의 교묘한 말에 귀를 기울이게 된 서글픈 상황을 지적할 때 그의 그런 모습을 알 수 있다고 말한다; 고전 10:32-11:1을 보라). 그는 화해의 말씀을 전하는 자였다. 화해를 전하는 말씀은 실제로 사람들의 귀에 거슬릴 수 있지만(고전 1:23; 갈 5:11), 말씀을 전하는 자는 사람들에게 거슬리는 것(*σκάνδαλον*-스칸달론)의 실체인 십자가로부터 사람들을 멀어지게 만드는 그 어떤 행위도 해서는 안 된다. 5:11에서 시작된 바울의 논증은 그가 지금까지 행해 온 것 중에서 그 어떤 것도 자신의 이익을 위해서 한 것은 없고 오직 복음의 진보를 위해서 한 것임을 보여 주는 논증이었다(그는 자신의 사역이 흠이 없었다고 주장한다, Héring, 47). 그런 까닭에, 이 절에서 바울이 자신의 사역에 초점을 맞추고 있는 것은 당연하다. 바울의 행위는 공개적인 것이었고, 건전한 것이었으며(1:12-14), 그의 대적들이 내세우듯이 겉으로 보기에 그럴듯한 천거서에 의거한 것도 아니었고(3:1; Hughes, 202), 고린도 교회에서 논쟁 중이었던 자신의 명성 위에 구축된 것도 아니었다. 그러므로 4:7의 표현들은 여기서 바울의 자기 자신을 위한 변호(*apologia pro vita sua*)에 대한 열쇠이고, 일련의 논증은 좀더 악의적인 반대에 대한 대응으로 10:1-6에서 자세하게 다루어질 것이다.

**4** "오직 모든 일에 하나님 일꾼으로 자천하여"(*ἀλλ' ἐν παντὶ συνιστάντες ἑαυτοὺς ὡς θεοῦ διάκονοι*-알 엔 판티 쉬니스탄테스 헤아우투스 호스 데우 디아코노이). 바울이 앞서 이야기했던(3:1; 4:2) 천거라는 주제는 자신의 직분이 하나님 앞에서 존귀한 것임을 증명하기 위한 방식으로 여기서 다시 한 번 등장한다. 엔 판티(*ἐν παντί*, "모든 일에")라는 어구는 앞서 나온 엔 메데니(*ἐν μηδενί*, "무엇에든지")를 강조하기 위한 것으로서, 바울이 역설적이기는 하지만 솔직히 말해서 자신의 직분을 "자랑스러운" 것으로 여기고 있다는 것을 보여 준다(고전 15:9, 10에서처럼: "내가 모든 사도보다 더 많이 수고했으나 내가 아니요": R. P. Martin, *The Spirit and the Congregation*[1984] 99, 100를 보라).

우리는 디아코노이(*διάκονοι*, "일꾼들")가 예상된 대로 대격이 아니라 주격으로 사용되고 있다는 것을 지적하고자 한다. 그런 까닭에 이 구절의 취지는 "우리가 우리 자신을 하나님의 일꾼들로 천거한다"(Robertson, *Grammar*, 454를 보라)는 것이 아니라 "우리는 하나님의 일꾼들로서 우리 자신들을 천거한다" 또는 "우리는 일꾼들이 그러하듯이 우리 자신을 천거한다"(Windisch, Bachmann: 여기서 주격은 총칭적인 것을 나타내는 것일 수 있다)는 것이다. 뉘앙스상 이러한 차이는 바울이 이미 자기 자신을 하나님의 종(또는 일꾼)으로 여기고 있었다는 것을 보여 주는 것이다. 그는 자기가 종이라는 것을 증명하고자 하는 것이 아니다. 오히려 그는 종이기 때문에 자기가 하는 것을 하나님의 능력을 보여 주는 하나의 예로 제시할 수 있다(12:9). 바울은 고난과 박해에도 불구하고(6:4b-11) 동기의 순수함과 진실함으로 인해서(5:11-13) 고린도 교인들에게 복음의 부요함을 전해 주었다. 그는 자신이 사도직을 어떻게 보고 있는지를 보여 주는 몽타주식의 합성 사진을 제시해 주는 "일종의 하나님의 종의 일과표"(*vade mecum*; Collange 291, 300)라는 형태로 된 일련의 진술들을 결합시켜 놓음으로써 자신의 사역을 옹호한다-콜랑쥐(Collange, *Enigmes*, 290)의 주장이 옳다면, 이것은 기존에 있던 텍스트를 가져와서 쓴 것이라 할 수 있는데, 이러한 주장은 4절에 나오는 파격 구문(ab initio)을 설명해 준다.

자기 자신을 높이는 것으로 비난받기를 원하지 않았지만, 바울은 자기 자신을 하나의 모범으로 내세우지 않을 수 없었다(*συνιστάνειν*-쉬니스타네인, "입증하다 또는 보이다", Kasch *TDNT* 7:896-98; BGD, 790를 보라; 롬 16:1에서는 뵈뵈를 바울이 천거하는〈*συνίστημι*-쉬니스테미〉 "일꾼"〈*διάκονος*-디아코노스〉이라 부른다는 것을 참조하라). 물론 이것은 5:12에 나오는 말을 뒤집는 것이 될 수도 있었지만 말이다. 분명히 사도는 고린도 교인들에 대한 사랑에 의해서 강권되어 상황의 심각성에 놀라 여기서 다시 한 번 자신의 사도직이 참되다는 것을 매우 자세하게 말하고 있다. 그는 5:12에서 자신이 한 말을 지킬 수 없었다. 이렇게 그의 마음(6:4a에서 나타난)은 그의 논리(3:1; 5:12)를 넘어서서, 그는 다시 한 번 자기 자신을 천거하게 된 것이다. 바울이 자천하지 않겠다고 말하고서 이렇게 다시 자천하고 있는 것이 장들의 순서라는 문제와 어떤 관련이 있느냐는 문제는 본서의 서론에서 이미 다룬 바 있다.

우리는 바울이 5:12에서 보인 입장을 뒤집은 이유를 알 수 있다. 사실 6:4b -10은 5:11에서 시작된 단락의 절정이라고 할 수 있다. 논증이 막바지에 이르자, 바울은 이제 왜 자신이 자기가 말한 대로의 인물인지에 대하여 차례차례 논거를 들이대면서 그의 독자들을 압박한다. 우리가 그의 목록을 주목한다면, 우리는 이러한 변호 속에서 드러나는 바울의 속마음을 읽을 수 있는 통찰을 얻는 보상을 받게 될 것이다.

그의 삶에 대한 이러한 솔직하면서도 간결한 요약은 바울이 겪은 "환난의 눈보라"(Chrysostom)로 불려 왔다. 우리는 바울이 그가 지닌 정보를 가지고서 그의 독자들을 맹렬히 타격할 때(4:8-12; 11:23-29; 고전 4:9-13을 보라) 어떠한 완급

조절을 통해서 이 목록을 쓰고 있는지(또는 구술하거나 인용하고 있는지)를 마음속에 생생하게 그려 볼 수 있다. 전치사들이 불규칙하게 사용되고 있어서 정확한 해석이 약간 어렵기는 하지만("양식/구조/배경"을 보라), 마울(Moule, *Idiom Book*, 196)은 현재의 단락을 감정에 호소하는 내용으로 된 단락이 시작되는 것으로 보는데, 이것은 어느 정도 일리가 있다.

헬라어 본문에서의 문장 구분을 따르기는 하지만, 우리가 보았듯이 주격으로 이루어진 파격 구문인 호스 데우 디아코노이(*ὡς θεοῦ διάκονοι*)가 공중에 떠 있기 때문에, 엔 휘포모네 폴레(*ἐν ὑπομονῇ πολλῇ*, "많이 견디는 것")는 앞에 나온 것에 걸릴 수도 있지만(Hughes, 222), 뒤에 나오는 것에 걸린다고 보아야 한다(Kleinknecht, *Der leidende Gerechtfertigte*, 256). 뒤따라 나오는 시련과 곤경들의 목록을 통해서 우리는 사람이 하나님에게 신실하여 하나님을 증언하고자 한다면 많은 인내 또는 오래 참는 것(*ὑπομονή*-휘포모네, "시련들 가운데서 참고 견디며 기다리는 태도", C. Spicq, "'*ΥΠΟΜΟΝΗ*, *patientia*,'" *RSPhTh*[1930], 83-106, esp. 103f.)이 요구된다는 것을 쉽게 알 수 있다. 바렛(Barrett, 185)은 이하에 나오는 내용 속에서 스토아 학파의 모델을 볼 수 있다고 말하면서, 바울은 고난의 유용성을 표현한 것이라고 주장한다(1:6; 참조. 롬 2:7; 5:3; 또한 약 1:3; Dio Chrysostom 8:15-17; Höistad, "Hellenistischen Parallele," 22-27). 바울의 생각 속에 무엇이 있었든지 간에, 초대 교회에 속한 일부 신자들은 바울의 모범을 인정했다(바울을 포함해서 로마 교회의 순교자들에게 바치는 찬사에 대해서는 클레멘트 1서 5장을 보라).

"환난들"(*ἐν θλίψεσιν*-엔 들립세신). 복수형은 "환난의 순간들"로 해석될 수 있다. 바울이 많이 견디었다는 것에 관한 말이 나온 후에(Héring, 47) 시련 또는 환난들의 목록이 뒤따라 나오는데, 이 환난들은 일반적인 성격을 지니고 있기는 하지만 종말론적인 분위기(4:8-17을 보라)와 "실존적인" 뉘앙스(Collange, 294)를 지니고 있다. "환난"은 다른 서신들에서와는 달리 이 서신에서는 두드러지게 나타난다(1:4, 8; 2:4; 4:8, 17; 7:4; 8:2, 13). "환난"("곤경들", NEB; 그러나 "괴로움들"이라는 NIV의 번역은 바울의 고난의 심한 정도를 무시한 번역이다)은 그리스도의 사도가 살아야 할 삶의 방식이다. 사도행전은 바울이 환난에 익숙해 있었다는 것을 잘 보여 준다. 이것은 바울이 안디옥(14:22)과 에베소(20:23)에 있던 신자들에게 한 말 속에서 잘 드러난다. 요한복음의 예수는 실제로 그의 제자들에게 환난은 이 세상에서 살아갈 때 필수적인 구성 부분이라고 말했지만(요 16:33), 그러한 환난 속에서 나타나는 하나님의 능력으로 인해서 그 어떤 환난도 바울(또는 그리스도 안에 있는 자는 누구든지)을 그리스도의 사랑에서 떼어놓을 수 없다(롬 8:35; 이러한 사상은 바울의 호소에 대하여 우리로 하여금 더욱 경각심을 갖게 만든다: 그의 사역은 고난으로 점철되었지만, 그는 그 직분에 의해서 사랑받고 확증된 자로서 살았기 때문에 하나님의 진정한 일꾼으로 입증되었다).

엔 아낭카이스(ἐν ἀνάγκαις, "궁핍들"; 여기서도 복수형으로 나온다)는 "정신적으로 압박감을 받는 때들"을 가리킨다. 복수형으로 표현될 때 아낭케(ἀνάγκη)는 어쩔 수 없는 필연성이라는 개념을 지닌다(Filson; Tasker, 93, "완화시키는 것이 불가능한 곤경들"이 종종 있다; 참조. 롬 13:5). 그렇지만 그것은 헬라의 숙명론에서 동의어들로 나오는 헤이마르메네(εἱμαρμένη, "숙명") 또는 튀케(τύχη, "운")와는 달리 "맹목적인 우연"이라는 뜻을 지니지는 않는다(R. P. Martin, *Carmen Christi*, 307-9를 보라). 오히려 그것이 "어쩔 수 없는 필연적인 것"이라면, 그것은 하나님의 종인 바울이 그의 내면의 강권하심의 일부로서 스스로를 내맡겨야 하는 숙명이다(데이〈δεῖ〉는 말씀과 말씀을 전하는 자 둘 다를 포괄하는 하나님의 종말론적인 계획의 한 구성 부분이다: E. Fascher, "Theologische Beobachtungen zu δεῖ," 248-54를 보라). 따라서 그것은 "미리 내다볼 수 있는" 예견된 필연이고, 하나님과 그의 복음을 섬김에 있어서 하나의 특권으로 보이는 예견된 것이다. 바울이 사용한 아낭케(ἀνάγκη)에는 고난이라는 개념도 내포되어 있을 가능성이 매우 크다(12:10을 보라; Barrett는 이러한 고난들 속에 고문도 포함되어 있다고 생각한다; 참조. Diodorus Siculus 4.43.5). 그러나 복음을 전파할 수밖에 없다는 필연성의 개념도 바울의 생각 속에 있었을 것이고(고전 9:16), 그러한 확신은 바울에게 있어서 "그 무엇보다도 가장 큰 필연"이었다(Hughes, 224). 그런 까닭에 바울은 화목하게 하는 말씀을 맡아서 전한 것과 거기에 수반되는 고난을 기꺼이 감당한 것이 그의 사도직을 증명해 주는 증거라고 여긴다.

"곤란들"(ἐν στενοχωρίαις-엔 스테노코리아이스). 바울이 피하려고 할 수 없거나 피하려고 하지 않는 상황들과 더불어서 너무도 당혹스러운 상황들도 존재했다(4:8; 12:10; 롬 8:35). 스테노코리아(στενοχωρία)는 직역하면 "궁지"를 의미하는 것으로서 옴짝달싹할 수도 없는 좁은 장소를 가리킨다(Filson, 347). 놀랍게도 바울은 마치 그 궁지에서 "빠져 나올 길"이 있는 것처럼 쓰고 있지만(4:8에서), 여기서는 정확히 그렇게 쓰고 있는 것이 아니다. 하지만 바울이 그런 것을 염두에 두고 있었다고 추정한다면, 그는 사도라는 사실 때문에(qua) 그에게 "곤란들"이 닥쳐온다고 해도, 그러한 것들은 그로 하여금 그의 사명을 수행하지 못하도록 가로막을 힘이 없다고 고백하는 것이 될 것이다. 사도의 길은 좁아서 거기에는 다른 길이 존재하지 않지만, 결국에는 출구가 존재한다. 우리가 어떠한 사건들이 어떠한 범주에 어울리는지를 맞추고자 시도한다면 별 소득이 없을 것이 뻔하지만(아마도 환난, 곤경, 곤란 등과 같은 이러한 범주들은 서로 중복될 가능성이 크다), 우리는 여기서 이러한 재난들을 견뎌내면서("극심한 역설들", Héring, 47) 신앙을 계속해서 지키는 데 요구되는 인내심을 찾아 보는 것이 좋을 것이다.

5 "매맞음들"(*ἐν πληγαῖς*-엔 플레가이스). 이것을 시작으로 바울은 자신의 사역 속에서 비자발적으로든 자발적으로든 겪게 된 위험들에 관한 좀더 구체적인 설명으로 옮겨간다. 바울이 매맞음의 희생양이 되었다는 것은 자신의 사도직에 대한 그의 이해에 있어서 이미 결론으로 제시된 바 있다. 11:23-24에서 사도는 그가 "거짓 사도들"이라고 부른 자들이 누리는 편안한 삶에 비할 때(11:13을 보라) 그의 매맞음이 얼마나 극심한 것이었는지에 대하여 말한다. 그는 유대인들에게서 39대의 매를 다섯 번 맞았고, 로마인에게는 세 번 맞았다. 후자에는 그가 빌립보에서 매맞은 것이 포함되어 있을 가능성이 높은데(행 16:23), 거기서 간수들(*ῥαβδοῦχοι*-랍두코이)은 자신의 직분의 상징으로 이러한 매들(*ῥάβδοι*-랍도이, "도끼들")을 지니고 있었다(행 16:35, 38).

"갇힘들"(*ἐν φυλακαῖς*-엔 퓔라카이스). 우리는 바울이 감옥에 갇힌 사건들을 알기 위해서 11:23과 사도행전 16:23-40을 살펴보아야 하는데, 물론 거기에 기록된 것들은 분명히 그가 감옥에 갇힌 모든 경우들을 다 말해 주고 있는 것은 아니다(Hughes, 225: *1 Clem* 5:6은 바울이 일곱 차례나 쇠사슬에 묶였다고 말한다).

"요란한 것들"(*ἐν ἀκαταστασίαις*-엔 아카타스타시아이스). 이러한 사회적인 소요들("calamities," NEB; "tumults," RSV)에 대해서는 사도행전에 많은 기사들이 나온다: 비디시아 안디옥(13:50), 이고니아(14:5), 루스드라(14:19), 빌립보(16:22), 데살로니가(17:5), 고린도(18:12), 에베소(19:23-41), 예루살렘(21:27-36; 서로 다른 맥락 속에서 이 단어가 사용된 것에 대해서는 고전 14:33; 고후 12:20을 참조하라).

"수고로움들"(*ἐν κόποις*-엔 코포이스). 이 위험들의 목록(6:4-10) 속에 바울은 몇몇 다른 뉘앙스를 지닌 곤경들, 즉 자발적인 성격을 띤 몇몇 곤경들을 삽입한다. 아마도 바울은 그리스도의 사도로서의 자신의 사명과 관련해서 그가 수고한 것들("피곤함들", Trench, *Synonyms*[Grand Rapids: Eerdmans, 1976 ed.], 378)을 염두에 두고 있었을 것이다(Trench는 계속해서 여기서 말하는 수고는 애를 쓴 것 자체가 아니라 "자신의 혼신의 힘을 다 쏟은 후에 따라오는 기진맥진함"을 가리키는 것이라고 말한다). 그리스도의 종들의 수고(6:4a)는 결코 헛된 것이 아니지만(고전 15:58), 바울이 여기서 어떤 직업과 관련된 "육체적인" 수고를 염두에 두고 있었을 가능성은 없어 보인다(살전 2:9; 살후 3:8을 보라; Barrett, 186에서는 여기에 반대하여 이 어구를 바울이 고린도 교회에 재정적인 부담을 지우고자 하지 않은 것과 관련시킨다〈9:7, 9, 10; 고전 9:12, 15〉). 하지만 하르낙(Harnack, "*κόπος*"〈*κοπιᾶν*〉)이 보여 주었듯이, 여기에 나오는 단어 목록 속에서 수고함을 가리키는 용어들은 바울의 선교 활동과 관련이 있다. 이것을 보여 주는 한 좋은 예는 빌립보서 2:16이다(Martin, *Philippians*, NCB, 106).

"자지 못함"(*ἐν ἀγρυπνίαις*－엔 아그뤼프니아이스). 이것은 "깨어 있음"으로 번역되기도 한다(Hughes, 225). 복수형으로 된 이 단어는 잠을 이루지 못한 불면의 밤이 여러 차례 있었다는 것을 보여 준다. 바울은 사역에 더 많은 시간을 할애하기 위하여 자발적으로 잠을 자지 않고 밤새워서 일했던 날들을 염두에 두고 있다. 아마도 이것은 바울이 위험에 노출되어 있었기 때문에 흔히 일어난 일이었을 수도 있지만, 더 가능성이 높은 것은 그가 "깨어서 기도하기" 위하여 일부러 잠을 자지 않았다는 것이다(참조. 엡 6:18; 히 13:17). 또한 11:27도 보라. 헤링(Héring, 47)은 뮐러-바도르프(Müller-Bardorff, "Nachtlicher Gottesdienst," col(s). 347 n. 1, 348, 349)에 반대하여 전자의 견해를 더 선호한다.

"먹지 못함"(*ἐν νηστείαις*－엔 네스테이아이스). 우리는 바울이 많은 여행을 포함하고 있었던 자신의 일 때문에 어쩔 수 없이 끼니를 걸러야만 했던 경우들을 말한 것이라고 추측할 수 있다("금식들", Filson, 348). 이것은 리모스(*λιμός*, 주림)와 네스테이아(*νηστεία*)가 서로 연결되어 나오는 11:27에서 볼 수 있다. 하지만 여기서는 바울이 영적 훈련을 보여 주는(Barrett, 186) 공식적인 종교적 금식 관행에 대하여 말하고 있다고 보는 것이 더 합리적이다(참조. 마 6:16, 17). 왜냐하면 그는 자발적인 고난들에 대하여 말하고 있기 때문이다. 그러나 바울이 때때로 먹지 않은 것은 그가 그 누구에게도 짐이 되려 하지 않은 것 때문이었다고 주장하는(11:7, 9; 고전 9:12-14) 휴즈(Hughes, 226)의 견해가 옳을 수도 있다.

6 "깨끗함"(*ἐν ἁγνότητι*－엔 하그노테티). 자기에게 닥쳤던 수많은 고난들을 열거한 후에 바울은 또다시 자기가 어떤 식으로 대응했는지("많이 견디는 것", 6:4)를 자신의 직분에 대한 내적인 증거로 제시한다(Tasker, 93). 이렇게 생각의 방

향을 바꾼 것은 "사도의 감정의 토로에 있어서 쉬어 가는 곳"(Denney)이라고 볼 수 있다. 깨끗함("결백함", Barrett, 186; 참조. 7:11)에 대한 호소는 도덕적인 깨끗함(Tasker, 93, 94; 하그노테스〈ἁγνότης〉는 오직 여기와 11:3에 나온다는 점을 주목하라 - 물론 후자의 읽기가 확실한 것은 아니지만; 11:3에 대한 "원문주해"를 보라; 또한 살전 2:10; 빌 4:8을 참조하라)은 물론이고 바울의 삶 전체가 온전하고 흠이 없었다는 의미를 지닌다(Filson, 348). 프리드리히(Friedrich, *Amt*, 42)는 바울로 하여금 고린도 교인들의 방종함을 보여 주는 몇 가지 예들에 대하여 탄식하게 만들었던(12:20-21을 보라) 교회의 상황과는 대조적으로 바울 자신은 성적으로 깨끗했다는 것에 대한 암시라고 본다. 그러나 현재의 문맥 속에서 깨끗함은 의도의 깨끗함과 순수함을 의미할 가능성이 크다(3:13; 4:2).

"지식"(*ἐν γνώσει* - 엔 그노세이). 바울이 그노시스(*γνῶσις*)라는 표현을 사용해서 전하고자 한 의미를 파악하기는 어렵다. 그것은 "비밀한" 지식을 염두에 둔 말은 아닐 것이다(Windisch는 이 단어가 고전 12:8에서처럼 성령의 감동을 받은 은사자가 전하는 지식이라고 본다; 그렇지만 지식이라는 말과 함께 나오는 인내와 자비라는 개념들은 지적인 엘리트주의와는 다른 속성들에 대하여 말하고 있다; 바울이 여기서 말하는 지식 또는 "총명"〈NIV〉은 능력이나 지위와는 상관없이 그리스도 안에서 모든 믿는 자들에게 주어지는 것이라고 지적한 Hughes의 견해가 옳다). 학자들의 일치된 견해는, 바울은 여기서 자기가 그리스도 안에서 주어진 구원의 지식에 대하여 알고 있다는 것을 나타내기 위하여 그노시스(*γνῶσις*)를 사용하고 있다는 것이다(5:20; Hughes, 187; Tasker, 94; Filson, 348). 그노시스(*γνῶσις*)는 고린도 교회에서의 논쟁 속에서 중요한 역할을 했는데(본서의 서론을 보라), 이 단어가 지닌 한 가지 중심적인 의미는 유대교-헬레니즘을 배경으로 한 하나님의 "구속 계획"(Heilsplan)의 내용에 대한 구원론적인 인식이다(C. K. Barrett, *Essays on Paul*, 6-14; E. E. Ellis, "'Wisdom' and 'Knowledge' in 1 Corinthians," *Prophecy and Hermeneutic in Early Christianity*; 특히 J. Dupont, *Gnosis*, 379-416를 보라). 고린도후서에는 이 점을 뒷받침해 주는 증거들이 존재한다(2:14; 4:6; 11:6; 골 2:3). 그러나 바렛(Barrett)의 주장(186)은 현재의 맥락 속에서 "지식"을 가리키는 용어는 기독교의 진리를 지적으로 파악해서 적용한다는 특별한 의미를 지닌다는 것이다(Barrett, *1 Corinthians*, 37). 그는 남편들에게 지식을 따라서(*κατὰ γνῶσιν* - 카타 그노신) 아내를 깊이 배려하는 삶을 살도록 강력히 권하는 베드로전서 3:7에 나오는 그노시스(*γνῶσις*)의 용법을 통해서 자신의 결론을 뒷받침한다. 이러한 개념은

"기독교적인 통찰과 사려 깊음, 하나님의 뜻에 민감한 양심"이라는 요소를 포함한다(J. N. D. Kelly, *1 Peter*, HNTC[New York: Harper & Row, 1969] 132, 133). 이하에 나오는 내용에 비추어 볼 때, 이러한 해석은 의미가 잘 통한다. 인내, 자비, 참된 사랑이라는 개념들(6:8-10에서와 마찬가지로)은 자기에게 맡겨진 자들이 잘 되도록 하는 데 진정으로 관심을 가지고 있는 기독교 지도자에 대한 초상의 일부다. 물론 여기서 그노시스(*γνῶσις*)의 사용은 자신의 죽음과 그 속죄적 효력에 바탕을 두고서 새로운 시대를 가져온 분으로서의 예수에 대한 인식을 포함한다(5:16, 18-20). 그러나 바울은 이것으로 충분하지 않다는 것을 잘 알고 있었다. 왜냐하면 이러한 지식을 잘못 사용한 자들이 있었기 때문이다(10:4, 5; 11:13-15). 이러한 지식을 사람들의 상황에 적용시킬 수 있는 능력이 있어야 한다. 바울은 "하나님으로부터 주어진 지혜"(Chrysostom)를 가지고 있어서, 그가 알고 있는 것을 올바른 방식으로 사용할 수 있었다. 비록 고린도 교인들은 바울의 초라한 행색과 언변이 없는 것을 경멸했을지라도(10:10; 11:6), 그는 복음의 좋은 소식을 사람들에게 나누어 줄 뿐만 아니라 그의 독자들 앞에서 그 복음대로 살기 위해서 하나님의 뜻을 따라 그 지식을 사용했다.

"오래 참음"(*ἐν μακροθυμίᾳ* – 엔 마크로뒤미아). 오래 참음 또는 인내라는 개념은 바울이 이러한 쓴 경험들을 어떤 마음과 태도로 맞았는지를 보여 주는 것이다(참조. 6:4). 플럼머(Plummer)는 여기에 나오는 "오래 참음"은 그가 앞에서 열거한 고난들(6:4b-5)을 화를 내거나(약 1:19) 원한을 품지 않고서(롬 12:19; 참조. Filson, 348) 견뎌낸 것을 보여 주는 것이라고 생각한다. 휴즈(Hughes, 227)는 이러한 개념을 확장해서 휘포모네(*ὑπομονή*, 6:4)와 마크로뒤미아(*μακροθυμία*)를 서로 구분하는 데까지 나아간다. 후자는 고린도 교회의 대적자들이 그에게 가한 부당한 것들에 대한 바울의 태도를 가리키는 반면에, 전자는 그가 교회 밖의 원수들의 비방과 중상모략에 대하여 어떻게 처신했는지를 보여 준다는 것이다(엡 4:2; 골 3:12, 13의 윤리적인 목록들 속에서 사용된 이 용어들을 보라). 이것은 바울이 두 가지 서로 다른 단어를 사용하고 있는 한 가지 이유를 보여 준다. 물론 그것은 단지 문체상의 이유로 단어들을 바꿔 쓴 것일 수도 있지만 말이다.

"자비함"(*ἐν χρηστότητι* – 엔 크레스토테티). 마크로뒤미아(*μακροθυμία*)와 함께 사용된 크레스토테스(*χρηστότης*)는 인간을 향한 하나님의 사랑의 결과로 다른 사람들에 대한 사랑이 생겨난 것을 말한다(갈 5:22; 고전 13:4; 또한 엡 2:7; 딛 3:4을 보라). 우리는 바울이 사랑이란 오래 참고 온유한 것이라고 생각했다는 것을 알고 있다(고전 13:4; 그는 6:6의 끝부분에 사랑을 포함시킨다). 바울이 말하고자 하는 것은 "마음속의 선함을 행동으로 옮긴 것"(Tasker, 94)이다. 이 모든 고난들 속에서 바울은 하나님의 능력으로부터만 올 수 있는 것, 즉 하나님이 성령을 주신 결과로서 올 수 있었던 "변화된 삶의 증거"를 나타내 주었다. 이러한 고난들은 바울 편에서의 연약함을 확인시켜 주는 것이었지만, 하나님이 강하시다는 것을 확인시켜 주는 것이기도 했는데, 이것은 12:9; 13:3-4에서 말하고 있는 역설이다. 하나님의 참된 일꾼은 다른 많은 특질들과 더불어서 자비함과 오래 참음을 나타낸다(골 3:12-13). 그렇지 못하다면, 하나님의 역사는 더 진전되지 못할 것이다. 바울은 고린도 교인들의 유익이 아니라 자기 자신의 유익을 구했던 거짓 사도들과는 달리 자기 백성들을 사랑했다(11:13-15, 20; 12:14-17, 여기에 대해서 Héring은 이렇게 해설한다: "바울은 그들의 재물을 구한 것이 아니라 그들 자신을 구했는데, 이것이 그들에게 유익이었다"[96]).

"성령 감화"(*ἐν πνεύματι ἁγίῳ*-엔 프뉴마티 하기오). 이 어구가 본문에 포함되어 있기 때문에 그 의미를 놓고서 여러 가지 의문이 제기되어 왔다. 이 어구는 삼위일체 하나님의 제3위인 성령을 가리키는 것으로 해석되고 이해되어야 하는 것인가, 아니면 "거룩한 정신" 또는 "거룩한 열심" 같은 개념을 말하고자 하는 것인가(*le zèle la sainte énergie*: Godet는 이러한 미덕은 성령의 역사를 통해서 생겨난다고 말한다)? 또한 그것이 하나님의 영으로서의 성령에 대한 언급이라고 한다면, 왜 그것이 인간의 미덕들에 관한 목록 속에 포함되어 있는가?

우리의 두 번째 질문에 의해서 제기된 문제점을 토대로 해서 플럼머(Plummer, 196, 197)는 엔 프뉴마티 하기오(*ἐν πνεύματι ἁγίῳ*)가 "거룩한 정신"을 의미하는 것이라고 보았다. 요지는 사도가 헌신된 그리스도인의 특질을 열거하는 목록 속에 성령에 대한 언급을 끼워넣었을 가능성이 없어 보인다는 것이다. 게다가 만약 바울이 이 어구를 통해서 성령을 나타내고자 한 것이라면, 그는 강조를 위해서 이 단어를 목록의 첫 번째나 마지막에 두었을 것이다. 플럼머는 바울이 거짓 일꾼과 참된 일꾼을 구별하고자 했다는 점을 근거로 해서 그러한 노선의 사고를 따르고 있다.

우리는 플럼머(Plummer)가 마지막으로 지적한 것에 동의하긴 하지만, 그는 다른 곳에서도 동일한 방식으로 바울이 이 표현을 사용하고 있다는 것을 간과한 것으로 보인다(롬 5:5; 9:1; 14:17; 15:13, 16; 고전 6:19; 12:3; 고후 13:13; 살전 1:5, 6; 4:8). 즉 몇몇 다른 곳들에서 바울은 프뉴마 하기온(*πνεῦμα ἅγιον*)을 성령을 가리키는 데 사용하고 있다. 게다가, 바울이 거룩한 정신을 말하고자 했다면,

그는 프뉴마 하기오쉬네스(*πνεῦμα ἁγιωσύνης*, 참조. 롬 1:4; Hughes, 228, n. 69)라는 표현을 사용할 수 있었을 것이다. 스웻(H. B. Swete)은 바울이 말하고자 한 것은 성령이라는 인격이 아니라 성령의 은사라고 주장한다(*The Holy Spirit*[London: Macmillan, 1910], 196-97). 스웻은 바울이 하나님의 모든 참된 일꾼들에게 공통적으로 주어져서 그들을 거짓 사도들과 구별시키는 "성령"을 나타내기 위한 것이라고 결론을 내린다. 따라서 우리는 플럼머의 입장은 비록 흥미롭기는 하지만 여전히 설득력이 없다고 본다(Hughes, 229는 Swete의 연구에 비추어 보아서 "Plummer는 원칙적으로는 아니지만 실제적으로는 옳다"고 평한다).

바렛(Barrett)은 바울이 이 목록 속에 성령을 포함시켰다는 것은 이상한 일이라고 지적함으로써 플럼머(Plummer)와 매우 비슷한 견해를 주장한다(186, 187). 따라서 바렛은 바울이 인간의 정신이라는 의미에서 "영"을 사용하고 있고 인간의 정신의 윤리적인 특질이라는 견지에서 "거룩한"을 사용하고 있다는 결론을 내린다. 그는 자신의 결론이 옳다는 것을 보여 주는 근거로 바울이 인간을 구성하는 하나의 요소로서 프뉴마(*πνεῦμα*)를 사용하고 있다는 것을 든다(롬 1:9; 8:16; 11:8; 고전 2:11; 4:21; 5:4, 5; 7:34; 14:14, 32; 16:18; 고후 2:13; 7:1, 13; 12:18; 갈 6:1, 18; 빌 4:23; 살전 5:23; 몬 25절). 하지만 그는 하나의 중요한 증거를 빼놓았다. 그가 근거로 제시한 이러한 각각의 전거들 속에는 하기오스(*ἅγιος*, "거룩한")라는 단어가 빠져 있다는 것이다. 바울은 인간의 영에 대하여 서술할 때 프뉴마(*πνεῦμα*)라는 표현을 사용하기는 하지만, 인간을 구성하는 이 부분을 삼위일체 하나님의 제3위와 구별하기 위해서 거기에 형용사 "거룩한"을 사용하지 않는다. 그러므로 우리는 바울이 프뉴마 하기온(*πνεῦμα ἅγιον*)이라는 표현을 사용할 때 의미하거나 함축하거나 가리키는 것은 "성령"이지만(이것이 학자들의 통설이다, Hughes, Tasker, Filson, NIV, KJV/AV, RSV, NEB), 그 강조점이 성령에게서 나오는 "능력"에 있다는 결론을 내린다(D. P. Francis, "The Holy Spirit. A Statistical Inquiry," *ExpTim* 96[1985] 136f.는 이 단어의 용례들을 검토해서 신약 전체 속에서 "성령의 능력을 말하는 것들은 정관사를 포함하고 있지 않지만, 인격으로서의 성령을 가리키는 말들은 정관사를 포함하고 있다"는 결론을 내렸다).

그러나 우리는 여전히 바울이 왜 성령에 대한 이러한 언급을 이 목록 속에 삽입했느냐는 문제에 직면해 있다. 여기에 대해서는 몇 가지 좋은 대답들이 있는 것으로 보이는데, 이러한 대답들은 따로따로 볼 때는 부분적이지만 전체적으로는(in toto) 설득력 있는 논리를 제공해 준다. 한편으로, 바울은 자유로운 문체로 글을 쓰고 있고, 논리적으로 딱 들어맞는 훌륭한 글을 쓰는 데 관심을 갖고 있지 않다(Swete). 다음으로, 단어와 표현을 선택하는 데 탁월한 재능을 지니고 있었던 바울은 일련의 쌍을 이루는 단어들을 사용해서 이 대목을 시작했기 때문에(Hughes; "양식/구조/배경"을 보라) 뒤나미스 데우(*δύναμις θεοῦ*)와 짝을 맞추기 위해서 이 어구를 사용할 필요가 있었고, 이 두 어구는 모두 논쟁적인 성격을 지니고 있다(Wibbing, *Die Tugend*, 100). 또한 바울은 성령의 은사들과 성령 자체를 구분하고자 하는 성향을 보여 주지 않는다(Allo). 아울러서 바울은 성령의 역사를 보여 주는 데 그가 자주 사용하는 어구들 중 일부를 여기서 열거하고 있다(사랑, 오래 참음, 자비함–갈 5:22-23). 그러므로 미리 계획한 것이든 즉흥적인 것이든 성령이라는 인격을 여기에 삽입한 것은 이러한 적극적인 특질들을 열거하는 목록 속에서 적합한 것이었고(적어도 바울의 생각으로는), 사실 성령 안에서의 하나님의 능력이 사도의 인간적인 연약함과 짝을 이루고 있다는 것–고린도 교회에서 논쟁이 되고 있었던 문제–을 보여 줌으로써 이 목록에 대한 근거를 제공해 주고 있다.

"거짓이 없는 사랑"(*ἐν ἀγάπῃ ἀνυποκρίτῳ*–엔 아가페 아뉘포크리토). 그리스도인의 이러한 특질들의 결론은 그 절정으로서의 사랑에 대한 언급을 통해서 부각된다. 이러한 특질 또는 열매는 성령의 역사에 대한 가장 중요한 묘사다(Bengel). 따라서 마지막으로 사랑을 언급하고 있다는 것은 엔 프뉴마티 하기오(*ἐν πνεύματι ἁγίῳ*)를 성령을 가리키는 것으로 보아야 한다는 것에 한층 더 힘을 실어 준다. 바울은 고린도 교인들을 향한 자신의 행위들이 진실하다는 것을 보여 주고자 하는 관심을 놓지 않았다는 것을 주목하라. 그가 아뉘포크리토스(*ἀνυπόκριτος*, "속임이 없는," KJV/AV; "진정한", RSV)라는 표현을 사용한 것은 자신이 고린도 교인들에게 전적으로 그리고 순수하게 헌신되어 있다는 것을 보여 주기 위한 것이다(롬 12:9). 고린도 교인들을 향한 바울의 사랑은 "가식이 없는"(Hughes, 229) 것으로서 현재 속으로 뚫고 들어온 새로운 시대 속에서의 삶을 가리킨다(6:2; Stauffer, *TDNT* 1:51).

7 "진리의 말씀"(*ἐν λόγῳ ἀληθείας*–엔 로고 알레데이아스). 이 절을 시작으로 해서 바울은 자신의 관심을 내적인 특질들로부터 그의 말씀 사역으로 옮겨간다. 그는 "진리의 말씀"이라는 말로 이러한 방향 전환을 시작한다. RSV는 이 표현에 나오는 속격을 앞에 나오는 명사를 수식하는 것으로 해석하여 "참된 말"로 번역했다. 이러한 용법은 몇몇 대목들에서 발견된다(1:12, 13; 2:17; 4:2; 10:11; Plummer, 197를 보라; Héring, 47에서는 이에 대해 자신의 전도 사명을 "사도가 그 어떤 것에

도 동요하지 않고 담대하게 지속하는 용기"라고 부른다). 그러나 화해의 말씀(5:20)과 그가 6:2에서 역설한 것에 비추어 볼 때, 바울은 여기서 "메시지" 또는 "선포"라는 개념을 의도한 것으로 보인다(Hughes 229, 230, "계시된 복음의 진리의 선포"; Tasker, 94). 이것은 에베소서 1:13("너희도 진리의 말씀 곧 너희의 구원의 복음을 듣고")과 골로새서 1:5("진리의 말씀 곧 복음")로부터 알 수 있다. 태스커(Tasker, 94)가 이 표현을 단순한 인간적 활동 이상의 것으로 본 것은 옳다. 그것은 고린도전서 12:8의 은사와 병행된다(R. P. Martin, *The Spirit and the Congregation*, 11-14를 보라).

"하나님의 능력 안에"(*ἐν δυνάμει θεοῦ*-엔 뒤나메이 데우). 바울이 말씀을 전하고 있는 것이 단순한 인간적 연설 이상의 것임은 이 표현 속에서 잘 알 수 있다. 뒤나미스(*δύναμις*)에 대해서는 C. H. Powell, *The Power of God*(London: Epworth Press, 1963)를 보라. 바울이 전한 말씀과 그의 인격이 진실하다는 것은 그가 전한 말씀을 통해서 나타난 능력, 그의 말씀을 들은 고린도 교인들에 의해서 경험된 능력에 의해서 분명해진다(Hughes, 230; 참조. 롬 1:16; 15:19; 고전 1:18; 2:4-5; 고후 4:7; 살전 1:5). 바울이 전한 말씀이 설득력이 있었던 것은 그의 언변이 뛰어났기 때문이 아니라 하나님의 능력 때문이었다(고전 2:3-5; 살전 2:13). 그리고 그것은 바울이 수없이 어려운 상황들을 만났음에도 불구하고 강건하게 인내로써 사역하고 섬길 수 있었다는 것에서 가장 잘 드러났다("경험된 능력은 사람들에게 그대로 전달된다," Hughes, 230). 우리가 12:12에 가서 바울의 연약함과 유한성을 그가 고백한 대로 받아들일 때 "사도의 표적들"이 실제로 무엇으로 이루어져 있는지를 물을 때, 우리는 여기서의 맥락을 기억해 둘 필요가 있다.

"의의 병기로 좌우하고"(*διὰ τῶν ὅπλων τῆς δικαιοσύνης τῶν δεξιῶν καὶ ἀριστερῶν*-디아 톤 호플론 테스 디카이쉬네스 톤 덱시온 카이 아리스테론). 군사적인 은유들을 좋아하는 바울(10:3, 4; 롬 13:12; 참조. 엡 6:13-18; 또한 바울 서신에서 롬 6:13; 몬 2절; 딤전 6:12; 딤후 2:4을 보라; 이것들은 E. Kamlah, *Die Form der katalogischen Paränese*, 85-92, 189-96에 의해서 신약의 권면들로 연구되었다)은 하나님의 능력과 복음의 진리가 위로부터 온 병기들을 통해서 활동하는 것으로 묘사한다. 그리스도인들은 이 세상의 악들을 이기고 살아 남기 위한 수단인 갑옷(병기들, NIV, RSV, NEB)으로 무장되어 있다(1QS 1:4-5; *T. Dan* 6:10; 또한 Murphy-O'Connor *Paul and Qumran*[London: G. Chapman, 1968] 57를 보라; 그러나 쿰란 문헌에는 바울의 이 어구에 해당하는 표현이 나오지 않는다: Kleinknecht, *Der leidende Gerechtfertigte*, 265, n. 73). 이 속격(τῆς δικαιοσύνης-테스 디카이오쉬네스, "의의")이 한정(限定)의 속격이라면, 우리는 여기서 바울이 도덕적으로 올바르다는 것에 관한 내용을 읽을 수 있거나 좀더 적절하게는 그의 대적들과는 대조적으로 "의"(3:9)를 나누어 주는 은혜의 새 질서 속에서 "의의 일꾼"이라는 그의 암묵적인 주장에 관한 내용을 읽을 수 있다. 그들은 스스로 "의의 종들"(11:15)로 자처한다고 할지라도, 그들의 행위는 그러한 호칭과는 전혀 어울리는 것이 아니기 때문에 가짜들로 규정된다(Georgi, *Die Gegner*, 245-49; Lincoln, *Paradise Now and Not Yet*[1981] 56f.). 따라서 속격 디카이오쉬네(δικαιοσύνης)는 목적격적 속격으로 분류되어서, 이 어구는 "의를 보호하기 위한 병기들"(174)로 해석되어야 한다는 불트만(Bultmann)의 주장은 그리 틀리지 않은 것 같다(두 종류의 병기들, 즉 방어용과 공격용으로 구분되는 병기들에 대해서는 W. Schrage, "Leid," 157를 보라). 비슷한 맥락 속에서 바렛(Barrett, 188)은 여기서 복음에 대한 암시를 본다. 그러나 이 속격이 기원의 속격이라면(Tasker), 우리는 이 어구가 병기들이 나온 출처를 가리키는 것으로 해석해야 한다. 하나님에 의해서 의롭다 여기심을 받은 바울은 지금 자기 속에 내주하는 성령을 반영하는 특질들로 무장되어 있다(Bruce, 212; 또한 J. Reumann, *Righteousness in the New Testament*, 52, 53를 보라).

바울은 전치사 엔(ἐν)을 18번 이상 사용한 후에(6:4b-7) 디아(διά, "…로 말미암아")로 바꾼다. 이것은 자연스러운 교체로서 문체상의 이유 때문인 것으로 보인다. 엔(ἐν, "안에")은 여기서 사용하기에는 적합한 전치사가 아니었을 것이다. 또한 바울은 일차적으로 문체에 관심을 갖고 있지는 않았지만, 그럼에도 불구하고 그는 단조롭게 하나의 전치사를 계속해서 이어 사용하는 것을 깨뜨리고자 했을 수도 있다(Hughes, 231, n. 73; Plummer, 199를 보라).

바울이 병기들을 "좌우의" 병기들이라고 표현한 것이 어느 정도나 의미가 있는가 하는 문제는 논란이 될 수 있다. 많은 흥미로운 주장들이 제기되어 왔다. 그러한 주장들 중 하나는, 바울은 형편이 좋을 때이든(우편) 또는 나쁠 때이든(좌편, 라틴어로는 sinister) 믿는 자들은 의의 병기들을 사용해야 한다는 것을 보여 주고자 했다는 것이다(Chrysostom, Allo). 또 다른 주장은 우편은 공격을 상징하는 것이고(칼이나 창) 좌편은 방어를 상징하는 것(방패)이라는 주장이다(참조. 엡 6:16, 17; Lietzmann, 128; Oepke, *TDNT* 5:293). 세 번째이자 가장 옳은 것으로 보이는 주장은, 바울은 단지 의의 병기들로 무장한 자가 철저하게 무장되었다는 것을 보여 주고자 했을 뿐이라는 것이다(Barrett). 클라인크네히트(Kleinknecht)가 양식 분석을 통해서(*Der leidende Gerechtfertigte*, 256) 보여 준 것처럼, 이 어구는 7b-10절에 나오는 내용에 대한 도입부일 가능성이 있는데, 그는 여기서 바울이 새 언약의 직분이 어떤 것인지를 설명하고 있다고 결론을 내린다(269).

8 "영광과 욕됨으로 말미암으며"(*διὰ δόξης καὶ ἀτιμίας*-디아 독세스 카이 아티미아스). 바울은 이 절의 전반부에서 계속해서 디아(*διά*, "…로 말미암아")를 사용하고 있지만, 이제는 그의 관심의 초점을 옮긴다. 자신의 전도 사역이 어떠한 특성을 지니고 있는지를 말한 후에, 바울은 그 사역이 사람들로부터 어떠한 반응을 얻었는지에 관심을 돌린다. 바울은 일련의 쌍으로 된 용어들을 제시함으로써 우리에게 그의 사역에 대한 사람들의 반응에 관한 그림을 제공한다. 이러한 용어들은 카이(*καί*, 10절까지)에 의해서 연결되어 있고, 하나의 쌍을 이루는 두 개의 용어는 서로 반대말을 이룬다(Héring, 48). 바울은 능숙하고도 생생하게 "변화무쌍한 사도의 삶"을 그려낸다(Bruce, 212; 참조. 4:8, 9; 고전 4:10-13). 쌍을 이루는 반대말들로 이루어진 이러한 일련의 "반립 명제들"이 각각 바울의 지지자들과 반대자들이 만들어 낸 것이든 한 사람 속에서 발견될 수 있는 변덕을 반영한 표현들이든, 바울은 사도의 활동이 사람들로부터 긍정적인 반응과 부정적인 반응을 둘 다 얻을 수 있다는 현실을 그대로 받아들인다(요 15:18-20을 보라; 참조. Hughes, 231, 232).

바울이 여기서 사용한 독사(*δόξα*, "영광")는 좋은 평판 또는 명성이라는 고전 헬라어의 의미를 지닌다(참조. 요 5:44; 12:43; Hughes 231, n. 74). 어떤 사람들은 바울을 지극히 존경할 만한 사람으로 보고서(갈 4:14) 그를 "높였다"(KJV/AV, RSV, NEB). 이와는 반대로, 또 어떤 사람들은 바울에게 조금도 존경을 표시하지 않거나 아예 무시했다(10:10; 11:23-33; 고전 4:10; 빌 1:15-18; 살후 2:2).

또한 디아 뒤스페미아스 카이 유페미아스(*διὰ δυσφημίας καὶ εὐφημίας*, "악한 이름과 아름다운 이름으로 말미암으며")는 원문에서 유운법으로 되어 있다. 이 어구는 그 핵심에 있어서 앞에 나온 어구를 되풀이하고 있다(Plummer는 이러한 견해에 반대한다)-물론 우리는 뒤스페모스(*δύσφημος*, "비방하는," Filson, 349; 1 Macc 7:38; 3 Macc 2:26; Josephus, *Ant.* 16:90)이든 유페모스(*εὐφημος*, "상서로운"; Philo; Josephus, *c. Ap.* 2, 248)이든 그러한 말이 교회 내부에서 나올 수도 있었고 외부에서 나올 수도 있었다는 것을 지적할 수 있지만(고전 4:13; 롬 3:8; 또한 형용사 유페모스〈*εὐφημος*〉에 대해서는 빌 4:8을 보라; 이것이 윤리적인 단어 목록 속에서 사용될 때 두 가지 의미를 지닐 수 있다〈R. P. Martin, *Philippians*, NCB, 159〉).

하나님의 일꾼은 "사람들이 등 뒤에서 쑥덕거리더라도" 여전히 신실하고 사랑을 지녀야 하지만, 또 다른 측면의 시험 즉 칭찬을 듣고자 하는 시험도 존재한다. 그러한 시험은 교만과 자기 만족을 가져올 수 있기 때문에, 우리는 그러한 시험을 경계하고 거부해야 한다. 따라서 바울은 여기서 "아무리 거짓된 것이라고 해도 악한 말을 듣고서 마음이 상하지 않았고, 아무리 참된 것이라고 해도 좋은 말을 듣고서 마음이 흐트러지지 않고서" 자신의 직분에 신실했다는 것을 보여 주는 것이라고 이 어구를 요약하고 있는 휴즈(Hughes)의 주장은 대단히 훌륭하다(232).

"속이는 자 같으나 참되고"(ὡς πλάνοι καὶ ἀληθεῖς - 호스 플라노이 카이 알레데이스). 바울은 서로 반대되는 말들을 사용한 대비들을 계속하지만 문학적으로 약간 다른 방식을 사용한다. 디아(διά)가 탈락되고 호스(ὡς, "…같은")로 대체된다. 또한 문맥상으로 볼 때 호스(ὡς, "그렇지만", Plummer, 199)는 역접으로 해석되어야 한다(Moule, *Idiom Book*, 178를 보라). 우리가 눈여겨 보아야 할 또 하나의 사항은 이 어구에서(6:8-10에 나오는 모든 어구들과 마찬가지로) 서로 대비되고 있는 두 단어는 둘 다 사실이라는 것이다. 바울은 실제로 그 누구도 속이지 않았지만, 실제로 그는 "속이는 자" 또는 "협잡꾼"(Plummer)으로 여겨졌다. 그는 바로 그러한 것을 한 것으로 비난받은 것으로 보인다(12:16-18; 또 다른 이유에 대해서는 고전 15:15을 보라). 플라노이(πλάνοι)가 동사 플라나오(πλανάω, "어그러진 길로 이끌다, 어떤 사람으로 하여금 방황하게 하다"; BGD 655; 또한 Philo, Josephus, Test. of the Twelve Patriarchs, *Sib. Or.* 3:721에서 인용된 증거들을 보라)와 연결되어 있다는 것을 주목하라. 분명히 바울이 자기가 한 말에 대하여 변명을 해야 했던 경우가 몇 차례 있었다(롬 9:1-2; 고후 11:31; 갈 1:20). 사실 바울이 속이는 자 또는 사기꾼이었다는 비난은 그가 죽은 후에도 그치지 않았다(클레멘트위서에서는 바울을 시몬 마구스에 비유한다; 이에 대해서는 Schoeps, *Theologie*, 128, 431를 보고, 좀더 폭넓은 논의에 대해서는 A. Lindemann, *Paulus im ältesten Christentum*, BHT 58. Tübingen: J. C. B. Mohr, 1979를 보라; Hughes, 233에서 지적하듯이, 바울을 "그의 백성의 원수"라고 말하는 옛적의 상투적인 어구들은 사라지고 있지만 바울의 "진정성"은 오늘날에조차도 종종 의심되고 있다: D. A. Hagner, "Paul in Modern Jewish Thought," *Pauline Studies: Essays Presented to F. F. Bruce*[Exeter: Paternoster Press, 1980] 143-65를 보라).

자신에 대한 다른 사람들의 평가와는 상관없이 바울은 하나님 앞에서 자신의 지위가 확고하다는 것을 알고 있다. 그것은 선한 양심이 증언하는 참된 지위다(4:2;

5:11). 그는 하나님의 부르심에 충실했고, 고린도 교인들을 향하여 마음이 열려 있었으며, 진실했다. 이 대목에서는 바울은 11장에서와는 달리 자신에 대한 그러한 비난을 온건한 방식으로 반박한다. 그는 그 어떤 비판이나 비꼬는 말도 제시하지 않고, 단지 자기가 참된 자로도 알려져 있다는 것을 보도하기만 한다. 바울은 진리가 그의 사역이 옳다는 것을 증명해 줄 것이라고 보는 것이다(13:8을 보라).

9 "무명한 자 같으나 유명한 자요"(*ὡς ἀγνοούμενοι καὶ ἐπιγινωσκόμενοι* – 호스 아그노우메노이 카이 에피기노스코메노이). 우리는 두 개의 분사가 모두 완료 수동형이라는 것을 즉시 알아차리게 되는데, 이것은 바울이 여기서 말하는 행위가 다른 사람들의 행위라는 것을 보여 주는 데 관심을 가졌다는 것을 나타내는 것이다. 휴즈(Hughes)는 아그노우메노이(*ἀγνοούμενοι*)가 바울이 다소의 사울로서의 명성을 버리고 멸시받는 "사도 바울"로서의 역할을 기꺼이 받아들였다는 것을 가리키는 것이라고 우리를 설득하고자 한다(233, 234). 그러나 바울이 바리새인으로 지낼 때 "무명한" 자로서 사람들의 눈에 띄지 않게 살았다는 것은 사실일 가능성이 거의 없다(Lietzmann, 128). 도리어 에피기노스케인(*ἐπιγινώσκειν*, "정확히 알다"; BGD, 291; 참조. Josephus, *Ant.* 20, 18; 롬 1:32; 골 1:6)에 비추어 볼 때, 이 어구에서 첫 번째 분사는 어떤 사람들이 바울을 사도로서의 자격을 갖추지 못한 자로 여겼다는 견해를 뒷받침해 주는 것으로 보인다(5:12, 12:12에 대한 "주석"을 보라). 요컨대, 그는 "참된" 또는 "지극히 큰" 사도로 알려져 있지 않았다. 이러한 평가는 10-13장에 자세하게 나온다. 바울과 동시대에 살았던 사람들 중 다수는 손바닥을 뒤집듯이 아주 쉽게 바울은 "아무것도 아닌 자"(Filson, 350), 즉 그들이 두려워할 필요가 없는 자(10:2, 10)로 치부해 버릴 수 있었다. 사람들은 바울을 얼마든지 무시해 버릴 수 있었다는 것이다. 따라서 바울에게 있어서 무명한 자라는 것은 무시를 당했다는 것을 의미한다(Tasker, 95; Plummer, 199; 또한 3:1을 보라).

그렇지만 바울은 일부 사람들에 의해서는 – 특히 하나님에 의해서 – "온전한 자격을 갖춘" 사도로 인정 받았다. 간단히 말해서, 그는 그가 말한 그대로 진정한 사도로 대접을 받았다는 것이다. 그렇다면 누가 바울을 사도로 대접했던 것인가? 그가 1:13-14에서 에피기노스케인(*ἐπιγινώσκειν*)이라는 말을 사용한 것은 고린도 교인들에 의해서 그가 사도로 대접받고자 하는 소망을 표현한 것이다. 게다가, 고린도전서 13:12은 그가 하나님에 의해서 온전히 사도로 인정을 받았다고 말한다(*ἐπεγνώσθην* – 에페그노스텐). 그러므로 하나님과 고린도 교인들이 그의 생각 속에 있었던 것으로 보인다(Schoeps는 바울이 예루살렘의 기둥 같은 사도들에 의해서 사도로 인정 받은 것도 염두에 두고 있었다는 견해를 제시한다; *Paul*, 68에 나오는 그의 설명을 보라; Barrett, 189; 우리는 바울이 사람들의 지지를 잃어버리고 고립감을 느꼈을 때의 간접적인 열렬한 항변과 호소〈cri de coeur〉를 여기서 읽을 수 있다; 본서의 서론을 보라). 바울은 이미 하나님이 그를 똑바로 보고 인정하신다는 확신을 나타낸 바 있다(5:8-11). 또한 그는 고린도 교인들에게 자신을 자세히 조사하고 살펴볼 기회를 제공한다. 비록 바울은 그들이 잘 볼 수 있을 것이라고 확신하지는 못하지만 말이다(5:13). 따라서 바울은 자기가 하나님에게 유명한 자라고 6:9a을 통해서 더욱 확신하고 있기는 하지만, 그의 관심은 고린도 교인들에게 더욱 강도 높게 향해 있다. 또한 바울의 삶과 관련해서 눈에 보이는 현상과 본질적인 실상 간의 대비를 지적하고자 애쓰는 헤링(Héring)을 보라. 헤링과 쇼엡스(Schoeps, *Theologie*, 128, 431)는 지나치게 앞으로 나아가서 바울이 사도행전 13:47에 나오는 말씀에도 불구하고 자기 자신을 이사야서의 고난받는 종으로 보았다(사 52:2-3)고 주장한다.

“죽는 자 같으나 보라 우리가 살고”(*ὡς ἀποθνῄσκοντες καὶ ἰδοὺ ζῶμεν*-호스 아포드네스콘테스 카이 이두 조멘). 바울은 실제적인 관점과 신학적인 관점 두 측면에서 “자신의 역설적인 수사학”(Barrett, 189)을 계속해 나간다. “죽는다”라는 표현(*ἀποθνῄσκων*-아포드네스콘, 원형인 아포드네스케인〈*ἀποθνῄσκειν*〉의 현재분사)이 그의 일상적인 활동들과 어떤 관련이 있는지를 보기는 매우 쉽다. 바울은 거듭거듭 죽음의 위험들에 노출되어 왔었다(행 14:19; 고전 15:30; 고후 1:8, 9; 11:23-26). 언제인지 정확히 그 때를 말할 수는 없지만, 바울은 문자 그대로 사형 선고를 받은 적도 있었다(고전 4:9)-거기서의 표현이 비유적인 것이 아니라면(고전 15:32에서처럼). 그렇지만 그는 기적적으로 죽음을 모면했다. 이두(*ἰδού*, “보라”)는 모든 예상과는 반대로 놀라움의 의미를 내포함과 동시에(Bengel) 바울의 마음속에서의 기쁨과 승리를 나타내는 것이다(Filson, 350). 그는 사도로서의 그의 실존이 계속해서 위협을 받고 있음에도 불구하고(11:23, *ἐν θανάτοις πολλάκις*-엔 다나토이스 폴라키스) 살아 있고 계속해서 살고 있다.

이와 동시에, 바울은 “죽는 자 같으나 산다”는 것이 지닌 “실제적인” 측면들 이상의 것에 관심을 갖고 있음이 틀림없다. 거기에는 신학적인 함의들도 존재한다. 바울은 실제로 그리스도를 위하여 살기 위해 “죽었다”(5:14, 15; 롬 6:1-14; 갈 2:20). 그는 “옛 본성”을 죽였지만(골 3:5를 보라), 지금 그리스도 안에서 생명을 지니고 있다. 하나님의 능력이 바울의 삶 속에 나타났다. 왜냐하면 비록 그가 죽었을

지라도(4:10-12; 5:1-10), 그는 그리스도에게서 떨어진 것이 아니기 때문이다(시편 기자의 탄식을 인용해서 재정의하고 있는 롬 8:35-39〈시 43:23: *ἕνεκα σοῦ θανατούμεθα ὅλην τὴν ἡμέραν*-헤네카 수 다나투메다 홀렌 텐 헤메란, "우리가 종일 주를 위하여 죽임을 당케 되며"〉).

요약해서 말하자면, 바울은 끊임없이 죽음에 직면했지만(현재 분사에 의해서 표현됨), 죽음을 이기는 하나님의 능력도 사도에게 나타났다. 그가 실제적인 관점에서 "죽음의 속임수"에 직면한 것이든(Hughes, 234) 신학적인 관점에서 믿음의 사람이 종말에 겪는 환난에 직면한 것이든(4:10-12; Barrett, 190), 바울은 끊임없이 죽었다가 살아나곤 했다(Héring, 48 nn. 9, 11). 그는 그의 독자들에게 자기와 같이 복음에 헌신된 자만이 하나님의 능력을 위한 도구가 될 수 있다는 것을 확신시키고자 했다(이 절의 후반부에 언급된 시 118:17-18). 물론 바울은 외적인 자격이라는 관점에서 보았을 때는 스스로를 천거할 만한 것을 거의 가지고 있지 않았다. 그러나 내면적으로 및 그리스도 중심적으로 볼 때는(4:10; 13:4을 토대로 해서) 그는 겸손한 섬김과 능력 있는 사역의 정수(epitome)였다. 그의 사역은 그로 하여금 "육체적으로나 영적으로나" 죽기를 요구했지만, 하나님의 능력은 바울로 하여금 지금 여기서와 장차 그가 갈 곳에서 승리의 삶을 "살" 수 있게 해주었다. "그리스도와 함께 고난받는 것" 및 "그리스도와 함께 사는 것"-7:3에 나오는 어구-과 관련된 바울의 체험의 좀더 폭넓은 맥락은 G. Stählin, "Um mitzusterben," 특히 511-21과 Kleinknecht, *Der leidende Gerechtfertigte*, 274, 275, 281, 282에서 풍부하게 다루어지고 있는데, 후자는 6:1을 근거로 해서 9-10절의 대구는 하나님의 은혜가 바울의 삶 속에서 헛되지 않았다는 것을 보여 주는 것이라고 주장한다. 이와는 반대로, 바울이 수행한 새 언약의 사역은 그가 "항상 기뻐하고", "많은 사람을 부요하게 하며", "아무것도 갖지 않는" 것을 새로운 창조의 표적들로 하는 "새로운 시대"(5:17)에 속했다는 것을 보여 주는 것이었다. 바울이 수행한 사역이 지닌 이러한 특징들은 8:9, 13:1-3의 기독론적인 계획에 토대를 둔 것이고, 묵시 사상에 있어서 "고난받는 의인"에 관한 가르침이 보여 주고 있는 것이다. 이러한 모델은 바울의 자기 이해를 위한 패턴을 제공해 주고 있지만, 십자가와 새로운 시대에 관한 바울의 견해에 의해서 근본적으로 재정립된다. 왜냐하면 바울의 현재적인 경험은 예수의 부활 생명이 지배하는 새로운 시대를 보여 주는 표적들로 "가득 차 있기" 때문이다.

"징계를 받는 자 같으나 죽임을 당하지 아니하고"(*ὡς παιδευόμενοι καὶ μὴ θανατούμενοι*-호스 파이듀오메노이 카이 메 다나투메노이). 콜랑쥐(Collange, *Enig-*

*mes,* 299)는 6:9에 나타난 바울의 사상과 시편 118(117):17, 18이 매우 유사하다는 점을 지적한다. 이 후자의 본문은 이렇게 되어 있다.

> 내가 죽지 않고 살아서
> 여호와의 행사를 선포하리로다.
> 여호와께서 나를 심히 경책하셨어도
> 죽음에는 부치지 아니하셨도다.
> (L. C. Allen, *Psalms 101-150,* WBC[1983] 119).

시편 118편이 감사의 시편이고(Allen, ibid., 122-24), 바울이 그의 위험들을 징계로 여기고 있었다면, 6:9에 나오는 "죽는 자 같으나 살아 있다"라는 말이 바울의 마음속에서 이 시편을 상기시켰고, 그가 이 시편에 나온 표현을 사용하게 된 것일 수 있다(칠십인역 본문에는 파이듀온 에파이듀센 메 호 퀴리오스〈*παιδεύων ἐπαί-δευσεύ με ὁ κύριος*〉로 되어 있다). 또한 우리는 바울이 4:8 이하에서 할렐루야 시편 모음집에 속한 시편 116편을 간접적으로 인용하고 있다는 것을 지적하고자 한다(해당 "주석"을 보라).

파이듀에인(*παιδεύειν*)의 배후에 있는 의미는 하나님의 징계 또는 훈육이다(BGD, 604; "chastened," KJV/AV, Hughes). 구약과 유대교의 저작들 속에서 우리는 여호와의 훈육이 아버지가 자녀를 올바르게 인도하기 위하여 훈육하는 것에 비유되고, 하나님의 사랑과 관심을 보여 주는 증거로 받아들여지고 있다는 것을 보게 된다(잠 3:11-12; 욥 5:17; 시 94:12; 119:67, 75; 렘 31:18, 19; *Pss. Sol.* 18:4〈*παιδεία σου*-파이데이아 수〉; 신약에서는 히 12:5-13; 계 3:19을 보라). 바울은 자기가 매를 맞고 고난당하는 것들을 이런 식으로 바라보았을 것임에 틀림없다(그의 행위들에 대해서는 고전 5:5; 11:32을 참조하라). 또한 바울을 "무명한" 자로 여겼던 대적자들은 바리새인들로서 교회를 박해했던 사도의 과거에 대해 하나님이 진노하여 고통과 역경의 삶을 살게 하신 이유로 지목했을 것임에 틀림없다. 그러나 바울은 고난으로 가득 찬 자신의 삶이 하나님의 진노의 표시가 아니라 하나님의 사랑의 표시라는 것을 보여 주고자 애쓴다(Hughes, 235). 페이라조메노이(*πει-ραζόμενοι*, "시험을 받는")로 본문을 수정하면 본문의 의미가 약해지는데, 그러한 읽기는 이차적인 것이다.

바울은 하나님이 축복하기 위해서 징계하신다는 교훈을 배웠다. 비록 그 교훈을 수많은 고통을 지불하고서 배우긴 했지만 말이다(1:9; 4:11; 참조. 히 12:5, 12).

이 모든 일(6:4b, 5; 참조. 11:23-33)은 바울을 그리스도의 임재에 대한 더 깊은 깨달음으로 이끌었고, 12:11이 말하고 있듯이 그를 하나님께로 더 가까이 이끌었다. 그렇지만 그러한 고통스러운 삶에도 불구하고 바울은 시편 기자와 마찬가지로(118:15-16) 자기가 승리했다고 환호할 수 있었다. 바울은 죽음에서 건지심을 받았었다(1:8-11을 보라: 우리가 살펴보고 있는 절 속에서 이것은 6:9의 앞부분에 나온 어구의 실제적인 측면을 보여 주는 한 예이다, Barrett, 190). 이것은 하나님이 바울의 삶 속에서 최고로 역사하고 계신다는 것을 보여 주는 증거였다. 그는 "자신을 올바르게 바로잡기 위한 하나님의 훈육을 받고 있었지만, 하나님의 은혜와 능력으로 말미암아 죽음에서 건지심을 받았다"(Filson, 350).

10 "근심하는 자 같으나 항상 기뻐하고"(*ὡς λυπούμενοι ἀεὶ δὲ χαίροντες*-호스 뤼푸메노이 아에이 데 카리론테스). 온갖 실망스러운 일들과 좌절과 위험으로 가득 차 있었던 사도로서의 삶 때문에 바울이 인간으로서 근심하는 것은 당연한 일이었다. 뤼페(*Λύπη*, "근심")는 슬픔의 의미도 포함한다(BGD, 481). 이 단어는 고린도후서에서 핵심적인 명사이자 동사로서, 바울 서신에 나오는 23번의 용례들 중에서 18번이 고린도후서에 나온다: 이 단어는 빌립보서에서 카라-카이레인(*χαρά-χαίρειν*, 기쁨-기뻐하다)이 지배적으로 사용되고 있는 것과 대조적으로 닮아 있다(Collange, *Enigmes*, 299). 바울의 삶 속에는 그로 하여금 근심하게 만들 수밖에 없었던 수많은 사건들이 있었다. 자신의 동포인 유대인들이 하나님으로부터 떨어져 나간 상태에 있었다는 것은 그에게 적지 않은 고통을 가져다 주었다(롬 9:2). 그가 돌보고 있었던 교회들은 그의 염려와 근심의 근원이었다(고후 11:28). 그러나 말할 것도 없이 고린도 교인들은 그의 슬픔과 근심의 주된 이유였다. 개략적으로 말한다고 해도, 그들은 분열되어 있었고(고전 1:10-13; 3:1-9), 성숙하지 못했으며(고전 3:1-3), 도덕적으로 해이해져 있었고(고전 5:1-8; 고후 12:20, 21), 이기적이었으며(고전 11:17-34), 부활에 관한 그릇된 생각들을 받아들이고(고전 4:8; 15:1-58), 바울에게 계속해서 충성하기를 꺼려하는 등(고후 10-13장) 쉽게 어그러진 길로 가 버렸다. 이 모든 일들은 바울이 눈물과 근심어린 마음으로 그들에게 편지를 써야 할 정도로 심각해졌다(2:4). 본서의 서론을 보라.

이 모든 것에도 불구하고, 바울은 기뻐했다(2:3; 7:4, 7, 9, 13; 13:9; 또한 롬 12:12, 15; 14:17; 15:13, 32; 16:19; 고전 16:17; 갈 5:22〈*χαρά*-카라, "기쁨, 희락"은 성령의 열매로 언급된다〉; 빌 1:4; 2:17; 3:1; 살전 2:19f., 3:9, 5:16을 보라). 이것은 "그의 삶의 본질적인 특징"(Barrett, 190)이었다. 상황이나 환경이 어

떠하든지, 바울은 패배주의적인 생각에 사로잡히지 않았다. 도리어 그는 "마르지 않는 기쁨의 샘"(Tasker, 96)을 나타내 보였다. 이것은 그가 아에이(*ἀεί*, "항상")를 삽입한 것 속에서 드러난다. 바울은 항상 끊임없이 주 안에서 기뻐하고 있었다(특히 빌 4:4을 보라: 빌립보서에서 카라-카이레인〈*χαρά-χαίρειν*〉이라는 표현이 16번 나온다는 것에 대해서는 앞에 나오는 설명을 보라, R. P. Martin, *Philippians* [NCB] *passim*).

바울은 하나님이 자신을 괴로운 삶으로 빠지게 하셨다는 것을 인식하고서 자신의 서글픈 처지에 대하여 결코 불평하려 하지 않았다. 그에게 있어서 그의 삶 속에 찾아오는 낙심되는 일들은 하나님의 백성을 세울 수 있는 기회를 의미하는 것이었다(13:9). 이렇게 해서 바울은 약함과 강함에 관한 개념을 한 걸음 더 진전시킨다. 고린도 교인들이 그를 잘 받아들이려 하지 않고, 그것으로 인하여 그가 슬픔과 근심에 쌓이게 되었다는 것을 통해서 확인된 그의 약함은 하나님이 일하실 기회가 되는 것이었다(Barrett, 190).

"가난한 자 같으나 많은 사람을 부요하게 하고"(*ὡς πτωχοὶ πολλοὺς δὲ πλουτίζοντες*-호스 프토코이 폴루스 데 플루티존테스). 바울이 그와 비교가 될 만한 사람들에 비해서 세상의 재물을 거의 소유하고 있지 않았다는 것은 아주 분명했다. 그렇지만 어떤 경우들에서, 특히 고린도 교인들의 유익을 위해서 그가 교회들에 행한 섬김과 관련하여 재정적인 지원을 받기를 사양했다는 것이 아무리 사실이라고 할지라도(11:7-10; 12:13; 고전 9:12, 15, 18: 바울이 이렇게 태도를 취한 이유는 Holmberg, *Paul and Power*, 92-95에서 다루어진다), 그는 여기서 경제적으로 어려운 가난한 상태를 암시하고 있는 것이 아니다. 여기서 말하는 가난은 영적인 가난일 가능성이 더 크다(Collange, 299). 그렇지만 어떻게 그는 "많은 사람"(*πολλοί*-폴로이)을 부요하게 만든 것인가?

바울은 예수 그리스도를 아는 지식이 너무도 고상한 가치를 지니기 때문에 자기 자신을 부요하다고 여긴다(빌 3:8). 고린도 교인들은 그들이 지닌 돈을 아무리 후하게 바울에게 나누어 주고 연보를 한다고 할지라도(실제로 그들은 그렇게 했던 것으로 보인다, 9:11을 보라) 바울이 하나님 안에서 가지고 있는 부요함을 제공해 줄 수는 없었다. 바울은 "그리스도 예수의 영광"(4:6) 속에 부요함이 있다고 말한다(Bultmann, 176). 왜냐하면 하나님은 그에게 필요한 모든 것을 공급해 주시기 때문이다(빌 4:19; 참조. 엡 1:7; 2:7, 8). 바울은 복음의 부요함을 소유하고 있었고, 그 부요함에 동참하고 있었다(참조. 엡 3:8). 8:9에서 그는 그의 복음의 핵심에 무엇이 존재하는지를 가장 잘 보여 주는 것, 즉 영원한 아들이 우리 인간의 운명을 받아들여서 "가난하게" 됨으로써 우리가 하나님의 은혜로 "부요하게" 될 수 있도록 한 성육신을 거론한다. 바울이 여기서 물질적인 가난과 부요함을 염두에 두고 있지 않다는 것은 분명하다(J. D. G. Dunn, *Christology in the Making*[Philadelphia: Westminster, 1980] 122의 견해와는 달리). 따라서 우리는 크리소스톰(Chrysostom)이 생각했던 것과는 달리, 바울은 8-9장에 설명된 연보를 통해서 많은 사람을 부요하게 만들 계획을 가지고 있었다는 것이 여기에 나오는 본문의 의미라고 볼 수 없다는 결론에 이르게 된다.

"아무것도 없는 자 같으나 모든 것을 가진 자로다"(*ὡς μηδὲν ἔχοντες καὶ πάντα κατέχοντες*-호스 메덴 헤콘테스 카이 판타 카테콘테스). 이 구절에서 바울은 앞에 나온 구절의 사상을 확장시킨다. 그렇게 할 때 그는 에콘테스…카테콘테스(*ἔχοντες…κατέχοντες*)를 통한 헬라어의 단어 유희를 사용한다(고전 7:30을 보라). 후자는 강조의 의미를 지닌 복합 동사이기 때문에 "모든 것들을 가득 차게 가진 자"(Hughes, 238, n. 78)로 번역되어야 한다. 자기가 방금 한 것을 반영해서 바울은 이 땅에서의 부요와 하늘에서의 부요를 대비시킨다. 후자는 영원한 것인 반면에, 전자는 일시적인 것이다.

실제로 가치 있는 것을 소유하고 있는 자들인 진정으로 부요한 자들은 "영원한 안전"(고전 3:21-22)도 소유하고 있는 자들이다. 세상적인 눈으로 볼 때 바울은 가난해 보였다-집도 없고, 돈도 없고, 사람들로부터도 미움과 조롱과 멸시를 받는 자였기 때문이다. 그러나 바로 그 세상 사람들은 "그의 눈에 다른 세상의 빛이 번뜩이는 것"(Hughes, 237)을 놓칠 수 없었을 것으로 보인다. 그것만이 아니라 그가 그의 "가난"을 사랑과 기쁨으로 넉넉히 뛰어넘을 수 있었다는 것(우리가 빌 4:10-20을 통해서 알 수 있듯이)은 사람들에게 적어도 그가 모든 것을 가지고 있다고 스스로 믿었다는 것을 확신시켜 주었다. 에케인(*ἔχειν*, "가지다")을 사용한 문구는 3:4, 12; 5:1에서 나왔다. 바울은 확신과 소망과 담대함을 가지고 있다. 바울의 대적자들은 그들이 성공했다는 것과 해악이나 재난으로부터 보호받았다는 것을 보여 주는 여러 가지 증표들을 가지고 있었던 반면에, 바울은 그런 것들을 가지고 있지 않았고, 그러한 이유로 그는 그들로부터 진정한 사도가 아니라는 비난을 받아야 했다. 바울에게는 재물의 부요함이나 카리스마적인 힘으로서의 능력이나 사람들에게 강한 인상을 심어 줄 수 있는 이적을 일으키는 능력이나 자기가 "특별한" 사람이라는 것을 입증해 주는 탈혼 상태가 없었다(Collange, 300). 그러나 그는 진정으로 중요한 것을 가지고 있었다. 즉 그는 "그리스도 안에 있는 사람"으로서(12:1; 참조. 10:7) 그리스도를 가지고 있었다. 리츠만(Lietzmann)은 이러한 부정(否定)들 속에서 스토아 학파의 모델을 볼 수 있고, 빌립보서 4:10-13에 이것과 유사한 정서가 표현되어 있다고 주장한다(그렇지만 빌 4:13이 그의 "안분자족"에 새로운 뉘앙스를 부여하고 있다는 것은 분명하다). 리츠만(Lietzmann)은 에픽테투스(Epictetus, Diss. 2.14,24)를 인용해서, 병든 것과 복된 것, 죽는 것과 복된 것, 유배되는 것과 복된 것, 욕을 당하는 것과 복된 것 간의 대비들이 바울의 본문 속에 어느 정도 반영되어 있다고 본다(또한 Philo, *Det.* 34를 참조하라). 그러나 미랜드(Mealand, "As having nothing")는 그러한 개념들은 흔한 것들이기 때문에 반드시 빌어와서 사용한 것이라고 보아서는 안 된다고 주장한다. 바울은 기존에 존재하고 있던 개념이나 문장을 가져와서 거기에 신학적인 의미를 불어넣음으로써 윤리적인 권면의 틀을 만들어 낼 수 있었다. 따라서 6:10은 "독자들이 친숙하게 들을 수 있었던"(ibid. 277-79) 그런 내용이다. 클라인크네히트(Kleinknecht, *Der leidende Gerechtfertigte*, 267, 268)는 이 구절 속에서 "고난받는 의인"으로서의 바울의 역할을 보여 주는 몇몇 증거들을 찾아낸다.

그런 까닭에 바울은 자신의 살아온 내력을 제시하는 것을 목적으로 한 단락을 그가 겪은 시련과 승리로 마무리한다. 그는 그의 독자들이 회중들 가운데서의 바울에 대한 명성으로 인해서 익히 들어 알고 있었을 것이라는 의미에서 전혀 새롭지 않은 이야기를 그들에게 하고 있는 것이다. 그러나 여기서 다시 한 번 바울은 독자들에게 그리스도의 종의 모습을 제시했다. 그리스도에게 속한다는 것(고전 3:23)은 이 세상에 속한 것을 아무것도 소유하고 있지 않다는 것이다(Barrett, 191). 그러나 이것은 사람들을 바울의 믿음에 의해서 깨달아진 주 예수가 그의 종에게 모든 것을 주셨다는 것을 알 수 있게 만든다. 바울 사도는 진정으로 하나님을 위한 진실하고 충직한(bona fide) 일꾼이었다. 왜냐하면 그는 하나님이 그를 사랑하여 훈육하고 계신다는 것을 보여 주는 증표들을 지니고 있고, 오직 그리스도만이 줄 수 있는 부요함을 누리고 있기 때문이다.

11 "고린도인들이여, 너희를 향하여 우리의 입이 열리고"(*τὸ στόμα ἡμῶν ἀνέῳγεν πρὸς ὑμᾶς Κορίνθιοι* – 토 스토마 헤몬 아네오겐 프로스 휘마스 코린디오이). 우리가 영어의 어법에 맞춰서 관용적으로 번역해 놓은 이 문장은 바울과 관련하여 몇 가지 것들을 밝혀 준다. 첫째, 그는 자기가 지금까지 하나님의 은혜라는 그의 원래의 주제로부터 벗어나 있었다는 것을 인식하게 된 것으로 보인다(6:1-2). 둘

째, 고린도 교인들을 향한 바울의 심정이 강력하게 표현되어 있다. 현존하는 바울의 서신들 중에서 이 절과 더불어서 갈라디아서 3:1과 빌립보서 4:15에서만 바울은 자신의 독자들의 이름을 부른다. 크리소스톰(Chrysostom)은 바울이 자신의 독자들을 직접 이름으로 부르는 것은 "큰 사랑과 따뜻함과 애정을 담고 있는 것"이라고 본다. 그러나 콜랑쥐(Collange, *Enigmes*, 283, 300)는 코린디오이(*Κορίνθιοι*)가 바울 서신에서 오직 한 번만 나오는 표현이라는 점을 주목해서, 이 특이한 표현은 이 절이 바울의 글들의 또 다른 판본에 속한다는 것을 보여 주는 것이라고 주장한다. 반면에, 그는 7:2 이하에는 고린도 교인들이 직접 이름으로 거론되지 않는데, 이것은 바울이 별개의 서신을 통해서 남부 그리스 지역에 있는 좀더 폭넓은 회중들에게 말하고 있기 때문이라고 주장한다(앞에 나온 설명을 보라). 셋째, 바울은 그가 이 서신의 이 대목(6:3-10)을 구술하는 얼마 안 되는 순간에조차도 고린도 교인들에게 좀더 가깝게 나아갔다(스토마〈*στόμα*, "입"〉를 사용하고 있는 것을 주목하라; 아노이게인〈*ἀνοίγειν*〉이 자동사로 사용되는 경우에는 "허심탄회하게 말하다"는 의미를 지닌다).

바울이 그들에게 더 가까이 나아가고 있다는 것은 그의 입이 열렸고, 고린도 교인들을 향하여 계속해서 열려 있다는 것에서 드러난다(아네오겐〈*ἀνέῳγεν*〉은 아노이게인〈*ἀνοίγειν*〉의 완료 시제다; "나는 내 혀를 끊임없이 움직이게 하고 있다", Barrett, 191; Héring, 49; Bruce, 213). 바울은 완전한 자유 가운데서 참으로 허심탄회하게 말하고 있는 것이었다(Aeschylus, *Prometheus Vinctus* 609-11; 참조. Jud 11:35f.; 욥 3:1; Sir 51:25; 또한 겔 16:63; 29:21; 엡 6:19). 바울은 고린도 교인들 때문에 자신이 겪었던 가슴앓이에도 불구하고 그들을 자신의 친구들로 여기고 있다. 바울이 고린도 교인들에게 더 가까이 나아가고 있다는 것은 6:11의 후반부에서 드러난다.

"우리의 마음이 넓었으니"(*ἡ καρδία ἡμῶν πεπλάτυνται*–헤 카르디아 헤몬 페플라튄타이). 바울이 자신의 심정을 "터뜨린 것"은 어떤 의미에서 카타르시스 작용을 했다. 그는 어쨌든 결국에는 고린도 교인들에게 자기를 본받으라고 권했다(그렇게 하지 않겠다고 그가 앞서 말했음에도 불구하고, 5:12). 이렇게 자신의 감정을 토로하는 과정에서 바울은 그의 속내를 드러내었다. 페플라튄타이(*πεπλάτυνται*)는 플라튀네인(*πλατύνειν*, "활짝 열다")의 완료형이다(여기에 나오는 이 동사의 형태는 수동태일 수도 있지만, 중간태인 경우에는 바울이 그러한 과정에 참여하고 있다는 것이 강조된다; Héring, 49를 보라). 자신의 마음속에 고린도 교인들을 품을 수 있는 공간이 있다는 것이 바울에게 생각이 난 것이다("해설"에서 인용된 Chrysostom을 보라; 참조. 3:2; 7:3; 빌 1:7). 특히 서신을 쓰면서 바울은 고린도 교인들을 향한 자신의 사랑을 드러낸다(10:10의 증거로 볼 때 그의 독자들도 부지불식 간에 그러한 것을 인정한다). 이것은 고린도 교인들이 자랑할 그 무엇을 가지고 있는, 단지 한 가지 더 추가적인 이유일 뿐이다(5:12). 우리는 6:11이 우리에게 시편 119:32b을 상기시키지만, 본문(시 118:32 LXX)이 보여 주듯이 그 시편의 의미가 아니라 사용되고 있는 표현을 상기시켜 준다는 것을 지적하고자 한다: "주께서 내 마음을 넓히셨사오니"(*ὅταν ἐπλάτυνας τὴν καρδίαν μου*-호탄 에플라튀나스 텐 카르디안 무).

12 "너희가 우리 안에서 좁아진 것이 아니라"(*οὐ στενοχωρεῖσθε ἐν ἡμῖν*-우 스테노코레이스데 엔 헤민, "우리는 너희로부터 애정을 거두어들인 것이 아니다"). 바울은 자신의 마음을 넓히고 있기 때문에, 당연히 자신의 이러한 목회적인 배려가 고린도 교인들로부터 화답이 있을 것을 기대한다. 하지만 그와 고린도 교인들의 관계 속에서 적어도 현재까지는 그런 일이 일어나지 않았다.

이 절은 영어의 어법에 맞게 번역함과 동시에 원문에 충실하게 번역하는 것이 어려운 절이다(여러 역본들과 주석서들을 정독해 보면 이것이 드러난다). 스테노코레오(*στενοχωρέω*)라는 표현의 배후에는 "우리가 공간을 제약하고 있거나 짓누르고 있다"(BGD, 766; Lucian, *Nigr* 13, *Tox* 29; LXX)는 개념이 놓여 있다. 4:8에서 발견되는 이 동사는 좁은 공간 속으로 강제로 밀어넣어져서 "짜부라졌다"는 개념을 지닌다("straitened," KJV/AV). 하지만 6:12에서 이 동사의 뉘앙스는 다르다. 바울은 그의 애정들로부터 고린도 교인들을 짜부러뜨리게 놓아 두지 않았다. 바울을 향한 좋지 않은 감정들은 고린도 교인들을 바울의 마음의 홀대받는 구석으로 몰아넣을 수도 있었을 것이다. 그러나 반대로 고린도 교인들에 대한 바울의 책망은 그들이 자신에게서 등을 돌리고 다른 복음을 받아들였다는 것이다. 이러한 변절 행위는 11:4-6에서 나중에 좀더 불길한 의미를 띄게 된다.

"오직 너희 심정에서 좁아진 것이니라"(*στενοχωρεῖσθε δὲ ἐν τοῖς σπλάγχνοις ὑμῶν*-스테노코레이스데 데 엔 토이스 스플랑크노이스 휘몬, "너희가 우리로부터 애정을 거두어들인 것이다", 직역하면 "우리는 너희의 내장 속에서 제약을 받고 있다"). 스플랑크나(*σπλάγχνα*, **히.** רחמים-라하밈, "내장"〈참조. 1:3; 7:15〉)는 영어로 좀더 우아하게 "심정"으로 번역된다. 헬라인들에게 사람의 중심적인 기관들-심장, 간, 폐-은 애정과 감정의 본거지였다(Filson, 351; 그 의미는 "사랑에 의해서 움직이는 것으로서의 자아"다, Bultmann, *Theology* 1:221, 222). 이 경우에 애정을 보류하고 있는 자가 있다면, 그것은 고린도 교인들이었다. 바울은 고린도 교인들로부터 푸대접을 받았음에도 불구하고 그들을 향한 자신의 애정을 나타내 보였다. 불행히도, 고린도 교인들의 마음은 바울에 대한 험담과 비방으로 가득 차 있었기 때문에(정확히 12:20에서처럼) 그들의 마음에는 바울을 담을 만한 빈 공간이 없었다(카르디아〈*καρδία*, "마음"〉와 스플랑크나〈*σπλάγχνα*〉는 동의어로서 서로 바꿔 사용할 수 있다는 것을 주목하라, Hughes, 240 n. 2; Bultmann, 177; Collange, 301, n. 1; 또한 H. Köster *TDNT* 7:548-59). 놀랍게도 사랑과 애정으로 가득 찬 마음은 넓어지는 반면에, 이기심과 의구심으로 가득 차 있는 마음은 좁아지고 움츠러드는 강력한 경향을 지닌다. 헬라의 대중적인 도덕 철학에 있어서 이러한 대비에 대해서는 Epictetus, *Diss.* 1.25, 26-29를 인용하고 있는 Bultmann, 178를 보라.

13 "보답하는 양으로"(*τὴν δὲ αὐτὴν ἀντιμισθίαν*-텐 데 아우텐 안티미스디안). 바울은 고린도 교인들을 향한 자신의 사랑을 내보이는 것과 그들에게 사랑을 간청하는 것이라는 두 가지 이중적인 주제를 계속 이어간다. 그는 고린도 교인들이 자기에 대하여 불만을 품고 있다는 것을 말하면서도 거기에 적절하게 비난이나 책망을 해야 함에도 불구하고 그렇게 하지 않는다는 점에서 그들을 향한 자신의 사랑을 암묵적으로 나타내 보이고 있다. 그는 이제 명시적으로 그들이 자신에 대한 사랑으로 보답할 것을 요청한다.

안티미스디아(*ἀντιμισθία*, 직역하면 "보답", 오직 여기서와 롬 1:27)는 라틴어로 quid pro quo, 즉 공정한 거래 속에서 주어지는 그 무엇(NEB; Hughes, 240, n. 3)이다. 텐 아우텐 안티미스디안(*τὴν αὐτὴν ἀντιμισθίαν*)을 사용하고 있는 것은 "똑같다"는 개념을 강조하는 것이다. 바울은 자기가 고린도 교인들에게 준 것, 즉 사랑에 대하여 그들이 보답할 것을 요청하며 호소하고 있다. 문법상으로는 텐 아우텐 안티미스디안(*τὴν αὐτὴν ἀντιμισθίαν*)의 대격들을 어떻게 다루어야 하는지에 관한 문제가 존재한다. 어떤 학자들은 이 어구를 부사적인 것으로 보아서(Alford; Moule, *Idiom Book*, 34) "보답으로 너희의 마음을 열라"로 해석한다. 하지만 그러한 해석보다 더 가능성이 있는 것(Moule, *Idiom Book*, 160, 161; 35, 36도 보라)은 이 어구를 주절과 동격 관계에 있는 것으로 보는 것이다(아래의 설명을 보라; Barrett, 192; BDF, § 154; Robertson, *Grammar*, 486; Moulton, *Grammar*, 3:245). 또 어떤 학자들(Plummer, Allo)은 안티미스디안(*ἀντιμισθίαν*)을 지배하는 동사가 생략된 것이라고 결론을 내린다(Hughes, 240, n. 3을 보라).

바울의 삽입구인 호스 테크노이스 레고(ὡς τέκνοις λέγω, "내가 자녀에게 말하듯 하노니")는 이 문장을 중문(重文)으로 만들고 있다(BDF, § 465.2를 보라; 바울은 그가 좋아하는 삽입구인 호스 테크노이스 레고〈ὡς τέκνοις λέγω〉 뒤에 맨처음에 와야 할 구문을 쓰는 것을 잊어버린 것이다, Plummer: 이 마지막 지적은 자신의 서신을 구술하고 있던 바울이 왜 많은 대목들에서 어색한 구문으로 되어 있는 글을 우리에게 보여 주고 있는지를 설명하는 데 도움이 될 수 있다). 또한 이 삽입구의 존재와 관련되어 있는 것은 우리가 자녀를 수식하는 "나의"를 보충해 넣어야 하는지의 여부에 관한 문제다(원문에는 무〈μου〉가 없다). 바울은 자기에게 "맡겨진 자들"을 자신의 자녀들로 여기는 성향을 보여 주고 있다는 점에서(바울 서신에서는 고전 4:14, 17; 갈 4:19; 딤전 1:2, 18; 딤후 1:2; 2:1; 딛 1:4; 몬 10절을 보라; 요한 문헌에서는 요일 2:1, 28; 3:7, 18; 4:4; 5:21을 보라), 그가 자신의 사랑에 대한 보답으로 고린도 교인들이 자신에게 사랑을 보여 줄 것을 원하는 것과 더불어서 그들의 영적인 아버지로서 영적인 자녀들에게 사랑을 구하는 것은 너무도 당연한 것으로 보인다(Hughes, Tasker, Filson). 바울은 "교실에서 사용하는 언어"(R. A. Knox)로 말하고 있는 것이 아니라, 고린도 교인들을 사랑하는 자로서 말하고 있는 것이다. 바울은 자신의 분명한 사도적 권위가 고린도 교인들에게 통하지 않았기 때문에(1:24; 참조. 13:7-10) 요구가 아니라 호소를 하고 있는 것이기는 하지만(Barrett), "아버지가 그의 자녀들에게 애정을 요구하는 것은 그리 큰 요구가 아니다"(Plummer, 204).

"너희도 우리에게 동일한 것을 행하라"(πλατύνθητε καὶ ὑμεῖς-플라튄데테 카이 휘메이스, 직역하면 "너희도 넓히라"). 이 절의 주절은 바울의 호소를 요약하고 있다. 그는 단지 "공정한 게임"(Bruce, 213)을 요구하고 있을 따름이다. 그는 사랑 안에서 자신의 마음을 활짝 열어 두었다. 이제 그의 "자녀들" 이 그것에 대한 보답으로 그와 똑같이 행할 차례다(우리는 바울이 고린도 교인들에게 "열기"를 원하고 있다는 이러한 말을 통해서 고린도 교인들이 담대하게 모습을 드러내고서 그들의 속마음을 다 밝힐 것을 기대하고 있었을 수도 있다고 생각한다; 위의 6:11을 보라).

바울은 7:2에서 고린도 교인들에게 그들의 마음을 열라는 자신의 호소를 계속해서 이어 나가지만, 현재의 본문 구성에서 6:14-7:1의 존재로 인하여 그러한 사고의 흐름은 중단된다. 이에 대해서는 다음 단락을 보라.

## 해설

6:1-13에서 사용된 바울의 언어는 이 서신의 절정을 잘 보여 준다. 이 단락의 표현을 통해서 바울은 다시 한 번 그의 독자들에게 자기가 전한 말씀은 하나님의 말씀이고, 자기가 전한 말씀은 화해의 말씀이라는 것을 환기시킨다. 화해라는 것은 하나님과 평화로운 관계로 들어가게 되었다는 것을 의미한다. 그렇지만 이러한 관계는 그러한 화목을 반영하는 삶을 살아야만 수행될 수 있는 책임을 포함한다. 바울은 이 점에서 그들의 주의를 환기시키고, 자신의 모범을 근거로 해서 그들에 대한 자신의 사랑을 보여 주고자 한다.

6:4b-10에 나오는 일련의 모범들과 대구들은 그의 약함을 보여 주는 것들로서, 이렇게 그는 약했기 때문에 하나님의 능력으로 일할 수 있었다(12:9-10). 바울의 사역은 하나의 역설이지만, 하나님이 열납하시는 그런 종류의 사역이다. 이제 바울은 고린도 교인들도 자기와 마찬가지로 행해서 자기 편이 되어 줄 것을 소망한다. 바울에게 이러한 사건들은 고린도 교인들을 용납할 정도로 넓어진 자신의 열린 마음을 보여 주는 것이다. 그런 까닭에 그들의 영적인 아버지로서 그는 그들의 사랑을 요청한다.

이 절들을 통해서 바울은 고린도 교인들과의 "화해"를 추구한다. 이 단락에서 우리는 마침내 5:18-21에서 하나님의 구원 계획(*Heilsplan*)을 설명하는 대목을 포함시킨 이유와 바울이 "하나님과 화목하라"(5:20)는 명령을 저 구원론적인 진술의 중심에 갖다 놓은 이유를 알 수 있다. 케리그마의 언어는 고린도 교인들을 향한 바울의 권면적인 호소에 이바지하는 방향으로 사용된다. 그들은 더 이상 그의 사역을 실패이자 수치로 판단하는 믿지 않는 자들의 세상 편에 머물러서는 안 되고(8절), 그와 그의 사역을 하나님의 참된 일꾼으로 보는 하나님의 평가 쪽으로 넘어와야 한다(4절). 여기에 나오는 사도의 시련과 승리들에 관한 목록(*vade mecum*) 속에서 우리는 하나님이 택하신 사자들이 어떤 종류의 섬김으로 부르심을 받았는지, 그들은 무엇을 겪을 것을 예상할 수 있는지, 그리고 무엇보다도 그들이 바울이 자신의 숙명(*ἀνάγκη*-아낭케, 4절)과 관련하여 어떻게 행하고 반응했는지를 봄으로써 어떻게 위로를 받을 수 있는지를 보게 된다.

이러한 호소의 핵심은 여전히 바울의 사도직의 유효함과 그 신임장들이다. 어떤 관점에서 본다면, 그러한 신임장들은 그가 겪은 환난들을 길게 늘어놓는 것으로 이루어져 있기 때문에 의심스러운 것일 수도 있다. 그렇지만 바울은 자기 자신-그 연속선상에서 자신의 복음-과의 온전한 화해를 추구하고 있기 때문에, 그가 원하는 것을 이루어 주시도록 하나님의 도움을 요청할 수 있다(1절): 바울의 모든 노력이 헛된 것으로 보였을 때 그가 일생에 걸쳐서 행한 사역과 섬김이 옳다는 것을 인정해 주시는 것(빌 2:16). 그는 고린도 교인들에게 자기가 무엇을 잘못했는지를 입증해 보라고 말한다(6:1, "하나님의 은혜를 헛되이 받지 말라").

우리는 하나의 흥미로운 주제, 즉 6:13을 토대로 해서 목회자로서의 바울의 역할에 관한 마지막 해설로서 옛적의 주석가인 크리소스톰(John Chrysostom, *Hom.* 13.1, 2)의 해설을 들어보고자 한다. 여기에는 자신의 영적인 자녀들에 대하여 "아버지"로서의 바울의 관계에 대한 그의 성찰이 들어 있다.

> 사물에 열을 가하면 팽창하는 것과 마찬가지로, 사람들의 마음을 활짝 열어 젖힐 수 있는 것이 사랑의 은사다. 사랑은 따뜻하고 빛나는 덕목이다. 사랑은 바울로 하여금 그의 입을 열고 그의 마음을 넓히게 했다. "나는 오직 말로만 사랑하는 것이 아니라, 나의 마음 자체가 사랑의 노래에 동참하고 있기 때문에, 나는 나의 입 전체와 나의 마음 전체를 드려서 담대하게 말한다"고 바울은 말하고 있다. 바울의 마음은 끈끈한 사랑의 끈을 통해서 연인과 마찬가지로 모든 성도들을 포용하고 있었기 때문에, 그 마음보다 더 넓은 것은 존재하지 않았다. 그렇지만 그의 사랑은 터져 버릴 정도까지 늘어난 것도 아니었고 약해진 것도 아니었지만, 모든 경우에 온전히 다가가 미쳤다. 바울의 마음은 불신자들과 관련해서도 온 세상을 품을 수 있었기 때문에, 그가 성도들을 향하여 그러한 감정을 가졌다는 것이 어찌 놀라운 일이 되겠는가?
>
> 따라서 그는 "내가 여러분을 사랑한다"고 말한 것이 아니라, 그보다 더 강하게 "우리가 너희에게 솔직하게 말하노니 우리는 우리의 마음을 넓게 열었다"고 말했다. 우리는 모든 사람을 우리의 마음속에 담을 수 있다. 단지 그뿐만이 아니라, 그렇게 하고도 우리의 마음속에는 충분한 여유가 남는다. 왜냐하면 사랑받는 자는 사랑하는 자의 가장 깊은 마음속에서 어떠한 근심이나 두려움도 없이 거닐기 때문이다. 따라서 바울은 이렇게 말한다. "우리 편에서는 그 어떠한 제약도 없다. 그 어떤 제약이 있다면, 그것은 너희 자신에게 있는 것이다." 바울의 책망은 아주 절제된 것임을 주목하라. 그것이 바로 사랑하는 자들의 특징이다. 그는 "너희가 나를 사랑하지 않는다"고 말한 것이 아니다. "너희가 나를 동일한 정도로 사랑하고 있지 않다"고 말했다. 또한 그는 그들이 너무 호되게 질책을 받기를 원하지 않는다.
>
> 그의 모든 글들 속에서 그가 신실한 자들에 대한 사랑으로 얼마나 불타고 있는지가 분명하게 드러난다. 각각의 서신으로부터 인용문들을 골라내어 보라. 로마 교인들에게 서신을 보내면서 사도는 이렇게 말한다. "내가 너희 보기를 갈망한다." "나는 자주 너희에게

가는 것을 나의 목표로 삼았다." "나는 어떻게 해서든지 너희에게로 갈 것이다." 갈라디아 교인들에게 그는 다음과 같이 말한다. "나의 어린 자녀들아 내가 다시 너희에 대하여 해산의 수고를 하노라." 이번에는 에베소 교인들에게 사도는 이렇게 말한다. "이런 이유로 내가 너희를 위하여 기도한다." 데살로니가 교인들에게는 이렇게 썼다. "우리의 소망이나 기쁨이나 자랑하는 것이 무엇이냐. 바로 너희가 아니냐?" 왜냐하면 그는 자신의 마음속에서는 물론이고 자신이 쇠사슬에 묶였을 때도 그들을 품고 다녔다고 말하기 때문이다.

나아가서 그는 골로새 교인들에게 이렇게 쓴다. "내가 너희와 무릇 내 육신의 얼굴을 보지 못한 자들을 위하여 어떻게 힘쓰는 것을 너희가 알기를 원하노니 이는 저희로 마음에 위안을 받게 하려 함이라." 또한 데살로니가 교인들에게는 그는 이렇게 쓴다. "우리가 유모가 자기 자녀를 기름과 같이 했으니 이같이 너희를 사모하여 하나님의 복음으로만 아니라 우리 목숨까지 너희에게 주기를 즐겨했노라." "우리 쪽에서는 마음을 일부러 좁힌 것이 전혀 없다"고 그는 말한다. 그는 자기가 그들을 사랑한다고만 말하고 있는 것이 아니라, 그들에 의해서 사랑받고 있다는 것, 이런 식으로도 그들을 자신에게 끌어올 수 있다는 것을 말한다. 그들에 대하여 그는 이렇게 증언한다. "디도가 우리에게 와서 너희의 사모함과 애통함과 열심 있는 것을 우리에게 고했노라."

# I. 살아 계신 하나님의 전(6:14-7:1)

## 참고문헌

**Betz, H.-D.** "2 Cor. 6:14-7:1: An Anti-Pauline Fragment?" *JBL* 92(1973) 88-108. **Collange, J.-F.** *Enigmes de la deuxième épître de Paul aux Corinthiens.* Cambridge: University Press, 1972. 305-13. **Dahl, N. A.** "A Fragment and its Context: 2 Corinthians 6:14-7:1." In *Studies in Paul.* Minneapolis: Augsburg, 1972. 62-69. **de Jonge, M.** *The Testaments of the Twelve Patriarchs.* Leiden: Brill, 1953. **Derrett, J. D. M.** "2 Cor 6:14ff. a Midrash on Dt 22, 10." *Bib* 59 no. 2(1978) 231-50. **DeVries, S. J.** "Note Concerning the Fear of God in the Qumran Scrolls." *RQ* 5(1964-66) 233-37. **Driver, G. R.** *The Judean Scrolls.* Oxford: Basil Blackwell, 1965. **Ellis, E. E.** "A Note on Pauline Hermeneutics." *NTS* 2(1955-56) 127-33. **Fee, G. D.** "II Corinthians VI.14-VII.1 and Food Offered to Idols." *NTS* 23(1977) 140-61. **Fitzmyer, J. A.** "Qumran and the Interpolated Paragraph in 2 Cor 6:14-7:1." in *Essays on the Semitic Background of the New Testament*, 205-17. London: Chapman, 1971. **Gnilka, J.** "2 Cor 6:14-7:1 in Light of the Qumran Texts and the Testaments of the Twelve Patriarchs." In *Paul and Qumran*, ed. J. Murphy-O'Connor, 48-68. London: Chapman, 1968. **Gunther, J. J.** *St. Paul's Opponents and Their Background*. NovTSup 35. Leiden: Brill, 1973. 308-13. **Huppenbauer, H. W.** "Belial in den Qumrantexten." *TZ* 15(1959) 81-89. **Jewett, R.** *Paul's Anthropological Terms: A Study of their Use in Conflict Settings*, 1971. **Jones, Ivor H.** *The Contemporary Cross*. London: Epworth, 1973. **Ker, R. E.** "Fear or Love? A Textual Note." *ExpTim* 71-72(1959-61) 195-96. **Kuhn, K. G.** "Les rouleaux de guerre de Qumrân." *RB* 61(1954) 193-205. **Moffatt, J.** "2 Corinthians VI.14-VII.1." *ExpTim* 20(1908-9) 429-30. **Pageh, E. H.** *The Gnostic Paul*. Philadelphia: Fortress, 1975. **Rensberger, D.** "2 Corinthians 6:14-7:1 - A Fresh Examination." *StBibT* 8(1978) 25-49. **Schenk W.** *Gemeinde in Lernprozess die Korintherbriefe*. Bibelauslegung für die Praxis 22. Stuttgart: Katholisches Bibelwerk, 1979. **Schick, E.** *Die Wahrheit siegt durch die Liebe: Priesterliche Existenz nach dem zweiten Korinthbrief*. Stuttgart: Katholisches Bibelwerk, 1975. **Schütz, J. H.** *Paul and the Anatomy of Apostolic Authority*. SNTSMS 26. Cambridge: University Press, 1975. 165-86. **Skeat, T. C.** "Early Christian Book Production: Papyri and Manuscripts." In *Cambridge History of the Bible*, vol 2, ed. G. W. H. Lampe, 54-79. Cambridge: University Press, 1969. **Thrall, M. E.** "The Problem of II Cor. VI.14-VII.1 in some Recent Discussion." *NTS* 24(1977) 132-48.

## 본 문

**14** 너희는 믿지 않는 자와 멍에를 같이 하지 말
라 의와 불법이 어찌 함께하며 빛과 어두움이 어
찌 사귀며

**14** Do not be mismated with unbelievers. For
what partnership do righteousness and lawless-
ness have? Or what fellowship has light with
darkness?

**15** 그리스도와 벨리알이 어찌 조화되며 믿는 자
와 믿지 않는 자가 어찌 상관하며

**15** What harmony is there between Christ and
Belial?[a] Or what portion does a believer have with
an unbeliever?

**16** 하나님의 성전과 우상이 어찌 일치가 되리요
우리는 살아 계신 하나님의 성전이라 이와 같이
하나님께서 가라사대 내가 저희 가운데 거하며
두루 행하여 나는 저희 하나님이 되고 저희는 나

**16** And what agreement can God's temple have
with idols? For we are[b] the temple of the living
God. As God said: I will dwell in their midst,
and walk with them, and I will be their God and

의 백성이 되리라 하셨느니라
17 그러므로 주께서 말씀하시기를 너희는 저희 중에서 나와서 따로 있고 부정한 것을 만지지 말라 내가 너희를 영접하여
18 너희에게 아버지가 되고 너희는 내게 자녀가 되리라 전능하신 주의 말씀이니라 하셨느니라

7:1 그런즉 사랑하는 자들아 이 약속을 가진 우리가 하나님을 두려워하는 가운데서 거룩함을 온전히 이루어 육과 영의 온갖 더러운 것에서 자신을 깨끗케 하자

they shall be my people.
17 Therefore, come out from their midst and be separate, says the Lord. Touch nothing unclean; and I will receive you.
18 And I will be a father to you, and you shall be my sons and daughters, says the Lord Almighty.

7:1 Since then, beloved, we have these promises, let us cleanse ourselves from every defilement of flesh and spirit, perfecting holiness in the fear of God.[c]

## 원문주해

a. 벨리안(*βελίαν*, D K *ψ*), 벨리압(*βελίαβ*, F G), 벨리알(*βελίαλ*, *pc* lat; vg) 같은 벨리아르(*βελίαρ*)의 서로 다른 여러 철자법과 관련해서 유익한 설명으로는 Hughes(248, n. 12)를 보라. 벨리아르(*βελίαρ*)는 히브리어의 벨리알(בְּלִיַּעַל, BGD, 139)을 나타내는 것인데, 이것은 사본상으로 더 나은 지지를 받는 벨리아르(*βελίαρ*)가 *λ*와 *ρ*의 상호 교환(이화 작용, Bruce, 214)의 결과라는 것을 강력하게 시사해 준다. 이런 현상은 예를 들자면 클리바노스(*κλίβανος*)에서 크리바노스(*κρίβανος*)로, 파울로스(*φαῦλος*)에서 파우로스(*φαῦρος*)로의 변화에서 볼 수 있다. 이독들의 수가 많다는 것은 마지막 자음과 관련된 불확실성이 크다는 것을 보여 준다. Barrett와 NIV는 "벨리아르"로 번역하고, NASB, NEB, RSV는 "벨리알"로 번역한다는 것을 주목하라. Hughes는 벨리아르가 벨리알로 변화되었다고 한다면, 두 번째 "l"이 아니라 첫 번째 "l"이 변화되었을 가능성이 훨씬 더 크다고 지적한다(250). 하지만 글로쌀고스(*γλῶσσαλγος*)가 글로싸로스(*γλῶσσαρος*)로 변화된 것은 이것이 확고하고 고정된 규칙이 아니라는 것을 보여 준다(Plummer, 208).

b. 대다수의 사본은 휘메이스 가르 나오스 데우 에스테(*ὑμεῖς γὰρ ναὸς θεοῦ ἐστε*, $P^{46}$[$\aleph^2$]C $D^2$ F G $it^g$ vg)를 지지하지만 알렉산드리아 계열과 서방 계열에 속한 사본들(ℵ* B D* 33 81* $it^d$ $cop^{sa.bo}$)의 강력한 증거로 인해서 우리는 Nestle-Aland[26]의 본문을 더 선호하지 않을 수 없다. Metzger는 "하나님의 성령이 너희 안에 거하시는 것"(*οἰκεῖ ἐν ὑμῖν* -오이케이 엔 휘민)이라는 고전 3:16에 비추어 볼 때 휘메이스(*ὑμεῖς*)가 포함된 읽기는 필사자로 인해서 기인된 것일 가능성이 크다는 결론을 내린다(*Textual Commentary*, 580). 하지만 그러한 읽기도 의미가 통한다. 왜냐하면 우리는 6:14, 17에서 2인칭이 사용되고 있는 것을 보기 때문이다. 헤메이스(*ἡμεῖς*)와 휘메이스(*ὑμεῖς*) 중에 어느 쪽을 선택하느냐는 이와 비슷한 문제는 7:12; 8:8; 19; 고전 7:15에서도 발견된다. 다른 한편으로, "너희"를 "우리"로 바꿀 이유는 없는 것으로 보인다.

c. 오직 $P^{46}$만이 포보($\phi \acute{o} \beta \omega$) 대신에 아가페($\dot{\alpha} \gamma \acute{\alpha} \pi \eta$)로 읽는다. Ker, "Fear or Love?" 195-96에서는 엔 아가페 데우($\dot{\epsilon} \nu$ $\dot{\alpha} \gamma \acute{\alpha} \pi \eta$ $\theta \epsilon o \hat{\upsilon}$)라는 어구가 엔 포보 데우($\dot{\epsilon} \nu$ $\phi \acute{o} \beta \omega$ $\theta \epsilon o \hat{\upsilon}$)보다 신약에서 더 친숙한 어법이라고 주장한다. Ker가 보기에는 후자는 칠십인역의 영향을 보여 주는 것이다. Ker는 온 세상에 대항하여(contra mundum) 논증을 펴고 있지만, 가장 초기의 사본의 지지를 받고 있다. 엔 아가페($\dot{\epsilon} \nu$ $\dot{\alpha} \gamma \acute{\alpha} \pi \eta$)라는 어구에 대해서는 유 1:21을 보라. 그러나 $P^{46}$의 읽기가 잘못된 것일 가능성이 더 크다(Barrett, 193, n. 2).

## 양식/구조/배경

고린도후서에 관한 오늘날의 논의 속에서 이 단락에 친숙해진 사람은 누구든지 이 단락이 제기하는 비평상의 문제들을 분명히 잘 알고 있을 것이다. 하지만 이 단락의 구조를 먼저 살펴볼 필요가 있기 때문에, 그러한 문제들을 살펴보는 것은 잠시 미루어 두기로 하자.

이 단락 자체는 하나의 서술문(6:14a)과 그 뒤에 나오는 다섯 개의 반립 의문문들(6:14b, c, 15a, b, 16a)로 이루어진 독립적인 단락이다. 이러한 각각의 의문문들은 "믿지 않는 자와 멍에를 같이 하지 말라"는 6:14a의 권면을 강화시키기 위한 것이다. 이 의문문들은 악으로부터 구별되어야 할 필요성, 즉 악과 상관하는 것을 피해야 할 필요성을 예시해 준다.

거룩함으로의 이러한 부르심을 위한 추진력은 하나님의 전으로서의 믿는 자들이라는 이미지를 천착하고자 하는 저자의 의도를 통해서 제시된다(6:16b에서 믿는 자들은 공동체적으로 하나님의 성전으로 보인다). "기독교적인 성전"은 "우상들"로부터 자유로워야 한다는 것(유대교의 성전의 경우처럼)을 보여 주기 위하여 이 단락을 쓴 기자는 일련의 구약 본문들을 제시한다. 그러한 본문들은 종종 하나의 인용문(16d절)이기도 하지만 많은 경우에는 구약의 본문을 의역한 것(16c절) 또는 편집한 것(6:18a, b)이다. 이러한 권면들은 거룩함을 그 자체로 하나의 목표로서 성취하는 것이 아니라 하나의 생활 양식으로 묘사하고자 하는 저자의 의도를 반영하고 있는 약속들과 뒤섞여 있다(Betz, "2 Cor 6:14-7:1"을 보라). 세 가지 약속들(6:16c-d; 17*c*; 18)은 다음과 같은 결론적인 권면을 위한 토대가 되고 있다. (1) 육과 영을 더럽히는 모든 것을 피하라는 것, (2) 거룩함을 "온전히 이루는" 삶을 살라는 것-즉 거룩함을 완성하는 삶을 살라는 것(7:1). 이렇게 이 단락은 하나님을 향하여 거룩하고 구별된 삶을 살라는 당부로 시작해서 그러한 당부로 끝난다. 이교 세계로부터 구별되어 살라는 주제는 이 단락 전체에 걸쳐서 일관되게 제시된다.

이러한 구조를 염두에 두고서 학자들은 이 단락의 위치 및 편집과 관련된 문제들을 붙들고 씨름해 왔다. 그 중 한 가지는 6:13과 14절 사이에서 그 어떤 자연스러운 이행을 찾아 보는 것이 어렵다는 것이다. 6:13은 고린도 교인들에게 "그들의 마음을 활짝 열라"는 바울의 호소로 끝난다. 그런데 우리는 다음 절로 넘어가자마자 갑자기 믿지 않는 자들과 멍에를 같이 하지 말라는 권면을 발견하게 된다(6:14). 마찬가지로, 육과 영을 더럽히지 말라고 말하는 우리의 단락의 결론부(7:1)는 이 서신의 기자가 고린도 교인들의 마음속으로 들어가기를 원한다는 것을 다시 한 번 서술하고 있는 7:2로 부드럽게 넘어가지 못한다. 이렇게 해서 해석자들이 직면한 한 가지 아주 중요한 문제는 고린도후서 6:14-7:1이 원래부터 고린도후서라는 서신의 일부를 이루고 있었느냐는 문제다. 이 단락은 원래부터 여기에 있었던 것인가, 아니면 중간에 끼어든 것인가?

그러나 두 번째 문제는 이 단락의 저자가 누구냐에 집중되어 있다. 이 단락은 바울이 쓴 진정한 것인가, 아니면 다른 사람이 쓴 것인가? 이 단락을 바울이 썼다는 것을 반대하는 학자들이 제시하는 논거들은 네 가지로 분류되어서 요약될 수 있다. (1) 이렇게 짧은 단락 속에 신약에서 단 한 번 나오는 단어의 수가 많다는 것(최대한으로 보아서 모두 9개의 단어, 나중에 나오는 설명을 보라), (2) 극단적으로 배타적인 정신(레위기 또는 제의 법전에 토대를 둔)을 이 단락의 저자가 보여 주고 있다는 것－이전에 바리새인이었다가 율법에서 지금은 "해방된" 바울에게는 어울리지 않는 것으로 보이는 태도, (3) 이원론적인 대비들의 존재(즉 반립적인 의문문들), 공동체를 성전으로 보는 개념, 일련의 구약 본문들을 연쇄적으로 느슨하게 결합시켜 놓은 것 등과 같은 쿰란 문헌과의 유사성(Schweizer, *TDNT* 7:126, n. 225를 보라), (4) 7:1에서 "육"과 "영"을 "비바울적인" 용법으로 사용하고 있는 것(이 단락을 둘러싼 문제들에 대한 두 개의 유익한 요약들은 Hughes, 241-44와 Rensberger, "2 Corinthians 6:14-7:1"의 글들 속에서 찾아 볼 수 있다).

위에서 언급한 이유들을 근거로 해서 몇몇 학자들은 6:14-7:1이 바울의 것이 아니라는 결론을 내리게 되었다. 피츠마이어(Fitzmyer, "Qumran")는 이 단락을 "에세네파의 글을 기독교적으로 개작한 것으로서 비바울적인 글이 중도에 끼어든 것이라고" 본다(217). 마찬가지로, 달(Dahl, "A Fragment," 64, 65)은 6:14-7:1이 "비바울적인 기원을 지닌 쿰란 공동체의 신학을 기독교적으로 약간 손본 것"이라고 결론을 내린다. 그닐카(Gnilka, "2 Cor 6:14-7:1")도 다른 많은 학자들의 공통된 견해를 따라서 이 단락의 저자는 바울이 아니라 익명의 그리스도인이라고 본다. 베츠(Betz, "2 Cor 6:14-7:1")는 극단적으로 나가서 이 단락은 반바울적인 주장을 담고 있는 글로서 갈라디아 교회에 있던 바울의 원수들의 입장을 서술한 것이라고 주장한다(갈라디아서에서 나오는 바울의 대적들을 해설함에 있어서 이 학설을 사용한 것으로는 Betz, "Spirit, Freedom, and Law, Paul's Message to the Galatian Church," *SEÅ* 39[1974] 145-60를 보라).

이러한 주장들은 주목할 만한 가치가 있기는 하지만 반드시 설득력이 있는 것은 아니다. 이 절들 속에는 신약에서 단 한 번 사용된 단어들이 몇 개 나오기는 하지만(*ἑτεροζυγοῦντες*–헤테로쥐군테스, *μετοχή*–메토케, *συμφώνησις*–쉼포네시스, *βελιάρ*–벨리아르, *συγκατάθεσις*–쉉카타데시스, *μολυσμός*–몰뤼스모스: 〈*ἐμπεριπατήσω*–엠페리파테소, *εἰσδέξομαι*–에이스덱소마이, *παντοκράτωρ*–판토크라토르도 바울의 hapax legomena로 보이지만, 이것들은 구약에 대한 번역문들 속에 들어 있기 때문에 원래 저자의 것으로 보기는 힘들다〉), 이것은 그렇게 이례적인 것은 아니다. 한 가지 예를 들자면, 바울이 신약에서 단 한 번 나오는 단어들이 많이 들어 있는 단락을 쓴 것은 심심찮게 찾아 볼 수 있다(고전 4:7-13에는 그런 단어들이 6개 나오고, 고후 6:3-10〈이 단락 직전의 절들〉에는 4개 나온다; 또한 참조. 11:22-29; Hughes〈242〉가 지적하듯이, 고린도후서에만 그런 단어들이 50번 정도 나온다). 게다가, 피(Fee, "II Cor vi. 14-vii.1," 144, 145)는 신약에서 단 한 번 사용된 단어들에 근거한 논증은 아주 조심스럽게 활용될 필요가 있다는 점을 지적한다. 엘피조-엘피스(*ἐλπίζω-ἐλπίς*), 기노스코-그노시스(*γινώσκω-γνῶσις*), 피스튜오-피스티스(*πιστεύω-πίστις*) 같은 동사들과 명사들이 서로 연관되어 있다면, 메테코-메토케(*μετέχω-μετοχή*), 몰뤼노-몰뤼스모스(*μολύνω-μολυσμός*)가 서로 연관되어 있다고 말하지 못할 이유가 어디에 있겠는가? 또한 헤테로쥐게오(*ἑτεροζυγέω*)는 쥐고스(*ζυγός*)와 소쥐고스(*σόζυγος*)의 경우처럼 비슷한 복합어들과 무엇이 그렇게 차이가 나는가? 우리는 쉼포네시스(*συμφώνησις*)와 쉉카타데시스(*συγκάταθεσις*)가 접두사 쉉(*συγ* 〈*μ*〉)을 사용하여 만들어진 바울의 다른 복합어들의 패턴을 그대로 따르고 있다는 것을 볼 수 있다. 이 단락이 바울이 쓴 것이 아니라는 것을 보여 주는 실질적인 증거가 될 수 있는 유일한 단어는 벨리아르(*βελιάρ*)지만(Thrall, "The Problem," 138), 유대 사상 속에 깊이 자리잡고 있었던 이 단어(아래에 나오는 설명을 보라)가 바울의 사고 속에서 반드시 배제되어 있었다고 생각하는 것은 별로 이치에 맞지 않는다(Allo, 190). 따라서 피(Fee, 147)가 "신약에 단 한 번 나오는 단어들을 근거로 해서 이 단락의 진정성을 문제 삼는 것은 불가능하다"고 결론을 내린 것은 옳은 것으로 보인다. 바울의 학문적인 훈련과 언어적인 능력을 감안할 때(Hughes, 242), 그가 서로 다른 단어들을 자유롭게 구사하고 있는 것은 결코 우리에게 놀라운 일이 될 수 없다. 그렇지만 이 단락에서 이례적이고 드문 단어들이 높은 사용 비율을 보이고 있다는 것은 주목할 만하고 설명을 필요로 하는 것이다.

이 절들(6:14-7:1)이 지나친 배타성을 보여 주고 있다는 주장은 좀더 비중이 있는 것으로서 중요하다. 이러한 주장을 한 베츠(Betz, "2 Cor 6:14-7:1")는 6:14-7:1이 반바울적이라고 주장하는 과정에서 이 단락은 토라를 준수하는 것을 지지하고 있다고 말하지만, 사실 그런 내용은 이 단락에 나오지 않는다(Rensberger, "2 Corinthians 6:14-7:1," 26). 이러한 주장의 논리적인 추론의 결과는 바울은 자유주의자로 여겨지고 있다는 것-그가 이 절들에 나오는 가르침에 공감하고 있지 않다고 할 때-이다. 6:14-7:1이 반바울적이라고 한다면, "바울적인" 단락은 모든 도덕적인 제약들로부터 자유로운 삶을 권하는 경향을 보여 주어야 한다는 결론이 도출될 것이다. 그러나 이것은 바울이 거룩한 삶을 살 것을 역설하고 있다는 점에 비추어 볼 때(롬 8:9; 고전 6:12-20) 결코 그렇지 않다. 바울은 믿는 자들이 율법에서 자유롭게 되었다는 것을 말했지만(롬 7:4-6; 갈 2:19; 참조. 롬 10:4), "율법에서 자유로운" 삶이 자기 자신을 기쁘게 하는 삶을 살도록 허용한 것을 의미하는 것이라는 결론을 내리지는 않는다(롬 6:12-19; 갈 5:13-25). 바울은 자신의 전도를 받아서 회심한 자들이 그러한 노선의 삶을 살았을 때는 어김없이 그들을 책망했다(롬 3:8; 6:1, 15; 갈 5:13). 또한 우리는 배타성을 지닌 어조는 구약의 인용문들로부터 오는 것으로서 아마도 바울이 고린도전서 5:10에서의 경우처럼 오해받고 있었던 이유를 보여 주는 것일 가능성이 있다는 것을 기억해야 한다. 그러나 바울이 이러한 일련의 구약의 이미지들을 사용했을 것이라고 믿는 것에 대하여 주된 장애물로 여겨지는 것은 이 절들이 구약의 제의 종교에 근거해서 호소하고 있다는 것이다.

우리는 이 단락과 관련해서 쿰란 문헌과의 유사성들이 지적되고 있다는 사실을 눈여겨 보아야 한다(Gunther, "St. Paul's Opponents," 312). 그러나 브루스(Bruce)가 지적하듯이(214), 이러한 특징들은 오로지 쿰란 문헌에만 특이한 것이 아니었다(해당 "주석"을 보라). 6:14-7:1에 나오는 많은 부분들과 관련해서 쿰란 문헌의 영향을 주된 이유로 보는 것은 "병행 중독"(parallelomania, 본문들 간의 유사성을 지나치게 과장해서 그 본문들이 서로 연관이 있다는 결론을 이끌어 내고자 하는 해석학상의 오류)의 덫에 빠지는 것일 가능성이 대단히 높다(*JBL* 81[1962] 1-13에 수록된 동일한 제목의 S. Sandmel의 논문을 보라; 참조. Fitzmyer, 205, n. 1). 이 문제를 평가하기 위해서는 한절 한절씩 검토해 나가는 것이 필요하지만(나중에 나오는 설명을 보라), 우리가 확실한 증거를 추구하는 것이라면 이 단락이 에세네파 또는 유대 그리스도인에게 속한 인물이 썼다는 것을 분명하게 보여 주는 증거는 없다고 할 수 있다(Thrall, "The Problem," 138; "이 단락〈6:14-7:1〉이 바울의 것이라는 사실은 증명될 수 없다. 그러나 이 단락이 바울에게서는 나올 수가 없고 오직 쿰란 공동체에 속한 인물로부터만 나와야 한다는 것은 더욱 증명될 수 없다"고 W. G. Kümmel, *Introduction to New Testament* 2, 1975, 288에서는 결론을 내린다). 그렇지만 잘 살펴보면, 쿰란 공동체에서 지배적이었던 사고 방식과의 이러한 밀접한 병행들이 존재한다는 것은 주목할 만한 일이다.

또한 이 단락에서는 육과 영이라는 표현이 바울의 통상적인 용법과는 판이하게 다르게 사용되고 있다는 주장(7:1)이 과연 바울이 이 단락의 저자라는 것을 배제할 정도로 강력한 것인가 하는 문제가 존재한다. 이 문제는 나중에 자세하게 다루어지게 되겠지만, 지금으로서는 이것은 이 단락의 진정성을 부정할 만한 압도적인 이유가 되지는 않는다는 말을 해 두는 것이 좋을 것 같다(Hughes, 242).

모든 것을 종합해 볼 때, 이 단락의 진정성에 대해서는 결코 통일된 견해가 존재할 수 없을 것 같다. 이 단락이 바울의 저작이냐 아니냐를 놓고 갈라진 양쪽 모두가 자신들의 주장을 뒷받침할 수 있는 근거들을 어느 정도 제시할 수 있다. 위에서 살펴본 논의에 비추어 볼 때, 우리는 바울이 이 단락에 대하여 어느 정도 관여했을 가능성이 매우 높다고 믿게 된다. 우리는 이 점이 앞으로 살펴볼 주석에서 분명하게 되기를 소망한다. 그러나 우리는 다음과 같은 명확한 입장을 받아들이는 것은 아니다: "요컨대, 이 단락이 사도 바울에 의해서 쓰여지지 않았을 수도 있다는 것을 보여 주는 증거는 언뜻 보기에(*prima facie*) 존재하지 않는다"(Hughes, 242).

휴즈(Hughes)에 의한 그러한 부정은 바울이 자신의 사고 속에서 왜 그러한 결정적인 "경련"(Barrett)을 일으켰는지에 관한 문제를 답변하지 않은 채로 남겨 두는 문제점을 안고 있다. 또한 여기서 사용된 바울의 어휘들 중에서 일부가 꼭 쿰란 공동체에서만 사용된 것이 아니라는 점을 우리가 인정한다고 하더라도, 우리는 신약 속에서 에세네파의 사상과 이토록 밀접한 관계를 보여 주는 또 다른 단락을 과연 찾아볼 수 있는가? 나아가서, 피(Fee)는 우리가 살펴보고 있는 단락 속에서 발견되는 많은 "하팍스 레고메나"에 지나친 비중을 두지 말아야 한다고 경고하지만, 우리는 이토록 짧은 글 속에 그토록 많은 "하팍스 레고메나"가 들어 있는 이유를 스스로 묻지 않으면 안 된다. 요컨대, 이 단락은 오로지 바울이 구술을 통해서 원래 쓴 것이라고 주장하기는 어렵다는 것이다. 즉 바울이 6:14-7:1의 글에 대하여 어느 정도 관여를 한 것은 정도 차이는 있지만 확실한 듯이 보이고, 이 단락이 바울의 사고를 거치지 않고 다른 곳에서 그대로 가져와서 끼워 넣어졌을 가능성은 대단히 희박하다는 것이다. 따라서 이 단락이 바울의 것이 아니라거나 이 단락이 진정으로 바울의 것이라고 단도직입적으로 말하는 것보다는, 우리는 렌스베르거(Rensberger)의 견해를 그래도 잘 유지될 수 있는 대안(몇몇 수정을 거쳐서)이라고 보아서 그러한 견해를 채택한다.

그가 주장하는 것은, 이 단락에 바울적인 특징들과 비바울적인 특징들이 혼합되어 있는 것은 바울이 에세네파 출신의 그리스도인이 이전에 결합시켜 놓은 하나의 전승 단편을 사용했기 때문일 가능성이 높다는 것이다(41). 이러한 온건한 입장은 우리가 6:14-7:1이 고린도전서 5:9에 언급된 글일 가능성이 있다는 것을 고려할 때 신빙성을 얻는다. 앞으로의 논증 속에서 밝혀지겠지만, 바울은 6:14-7:1을 이 대목에 삽입함으로써 그가 말하고자 했던 명확한 의도를 갖고 있었다. 우리는 이 단락을 바울이 고린도후서의 이 대목에 도달했을 때 하나의 독립적인 단락으로 사용하기로 그가 미리 마음에 둔 기존의 텍스트였다고 말할 수 있을 것이다. 그러나 바울이 에세네파적인 특징을 지닌 이 글에 대한 최종적인 "편집자"였고 그 글을 "바울화했다"고 할지라도, 우리는 이 글이 독특하게 바울적인 특징을 지니고 있다고 판단할 수는 없다. 도리어 우리는 바울이 이 서신에서 이 흥미로운 접합점에 그 텍스트를 갖다놓은 자였다는 의미에서 6:14-7:1을 진정한 것이라고 본다. 렌스베르거(Rensberger)를 수정한 우리의 견해는 앞으로 나올 "주석"에서 찾아볼 수 있다. 여기서는 우리가 6:14-7:1의 직접적인 대상을 10-13장에 나오는 바울의 대적자들로 보는 것에 동의하지 않는다고 말해 두는 것으로 충분할 것이다. 우리가 보기에는 이 단락의 주된 대상들은 믿지 않는 자들과 어울릴 위험성이 있는 그리스도인들이다. 이 단락에서 사용된 글의 원본(*Vorlage*)의 목적은 유대 기독교의 믿는 자들에게 전통적으로 우상 숭배와 음행이라는 쌍둥이 죄악들로 더럽혀져 있다고 생각되었던 이방인들과의 모든 접촉을 피하도록 경고함으로써 거룩한 공동체를 확보하고자 하는 것이었다(행 15:19, 20; G. F. Moore, *Judaism in the First Centuries of the Christian Era*, vol. 1[1946] 274, 275, 339를 보라). 바울이 고린도전서 5장에 나오는 문제들을 다루기 위하여 이 가르침을 거기서 사용했지만 단지 오해를 불러일으키는 결과만을 낳게 된 것인지에 대해서는 정확히 알 수 없다. 이 엄격한 텍스트를 담은 단락이 고린도후서, 그리고 이 서신의 이 대목에 나온다는 사실을 설명해 주는 것은 화해에 대한 바울의 가르침을 담고 있는 단락(5:14-21)과 온건한 어조로 끝나는(6:13) 자신의 사도직을 변호하는 내용을 담은 단락(6:1-13)을 이 단락이 강화시켜 주고 있다는 것이다. 이제 마지막 단계에서 바울은 앞에서와는 다른 방식과 어조를 채택하고 있는 것이다. 그는 고린도 교인들이 하나님과 화해하지 않고 여전히 적대적인 믿지 않는 자들(세상)과 어울려서, 계속해서 자신의 순수함과 그가 전한 복음을 믿지 않음으로써 하나님과 화목하라는 자신의 요구(5:20)에 주의를 기울이지 않게 되는 일이 벌어지지 않도록 하기 위하여 여기에 하나의 경고를 삽입한다. 그런 까닭에 이 단락의 첫 행은 그들을 믿지 않는 자들(*ἄπιστοι* – 아피스토이, 참조. 4:3, 4)에 견줌으로써 그들을 아프게 찔러서 정신을 차리게 하여, 만약 그들이 그와 합하기를 거절한다면 위험에 처할 것임을 깨우친다.

저자와 위치에 관한 문제가 어느 정도 해결된 것이라고 보아서, 우리는 이제 앞에서 제기된 문제, 즉 우리가 살펴보고 있는 단락의 통일성이라는 문제로 되돌아가고자 한다. 이 문제에 대한 대답이 될 수 있는 세 가지 가능성이 존재한다. (1) 이 단락은 우연에 의해서 현재의 위치에 놓이게 되었다. (2) 이 단락은 필사자에 의해서 나중에 삽입된 것이다. (3) 이 단락은 바울의 의도에 따라서 현재의 맥락 속에 두어졌다. 우리는 이러한 세 가지 제안을 차례로 검토해 보기로 하자.

1. 첫 번째 해법은 그 가능성이 아주 희박해 보인다. 주후 1세기의 그리스도인들이 이러한 단락이 고린도후서 속에 우연히 들어가게 될 가능성을 허용할 수 있는 코덱스(Codex)들을 사용했다는 것은 의심스럽다(Allo). 그들은 파피루스로 만들어진 두루마리를 사용했을 가능성이 매우 크다(T. C. Skeat, "Early Christian Book Production"을 보라). 게다가, "이 단락이 빠져 있는 이 서신의 사본이 하나라도 존재했다"(Plummer, 205)는 것을 시사해 주는 사본상의 증거가 없다. 따라서 고린도후서의 가장 초기의 판본들은 우리가 지금 살펴보고 있는 단락을 모두 포함하고 있었던 것으로 보인다(Plummer, xxv; 참조. Betz, 108; Rensberger, 26를 보라).

2. 두 번째 견해 – 필사자가 나중에 이 서신을 필사하면서 이 단락을 집어넣었다는 것 – 와 관련해서 우리는 이 단락이 하필이면 왜 이 대목에 삽입된 것이냐는 당혹스러운 문제에 직면하게 된다. 즉 최종 편집자가 고린도후서에 대하여 마지막으로 손질을 가한 것이라면, 왜 그는 6:14-7:1을 문맥과도 잘 맞지 않는 아주 어색한 대목에 삽입한 것인가(Barrett, 23, 24를 보라)? 모팻(J. Moffatt, *First Epistle to the*

*Corinthians*[MNTC: London: Hodder & Stoughton, 1938] xxiv)은 이 단락이 "이전 편지"(고전 5:9에 언급되어 있는; Strachan, 3)의 일부라고 주장하지만, 그러한 주장은 마찬가지로 왜 이 단락이 현재의 위치에 있게 되었느냐는 문제에 직면하게 된다. 데니(Denney, 238)는 바울 자신이 이 서신을 대필시킨 후에 다시 한 번 검토하기 위하여 읽어 보다가 이 단락을 삽입한 것이라고 주장한다. 그러나 그러한 주장도 마찬가지로 왜 그러한 삽입이 하필이면 이 대목에서 이루어졌느냐를 설명해야 하는 부담을 안게 된다. 우리가 방금 제시한 이유 외에도 몇 가지 이유들이 더 제시되어 왔다. 관련된 "주석"을 보라.

3. 일련의 학자들(Filson, 352; Tasker, 30; Bruce, 214; Barrett, 194; Plummer, 208; Héring, 49; Hughes, 243, 44; Thrall)은 이 단락이 원래의 서신의 일부라고 생각한다(즉 이 단락은 저자의 확고한 의도에 의해서 지금의 위치에 있게 된 것이다). 바울이 삽입구적인 사고로 "쏜살같이 달려간 것"(Plummer)은 그리 부자연스러운 일이 아니었다. 우리는 바울이 아무런 감정도 담기지 않은 논문을 쓰고 있었던 것이 아니라, 한 편의 서신을 구술하고 있었다는 것을 잊어서는 안 된다(Hughes, 243). 게다가 앞으로 보게 되겠지만, 6:14-7:1은 그 문맥으로부터 그렇게 많이 벗어나 있지 않다(Thrall). 6:1-2에는 거룩함으로 부르는 명령이 나온다. 그러자 바울은 갑자기 방향을 바꾸어서 몇몇 "하팍스 레고메나"가 나오는 여담, 즉 본론에서 벗어난 이야기를 시작한다. 그는 고린도 교인들 앞에 사도로서의 자신의 삶의 여러 특질들을 역설적인 방식으로 열거해 왔다(6:3-10). 그런 후에 그는 자기가 그들을 사랑한다는 것을 그들에게 단언하고서(6:11-12) 서로가 서로를 용납할 것을 요청한다(6:13). 그러나 그들을 향한 자신의 관심을 확실히 해 둔 기반 위에서 바울은 그들이 마음을 닫고서 그를 받아들이지 않고 있다고 그가 느끼는 이유를 제시함으로써 최종적인 호소를 시작한다-많은 해석자들은 이것이 본론에서 벗어난 것이라고 믿는다. 고린도의 회중은 바울의 가르침에 대하여 강력히 반발했지만(고전 5:9-10), 고린도 교인들은 우상 숭배와 연루되어 있는 것을 완전히 끊어내지 않으면 안 된다(고전 10:14-22). 아마도 바울은 이러한 실패와 관련해서 고린도 교인들이 지니고 있던 불편한 심기를 느끼고서(Bruce, 214), 그들이 고린도전서 10:14에서의 그의 명령의 논리를 따를 것이라는 확신에 이르게 되었던 것 같다: "그런즉 내 사랑하는 자들아 우상 숭배하는 일을 피하라." 게다가, 바울은 종종 자신의 전도를 통해서 회심한 자들이 자신의 청중이라는 사실을 잊어버리고서 지나치게 열띤 복음 전도의 말씀 속으로 빠져들었을 가능성도 여전히 있다(그러나 우리가 생각하기에

는 가능성이 없어 보이지만, Tasker, 30). 바울은 자신의 마음을 가라앉히고서, 또는 6:13의 그의 주된 사고를 기억하고서 고린도 교인들의 마음속으로 들어가고자 한다는 자신의 호소로 되돌아온다(Plummer). (좀더 복잡한 제안을 통해서 Collange, *Enigmes*, 282-84; 302-17에서는 바울이 2:14에서 시작되는 서신에 대한 두 가지 판본을 가지고 있었다고 주장한다. 이 두 가지 판본은 결말부만 서로 다른 동일한 서신이었는데, 한쪽은 2:14-6:13을 포함한 것이었고〈고린도 교인들에게 보내진 서신〉, 한쪽은 2:14-6:2과 6:14-7:4로 된 서신〈아가야 지방의 그리스도인들에게 보내진 서신〉이었다. 이러한 주장은 거의 받아들여지지 않았다〈Thrall, 141-44; Rensberger, 27를 보라〉.)

이 세 번째 견해는 많은 학자들에 의해서 주장되어 왔지만(Hughes에 의해서 이 주장은 잘 표현되었다), 우리가 앞에서 언급한 여러 가지 관심 분야들, 즉 이 단락이 쿰란 문헌과 강력한 유사성을 지니고 있는 것, 6장의 일련의 서술 속으로 이 단락이 갑작스럽게 끼어든 것처럼 보인다는 것 등의 문제들에 대하여 이 견해는 제대로 명확한 답변을 내놓고 있지 않은 것으로 보인다. 그렇지만 우리는 이 절들을 비바울적인 것으로 보거나, 고린도후서에 우연히 들어온 것이라거나, 바울 이외의 다른 사람에 의해서 끼어든 것이라고 보는 자들의 견해에 동의할 수도 없다. 바울은 원래 에세네파에서 기원한 글을 가져다가 거기에 최종적인 손질을 가해서 특별한 의도를 지니고 그 글을 이 서신에 덧붙였을 가능성이 더 높아 보인다. 다시 한 번 말하지만, 바울이 그렇게 한 의도는 자기와 소원해진 자녀들에게 자신의 화해의 복음을 받아들이고 믿음으로써 그들이 부지불식간에 그들 자신과 동일시했던 믿지 않는 세계와의 관계를 단절하라고 끊임없이 호소하고 있는 것 속에서 찾아야 한다. 대다수의 해석자들과는 달리, 우리는 우리의 견해대로 6:14-7:1이 5장에서 시작되고 7:3 이하에서 끝나는 바울의 마지막 논증의 일부라고 본다. 이 단락은 본론에서 벗어난 여담이 아니라 정상적인 논리 전개의 일부다.

## 주석

14 "너희는 믿지 않는 자들과 멍에를 같이 하지 말라"(*Μὴ γίνεσθε ἑτεροζυγοῦντες ἀπίστοις*-메 기네스데 헤테로쥐군테스 아피스토이스). 현재 명령형이 메(*μή*)와 함께 사용되고 있는 것(*μὴ γίνεσθε*-메 기네스데, 즉 "…속으로 들어가지 말라," BDF § 354)은 바울이 생각하기에는 고린도 교인들이 이미 "믿지 않는

자들"(ἄπιστοι－아피스토이)과 멍에를 같이 하는 과정 속으로 진입했다는 것을 보여 준다(이 용어에 대해서는 특히 4:2-3을 보라). 이러한 상황은 고린도전서 5:9-11에 반영되어 있는 것일 수도 있지만, 더욱 가능성이 높은 것은 이 말이 그들이 바울이 전했고 그의 인격 속에 체현된 사도적 케리그마에 반대하고 있는 문제와 관련이 있다는 것이다. 6:7에 나오는 "의"와 11:15에 나오는 그 반대말에 관한 "주석"을 보라. 왜냐하면 바울은 고린도 교인들에게 믿지 않는 자들(6:14)과 계속해서 같이 멍에를 매지 말라고, 즉 "어울리는 것이 말도 되지 않는데도 어울리는"(*Greek-English Diglot*) 일이 없도록 권면하고 있기 때문이다(Hughes, 245, n. 6). 바울이 이러한 것을 보여 주는 데 관심을 가지고 있었다는 것은 이하에 나오는 내용 속에서 드러난다("양식/구조/배경"에 나오는 구조에 관한 논의를 보라).

"멍에를 같이 하다"(ἑτεροζυγοῦντες－헤테로쥐군테스, "이중으로 멍에를 매다", Barrett, 195). 이 단어는 이 단락에서 사용된 "하팍스 레고메나" 중에서 첫 번째로 나오는 것이다("양식/구조/배경"을 보라). 멍에를 같이 매는 것을 금지하는 내용은 구약에서 발견된다(Str-B 3:521를 보라: 아마도 이후에 나오는 구약의 언급들을 미리 보여 주는 것 같다). 레위기 19:19(רבע－라바아)은 서로 어울리지 않는 짐승들을 교배시키지 말라고 하고 있고, 신명기 22:10은 황소와 당나귀의 교배를 금지하고 있다(소논문인 *Kil.* 8:2을 참조하라; Derrett은 구약에 나오는 두 구절 중에서 신명기에 나오는 구절이 분명히 더 나은 선택이라고 주장한다; 그는 자신의 입장에 대한 근거로서 6:14-7:1이 신명기 22:10에 대한 미드라쉬라는 것을 제시한다. 그의 추론은 어느 정도 설득력이 있기는 하지만, 그가 아피스토이(ἄπιστοι)에 대한 비난은 금전 문제와 관련해서 믿을 수 없음을 나타내는 것이라고 역설한 것은 그의 논증을 약화시킨다). "혼합"(כלאים－킬아임)에 관한 이러한 은유는 바울에 의해서 사용되어 그의 청중에게 기가 막히게 잘 적용된다. 그리스도인과 비그리스도인(믿지 않는 자) 간에는 구별이 있어야 한다. 그러나 바울은 믿지 않는 자(ἄπιστοι－아피스토이)라는 단어를 전문적인 의미로 사용하고 있는 것인가?

아피스토이(ἄπιστοι)를 전문적인 의미로 해석하게 되면 문제점들이 없지 않다. 렌스베르거(Rensberger, 29-31, 41-44)는 아피스토이(ἄπιστοι)가 바울의 "대적자들" 또는 적어도 바울을 반대하는 일을 하고 있었던 자들을 가리킨다고 본다. 그가 고린도후서의 주된 주제는 고린도전서에서 발견되는 주제(예를 들면, 10:14-20)인 비그리스도인들과의 관계에 관한 것이 아니라고 지적한 것은 옳다. 또한 그는 자신의 입장에 대한 근거로 4:3-4에서 아피스토이(ἄπιστοι)가 사용되고 있다는 것을 제시한다. 렌스베르거(Rensberger)는 이 단어가 이중적인 의미를 지닌다고 본다. 이 단어는 비그리스도인들을 가리키는 데 사용되고 있기는 하지만, 바울은 이와 동시에 그를 반대하는 거짓 사도들을 염두에 두고 있다는 것이다. 또한 콜랑쥐(Collange, *Enigmes*, 305)는 바울이 그의 대적자들을 염두에 두고 있었던 것이라고 믿는다. 우리는 부분적으로 이러한 견해를 지지해 왔지만(이 견해는 고전 14:22에 나오는 아피스토이〈ἄπιστοι〉가 고린도 교인들을 가리키는 것이라면 추가적인 근거를 지니게 된다: J. Murphy-O'Connor, 1 Cor, 130를 보라), 이 견해에 이의를 제기하는 자들이 있기 때문에 좀더 면밀하게 살펴볼 필요가 있다.

반론들 중의 하나는 6:14에 나오는 아피스토이(ἄπιστοι)가 바울의 대적자들을 가리킨다고 말하는 것은 고린도전서 6:6; 7:12-15; 10:27; 14:22-24(참조. 롬 11:20, 30; 딤전 1:13; 5:8; 딛 1:15; 또한 눅 12:46; 계 21:8; BGD 85를 보라)에서 사용된 이 단어가 전문적인 의미를 지닌다는 것을 간과하는 것이라는 주장이다. 게다가, 드롤(Thrall, "The Problem," 143)의 반론(바울이 자신의 대적자들을 가리키기 위한 의도로 아피스토이〈ἄπιστοι〉라는 단어를 사용한 것이라면, 이 단어는 고후 10 -13장에서도 사용되었을 것이지만, 실제로는 그렇지 않다는 것)은 아직 대답되지 않았다. 그러나 의와 불의라는 주제가 고린도후서 10-13장에서 사용되고 있다는 것이 거기에 대한 대답이 될 것이다. 문맥으로 볼 때, 바울은 고린도 교인들에게 마음을 활짝 열라고 강력히 권고했다(6:13). 따라서 이 단락의 목적은 고린도 교인들에게 그들의 마음을 활짝 열되 불법한 자들과 어울려서 그런 자들을 자신의 삶 속으로 받아들여서는 안 된다는 것을 상기시켜 주고자 하는 것이다. 이 대목에서 갑자기 방향이 바뀐 것은 바울에게 마음 문을 활짝 여는 것이 그의 복음에 대한 충성의 좁은 길로부터 벗어나는 것이 아님을 보여 주기 위한 것이다. 오히려 믿지 않는 자들과 가까이 사귀고 함께 하는 것이야말로 복음으로부터의 그러한 일탈을 가져오게 될 것이다. 따라서 우리가 말했듯이, 함께 연합하고 어울리는 것은 특별한 대상을 필요로 하는 것인데, 바울은 여러 가지 정확한 이유들을 근거로 해서 고린도 교인들이 믿지 않는 자들과 어울리고 있는 것으로 규정하고 있다. 또한 베츠(Betz, 90)는 아피스토이(ἄπιστοι)가 이방의 믿지 않는 자들이 아닌 다른 부류의 사람들과 관련되어 있다고 본다. 그는 이 용어가 토라를 지키지 않는 자들을 가리키는 것이라고 본다(Bultmann, *TDNT* 6:208-15를 보라). 그러나 베츠(Betz)는 6:14-7:1은 반바울적인 단편으로서 갈라디아서의 삶의 자리(Sitz im Leben)를 반영하고 있다는 주장-이러한 주장은 증명될 수 없는 전제를 토대로 하고 있다-위에서 자신의 결론을 도출해 낸다(108): "우리에게는 알려져 있지 않은 여러 가지 이유들로 인해서 편집자는 실제로 갈라디아서에 나오는 바울의 대적자들이 속해 있던 분파로 거슬러 올라가는 하나의 문서를 바울의 서신들 속에 집어넣었다"(Betz, 108). 그러나 그는 그가 말한 "우리에게 알려져 있지 않은 여러 가지 이유들"이 무엇이었는지를 제대로 설명해 내지 못한다. 또한 베츠(Betz)의 주장에서 아주 중요한 개념, 즉 토라를 지킨다는 개념은 6:14-7:1에 나오지 않고(참조. Rensberger, 26), 실제로 고린도후서 전체에도 나오지 않으며, 특이하게도 노모스(*νόμος*, 율법)라는 단어는 고린도후서에 전혀 나오지 않는다.

하지만 여기에 나오는 아피스토이(*ἄπιστοι*)가 좀더 광범위한 대상을 염두에 둔 것이라면, 우리는 그리스도인들은 비그리스도인들과의 어떠한 종류의 연합이 금지되고 있고, 어느 정도로 비그리스도인들과 멍에를 같이 해서는 안 되는 것인지를 물을 수 있다. 한편으로, 바울이 고린도 교인들에게 이방 세계와의 모든 접촉을 끊으라고 요구하고 있었을 가능성은 없어 보인다. 그는 그러한 것이 불가능하다는 것을 알고 있었다(고전 5:10). 물론 그의 권면은 분명히 오해되었지만 말이다. 사업을 비롯해서 통상적인 사회적 활동과 관련하여 바울은 믿는 자들에게 선한 증인들이 되라고 권면할 것이었다(Filson, 352). 바울은 믿는 자들에게 세상으로부터 나오라고(또는 심지어 "비그리스도인과의 식사를 피하라고", Barrett, 196) 요구하지 않았다. 또한 우리는 바울이 "모든 사람에게 모든 모양"이 되었다는 것을 지적하고자 한다(고전 9:20-23).

바울은 신앙의 순수성과 관련해서 타협하지 말라고 경고하고 있는 것이다(Hughes, 246). 믿는 자들로 하여금 사고 또는 행위에 있어서 세상과 연결되게 해주는 행위(차이를 없애거나 묵인함을 통해서)는 그 어떤 것이라도 피해야 한다. 특히 혼인(고전 7:12-15)은 믿지 않는 자들과 멍에를 같이 매게 만드는 한 가지 원천이었다(이것은 비록 너무 협소한 해석이기는 하지만 6:14a에 대한 가장 보편적인 이해다; Denney, 240; Plummer, 206). 또한 우상에게 바쳐진 제물을 먹는 문제가 적어도 희미하게 바울의 생각 속에 있었던 것으로 보인다(고전 10:27, 28; Fee를 보라). 아마도 사도는 믿는 자들이 그들의 애로 사항들이나 분쟁을 이방의 법정으로 가져가는 것을 염두에 두었을 수도 있다(고전 6:1-8). 그러나 바울이 구체적인 관계들이라는 견지에서 어떤 것들을 염두에 두었든지 간에, 일반적으로 그러한 접촉과 거래의 범위는 그리스도인들이 하나님의 거룩한 백성의 지체들이라는 사실을 망각하는 정도가 되어서는 안 된다(이 단락의 나머지 부분을 지배하고 있는 주제; Barrett,

196; Strachan, 4를 보라). 휴즈(Hughes)가 다음과 같이 쓴 것은 옳다(246). "바울이 여기서 사용하는 멍에라는 은유는 그가 밀접한 관계들에 있어서 양 당사자가 진정한 믿는 자들이 아닌 경우에는 기독교적인 화합이 융성하기를 기대할 수 없고 그리스도인으로서의 언행일치가 이루어질 수 없다고 생각하고 있다는 것을 보여 준다." 그리고 그러한 정서는 우리가 말했듯이 고린도 교회에 있는 적대적인 무리들에 대한 사도로서의 바울의 관계라는 특별한 상황에 적용될 때 매우 적절하다.

"의와 불법이 어찌 함께 하며"(*τίς γὰρ μετοχὴ δικαιοσύνῃ καὶ ἀνομίᾳ*-티스 가르 메토케 디카이오쉬네 카이 아노미아). 이 구절을 통해서 바울은 모두 반립 명제들로 구성되어 있는 일련의 다섯 개의 수사의문문들을 시작한다. 각각의 의문문은 의문대명사 티스(*τίς*, "무엇, 어찌")로 시작되고, 각각의 질문에 대한 대답은 분명한 것으로 여겨진다. 왜냐하면 이 의문문들은 수사의문문들이기 때문이다.

바울은 가르(*γὰρ*, "왜냐하면")로 시작하는데, 이것을 통해서 앞에 나온 구절에 대한 논리적인 결론임을 보여 준다. 이하에 나오는 내용들을 통해서 그는 믿는 자와 믿지 않는 자를 구별할 것을 명확히 요구한다("바울은 추상적인 신학이라는 견지에서 생각하고 있는 것이 아니라, 이방 도시의 삶 속에서 실제적으로 일어나는 인간 관계들을 생각하고 있다," Strachan, 5). 사랑하는 하나님의 감화 속에서 바울은 신약 또는 기독교적인 "청교도 사상"(Denney, 237-47)을 하나님의 은혜에 대한 자연스럽고도 필요한 응답으로 본다(6:1-2). 바울이 그리스도인들에게 세상을 "떠나라"고 권면하고 있는 것은 아니지만, 그가 이전에 바리새인으로 교육을 받아서 정결함과 구별됨에 대하여 관심을 가지고 되었고 "분리"-여기서 바리새인이라는 명칭이 나왔다-의 정도까지 관심을 가진 것이 여기서 그가 사용하고 있는 단어들 속에 드러나고 있는 것은 아닌지가 물어져 왔다(Strachan, 4). 그러나 이 문제는 양면성을 지닌다. 왜냐하면 바울의 선교적 신앙은 그러한 분리주의적인 성향과 부합하지 않기 때문이다.

메토케(*μετοχή*, "동반 관계", "함께 함", Filson, 352)는 또 하나의 "하팍스 레고메논"이다(Philo, *Spec. Leg.* 4:203-18; 참조. *Pss. Sol.* 14:6을 보라). 대다수의 해석자들은 디카이오쉬네(*δικαιοσύνη*, "의")를 바울이 여기서 윤리적인 의미로 사용하고 있는 단어라고 본다(Gnilka, 57; Reumann, *Righteousness*, 52). 이것은 바울이 디카이오쉬네(*δικαιοσύνη*)를 로마서 6:13-19; 14:17; 고린도후서 6:7; 11:15; 빌립보서 1:11에서 실천적인 의미로 사용하고 있는 것을 통해서 확증된다. 여기서 실천적이라는 것은 "죄를 없이 하는 하나님의 은혜로운 선물"이 아니라 인간으로서의 올바른 삶과 관련되어 있다는 것을 의미한다(디카이오쉬네/아노미아〈*δικαιοσύνη*/*ἀνομία*〉라는 대비가 6:14-7:1과 관련된 "진정성이라는 문제의 핵심"에 놓여 있다고 보는 Rensberger, 31를 참조하라). 실천적인 삶이라는 개념은 바울이 의의 종이 된다는 개념을 아노미아(*ἀνομία*, "불법", "악함", NIV; "범죄함", Barrett; "무신론", Héring)와 반복적으로 대비시키고 있는 로마서 6:13-19에서 발견된다(Collange, *Enigmes*, 306 noting the contrast in 1QH 14). 이뿐만 아니라 로마서에 나오는 이 대목은 우리가 살펴보고 있는 단락에서도 발견되는 거룩함과 부정함 간의 대비에 대해서도 말하고 있다(참조. 히 1:9). 의에 관한 바울의 그러한 사상은 그의 어법들 중에서 가장 특징적인 것은 아니지만 그의 어법과 조화되지 않는 것은 아니다(Barrett, 197). 이러한 용법은 쿰란 문헌에서도 발견되지만, 이것은 단지 바울과 쿰란의 저술가들이 구약성경의 영향을 받았다는 것을 보여 줄 따름이다(ibid.). 따라서 우리 앞에 놓인 이 단락을 비바울적인 것이라고 말한 베츠(Betz, 91, n. 12)의 주장은 기각되어야 한다(Rensberger, 31를 보라). 그리고 바울이 자기가 전한 의의 복음을 11:15에 나오는 그의 대적들이 스스로를 "의의 종들"이라고 자처한 것과 대비시키고자 하는 논쟁적인 목적을 염두에 두고 있었던 것이라면, 우리의 논증은 더욱 설득력이 있게 된다. 위에 나온 설명을 보라.

"빛과 어두움이 어찌 사귀며"(*ἢ τίς κοινωνία φωτὶ πρὸς σκότος*-에 티스 코이노니아 포티 프로스 스코토스). 이러한 대조법은 그리스도인의 매일매일의 승리를 이해하는 데 "근본적인" 것이다. 왜냐하면 이 "비유" 속에서 우리는 믿음과 불신이 양립할 수 없다는 것을 보기 때문이다(Hughes, 247). 도덕적인 특질들로서의 어두움과 빛이라는 은유는 신약에서 흔하게 나오는데, 바울 서신(롬 13:12; 살전 5:5; 엡 5:11-14)에도 흔하게 나오고 신약의 다른 부분에도 자주 나온다(요 1:4-9; 12:36; 눅 16:8). 그리스도인들은 어두움에서 빛으로 부르심을 받았다(벧전 2:9). 왜냐하면 그리스도는 세상의 빛이고(요 8:12; 9:5), 믿지 않는 자가 바깥 어두움으로 쫓겨나게 되어 있기 때문이다(마 8:12; 22:13; 25:30). 그렇지만 가장 중요한 전거는 고린도후서 4:4-6; 11:14인데, 거기서는 "어두움"을 믿지 않는 자들이 받게 될 운명이자 고린도 교인들이 "빛"으로 가장한 사탄의 제의에 동의할 때 빠지게 될 운명이라고 말한다.

바울은 그의 핵심적인 단어들 중의 하나인 코이노니아(*κοινωνία*, "사귐")라는 말을 사용한다. 그러나 여기서 사용된 그 표현은 예외적인 의미를 지닌다(이 용어에 대한 전체적인 분석으로는 R. P. Martin, *IBD* 1:307-8를 보라; 참조. idem, *The*

*Family and the Fellowship*[Grand Rapids: Eerdmans/Exeter: Paternoster, 1979] chap. 3; 다른 것들로는 G. Panikulam, *Koinonia in the New Testament*, AnBib 85 [Rome:Pontifical Biblical Institute, 1979], J. Hainz, *Koinonia: "Kirche" als Gemeinschaft bei Paulus*, BU 16[Regensburg: Verlag F. Pustet, 1982], 특히 Excursus zu 2 Kor 6, 14, 204-5가 있다: 그는 코이노니아⟨*κοινωνία*⟩+여격, 프로스 스코토스⟨*πρὸς σκότος*⟩의 이례적인 구문이 이 단락이 비바울적인 성격을 지니고 있다는 것을 예시해 주는 것이라고 지적한다).

빛과 어두움에 관한 은유들은 쿰란 문헌 속에서도 발견된다. 이것은 빛의 아들들이 어두움의 아들들과 싸움을 하는 것에 관하여 말하는 전쟁 두루마리에서 볼 수 있다(1QS 1:9-11; 또한 참조. 1QS 2:16, 17; 3:3, 13, 19, 20, 24, 25; 1QM 1:1, 3, 9, 11, 13; 13:5-6, 9, 15-16; 1QH 12:6; 4QFlor 1:9). "어두움의 아들들"이라는 표현은 신약에 나오지 않는다는 것을 우리는 주목할 수 있다-물론 데살로니가전서 5:5에는 이 표현과 비슷한 것이 나오기는 하지만(Fitzmyer, 208, n. 7을 보라). 이것은 빛과 어두움이라는 개념이 쿰란 문헌의 영향을 직접적으로 받고 있는 것이 아니라 단지 구원받은 자들과 정죄받은 자들 간의 차이를 나타내는 것이라는(2:15) 바렛(Barrett, 197)의 입장을 뒷받침해 준다. 그렇지만 우리는 그러한 대비가 쿰란 공동체의 가르침을 반영하고 있을 가능성을 그렇게 쉽사리 기각해 버릴 수 없고, 또한 6:14-7:1과 그 초고를 쓴 에세네파의 "저자"가 서로 유사하다는 주장이 옳을 가능성도 배제할 수 없다.

15 "그리스도와 벨리알이 어찌 조화되며"(*τίς δὲ συμφώνησις Χριστοῦ πρὸς βελιάρ*-티스 데 쉼포네시스 크리스투 프로스 벨리아르). 그렇지만 여기서 또다시 두 개의 "하팍스 레고메논"이 더 나온다. "조화"라는 개념(Barrett, 197f.; "agreement," BGD 780, 781; "Syncretism of Christian and pagan cults," Héring, 50)은 일련의 논리적인 반립 명제들을 이어간다. 그리스도와 마귀(또는 적그리스도, Bruce, 214f.; 벨리알의 여러 가지 이독들에 관한 논의로는 "원문주해"를 보라)를 대비시키고 있는 것에는 독특한 것이 없다. 벨리알이라는 용어 자체를 사용하고 있다는 것이 중요한데, 특히 우리가 이 단락을 바울의 것이라고 할 때 그 중요성은 더 커진다(Thrall, "The Problem," 138에서는 ⟨'하팍스 레고메논'들 가운데서⟩ 벨리알을 바울이 이 단락의 저자라는 것을 공격하는 데 사용될 수 있는 "진정으로 증거가 될 수 있는 유일한 단편"으로 본다). 바울이 이 단락을 썼거나 기존에 있던 전승을 손질한 것이라면, 우리는 그가 마귀를 가리키는 좀더 흔한 용어, 즉 사탄(*Σατανᾶς*

-사타나스; 디아볼로스〈διάβολος, 마귀〉는 바울 서신에서 오직 엡 6:11에만 나온다)을 사용했을 것이라고 예상할 수 있다.

벨리알 배후에 있는 의미(Foerster, *TDNT* 1:607를 보라)는 사람을 가리키는 것으로서는 구약에서 발견되지 않는다(Gnilka, 54; 그러나 삼상 2:12과 비교해 보라). 오히려 구약에서 벨리알(בְּלִיַּעַל-벨리야알)은 악하다거나 불법이라는 의미에서 "쓸모없음"(Hughes, 248-50, n. 12)이라는 개념으로 흔히 사용된다(신 13:13; 15:9; 삼하 22:5; 시 18:4; 나 1:11, 15를 보라). 따라서 6:14-7:1의 저자는 벨리알이라는 용어(사람을 가리키는)를 구약에서 가져와서 사용하지 않은 것으로 보인다.

하지만 나중에 유대교 문헌 속에서 벨리알이 하나님에 반대하는 인격화된 세력을 나타내게 되었다는 것을 보여 주는 상당한 증거가 존재하고(*Jub.* 1:20; *T. Reub.* 4:11; *T. Sim.* 5:3; *T. Levi* 19:1; *T. Dan* 4:7; 5:1; *T. Naph.* 2:6; 3:1; *Asc. Isa.* 3:11), 쿰란 문헌에서 특히 그러하다: "이스라엘의 하나님을 송축하라. 그러나 적대적인 의도를 지닌 벨리알은 저주를 받을지어다"(1QM 13:1-4; 참조. 1QS 1:18, 24; 2:19, 5; 1QM 1:1, 5, 13; 4:2; 11:8; 13:4, 11; 14:9; 15:3; 18:1, 3; 1QH 6:21; 4QFlor 1:8, 9; 2:2; 또한 Huppenbaucr, "Bclial," 81-89를 보라). 그렇지만 오코너(Murphy-O'Connor, 55)는 벨리알은 언제나 메시아가 아니라 하나님의 대적이라는 점을 지적한다. 따라서 기독교 저술가(아마도 바울)가 "하나님"을 "그리스도"로 수정했을 가능성이 있다. 또한 우리는 사해 두루마리들에 나오는 마귀론에 관한 가르침들은 *Jub.*, *T. Levi*과 *T. Naph.* 같은 저작들에 대한 성찰들일 가능성이 있다는 점도 지적할 수 있다(Milik, *Ten Years of Discovery in the Wilderness of Judaea*, SBT 26[London: SCM, 1959] 34, 35를 보라). 게다가, 벨리알이 메시아에게 대항했다는 개념이 *T. Lev.* 8:12에서 발견된다. 드 종쥐(de Jonge, "The Testaments," 90, 91)의 주장-*T. Levi*(chap. 18)은 예수 그리스도를 찬송하는 송영이라는 것-이 옳다면, 그리스도와 벨리알을 대립시키는 개념은 쿰란 문헌에만 독특한 것이 아닐 수도 있다(Fitzmyer, 213에서는 이러한 견해에 반대한다: "그리스도와 벨리알을 대립시키고 있다는 것을 고려할 때, 쿰란 공동체의 표현들과 개념들을 개작한 것임을 부인하기는 어렵다"〈또한 ibid., n. 19를 보라〉). 그러나 *T. Levi* 18이 기독교적으로 개작되었다는 의구심이 끊임없이 제기되어 왔다(Gnilka, "2 Cor 6:14-7:1," 55; H. C. Kee, *The Old Testament Pseudepigrapha, Apocalyptic Literature and Testaments*, ed. J. H. Charlesworth, vol. 1[New York: Doubleday, 1983]

776-80, 794f.; M. Philonenko, *Les interpolations chrétiennes des Testaments des douze Patriarches et les manuscrits de Qoumrân*[Paris: Presses Universitaires de France, 1960]을 보라).

잘 알려져 있다시피, 벨리알은 신약에서 오직 6:15에만 나오기 때문에, 우리는 적어도 6:14-7:1이 쿰란 공동체에서 기원했을 가능성을 생각하지 않을 수 없다. 그렇지 않았다면, 이 본문이 왜 벨리알이라는 표현을 사용하고 있겠는가? 그렇지만 벨리알이 "하팍스 레고메논"이라는 사실은 6:15이 쿰란 공동체에서 기원했다고 단정적으로 결론을 내리기에는 충분하지 않다. 앞에서도 보았듯이, 기독교 진영들에서도 그리스도와 벨리알을 대비시켰음을 보여 주는 증거들이 존재한다. 또한 드라이버(Driver, *The Judean Scrolls*, 488)는 벨리알과 사탄이 서로 바뀌어 사용되었을 가능성이 있다고 본다(참조. *Asc. Isa.*). 그렇다고 한다면, 기독교인 저자, 구체적으로 말해서 바울은 벨리알이라는 용어를 사용했을 가능성이 있다. 그렇지만 바울은 다른 곳들에서는 그리스도와 대비되는 존재로 사탄이라는 용어를 사용했음에도 불구하고, 왜 여기서는 벨리알이라는 용어를 선택해서 사용한 것이냐는 문제는 여전히 대답되지 않은 채로 남아 있다. 바울은 단지 문체상의 이유로 단어들을 바꿔 쓸 수 있는 "문학적인 특권"을 활용한 것뿐이라고 말하는 것으로는 충분하지 않다(그럴 가능성이 배제될 수는 없지만). 그러나 바울이 랍비 교육을 받은 것이 단어들의 선택에 영향을 미쳤을 것이라고 한 바렛(Barrett)의 주장이 옳다면(198), 우리는 적절한 해법에 좀더 근접할 수 있게 된다. *Sifre Deut* 117(on 15:7-9); Sanh. 111*b*에는 "멍에를 매지 않다"(בלי עול-벨리 올), 즉 "하나님의 멍에를 벗어 버렸다"는 개념이 나온다. 이러한 개념이 6:14의 가르침의 배경을 이루고 있을 가능성이 있다. 본문의 요지는 고린도 교회에 속한 믿는 자들은 "믿지 않는 자들", 어두움 속에 있는 자들, 죄악 중에 있는 자들, 즉 하나님의 통치를 받지 않는 자들과 "꼴 사납게" 멍에를 같이 매어서는 안 된다는 것이다. 이러한 추론의 노선을 따른다면, 하나님에게 반대하는 인물로서의 벨리알이라는 개념은 신약과 쿰란 문헌에서 각각 독립적으로 동시에 발전된 것이라고 할 수 있다(Driver, *The Judean Scrolls* 490, 491를 보라). 6:15에서 바울은 자기가 전한 복음에 대한 고린도 교인들의 반대가 사탄적인 성격을 띠고 있다는 것을 곰곰이 생각하고 있었기 때문에 자연스럽게 벨리알을 6:14에 나오는 자신의 말과 연결시킬 수 있었을 뿐이다(비록 에덴 동산에서 사탄의 변신에 관한 유대적인 이야기에 의거하고 있기는 하지만 사탄을 명시적으로 언급하고 있는 11:14을 보라: 11:14과 11:3에 대한 "주석"을 보라. Collange, *Enigmes*,

308). 쿰란 문헌을 활용하여 우리가 현재 살펴보고 있는 단락을 조명해 보고자 하는 자들에 의해서 여전히 대답되지 않은 채로 남아 있는 것은, 이 용어가 적어도 일정 정도 고린도 교인들에 의해서 알려져 있지 않았다면 벨리알이라는 표현이 어떻게 서신 속에 포함될 수 있었겠느냐는 반론에 대하여 설명하는 것이다. 그렇지만 이 단락이 진정으로 바울이 쓴 것이라고 주장하는 자들에 의해서 대답되지 않은 채로 여전히 남아 있는 것은, 바울은 이 단락을 "바울화해서" 악의 세력에 대항하는 분을 하나님에서 "그리스도"로 수정했을 가능성이 큰데, 그렇다면 "벨리알"을 "사탄"으로 수정하지 않은 이유는 무엇인가 하는 것이다.

"믿는 자와 믿지 않는 자가 어찌 상관하며"(ἢ τίς μερίς πίστῷ μετὰ ἀπίστου –에 티스 메리스 피스토 메타 아피스투). 바울은 여기서 또다시 믿는 자와 믿지 않는 자 간의 대비를 명시적으로 반복한다. 그는 이 둘 사이에는 그 어떤 "분깃"(μερίς–메리스, Bruce, 214: 이 단어는 골 1:12에서 발견된다; Fitzmyer, "Qumran," 210, 11에서는 쿰란 문헌에서 사용된 "하나님의 분깃"〈'엘 고랄'〉이라는 표현이 이 단어와 대립적인 병행이라고 본다)도 없다고 역설한다(바울이 전치사 메타〈μετά, "…와 함께"〉를 사용한 것은 문체에 변화를 주기 위한 것일 가능성이 크다는 것을 주목하라, Hughes, 246, n. 9).

피스토스(πιστός)가 여기서 "그리스도를 믿는 자"(Bultmann, *TDNT* 6:215를 보라)라는 전문적인 의미로 사용되고 있는 것인가의 여부와 관련해서는 의문이 존재한다. 바렛(Barrett, 199)은 이 단어가 "준전문적인" 의미로 사용되고 있다고 본다. 즉 피스토스(πιστός)의 원래 의미는 "믿을 만한 가치가 있는, 신뢰할 만한, 신실한"이라는 의미였다(Gnilka, "2 Cor 6:14-7:1," 57). 이 형용사는 하나님(고전 1:9; 10:13; 고후 1:18; 살전 5:24; 살후 3:3)과 사람(고전 4:2, 17; 7:25; 갈 3:9; 골 1:2, 7; 4:7, 9)에 대하여 사용되었다. 후기 바울(또는 제2바울) 서신 속에서(딤전 4:10, 12; 5:16; 또한 엡 1:1을 보라) 피스토스(πιστός)가 예수 그리스도에 대한 신앙을 가진 자를 가리킨다는 것은 더욱 분명하다. 우리 앞에는 6:15이 적어도 어느 정도 그러한 의미를 지닌 준전문적인 용법으로 사용되고 있느냐는 문제다. 6:14과 바울이 아피스토이(ἄπιστοι)를 믿지 않는 자들을 가리키는 의미로 사용하고 있는 것(고후 4:4; 고전 6:6; 7:12-15; 10:27; 14:22-24)에 비추어 볼 때, 우리는 6:15에서 사용된 피스토스(πιστός)는 예수를 따르는 자들에 대한 명칭, 특히 이 단락의 현재의 맥락을 감안할 때 바울을 지지하는 자들을 염두에 둔 명칭으로 사용되고 있다고 말하는 것이 안전할 것이다. 물론 그리스도를 믿는 자는 필연적으로 신실하고 믿을 만했기 때문에, 이 용어는 원래의 뜻을 상실하지 않은 채로 전문적인 용어가 되었다. 아피스토이(*ἄπιστοι*)에 대해서는 위의 14절에 관한 설명을 보라.

16 "하나님의 성전과 우상이 어찌 일치가 되리요"(*τίς δὲ συγκατάθεσις ναῳ θεοῦ μετὰ εἰδώλων*-티스 데 쉉카타데시스 나오 데우 메타 에이돌론). 바울은 다섯 개의 반립 의문문들로 이루어진 일련의 구성을 하나님의 성전(고전 6:19을 생각나게 하는)에 대한 언급으로 마무리한다. "하팍스 레고메논"인 쉉카타데시스(*συγκατάθεσις*, "일치", "연합": Philo, *De Post. Caini* 175; Epictetus; Dionys. Ḥal. 8, 79; Polybius 2, 58, 11;21, 26, 16)는 나오스 〈데우〉(*ναὸς* 〈*θεοῦ*〉, "성전", "성소"; 하나님의 성전〈참조. 고전 3:16-17; 6:19〉, 교회의 동의어; 신자 개개인과 공동체적인 몸에 대하여 사용되는 "성전"에 관한 논의로는 아래에 나오는 설명을 보라)와 에이돌라(*εἴδωλα*, "우상들")를 대비시킨다. 바울에게 있어서 예루살렘에 있던 하나님의 성전은 구속사 속에서 하나님의 성전(믿음의 공동체)에 의해서 대체되었기 때문에, 그가 여기서 "하나님의 성전"과 현실적인 우상들의 신전 간의 대비만을 보았다는 것은 의심스럽다(Plummer, 208). 게다가, 사도는 고린도 교인들에게 "우상숭배"와 그 죄에 수반되는 모든 것이 얼마나 "끔찍한지"를 말하고 있다(Barrett, 199를 보라; 참조. 고전 5:10, 11; 6:9; 8; 10:7, 14, 19; 12:2; 갈 5:20; 골 3:5; 살전 1:9). 바울에게 있어서 우상 숭배는 거짓 신들을 숭배하는 죄와 더불어서 방탕하고 부도덕한 음행의 요소를 지니고 있는 것이었다. 이러한 두 요소가 서로 결합되어 있는 것은 솔로몬의 지혜서 14:12에 분명하게 드러난다: "음행의 시작은 우상들을 만든다는 개념으로 나아가는 것이었고, 우상들을 만들어 낸 것은 삶의 타락이었다." 즉 바울의 생각 속에는 단순히 우상 숭배를 금하는 것 이상의 것이 있었던 것이다. 이 단락이 보여 주듯이, 그리스도인들은 그들 자신을 우상 숭배자들로부터 구별해야 한다(참조. 고전 10:7, 14; 또한 고전 5:10, 11; 6:9, 10을 보라). 이것은 그 뒤에 나오는 일련의 구약 인용문들 속에서 특히 분명하게 드러난다. 예루살렘에 있는 물리적인 성전에 대하여 적용된 것은 믿는 자들의 영적인 성전에도 적용된다. "우상"이 들어옴으로써 성전은 더럽혀지고, 따라서 하나님께 무가치한 것으로 변해 버린다.

주목할 만한 것은 성전이라는 이미지가 쿰란 공동체에서 강력했다는 사실이다(Kuhn, "Les rouleaux," 203, n. 1; B. Gärtner, *The Temple and the Community in Qumran and the New Testament*[SNTSMS 1; Cambridge: University Press, 1965];

R. J. McKelvey, *The New Temple—The Church in the New Testament*[Oxford: University Press, 1968]); 또한 1QS 2:11, 17; 4:5; 1QH 4:19; CD 20:9; 참조. *T. Reub.* 4:6). 쿰란 공동체는 자기 자신을 예루살렘 성전과 대비되는 것으로 보았고(Cullmann, *Christology*, 157-73를 보라), 따라서 그들 자신을 "영적인 공동체"로 여겼다. 쿰란 공동체도 우상들에 대하여 확고하게 반대했기는 하지만, 쿰란 문헌 속에는 우상들을 하나님의 성전과 명시적으로 대비시키는 내용이 나오지 않는다(Fitzmyer, "Qumran," 213). 따라서 바울은 이 이미지를 사해 두루마리로부터가 아니라 구약으로부터 빌어왔을 가능성이 커 보인다(Barrett, 199). 이것은 그가 6장의 나머지 부분에서 구약에 의존하고 있다는 점에 비추어 볼 때 특히 일리가 있다.

"우리는 살아 계신 하나님의 성전이라"(*ἡμεῖς γὰρ ναὸς θεοῦ ἐσμεν ζῶντος*–헤메이스 가르 나오스 데우 에스멘 존토스). 바울은 자신의 요지를 관철시키기 위하여 강한 어조로 말한다. 이것은 가르(*γάρ*, "왜냐하면")를 추론을 유도하는 어구로 사용하고 있는 것에서 드러난다. 그는 그리스도인들이 우상 숭배를 할 여지가 없는 이유를 설명해 줄 수 있는 근거를 제시한다. 하나님이 거하시기에 적절한 곳은 단 한 군데인데, 그 곳은 바로 살아 있는 존재들의 영혼이다(Plummer, 209).

바울은 자신이 자기 자신을 하나님의 공동체의 일부로 여기고 있다고 호소한다. 그가 헤메이스(*ἡμεῖς*, "우리"; 7:1에도 나오는 복수형)를 사용한 것은 한두 가지의 개념을 시사해 준다. 그 중 하나는 나오스 데우(*ναὸς θεοῦ*, "하나님의 성전")가 각각의 신자 개인에 적용되는 것이 아니라(고전 6:19; Fitzmyer, "Qumran," 214; Filson, 354) 공동체에 적용된다는 것(고전 3:16)을 이 복수형이 보여 준다는 것이다. 이것은 그 뒤에 나오는 구약의 인용문들 속에서 확인될 수 있다. 문맥은 우리가 살펴보고 있는 현재의 절 속에서 성전으로서의 개별 신자가 바울의 마음속에서 일차적인 사고는 아니었다는 것을 보여 준다(Fitzmyer, 214, n. 20; 여기에 Lietzmann, 129는 이에 반대다). 바울에게 있어서 나오스(*ναός*, 성전 지역을 가리키는 토 히에론〈*τὸ ἱερόν*〉과 반대되는 것으로 성전 건물 중에서 가장 신성한 부분인 성소〈Goudge, 71〉)는 이제 영적인 실체로서의 교회와 동일시되었다(Bruce, 215를 보라). 하나님에 의해서 부르심을 받은 자들은 고립적으로 부르심을 받은 것이 아니었다. 왜냐하면 그들은 모두 연합하여 "살아 계신 하나님의 성전"이었기 때문이다.

하나님의 성전의 "공동체적인" 개념에 관한 이러한 논의는 각각의 신자 속에 성령이 내주해 계신다는 개념을 부인하거나 배제하는 것이 아니다("하나님은 각각의 신자 속에 계심으로써 그들 가운데 계실 수 있다"〈Calvin〉). 바울이 각각의 신자를 하나님의 성전으로 생각하고 있었다는 것도 기각될 수 없다. 왜냐하면 바울의 사고 속에서는 흔히 그런 개념이 자리잡고 있었기 때문이다(그러나 Godet, 214가 인정하고 있듯이, 고전 3:16, 17〈참조. 고후 5:10〉에서 염두에 두고 있는 것은 교회다; Kuhn, "Les rouleaux," 203, n. 2를 보라). 그렇지만 이 단락(6:14-7:1)의 어조는 고린도에 존재하고 있던 교회 전체를 향한 것이다. 스스로를 "구약의 약속들의" 합법적인 계승자들로 생각했던 사람들이 스스로를 하나님의 성전으로 보게 된 것은 자연스러운 발전이었다(Barrett, 199).

"우리"라는 표현이 시사해 주는 두 번째 개념은 고린도 교인들이라는 청중 전체가 이 단락을 쓴 저자에 의해서 무시되지 않았다는 것이다. 즉 "우리"라는 표현을 쓴 것 속에는 특별한 것이 들어 있지는 않지만, 그것은 6:14-7:1을 삽입한 것이 무작위적으로 이루어진 것이 아니라는 점을 보여 준다. 따라서 이것은 바울이 실제로 5:20에서 시작된 자신의 탄원을 확장하고 강화시키고 있는 것이라는 우리의 견해를 확증해 준다.

바울은 특히 6:13에서 고린도 교인들 전체를 향하여 말했다. 요지는 6:16에서 "우리"가 사용된 것은 결코 6:13과 잘 들어맞지 않는 것이 아니라는 것이다. 도리어 "우리"가 사용됨으로써 구체적인 적용이 한층 강화된다. 바울은 자신의 가르침들의 초점을 변경하지 않았다. 바울에 대하여 자신의 마음을 계속해서 닫고자 한 자들은 우상 숭배자들과 어울림으로써 계속해서 바울에게 마음을 닫는 것을 허용해서는 안 된다(요한복음에서 하나님의 성전은 그리스도가 물리적으로 지닌 육체, 즉 그리스도의 몸으로 이해된다는 것을 주의하라; 참조. 요 2:14-22; 또한 Héring, 50, n. 19).

이 구절에서 우리가 한 가지 더 주목해야 할 것은 바울이 하나님을 호 데오스 호 존(*ὁ θεὸς ὁ ζῶν*, "살아 계신 하나님")으로 묘사하고 있다는 것이다. 바울이 기대한 만큼 고린도 교회에서는 분명하게 드러나지는 않았지만(고전 5:6-8), 그리스도인으로서의 실존의 새로운 시작이라는 개념(Héring, 50)이 다시 한 번 교회 앞에 제시된다. 이 공동체적인 인물은 새로운 창조(고후 5:17)와 성령의 새 시대(고후 3:3을 보라) 속에서 한 자리를 차지하고 있는 개개인들의 집합이다. 만유의 하나님은 손으로 지은 성전이 아니라 믿는 자들의 "마음"속에 자신의 거처(그의 "참된 거처")를 정하신다(이것은 행 17:24에 나오는 바울과 행 7:48에 나오는 스데반의 사상인데, 사도는 이러한 개념을 스데반으로부터 들었을 가능성이 있다: M. Hengel, *Between Jesus and Paul*[London: SCM, 1983] 22, n. 138을 보라). 그러나 새로운 삶을 증언하는 일은 믿는 자들의 공동체가 공유하는 일이 되어야 한다. 살아 계신 하나님, 생명으로 가는 유일한 길 – 거듭남을 통해서 – 을 제공하시는 분인 하나님이라는 개념이 바울의 생각 속에 있었고, 이것은 그의 사도적 가르침에서 자주 사용된 요소, 즉 성전이라는 개념을 통해서 전달된다(Hughes, 252, 253).

"이와 같이 하나님께서 가라사대"(*καθὼς εἶπεν ὁ θεὸς* – 카도스 에이펜 호 데오스). 고린도 교인들 앞에 분리와 구별이라는 개념 – 하나님의 성전이라는 유비를 통해서 요구되는 – 을 제시하기 위해서 바울은 그의 "페셰르" 양식의 문체를 보여 준다(Derrett; E. E. Ellis, *Paul's Use of the Old Testament*, 139-49를 보라). 바울은 일련의 구약 인용문들을 통해서 그리스도와 벨리알이 상반되는 성격을 지니고 있다는 것을 강조하는 데로 나아간다. 우리는 이러한 "일련의" 구약 인용문들을 로마서 9-11장과 비교해 볼 수 있을 것이다.

그는 이러한 일련의 인용문들을 그렇게 흔하게 사용되지 않는 인용 문구인 "하나님께서 가라사대"라는 표현으로 시작한다. 그가 흔히 인용 문구로 사용하는 표현은 "그가 이르기를" 등과 같은 표현이다(참조. 롬 9:15, 25; 고후 4:6; 6:2; 또한 갈 3:16을 보라). 그닐카(Gnilka, "2 Cor 6:14-7:1," 58)는 6:16b에서 사용된 이와 같은 이례적인 인용 문구는 사해 두루마리에서 그 병행을 찾아볼 수 있다는 것을 보여 주었다(CD 6:12-13; 8:9; 참조. 19:22). 쿰란의 에세네파는 자신의 공동체의 규례들의 "타당성을 입증하고자" 했을 때는 "하나님께서 가라사대"라는 인용 문구를 앞에 붙여서 하나님의 말씀을 증거로 제시하곤 했다. 그닐카(Gnilka)의 주장은 쿰란의 영향력이 이러한 인용 문구 배후에 있다는 것을 결정적으로 보여 주는 증거로 받아들여질 수 없다(Barrett, 200). 바울은 스스로 이 어구를 사용하기로 선택했을 수 있고, 로마서 9:15, 25; 고린도후서 4:6(참조. 갈 3:16)에는 이 문구와 부분적으로 유사한 예들이 나온다. 하지만 이 어구 속에 쿰란의 영향이 존재한다는 것을 무시하기는 어렵다. 인용 문구가 어떤 식으로 도입되었는지와는 상관없이 바울이 구약을 사용한 취지를 고린도 교인들이 오해할 여지는 존재하지 않는다.

앞으로 보게 되겠지만, 바울은 헬라어로 된 자신의 구약 본문(칠십인역)을 맹목적으로 따르거나 글자 그대로 인용하지 않는다. 그는 본문들의 진정한 의미를 훼손시키지 않는 범위 내에서 하나님의 백성은 믿지 않는 자들과 사귀어서 자신을 더럽히는 것이 아니라 도리어 스스로를 구별해야 한다는 자신의 주제에 맞춰서 인용문들의 어구를 수정하고 있는 것으로 보인다(Filson, 354). 이것은 또다시 바울이 "페셰르"라는 해석 방법론을 사용하고 있음을 보여 주는 것이다(바울이 행한 각각의 개작은 인용문을 현재의 문맥에 맞춰서 현재 논쟁이 되고 있는 쟁점들을 조명해 주도록 손질하는 의도적인 시도로 보인다. 특히 우리가 3장에서 보았듯이, 바울과 그의 대적자들은 성취라는 주제와 관련해서 성경 해석에 관한 서로 다른 방법론들을 가지고 있었다: D. Georgi, *Die Gegner*, 265-82를 보라. 고후 6:16b-18에서 발견되는 편차들은 "분명히 예언들을 메시아 시대에 비추어서 해석하기 위한 것이다"〈Ellis, "A Note," 130〉; 또한 메시아 시대가 동터 왔다는 것을 보여 주는 수단으로서 바울이 예언의 성취를 근서로 제시했나는 것을 우리가 위의 6:2에 내한 논의 속에서 살펴본 것을 참조하라).

"나는 저희 가운데 거하며 두루 행하여"(*'Ενοικήσω ἐν αὐτοῖς καὶ ἐμπεριπατήσω*-에노이케소 엔 아우토이스 카이 엠페리파테소).

바울은 그의 독자들에게 그들이 하나님의 성전이라는 것이 얼마나 기쁜 현실이고 엄숙한 것인지를 부각시키기 위해서 이 증언(testimonium)을 도입한다. 6:16b은 구약의 한 본문을 의역한 것과 레위기 26:11-12에 대한 거의 직접적인 인용문을 결합시킨 것으로 보인다. 바울이 여기서 의역한 구약 본문은 하나님의 거처에 대하여 말하고 있는 에스겔 37:27인 것 같다(*κατασκήνωσις*-카타스케노시스, "거처를 정하는 것," BGD, 418; 이 단어는 Polybius 11, 26, 5; Diodorus Siculus 17, 95; LXX에서 발견된다). 바울은 칠십인역에서 하나님에 대하여 사용하지 않았던 동사인 에노이케인(*ἐνοικεῖν*, "거하다")을 사용한다(Barrett, 200; Plummer, 209; Windisch, 216, n. 3; BGD, 267). "그들 가운데에 장막을 치다"(Plummer)보다 더 강력한 개념을 나타내는 단어를 바울이 사용하고 있다는 것은 하나님이 구약의 이스라엘 가운데 임재해 계시고자 했던 것처럼(레 26:9을 보라), 지금은 자기 백성에 대한 그의 영원한 통치를 수립하셨다는 것을 보여 준다. 이러한 통치는 하나님이 그들 가운데 거하시는 것을 특징으로 한다(요 1:14; 14:23; 계 21:3에 나오는 이것의 적용을 보라). 바울은 그의 독자들에게 하나님의 거처가 그의 성전, 즉 하나님을 따르는 자들 속에 있다는 것을 이해하게 하고자 한다(Héring, 50). 성막에서 지성소(*ναός*-나오스)가 하나님의 임재의 거처였던 것과 마찬가지로, 하나님은 새 시대 속에, 즉 택함받은 백성 속에 거처를 지니고 있다(참조. 출 25:8; 29:43-46; 삼하 7:14, 27; 사 52:4, 11; 겔 20:34; Philo, *Somn.* 1:148, 2:248; 참조. Knox, *St. Paul and the Church of the Gentiles*, 164).

하나님이 그의 백성 가운데 "두루 행하시리라"(*ἐμπεριπατεῖν*-엠페리파테인)는 것은 레위기 26:12을 거의 그대로 인용하기 시작한 것인데, 이 인용문은 6:16 끝까지 계속된다. "두루 행하다"(즉 이리저리 움직이다)라는 개념은 통상적으로 페리파테인(*περιπατεῖν*)이라는 단어 속에서 발견된다. 이 동사의 복합어 형태는 오직 레위기 26:12과 고린도후서 6:16에만 나온다(또한 출 25:8; 29:45을 보라). 대명사들에 있어서 2인칭에서 3인칭으로의 변화가 존재하는데, 이것은 레위기 26:12(LXX)과 6:16b 간의 편차를 설명해 주는 것으로서 대명사 "너희"로 되어 있는 에스겔 37:27을 의역한 결과인 것 같다. 이러한 경미한 변화가 6:16b의 의미에 영향을 미친다는 주장(Hughes, 253)은 의심스럽다. 도리어 분리와 비분리 간의 긴장 관계가 확고하게 유지되고 있다. 하나님의 백성은 하나님의 성전이다. 왜냐하면 하나님이 그들 가운데 거하시고 그들 가운데서 행하시기 때문이다.

"나는 저희 하나님이 되고 저희는 나의 백성이 되리라"(*καὶ ἔσομαι αὐτῶν θεὸς, καὶ αὐτοὶ ἔσονται μου λαός*-카이 에소마이 아우톤 데오스, 카이 아우토이 에손타이 무 라오스). 대명사만 제외한다면, 이것은 레위기 26:12을 그대로 인용한 것이다. 이것은 고대에서 사용된 계약과 관련된 표현이다(Bruce, 215; 겔 11:20; 36:28; 참조. 계 21:3; 또한 겔 37:26, 27; 렘 31:31-34). 하나님은 그분을 믿는 자들 가운데 거하기를 선택하셨다. 하나님이 새로운 시대를 개시하기 위하여 행하셨다는 사실에 비추어 볼 때(6:1-2), 이것은 새로운 차원의 깊이와 효력을 지니는 새로운 거하심이다. 그 누구도 새로운 언약을 깨뜨릴 수 없다. 그 언약 아래 있는 자들은 새로운 창조에 동참하는 자가 될 기회를 갖는다(5:17). 칠십인역 본문은 레위기 26:11, "내가 나의 거처를 너희 가운데 두리라"에서 미쉬칸(משכן)을 디아데케(*διαθήκη*, "언약")로 읽고 있다는 것을 주목하라.

그렇지만 바울은 이러한 특권에는 요구 사항도 수반된다는 것을 앞에서도 분명히 말했고(5:10; 6:1) 여기서도 되풀이한다(Plummer, 209). 그러한 요구의 핵심은 거룩한 삶을 살라는 것인데(참조. 레 11:44; 마 5:48), 이것은 다음에 나오는 절에서 확장된다.

17 "그러므로 주께서 말씀하시기를 너희는 저희 중에서 나와서 따로 있고 부정한 것을 만지지 말라"(*διὸ ἐξέλθατε ἐκ μέσου αὐτῶν καὶ ἀφορίσθητε, λέγει κύριος, καὶ ἀκαθάρτου μὴ ἅπτεσθε*-디오 엑셀다테 에크 메수 아우톤 카이 아포리스데테, 레게이 퀴리오스, 카이 아카다르투 메 하프테스데). 바울은 그리스도와 벨리알을 대비시킨 것들을 권면과 약속으로 마무리한다. 이 소극적인 권면은 고린도 교인들에게 그들이 하나님의 성전에 걸맞게 살아야 한다는 것을 일깨워 주는 것이다. 고린도 교인들이 이러한 소명을 진지하게 받아들인다면 그들에게는 하나님이

자기 백성 가운데 계실 것이라는 약속이 주어진다. 이러한 약속을 염두에 두고서 바울은 그 약속이 실현되는 것을 보장해 줄 삶의 방식을 다시 한 번 반복해서 이야기한다.

바울은 6:17(14-16절의 "실천적인 결론," Plummer, 209)을 강력한 추론 접속사인 디오(διό, "그러므로")로 시작한다. 믿는 자들과 믿지 않는 자들은 각각 구별되는 서로 다른 삶의 방식을 가지고 있고(적어도 영적인 차원에서는), 교회는 하나님의 성전이며, 하나님은 자기 백성 가운데 살겠다고 약속하셨다. 그러므로 하나님은 자기 백성에게 "저희 중에서 나오라"고 명령한다.

"저희 중에서 나와서"(ἐξέλθατε ἐκ μέσου αὐτῶν-엑셀다테 에크 메수 아우톤). 동사 엑셀데인(ἐξελθεῖν, "나오다", "…로부터 멀리 가다", "피하다"; 참조. 요 10:39)은 단순과거 명령형으로 되어 있는데, 이것은 고린도 교인들이 즉각적이고도 결정적으로 믿지 않는 자들에게서 나오기를 바울이 원했다는 것을 보여 준다(Plummer, 209: "바울에게 있어서 성별의 필연성은 전제로부터 도출되는 것이었다", Wendland, 141; 참조. 계 18:4). 하나님이 자기 백성에게 자신의 임재를 약속했다는 것은 하나님과 같이 거룩하라는 명령에 의해서 강조된다.

6:17의 처음 세 행은 이사야 52:11("너희는 떠날지어다 떠날지어다 거기서 나오고 부정한 것을 만지지 말지어다 그 가운데서 나올지어다")에서 가져온 것으로 보인다. 구약 본문의 배경 속에서 볼 때, 하나님은 제사장적인 공동체로서의 이스라엘 백성에게 바벨론을 떠나 이 이교 도시로부터 그들 자신을 구별하라고 명한다. 이사야 52:11이 계속해서 말하고 있듯이, 바벨론을 떠나는 자들은 여호와의 그릇들을 옮기는 것이다. 이것은 이사야 40-55장의 기자가 제의적인 정결을 염두에 두고 있었을 가능성을 열어 둔다. 베츠(Betz, "2 Cor 6:14-7:1," 95, 96)는 6:14-7:1이 "부정한 것으로부터의 제의적인 분리"를 역설하고 있다고 주장한다(Betz에게 있어서 바울은 이미 교회를 거룩하다고 여기고 있기 때문에〈고전 6:11; 또한 Bultmann, *Theology* 1:133-152, 276-78〉, 사도는 6:14-7:1의 취지가 거룩하라는 부르심인 것을 감안해서 6:17을 쓰지 않았을 수도 있을 것이다. 그러나 Betz는 고린도후서〈6:1, 2을 보라〉에서 바울이 원한 것은 고린도 교인들이 아직 보여 주고 있지 못한 것, 즉 거룩함을 이루는 것임을 간과한 것으로 보인다. 이러한 긴장 관계는 고린도 서신 속에서 흔하게 나오는 것이다. 고전 5:7-8에서처럼, 그것은 "이미 거룩한 백성이기는 하지만 아직 하나님에게 봉헌되지는 않은" 존재라는 긴장 관계다; J. Jeremias, *The Eucharistic Words of Jesus*, tr. N. Perrin〈London: SCM, 1966〉 59, 60를

보라). 그러나 그리스도인들은 믿지 않는 자들("바벨론")의 반열에서 떠나 새로운 종류의 정결함에 동의하도록 부르심을 받는다. 고린도후서 6:17에는 제의적인 이해(사 52:11에 나타난)에서 윤리적인 이해로의 전환 과정이 존재한다(Bruce, 215). 바렛(Barrett)이 쓰고 있듯이(201), "하나님의 백성이 도덕적인 거룩함에서 인류의 나머지 사람들로부터 구별되어 있는 것을 그친다면, 그들은 하나님의 백성이기를 그치는 것이다." 직설법과 명령법 간의 긴장 관계에 대해서는 P. Tachau, *'Einst' und 'Jetzt' im Neuen Testament*(FRLANT 105[Göttingen: Vandenhoeck & Ruprecht, 1972] 116-29)를 보라.

이러한 명령의 또 다른 부분은 아포리스데테(*ἀφορίσθητε*, "따로 있다"; 아포리제인〈*ἀφορίζειν*〉의 단순과거 명령형)에서 나타난다. 세 번째 부분은 명령법인 아카다르투 메 하프테스데(*ἀκαθάρτου μὴ ἅπτεσθε*, "부정한 것을 만지지 말라"; 원형은 하프테스다이〈*ἅπτέσθαι*〉)에서 또다시 나온다. 이 마지막의 두 동사는 단순히 6:17a의 취지를 강화시킬 뿐이다. 고린도 교인들은 거룩하게 되어야 한다. 두 번째 부분과 세 번째 부분 사이에서 레게이 퀴리오스(*λέγει κύριος*, "주께서 말씀하시기를": Ellis, *Paul's Use*, 107-13를 보라)라는 어구가 발견되는데, 이 어구는 아마도 이러한 명령들이 주에게서 나온 권위 있는 것임을 강조하고자 하는 바울의 시도인 것 같다. 그 밖에도 우리는 두 가지 사항을 더 주목할 수 있을 것이다. 첫째, 아카다르투(*ἀκαθάρτου*, "부정한")는 중성으로 해석될 수도 있고("부정한 것") 남성으로 해석될 수도 있다("부정한 자"). 어느 쪽을 택하느냐와는 상관없이, 바울은 우상 숭배와 관련된 전체적인 것을 염두에 두고 있었을 가능성이 크다(Betz, 96; 참조. Plummer, 210). 둘째, 브루스(Bruce)가 여기 6:17에 나오는 "나오라"는 명령은 고린도전서 5:10에 나오는 비슷한 명령을 반영하고 있는 것이라고 지적한 것은 옳다(215). 그러나 결코 동일한 것은 아니다(우리가 이해한 바에 의하면). 고린도전서에서는 바울이 고린도 교인들에게 이 명령을 적용하여 거짓 교사들로부터 떠나라고 말한 것이라면, 6:17의 본문은 구체적인 적용에 있어서 다르다고 할 수 있다.

"내가 너희를 영접하여"(*κἀγὼ εἰσδέξομαι ὑμᾶς*-카고 에이스덱소마이 휘마스). 17절은 약속으로 끝난다. 6:14-7:1에 나오는 세 개의 약속들 중에서 두 번째인 이 약속은 에스겔 11:17; 20:34, 41의 칠십인역 본문에 토대를 둔 것으로 보인다(Héring, 50; 또한 겔 20:34에서처럼 에이스덱소마이 휘마스〈*εἰσδέξομαι ὑμᾶς*〉라는 어구가 나오는 습 3:20을 참조하라). 주목할 만한 것은 에이스데케스다이(*εἰσδεχέσθαι*, "영접하다", BGD, 232; 참조. Josephus, *Ant.* 14, 285 *1 Clem* 12:

3)가 신약에서는 오직 여기에만 나온다는 사실이다. 베츠(Betz, "2 Cor 6:14-7:1," 96-98)는 이것이 에스겔 20:34을 인용한 것이 아니라 6:18에서도 간접 인용되고 있는 사무엘하 7:14을 해석한 것이라고 주장한다. 다시 한 번 이 견해는 6:14-7:1이 전적으로 반바울적이라는 것을 보여 주고자 하는 그의 의도에 토대를 두고 있다. 베츠(Betz)에게 있어서 이 두 번째 약속은 하나님의 백성들이 제의적인 정결을 지킬 때만 이루어질 수 있다(96: "이렇게 공동체의 제의적 정결은 두 번째 약속을 위한 전제 조건이 된다"). 그러나 6:14-7:1의 취지는 거룩함을 노력해서 얻으라는 부르심이 아니라, 고린도 교인들이 실제로 어떤 의미에서는 하나님의 부르심에 의해("성도들", 1:1) 거룩해져 있기 때문에 그들의 신분에 합당하게 거룩함을 따라서 살아가라는 것이다. 왜냐하면 바울은 그들에게 그들의 마음을 하나님에게 옮으로써 그에게도 그들의 마음을 열라고 강권하기 때문이다(그를 참된 사도로 받아들인다는 견지에서). 이런 일은 오직 이교도들로부터 구별되게-분리해서는 아니지만-살아감으로써, 특히 그의 복음에 대한 의심을 그침으로써 이루어질 수 있다. 바울은 믿지 않는 세계로부터의 물리적인 분리가 아니라 윤리적인 분리에 관심을 갖고 있었다. 여기에는 제의와 관련된 관용 표현들이 많이 사용되고 있음에도 불구하고, 바울이 제의적인 분리를 염두에 두고 있었을 가능성은 거의 없다.

18 "나는 너희에게 아버지가 되고 너희는 내게 자녀가 되리라"(*καὶ ἔσομαι ὑμῖν εἰς πατέρα καὶ ὑμεῖς ἔσεσθέ μοι εἰς υἱούς καὶ θυγατέρας*-카이 에소마이 휘민 에이스 파테라 카이 휘메이스 에세스데 모이 에이스 휘우스 카이 뒤가테라스). 이 세 번째 약속(Betz 같은 몇몇 학자들은 17b-18절 전체를 하나의 약속으로 보지만)은 사무엘하 7:14에 나오는 다윗에 대한 나단의 예언("나는 그 아비가 되고 그는 내 아들이 되리니": 참조. 4QFlor 1:2)을 반복한 것일 가능성이 크다(Collange, *Enigmes*, 312; 참조. Schlatter, *Paulus*, 579). 우리는 바울이 3인칭 단수 대명사를 2인칭 복수 대명사로 바꾸었다는 것을 알 수 있다. 이러한 수정은 믿는 자들의 공동체 전체가 주어라는 것과 일치시키고 그의 독자들에 대한 권면적인 명령을 강화시키기 위하여 꼭 필요했던 것으로 보인다.

이 마지막 생각과 맥을 같이 해서 바울은 공동체의 범위를 "확장시켜" 여자들을 포함시키는 부름말을 사용한다. 그는 사무엘하 본문에 나오는 뒤가테라스(*θυγατέρας*, "딸들")를 이 절에 첨가함으로써 그가 염두에 둔 공동체의 범위를 넓히고 있다. 많은 학자들(Plummer, Barrett, Hughes, Héring)은 이것을 바울이 여자들을 남자들과 동등한 지위로 높이고자 한 시도라고 본다. 아마도 구약 본문인 이사야 43:6

은 이것을 바울의 마음속에 상기시켜 주었을 테지만(Schlatter, *Paulus*, 579), 그러한 지적은 옳다. 사무엘하 본문의 왕(솔로몬)은 6:18에서 그리스도인들의 주와 동일시되었다. 주 안에서 모든 남자들과 여자들은 하나님의 공동체, 즉 하나님의 성전에 참여한다(Barrett, 201를 보라). 교회와 사회 속에서 여자들에게 주어진 사회적 지위에 대한 바울의 태도와 관련해서는 아직 풀리지 않은 많은 쟁점들이 남아 있지만(골 3:18; 고전 11:11-16; 14:33b-36; 참조. 엡 5:22-33; 딤전 2:11-15), 바울이 남자와 여자가 영적인 측면에서는 평등하다고 확신했다는 것에 대해서는 거의 의심의 여지가 없는 것으로 보인다(갈 3:28, 이 절이 바울 이전에 만들어진 세례와 관련된 문구라고 할지라도). 이렇게 여성 명사를 포함시킨 것은 11:2-3에서의 논의를 위한 복선으로서 신랑이신 그리스도와 새로운 하와인 교회를 이어주는 "중매인"(요 3:29b에서처럼; 히브리어로 "쇼스빈"; 참조. 1 Macc 9:39)으로서의 자기 자신에 대한 바울의 인식을 보여 주는 것일 수 있다(Str-B 2:429; 참조. 1:500-04).

"전능하신 주의 말씀이니라"(*λέγει κύριος παντοκράτωρ*-레게이 퀴리오스 판토크라토르). "전능하신"("모든 주권을 지니신", Barrett, 201)이라는 용어는 바울서신에서는 오직 여기에만 나오고, 요한계시록에는 9번 나온다. 구약의 용례와 관련해서 하나의 본문을 특정해서 바울의 인용문의 일차적인 출처라고 거론하는 것은 별 의미가 없다(예를 들면, 삼하 7:8; 렘 51:7; Collange, *Enigmes* 310). 왜냐하면 이 어구는 칠십인역에서 동일한 것을 표현하는 "만군의 주"(아도나이 체바옷)처럼 매우 빈번하게 사용되기 때문이다(Héring). 아마도 이것은 바울이 자신의 논증을 마무리하는 방식이었을 가능성이 크다. 그러나 이것은 일련의 구약 인용문들을 끝내는 주목할 만한 방식으로서 바울에 의해서 많이 활용되어 온 인용문들의 출처를 보여 주는 것이다. 주의 뜻은 그의 아들들과 딸들이 그들의 아버지의 거룩함을 깨달아야 한다는 것이다. 하나님은 그들을 불러내어서 그들에게 아버지와 아들의 관계를 약속했다. 전능자의 말씀은 구약에서 선지자들에게 돌려진 예언의 말씀들을 상기시키는 방식으로 제시된다. 아마도 바울은 여기서 선지자들의 외투를 취하여 자신의 호소에 사용하고 있는 것 같다(참조. 고전 14:37).

이 문구를 통해서 바울은 그가 사용한 일련의 구약 인용문들과 구약 본문에 대한 해석들을 마무리한다. 다른 경우들에서처럼 그는 하나의 독립적인 단위로 결합된 일련의 구약 본문들을 사용했다(롬 3:10-18; 9:25-33; 15:9-12). 피츠마이어(Fitzmyer, "Qumran," 215, 216)는 바울이 이러한 일련의 구약 인용문들을 직접 구성한 것인지, 아니면 기존에 있던 모음집(florilegium)을 활용한 것인지에 관한 문제를 제기한다. 학자들은 흔히 초기 기독교 교부들 이전에는 일련의 구약 인용문들을 모아 놓은 것이 존재하지 않았다고 생각했기 때문에, 바울이 이미 존재하고 있던 구약 인용문들의 목록을 활용할 수 없었을 것이라고 말해 왔다. 하지만 이러한 견해는 구약의 여러 본문들을 하나의 단위로 묶어 놓은 것들이 나오는 4QFlor가 발견됨으로써 수정되었다(Fitzmyer, 59-89를 보라). 이것은 바울이 구약의 본문들을 하나로 묶어 놓은 기존의 모음집(testimonia)을 사용했다는 것을 암시해 주는데, 아마도 로마서로부터 앞에서 인용한 본문들도 그러한 것일 가능성이 있다. 그러나 바울이 이러한 본문들을 사용하고 함께 엮어 놓은 방식을 보면, 우리는 이것이 바울 자신이 만들어 낸 것인지(Bruce, 216에서는 여기에 대하여 의구심을 표시한다), 아니면 우리에게 알려져 있지 않은 에세네파의 어떤 글을 나름대로의 목적을 가지고서 빌어다 쓴 것인지를 잘 판단할 수 없다.

7 1 "그런즉 사랑하는 자들아 이 약속을 가진 우리라"(*ταύτας οὖν ἔχοντες τὰς ἐπαγγελίας, ἀγαπητοί*–타우타스 운 에콘테스 타스 에팡겔리아스, 아가페토이). 운(*οὖν*, "그런즉"; 또는 "그러므로"; 참조. W. Nauck, "Das *οὖν* paräneticum," *ZNW* 49[1958] 134, 135)은 타스 에팡겔리아스(*τὰς ἐπαγγελίας*, "약속들")에 대한 바울의 자세한 설명을 마무리하는 결론부가 제시될 것임을 보여 주는 역할을 한다(6:16b, 17b, 18의 취지를 참조하라). 로마서 15:8에서 이러한 약속들은 바울 서신의 다른 곳들에서와 마찬가지로 메시아적이지만, 여기서는 종말론적인 뉘앙스를 지닌다. 타우타스(*ταύτας*, "이러한")가 맨처음에 나와서 강조적으로 사용되고 있는 것은 바울이 어떠한 약속들을 염두에 두고 있는지에 대하여 그 어떤 불확실성도 제거해 주는 역할을 한다. 바울이 방금 언급한 그러한 약속들은 고린도 교인들이 얼마든지 이룰 수 있는 약속들이다. 하나님이 행하신 것은 바울에게 명백한 것으로서, 바울은 고린도 교인들에게도 그렇게 되기를 소망한다. 이러한 약속들은 "직설법"으로서 그 위에 이후에 나오는 권면이 세워져 있다(Betz, "2 Cor 6:14-7:1," 98; 에케인〈*ἔχειν*, "가지다"〉의 현재분사를 주목하라). "여기서의 사고는 직설법에서 명령법으로의 움직임을 따르고 있다"(Collange, *Enigmes*, 312). 하나님은 자신의 약속들을 이루셨고, "명령법들"이 수행된다면 앞으로도 계속해서 그렇게 하실 것이다. 하나님은 자기 백성 가운데 행하실 것이지만, 고린도 교인들이 하나님께서 그들 가운데 거하시게 하려면 이 거처는 깨끗케 되어야 한다(Plummer, 211). 그런 까닭에 바울은 고린도 교인들에게 자신의 명령의 토대를 하나님의 약속들 위에 둠으로써 거룩한 삶을 살도록 애쓰라고 권면한다(Schniewind-Friedrich, *TDNT* 2:573-83를

보라).

바울이 궁극적으로 고린도 교인들이 잘되는 것에 관심을 갖고 있다는 것은 그가 그들을 아가페토이(*ἀγαπητοί*, "사랑하는 자들아")라고 부른 것 속에서 드러난다. 이것은 바울이 그저 건성으로 사용하고 있는 것이 아니다. 사도는 친숙한 형태의 부름말을 사용하고 있는 것이기는 하지만(BGD, 6) 자신의 서신들 속에서 이 부름말을 남발하지는 않는다(고린도후서에서는 여기 이외에 12:19에서 단 한 번 사용되고, 고린도전서에서는 10:14; 15:58에서 두 번 사용되며, 빌립보서에서는 2:12; 4:4에서 두 번 사용되고, 끝으로 로마서에서는 12:19에서 한 번 사용된다). 앞으로 카다리소멘(*καθαρίσωμεν*)에 관한 우리의 논의 속에서도 드러나게 되겠지만(아래를 보라), 바울은 자기 자신을 고린도 교인들과 한 묶음으로 생각하는 것을 부끄러워하지 않았다. 고린도 교인들에게 불쾌한 대우를 받았음에도 불구하고, 사도는 다시 한 번 자신과 그들을 동일시함으로써 자신의 마음을 그들에게 "연다". 6:14-7:1이 "이전의 편지"로부터 온 것이든, 아니면 원래부터 고린도후서의 이 대목에 있던 것이든(후자의 가능성이 더 높다), 이러한 애정어린 표현이 사용되고 있다는 것은 바울이 이 대목의 저자(또는 편집자)라는 것을 보여 준다. 이 대목을 후대의 편집자나 필사자가 집어넣은 것이라면, 과연 그가 "가장 애정어린" 표현을 포함시킬 정도로 세심할 수 있었겠는가(Hughes, 257)? 이 서신의 원래의 배경으로부터 거리가 먼 자였다면, 그는 (인위적으로) 정말 바울이 쓴 것처럼 하고자 애를 쓰지 않았다면 아가페토이(*ἀγαπητοί*)를 포함시킬 정도로 세심함과 독창성을 발휘했을 것이라고 생각하기가 어렵다. 그러나 6:14-7:1의 기능에 관한 우리의 이론에 따르면, 이러한 사적인 호소가 여기에 나오는 것은 지극히 자연스럽다. 그것은 5:20에 나오는 화해로의 부름을 다시 가져와서 사용하고 있는 것이다.

"온갖 더러운 것에서 자신을 깨끗하게 하자"(*καθαρίσωμεν ἑαυτοὺς ἀπὸ παντὸς μολυσμοῦ σαρκὸς καὶ πνεύματος*-카다리소멘 헤아우투스 아포 판토스 몰뤼스무 사르코스 카이 프뉴마토스). 바울은 자기 자신과 고린도 교인들을 한 묶음으로 생각하는 것을 계속해서, 그가 그들을 자기 편으로 오게 할 수 있기를 바란다. 그들을 "사랑하는 자들"이라고 부른 후에 바울은 청유의 가정법인 카다리소멘(*καθαρίσωμεν*, "깨끗하게 하자")을 사용함으로써 이러한 유대를 더욱 강화시킨다. 만약 바울이 고린도 교인들에게 가까이 다가가고자 하지 않았다면, 그는 이후에 나오는 명령을 "너희는 해야 한다"라는 식으로 표현할 수 있었을 것이다. 그런데도 바울은 고린도 교회와 자기 자신 양쪽에게 모두 권면하는 식의 표현을 사용한다. 요컨대, "그는 자기 자신과 그들을 하나로 여기는 자신의 애정을 재확인한다"(Hughes, 257).

카다리제인(*καθαρίζειν*, 참조. Jos. *Ant.* 11, 153)의 사용은 우리에게 제의적인 표현을 상기시킨다(Barrett, 202; 그러나 Betz에 의해서 주장된 정도까지는 아니다). 하나님 아버지와 같이 되는 길을 방해하는 것은 그 어떤 것이라도 제거되어야 마땅하다. 이것은 6:14-18의 취지였다. 하나님이 자기 백성을 인정하고 그들과 사귐을 가지시겠다는 약속은 그리스도인들이 스스로를 깨끗케 하고자 하는 것에 토대를 둔 것이다. 베츠(Betz, "2 Cor 6:14-7:1," 98, 99)가 해석하듯이, 거룩함이 이러한 깨끗케 하는 과정의 목표인지는 의심스럽다. 어떤 의미에서 고린도 교인들은 거룩하다. 왜냐하면 그들은 이미 하나님의 은혜를 받았기 때문이다. 하지만 바울은 그들이 처음 부르심을 받았던 때의 그 기준으로 되돌아가기를 원한다(6:1-2). 앞에서 보았듯이, 베츠(Betz)는 바울이 "직설법"과 "명령법"을 결합한 것 속에 존재하는 긴장 관계를 간과한 것으로 보인다(위에서 인용한 Tachau, *'Einst' und 'Jetzt'*를 보라). 그렇게 함으로써 그는 바울이 현재 그가 취하는 입장을 유지할 수 있었다는 것을 보는 데 실패한다. 깨끗케 하는 것의 목표는 거룩함을 얻으려고 애쓰는 것이 아니라(Betz, 98에서는 여기에 반대한다), 거룩함이 구원의 결과라는 것을 보여 주는 것이다. 여기에 나오는 재귀 동사는 단지 이 과정 속에 각 개인이 참여한다는 것을 나타낸다.

"깨끗케 하는 것"의 목적은 온갖 "더러운 것"(*μολυσμός*-몰뤼스모스)을 제거하는 것이다. 이 단어는 이 단락에서 마지막으로 나오는 "하팍스 레고메논"이다(하지만 동일한 어원에서 나온 동사는 고전 8:7에 나온다. 또다시 정결케 하는 것이 바울의 사고 속에 있지 않았다는 Betz⟨98, n. 73⟩의 주장을 받아들이기는 어렵게 된다). 더러운 것이라는 개념은 우상 숭배와 연결되어 있는데(1 Esdr 8:80; 2 Macc 5:27; 참조. 렘 23:15 LXX), 앞에 나온 절들은 이것을 보여 준다. 바울은 논리적인 방식을 통해서 그의 독자들에게 스스로를 깨끗케 하라고 권면한다. 그렇게 하기 위해서는 그들을 더럽게 하는 것들이 제거되어야 한다.

바울은 "육과 영(*σαρκὸς καὶ πνεύματος*-사르코스 카이 프뉴마토스)의 온갖 더러운 것에서 자신을 깨끗케 하자"라고 말함으로써 우리를 더럽게 할 수 있는 온갖 가능성들을 다 포함시킨다. 이렇게 "육과 영"이라는 표현이 여기에 나옴으로써 이러한 단어들이 제대로 사용되고 있는지에 대하여 적지 않은 논란이 있어 왔다. 그닐카(Gnilka, "2 Cor 6:14-7:1," 58)는 육과 영이라는 표현을 이렇게 사용한 것을 두고서 "육과 영의 절대적으로 비신학적인 사용"이라고 불렀다. 그가 제기하는 쟁점은 이러한 용법은 이 단어들을 여기서처럼 인간의 두 구성 부분이 아니라 두 세력을 가리키는 데 사용한 "통상적인" 바울의 인간론과 다르다는 것이다(Collange, *Enigmes*, 313; 참조. E. Schweizer, *TDNT* 7:125). 그 중 한 가지는 바울은 통상적으로 인간이 지닌 "근본적으로 악한" 측면을 이야기할 때 사륵스(*σάρξ*, "육체, 육")를 사용한다는 것이다. 바울이라면 당연히 "육"은 죄로부터 깨끗케 될 수 없다고 말해야 한다. 마찬가지로, 바울은 통상적으로 프뉴마(*πνεῦμα*, "영")를 "본질적으로 선한" 것으로 여기기 때문에 그것을 깨끗케 할 필요가 없다고 생각할 것이다(Tertullian, *Adv. Marc.* 5:12를 보라. 마르시온은 그의 이원론적 인간론 때문에 오직 육체만이 죄를 지닐 수 있다고 생각해서 본문에 나오는 프뉴마토스〈*πνεύματος*,"영의"〉를 하이마토스〈*αἵματος*, "피의"〉로 읽는다. 그러나 그는 고전 15:50의 영향을 받은 것일 수도 있다). 이렇게 일부 학자들은 바울이 이 글을 썼다면 이런 식으로 썼을 리가 없다고 주장한다.

육과 영을 깨끗케 한다는 것은 또다시 쿰란 공동체 신학의 냄새를 풍긴다. 1QS 3:8에서는 "그의 영혼을 하나님의 모든 계명들에 순복시킴으로써 그는 자신의 육체를 깨끗케 한다"라고 말하고 있다. 그닐카(Gnilka, 59)는 이러한 정화(淨化)와 성화(聖化)가 개인의 노력의 결과라고 해석한다. 이런 식으로 인간을 육체와 영으로 분류하는 것은 쿰란 문헌에서 잘 확인된다(1QH 13:13, 14; 15:21, 22; 17:25). 여기서 또다시 우리는 거룩한 전쟁에 참여하고자 하는 빛의 아들들이 "영과 육에 있어서 완전해야" 한다고 말하고 있는 것을 쿰란 문헌에서 발견하게 된다(1QM 7:5). 따라서 피츠마이어(Fitzmyer, "Qumran," 215)는 고린도후서 7:1은 에세네파의 사상과 매우 닮았다는 결론을 내린다.

그러나 우리는 이것이 과연 바울이 이 표현("육과 영의 온갖 더러운 것")을 직접 썼을 가능성을 배제할 정도로 절대적인 설득력을 지니고 있는 것인지를 물어 보아야 한다. 일례로, 바렛(Barrett, 202)은 바울이 이 어구를 비신학적인 용법으로 사용했을 가능성을 배제하지 않는다. 그는 사람이 물질적인 것과 비물질적인 것으로 구성되어 있다는 것을 표현하는 통속적인 언어를 사용한 것일 수 있다(Plummer, 211). 골로새서 2:5에서 바울은 "육신으로는 떠나 있으나"(*τῇ σαρκὶ ἄπειμι* – 테 사르키 아페이미) "심령으로는 너희와 함께 있어"(*τῷ πνεύματι…εἰμι* – 토 프뉴마티…에이미)라고 말한다. 또한 7:5에서 우리는 바울의 "육체"가 편치 못했다는 말을 읽게 되는데, 이것은 그가 2:13에서 그의 "심령"에 평안이 없었다고 말한 것과 비교해 볼 수 있다. 따라서 바울이 사륵스(*σάρξ*)와 프뉴마(*πνεῦμα*)를 비전문적인 의미로 사용했을 가능성은 얼마든지 존재한다. 그러나 R. Jewett, *Paul's Anthropological Terms*, 184, 185에서는 7:1의 본문이 유대의 묵시 전승 속에 서 있기 때문에 "영"은 다름아닌 사람에게 주어진 하나님의 영을 가리키는 것이라고 주장했다(참조. *T. Naph.* 10.9, "하나님이 자기에게 불어넣어 주신 하나님의 거룩한 영을 더럽히지 않는 자는 복이 있도다"). 이러한 의미는 바울이 고린도전서 3:6; 6:17-19에서 의도하는 것과 가까운 것 같다. 게다가, 우리가 앞에서 보았듯이 "육"과 "영"은 2:13과 7:5에서 역순이기는 하지만 서로를 뒤따라 나온다(Jewett, 133; Lietzmann, 131; Bultmann, 56).

바울이 "시집 가지 않은 자와 처녀는 주의 일을 염려하여 몸(*σῶμα*-소마)과 영(*πνεῦμα*-프뉴마)을 다 거룩하게 하려 하되"(참조. 고전 5:3, 5; Jewett, 120)라고 말하고 있는 고린도전서 7:34은 여기에 추가적인 빛을 던져 준다. 이것은 영지주의적인 사상을 배제하는 가운데("영지주의자들은 더러운 것을 깨끗하게 하는 것과 마찬가지로 육을 깨끗케 하는 것은 불가능하다고 주장했다", Plummer, 211) 겉사람과 속사람에 대하여 말하고 있는 것으로 보인다(Barrett, 202).

이러한 예들은 "육과 영의 더러운 것"이라는 표현이 비록 이례적인 표현이기는 하지만 반드시 비바울적인 것으로 볼 필요가 없다는 것을 보여 주기에 충분하다. 바울은 "육과 영의 상호적인 소통이 아주 밀접하기 때문에 어느 한쪽이 더럽혀지면 전체가 더럽혀진다"는 인간 본성에 관한 총체적인 묘사를 제시하기 위해서 육과 영이 결합된 표현을 사용했을 수 있다(Plummer, 211; 또한 Rensberger, "2 Cor 6:14-7:1," 39). 그는 쿰란 문헌과는 다른 출처들로부터 이 표현을 가져왔을 것이다. 우리는 육과 영이 결합된 그러한 표현을 *T. Jud.*(13:4)과 이사야 31:3(바사르⟨בשר⟩와 루아흐⟨רוח⟩)에서 발견한다. 따라서 이것이 1절에서 바울의 통상적인 표현 방식은 아니었다고 할지라도, 여러 가지 증거들은 이 표현이 느슨한 용법으로 사용되었음을 보여 준다.

"하나님을 두려워하는 가운데 거룩함을 온전히 이루어"(*ἐπιτελοῦντες ἁγιωσύνην ἐν φόβῳ θεοῦ*-에피텔룬테스 하기오쉬넨 엔 포보 데우). 깨끗케 하는 행위의 결과는 "거룩함 속에서 온전함을 이루는 것"(*ἐπιτελεῖσθαι ἁγιωσύνη*-에피텔레이스다이 하기오쉬네)이 될 것이다. 현재 분사인 에피텔룬테스(*ἐπιτελοῦντες*, 원형은 에피텔레인⟨*ἐπιτελεῖν*, "성화를 이루다"⟩, BGD, 302; 참조. *Ep. Arist.*, 133)는 거룩함에 있어서의 진전을 시사해 준다(Hughes, 258, n. 22). 바울은 일부 독자들에게는 고린도 교인들이 제의적인 규례들(6:17에서 묘사되고 있는 대로)을 지킴으로써 거룩함을 얻을 수 있다는 개념을 제시하고 있는 것으로 보였을 것이다(Betz, "2 Cor 6:14-7:1," 98, n. 76; 참조. Delling, *TDNT* 8:61, 62). 그러나 이러한 입장을 취하는 것은, 바울이 여기서 주장하고 있는 것이 현세에서의 즉각적인 거룩함이라고 말하는 것이다. 이것은 다른 대목들에서 바울이 말하고 있는 것과 완전히 어긋난다(그러한 완전주의적인 가르침에 반대하고 있는 빌 3:12-15을 보라; Martin, *Philippians* 137, 138: 바울에게 있어서 믿는 자는 언제나 나그네의 상태〈in statu viatoris〉, 즉 출발점과 도달점 사이의 길 위에 있다). 오히려 거룩함에 있어서 진보한다는 개념은 스스로를 성별하는 반복적인 행위(Plummer, 212), 하나님의 백성으로서 끊임없이 살아가고자 하는 것을 묘사한다. 믿는 자들에게 거룩함을 온전히 이루라고 말하고 있는 것에서 볼 수 있듯이, 믿는 자들이 도달해야 할 목표는 존재한다(Bruce, 216; 참조. 8:6, 11; 빌 1:6; 살전 3:3; 롬 1:4). 거룩하지 못한 삶에 스스로 만족하고 안주하는 것은 하나님의 은혜를 헛되이 받는 것이다(6:1-2). 바울은 두 종류의 온전함이라는 역설과 씨름했는데(빌 3:12-16), 현재의 맥락 속에서 그는 고린도 교인들이 자신들은 하나님께서 부르셨기 때문에(1:1) 거룩해졌다고 여기는 방향으로 치우쳐 있다고 보았다. 그렇지만 그들은 그리스도 안에서의 그들의 신분을 현실 속에서 구현할 필요가 있었다. 이것이 바로 우리가 앞에서 말한 화해의 역설이다.

거룩한 삶을 사는 것은 "하나님을 두려워하는 가운데서"(*ἐν φόβῳ θεοῦ*-엔 포보 데우) 행해진다. 우리는 앞에서 특히 고린도 교인들을 염두에 둔 바울의 사역이 이러한 경외심에 의해서 그 동기가 부여되었다는 것을 보았는데(5:11), 거기서와 여기서 우리는 그 가르침을 정당화하기 위하여 하나님을 근거로 제시하는 논쟁적인 뉘앙스를 추적할 수 있다. 어떤 사람이 회심 후에 행동하는 방식은 하나님 앞에서의 그 사람의 지위에 영향을 미친다(5:10, 바울에게 있어서 구원이 아니라 상급이라는 견지에서의 시험). "올바른" 삶이라는 동기는 여전히 사도의 가르침의 일부가 되고 있는데, 이것은 사도로서의 그의 신뢰성이 문제가 될 때 특히 그러하다.

"하나님을 두려워함"은 유대의 지혜 문학 속에서 발견되는 삶의 원리다(시 2:11; 5:7; 잠 1:7, 29, 8:13; 전 12:13; Sir. 1:11-30). 엔(*ἐν*, "가운데서")이 거룩함을 온전히 이루는 것이 일어나는 영역을 의미하는 것인지, 아니면 그것이 이루어지는 수단을 가리키는 것인지는 분명하지 않다(Plummer, 212). 5:11에서의 우리의 논의에 비추어 볼 때 전자일 가능성이 크다. 그러나 윤리적인 요구는 없어지지 않는다. 그리스도인들은 소극적인 본분(그들의 육과 영을 깨끗케 하는 것)과 적극적인 본분(그들의 거룩함을 온전히 이루는 것) 둘 다를 성취해야 한다(Tasker, 100). 무엇보다도 바울에게 있어서 믿는 자들은 사도로서의 바울의 간청에 귀를 기울여서 "그들이 마땅히 되어야 할 모습이 됨"으로써 그들의 신앙 고백을 실천으로 옮기도록 부르심을 받는다.

## 해설

우리가 모든 비평적인 문제들을 다 옆으로 내려놓는다면, 이 단락의 의미는 꽤 분명하다. 하나님의 은혜를 받았다고 고백한 자들은 스스로를 속여서는 안 된다. 도리어 하나님을 섬기는 데 헌신하여 거룩한 길로 살아감으로써 성별되는 것을 추구해야 한다(소극적이고 적극적인 두 가지 의미의 "거룩함" 속에서: 1:1에 대한 "주석"을 보라). 그렇지만 효과적인 증인이 되기 위해서 믿는 자들은 사람들과 접촉해야 한다. 즉 그들은 오직 세상에 있는 동안에만 세상에 대한 그들의 부르심을 수행할 수 있다.

구별되어야 한다는 바울의 권면은 결코 세상에서 물러나 은둔하라고 권면하는 것이 아니다. 바울이 염두에 두고 있었던 것은 이방 세계와의 "영적인 유대"를 깨뜨려야 한다는 것이었다. 그러한 일이 이루어질 때까지 하나님의 약속들은 질식 상태로 남아 있게 된다. 그러한 상황 속에서 고린도 교인들은 "거룩함을 입은" 삶의 온전한 분량을 누릴 수 없었고, 상급을 받게 될 삶을 살 수도 없었다(고전 3:10-15; 고후 5:10). 세상과의 결합이 깨어져서 하나님의 성전이 깨끗하게 되어야 했다. 고린도 교인들이 스스로를 깨끗하게 하는 데 실패한 데서 온 중요한 결과는 하나님의 참된 사신이 고린도 교인들의 삶으로부터 배제되었고, 그들은 하나님과 "화목하게 될" 필요가 있었던-그들이 바울의 복음에 반대하고 있는 동안에 그랬던 것처럼-믿지 않는 세상 편에 가담했다는 것이었다.

이 짧은 단락은 분명히 세상과 사회에 대한 믿는 자들의 태도와 관련된 기독교적인 권면의 요소들을 지니고 있고, 그 직접적인 적용으로서 그리스도인의 도덕과 이방인의 도덕을 대비시킴으로써 "그리스도인의 삶의 이상"(Denney)을 제시하고 있기는 하지만, 우리는 이 단락의 일차적인 취지를 잃어버려서는 안 된다. 고린도 교회의 회중에게 바울과 화해하라는 두 번의 열정적인 호소 사이에 자리잡고 있는(6:11-13; 7:2, 3) 이 단락은 독자들에게 그들의 위험성에 대하여 경고하고, 그들이 계속해서 바울의 복음으로부터 멀어져 있어서는 안 된다고 주의를 준다. 그리스도인으로서의 삶이 지닌 거룩한 성격에 관한 기존의 전승 단편을 보여 주는 관용표현들-성전, 우상들, 구별, 깨끗케 함, 거룩함-과 준이원론적인 구성(하나님 대 우상; 그리스도 대 사탄; 믿지 않는 자들 대 하나님의 백성)을 사용해서 바울은 단 한 가지 요지를 역설한다: 화해로의 부르심은 "하나님의 사도"로서의 그와 그의 선포에 대한 전심을 다한 헌신과 충성 맹세를 포함한다는 것이다. 어조는 귀에 거슬리고 엄중하지만 분명히 그러한 것이 필요했다. 바울은 너무 비인격적이고 가혹한 것으로 여겨질 수도 있었던 자신의 말을 완화시키기 위하여 재치있게 잠시 유화적인 말로 물러난다(7:2-3).

5:11에서 7:3까지 계속되는 이러한 절들의 중심에는 실제로 세 가지 변주를 지닌 하나의 중심적인 주제가 존재한다. 전체적인 목적은 고린도 교회와의 화해를 위한 토대를 놓는 것이고, 세 가지 요소는 (1) 고난받는 사도직, (2) 사도와 고린도 교인들의 동반자 관계, (3) 인간의 삶 속에서의 하나님의 은혜의 역사(役事)에 대한 송축이다(Ivor Jones, *The Contemporary Cross*, 120-25).

# J. 디도가 가져온 좋은 소식(7:2-16)

## 참고문헌

**Barrett, C. K.** "*Ο ΑΔΙΚΗΣΑΣ*(2 Cor. 7.12)." In *Essays on Paul*, 108-17. ______. "Titus." In *Essays on Paul*, 118-31. **Carrez. M.** "Le 'nous' en 2 Corinthians." *NTS* 26(1979-80) 474-86. **Jones, I. H.** *The Contemporary Cross*. London: Epworth Press, 1973. **Lampe, G. W. H.** "Church Discipline and the Interpretation of the Epistles to the Corinthians." In *Christian History and Interpretation*, Studies presented to John Knox, ed. W. R. Farmer *et al.*, 337-61. Cambridge: University Press, 1967. **Moncure, J.** "Second Corinthians 7:8-10." *RevExp* 16(1919) 476-77. **Olivier, F.** "*Συναποθνήσκω*. D'un article de lexique à Saint Paul, II Corinthiens, vii, 3." *RThPh* 17(1929) 103-33. **Schütz, J. H.** *Paul and the Anatomy of Apostolic Authority*. SNTSMS 26.

Cambridge: University Press, 1975. 233-34. **Stählin, G.** "Um mitzusterben und mitzuleben. Bermerkungen zur 2 Kor. 7,3." *Neues Testament und christliche Existenz.* FS H. Braun. ed. H.-D. Betz and L. Schottroff, 1973. 503-21.

## 본 문

**2** 마음으로 우리를 영접하라 우리가 아무에게도 불의를 하지 않고 아무에게도 해롭게 하지 않고 아무에게도 속여 빼앗은 일이 없노라
**3** 내가 정죄하려고 이 말을 하는 것이 아니라 이전에 말하였거니와 너희로 우리 마음에 있어 함께 죽고 함께 살게 하고자 함이라
**4** 내가 너희를 향하여 하는 말이 담대한 것도 많고 너희를 위하여 자랑하는 것도 많으니 내가 우리의 모든 환난 가운데서도 위로가 가득하고 기쁨이 넘치는도다
**5** 우리가 마게도냐에 이르렀을 때에도 우리 육체가 편치 못하고 사방으로 환난을 당하여 밖으로는 다툼이요 안으로는 두려움이라
**6** 그러나 비천한 자들을 위로하시는 하나님이 디도의 옴으로 우리를 위로하셨으니
**7** 저의 온 것뿐 아니요 오직 저가 너희에게 받은 그 위로로 위로하고 너희의 사모함과 애통함과 나를 위하여 열심 있는 것을 우리에게 고함으로 나로 더욱 기쁘게 하였느니라

**8** 그러므로 내가 편지로 너희를 근심하게 한 것을 후회하였으나 지금은 후회하지 아니함은 그 편지가 너희로 잠시만 근심하게 한 줄을 앎이라
**9** 내가 지금 기뻐함은 너희로 근심하게 한 까닭이 아니요 도리어 너희가 근심함으로 회개함에 이른 까닭이라 너희가 하나님의 뜻대로 근심하게 된 것은 우리에게서 아무 해도 받지 않게 하려 함이라
**10** 하나님의 뜻대로 하는 근심은 후회할 것이 없는 구원에 이르게 하는 회개를 이루는 것이요 세상 근심은 사망을 이루는 것이니라
**11** 보라 하나님의 뜻대로 하게 한 이 근심이 너희로 얼마나 간절하게 하며 얼마나 변명하게 하

**2** Make room for us [in your hearts]: we have wronged no one, we have ruined no one, we have taken advantage of no one.
**3** I do not say this to condemn you,[a] for I have said previously that you[b] are in our hearts: thus we die or live[c] with you.
**4** I have much confidence in you: I take great pride in you. My encouragement is complete: I am overflowing with joy in all our distress.

**5** For when we came into Macedonia our body found[d] no rest but on all sides we were distressed: strife from without: fears[e] from within.
**6** But God, the one who encourages the downcast, encouraged us with the coming of Titus.
**7** And not only with his coming, but also in theencouragement you gave to him. He told us of your desire [for me], of your mourning, of your zeal for me, so that my joy was even more than before.
**8** Even if my letter hurt you, I do not regret it. Though I did regret it – for I see[f] that letter hurt you for a while –
**9** now I rejoice, not that you sorrowed but that your sorrow led to repentance. For you experienced godly sorrow so that you suffered no loss through us.

**10** For godly sorrow produces[g] repentance that leads to salvation and leaves no regret, but worldly sorrow leads to death.
**11** See what earnestness this godly sorrow has produced[h] in you,[i] but also what eagerness to

며 얼마나 분하게 하며 얼마나 두렵게 하며 얼마
나 사모하게 하며 얼마나 열심 있게 하며 얼마나
벌하게 하였는가 너희가 저 일에 대하여 일절 너
희 자신의 깨끗함을 나타내었느니라
**12** 그런즉 내가 너희에게 쓴 것은 그 불의 행한
자를 위한 것도 아니요 그 불의 당한 자를 위한
것도 아니요 오직 우리를 위한 너희의 간절함이
하나님 앞에서 너희에게 나타나게 하려 함이로다
**13** 이로 인하여 우리가 위로를 받았고 우리의 받
은 위로 위에 디도의 기쁨으로 우리가 더욱 많이
기뻐함은 그의 마음이 너희 무리를 인하여 안심
함을 얻었음이니라
**14** 내가 그에게 너희를 위하여 자랑한 것이 있더
라도 부끄럽지 아니하니 우리가 너희에게 이른
말이 다 참된 것같이 디도 앞에서 우리의 자랑한
것도 참되게 되었도다
**15** 저가 너희 모든 사람들이 두려워하고 떪으로
자기를 영접하여 순종한 것을 생각하고 너희를
향하여 그의 심정이 더욱 깊었으니
**16** 내가 너희를 인하여 범사에 담대한고로 기뻐
하노라

clear yourselves, what indignation, what fear,
what longing, what zeal, what punishment. In
every instance you have demonstrated your inno-
cence in[j] this matter.
**12** So then,[k] when I wrote to you it was not on
account of the offender, or of the offended, but
on your account, so that before God you could
see your[l] earnestness toward us.
**13** Because of this we are encouraged.[m] In addi-
tion[n] to our encouragement, we rejoiced more
than ever at the joy of Titus because his spirit
has been refreshed by all of you.
**14** For I boasted to him about you and you did
not embarrass me. And as we have spoken the
truth in all things[o] to you, likewise our[p] boasting
to[q] Titus about you has proved true.
**15** His affection abounds toward you when he
recalls everyone's obedience, for he was received
with fear and trembling.
**16** I rejoice in that I have complete confidence
in you.

## 원문주해

a. 이 본문은 ℵ B C P의 지지를 받고 있다. D E F G K L은 우 프로스 카타크리신 레고(*οὐ πρὸς κατάκρισιν λέγω*)로 읽는다. 이 두 번째 읽기는 후대의 수정일 가능성이 매우 크다(Plummer). 여기에 나오는 문학 양식(epidiorthosis – 앞서의 인상을 이후에 수정하는 것)에 대해서는 BDF § 495.3을 보라.

b. 에스테(*ἐστε*)가 B에는 생략되어 있다는 것을 주목하라.

c. 쉬젠(*συζῆν*)은 쉰젠(*συνζῆν*, ℵ B* C D E F G)보다 사본상으로 더 약한 지지를 받고 있다($B^3$ K L P).

d. Nestle-Aland[26]에는 완료형인 에스케켄(*ἔσχηκεν*, ℵ C D Ψ 0243)으로 되어 있지만, 몇몇 사본들($P^{46}$ B F G K)에는 단순과거형인 에스켄(*ἔσχεν*)으로 되어 있는데, 이것은 시제를 "수정하고자" 하는 시도다(BDF § 343.2를 보라).

e. $P^{46}$에는 포보스(*φόβος*, 단수형)로 되어 있다.

f. 이 절은 본문과 끊어 읽기에 있어서 극히 난해하다. 올바른 읽기와 관련해서 의문이 제기된다. 그 가능성들로는 블레폰(*βλέπων*, $P^{46*}$ vg), 블레포(*βλέπω*, $P^{46}$c B D* it sa

Ambst), 블레포 가르(βλέπω γὰρ, ℵ C $D^1$ F G ψ 0243 $vg^{mss}$ $syr^{bo}$)가 있다. Lachmann과 Hort 같은 학자들은 블레폰(βλέπων, "보는")을 지지했다. 그들은 어미 -ων을 -ω로 축약시키는 필사자들의 관행에 비추어서 불가타의 번역인 videns을 옳은 것으로 받아들였다. 마찬가지로, Hughes(269, n. 6)도 블레폰(βλέπων)이라는 읽기를 지지한다. 하지만 이 읽기는 사본상으로 더 약한 지지를 받고 있다. Barrett와 Windisch는 마지막에 나오는 ν이 전승 과정에서 탈락되었다고 주장한다.

블레포(βλέπω)라는 읽기는 사본상으로 더 나은 지지를 받고 있다. Barrett는 이 읽기를 세 가지 읽기 중에서 가장 어려운 것으로 보고서 지지한다(210). 그는 자신의 입장을 지지하는 것으로서 UBSGNT 위원회의 소수파(*A Textual Commentary on the Greek New Testament*, 581)가 블레포(βλέπω)를 7:8의 난해한 구문을 수정하고자 한 필사자의 시도라고 본 것을 든다. 그러나 우리는 사본상으로 가장 비중 있는 지지를 받는 읽기인 블레포 가르(βλέπω γὰρ)를 택하고자 한다. 이 위원회의 대다수는 이러한 사본상의 지지를 주목하고서 이 읽기를 본문 속에 포함시키기로 결정했다. 그러나 이 다수파조차도 우리의 본문을 둘러싼 불확실성을 반영하고자 가르(γὰρ)를 Nestle-Aland[26]에서 괄호 안에 삽입하는 방식을 택했다.

우리는 이 본문의 올바른 읽기라는 문제와 더불어서 이 절에 대한 올바른 끊어 읽기라는 문제에 봉착한다. 그 중 한 가지 견해는 블레포 (가르) 호티 헤 에피스톨레 에케이네 에이 카이 프로스 호란 엘뤼페센 휘마스(βλέπω ⟨γὰρ⟩ ὅτι ἡ ἐπιστολὴ ἐκείνη εἰ καὶ πρὸς ὥραν ἐλύπησεν ὑμᾶς)를 삽입구로 보아야 한다는 것이다(NIV; Hughes, 269, n. 6). 일부 필사자들은 에이 카이 메테멜로멘(εἰ καὶ μετεμελόμην)을 이 서신의 새로운 부분으로 보았던 것 같다. 왜냐하면 B는 데(δέ)를 에이(εἰ)와 카이(καὶ) 사이에 삽입해 놓고 있기 때문이다. 이것은 에이 카이 메테멜로멘(εἰ καὶ μετεμελόμην) 앞에 마침표를 찍어야 한다는 것을 뒷받침해 준다. "내가 후회했으나"로 시작되는 사고는 "그 편지가 너희로 잠시만 근심하게 한 줄을 앎이라"는 진술에 의해서 중단된다. 이러한 흐름은 9절의 처음에서 계속되고 있음에 틀림없다. KJV/AV은 7:8에 대하여 어색한 끊어 읽기를 우리에게 제시하고 있는데, 잘 살펴보면 블레포(βλέπω)로 시작되는 구절은 바울이 그들을 근심하게 한 것을 후회한 이유가 아니라 그가 고린도 교인들을 근심하게 만든 이유를 진술하는 것으로 되어 있다(Tasker, 104, 105; Hodge; 또한 "주석"을 보라).

g. ℵ* B C D P 81 1175에는 에그라제타이(ἐργάζεται)로 되어 있는 반면에, $ℵ^2$ F G ψ 0243에는 카테르가제타이(κατεργάζεται)로 되어 있다. Plummet(222)는 후자의 읽기는 카테르가제타이(κατεργάζεται)를 포함하고 있는 다음 구절과의 동화 때문에 생겨난 것이라고 주장한다.

h. 몇몇 사본들($ℵ^2$ D ψ vg)에는 뤼페데나이(λυπηθῆναι) 뒤에 휘마스(ὑμᾶς)가 나오지만, 현재의 본문은 $P^{46}$ ℵ* B C F G 0243 33 81 630 1739 1881 Ambst의 지지를 받고

있다.

i. $\aleph^2$ C F G P 104 326 365 629 2464 2495 Ambst.에서는 휘민(*ὑμῖν*) 앞에 엔(*ἐν*)이 나온다. 이 전치사는 ($P^{46}$) ℵ* B D K L Ψ 0243 6 33 81 630 *Clem.*에는 생략되어 있다.

j. 몇몇 사본들(D1)에는 토 프라그마티(*τῷ πράγματι*) 앞에 엔(*ἐν*)이 나오지만, 대다수의 사본들은 이것을 생략하고 있다. 아마도 엔(*ἐν*)은 구문을 쉽게 하기 위하여 후대의 필사자들에 의해서 삽입된 것으로 보인다(Plummer).

k. 아라(*ἄρα*)는 호스테(*ὥστε*, "그러므로")의 의미를 지닌다.

l. 이 절은 헤메이스(*ἡμεῖς*)와 휘메이스(*ὑμεῖς*)가 얼마나 쉽게 혼동을 불러 올 수 있는지를 보여 주는 또 하나의 예이다. 여러 가지 이독들로는 헤몬 텐 휘페르 헤몬(*ἡμῶν τὴν ὑπὲρ ἡμῶν*, G d vgms), 휘몬 텐 휘페르 휘몬(*ὑμῶν τὴν ὑπὲρ ὑμῶν*, ℵ D* F 0243 629), 헤몬 텐 휘페르 휘몬(*ἡμῶν τὴν ὑπὲρ ὑμῶν*, 323 945 lat Ambst)이 있다. 앞으로 "주석"에서 보게 되겠지만, 문맥상으로 볼 때 Nestle-Aland[26]의 본문에 나와 있는 것, 즉 휘몬 텐 휘페르 헤몬(*ὑμῶν τὴν ὑπὲρ ἡμῶν*)으로 읽을 것이 요구된다. 두 번째 이독은 7:4과 조화시키고자 하는 의도에서 나온 것이다(Bultmann, 62). 하지만 다른 이독들은 문맥상으로 거의 뜻이 통하지 않는다.

m. 일부 학자들은 12절이 디아 투토 파레케클레메다(*διά τοῦτο παρεκεκλήμεθα*, RSV; Héring, 56과 그 주를 보라)라는 어구를 포함하는 것으로 본다.

n. 데(*δὲ*)는 $P^{46}$ 81 104 365 629 630 1175에서는 생략되어 있다.

o. 판토테(*πάντοτε*, C F G 81 $sy^h$ co)와 판톤(*πάντων*, 326)은 또 다른 읽기들이다.

p. B F에는 휘몬(*ὑμῶν*)으로 되어 있다.

q. 현재의 본문은 $P^{46}$ $\aleph^2$ C 0243의 지지를 받는다. 헤 프로스 티투(*ἡ πρὸς Τίτου*)라는 읽기는 D F G P Ψ 365 614 1175에서 발견된다.

## 양식/구조/배경

현재의 단락은 6:11-13에 나오는 바울의 변호를 재개한다. 그는 그들을 향하여 자신의 입을 열었다–성경적인 관용 표현(삿 11:35f.; 욥 3:1; Sir 51:25; 마 5:1, 이 구절들은 모두 말할 준비가 되어 있다는 것을 나타내기 위해서 아노이게인 토 스토마〈*ἀνοίγειν τὸ στόμα*, "입을 열다"〉라는 표현을 사용한다). 바울은 고린도 교인들에게 자신에게 마음을 열라고 손짓했고, 6:14-7:1을 삽입한 후에 다시 여기서 5:20 이하에서 시작된 호소를 계속하여 자신의 권면을 이어 나간다(7:2). 고린도 교인들에게 그들 편에서의 그러한 행동이 유익한 것이었음을 확신시키기 위해서 바울은 논쟁적인 방식으로 글을 써 왔다. 이제 바울은 자기가 반대자들과 거짓 사도들에 의해서 불의를 당해 오긴 했지만 자기는 아무에게도 불의를 행하지 않았다(ἀδικεῖν-아디케인; 참조. 고전 6:8, 그러나 이것은 7:12에 나오게 될 내용을 은연중에 암시하는 역할을 한다)는 것을 그들에게 상기시킨다. 또한 바울은 자기는 아무에게도 해롭게 하지(φθείρειν-프데이레인) 않았고, 자신의 행위는 교회를 해롭게 하지 않았다고 쓴다. 아울러, 사도는 아무에게서도 이득을 취하지(πλεονεκτεῖν-플레오네크테인) 않았다고 말한다. 이것은 바울이 적어도 간접적으로 자신의 대적자들의 비난에 대하여 스스로를 변호하는 말이다(12:17-18을 보라). "지극히 큰 사도들"(11:4-7)과는 대조적으로, 바울은 참된 복음을 전하고서 사랑받는 것을 제외하고는 그 어떤 보답도 요구하지 않았다(11:9). 바울은 고린도 교인들을 해치는 일은 아무것도 하지 않았기 때문에, 그들은 마땅히 그들의 마음을 바울에게 열어야 한다. 사도는 그의 대적들과 비교해 볼 때 고린도 교인들의 마음속에 진정으로 자리잡고 있을 만한 자격을 갖춘 유일한 인물이다. 이것은 상호적인 화해에 있어서 마지막 요소다. 왜냐하면 "바울은 스스로 치유의 몸짓을 함이 없이 화해를 청하는 그런 자가 아니었기"(Jones, *The Contemporary Cross*, 61) 때문이다.

자신의 행위들이 올바른 것이었음을 다시 말한 후에 바울은 이 단락의 나머지 부분에 골고루 스며 있는 두 가지 서로 연관된 주제들 중의 하나에 대하여 말하기 시작한다.

(1) 바울은 고린도 교회에 대한 신뢰와 담대함(παρρησία-파르레시아)을 가지고 있다(7:4). 디도가 가져온 소식 덕분에 바울은 이제 고린도 교인들이 자신에게 순종한다는 것을 믿을 수 있음을 알고 있었다(7:4; 참조. 7:11). 바울은 이러한 진리를 고린도 교인들에게 말함에 있어서 디도라는 주제로 되돌아간다(2:14-7:4의 긴 설명 후에). 2:13에서 바울은 디도가 저 "엄중한 편지"에 대한 교회의 반응에 관한 소식을 가지고서 고린도로부터 되돌아올 것을 기다리며 자기가 겪었던 "마음 고생"을 설명했었다. 이 편지는 바울을 괴롭혔고(7:8), 그는 디도가 돌아오기를 기다리는 동안에 한시도 마음이 편치 않았다. 그러나 디도가 돌아오고 나서 바울은 그가 좋은 소식을 가져왔다는 것을 알게 되었다. 무수히 용기를 내 왔던(1:3-7) 바울은 고린도 교회와 관련된 모든 문제가 바울과 그 교회의 신실한 지체들에게 좋은 쪽으로 해결되었다는 디도의 소식을 듣고서 기뻐했다. 이제 모든 일이 잘 되었다. 그러나 우리는 또 다른 문제가 시작되는 문을 계속해서 열어 놓지 않으면 안 된다. 10-13장이 1-9장보다 뒤에 쓰여졌다고 가정한다면, 10-13장을 쓸 때는 분명히 바울의 괴로움들이 존재하지 않았다는 것이 된다. 이 마지막 말이 옳다면, 우리는 10-13

장에 언급된 문제들에 비추어 볼 때 왜 바울이 7장에서 그렇게 기뻐할 수 있었는지를 묻지 않을 수 없다. 디도가 상황을 잘못 파악한 것이었는가? 바울이 여기서 보여 주고 있는 확신이 실패로 돌아간 것인가? 또는 단지 고린도 교회의 다수만이 그의 편으로 오게 된 것인가? 10-13장에 나오는 대적자들은 디도가 마게도냐에 있는 바울에게 돌아온 후에 고린도 교회에 침투한 것인가? 이러한 질문들은 고린도후서에 대한 우리의 연구에서 고찰될 필요가 있다. 우리가 선호하는 것은 마지막에 언급된 견해다. 본서의 서론을 보라.

(2) 이 소식을 듣고서 바울은 그의 독자들과 함께 우리의 현재의 단락 속에 나오는 주제들 중에서 두 번째 주제인 기쁨(*χαρά*-카라)을 나눈다. 이 단락 속에서 우리는 바울의 기쁨만이 아니라 디도의 기쁨도 보게 된다. 디도는 고린도 교인들에 의해서 사랑받고 있다고 느끼고 있었고, 이것은 바울이 그냥 지나치지 않는 이 이야기의 일부가 되어 있다. 이렇게 디도가 고린도 교인들에게 환영을 받았다는 소식은 바울에게 담대함과 기쁨을 동시에 가져다 주었다(7:16).

그러나 7:8-13은 이러한 담대함과 기쁨을 얻기 이전에 많은 일들이 일어났다는 것을 보여 준다. 바울은 "눈물의"(또는 엄중한) 편지를 썼었다(이 서신의 정체에 관한 여러 가지 학설들에 대한 논의로는 본서의 서론을 보라; 7:8에 언급된 서신과 2:4에 언급된 서신이 서로 동일하지 않다는 것을 보여 주는 내용은 전혀 없다. 그러므로 이 서신은 멸실되었을 가능성이 대단히 크다-그 서신은 이 장이 보여 주듯이 그 직접적인 목적을 달성했기 때문에 이것은 충분히 생각해 볼 수 있는 일이다). 이 서신은 바울에게 큰 근심을 불러일으켰다. 왜냐하면 그는 고린도 교인들의 반응이 아주 부정적인 것이 되면 어쩌나 하고 염려했기 때문이다. 그렇지만 그는 그 서신이 꼭 필요했다는 것을 안다. 왜냐하면 그 서신은 회개로 이끄는 "하나님의 뜻대로 하는 근심"(7:10)이 되도록 하나님에 의해서 사용되었기 때문이다(7:9). 이 근심은 하나님(그리고 그의 사신)에 대한 어떤 사람의 관계를 변화시키는 데 실패하는 그런 종류의 근심이 아니라, 화해를 바라게 하고 깨어진 교제를 회복시키는 수단이 되는 그런 종류의 근심이다. 바울이 보기에 하나님의 뜻대로 하는 이 근심은 고린도 교인들에게 몇 가지 변화를 가져다 주었다(7:11). 놀랍게도, 바울은 이러한 변화들이 고린도 교인들에게 분명히 일어날 것이라고 확신했었다. 사도는 고린도 교인들에 대하여 큰 확신을 가지고 있었기 때문에(디도보다 한층 더 큰 확신) 고린도 교인들 중 어느 누구라도 정죄하기 위해서가 아니라 그들로 하여금 하나님 앞에서 바울에 대한 그들의 헌신을 증명할 기회를 주기 위해서(12절: 이 절을 해석하는 또 하나의 방식이 존재한다: "주석"을 보라) 눈물의 편지를 쓴 것이었다. 고린도 교인들에게 그들의 잘못된 행동을 보여 줌으로써 바울은 그들이 마땅히 걸어가야 할 길로 되돌아오도록 인도하는 도움을 주었다. 고린도 교인들이 그의 편으로 되돌아왔기 때문에 바울은 그들을 기뻐했다(16절).

바울은 이 단락을 고린도 교인들의 태도가 디도에게 어떠한 영향을 주었는지를 설명하는 것으로 끝낸다(7:13b-15). 디도는 고린도 교인들의 태도 변화를 통해서 새로운 힘을 얻게 되었는데, 이것은 바울이 좀더 낙관적인 때에 반드시 그렇게 될 것이라고 확신했던 것이었다(7:14; 물론 우리는 그런 일이 있은 후에 바울이 확신을 가졌다는 것에 대하여 놀라지 않는다. 7:8에서 그는 이 서신이 어떠한 결과를 가져 올지에 대하여 확신하지 못한다고 말했다. 그러나 7:14을 보면, 바울은 이 서신을 쓰기 전에 고린도 교인들이 다시 자기 편으로 되돌아올 것임을 확신했던 것으로 보인다. 사도는 고린도 교인들이 자기 편으로 돌아오게 되리라는 것을 완전히 확신하지는 못했지만 그럴 가능성을 보았던 것 같다. 우리는 바울이 논쟁적인 방식으로 말하고 있다는 것을 간과해서는 안 된다. 그는 진리를 대변하고 있다고 주장하고 있는데, 이것은 그의 생각에 의하면 그의 대적들에게는 적용되지 않는 것이었다. 디도가 가져온 소식은 바울에게 고린도 교인들의 신실함을 보여 주는 풍부한 증거 이상의 것이었다. 왜냐하면 그들은 바울이 보낸 사자였던 디도에게 순종했기 때문이다(우리는 바울이 보낸 또 한 명의 사자였던 디모데가 고린도 교인들로부터 그렇게 좋은 대접을 받지 못했었다는 것을 기억한다; Barrett, "Titus"; Kümmel, *Introduction to the New Testament*2[1975] 286, 287를 보라). 이것 때문에 바울은 고린도 교인들에 대하여 담대함을 가지게 되었고, 이것은 기쁨의 근거가 되었다. 디도가 가져온 좋은 소식은 분명히 바울에게는 모든 면에서(*ἐν παντί*-엔 판티, 16절) 개인적인 축복이었다.

이 단락은 얼핏 보면 평이한 이야기체의 산문 단편처럼 보이지만, 몇 가지 패턴이 감지되었다(Lietzmann, 131에 의해서). 파라클레시스(*παράκλησις*), 카라(*χαρά*), 들립시스(*θλῖψις*)라는 세 개의 단어가 포함된 4절의 처음에 나오는 말은 이후에 나오는 내용을 위한 모델을 설정하는 것으로 보인다. 따라서 앞 항목의 단어는 뒷 항목의 단어들과 짝을 이룬다.

4절: *παρακλήσει*(파라클레세이) 6절: *παρακαλῶν*(파라칼론)
*παρεκάλεσεν*(파레칼레센)

| | |
|---|---|
| | 7절: *παρακλήσει ῇ*(파라클레세이 헤) |
| | *παρεκλήθη*(파레클레데) |
| | 13절: *παρακεκλήμεθα*(파라케클레메다) |
| 4절: *χαρᾷ*(카라) | 7절: *χαρῆναι*(카레나이) |
| | 9절: *χαίρω*(카이로) |
| | 13절: *ἐχάρημεν χαρᾷ*(에카레멘 카라) |
| 4절: *θλίψει*(들립세이) | 5절: *θλιβόμενοι*(들리보메노이) |

또한 우리는 네 번째 단어(*καύχησις*-카우케시스, 4절의 "자랑")가 14절에서 어떻게 다시 사용되고 있는지를 볼 수 있는데, 거기서 이 단어는 "자랑하는 것"으로 번역된다. 그러나 이러한 반복은 주목할 만한 것이다. 또한 이러한 단어들을 통한 연결 고리들은 단순히 흥미로운 것 이상의 것이다. 리츠만(Lietzmann, 본서의 서론에서 인용된)이 지적했듯이, 이러한 연결 고리들은 7:2-4과 7:5-16 간의 연결 관계가 긴밀하다는 것을 보여 줌으로써 고린도후서의 기원에 관한 문제에 상당한 기여를 한다. 이 단락은 전체적으로 파라칼레인(*παρακαλεῖν*)이라는 동사가 처음(6절)과 마지막(13절)에서 사용됨으로써 "수미쌍관법적 구조"의 특징을 보여 준다(Bultmann, 63를 보라).

## 주석

2 "(마음으로) 우리를 영접하라"(*Χωρήσατε ἡμᾶς*-코레사테 헤마스). 바울은 6:12-13의 호소를 재개한다. 이러한 중단은 바울이 현재의 바람직스럽지 못한 관계에 대한 책임이 자기가 아니라 고린도 교인들에게 있다는 논증으로 되돌아옴으로써 끝난다. 코레사테(*χωρήσατε*, "여지를 만들어라"; 코레인〈*χωρεῖν*〉의 단순과거 명령형, Philo, *De Ebrietate* 32; Jos. *BJ*, 6.131; *Sib. Or.* 3, 8; BGD, 889, 890)는 넓힌다는 개념을 지닌다. 코레인(*χωρεῖν*)은 분명히 인지적인 요소를 포함하고 있기는 하지만(마 19:11, "사람마다 이 말을 받지〈깨닫지; *χωροῦσιν*-코루신〉 못하고"; Allo와 Héring은 이러한 용법을 근거로 7:2에서 바울이 코레인〈*χωρεῖν*〉을 지적 차원에 국한시키는 용법으로 사용한 것으로 보았다〈Héring, 53, n. 4〉), 특히 6:11-13에 나오는 감정에 근거한 바울의 호소에 비추어 볼 때 이 단어 속에는 그보다 더 깊은 것이 내포되어 있다. 바울은 공식적인 방식으로가 아니라 사적인 방식으로 말하고 있다(Bultmann, 179: nicht amtlich, sondern persönlich; 그러나 나중에 나오

는 설명을 보라). 그는 고린도 교인들에게 자신을 그들의 마음속으로 받아들이라고 권면했었다(Strachan, "나를 위한 자리를 만들어라," 124). 그는 이제 자신이 그들을 자신의 마음속으로 받아들인 것에 대한 상호적인 조치를 요구한다(Barrett, 203). 본문에는 "너희의 마음속에"라는 표현이 나오지 않지만, 문맥상으로 그러한 표현이 요구된다. KJV/AV("우리를 받으라")는 의미를 보충하는(ad sensum) 어구가 없이는 불충분한 번역이다.

"우리가 아무에게도 불의를 하지 않고"(*οὐδένα ἠδικήσαμεν*-우데나 에디케사멘). 바울은 여기서 또다시 그의 독자들 앞에 자신의 동기가 순수하다는 것(4:2; 5:12, 13; 6:3)과 자신의 인격에 대한 비방과 공격은 잘못된 것임을 말한다. 그는 접속사 없이 세 개의 단순과거 동사들을 사용함으로써 여기서 그런 내용의 말을 제시한다(이것은 우리에게 바울이 분명히 이 서신을 구술하는 가운데 자신의 감정을 실어서 스타카토식으로 "신속하게" 말하고 있다는 것을 알게 해준다). 바울은 고린도 교인들로 하여금 자신을 그들의 마음속에 받아들이기를 거부하도록 만들 수도 있는 여러 가지 이유들을 신속하게 제거해 나간다(Plummer, 213).

에디케사멘(*ἠδικήσαμεν*), 에프데이라멘(*ἐφθείραμεν*), 에플레오네크테사멘(*ἐπλεονεκτήσαμεν*)이 모두 단순과거 시제(즉 과거에 끝난 행위를 가리키는 시제)로 되어 있고 그 앞에 부정의 실명사(*οὐδένα*-우데나)가 붙어 있다는 사실은 바울의 마음속에 그가 다른 사람을 해롭게 한 일이 한 번도 없었다는 것을 보여 주는 것일 수 있다. 휴즈(Hughes)는 이러한 구문은 바울이 고린도에 있었던 특정한 때를 가리키는 것이라고 본다(260, n. 26). 틀림없이 바울은 자신에 대한 비난들, 7:2b에 구체적으로 나와 있는 비난들에 대하여 대응을 하고 있는 것이다. 각각의 단순과거형 동사 앞에 우데나(*οὐδένα*, "아무에게도")를 둠으로써 강조되고 있는 바울의 이러한 삼중적인 부정은 고린도 교인들에게 자신으로부터 멀어질 이유가 전혀 없다는 것을 확신시키기 위한 시도다(Tasker, 101).

에디케사멘(*ἠδικήσαμεν*, 원형은 아디케인〈*ἀδικεῖν*〉)은 다른 사람을 부당하게 대한다는 개념을 전달해 준다(Filson, 356; 또한 고후 7:12; 갈 4:12; 몬 18절; 골 3:25). 에프데이라멘(*ἐφθείραμεν*, "해롭게 하지"; 원형은 아페이레인〈*φθείρειν*〉)은 재정적인 파탄이나 도덕적인 파탄의 의미를 보여 준다. 바울은 고린도 교인들에게 돈을 벌 수 있는 일이라고 할지라도 그것이 신앙적이지 않을 때는 그 일을 버리라고 강권한 것에 대하여 비난을 받았던 것 같다(Strachan, 124, 125). 또는 바울은 먼 곳에 있는 다른 사람들을 돕기 위해서 고린도 교인들의 돈을 "취함"으로써 재정적인 파탄을 초래했다는 비난을 받았던 것일 수도 있다(이것은 특히 이방 선교를 하면서 연보를 거둔 것과 관련이 있을 수 있다. 12:16-18과 관련해서 바울이 연보를 거둬서 그 돈을 자신을 위하여 사용했다는 비난을 받았었다⟨8-9장을 보라⟩는 주장이 제기되어 왔다). 도덕과 관련해서 아마도 바울에 대한 몇몇 비방들은 그의 행실 또는 모범에 대한 것이었을 것이고(Filson, 356; BGD, 857), 이것은 그가 다른 사람들을 부패하게 만들었다(RSV)는 비난을 들었다는 것을 보여 준다(고전 8:11에 나오는 아폴뤼나이⟨ἀπολλύναι⟩를 참조하라; 롬 14:15은 병행문이다; Bultmann, 179; 우리는 고린도후서에서 2:17을 떠올려 볼 수 있다). 그러한 공격은 바울의 가르침을 "철저하게 부도덕한"(Plummer, 213) 것으로 여겼던 유대 그리스도인들로부터 왔을 것이다. 바울의 제자들 중 일부는 그리스도 안에서의 그들의 자유를 잘못 해석했기 때문에, 유대 그리스도인들은 그들의 자유를 죄를 짓는 방종의 기회로 사용했던 자들에 대하여 쉽게 손가락질할 수 있었다(롬 3:8; 6:1; 갈 5:13). 우리는 이와 비슷한 비난이 12:21과 13:2에서도 거론되고 있다는 것을 감지할 수 있다. 왜냐하면 고린도 교인들에 의한 상호적인 제약의 결여는 유대 그리스도인들에 의해서 이방인들에게는 뭔가가 "결여되어 있다", 즉 할례를 통한 율법에 대한 순종이 결여되어 있다는 근거로 사용될 수 있었을 것이기 때문이다. 하지만 이러한 주장에 대한 반론은 고린도후서에서는 할례가 쟁점이 되고 있지 않다는 것이다. 또한 노모스(*νόμος*, "율법")가 고린도후서 전체에서 전혀 나오지 않는다는 것도 중요하다(Kleinknecht, *Der leidende Gerechtfertigte*, 270, n. 91).

"아무에게도 속여 빼앗은 일이 없노라"(*οὐδένα ἐπλεονεκτήσαμεν*–우데나 에플레오네크테사멘). KJV/AV는 "속여 빼앗다"로 번역하고 있지만, 이러한 번역은 지나치게 한정적인 것일 수 있다(Plummer, 213). 왜냐하면 그러한 번역은 이 단어의 의미를 단지 재정적인 문제로 한정시키기 때문이다(Filson, 356). 재정적인 문제에 있어서 속여 빼앗는다는 것이 하나의 의미가 될 수는 있지만, 12:14-18에서 플레오네크테인(*πλεονεκτεῖν*, Dionys. Hal. 9, 7; Diod. Siculus 12, 106; Plut., *Marc.* 29, 7; Ps.-Lucian, *Amor.* 27)은 좀더 깊은 의미를 지닌다. 어떤 사람을 "과도하게 부려먹다"(Lietzmann, übervorteilen) 또는 "착취하다"(NIV)라는 개념은 어떤 사람을 재정적으로든 다른 식으로든 자신의 이익을 위하여 활용한다는 좀더 폭넓은 의미를 지닌다(BGD, 667; 살전 4:6을 제외하면, 플레오네크테인⟨*πλεονεκτεῖν*⟩은 신약에서 오직 고린도후서에만 나온다⟨7:12; 12:17-18; 2:11⟩).

하나님의 사신, 즉 바울을 통해서 이루어진 복음의 요구로 인해서 고린도 교인들이 희생한 것은 그 어떤 것이나 바울의 대적자들에 의해서 사도가 자기 자신의 이익을 위하여 교회의 지체들을 파멸시키고자 한 시도로 잘못 해석될 수 있었을 것이다. 또한 바울이 "권위"를 행사하여 어떠한 상황을 바로잡고자 한 시도들은 그 어떤 것이든 마찬가지로 교회의 지체들에게 "해"를 입히려는 시도로 보일 수 있었다. 그 중 한 가지 예는 근친상간의 죄를 범한 사람에 관한 것이다. 이 문제에 대한 바울의 해법은 이 범죄자를 "사탄에게 내어 주라"는 것이었다(고전 5:5). 이러한 해법은 아마도 출교를 포함하고 있었을 것이다(5:2, 7, 12). 왜냐하면 교회 외부의 영역은 사탄의 영지로 여겨졌기 때문이다(4:4; 또한 엡 2:2; 골 1:13; 참조. 요일 5:19). 그러한 조치는 신약 시대에 일반적으로 널리 받아들여졌던 견해, 즉 종말론적인 하나님의 백성(즉 눈에 보이는 교회)의 진영 바깥에 있다는 것은 하나님의 심판을 받게 된다는 것을 의미한다는 견해(고전 11:32)를 지니고 있던 교회의 지체들에게는 너무도 무시무시한 조치로 보였을 것이다. G. W. H. Lampe, "Church Discipline," 특히 353f.를 보라. 그 범죄한 자를 사탄에게 내어 주라는 바울의 명령은 그 사람을 변화시키고 치리하고자 하는(교회를 깨끗케 함과 동시에) 소망 속에서 주어진 것이었지만, 바울의 대적자들이 그 범죄한 자에 대한 출교를 제3자를 희생시키면서까지 교회에 대하여 부당한 압력을 행사한 바울은 권위 있는 인물로서의 자격이 없다고 공격하는 데 어떻게 사용했을지를 보는 것은 그리 어렵지 않다(Hughes 260, 261). 하지만 여기서 이것이 가리키는 것은 바울이 잠깐 고린도 교회를 방문하고 있던 동안에(2:5-11) 그를 모욕했던 어떤 사람일 가능성이 더 크다. 왜냐하면 이 절에서 바울이 사용한 동사는 이 장의 12-13절에 대한 복선으로서 바울 자신이 해를 당한 경우를 염두에 두고 있을 가능성이 훨씬 더 커 보이기 때문이다. 우리는 앞서 2장에서의 논의를 통해서 고린도 교회가 그 범죄한 자를 극단적으로 가혹하게 징계해서 바울이 마음이 상할 정도로 과잉대응했었다는 것을 알고 있다. 고린도 교회가 그 범죄한 자를 그렇게 취급한 것은 사탄의 계략으로 여겨졌다(2:11; "주석"을 보라). 바울은 이제 그가 이 사건에 있어서 처음에 가혹한 징계를 부추겼다는 비난을 정면으로 다루기 위해서 다시 되돌아온다. 그가 2:6-7에서 설명하고 있듯이, 그러한 비난은 전혀 근거가 없는 것이었지만, 틀림없이 그의 원수들은 그것을 바울을 공격하는 데 절호의 사건(*cause célèbre*)으로 이용하고 있었다.

바울은 디도가 가져온 소식을 통해서(7:6-16) 자신에 대한 비난들이 쏟아지고 있다는 소식을 접했을 것이다(이것은 바울이 이 서신의 이 대목을 썼을 때조차도 고린도 교회와 관련된 모든 문제가 잘 되어 가고 있지는 않았다는 것을 보여 주는 것일 수 있다). 7:2b에서 사용된 세 개의 단순과거 동사들은 바울의 생각 속에서는 동의어들이었을 것이다. 만약 그가 각각의 비난이 앞서의 비난보다 더 나쁜 의미를 지니는 방식으로 점층법을 사용하고자 했다면, 그는 에프데이라멘(*ἐφθείραμεν*)과 에플레오네크테사멘(*ἐπλεονεκτήσαμεν*)을 뒤바꾸어서 썼을 것이다(Héring, 53). 그러나 바울은 논리적인 견지에서가 아니라 좀더 감정적인 견지에서 이 편지를 구술하면서 고린도 교인들에게 단지 그가 아무에게도, 심지어 12절에 나오는 그 범죄한 자에게조차도 해롭게 하지 않았다는 것을 상기시키는 것만을 원했다.

3 "내가 정죄하려고 이 말을 하는 것이 아니라"(*πρὸς κατάκρισιν οὐ λέγω*-프로스 카타크리신 우 레고). 이 구절의 문학적인 특징에 대해서는 "원문주해"를 보라. 바울은 고린도 교회에서 그가 이전에 한 사역이 모두 쓸모없게 되어 버린 것은 아니라는 것을 깨달았다고 보는 것이 안전할 것 같다. 그는 6:13로 되돌아가서 아버지와 자녀로서의 관계가 여전히 존재하기를 소망하고 있었다. 자신의 사역에 대한 바울의 변호는 그의 대적자들의 공격에 대응한 것이었다. 그러나 바울이 이렇게 대응한 것은 그의 대적자들에게와 마찬가지로 고린도 교인들을 향한 것이기도 했는데, 그것은 그들과의 관계를 온전히 보존하기 위한 것이었다. 이것은 바울이 다른 무엇보다도 가장 소중히 여겼던 것이다. 사도는 고린도 교인들의 마음을 다시 얻기 위해서 자신을 변호하는 말을 하고 있는 것이지만, 이러한 진술은 바울의 대적들이 그를 불신하고자 하는 시도 때문에 어쩔 수 없는 것이었다. 바울은 디도로부터 자신을 염려하는 고린도 교인들의 마음을 알았기 때문에(7:7-16), 이러한 행복한 사건의 반전, 그리고 그것에 의해서 만들어진 행복(bonheur)을 위태롭게 하고자 하지 않았다. 그는 고린도 교인들에 의해서 상처를 받았지만, 그럼에도 불구하고 그들을 자신의 원수들로 여기지 않는다. 도리어 바울은 자신의 청중들에게 자신이 그들을 정죄하고(*κατάκρισις*-카타크리시스, 법정적인 용어; 참조. 고전 6:4) 있지 않다는 것을 상기시키고자 한다. 7:2은 바울의 가혹한 처사를 악용하고 있었던 거짓 사도들에 의한 비난들을 간접적으로 인용한 것일 가능성이 크기 때문에(Héring, 53), 바울은 잠시 본론에서 벗어나 자신의 분노의 대상은 고린도 교인들이 아니라는 것을 해명하고자 한다. 바울은 고린도 교인들을 비난하고 정죄하고자 하는 것이 아니라 자기 자신을 해명하고자 한다는 것이다(Barrett, 203). 이 장은 좀더 위협적인 상황이 출현한 10-13장에서 그를 비방하는 자들에 대한 좀더 격렬한 공격을 위한 준비 작업인 셈이다(11:4).

"이전에 말했거니와 너희로 우리 마음에 있어 함께 죽고 함께 살게 하고자 함이라"(*προείρηκα γὰρ ὅτι ἐν ταῖς καρδίαις ἡμῶν ἐστε εἰς τὸ συναποθανεῖν καὶ συζῆν*-프로에이레카 가르 호티 엔 타이스 카르디아이스 헤몬 에스테 에이스 토 쉰아포다네인 카이 쉬젠). 바울은 앞서 자신의 마음이 고린도 교인들을 향하여 얼마나 활짝 열려 있는지(6:11)와 자기로부터 얼마나 많은 사랑이 흘러 가고 있는지(6:12)를 말했다. 그는 이제 자신이 이러한 관계를 손상시키지 않고 보존하기 위하여 어느 정도의 각오가 되어 있는지를 이야기함으로써 그들에 대한 이러한 헌신된 마음을 확장시키고 심화시킨다. 쉰아포다네인(*συναποθανεῖν*, "함께 죽다": Philo, *Spec. Leg.* 1, 108를 보라)과 쉬(쉰)젠(*συ ⟨ν⟩ζῆν*, "함께 살다")은 고린도 교인들이 바울에게 얼마나 많은 것을 의미하는지를 말해 주는 두 개의 동사다. 얼핏 보기에 이것은 반드시 기독교 진영에서 유래한 사상인 것 같지는 않아 보인다. 호라티우스(Horace, *Odes* 3.9.24)는 루디아에 대하여 "나는 당신과 함께 기꺼이 살고자 하고, 당신과 함께 기꺼이 죽고자 한다"(Tecum vivere amem, tecum obeam libens)고 썼다. 엘렉트라(Electra)도 오레스테스(Orestes)에게 이와 비슷한 심정을 고백한다: "나는 당신과 함께 생사를 같이 하고자 한다"(*σὺν σοὶ καὶ θανεῖν αἱρήσομαι καὶ ζῆν*-쉰 소이 카이 다네인 하이레소마이 카이 젠, Euripides, *Orest.* 307f., Bultmann, 179에서 재인용). 그러나 본문과 좀더 밀접한 병행을 보여 주는 것은 잇대가 다윗에게 한 말, 즉 "내 주 왕께서 어느 곳에 계시든지 무론 사생하고(*ἐὰν εἰς θάνατον καὶ ἐὰν εἰς ζωήν*-에안 에이스 다나톤 카이 에안 에이스 조엔) 종도 그 곳에 있겠나이다"(삼하 15:21)라는 말이다. 호머(Homer, *Il.* 18.32ff.)와 플루타르크(Plutarch, *Antonius* 71: 클레오파트라에 대한 안토니우스의 사랑에 대하여 이야기하면서)로부터 트리스탄과 이졸데의 헌신, 로미오와 줄리엣의 사랑에 이르기까지 폭넓은 예들을 제시하고 있는 Olivier, "*Συναποθνήσκω*," 103-33과 Stöhlin, "Mitzustirben," 특히 508-11를 보라. 여기서와는 다른 맥락 속에서(Bruce, 217) 바울은 이러한 사상이 그리스도 안에 토대를 두고 있고 좀더 높은 차원으로 승화되고 있는 것을 본다(Héring, 53). 바울이 여기서 반드시 신학적인 견지에서 이렇게 말하고 있는지는 의심스럽다. 그는 죽음과 부활이라는 개념을 염두에 두고 있었을 가능성이 있기도 하지만(Filson, 356), 단지 자기가 고린도 교인들을 어느 정도나 사랑하는지를 설명한 것일 가능성이 더 크다(Barrett, 204: "목회자로서 바울은 자기에게 맡겨진 자들이 자신에게 감사하든 감사하지 않든 아무런 조건 없이 자기 자신을 그들에게 준다").

바울이 "죽음"과 "삶"이라는 단어들을 선택한 것은 새로운 맥락 속에서의 그의 비슷한 개념들을 상기시킨다: 로마서 8:38, 39, "내가 확신하노니 사망이나 생명이나…우리를 우리 주 그리스도 예수 안에 있는 하나님의 사랑에서 끊을 수 없으리라." 로마서 8:38이든 고린도후서 7:3이든 어느 절에서나 우리는 "삶"에 대한 언급이 "죽음"에 대한 언급보다 먼저 나올 것을 예상할 수 있다. 그러나 그러한 생각들을 구술함에 있어서 바울이 지니고 있던 감정적인 흥분(Plummer, 214), 또는 그의 삶은 일련의 죽을 위험들의 연속이었다는 사실(Denney, 250, 251), 또는 이 두 가지 요인으로 인해서 사도는 이 본문 속에서 발견되는 순서를 선호하는데(Bruce, 217를 보라), 이러한 순서는 위에서 인용된 구약과 고전 문헌 속에 나오는 표현들 속에서의 순서이기도 하다. 고린도 교인들을 향한 바울의 애정은 은밀한 것이 아니었다. 자신의 삶의 경험 속에서(이것은 바울이 쉬젠〈συζῆν〉을 사용하고 있는 것의 배후에 있는 의도일 것이다, Plummer) 바울은 고린도 교인들을 결코 자신의 사랑으로부터 배제하지 않을 것이다-심지어 그들로 인해서 자신이 죽을 가능성이 있다고 해도(Strachan: "너희는 바로 나의 마음속에 있고, 죽음에서나 삶에서나 똑같이 너희는 거기에 있을 것이다," 124).

바울은 레고(λέγω, "내가 말한다")와 엔 타이스 카르디아이스 헤몬(ἐν ταῖς καρδίαις ἡμῶν, "우리 마음에")을 사용하고 있기 때문에, 우리는 다시 한 번 바울이 "나"와 "우리"를 구별하고자 하고 있는 것은 아닌지 의아해할 수 있다. 만약 바울이 오직 자기 자신에게만 주의를 집중시키고자 했다면(아마도 그는 5:12에서 그렇게 했던 것 같다), 그는 엔 테 카르디아(ἐν τῇ καρδίᾳ)를 사용했어야 했다는 플럼머(Plummer)의 지적은 옳다. 바울은 의도적으로 자신의 동역자들을 그의 생각 속에 포함시키고 있을 가능성이 높다(7:11-12). "나"와 "우리"를 서로 바꿔서 사용하고 있는 것은 "충분히 이해할 만하다"(Plummer, 214). 7:2-13에서 "나"/"우리"를 이렇게 교대로 사용하고 있는 것은 "이러한 우리/너희라는 단어들은 공동체가 바울의 사역에 참여할 수 있다는 것을 표현하는 것으로서, 바울은 이러한 사역을 담당하는 자이고, 공동체는 그의 활동의 장이다"(478)라는 취지로 카르레(M. Carrez, "Le 'nous' en 2 Corinthiens")가 제시한 주장을 예시해 준다. 그러나 다음과 같은 질문이 제기된다: 공동체가 자신의 사역을 지니고 있다면, "너희" 중에 어느 정도가 "우리" 속에 포함되는 것인가? 이 질문에 대한 대답의 일부는 "나"와 "우리"가 교대로 사용되고 있는 현재의 단락 속에서 찾아 볼 수 있다. 이러한 사실을 토대로 카르레는 우리에게 이 대명사들을 교대로 사용하는 관행은 바울이 일을 행하는 방식을 보여 주는 것이라고 말한다(482, 483). 그는 공동체와의 관계 속에서 자신의 선한 태도들을 강조하고자 할 때는 "우리"라는 대명사를 사용하는데, 그렇게 함으로써 그의 사역의 결과로 생겨난 고린도 교인들과 자기 자신의 연결 관계를 보여 준다(7:2-3). 조금 더 나아가서, 바울은 사도로서의 씨름을 언급하는데, 그는 그러한 씨름에 직면해 있고, 그 씨름에서 중심은 그이다(7:5). 그가 보기에는 "그에게 일어나는 일('우리'에 의해서 표현된)과 공동체의 행동에 대하여 그가 행하거나 개입한 것의 결과들 간에는 밀접한 관계가 존재한다. 바울은 최악의 상황들에서조차도 결코 절망하지 않는다(참조. 4:7-10). 왜냐하면 절망의 원인이 무엇이든지 간에 그것은 나시 용기를 가질 수 있게 하는 동기로 전환될 수 있기 때문이다. 사도는 고난을 받을 때 그에게로부터 공동체의 지체들에게로 흘러 나가는 참된 교통(communion) 속에서 힘을 얻는다. 사도직에 속하는 이러한 연대는 공동체가 잘 되게 하기 위하여 수행되는 모든 사역들 중에서 사도적인 사역의 특징이 될 것이다."

카르레(Carrez)의 결론은 이 단락에 의해서 입증된다. 그러므로 "'우리'는 단지 문학적인 장치나 문체상의 특성이 아니다. 그것은 그 용어 내에 대비들이 존재하고(바울은 '나' 또는 '우리 사도들'을 의미한다) 관계들 내에도 대비들이 존재하기 때문에(그리스도/바울/사도들/사역자들/공동체) 신학적으로 중요하다. '우리'는 '나'와 '너희' 간의 긴장 관계 속에서 해독되어야 하는데, 그것은 그리스도를 포함하는 관계이고, 저자와 이 서신의 수신자들 간의 관계만큼이나 풍부하고 복합적인 관계다"(486).

6:11(참조. 1:6; 3:12; 4:12; 참조. 13:2; 갈 1:9; 3 Macc 6:35)을 반영하고 있을 가능성이 높은 프로에이레카(*προείρηκα*, "내가 이전에 말했다"; 프로레게인 〈*προλέγειν*〉의 완료형)를 바울이 사용하고 있는 것이 중요하다는 지적이 있어 왔다. 이것은 태스커(Tasker)로 하여금 바울이 6:11-13로부터의 사고의 흐름 속에서의 단절 또는 이탈을 알고 있었다는 것을 지적하게 만들었다. 바울은 그가 다른 방향으로 나아가고 있다는 것을 의식하지 않았다면 불과 몇 절 앞에서 썼던 내용을 다시 언급하는 일은 없었을 것으로 보인다. 요지는, 바울이 고린도 교인들에 대한 애정으로부터 멀어지지 않았다면 그의 독자들을 향한 자신의 애정을 다시 환기시키는 시도를 하지 않았을 것이라는 말이다. "이러한 추론이 옳다면, 그것은 6:14-7:1이 또 다른 서신으로부터 가져온 삽입구라는 견해를 반박하는 논거가 된다"(Tasker, 102).

4 "내가 너희를 향하여 하는 말이 담대한 것도 많고 너희를 위하여 자랑하는 것도 많으니"(*Πολλή μοι παρρησία πρὸς ὑμᾶς, πολλή μοι καύχησις ὑπὲρ ὑμῶν*

-폴레 모이 파르레시아 프로스 휘마스, 폴레 모이 카우케시스 휘페르 휘몬). 고린도 교인들에게 자신이 그들을 얼마나 사랑하는지를 말한 후에, 바울은 이 서신의 앞부분에서 다루었던 주제로 되돌아간다. 2:12-13에서 바울은 디도를 만나서 자신의 "엄중한 서신"에 대한 고린도 교회의 반응을 알 수 있게 되기를 간절히 소망하면서 드로아에 들어갔다는 것을 말했었다. 바울은 이제 디도가 말해 준 내용을 토대로 해서 자신의 심경을 밝히고자 한다. 많은 것들이 극복되었고, 바울은 다른 사람들에게 자신이 고린도 교인들을 자신의 사람들로 여긴다는 것을 말하는 것을 자랑스러워한다. 7:4은 2:14에서 시작된 바울의 "사도직에 대한 변호"로부터 바울이 디도를 만난 것에 대한 설명의 재개로 넘어가는 이행문으로서의 역할을 하는 것으로 보인다.

바울은 이 절에서 두운법을 사용하고 있는데, 그는 특히 *π*라는 문자를 좋아한다(Plummer, 215; 8:22; 9:5, 8; 13:2). 그는 디도에게서 전해 들은 좋은 소식 덕분에 고린도 교인들에 대하여 큰 담대함과 확신을 갖게 되었다(7:7). 폴레 모이(*πολλή μοι*, "나는 많은 것을 가지고 있다")는 두 번 반복된다. 파르레시아(*παρρησία*, "담대함")는 "말의 담대함"으로 번역되어 왔다(KJV/AV; Barrett["great freedom," 193]; Denney, 248; 또한 고후 3:12; Bultmann, 180에서는 바울이 사도가 아니라 개인의 자격으로 글을 쓰고 있다는 것을 지적하면서 이것을 부정한다; 그러나 비록 어조가 온건하다고 할지라도, 그것은 그렇지가 않다). 이것은 이 단어의 원래의 의미인 것으로 보인다(Filson, 356; Tasker 102). 6:11과 바울이 고린도 교인들에게 자신의 마음을 열었다고 선포한 것에 비추어 볼 때, 파르레시아(*παρρησία*)는 이러한 좁은 의미를 지닐 가능성도 있다. 하지만 바울이 이것보다 더 많은 것을 의도했다는 것을 보여 주는 증거들이 있다.

신약에서 파르레시아(*παρρησία*)의 일반적인 용법은 이 단어를 담대함 또는 확신 또는 신뢰를 의미하는 것으로 이해하는 것에 토대를 두고 있다(BGD, 630, 631; 엡 3:12; 딤전 3:13; 히 3:6; 6:16; 10:19, 35; 요일 2:28; 3:21; 4:17; 5:14). 대부분의 주석가들은 그러한 의미를 택해 왔다(Plummer, 215; Héring, 53["assurance"]; Tasker, 102; Bruce, 217; Strachan, 125〈"absolute confidence"〉; Filson, 356; RSV, NIV). 디도가 가져온 좋은 소식 덕분에 바울은 그의 독자들에 대한 신뢰를 가지게 되었다. 우리는 바울이 파르레시아(*παρρησία*)를 대담하고 직설적인 말이라는 의미가 아니라 담대함 또는 신뢰라는 일반적인 의미로 사용했다고 생각하지만, 이것은 이 단락의 의미에 영향을 미치지 않는다. 왜냐하면 말의 담대함은 마음의 담대함을 반영한 것일 수 있기 때문이다(Hughes, 262). 또한 이 절에서 이 단어가 "솔직함"(NEB)이라는 의미로 사용되었다고 주장하는 W. C. van Unnik, "The Christian's Freedom of Speech," *BJRL* 44(1961-62) 466-88도 보라(473, 474).

이러한 담대함과 신뢰의 결과는 바울이 고린도 교인들에 대하여 큰 자부심을 갖게 되었다는 것이다(Schütz, *Paul*, 234). 그는 고린도 교인들이 자랑할 만한 이유가 되고자 했던 것과 마찬가지로(5:12), 고린도 교인들 덕분에 스스로 자랑할 수 있는(*καύχησις*-카우케시스) 이유를 갖게 되었다. 우리는 바울이 디도를 고린도 교인들에게 보내기 전에 그에게 고린도 교인들을 자랑했으리라는 것을 지적하고자 한다(7:14). 바울은 오직 고린도 교인들이 자신의 말을 경청할 때만 그들을 지지해 주는 식의 태도, 즉 자기에게 "유리할 때만" 지지해 주는 그런 태도를 취하지 않았다. 도리어 진리는 언젠가는 승리할 것이라는 확신에 토대를 둔 낙관론에 근거하여(13:8) 사도는 고린도 교인들에 대하여 자부심을 갖고 있었다. 여기서 근본적인 쟁점이 되고 있었던 것에 대해서는 11:10과 그에 대한 "주석"을 보라. 하지만 이제 디도로부터 좋은 소식을 들은 후에 바울은 고린도 교회의 충성심과 관련하여 그 가능성에 대하여 훨씬 더 담대한 확신을 가지게 된 것이다. 이와 같은 고린도 교인들에 대한 흔들림 없는 신뢰는 9:2에서도 찾아볼 수 있다(여기서의 휘페르〈*ὑπέρ*〉의 용법에 대해서는 Moule, *Idiom Book*, 64를 보라).

"내가 우리의 모든 환난 가운데서도 위로가 가득하고 기쁨이 넘치는도다"(*πεπλήρωμαι τῇ παρακλήσει, ὑπερπερισσεύομαι τῇ χαρᾷ ἐπὶ πάσῃ τῇ θλίψει ἡμῶν* -페플레로마이 테 파라클레세이, 휘페르페리쓔오마이 테 카라 에피 파세 테 들립세이 헤몬)는 5-13절에서 좀더 자세하게 설명될 세 개의 핵심적인 단어들을 한데 결합시키고 있는 문장이다(Lietzmann). 바울에게 담대함과 기쁨은 용기와 위로를 얻는(*παρακαλεῖν*-파라칼레인) 수단들이다. 우리는 "위로"가 고린도 교인들에 대한 바울의 관계에 있어서 중요한 요소였다는 것을 안다(1:3-7에 대한 설명을 보라). 복음을 충실히 지키는 것과 관련된 여러 가지 문제들과 난점들은 그가 고린도 교인들로부터 받은 격려와 위로로 인해서 눈 녹듯이 사라졌다-물론 그러한 위로의 원천은 궁극적으로 그리스도로부터 온 것으로 말해지기는 하지만 말이다(1:5b). 이것은 바울을 자화자찬하는 것으로 이끈 것이 아니라, 도리어 하나님의 은혜를 선포하기 위한 도구로서의 자신의 역할에 충실하게 만드는 결과를 가져왔다(5:20; 참조. 5: 10, 11; 6:1). 고린도 교인들로 인해서 위로를 받게 된 것은 바울에게는 너무도 대단한 일이었고, 하나님으로부터의 축복을 보여 주는 확실한 증표였다. 완료형인 페플레로마이(πεπλήρωμαι, "내가 가득하다")를 사용한 것은 고린도 교인들이 한동안 행복의 근원이었고, 지금은 그의 인내의 열매가 나타났다는 것을 보여 주는 바울의 방식일 수 있다(흔히 플레룬〈πληροῦν〉은 속격과 함께 사용되지만〈행 2:28; 13:52〉, 여격이 함께 사용되는 경우도 그리 드물지 않다; 롬 1:29; 3 Macc 4:16; 2 Macc 6:5; 7:21을 보라).

바울은 이 절을 "이중적인 절정"(Plummer, 215)으로 마무리한다. 바울은 한편으로는 위로로 가득하고, 다른 한편으로는 기쁨(χαρά-카라; Plummer는 관사 테〈τῇ〉를 번역하지만〈"그 기쁨으로"〉, 이것은 영어에서는 어색하다; "가득하다"가 여격과 함께 사용되는 것에 대해서는 BDF § 195[2]를 보라)으로 넘쳐 흐른다(ὑπερπερισσεύομαι-휘페르페리쓔오마이, 오직 여기와 롬 5:20에서만; G. Delling, "Zum steigernden Gebrauch vom Komposita mit ὑπέρ bei Paulus," *NovT* 11[1965] 127-53를 보라). 이 기쁨은 환난 또는 곤경 가운데서 주어진 것이다(ἐπὶ…τῇ θλίψει-에피…테 들립세이). 에피(ἐπί-, "…속에서")는 바울이 곤경 위에 자신의 기쁨을 구축하고 있다는 것을 보여 주는 것이 아니다(Plummer). 오히려 바울은 그가 모든 것을 견디는 와중에서 위로와 많은 기쁨을 발견한다.

환난 가운데서 기쁨을 받는다는 개념은 바울이 이 서신의 이 대목을 고난을 견디는 가운데 썼다는 것을 강력하게 시사해 준다. 그는 자신의 환난들이 지나갔다고 말할 수 있는 그런 정도까지는 이르지 못했다(우리는 바울이 교회의 다른 책임들도 고려해야 했다는 것을 잊어서는 안 된다: 11:28을 보라). 고난이 바울의 삶의 일부로 여전히 남아 있었던 것이라면, 10-13장은 1-9장을 쓴 후에 기록되었을 가능성이 있다. 우리가 현재 살펴보고 있는 단락이 바울의 삶 속에서 최고의 절정을 보여 주고 있기는 하지만, 그것은 곤경이 그를 여전히 괴롭히고 있었을 가능성을 배제시키는 것은 아니다(Barrett, 204). 몇몇 해석자들(예를 들면, Fallon, 5, 61)은 계속해서 7:4 이하의 때와 마게도냐의 교회들의 환난이 지나간 것으로 분명히 말하고 있는(나중에 나오는 설명을 보라) 8:1-2의 때 사이에 바울의 환경이 변화되었다고 추론한다.

고린도후서의 문학적인 구조에 관한 몇몇 영향력 있는 견해들에 의하면, 7:4은 2:14에서 시작되어 6:13로 이어져 7:2-4을 포함시킨 "변호의 서신"이라는 별개의 서신이 끝나는 부분이 된다. 이 견해에 의하면, 바울은 이 별개의 서신을 써서 디도에게 맡기고, 그것을 고린도 교회에서의 거짓 교사들의 활동을 좌절시키고, 바울의 권위를 다시 세우며, 연보를 모으는 일을 다시 시작하고(모든 일이 잘 될 경우에),

바울의 순회 전도 일정이 바뀌었다는 것, 즉 그가 마게도냐로 가기 전에 고린도를 방문했다가 마게도냐에서 돌아오는 길에 다시 고린도를 찾고자 했던 계획이 변경되었다는 것을 알리고 설명하는 데 사용하도록 위임했다는 것이다. 그러나 우리가 이러한 재구성에 대한 제안을 검토하면서 보았듯이(본서의 서론을 보라) 고린도 교회의 상황이 여전히 좋지 않기 때문에, 바울이 "눈물의 편지"(10-13장)를 보내고 나서 소위 "막간의 방문"을 통해서 직접 고린도 교회로 가보는 것이 꼭 필요하다는 연락이 바울에게 왔다. 그 서신이 역할을 다한 후에, 우리는 7:5-16에서 바울이 마게도냐에서 디도를 만나 그 곳에서 연보를 모으기 위한 준비 작업의 서곡으로서(8-9장) 최종적인 "화해의 서신"(1:1-2:13; 7:5-16)을 보냈다는 것을 알게 된다. 그러나 우리가 앞에서 보았듯이, 이것은 단지 사도의 동향에 관한 한 가지 읽기에 불과하다.

5 "우리가 마게도냐에 이르렀을 때에도 우리 육체가 편하지 못하고"(*καὶ γὰρ ἐλθόντων ἡμῶν εἰς Μακεδονίαν οὐδεμίαν ἔσχηκεν ἄνεσιν ἡ σάρξ ἡμῶν*–카이 가르 엘돈톤 헤몬 에이스 마케도니안 우데미안 에스케켄 아네신 헤 사륵스 헤몬). 가르(*γὰρ*, "왜냐하면")는 직전에 나온 내용과의 연결 관계를 보여 준다(Bruce, 217). 물론 일부 학자들은 이 접속사가 두 개의 별개의 단락들(2:14-7:4과 7:5-16)을 편집에 의해서 연결시키고자 편집자가 만들어 넣은 것이라고 보고자 하지만 말이다. 속격 절대 구문인 엘돈톤 헤몬(*ἐλθόντων ἡμῶν*, "우리가 이르렀을 때에")은 현재 형태의 이 서신의 흐름을 2:13에서의 바울의 사고로 되돌리는 역할을 한다. 바울은 자신의 사도직이 정당하다는 것을 입증하고 그에게 그런 직분을 주신 하나님께 감사드리기 위하여 자신이 디도를 만난 것에 대한 설명으로부터 이탈했었다–그러나 단지 외관상으로만(2:14-7:4). 거기에 대한 설명은 꽤 길게 계속되었었다. 7:3-4은 그가 마게도냐에 있었을 때의 일을 직접적으로 언급하고 있지는 않지만, 바울이 2:13의 주제로 되돌아가기 위한 길을 닦는 작업을 한다. 7:5에서 바울은 자신이 환난 가운데서도 기뻐했던 이유를 회상하게 될 것이다. 이러한 회상은 부분적으로 바울이 마게도냐에서 겪었던 일에 대하여 말한다.

"우리 육체가 편하지 못하고"(*οὐδεμίαν ἔσχηκεν ἄνεσιν ἡ σάρξ ἡμῶν*–우데미안 에스케켄 아네신 헤 사륵스 헤몬). 바울이 사륵스(*σάρξ*, 여기서는 "몸", 직역하면 "육체")를 사용한 것은 많은 논쟁을 불러일으켜 왔다(7:1에 대한 "주석"도 보라). 2:13과 7:5의 연결 관계에 비추어 볼 때, 바울은 사륵스(*σάρξ*)를 인간의 구속받지 못한 본성, 즉 왜곡된 "자아"라는 전문적이고도 신학적인 의미로 사용하고 있지 않은 것으로 보인다(Martin, *Reconciliation*, 59-61; Jewett, *Paul's Anthropological Terms*, 114-16를 보라). 도리어 이 절에서는 이 단어를 "바울의 연약한 육신적인 몸"(Jewett, 134)을 가리키기 위하여 통속적인 의미로 사용하고 있다.

2:13에서 바울은 "내 심령이 편치 못하여"(*οὐκ ἔσχηκα ἄνεσιν τῷ πνεύματί μου*-우크 에스케카 아네신 토 프뉴마티 무)라고 고백했다. 거기서 바울은 육체(7:5)에 대하여 말한 것이든 영(2:13)에 대하여 말한 것이든 자기가 약하여 깨지기 쉽다는 것을 말하고 있는 것으로 보인다(12:7에서처럼). 현재의 맥락 속에서 바울은 프뉴마(*πνεῦμα*, "심령")와 사륵스(*σάρξ*, "육체")를 둘 다 디도가 없음으로 인해서 그가 초조해 했다는 것을 나타내는 동의어로 사용하고 있는 것으로 보인다(Hughes, 265; Bultmann, 56). 바울이 동일한 단어들을 항상 동일한 방식으로 사용해야 한다고 주장하는 것은 부당하다("인간이 언어를 위해서 만들어진 것이 아니라 언어가 인간을 위해서 만들어진 것이다," Plummer, 217). 사륵스(*σάρξ*)는 "몸들"(RSV, 복수형을 사용함), "육체"(KJV/AV), 단순한 대명사 "나" 또는 "우리"(*Translator's Guide*) 등으로도 번역된다. 어쨌든, 이 단어가 보여 주는 개념은 육신적인 몸이 겪어야 하는 피곤함과 고통에 종속되어 있다는 것이지만(Filson, 357; 참조. Héring, 54), 여기서 그것은 이 절에서 언급된 환난과 더불어서 디도가 오지 않은 것(2:13)으로 인한 것이었다.

편치 못하다는 것(*ἄνεσις*-아네시스)은 "편안함"(Bruce 217; 참조. 2:13; 8:13)이나 "안도감"(BGD, 65)이 없다는 개념을 지닌다. 바울은 그가 사도로서 고린도 교인들에게 소중히 여겨졌다는 것을 알기 전까지는 긴장이 되어서 편히 쉴 수가 없었다. 여기서 바울 같은 민감한 사람은 일상적인 삶의 스트레스와 압박감 아래서 인간이 얼마나 연약한지를 보여 주는 것이다(Tasker, 102, 103). 이것이 늘 있는 현상이었다는 것은 그가 에스케인(*ἔσχηκεν*, 에케인〈*ἔχειν*, "가지다"〉의 완료형; 단순과거 시제로 된 에스켄〈*ἔσχεν*〉에 대한 사본상의 지지에 관해서는 "원문주해"를 보라: BDF § 343.2)을 사용하고 있는 것에서 볼 수 있다. 이것은 바울이 디도로부터 좋은 소식을 들었음에도 불구하고 여전히 긴장감을 느끼고 있었을 가능성을 보여 준다(고린도 교회에서의 문제가 계속되고 있었다면; Denney, 252). 이것이 사실이라면, 고린도 교회의 상황은 어느 정도 다스려져 가고 있기는 했지만 여전히 바울의 마음에 부담을 주고 있었다는 말이 된다.

"사방으로 환난을 당하여"(*ἀλλ' ἐν παντὶ θλιβόμενοι*-알 엔 판티 들리보메노이). 엄밀하게 말해서, 분사 들리보메노이(*θλιβόμενοι*, 원형은 들리베스다이〈*θλί-*

βεσθαι, 참조. 4:8〉 "환난을 당하다" 또는 "괴로움을 겪다", BGD, 362)는 파격 구문이다(BDF § 468[1]). 왜냐하면 우리는 이 구문이 정형 동사로 시작되어서 분사로 이어지는 것을 보기 때문이다(이러한 구문을 바울은 매우 좋아했다). 엔 판티(ἐν παντί, "사방으로"; 6:4; 9:8; 11:6, 9)를 사용한 것은 바울의 활동 중에서 많은 부분이 큰 반대에 부딪쳤다는 것을 말하기 위한 표현 방식이다. 이것은 7:5에서 그 다음에 나오는 구절 속에서 예시된다. 그렇지만 5절에 나오는 이 명쾌한 언급은 그 환난들이 정확히 어떤 것들이었는지에 대해서는 자세하게 구체적으로 말하지 않는다.

"밖으로는 다툼이요 안으로는 두려움이라"(ἔξωθεν μάχαι, ἔσωθεν φόβοι - 엑소덴 마카이, 에소덴 포보이). 마카이(μάχαι)는 "싸움" 또는 "다툼"(BGD, 496)이라는 개념을 지닌다. 이것은 그리스도인이든 비그리스도인이든 마게도냐에서 바울이 만났던 대적들(Bruce, 217; Plummer, 217, 218; 아가야 지방에서 바울이 겪었던 시련들에 대해서는 고전 15:30-32; 16:9을 보라)에 대한 언급일 수도 있고(Barrett, 207; Tasker, 103; Filson, 357; 또한 행 16:23; 17:5; 빌 1:30; 살전 2:2) 역경의 상황에 대한 언급일 수도 있다(Bultmann, 56). "안으로는 두려움들"에는 고린도 교회에서의 실패에 대한 두려움, "고린도 교회로 인한 괴로움과 염려"(Bultmann, 56)도 포함되어 있을 가능성이 높다. 바울은 고린도 교회의 상황을 치유하기 위해서 이 서신을 전하도록 디도를 보냈었다. 이 서신에 대한 반응을 전해 주는 소식은 바울의 심령에 무거운 짐이 되었다. 게다가 디도가 약속 시간을 넘겨서 늦게 도착한 것이라면, 이것도 바울 안에서 추가적인 두려움을 불러일으킨 원인이 되었을 것이다(Héring, 54에서는 몸이 아프고 우울한 상태가 안으로의 두려움을 불러일으킨 원인이었을 것이라고 생각한다. 바울은 아마도 육체의 연약함이라는 표현을 통해서 자신의 "가시"에 대하여 언급하고 있을 가능성도 있다, 12:7; Bruce, 217를 보라).

6 "그러나 비천한 자들을 위로하시는 하나님이 디도의 옴으로 우리를 위로하셨으니"(ἀλλ' ὁ παρακαλῶν τοὺς ταπεινοὺς παρεκάλεσεν ἡμᾶς ὁ θεὸς ἐν τῇ παρουσίᾳ Τίτου - 알 호 파라칼론 투스 타페이누스 파레칼레센 헤마스 호 데오스 엔 테 파루시아 티투). 바울은 이 대목에서 마침내 고린도 교인들에게 디도가 도착했다는 것을 알린다. 바울이 사용한 "위로하시는 분"이라는 어구는 하나님에 대한 찬사로서 하나님이 주시는 위로를 일깨워 주는 말이다. 1:3-4에서는 모든 위로의 하나님, 자기 백성을 위로하시는 분에 대하여 언급했다(παρακαλεῖν - 파라칼레인; "위로하다", "달래다", "격려하다" 등과 같은 번역상의 대안들에 대해서는 해당 "주

석"을 보라). 이것은 이사야 49:13의 "여호와가 그 백성의 비천한 자들을 위로하셨다"(*καὶ τοὺς ταπεινοὺς τοῦ λαοῦ αὐτοῦ παρεκάλεσεν*–카이 투스 타페이누스 투 라우 아우투 파레칼레센)와 시편 112(113):6의 "(우리 하나님께서) 가난한 자들을 일으키신다"〈*ὁ θεὸς ἡμῶν ὁ* …〉 *καὶ τὰ ταπεινὰ ἐφορῶν*–〈호 데오스 헤몬 호 …〉 카이 타 타페이나 에포론, RSV, 113:7)을 연상시킨다. 욥기 5:11에서는 "하나님은 낮은 자를 높이 드신다"(*τὸν ποιοῦντα ταπεινοὺς εἰς ὕψος*–톤 포이운타 타페이누스 에이스 휩소스; 타페이노스〈*ταπεινός*〉=아니〈עני〉)고 말하는데, 여기서 이 단어는 멸시받는 자가 아니라 말 그대로 낮은 자를 가리킨다(Bultmann, 57; Kleinknecht, *Der leidende Gerechtfertigte*, 249, 250). 이사야서에 나오는 이 본문은 바울이 6:2에서 인용했던 증언(사 49:8)을 가져온 바로 그 장에 나오기 때문에, 이러한 간접 인용은 한층 더 주목할 만하다. 클라인크네히트(Kleinknecht, ibid., 249, n. 19)는 칠십인역에서는 여호와의 위로와 "비천한 자들"을 한데 결합시켜 말함으로써, 하나님의 백성과 "환난받는 자들"을 분리시키고 있는–물론 병행 관계에 두기는 하지만–히브리어 본문과는 반대로 하나님의 신원(*δικαιοσύνη*–디카이오쉬네)을 보여 주고 있다고 지적한다. 위로하시는 분이 누구인지를 고린도 교인들에게 확실히 해 두기 위해서 바울은 호 데오스(*ὁ θεός*, "하나님")라는 단어를 동격으로 삽입한다(아마도 추가적인 표현으로서, Barrett, 207). 바울은 자신이 고린도 교회로부터의 소식을 통해서 받은 위로가 실제로는 하나님으로부터 왔다고 본 것이다. 그가 하나님의 이름을 부르는 것은 전통적인 표현일 수도 있지만, 그럼에도 불구하고 그것은 실제적인 종교적 체험이다.

하나님은 "비천한 자들"(*τοὺς ταπεινούς*–투스 타페이누스)을 위로하신다. 타페이노스(*ταπεινός*)는 보잘것없고 비천하다는 것을 의미하는 것으로 볼 수도 있지만(Bruce, 218), 여기서는 풀이 죽고 의기소침한 자들을 의미할 가능성이 높다(RSV, NIV; Tasker, 103; Barrett, 207; Filson, 357; Plummer, 218; Strachan, 124). 7:5에 비추어 볼 때 바울이 "겸손"이라는 윤리적인 의미에 관심을 두었을 것 같지는 않다(Hughes, 266, n. 3). 7:5에서 그는 삶의 압박들이 어떻게 자신을 무겁게 짓눌러 왔는지를 보여 주었기 때문에, 겸손이라는 개념은 단지 간접적으로가 아니라면 그의 마음속에 있지 않았을 것이다–바울은 의식적으로 자기 자신을 유대교의 이데올로기 속에서 고난받는 의인과 동일시하고 있었다는 클라인크네히트(Kleinknecht, *Der leidende Gerechtfertigte*, 250)의 주장이 설득력이 없다면. 바울은 풀이 죽어 있다가 디도가 도착함으로써 다시 기운을 차리게 되었다. 왜냐하면 사자인 디도 자신과 그가 가져온 소식 둘 다가 바울에게는 위로와 기쁨의 원천이었기 때문이다.

"디도의 옴으로"(*ἐν τῇ παρουσίᾳ Τίτου* – 엔 테 파루시아 티투). 전치사 엔(*ἐν*, "…과 함께", "…에 의해서", "…에서")은 위치격이 아니라 도구격일 가능성이 더 많다(Plummer, 218, 219). 디도는 바울의 심령을 새롭게 하기 위하여 하늘에서 보내신 "수단"이었다. 파루시아(*παρουσία*, "옴", "도착"; "머묾", Plummer 218, 219; 또한 Deissmann, *Light from the Ancient East*, 372, 382를 보라)는 동속적인 용어가 전문적인 의미로 활용된 또 하나의 예이다. 이 용어는 예수 그리스도의 영광스러운 강림을 가리키는 용어가 되었다. 하지만 여기서 이 단어는 단순히 디도가 도착했다는 것을 나타내는 데 사용된다(바울이 몇몇 용어들을 통속적인 용법과 전문적인 용법으로 번갈아 사용하는 것을 보여 주는 또 하나의 예; "육"과 "영"을 참조하라). 모든 것을 종합해 볼 때, 7:5-6은 고린도 교인들을 향한 바울의 사랑이 여러 가지 측면을 지닌 역동적인 것임을 보여 준다(Strachan, 125). 그렇지만 바울을 기쁘게 한 것은 단지 디도가 왔다는 것이 아니라 그가 가져온 기쁜 소식(Bultmann, 57)과 디도가 고린도 교회에서 자신의 임무를 성공적으로 마치고 돌아왔다는 사실이었다(7절을 보라). 바울은 고린도 교회에서의 자신의 사도적 사역을 염두에 두고 있기 때문에 "우리"라는 표현을 사용한다(Carrez, "Le 'nous'," 483).

7 "저의 온 것뿐 아니요 저가 너희에게 받은 그 위로로 위로하고"(*οὐ μόνον δὲ ἐν τῇ παρουσίᾳ αὐτοῦ ἀλλὰ καὶ ἐν τῇ παρακλήσει ᾗ παρεκλήθη ἐφ᾽ ὑμῖν* – 우 모논 데 엔 테 파루시아 아우투 알라 카이 엔 테 파라클레세이 헤 파레클레데 에프 휘민). 바울은 디도를 다시 보게 된 것은 그에게 기쁨의 원천이기는 하지만 그의 위로를 위한 유일한 원인은 아니었다는 것을 재빨리 지적한다. "위로"(KJV/AV에는 "consolation"으로 되어 있다)는 고린도후서에서 반복적으로 등장하는 주제다(1:3-7; 7:6, 13에 대한 설명을 보라). 바울은 비록 고린도 교인들 때문에 마음고생을 많이 했지만, 그렇다고 해서 소망을 버리지는 않았다. 하나님은 언제나 바울에게 새로운 마음과 생기를 주셨는데, 하나님이 바울에게 주신 이러한 위로 중 한 가지는 그가 고린도 교회로부터 온 좋은 소식을 듣고 경험하게 된 기쁨이었다. 우리는 고린도 교인들로 하여금 위로를 얻게 하기 위해서 바울이 스스로 고난당했었다는 것을 알고 있다. 여기서 바울이 위로를 받은 것은 고린도 교인들로 하여금 위로를 받게 할 또 하나의 수단이었다(1:6b). 요컨대, 바울의 목적은 고린도 교인들에게 용기를 북돋아 주는 것이었다. 그러나 고린도 교인들이 바울에게 마음의 문을

연다면, 그러한 반응은 바울에게도 기쁨의 원천이 된다. 게다가, 디도도 힘을 얻었다. 디도가 고린도 교회를 방문한 것은 성공적이었다(적어도 그 직접적인 결과에 있어서는). 디도는 바울에게 돌아왔다. 디도를 다시 보게 된 것은 바울에게 기뻐해야 할 이유가 되었을 것이다. 바울에게 기쁨을 안겨 준 또 하나의 이유는 디도가 기뻐하는 것을 그가 보았다는 것이다("기쁨은 서로 나눌수록 훨씬 더 커지는 법이다", Filson, 357, 58).

디도가 기뻐한 이유는 그가 위로를 받고 힘을 얻었다는 것이었다. 그는 아마도 자신의 예상과는 달리 고린도 교인들이 바울의 서신에 대하여 긍정적인 방향으로 매우 분명하게 반응했기 때문에 그러한 위로와 힘을 얻게 되었을 것이다(*παρεκλήθη*-파레클레데, 파라칼레인〈*παρακαλεῖν*〉의 단순과거 수동형). (우리는 엄중한 서신이 디도를 통해서 보내졌던 것인지, 아니면 디도보다 앞서 보내졌던 것인지 잘 알 수 없다〈Héring, 54, n. 8〉. 이 서신이 신속한 효과를 발휘했던 것으로 보이는 것은 후자의 견해를 지지하는 것으로 보인다. 왜냐하면 우리는 그 서신이 디도보다 먼저 고린도에 도착하여 고린도 교회의 극적인 변화가 일어날 시간이 주어졌을 것이라고 생각해 볼 수 있기 때문이다. 하지만 다른 한편으로 우리는 만약 바울이 실제로 그 서신을 디도보다 앞서 보냈다면, 바울은 그 서신을 가지고 간 사람의 이름을 언급했을 것이라고 기대할 수 있을 것이다.) 고린도 교인들이 디도가 위로를 받은 것(그리고 그 결과로서 바울이 기뻐한 것)의 원인이 되었다는 것은 에프 휘민(*ἐφ' ὑμῖν*, "너희에게")이라는 어구 속에서 볼 수 있는 것 같다. 플럼머(Plummer, 219)는 이 어구를 "너희에 대하여"로 번역해야 한다는 견해를 취하고 있지만(살전 3:7을 보라: 또한 Bultmann, 57를 보라), 그러한 주장은 7:7b에서 분명하게 나타나 있는 것으로 보이는 감정의 깊이를 무시하는 것이다. 디도는 그들의 새로운 방향에 대하여 확신하고 있는 것이기 때문에, "너희 안에서"(Tasker, 103)라는 번역이 바울의 사고의 뉘앙스를 더 잘 포착하고 있는 것으로 보인다. 디도가 위로를 받았고, 그가 바울에게 고린도 교회에 관한 자세한 소식을 전해 줌으로써, 사도는 그들이 마음을 바꾼 것(*μετάνοια*-메타노이아, 9, 10절)을 알고서 위로를 받을 수 있었다.

"그가 (나에 대한) 너희의 사모함을 우리에게 고했다"(*ἀναγγέλλων ἡμῖν τὴν ὑμῶν ἐπιπόθησιν*-아낭겔론 헤민 텐 휘몬 에피포데신). 바울은 고린도 교인들에게 디도가 자신에게 전해 준 말의 요점을 이야기한다. 이 구절에서는 문법상으로 엄격히 말하면 분사 아낭겔론(*ἀναγγέλλων*)이 아니라 정형 동사가 나왔어야 한다(원형은 "고하다, 알리다"를 뜻하는 아낭겔레인〈*ἀναγγέλλειν*〉: 그러나 바울은 편지를 쓰면서 분명히 감동을 느껴서, 엄격한 문법의 규칙을 지키는 것이 아니라 긍정적인 메시지를 제시하는 데 관심을 갖고 있음이 틀림없다: 5:12; 9:11에서 분사 형태들이 사용된 예들을 보라).

바울이 디도로부터 들은 내용이 그에게 기쁨을 준 것은 틀림없이 그가 고린도 교인들이 자신에 대하여 에피포데시스(*ἐπιπόθησις*, 에피포디아〈*ἐπιποθία*〉, 롬 15:23을 참조하라), 즉 "사모함"을 지니고 있다는 것을 알았기 때문이다. 이것은 성경 헬라어에서 드물게 사용되는 명사다(이 단어는 7:1에서 다시 나오고, 겔 23:11 〈Aq.〉에서 발견된다; 참조. Clement of Alexandria, *Strom.* 4, 21, 131; Damascius, *De Princ.* 38; *Etym Mag.* 678, 39). 물론 동사 에피포데인(*ἐπιποθεῖν*)은 바울 서신(롬 1:11; 살전 3:6; 빌 2:26)과 칠십인역에서 흔하게 사용된다. 동료 그리스도인들을 보고자 하는 사모함을 표현하는 에피포데인(*ἐπιποθεῖν*)에 대해서는 특히 빌립보서 1:8을 보라(Martin, *Philippians*, NBC, *ad loc.*, citing C. Spicq, "*Epipothein*, Désirer ou chérir?" *RB* 64.2[1957] 184-95). 이 어구를 영어로 번역할 때는 그러한 사모함의 대상이 되는 목적어를 보충해 넣는 것이 필요하다. 바울은 앞서 고린도 교인들을 방문하려다가 취소한 적이 있었기 때문에(2:11), 그들은 바울을 다시 볼 수 있기를 간절히 원했다. 그러나 바울이 그들에게 오는 것 대신에 디도가 그의 사자로서 왔다. 이제 화해가 이루어졌기 때문에 사도가 직접 왔더라도 그를 사랑으로 따뜻하게 영접할 수 있는 문이 열려 있었던 것으로 보인다. KJV, AV, RSV는 고린도 교인들의 사모함의 대상으로서의 바울에 대한 그 어떤 언급도 생략하고 있지만, 우리는 이 어구가 의미가 통하기 위해서는(ad sensum) 그러한 목적어가 필요하다는 바렛(Barrett, 208)의 견해에 동의한다. 고린도 교인들은 바울이 실제로 자신들을 사모하는 자라는 의미로 이 어구를 쓰고 있는 것으로 이해했을 가능성이 높다(Strachan, 124). 따라서 번역문에 "우리에 대한"(Barrett, 208) 또는 "나에 대한"(NIV; Filson, 358)을 포함시키는 것은 7:7의 배후에 있는 의미를 전혀 파괴하는 것이 아니다. "나를 위하여"라는 어구를 포함하고 있는 7:7의 후반부에 나오는 젤론 휘페르 에무(*ζῆλον ὑπὲρ ἐμοῦ*)에 비추어 볼 때, 우리는 이 어구에 대한 우리의 번역문에 "나에 대한"이라는 어구를 포함시키는 것이 옳다고 생각한다.

또 한 가지 흥미로운 것은 바울이 7:7에서 휘몬(*ὑμῶν*, "너희의")을 세 번 사용하고 있다는 것이다. 이 어구는 매번 특별한 강조를 위해서 관사와 명사 사이에 두어진다(Hughes, 267, n. 5). 표면상으로는 오직 바울 편에서의 행위인 것처럼 보이는 몸짓은 고린도 교인들 편에서의 행위도 된다. 데니(Denney, 252, 253)는 고린도 교인들을 향한 바울의 사랑과 대응되는 것, 즉 고린도 교인들이 바울과 그들의 관계를 원래의 수준으로 회복시키기를 간절히 바라고 있다는 것에 대하여 지적한다(Filson, 358). 데니(Denney)에게 있어서 바울이 휘몬(*ὑμῶν*)을 사용한 것은 고린도 교인들의 마음의 변화를 암시하는 것이고, 이것은 바울과 디도 모두에게 확실한 위로의 원천이 되었을 것이다(Tasker, 103를 보라; 대명사 휘몬〈*ὑμῶν*〉의 비슷한 용법에 대해서는 1:6〈2x〉; 12:19).

"너희의 애통함"(*τὸν ὑμῶν ὀδυρμόν*-톤 휘몬 오뒤르몬). 오뒤르모스(*ὀδυρμός*) 배후에 있는 개념은 애통함 또는 탄식이라는 개념이다(Josephus, BJ 5.31; *Ant.* 2.238; 2 Macc 11:6을 보라). 바울은 고린도 교인들이 무엇에 대하여 애통했는지를 구체적으로 표현하고 있지 않다. 아마도 그것은 그들이 바울에게 안겨 준 근심과 고통(Tasker 103), 그리고 바울이 그들을 방문할 수 없다고 느꼈다는 것을 그들이 알았을 때 겪은 슬픔에 대한 애통함이었을 것이다(Barrett, 208; 그러나 죄책에 대한 고백과는 다른 "애통함"의 의미에 대해서는 7:12에 대한 그의 설명을 보라). 바울은 직접 고린도 교회에 가 보기를 원했지만(1:23), 이전의 고통스러운 방문의 기억 때문에 디도를 보내는 편이 더 낫다고 생각했다. 고린도 교인들의 반응 속에 함축되어 있는 비통과 탄식은 "회개"(*μετάνοια*-메타노이아, 10절)에 대한 언급을 위한 길을 열어 준다.

"나를 위한 너희의 열심"(*τὸν ὑμῶν ζῆλον ὑπὲρ ἐμοῦ*-톤 휘몬 젤론 휘페르 에무). 고린도 교인들의 사모함과 그들이 잘못한 것에 대한 애통함 속에서 감지된 바울을 향한 새로운 시각의 증거는 그들이 바울에 대하여 열심을 가지고 있다는 것을 통해서 더욱 견고해진다. 여기서 "열심"을 정점으로 해서 여러 가지 용어들이 점층적으로 사용되고 있는 것을 주목하라(Bultmann, 58). 이러한 열심은 그들이 모든 것을 정상으로 돌려놓겠다고 열심을 보인 것, 즉 바울의 지적을 따라서 화해를 이루고자 한 것을 통해서 드러났을 가능성이 높다. 또한 이러한 열심은 고린도 교인들이 이제 대적자들의 공격에 대항하여 바울을 옹호한 것-바울이 이 서신을 보내기 전에는 그들에게 없었던 충성심-을 통해서도 드러났을 것이다(Barrett, 208). 또한 바울이 고린도 교인들에 대하여 가지고 있었던 담대함과 신뢰(7:16)도 바울이 위로받을 수 있었던 또 하나의 원천이었다. 왜냐하면 그는 이제 고린도 교인들이 다시 이전의 길로 되돌아갈 것을 우려하지 않아도 되었기 때문이다(Hughes, 267). 그러나 이 점에서 바울은 너무 낙관적인 결론을 내린 것일 수도 있었다. 휘페르 에무(*ὑπὲρ ἐμοῦ*, "나를 위한")가 사용되고 있는 것은 다시 한 번 사도가 얻은 개인적인 위로를 보여 준다. 이 소유대명사 구문에 정관사가 붙어 있지 않은 것은 주목할 만하다(BDF § 272).

"나로 더욱 기쁘게 했느니라"(*ὥστε με μᾶλλον χαρῆναι* – 호스테 메 말론 카레나이). 카레나이(*χαρῆναι*, "기뻐하다": 이태 동사 카이레인〈*χαίρειν*〉의 단순과거 부정사)가 말론(*μᾶλλον*, "더욱": BDF § 244.2, 246: 참조. 60.3: 이 단락의 한 특징)과 함께 사용된 것은 세 가지 가능한 해석들을 낳았다. (1) 그 중 하나는 바울이 단지 위로를 받을 뿐만 아니라 기뻐했다고 말하고 있다는 것이다. (2) 두 번째 해석은 바울은 자신의 기쁨이 이전의 고통을 능가함을 보았다는 것이다(Windisch, "*im Gegensatz dazu,*" i.e., rather than mourning or sorrow: Bultmann, 58). (3) 이 구절에 대한 세 번째로 가능한 해석은 그가 디도의 소식을 들었을 때 기쁨이 더욱 커졌다는 것이다. 이 마지막 해석이 가장 가능성이 있어 보인다. 그러한 가능성을 보여 주는 한 가지는 7:3이 우리에게 디도로 인한 행복을 바울에게 보너스, 즉 추가적으로 기뻐해야 할 이유였다고 말한다는 것이다. 디도가 돌아온 것은 실제로 바울이 기뻐할 수 있는 이유가 되었다. 그러나 그가 가져온 소식은 바울이 기뻐할 수 있는 한층 더 큰 이유가 되었다(왜냐하면 기본적으로 디도는 제멋대로 행하던 공동체〈즉 고린도 교회〉가 제자리로 돌아왔다고 보고했기 때문이다). 위에서 지적했듯이, 휘몬(*ὑμῶν*, "너희의")이 사용된 것은 바울(그리고 디도)이 고린도 교인들이 새롭게 보여 준 태도(관심, 애통함, 열심)로 인해서 위로를 받았다는 것을 보여 준다. 이것도 이 구절을 이해하는 데 있어서 세 번째 해석을 뒷받침하는 것이 될 수 있다. 이것은 7:7의 마지막 부분을 해석함에 있어서 (1)과 (2)의 주장이 바울의 사고로부터 배제되어야 한다고 말하는 것이 아니다. 오히려 이것은 이러한 두 가지 가능성이 세 번째 해석 속에 포함되어 있다는 것을 인정하는 것이다. 바울은 위로를 받았을 뿐만 아니라 진정으로 기뻐했다. 의심할 여지없이, 그가 지금 고린도 교인들로 인하여 얻게 된 기쁨에 비하면 그의 환난은 작아 보였다. 그러나 7:5-16 전체에 걸친 바울의 사고는 그가 디도를 만났다는 것과, 놀랍게도 고린도 교회로부터의 좋은 소식을 접하고서 기뻐하게 되었다는 것이다(Plummer, 219). 바울의 경우에는 언제나 그러했듯이 그의 기쁨은 다른 사람의 기쁨에 의해서 더욱 커졌는데(예를 들면, 빌 2:27-28), 특히 디도가 맡은 임무에 비추어 볼 때 그의 기쁨은 한층 고양되었다(Hughes, 268).

8 "그러므로 내가 편지로 너희를 근심하게 한 것을 지금은 후회하지 아니함은"(*ὅτι εἰ καὶ ἐλύπησα ὑμᾶς ἐν τῇ ἐπιστολῇ, οὐ μεταμέλομαι* – 호티 에이 카이

엘뤼페사 휘마스 엔 테 에피스톨레, 우 메타멜로마이). 여기서 "눈물의 편지"가 효과가 있었다는 것에 대하여 말하는 하위 단락이 시작된다. 바울은 고린도 교인들이 자신의 책망 때문에 고통을 겪은 것과 관련된 문제를 회피하고자 하지 않는다. 7절에서 바울은 그들의 "애통함"(*ὀδυρμός*–오뒤르모스)에 대하여 말했다. 현재의 절에서 바울은 그들로 하여금 슬퍼하게 한 것에 대하여 말한다(*ἐλύπησα*–엘뤼페사, *λυπεῖν*–뤼페인, "초조하게 하다, 화나게 하다, 모욕하다", 따라서 "고통을 주다"의 단순과거). 그는 그들이 겪은 근심을 자기도 알고 있다는 것을 말하기 위해서 이렇게 쓰고 있는 것이다. 그렇지만 이 절은 사도가 그들을 근심하게 한 것에 대하여 미안하게 생각한다는 것을 말하고 있다는 점에서 자신을 변호하거나 변명하는 내용이 아니다. 바울은 고린도 교인들로 하여금 근심하게 "했을지라도"(*εἰ καὶ*–에이 카이; 카이 에이〈*καὶ εἰ*〉 대신 에이 카이〈*εἰ καὶ*〉가 사용된 것에 대해서는 Plummer, 113를 보라) 지금 그것을 후회하지 않는다(메타멜레스다이〈*μεταμέλεσθαι*, "후회하다"〉는 마음을 바꾸었다는 개념을 포함한다, BGD, 511; "회개하다"〈"repent," KJV/AV〉라는 번역은 약간의 혼란을 가져온 원천이었다, Moncure, "Second Corinthians 7:8-10," 467, 468를 보라; 메타멜레스다이〈*μεταμέλεσθαι*, 마 21:30, 32; 히 7:2〉와 메타노이에인〈*μετανοεῖν*, 12:21; 행 2:38; 3:39〉 간에는 의미론상의 차이가 존재하는 것으로 보인다–Plummer는 이 둘의 차이를 너무 강조하는 것에 대하여 주의를 주고 있지만). 앞으로 보게 되겠지만, 바울은 그들의 유익한 근심이 그들의 회개의 중요한 구성 부분이었다고 생각한다. 따라서 이것과 관련하여 그는 전혀 후회함이 없다.

그렇지만 한때 바울은 자기가 "엄중한 편지"를 보낸 것을 후회했던 것으로 보인다(*εἰ καὶ μετεμελόμην, βλέπω* 〈*γὰρ*〉 *ὅτι ἡ ἐπιστολὴ ἐκείνη εἰ καὶ πρὸς ὥραν ἐλύπησεν ὑμᾶς*–에이 카이 메테멜로멘, 블레포 〈가르〉 호티 헤 에피스톨레 에케이네 에이 카이 프로스 호란 엘뤼페센 휘마스, "나는 그 편지가 너희로 잠시 근심하게 한 것을 보고 후회했지만"). 에이 카이(*εἰ καὶ*)가 양보의 의미로 사용되고 있는 것(Moule, *Idiom Book*, 167; Thrall, *Greek Particles in the NT*, 79, 80)은 한때 바울이 자기가 보낸 엄중한 편지로 인한 결과가 가져올 위험한 상황에 대하여 부담을 갖고 있었을 수도 있다는 것을 보여 준다. 어쨌든 그는 고린도 교인들에 대한 미움이 아니라 사랑으로부터 편지를 쓴 것이었다(2:4). 만약 바울의 이러한 호소가 받아들여지지 않고 거부되었다면, 고린도 교인들과 바울의 사이는 더욱 멀어졌을 것이고, 바울은 한층 더 당혹스러운 처지에 빠지게 되었을 수 있다. 그러나 그러한 후회는 이제 과거지사가 되어 버렸다. 왜냐하면 바울은 고린도후서를 쓸 당시에 이미 디도로부터 고린도 교인들이 마음을 바꾸었다는 좋은 소식을 들은 후였기 때문이다. 고린도 교인들의 고통은 바울과 그들의 관계의 끝이 아니라, 그 관계를 깊게 하고 풍부하게 하기 위하여 필요한 하나의 단계였다.

8절의 나머지 부분은 "비비 꼬인"(Héring, 54) 구문으로 되어 있다(본문상의 문제들에 대해서는 "원문주해"를 보라). 바울은 자기가 엄중한 서신(10-13장으로 이루어진 서신 또는 지금은 멸실된 서신, 후자의 가능성이 더 높다; Barrett, 209)을 보낸 것을 후회하지 않는다고 말한 것이 고린도 교인들에게는 잔인한 태도로 비춰질 수도 있다는 것을 깨달았을 것이다. 바울은 이 때쯤 해서 자기가 엄중한 서신을 고린도 교인들에게 보낸 것에 대하여 후회하고 있다가, 디도로부터 소식을 들은 후에 자신의 염려가 불필요했다는 것을 알게 되었을 것이다. 우리가 블레포(*βλέπω*) 또는 블레폰(*βλέπων*) 가운데서 어느 것을 올바른 읽기로 받아들이느냐와는 상관없이, 에이 카이 메테멜로멘(*εἰ καὶ μετεμελόμην*)은 조건절이고, 뉜 카이로(*νῦν χαίρω*, "내가 지금은 기뻐한다")는 귀결절인 것으로 보인다. "내가 한때는 그것을 후회했으나 지금은 기뻐한다"는 것은 8절에 나타난 바울의 생각이다. 그 중간에 끼워져 있는 내용은 삽입구라고 할 수 있다(Plummer, 220). 하나의 서신으로 작성되었을 때 이 삽입구는 다소 어색해 보이지만, 그러한 어색함은 화자가 감정이 움직여서 그런 내용을 구술한 것이라는 점을 감안하게 되면 충분히 설명될 수 있을 것이다.

태스커(Tasker)가 KJV/AV가 이 절에 대한 끊어 읽기를 제대로 하고 있지 못하다고 지적한 것은 옳다(104, 105). KJV/AV는 블레포 (가르) 호티 헤 에피스톨레 에케이네 에이 카이 프로스 호란 엘뤼페센 휘마스(*βλέπω ⟨γὰρ⟩ ὅτι ἡ ἐπιστολη ἐκείνη εἰ καὶ πρὸς ὥραν ἐλύπησεν ὑμᾶς*)를 삽입구로 다루지 않고 8절 끝에 마침표를 찍고 있다. 그렇게 하면 바울이 자기가 엄중한 편지를 보낸 것을 한동안 후회한 이유를 말하는 것이 아니라 그들을 근심하게 한 이유를 제시하는 것이 되기 때문에, 그러한 끊어 읽기는 잘못된 것이다. 달리 말하면, 바울은 "내가 너희를 근심하게 했으니, 이는 내가 너희를 근심하게 한 것을 알기 때문이다"라고 동어반복적으로 말하고 있는 것이 아니라는 말이다(Hodge, 181). 바울은 자신이 한때 후회를 한 이유를 제시하고 있다. 갈라디아서 2:5과 빌레몬서 1:15(우리는 여기에 살전 2:17도 추가할 수 있다)을 인용해서 이러한 삽입구를 토대로 한 논증에 대해서는 (위에서처럼) Bultmann, 58, 59를 보라.

에케이노스(ἐκεῖνος, "그")가 사용된 것은 그 서신(직역하면 "저 서신")이 지금 이 편지를 쓰고 있을 때의 바울의 마음과는 아주 거리가 먼 것임을 보여 준다(Plummer, 220). 그것은 그가 지금 잊고 싶어하는 과거의 일부를 가리킨다. 고린도 교인들이 이미 회개했기 때문에, 그 편지는 더 이상 필요하지 않다. 고린도 교인들의 고통은 비록 아픈 것이기는 했지만 단지 "잠시만"(*πρὸς ὥραν*–프로스 호란) 지속되는 것일 뿐이었다. 때를 나타내기 위하여 전치사 프로스(*πρός*)를 사용한 의도는 기간을 표시하기 위한 것이다(Moule, *Idiom Book*, 53). 플럼머(Plummer)는 이러한 용법 속에서 그 기간은 짧은 것이 될 수도 있고 긴 것이 될 수도 있다고 주장한다(220; 몬 15절; 갈 2:5). 그러나 고린도 교인들이 근심하고 있던 기간이 얼마나 되었느냐와는 상관없이 그 의미는 분명하다. 고린도 교인들의 고통은 이제 지나갔다. 바울은 자기가 "엄중한 서신"을 썼다는 이유로 더 이상 근심하는 일은 하지 않았다. 그 편지의 효과가 재난스러운 것이었다면, 아마도 바울은 자기가 그 편지를 쓴 것에 대하여 계속해서 후회했을 것이다. 그러나 앞으로 보게 되겠지만, 그는 그 편지가 고린도 교인들을 자기 편으로 돌아오게 하는 결과를 낳은 것을 보고서 기뻐한다.

9 "내가 지금 기뻐함은"(*νῦν χαίρω*–뉜 카이로). 이 구절을 접속사를 생략한 구문으로 본다면, 그것은 8절의 조건문을 이어받고 있는 것이 된다. 바울이 한때 후회했다면, 그는 지금 기뻐한다. 그리고 그가 기뻐한다는 사실은 이미 고린도 교인들에게 알려졌다(7:4, 7).

그가 기뻐한 것은 고린도 교인들이 고통을 당했기 때문이 아니다. 바울이 자신의 전도를 받아서 회심한 자들이 고통받는 것을 기뻐한다는 것은 상상도 할 수 없는 일이었다(참조. 1:24: *ἀλλὰ συνεργοί ἐσμεν τῆς χαρᾶς ὑμῶν*–알라 쉰에르고이 에스멘 테스 카라스 휘몬). 또한 데살로니가전서 2:19-20을 보라.

"너희로 근심하게 한 까닭이 아니요"(*οὐχ ὅτι ἐλυπήθητε*–우크 호티 엘뤼페데테)는 고린도 교인들의 고통이 바울에게 직접적인 만족의 원천이 아니었다는 것을 바울이 암묵적으로 밝히고 있는 것이다. 바울이 진정으로 기뻐한 것은 고린도 교인들의 근심과 고통이 과거에 그들이 바울을 반대한 것에 대한 회개로 이어졌기 때문이다.

"도리어 너희가 근심함으로 회개함에 이른 까닭이라"(*ἀλλ' ὅτι ἐλυπήθητε εἰς μετάνοιαν*–알 호티 엘뤼페데테 에이스 메타노이안). 바울은 "엄중한 편지"의 효과에 대하여 기뻐한다. 그는 고린도 교인들로 하여금 아파하고 근심하게 하기 위해서 그 편지를 썼지만("그들을 괴롭게 해야 한다는 것이 바울의 마음을 괴롭게 했다," Denney, 254), 고린도 교인들은 그 편지를 받고서 바울(7:8에 암묵적으로 표현된 염려) 또는 하나님에 대하여 악감정을 품지 않았다. 도리어 그들은 회개에 이르게 되었다.

흥미로운 점은 바울이 메타노이아(*μετάνοια*, 직역하면 "마음의 변화": BGD, 511, 512)라는 드문 표현을 사용하고 있다는 것이다. 이 단어는 바울 서신에서 오직 고린도후서 7장에서 2번(여기와 10절; "회개로 이끄는 고통을 느끼다", ibid.), 로마서 2:4과 디모데후서 2:25에서만 사용된다(게다가 바울에게 있어서 동사 메타노이에인⟨*μετανοιεῖν*⟩은 오직 고후 12:21에만 나온다). 이러한 드문 표현의 사용은 화해라는 주제의 일부로 흔히 사용되었던 용서에 관한 바울의 메시지를 작게 만들지 않는다(Plummer, 221). 그러나 바울이 이 용어를 피한 것은 메타노이아(*μετάνοια*)가 "구원에 있어서 하나님의 행위를 충분히 부각시키지 못한다"(Fallon, 64)는 이유로 설명될 수 있을 것이다. 즉 이 단어에 대응되는 히브리어인 테슈바(תשובה, "돌아섬")는 인간의 경험을 나타낸다는 것이다(3:16에 대한 설명을 보라: 7:9에는 모세의 행위에 대한 "은연중의" 암시가 존재하는가? 고린도 교인들은 모세의 모범을 따라서 "주께 돌아왔다"). 다른 경우들에 바울은 하나님과 관련하여 그리스도인들에게 하는 말로서 "회개"라는 표현을 사용한다. 따라서 사도의 생각 속에 두드러지게 자리잡고 있었던 것은 고린도 교인들이 하나님을 향한 그들의 잘못을 깨닫고서 그것을 고치려고 애썼다는 것이다. 그렇지만 고린도 교인들은 바울에 대한 그들의 행위에 대해서도 똑같이 근심했어야 한다. 이것은 앞에 나온 절들과 5장에 대한 우리의 논의가 잘 보여 준다. 그 논의 속에서 우리는 바울이 자신과 자신의 사도직에 대한 고린도 교인들의 부적절한 태도를 하나님에 대한 모욕으로 여겼다는 것을 살펴본 바 있다. 하나님을 대표하는 자를 부당하게 대우하는 것은 복음에 대한 잘못된 태도를 보여 주는 것이기 때문에, 그것으로 인하여 고린도 교인들은 위태로운 지경에 빠지게 되었다. 물론 바울은 이 표현을 통해서 고린도 교인들이 하나님에 대하여 회개했다는 것을 말하고자 했을 수도 있다. 그러나 바울은 그들의 "마음의 변화" 속에서 개인적으로 자신에 대한 그들의 태도에 대한 성찰도 보고 있을 가능성이 높다(Filson, 358, 359를 보라). 어느 경우이든, 불트만(Bultmann, 149 on 5:12)이 강력하게 보여 주었듯이 의미상의 큰 차이는 존재하지 않는다. 그는 이렇게 쓴다. "복음을 위한 결단과 바울을 위한 결단은 동일한 것이다. 고린도 교인들이 바울을 이해하지 못할 때, 그들은 복음도 이해하고 있지 못한 것이다. 왜냐하면 그들의 이러한 잘못된 주장은 바울이라는 한 개인에 대한 것이 아니라 사도 및 복음에 대한 것이기 때문이다."

슈트라한(Strachan)은 바울에 대한 심리학적인 이해를 토대로 해서 9절에 대하여 다른 접근 방식을 보여 준다(127, 128). 이 "위대한 종교 심리학자"－그는 바울을 이렇게 부른다－가 이전의 상처들을 다 꺼내 놓고 허심탄회하게 잘못한 것들과 후회되는 것들에 대하여 이야기하자, 바울과 고린도 교회 사이에는 다시 신뢰가 회복되었다. 이런 일이 가능할 수 있었던 것은 바울이 자신을 내세우고자 한 것이 아니라, 도리어 이것을 참된 회개의 한 예로 보았기 때문이다. 고린도 교인들은 바울의 책망을 받아들였고, 그것은 그들을 회개로 이끌었다. 하나님은 바울이 쓴 "엄중한 편지"를 사용해서 고린도 교인들을 다시 하나님에게로 돌아오게 함과 동시에 그들과 바울 간의 관계를 회복시키셨다(에이스 메타노이안〈*εἰς μετάνοιαν*, "회개함에 이른"〉이라는 어구 속에 에이스〈*εἰς*〉가 사용되고 있는 것을 보라). 그러나 이러한 해석은 복음에 대한 바울의 관심이라는 일차적으로 중요한 문제를 중심에 놓지 않고 있다.

"너희가 하나님의 뜻대로 근심하게 된 것은"(*ἐλυπήθητε γὰρ κατὰ θεόν*－엘뤼페데테 가르 카타 데온). 이 구절은 고린도 교인들의 근심이 결코 피상적인 것이 아니었다는 것을 분명히 해준다. 고린도 교인들의 근심은 카타 데온(*κατὰ θεόν*, 직역하면 "하나님에 따른")으로 불린다. 이 어구는 로마서 8:27에서도 발견된다(갈 1:4; 4 Macc 15:2을 보라). 바울은 여기서 두 가지 유형의 근심에 관한 논의를 위한 길을 닦아 놓고 있다(7:10을 보라). 하나님의 뜻대로 하는 근심은 사람들로 하여금 그들의 행위를 하나님이 보시는 대로 보도록 이끄는 근심이다. 카타 데온(*κατὰ θεόν*)이라는 어구는 하나님이 일으키시는 근심이 아니라 하나님의 뜻을 따라서 하는 근심을 의미한다(참조. *T. Gad* 5.7: *ἡ γὰρ κατὰ θεὸν ἀληθὴς μετάνοια φυγαδεύει τὸ σκότος καὶ φωτίζει τοὺς ὀφθαλμοὺς καὶ γνῶσιν παρέχει τῇ ψυχῇ καὶ ὁδηγεῖ τὸ διαβούλιον πρὸς σωτηρίαν*－"하나님의 진리에 따른 회개는 불순종을 깨뜨리고, 어두움을 몰아내며, 비전을 밝혀 주고, 영혼에 대한 지식을 제공해 주며, 생각의 힘을 구원으로 인도한다"〈*The OT Pseudepigrapha* vol. 1, ed. J. H. Charlesworth에 수록된 H. C. Kee의 번역〉). 그러한 근심은 하나님의 철저한 살피심에 순복할 수 있게 해주고, 고통이나 환난에 대하여 단지 근심을 나눠 주는 것 이상의 역할을 한다(Héring은 이것을 "통회"라고 부른다, 55). 이것은 그 다음에 나오는 구절 속에서 좀더 뚜렷하게 이해될 수 있다.

"우리에게서 아무 해도 받지 않게 하려 함이라"(ἵνα ἐν μηδενὶ ζημιωθῆτε ἐξ ἡμῶν-히나 엔 메데니 제미오데테 엑스 헤몬). 리츠만(Lietzmann, 132)은 이 구절을 결과절로 보고서, 그들이 견딘 고난은 하나님의 뜻대로 한 근심의 결과라고 말하는 것으로 해석한다. 그러나 히나(ἵνα)가 이끄는 이 절을 목적을 나타내는 절로 보는 것이 더 낫다. 하나님의 뜻대로 근심하게 된 것은 그들에게 해가 발생하지 않도록 하기 위한 것이다. 이 후자의 결론이 좀더 논리적인 것으로 보인다(Windisch, 231; Bultmann, 59).

7:9의 가르(γὰρ, "왜냐하면")는 요약의 말이 나온다는 것을 보여 주는 것이다. 바울이 기뻐한 것은 고린도 교인들의 근심이 회개에 이르렀기 때문인데, 이것은 그 근심이 하나님의 뜻대로 한 근심일 때만 가능할 수 있는 바람직한 은혜였다. 이 구절을 해석할 때 리츠만(Lietzmann)의 노선을 따르게 되면, 바울이 보낸 "엄중한 서신"의 의도를 놓치게 된다. 그 서신의 의도는 하나님의 뜻대로 하는 근심을 낳아서 고린도 교인들로 하여금 고통받게 하는 것이 아니었다. 도리어 그러한 근심의 목적은 고린도 교인들이 그 근심으로 인하여 상황이 더 악화되는 것을 막기 위해서 확실한 화해를 확보하기 위한 것이었다. 실제로, 그들의 근심은 그들에게 유익이 되는 것이 되어야 한다. 그러므로 "하나님의 뜻대로 한 근심"이라는 표현을 사용한 것은 히나(ἵνα)가 이끄는 절이 목적을 나타내는 절임을 보여 주는 것일 가능성이 크다(Barrett 210).

그렇다면 고린도 교인들이 피할 수 있었던 "해"는 무엇이었는가? 제미오데나이(ζημιωθῆναι, "손상을 입다, 상실하다", Philo, Josephus에서의 용례들에 대해서는 BGD, 338를 보라)의 사용은 엑스 헤몬(ἐξ ἡμῶν, "우리에게서")이라는 어구와 관련되어 있다. 고린도 교인들은 무엇을 잃을 뻔했고, 그것은 바울과 어떠한 관계에 있었던 것인가? 헤링(Héring, 55)은 고린도 교인들이 입을 손해 중의 한 요소는 바울이 고린도로 다시 돌아가지 않는 것이었을 것이라고 주장한다. 고린도 교인들이 계속해서 고집을 부리고 바울의 명령을 듣지 않았다면, 바울은 고린도 교인들을 다시는 방문하지 않았을 것이라는 주장은 논리적으로 가능해 보인다. 고린도 교회에 대한 바울의 고통스러운 방문 때문에 그가 다시 그 교회를 찾겠다고 한 약속을 취소한 일이 있었기 때문에(1:23), 바울의 추가적인 책망으로 인해서 고린도 교회에 대한 세 번째 방문도 얼마든지 불가능해질 수 있었을 것이다. 이 점에서 우리는 헤링(Héring)의 견해에 동의한다. 그러나 이것이 바울의 마음속에 주요하게 자리잡고 있었던 생각이었을 것이라고 보는 것은 의심스럽다. 바울은 담대하게 그렇게 말할 수는 있었겠지만(10:1-2), 고린도 교인들이 입게 될 가장 중요한 손해가 바울이 다시는 그들을 방문하지 않게 되는 것이라고 말한다는 것은 아무리 바울이라고 할지라도 너무 주제넘은 말이 될 수 있다. 게다가 우리가 위에서 논의했듯이, 바울은 조금이라도 오만방자하다는 느낌을 줄 수 있는 언행을 삼가하고자 했다. 바울이 헤링(Héring)이 추정한 대로 했다면, 그것은 제미오데나이(*ζημιωθῆναι*)를 그들의 슬로건으로 삼고 있었을 대적자들에 의해서 악용되었을 것이다(고린도 교회의 수치와 관련된 쪽으로 생각하는 Bultmann, 59, n. 41을 보라).

고린도 교인들이 입게 될 "손해"(개역 성경에서는 "해")는 내세에서의 "상급"과 관련이 있을 것이라는 휴즈(Hughes)의 주장(269, 270)이 더 가능성이 있어 보인다. 바울의 글을 지배하고 있는 것은 바로 그러한 사상이다(고전 3:10-15에서처럼). 거기서 바울은 고린도 교인들이 건물을 짓는 재료들이 금이나 은, 보석들 같은 귀중한 것들이고, 건초나 지푸라기, 그루터기 같은 쓸모없는 것들이 되지 않기를 간절히 소원했다. 바울은 그들의 영적인 아버지였기 때문에(6:13) 그들의 잘못된 상황을 고칠 수만 있다면 그들에게 고통을 주는 것도 얼마든지 마다하지 않을 수 있었다. 만약 바울이 그러한 책임감을 회피해 버린다면, 그것은 그들로 하여금 큰 해를 입게 만들고, 그가 큰 비난을 받아 마땅한 죄를 짓는 것이었다(5:9, 11: Plummer, 221). 복음의 일꾼으로서(5:18-20) 바울은 그런 식으로 책임을 회피하고 나서 하나님 앞에 담대히 설 수 없었을 것이다. 바울은 고린도 교인들에게 제재와 처벌을 가할 권한을 갖고 있었지만, 만약 그들이 계속해서 그의 권위를 거부한다면 바울이 어떻게 그 권한을 행사할 수 있었겠느냐고 필슨(Filson)이 말한 것은 옳다(359). 다음에 나오는 절은 그들의 태도의 변화를 "사망"과 반대되는 "구원"과 연결시킴으로써 그러한 염려가 바울에게 있었다는 것을 보여 준다. 그러나 거기서 "구원"이 "건강함, 온전함"을 의미한다면, 여기에 나오는 손해(*ζημιοῦσθαι*)는 온전함을 바라는 고린도 교회의 소원이 이루어지지 않는 것을 의미할 수 있다-바울은 13:11에서 고린도 교회가 온전하기를 기도한다.

10 "하나님의 뜻대로 하는 근심은 후회할 것이 없는 구원에 이르게 하는 회개를 이루는 것이요" (*ἡ γὰρ κατὰ θεὸν λύπη μετάνοιαν εἰς σωτηρίαν ἀμεταμέλητον ἐργάζεται* - 헤 가르 카타 뤼페 메타노이안 에이스 소테리안 아메타멜레톤 에르가제타이). 바울은 계속해서 "하나님의 뜻대로 한 근심"이라는 개념에 초점을 맞춘다. 카타 데온(*κατὰ θεόν*)은 "하나님의 마음과 뜻에 합치하는 방식"이라는 개념을 지닌다(Hodge, 182). 우리는 7:9에서 하나님의 뜻대로 한 근심은 참된 회개로 가는

길이라는 것을 보았다. "하나님의 뜻대로 한 근심의 결과는 구원에 이르게 하는 회개다"(Hughes, 271). "후회할 것이 없다"는 의미를 지닌 아메타멜레토스(*ἀμεταμέλητος*, BGD, 45; 또한 Polybius 21, 11, 11; 23, 16, 11; 참조. Philo, *Leg. All.* 3.211f.)가 메타노이아(*μετάνοια*, "회개") 또는 소테리아(*σωτηρία*, "구원"; 에이스⟨*εἰς*⟩가 어디로 귀결된다는 개념을 표현한다는 점을 주목하라; Moule, *Idiom Book*, 68) 중 어느 쪽에 걸리느냐는 문제가 있다. 어떤 학자들은 아메타멜레톤(*ἀμεταμέλητον*)의 여성 대격이 그 단어와 가장 가까운 명사인 소테리안(*σωτηρίαν*)과 일치한다는 점을 지적하는데(Hodge, 183), 이러한 지적은 문법적으로 말할 때 옳다. 그러나 그런 식으로 이해하게 되면 사람이 왜 구원을 후회하게 되는 것인가라는 문제가 발생하기 때문에 그러한 주장은 의심스럽다. 대다수의 주석가들은 아메타멜레톤(*ἀμεταμέλητον*)이 메타노이아(*μετάνοια*)에 걸리는 것으로 본다(Strachan, 128; Bruce, 218; Plummer, 221; Lietzmann, 132; Tasker, 105, 106; Héring, 55). 한 걸음 더 나아가서, 몇몇 학자들은 이 형용사가 두 명사 모두에 걸리거나(Hughes 271, n. 11) 적어도 구원에 이르게 하는 회개라는 복합적인 개념에 걸리는 것으로 본다(Barrett, 211).

또한 흥미로운 것은, 근심한 주체가 누구냐는 문제다. 그것은 모든 그리스도인들 또는 구체적으로 고린도 교인들에게 적용된 자명한 이치로서 일반적인 진술인 것인가? 아니면, 그것은 바울이 후회함이 없는 자라는 의미에서 좀더 좁은 진술인가? 먼큐어(Moncure)는 아메타멜레톤(*ἀμεταμέλητον*)이 7:8에 나오는 우 메타멜로마이(*οὐ μεταμέλομαι*)를 반영하고 있는 것이라고 본다. 그렇다면 10절은 다음과 같이 의역될 수 있다: "너희의 감정은 하나님의 뜻대로 상한 것이어서 구원에 이르는 회개를 낳았다. 이것이 내가 그것을 후회하지 않는 이유다"(Moncure, "Second Corinthians," 467,468). 이러한 주장(Hughes, 272를 보라)은 흥미롭다. 그것은 7:8에서 후회에 대한 바울의 논의와 부합한다. 그 절에서 바울은 자기가 한때 어떻게 해서 그 서신을 보낸 것에 대하여 후회했는지를 회고한다. 그러나 디도가 전해 준 소식을 듣고서 바울은 자기가 계속해서 후회할 필요가 없다는 것을 알게 되었다. 고린도 교인들이 회개했기 때문이다. 고린도 교인들이 이렇게 "돌아섰기" 때문에(3:16은 여기서 다시 한 번 5:17의 새로운 시대 속에서의 삶으로 이끄는 회심의 행위로 상기되어야 한다), 바울은 고린도 교인들 속에서 새로운 소망을 보게 되었다.

그러한 하나님의 뜻대로 한 근심은 그에게 그가 전한 메시지, 즉 화해의 메시지를 일깨워 주었다(5:18-21). 그러므로 바울은 7:10에서 5:18-21에서 발견되는 것과 동일한 개념을 보고 있을 가능성이 있다. 이렇게 불꽃이 다시 점화되었기 때문에, 고린도 교인들이 하나님의 은혜를 헛되이 받지 않았다는 것을 보여 주는 한층 더 큰 증거가 존재하게 된 것이다(6:1). 바울이 고린도 교인들로부터 큰 위로를 받았다고 말하고 있는 7:4에서 그의 마음속에 있었던 것은 아마도 이것이었을 것이다. 하나님의 뜻대로 하는 근심은 바울이 전한 복음이 그런 것과 마찬가지로 생명으로 이르게 하는 유일한 근심이다(2:16, *ἐκ ζωῆς εἰς ζωήν*-에크 조에스 에이스 조엔).

"세상 근심은 사망을 이루는 것이니라"(*ἡ δὲ τοῦ κόσμου λύπη θάνατον κατεργάζεται*-헤 데 투 코스무 뤼페 다나톤 카테르가제타이). 하나님의 뜻대로 하는 근심과 대비되는 것은 세상에 속한(*τοῦ κόσμου*-투 코스무; 이것은 10:3의 카타 사르카⟨*κατὰ σάρκα*⟩에 해당하는 어구다) 근심이다. 이 근심은 하나님의 뜻대로 하는 근심과 비슷하게 고통과 후회를 포함한다. 하지만 그것이 가져오는 결과는 회개가 아니라 사망이다(바울의 복음이 이러한 서글픈 결과를 낳는 것에 대해서는 2:16을 보라). 세상 근심은 죄의 바람직하지 못한 결과 때문에 생겨난다. 세상 근심이 가져오는 결과를 본 사람은 실제로 장래에 그와 비슷한 행위들과 그 결과들을 피하고자 할 것이다. 그러나 그 어떤 경우에도 그 사람은 하나님께로 나아가지는 않는다. 왜냐하면 그 사람은 하나님께 대적한 행위들에 대하여 깊은 참회의 심정을 느끼지 못하기 때문이다. 그 사람이 보여 주는 후회는 사울 왕이 "내가 어리석은 일을 했으니 대단히 잘못되었도다"(삼상 26:21)라고 탄식한 것처럼 자기가 어리석게 행동했다거나 실수한 것을 후회하는 것뿐이다. 회개는 인격 전체-지식, 감정, 의지(Strachan, 128)-가 관여되는 것으로서 감정적인 반응 이상의 것이다(Denney, 257). "죄에 대한 인식 자체로는 회개가 아니다. 그것은 공공연한 도전이 될 수도 있다. 또한 죄를 슬퍼하는 것도 그것이 마음속에만 존재한다면 회개가 되지 않는다. 그것은 자책이나 절망이 될 수 있다. 죄를 버리는 것 자체도 분별 있는 행위 이상의 것이 될 수 없다"(Strachan, 128에서 인용).

한 개인의 "근심"의 가치를 평가함에 있어서 그 판별 기준은 그 근심이 어떠한 결과를 가져왔느냐는 데 있다. 세상 근심은 사망이라는 결과를 가져온다. 바울은 로마서 7:13에서도 이와 비슷한 방식으로 말한다. 그 절에서 바울은 "죄가 죄로 드러나기 위하여 선한 그것으로 말미암아 나를 죽게 만들었다"(*ἡ ἁμαρτία, ἵνα φανῇ ἁμαρτία, διὰ τοῦ ἀγαθοῦ μοι κατεργαζομένη θάνατον*-헤 하마르티아, 히나 파네 하마르티아, 디아 투 아가두 모이 카테르가조메네 다나톤)고 쓴다. "선한" 것은 로마서에서는 율법이고, 여기서는 바울의 복음이다. 주목할 만한 것은 바울이 로마서 7:13과 고린도후서 7:10에서 모두 카테르가제타이(*κατεργάζεται*, "이루다, 만들어 내다")라는 표현을 사용하고 있다는 것이다. 후자에서 이 동사는 10a절에 나오는 에르가제타이(*ἐργάζεται*, "이루다")와 대비되는 의미로 사용된다. 이러한 서로 다른 동사를 사용한 것은 바울의 문체적인 특징으로 설명될 수도 있겠지만, 아마도 두 동사 간의 의미상의 차이는 보존되어야 할 것으로 보인다. 전자의 동사는 "세상 근심이 사망을 이루어 낼 수밖에 없는 필연성을 강조하기" 위하여 사용된 것일 수 있다(Hughes, 272, n. 12). 그 결과는 하나님으로부터의 소외를 의미하는 "사망"(롬 6:15, 21, 23; 7:5)이다(바울 서신에서 다나토스〈*θάνατος*〉의 서로 다른 의미들을 검토하고 있는 Martin, *Reconciliation*, 63-67를 보라).

고린도후서 7:10에서 두 가지 유형의 근심을 대비시키고 있는 것은 에서의 근심과 다윗의 근심을 상기시킨다(Windisch, 231; Hughes, 273). 에서는 마음에 근심했지만(창 27:38), 그럼에도 불구하고 그에게는 어떠한 변화도 일어나지 않았다(히 12:16-17). 이와는 대조적으로, 다윗은 자신의 죄를 인정했고(시 51:1-11), 그 결과로 하나님의 은총을 회복했다(시 51:12-19). 베드로가 주를 부인하고도 나중에 회복된 것과 유다가 무너지고 만 것 간의 대비(참조. 마 27:3: *μεταμεληθείς*-메타멜레데이스, "회개한=후회한"; 마 21:30, 32을 눅 22:31-34과 비교해 보라)는 한층 더 분명하다. 만약 고린도 교인들이 바울로부터 책망을 들은 것에 대하여 참담한 심정을 표현한 것뿐이었다면, 바울은 얼마든지 그들의 위선을 꿰뚫어볼 수 있었을 것이기 때문에 기뻐하기는커녕 오히려 고통스러워했을 것이다. 하지만 그들은 새로운 시대의 주께로 돌아옴으로써 바울의 메시지로 다시 돌아오고 거짓 선지자로부터 떠나는(2:16-17) 결과를 가져온 회개에 이르는 하나님의 뜻대로 한 근심으로 반응했다. 그들은 바울의 사랑의 몸짓들("엄중한 서신"을 통한)에 응답했던 것이다. 결국 그들은 죄를 통해서 "영적인 사망"을 낳는 길을 버렸다. 데니(Denney, 256)가 쓰고 있듯이, "사망을 정의한다면, 그것은 구원과의 대비를 통해서 정의되어야 한다. 하나님의 다스리심을 받지 않는 근심은 단지 영혼을 소진시키고, 그 능력들을 시들게 하며, 그 소망들을 꺾어 놓고, 모든 것을 소멸시키고, 죽게 만들 수 있다."

11 "보라 하나님의 뜻대로 하게 한 이 근심이 너희로 얼마나 간절하게 하며"(*ἰδοὺ γὰρ αὐτὸ τοῦτο τὸ κατὰ θεὸν λυπηθῆναι πόσην κατειργάσατο ὑμῖν σπουδήν*-이두 가르 아우토 투토 토 카타 데온 뤼페데나이 포센 카테이르가사토 휘민

스푸덴). 바울은 고린도 교인들의 근심의 결과가 사망이 아니라 생명이라는 것을 재빨리 지적한다. 이것은 7:11에서 모두 "놀라운 변화"를 나타내는(Plummer, 222) 일곱 개의 일련의 명사들(Bultmann, 61에서는 그 숫자가 무엇이 중요하겠느냐고 회의적으로 반문한다) 속에서 드러난다.

또한 바울은 그들의 회개가 가져온 결과를 재빨리 전면에 부각시킨다. *ἰδού*–이두, "보라": 바울은 7:7(Plummer 222)과 7:10(Barrett 211; 참조. 5:17; 6:2, 9; 12:14)의 두 절을 되돌아보고 있다. 하나님의 뜻대로 한 근심은 고린도 교인들 속에 증명 가능한 결과들을 낳았다(단순과거 수동형인 카테이르가사토⟨*κατειργάσατο*⟩를 주목하라). 바울에게 이것은 흐뭇하고 기분 좋은 사건이었을 것임에 틀림없다. 디도가 가져온 소식은 바울을 "이전의 나락에서 큰 위로의 물결이라는 높은 곳으로"(Hughes, 274) 일으켜 주었다.

문법적으로 말하자면, 바울의 심령이 이렇게 고양된 것을 표현하고자 사용된 명사는 스푸데(*σπουδή*, "열심": 12절에도 다시 나오는)다. 이 명사는 간절함이라는 개념도 아울러 지니기 때문에(BGD, 763, 764), 고린도 교인들은 바울과의 관계를 복원하고("진지한 관심", Hughes, 274) 화해를 이루는 일에(Bultmann, 61) 진지했을 뿐만 아니라, 이 일을 신속하게 이루고자 열망했다는 것을 보여 준다(이 명사는 8장에 자주 나온다, 특히 8:8, 16).

"얼마나 변명하게 하며"(*ἀλλὰ ἀπολογία*–알라 아폴로기아). 알라(*ἀλλά*, "이것만이 아니라 …도")의 역접으로서의 용법은 절정에 도달한 개념을 나타내기 위하여 새로운 요소를 강조적인 방식으로 도입하는 역할을 한다(BDF § 448.6). 아폴로기아(*ἀπολογία*, 직역하면 "변호, 방어", "스스로를 해명하고자 하는 것", Denney, 256)를 시작으로 해서 사도는 그 다음에 나오는 6개의 명사들 앞에 각각 앞에 나온 말을 가리키는 알라(*ἀλλά*)를 둔다. 포소스(*πόσος*, "얼마나")가 스푸데(*σπουδή*)와 연결되어 있다는 것을 감안할 때(Hughes, 274, n. 14를 보라), 우리는 간절함 또는 진지함을 각각의 명사와 연결시킴에 있어서 연속성이 존재한다고 주장한다. 이러한 개념을 염두에 둔다면, 영어 번역문에서 이 절 전체에 걸쳐서 그것을 번역하는 것은 군더더기가 될 것이다.

바울이 고린도 교인들의 행위들과 관련해서 아폴로기아(*ἀπολογία*)를 사용한 것은 오늘날의 의미에서 "사과" 이상의 것을 의미한다(Hodge, 185에서는 여기에 반대한다). 또한 "변명, 핑계"라는 개념이 이 단어의 배후에 있을 가능성은 마찬가지로 없다(Héring을 보라). 아울러서 고린도 교인들은 그들이 바울의 대적자들의 행위를 한 몫 거들지 않았다는 것을 보여 주고자 하는 것이라는 플럼머(Plummer)의 주장은 다소 약하다(222). 그들이 바울을 위하여 행동하는 데 실패했을 때 마음이 좋지 않았다는 것을 그에게 설득시키기는 어렵다. 오히려 고린도 교인들은 앞으로는 바울의 대적자들의 행위에 더 이상 동조하지 않겠다고 "스스로 손을 터는 데 열심이었거나" 그들이 과거의 행위들에 대하여 변명하는 데 열심이었다고 주장하는 슈트라한(Strachan)의 말이 더 진실에 가깝다(128). 또는 그들은 자신들이 거짓 선지자들을 받아들여서 용납했다는 바울의 비난에 대하여 스스로를 변호하고자 했을 가능성이 더 높다(Fallon, 65). 휴즈(Hughes, 274)가 고린도 교인들은 적극적으로 그들의 행위를 해명하고자 나섰기 때문에 - 비록 그들의 해명 속에는 죄책에 대한 인정이 포함되어 있었을지라도(Barrett는 아폴로기아〈*ἀπολογία*〉를 법정적인 용어로 본다. 211: idem, "*Ο ΑΔΙΚΗΣΑΣ*," 113) - 이것은 그들이 이전에 보여 준 무기력한 모습을 뛰어넘는 진전된 모습이었다고 지적한 것은 옳다. 바울이 지적하고 있는 고린도 교인들의 이러한 거듭남은 7:10에서의 그의 모티프, 즉 하나님의 뜻대로 한 근심이 사람들로 하여금 하나님 보시기에 올바른 것을 찾도록 동기를 부여해 주었다는 모티프를 이어가고 있다.

"얼마나 분하게 하며"(*ἀλλὰ ἀγανάκτησιν* - 알라 아가나크테신). 고린도 교인들이 분하여 했다면, 그것은 누구에 대한 것이었는가? 그 대상은 아마도 고린도 교회에 들어와서 많은 문제들을 일으켰던 범죄자(Barrett, 211; Héring, 55; Bultmann, 61) 또는 거짓 사도들(Filson, 360; Fallon, 65)이었을 수 있다. 아니면, 그들의 분노는 그들 자신에 대한 것이었을 수도 있다. 왜냐하면 그들은 고린도 교회의 명성에 먹칠을 했기 때문이다(Denney, 256; Plummer, 223; Tasker, 106; Strachan, 129; Hughes, 274). 아폴로기아(*ἀπολογία*)에 대한 우리의 이해에 비추어 볼 때, 바울은 고린도 교인들의 분노가 일차적으로 그들 자신을 향해 있는 것으로 이해했던 것으로 보인다. 물론 분명히 그들의 현재의 분노 중 일부는 바울의 대적들을 향했겠지만 말이다. 이 점은 바울이 고린도 교인들에게 그 범죄한 자를 받고 그에 대하여 그 어떤 악감정도 나타내지 말라고 강권한 것에 비추어 볼 때 충분히 가능한 일이다(2:5-11; 아가나크테인〈*ἀγανακτεῖν*, "화나다, 분해 하다"〉은 공관복음서에서 몇 차례 사용되고 있지만, 명사로 사용된 것은 신약에서 오직 현재의 절뿐이라는 것을 주목하라).

"얼마나 두렵게 하며"(*ἀλλὰ φόβον* - 알라 포본). 이 두려움 또는 놀람(Strachan, 129)은 고린도 교인들이 사도로서의 바울에 대하여 가졌던 건강한 두려움이었을 것이다(Barrett, 211; Filson, 360; Denney, 257; Hughes, 274; Fallon, 65). 이것은 고린도전서 4:21("내가 매를 가지고 너희에게 나아가랴?")과 7:15(디도를 정중하게 영접하라고 말하는)에서 드러난다. 하지만 바울은 하나님을 두려워하는 것에 대하여 말한 것일 수도 있다(5:11; 참조. Héring). 고린도 교인들은 하나님이 보내신 대표자를 잘못 대우했기 때문에 하나님의 진노를 살 위험 속에 있었다. 물론 바울은 사람과 하나님 모두와 관련해서 포보스(*φόβος*)를 사용하지만, 플럼머(Plummer)가 바울이 "자기 자신을 두려워하는 것을 전면에" 부각시켰을 가능성은 없다고 해석한 것은 너무 협소한 해석이다(223). 여기서 두려움이라는 표현을 사용한 것은 바울이 "하나님의 사도"로서 하나님을 대신하여 행하고 있다고 주장한 것에 대한(5:20) "경외심"을 시사해 준다.

"얼마나 사모하게 하며"(*ἀλλὰ ἐπιπόθησιν*-알라 에피포데신). 7:7에서처럼 고린도 교인들은 "자신들에게 복음을 전해 주었던 바울과 다시 하나가 되고, 그를 자신들의 진정한 사도로 영접하며, 자신들이 이전에 가졌던 신뢰와 애정의 관계를 회복시키기를"(Hughes, 274) 열망했다.

"얼마나 열심 있게 하며"(*ἀλλὰ ζῆλον*-알라 젤론). 열심이라는 개념은 좋은 의미로 해석될 수도 있고(롬 10:2; 고후 9:2; 11:2) 나쁜 의미로 해석될 수도 있다("질투하는, 시기하는", 롬 13:13; 고전 13:4; 고후 12:20; 약 3:14, 16). 이 단어의 의미는 종종 모호하다(갈 4:18). 여기에 나오는 목록은 고린도 교인들의 긍정적인 속성들 중의 하나이기 때문에, 여기서 바울은 전자의 의미를 전달하고자 했을 가능성이 대단히 높다. 그럼에도 불구하고, 이 단어를 긍정적인 의미로 해석한다고 해도 열심의 대상은 몇 가지가 될 수 있다. 한편으로, 바울은 지금 고린도 교인들이 자신에 대하여 열심을 갖게 된 것이라고 말한 것일 수 있다. 고린도 교인들은 이제 사도로서의 그의 권위를 존중하고 그의 모범을 본받고자 한다(Hughes, 275). 그들은 바울에 대하여 열심을 가지게 되었고, 그들이 바울의 복음으로 되돌아옴으로써 그러한 열심을 보여 주었다. 다른 한편으로, 고린도 교인들은 자신들이 악에 대항했다는 것, 특히 바울에 대하여 반대했던 자들에게 대적했다는 점에서 열심을 나타냈다("그들은 도덕적인 열심으로 가득 차 있었기 때문에, 그 범죄한 자를 느슨하게 다루는 것이 불가능했다," Denney, 257). 물론 이러한 열심 속에는 하나님에 대한 열심도 포함되어 있었다(Plummer, 223). NIV에서 젤로스(*ζῆλος*)를 "관심"으로 번역한 것은 그 뜻이 너무 약해서 바울의 감정의 깊이를 거의 없애 버리고 있다.

"얼마나 벌하게 했는가"(*ἀλλὰ ἐκδίκησιν*-알라 에크디케신). 에크디케시스(*ἐκδί-*

κησις)는 "복수"와 "징벌"을 모두 의미할 수 있다. 벌이라는 이러한 개념(Hughes, 275)이 바울에게 반대했던 자(물론 Hughes는 고전 5장에 나오는 음행한 자를 가리키는 것으로 해석하지만)에 그 초점이 맞춰져 있다는 것에 대해서는 학자들 간에 견해가 일치하지만, 이 단어가 복수를 의미하는지 징벌을 의미하는지에 대해서는 어느 정도 의문이 존재한다. KJV/AV에는 "보복"으로 되어 있고, RSV에는 "징벌"로 되어 있다. 2:5-11에 표현되어 있는 바울의 심정에 비추어 볼 때, 앙갚음이라는 차가운 감정은 아마도 없어진 것 같고, 에크디케시스(ἐκδίκησις)와 아디케사스(ἀδικήσας, 2:6의 에피티미아〈ἐπιτιμία〉와 더불어서)는 둘 다 다음 절에 나오는 세 개의 단어들(하그노스〈ἁγνός〉, 프라그마〈πρᾶγμα〉 그리고 아마도 쉬니스타나이〈συνιστάναι〉)과 마찬가지로 형법에서 빌어온 용어들이다(Bultmann, 61). 그것은 사도가 고린도 교인들에게 자신의 조언에 귀를 기울여서 자기 또는 자신의 복음을 공격했던 자를 벌한 것에 대하여 칭찬한 것과 부합한다(왜냐하면 바울을 공격하는 것은 하나님을 공격하는 것이라는 것이 지배적인 생각이었기 때문이다). 그러나 바울은 그의 원수에게 복수하는 것이 아니라 잘못된 것을 바로잡는 데 더 많은 관심을 가지고 있었다.

"너희가 저 일에 대하여 일절 너희 자신의 깨끗함을 나타내었느니라"(ἐν παντὶ συνεστήσατε ἑαυτοὺς ἁγνοὺς εἶναι τῷ πράγματι - 엔 판티 쉬네스테사테 헤아우투스 하그누스 에이나이 토 프라그마티). 7:11의 끝부분에서 바울은 고린도 교인들에 대한 자신의 만족감을 표현했다. 그들은 시험을 통과했다(2:9; 또한 Bruce, 218; 참조. 13:5-7). 물론 그 시험은 관련된 모든 사람에게 고통스러운 과정이기는 했지만 말이다. "모든 일에 있어서"(관점의 여격으로 사용된 엔 판티〈ἐν παντί〉가 KJV/AV의 번역인 "모든 것들에서"와는 달리 복수형이 아니라 단수형인 것을 주목하라) 고린도 교회는 자신이 결백하다는 것(ἁγνός - 하그노스), 즉 현재의 문맥 속에서 본다면 법적으로 아무런 흠이 없다는 것을 보여 주었다. 바울이 쉬네스테사테(συνεστήσατε, 쉬니스타네인〈συνιστάνειν〉의 단순과거)를 사용한 것은 칭찬(고린도후서에서 자주 나오는 동사: 3:1; 4:2; 5:12; 6:4; 10:12, 18; 12:11) 또는 인정(롬 3:5; 5:8; 갈 2:18)이라는 개념을 표현하는 것일 수 있다. 바울이 고린도후서에서 이 동사를 사용하고 있다는 점에 비추어 볼 때, 우리는 그의 마음속에 최우선적으로 있었던 생각은 칭찬 또는 확증의 요소였을 가능성이 높다는 결론을 내릴 수 있다(Bultmann 61, n. 45). 물론 적어도 우리는 디도가 고린도 교인들의 변화를 확신했다고 말할 수 있지만 말이다(Barrett, 212).

고린도 교인들이 행위들을 통해서 보여 주고자 했던 것은 자신들의 "결백"이었다. 하그노스(ἁγνός)의 의미는 깨끗함이라는 개념을 포함할 수 있다(11:2). 바울에게 있어서 동사 에이나이(εἶναι, "…이다"; 기네스다이〈γινέσθαι〉 대신에; Plummer, 223를 보라)는 그가 고린도 교인들이 지금 무죄의 평결을 얻은 것으로 보고 있다는 것을 시사해 준다. 플럼머(Plummer)는 바울이 그들을 이전에 죄가 있는 것으로 여겼다는 것을 내비치기조차 원하지 않는다고 주장한다. 그러나 그러한 입장은 바울이 고린도 교회에 회개가 있었다는 것을 말했다는 사실을 무시하는 것이다. 왜냐하면 우리는 바울이 고린도 교회에서 무언가가 잘못되었다고 생각하지 않았다면 그가 왜 회개를 언급하고 있는지를 물을 수밖에 없기 때문이다. 분명히 플럼머(Plummer)는 틀렸고, 에이나이(εἶναι)는 미완료가 아니라 "진정한" 현재라고 주장하는 바흐만(Bachmann, 304; 또한 Allo도 마찬가지다)은 옳다. 고린도 교인들은 자아 도취에 빠지는 죄를 범했지만, 이제 7:11a에 나와 있는 행동을 취함으로써 그들은 바울 편에 서 있는 것으로 "확인되었다". 바울은 불미스러운 주제를 꺼내어 감정을 상하게 하는 것을 피하고자 할 때는 "이 일에 대하여"(τῷ πράγματι－토 프라그마티)라는 모호한 표현을 사용한다. 바울이 프라그마(πρᾶγμα)를 사용할 때 그 단어의 배후에 있는 통상적인 개념은 일 또는 과제라는 개념이다(롬 16:2; 살전 4:6). 이 용어를 법적인 것으로 본다면(Héring; Bultmann은 고전 6:1-11에 비추어서 Rechtsfall로 번역한다; 참조. 6:1: τις…πρᾶγμα ἔχων－티스…프라그마 에콘, "누가…일이 있는데"), 바울은 고린도 교인들이 저 범죄한 자와 그들이 아무 상관이 없다는 것을 보여 주었다는 것을 근거로 해서 그들에게 죄가 없다고 선언한 것이 된다(Barrett, "*Ο ΑΔΙΚΗΣΑΣ*[2 Cor 7:12]," 113, 114).

12 "그런즉 내가 너희에게 쓴 것은"(ἄρα εἰ καὶ ἔγραψα ὑμῖν－아라 에이 카이 에그랍사 휘민). 이 절은 2:9과 비슷하다. 아라(ἄρα)가 의문사(ἆρα－아라)가 아니라 추론의 의미로 사용되고 있는 것에 대해서는 Moule, *Idiom Book*, 164를 보라. 드롤(M. E. Thrall, *Greek Particles in the New Testament*, 10, 11)은 이 단어가 추론의 의미를 지님과 동시에 접속사의 역할을 한다고 해석한다(ibid., 36). 우리는 바울이 쓴 문장의 첫 부분에 아라(ἄρα, "그러므로")가 나오는 것은 잘 확인이 된다는 점을 지적해 두고자 한다(참조. 고후 5:14; 고전 15:18; 롬 10:17; 갈 5:11; 6:10). 플럼머(Plummer, 224)는 아라(ἄρα)가 정형 동사와 연결될 때 호스테(ὥστε)와 그 의미가 동일한 것으로 본다(참조. 고전 7:14; 롬 7:21; 갈 3:17). 이 절의 처음에 나오는 말을 통해서 바울은 다시 한 번 "엄중한 편지"를 간접적으로 언

급하는데("양식/구조/배경"을 보라), 그 편지의 주제는 개인적으로 상처를 받았다는 것이 아니라 사도와 공동체 간에 균열된 관계가 올바르게 회복될 필요가 있다는 것이었다(Bultmann, 62).

"그 불의 행한 자를 위한 것도 아니요"(*οὐχ ἕνεκεν τοῦ ἀδικήσαντος*-우크 헤네켄 투 아디케산토스). 이 구절을 통해서 우리는 바울의 셈어적인 사고에 대한 통찰을 얻게 된다. 그는 분명한 대안들을 제시한다. 그는 일차적으로 고린도 교인들이 아니라 어떤 자(즉 죄를 범한 자 또는 자기 자신)를 위해서 "엄중한 편지"를 쓸 수도 있었고, 주로 고린도 교인들을 위하여 그 편지를 쓸 수도 있었다. 그러나 첫 번째 목적을 부정함에 있어서 바울은 그것을 절대적으로 부정하고 있는 것이 아니다(Plummer, 224). 오히려 그것은 두 번째 목적의 중요성을 부각시키기 위한 것이다. 플럼머(Plummer)는 호세아 6:6("나는 인애를 원하고 제사를 원치 아니하노라")의 예를 인용하여, 이 절은 "제사를 금지한다는 뜻이 아니라, 인애가 그 둘 중에서 훨씬 더 중요하다는 것을 말하고자 하는 것이다"(ibid., 참조. 막 9:37; 눅 10:20; 14:12; 23:28)라고 올바르게 지적한다. 바울은 자기에게 불의를 가한 자 또는 그러한 불의를 입은 자기 자신을 잊고 있는 것이 아니다(다음 구절을 보라). 오히려 그는 자신이 쓴 편지가 가져온 결과, 즉 고린도 교인들이 하나님 앞에서 열심을 나타낸 것에 대하여 더 큰 관심을 보여 주고 있는 것이다.

헤링(Héring, 56)은 바울이 편지를 쓴 것을 목적이라는 관점에서 해석하지 않는다(따라서 그는 바울이 "내가 고린도 교인들의 열심을 촉발시키기 위해서 편지를 썼다"고 말한 것으로 해석한다). 그는 헤네켄(*ἕνεκεν*)을 원인을 나타내는 것으로 해석한다("나는 너희의 열심으로 인하여 위로를 받는다"). 그러나 그는 소수파에 속하는 것으로 보인다(헤네켄〈*ἕνεκεν*〉 다음에 나오는 것은 "실제적으로 목적절"이라고 말하는 Moule〈*Idiom Book*, 83〉을 보라; 또한 헤네겐〈*ἕνεκεν*〉은 대격과 함께 사용된 디아〈*διά*〉와 그 뜻이 아주 비슷하기 때문에 헤네켄〈*ἕνεκεν*〉은 통상적으로 원인을 나타내지 않는다고 말하는 BDF § 216.〈1〉을 보라; 참조. BGD, 264).

불의를 행한 자(*ὁ ἀδικήσας*-호 아디케사스, 원형은 아디케인〈*ἀδικεῖν*, "불의를 행하다, 잘못하다"〉)가 누구였느냐는 문제는 여전히 풀리지 않고 있다. 기껏해야 우리는 여러 가지 대안들을 검토하면서 가장 합리적인 추정으로 보이는 것을 제시할 수 있을 뿐이다. (1) 얼핏 보면, 여기서 불의를 행한 자는 고린도전서 5:1-5에 언급된 자, 즉 바울에 의해서 음행과 어떤 형태의 근친상간 때문에 비난을 받은 자인 것으로 보인다. 그러나 좀더 면밀하게 살펴보면, 현재의 절 속에서 그러한 연결 관계는 유지될 수 없다는 것이 드러난다. 본문에서 분명해 보이듯이 바울이 "불의를 당한 자"라면, 그가 고린도전서 5:1-5에 서술된 죄를 그렇게 개인적인 방식으로 받아들였을지는 의심스럽다(그러나 Lampe, "Church Discipline," 353-55를 보라). 게다가 우리가 불의를 행한 자(*ὁ ἀδικήσας*-호 아디케사스)가 고린도전서 5:1-5에 언급된 자를 가리키는 것이라고 인정한다면, 불의를 당한 자(*ὁ ἀδικηθείς*-호 아디케데이스)는 엄밀하게 말해서 불의를 행한 자의 아버지가 될 것이다. 만약 이 것이 사실이라면, 우리는 그 아버지가 여전히 살아 있는 동안에 어머니 또는 계모와 잠자리를 같이 한 행위에 대하여 고린도 교인들로부터 더 강력한 대응을 예상할 수 있을 것이다. 또한 7:12에 기록된 불의를 행한 자에 대한 바울의 접근 방식은 고린도전서 5:5, 7, 13에 나오는 그의 단호한 선언과 잘 들어맞지 않는다(Kümmel, *Introduction*[2], 283, 284).

(2) 불의를 행한 자의 정체에 관한 또 하나의 가능성은 그가 고린도전서 6:1-11에 언급된 자, 즉 같은 교회의 지체를 세상 법정에 고소한 자일 가능성이다(Windisch, 237-39). 이러한 견해는 거의 지지를 받지 못했다(Bultmann, 62에서는 고후 2:7에 있는 개인적인 요소들이 고전 6장에는 결여되어 있다는 점을 지적한다). (3) 불의를 행한 자(여기서 단수형 아디케산토스〈*ἀδικήσαντος*〉가 사용되고, 2:7에도 단수형으로 "그와 같은 자"로 나온다는 점을 주목하라)는 바울이 고린도 교회에 대하여 고통스러운 방문("소란스러운 고린도 교회", Plummer, 225; 또한 Bruce, 218; Barrett, 212, 213)을 하고 있던 때에 그에게 면전에서 대들고 모욕했던 자였을 가능성이 가장 높다. "어떤 자"(2:5), "그러한 자"(2:6, 7, 8), "그에게"(2:10), "그 불의 행한 자"(7:12)에 대한 이러한 몇몇 언급들은 2:7-8에 비추어서 특정한 개인을 가리키는 것이기 때문에, 마치 그 단수형이 총칭적인 단수인 것처럼(Fallon, 65, 66에서 그렇게 생각한다) 바울이 "그를 대적하는 사도들 편을 들기로 작정한 고린도 교회의 여러 지체들"을 가리킨다는 견해를 지지하는 방향으로 해석되어서는 안 된다. 바울이 그 사람에게 어떠한 "불의"를 당했는지 그 상세한 내용에 대해서 우리는 전혀 알지 못한다. 그것이 무엇이었든지 간에, 바울은 체면을 잃게 되었고, "엄중한 편지"를 씀으로써 자신의 지위를 다시 회복해야 했다. 고린도 교인들의 "범죄"는 그 불의를 행한 자의 행위에 대하여 무관심한 것이었겠지만, 바울과 고린도 교회 간에는 새로운 관계가 회복될 필요가 있었다. 따라서 바울은 화해의 모범("패러다임")이다. 왜냐하면 그는 자기에게 불의를 행한 자와 관계를 회복했고, 고린도 교회도 열심으로 바울 쪽으로 돌아왔기 때문이다(Martin, *Reconciliation*, 91, 92).

(4) 불의를 행한 자가 한 개인이었다는 것은 우리가 어느 정도 확신할 수 있지만, 그가 고린도 교회의 지체였는지의 여부에 대해서는 확실히 알 수가 없다. 바렛(Barrett)은 그를 "고린도 교회에 나중에 들어와서 바울을 반대한 자"(213)라고 부른다. 또한 알로(Allo)의 견해를 요약하는 가운데 불의를 행한 자와 고린도 교인들 간의 관계에 대하여 좀더 강력한 이론을 전개하고 있는 그의 논문 "*Ο ΑΔΙΚΗΣΑΣ* (2 cor 7.12)"도 보라. 그러나 우리는 고린도 교회가 외부인의 말을 그토록 신속하게 따르려고 했을지, 또는 적어도 외부인의 견해를 용납하고자 했을지에 대해서 의문을 가질 수밖에 없다. 바렛(Barrett)의 논리를 따른다면, 우리는 그 불의를 행한 자가 고린도 회중-또는 적어도 회중의 상당 부분-을 자기 편으로 만들어서 사도에게 대항할 만큼 강력한 능력을 지닌 인물이었다고 전제하는 것이 요구된다. 그런 까닭에 바울은 지금 고린도 교회 전체가 이 일에 있어서 "죄가 없다"고 쓸 수 있었다. 바울이 그들에게 "눈물의 편지를 써 보내자" 그들은 즉시 바울 편으로 돌아왔다.

(5) 또는 우리는 다른 관점에서 바라보아서 고린도 교회는 아마도 사태의 심각성을 깨닫지 못하고서 어느 편도 들지 않았을 가능성이 있다고 말할 수도 있다. 그러나 사도는 고린도 교회의 이러한 태도를 그들이 불의를 행한 자의 편에 섰다는 것을 의미하는 것으로 받아들였다. 고린도 교회에서 바울에 대한 반대파의 범위가 어느 정도였는지는 우리에게 알려져 있지 않지만, 영향력 있는 소수가 다수에게 영향을 미쳤다고 보는 것이 합리적일 것이다. 이러한 재구성이 지닌 가치는 그것이 10-13장을 바울의 사도적 선교와 사역에 대한 훨씬 더 중대한 위협에 대한 증언으로서 독자적으로 설 수 있게 해준다는 것이다. 그것은 이 네 개의 장이 1-9장의 시나리오들 이후에 생겨난 나중의 좀더 진전된 상황에 대응하여 쓰여진 것이라고 전제하는 것이 요구된다. 그렇다면 11:4, 20에 나오는 침입자들은 2:7에 나오는 불의를 행한 자와 동일시되어서는 안 된다(Fallon을 비롯한 여러 학자들이 생각하는 것과는 달리). 이러한 구별은 분명해 보이기 때문에, 우리는 여기서 그러한 해석을 받아들이는데, 이 해석은 바렛(Barrett)의 현명한 말과 부합한다: "그것은 이 서신 전체의 의미를 잘 통하게 하는 데 도움이 된다"(loc cit. 115).

"또는 그 불의 당한 자"(*οὐδὲ ἕνεκεν τοῦ ἀδικηθέντος*-우데 헤네켄 투 아디케텐토스). 우리는 불의를 당한 자가 바울이었다고 추정했다. 몇몇 학자들(예를 들면, Filson, 361)은 여기서 불의를 당한 자는 디모데 또는 그 밖의 어떤 바울의 친구였을 것이라고 믿지만, 이 절들이 지닌 개인적인 성격은 불의를 당한 자가 이 서신을 쓴 자 이외에는 될 수 없다는 것을 보여 준다.

"오직 우리를 위한 너희의 간절함이 하나님 앞에서 너희에게 나타나게 하려 함이로다"(*ἀλλ' ἕνεκεν τοῦ φανερωθῆναι τὴν σπουδὴν ὑμῶν τὴν ὑπὲρ ἡμῶν πρὸς ὑμᾶς ἐνώπιον τοῦ θεοῦ*-알 헤네켄 투 파네로데나이 텐 스푸덴 휘몬 텐 휘페르 헤몬 프로스 휘마스 에노피온 투 데우). 바울은 불의를 행한 자나 불의를 당한 자기 자신 때문에 "엄중한 편지"를 쓴 것이 아니었다. 도리어 바울이 그 편지를 쓴 목적(헤네겐〈*ἕνεκεν*〉 뒤에 관사가 붙은 부정사의 속격 파네로데나이〈*φανερωθῆναι*〉가 나오는 것을 주목하라)은 고린도 교인들로 하여금 그들이 "사도에게 빚을 지고 있고 근본적인 충성심을 지니고 있다는 것"을 보게 하기 위한 것이었다(Barrett, 214; 또한 Goudge: "물론 이 절은 사도 바울이 그의 엄중한 편지를 쓴 목적에 대하여 말하고 있는 것이 아니라, 그 편지가 실제로 어떤 기여를 했는지, 하나님이 그 편지를 어떤 목적에 사용하셨는지에 대하여 말하고 있다," 77). 고린도 교인들에게는 사태가 얼마나 심각하게 악화되었는지를 볼 수 있도록 충격을 주는(Bruce, 219) 과감한 조치가 필요했다("그 편지의 주된 목적은 고린도 교인들로 하여금 사도를 존경하는 그들의 참된 마음의 상태를 깨닫게 하는 것이었다", Plummer, 225). 요컨대, 그 편지는 비록 고린도 교인들에게 충격을 야기시키기는 하겠지만 순전히 그들의 유익을 위한 것이었다(Denney, 258를 보라). 프로스 휘마스(*πρὸς ὑμᾶς*)는 "너희 가운데"라는 뜻을 포함할 수도 있지만 "너희에게"라는 의미를 지니는 것으로 보아야 할 것이다(Héring, 56). 이 절과 관련된 본문상의 문제들에 대해서는 "원문주해"를 보라.

그러나 우리가 고린도 교인들이 "하나님 앞에서"(*ἐνώπιον τοῦ θεοῦ*-에노피온 투 데우) 바울과 화해하고자 하는 그들의 열심(*σπουδή*-스푸데)을 깨닫게 되었다는 것을 주목하지 못한다면, 우리는 바울의 생각의 취지를 놓치게 된다. 이 어구는 강조를 위하여 문장의 끝에 두어졌다(Plummer, 225). 하나님이 고린도 교인들의 변화된 심령을 진실한 것으로 판단하셨다면, 그것은 정말로 진실한 것이다. 바울이 앞서 자기가 하나님과 사람 앞에서 전혀 거리낄 것이 없이 투명하다고 스스로의 옳음을 천명한 것을 생각해 볼 때(5:10-11), 우리는 그가 고린도 교인들이 자기와 똑같이 하도록 도움을 주었다는 것을 알게 된다. 그렇다면 바울은 이것을 어떻게 해낸 것인가? 그것은 그가 화해의 모범이 됨으로써 이루어졌다. 그는 5:18-20에서 화해를 말했고, 2:10에서 불의를 행한 자를 용서했으며, 7:12에서 고린도 교인들이 바울에 대하여 올바른 관계로 회복되었다는 것을 보여 주었다. "하나님 앞에서"

(coram Deo) 고린도 교인들은 실제로 그들 속에 하나님 및 그의 사자, 즉 바울과의 올바른 관계를 지속할 수 있게 해주는 핵심적인 것을 지니고 있었다. 플럼머(Plummer)는 하나님 앞에서의 바울의 책임감도 사도의 생각 속에 들어 있었다는 점을 지적한다. 이것은 5:10-11과 부합한다("하나님은 그가 편지를 쓴 이유와 그가 사용한 표현들에 대하여 심판하실 것이다", ibid., 226).

13 "이로 인하여 우리가 위로를 받았고"(διὰ τοῦτο παρακεκλήμεθα - 디아 투토 파레케클레메다). 이 구절 뒤에 마침표를 찍어서 이 구절을 12절에 포함시켜야 한다는 주장이 제기될 수 있다(Tasker, 107; 또한 "원문주해"를 보라). "이것"(τοῦτο - 투토)은 7:12에 언급된 고린도 교인들의 간절함을 가리키는 것 같다(참조. 7:7, 11). 고린도 교인들이 다시 바울에 대하여 열심을 보여야 한다는 소망은 실현되었다(우리는 바울을 하나님의 사자로 받아들이는 것은 사도가 생각하기에 복음의 요구들을 받아들이는 것이었음을 기억해야 한다). 바울에게 있어서 고린도 교인들의 이러한 행위는 위로(παράκλησις - 파라클레시스: 1:3-7에 대한 "주석"을 보라)의 원천이었다. 그러한 고린도 교인들의 태도는 바울에게 축복이었고 계속해서 축복이 된다(이 동사의 완료 시제 파라케클레메다〈παρακέκλημεθα, "우리가 위로를 받았다"〉를 주목하라). 위로라는 개념은 7:6의 사고를 재개하는 가운데 "수미쌍관법"을 통해서 동일한 개념을 앞뒤로 묶고 있고, 이 서신에 대한 바울의 서론적인 언급(1:3-7)을 반영하고 있다.

"우리가 받은 위로 위에"(Ἐπὶ δὲ τῇ παρακήσει ἡμῶν - 에피 데 테 파라케세이 헤몬). 이 문장은 새로운 단락의 시작으로서 앞에 나온 절들(6-7절)을 개관하면서 사건들의 경과를 좀더 깊이 있게 설명한다. 바울은 자신이 고린도 교인들의 "회개"로 인해서 기뻐했다는 점을 분명히 했다(7:7, 9-12). 이 위로와 관련해서 바울은 단지 자기 자신만을 생각하고 있었던 것은 아니었다. 7:6에 나와 있듯이, 바울은 디도와 그가 가져온 소식 둘 다에 의해서 위로를 얻었다. 다시 한 번 사도는 이러한 사고로 되돌아간다. 데(δέ, Plummer, 226)가 있기 때문에, 헬라어 본문에서 그 이후에 나오는 구절을 앞에 나온 구절과 연결시키고자 하는 시도는 기각된다(KJV/AV는 "너희의 위로로"로 번역하고 있음을 주목하라). KJV/AV의 번역을 따른다면, 이 절은 "우리는 너희의 위로 속에서 위로를 받았다"로 해석된다. 이러한 읽기는 문맥과 부합하지 않는다("원문주해"를 보라).

여격과 함께 사용된 에피(ἐπί)의 통상적인 의미는 "위에" 또는 "…에"이지만, 이 전치사는 7:13에서는 다른 의미를 지닌다. 그것은 "…에 더하여"(Tasker, 107) 또는 "…위에"(Plummer, 226; Bultmann, 63, *ausser*)로 번역하는 것이 더 낫다. 이것은 이후에 나오는 내용을 통해서 확인된다(참조. H. E. Dana and J. R. Mantey, *A Manual of Grammar of the Greek New Testament*[Toronto: Macmillan, 1955] 107). 바울은 여기서 고린도 교인들의 회개에 대한 디도의 반응을 통하여 자기가 얻게 된 기쁨에 대하여 말하고 있다. 바울에게 있어서 디도의 기쁨은 그가 기뻐할 이유였다("우정은 기쁨을 배가시킨다", Bacon). "디도가 받은 위로가 바울의 위로의 토대가 되었던 것과 마찬가지로, 디도의 기쁨은 바울의 기쁨의 근거가 되었다"(Bultmann, 63).

"디도의 기쁨으로 우리가 더욱 많이 기뻐함은"(*περισσοτέρως μᾶλλον ἐχάρημεν ἐπὶ τῇ χαρᾷ Τίτου*－페리쏘테로스 말론 에카레멘 에피 테 카라 티투). 디도가 기뻐한 것은 바울의 기쁨의 추가적인 이유가 되었다. 바울은 디도의 기쁨이 얼마나 자신의 기쁨을 더 크게 만들었는지를 보여 주는 데 관심을 가졌기 때문에, 여기서 여러 가지 말들을 중첩적으로 사용하는 구문을 우리에게 보여 준다. 그는 군더더기 말인 말론(*μᾶλλον*)을 추가함으로써 비교급의 페리쏘테로스(*περισσοτέρως*, 원형은 "정도를 넘어서"를 의미하는 페리쏘스⟨*περισσῶς*⟩)를 더욱 강화시킨다. 이 두 단어가 결합됨으로써 그것은 우리에게 "훨씬 더"라는 의미를 전달해 준다(BGD, 651; BDF § 60.3, § 246). 이것은 독특한 구문은 아니다. 왜냐하면 우리는 이와 비슷한 예들을 마가복음(7:36)과 바울 서신(빌 1:23)에서 찾아볼 수 있기 때문이다. 또한 이것은 고전 헬라어에서도 발견되는 구문이다(Plummer, 226; Hughes, 278, n. 21을 보라). 몇 개의 비교급들을 중첩적으로 사용한 것은 비교를 더욱 강화시키기 위한 것이다.

앞으로 보게 되겠지만, 디도의 기쁨 속에는 표면상으로 보이는 것보다 더 많은 것이 내포되어 있을 수 있다. 물론 디도가 기뻐한 것은 그가 고린도 교회로부터 좋은 소식을 받았다는 것을 의미하는 것이다. 또한 디도의 기쁨은 그 자체로 바울의 기쁨의 또 하나의 원인이기도 했다. 그러나 우리는 과연 디도가 처음부터 고린도 교인들이 어떤 식으로든 변화를 보일지에 대하여 의심하고 있었는지에 대해서 의구심을 갖게 된다(Filson 361, 62와 마찬가지로). (결국 앞서 고린도 교인들이 디모데를 대한 것은 디도 또는 바울의 심령을 고양시키는 데 아무런 역할도 하지 못했을 것이다.) 디도 편에서 어떤 의심이 있었다면, 그것은 그로 하여금 그 일이 훨씬 더 어렵다는 것을 확신하게 만들었을 것이다. 그러나 실제로 디도는 고린도 교인들이 바뀔 것임을 확신했다면, 바울은 디도의 행복한 경험을 환영할 만한 이중적인 이유를 가지고 있는 것이 된다. 바울은 디도가 힘을 얻었다는 것에 대하여 안도했을 뿐만 아니라(아래에 나오는 설명을 보라), 실제로 고린도 교인들에게 일어난 변화가 깊고 견고하다는 것을 확인할 수 있었다. 그것은 하루 아침에 없어져 버릴 그런 것이 아니었다. 하지만 10-13장이 순서상으로 나중에 쓰여진 것이라면, 우리는 고린도 교인들의 변화를 보고 디도가 기뻐한 것이 과연 확고하고 지속적인 것이었는지에 대하여 의문을 제기할 수밖에 없다. 디도가 기뻐한 이유는 두 가지를 내포한 이중석인 토대였고, 바울은 그 토대 위에서 글을 쓸 수 있었다. 우리가 살펴보고 있는 구절 속에서 에피(ἐπί, "…에")가 좀더 통상적인 용법으로 사용되고 있는 것에 주목하라. 이 전치사는 여기서 준거의 여격으로 사용되고 있다.

"그의 마음이 너희 무리를 인하여 안심함을 얻었음이니라"(ὅτι ἀναπέπαυται τὸ πνεῦμα αὐτοῦ ἀπὸ πάντων ὑμῶν-호티 아나페파우타이 토 프뉴마 아우투 아포 판톤 휘몬). 바울은 디도가 왜 기뻐했고 또한 지금도 기뻐하고 있는지를 설명한다. 우리는 호티(ὅτι, "왜냐하면")가 이유를 나타내는 용법으로 사용된 것 속에서 그러한 설명을 본다. 또는 호티(ὅτι)가 이끄는 절은 에카레멘(ἐχάρημεν, "우리가 기뻐했다")의 목적어일 수도 있다. 디도는 고린도 교인들의 긍정적인 태도로 인하여 기뻐하고 있다. 바울이 보기에 그들의 마음의 변화에 대한 디도의 반응은 그의 심령이 힘을 얻은 것이었다. 여기서 우리는 또다시 프뉴마(πνεῦμα)의 "비신학적인"(Barrett, 214) 용법을 본다(참조. 2:13; 7:1). 아나페파우타이(ἀναπέπαυται)의 배후에 있는 개념은 "안식" 또는 "새로운 힘을 얻음"이라는 개념이다(BGD, 58, 59; 우리는 고전 16:18에서 바울의 심령과 관련해서 동일한 개념이 사용되고 있는 것을 본다; 또한 토 프뉴마〈τὸ πνεῦμα〉 대신에 타 스플랑크나〈τὰ σπλάγχνα〉가 사용되고 있는 몬 1:7, 20을 참조하라; 유대적 배경에 대해서는 Str-B 3:486를 보라). 아마도 디도가 갖게 되었던 것은 목회적인 관심의 짐으로부터의 지속적인 중지라기보다는 어려운 상황을 넘기고 나서 일시적으로 휴식을 취하게 된 것이었을 것이다("평화와는 구별되는 휴전", Plummer, 226). 이것은 아나파우에인(ἀναπαύειν)과 파우에인(παύειν, "멈추다", "안심하다", BGD, 638; 참조. 마 11:28, 29; 벧전 3:10) 간의 차이 속에서 볼 수 있는 것 같다. 우리가 적어도 말할 수 있는 것은, 바울이 완료 시제를 사용하고 있는 것은 디도가 여전히 휴식의 상태에 있었다는 것을 의미할 가능성이 높다는 것이다(Hughes, 279, n. 22). 그러나 우리는 플럼머(Plummer)의 결론이 옳다면 아마도 고린도 교회의 상황은 여전히 개선되어야 했다는 것을 지적하지 않을 수 없다.

우리는 아포(ἀπό) 대신에 휘포(ὑπό, "…에 의해서")가 나왔어야 했다고 생각할 수 있다(참조. 마 16:21; 눅 7:35; 17:25; 약 1:13). 그러나 이 전치사는 " 때문에" (BDF §§ 113, 210.2)라는 개념을 지니기 때문에 용어가 바뀌었다고 해도 이유를 나타내는 것은 계속된다. 디도는 고린도 교인들이 바울과 관련하여 결단한 것으로 인하여 기뻐하고 있었다.

이러한 결단을 통해서, 우리는 고린도 교회의 대다수가 바울의 배후에 있었다는 것을 알 수 있다. 우리는 불의를 행한 자에 대한 징벌에 찬성한 자가 고린도 교회의 지체 전체가 아니라 단지 "상당수"(οἱ πλείονες-호이 플레이오네스, Windisch, 86)였다는 점에 비추어 볼 때(2:6을 보라) 고린도 교회의 "모든 자"가 바울의 배후에 있었다고 말할 수는 없다. 그렇지만 요지는 분명하다: 이전에는 불화 또는 적어도 무기력이 존재했던 곳에 이제는 하나됨이 지배하고 있다는 것이다. 7:13에서 바울은 "너희 무리를 인하여"(ἀπὸ πάντων ὑμῶν-아포 판톤 휘몬)라는 표현을 사용한다. 또한 우리는 15절에서도 "모든 사람들"이라는 표현을 볼 수 있다(πάντων ὑμῶν-판톤 휘몬; 참조. 2:5, πάντας ὑμᾶς-판타스 휘마스). 마찬가지로, "모든 것"(πάντα-판타)이라는 어구가 7:14에 나온다. 이것은 우리에게 이 절에서 하나됨의 모티프가 강조되고 있다고 말할 수 있게 해주는 충분한 근거를 제공해 준다(고린도 교회에서의 이러한 하나됨의 요소를 1-9장과 10-13장의 문학적 통일성에 의문을 제기하는 근거로 삼고 있는 Filson, 362를 보라; 그러나 우리가 앞에서 지적했듯이 Barrett의 주장이 더 낫다). 고린도 교회는 디도에게 응답했고, 이러한 하나됨의 표현은 바울에 대한 충성심을 보여 주는 확실한 증표였다. 이것은 중요한 것이었다. 왜냐하면 바울은 곧 고린도 교인들에게 성도들을 위한 연보를 모으는 일에 더욱 박차를 가함으로써 그가 그들을 자랑할 수 있는 추가적인 근거들을 보여 달라고 요청할 것이었기 때문이다(8:24; 9:3).

14 "내가 그에게 너희를 위하여 자랑한 것이 있더라도 부끄럽지 아니하니"(ὅτι εἴ τι αὐτῷ ὑπὲρ ὑμῶν κεκαύχημαι, οὐ κατῃσχύνθην-호티 에이 티 아우토 휘페르 휘몬 케카우케마이, 우 카테스퀸덴). 바울은 디도의 기쁨이 자신에게 왜 그토록 중요했는지 그 이유를 추가적으로 설명한다. 디도가 가져온 소식이 긍정적인 것이었기 때문에 바울은 기분이 좋았을 것임에 틀림없다. 게다가 자신의 동역자인 디도가 기뻐했기 때문에, 바울은 기뻐해야 할 이유가 배가되었다. 그러나 이러한 승리는 중요한 것이긴 했지만, 고린도 교회와 바울의 관계가 회복된 결과를 낳았기 때문에 그것은 단순한 승리 이상의 것이었다. 바울은 고린도 교인들에 대하여 디도에게 호

언장담을 했었다. 요컨대, 속으로는 염려가 되었음에도 불구하고 바울은 디도에게 모든 것이 잘될 것이라고 자랑했었는데, 이것은 그 당시로 보아서는 적어도 대담한 시도였다.

에이(*εἴ*, 종종 "…이면")는 여기서 조건을 나타내는 접속사가 아니라 관계사로 사용되었다(Tasker, 108: Barrett, 214에서는 이 구절을 "내가 너희에 대하여 그에게 자랑한 것이 있었다면"이라고 문자 그대로 직역한다. 이 구절은 헬라어에서 좋은 구문으로 불려 왔다. 또한 K. Beyer, *Semitische Syntax im Neuen Testament I*, 1[Göttingen: Vandenhoeck & Ruprecht, 1962] 81, 228를 보라). 분명히 바울은 디도에게 고린도 교인들에 대하여 자랑했었다(*κεκαύχημαι*－케카우케마이: 자랑하다〈*καύχησις*－카우케시스〉라는 개념은 고린도후서에 30번 가량 나오는데, 이것은 바울의 다른 진정한 서신들에 나오는 것을 모두 합한 것보다 더 많은 숫자다: 앞에서의 설명을 보라). 완료형이 사용된 것은 과거의 행위가 현재에 있어서도 여전히 효력을 발휘하고 있다는 것을 강조하기 위한 바울의 시도일 것이다. 고린도 교회의 상황이 암담했음에도 불구하고, 바울은 "엄중한 편지"를 보내기 전에 모든 것이 잘될 것이라고 디도에게 장담함으로써 낭패를 당할 수 있는 모험을 한 것이었다. 티(*τι*, "어떤 것")가 사용된 것은 디도가 "엄중한 편지"를 지니고서 떠난 시점에 바울이 고린도 교인들에 대하여 자랑할 수 있었던 것이 많지 않았다는 것을 그들에게 "은연중에" 상기시키기 위한 것일 수 있다(Filson, 362). 하지만 거의 대부분의 경우에 어떤 것에 마음을 쓰는 자들은 상황이 허락하는 것보다 더 많은 소망을 말하는 법이다. 바울은 자기 자신과 디도를 위하여 그렇게 했다. 디도는 자기가 고린도 교회에 바울의 사자로 가는 것에 대하여 염려하고 있었을 것이다. 왜냐하면 그는 자신의 동역자들, 즉 바울과 디모데가 그들에게서 받은 수모를 자신도 똑같이 받기를 원하지 않았을 것이기 때문이다. 우리는 디도가 어느 정도의 의구심을 품고 있었는지에 관하여 외부에서 바라볼 수밖에 없지만, 바울이 디도보다 고린도 교인들에 대하여 더 큰 확신을 가지고 있었다는 것을 본문을 통해서 확인할 수 있다.

바울의 확신은 헛되지 않았다. 그는 수치나 낭패를 당하지 않았고(*κατῃσχύνθην*－카테스퀸덴, 카타스퀴네인〈*καταισχύνειν*〉의 단순과거 수동형), 불트만(Bultmann, 63)이 지적하듯이 고린도 교회에서의 그의 사역은 무너지지 않았는데, 이것은 빌립보서 1:20(*ἐν οὐδενὶ αἰσχυνθήσομαι*－엔 우데니 아이스퀸데소마이, "내가 아무 일에든지 부끄럽지 아니하고")과 병행되는 개념이다. 이 단어는 굴욕 또는 멸시받음이라는 개념을 지니는 것이었다(고전 11:22). 고린도전서 11:4-5에서는 망신이라는 개념도 볼 수 있다. 바울은 많은 위험을 무릅쓰긴 했지만 훨씬 더 많은 것으로 보상을 받게 되었다. 그는 고린도 교인들에 "대하여" 자랑했었다. 이 전치사(*ὑπέρ* -휘페르)는 "관하여, 대하여"가 아니라 "위하여"라는 의미에 더 가깝다(즉 좀더 흔히 사용되는 페리〈*περί*〉 대신에 휘페르〈*ὑπέρ*〉가 사용된 것에 대해서는 BFD, § 231를 보라). 요컨대, 바울은 고린도 교인들과 자신의 관계에서 항상 특징이 되고 있었던 솔직함으로 디도에게 그 사실을 이야기했었다는 것이다(Héring). 이 절에 나오는 카우케시스(*καύχησις*, 원형은 카우카스다이〈*καυχᾶσθαι*〉)를 사용해서 1:12-14에서 반박된 주장을 보라. "우리가 너희에게 이른 말이 다 참된 것같이"(*ἀλλ' ὡς πάντα ἐν ἀληθείᾳ ἐλαλήσαμεν ὑμῖν*-알 호스 판타 엔 알레데이아 엘랄레사멘 휘민). 바울은 자기에게 명백한 것을 다시 반복해서 말한다. 자기가 하는 말은 참되다(Hughes, 279). 알라(*ἀλλά*)를 사용하고 있는 것은 "반대로"라는 의미를 전달해준다(Plummer, 227). 바울이 디도에게 자랑했던 것은 바울에게 수치를 안겨 주기는커녕 참되다는 것이 밝혀졌다. 고린도 교인들은 바울과 화해하고자 했다. 그는 그들에게 "참되게"(*ἐν ἀληθεία*-엔 알레데이아) 말했었다. 여기서 바울은 틀림없이 그의 신뢰성과 신빙성에 대하여 의문을 제기했던 자신의 대적자들을 향하여 일격을 가하고 있다(1:13f., 15-23). 바울은 13:8에서 말하고 있듯이 진리, 즉 사도적 메시지에 의해서 제약을 받는다(4:2). 따라서 결국 쟁점이 되고 있는 것은 고린도 교회에서의 바울의 사도적인 지위와 그의 케리그마의 성격에 관한 것이다.

"디도 앞에서 우리의 자랑한 것도 참되게 되었도다"(*οὕτως καὶ ἡ καύχησις ἡμῶν ἡ ἐπὶ Τίτου ἀλήθεια ἐγενήθη*-후토스 카이 헤 카우케시스 헤몬 헤 에피 티투 알레데이아 에게네데). 이 구절은 바울의 말이 참되다는 것에 대한 주제를 계속 이어간다. 바울은 디도에게 고린도 교인들의 결백함에 대하여 자랑했다. 그것은 사실로 증명되었다. 왜냐하면 디도는 고린도 교인들의 태도에 대하여 아주 기뻐했고, 연보를 모으기 위해서 기꺼이 다시 갈 채비를 하고 있었기 때문이다(8:16-17).

에피 티투(*ἐπὶ Τίτου*, "디도 앞에서")가 사용된 것은 바울의 이러한 낙관적인 말이 디도 "앞에서" 행해졌다는 것을 강조하는 것이다(BDF § 234). 마가복음 13:9에서 이와 비슷한 용법이 사용되고 있는 것을 보라("너희가 관장들과 임금들 앞에 서리니…"; 우리는 여기서 라틴어 coram의 개념을 coram Deo에서와 마찬가지로 볼 수 있다: 12절에 대한 설명을 보라: 또한 참조. 행 25:9; 고전 6:1). 디도는 바울의 자랑이 옳다는 것을 "판단해야" 했다(M. Zerwick and M. Grosvenor, *A Grammatical Analysis of the Greek New Testament*, II[Rome: Biblical Institute Press, 1979]

549). 그리고 바울의 말에 대하여 판단하기 위해서는 고린도 교회의 상황을 직접 가서 보는 것보다 더 좋은 방법이 어디 있겠는가? 바울은 고린도 교인들을 위하여 많은 위험을 무릅썼다. 분명히 디도는 결국 고린도 교인들에 대하여 확신을 가지게 되었다. 왜냐하면 그는 고린도 교회에 갔을 때 연보를 모으는 일을 시작했기 때문이다(8:6). 따라서 디도가 고린도 교회에 머무는 동안에 새로운 반란이 일어나고 있었을 가능성은 없어 보인다. 왜냐하면 우리는 고린도 교회에서 부정적인 감정이 많이 걷힌 후가 아니라면 실제로 돈이 결부되어 있는 긍정적인 일을 하기가 그렇게 쉽지 않았을 것이라고 생각할 수 있기 때문이다(Barrett, 215).

15 "저가 너희를 향하여 그의 심정이 더욱 깊었으니"(*Καὶ τὰ σπλάγχνα αὐτοῦ περισσοτέρως εἰς ὑμᾶς*-카이 타 스플랑크나 아우투 페리쏘테로스 에이스 휘마스). 고린도 교인들이 지금 이 시점에서 고린도후서를 읽으면서 행복해 했을 것이라고 보는 것은 전혀 이상한 일이 아닐 것이다. 나아가서, 바울은 디도의 감정(바울은 여기에 자기 자신의 감정도 포함되어 있는 것으로 해석한다)을 자세히 이야기함으로써 고린도 교인들의 행동이 시기적절했다는 관점에서 그들을 칭찬한다. 디도의 스플랑크나(*σπλάγχνα*, "애정", "심정," 직역하면 "내장": H.-H Esser, NIDNTT 2: 600를 보라: 6:12에서처럼 "이 명사는 전인적인 사랑을 가리킨다")는 고린도 교인들이 그를 환대해 준 것으로 인하여 그들에게 나아갔다(아래의 설명을 보라). 바울이 페리쏘테로스(*περισσοτέρως*, 직역하면 "한층 더", "특별히")를 사용한 의도가 무엇인지를 놓고 의문이 제기된다. 7:13에서는 여기에 말론(*μᾶλλον*)이 추가되어서 "훨씬 더"라는 의미로 사용되고 있다. 문제는 이 부사가 비교급의 의미로 사용되고 있는 것인지, 아니면 최상급의 의미로 사용되어서 "가장"이라는 의미를 지니는지에 관한 것이다. 신약 시대에는 최상급은 비교급을 통해서 표현되고 있었다(BDF § 60). 그럼에도 불구하고, 우리는 디도가 좋은 결과를 낳은 방문 이전에도 고린도 교회를 방문한 적이 있었다는 것을 바울이 암시하고 있는 것은 아닌지를 묻지 않을 수 없다. 휴즈(Hughes)는 디도가 지금은 없어져 버린 서신(고전 5:9)을 고린도 교회에 전하기 위하여 보냄을 받은 형제들 중의 한 사람으로서(고전 16:11에 언급된 형제들) 고린도 교회를 방문한 적이 있었다고 추정한다(293, 294). 이러한 재구성은 고린도 교인들을 향한 디도의 사랑이 그의 두 번째 방문 후에 "더욱" 커졌다는 것을 보여 준다(KJV/AV). 몇몇 해석자들(예를 들면, Hughes, 280)은 페리쏘테로스(*περισσοτέρως*)에 최상급의 의미를 보충해 넣어서, 이 구절을 "그가 너희를 향하여 가장 풍성한 애정을 느끼고 있다"로 해석한다. 플럼머(Plummer)는 이 용어는

단지 디도가 고린도 교인들에 대하여 애정을 보였다는 것을 비교의 의미 없이 서술하고 있는 것이라고 주장한다(227). 그렇게 본다면, 이 구절은 디도가 고린도 교인들에 대하여 "매우 풍성하게" 애정을 보였다는 뜻을 지니게 된다. 구문론상의 관점에서는 어떤 식으로 결정이 나든, 그런 것과는 상관없이 디도는 고린도 교인들이 바울의 사자인 자신을 진심으로 환대해 준 것에 대하여 마음속으로 그들을 향한 따뜻한 애정을 품게 되었다.

"저가 너희 모든 사람들이 순종한 것을 생각하고"(*ἀναμιμνῃσκομένου τὴν πάντων ὑμῶν ὑπακοήν*–아나밈네스코메누 텐 판톤 휘몬 휘파코엔). 바울에 대한 헌신을 보여 주는 진정한 시금석은 "순종"인데, 이것은 복음의 메시지와 그의 사도적 사역에 대한 사람들의 반응과 관련하여 그가 즐겨 사용하던 표현이다. 바울의 이 표현들 속에서 우리는 처음으로 고린도 교인들이 디도를 어떻게 대했는지에 대한 구체적인 설명을 보게 된다. 7:6, 13에서 바울은 디도가 어떻게 안심하고 새 힘을 얻었으며 고린도 교인들이 변화되었다는 것을 확신하게 되었는지를 말했었다. 7:15에서 바울은 계속해서 바울의 입장과 디도의 입장이라는 측면에서 실제로 모든 일들이 디도에게 잘 되었다고 말한다. 요컨대, 디도는 고린도 교인들이 자기를 따뜻하게 환대해 준 것을 상기시킴으로써(*ἀναμιμνῃσκομένου*–아나밈네스코메누) 바울에 대한 그들의 호의적인 태도를 더욱 부각시켰다. 이것은 15절의 마지막 구절에서 특히 잘 나타나지만, 우리는 고린도 교인들의 순종(*τὴν πάντων ὑμῶν ὑπακοήν*–텐 판톤 휘몬 휘파코엔)에 의해서 디도가 받은 인상을 간과해서는 안 된다. 플럼머(Plummer)는 디도가 고린도 교인들에게 구체적인 요구들을 했었고, 이러한 요구들은 고린도 교인들 전체에 의해서 순순히 받아들여졌었다고 믿는다(228). 그러한 "요구들"이 바울의 명령이라는 형태로 제시된 것이었는지, 아니면 단순히 디도 자신에 의한 것이었는지는 분명하지 않다. 분명한 것은 디도가 바울과 하나님의 사자로 인정 받았기 때문에 고린도 교인들은 마치 바울을 대하듯이(2:9) 디도를 정중히 대우하고 순종했다는 것이다. 이것은 중요했다. 왜냐하면 디도는 고린도 교인들을 상대로 장차 할 일이 있었기 때문이다(8:6, 16, 17; Bruce, 219). 아마도 고린도 교인들이 연보와 관련된 디도의 지시에 대하여 긍정적인 반응을 보인 것은 그러한 순종의 일부였을 것이다. 디도는 고린도 교인들의 태도에 의해서 깊은 감명을 받았기 때문에, 스스로 추후의 방문을 자원하고 나섰다(8:17). 그러나 곧 보게 되겠지만, 고린도 교인들이 디도를 영접한 것에는 또 다른 차원이 내포되어 있었다(Denney, 258-61를 보라).

“두려워하고 떪으로 자기를 영접하여”(*ὡς μετὰ φόβου καὶ τρόμου ἐδέξασθε αὐτόν*－호스 메타 포부 카이 트로무 에덱사스데 아우톤). 여기서 호스(*ὡς*)는 그 가장 통상적인 의미인 “…함에 따라”로 해석될 수 있지만, 헤링(Héring)은 이 단어가 원인의 의미를 지니는 것으로 본다(“때문에”, 57). 이러한 해석이 전혀 불가능한 것은 아니다(참조. 마 6:12; BDF § 453; 또한 Windisch, 241). 하지만 이 단어는 부연 설명을 이끄는 것으로 보는 것이 더 좋다(T. Muraoka, “The use of *ΩΣ* in the Greek Bible,” *NovT* 7(1964) 61).

메타 포부 카이 트로무(*μετὰ φόβου καὶ τρόμου*, “두려워하고 떪으로”)라는 어구는 바울적인 표현이다: 그러나 바울은 이사야 19:16로부터 이 표현을 가져왔을 수도 있다. 우리는 신약의 다른 기자들에게서는 이 어구를 전혀 발견할 수 없다(고전 2:3; 빌 2:12; 참조. 엡 6:5). 이 어구는 어떤 사람에게 요구되는 의무에 대한 염려를 반영하고 있는 것으로 보인다. 그러나 이 어구는 “안절부절 못하고 공포에 떠는 것”이라는 의미를 지니는 것이 아니라, 우리에게 요구되는 모든 것을 다하지 못할까 봐 염려하고 열심을 다하는 모습”(Hodge, 190)을 나타낸다. 필슨(Filson)은 디도가 도착하기 전에 이미 고린도 교인들의 양심 속에서는 죄책감이 작동하기 시작했던 것이라고 주장한다(303). 따라서 그들은 디도가 도착하기 전에 이미 바울에게 그들의 마음을 열었을 것이다. 또는 “엄중한 편지”가 디도보다 앞서 도착한 것이라면, 바울의 책망이 그들의 마음을 무겁게 했을 수도 있다. 어떤 경우이든, 고린도 교인들은 “두려워하고 떪으로”(빌립보서) 누군가(아마도 바울)가 오기를 기다리고 있었기 때문에, 그들은 그들의 교회를 세운 자에게 변화된 마음을 나타내 보일 수 있었다. 아마도 이 절은 7:11에서 설명된 고린도 교인들의 놀란 심정을 반영하고 있는 것 같다(Bruce, 219).

슈트라한(Strachan)은 “두려워하고 떪”이 디도를 향한 것이 아니었다는 것을 의미하는 쪽으로 이 구절을 해석함으로써 이 구절의 의미를 흥미롭게 비틀고 있다(129). 그러나 15절의 첫 부분에 나오는 구절에 비추어 볼 때 그렇게 말하는 것은 이상해 보인다. 사실 디도는 고린도 교인들이 지닌 사랑의 많은 부분이 바울을 향한 것임을 느끼고 있었을 것이다. 그러나 그들의 애정 속에 디도가 배제되어 있었다고 해석하는 것은 그가 그러한 애정을 자기 자신도 포함시킨 것으로 해석했다는 사실을 간과하는 것이다. 또한 고린도 교인들이 디도를 따뜻하게 환대했다는 것은 당시에 교회 내에 바울에 대한 반감이 존재했다는 주장을 거의 완전히 배제시킨다. 적어도 바울이 보낸 엄중한 편지가 그 효력을 발생한 후에도 “완강하게 고집을 부리는 소수가 있었다면"(Barrett, 215) 디도가 환영을 받았다는 것(*δέξασθαι*–덱사스다이: 이 동사에 대해서는 6:1을 참조하라)은 거의 의미가 통하지 않게 된다.

16 "내가 너희를 인하여 범사에 담대한고로 기뻐하노라"(*χαίρω ὅτι ἐν παντὶ θαρρῶ ἐν ὑμῖν*–카이로 호티 엔 판티 다르로 엔 휘민). 이 절은 7:4의 내용을 반복함으로써 수미쌍관법적 구조를 완성한다. 무엇보다도 바울은 고린도 교인들이 자기가 전한 말씀과 자기가 행하는 선교 사명을 이해했다는 것에 대하여 만족한다(Barrett, 215). 호티(*ὅτι*)는 "…하기 때문에"(RSV, Filson 363) 또는 "…것을"(KJV/AV)을 의미할 수 있다. 어느 쪽을 택하든 의미상의 차이는 거의 없는 것으로 보인다(Plummer, 228). 다르로(*θαρρῶ*, 원형은 다르레인〈*θαρρεῖν*, "담대함, 확신을 갖다"〉; "완전한 확신," Bruce, 219, RSV; "온전한 확신," NIV, NEB)는 5:6, 8; 10:1, 2에서도 사용되고 있다. 이 후자의 절은 대조법을 보여 주는데, 바울은 대적자들이 그에 대하여 말한 것, 즉 그가 "오만하다"–여기서 이 동사는 부정적인 의미를 지닌다–는 말을 인용하고 있음이 분명하다(또한 10:1-2에 대한 "주석"을 보라). 우리는 다르로(*θαρρῶ*)를 "내가 담력을 지니고 있다"를 의미하는 것으로 이해하는 쪽을 택할 수 있지만(*παρρησία*–파르레시아, 5:6, 8을 토대로 해서), 16절의 문맥은 어떤 사람을 의지할 수 있다거나(BGD, 352) 그 편지가 고린도 교회의 태도를 바꾸어 놓았다는(Bultmann, 64) 확신을 가질 수 있다(Tasker, 108)는 개념을 시사해 준다.

디도의 증언에 비추어서, 바울은 지금 고린도 교인들에 대하여 확신을 갖고 있는 것이다. 그들은 바울이 기대한 대로 변화되었다. 바울은 그들의 현재의 진지함에 대해서만이 아니라 장래에 그들에게 요구되는 행위에 대해서도 그들을 신뢰하고 있다. 바울은 이제 연보라는 주제에 대하여 쓸 것이었다. 상황이 변했기 때문에 바울은 그들에 대하여 "신뢰"를 가질 수 있었다. 담대함 또는 신뢰를 가리키는 이 단어는 고린도 교회에서 오해를 불러일으켜서, 나중에 10:1에서 그의 원수들이 바울을 공격할 수 있는 빌미가 되었을 수 있다–거기서 그들은 분명히 바울을 공격하기 위해서 이 용어를 인용한다. 엔 휘민(*ἐν ὑμῖν*, "너희를 인하여")이라는 어구는 다른 곳에서 발견되는 엔(*ἐν*)에 대한 바울의 용법과 비견될 수 있다(갈 1:24; 4:20; 빌 1:30; 또한 E. Lohmeyer, *Kyrios Jesus: Eine Untersuchung zur* Phil 2, 5-11, SHAW 4〈Heidelberg: Winter, 1928, 1961〉 13이 빌 2:5에 나오는 이 단어의 용법을 히브리어 베〈ב〉에 해당하는 전형적인 의미로 보는 것을 참조하라; *ʾAbot* 3:7). 그러나 불트만(Bultmann, 64)은 엔 휘민(*ἐν ὑμῖν*)이 10:1에 나오는 에이스 휘마스(*εἰς ὑμᾶς*)와 동일한 것으로 본다. 바울의 담대함은 그들 안에 놓여 있다("너희와 관련해서", Hughes, 282, n. 25). 플럼머(Plummer, 288)가 쓰고 있듯이, "그들의 과거의 선한 행위들과 현재의 충성심은 바울에게 이 문제(연보)를 그들에게 강권할 수 있는 담대함을 주었다." 그러므로 이러한 "패러다임"은 그들이 9:2에서처럼 연보를 기꺼이 재개하고자 한다는 것이 될 것이다.

따라서 7:16은 이행문이라는 관점에서 이해될 수 있다. 앞에 나온 절들은 고린도 교인들에 대한 신뢰를 바울이 회복했다는 것에 대하여 서술해 왔다(7:4-16). 8-9장에서 이어지는 내용은 고린도 교인들이 그러한 신뢰를 실천적으로 보여 줄 기회에 관한 것이다. 휴즈(Hughes)가 7:16을 "완전한 이행문"으로 규정한 것은 옳을 수도 있지만, 그가 "이 절(7:16)은 미묘한 중심축으로서 이 축을 중심으로 해서 이 서신 전체가 움직인다"(282)고 말한 것은 너무 거창하고 단순화된 발언이다.

## 해설

바울은 이미 디도가 고린도 교인들을 방문한 결과에 대하여 알고 있지만, 그럼에도 불구하고 그들을 위하여 그가 그 소식을 알게 된 정황을 자세하게 이야기한다. 우리가 살펴보고 있는 단락 속에서 바울은 고린도 교인들의 마음을 온전히 얻기 위한 자신의 호소를 끝낸다. 그는 그들에게 자신이 그들 중 어느 누구에게도 해가 될 만한 일을 한 적이 없었다는 것을 상기시킨다. 그리고 그들에게 그것을 상기시키면서 그는 재빨리 자신이 그들에 대하여 신뢰하고 있다는 것을 말한다. 이러한 신뢰는 그들이 그의 책망을 받아들이고서 그의 편으로 돌아온 결과다.

이러한 화해의 핵심이 간과되어서는 안 된다. 바울은 저 미묘한 관계를 다시 회복시키기 위하여 위험을 무릅쓰고 주도적으로 애를 썼다. 이것은 그가 "눈물의 편지"를 쓴 것과 그 편지가 고린도 회중에게 어떤 결과를 가져왔는지를 보고하도록 가까운 친구를 거기로 보낸 것에서 드러난다. 요컨대, 바울은 이러한 결과들에 대하여 안도하고 새로운 힘을 얻게 되었기 때문에, 얼마나 중요한 일이 일어났는지를 보여 주기 위해서 과거를 회고하고 있는 것이다. 바울이 자신의 노력의 결과를 묘사하는 데 사용하고 있는 단어는 "기쁨"이다. 바클레이(Barclay)는 우리의 현재의 단락 속에서 세 가지의 큰 기쁨들을 찾아 낸다(*The Letters to the Corinthians*, 226). 그 세 가지 기쁨은 다음과 같은 것들이다. (1) 화해의 기쁨, (2) 어떤 사람에 대한 믿음과 신뢰가 옳았다는 것을 확인하는 기쁨, (3) 어떤 사람이 사랑으로 영접 받고 잘 대우 받은 것을 보는 기쁨. 본질적으로 이 단락에 나오는 15개의 절들은 바울이 쓴 것들 중에서 가장 기쁜 일들 중의 몇몇을 포함하고 있다.

두 당사자 간의 관계가 회복될 때, 즉 첫째로는 한 개인과 하나님의 관계, 둘째로는 두 집단 간의 관계가 회복될 때, 거기에는 하나님의 능력이 최고로 나타난 것이다. 우리는 헤스터 호킨스(Hester Hawkins)가 부모님의 금혼식을 위하여 지은 시의 한 연 속에서 그러한 면모를 찾아볼 수 있다.

하지만 오직 슬픔만이 남아 있는 듯이 보이는 그 곳에서도
당신의 사랑은 결코 우리를 떠나지 않았네.
서로에게 준 도움은
당신에게서 온 힘이었다네.

바울에게 있어서 회복된 관계는 새로운 시작이었다. 한 개인이 바울을 반대했었지만, 고린도 교회의 상황은 이제 상당한 정도로 밝아져 있었다. 이것을 염두에 두고서 바울은 마게도냐에서 그의 지평을 확장하는 일을 계속해 나간다. 바울은 고린도 교회의 충성심—이것은 나중에 더 큰 환난이 닥쳤을 때 시험을 받아야 했지만(10-13장)—을 의지할 수 있었고, 1년 전에 시작한 연보를 모으는 일을 마무리하는 작업을 계속해 갈 수 있었다(8:10-12). 이 일은 디도에 의해서 실행될 것이었다.

바울은 디도가 가져온 좋은 소식을 말하는 것에 앞서서 한참 동안 다른 이야기를 했었지만(2:14-7:4), 이렇게 자신의 사도직에 대한 긴 변호를 하느라 시간이 지체되었다고 해서 우리가 지금 살펴보고 있는 단락이 지닌 상기된 어조가 누그러진 것은 결코 아니다. 바울은 자신이 고린도 교인들의 마음을 어느 정도 얻고 있다고 확신하고 있었는데, 이것은 항상 그런 것은 아니었다. 그는 지금 하나님의 역사가 계속되리라는 것을 확신하고 있다. 고린도 교인들은 하나님의 사자와의 관계에 있어서 회복되었는데, 이것은 바울에게 고린도 교인들이 사도를 통해서 하나님께 순종하고 있다는 것을 보여 주는 확실한 증표였다. 말할 필요도 없이, 디도가 가져온 좋은 소식은 바울의 귀에는 음악과 같은 것이었다.

이 단락은 "환난 가운데서의" 바울이 누린 "기쁨"을 구체적으로 보여 주는 예시로서, 그 환난은 바울이 그토록 애지중지했던 교회에 속한 자들로부터 온 것이었다. 본서의 서론에서 우리는 바울이 자신의 이전 동료들로부터 소외감을 느끼게 된 것 및 아가야 지방에서의 그의 사도적 수고가 사라져 버릴지도 모른다는 두려움(7:5을 보라)과 관련된 역사적인 배경을 밝히고자 애썼다. 이러한 배경은 이 단락에 속한 절들을 더욱 생생하게 만들어 준다.

7:2-4에 나타난 바울의 정서를 목회적으로 크리소스톰(John Chrysostom, *Hom. in 2 Cor.* 14.1, 2)보다 더 잘 포착한 사람은 없었다. 우리는 이제 그의 글을 인용하고자 한다.

> 바울은 여기서 또다시 책망의 쓴 말을 억제하고서 사랑으로 자신의 말을 시작한다. 그는 자신이 그들을 사랑했음에도 불구하고, 그들은 그의 사랑에 보답하기는커녕 그의 사랑으로부터 뛰쳐 나가서 악한 삶을 사는 자들과 어울린 것에 대하여 그들을 책망하고 크게 나무랐었다. 그러나 여기서 바울은 자신의 책망을 누그러뜨리고서 "너희의 마음속에 우리를 받아들일 수 있는 여지를 만들어라", 즉 "우리를 사랑하라"고 말할 필요가 있다고 생각했다. 그가 요청한 호의는 결코 부담스러운 것이 아니었을뿐더러, 실제로 그 호의를 받는 자들보다는 베푸는 자들에게 더욱 유익한 것이었다. 또한 그는 "너희는 사랑해야 한다"라고 말한 것이 아니라, "너희의 마음속에 우리를 받아들일 수 있는 여지를 만들어라"－연민이 가득한 표현－고 말했다. "누가 지금 우리를 너희의 마음으로부터 몰아낸 것인가? 누가 우리를 내쫓았는가? 우리는 너희의 마음이 우리에게 닫혀 있는 것을 보게 되는데, 도대체 이것이 어찌된 영문인가?" 바울은 고린도 교인들에게 이렇게 물었다. 사도는 앞에서 "너희의 마음을 우리에 대하여 닫은 것은 바로 너희다"라고 말했는데, 이 단락에서는 그는 자신의 심정을 더욱 명확하게 밝힌다. 그는 "너희의 마음속에 우리를 받아들일 수 있는 여지를 만들라"고 분명하게 말함으로써 그들을 자기에게로 이끌어들인다. 왜냐하면 자기를 사랑하는 사람이 자신의 애정을 간절히 원하고 있다는 것을 알 때처럼 어떤 사람을 사랑으로 다시 이끌어 오는 것은 없기 때문이다.
>
> "내가 전에 말했듯이, 너희는 우리에게 너무 소중한 자들이기 때문에 우리는 살든지 죽든지 항상 함께 한다"고 그는 말한다. 가장 큰 사랑의 힘은 문제가 생겼을 때라도 사랑하는 자가 사랑받는 자와 함께 기꺼이 생사를 같이 하고자 하는 것이다. 너희는 단지 우리의 마음속에 있는 것이 아니라 내가 말한 방식으로 우리의 마음속에 있는 것이다. 사람이 어떤 사람을 사랑하면서도 위험은 피하고자 하는 것은 얼마든지 가능하다. 그러나 우리는 그렇지 않다.
>
> "나는 위로로 가득 차 있다." 도대체 어떠한 위로란 말인가? 그 위로는 분명히 너희로부터 흘러 나오는 위로다. 너희가 너희의 마음을 바꾸었기 때문에, 너희는 너희의 행실로 말미암아 나를 위로한 것이다. 자기가 사랑받고 있지 못하다고 불평하고 나서, 자신의 비난이 너무 지나쳐서 상대방에게 근심을 가져다 줄까 봐 염려하는 것이 사랑하는 사람의 특징이다. 따라서 바울은 이렇게 말한다. "나는 위로로 가득 차 있고, 나는 기쁨으로 차고 넘친다."
>
> 이 말을 통해서 그가 의도하는 것은 이것이다. "너희는 내게 큰 근심을 안겨 주었지만, 너희는 내게 위로를 줌으로써 그것을 모두 보상해 주었다. 너희는 나의 근심을 쫓아내 주

었을 뿐만 아니라 내게 기쁨이 넘치게 하여 주었다."

그런 후에 바울은 자신의 기쁨이 정말 얼마나 큰 것인지를 보여 준다. 그는 "나는 기쁨이 흘러 넘치고 있다"라고 말할 뿐만 아니라, "우리의 모든 환난 가운데서"라는 말을 덧붙인다. 너희가 내게 가져다 준 기쁨이 너무 커서, 그 기쁨은 우리가 받고 있는 온갖 환난에 의해서 감소될 수 없었다고 그는 말하고 있는 것이다. 그 기쁨은 우리의 모든 환난을 압도해 버렸기 때문에, 우리는 기쁨으로 인해서 그 환난들이 주는 고통을 느낄 수 없을 정도다.

# VI. 연보(8:1-9:15)

## A. 마게도냐 교인들에 대한 칭찬(8:1-6)

### 참고문헌

**Bornkamm, G.** *Paul.* Tr. D. M. G. Stalker. New York: Harper & Row, 1971. Original *Paulus.* Stuttgart: Kohlhammer, 1969. **Bruce, F. F.** "Paul and Jerusalem." *TynB* 19 (1968) 3-25. **Buck, C. H.** "The Collection for the Saints." *HTR* 43(1950) 1-29. **Dahl, N. A.** "Paul and Possessions." In *Studies in Paul.* Minneapolis: Augsburg Publishing House, 1977. **Davies, W. D.** *The Gospel and the Land.* Berkeley, Los Angeles, and London: University of California Press, 1974. **Dockx, S.** "Chronologie paulinienne de l'année de la grande collecte." *RB* 81(1974) 183-95. **George, A. R.** *Communion with God in the New Testament.* London: Epworth Press, 1953. **Georgi, D.** *Die Geschichte der Kollekte des Paulus für Jerusalem.* TF 38. Hamburg-Bergstedt: H. Reich. Evangelischer Verlag, 1965. **Hainz, J.** *Koinonia.* "Kirche" als Gemeinschaft bei Paulus. BU 16. Regensburg: Verlag Friedrich Pustet, 1982. 104, 151-61. ______. *Ekklesia.* 101 f., 241-44. **Hengel, M.** *Acts and the History of Earliest Christianity.* Tr. J. Bowden. London: SCM Press, 1979. **Holmberg, B.** *Paul and Power: The Structure of Authority in the Primitive Church as Reflected in the Pauline Epistles.* ConB NT Series 11. Lund: Gleerup/Philadelphia: Fortress Press, 1978. 35-57. **Keck, L. E.** "The Poor among the Saints in the New Testament." *ZNW* 56(1965) 100-29. ______. "The Poor among the Saints in Jewish Christianity and Qumran." *ZNW* 57(1966) 54-78. **Luedemann, G.** *Paul, Apostle to the Gentiles: Studies in Chronology.* Tr. F. Stanley Jones. Philadelphia: Fortress Press, 1984. **McDermott, J. M.** "The Biblical Doctrine of KOINONIA." *BZ* 19(1975) 64-77, 219-33. **Munck, J.** *Paul and the Salvation of Mankind.* Tr. Frank Clarke. London: SCM Press/Atlanta: John Knox, 1959. 288-92, 295-97. **Nickle, K. F.** *The Collection: A Study in Paul's Strategy.* SBT 48. London: SCM Press, 1966.

## 본 문

| | |
|---|---|
| 1 형제들아 하나님께서 마게도냐 교회들에게 주신 은혜를 우리가 너희에게 알게 하노니 | 1 We draw to your notice, brothers, the grace of God given to the churches of Macedonia how that |
| 2 환난의 많은 시련 가운데서 저희 넘치는 기쁨과 극한 가난이 저희로 풍성한 연보를 넘치도록 하게 하였느니라 | 2 in much testing by reason of adversity, the welling up of their joy and their deepdown[a] poverty have flowed out in the wealth of their generosity. |
| 3 내가 증거하노니 저희가 힘대로 할 뿐 아니라 힘에 지나도록 자원하여 | 3 For — as I can testify — they gave up to the limit of their means and even beyond it; and did so spontaneously, |
| 4 이 은혜와 성도 섬기는 일에 참여함에 대하여 우리에게 간절히 구하니 | 4 begging us with great insistence that they might have the privilege of joining in the act of service to the [Jerusalem] saints.[b] |
| 5 우리의 바라던 것뿐 아니라 저희가 먼저 자신을 주께 드리고 또 하나님 뜻을 좇아 우리에게 주었도다 | 5 And they did this, not just as we had hoped, but most importantly by giving themselves to the Lord[c] and to us, by the will of God, |
| 6 이러므로 우리가 디도를 권하여 너희 가운데서 시작하였은즉 이 은혜를 그대로 성취케 하라 하였노라 | 6 so that we requested Titus that, as he had previously begun this gracious service [for them], so he would also bring the same service to completion for you. |

## 원문주해

a. 카타 바두스(κατὰ βάθους). $P^{46}$ D* *pc.*는 바도스(βάθος)로 읽는다.

b. 사본의 난외주에 덧붙여져 있는 덱사스다이 헤마스(δέξασθαι ἡμᾶς)와 거기에 대한 필사자의 흥미로운 주해(*ἐν πολλοῖς τῶν ἀντιγράφων οὕτως εὕρηται* — 엔 폴로이스 톤 안티그라폰 후토스 휴레타이, "많은 사본들에 이렇게 되어 있다")에 대해서는 B. M. Metzger, *The Text of the New Testament*, 2d ed. (New York: Oxford University Press, 1968) 194를 보라.

c. 퀴리오(κυρίῳ). $P^{46}$, 일부 필기체 사본들, "Ambrosiaster"를 비롯한 라틴 본문들에서는 데오(θεῷ)로 읽고 있는데, 이 읽기는 별로 지지를 받고 있지 못하다. "주석"을 보라.

## 양식/구조/배경

8-9장에 나오는 바울의 글과 관련된 삶의 자리에 대해서는 우리가 생각해 보아야 할 것이 두 가지 있다. 첫째, 이 두 장은 서로 다른 상황에 대하여 서로 다른

독자들을 대상으로 쓰여진 것으로 보인다는 것이다. 8장은 고린도 교회의 독자들에게 영향을 주기 위하여 마게도냐 교회들의 모범을 사용하고 있는 반면에, 9장은 아가야 지방, 즉 남부 헬라에 있는 교회들에 대한 어떤 익명의 형제들의 추천서다. 이것은 원래 1776년에 제믈러(J. S. Semler)가 제기한 가설이었다(본서의 서론과 B. Rigaux, *The Letters of St. Paul*, tr. S. Yonick[Chicago: Franciscan Herald Press, 1968] 110를 보라). 또한 이것은 고린도 교인들에게 연보를 너그럽게 하라는 자극제를 제시하고 있고, 그런 부분에서 두 장은 어느 정도 서로 중복된다. 그러나 바울이 왜 두 개의 서로 연속되는 장들로 보이는 것 속에서 연보에 관하여 두 가지 논의를 써 보내야 했는지를 알기는 쉽지 않다.

8장은 고린도 교회에 별도로 보내진 반면에, 9장은 남부 헬라 지역 전체(아가야)에 있던 좀더 폭넓은 그리스도인들을 대상으로 한 것일 가능성이 있다. 또는 빈디쉬(Windisch)가 주장한 대로(268), 9장은 두 번째로 작성된 글로서 연보 문제에 대한 바울의 글을 확장한 것일 수도 있다(zweite Erörterung der Kollektensache). 데니(Denney, 279, 280)는 9:1에서 그 해법을 발견하는데, 그는 9:1이 미묘하고 어려운 문제를 다루는 바울의 전형적인 방식을 보여 주고 있다고 주장한다(참조. 빌 3:1). 바울이 페리…테스 디아코니아스(*περὶ…τῆς διακονίας*, "이 섬기는 일에 대하여"; 9:1)에서 정관사를 사용한 것과 토 그라페인(*τὸ γράφειν*, 9:1)을 "내가 하고 있는 것처럼 너희에게 편지를 쓰고 있는 것이 내게는 불필요하다"로 해석되도록 사용한 것은 서로 결합되어서 이 논의를 무리 없는 이행을 통해서 연보에 대한 바울의 한 가지 접근 방식으로부터 또 다른 접근 방식으로 움직여 가게 한다. 그러나 헤링(Héring)은 대다수의 주석가들의 입장을 대변해서 바울은 9:1에서 "지금까지 다루어지지 않았던 새로운 주제를 도입하는 것으로 보인다"(65)고 말한다.

삶의 자리와 관련된 두 번째 고찰은 분명히 이 두 장을 서로 독립적인 글들로 여기는 쪽을 지지하는 방향으로 저울을 움직이게 할 것이다. 8장은 고린도후서의 최종적인 형태 속에서 7:5-16 바로 뒤에 나온다. 7:5-16은 분명히 디도가 방금 고린도에서 돌아와 마게도냐에서 바울을 만났던 때, 마게도냐 교인들이 한창 바울이 함께 했던 고통스러운 상황 속에 있을 때 쓰여졌다. 그렇지만 8:1-2에서 시작하여 이 서신의 분위기는 상당히 달라져서 좀더 평온하고 낙관적이 된다. 디도는 분명히 1:1-2:13; 7:5-16 속에 포함되어 있는 서신을 지니고서 고린도를 향하여 떠날 준비를 하고 있었고, 재정적으로 궁핍했던 마게도냐 교회들의 위기 상황은 분명히 해결되었다(8:2; 8:1에 나오는 완료 분사 데도메넨〈*δεδομένην*, "준"〉의 과거 시제를 주목하라). 우리는 8장이 별개의 글이었다면 그것은 디도와 동행하기로 되어 있었던 형제들을 통해서(8:17-18) 고린도로 보내졌을 것이고, 그 시기는 주후 55년(또는 56년) 여름, 아니 가을이었을 것으로 추정할 수 있다(Dockx, "Chronologie"을 보라). 많은 연구자들이 생각하듯이, 9장이 실제로 별개의 글이었다고 한다면 8장보다 나중에 쓰여졌을 것이다. 왜냐하면 바울이 9:3의 사자들을 보낸 것은 8:18, 22에 언급된 형제들의 임무를 보충하기 위한 것이었다고 학자들은 보기 때문이다. 9장의 독자들은 8장의 좁은 범위보다는 더 넓었던 것으로 보인다. 앞 장에서 바울은 여전히 지금은 "눈물의 편지"를 통한 자신의 호소에 대하여 호의적으로 반응하게 된 고린도 교회와 맞서고 있는 상황이었다. 9장에서 바울이 염두에 두고 있는 것은 아가야 지방 전체이고(9:2), 고린도 교회라는 좀더 국지적인 문제는 그의 시야에서 사라졌다. 9장은 바울이 주후 56년(또는 57년) 초에 남부 헬라 지방을 방문하기 전에 그 곳으로 보내졌을 것이다(Fallon 7, 76).

하지만 이 문제는 다른 식으로도 해결될 수 있는데, 많은 것이 8:18, 22에 나오는 형제들이 9:3에 언급된 사람들과 동일하냐는 문제에 달려 있다. 만약 이 두 대목에서 언급된 사람들이 동일 인물들이라면, 그것은 8:19, 24과 9:2-3을 연결시켜 주는 연결 고리가 될 것이다: 바울의 프로뒤미아(*προθυμία*)와 카우케마-카우케시스(*καύχημα—καύχησις*), 즉 그의 자원함과 자랑은 두 대목에서 모두 다루어지고 있고, 바울의 독자들이 실제로 서로 다른 두 부류라면, 바울이 자신의 독자들에 대하여 갖고 있는 목회적인 관심을 동일한 용어들을 사용해서 되풀이하고 있다는 것은 특이한 일이다(그러나 첫 번째 용어인 프로뒤미아〈*προθυμία*〉는 사실 서로 다른 두 부류의 사람들을 가리킨다). 좀더 강력한 것은 "1년 전에"(8:10; 9:2)라는 어구가 두 장에 공통적으로 나온다는 것이다. 그러나 때를 가리키는 이 어구가 반복되고 있다는 것은 이 두 장이 서로 다르지 않다는 것을 증명해 주지는 못한다. 우리는 또 한 가지 남아 있는 문제를 살펴보아야 한다. 앞으로 우리가 주장하겠지만 8:18, 22의 형제들이 마게도냐의 그리스도인들이라면, 이러한 사실은 9:3에 언급된 사람들을 그들과 동일시하는 것을 배제한다(9:3에서 사용된 시제는 서신에서 사용되는 단순과거가 아니다: 따라서 "내가 그 형제들을 보냈다"고 했을 때, 에펨프사〈*ἔπεμψα*〉는 이전의 사건, 즉 8장에서 말하는 사건을 가리킨다). 왜냐하면 본문에서는 바울이 그 후에 고린도 교회를 방문할 때 "마게도냐 교인들"도 함께 했다고 말하고 있기 때문이다(Nickle, *The Collection*, 19). 그러나 우리가 앞으로 지적하겠지만, 그것은 8장에 나오는 두 사람을 유대 그리스도인들로 규정하는 데는 거의 설득력 있는 논거가 되지 못한다. 우리는 이 시기에 바울의 동향에 대하여 거의 아는 것이 없기 때문에, 마게도냐 교회들의 두 지도자의 뒤를 나중에 동일한 지방으로부터 온 좀더 큰 대표단이 따라왔을 가능성이 있다는 것을 부정할 수 없다. 우리가 사도행전 20:4의 증언을 믿을 만한 것으로 받아들인다면, 그것은 특히 그러하다(Munck, *Paul*, 288-92; Nickle, *The Collection*, 63f; Holmberg, *Paul*, 38, 61; 참조. J. A. T. Robinson, *Redating the NT*, 50-53).

따라서 우리는 9장이 별개의 글이기는 하지만 8장에 이어서 신속하게 쓰여졌고 동일한 독자들을 대상으로 하고 있다고 보지만, 1:1의 "고린도에 있는 하나님의 교회와 또 온 아가야에 있는 모든 성도에게"라는 표현을 염두에 두고서 그 수신자들은 고린도를 포함한 아가야 전 지역에 있는 그리스도인들 전체를 포괄하는 것이었다고 보고자 한다.

이 단락에서 이루어질 구체적인 요청은 7절까지는 보류된다. 바울은 그의 복음에 대한 반응과 지속적인 충성으로 인하여 귀중한 귀감이 된 마게도냐 교회들의 모범을 말하고 있는 서문을 이 새로운 단락의 내용을 시작하기 전에 배치하고자 한다(Bultmann, 255). 마게도냐 교인들은 바울 서신들 속에서 적어도 13번 언급되는데(J. Gnilka, *Der Philipperbrief*, HTKNT 10[1968] 177), 사도가 그들을 언급할 때 흔히 그들의 특징으로 거론하는 것은 가난과 후한 연보다. 바울이 고린도 교회의 독자들에게 마게도냐 교인들의 모범을 주목하게 한 것(*γνωρίζομεν δὲ ὑμῖν*-그노리조멘 데 휘민: H. Conzelmann, *1 Corinthians*[Hermeneia; tr. J. W. Leitch; Philadelphia: Fortress, 1965] 250에서는 이것이 고전 12:3; 15:1; 갈 1:11과 여기서 그노리제인〈*γνωρίζειν*, "알게 하다, 밝히다"; BGD, 163〉이라는 동사를 사용하는 데 부가되는 "의례적인 도입부"라고 말한다)은 나중에 고린도 교회에게 마게도냐 교회들의 선한 모범을 따르라고 호소하기 위한 길을 닦아 놓으려는 계산된 의도로서, 6절은 마게도냐에서 연보를 거둔 디도의 행위를 고린도 교회에서 동일한 사역을 행하고자 하는 디도의 노력과 연결시키는 역할을 한다.

몇몇 학자들(위에서의 설명과 본서의 서론을 보라)이 독립적인 글이라고 주장해 왔던 이 서신의 이 부분에서 바울은 예루살렘에 있는 모교회에 속한 가난한 유대 그리스도인들(4절에서 "성도들"이라 불린)을 위하여 자신이 이방 교회들에서 모으고 있던 거액의 연보에 대하여 말하기 시작한다. 그것은 적어도 주후 50년 중반 동안에는 "바울이 벌인 큰 사업들 중의 하나"였기 때문에(Allo, 204), "그의 신학을 구체적으로 보여 주는 모델"(Georgi, *Die Geschichte der Kollekte*, 79)로 불릴 만한 것이었다. 이 사업을 통해서 그는 몇 가지 목적을 이루고자 했다(이 목적들은 Georgi, *Die Geschichte der Kollekte*의 기본적인 연구를 인용한 Nickle, *The Collection*과 Holmberg, *Paul and Power*, 35-43에 열거되어 있고, Martin, *The Worship of God: Some Theological, Pastoral and Practical Reflections*[Grand Rapids: Eerdmans, 1982] 69-73에 요약되어 있다. 본서의 "바울의 연보에 관한 보론"을 보라). (1) 바울은 예루살렘의 "기둥 같은" 사도들에게 자신이 한 약속, 즉 예루살렘의 가난한 자들을 기억하겠다는 약속을 실천하고 있었다(갈 2:10을 보라; 갈라디아 교인들은 말을 잘 안 들었기 때문에 바울이 이 약속을 실천할 수 없었던 것 같다: Luedemann, *Paul*, 87, 88를 보라). (2) 바울은 평등과 "나눔"을 토대로 해서 이방 회중들의 관심과 너그러운 연민을 전달하고 있었다(고후 8:11-15; 롬 15:25-27). (3) 바울은 인종적으로 교회의 양 "날개"를 구성하고 있던 유대인과 이방인을 한데 묶고, 그가 "모교회"로서의 이스라엘에게 계속해서 빚을 지고 있다는 인식을 나타내 보이고자 했다(9:13-14). (4) 이것은 최근에 멍크(Munck)를 필두로 해서 활발하게 논의되고 있는 의미, 즉 이방의 믿는 자들이 예물을 들고 예루살렘으로 순례함으로써 이스라엘의 회심이 종말론적으로 성취되는 것을 가능케 하는 것을 준비한다는 의미를 지니고 있었다(사 2:2-5; 60:5-22; 미 4:1-5을 인용하고 있는 Munck, *Paul*을 보라). 이 연보가 예루살렘에 있는 "성도들"(8:4)을 위한 것이었다는 사실은 극히 중요한 것이었다(K. L. Schmidt, *TDNT* 3:510를 보라). 바울이 연보를 통해서 모교회를 돕고자 결심한 것은 메시아 예수에 대한 믿음으로 말미암아 새 이스라엘 공동체에 합류하게 된 이방인들과 유대인들로 구성된 교회의 하나됨을 핵심으로 한 구원사에 대한 그의 이해에 토대를 둔 것이었다(갈 3:23-4:7; 또한 바울의 구원사적 신학의 이 조목에 관한 최종적인 서술로는 엡 2:11-22을 보라).

위에서 연보가 바울의 구원사적 접근 방식 속에서 차지하는 역할에 대하여 살펴본 것은 그가 연보에 관하여 말할 때 종교적인 표현을 많이 사용하고 있는 이유를 설명하는 데 도움이 될 수 있다. "은혜"(8:1; 4, 6), "교제"(8:4; 9:13), "섬김"(8:4; 9:1, 13), "사랑의 증표"(8:7), 나중에 나오는 "축복"(*εὐλογία*-율로기아, 9:5, 6), "예배"(9:12의 *λειτουργία*-레이투르기아) 같은 용어들은 모두 하나님에 대한 인간의 관계들과 거룩한 예배 행위들을 표현하는 어휘로부터 유래되었다(Dahl, "Paul and Possessions" 37, 38에 나오는 완전한 목록을 보라). 연보를 모으는 일-여기서나 빌립보서 4:10-20에서나 바울은 한 번도 돈(*ἀργύριον*-아르귀리온, *χρυσίον*-크뤼시온)이라는 표현을 사용하지 않는다는 것은 주목할 만하다(Plummer,

230; Denney, 263)-은 거룩한 예식으로서의 후광이 덧입혀져 있고, 결코 세속적인 사업으로 취급되지 않는다. 제의적이고 사법적인 관용 표현들에 대해서는 J.-L. Leuba, *New Testament Pattern*, tr. Harold Knight(London: Lutterworth Press, 1953) 118f.를 보고, 1, 6절에 나오는 카리스(*χάρις*, "은혜")가 어떻게 수미쌍관법-동일한 단어가 한 단락의 처음과 끝에 나오는 것-을 이루고 있는지를 주목하라.

또한 이 절들과 이어지는 절들 속에서 우리가 눈여겨볼 것은 바울이 자신의 권면과 명령을 어떠한 신학적 기반 위에서 정당화하고 있느냐는 것이다. 그 핵심적인 서술은 8:5에 나오는데, 마게도냐 교인들은 "하나님의 뜻을 좇아"(*διὰ θελήματος θεοῦ*-디아 델레마토스 데우) 그들 자신을 주께 드렸다는 것이다. 바울이 자신의 사도적 위임에 대해서 동일한 용어를 사용하고 있는 것(〈*ἀπόστολος*〉…*διὰ θελήματος θεοῦ*-〈아포스톨로스〉…디아 델레마토스 데우, 1:1)은 결코 우연이 아니다(Windisch, 248). 바울은 자신의 사도적 사역을 하나님을 섬기는 일과 아주 밀접하게 결부되어 있는 것으로 보았기 때문에, "우리에게"라는 어구(*καὶ ἡμῖν*-카이 휘민; Carrez, "Le nous'," *NTS* 26[1979-80] 479를 보라)를 하나님에 대한 마게도냐 교인들의 헌신과 연결시킬 수 있었다. 이 단락은 고린도 교인들에게 적어도 마게도냐 지방에서는 바울의 권위가 의심을 받고 있지 않다는 것을 간접적으로 상기시키는 역할을 한다(거기서 바울과 교회들의 우호적인 관계는 지속되었다. 빌 4:1; 살전 2:19-20). 갈라디아 교회와 고린도 교회에서 연보를 모은 것과 북부 헬라 지방의 회중들이 모범적으로 연보를 낸 것을 대비해 보라.

마게도냐에 있는 교회들-그 중에서 빌립보 교회가 가장 많이 알려져 있다-은 우리가 빌립보서 1:3-5(이것에 대해서는 P. T. O'Brien, *Introductory Thanksgivings in the Letters of Paul*, NovTSup 49[Leiden: Brill 1977] 23과 Dahl, "Paul and Possessions," 34를 보라: 둘 다 빌립보 교인들에 대한 "기억"을 그들이 바울을 도운 것으로 해석한다; 참조. R. P. Martin, *Philippians*, NCB, ad loc.)과 빌립보서 4:10-19에서도 알 수 있듯이 "풍성한 연보"로 유명했다. "극한 가난" 속에서 그들의 "기쁨"은 바울의 서신이 여기서 말하고 있는 것으로부터 우리가 알 수 있는 그들의 내력에 관한 유일한 사항이다-물론 헤링(Héring, 58)은 마게도냐 교회들의 환난은 글라우디오 황제 때 몇 개의 지방들을 뒤흔들었던 강한 지진들에 의해서 생겨났을 것이라고 추측하지만 말이다. 그러나 북부 헬라 지방과 관련해서 지진이 있었음을 보여 주는 독립적인 증거는 존재하지 않는다. 우리는 바렛(Barrett, 219)이 마게도냐 지방은 무역이 융성했다는 점을 지적하고 있는 것을 근거로 그들의 경제적인 어려움은 일반적인 빈곤 탓이 아니라 박해(예를 들면, 빌 1:29, 30: 살전 1:6; 2:14; 3:3f.; 참조. 살후 1:4-10) 때문이었을 것이라고 추정해 볼 수 있을 것이다. 그렇지만 플럼머(Plummer, 233)는 리비우스(Livy, 45.30)를 인용해서 다음과 같은 취지의 말을 한다: "로마인들은 금은 광산들을 차지했고, 구리와 철을 제련하는 권리에 세금을 매겼다. 마게도냐인들은 그들의 나라가 살점이 찢어지고 관절이 어긋난 짐승같이 되었다고 말했다." 물론 이 증거는 바울 시대보다 훨씬 이전의 것이기는 하지만 말이다. 나중에 스트라보(Strabo, *Geog.* 9.5.2)는 마게도냐의 지형을 그 경제적인 면과 관련해서 이렇게 서술한다: 데살로니가 평야는 "그 많은 부분이 홍수의 피해를 입는다는 점을 제외하고는 아주 훌륭하고 비옥한 땅이다"(*πλὴν ὅση ποταμόκλυστος ἐστιν*-플렌 호세 포타모클뤼스토스 에스틴).

## 주석

[1] "형제들아 하나님께서 마게도냐 교회들에게 주신 은혜를 우리가 너희에게 알게 하노니"(*Γνωρίζομεν δὲ ὑμῖν, ἀδελφοί, τὴν χάριν τοῦ θεοῦ τὴν δεδομένην ἐν ταῖς ἐκκλησίαις τῆς Μακεδονίας*-그노리조멘 데 휘민, 아델포이, 텐 카린 투 데우 텐 데도메넨 엔 타이스 에클레시아이스 테스 마케도니아스). "하나님의 은혜"(*ἡ χάρις τοῦ θεοῦ*-헤 카리스 투 데우)는 바울이 마게도냐 교회들의 모범과 그들이 예루살렘의 성도들을 위한 연보를 모으는 일에 너그럽고 풍성했다는 것을 말하기 위한(4절) 무대를 설정해 주는 핵심적인 용어다. 마게도냐 교인들의 연보에 대해서는 로마서 15:26을 보라. 바울이 이 단락의 첫 머리에서 연보와 관련하여 한 말은 하나님이 은혜로 인한 은사들(*χαρίσματα*-카리스마타: E. Käsemann, "Ministry and Community in the New Testament," *Essays on New Testament Themes*, tr. W.J. Montague〈London: SCM, 1964〉, 64f.에서는 "그 밖의 다른 은사들은" 예수 그리스도 안에서 하나님의 선물〈롬 6:23〉, "이 하나의 은사가 존재하게 하기 위하여 존재할 뿐이다"라고 말한다)을 주심에 있어서 너그럽고 풍성하시다는 것(*χάρις*-카리스)이다. 하나님이 그 백성에게 주신 이 은혜(*χάρις*-카리스)는 그리스도가 자기 자신을 주신 것을 최고의 "은혜"의 행위로 보고 있는 8:9을 염두에 둔 것이다. 연결 고리가 되는 이 용어는 8:5에도 나오는데, 거기서 마게도냐 교인들은 주와 사도의 선교에(*καὶ ἡμῖν*-카이 헤민, "우리에게") "자신을 드렸다"(*ἑαυτοὺς ἔδωκαν*

-헤아우투스 에도칸). 그들이 그렇게 한 것은 하나님의 은혜가 그들의 삶 속에서(*ἐν*-엔: 이 전치사의 의미인 "…를 위하여", "…대신에"에 대해서는 BDF § 220.1을 보라) 역사했기 때문이고, 그러한 자신을 드리는 것의 신학적인 토대였던 그리스도의 결정적인 행위 때문이었다(참조. 갈 1:4, *τοῦ δόντος ἑαυτὸν ὑπὲρ τῶν ἁμαρτιῶν ἡμῶν*-투 돈토스 헤아우톤 휘페르 톤 하마르티온 헤몬, "우리 죄를 위하여 자기 몸을 드리셨으니": 이 구절과 관련해서 몇몇 통찰력 있는 고찰들에 대해서는 Hainz, *Koinonia*, 139를 보라; 또한 J. D. G. Dunn, *Jesus and the Spirit*[London: SCM Press/Philadelphia: Westminster, 1975] 202-4를 보라).

여기서 "마게도냐"는 서쪽으로는 아폴로니아로부터 동쪽으로는 빌립보에 걸쳐 있는 북부 헬라의 로마의 속주를 가리킨다. 빌립보서 4:15이 증언하고 있듯이, 바울의 선교에 있어서 마게도냐는 중요한 위치를 차지하고 있었다(자세한 것은 R. P. Martin, *Philippians*, NCB[1976=1980] 165를 보라). "은혜"와 마게도냐 교인들의 풍성한 연보의 관계는 그리 분명하지 않기 때문에, 바울은 계속해서 그것에 대한 설명으로 나아간다.

2 "환난의 많은 시련 가운데서 저희 넘치는 기쁨과 극한 가난이 저희로 풍성한 연보를 넘치도록 하게 했느니라"(*ὅτι ἐν πολλῇ δοκιμῇ θλίψεως ἡ περισσεία τῆς χαρᾶς αὐτῶν καὶ ἡ κατὰ βάθους πτωχεία αὐτῶν ἐπερίσσευσεν εἰς τὸ πλοῦτος τῆς ἁπλότητος αὐτῶν*-호티 엔 폴레 도키메 들립세오스 헤 페리쎄이아 테스 카라스 아우톤 카이 헤 카타 바두스 프토케이아 아우톤 에페리쓔센 에이스 토 플루토스 테스 하플로테토스 아우톤). 영어 번역에서 "How that"("얼마나 …했는지")은 헬라어 원문에는 단지 호티(*ὅτι*)로 표현되어 있다. 바울의 사고는 그가 앞에서 거론했던 모범적인 예를 고찰하는 것으로 움직여 간다. 마게도냐 교인들은 "많은 시련"을 겪었었다(2:9; 13:3에서처럼 도키메〈*δοκιμή*〉, 그러나 거기서는 그것이 가리키는 것이 여기서와는 판이하게 다르다). "환난"으로 번역된 단어는 1:8에서와 마찬가지로 들립시스(*θλῖψις*)이지만, 그 배경은 분명히 동일하지 않다. 그들의 환난은 그들의 극심한 가난과 결부되어 있다(*ἡ κατὰ βάθους πτωχεία αὐτῶν*-헤 카타 바두스 프토케이아 아우톤, 직역하면 "깊음까지 내려간"; Barrett은 "가장 밑바닥까지 내려간"으로 번역한다). 이와는 대조적으로, 바울은 풍성한 연보를 통해서 "넘치도록"(*ἐπερίσσευσεν*-에페리쓔센: 동어 반복을 주목하라) 표현된 "넘치는 기쁨"(*περισσεία τῆς χαρᾶς*-페리쎄이아 테스 카라스)을 그들이 지니고 있다고 쓴다(가난이 흘러 넘쳐서 부요함이 되었다는 역설을 주목하라; 플루토스〈*πλοῦτος*〉는

분명히 물질적인 것이 아니라, 주기를 좋아하는 너그러운 심령이 지닌 부요함을 말하는 것으로서, 그들이 얼마를 드렸느냐는 것은 금액 자체가 아니라 거기에 수반된 희생에 의해서 측정된다). "시련 속에서의 기쁨"은 빌립보 교회와 데살로니가 교회의 특징이었다(빌 4:4; 살전 1:6).

아플로테스(*ἁπλότης*, "연보, 너그러움")는 좀더 엄밀하게 말해서 "성의, 우직함, 진실함"으로 번역될 수 있지만(1:12에서처럼; 11:3과 비교해 보라; 참조. 9:11: Nickle, *The Collection*, 104, 105), BGD, 86은 경건이 어떻게 너그러움으로 표현되는지를 보여 주는 여러 유대 문헌들을 제시하고 있다(9:11, 13과 롬 12:8에서처럼; 물론 BGD는 이 절들에서 이 단어에 대한 가장 적절한 번역으로 "진지한 관심"을 선호하지만 말이다). 그렇지만 이 단어는 "후하다는 뉘앙스를 보여 주는 경향이 있다"(Barrett, 220).

3 "내가 증거하노니 저희가 힘대로 할 뿐 아니라 힘에 지나도록 자원하여"(*ὅτι κατὰ δύναμιν, μαρτυρῶ, καὶ παρὰ δύναμιν, αὐθαίρετοι* - 호티 카타 뒤나민, 마르튀로, 카이 파라 뒤나민, 아우다이레토이). 바울의 호소의 초점이 되고 있는 연보는 개인적인 희생과 관련하여 좀더 자세하게 서술된다. 2절과 3절을 연결해 주는 접속사가 없기 때문에, 의미가 통하기 위해서는(ad sensum) 다음과 같은 동사가 첨가되어야 한다: 그들은 "힘대로"(*κατὰ δύναμιν* - 카타 뒤나민) 할 뿐 아니라 힘에 지나도록(*παρὰ δύναμιν* - 파라 뒤나민, 참조. 1:8) (드렸다). 이것을 바울은 빌립보 교회와의 지속적인 교제를 통해서 잘 알고 있었다. 그들은 자신들이 쓰고 남은 것을 내놓았던 것이 아니라, 없는 중에도 아껴서 연보를 했다. 이 삽입구에 대해서는 BDF § 465.2를 보라. 게다가, 그들은 "자원하여"(*αὐθαίρετοι* - 아우다이레토이) 연보를 낸 것이기 때문에 - 이 드문 용어는 37절에서도 사용된다 - 그들이 낸 것은 "자발적으로" 한 것이었다(2 Macc 6:19; 3 Macc 6:6). 헤링(Héring)은 바울이 3-4절에서 연보를 모으도록 그들에게 요청해야 했다는 것을 지적하면서 이 후자의 말을 반박한다(59). 그러나 우리는 그러한 내용이 어디에 있느냐고 반문할 수 있다.

4 "이 은혜와 성도 섬기는 일에 참여함에 대하여 우리에게 간절히 구하니"(*μετὰ πολλῆς παρακλήσεως δεόμενοι ἡμῶν τὴν χάριν καὶ τὴν κοινωνίαν τῆς διακονίας τῆς εἰς τοὺς ἁγίους* - 메타 폴레스 파라클레세오스 데오메노이 헤몬 텐 카린 카이 텐 코이노니안 테스 디아코니아스 테스 에이스 투스 하기우스). 도리어 예루살렘 교회의 가난한 자들을 도울 기금을 마련하기 위한 이 섬기는 일(*διακονίας* - 디아코니아스)에 참여할(*κοινωνίαν* - 코이노니안) 특권(*χάριν* - 카린)을 달라고

바울에게 "간절히 구한"(*δεόμενοι*-데오메노이; 이 분사가 직설법의 기능을 하는 것에 대해서는 C. F. D. Moule, "Peculiarities in the Language of II Corinthians," in his *Essays in New Testament Interpretation*[Cambridge: University Press, 1982] 158-61를 보라) 것은 바로 마게도냐 교인들이었다. 예루살렘 교회의 가난한 자들은 "성도들"로 불리고 있다(이 명칭에 대해서는 롬 15:25, 26; 고전 16:1, 2; 고후 9:12; Keck, "The Poor"를 보라). 그들의 가난과 관련하여 제시된 이유들에 대해서는 홀(K. Holl)의 영향력 있는 논문-거기서 그는 "가난한 자들"과 "성도들"은 가난과 경건을 연결시키는 자의식적인 명칭들로서 바울의 선교에 의해서 세워진 교회들에 부여된 신성한 책무가 지속되어야 한다는 것을 확증해 주는 명칭들이었다고 주장한다-에 의거한 Martin, *Worship of God*, 69, 70를 보라. 그러나 류바(Leuba, *NT Pattern*, 117-20)는 이것에 대하여 강력한 의문을 제기해 왔다. 그리고 이러한 비판들은 데이비스(W. D. Davies, *The Gospel*, 199)에 의해서 더욱 강화되었다. 이후에 나오는 "바울의 연보에 관한 보론"을 보라.

카리스(*χάρις*), 코이노니아(*κοινωνία*), 디아코니아(*διακονία*)는 이러한 논의 속에서 세 개의 핵심적인 단어들인데 Nickle, *The Collection*, 105-11; Hainz, *Koinonia*, 132-41에 의해서 자세하게 고찰되고 있다. 우리는 이 세 단어를 연보를 가리키는 단순한 동의어들로 취급해서는 안 될 것이다. 물론 이 단어들은 그 의미에 있어서 서로 중복되고 있기는 하지만 말이다. 우리는 여기에 나오는 카리스(*χάρις*)가 신학적인 배경을 지니고 있다는 것, 즉 마게도냐 교인들은 모든 인간적인 시도를 촉발시키는 하나님의 은혜에 응답하여 행한 것이라는 의미가 이 단어 속에 내포되어 있다는 것을 인정하면서도 이 단어를 인간으로서의 특권, 은혜를 받아서 행한 행위로 해석했다. 이러한 사고는 8:1로 거슬러 올라간다.

코이노니아(*κοινωνία*)는 단지 다른 사람들과 교제를 나누는 것만을 의미하는 것이 아니라, 오히려 그러한 나눔을 가능하게 하고 효력 있게 해주는 근거와 기준이 되는 객관적인 실체, 종교적인 선에 참여한다는 개념을 지닌다(빌 1:5에 대한 E. Lohmeyer의 해설, 이것은 Hainz, 94, 95에서 인용되었고, R. P. Martin, *Philippians* [TNTC, rev. ed. 1986] Introduction에서 논의되었다). 이 경우에 마게도냐 교인들이 교제에 참여하기를 원했다는 것을 보여 주는 증거는 그들이 적극적으로 나서서 "섬기는 일", 즉 연보에 참여한 것이었다(Bachmann, 313; 특히 Prümm, *Diakonia Pneumatos* 1:507f.; 코이노니아〈*κοινωνία*〉는 하나의 일을 통해서, 본문에서는 연보를 통해 "섬기는 일"에 의해서 교제에 참여한다는 개념을 보여 주는 것이라고 그는 말한다). 따라서 모든 주석가들이 한결같이 말하고 있듯이, 디아코니아(*διακονία*)는 바울이 예루살렘 공동체를 후원하기 위하여 고린도 교회의 교인들로부터 모으기로 마음먹고 있었던 연보를 나타낸다. 그러나 우리가 앞에서 보았듯이, 고린도 교회에서 바울의 사도적 지위는 의문시되고 있었고, 또한 예루살렘 교회를 돕기 위한 이방인 신자들로부터의 연보는 그의 사도직을 인정한 것으로 여겨졌을 것이기 때문에, 그는 이 일에 큰 의미를 부여해서 하인츠(Hainz)가 지적하듯이(139) 이 일에 대해 "교회론적인 해석"을 했다. 코이노니아(*κοινωνία*)에 대해서 자세한 것은 특히 A. R. George, *Communion with God*와 J. M. McDermott, "Koinonia"를 참조해서 설명하고 있는 R. P. Martin, *IBD*, pt 1, "Communion," 307, 308를 보라.

5 "우리의 바라던 것뿐 아니라 저희가 먼저 자신을 주께 드리고 또 하나님 뜻을 좇아 우리에게 주었도다"(*καὶ οὐ καθὼς ἠλπίσαμεν ἀλλὰ ἑαυτοὺς ἔδωκαν πρῶτον τῷ κυρίῳ καὶ ἡμῖν διὰ θελήματος θεοῦ*－카이 우 카도스 헬피사멘 알라 헤아우투스 에도칸 프로톤 토 퀴리오 카이 헤민 디아 델레마토스 데우). 바울의 글에 있는 행간의 휴지(休止)를 메우기 위해서는 뭔가 양쪽을 연결시켜 주는 동사가 필요하다: "그리고 그들이 그렇게 했다"는 "그들이 주었다"(3절)에 걸리고, 나중에 5절에 나오는 "자신을 드렸다"라는 동사를 미리 나타내고 있다. 마게도냐 교인들이 연보에 기여했다면, 그것은 바울의 기대를 충족시켰을 것이다. 결국 그러한 기대에 차고 넘치도록 마게도냐 교인들은 연보를 했다고 바울은 계속해서 말한다. 그들은 "자신을 주께 드렸고", 그들은 "자신을 우리에게 주었다". 세로로 나란히 달리고 있는 두 부분으로 된 문장들은 1:1에 비추어서 해석되어야 하는 디아 델레마토스 데우(*διὰ θελήματος θεοῦ*, "하나님 뜻을 좇아")라는 표제 아래 놓여 있다. 바울은 하나님의 부르심을 따라서 된 사도였다. 마게도냐 교인들은 그러한 사실을 인정했고, 바울 안에서 주의 권위에 순복했다(여기서의 논증에서는 바울의 사도직이 예수 그리스도에 대한 그의 관계에 비추어서 정의되고 있기 때문에, "주" 대신에 "하나님"이라고 읽는 $P^{46}$은 좋은 읽기가 아니다, 1:1; 또한 고전 9:1-2; 갈 1:1, 16을 보라). 그렇지만 여기에 나오는 서술을 바울이 자신에게 맡겨진 사람들을 주관할 권리가 자기에게는 없다고 말하는 1:24에 비추어서 이해하는 것도 마찬가지로 타당하다. 권위는 그들의 선에 봉사하는 방식으로 행사되어야 한다(10:8; 13:10). 이러한 방향의 석의가 옳다면, 마게도냐 교인들이 자신을 주께 드린 것은 일차적으로 그들이 복음에 대하여 처음으로 응답했던 것을 가리키는 것도 아니고, 그들이 기도를 통해서 하나님께 나아간 것을 가리키는 것도 아니다(Héring, 59). 도리어 바울이 여기

서 말하고 있는 것은 그들이 바울의 사역 속에서 주의 능력이 역사한다는 것을 인정하는 가장 중요한(*πρῶτον*-프로톤, 직역하면 "가장 먼저"를 시간적인 것이 아니라 고전 15:3에서처럼 최상급으로 해석해서) 조치는 연보 그 자체를 인정한 행위라는 것이다.

6 "이러므로 우리가 디도를 권하여 너희 가운데서 시작했은즉 이 은혜를 그대로 성취케 하라 했노라"(*εἰς τὸ παρακαλέσαι ἡμᾶς Τίτον, ἵνα καθὼς προενήρξατο οὕτως καὶ ἐπιτελέσῃ εἰς ὑμᾶς καὶ τὴν χάριν ταύτην*-에이스 토 파라칼레사이 헤마스 티톤, 히나 카도스 프로에네륵사토 후토스 카이 에피텔레세 에이스 휘마스 카이 텐 카린 타우텐). 마게도냐 교인들이 예루살렘 교회의 가난한 자들을 위하여 연보를 모으고자 한 바울의 계획에 동참하게 해 달라고 간절히 구했던 것과 마찬가지로, 이러한 훌륭한 모범을 통해서 힘을 얻어 바울은 디도에게 자신이 이미 거기서 시작했던 것, 즉 연보를 모으는 일을 고린도 교회에서(*εἰς ὑμᾶς*-에이스 휘마스, "너희 가운데서") 행하도록 요청한다. 마지막에 나오는 말은 에피텔레세…카이 텐 카린 타우텐(*ἐπιτελέσῃ…καὶ τὴν χάριν ταύτην*)인데, 이것은 디도가 "이 동일한 은혜의 섬김(*χάρις*-카리스)을 완성해야" 한다는 지시를 나타낸 것으로서 하나님의 은혜에 의해 감동을 받아들이기에 이른 것을 "은혜"라는 말로 표현한 1, 4절 및 7절과 양쪽으로 걸린다. 카이(*και*)는 디도도 이 일을 끝마칠 수 있다는 것을 지적한 것으로서 "불필요해 보인다"(Barrett, 221). 그러나 거기에는 디도가 "눈물의 편지"(2:4)를 고린도 교회에 전달하는 자로 가서 그 곳에서의 문제를 성공적으로 해결했듯이, 그것에 힘을 얻어서 연보를 모으는 이 사역도 성공적으로 해 낼 것이라는 암시가 들어 있을 수 있다(Fallon, 70).

## 해설

"극한 가난, 풍성한 연보"(2절)라는 바울의 표현 속에 들어 있는 역설은 이 단락의 핵심이다. 그것은 오늘날의 독자들에게 가장 실천적인 청지기의 분야에서 그리스도인의 헌신의 의미를 바울이 어떻게 보았는지를 알 수 있게 해준다.

마게도냐 교인들은 바울이 추천한 가장 모범적인 연보의 모델로 거론된다. 바울의 사도적 섬김이 후원을 필요로 한다는 확고한 확신과 유대 땅에 있는 궁핍한 상태의 모교회와의 유대를 공고히 하고자 한 확고한 열망 속에서 마게도냐 교인들은 기꺼이 바울의 요구에 응했다. 바울은 마게도냐 교인들이 극한 가난 속에 있었기 때문에 그들로부터 예루살렘 교회를 위한 연보를 모으는 것을 주저한 듯이 보였지만, 그들은 심지어 바울의 그러한 염려를 다 날려 버릴 정도로 적극적으로 연보에 동참했다. 통상적으로 우리는 연보를 모으는 자가 연보를 낼 만한 자들에게 "간절히 구하는" 모습을 보이는 것이 보통이라고 생각한다. 하지만 여기서는 연보를 낼 만한 형편이 되지 못했던 마게도냐 교인들이 도리어 이 일에 자신들도 동참하게 해 달라고 바울에게 간청했다.

그렇지만 그리스도인들의 연보는 단순한 동정심의 표현 또는 기꺼이 곤경에 처한 자들을 돕고자 하는 것보다 훨씬 더 그 이상의 것이라는 사실을 우리는 안다 – 그러한 미덕들이 아무리 칭찬할 만한 것이라고 해도. 연보와 관련된 바울의 말들 속에는 그 근저에서 신학적인 뉘앙스가 드러난다 – 바울의 모든 말들은 우리가 드리는 것을 위한 패턴을 설정해 줌과 동시에, 우리로 하여금 눈에 보이는 비싼 대가를 치르도록 도전하며 박차를 가하는 하나님의 은혜와 섬김의 측면을 강하게 지니고 있다. 모든 드리는 것의 모범은 하나님이 그의 피조물들과 자녀들에게 주시는 은혜다. 하나님이 은혜로 주신 것들(카리스마타)은 바로 그런 것들이기 때문에, 우리는 그것들을 우리의 드리는 것을 절실히 필요로 하는 곤궁한 자들을 섬기는 데 사용해야 한다.

## 보론: 바울의 연보에 대하여

유대 그리스도인들을 위하여 바울이 연보를 모은 것에 대한 가장 좋은 출발점은 바울 자신이 한 말들이다. 갈라디아서 2:10에 의하면 예루살렘에서 맺은 합의의 일환으로 바울은 "가난한 자들"을 생각할 책임을 받아들였다. 바울이 그러한 책임을 진지하게 받아들였다는 것은 그의 후기의 서신들 속에서 "예루살렘의 가난한 자들"을 위한 연보를 모으는 사역에 대한 언급이 반복해서 등장한다는 것(고전 16:14; 고후 8, 9; 롬 15:27-29)과 그가 사도행전에 나오는 이야기 속에서 밝혔듯이 그렇게 해서 모아진 돈을 전달할 목적으로 거룩한 도성을 방문하고자 한 것(행 20:16, 22; 24:17; 이상하게도 그의 예루살렘 방문의 이러한 측면은 누가의 자세한 이야기 속에서 두드러지지 않는다)으로부터 분명하게 드러난다.

예루살렘 교회가 가난했던 이유에 대해서 우리는 단지 추측만 할 수 있을 뿐이다. 예루살렘 교회는 상당한 규모로 성장해서 교회가 돌보아야 할 과부들의 수도 늘어났기 때문에 구제 헌금이 부족했던 것일 수 있다(참조. 행 6:1-7). 우리는 나이든 유대인 가정들이 그들의 노년을 거룩한 도성에서 보내고 결국에는 죽은 자의 부활을 기대하며 거기에

묻히고자 예루살렘으로 이주했다는 것을 알고 있다. 일부 학자들은 갈릴리의 그리스도인들이 메시아의 재림을 맞이하기 위해서 그러한 재림이 일어날 장소로 예상되었던 예루살렘으로 순례를 떠났다고 주장한다. 통상적인 견해는 "사랑의 공산주의"(Troeltsch의 용어를 사용하자면, "religiöse Liebeskommunismus"; Holmberg, *Paul and Power*, 35를 보라; 그러나 이러한 표현과 거기에 함축되어 있는 것은 E. Haenchen, *The Acts of the Apostles*, tr. B. Noble and G. Shinn et al.에 의해서 비판을 받았고, 그 비판은 R. McL. Wilson [Oxford: Blackwell, 1971] 233에 의해서 완성되었다)의 실험을 통해서 신자들이 가산을 정리하여 재산을 공동으로 사용한 것(행 4:32-37; 5:1-11에서처럼)이 빈곤을 가져왔다는 것이다. 도드(C. H. Dodd)는 유대 그리스도인들의 실험이 실패한 이유를 다음과 같이 말한다: "그들은 자본을 현실화해서 그것을 수입으로 여기고 분배함으로써 경제적으로 파탄 지경에 이르게 되었다"(*The Epistle of Paul to the Romans*, MNTC[London: Hodder & Stoughton, 1932] 230). 외적인 요인으로 우리는 주후 1세기의 40년대 중반에 유대 땅에 흉작이 있었다는 기록을 근거로 제시할 수 있을 것이다(행 11:27-30을 보라). 또한 유대 당국자들이 교회를 박해한 것도 예루살렘 교회의 경제적 및 사회적 곤경에 일조했을 가능성이 높다.

어떤 이유에서이든-아마도 그것은 여러 가지 상황들이 복합적으로 작용한 결과였을 것이다-예루살렘 회중들은 경제적으로 어려운 처지에 있었다. 따라서 바울이 그들을 "기억하자"(즉 실질적으로 도움을 주자는 것)는 제안은 얼핏 보기에는 단순히 고상한 자선과 동정의 행위인 것처럼 보인다. 바울은 마게도냐와 남부 헬라 지방에 있는 이방 교회들이 극한 곤경 속에 처해 있는 동료 그리스도인들을 후원하고 가장 실제적인 방식으로 그들을 돕는 일에 동참하기를 기대했다. 이것은 로마서 15:26, 그리고 바울이 고린도후서 8:13 이하와 9:12에서 말하고 있는 것으로부터 충분히 분명해 보인다.

홀(Karl Holl)이 1928년에 발표한 논문은 이러한 논의에 새로운 측면을 더했다("Der Kirchenbegriff des Paulus in seinem Verhältnis zu dem der Urgemeinde," *Gesammelte Aufsätze zur Kirchengeschichte*[Tübingen: J. C. B. Mohr, 1928] 2:44 -67). 그는 "가난한 자들"과 "성도들"은 궁핍한 자들을 가리키는 명칭들이 아니라 둘 다 예루살렘 교회에 속한 자들 자체를 가리키는 명칭들이었다고 주장했다. 그들은 스스로 "거룩한" 자들이라고 자처했고, 그들의 "가난"은 마태복음 5:3에 나오는 "심령이 가난한 자들"과 같은 것이었다. 스스로를 그런 명칭으로 불렀던 그들은 이방 교회들로부터 재정적인 도움을 기대할 "권리"를 가지고 있다고 여겼는데, 왜냐하면 그들은 기독교계의 모교회였기 때문이다(Holl, loc. cit., 62에서는 "말할 필요도 없이 세금을 거둘 권리"〈ein gewisses Besteuerungsrecht〉라고 말한다). 이러한 "세금을 거둘 권리"와 관련해서 이미 선례가 존재하고 있었는데, 디아스포라의 유대 회당들은 거룩한 도성에 성전세를 보낼 법적 의무를 가지고 있었던 것이다(마 17:24-27). 홀(Holl)은 명시적으로 유대교의 관습과 관련된 유비를 지적하지는 않았지만, 계속해서 바울이 예루살렘 교회의 그러한 권리 주장을 받아들였고, 그것은 그가 "풍성함"(개역 성경에서는 "거액의 연보")(고후 8:20), "섬김의 일"(고후 9:12), "연보"(고전 16:1f.) 같은 표현들을 사용한 것 속에서 드러난다고 주장했다. 헹엘(Hengel, *Acts*, 188)은 이러한 연보가 유대 그리스도인들에게는 어떻게 비춰졌을지에 대하여 설명한다-고린도후서 9:13-14이 암시하고 있듯이, 그들이 그들을 위한 바울의 활동을 알고 있었다고 전제할 때. 그러나 해당 "주석"을 보라.

홀(Holl)을 비롯한 학자들이 제시한 주장은 과장된 것으로 보이지만(D. Georgi, *Die Geschichte der Kollekte*, 10, 11, 17; G. Bornkamm, *Paul*, 40, 41에서는 예루살렘에 대한 세금은 "결코 정기적인 수입〈Abgabe: 부과금?〉이 아니었다…〈그리고 바울은〉 율법에서 가져온 용어들〈juridische Termini〉을 피했다, *Paulus*, 62; B. Holmberg, *Paul and Power*, 77; W. D. Davies, *The Gospel*, 199; Keck, "The Poor"〈1965, 1966〉; 아울러서 R. N. Flew의 이전 저작인 *Jesus and His Church*〈London: Epworth, 1938〉 156, 157도 참조하라), 성도들을 위한 연보는 단순한 자선의 표현 이상의 것이었다는 사실은 일반적으로 받아들여지고 있다. 고린도후서와 로마서에 나오는 본문들을 보면, 바울은 이 일을 기독교회를 이루고 있는 양 날개인 유대인들과 이방인들이 하나가 되었다는 것을 보여 주는 강력한 방식으로 여긴 것 같다. "비유대인들에 대한 사도"라는 바울의 말은 그의 전도를 통해서 믿은 자들에게 그들이 받은 모든 유익들이 메시아 신앙에 대한 이스라엘의 소망 덕분임을 깨달아서 그들에 대하여 감사하는 마음을 가져야 한다는 것을 일깨우기 위한 것이었다. 또한 역으로, 바울은 이방인들의 너그러움과 후함(K. Berger: "Almosen für Israel," *NTS* 23[1976-77] 180-204[198]에 의하면, 이것은 솔직하게 표현되어서 이방인들이 이스라엘로부터 독립되어 있다는 것과 이스라엘과의 교제를 둘 다 증거하는 것이었다)을 보여 주는 그러한 증표는 두 문화 집단 간의 관계-흔히 긴장 속에 있었던-를 공고히 하고 유대 그리스도인들의 마음을 얻어서 바울 자신의 선교의 정당성을 온전히 인정하게 할 수 있는 길로 해석될 것이라고 굳게 믿었다(갈 2:7-10과 본서의 서론을 보라). 또한 여기에는 이방 그리스도인들이 이스라엘의 메시아 안에서 새로운 삶을 얻었다는 것을 보여 주는 증거로서 이러한 일을 하게 되면 유대인들은 시기가 나서 구원의 길을 찾는데 더욱 힘을 내게 될 것이라는 선교 전략이 깔려 있다(롬 11:14).

이 소망에는 특별한 차원이 존재한다. 이 소망은 바울이 직접 연보를 가지고 예루살렘을 방문하면서 많은 수의 이방 그리스도인들을 의도적으로 대동했다는 확인된 사실에서 시작된다(참조. 행 20:4). 이것은 부분적으로 연보로 모은 돈을 보호하기 위한 것이기도 했겠지만, 그보다 더 중요한 것은 바울은 많은 돈을 맡길 만한 자가 되지 못한다는 비방에 의해서 그의 명성이 훼손되는 것을 막기 위한 것이었다. 또한 분명한 것은 바울은 자기가 유대 그리스도인들의 지도층에 의해서 환영 받지 못할 것이고, 예루살렘에서 위험에 노출될 수도 있다는 것을 알았으면서도 이러한 여행을 기꺼이 자원했다는 것이다(롬 15:

31). 이 문제의 한 측면은 바울이 하나님을 경외하는 이방인들이 한 분 하나님에 대한 이스라엘의 신앙에 동참하기 위하여 기꺼이 이스라엘의 가난한 자들을 돕고자 했다는 개념의 일환으로서 "이스라엘을 위한 구제"를 제공하기 위하여 대표자로 행동하고 있었다는 것이다. 일부 사람들은 그러한 구제의 몸짓이 할례 받지 않은 결손을 보충하고, 비록 할례를 받지 않았지만 경건한 이방인들을 이스라엘의 언약 속으로 받아들이는 데 기여할 것이라고 믿었다는 것을 보여 주는 증거들이 있다고 주장한다. 이것이 사실이라면, 바울의 행위는 그가 세운 이방 교회들을 하나님의 이스라엘의 참된 일부로 받아들이라는 강력한 호소가 된다. 도움의 손길을 뻗치는 인간의 관심을 더 잘 표현해 줄 수 있는 "형제애", "교제", "모두를 위한 공정한 몫" 같은 용어들이 있음에도 불구하고(그러나 8:13-14에 대한 우리의 "주석" 속에서 Georgi의 해석을 보라), 홀(Holl)이 주목했듯이 여기서 이러한 표현들이 사용된 것은 그런 식으로 설명될 수 있을 것이다. 바울이 다소 종교적이고 율법적인 냄새를 풍기는 표현들을 사용한 것은 이러한 연보에 대한 저항감을 극복하기 위한 것으로 설명하는 것이 좋을 것 같다-특히 우리가 앞으로 보게 되겠지만, 그러한 책임을 받아들이기를 주저했던 것으로 보이는 고린도 교회에 대하여.

이것과 관련해서 한 가지 더 고찰해 볼 것이 있다. 멍크(Johannes Munck, *Paul and the Salvation of Mankind*, 176, 193)를 비롯한 여러 학자들은 바울이 연보를 모은 때는 그가 동쪽에서의 사역을 마무리 한 때와 일치한다는 점을 주목하고서(롬 15:23), 바울은 이러한 이방 교회들 가운데서의 자신의 선교 사역이 성공적으로 끝난 것으로 여겼다고 날카롭게 지적했다. 의인 야고보를 중심으로 모여 있었던 예루살렘 교회의 지도층은 이러한 결말을 낙심과 의구심과 두려움의 눈초리로 바라보았을 것이다. 그런 까닭에 바울은 자신이 연보를 모으는 것이 마치 하나님의 선민이라는 예루살렘 교회의 주장과는 독립적으로 독자적인 행동을 하고 있는 것처럼 오해받을 수 있다는 것을 느꼈다(행 21:21, 28에 나타난 바울에 대한 적대감을 보여 주는 암시들을 보라). 어쨌든 상황은 그렇게 전개되었고, 사도적 기독교의 두 분파를 하나로 묶고자 한 바울의 의도는 점증하는 의구심이라는 단단한 바위들과 그가 성전 경내에서 소동을 일으켰다고 고발당했을 때 유대 그리스도인들이 그를 변호해 주기를 꺼려한 것에 의해서 무너졌다. 따라서 니클(Keith F. Nickle, *The Collection: A Study in Paul's Strategy*, 155)이 요약하고 있듯이, "믿지 않는 유대인들을 자극해서 그리스도에 대한 신앙을 고백하게 만들고자 했던" 바울의 의도는 "산산이 부서져 실패하고 말한다". 마찬가지로, 유대 그리스도인들과 그들의 이방인 형제들을 하나로 묶고자 했던 바울의 담대한 사업도 점증하는 적대감의 무게에 짓눌려서 무너지고 말았는데, 이러한 적대감은 유대 민족주의자들, 즉 유대인들을 결속시켜서 이방인들에게 대항하고자 함과 동시에 유대 그리스도인들을 소위 "개종한 이방인들"과 어울린 민족의 반역자들로 비난했을 열심당들로부터의 압력에 의해서 생겨났을 것이다.

거기에다가 바울의 칭찬할 만한 시도는 또 한 번의 타격을 입게 되었다. 바울이 이방인들로부터의 예물을 들고서 예루살렘으로 순례한 것은 랍비들이 믿었던 바와 같이 마지막 날에 관한 예언적인 묘사(사 2:2-5; 60:5-22; 미 4장)를 반영한 것이었다. 그러므로 바울은 이방인들의 순종이 결국 이스라엘이 새롭게 되는 결과를 가져와서 종말론적인 기쁨과 축복의 새 시대가 개시되기를 소망했다. 이러한 절정의 결과를 통해서 바울 자신의 사도로서의 사역이 그 정당성을 인정 받게 될 것이라고 여겨서, 그는 이방인들의 대표자들로 구성된 많은 수행원들을 거룩한 도성으로 이끌고 왔다(행 20:4). 바울의 생각은 이스라엘의 회심에 대한 기대(롬 11:26)와 로마와 서바나에서 계속해서 복음 전도 사역을 행하고자 하는 마음(롬 15:24) 사이에서 왔다갔다 했던 것으로 보이지만, 분명히 이 두 가지는 서로 연결되어 있었다. 이렇게 바울은 이방 교회들에서 모은 연보를 예루살렘 교회에 가져다 주는 것을 자신의 대적자들에 맞서서 자신의 사역을 "구원사적으로" 정당화할 수 있는 방법이자 이스라엘 민족에 대하여 "종말론적인 도발"을 행하여 그들의 질투심을 불러일으켜서 하나님에게로 돌아오게 할 수단으로 보았다. 그렇지만 여기서 다시 한 번 애석하게도 바울이 품었던 최고의 소망들은 이스라엘의 계속된 "완악함"과 "눈멈", 그리고 동포들 사이에서의 그에 대한 반감의 증가라는 벽에 부딪쳐서 무너지고 말았다.

# B. 고린도 교인들을 향한 호소(8:7-15)

## 참고문헌

**Barrett, C. K.** "Titus." *Essays on Paul*, chap. 7. 118-31. **Betz, H.-D.** *Nachfolge und Nachahmung Jesu Christi im Neuen Testament*. BHT 37. Tübingen: J. C. B. Mohr, 1967. **Bischoff, A.** "Exegetische Randbermerkungen," *ZNW* 9(1908) 168. **Craddock, F.** "The Poverty of Christ. An Investigation of II Corinthians 8:9." *Int* 22(1968) 158-70. **Dahl, N. A.** "Anamnesis: Memory and Commemoration in Early Christianity." In *Jesus in the Memory of the Early Church*, 11-29. Minneapolis: Augsburg Publishing House, 1976. ______. "Form-critical Observations on Early Christian Preaching." In *Jesus in the Memory of the Early Church*, 30-36. Minneapolis: Augsburg Publishing House, 1976. **de Boer, W. P.** *The Imitation of Paul*. Kampen: Kok, 1962, 61 f. **Dunn, J. D. G.** *Christology in the Making*. London: SCM Press/Philadelphia: Westminster Press, 1980. ______. *Jesus and the Spirit*. London: SCM Press/Philadelphia:

Westminster Press, 1975. **Dupont, J.** "Pour vous le Christ s'est fait pauvre(2 Cor. 8:7, 9, 13-15)" *AsSeign* 44(1969) 32-37. **Feuillet, A.** "L'homme - Dieu considéré dans sa condition terrestre." *RB* 51(1942) 70-73. ______. *Christologie paulinienne et tradition biblique.* Paris: Editions du Cerf, 1972. **Hanson, A. T.** *The Image of the Invisible God.* London: SCM Press, 1982. **Hamerton-Kelly, R. G.** *Pre-existence, Wisdom, and the Son of Man.* SNTSMS 21. Cambridge: University Press, 1973. **Kramer, W.** *Christ, Lord, Son of God.* Tr. Brian Hardy. SBT 50. London: SCM Press, 1966. **Larsson, E.** *Christus als Vorbild.* Tr. B. Steiner, ASNU 23. Uppsala: Gleerup, 1962. **Meeks, W. A.** *The First Urban Christians.* New Haven and London: Yale University Press, 1983. **Moffatt, J.** *Grace in the New Testament.* London: Hodder and Stoughton, 1932. **Nickle, K. F.** *The Collection.* 18, 109 f, 126 ff. **Ross, A.** "The Grace of our Lord Jesus Christ." *EvQ* 13(1941) 219-25. **Schrage, W.** *Die konkreten Einzelgebote in der paulinischen Paränese.* Gütrsloh: G. Mohn, 1961. **Theissen, G.** *The Social Setting of Pauline Christianity.* Tr. J. H. Schätz. Philadelphia: Fortress, 1982. **Veilhauer, Ph.** *Geschichte der urchristlichen Literatur.* Einleitung in das neue Testament, usw. New York & Berlin: de Gruyter, 1975.

## 본 문

**7** 오직 너희는 믿음과 말과 지식과 모든 간절함과 우리를 사랑하는 이 모든 일에 풍성한 것같이 이 은혜에도 풍성하게 할지니라

**8** 내가 명령으로 하는 말이 아니요 오직 다른 이들의 간절함을 가지고 너희의 사랑의 실상을 증명코자 함이로라

**9** 우리 주 예수 그리스도의 은혜를 너희가 알거니와 부요하신 자로서 너희를 위하여 가난하게 되심은 그의 가난함을 인하여 너희로 부요케 하려 하심이니라

**10** 이 일에 내가 뜻만 보이노니 이것은 너희에게 유익함이라 너희가 일 년 전에 행하기를 먼저 시작할 뿐 아니라 원하기도 하였은즉

**7** And now, just as you overflow in every [grace-gift] —in faith, in speech, in knowledge, in all eagerness and in the love that we have aroused in you —,[a] make sure that you overflow in this gracious service as well.

**8** I am saying this not as an order, but I am seeking to try out the reality of your love also by using the eagerness of others [as a standard].

**9** For you know the generosity of our Lord Jesus Christ who —for your sakes and though he was wealthy —became poor, so that you by that poverty might become wealthy.

**10** So it is then only an opinion I am giving you in this matter: for this advice befits you, you who last year were those who were the first[b] not only to undertake this action but also to decide on it.

**11** 이제는 행하기를 성취할지니 마음에 원하던 것과 같이 성취하되 있는 대로 하라

**11** Now complete the undertaking, so that the performance matches the readiness of your decision, as your means allow.

**12** 할 마음만 있으면 있는 대로 받으실 터이요 없는 것을 받지 아니하시리라

**12** For if the readiness is there, this is acceptable in accordance with what a person has [to offer], not in accordance with what a person does not.

**13** 이는 다른 사람들은 평안하게 하고 너희는 곤고하게 하려는 것이 아니요 평균케 하려 함이니

**13** Indeed, it is not a question of relieving others at the expense of your own affliction, but it is a matter of fair shares.[c]

**14** 이제 너희의 유여한 것으로 저희 부족한 것을 보충함은 후에 저희 유여한 것으로 너희 부족한 것을 보충하여 평균하게 하려 함이라

**14** At the present time and in the circumstances, your surplus will meet their deficiency, so that then their surplus may meet your deficiency; in this way there will be fair shares all round.

**15** 기록한 것같이 많이 거둔 자도 남지 아니하였고 적게 거둔 자도 모자라지 아니하였느니라

**15** This is in line with Scripture: "He who collected much did not have too much, and he who collected little lacked nothing."

## 원문주해

a. 대부분의 사본들에는 엑스 휘몬 엔 헤민(*ἐξ ὑμῶν ἐν ἡμῖν*, "우리를 향한 너희의 사랑"; ℵ C D F G ψ TR lat syr)으로 되어 있지만, 이것은 좀더 쉬운 읽기다. 반면에, 엑스 헤몬 엔 휘민(*ἐξ ἡμῶν ἐν ὑμῖν*)은 더 어려운 읽기이기 때문에 우리는 이 읽기를 택한다. $P^{46}$ B $cop^{sa. bo}$와 몇몇 교부들이 이 읽기를 택하고 있다. 그렇지만 문맥상으로 좀더 예상되는 읽기가 사본상으로 폭넓은 지지를 받고 있다. 우리는 Bratcher의 번역을 따랐다. 하지만 그의 *Translator's Guide*는 RSV, GNB/TEV, NIV의 번역을 제시하고 있다. 후자에는 "우리를 향한 너희의 사랑"으로 되어 있다. Harris, 369를 보라.

b. 좀더 매끄러운 에네륵사스데(*ἐνήρξασθε*, D F G) 대신에 프로에네륵사스데(*προενήρξασθε*, ℵ B C K L P)로 읽어야 한다. 8:6을 보라.

c. 끊어 읽기와 관련해서 여기서와는 다른 방법이 존재한다. UBS는 들립시스(*θλῖψις*) 뒤에 마침표를 찍어서, 그 다음에 나오는 어구인 알 엑스 이소테토스(*ἀλλ' ἐξ ἰσότητος*)를 14절에 포함시킨다. 이렇게 읽으면 본문은 다음과 같이 해석된다. "이는 다른 사람들은 평안하게 하고 너희는 곤고하게 하려는 것이 아니요 평균케 하려 함이니(*ἐξ ἰσότητος*-엑스 이소테토스) 이제…." 이러한 구문은 별로 바람직하지 못하다.

## 양식/구조/배경

우리가 8:1-6에서 보았던 것과 동일한 일련의 문학적 특징들이 이 단락에서도 뚜렷하게 드러난다: 몇몇 파격 구문(13, 17절, 거기에는 "…이다"라는 동사가 추가되어야 한다), 11절에서 볼 수 있는 암호적인 문체, 특히 목적절들 또는 명령의 서술들을 나타내기 위해서 히나(*ἵνα*)를 모호하게 사용하고 있는 것(13절). 이 모든 특징들이 결합되어서 이 단락을 대체적으로 그 뜻이 분명하지만 확실하지는 않은 꽤 난해한 단락으로 만들어 놓고 있다. 바울의 이 논증 속에는 변증적인 뉘앙스가 들어 있다고 주장되어 왔다(Georgi, *Die Geschichte der Kollekte*, 66, 67).

이제 이 절들의 배경을 살펴보기로 하자. 바울은 두 극단의 가운데 끼어 있다. 한편으로, 바울은 고린도 교인들에게 이전에 디도가 방문했을 때 그들이 시작했던 성도들을 위한 연보를 마무리하라고 강권하고자 한다(6, 10절: 이 절들은 바울이 에베소에 있는 동안 디도가 이전 겨울에 방문했던 것을 가리킨다: Luedemann, *Paul*, 93, n. 175의 이러한 견해에 반대하여 Vielhauer, *Geschichte*, 145에서는 이것이 디도의 이전의 두 번의 방문, 즉 연보 문제를 처리하기 위한 첫 번째 방문〈8:6; 12:17 ff〉과 "눈물의 편지"를 가지고 가서 고린도 교인들의 마음을 되돌려놓은 두 번째 방문을 말하는 것이라고 생각한다). 이 일을 통해서 그들은 "은혜의 일"(*χάρις*-카리스)을 완료함으로써(11절) 그들의 사랑이 참되다는 것을 증명하게 될 것이다(8절). 바울은 자신의 호소를 역설하기 위해서 명령형 동사를 사용하는 것을 꺼려하지 않는다(7절: 잘 알려진 고린도 교회의 은사들을 개발하는 일에 있어서와 마찬가지로 "이 은혜의 일에도 너희가 풍성하게 할지니"; 고전 12-14장을 보라). 다른 한편으로, 바울은 자신의 말이 명령으로 받아들여지기를 원하지 않고(8절) 자신이 "힘에 지나도록" 연보를 한 마게도냐 교인들의 예를 든 것(8:3)이 고린도 교인들을 "당혹스럽게" 만들지 않기를 바라는 마음에서 아주 주의 깊게 글을 쓴다. 따라서 그는 하나님은 어떤 사람이 가지고 있는 것만을 받으실 뿐이지 그 사람이 가지고 있지도 않은 것을 받으시는 것이 아니라고 쓴다(12절; 마게도냐 교인들의 영웅적인 희생이 분명히 보여 주듯이). 후자의 어구인 우 카도 우크 에케이(*οὐ καθὸ οὐκ ἔχει*, "없는 것을 받지 아니하시리라"; 12절)는 그가 "너희가 가지고 있는 것으로부터"(*ἐκ τοῦ ἔχειν*-에크 투 에케인, "있는 대로") 마음에 원하던 것을 성취하라고 쓴 것(11절에서)과 짝을 이룬다. 이것은 그가 마게도냐 교인들이 보여 준 모범과 같은 초인적인 노력을 요구하고 있지 않다는 것을 암시하는 재치 있는 귓속 말처럼 보인다(Windisch, 256).

명령과 지시를 하는 대신에, 바울은 구약의 본문(칠십인역을 사용한)을 토대로 해서 상호주의의 원칙 하에 자신의 호소를 굳건하게 올려놓는다(13-15절). 이방인들은 이스라엘에게 빚을 지고 있다(롬 15:27). 그들은 자신들에게 남는 것을 궁핍한 가운데 있는 유대 그리스도인들에게 나누어 줌으로써 그 빚을 갚아야 한다. 그런 후에 반대 급부가 제시된다: 지금 "이 시대에"(*ἐν τῷ νῦν καιρῷ* – 엔 토 뉜 카이로) – 이 어구가 로마서 3:24; 8:13; 11:5의 준전문적인 의미를 지니고 있다면 – 벌어지는 상황은 장차 이스라엘이 부요하게 되어서 이방인들을 돕는 새로운 상황으로 바뀌게 될 것이다(Georgi, *Die Geschichte*, 65). 이것이 순전히 가설적인 것이 아니고(Héring, 61) 보상(*quid pro quo*)의 원칙에 의해서 요구되는 것이라면, 이것은 이스라엘의 회복과 이방인들에게 유익을 가져다 줄 죽은 자 가운데서 살아나는 것에 대한 약속과 관련된 로마서 11:12, 15에 나오는 바울의 기대에 비추어서 이해되어야 하는 사상이다(R. P. Martin, *Reconciliation: A Study of Paul's Theology*, 132-35를 보라). 그러나 우리는 고린도 교인들이 가난에 찌든 예루살렘 교인들을 돕기 위하여 연보를 하는 것을 종말에 있어서의 영적인 풍성함에 관한 종말론적인 소망과 결부시킨 것은 적어도 우리에게는 사고의 커다란 균열로 보일 수밖에 없다는 것을 인정해야 한다. 덧붙여 말하자면, 바울은 다른 곳에서(롬 15:26-27) "예루살렘에 있는 하나님의 백성"이 이방인 신자들을 부요하게 할 수 있다는 생각을 말함이 없이 이방인 신자들이 예루살렘 교인들을 부요하게 해야 한다는 것만을 말하는 것으로 만족한다. 그렇지만 우리는 여기서 두 가지를 간과해서는 안 된다. (1) 바울은 그가 예루살렘으로 연보를 가져가서 이방인 사절단이 구약과 랍비들의 기대를 성취하는 형태로 그들의 제사를 드렸을 때 인류 역사가 대단원의 막을 내릴 것이라고 기대했을 가능성이 높다. (2) 8:9에서 바울은 주 예수 그리스도가 자신의 부요함을 버리고 우리의 가난을 입은 성육신이라는 저 유례 없는 행위에 호소함으로써 하나님의 "은혜"로부터(8:1) 고린도 교인들이 풍성한 연보를 하겠다는 그들의 약속을 실천하는 것과 관련된 내용으로(7절) 미끄러지듯 넘어간다. 이것은 "과감하지만 특징적인 논증"(Bruce, 222)이다. 여기서 "부요함"과 "가난함"은 분명히 물질적인 번창함과 궁핍을 가리키는 암호들이 아니라, 이레니우스(Irenaeus)의 표현을 빌면 성육신하신 그리스도가 우리로 하여금 그의 모습이 되게 하기 위하여 우리의 모습이 된 것과 같은 영적인 "맞교환"(또는 "맞바꿈")을 나타내는 암호들이다. 예수 그리스도가 스스로를 낮추어서 성육신하심으로써 우리가 부요하게 된 것은 다른 식으로는 이해될 수 없다. 이러한 예시는 바울의 마음이 물질적인 선(예루살렘의 성도들을 도움으로써 이루어지는)과 지금 그리스도와의 교제 속에서 및 장차 이스라엘이 회복될 하나님의 선한 장래의 때에 사람들의 경험 속으로 들어올 영적인 부요함 사이에서 어떻게 왔다갔다 하는지를 보여 준다.

## 주석

7 "오직 너희는 믿음과 말과 지식과 모든 간절함과 우리를 사랑하는 이 모든 일에 풍성한 것같이 이 은혜에도 풍성하게 할지니라"(*'Αλλ' ὥσπερ ἐν παντὶ περισσεύετε, πίστει καὶ λόγῳ καὶ γνώσει καὶ πάσῃ σπουδῇ καὶ τῇ ἐξ ἡμῶν ἐν ὑμῖν ἀγάπῃ, ἵνα καὶ ἐν ταύτῃ τῇ χάριτι περισσεύητε*－알 호스페르 엔 판티 페리쓔에테, 피스테이 카이 로고 카이 그노세이 카이 파세 스푸데 카이 테 엑스 헤몬 엔 휘민 아가페, 히나 카이 엔 타우테 테 카리티 페리쓔에테). 바울은 자기가 은사들(charismata)이 풍성한 회중에게 편지를 쓰고 있다는 것을 인정한다(참조. 고전 1:7, Dunn, *Jesus and the Spirit*, 266, 267). 그들은 스스로 "탁월하다"(고린도 교인들이 사용한 용어로서의 페리쓔에인〈*περισσεύειν*〉에 대해서는 R. P. Martin, *The Spirit and the Congregation*, 154, n. 13을 보라)고 주장했고, 이 점에 대해서 바울은 반박하지 않는다. 그들에게 풍성했던 것들에 관한 목록은 다음과 같이 되어 있다: 그들은 "믿음"(*πίστις*－피스티스: 고전 12:9; 13:12, 13: *The Spirit and the Congregation*, 11, 12, 44를 보라; 그는 "구원하는 믿음"〈Kerygmaglaube〉과 "이적을 일으키는 믿음"〈Kerygmaglaube〉을 구별한다), "말"(또는 "언변", *λόγος*－로고스), "지식"(*γνῶσις*－그노시스, 고린도 교인들의 최고의 자산; 그노시스〈*γνῶσις*〉라는 단어는 고린도전·후서에서 16번 나오고, 고전 1:5에서는 "말"과 대구로 연결되어 있다)에 있어서 풍성했다. 그런 후에 고린도 교인들이 바울에 대하여 불신감을 지니고 있었던 때 의문시되었던 두 가지 특질이 뒤따라 나온다: 그들의 "열심, 간절함"(*σπουδή*－스푸데, 7:7, 12)과 "사랑"(*ἀγάπη*－아가페: *τῇ ἐξ ἡμῶν ἐν ὑμῖν ἀγάπῃ*－테 엑스 헤몬 엔 휘민 아가페, "내가 너희 속에 불어넣은 사랑"이라는 흥미로운 표현에 대해서는 Héring, 59와 "원문주해"를 보라). 이 두 용어(열심, 사랑)는 여기서 사도에 대한 고린도 교인들의 태도를 가리킨다. 바울과 그의 사도직에 대한 이 두 가지 반응은 모두 의심을 받고 있었지만, 이제 바울은 이러한 덕목들을 자신의 권면을 위한 토대로 삼을 정도로 충분히 회복된 관계를 확신하고 있다－그렇지

않다면, 화해할 것을 요구했을 것이다(5:18-21; 6:1f.). 영어 번역문에서 "make sure"는 명령의 의미를 지니는 히나(ἵνα)를 번역한 것이다(H. G. Meecham, "The Imperatival Use of ἵνα in the NT," *JTS* o.s.[43, 1942] 179, 180; 2 Macc 1:9을 인용하고 있는 Plummer, 238를 보라): "너희가 이 은혜의 섬김(χάρις-카리스)에도(καὶ-카이) 풍성하게(περισσεύητε-페리쑤에테, 앞에 나온 동일한 동사와 대응된다) 할지니라." 카이(καὶ)는 유의미한 단어이고, 타우테(ταύτῃ, "**이** 은혜의 일")는 문장에서의 그 위치 때문에 강조되어 있다. 바울은 "시비를 거는 것처럼 보일까 봐 염려하지 않는 것은 아니지만"(Plummer, 238), 자신이 고린도 교인들에게 행동할 것을 요구하고자 한다는 것을 분명히 한다.

8 "내가 명령으로 하는 말이 아니요 오직 다른 이들의 간절함을 가지고 너희의 사랑의 실상을 증명하고자 함이로라"(*Οὐ κατ᾽ ἐπιταγὴν λέγω ἀλλὰ διὰ τῆς ἑτέρων σπουδῆς καὶ τὸ τῆς ὑμετέρας ἀγάπης γνήσιον δοκιμάζων*-우 카트 에피타겐 레고 알라 디아 테스 헤테론 스푸데스 카이 토 테스 휘메테라스 아가페스 그네시온 도키마존). 바울의 생각은 고린도 교회의 독자들을 향한다. 그는 그들을 위하여 마게도냐 교인들의 모범을 소개했었다. 바울의 표현이 섬세하다는 것(*οὐ κατ᾽ ἐπιταγὴν λέγω*-우 카트 에피타겐 레고, "내가 명령으로 하는 말이 아니요"; 이와 동일한 관대한 문체에 대해서는 고전 7:6, 25을 보라)은 그가 방금 자기 편으로 돌아온 자들을 조심스럽게 대해야 할 필요가 있다는 것을 느꼈음을 보여 준다. 10절은 이러한 종류의 돌려서 말하는 글쓰기 방식을 반복하고 있다. 그럼에도 불구하고, 여기서 다루어지고 있는 것은 그의 사도적 선교에 대한 그들의 헌신이 과연 참된 것인지(직역하면 "너희가 지닌 참된 사랑을 시험하는 것⟨*δοκιμάζειν*-도키마제인에 대해서는 13:5을 보라⟩"), 즉 그들이 과연 마게도냐 교인들이 보여 주었던 것과 같은 그러한 정도의 헌신을 지니고 있는지에 관한 것이다: 그런 까닭에 카이(*καὶ*, "또한")는 이 두 집단을 서로 결합시키는 역할을 한다. 영어 번역에서는 동사("using")를 추가해서 이러한 연결 관계를 한층 분명하게 하고자 했다. 바울은 연보에 대한 열심(*σπουδή*-스푸데)을 통해서 확인된 마게도냐 교인들의 진정한 사랑(*ἀγάπης γνήσιον*-아가페스 그네시온)에 대하여 전혀 의심을 갖고 있지 않았다. 이제 그는 고린도 교인들이 사랑과 열심에 있어서 그들과 동일한 정도의 헌신을 보여 줄 것인지를 확인하고자 한다(7:7, 12과 관련해서: 바울이 여기서 염두에 두고 있는 것은 그의 일에 대한 그들의 열심이다). "마게도냐 교인들의 모범은 고린도 교인들이 바울과 그들의 동료 그리스도인들에 대하여 진정으로 사랑하는 마음을 갖고

있는지를 검증하는 판별 기준이 되고 있다"(Fallon, 71).

9 "우리 주 예수 그리스도의 은혜를 너희가 알거니와 부요하신 자로서 너희를 위하여 가난하게 되심은 그의 가난함을 인하여 너희로 부요하게 하려 하심이니라" (*γινώσκετε γὰρ τὴν χάριν τοῦ κυρίου ἡμῶν 'Ιησοῦ Χριστοῦ, ὅτι δι' ὑμᾶς ἐπτώχευσεν πλούσιος ὤν, ἵνα ὑμεῖς τῇ ἐκείνου πτωχείᾳ πλουτήσητε*－기노스케테 가르 텐 카린 투 퀴리우 헤몬 예수 크리스투, 호티 디 휘마스 엡토큐센 플루시오스 온, 히나 휘메이스 테 에케이누 프토케이아 플루테세테). 아마도 아가페(*ἀγάπη*, "사랑")에 대한 언급이 바울로 하여금 행동으로 보여 준 사랑과 관련된 최고의 예를 근거로 제시하게 만든 것 같다(기독론적인 관점에서 해석되어야 하는 고전 13장의 "사랑의 찬가": Oda Wischmeyer, *Der höchste Weg: Das 13. Kapitel des 1. Korintherbriefes*[Gütersloh: Gütesloher Verlagshaus, 1981], summarized in Martin, *The Spirit and the Congregation*, chap. 3을 보라). 도입을 위한 동사 기노스케테(*γινώσκετε*, "너희가 안다")를 통해서 소개된 그리스도의 모범은 윤리적인 요구를 강화시키기 위하여 하나님의 행위를 패러다임으로 사용하는 성경의 전형적인 관행을 보여 준다(N. A. Dahl, "Anamnesis"를 보라). 이러한 해석은 9절에 나오는 가르(*γὰρ*)가 7절에 나온 히나 카이 엔 타우테 테 카리티 페리쓔에테(*ἵνα καὶ ἐν ταύτῃ τῇ χάριτι περισσεύητε*)에 걸린다고 본 드롤(M. E. Thrall, *Greek Particles*, 93)의 해석보다 더 낫다.

"우리 주 예수 그리스도의 은혜"라는 표현은 바울의 기원(invocation)의 핵심에 자리잡고 있다(이 표현은 예전상의 완전한 칭호로서, 여기서는 신조에 나온 문장을 사용하고 있음을 보여 준다: Kramer, *Christ, Lord, Son of God*, 66b에서는 이렇게 평한다: "기독론적인 완전한 칭호들은 엄숙한 예전적 언어와 잘 어울리고, 이것은 그것들이 바울이 고상한 문체로 글을 쓰고 있는 대목들에서 사용되는 이유다"). "은혜"(*χάρις*－카리스)는 통상적으로 바울의 도입 문구들 및 축도들과 결부되어 있다. 여기서 이 단어는 하나님의 속성, 즉 죄인들을 위하여 자격이 없는 자들을 도우려고 행하신 것 속에서 나타난 사랑과 관련된 신학적인 무게를 지닌다(J. Moffatt, *Grace*, passim; R. P. Martin, s.v. "Grace," *Dictionary of the Bible and Religion* [Nashville: Abingdon, 1986]을 보라). 이 세상에 오시기 전의 그리스도의 삶(이것을 반박하기 위한 시도에 대해서는 Dunn, *Christology*, 121-23를 참조하라; 그러나 그러한 반박은 빌 2:6에서와 마찬가지로 여기서도 동일한 이유들로 인하여, 즉 영원 전부터 하나님의 실존을 공유하고 있었던 유일하신 분이 비천한 성육신을 통해서 그 실존을 포기하는 선택을 했다고 말할 수 있기 때문에 성공하지 못한다)은 여기서 "부요하다"(πλούσιος ὤν－플루시오스 온; 참조. 빌 2:6의 휘파르콘⟨ὑπάρχων⟩: 코이네 헬라어에서 휘파르케인⟨ὑπάρχειν⟩과 에이나이⟨εἶναι⟩는 실질적으로 동일한 의미라는 증거들에 대해서는 필자의 *Carmen Christi* 2, xx, xxi, 65, n. 2를 보라)로 표현된다. 그러므로 그리스도의 부요함은 "그의 선재적인 신분"으로서(Héring, 60; 참조. Plummer, 241: "여기서는 갈 4:5에서처럼 그리스도의 선재에 대하여 분명하게 가르치고 있다": 또한 M. Hengel, *The Son of God*, tr. John Bowden을 보라; Dunn, ibid.에 반대하여 A. T. Hanson, *The Image of the Invisible God*, 64-66를 보라) 그리스도가 "하나님의 형상을 지니고 있는 것"(ἐν μορφῇ θεοῦ ὑπάρχων－엔 모르페 데우 휘파르콘)과 같다. 자세한 것은 R. G. HamertonKelly, *Pre-existence*, 150f.; F. Craddock, "The Poverty of Christ"; idem, *The Pre-existence of Christ in the New Testament*(Nashville: Abingdon, 1968) 99-106를 보라.

그 다음으로 성육신 사건이 묘사된다: "그가 가난하게 되셨다"(ἐπτώχευσεν－엡토큐센: 우리는 이 동사의 선택이 예루살렘 교회의 "가난한 자들"⟨οἱ πτωχοί－호이 프토코이⟩과 연결되고 있는지를 물을 수 있다. 이러한 질문에 대하여 우리가 그렇다고 대답하기를 주저하는 것은 바울이 즐겨 사용하는 표현은 "가난한 자들"이 아니라 "성도들"을 위한 연보라는 사실에 있다: 고전 16:1; 고후 8:4, 5; 롬 15:25, 31). 여기서 단순과거는 기동(起動)의 의미다. 즉 그리스도는 가난을 자신의 운명으로 받아들였는데(Moffatt, *Grace*, 191), 그 결과는 지금도 여전히 효력을 미치고 있다. 그리스도는 우리 인간의 곤경의 상태 속에서 우리와 같이 되신 것인가(참조. 롬 8:3; 갈 4:4), 또는 복음서들에 나오는 예수가 축복하러 왔다고 말한 경제적으로 "가난한" 자들의 삶과 같이 되신 것인가(눅 4:18; 6:20; 7:22), 또는 오직 하나님에게만 소망을 두고 하나님을 신뢰하는 영혼들, 이른바 히브리어로 "아나윔"인 "심령이 가난한 자들"과 함께 되신 것인가? 던(Dunn, *Christology*)이 마가복음 10:28-30; 마태복음 8:20; 누가복음 9:58을 근거로 해서 주장하듯이, 바울이 역사적 예수를 염두에 두고 있다면 마지막 해석이 가장 가능성이 있어 보인다. 그러나 그러한 추정은 결코 확실한 것이 아니다. 본문은 단지 그리스도가 사람이 된 것 속에 내포된 엄청난 겸양을 강조하려고 "부요함/가난함"이라는 대비를 부각시키고 있는 것일 수 있다. 이러한 해석이 옳다면, 바울이 여기서 염두에 두고 있는 것은 사회적인 신분이나 경제적인 궁핍이나 신앙과 관련된 어느 한 부류가 아니다. 바울은 단지 영광의 주가 "너희를 위하여"(δι' ὑμᾶς－디 휘마스, 강조적인 위치에 있다;

Plummer, 240) 사람의 형체를 취하셨다는 점만을 역설하고자 하는 것이다. 그렇게 함으로써 바울은 그리스도가 자신의 하늘의 영광을 버리고 스스로 "가난"을 선택하신 것 속에서 그리스도의 약함(13:4)을 보는 고린도 교인들이 거기에 감동을 받아서 예루살렘 교회의 곤궁한 성도들을 돕기 위하여 연보를 함으로써 그들의 믿음-여기서 "부요한 것"으로 불리는(6:10; 9:11에서처럼)-을 "실천에 옮길" 가능성을 만들어 냈다. 바울의 논증은 "목적론적인 패턴"(Dahl, "Form-critical Observations," 35, 36)을 따라서 움직인다. Meeks, *First Urban Christians*, 65, 66를 보라. 이 단락에서의 인용문은 8절에서 바울이 그들의 사랑의 진실성을 검증하고자 한 데서 비롯되었다. 여기에 그들이 스스로 그러한 사랑이 참됨을 증명할 수 있는 판별 기준과 잣대가 있다고 바울은 말한다. 그들은 그리스도 안에서 그들의 부르심이 무엇인지-그리고 그들이 어떻게 그리스도 안에 있게 되었는지-를 깨달을 때 다음과 같은 명령을 보게 될 것이다: "이것이 너희가 해야 할 일이다"(10절은 순종으로의 부르심을 통해서 빌 2:5-11에 나오는 케리그마를 강화시키고 있는 빌 2:12과 정확하게 동일한 역할을 하는 절이다. 그래서 11절에는 "이제는 행하기를 성취하라"는 말이 나온다) 예수의 지상적 삶이 아니라 하나님의 구원 사역을 권면의 근거로 제시하고 있는 것에 대해서는 Betz, *Nachfolge*, 177, 178를 보라. 라슨(Larsson, *Christus als Vorbild*, 234)은 정반대의 주장을 한다: "본문에 표현되어 있지 않지만 피할 수 없는 결론은 고린도 교인들은 다른 사람들의 유익을 위하여 그들이 지닌 이 땅에서의 재물과 결별해야 한다는 것이다. 그들은 그리스도의 행위(Handlungsweise Christi)를 그들의 모범으로(zum Vorbild) 삼아야 한다." 그러나 이러한 해석은 분명히 전승에서 가져온 바울의 정형적인 어구에 많은 것을 집어넣어서 해석하고 있는 것이다.

10 "이 일에 내가 뜻만 보이노니 이것은 너희에게 유익함이라 너희가 일 년 전에 행하기를 먼저 시작할 뿐 아니라 원하기도 했은즉"(*καὶ γνώμην ἐν τούτῳ δίδωμι· τοῦτο γὰρ ὑμῖν συμφέρει, οἵτινες οὐ μόνον τὸ ποιῆσαι ἀλλὰ καὶ τὸ θέλειν προενήρξασθε ἀπὸ πέρυσι*-카이 그노멘 엔 투토 디도미 투토 가르 휘민 쉼페레이, 호이티네스 우 모논 토 포이에사이 알라 카이 토 델레인 프로에네릑사스데 아포 페뤼시). 바울은 자신의 호소가 지나치게 강압적으로 보이는 것을 꺼려하고 있다는 것이 다시 한 번 본문 속에 반영되어 있다: "이 일에 내가 뜻만 보이노니"(*καὶ γνώμην ἐν τούτῳ δίδωμι*-카이 그노멘 엔 투토 디도미). 그 다음에 나오는 어구인 "이것은 너희에게 유익함이라"는 투토 가르 휘민 쉼페레이(*τοῦτο γὰρ ὑμῖν*

*συμφέρει*)를 번역하는 두 가지 방식 중의 하나로 받아들여질 수 있다. 투토(*τοῦ-το*)는 바울의 견해로 표현된 조언을 가리키는 것인가, 아니면 고린도 교인들이 연보를 모아서 보내는 것은 그들의 진정한 사랑과 열심을 분명히 하는 것이기 때문에 연보 자체를 가리키는 것인가? 아마도 전자가 좀더 간단한 선택일 것이다(Lietz-mann, 134, 135; 그러나 Windisch, 254, Barrett, 224는 여기에 반대한다). 후자로 보는 경우에는 좀더 골치 아픈 문제가 생긴다. 왜 연보를 실행하는 것(*τὸ ποιῆσαι* –토 포이에사이)보다 연보를 하기로 결심하는 것(*τὸ θέλειν*–토 델레인)이 더 중요한 것으로 여겨져야 했는가(이러한 문제는 1908년에 Bischoff가 지적했다)? 분명히 바울은 "일 년 전에" 일어났던 일을 되돌아보고 있다("양식/구조/배경"을 보라). 지금 바울은 연보가 그들에게 아주 유익이 있다는(*συμφέρει* –쉼페레이: 12:1에 대한 설명을 보라, BGD 780) 점을 강조하려 하고 있다. 9:2을 보라: "내가 너희를 위하여 마게도냐인들에게 아가야에서는 일 년 전부터 예비했다 자랑했는데"–여기서처럼 아포 페뤼시(*ἀπὸ πέρυσι*)가 사용되고 있다. 이 표현의 의미와 관련된 여러 가지 가능성들에 대해서는 고린도전서와 고린도후서가 거의 2년 가까운 시간적 간격을 두고 쓰여졌다고 주장하는 Allo, lvii-lx, 218, 219와 그 시간 간격이 18-19개월밖에 되지 않았다고 주장하는 Bachmann, Windisch, Harris, 306, 307를 보라. 그러나 바울은 여기서 모호하게 표현하고 있기 때문에, 이 표현의 정확한 의미를 밝히고자 하는 이러한 시도들은 대체로 설득력이 없다. 하지만 바울이 그 중간에 고린도 교회를 방문한 것, 에베소로 돌아가서 "눈물의 편지"를 써 보낸 것, 고린도후서 1:8 이하에 나오는 위험, 드로아로의 여행과 마게도냐로 건너가서 디도를 만난 것 등을 감안하면, 그 시간 간격은 꽤 길었을 것이다. 뤼데만(Luedemann, *Paul*, 97, 98)은 에베소에 있는 바울에게 고린도 교인들이 편지를 보낸 것과 바울이 고린도후서를 쓴 것 사이에는 16개월의 시간 간격이 있었을 것이라고 추정한다. 즉 바울은 어느 해인가 봄에 고린도전서를 썼고, 이듬해 여름에 고린도후서를 썼다는 것이다. 또한 Luedemann, 263를 보라. 이러한 배경 설정이 본문의 이해에 대한 열쇠를 쥐고 있다면, 그 의미는 이런 것이다: 너희는 나를 실망시키지 말아야 한다. 나는 너희가 그때 연보를 하기로 결심했다는 것을 안다(고전 16:1-4에 의하면). 이제 너희가 실천하고자 생각했던 최초의(프로에네륵사스데〈*προενήρξασθε*〉라는 동사에서 *προ*-: 또한 *προ*-는 고린도 교인들이 디도가 거기에 가기 전에 연보를 거두기 시작했다는 뜻을 내포하고 있다〈Barrett, 225〉. 이것은 별로 설득력이 없다) 저 좋은 생각으로 돌아가라. 따라서 바울은 비비꼬인 헬라어 표현을 통해서(Robertson, *Grammar*, 425

를 보라) 고린도 교인들은 일 년 전에는 아무런 압력이 필요 없었다고 은근히 칭찬을 하고 있는 것이다. 그는 그들에게 추가적인 권면 없이 그들의 열심을 실행에 옮기도록 요청한다. 그는 그들이 이미 서원한 결심에 호소하고 있다. 그리고 그는 그들이 "원칙적으로 연보를 하고자 한 그들의 결심을 행동으로 전환시킬" 충분한 마음을 갖고 있다는 데 판돈을 건다(Luedemann, *Paul*, 97). 바울의 이러한 "칭찬"은 그가 단순한 관계대명사(*οἵ*-호이)보다 더 강조적인 의미를 지니는 호이티네스(*οἵτινες*)를 사용하고 있는 것을 통해서도 추가적으로 드러난다. 이 관계대명사는 "너희는 그런 부류의 사람들이었다"는 의미를 지닌다(Movie, *Idiom Book*, 124; Plummer 242: "호이티네스〈*οἵτινες*〉의 의미는…보존되어야 한다"). 또한 Barrett, "Titus," 125, 126를 보라.

11 "이제는 행하기를 성취할지니 마음에 원하던 것과 같이 성취하되 있는 대로 하라"(*νυνὶ σὲ καὶ τὸ ποιῆσαι ἐπιτελέσατε, ὅπως καθάπερ ἡ προθυμία τοῦ θέλειν, οὕτως καὶ τὸ ἐπιτελέσαι ἐκ τοῦ ἔχειν*-뉘니 세 카이 토 포이에사이 에피텔레사테, 호포스 카다페르 헤 프로뒤미아 투 델레인, 후토스 카이 토 에피텔레사이 에크 투 에케인). 에피텔레사테(*ἐπιτελέσατε*, "성취하라")는 토 포이에사이(*τὸ ποιῆσαι*)를 직접 목적어로 하는 온건한 명령임에 틀림없다: "이제 그 일을 완성하라"-이 동사는 바울이 디도에게 그 섬김(*χάρις*-카리스)을 "완성하라"고 명령했을 때 사용된 것에서 가져온 것이다. 이 절은 계속해서 바울이 고린도 교인들이 보여 주었으면 하는 덕목들을 제시한다: 기꺼이(*προθυμία*-프로뒤미아, 12, 19; 9:2에서 다시 나온다) 자원하는 것(*τὸ θέλειν*-토 델레인)과 그러한 자원함을 성취하는 것(*τὸ ἐπιτελεῖσθαι*-토 에피텔레이스다이). 바울은 "너희의 형편이 닿는 대로 하라"(*ἐκ τοῦ ἔχειν*-에크 투 에케인, 직역하면 "너희가 가지고 있는 것으로부터") 는 단서를 두고 있지만, 이것은 그저 말해 보는 진부한 말처럼 들린다(Héring, 61). 그렇지만 이 어구는 문자 그대로의 의미를 지니고 있음에 틀림없고(BDF § 403), 바울은 그의 독자들이 마게도냐 교인들을 흉내내어 영웅적인 희생을 하는 정도까지 연보를 하는 것을 요구하고 있지 않다는 점을 분명히 하고 있다(Windisch, 257). 여기서도 다시 한 번 바울이 고린도 교회에서의 예민한 목회적 상황을 민감하게 의식하고 있다는 것이 분명하게 드러난다. 그는 고린도 교인들이 자신을 배척한 것에 대하여 회개하고 자기 편으로 다시 돌아오게 된 새로운 상황을 이용하고 있는 것처럼 보이기를 원하지 않는다(7:9, 11).

12 "할 마음만 있으면 있는 대로 받으실 터이요 없는 것을 받지 아니하시리라"

(εἰ γὰρ ἡ προθυμία πρόκειται, καθὸ ἐὰν ἔχῃ εὐπρόσδεκτος, οὐ καθὸ οὐκ ἔχει – 에이 가르 헤 프로뒤미아 프로케이타이, 카도 에안 에케 유프로스덱토스, 우 카도 우크 에케이). 바울은 고린도 교인들에게 초인적인 힘을 발휘하도록 요구하는 것이 아니라는 점을 계속해서 말한다. 중요한 것은 "할 마음"(προθυμία – 프로뒤미아), 즉 바울이 앞서 말했고 나중에 9:2에서 또다시 말하는 것처럼 어떤 것을 하고자 하는 자원하는 심령이다. 하나님은 그러한 심령을 "받으실"(εὐπρόσδεκτος – 유프로스덱토스) 것이라고 바울은 계속해서 말한다(그러한 심령은 5:9에서 그를 "기쁘게 하는"〈εὐάρεστοι – 유아레스토이〉 것일 뿐만 아니라 하나님께 열납되는 것이다. 또는 빌 4:18에서처럼 새 언약 아래서의 제사로 하나님께 열납된다: δεκτὴν…τῷ θεῷ – 덱텐…토 데오; 벧전 2:5; *1 Clem* 35:5; 40:3에서는 구제 헌금이 그것을 받는 동료 그리스도인들을 기쁘게 해줄 것이라고 말하며 유프로스덱토스〈εὐπρόσδεκτος〉라는 표현을 사용하는 롬 15:31에서와는 달리 하나님을 기쁘시게 해 드리는 것으로 말한다: 그러나 앞에 나온 "바울의 연보에 대하여"라는 보론을 보라). 무엇보다도, 고린도 교인들의 자원하는 심령은 새로운 종말론적 시대 속에서의 삶에 합당한 행실을 보여 주는 것이다(6:2).

그렇지만 연보에 대한 바울의 요구는 현실적인 방식으로 완화된다: 연보는 어떤 사람이 소유하고 있지 않은 것(οὐκ ἔχει – 우크 에케이: 앞서의 가정법과는 반대로 직설법이 사용된다; Robertson, *Grammar*, 967)이 아니라 가지고 있는 것(ἔχῃ – 에케)에 따라서(καθὸ – 카도) 이루어져야 한다. "어떤 사람이 별로 가진 것이 없어서 연보를 많이 내지 못한다고 해도 비판을 해서는 안 된다"(Héring, 61). 여기서 연보를 모으는 절차에 대해서는 고린도전서 16:1-2을 보라.

13 "이는 다른 사람들은 평안하게 하고 너희는 곤고하게 하려는 것이 아니요 평균하게 하려 함이니"(οὐ γὰρ ἵνα ἄλλοι ἄνεσις, ὑμῖν θλῖψις, ἀλλ' ἐξ ἰσότητος – 우 가르 히나 알로이 아네시스, 휘민 들립시스, 알 엑스 이소테토스). 바울이 앞에서 상식적인 말을 한 것에 대한 이유가 여기서 제시된다. "사실(γὰρ – 가르) 연보는 너희를 희생시켜 괴롭게 하고 다른 사람들의 고통을 덜어 주는 그런 것이 아니다(히나〈ἵνα〉는 이것을 의미하는 것으로 보인다: Moule, *Idiom Book*, 145에서는 이것이 명령의 의미를 지니는 것으로 본다: "…하는 일이 있어서는 안 된다"). 두 개의 명사(ἄνεσις – 아네시스, θλῖψις – 들립시스)는 이미 다른 맥락 속에서 독자들 앞에 제시된 바 있는데(2:13; 7:5; 또한 1:8; 4:17; 8:2을 보라), 이것은 이 두 가지 개념이 바울의 전망을 지배하고 있다는 것을 보여 주는 것이다. 바울은 자신

이 "환난"(θλῖψις-들립시스, 1:8)을 만났던 에베소와 "압박으로부터의 놓여남"(ἄνεσις-아네시스)을 얻지 못했던 드로아에서의 과거의 경험을 회고하고 있다. 바울은 그러한 경험들을 직접 했기 때문에 지금 다른 사람들에게 짐을 지우고 싶어하지 않는다(아마도 우리는 여기서 고린도 교인들이 그의 사도직에 대하여 어떤 반론을 제기하는 시끄러운 소리를 듣고 있는지도 모른다〈Bruce, 233〉; 참조. 12:16; 그러나 이와는 정반대로, H.-D. Betz, *Apostel Paulus*, 116, n. 538에서는 10-13장에서는 연보에 대한 그 어떤 암시도 발견할 수 없다고 말한다). 그런 까닭에 바울이 바라는 것은 "평균케 하는 것"(ἰσότης-이소테스, 이 단어는 Dahl, "Paul and Possessions," 37, 38에서 연보를 가리키는 단어들을 열거해 놓은 목록에 추가되어야 한다)이다. 여기와 14절에서 이소테스(ἰσότης)라는 용어는 "평등, 공평한 거래"를 의미하는 것으로서 Philo, *Spec. Leg.* 4.231에서는 공의 또는 의(δικαιοσύνη-디카이오쉬네)와 결부된다. 그러나 Philo, *Quis. Her.* 141-206(Windisch, 258; Stählin, *TDNT* 3: 343-56; Georgi, *Geschichte der Kollekte*, 62-66에서 재인용; 참조. Barrett, 226, 227)에서 이 용어는 하나님의 능력을 암시한다. 그러므로 게오르기(Georgi)는 바울이 자신의 이상(理想)을 위한 토대로서 하나님의 능력을 근거로 제시하고 있다고 보고서, 이 본문 속에 "하나님으로부터"(ἐκ θεοῦ-에크 데우)를 넣어서 해석하고자 한다. 이러한 해석은 바울이 장차(ἐν τῷ νῦν καιρῷ-엔 토 뉜 카이로, "이제, 현재에 있어서"와 대비되는) 이방인들이 예루살렘의 유여(裕餘)한 것으로 풍성하게 될 것이라고 선언하고 있는 다음 절의 의미를 잘 통하게 해준다는 점에서 가능할 수 있다. 이방인들이 예루살렘으로 인하여 풍성하게 될 것이라는 소망은 바울의 구원사적 신학(롬 9-11장)이 하나님의 의가 어떻게 작용하고 있는지에 대한 그의 이해의 일부로서 약속한 것이고, 단순히 인간적인 의미에서 이타적인 태도로 "공평하게 나누어 가지는 것"을 가리키는 것이 아니다. 그러나 이것은 본문에 대한 지나친 해석일 수도 있다. 그렇지만 14절은 바울의 사고가 종말론에 의해서 지배되고 있다는 것을 보여 준다.

어쨌든, 바울은 고린도 교인들이 상호적인 존중과 도움에 동참하여 예루살렘 교회를 유익하게 해줄 것을 요청하면서, 장래에는 둘의 역할이 서로 역전될 것을 바라보고 있다. 그러나 "예루살렘의 그리스도인들이 언젠가는 재정적인 도움을 주는 자들이 되고, 고린도의 그리스도인들이 그 도움을 받는 자들이 되리라는 것은 얼마든지 가능한 일이었다"는 주장은 사실이 아니다(Harris, 370에서는 그러한 가능성을 실질적으로 부정하면서, Allo, 220; Nickle, *The Collection*, 120, 121과 더불어서 장차 고린도 교인들이 예루살렘 교회의 영적인 충만을 나눠 가지게 될 것이라는 관점에서 이 본문을 해석하는 쪽을 택한다. 하지만 모교회로부터의 물질적인 도움과 축복이라는 측면은 Plummer, 245; Héring, 61; Windisch, 260; Lietzmann, 135에 의해서 서로 다른 강도로 주장된다). 이어지는 내용은 난해하기는 하지만 우리가 13절을 바라볼 수 있는 전망을 설정하는 데 도움을 준다.

14 "이제 너희의 유여한 것으로 저희 부족한 것을 보충함은 후에 저희 유여한 것으로 너희 부족한 것을 보충하여 평균하게 하려 함이라"(*ἐν τῷ νῦν καιρῷ τὸ ὑμῶν περίσσευμα εἰς τὸ ἐκείνων ὑστέρημα, ἵνα καὶ τὸ ἐκείνων περίσσευμα γένηται εἰς τὸ ὑμῶν ὑστέρημα, ὅπως γένηται ἰσότης*-엔 토 뉜 카이로 토 휘몬 페리쒸마 에이스 토 에케이논 휘스테레마, 히나 카이 토 에케이논 페리쒸마 게네타이 에이스 토 휘몬 휘스테레마, 호포스 게네타이 이소테스). 엔 토 뉜 카이로(*ἐν τῷ νῦν καιρῷ*, "이제"; 참조. 롬 3:26, *ἐν τῷ νῦν καιρῷ*-엔 토 뉜 카이로; R. P. Martin, *Reconciliation* 81-89에 나오는 전거들을 보라)는 하나님이 의로우시고(*δίκαιος*-디카이오스) 예수를 믿는 불경건한 자들을 의롭다고 하시는 종말론적인 현재를 가리킬 가능성이 높다. 즉 그것은 율법에서 자유로운 바울의 복음이 믿는 자들에게 제공되는 은혜 안에서의 이방인들의 자유의 시대다. 그러나 은혜는 의무를 수반한다. 따라서 고린도 교인들은 그들의 남는 것(*περίσσευμα*-페리쒸마: 이것은 경제적인 부요함을 가리키는 것이 아니라, 고전 1:7에서처럼 은혜에 의한 부요함을 가리킨다: 동사 페리쒸에인〈*περισσεύειν*〉에 대해서는 위의 설명을 보라; 여기서 고린도 교회에는 몇몇 부유한 신자들이 있었다는 것을 암시하는 것으로 해석하는 것은 잘못된 것이다: 고전 1:26; 11:17-22; 롬 16:23; Theissen, *Social Setting*, 99-110)으로부터 육체적인 환난뿐만 아니라 "그리스도 밖에서"(extra Christum)에 의해서 극히 위태로운 상황 속에 놓여 있었던 이스라엘 민족에 대한 관심을 보여 줄 기회를 갖게 되었다.

앞뒤 문장을 잇고 있는 히나(*ἵνα*)는 이스라엘의 화해가 세상을 축복하고자 하는 하나님의 목적이 옳다는 것(*δικαίωσις*-디카이오시스)을 증명해 주고(롬 11:11-12에 따라서), 그러한 사건이 열방들이 최종적으로 예루살렘으로 몰려오게 될 사건의 전조가 될(롬 11:25, 26, 30-32) 종말의 시대에 바울이 무엇을 기대했는지를 보여 준다. 이것은 비록 14절에서는 간략하게 표현되어 있기는 하지만 좀더 폭넓게 다루어질 가치가 있는 엄청난 신학적 선언임이 분명하고, 바울은 고린도후서를 쓴 후에 얼마 있지 않아서 로마서 9-11장을 쓰면서 이 문제를 자세하게 다룬다. "이스라엘의 구원과 이방인들의 화해에 관한 보론"을 보라.

15 "기록한 것같이 많이 거둔 자도 남지 아니했고 적게 거둔 자도 모자라지 아니했느니라"(*καθὼς γέγραπται· ὁ τὸ πολὺ οὐκ ἐπλεόνασεν, καὶ ὁ τὸ ὀλίγον οὐκ ἠλαττόνησεν*-카도스 게그랍타이 호 토 폴뤼 우크 에플레오나센, 카이 호 토 올리곤 우크 엘랏토네센). 이방인들이 이스라엘의 축복에 참여하는 것과 관련하여 "이제"와 "후에"를 결합시키고 있는 이러한 서술을 정당화해 주는 근거는 구약성경에서 찾아볼 수 있다(LXX 출 16:18을 문사 그대로 인용한 것이지만, LXX A[a, b]에서는 어순을 비롯해서 약간의 차이가 나타난다: Windisch, 259를 보라). 바울은 이스라엘 백성이 광야 유랑 시절에 만나를 거둔 것(출 16:13-36)에 관한 이야기를 인용하면서, 이스라엘 백성은 "많이 거둔 자도 남지 아니했고 적게 거둔 자도 모자라지 아니했다"고 그 일의 내막을 기록한다. 이 절에서 구약에 나오는 이 이야기는 고린도전서 10:1-5에서와는 달리 기독론적이거나 종말론적이 아니라 예시적으로 사용된다(Barrett, 227). 우리는 이 본문 속에서 새로운 이스라엘인 교회가 이 땅에서의 여정을 가는 동안에(in via) 만나로 삶을 유지했다는 그러한 추론을 이끌어 내서는 안 된다. 도리어 본문에서는 구약의 의미에 새로운 뉘앙스를 적용하고 그 강조점을 수정해서, 이스라엘 백성이 모두 동일한 분량을 거두었다는 것으로부터 공급에 있어서의 공평함으로 강조점을 옮긴다. 그러나 이 두 가지 개념은 서로 합쳐져서 동일한 결론에 이른다: 공급과 필요는 서로 상응해야 한다.

## 해설

바울의 독자들은 마게도냐 교회 신자들의 놀라운 모범을 좇음으로써 그들의 사랑이 참되다는 것을 증명할 것을 요구받는다(8절). 그러나 한층 더 고상하고 설득력 있는 격려가 그 다음 절에서 제시되고 있는데, 그것은 거의 곁가지로 제시되고 있지만 그것이 묘사하는 그림은 인상적이다. 그것은 선재하신 영광의 주, 즉 우리와 같은 이 땅에서의 삶을 받아들이는 것을 선택함으로써 가난하게 되셨고(빌 2:6-11; 참조. 히 10:5-7), 마침내 그의 백성의 영원한 선을 위하여 자신의 모든 것을 내어 주신(막 10:45) 영광의 주에 대하여 말한다. "너희를 위하여"와 "너희로"(9절에서)는 의도적으로 강조된다. 그리스도가 자신의 영광을 버리고서 끔찍한 겸비의 결과를 스스로 받아들이신 것은 너희를 위해서였다.

바흐(Bach)가 루터에 의거하여 자신의 *Christmas Oratorio*에서 쓴 글은 그러한 사상을 인상 깊게 표현하고 있다고 리츠만(Lietzmann)은 지적한다(134).

Er ist auf Erden kommen arm,
dass er unser sich erbarm,
uns in dem Himmel mache reich
und seinen lieben Engeln gleich.
그분이 가난한 자로 이 땅에 오신 것은
우리를 불쌍히 여기셔서
우리를 하늘에서 부요하게 하심으로
그의 사랑하는 천사들과 같이 되게 하려 하심이라.

그리스도인의 청지기직과 관련된 몇 가지 원칙들이 이어서 나온다(10-15절). 세 가지 측면이 부각되어 있다. (a) 가장 절실하게 요구되는 것(desideratum)은 자원하여 드리고자 하는 마음(8:3; 9:5, 7을 보라)과 그러한 약속을 실천에 옮기는 것이다. 디도의 책임(6절)은 바로 이 점과 관련되어 있었다: 그는 고린도 교인들이 일 년 전에 약속한 것을 반드시 성취하도록 하라는 지시를 받는다. (b) "있는 대로"(12절)라는 어구 속에 표현된 각자의 형편에 맞게 연보를 하라는 것은 얼마를 내야 하느냐는 문제와 관련해서 결정적인 요소이기 때문에, 연보는 단지 각 사람이 내는 분량만이 아니라 거기에 내포된 희생의 정도에 의해서 측정된다(막 12:43-44을 보라). (c) 출애굽기 16:18로부터 가져온 인용문은 상호주의의 "법"을 드러내 준다(15절). 바울은 고린도 교인들에게 부담을 주고 짐을 지움으로써 예루살렘 교회의 성도들을 구제하고자 하는 것이 아니었다(13절). 그러나 바울은 이스라엘에 대한 연보가 하나님의 계획을 더욱 앞으로 진척시키고 역사(history)를 하나님이 정하신 목표("텔로스")로 움직여 가게 되리라는 것을 드러낸다. 바울은 장래의 이스라엘(육체에 따른 이스라엘과는 구별되는, 롬 2:28, 29; 9:6-8)이 열방("에드네", "이방인들", 롬 11:12)에 대한 축복의 근원이 되는 것 속에서 역사의 절정을 본다. 따라서 상호주의 원칙은 양 방향으로 작용한다. 이러한 특별한 경우를 차치하더라도, 이 가르침은 여전히 적용된다: 가진 자들은 가지지 못한 자들과 나눔으로써 두 집단이 모두 공급 받을 수 있어야 한다. 당시의 바울의 이러한 통찰은 경제적, 사회적, 문화적, 교육적 차원에서 특혜를 입은 자들과 그렇지 못한 자들로 아주 비극적으로 나뉜 오늘날의 세계에도 광범위하게 적용될 수 있다.

# 보론: 이스라엘의 구원과 이방인들의 화해에 대하여

## 참고문헌

**Barth, M.** *Israel and the Church.* Richmond, VA: John Knox, 1969. **Davies, W. D.** "Paul and the People of Israel." *NTS* 24(1977-8) 4-39. ______. "Romans 11:13- 24: A Suggesiton." In *Paganisme, Judaïsme, Christianisme: Mélanges offerts à Marcel Simon*, 131-44. Paris: E. de Boccard, 1978. **Ellison, H. L.** *The Mystery of Israel.* Exeter: Paternoster Press, 1968. **Käsemann, E.** "Paul and Israel." In *New Testament Questions of Today*, tr. W. J. Montague, 183-87. London: SCM Press, 1969. **Munck, J.** *Christ and Israel: An Interpretation of Romans 9-11.* Tr. Ingeborg Nixon. Philadelphia: Fortress Press, 1967. **Richardson, P.** *Israel in the Apostolic Age.* SNTSMS 10. Cambridge: University Press, 1969.

8:13-14에 대한 우리의 석의는 좀더 큰 문제를 불러일으키는데, 이것은 표면상으로 볼 때 14절은 믿는 이스라엘 사람들이 그들의 페리쑤마(*περίσσευμα*, "남는 것, 풍성함")를 얻게 될 "예루살렘"의 장래를 내다보고 있기 때문이다. 우리는 바울이 이 어구를 통해서 그의 종말론, 즉 장래에 관한 그의 비전에 따라서 이스라엘의 역할이라는 좀더 폭넓은 맥락 속에서 무엇을 의도하고 있는지를 물을 수 있다. 그러나 이러한 문제는 교회에 대한 바울의 이해도 포함한다.

장래의 이스라엘은 어떻게 하나님의 구원 계획 속에 들어오게 되는가? 바울의 출발점은 이스라엘의 메시아(롬 9:5)는 모든 열방을 축복하기 위하여 왔다는 것이다(창 12:1-3을 언급하고 있는 갈 3:6-9). 이스라엘은 항상 외부의 껍데기와 은혜로 살아가는 "남은 자"로 불린(롬 11:5) 신실한 자들의 핵(核)으로 되어 있었다. 바울은 하나님이 언제나 그의 뜻에 응답하는 이러한 남은 자를 통해서 역사해 오셨다고 보았다. 바울이 선포한 사도적 케리그마는 모든 믿는 자들을 향한 것이었다. 그들은 이스라엘의 참된 지체들로부터 왔고(롬 2:28-29), 바울의 사역을 통해서 복음에 응답한 이방인들도 마찬가지로 거기에 포함되었다. 바울 자신은 첫 번째 부류에 속해 있었지만, 두 번째 부류에 대한 책임을 받아들였다.

장래에 있어서 하나님의 구원 계획은 불신앙으로 인해 꺾인 감람나무 가지들에 비유된 "이스라엘로서의 유대인들"(롬 11:24)을 원래의 가지에 접붙이는 것이 될 것이었다. 그들이 불신앙 속에서 계속해서 저항하지만 않는다면 말이다(11:23). 돌감람나무 가지들은 이미 바울의 사역 덕분에 원가지에 접붙임을 받았다(11:17-바울은 이것이 당시의 원예술로는 불가능한 일이었고, 자기가 기적적인 것을 말하고 있다는 것을 알았기 때문에, 그러한 것은 "본성을 거스르는" 것임을 스스로 인정한다. 24절; 참조. 마 3:9과 J. Munck, *Christ and Israel*, 128).

하나님은 돌감람나무 가지들에 접붙이는 이적을 통해서 원감람나무 가지들을 원래의 나무로 되돌아오게 하실 수 있다-"그들이 계속해서 불신앙 가운데 있지 않는다"는 분명한 단서 하에서. 따라서 바울은 교회론의 두 가지 원칙을 동시에 천명하고 있다. (a) 하나님의 백성은 모든 시대를 통틀어서 하나이고 동일하다(롬 4:12; 갈 3:6ff.) -이것은 대다수의 주석가들에 의해서 공유되는 결론이다. 새 이스라엘 또는 교회는 원래의 이스라엘의 연속이고, 거기서 공통된 요소는 그리스도 안에서의 하나님의 약속이 실현될 것을 기대하며 믿는 것이든 이미 그 약속이 실현된 것을 믿는 것이든 하나님에 대한 믿음이다. 따라서 유대 그리스도인들은 그들이 지금 동일한 감람나무 속에서 이방인 동반자들을 가지고 있다는 것에 대하여 감사해야 한다. 그리고 이방 그리스도인들은 그들이 이스라엘에게 빚을 지고 있다는 것을 인정하고, "참된 이스라엘"이 그들을 지지하고 있다고 해서 마치 그들이 독립해 있는 것처럼 잘못된 태도를 취해서는 안 된다(11:18). 게다가, 장래의 이스라엘은 때가 되면 종말을 촉진시킴으로써 그들을 부요하게 할 것이다(11:5; 이러한 개념은 고후 8:14에도 표현되어 있는 것 같다: "그들의 풍성함이 너희의 궁핍함을 보충해 줄 것이다," RSV). (b) 바울의 두 번째 진술은 감람나무 비유를 토대로 해서 "하나님의 모든 백성이 예루살렘으로 모여들 것"에 대한 소망을 펼치고 있다. 원가지들(하나님의 백성으로서의 이스라엘)과 돌감람나무 가지들(믿는 자들로서의 이방인들)이 서로 결합될 때, 그들은 하나의 나무를 이루게 될 것이다. 이러한 복된 결과를 가져오기 위해서는 두 가지 사건이 필요하다. 한편으로는, "이방인의 충만한 수"가 더해져야 한다. 로마서 11:25에는 분명한 비유의 변화가 존재하는데, 이것은 이방 세계의 전체(로마서 11:30-32에서처럼 대표에 의해서 표현된)가 응답을 하여 "종말론적인 보편주의"를 가져오게 되리라는 뜻을 내포한다(Bruce, *The Epistle to the Romans*, TNTC[London: Tyndale Press, 1963] 233). 다른 한편으로, 하나님이 그의 백성을 받으시는 것은 장차 도래할 시대에 생명으로의 부활과 같은 것이 되리라는 기대가 존재한다. 하나님이 이스라엘을 믿음의 공동체에 받아들이신 후에 "죽은 자로부터의 살아남"이 있을 것이라는 약속은 두 가지 정반대 방향으로 해석되어 왔다(C. E. B. Cranfield, *Romans*. ICC[Edinburgh: T. & T. Clark, 1979] 2:562-72). 한 부류의 주석가들은 이것이 이스라엘이 마침내 하나님께로 회심하게 되면 온 세계에 걸쳐서 영적인 갱신이 이루어지리라는 뜻을 내포하고 있는 비유적인 표현이라고 해석한다. 그러나 크랜필드(Cranfield)가 신속하게 지적하고 있듯이, 이러한 견해는 로마서 11:25-26과 부합하지 않는다. 이 구절들에 의하면 이방인들의 총수(總數)는 이스라엘이 하나님께로 돌아오기 전에 이미 다 채워져 있을 것이기 때문에, 이방인들이 수적으로 더 늘어나게 되는 일은 배제된다. 또 다른 해석은 "죽은 자로부터의 살아난"을 문자 그대로 해석해서 이 어구가 종말을 가져오게 될 부활을 의미하는 것으로 보는 것이다. 그러므로 바울은 종말의 전조들이자 역사적 시대의 최종적인 결말이 될 두 가지 종말론적인 "사건들"을 나란히 제시하고 있는 것이 된다.

(i) 이스라엘이 불신앙으로 떨어진 것(11:12a)은 아무리 일시적인 것이라고 해도 "이방인들의 부요함"과 "세상의 화해"를 가져왔다(11:15a).

(ii) 이스라엘의 신앙의 회복(11:12b)은 죽은 자들의 최종적인 부활과 종말을 통해서 그 "충만함"에 도달하게 될 것이다(11:15b).

이 후자의 해석이 지닌 장점들은 이제 평가될 수 있을 것이다. (a) 이러한 해석은 "버림"/"받음"이라는 쌍둥이 명사들을 분명한 병행법으로 설정해 주고, 이 두 경우에 의미상의 주어는 하나님이 된다. (b) 이러한 해석은 "화해"를 로마서 5:1-11에서 이미 확인된 의미로, 즉 하나님과 죄악된 인간들을 갈라놓았던 장애물들을 허무는 것-이것은 이방인들에 대한 바울의 사역과 관련된 주된 주제다(고후 5:18-21)-으로 해석하는 것을 가능하게 해준다. 실제로 학자들이 주장해 왔듯이(Martin, *Reconciliation: A Study of Paul's Theology*, chap. 8), "화해"는 그 무엇보다도 바울의 표현 속에서 이방인들의 구원을 가리키는 용어다. (c) 이러한 해석은 이방인의 "충만한 수"(*πλήρωμα*-플레로마, 롬 11:25)와 이스라엘의 "충만함"(*πλήρωμα*-플레로마, 롬 11:12) 간의 두 번째 병행법을 가능하게 해주고, 이것은 (d) 로마서 11:26과 32절에서 만물의 절정(*ἀποκατάστασις πάντων*-아포카타스타시스 판톤)을 염두에 둔 승리의 결론들을 제시할 수 있는 길을 열어 준다.

"이렇게(*οὕτως*-후토스) 온 이스라엘이 구원을 받게 될 것이다." 이 본문이 각각의 이스라엘 사람을 의미하는 것이 아니라 적어도 "전체로서의 이스라엘"을 의미한다는 것은 학자들 간에 일치된 견해다(Sanday and Headlam, *Romans*, ICC[Edinburgh: T. & T. Clark, 1902] 335). 멍크(Munck, *Christ and Israel*, 134-37)는 이것을 "남은 자"(롬 11:5)에 "나머지 사람들"(롬 11:7), 즉 현재에 있어서는 불신앙 속에서 완악해져 있지만 하나님이 정하신 때에 불신앙에서 떨쳐 일어나 "접붙임을 받게 될" 자들(롬 11:23)을 더한 것과 결부시킨다. "모든"이라는 단어는 모든 시대의 유대인들을 포괄한다는 의미를 담고 있다. 게다가, 믿는 이방인들은 (i) 로마서 11:25에 언급되었고, (ii) 로마서 11:32에 나타난 바울의 보편주의적인 사고 속에 그들이 등장하고 있는 것으로 보아서 분명히 이러한 범주 속에 한 자리를 차지하게 될 것이다. "온 이스라엘"이라는 어구는 온갖 유형의 믿는 자들을 포괄하는 총괄적인 표현으로 보인다: 처음부터 택함받은 이스라엘 사람들, 바울의 입을 통해서 복음의 메시지를 듣고 응답한 이방인들, (이방인들의 충만한 수가 다 들어왔을 때) 믿음으로 메시아적인 구원을 받아들이게 될 "장래의 이스라엘". 바울은 그의 종말론적인 소망을 견고하게 뒷받침하기 위하여 구약의 인용문을 가지고 자신의 글을 마무리한다: "그리하여 온 이스라엘이 구원을 얻으리라. 하나님이 모든 사람(아담 안에서 유대인들과 이방인들을 모두 똑같이, 롬 1:18-3:20; 5:12-14)을 순종치 아니하는 가운데 가두어 두심은 모든 사람(새 사람, 예수 그리스도 안에서 유대인들과 이방인들을 모두 똑같이)에게 긍휼을 베풀려 하심이로다."

# C. 디도에게 임무를 주어 파견함(8:16-24)

## 참고문헌

**Barrett, C. K.** "Titus." In *Essays on Paul.* London: SPCK, 1982. Chap. 7, 118-31. ______. "Shaliah and Apostle." *Donum Gentilicium. New Testament Essays in Honour of David Daube.* Ed. E. Bammel, C. K. Barrett, and W. D. Davies. Oxford: Clarendon Press, 1978. 88-102. **Ellis, E. E.** "Paul and his Co-workers." *NTS* 17[1971] 437-52. Also in *Prophecy and Hermeneutic in Early Christianity.* Grand Rapids: Wm. B. Eerdmans, 1978. 3-22. **Hainz, J.** *Ekklesia.* 147-57, 244, 307-10. **Moule, C. F. D.** "Peculiarities in the Language of II Corinthians." In *Essays in New Testament Interpretation,* 158-61. Cambridge: University Press, 1982. **Nickle, K. F.** *The Collection.* SBT 48. London: SCM, 1966. 18-22. **Ollrog, W.-H.** *Paulus und seine Mitarbeiter.* WMANT 50. NeukirchenVluyn: Neukirchener Verlag, 1979. Chap. 3. **Roloff, J.** *Apostolat-Verkündigung-Kirche.* Gütersloh: G. Mohn, 1965. **Schweizer, E.** *Church Order in the New Testament.* Tr. Frank Clarke. SBT 32. London: SCM. 7m, 23c. **Souter, A.** "A Suggested Relationship between Titus and Luke." *ExpTim* 18(1906-07) 280. ______. "The Relationship between Titus and Luke." *ExpTim* 18(1906-07) 335, 336.

## 본 문

**16** 너희를 위하여 같은 간절함을 디도의 마음에도 주시는 하나님께 감사하노니
**17** 저가 권함을 받고 더욱 간절함으로 자원하여 너희에게 나아갔고
**18** 또 저와 함께 한 형제를 보내었으니 이 사람은 복음으로서 모든 교회에서 칭찬을 받는 자요

**16** Now thanks be to God who puts[a] the same eagerness on your behalf into Titus's heart.
**17** For he not only acceded to our request, but he is himself on his way to you with all eagerness and on his own initiative.
**18** We are sending with him the brother who is praised throughout all the congregations for his

work in the Gospel.

19 이뿐 아니라 저는 동일한 주의 영광과 우리의 원을 나타내기 위하여 여러 교회의 택함을 입어 우리의 맡은 은혜의 일로 우리와 동행하는 자라

19 In addition to this he has also been appointed by the congregations to be our traveling companion[b] – as we fulfil this service which we are 0rendering for the honor of the Lord himself[c] – and to prove our own readiness [to help].

20 이것을 조심함은 우리가 맡은 이 거액의 연보로 인하여 아무도 우리를 훼방하지 못하게 하려 함이니

20 We are taking this precaution to avoid being blamed by anyone for the way we administer this generous gift.

21 이는 우리가 주 앞에서만 아니라 사람 앞에서도 선한 일에 조심하려 함이라

21 For we are concerned, then, to do the right thing, not only in the Lord's eyes but also in human eyes too.

22 또 저희와 함께 우리의 한 형제를 보내었노니 우리가 여러 가지 일에 그 간절한 것을 여러 번 시험하였거니와 이제 저가 너희를 크게 믿으므로 더욱 간절하니라

22 We are sending also with them our brother whom we have often tested and proved to be eager in many matters, and now he is all the more eager because of the great confidence he has in you.

23 디도를 말하면 나의 동무요 너희를 위한 나의 동역자요 우리 형제들로 말하면 여러 교회의 사자들이요 그리스도의 영광이니라

23 If there is any question about Titus [d] – he is my partner and fellow worker among you; if there is a question of our brothers – they are the delegates of the congregations, and an honor to Christ.

24 그러므로 너희는 여러 교회 앞에서 너희의 사랑과 너희를 대한 우리 자랑의 증거를 저희에게 보이라

24 For this reason, show[e] them the proof of your love and the reason for our pride in you, so that all the congregations can see it.

## 원문주해

a. ℵ B C *Byz*은 디돈티(*διδόντι*)로 읽고 있지만, Nestle-Aland[26]은 $P^{46}$ $ℵ^3$ D F G L lat bo Ambr.와 더불어서 단순과거형인 돈티(*δόντι*)로 읽는다. 그러나 후자의 읽기는 비록 사본상의 지지를 꽤 받고 있기는 하지만 7:7에 언급된 고린도 교인들에 대한 디도의 호의적인 인상을 반영한 것일 수 있다(Barrett, 217). 그러므로 여기서는 현재의 읽기를 택한다(RSV; Plummer, 247).

b. 전치사 쉰(*σύν*)은 테 카리티(*τῇ χάριτι*)에 걸리는 것이 이상하기 때문에 여기서는 번역하지 않은 채로 그대로 둔다. $P^{46}$ ℵ D G K *Byz*은 현재의 읽기를 택하고 있는 반면에, B C P lat $syr^p$ cop arm eth는 엔(*ἐν*)으로 읽는다. 그러나 후자는 분명히 사람이 아닌 사물을 목적어로 취하는 좀더 통상적인 전치사로 수정하고자 한 이차적인 읽기다. Metzger, *Textual Commentary*, 581, 582를 보라.

c. Nestle-Aland[26]은 프로스 텐 (아우투) 투 퀴리우 독산(*πρὸς τὴν ⟨αὐτοῦ⟩ τοῦ κυρίου δόξαν*)으로 읽는다. 괄호 안에 있는 아우투(*αὐτοῦ*)는 B C D* F G L에는 생략되어 있지만, 좀더 어려운 읽기로 되어 있는 ℵ D[1] *Byz*에는 포함되어 있다. Barrett(217)는 바울이 아우투(*αὐτοῦ*)라고 썼고 투 퀴리우(*τοῦ κυρίου*)를 단지 보충 설명을 위한 것으로 첨가했다고 본다: "그의-그러니까 주(主)의."

d. 에이테 휘페르 티투…에이테 아델포이 헤몬(*εἴτε ὑπὲρ Τίτου…εἴτε ἀδελφοὶ ἡμῶν*): 이 전치사의 이러한 용법에 대해서는 BDF § 231을 보고, 상관 접속사인 에이테…에이테(*εἴτε…εἴτε*)에 대해서는 BDF § 454.3을 보라.

e. 엔데이크뉘메노이(*ἐνδεικνύμενοι*): 명령법으로 사용된 분사(BDF § 468; Moule, *Idiom Book*, 179 f; idem, "Peculiarities," 158 f) - 이 읽기(B D* E F G)는 엔데익사스데(*ἐνδείξασθε*)로 되어 있는 ℵ C D[b,c] K L P lat 사본과 많은 역본들에 의해서 도전을 받고 있지만 말이다. 후자는 필사자들이 분사를 사용하는 셈어적인 관용 표현임을 간과하고서 정형 동사를 사용했기 때문에 일어난 것이다. 자세한 것은 Moulton, *Grammar* 3:343; Lietzmann, 137를 보라(Windisch, 267, 268에서는 여기에 반대다). Plummer, 252는 이것과 관련해서 결정을 내리지 못한다.

## 양식/구조/배경

리츠만(Lietzmann)은 이 절들은 바울이 고린도 교회로 임무를 띠고 가는 세 명의 그리스도인 지도자들을 추천하는 내용으로 된 "복잡한 글"(*die umständliche Vorstellung*)이라고 지적하는 유일한 독자가 아니다. 바울이 사용하는 표현들과 분명하게 드러나는 문체적인 특징들이 결합되어서, 이 단락은 너무 많은 내용들로 과부하가 걸린 글이 되어 버렸다. 하인츠(Hainz, *Ekklesia*, 148)는 이 단락은 틀림없이 바울이 반대와 의심이라는 두 개의 전선에 맞서기 위한 논쟁적인 의도를 지니고 있다고 지적함으로써 이 글의 문체를 이해할 수 있는 열쇠를 제공해 준다. (1) 바울은 자신의 동기들과 행위들-특히 돈 문제와 관련해서(20, 21절; 참조. 7:2; 11:20; 12:15-18)-이 순수하다는 것과 관련하여 고린도 교회에 아직도 남아 있는 의심의 분위기를 깨끗이 제거해야 했다. (2) 바울은 그가 이방 교회들로부터 모은 연보를 그것에 대하여 호의적인 태도를 보일 것이라고 장담할 수 없었던 예루살렘 교회에 순조롭게 전달할 길을 닦아 놓아야 했다(롬 15:30-31). 그런 까닭에 8:16-24의 단락은 그러한 이방 교회의 "사자들"(*ἀπόστολοι*-아포스톨로이)이 얼마나 신뢰할 만하고 그 신앙이 인정 받고 있는지를 보여 줄 뿐만 아니라, 바울 자신이 연보 문제를 사사롭게 처리했다는 말을 듣지 않기 위해서 모아진 연보로부터 스스로 얼마나 거리를 두고자 하는지-이것이 더 중요한 것이었다-를 보여 주는 용어들과 개념들로 가득 차 있다. 그렇지만 바울은 성가실 정도로 빙 둘러 말하는 문체를 통해서 자신의 뜻을 표현하고 있지만, 19절이 분명하게 보여 주듯이 그는 연보로부터 완전히 자신을 분리할 수 없었다. "주석"을 보라. 그래서 바울은 본론에서 벗어나 디도의 열심을 칭찬하고(16-17절), 회중들이 연보를 전달하도록 택한 유명하지만 익명으로 나와 있는 "형제"의 파견을 승인하며(18-20절), 이 일행의 세 번째 사람이 교회들의 공인된 대표자이고 대단히 추천할 만한 사람으로서 고린도 교인들에 대하여 커다란 신뢰감을 갖고 있는 사람이라는 것을 확실하게 보증한다(22-23절). 이 단락의 마지막 취지는 이 사람들을 잘 영접하라는 권면인데, 고린도 교인들은 그렇게 함으로써 그들이 고백한 사도에 대한 충성심이 진실하다는 것을 증명하게 될 것이고, 그들이 공개적으로 회개하고 그에게 다시 돌아온 것을 실천으로 보여 주게 될 것이라고 바울은 꽤 명확한 어조로 말한다(7:7-16).

하지만 사도의 이러한 호소는 단순히 그가 사자들로 가는 사람들이 흠이 없다는 것을 칭찬하거나 회중이 그들의 결백을 확신하게 하기 위한 것이 아니다. 이러한 칭찬을 의미 있게 만드는 것은 기독론적인 승인을 제시하고 있다는 것이다. 두 개의 어구가 주목할 만하다: 연보를 예루살렘으로 가져가는 바울의 일-그가 여러 동료들과 함께 하게 될 일-은 "그의 영광, 그러니까 주의 영광을 위한"(*πρὸς τὴν ⟨αὐτοῦ⟩ τοῦ κυρίου δόξαν*-프로스 텐 ⟨아우투⟩ 투 퀴리우 독산) 것이다(19절, 앞서 "원문주해"에 나온 설명을 보라). 또한 교회들에서 파견된 자들은 "그리스도의 영광"(*δόξα Χριστου*-독사 크리스투)으로 칭찬을 받고 있는데, 이것은 칭찬하는 말일 수도 있지만 "사자들"(*ἀπόστολοι*-아포스톨로이)과 더불어서 두 번째로 나오는 "영예로운 칭호"(Ehrentitel…zweite Ehrenprädikat, Windisch, 267)일 것이다. 그러므로 이 두 용어는 그 사람들을 대표자들로서 교회들과 묶어 줄 뿐만 아니라, 교회(즉 모든 믿는 자들의 모임)의 머리 되시는 분, 즉 영광의 주의 권세로 행하고 있다는 것을 나타내 주는 "관계적 개념들"(Hainz, *Ekklesia*, 152)이다(Bachmann, 326; Windisch, 267). 실제로 하인츠(Hainz, ibid.)는 여기서 한 걸음 더 나아가서, 바울이 그의 동료들에 대하여 사용한 이 모든 서술적인 단어들(우리는 추가적으로 거기에 코이노노스⟨*κοινωνός*, 동반자⟩, 쉰에르고스⟨*συνεργός*, 동역자⟩를 포함시킬 것이다) 속에서 고린도 교회로 파견될 세 사람에 대한 지극한 공경심을 본다. 그러한 공경심은 개인으로서의 그들에게 주어지는 것이 아니라, 그들이 바울과 공유하고 있는 사도적 사역("보내다"라는 동사가 반복적으로 사용되고 있는 것을 주목하라) 및 복음(18절)과 관련하여 그들에게 주어진다. 따라서 "모든 교회들" - 이것은 마게도냐 교회들에는 적용될 수 있지만 고린도 교회에는 적용될 수 없기 때문에 과장된 표현이어서 문자 그대로 꼼꼼하게 해석해서는 안 되는데, 만약 고린도 교회가 여기에 적용된다면 이런 말을 굳이 할 필요가 없었을 것이다 - 의 칭찬과 더불어서 그들에 대한 바울의 칭찬은 은연중에 자신의 직분의 정당성을 변호함과 동시에 꼭 필요한 예방 조치들을 취하지 않음으로써(21절) "우리의 직책"이 훼방을 받지 않게 하려고 무엇에든지 아무에게도 거리끼지 않게 하려는(6:3) 그의 관심과 관련된 보호 장치다.

바울의 이러한 지나친 칭찬의 마지막 이유는 고린도 교회의 상황 속에서 찾아야 하는데, 고린도 교회는 "천거서"(3:1-3)를 지니고 등장한 사람들이 제멋대로 교회를 휘저어 놓음으로써 많은 상처를 입었었다. 따라서 고린도 교회에 아직도 남아 있는 반감의 흔적을 없애기 위해서 바울은 이 편지를 통해서 그의 대표자들을 확실히 믿을 만하고 아무런 흠도 없다는 것이 입증된 자들이라고 힘주어서 칭찬한 것이다(22절).

## 주석

16 "너희를 위하여 같은 간절함을 디도의 마음에도 주시는 하나님께 감사하노니"(*χάρις δὲ τῷ θεῷ τῷ διδόντι τὴν αὐτὴν σπουδὴν ὑπὲρ ὑμῶν ἐν τῇ καραδία Τίτου* - 카리스 데 토 데오 토 디돈티 텐 아우텐 스푸덴 휘페르 휘몬 엔 테 카르디아 티투). "하나님께 감사하노니"(*χάρις δὲ τῷ θεῷ* - 카리스 데 토 데오)는 동사 없이 표현된 탄성(ejaculation)으로서 2:14의 감사의 말을 상기시킨다. 그러나 그 배경은 서로 다르다. 여기서 바울은 연보를 모으기 위한 절차를 자세히 설명하고 있는데, 이것은 8:6에 이미 언급되었고 나중에 9:5에서 다시 언급될 것이다. 이 절들은 바울의 관심에 대하여 말한다. 지금 그는 디도의 "간절함"(*σπουδή* - 스푸데)이 자기 자신의 간절함과 동일하다(*τὴν αὐτὴν* - 텐 아우텐)는 것을 보고 기뻐한다. 전형적으로 바울적인 방식으로 그는 이러한 열심이 하나님께서 디도의 마음속에서 역사하신 결과라고 말한다. 바렛(Barrett, "Titus," 126)은 이러한 열심을 연보를 모으고자 하는 것이 아니라 디도가 바울의 발자취를 되짚어서 고린도 교회로 되돌아가고자 하는 것과 연결시킨다. 고린도 교회로 되돌아가는 일은 "매우 신속하게 수행해야 할" 책무를 위해서 먼 거리를 여행하는 것이었기 때문에 진저리가 나고 지

루한 일이었을 것이라고 바렛(Barrett, ibid., n. 30)은 말한다. 그러나 거액의 돈이 연관되어 있었다면(20절), 그것은 그렇게 간단한 문제가 아니었을 것이다. 따라서 바울은 디도가 진심으로 거기에 동의해 준 것에 대하여 안도했다. 나는 카리스…토 데오(*χάρις…τῷ θεῷ*)라는 딱딱한 문체는 단순한 여행 이상의 것이 여기에 결부되어 있다는 것을 보여 주는 것일 가능성이 크다고 생각한다. 즉 바울은 디도가 이미 얻어진 성과들을 공고히 다지고 고린도 교인들을 낱낱이 살펴서 시험하기 위하여 기꺼이 고린도 교회로 돌아가겠다고 한 것을 기뻐하고 있다는 것이다: 그들은 그들의 선한 신앙의 표시로서 연보에 동참하고자 할 것인가(이것은 정확히 24절에서의 호소다)?

17 "저가 권함을 받고 더욱 간절함으로 자원하여 너희에게 나아갔고"(*ὅτι τὴν μὲν παράκλησιν ἐδεξατο, σπουδαιότερος δὲ ὑπάρχων αὐθαίρετος ἐξῆλθεν πρὸς ὑμᾶς*-호티 텐 멘 파라클레신 에덱사토 스푸다이오테로스 데 휘파르콘 아우다이레토스 엑셀덴 프로스 휘마스). 디도는 고린도에 다시 한 번 다녀오라는 바울의 제안을 기꺼이 따랐을 뿐만 아니라, 바울이 기대했던 것보다도 "더 큰 간절함"으로 그러한 계획을 받아들였다(스푸데⟨*σπουδή*⟩와 연관된 비교급 형용사인 스푸다이오테로스⟨*σπουδαιότερος*⟩에 온전한 의미를 부여한다면). 또는 이 형용사는 디도와 바울을 비교하는 의미는 전혀 지니고 있지 않고 단지 "아주 간절한"이라는 의미만을 지니고 있는 것일 수도 있다(BDF § 244.2). 플럼머(Plummer, 247)는 이 형용사를 잘 알려진 특성 또는 특질을 말하는 것으로 취급해서 "그에게 특유한 간절함으로"라고 번역한다. 중요한 것은 그가 "자발적으로"(*αὐθαίρετος*-아우다이레토스, 마게도냐 교인들이 어떤 압력도 받지 않았음에도 불구하고 자원하여 연보를 했다고 말하는 3절에 나온 것과 동일한 단어) 기꺼이 가고자 했다는 것이다. 여기에 나타난 역설-디도는 바울의 요청을 승락한 것이지만, 자원하여 스스로 가겠다고 한 것으로 말해지고 있는 것-에 대해서는 바울의 권함(*παράκλησις*-파라클레시스)은 꼭 순종해야 하는 지시가 아니라 단지 도움을 요청한 것이었고, 디도는 그러한 요청이 있기 전에 이미 그럴 생각을 지니고 있었다는 식으로 이 문제를 해결하고 있는 Barrett, 228를 보라. 헤링(Héring, 62)은 바울이 직접 고린도 교회로 가는 것을 지체한 것-그래서 디도가 스스로 자원하게 된 것-속에서 사도 편에서의 전략적인 행동을 감지한다. 아마도 바울은 가급적 자신이 직접 연보에 관여하고자 하지 않았던 것 같다. 이 문제는 그에게 상당히 중요했다(20절). 바울이 고린도 교인들에 대하여 예민하게 행동하고 있다는 것은 여기서도 드러난다. 왜냐하면 우리가 앞에서 보았

듯이, 고린도 교회에서 사도로서의 그의 지위는 여전히 조심스럽게 관리되어야 했기 때문이다.

18 "또 저와 함께 한 형제를 보내었으니 이 사람은 복음으로서 모든 교회에서 칭찬을 받는 자요"(*συνεπέμψαμεν δὲ μετ' αὐτοῦ τὸν ἀδελφὸν οὗ ὁ ἔπαινος ἐν τῷ εὐαγγελίῳ διὰ πασῶν τῶν ἐκκλησιῶν*–쉬네펨프사멘 데 메트 아우투 톤 아델폰 후 호 에파이노스 엔 토 유앙겔리오 디아 파손 톤 에클레시온). 쉬네펨프사멘(*συνεπέμψαμεν*, "우리가 보내었으니")은 서신에서 사용되는 단순과거, 즉 서신의 수신자들이 그 편지를 읽을 때는 그 행동이 이미 과거가 되어 있을 것임을 보여주는 동사다. 그러므로 이러한 동사는 과거 시제로 되어 있지만 현재 시제로 번역된다.

디도와 동행하는 사람(*μετ' αὐτοῦ*–메트 아우투, "저와 함께")은 바울이 아주 애매모호하게 표현하고 있지만 지나칠 정도로 찬사를 받고 있는 형제다: "복음으로서 모든 교회에서 칭찬을 받는 (형제)"(⟨*τὸν ἀδελφὸν*⟩ *οὗ ὁ ἔπαινος ἐν τῷ εὐαγγελίῳ διὰ πασῶν τῶν ἐκκλησιῶν*–⟨톤 아델폰⟩ 후 호 에파이노스 엔 토 유앙겔리오 디아 파손 톤 에클레시온). 몇 가지 번역의 가능성이 존재하지만, 그 의미는 별로 명확하지 않다. (1) 그 형제에 대한 칭찬이 바울의 온 교회들 속에서 자자하다는 말인가, 아니면 "기독교계" 전체에 걸쳐서 자자하다는 말인가? (2) 그가 유명해진 것은 복음 전도자로서의 그의 사역 때문인가("복음으로서"를 이러한 의미로 해석해서, 참조. 엡 4:11)? (3) 그는 그가 복음의 사역에 헌신한 것 때문에(즉 그리스도인으로서의 적극적인 섬김; 유앙겔리온⟨*εὐαγγέλιον*⟩의 이러한 의미에 대해서는 빌 1:5; 4:3을 참조하라) 온 회중 전체에 걸쳐서 칭찬을 받고 있는 것인가? (4) 그것은 그가 복음서를 썼다는 것을 가리키는 것인가(예를 들면, 마가, 누가)? 주후 150년 이전에는 토 유앙겔리온(*τὸ εὐαγγέλιον*, "복음")이 문서로 된 글에 대하여 사용되었다는 것을 보여 주는 분명한 증거가 존재하지 않기 때문에, 마지막 가능성은 배제된다. 바울이 이러한 표현을 통해서 염두에 두고 있는 것은 그 형제의 개인적인 행위와 말을 통한 사역이다(R. P. Martin, "Gospel," *International Standard Bible Encyclopedia*[ed. G. W. Bromiley et al. Grand Rapids: Eerdmans, 1982] 2:529를 보라).

바울이 이 사람을 보내는 이유에 무게를 둔다면, 우리는 (3)의 가능성을 선택하는 것이 현명할 것이다. 즉 그 형제는 그리스도인으로서의 신실한 사역으로 이미 정평이 나 있고, "모든 교회"가 그것을 증언한다(Windisch, 262는 살전 1:8; 롬

1:8에서처럼 여기에 췌언법이 등장한다는 점도 지적한다; Bachmann, 322, 323에서는 "모든 교회"라는 어구는 단지 마게도냐의 모든 교회들을 가리킨다고 생각한다). 바울은 아마도 이 형제가 교회 생활에서 잘 알려져 있고 인정 받고 있는 사람이라는 것을 말하고자 했을 것이다(Hainz, *Ekklesia*, 149). 그렇지만 10:14에 대한 "주석"을 보라.

그건 그렇다고 치더라도, 우리는 그 형제가 과연 누구였느냐에 대해서는 계속해서 추측을 할 수밖에 없다. 바렛(Barrett, 228)은 사우터(Souter, "A Suggested Relationship")의 견해를 따라서 호 아델포스(ὁ ἀδελφός)에 붙어 있는 정관사를 진지하게 받아들여서 그 형제를 디도 자신의 친동생으로 보고자 하지만, "형제"라는 표현은 믿는 자들을 가리키는 아주 잘 알려져 있던 명칭이라는 이유로 사우터(Souter)의 추론을 거부한다(그렇지만 E. E. Ellis, "Co-workers," 445-58에서는 그러한 명칭은 "기독교적 사역 또는 선교를 그들의 일차적인 직업으로" 가지고 있던 자들에게만 주로 사용된 것이라고 제안하고 있고, 이러한 제안은 Ollrog, *Paulus*, 78 n. 92에 의해서 비판을 받는다). 헤링(Héring, 62)은 이 형제가 디도의 혈육이었다면, 왜 그 형제의 이름이 거론되지 않았겠느냐고 반문한다. 그 밖의 다른 주장들이나 제안들은 위의 주장과 마찬가지로 별로 설득력이 없다. 다음과 같은 주장들이 제시되어 왔다. (1) 누가(Bachmann; 이러한 주장은 오리겐과 제롬까지 거슬러 올라가지만, 흔히 "복음으로서"(18a절)라는 어구가 복음서 저자라는 것을 의미한다는 잘못된 근거 위에서 제시된다: 앞에 나온 설명을 보라), (2) 바나바(Chrysostom, Theodoret 등, Héring, 62에 나오는 전거들), (3) 아리스다고(Windisch⟨263⟩; 그에 앞서 Zahn; 행 19:29⟨참조. 행 20:4; 27:2⟩에 의하면, 그는 실제로 마게도냐 사람이었고 바울의 동역자였다). 그러나 좀더 유명한 인물을 찾고자 한다면, 우리는 그 후보자로 (4) 아볼로를 추천할 수 있을 것이다(참조. 행 18:24-28). 어떤 이유에서인지는 몰라도 바울은 그 형제를 이름을 밝히지 않는 쪽을 선택했지만, 리츠만(Lietzmann, 136, 137)과 빈디쉬(Windisch)가 사람을 소개할 때는 이름을 밝히지 않은 채로 소개하는 법이 없기 때문에 바울의 서신에는 원래 그 이름이 나와 있었다고 주장하는 것은 일리가 있다. 그렇지만 바울의 서신들 속에는 바울 자신만이 아는 이유들로 인해서 한 개인의 이름을 밝히지 않은 하나의 유사한 예가 있다(예를 들면, 빌 4:2, "나와 멍에를 같이 한 자", 그네시에 쉬쥐게⟨γνήσιε σύζυγε⟩가 고유명사를 은폐하고 있는 것이 아니라면). 또한 우리는 원래의 본문에는 그 형제의 이름이 나와 있었지만, "복음 전도자로서 그가 나중에 신망을 상실했기" 때문에 후대의 교회가 그 이름을 삭제한 것이라는 헤링(Héring)의 다소 냉혹한 견해(62)를 받아들일 수 없다.

19 "이뿐 아니라 저는 동일한 주의 영광과 우리의 원을 나타내기 위하여 여러 교회의 택함을 입어 우리의 맡은 은혜의 일로 우리와 동행하는 자라"(*οὐ μόνον δέ, ἀλλὰ καὶ χειροτονηθεὶς ὑπὸ τῶν ἐκκλησιῶν συνέκδημος ἡμῶν σὺν τῇ χάριτι ταύτῃ τῇ διακονουμένῃ ὑφ' ἡμῶν πρὸς τὴν ⟨αὐτοῦ⟩ τοῦ κυρίου δόξαν καὶ προθυμίαν ἡμῶν*-우 모논 데, 알라 카이 케리로토네데이스 휘포 톤 에클레시온 쉰에크데모스 헤몬 쉰 테 카리티 타우테 테 디아코누메네 휘프 헤몬 프로스 텐 ⟨아우투⟩ 투 퀴리우 독산 카이 프로뒤미안 헤몬). 이 익명의 형제는 몇 가지 더 자격들을 갖추고 있었다. 그 형제는 바울의 교회들에 의해서 사도의 "동행하는 자"(*συνέκδημος*-쉰에크데모스, 참조. 행 19:29; 바울의 수행원들에게 적용되는 이러한 묘사는 직접적으로 "종교적인" 기능들을 가지고 있지 않았다는 것에 대해서는 Ellis, "Co-Workers," 451, n. 4를 보라; 그러나 그러한 추론은 증명되지 않은 것으로서, 18절은 그러한 추론을 반박한다)로 택함을 받았다(*χειροτονηθείς*-케이로토네데이스: 이 동사는 손을 들어서 찬반을 결정하는 투표에 의해서 선택되었다는 것을 시사해 준다: BGD, 881를 보라: "손을 들어서 선택하다"⟨또한 Windisch, 263를 보라⟩; 이 동사는 바울 서신에서 "하팍스 레고메논"이다). Schweizer, *Church Order in the New Testament*, 103(7m)를 보라.

이 형제를 언급하고 있는 것은 바울이 "연보"의 섬김(*χάρις*-카리스), 즉 문자 그대로 직역하면 "우리가 맡고 있는 이 은혜"의 일을 수행할 때 폭넓은 사람들과 함께 하고 있다는 것을 보여 주기 위한 것이다. 이 일은 "주의 영광을 위하여"(*πρὸς τὴν ⟨αὐτοῦ⟩ τοῦ κυρίου*-프로스 텐 ⟨아우투 투 퀴리우⟩) 하는 것이지만, "우리의 자원함을 증명하기 위한"(⟨*πρὸς*⟩…*καὶ προθυμίαν ἡμῶν*-⟨프로스⟩…카이 프로뒤미안 헤몬) 것이기도 하다. 이 어구의 보어는 명시적으로 표현되어 있지 않지만, "너희를 돕기 위한" 같은 어구가 보어로 적당할 것이다. 바렛(Barrett, 229)은 "우리의 제안을 따라서"라는 말을 덧붙임으로써 자유롭게 의역을 한다. 헤링(Héring, 62)은 "우리 자신의 만족을 위하여"라고 번역하는데, 이것은 별로 적합하지 않다. 큄멜(Kümmel, 207)은 또 다른 견해를 제시한다: 이 형제를 택한 것이 바울의 전체적인 자원함을 더 증대시키는 데 기여했다(16절과 결부되어서). 아우투(*αὐτοῦ*)와 관련된 본문상의 문제에 대해서는 "원문주해"를 보라.

우리가 "(돕기 위한) 우리의 자원함을 증명하기 위하여"라고 번역한 카이 프로뒤미안 헤몬(*καὶ προθυμίαν ἡμῶν*)이라는 난해한 어구에 대해서는 우리가 이미 논의한 바 있다. 데니(Denney, 277 n)가 지적하듯이 이 표현은 의심스러운 의미를 지니고 있는데, 그가 제안한 번역인 "우리가 선한 마음이 될 수 있도록 하기 위하여"가 옳다면 특히 그러하다. 그는 추측에 의지해서 카이(*καί*) 대신에 카타(*κατά*)를 제안하고 이 어구를 케이로토네데이스(*χειροτονηθείς*)와 연결시켜서 "우리가 간절히 바란 대로 택함을 입어"라고 번역하는데, 이것은 부자연스러워 보인다. 그렇지만 이 어구는 이상한 어구로서, 바울이 8:11-12, 16을 설명하고, 그가 이 사절단을 기꺼이 보내고자 하는 것과 고린도 교인들의 프로뒤미아(*προθυμία*)에 대하여 일 년 전부터 알고 있는 것을 대응시키기 위하여 이 어구를 덧붙인 것 같다.

케이로토네인(*χειροτονεῖν*, "임명하다, 지명하다"; 개역 성경에서는 "택하다")에 대해서는 사도행전 14:23; *Did.* 15:1을 보라. 이 단어는 Ignatius(*Phld.* 10:1, *Smyrn.* 11:2 f, *Pol.* 7:2)에서는 어떤 사람이 교회의 직분으로 선출된 것을 가리키는 데 자주 사용된다.

20 "이것을 조심함은 우리가 맡은 이 거액의 연보로 인하여 아무도 우리를 훼방하지 못하게 하려 함이니"(*στελλόμενοι τοῦτο, μή τις ἡμᾶς μωμήσηται ἐν τῇ ἁδρότητι ταύτῃ τῇ διακονουμένῃ ὑφ' ἡμῶν*-스텔로메노이 투토, 메 티스 헤마스 모메세타이 엔 테 하드로테티 타우테 테 디아코누메네 휘프 헤몬). 도입부의 동사인 스텔로메노이(*στελλόμενοι*)는 그 동사에 걸리는 선행사가 없기 때문에 파격 구문이다(BDF § 468.1). 동사 스텔레스다이(*στέλλεσθαι*, "멀리하다, 피하다"; K. Rengstorf, *TDNT* 7:588-99)는 포베이스다이(*φοβεῖσθαι*, "두려워하다"; BGD, s.v., 766, 그러나 Héring⟨63⟩은 "두려워하다"라는 의미는 "오늘날의 학자들이 순전히 만들어 낸 것"이라고 본다)와 대체적으로 동의어이고, 목적의 의미를 지닌다: "우리가 이것을 조심함은 우리가 맡은 이 거액의 연보로 인하여 아무도 우리를 훼방하지 못하게(*μή*-메) 하려 함이다"라는 번역은 딱딱한 직역이지만, 어느 정도 자유로운 의역이 가능할 때만 우리는 이러한 경직된 번역을 개선할 수 있을 것이다. 우리는 스텔레스다이(*στέλλεσθαι*)를 "어떤 일에 착수하다"(Liddell-Scott, s.v.)라는 의미로 이해해야 한다는 헤링(Héring)의 제안을 따르고자 하는데, 그렇게 할 때만 이 문장의 흐름이 자연스러워진다. 바울은 이 문제(연보)를 다룸에 있어서 거기에 필요한 온갖 주의를 다 기울임으로써 자신의 정직함이 의심 받지 않게 하고자 했다. 이러한 제안의 장점은 이 문장이 다음 절과 잘 연결된다는 것이다.

하드로테스(*ἁδρότης*, "풍성함, 후함")는 예루살렘 성도들을 위하여 일으킨 연보를 가리키는 또 하나의 동의어다(BGD, 18, 19: "이 후한 드림을 통해서"). 문자 그대로 본다면, 이 용어는 고린도 교인들의 연보가 그들의 "유여한 것"(14절)으로부터 아낌없이 후하게 이루어지는 것이 기대되었다고 말하고 있는 것이다. 그런 까닭에 이 일을 위해 택함받은 사절들이 그러한 거액의 연보를 잘못 다루거나 부주의하거나 또는 강도를 당해서 잃어 버리는 일이 없도록 확실히 해 둘 필요가 있었다.

21 "이는 우리가 주 앞에서만 아니라 사람 앞에서도 선한 일에 조심하려 함이라"(*προνοοῦμεν γὰρ καλὰ οὐ μόνον ἐνώπιον κυρίου ἀλλὰ καὶ ἐνώπιον ἀνθρώπων*-프로노우멘 가르 칼라 우 모논 에노피온 퀴리우 알라 카이 에노피온 안드로폰). 또 다른 번역은 "이는 우리가 관심을 갖고 있음이라"(*προνοοῦμεν*-프로노우멘: *προνοεῖν*-프로노에인, "미리 생각하다, 보살피다, 고려하다": 신약에서 이 단어는 롬 12:17과 딤전 5:8과 여기서만 사용된다: Wisd Sol 6:8을 보라). 칼라(*καλά*, "선한 일, 옳은 일")와 함께 사용된 이 동사는 잠언 3:4(LXX)에서 가져온 것으로서 직접 인용이 아니라 간접 인용이다. 주 앞에서 "선한 일"이 바울의 평가에서는 분명히 훨씬 더 중요한 것이었다. 그러나 여기서 친구가 되었든 적이 되었든 사람들 "앞에서" 선한 일은 바울의 주된 관심사다. 고린도전서 10:32은 이 분야에서 그의 목회적인 예민함을 보여 주는데, 이것은 폭넓은 면에서 고린도 교회를 대할 때의 그의 특징이었다. 이 절에서 바울은 그를 비판하거나 의심하는 자들을 염두에 두고 있다(Bruce, 224).

22 "또 저희와 함께 우리의 한 형제를 보내었노니 우리가 여러 가지 일에 그 간절한 것을 여러 번 시험했거니와 이제 저가 너희를 크게 믿은고로 더욱 간절하니라"(*συνεπέμψαμεν δὲ αὐτοῖς τὸν ἀδελφὸν ἡμῶν ὃν ἐδοκιμάσαμεν ἐν πολλοῖς πολλάκις σπουδαῖον ὄντα, νυνὶ δὲ πολὺ σπουδαιότερον πεποιθήσει πολλῇ τῇ εἰς ὑμᾶς*-쉰에펨프사멘 데 아우토이스 톤 아델폰 헤몬 혼 에도키마사멘 엔 폴로이스 폴라키스 스푸다이온 온타, 뉘니 데 폴뤼 스푸다이오테론 페포이데세이 폴레 테스 에이스 휘마스). 디도 및 그의 "형제"와 함께 사도의 심부름을 가게 될 세 번째 지체도 그 정체가 비밀에 부쳐져 있다. 그도 마찬가지로 돕고자 하는 "간절함"(*σπουδή*-스푸데)으로 유명한 자였는데, 그에 대한 내용은 두 가지가 더 첨가되어 있다. (1) 그 사람은 아마도 돈을 다루는 것과 관련해서 여러 번 시험을 받아서 검증된 자였다(*ἐδοκιμάσεν*-에도키마센, 롬 12:2; 고전 16:3; 이 동사 및 동일한 어원〈*δοκιμάζειν*-도키마제인〉에서 나온 단어들은 13장에 나오는 바울의 자기 변호 속에서 중추적인 역할을 한다). (2) 그는 큰 확신을 지니고 있기 때문에 그의 간절

함은 더욱 컸다(*σπουδαιότερον*-스푸다이오테론, "더욱 간절한"). 바울은 자기가 이 사람을 여러 가지로 "자주 시험했다"고 쓰고 있다("우리가 시험했다"). 이러한 서술은 올로그(Ollrog)가 고린도후서 8:17-24을 증거로 인용해서 "바울은 그의 선교와 관련된 일꾼은 그의 정당성과 권위를 바울 자신이 아니라 복음을 통해서 확보했다는 것을 특히 강조한다"고 단호하게 결론을 내리고 있는 것을 반박한다(*Paulus*, 183, n. 101). 물론 바울과 그의 동료들은 복음으로부터 신임을 얻었지만, 그럼에도 불구하고 바울은 자신의 동역자가 될 사람들을 주의 깊게 시험했다.

페포이데세이 폴레 테 에이스 휘마스(*πεποιθήσει πολλῇ τῇ εἰς ὑμᾶς*)라는 어구는 익명의 이 형제가 "너희에 대하여 지닌 신뢰"를 의미하는 것으로 해석될 수도 있고, 바울 자신이 "너희에 대하여 가지고 있는 신뢰"를 의미하는 것으로 해석될 수도 있다. 그러나 후자의 해석은 문맥에 맞는 것처럼 보이기는 하지만, 이 사람이 고린도 교회로 가고자 하는 열심을 증대시키는 이유가 되지는 못하는 것 같다. 다른 한편으로, 우리는 그 형제가 디모데같이 바울과 친근한 사람이 아니라면, 그가 지금 바울과 마찬가지로 고린도 교인들에 대한 신뢰를 회복했다고 할 때 과연 그가 누구인지를 말할 수 없다. 또한 우리는 여기서도 다시 한 번 이 사람의 정확한 정체를 알 수 없는 곤혹스러운 처지에 놓이게 되고, 왜 그의 이름이 본문에 나오지 않는지 추측할 수밖에 없는 처지에 놓이게 된다. 빈디쉬(Windisch, 266)는 여기서 말하는 사람이 누가라고 보거나, 바울이 "우리의 형제"(*τὸν ἀδελφὸν ἡμῶν*-톤 아델폰 헤몬)라고 말하고 있는 것으로 보아서 바울의 친동생 또는 조카일 가능성도 있다고 말한다(여기서 Windisch는 Bleek를 인용한다; 예루살렘에 있는 바울의 가족 관계에 대해서는 행 23:16-17을 참조하라). 그러나 그 사람이 정확히 누구였는지에 대해서 우리는 여전히 깜깜한 어둠 가운데 있다.

23 "디도로 말하면 나의 동무요 너희를 위한 나의 동역자요 우리 형제들로 말하면 여러 교회의 사자들이요 그리스도의 영광이니라"(*εἴτε ὑπὲρ Τίτου, κοινωνὸς ἐμὸς καὶ εἰς ὑμᾶς συνεργός· εἴτε ἀδελφοὶ ἡμῶν ἀπόστολοι ἐκκλησιῶν, δόξα Χριστοῦ*-에이테 휘페르 티투, 코이노노스 에모스 카이 에이스 휘마스 쉰에르고스 에이테 아델포이 헤몬 아포스톨로이 에클레시온, 독사 크리스투). 에이테…에이테(*εἴτε…εἴτε*)라는 어구 속에서 등위 접속사들은 두 사절들을 어느 정도 대비시키고 있고, 전치사 휘페르(*ὑπέρ-*)는 페리(*περί*, "…에 관하여")와 동일한 의미다(BDF § 231.1). 따라서 우리는 다음과 같이 번역하고 해석한다: 디도에 관하여 의문이 있다면, 그가 나의 선교에 있어서 동무이고(주격으로 되어 있는 *κοινωνὸς ἐμὸς*-

코이노스 에모스)이고, 너희와 관련해서는 나의 동역자(*καὶ εἰς ὑμᾶς συνεργός*－카이 에이스 휘마스 쉰에르고스)라는 것을 알라(교차대구법적인 구조일 가능성이 있다). 우리 형제들(18, 22절에서 언급된)에 관하여 의문이 있다면, 그들은 교회들에 의해서 임명된 사자들(*ἀπόστολοι ἐκκλησιῶν*－아포스톨로이 에클레시온)이고 그리스도의 영광(*δόξα Χριστοῦ*－독사 크리스투)이다. Hainz, *Ekklesia*, 152를 보라.

디도는 이 서신의 저자와 좀더 친밀한 관계를 맺고 있었기 때문에 좀더 따뜻한 칭찬을 받고 있다. 바울은 디도를 친밀한 동무(*κοινωνός*－코이노스, 이 단어는 신뢰와 섬김에 있어서의 기쁨이라는 뉘앙스를 지닌 개인적인 관계를 묘사한다〈Arbeitsfreude, Ollrog, *Paulus*, 77: 참조. 몬 17절; 아마도 이 단어는 기독교적인 일들에 함께 참여하는 자를 가리키는 전문 용어인 것 같다: Hauck, *TDNT* 3:804〉)이자 쉰에르고스(*συνεργός*)로 여긴다. 후자의 단어에서 접두사 쉰(*συν-*, "…와 함께")이 "나와 함께 하는 일꾼"(Windisch, 267)을 의미하는지, 아니면 바울 자신과 마찬가지로 "고린도 교인들과 함께 하는 일꾼"(1:24: *συνεργοί ἐσμεν*－쉰에르고이 에스멘, "우리는 너희와 함께 일하고 있다")을 의미하는지, 또는 6:1에서처럼 "하나님과 함께 하는 일꾼"(Bachmann, 326)을 의미하는지를 결정하기는 어렵다. 쉰에르고스(*συνεργός*, "동역자")라는 용어는 바울 서신에서 광범위한 의미를 지닌다. 올로그(Ollrog, *Paulus*, 67)는 이 용어에 대하여 공식적인 정의를 제시한다: 동역자라는 것은 다음과 같은 것들을 주된 구성 부분으로 하는 통합된 전도의 "일"에서 일하도록 하나님의 위임을 받은 자다. (1) 위임을 받음(고전 3:9; 살전 3:2), (2) 통합된 "일"을 맡음(*ἔργον*－에르곤, 고전 15:48; 16:10; 빌 2:30: 이것과 상응하는 것은 유앙겔리온〈*εὐαγγέλιον*, "복음"〉이다), (3) 개척 교회들에서 전도의 일을 함(살전 3:2; 고전 3:9; 16:16: 참조. 골 4:11). 바울은 이러한 동역자들을 조력자들이 아니라 공동의 일을 함께 하는 자들로 여겼다(참조. 빌 1:7, 2:22).

"형제들"(그러나 바울이 휘페르〈*ὑπέρ*, "…를 위하여, 대신하여〉를 사용한 구문을 생략하고, 그들을 또다시 주격으로 아델포이 헤몬〈*ἀδελφοὶ ἡμῶν*, "우리의 형제들"〉이라고 말하는 것을 주목하라)은 아포스톨로이 에클레시온(*ἀπόστολοι ἐκκλησιῶν*, 두 개의 명사에 관사가 붙어 있지 않다)으로 소개되는데, 우리는 이 어구를 "교회들의 사자들"로 번역할 수 있다. 또한 아포스톨로스(*ἀπόστολος*)도 광범위한 의미를 지닌다. Barrett, *Signs*, 70-73, idem, "Shaliah"에 그 의미들이 어떤 범위에 걸쳐 있는지가 편리하게 요약되어 있다. 그는 빌립보서 2:25과 함께 이 절에 나오는 이 명사를 유대교 랍비들의 모델인 샬리아흐(שָׁלִיחַ, "보내심을 받은 자") 또는 좀더 구체적으로 샬리아흐 칩부르(שליח צבור, "〈회당〉 회중의 사자")에 토대를 둔 "사자"(使者)라는 별개의 범주에 속하는 것으로 본다(참조. Rengstorf, *TDNT* 1: 413ff.; T. W. Manson, *The Church's Ministry,* London: Hodder & Stoughton, 1948, 31-52[40-45]). 올로그(Ollrog, *Paulus,* 79-92)는 이러한 논의를 갱신해서, 한 가지 단서를 덧붙여 이 표현이 유대의 "샬리아흐"라는 패턴에서 기원했다는 것을 확증한다: 그는 이 표현은 그 사람에게 맡겨진 일의 내용에 대해서는 전혀 발하고 있지 않고, 단지 아포스톨로스(*ἀπόστολος*)의 일이 맡겨졌다는 것만을 말하고 있다고 주장한다. 즉 이 절에서 속격 에클레시온(*ἐκκλησιῶν*)은 명사인 아포스톨로스(*ἀπόστολος*)만큼이나 중요하다는 것이다(속격 크리스투 예수〈*Χριστοῦ 'Ιησοῦ*〉에 대한 이와 비슷한 추론에 대해서는 1:1을 참조하라: 그러나 아포스톨로스〈*ἀπόστολος*〉는 1:1와 8:23에서 두 가지 서로 다른 의미를 지니고 있고, Roloff, *Apostolat,* 39에서는 그것들을 각각 "특수 용법"과 "일반 용법"으로 명명한다).

두 번째 찬사는 이 두 사람(또는 디도를 포함시킨다면 세 사람)은 "그리스도의 영광"(*δόξα Χριστοῦ*-독사 크리스투)-이것은 표면상으로 볼 때는 대단히 존귀한 칭호다-이라는 것이다. 좀더 정확한 의미를 알고자 한다면, 우리는 다음과 같이 물을 수 있다. 이 칭호는 그들이 사자들로 임명된 것과 관련된 내재적인 위엄을 의미하는 것인가? 이 칭호는 바울의 교회들이 예루살렘 교회의 사자들이라고 공언하면서 "그리스도의 종들"(*διάκονοι Χριστοῦ*-디아코노이 크리스투, 11:23)의 계층 내에서 바울의 직분과는 차원이 다르다고 이야기한 휘페르기안 아포스톨로이(*ὑπερ-γίαν ἀπόστολοι,* "지극히 큰 사도들", 11:5; 12:11) 또는 프슈다포스톨로이(*ψευ-δαπόστολοι,* "거짓 사도들," 11:13-15)의 터무니없는 주장들에 대항하여 이 사자들(*ἀπόστολοι*-아포스톨로이)에게 힘을 실어 주기 위하여 사용되고 있는 것인가? 또는 이 표현은 "그들은 그리스도를 반영하고 있다"(NEB의 난외주)라는 번역 속에서 볼 수 있듯이 별로 중요하지 않은 표현인가? 아니면 그러한 개념이 너무 축소된 것이라면, 이 사람들을 "그리스도의 하늘의 영광의 대표자들"로 보는 게오르기(Georgi)의 해석이 더 나은 것인가(Repräsentanten des himmlischen Glanzes des Christus: Die Geschichte der Kollekte, 55)? 우리는 여기서 무엇이 옳은지를 결정하기가 어렵다.

본문 속에 은연중에 나타나 있는 것으로 보이는, 보편적으로 인정 받고 있는 "사도들"(참조. 18절: "모든 교회")과 예루살렘 교회의(11:5; 12:11) "기둥 같은" 지도자들(갈 2:9에서 호이 스튈로이⟨οἱ στῦλοι⟩로 불리는 자들)이나 그들의 사자들-진짜 사자들이든 참칭하는 자들이든(11:13)-같은 "사도들" 간의 대비는 최종적인 질문으로 이어진다: 바울의 사자들은 여기서 마게도냐 교회들의 위임을 받고 있는 것인가(우리가 전제했듯이)? 또는 결국 그들은 연보와 관련된 일을 하도록 위임받고 이방 교회들과 유대 교회들이 하나임을 증언하기 위한 유대 교회들의 사자들인가(즉 Holmberg, *Paul*, 47에서 이 절을 확대하여 다음과 같이 표현하듯이-*ἀπόστολοι ἐκκλησιῶν* ⟨sc. *τῆς*⟩ *'Ιουδαίας*-아포스톨로이 에클레시온 ⟨테스⟩ 유다이아스—그가 정관사를 추가한 것을 주목하라!)? 또한 Hainz, *Ekklesia*, 155-57; Nickle, *The Collection*, 18-22를 보라.

그러나 바울의 권위가 최근에 고린도 교회에서 도전을 받았다가 겨우 회복되었다는 점과 이 연보를 과연 예루살렘 교회에서 받을 것인가에 대하여 바울이 확신을 보이고 있지 않다는 것(Nickle, *The Collection*, 70-72에서는 예루살렘 교회가 이 연보를 순순히 받았다고 생각한다; 그러나 행 21:21, 28을 근거로 해서 볼 때 바울의 이러한 실험은 모든 면에서 "철저한 실패"⟨Nickle의 용어, ibid., 155⟩였을 가능성이 더 높다)을 감안할 때, 이 후자의 제안들은 거의 가능성이 없다. 이 본문 속에 언급된 자들을 유다(18절)와 실라(23절)로 규정하고자 하는 또 다른 추정은 근거가 없다. 또한 학자들이 앞에서 추정한 이름들을 후대의 교회들이 본문에서 삭제했을 이유는 더더욱 존재하지 않는다(참조. Nickle, ibid., 21).

24 "그러므로 너희는 여러 교회 앞에서 너희의 사랑과 너희를 대한 우리 자랑의 증거를 저희에게 보이라"(고후 8:24)(*τὴν οὖν ἔνδειξιν τῆς ἀγάπης ὑμῶν καὶ ἡμῶν καυχήσεως ὑπὲρ ὑμῶν εἰς αὐτοὺς ἐνδεικνύμενοι εἰς πρόσωπον τῶν ἐκκλησιῶν*-텐 운 엔데익센 테스 아가페스 휘몬 카이 헤몬 카우케세오스 휘페르 휘몬 에이스 아우투스 엔데이크뉘메노이 에이스 프로소폰 톤 에클레시온). 이 문장에서 핵심 단어는 엔데이크뉘메노이(*ἐνδεικνύμενοι*, "보이라")다. 이 분사가 명령의 의미로 사용된 것에 대해서는 "원문주해"를 보라. 엔데익사스데(*ἐνδείξασθε*, "증명하다"; ℵ C 라틴 역본, Coptic, Syriac의 역본들, 비잔틴 사본들의 읽기)로 읽는 것보다는 이러한 셈어적 용법을 받아들이는 쪽이 더 낫다. 바울은 이 서신의 독자들에게 자기가 보내는 사자들에게 사랑을 보여 줄 것을 요청하고 있다. 그는 이 사자들을 따뜻하게 영접함으로써 그가 고린도 교인들에 대하여 이 사자들에게 자랑했던 것이 확증되리라는(카우케시스⟨*καύχησις*⟩에 대해서는 특히 7:14; 9:3을 보라) 것을 마지막으로 당부한다. 그러나 에이스 프로소폰 톤 에클레시온(*εἰς πρόσωπον*

*τῶν ἐκκλησιῶν*, "여러 교회들 앞에서")이 온 세계에 있는 교회라는 의미를 지님으로써 당시의 "보편 교회"(ecclesia catholica: Ignatius, *Smyrn.* 8:2; *Mart. Pol.* inscr. 8:1; 19:2⟨16:2?⟩)를 가리키는 것이라면, 바울은 더 폭넓은 청중을 상정하고 있는 것이 된다(Denney-해설에 나오는 인용문을 보라-가 이 어구를 이해하고 있는 것처럼).

## 해설

키케로(Cicero, *De officiis* 2.21.75)의 말이 적절하다: "그러나 모든 공적인 일과 섬김에 있어서 중요한 것은 탐욕이 연루되어 있다는 한치의 의구심조차도 피하는 것(ut avaritiae pellatur etiam minima suspicio)이다." 이 말은 연보 문제를 다루기 위하여 고린도 교회로 보내심을 받은 세 사람을 소개하는 내용으로 되어 있는 이 단락을 위한 무대를 설정해 준다. 바울이 세 사람을 자신의 사자들로 삼아서 고린도 교회로 보내면서 그들로 하여금 연보를 관리하도록 세심한 주의를 기울이고 있는 이유는 20절에 나온다: "이것을 조심함은 우리가 맡은 이 거액의 연보로 인하여 아무도 우리를 훼방하지 못하게 하려 함이니." 바울의 선교 정책에서 중요한 것은 이런 것이었다: "이는 우리가 주 앞에서만 아니라 사람 앞에서도 선한 일에 조심하려 함이라"(21절). 그런 까닭에 사도의 사자로 가는 사람들은 이미 검증을 받은 사람들이 되어야 한다. 한 사람은 널리 인정을 받고 있던 인물이었고(19, 23절), 나머지 두 사람은 바울이 시험을 해본 결과 믿을 만한 동역자들로 평가를 받은 사람들이었다(17, 22-23절). 이것보다 더 중요했던 것은 그들이 고린도 교인들에 대하여 간절함을 지니고 있었고, 거기서의 바울의 선교에 대하여 신뢰를 가지고 있었다는 것이다. 이제 바울은 고린도 교인들에게 자신의 사자들을 사랑과 협력하는 마음으로 맞아 주는 상부상조의 태도를 보여 줄 것을 요청한다(24절).

바울이 사자들을 파견한 후의 일은 12:16-18에서 읽을 수 있는데, 그 본문에는 단지 두 사람만이 거론되어 있지만 이 단락과 밀접한 병행들이 존재한다. 이러한 견해에 의하면, 12:18에서 언급되고 있는 한 "형제"는 8:22에 나오는 형제와 동일 인물이 될 것이다. 여기서 "여러 교회의 택함을 입은"(19절) 것으로 말해지고 있는 세 번째 형제는 12장에서는 그에 대한 변호가 필요하지 않았기 때문에 거론되고 있지 않은 것이다(Barrett, "Titus," 127). 또는 우리가 앞으로 보게 되겠지만, 12장의 절들은 8:6의 인물을 가리키는 것일 수 있다.

이 단락에서 특별히 주목할 만한 것은 바울이 이러한 동역자들에 대하여 높은 존경심을 지니고 있다는 것이다. 데니(Denney, 278, 279)는 바울이 그들을 "여러 교회의 사자들이요 그리스도의 영광"이라고 칭송하고 있는 23절의 의미를 다음과 같이 포착했다.

> 바울은 얼마나 이상주의자였던가! 바울은 이 익명의 신자들을 그리스도의 영광의 광채들이라고 표현했을 때 그리스도인의 성품에 대하여 얼마나 탁월한 식견을 지니고 있었는가! 평범한 사람들의 눈에는, 그들은 평범한 사람들로 보였을 것이다. 그러나 바울이 그들을 보았을 때, 그는 다메섹 도상에서 주님이 자신에게 나타나실 때의 저 밝은 빛이 비쳐 나오는 것을 보았다(행 9, 22, 26장). 인간 본성의 더러운 측면과의 접촉은 결코 바울의 눈을 멀게 해서 이러한 광채를 볼 수 없게 만들지 못했다. 도리어 사람들의 영혼 속에 있는 그리스도의 이 영광은 바울로 하여금 더욱 견고하게 모든 것을 믿으며 모든 것을 바라며 모든 것을 견디게 해주었다. 이 존귀한 사자들 앞에서 그들의 사랑의 증거, 그가 그들을 자랑한 것이 옳다는 것을 보여 주는 증거를 나타냄으로써 고린도 교인들은 모든 교회들 앞에서 그것을 나타내게 될 것이라고 바울은 말한다. 그것은 기독교계 전체에 공식적으로 보고될 것이다.

## D. **형제들을 아가야 교회들에 추천함**(9:1-5)

### 참고문헌

**Bornkamm, G.** "The History and Origin of the So-Called Second Letter to the Corinthians." In *The Authorship and Integrity of the New Testament*, 73-81. London: SPCK, 1965. Fuller version as *Die Vorgeschichte des sogenannten zweiten Korintherbriefes*. SAH phil.-hist. Klasse. Heidelberg: Winter, 1961. **Dahl, N. A.** "Paul and Possessions." In *Studies in Paul*, 22-39. **Funk, R. W.** "The Apostolic Parousia: Form and Significance." In *Christian History and Interpretation*. FS John Knox, ed. W. R. Farmer *et al.*, 249-68. Cambridge: University Press, 1967. **Georgi, D.** *Die Geschichte der Kollekte des Paulus für Jerusalem*. 67-79. **Hainz, J.** *Ekklesia*. 242-44. **Jones, I. H.** *The Contemporary Cross*. London: Epworth Press, 1973. **Wiles, G. P.** *Paul's*

*Intercessory Prayers*. SNTSMS 24. Cambridge: University Press, 1974.

## 본 문

1 성도를 섬기는 일에 대하여 내가 너희에게 쓸 필요가 없나니

1 Now concerning the service to the saints [at Jerusalem], there is no necessity for me to be writing to you [as I have done]:

2 이는 내가 너희의 원함을 앎이라 내가 너희를 위하여 마게도냐인들에게 아가야에서는 일년 전부터 예비하였다 자랑하였는데 과연 너희 열심이 퍽 많은 사람들을 격동시켰느니라

2 for I know your readiness: I boast about it in your case to the Macedonians, remarking that Achaia has been prepared since last year: and your zeal has spurred most of them.

3 그런데 이 형제들을 보낸 것은 이 일에 너희를 위한 우리의 자랑이 헛되지 않고 내 말한 것같이 준비하게 하려 함이라

3 But I have sent the brothers in order that our pride in you might not be proved in vain in this matter, and that you might be prepared just as I said you would be.

4 혹 마게도냐인들이 나와 함께 가서 너희의 준비치 아니한 것을 보면 너희는 고사하고 우리가 이 믿던 것에 부끄러움을 당할까 두려워하노라

4 For if any of the Macedonians come with me and find you unprepared, we—not to mention you[a]—may be put to shame because of this eventuality.[b]

5 이러므로 내가 이 형제들로 먼저 너희에게 가서 너희의 전에 약속한 연보를 미리 준비케 하도록 권면하는 것이 필요한 줄 생각하였노니 이렇게 준비하여야 참 연보답고 억지가 아니니라

5 So I deemed it needful to ask the brothers to go to you in advance and prepare in advance the gift you were making which had been already provided. I want it to be ready as really a gift, not as money wrung out of you.

## 원문주해

a. 레고(*λέγω*)가 P[46] C* D G cop[sa] goth에서 발견되기 때문에 히나 메 레고 휘메이스(*ἵνα μὴ λέγω ὑμεῖς*)로 읽는다. 또 다른 읽기인 레고멘(*λέγωμεν*, ℵ B C[2] *ψ* *Byz* lat syr bo)은 통상적으로 앞에 나오는 동사인 카타이스퀸도멘(*καταισχυνθῶμεν*)의 1인칭에 맞추고자 한 필사자의 시도로 설명된다. Plummer, 255에서는 레고멘(*λέγωμεν*)이라는 읽기가 더 널리 확인되는 읽기로 보고서 그러한 읽기를 채택한다. "나"와 "우리"가 교대로 사용되고 있는 것은 Carrez, "Le nous,'" *NTS* 26(1979-80) 480에 의해서 설명된다: "연보에 대하여 언급하고 있는 고후 9:4에서 바울은 자기가 갈 것임을 알리고 있기 때문에 대명사 '나'를 사용하지만 대명사 '우리'를 사용함으로써 자기와 함께 사역하는 무리들에 대한 확신을 표현한다: 혹 마게도냐인들이 나와 함께 가서 너희의 준비치 아니한 것을 보면 너희는 고사하고 우리가 부끄러움을 당할까 두려워하노라."

b. KJV에는 추가된 읽기인 테스 카우케세오스(*τῆς καυχήσεως*, ℵ[2] *Byz*[pl] syr)가 등장하지만, 그것은 석의상으로 잘못된 것이다(이 읽기가 고후 11:17에서 영향을 받은 것이라고 주장하는 Köster, *TDNT* 8:584, n. 117을 보라).

## 양식/구조/배경

8:24에서 9:1로의 이행을 설명하기 어려운 것과 관련된 논의에 대해서는 앞에 나온 설명을 보라. 거기서 우리는 이 두 장이 동일한 서신의 일부를 이루고 있고, 서로 아주 짧은 시간 내에 연이어서 쓰여졌지만 각각 좁은 범위의 독자들(8장)과 좀더 넓은 범위의 독자들(9장)을 대상으로 하고 있다는 것을 인정했다. 이런 식으로 우리는 바울이 예루살렘의 성도들을 위한 연보 문제와 관련해서 남부 헬라에 있는 교회들에 대한 호소를 이렇게 반복적으로 강조하고 있는 이유를 설명해 보고자 했다. 플럼머(Plummer, 252, 253)는 "성도를 섬기는 일"이라는 긴 명칭은 바울이 앞서 언급한 것(8:4)을 되풀이하고 있는 것이라고 지적한다. Hainz, *Ekklesia*, 242를 보라.

이 단락의 중심에는 한 가지 구체적인 일에 있어서 바울이 고린도 교인들을 "자랑한 것"(*καυχῶμαι*…*καύχημα*–카우코마이…카우케마, 2-3절)과 관련된 문제가 놓여 있다: 그들이 일 년 전에 시작했던 일을 완성하고자 한다는 것(8:10-11). 고린도 교인들의 이러한 서약과 바울이 고린도 교인들은 반드시 그들이 한 약속을 지킬 것이라는 신뢰를 표시한 것은 이 논의의 핵심에 자리잡고 있다(9:2-5). 실제로 아가야 교인들에 대한 바울의 이러한 신뢰의 태도와 그들이 아가야 지방에서의 사도의 선교에서 그와 협력한 것은 전체적으로 "고린도후서 1-9장 전체에서 결정적으로 중요한 것으로서 거기에 나오는 논증에 대한 열쇠를 제공해 주는"(Jones, *The Contemporary Cross*, 33-37) 것으로 여겨져 왔고, 감사는 1-9장 전체를 관통하는 또 하나의 주도적인 모티프(leitmotif)로서 9:11-15 속에 잘 요약되어 있는 것으로 여겨져 왔다. "하나님에 대한 감사"라는 주제를 해명하는 것은 8장과 9장이 서로 다른 강조점을 지니고 있음에도 불구하고 서로 연결되어 있다는 것을 확인하는 데도 도움이 된다.

8장에서 연보는 유대인 신자들과 이방인 신자들을 공통의 일을 통해서 서로 묶는 이소테스(*ἰσότης*), 즉 "평균하게 함"이라는 신학적인 근거 위에서 권장된다(8:13). 9장에서 연보는 "즐겨 낼"(9:7) 기회로 보인다. 요지는 이 동일한 일의 두 측면은 동일한 정신의 표현들이라는 것이다. 바울은 그것을 "자원함"(*προθυμία*–프로뒤미아, 2절)이라 부른다. 이것은 분명히 몇 가지로 적용되는 핵심 용어다. (1) 그것은 바울이 마게도냐 교인들의 모범을 거론함에 있어서 특징을 이룬다(9:4로부터의 추론을 통해서: 거기서는 아가야 교인들의 준비가 부족하다는 것이 밝혀지면 바울은 부끄러움을 당하게 될 것이라고 말한다). (2) 그것은 바울이 이 일이 마무리되는 것을 보고자 결심한 것의 일부였다(8:19). (3) 그것은 일 년 전에 고린도 교인들이 보여 주었던 특징으로서(8:11), 아가야 교인들이 이미 거기에 동참했고 (9:2), 바울은 그것이 현재의 연보를 통해서 표현되기를 바라고 있다. 바울이 마게도냐 교인들에게 고린도 교인들/아가야 교인들의 선한 뜻을 "자랑한 것"(9:2)은 또 하나의 공통적인 용어인데, 이것의 두 측면은 마게도냐 교인들은 모범을 보였고 (8:1-5), 이제는 고린도 교인들이 그러한 모범으로부터 유익을 얻었다는 것을 나타내 보일 수 있다는 것이다(9:1-2). 따라서 게오르기(Georgi, *Geschichte der Kollekte*, 56)처럼 이 두 장은 서로 양립할 수 없다고 주장할 필요가 전혀 없다. 특히 게오르기(Georgi)는 바울이 9장에서 예루살렘으로 보낼 사절단을 실어 나를 전용 선박을 빌려야 할 정도로(Georgi는 이렇게 주장한다) 연보가 거액이라는 점을 강조하고 있다는 것과 관련하여 강력한 논증을 제시한다.

9:1의 표현(*περὶ μὲν γὰρ*-페리 멘 가르)은 대비를 강조하기 위한 것으로 볼 필요가 없다(롬 5:16; 14:5; 고전 5:3; 11:7; 12:8에서처럼). 그것은 주요한 주제 내에 부차적인 주제를 소개하고 있는 것일 가능성이 더 많다(롬 3:2; 고전 11:18; 고후 11:4에서처럼; Jones, ibid., 146, n. 68). 이러한 부차적인 주제는 바울이 사절단을 파견하는 이유들(8:18-23)에 관한 전체적인 궤도 내에 머무르는 가운데 그의 독자들에 대한 신뢰를 말하고 있다(8:24, 이 절은 9:4에서 다시 사용된다). 앞 장에서 아직 다루어지지 않은 것이 이제 언급된다. 연보는 자발적인 후함을 보여 주는 표시가 될 것이므로 아가야 교인들의 연보는 그들의 능력에 맞게 "풍성한 연보" (*εὐλογία*-율로기아, 9:5)가 되어야 할 것이다. 하나의 경구를 통해서(우리는 이것이 의도적인 것인지 그렇지 않은지는 알 수 없다; Deissmann, *Bible Studies*, tr. A. Grieve[Edinburgh: T. & T. Clark, 1903] 144를 보라) 바울은 앞서 자신 있게 고린도 교인들이 "연보"(*λογεία*-율로기아, 고전 16:1)를 할 것이라고 기대했었다. 이제 그는 그것이 "기쁘게 내는 것"(*εὐ-λογία*-율-로기아)이 되게 하기 위하여 조치들을 취하고 있는 것이다. 이렇게 참된 연보를 해야 하는 근거는 9:6-7에서 제시된다.

## 주석

[1] "(예루살렘) 성도를 섬기는 일에 대하여 내가 너희에게 쓸 필요가 없나니" (*Περὶ μὲν γὰρ τῆς διακονίας τῆς εἰς τοὺς ἁγίους περισσόν μοί ἐστιν τὸ γράφειν ὑμῖν*-페리 멘 가르 테스 디아코니아스 테스 에이스 투스 하기우스 페리쏜 모이 에스틴 토 그라페인 휘민). "내가 너희에게 쓸 필요가 없다"(*περισσόν μοί ἐστιν τὸ γράφειν ὑμῖν*-페리쏜 모이 에스틴 토 그라페인 휘민)는 어구에 대해서는 우리가 이미 설명한 바 있고, 석의상의 여러 가지 대안들에 대해서도 앞에서 서술했다. 분명한 것은 현재의 독자들-원로원의 속주의 수도였던 고린도보다 더 폭넓은 지역에 살고 있던 아가야 교인들(본서의 서론을 보라)-에게 바울이 이렇게 말한 것은 그가 그들의 사정을 잘 알고 있을 때만 정당화될 수 있다는 것이다. 도입부의 가르(*γάρ*, "왜냐하면)는 (1) 고린도 교인들에 대한 바울의 신뢰에 대하여 말하고 있는 8:24과 연결되거나(Plummer, 252; Barrett, 232), (2) 바울이 사자들에 대한 이야기로부터(8장) 연보 자체에 대한 이야기로 다시 돌아오기 위한 방식이거나(Goudge, 86), 이 서신의 최종적인 편집 과정에서 8장과 9장의 연결 관계를 분명하게 하기 위하여 편집자가 삽입한 것이다(이 두 장이 별개의 글이라고 보는 대부분의 학자들이 주장하듯이: Georgi, ibid. 56-58, Bornkamm, *Vorgeschichte*, 31f.〈= *History*, 77〉, Fallon, 76-78). 우리는 앞에서 다룬 내용과의 연결을 위해서 "내가 했던 것과 같이"라는 어구를 "너희에게 쓰는 것"(*τὸ γράφειν ὑμῖν*-토 그라페인 휘민)에 첨가했다는 데니(Denney, 279, 280)의 견해를 따랐다. 물론 우리는 바울의 글의 범위가 넓어진 것을 인정하지만 말이다. 불변사 멘(*μέν*)은 3절(*δέ*-데)에 걸린다: 너희에게 상기시킬 필요는 없지만…이 형제들을 보낸 것은. 바울이 1절에 도입어를 둔 것은 3절과의 연결을 위한 것이다. 따라서 우리는 데니(Denney, ibid.)의 판단이 옳다고 본다: "3-5절에 나오는 진술은 그것들을 설명해 주는 8:16-24이 없다면 이해할 수 없을 것이다. 9:1과 그 앞에 나오는 내용 간에 연결 관계가 존재하지 않는다고 말하는 대신에, 우리는 그러한 연결 관계가 다소 복잡하고 간접적인 것이라고 말해야 할 것이다-이례적으로 어려운 주제를 다룰 때 흔히 그런 일이 일어나듯이"(우리는 여기에 이례적으로 미묘한 주제라는 말을 덧붙일 수 있을 것이다). 또한 J. Moffatt, *Introduction to the Literature of the New Testament 3*(Edinburgh: T. & T. Clark, 1918)을 보라: "9:1은 앞에 나오는 내용과 잘 맞지 않는 것이 아니라 도리어 착 달라붙어 있다"(128).

바울의 논의가 9장으로 이어지고 있다는 것은 "그가 연보와 관련해서 끊임없이 보여 주었던 당혹감"에 의해서도 설명될 수 있다(Wiles, *Paul's Intercessory Prayers*, 237는 위에 인용된 Moffatt, ibid.에 동의한다).

2 "이는 내가 너희의 원함을 앎이라 내가 너희를 위하여 마게도냐인들에게 아가야에서는 일 년 전부터 예비했다 자랑했는데 과연 너희 열심이 퍽 많은 사람들을 격동시켰느니라"(*οἶδα γὰρ τὴν προθυμίαν ὑμῶν ἣν ὑπὲρ ὑμῶν καυχῶμαι Μακεδόσιν, ὅτι Ἀχαΐα παρεσκεύασται ἀπὸ πέρυσι, καὶ τὸ ὑμῶν ζῆλος ἠρέθισεν τοὺς πλείονας*-오이다 가르 텐 프로뒤미안 휘몬 헨 휘페르 휘몬 카우코마이 마케도신, 호티 아카야 파레스큐아스타이 아포 페뤼시, 카이 토 휘몬 젤로스 에레디센 투스 플레이오나스). 아가야의 그리스도인들은 하나의 모델로 거론된다. 아마도 고린도 교회에서 바울에 대한 불만은 국지적인 것으로서 그 도시에 있던 가정 교회들에 국한되었던 것 같고, 아가야 지방에 있던 그 밖의 다른 교회들(겐그레아 교회가 그 한 예다, 롬 16:1)은 이 일에 휘말리지 않았던 것 같다. 그들은 처음부터(8:10에서처럼 *ἀπὸ πέρυσι*-아포 페뤼시, "일 년 전에") 비상한 관심을 보여 주었었고, 연보에 대한 그들의 "열심과 자원함"은 마게도냐 교인들의 대다수-전부는 아니지만-를 자극시켰다(*τοὺς πλείονας*-투스 플레이오나스, Moule, *Idiom Book*, 108). 몇몇 주석가들(Barrett, 233; Fallon, 77)은 아가야 교인들에 대한 바울의 이전의 신뢰가 조금 낙관적인 것이었음을 발견한다. 왜냐하면 그것은 성급한 것이었고, 이제 당혹스러운 것이 되고 있기 때문이다. 그들은 바울이 그의 공동체들을 가능한 한 가장 좋게 보고자 하고, 특히 다른 사람들에게 그들을 칭찬함으로써 그들이 유익을 얻을 수 있게 하려고 바울이 그들을 자랑한(*καυχᾶσθαι*-카우카스다이) 것이라고 본다. 그러나 우리가 아가야 교인들과 고린도 교인들을 구별해서 전자가 열심(*ζῆλος*-젤로스)를 보임으로써 주목할 만한 영향을 미친 것으로 본다면, 이러한 진술은 말 그대로 진실일 수 있다. 에레디제인(*ἐρεθίζειν*)은 골로새서 3:21에서처럼 고전 헬라어에서는 통상적으로 "화나게 하다, 격분시키다"(BGD, 308)라는 나쁜 의미를 지니지만, 이 절에서는 "건강한 경쟁 관계를 촉진시키다"(Héring, 65)를 의미하는 것으로서 분명히 경멸적인 의미를 지니고 있지 않다. 8:1-5에서 바울은 고린도 교인들이 시간을 질질 끌고 느리게 움직인다고 말하고 있는 것처럼 보이기 때문에, 이 절은 거기서 말하고 있는 내용과 모순된다고 주장하는 빈디쉬(Windisch, 270, 271)의 견해는 근거가 없다. 그는 고린도 교회에서 연보를 중지시킨 것은 바울에 대한 반란이었다고 생각하지 않는다. 어쨌든 우리가 앞에서 지적했듯이, 9:1-2은

고린도 교인들 중에서 다른 집단을 염두에 두고 있는 것 같다.

3 "그런데 이 형제들을 보낸 것은 이 일에 너희를 위한 우리의 자랑이 헛되지 않고 내 말한 것같이 준비하게 하려 함이라"(*ἔπεμψα δὲ τοὺς ἀδελφούς, ἵνα μὴ τὸ καύχημα ἡμῶν τὸ ὑπὲρ ὑμῶν κενωθῇ ἐν τῷ μέρει τούτῳ, ἵνα καθὼς ἔλεγον παρεσκευασμένοι ἦτε*－에펨프사 데 투스 아델푸스, 히나 메 토 카우케마 헤몬 토 휘페르 휘몬 케노데 엔 토 메레이 투토, 히나 카도스 엘레곤 파레스큐아스메노이 에테). "그런데 이 형제들을 보낸 것(*ἔπεμψα*－에펨프사, 여기서 이것은 RSV의 번역과는 달리 서신에서 관용적으로 사용된 단순과거가 아닐 것이다; Héring, 65; Fallon, 77; Barrett, 234 등)은 이 일에(*ἐν τῷ μέρει τούτῳ*－엔 토 메레이 투토, 3:10에 대한 "주석"을 보라) 너희를 위한 우리의 자랑(*τὸ καύχημα ἡμῶν*－토 카우케마 헤몬)이 헛되지(*κενωθῇ*－케노데, 참조. 고전 9:15; 빌 2:7〈이 동사에 대해서는 Martin, *Carmen Christi*, 165-69를 보라〉) 않게 하려 함이라"－바울이 7:14에서 고린도 교인들을 축하했던 다른 문제와는 달리. 두 번째로 나오는 히나(*ἵνα*)가 이끄는 절은 목적을 나타낸다: 연보를 모으는 일과 관련하여 "너희가 준비하게 하려"－바울은 여기에 너희가 그럴 것이라고 "내가 말한 것같이"(*καθὼς ἔλεγον*－카도스 엘레곤)라는 말을 덧붙인다. 바렛(Barrett)은 "내가 말한 것같이"라는 어구를 삽입구로 처리함으로써 이 어구가 연보에 대한 고린도 교인들의 서약이 아니라 그들의 자원함에 걸리기 때문에, 그의 번역은 다른 의미를 낳는다. 그러나 이것은 8:11에서의 바울의 이전의 암시와 연결되는 위의 번역보다 바람직하지 못하다. 여기서 다시 한 번 8장과 9장은 단어의 연결을 통해서 서로 결합되어 있다.

우리의 견해에 의하면, 여기에 나오는 "형제들"은 8:6, 17-24에 언급된 사람들이다. 그러나 이 두 장이 서로로부터 독립적으로 쓰여진 별개의 글들이라고 한다면, 이전보다 더 익명으로 된 지도자들로 구성된 새로운 사절단이 소개되고 있는 것이다(Héring, 65; Windisch, 272, 286-88; 또한 Georgi, ibid., 58에서는 8장을 쓰고 나서 9장을 쓰는 데까지는 3주 간의 간격이 있었을 것이기 때문에, 두 번의 사절단이 구성된 것으로 보아야 한다고 주장한다). 바울이 이 사절단을 보내는 목적은 히나 메 토 카우케마 헤몬 토 휘페르 휘몬 케노데(*ἵνα μὴ τὸ καύχημα ἡμῶν τὸ ὑπὲρ ὑμῶν κενωθῇ*)로 표현되어 있다: 특히 연보와 아가야 교인들의 자원함과 관련해서 우리가 너희에 대하여 자랑한 것(2절)이 허풍이 되지 않도록 하기 위하여. 바울은 자신이 마게도냐 교인들에게 자랑했던 것처럼 그들이 연보를 기꺼이 할 수 있는 준비가 되어 있음이 밝혀지기를 소망한다(2절).

4 "혹 마게도냐인들이 나와 함께 가서 너희의 준비치 아니한 것을 보면 너희는 고사하고 우리가 이 믿던 것에 부끄러움을 당할까 두려워하노라"(*μή πως ἐὰν ἔλθωσιν σὺν ἐμοὶ Μακεδόνες καὶ εὕρωσιν ὑμᾶς ἀπαρασκευάστους καταισχυνθῶμεν ἡμεῖς, ἵνα μὴ λέγω ὑμεῖς, ἐν τῇ ὑποστάσει ταύτῃ*-메 포스 에안 엘도신 쉰 에모이 마케도네스 카이 휴로신 휘마스 아파라스큐아스투스 카타이스퀸도멘 헤메이스, 히나 메 레고 휘메이스, 엔 테 휘포스타세이 타우테). 바울의 기대와 정반대되는 결과는 이 서신의 독자들이 제대로 준비가 되어 있지 않아서 바울과 그들이 면목이 없게 되는 것이다. 여기서 다시 한 번 문제되고 있는 것은 연보와 관련된 것으로서 "이 사태에"(*ἐν τῇ ὑποστάσει ταύτῃ*-엔 테 휘포스타세이 타우테, 개역성경에서는 "이 믿던 것에")라는 어구 속에 은연중에 암시되어 있는 것 같다 (Héring, 66; 휘포스타시스⟨*ὑπόστασις*⟩는 직역하면 "현실, 실상, 상황"이다. BGD, 847; H. Köster, *TDNT* 8:571-88은 병행이 없는 "믿던 것"⟨RSV; NIV; Barrett, 234⟩, "확신"이라는 의미를 거부하고 "계획, 프로젝트"라는 의미를 택하지만 R. E. Witt, "Hypostasis," *Amiticiae Corolla*, FS J. R. Harris, ed. H. G. Wood⟨London: University Press, 1933⟩, 319-43, 특히 330를 보라). 서로 다른 한 쌍의 의미가 빈디쉬 (Windisch, 273)에 의해서 제시되었다: "이 일에 있어서"(Dahl, "Paul and Possessions," 38를 보라) 또는 "이와 관련해서". 그러나 헤링(Héring)이 지적하듯이, 바울이 자신감을 표현했던 연보라는 "이 일에 있어서"와 "이와 관련해서"라는 두 가지 번역은 휘포스타시스(*ὑπόστασις*)에 대한 약한 번역들인 것으로 보인다. 그래서 그는 이 단어의 어원론적인 의미로 되돌아가서 "생각하던 것"으로 번역할 것을 제안한다. 바울은 아가야 교인들이 연보를 위하여 준비되지 못한 것으로 밝혀지는 예기치 않은 결과가 현실화된다면 이 일에 대한 자신의 계획이 무너지게 될 것이라는 염려를 내비치고 있는 것이다. 그리고 단순히 바울의 계획만이 영향을 받는 것이 아니라, 이 서신의 독자들에 대한 신뢰성도 사라지게 될 것이다: "너희는 말할 것도 없고"(*ἵνα μὴ λέγω ὑμεῖς*-히나 메 게로 휘메이스, 개역 성경에서는 "너희는 고사하고")는 바울의 호소를 강화시키기 위하여 섬세하게 덧붙여진 말이다(BDF § 495). 이 절은 몇몇 "마게도냐 교인들"이 고린도 교회를 방문할 것이고, 거기에 바울도 함께 가게 될 것이라고 말한다. 이 방문은 9:3에 나오는 형제들의 임무가 끝난 후에 이루어질 것으로 계획되었던 것이고, 바울과 그 일행이 곧이어 고린도 교회를 방문하게 된 것을 가리킨다(행 20:2). 여기에 나오는 "마게도냐인들"은 사도행전 20:4에 언급된 사람들이다(거기서 서방 본문은 "더베" 대신에 빌립보 가까이에 있

던 마게도냐의 한 성읍 이름인 "도베루스"로 읽는다〈참조. Thuc. 2.98-100: Bruce, *Acts of the Apostles*, London: Tyndale Press, 1951, 370, 371〉; "더베"는 디모데에도 걸릴 것이기 때문에, 여기에 나오는 가이오는 행 19:29에 나오는 "마게도냐 사람 가이오"와 동일 인물일 것이다; NEB의 행 20:4, 그리고 다른 한편으로는 *Textual Commentary*, 475, 476에 나오는 주해; E. Haenchen, *Acts*, tr. B. Noble and G. Shinn et al..〈Oxford: Blackwell, 1971〉 52, 53를 보라).

바울을 비롯한 이 마게도냐 사람들의 고린도 교회 방문은 3절의 형제들을 보낸 후에 이루어진다. 여기에(그리고 8:16-24에) 나오는 사도의 사자들과 바울 자신의 "왕림" 간의 연결 관계는 결코 우연한 것이 아니다. 그것은 바울이 통상적으로 교회를 방문할 때 여러 사람들을 대동한 것 및 그가 편지를 쓰는 습관들과 부합한다(Funk, "The Apostolic *Parousia*," 249, 254를 보라). 동사 카타이스퀸도멘(*καταισχυνθῶμεν*, "우리가 부끄러움을 당할까")의 뉘앙스에 대해서는 7:14; 10:8(참조. 빌 1:20)에 대한 "주석"을 보라.

5 "이러므로 내가 이 형제들로 먼저 너희에게 가서 너희의 전에 약속한 연보를 미리 준비케 하도록 권면하는 것이 필요한 줄 생각했노니 이렇게 준비해야 참 연보답고 억지가 아니니라"(*ἀναγκαῖον οὖν ἡγησάμην παρακαλέσαι τοὺς ἀδελφούς, ἵνα προέλθωσιν εἰς ὑμᾶς καὶ προκαταρτίσωσιν τὴν προεπηγγελμένην εὐλογίαν ὑμῶν, ταύτην ἑτοίμην εἶναι οὕτως ὡς εὐλογίαν καὶ μὴ ὡς πλεονεξίαν*–아낭카이온 운 헤게사멘 파라칼레사이 투스 아델푸스, 히나 프로엘도신 에이스 휘마스 카이 프로카타르티소신 텐 프로에펭겔메넨 율로기안 휘몬, 타우텐 헤토이멘 에이나이 후토스 호스 율로기안 카이 메 호스 플레오넥시안). "먼저 가다"(*προ-ἐλθεῖν*–프로-엘데인)는 바울의 계획에 있어서 핵심 단어다. 이 절의 어떤 읽기에서는 바울이 이 형제들과 동행하는 것으로 되어 있다(대부분의 주석가들도 마찬가지다; 4절). 8장에는 바울의 방문에 대한 그 어떤 암시도 나오지 않는다. 따라서 9장이 먼저 쓰여졌음에 틀림없다고 주장된다. 우리는 9장을 먼저 쓰고 나중에 8장을 정리할 때까지 계획의 수정이 있었다고 전제해야 한다. 그러나 이것은 결코 확실하지 않다. 두 번에 걸쳐 사절단이 고린도 교회에 보내졌고, 바울은 두 번째 사절단과 함께 가고자 했던 것이라면 모든 문제가 분명하게 풀린다.

어쨌든, 바울이 이 형제들에게 자기 자신과 마게도냐 교인들보다 먼저 고린도 교회로 가도록 강권할 수밖에 없었던(8:6에서처럼 파라칼레사이〈*παρακαλέσαι*〉, 그러나 그들 편에서의 주저함은 상정되지 않는다, Goudge, 87) 필연적인 요소가 존재한다(ἀναγκαῖον…ἡγησάμην–아낭카이온…헤게사멘; 동일한 어구에 대해서는 2 Macc 9:21을 보고, 동일한 단어 사용들에 대해서는 빌 2:25을 참조하라). 바울이 이 형제들을 먼저 보내는 목적은 그들이 아가야 교인들이 이전에 약속했던 연보를 먼저 가서 거두는 것이었다(프로엘도신〈προέλθωσιν〉이라는 동사에서 프로〈προ-〉를 주목하라; 실제로 이 절에 나오는 동사들 속에 접두사 프로〈προ-〉가 빈번하게 등장하는 것은 주목할 만하다). 바울은 분명히 이미 결정되어 있는 일이 즉시 실천에 옮겨질 필요성이 있다는 것을 강조하고자 한다. 또 하나의 이유가 제시된다: 연보는 "억지, 탐욕"(πλεονεξία–플레오넥시아, "인색함," Héring, 66)의 표본이 아니라 "축복"(εὐλογία–율로기아는 감사를 드리는 것과 인사 둘 다와 관련되어 있다: Bruce, 226를 보라)으로 보아야 한다. 분명히 이러한 기본적인 의미들은 우연한 것이 될 수 없기 때문에, 우리는 본문의 행간을 읽으려고 노력하지 않으면 안 된다. 고린도 교인들이 기꺼이 자원하여 연보를 드리게 되면, 그것은 그들의 행위가 자원하여 드리는 것임을 보여 주는 증표가 될 것이다(εὐλογία–율로기아, 제사와 관련된 다소 엄숙한 용어; Georgi, *Die Geschichte der Kollekte*, 67, 68에서는 갈렙의 딸을 드린 것〈δός μοι εὐλογίαν–도스 모이 율로기안〉을 말하는 수 15:19〈LXX〉을 인용하고, Héring, 66에서는 나아만이 종교적인 맥락 속에서 엘리사에게 많은 예물을 드린 것〈καὶ νῦν λαβὲ τὴν εὐλογίαν παρὰ τοῦ δούλου σου–카이 뉜 라베 텐 율로기안 파라 투 둘루 수〉을 말하는 왕하 5:15〈LXX〉을 인용한다). 이것과 정반대되는 것은 통상적으로 "탐욕"(롬 1:29; 참조. 골 3:5) 또는 탐심, 돈을 사랑하는 것–우상 숭배와 매한가지인(골 3:5; 참조. *T. Judah* 19:1; Delling, *TDNT* 6:266-74)–인 플레오넥시아(πλεονεξία)이다. 여기서 이 단어의 의미는 12:17-18에 나오는 플레오넥시아(πλεονεξία)와 관련하여 확정되는데, 거기서 바울은 연보를 착복했다는 비난을 받게 된다. 따라서 바울은 자기가 고린도 교인들을 갈취하기 위하여 연보를 거두는 것임을 부인함으로써 사전에 그러한 비난을 차단하고자 한다–우리가 그러한 의구심들이 이미 생겨나고 있었다고 추정한다면(Barrett, 235). 그러나 이러한 석의는 플레오넥시아(πλεονεξία)의 의미에 있어서의 수정을 필요로 한다("문맥상으로 이 단어는 함축적인 의미, 즉 착취라는 의미가 요구된다"고 말하는 BGD, 667에는 유감이지만; 그러나 Plummer, 256에서는 BGD의 견해에 반대한다). 따라서 이 단어가 지닌 통상적인 의미인 "돈을 사랑하는 것", 즉 아까워하면서 억지로 내는 것이라는 의미를 그대로 유지하는 것이 더 나은데, 이것이 바로 6-7절의 요지라는 점을 감안하면 특히 그러하다. 우리가 보기에는, 본문은 연보를 모으는 두 가지 방식(자발적인 행위/착취 또는 갈취⟨RSV⟩)에 대하여 말하고 있는 것이 아니다. 도리어 본문은 연보와 관련된 두 가지 태도(자원하여 내는 것과 억지로 내는 것, Héring)를 대비시켜 놓고 있는 것이다.

## 해설

이 단락은 두 회중-마게도냐 교회와 남부 헬라의 교회-을 어느 정도 대비시킨다. 우리는 이미 바울이 마게도냐 교회를 칭찬한 것을 살펴보았다(8:1-5). 이제 바울은 아가야 교인들이 행동하도록 은근히 채찍질을 가하면서 자신이 그들을 신뢰하고 있다는 것을 상기시킨다(3절). 이것은 바울의 명예가 달린 문제였다. 왜냐하면 그는 이미 마게도냐 교인들에게 아가야 교인들을 자원하여 연보하는 것의 모범으로 이야기해 놓았기 때문이다. 그러나 아가야 교인들이 이 일을 마무리하는 것에 지체함으로써-우리가 단지 추측밖에 할 수 없는 그런 이유들 때문에-바울의 명예는 실추될 위기에 처하게 되었다. 따라서 이제 바울은 그들에게 그 일을 성취하라고 요청하고, 그렇게 함으로써 그가 그들에게 건 기대를 확증하도록 요청한다. 무엇보다도 특히 그는 연보가 자원하는 마음에서 이루어지고 그 금액에 있어서도 후하게 되기를 바랐다. 그는 이 점을 역설하기 위하여 여러 가지 풍부한 표현들을 사용하는데(2, 5절), 후자의 절에서 특히 그러하다: "나는 연보가 너희에게서 짜내지는 돈이 아니라 후하게 드려지는 것이 되기를 바란다"(Moffatt). 목회신학적인 관점에서 보면, 우리는 바울이 미묘한 문제를 다루고 있는 방식과 그 실질을 잘 살펴보는 것이 좋다(돈을 거두는 일은 결코 만만한 일이 아니다!): 마게도냐 교인들의 모범을 기준으로 해서 본받으라는 호소가 있다. 아가야 교인들이 연보에 태만함을 보인다면, 어떤 식으로든 그들에 대한 바울의 신뢰나 그들 자신의 자존감이 악영향을 받게 될 것이라는 수치에 대한 호소가 있다. 약속한 것을 지켜야 한다는 신실함에 대한 호소가 있다.

# E. 연보와 교회의 하나됨(9:6-15)

## 참고문헌

**Dahl, N. A.** "Paul and Possessions," in *Studies in Paul*, Appendix I, 37, 38. **Davies, W. D.** *The Gospel and the Land.* 200 203. ______. *Paul and Rabbinic Judaism.* 2d ed. London: SPCK, 1953. **Georgi, D.** *Die Geschichte der Kollekte des Paulus für Jerusalem.* **Hainz, J.** *Ekklesia*, 242-45. ______. *Koinonia.* "Kirche" als Gemeinschaft bei Paulus, 141-44. **Harnack, A. von** *Mission and Expansion of Christianity in the First Three Centuries.* Tr. J. Moffatt. Vol. 1, chap. 4. London: Williams & Norgate/New York: Putnam's Sons, 1908. **Nickle, K. F.** *The Collection.* 104-6, 108-10, 134-36. **Reumann, J.** *Righteousness in the New Testament.* Philadelphia: Fortress Press, 1982. **Sevenster, J. N.** *Paul and Seneca.* NovTSup 4. Leiden: Brill, 1961. **Turner, N.** *Grammatical Insights into the New Testament.* Edinburgh: T. & T. Clark, 1965. **Wiles, G. P.** *Paul's Intercessory Prayers.* **Ziesler, J. A.** *The Meaning of Righteousness in Paul: A Linguistic and Theological Enquiry.* SNTSMS 20. Cambridge: University Press, 1972.

## 본 문

**6** 이것이 곧 적게 심는 자는 적게 거두고 많이 심는 자는 많이 거둔다 하는 말이로다

**6** To enforce the point: he who sows sparingly will also reap sparingly, he who sows generously will also reap generously.

**7** 각각 그 마음에 정한 대로 할 것이요 인색함으로나 억지로 하지 말지니 하나님은 즐겨 내는 자를 사랑하시느니라

**7** Let each one give as he has decided[a] in his mind, not regretfully nor under constraint: for it is the cheerful giver that God loves.

**8** 하나님이 능히 모든 은혜를 너희에게 넘치게 하시나니 이는 너희로 모든 일에 항상 모든 것이 넉넉하여 모든 착한 일을 넘치게 하게 하려 하심이라

**8** God is able to make all grace to overflow to you, so that, in all things and at all times, you may have all you need and may overflow in every kind of good work.

**9** 기록한 바 저가 흩어 가난한 자들에게 주었으니 그의 의가 영원토록 있느니라 함과 같으니라

**9** As it is written: He has scattered widely, he has given to the poor: His righteousness endures forever.

**10** 심는 자에게 씨와 먹을 양식을 주시는 이가

**10** He who provides seed for the sower and

너희 심을 것을 주사 풍성하게 하시고 너희 의의 열매를 더하게 하시리니

bread for food will provide[b] and increase[b] your seed and will augment[b] your harvest of righteousness.

11 너희가 모든 일에 부요하여 너그럽게 연보를 함은 저희로 우리로 말미암아 하나님께 감사하게 하는 것이라

11 You will be made rich in every way so that you can be always generous, and through us such generosity will yield thanksgiving to God.

12 이 봉사의 직무가 성도들의 부족한 것만 보충할 뿐 아니라 사람들의 하나님께 드리는 많은 감사를 인하여 넘쳤느니라

12 This service which you render is not only providing for the needs of the saints [at Jerusalem], but overflows through many thanksgivings[c] to God.

13 이 직무로 증거를 삼아 너희의 그리스도의 복음을 진실히 믿고 복종하는 것과 저희와 모든 사람을 섬기는 너희의 후한 연보를 인하여 하나님께 영광을 돌리고

13 By their approving of this service they give praise to God in that they see both the obedience that accompanies your faith which acknowledges the Gospel of Christ and the generosity of your partnership with them and everyone.

14 또 저희가 너희를 위하여 간구하며 하나님의 너희에게 주신 지극한 은혜를 인하여 너희를 사모하느니라

14 And in their prayers for you[d] they yearn for you because of the surpassing grace God has given you.

15 말할 수 없는 그의 은사를 인하여 하나님께 감사하노라

15 Thanks be to God for his gift beyond measure!

## 원문주해

a. ℵ B C F G와 대부분의 사본 증거들을 따라서 프로에레타이(*προῄρηται*)로 읽는다; 현재 시제로 되어 있는 프로아이레이타이(*προαιρεῖται*)라는 읽기는 D ψ *Byz*에서 발견되고, 영국 성서공회 번역자의 본문에서 선호된다.

b. ℵ* B C D*와 소문자 사본들은 이 세 개의 동사 코레게세이, 플레뒤네이, 아욱세세이(*χορηγήσει, πληθυνεῖ, αὐξήσει*)를 미래 직설법으로 읽는다. 그러나 대다수의 사본들은 희구법으로 읽고(*χορηγήσαι, πληθύναι, αὐξήσαι*〈코레게사이, 플레뒤나이, 아욱세사이〉), P[46]은 두 개의 동사는 희구법으로 읽고("그가 공급하시고 넘치게 하시기를") 한 개의 동사는 미래 직설법으로 읽는다("그가 넉넉하게 하시리라"). 바울의 일련의 사고는 분명히 경건한 소망이 아니라 확신에 찬 단언을 필요로 한다(Barrett, 232).

c. 유카리스티온(*εὐχαριστιῶν*, "감사들"; 복수형)은 압도적인 사본상의 지지를 받는(ℵ B C D G K P *Byz*과 여러 역본들) 읽기다. 또 다른 읽기인 유카리스티안(*εὐχαριστίαν*, P[46part] Cyp Aug) 또는 유카리스티아스(*εὐχαριστίας*, arm, Ambr)는 유카리스티안 토 데오(*εὐχαριστίαν τῷ θεῷ*)로 되어 있는 11절에 맞추고자 한 시도 때문에 생겨난 것이다.

d. 휘몬(ὑμῶν, "너희를 위하여"). ℵ* B와 대부분의 덜 권위 있는 사본들에는 헤몬(ἡμῶν, "우리를 위하여")으로 되어 있는데, 이 읽기는 "쉬운 읽기"이기 때문에 기각된다.

## 양식/구조/배경

바울은 지금까지 형제들을 앞서 고린도 교회로 보내면서 아가야 교인들에게 그들을 추천하는 내용을 써 왔다. 이제는 연보 자체로 눈을 돌려서, 특히 한 가지 호소를 강화시킬 차례다. 남부 헬라에서의 연보는 그 교회들의 형편이 넉넉한 것을 그대로 반영해서–바울은 이 점을 잘 알고 있다–후한 것이 되어야 한다. 따라서 후한 연보는 이러한 호소의 핵심이다. 그런 후에, 바울은 두 번째 모티프로서 연보는 성경적인 신앙의 특징을 이루는 한 쌍의 개념인 "은혜/감사"라는 패턴을 따르는 그리스도인의 삶과 부합하는 것이 되어야 한다고 역설한다. 우리는 기쁜 마음으로 감사의 의무를 다하여 하나님께 돌려 드림으로써(*Aufgabe*) 하나님의 은사(*Gabe*)를 받게 된다. 끝으로, 좀더 넓은 맥락 속에서 바울은 "성도들", 즉 예루살렘 교회에 드리는 연보를 교회의 두 날개(유대 그리스도인과 이방 그리스도인)를 한데 묶는 하나됨의 표시로서의 역할을 할 수 있을 것–예루살렘 교회가 감사함으로 받아 준다면–임을 보여 주는 수단으로 사용한다(또는 그는 그렇게 되기를 소망한다: 다른 본문들을 보면, 그런 소망이 이루어질 것인지에 대하여 의심이 있을 수 있었지만: 앞에서의 설명을 보라). 절정은 하나님을 찬송하는 경이로운 탄성(15절)에서 이루어지는데, 거기서 바울은 8:9의 기독론적인 모티프로 돌아가고 있는 것으로 보이지만, 분명히 그 직접적인 배경은 "하나의 교회"를 이루고 있는 두 개의 인종적이고 종교적인 부분들 간에 나타난 하나됨이다. 예루살렘 성도들을 위한 연보에 대한 바울의 가르침은 하나님의 은혜의 복음이 하나님과의 연합만이 아니라 상호적인 의심과 두려움으로 인해서 각자 고립되어 있는 교회 집단들 간의 하나됨을 가져온다는 화해에 관한 그의 가르침(5:18-21; 6:1-13)과 주목할 만한 정도로 부합한다. 따라서 이 단락은 바울이 화해에 관한 가르침을 새로운 맥락 속에서 전개하고 강화시키며 적용하고 있는 에베소서 2:11-22을 예감케 한다(Martin, *Reconciliation*, chap. 9).

양식 및 문체와 관련된 문제에 있어서 이 단락은 몇 가지 흥미로운 특징들로 가득 차 있다: 그 중 하나는 구약의 농경적 배경으로부터 가져온 예화(6-10절)와 유은법으로 가득 차 있는 한 잠언의 인용(6절), 그리고 교차대구법적인 구조다. 이것은 아마도 어떤 자료로부터 가져와서 인용한 것일 가능성이 많다. 물론 현존하는 병행은 없지만 말이다. 하지만 분명히 구약의 본문들은 이 절의 전후에서(7, 9절) 한 몫을 하고 있다. 또 하나의 특징은 이 절들(8, 11절) 속에서 두드러지게 동어반복적인 방식으로 사용되고 있는 "모든", "각각"(*πᾶς*-파스, 4번; *πάντοτε*-판토테, 1번)과 관련된 바울의 단어 유희다. 그렇지만 전체적인 인상은 뚜렷하고, 바울의 진술들을 강화시킨다. 이것은 그가 동사 페리쑤에인(*περισσεύειν*, "차고 넘치다"; 8, 12절: 또한 우리는 8절이 교차대구법적 구조로 되어 있다는 것도 주목한다; *πας*-와 *περι*-라는 어근들의 결합은 헬라어 문자 *π*를 사용한 의도적인 두운법에 해당된다〈Windisch, 277〉)을 사용한 것에 대해서도 마찬가지로 말할 수 있고, 이렇게 특별한 어휘를 강조하고 있는 것은 하나님의 후한 축복에 대한 찬사이고, 또한 독자들이 넘치게 낼 수 있고(8절) 감사함으로 낼 수 있는(11-12절) 근거를 말하고 있는 것이다. 영어 번역문에서의 단어 유희는 카리스-유카리스티아(*χάρις*-*εὐχαριστία*, "감사"를 낳는 "은혜")에 대한 헬라어의 단어 유희와 정확히 일치한다. 15절의 강력한 종결부는 이러한 용어들의 상호 연상 작용을 활용해서 하나님이 선물을 주시는 것(*δωρεά*-도레아, 이 두 장에서 사용된 새로운 단어로서 독자들에게 하나님의 은사〈롬 5:15, 17〉가 새로운 구원의 종말론적 시대의 증표라는 것을 일깨워 준다)에 대한 감사(*χάρις*-카리스)를 표현한다. 로마서 3:24, "하나님의 은혜로(*τῇ αὐτοῦ χάριτι*-테 아우투 카리티) 값 없이 의롭다 하심을 얻은(*δωρεάν*-도레안) 자 되었느니라"는 그리스도인들이 긍정적인 행위와 다른 사람들, 특히 이스라엘의 필요들에 대하여 자신을 내어 주는 헌신을 통해서 하나님 앞에서의 그들의 새로운 신분을 확증해야 한다는 것에 대한 바울의 가르침이 지닌 구원사적 배경을 요약하고 있다(갈 6:10, 16).

## 주석

6 "이것이 곧 적게 심는 자는 적게 거두고 많이 심는 자는 많이 거둔다 하는 말이로다"(*Τοῦτο δέ, ὁ σπείρων φειδομένως φειδομένως καὶ θερίσει, καὶ ὁ σπείρων ἐπ' εὐλογίαις ἐπ' εὐλογίαις καὶ θερίσει*-투토 데, 호 스페이론 페이도메노스 페이도메노스 카이 데리세이, 카이 호 스페이론 에프 율로기아이스 에프 율로기아이스 카이 데리세이). 동사 없이 감탄사만 사용된 투토 데(*τοῦτο δέ*, 생략법에 대해서는 BDF § 481)는 독자들로 하여금 그 다음에 나올 내용에 주목하게 만든다:

"이제 이것을 주목하라"-마치 로기제스데(*λογίζεσθε*)라는 동사가 있는 것처럼. 앞의 절들은 독자들의 마음을 편안하게 해주면서 그들이 낼 연보의 분량을 생각하게 했다. 이제 바울은 농부의 세계로부터 자신의 요지를 예시하고자 한다. 그것은 씨 뿌리는 자가 자기 밭에 씨를 뿌리는 것에 관한 이미지다. 그는 운율이 있는 하나의 격언으로 시작한다: 호 스페이론 페이도메노스/페이도메노스 카이 데리세이(*ὁ σπείρων φειδομένως/φειδομένως καὶ θερίσει*)는 교차대구법적인 구조를 보여 준다: "적게 심는 자는/적게 거두고."

이러한 패턴은 다음 행들 속에서도 반복된다.

> *ὁ σπείρων ἐπ' εὐλογίαις*(호 스페이론 에프 율로기아이스)
>
> *ἐπ' εὐλογίαις καὶ θερίσει*(에프 율로기아이스 카이 데리세이)
>
> 많이 심는 자는(*ἐπ' εὐλογίαις*-에프 율로기아이스, 직역하면 "축복들로") 많이 거둔다.

율로기아(*εὐλογία*, "선물", "축복")라는 용어는 5절에 걸린다. 이 격언 형태의 말씀과 정확히 병행되는 것은 없지만, 흔히 Aristotle, *Rhetoric* III.3.4가 인용된다: 내가 이러한 것들을 욕됨으로 심었으나(*αἰσχρῶς…ἔσπειρας*-아이스크로스…에스페이라스), 그것들을 악으로 거두었다(*κακῶς…ἔθερισας*-카코스…에데리사스); Cicero, *De Oratore* ii.65.261에 나오는 루스카(Rusca)의 대답을 참조하라: "네가 뿌린 대로 거두리라"(*Ut sementem feceris, ita metes*). 그러나 유대 문헌 속에도 이와 동일한 이미지가 나온다: 잠언 22:8, "악을 뿌리는 자는 재앙을 거두리니"(LXX: *ὁ σπείρων φαῦλα θερίσει κακά*-호 스페이론 파울라 데리세이 카카). 이것은 바울이 행하고 있는 것과 마찬가지로 농경과 관련된 모티프를 도덕적인 격언과 결합시키고 있다. 그 긍정적인 측면에 대해서는 LXX 잠언 11:25(*ψυχὴ εὐλογουμένη πᾶσα ἁπλῆ*-프쉬케 율로구메네 파사 하플레, "구제를 좋아하는 자는 풍족하여질 것이요")을 보라.

바울이 사용한 이미지의 취지는 이런 것이다: 예루살렘 성도들을 위한 연보에 많이 기여한 자들은 농부가 풍성한 수확을 기대하고서 씨를 많이 뿌리는 것과 같다. 저 풍성한 "축복들"(*ἐπ' εὐλογίαις*-에프 율로기아이스: 방식을 나타내는 전치사는 구어체인 것 같고, 복수형 명사는 풍성함을 가리킨다, Plummer, 258)의 수확이 무엇을 의미하는지는 이미 8:14에서 설명한 바 있다(해당 "주석"과 "이스라엘의 구원에 대한 보론"을 보라). 바울이 여기서 호소하는 것은 연보를 하는 동기가 보상을 바라서가 아니라 기꺼이 곤궁에 처해 있는 예루살렘 성도들을 돕고자 하는 사심 없는 관심이 되어야 한다는 것이고, 여기서 중요한 것은 연보를 얼마나 하느냐가 아니라 그 연보를 통해서 드러나는 열심의 정도다(8:12).

7 "각각 그 마음에 정한 대로 할 것이요 인색함으로나 억지로 하지 말지니 하나님은 즐겨 내는 자를 사랑하시느니라"(*ἕκαστος καθὼς προῄρηται τῇ καρδίᾳ, μὴ ἐκ λύπης ἢ ἐξ ἀνάγκης· ἱλαρὸν γὰρ δότην ἀγαπᾷ ὁ θεός*-헤카스토스 카도스 프로에레타이 테 카르디아, 메 에크 뤼페스 에 엑스 아낭케스 힐라론 가르 도텐 아가파 호 데오스). 연보와 관련된 바울의 호소가 계속되는데, 이제 그것은 사려 깊고 즐거운 마음으로 연보를 해야 한다는 것이다. 이 절에는 도입의 동사가 나오지 않기 때문에, 문장의 의미가 제대로 통하기 위해서는 분명히 몇몇 단어들이 보충되어야 한다: 각각(*ἕκαστος*-헤카스토스) "그 마음에 정한 대로"(*καθὼς προῄρηται*-카도스 프로에레타이, 이것은 개인적인 확신을 의미한다. 헤 카르디아〈*τῇ καρδίᾳ*, "그 마음에"〉라는 어구는 Héring, 67에서 주장하는 것과는 달리 "마음이 내키는 대로"를 의미하지 않는다. 여기서 염두에 두어지고 있는 것은 도덕적인 결단이다) 하라. 메 에크 뤼페스(*μὴ ἐκ λύπης*, 직역하면 "근심함으로 〈울상이 되어서〉"). 바울이 뤼페(*λύπη*, "근심, 후회")를 사용하고 있는 것은 7:8 이하를 떠올리게 하지만 여기서의 의미는 다르다. 이 절에서 이 단어는 억지로 연보를 위하여 돈을 내고서 후회하는 것을 가리킨다(5절에 나오는 플레오넥시아〈*πλεονεξία*〉의 특징; 그러나 신 15:10을 염두에 둔 것일 수도 있다). 또한 연보는 외부의 압력으로 "억지로"(*ἐξ ἀνάγκης*-엑스 아낭케스, 직역하면 "어쩔 수 없어서") 내어서도 안된다. 뤼페(*λύπη*)와 아낭케(*ἀνάγκη*)는 이 이행구(二行句)에서 실질적인 동의어들이다(Plummer, 259). 아낭케(*ἀνάγκη*)에 대해서는 고린도후서 6:4; 12:10을 보라. 그러나 거기서의 맥락은 여기에는 거의 부합하지 않는다. 오히려 우리는 고린도전서 9:16을 참고해야 할 것이다: "내가 복음을 전할지라도 자랑할 것이 없음은 내가 부득불 할 일임이라." 또한 아낭케(*ἀνάγκη*, "강제, 강압")를 헤쿠시온(*ἑκούσιον*, "자유로운 의지로 하는")의 반대말로 사용하고 있는 빌레몬서 1:14도 보라(참조. Thuc. 8:27; Plut. *Mor* 446E). 잠언 22:8(LXX)에 나오는 경구는 긍정적인 측면을 이야기하고 있지만, 그 내용은 그대로 유지된다: "하나님은 즐거이 내는 자(*ἱλαρὸν …δότην*-힐라론…도텐)를 사랑하시느니라(*ἀγαπᾷ*-아가파: 칠십인역에서는 이 동사를 율로게이〈*εὐλογεῖ*, "하나님이 축복하신다"〉의 다른 표현으로 사용한다. 격

언에서 관용적으로 사용되는 현재 시제: Moule, *Idiom Book*, 8). 하나님이 기쁜 마음으로 후하게 내는 자를 인정하신다는 사상은 "철저하게 구약적이고 유대적인" (Barrett, 236) 사상이다(Windisch, 277은 *Lev. Rab.* 34.8⟨131b⟩을 언급한다: "구제할 때에는 기쁜 마음으로 하라"; Sir 4.10, 14; 13.26; 26.4; 35:9⟨LXX 35:8⟩: *ἐν πάσῃ δόσει ἱλάρωσον τὸ πρόσωπόν σου*-엔 파세 도세이 힐라로손 토 프로소폰 수, "낼 때마다 기쁜 얼굴을 하라"; 또한 Wisd Sol 7:28도 보라; 그렇지만 그는 하나님의 사랑이라는 개념이 이 논의 속에 새로운 사상을 불어넣고 있다고 지적한다). 네 가지 유형의 구제에 대해서 말하고 있는 *ʾAbot* 5:13도 보라. (1) "자기에게 있는 것을 주려고 하기는 하지만 다른 사람들에게 있는 것을 주려고 하지는 않는 자-그는 남들에게 있는 것을 주기를 아까워한다. (2) 다른 사람들에게 있는 것을 주려고 하지만 자기에게 있는 것은 주려고 하지 않는 자-그는 자기에게 속한 것을 아까워한다. (3) 자기에게 있는 것을 주려 하고, 또한 다른 사람들에게 있는 것도 주려고 하는 자-그는 성자다. (4) 자기 자신에게 있는 것도 주려고 하지 않고 다른 사람들에게 있는 것도 주려고 하지 않는 자-그는 악인이다." 이와는 대조적으로, 로마서 12:8에 나오는 명령은 간단하다: "긍휼을 베푸는 자는 즐거움으로 할 것이니라"(*ὁ ἐλεῶν ἐν ἱλαρότητι*-호 엘레온 엔 힐라로테티).

8 "하나님이 능히 모든 은혜를 너희에게 넘치게 하시나니 이는 너희로 모든 일에 항상 모든 것이 넉넉하여 모든 착한 일을 넘치게 하게 하려 하심이라"(*δυνατεῖ δὲ ὁ θεὸς πᾶσαν χάριν περισσεῦσαι εἰς ὑμᾶς, ἵνα ἐν παντὶ πάντοτε πᾶσαν αὐτάρκειαν ἔχοντες περισσεύητε εἰς πᾶν ἔργον ἀγαθόν*-뒤나테이 데 호 데오스 파산 카린 페리쓔사이 에이스 휘마스, 히나 엔 판티 판토테 파산 아우타르케이안 에콘테스 페리쓔에테 에이스 판 에르곤 아가돈). 이 두 동사는 총칭적인 현재 시제로 분류된다. "많이 심는 자는 많이 거두게 된다"는 원칙은 도덕적인 삶, 그리고 독자들의 상황에 적용된다. 고린도 교인들은 그들이 필요로 하는 모든 것을 공급받아 왔기 때문에(아우타르케이아⟨*αὐτάρκεια*⟩는 "자족"을 의미하는데, 스토아 학파에서는 이 용어를 그 철학을 지닌 자들은 자기 자신 속에서 스스로 완전하여 사물로부터 독립되어 있다는 것을 의미하는 것으로 사용한다: Kittel, *TDNT* 1:466; J. N. Sevenster, *Paul and Seneca*, 113를 보라; 그러나 여기서와 빌 4:11-13에서 이 용어는 분명히 그리스도인이 하나님에게 의존되어 있고 그리스도 안에서 넉넉함을 발견한다는 것을 묘사한다), 그들은 모든 선한 일들, 특히 연보의 일에 있어서 "넘치게"(*περισσεύητε*-페리쓔에테, 이 단어는 8:7로 거슬러 올라간다) 할 수

있는데, 이것은 하나님이 그들에게 모든 은혜를 넘치게 하신 이유라는 진술이 나온다("하나님은 능히 모든 은혜를 너희에게 넘치게 하실 수 있다": 페리쓔에인(*περισσεύειν*)은 고린도서에서 바울이 애용하는 단어다. 그것은 여기서 4:15에서와 거의 동일하게 하나님이 행하시는 것과 관련하여 타동사적으로 사용된다: Plummer, 260; 앞에서의 설명을 보라). 이 본문을 지배하는 주된 사상은 아가야 교인들이 연보를 내는 일에 있어서 책임을 다하고자 할 때, 그들은 하나님께서 그들에게 연보에 참여하고자 하는 마음과 그렇게 하는 데 꼭 필요한 능력을 주시도록 의지할 수 있다는 것이다(참조. Bengel: *datur nobis, et habemus, non ut habeamus, sed ut bene faciamus*). 이렇게 해서 사도의 가르침은 가지고 있는 것만큼 연보를 하라고 했던 8:12로부터 연보를 할 수 있도록 감동을 주시고 또한 그러한 능력도 공급해 주시는 하나님이야말로 진정한 "나눔"을 위한 토대가 된다는 것(8:14로 거슬러 올라가는)으로 옮겨간다.

이 문장의 양식은 교차대구법적인 것으로서 병행되는 용어들이 이 문장의 결정적인 부분들에 등장한다. 이렇게 하나님의 "은혜"(*χάρις*-카리스)는 "모든 착한 일"(*εἰς πᾶν ἔργον ἀγαθόν*-에이스 판 에르곤 아가돈)과 대응되고, 이 두 용어는 연보라는 틀 속에 두어진다.

9절. *καθὼς γέγραπται*(카도스 게그랍타이)·
*ἐσκόρπισεν, ἔδωκεν τοῖς πένησιν*(에스코르피센, 에도켄 토이스 페네신),
*ἡ δικαιοσύνη αὐτοῦ μένει εἰς τὸν αἰῶνα*(헤 디카이오쉬네 아우투 메네이 에이스 톤 아이오나).

"기록한 바
저가 흩어 가난한 자들에게 주었으니
그의 의가 영원토록 있느니라 함과 같으니라."

에르곤 아가돈(*ἔργον ἀγαθόν*, "착한 일")에 대한 언급을 분명하게 하기 위하여, 바울은 구약에서 가져온 인용문을 제시한다: 착한 일이라는 것은 예루살렘의 가난한 성도들을 돕는 구제의 일이다(12절에 명시적으로 언급된). 핵심어는 시편 112:9 (LXX 111:9, 이것은 여기서 나중에 "에비온파"〈"가난한 자들"을 뜻하는 히브리어 '하에비오님'의 헬라어 형태"〉로 알려지게 된 유대 그리스도인들의 한 분파에 대한 명칭으로 인용된다. F. F. Bruce, *New Testament History*〈London: Nelson, 1969〉 255, 256를 보라)에서처럼 "가난한 자들"이다. 이스라엘에서 의인은 구제를 잘 하는 것으로 유명했고(단 4:27), "의"(צדקה-체다카)는 초기 유대교에서 구제를 하는 것과 동일시되는 경향을 보여 주었는데(Str-B 3:525), 이 유대교 본문은 마태복음 6:1-4(Reumann, *Righteousness*, 52 f, 234; Ziesler, *Meaning of Righteousness*, 134: 디카이오쉬네〈*δικαιοσύνη*, "의"〉는 이 맥락 속에서 "종교적, 도덕적으로 긍휼을 베푸는 전반적인 활동을 가리킨다)과 병행을 보여 주는 것으로 보인다. 그러나 "의"라는 단어는 가난한 자를 돌보는 것은 하나님에 대한 어떤 사람의 올바른 관계를 보여 주는 분명한 증표라는 의미에서 법정적 용어로 취급될 수도 있다(Barrett, 238; Georgi, *Geschichte der Kollekte*, 71-74는 이 인용문이 호 10:12 LXX에서 가져온 것이라고 할지라도 "그의 의"가 어떻게 10절의 "의의 열매"와 연결되는지를 지적한다). 따라서 게오르기(Georgi)는 의(*φιλανθρωπία*-필란드로피아, "박애"와 대응되는)를 도덕적인 견지에서 바라보는 경향을 보여 주는 리츠만(Lietzmann, 138)과 빈디쉬(Windisch, 278, 279)의 견해를 거부한다. 10절에서 씨를 공급해 주는 것에 대한 언급은 앞 절에서 모든 것을 공급해 주시는 하나님에 걸리기 때문에, 의를 순전히 후하게 나눠 주고 구제하는 행위로만 보는 9절에 대한 인간론적 해석은 배제된다. 고린도전서 16:1-4과 우리가 현재 살펴보고 있는 이 절 속에 나타난 바울의 동기들에 대한 바렛(Barrett)의 읽기가 보여 주듯이, 그러한 해석은 완전히 배제되지는 않는다고 해도 보완될 필요가 있다. 그는 바울이 계획한 연보를 가난 속에 있는 곤궁한 예루살렘 성도들을 도움과 동시에 교회를 구성하고 있는 두 날개를 한데 묶고자 한 것이라고 보고 있지만(*1 Corinthians*, 385ff.), 이러한 견해는 바울의 종말론적인 소망이 9:10-15에 대한 우리의 이해에 기여할 수도 있다는 통찰(Davies, *The Gospel and the Land*, 200-203를 보라)에 의해서 풍부해질 필요가 있다.

바울은 예루살렘 성도들을 위한 이방 그리스도인들의 연보가 하나님의 의로운 행위를 보여 주는 강력한 증표라고 말한다(ein Symptom, Georgi, ibid., 73). 게오르기(Georgi, ibid., 78)는 역대상 29:16-22을 많이 활용해서 유대인들의 기대가 무엇이었는지를 보여 준다. 이 본문에서는 이스라엘 백성은 여호와와 예루살렘 성전에 기쁜 마음으로 자원하여 예물을 드리는 것으로 묘사된다. 이사야 60:5, 11에 토대를 둔 유대인들의 소망 속에서 이렇게 예물을 드리는 것은 이방인들이 시온에 예물들("열방의 제물")을 가져올 때 완성될 것이고, 그런 일이 일어나는 것은 새 시대가 왔다는 것을 보여 주는 증표가 될 것이다. 바울은 이러한 관점에서 연보를 바라보았을 가능성이 있다. 그렇지만 성전 모티프는 사도에게 매우 중요했다는 것을 우리는 여전히 보게 된다(참조. M. Hengel, *Acts and the History of Earliest Christia-*

*nity*, 118). 하지만 6:14-7:1을 주목하라. 우리는 바울이 사도행전 21:26; 24:17의 증언에도 불구하고 역대상 29장에 나오는 역대기사가의 성전 신학으로부터 자기 자신을 떼어놓고자 했을지라도(Georgi, ibid., 79ff.) 자신의 대적자들이 사용하던 표현을 가져와서 예루살렘 성전에 관한 것을 근거로 제시하고 있음을 본다. 그렇지만 데이비스(Davies, *Paul*, 74-85)와 존스(Jones, *The Contemporary Cross*, 148f.)가 인정하듯이, 바울의 서신들 속에는 어느 정도의 승화된 민족주의가 여전히 잔존하고 있는 것일 수 있다. 다음에 나오는 절이 분명히 보여 주듯이, 연보에 대한 바울의 해석을 종말론적인 관점에서 바라보는 이 두 번째 견해는 많은 장점을 지닌다.

10 "심는 자에게 씨와 먹을 양식을 주시는 이가 너희 심을 것을 주사 풍성하게 하시고 너희 의의 열매를 더하게 하시리니"(*ὁ δὲ ἐπιχορηγῶν σπόρον τῷ σπείροντι καὶ ἄρτον εἰς βρῶσιν χορηγήσει καὶ πληθυνεῖ τὸν σπόρον ὑμῶν καὶ αὐξήσει τὰ γενήματα τῇ δικαιοσύνης ὑμῶν*-호 데 에피코레곤 스포론 토 스페이론티 카이 아르톤 에이스 브로신 코레게세이 카이 플레뒤네이 톤 스포론 휘몬 카이 아욱세세이 타 게네마타 테 디카이오쉬네스 휘몬). 농부에게 필요한 것들을 공급해 주시는 분은 하나님이시다: 하나님은 파종할 씨를 주시고 먹을 양식을 주신다. 여기서 다시 한 번 바울의 생각은 농경 활동의 영역에서 도덕적인 영역, 아니 종말론적인 영역으로 옮겨간다. 구약으로부터의 간접 인용은 이사야 55:10; 호세아 10:12에서 가져온 것인데, 바울은 이러한 본문들을 그대로 인용하고 있는 것이 아니라 필요한 단어들과 어구들을 발췌하여 사용한다. 여호와는 땅에서 "싹이 나고 열매가 맺게 하며" "심는 자에게 씨와 먹을 양식"을 주신다. 이러한 말씀 뒤에는 선지자 호세아의 권면의 말씀이 나온다(LXX): "너희가 자기를 위하여 의를(*εἰς δικαιοσύνην*-에이스 디카이오쉬넨) 심고 여호와를 찾으라. 마침내 의의 열매(*γενήματα δικαιοσύνης*-게네마타 디카이오쉬네)가 너희에게 오리라." 그러한 "열매"는 이스라엘의 회복 또는 충만함과 세상의 화해를 위한 하나님의 계획의 일부로서 이방인들이 자원하여 "성도들"을 돕는 것 속에서 볼 수 있다(롬 11:12, 15: 앞에 나온 설명을 보라). 이러한 절들(8-10절)은 비슷한 표현들이 사용된 8:14에 대한 우리의 이해에 특별한 영향을 미친다.

11 "너희가 모든 일에 부요하여 너그럽게 연보를 함은 저희로 우리로 말미암아 하나님께 감사하게 하는 것이라"(*ἐν παντὶ πλουτιζόμενοι εἰς πᾶσαν ἁπλότητα, ἥτις κατεργάζεται δι' ἡμῶν εὐχαριστίαν τῷ θεῷ*-엔 판티 플루티조메노이 에이스 파산 하플로테타, 헤티스 카테르가제타이 디 헤몬 유카리스티안 토 데오). "너희

가 부요하게 되리라"(*πλουτιζόμενοι*-플루티조메노이. 이 분사 형태는 아마도 중간태의 타동사적인 측면을 보여 주는 것으로서 "남들을 부요하게 하다"라는 의미를 지닌다: N. Turner, *Insights*, 166를 보라)는 표현은 6:10과 8:9을 상기시킨다. 실제로, 이 어구는 그러한 본문들이 물질적인 형통 자체가 아니라 하나님의 풍성한 은혜에 대하여 바울이 말하고 있다는 것을 확고히 해준다. 그렇지만 이방인들의 후함에는 실천적인 측면이 존재한다. 그들은 시온에 있는 "가난한 자들"을 구원하도록 부르심을 받고 있고, 그런 이유 때문에-그들의 연보를 통해서 온 세상을 구원하겠다는 하나님의 오래된 계획이 그 정해진 목표 지점을 향하여 움직이고 있기 때문에(롬 11:30-32)-아가야의 믿는 자들에 대해서 행해지고 있는 것은 하나님에 대한 감사를 불러일으키는 결과를 가져온다. 이 절의 핵심에 놓여 있는 것은 8:2과 이 장의 13절에서처럼 하플로테스(*ἁπλότης*, "후함")라는 단어다. 그러나 바렛(Barrett)은 "흠없이 온전함", "선함"이라는 의미를 선호하는데, 분명히 하나님에 대한 감사를 촉발시키는 것은 도움을 절실히 필요로 하는 자들에게 믿는 자들이 기꺼이 아낌없이 도움을 베푸는 것이기 때문에(일반화된 적용에 대하여 이야기하는 롬 12:8을 참조하라) 그러한 해석은 별로 바람직하지 못하다.

12 "이 봉사의 직무가 성도들의 부족한 것만 보충할 뿐 아니라 사람들의 하나님께 드리는 많은 감사를 인하여 넘쳤느니라"(*ὅτι ἡ διακονία τῆς λειτουργίας ταύτης οὐ μόνον ἐστὶν προσαναπληροῦσα τὰ ὑστερήματα τῶν ἁγίων, ἀλλὰ καὶ περισσεύουσα διὰ πολλῶν εὐχαριστιῶν τῷ θεῷ*-호티 헤 디아코니아 테스 레이투르기아스 타우테스 우 모논 에스틴 프로사나플레루사 타 휘스테레마타 톤 하기온, 알라 카이 페리쓔우사 디아 폴론 유카리스티온 토 데오). 앞 절에서 다소 모호하고 엉뚱했던 바울의 사고가 여기서 요약된다(BDF § 468.2). 연보의 첫 번째 목적은 성도들의 필요를 충족시켜 주는 것이다(*προσαναπληροῦσα τὰ ὑστερήματα τῶν ἁγίων*-프로사나플레루사 타 휘스테레마타 톤 하기온〈8:4에서처럼〉). 연보는 단지 구제의 행위가 아니라 궁핍에 처한 예루살렘 교회를 돕는다는 특별한 목표를 지향하고 있었다는 사실은 헤 디아코니아 테스 레이투르기아스 타우테스(*ἡ διακονία τῆς λειτουργίας ταύτης*), 즉 공적인 섬김(8:4; 9:13) 또는 직무(Georgi, *Geschichte der Kollekte*, 74)라는 표현을 설명해 준다(레이투르기아〈*λειτουργία*〉는 종교적인 일을 가리키는 이 단어의 특별한 용법을 반영한 것일 수도 있고, 빌 2:17, 30에서, 특히 적어도 두 번째의 언급 속에서 빌립보 교인들이 바울에게 준 돈과 같이 중립적인 의미를 지닐 수도 있다). 이러한 용어들은 연보 자체와 실질적으로 동

의어들이지만(Dahl, "Paul and Possessions," 37에 나오는 전거들), 바울이 연보에 대하여 말할 때 사용하는 표현이 엄숙한 어조를 지니고 있다는 것을 놓쳐서는 안 된다.

이 연보는 하나님에 대한 많은 감사를 인하여(*εὐχαριστιῶν*-유카리스티온: "원문주해"를 보라. 복수형이 사용된 것은 강조를 위한 것이거나 "감사의 행위들"을 의미하는 것이다. 바울 서신에서 "감사"는 흔히 예전적인 분위기를 지니고 있다는 것을 우리가 부인할 수는 없지만, 이것이 성찬식과 관련이 있다는 주장은 잘못된 것으로 보인다. 참조. 고전 10:16; 11:24; 14:16) 차고 넘쳤다"(*περισσεύουσα*-페리쓔우사, 이것은 또다시 8:7에 걸린다. 왜냐하면 거기서 바울은 고린도 교인들에게 연보를 내는 은혜의 일에 있어서 "차고 넘치게"〈*περισσεύειν*-페리쓔에인〉 하라고 요청하고 있기 때문이다). 바렛(Barrett)이 정확히 지적하고 있듯이, 믿는 자들이 드리는 모든 행위의 최종적인 목적은 하나님에게 영광을 돌리기 위한 것이다. 디아 폴론 유카리스티온(*διὰ πολλῶν εὐχαριστιῶν*)의 의미를 "많은 사람들의 감사를 인하여"로 해석하는 것도 가능할 텐데, 그렇게 되면 청중의 범위는 바울이 세운 이방 교회들을 포함해서 훨씬 더 넓어지게 될 것이다. 그렇지만 게오르기(Georgi, ibid., 74, n. 289)는 그러한 해석을 거부한다. 하지만 그에 대한 타당한 이유는 제시하지 않는다.

13 "이 직무로 증거를 삼아 너희의 그리스도의 복음을 진실히 믿고 복종하는 것과 저희와 모든 사람을 섬기는 너희의 후한 연보를 인하여 하나님께 영광을 돌리고"(*διὰ τῆς δοκιμῆς τῆς διακονίας ταύτης δοξάζοντες τὸν θεὸν ἐπὶ τῇ ὑποταγῇ τῆς ὁμολογίας ὑμῶν εἰς τὸ εὐαγγέλιον τοῦ Χριστοῦ καὶ ἁπλότητι τῆς κοινωνίας εἰς αὐτούς καὶ εἰς πάντας*-디아 테스 도키메스 테스 디아코니아스 타우테스 독사존테스 톤 데온 에피 테 휘포타게 테스 호몰로기아스 휘몬 에이스 토 유앙겔리온 투 크리스투 카이 하플로테티 테스 코이노니아스 헤이스 아우투스 카이 에이스 판타스). 예루살렘의 신자들은 이방인들의 연보를 환영할 것이라고 생각되고 있다. 그들의 도키메(*δοκιμή*, 여기서 이 단어는 분명히 "시험"이 아니라 "인정"이라는 의미를 지닌다; 그러나 10:8에 대한 "주석"을 보라)는 결국 그들이 특별한 한 가지 이유로 인하여(에피〈*ἐπί*〉에 의해서 나타내진다. 우리가 의역했듯이 "…의 근거 위에서" 또는 "그들이 보는 바에 의해서") 드려지는 찬송의 합창(*τὸν θεὸν*-톤 데온, "하나님께"; *δοξάζοντες*-독사존테스, "영광을 돌리는 것")에 동참하는 결과를 낳게 될 것이다. 찬송의 계기는 두 가지다: 이방인들이 그리스도의 복음에

대하여 응답하고(직역하면 "시인" 또는 "고백", 호몰로기아⟨ὁμολογία⟩에 대한 번역) 복종한 것(ὑποταγή-휘포타게)과 이방인들이 믿는 이스라엘과 모든 사람(εἰς πάντας-에이스 판타스)을 섬김에 있어서(κοινωνία-코이노니아) 후한 연보(ἁπλότης-하플로테스)를 한 것. 분명히 여기에는 우리가 살펴볼 필요가 있는 여러 가지 관용 표현들이 존재한다. 우리는 "사도가 그의 풍성한 감정을 고도로 압축된 표현을 통해서 제시하고 있고, 그 전체적인 의미는 분명하지만 세부적인 내용과 정확한 구성은 확실하게 풀어 헤치는 것이 불가능하다"(Plummer, 266)는 결론을 피할 수 없다. 바울의 말은 신중하게 제시되어 있음에도 불구하고 지나치게 낙관적인 것으로 보인다. 왜냐하면 많은 것이 분사 독사존테스(δοξάζοντες)의 의미상의 주어가 무엇이냐에 달려 있기 때문인데, 이 분사는 주격 분사로서 그 격에 맞는 주어를 지니고 있지 않은 또 하나의 파격 구문이다. 이 구문은 플루티조메노이(πλουτιζόμενοι, 11절)의 구문과도 일치하지 않는다. 왜냐하면 후자의 구문에서 염두에 두어지고 있는 사람들은 다른 사람들과 고린도 교인들이기 때문이다(RSV와 그 난외주, Bruce, 228). 대부분의 주석가들은 이 분사의 의미상의 주어가 예루살렘에 있는 그리스도인들, 즉 연보의 "혜택을 입게 될 가난한 성도들"(Barrett, 240; Héring, 68; Plummer, 266)이라고 본다. 그러나 세 번째 가능성이 존재하는데, 즉 그 선행사는 계속해서 바울에게 충성했고, 이제는 연보를 모으는 일로 표현된 온 교회의 행위를 환영하고 있는 고린도 교인들을 가리키는 형용사 디아 폴론 유카리스티온(διὰ πολλῶν εὐχαριστιῶν, "많은 자들의 감사를 인하여"; 12절)이라는 것이다(고린도 교인들 내에서의 분열에 대해서는 1:11; 2:6을 보라). 바울의 복음을 고백함에 있어서 "복종"(ὑποταγή-휘포타게)에 대한 언급은 복음을 처음 전한 자로서의 바울에 대한 충성의 재확인을 가리키는 것으로 보인다. 이렇게 본다면, 예루살렘 교회는 이 절의 후반부가 될 때까지는 이 그림 속에 들어오지 않는다("그들과 너희의 동반자 관계", εἰς αὐτούς-에이스 아우투스).

겉보기에는 단순한 구제 행위로 보였을 수도 있는 연보는 좀더 깊은 차원의 의미들을 지닌다. 그것은 적어도 바울의 시각에서는 그의 권위의 정당성을 입증해 주는 것이고, 그 결과로서 유대인들과 이방인들을 포함하는 하나의 복음이 존재한다는 (롬 1:16-17) 고린도 교회(pars pro toto, 바울이 세운 이방 교회들을 대표하는)의 고백을 예루살렘 교회에 보여 주는 것이다. 이러한 배경은 바울의 복잡하게 뒤엉킨 구문, 즉 (우리가 재구성한 바에 의하면) 예루살렘 교회에 강력한 압력을 넣어서 고린도 교회의 반대자들로 하여금 바울의 사도직을 인정하는 데 동참하도록 하고자 하는 의도가 있는 바울의 구문을 설명하는 데 대단히 중요한 의미를 지닌다. 그러므로 후한 연보는 바울 당시에 기독교계의 두 지류를 연합시키는 교제(*κοινωνία*-코이노니아)-하나님의 은혜에 함께 참여하고 나누는 것(여기서 몇 가지 뉘앙스들에 대해서는 Hainz, *Koinonia*, 141-44를 보라)-를 보여 주는 가시적인 표지가 된다. 연보를 모으는 일은 바울 편에서 대단히 의미심장한 신학적 및 교회론적(Windisch, 284에서는 이 점에서 "교회 정치"라고 말한다. 그러나 더 좋은 용어는 von Harnack이 *Mission and Expansion*, 183〈원문에서는 158〉에서 말한 Liebespflicht, "사랑의 의무"다. 이러한 몸짓은 "형제로서의 하나됨에 대한 하나의 가시적인 표현"으로 격려되었다〈ibid., 183〉) 의미들로 가득 차 있었는데, 그것은 만민을 대상으로 한 하나의 복음이 존재한다는 것과 믿는 유대인들과 믿는 헬라인들을 포괄하는 하나의 교회가 존재한다는 것이었다(롬 3:29, 30; 10:9-13; 갈 3:28, 29; 고전 10:32). 이상하게도, 바울은 코이노니아스 에이스 아우투스(*κοινωνίας εἰς αὐτοὺς*) 뒤에 나오는 어구를 보충적 어구인 카이 에이스 판타스(*καὶ εἰς πάντας*, "모든 사람을")로 마무리한다. 엄밀하게 말해서, 이것은 이방 교회들이 예루살렘 교회를 제외하고도 다른 교회들을 위하여 예루살렘에 있는 성도들의 필요가 아닌 다른 가치 있는 목적으로 연보를 모았다는 것을 의미한다. 그러나 우리는 그러한 일들이 과연 있었는지에 대하여 전혀 아는 바가 없다. 따라서 우리는 이 어구를 독자들을 움직이고 있는 후한 구제의 정신, 필요할 때마다 언제든지 그들을 움직일 수 있는 그런 정신을 칭찬하는 일반적인 말로 받아들여야 한다(Tasker, 129; Héring, 68, n. 10; Hainz, *Koinonia*, 144에서는 이 추가적인 어구 속에서 바울이 선교에 의해 세워진 교회들과 모교회 간의 지속적인 "채무 관계"를 부정함이 없이 예루살렘 교회의 권리 주장들을 "상대화시키는" 경향을 본다).

14 "또 저희가 너희를 위하여 간구하며 하나님의 너희에게 주신 지극한 은혜를 인하여 너희를 사모하느니라"(*καὶ αὐτῶν δεήσει ὑπὲρ ὑμῶν ἐπιποθούντων ὑμᾶς διὰ τὴν ὑπερβάλλουσαν χάριν τοῦ θεοῦ ἐφ' ὑμῖν*-카이 아우톤 데에세이 휘페르 휘몬 에피포둔톤 휘마스 디아 텐 휘페르발루산 카린 투 데우 에프 휘민). 예루살렘 교회의 "성도들"도 바울의 선교로 세워진 교회들에 대하여 기도해야 하고, 공통의 은혜를 인하여 하나님께 감사해야 한다-적어도 바울은 그렇게 기대하며 글을 쓴다. 에피포데인(*ἐπιποθεῖν*, "사모하다, …에게 애정을 보이다")이라는 동사는 통상적으로 바울이 그의 전도를 통해서 회심한 자들의 얼굴을 보고자 한다는 의미로 사용된다[예를 들면, 빌 1:8(여기에 대해서는 C. Spicq, "*Epipothein*, Désirer ou ché-

rir?" *RB* 64⟨1957⟩ 184-95를 언급하고 있는 R. P. Martin, *Philippians*, NCB, 67를 보라) ; 빌 2:26 ; 롬 1:11 ; 살전 3:6 ; 참조. 딤후 1:4]. 유대인 신자들과 이방인 신자들을 하나로 묶어 주는 연결 고리는 고린도 교인들에게 나타난 "하나님의 지극한 은혜"다(휘페르발루산⟨*ὑπερβάλλουσαν*, "넘치는"⟩은 미래 지향적인 성향을 지니고 있기는 하지만 과장된 표현으로서, Plummer notes, 267에서는 바울의 기대가 지나치게 높게 설정된 것일 수 있다고 조심스럽게 말한다. 우리는 여기에 롬 15:30-31은 유대 그리스도인들과 관련하여 연보의 미래에 대하여 더욱 어두운 전망을 제시하고 있다는 것과 행 20:2-5에 의하면 예루살렘으로 파견된 사절단 중에 고린도 교인이 한 명도 나오지 않는다는 사실은 이 연보를 통해서 견고한 관계를 정립하고자 한 바울의 큰 기대는 실현될 수 없었음을 보여 줄 수 있다는 것을 추가할 수 있다. 또한 Lietzmann, 139와 Barrett, 242의 비슷한 견해를 보라. 그리고 엡 1:19 ; 2:7 ; 3:19 ; 고후 3:10을 참조하라). 현재의 논의에서 이 절에 이르기까지 주로 "연보"라는 의미를 지녀 왔던 카리스(*χάρις*)라는 단어에 대한 의도적인 단어 유희가 존재한다(Hainz, *Koinonia*, 139, 140). 여기서 이 단어는 8:1에서 발견되는 의미, 즉 하나님이 사람들의 삶 속에 역사하셔서 사람들로 하여금 후하게 내고자 하는 마음을 주신다는 의미로 되돌아간다. 이렇게 해서 8:1에서 시작된 조직적이고 긴 논고(論考)는 9:14에서 끝나게 되고, 바울의 이 논고의 두 "끝"은 서로 정교한 수미쌍관법적 구조에 의해서 결합되어 있다. 부수적으로 여기에는 이 두 장이 하나로 연결되어 있다는 것을 보여 주는 추가적인 징후(indicium)가 존재하고 있는 것이다. 카리스(*χάρις*)는 송영으로 되어 있는 15절의 종결부에서 또다시 다른 뉘앙스를 띄게 될 것이다. 그런 까닭에 카리스(*χάρις*)는 동사 없이 사용된 탄성 속에서 하나님에 대한(*τῷ θεῷ*-토 데오) "감사"를 의미한다.

15 "말할 수 없는 그의 은사를 인하여 하나님께 감사하노라"(*χάρις τῷ θεῷ ἐπὶ τῇ ἀνεκδιηγήτῳ αὐτοῦ δωρεᾷ*-카리스 토 데오 에피 테 아네크디에게토 아우투 도레아). 따라서 바울의 논고 전체가 송영을 터뜨리는 것으로 끝나는 것은 그 절정으로 적합한 것이다: 카리스(*χάρις*, 직역하면 "은혜")는 여기 8, 9장에서 "감사"를 의미하는 유일한 용례로서 사람들이 생각할 수 있는 모든 것을 뛰어넘어 은사를 주시는 것에 대하여 하나님에게 돌려진다. 이방인들의 내는 것에 대한 강조로 가득 차 있는 하나의 장 속에서 이 서신의 저자가 하나님이야말로 가장 위대한 주시는 분(giver)이라는 것을 상기시키는 것은 적합한 일이다. 또한 하나님의 은사-아마도 그의 아들의 은사(8:9) 또는 이 맥락 속에서는 바울의 메시지와 사역 속에서

선포된 하나님의 보편적인 복음－는 그 깊이를 표현할 수 없는 그런 은사이기 때문에 그리스도인들로부터 찬송을 불러일으키지 않을 수 없다는 것을 바울이 상기시키고 있는 것은 너무도 적절하다(*ἀνεκδιήγητος*－아네크디에게토스, "말로 표현할 수 없는"을 의미하는 드문 단어; 참조. *1 Clem* 49:4, 61:1에서의 용법; *1 Clem* 20:5에서 이 단어는 바울 서신에서 롬 11:33의 아넥시크니아스토이…호도이〈*ἀνεξιχνίαστοι…ὁδοί*〉와의 병행을 보여 준다).

## 해설

어느 옛 주석가(Strachan, 142에서 언급한)는 "주는 것은 잃는 것이 아니라 씨를 뿌리는 것이다"라고 말한다. 이 주석가가 한 말과 이 단락이 공통적인 것은 후하게 주는 것의 열매는 풍성한 수확의 시절에 땅의 열매들처럼 생산적이고 확실하다는 것이다. 핵심적인 어구는 7절에 나온다: 하나님은 즐겨 내는 자를 사랑하신다. 왜냐하면 우리가 15절에서 알 수 있듯이 하나님이 다른 어떤 존재보다도 최고의 주시는 자이기 때문이다(롬 8:32). 이러한 중심적인 개념은 바렛(Barrett, 240)에 의해서 잘 설명되고 있다.

> 바울은 그 어떤 경우에도 그의 교회들의 구제 행위가 그것의 의미를 제공해 주는 신학적인 맥락에서 빠져 나가게 하지 않고, 또한 실천적인 표현 없이 신학을 제시하지도 않는다.

따라서 이 단락은 농경과 관련된 이미지들(씨, 씨 뿌리는 자, 열매, 수확)과 지극히 현실적인 "성도들을 위한 연보"(12절) 사이를 넘나든다. 후자의 경우에 그 강조점은 아낌없이 후하게 내는 것과 사람들의 궁핍을 구제하는 것에 있다. 그러나 그러한 도움은 분명히 하나님에 대한 감사(11, 12, 15절), 유대 땅의 믿는 자들과 바울의 선교지, 즉 그가 복음을 전하고 목회를 하는 자신의 "밭"(10:13-16, 특히 15절, RSV)이 하나 되는 것을 촉진시키는 관심의 표현이라는 틀 속에 두어진다. 우리가 앞에서 보았듯이, 바울이 연보를 모으는 일은 그 속에 깊은 목적이 들어 있다. 그러나 우리는 적어도 긍휼히 여기는 것(앞에서 인용한 Harnack이 사용한 용어, "사랑의 빛")과 가난한 자에 대한 관심이 이 두 장 전체를 관통하고 있다는 것을 간과해서는 안 된다.

레오 1세는 모든 시대와 모든 환경 속에서 적합한 말들을 통해서 구제의 미덕에 관한 설교를 하고 있다.

우리는 수많은 목소리들이 하나님께 감사를 드릴 수 있도록 하기 위하여 가난한 자들과 온갖 종류의 환난을 겪는 자들에 대하여 좀더 후한 구제를 해야 한다…믿음이 있는 자들의 헌신 중에서 가난한 자들을 향한 헌신보다 주를 더 기쁘시게 해 드리는 것은 없다. 주는 긍휼에 의한 관심이 있는 곳에 자신의 인자함이 반영되어 있다는 것을 인정하신다. 구제를 하는 자는 행복함과 평안한 마음을 느껴야 한다. 왜냐하면 그는 자기 자신을 위하여 별로 저축해 둔 것이 없다고 할지라도 가장 큰 이득을 보게 될 것이기 때문이다. 복된 사도 바울은 이렇게 말한다: 우리 주 그리스도 예수 안에서 "씨를 뿌리는 자에게 씨를 공급해 주시는 하나님은 먹을 양식을 공급해 주시고 너희의 씨를 늘어나게 하시며 너희의 의의 수확을 넘치게 해주실 것이다"(Sermon 10 on *Lent*, 3-5).

# VII. 고린도 교회에서 새롭게 생겨난 문제들(10:1-13:10)

## A. 바울의 자기 변호(10:1-11)

### 참고문헌

**Bahr, G. J.** "The Subscriptions in the Pauline Letters." *JBL* 87(1968) 27-41. **Barrett, C. K.** *Essays on Paul*: "Christianity at Corinth." 1-27. **Baur, F. C.** *Paul the Apostle of Jesus Christ.* Tr. E. Zeller. London: Williams & Norgate, 1876. **Betz, H.-D.** *Der Apostel Paulus und die sokratische Tradition.* BHT 45. Tübingen: J. C. B. Mohr(P. Siebeck), 1972. **Güttgemanns, E.** *Der leidende Apostel und sein Herr.* FRLANT 90. Göttingen: Vandenhoeck & Ruprecht, 1966. **Jervell, J.** "Der schwache Charismatiker." In *Rechtfertigung*, FS E. Käsemann, ed. J. Friedrich, W. Pöhlmann and P. Stuhlmacher, 185-98. Tübingen/Göttingen: Mohr/Vandenhoeck & Ruprecht, 1976. **Käsemann, E.** *Die Legitimität des Apostels.* **Kleinknecht, K. T.** *Der leidende Gerechtfertigte.* WUNT 2nd ser. 13. Täbingen: Mohr, 1984. **Knox, W. L.** *St. Paul.* New York: Appleton, 1932. **Leivestad, R.** "'The Meekness and Gentleness of Christ,' 2 Cor 10.1." *NTS* 12(1966) 156-164. **Mackintosh, R.** "The Four Perplexing Chapters(2 Cor 10-13)." *Exp* 7th ser. 6(1908) 336-44. **Marshall, P.** "Invective: Paul and his Enemies in Corinth." In *Perspectives on Language and Text*, FS F. I. Andersen, ed. E. Condrad: Winona Lake, IN: Eisenbraun(forthcoming). **Oostendorp, D. W.** *Another Jesus. A Gospel of Jewish Christian Superiority in II Corinthians.* Kampen: Kok, 1967. **Schütz, J. H.** *Paul and the Anatomy of Apostolic Authority.* SNTSMS 26. Cambridge: University Press, 1975. **Weher, U.** "Erklärung von 2 Kor 10:1-6." *BZ* 1 (1903) 64-78. **Ward, R. B.** "The Opponents of Paul." *RestQ* 10.4.(1967) 185-95. **Zmijewski, J.** *Der Stil der paulinischen "Narrenrede." Analyse der Sprachgestaltung in 2 Kor 11, 1-12, 10 als Beitrag zur Methodik von Stiluntersuchungen neutestamentlicher Text.* BBB 52. Köln-Bonn: Hanstein, 1978.

# 본 문

1 너희를 대하여 대면하면 겸비하고 떠나 있으면 담대한 나 바울은 이제 그리스도의 온유와 관용으로 친히 너희를 권하고

2 또한 우리를 육체대로 행하는 자로 여기는 자들을 대하여 내가 담대히 대하려는 것같이 너희와 함께 있을 때에 나로 하여금 이 담대한 태도로 대하지 않게 하기를 구하노라

3 우리가 육체에 있어 행하나 육체대로 싸우지 아니하노니

4 우리의 싸우는 병기는 육체에 속한 것이 아니요 오직 하나님 앞에서 견고한 진을 파하는 강력이라

5 모든 이론을 파하며 하나님 아는 것을 대적하여 높아진 것을 다 파하고 모든 생각을 사로잡아 그리스도에게 복종케 하니

6 너희의 복종이 온전히 될 때에 모든 복종치 않는 것을 벌하려고 예비하는 중에 있노라

7 너희는 외모만 보는도다 만일 사람이 자기가 그리스도에게 속한 줄을 믿을진대 자기가 그리스도에게 속한 것같이 우리도 그러한 줄을 자기 속으로 다시 생각할 것이라

8 주께서 주신 권세는 너희를 파하려고 하신 것이 아니요 세우려고 하신 것이니 내가 이에 대하여 지나치게 자랑하여도 부끄럽지 아니하리라

9 이는 내가 편지들로 너희를 놀라게 하려는 것같이 생각지 않게 함이니

10 저희 말이 그 편지들은 중하고 힘이 있으나 그 몸으로 대할 때는 약하고 말이 시원치 않다 하니

11 이런 사람은 우리가 떠나 있을 때에 편지들로 말하는 자가 어떠한 자이면 함께 있을 때에 행하는 자도 그와 같은 자인 줄 알라

1 I, then, Paul myself, appeal to you by the meekness and gentleness of Christ, I who am "timid" when face to face with you, but when I am away, I am "haughty" over you.

2 I beg [you] that when I am present I may not have to be "haughty," with a confidence of boldness I expect [to show] to those who think that we are living according to worldly standards.

3 For though we are living in this world, we do not carry on a war as the world does.

4 Rather, the weapons we fight with are not worldly weapons, but as God empowers [us], we pull down fortresses. We demolish arguments,

5 and all lofty notions that oppose the knowledge of God; and we make every thought captive as it obeys Christ.

6 And we stand ready to avenge every act of disobedience, once your obedience becomes complete.

7 Look at what is in front of you! If there is anyone who is sure that he is Christ's person,[a] he should consider this fact: just as he belongs to Christ, so we too belong to Christ.

8 Even if[b] I can boast [about being Christ's] and, more than that, about my [our] authority, which the Lord gave us to build you up and not pull you down, I will not be discredited by it.

9 [Do not think] that I am trying to frighten you with my letters.

10 For some are saying, "His letters are weighty and forceful, but his physical presence is weak and his rhetoric moves us to contempt."

11 Let this person [who thinks like this] consider that what we are through our letters when we are absent, we will be in our actions when we come to you.

## 원문주해

a. D* F G $vg^{mss}$ Ambst은 크리스투(*Χριστοῦ*) 앞에 둘로스(*δοῦλος*)를 추가하고 있고("그리스도의 종"), $P^{46}$에는 호 크리스토스(*ὁ Χριστός*)로 되어 있다.

b. Nestle-Aland[26]은 에안(*ἐάν*) 뒤에 나오는 테(*τε*)를 괄호로 묶고 있고, ℵ C D ψ 등의 읽기인 테(*τε*)는 $P^{46}$ B F와 소문자 사본들에는 생략되어 있다. Moulton, *Grammar* 3:339; BDF § 443.3; Thrall, *Greek Particles*, 96, 97를 보라.

## 양식/구조/배경

10장의 처음 시작하는 부분은 이 서신의 새로운 단락이 시작된다는 것을 보여준다. 9장에서 마지막 네 개의 장으로의 이행을 설명하고자 하는 시도들은 독자들이 당황스러울 정도로 갖가지 해석들을 제시하고 있다. 의심할 여지없이, 우리는 이 서신의 흐름 속에서 몇 가지 변화들이 감지된다는 것을 고려하지 않을 수 없다: 분위기의 변화, 바울의 대응의 기조, 그가 고린도 교인들에게 기대하고 있는 것의 변화(Barrett, 244; Héring, 69에서는 이렇게 쓴다: "바울은 더 이상 자기 자녀들과 화해한 아버지가 아니라 그의 대적자들을 공격함으로써 스스로를 방어하고 있는 분노한 우두머리다." 이러한 묘사는 약간 과장된 측면이 없지 않지만, 분명히 부정할 수 없는 특징을 부각시키고 있다. 그 밖의 다른 학자들〈Plummer, 269에 인용된〉도 8장과 9장은 10-13장에서 나오는 대적자들에 대한 논쟁을 준비하는 것이었음을 밝히고자 시도해 왔다. 그러나 Plummer의 반론도 만만치 않다: "연보를 요구하는 것이 통렬한 공격을 위한 적절한 준비가 될 수 있는가?" 어쨌든 "10장의 휘장이 열리자마자 우리는 장면이 완전히 바뀌었다는 것을 알게 되는데, 연보 문제와 더불어서 디도와 마게도냐 교인들은 이 장면에서 사라져 버렸다"〈Héring, 69〉. 이러한 말은 사실이기는 하지만 디도와 마게도냐의 형제들은 12:14-18에서 다시 등장하라는 신호를 기다리고 있고, 그 단락 속에서 연보 문제는 감춰진 형태로 나타난다). 10-13장을 1-9장으로 이루어진 이전의 단락들에 대한 "요약"으로 취급하는 것은 적절하지 않다(W. H. Bates, "The Integrity of II Corinthians," *NTS* 12[1965] 56-59). 심리학적인 설명들, 예를 들면 바울은 잠을 자지 않고 밤을 꼬박 세우면서 이 두 장을 썼다거나(Lietzmann, 139) 10장 이하에서 새로운 분위기가 나타나는 것은 잠시 구술을 중단했기 때문이라는 설명(Denney, 290, 그러나 Denney는 나중에 구술의 "중단"이 바울로 하여금 "매우 다른 분위기 속에서" 글을 쓰게 만들었다는 것을 인정한다⟨389⟩)은 "소망이 가득한 태도에서 절망적인 태도"(Barrett, 244)로 변한 새로운 상황을 설명하는 데는 충분하지 않다. 우리는 심리학에 근거한 논증을 새로운 방향에서 바라볼 수 있다. 어떤 사람의 기분이 절망에서 소망으로 개선되는 것은 얼마든지 가능한 일이다. 그러나 기분이 그런 것과는 정반대의 방향으로 바뀐다는 것은 생각할 수 없는 일이다–새로운 환경이 작용하지 않았다고 한다면. 우리가 10-13장을 "눈물의 편지"(2:4-7:8)의 일부로 보기를 거부한다면, 남은 대안은 바울과 고린도 교인들의 관계가 악화되는 쪽으로 새로운 상황이 전개되어서, 앞에시와는 다른 분위기와 기조를 담은 또 하나의 편지, 즉 고린도에서의 바울의 사도적 사역에 대한 좀더 심각한 공격에 대응하는 편지가 필요했던 것이라고 전제하는 것이다. 우리는 11:4-18에서 언급된 반바울적인 교사들이 고린도 교회에 와서 영향을 미친 결과 그러한 사태가 발생했다고 추측할 수 있다.

우리는 이러한 이론적인 배경을 설정해 두고서 이제부터 바울이 이러한 사태에 대하여 어떻게 대처하고 있는지를 살펴보고자 한다. 이러한 대답은 이 네 개의 장의 양식과 문체에 관한 어느 정도의 결정을 내포하는 것이다. 오늘날의 논의 속에서 이 편지의 이 부분들이 전문적인 의미에서의 "변호"(apology)라는 양식을 이루고 있다는 데는 견해가 일치한다: 어떤 사람이 자신에 대하여 비난하거나 험담을 하는 자들에 대항하여 자신의 결백함을 서술한 글(Allo, 230에서는 고린도후서에서 "변호"라는 단어가 몇 가지 서로 다른 뉘앙스를 지니고 사용되고 있다고 주장한다. 10-13장에서의 새로운 강조점은 "모든 사도의 글은 논쟁적이 되고 있기 때문에–좀더 정확하게 표현하자면–우리는 이제 그의 개인적인 변화에 다다르게 된다"는 것이다), 특히 소크라테스가 궤변론자들과 적대적인 시인들, "구름"이라는 희곡을 써서 특히 소크라테스를 엉터리 사상가이자 협잡꾼으로 몰아 조롱한 아리스토파네스(Aristophanes) 같은 극작가들에 대항하여 스스로를 변호한 글(Betz, *Der Apostel Paulus*, 17-19, 34, 35). 그러나 이 대단락 속에는 그러한 것보다 훨씬 더 많은 것이 담겨 있다. 거짓 교사들이 고린도 교회에 나타나서 바울은 사실 참된 사도가 아니고(F. C. Baur, *Paulus*, 289, Käsemann, *Legitimität*, 33에서 재인용) 심지어 그리스도인도 아니라고(Käsemann, ibid.) 비난했을 때 불꽃 튀는 논쟁이 벌어진 것은 사도적인 인물이자 교사로서의 바울의 지위에 대한 것이었다. 그러므로 바렛(Barrett, 245)의 견해처럼 논쟁의 최전선에 있었던 것은 바울이라는 인물이 아니라 그가 전한 복음이었다고 할 수 있다. 그러나 우리는 이 두 가지 요소를 양자택일식으로 취급해서는 안 된다. 왜냐하면 바울의 삶과 사역은 뗄레야 뗄 수 없을 정도로 서로 결합되어 있었기 때문이다(Bultmann, 149). 바울이 보기에 그를 거부하는 것-10절에 주어진 근거들, 즉 그를 직접 만나 보면 그는 약하고 그의 말(=가르침)은 시원치 않다는 근거 위에서-은 하나님에 의해서 주어진 케리그마에 대한 그의 이해로부터 결정적으로 등을 돌리고 떠나는 것이다. 우리는 고린도 교인들에게 요구된 "순종"이 그리스도와 그리스도를 대신한(in persona Christi) 바울을 향해 있는 6절에서 이러한 상관관계가 예시되고 있는 것을 볼 수 있다. 클라인크네히트(Kleinknecht, *Der leidende Gerechtfertigte*, 295, 296, 301)의 주장처럼 우리는 여기에 "자전적인" 차원이 존재한다는 것을 간과해서는 안 된다. 바울은 하나님의 사자(5:20)로서 자신에게 맡겨진 말씀과 뗄레야 뗄 수 없을 정도로 결합되어 있기 때문에, 교회를 향한 바울의 말은 실제로 자신의 행위에 대한 변호(apologia pro vita sua)이지만, 그것은 그가 전한 복음에 대한 변호(apologia pro evangelio suo)이기도 하다. 그러므로 아우토스 데 에고 파울로스(*αὐτὸς δὲ ἐγὼ Παῦλος*, "나 바울은 이제…친히")라는 표현은 그의 문체와 목적의 좋은 모범(exemplum)이다. 왜냐하면 카르레(Carrez, "Le 'nous' en 2 Corinthiens," 475)의 도표를 보면, 고린도후서에서 "나"가 239번 사용되고 있는데 그 중에서 147번이 10-13장에 나오기 때문이다: "이러한 개인적인 진술들이 강조되고 있는 것은 바울이 자신의 사도직과 자신의 사역의 정당성을 열렬히 변호하고 있는 이러한 장들에서이다"(Carrez, 482).

이러한 증거는 아우토스 데 에고 파울로스(*αὐτὸς δὲ ἐγὼ Παῦλος*, "나 바울은 이제…친히")를 설명하기 위한 바(G. J. Bahr, "The Subscriptions")의 제안, 즉 10-13장에 나오는 것은 대필자를 시켜서 쓴 1-9장(이 서신의 *σῶμα*-소마, "몸")에 바울이 덧붙인 자필 서명(*ὑπογραφή*-휘포그라페)이라는 그의 주장을 뒷받침하는 것으로 보일 수도 있다. 그러므로 바(Bahr)는 이러한 문학적인 분석에 의거해서 1-9장과 10-13장을 하나로 묶는다. 그러나 1-9장의 몇몇 부분들, 예를 들면 6-7장이 감정적인 내용으로 되어 있는 것, 1-5장을 여러 번 중단시키고 있는 개인적인 호소들과 그 파격적인 구문(1:23, 24; 2:4; 4:15; 5:12, 13; 6:11-13; 7:2-4; 8:8; 9:1, 11) 등은 그러한 이론에 불리하게 작용하는 경향을 보여 주고, 또한 10:1이 바울이 "서신을 순전히 자신의 힘으로 쓸 수 없었다"는 비난에 대해 어떻게 반박하고 있는지를 보여 준다는 매킨토쉬(Mackintosh)의 주장에 대해서도("Four Chapters," 343) 불리하게 작용한다. 게다가, 플럼머(Plummer, 270)가 말하고 있듯이 이 네 개의 장 속에서 표현된 감정은 "매우 판이하게 다른 종류의 것으로서, 그는 지금 격렬한 분노를 나타내고 있고, 자신의 권위를 최대한도로 단언하고 있다."

공식적 표현인 아우토스…에고 파울로스(*αὐτὸς…ἐγὼ Παῦλος*)는 자신의 권위를 단언하고 있는 것으로 볼 때 가장 잘 설명되는데, 갈라디아서 5:2에도 그런 예가 나온다(Plummer, 272는 Lightfoot, *Galatians*, ad loc.를 인용한다). 아우토스(*αὐτός*)는 바울의 반박(에고 파울로스〈*ἐγω Παῦλος*〉에 내포되어 있는)을 한층 더 강화시키고, 아마도 경멸의 의미까지 내포한 것일 수 있다. 그것은 세 가지 특징을 보여 주는(Plummer, 272에서 지적하고 있듯이) 이 네 개의 장에 대한 도입부로서의 역할을 한다. (1) 강력하고 개인적인 감정, (2) 바울의 반대자들에 의한 중상모략에 대한 분노, (3) 그러한 반대가 계속된다면 그의 독자들에 대해 가만두지 않겠다는 바울의 작심.

이 단락(10:1-11)은 그가 행하고 있는 변호의 구성과 관련하여 주목할 만하다. 1-2절은 바울에 대한 대적자들의 실제적인 평가를 인용하고 있는 것으로 볼 때만 그 의미가 제대로 이해될 수 있다. 우리는 바울이 대적자들이 "캐치프레이즈" 또는 "슬로건"으로 한 말들을 인용하고 있다는 것을 10절을 근거로 확인할 수 있다(Bultmann, 184, 185). 그들은 바울의 타페이노테스(*ταπεινότης*, "겸비함")에 대하여 언급했는데, 여기서 그것은 "비굴함" 또는 "소심함" 같은 것을 의미함에 틀림없다. "알랑거린다"거나 "아부한다" 같은 한층 더 강력한 표현들도 어울릴 것이다. 그들은 바울이 고린도 교회에 왔을 때 거짓으로 겸손한 체했다고 비난했다(이것은 아마도 2:1에 언급된 "잠깐 동안의" 방문을 가리키는 것 같다). 또한 그들은 바울이 고린도 교회를 떠나 먼 곳에서 쓴 편지는 힘이 있었지만(10절), 막상 교회에 와서는 오만하고 무례한(그의 페포이데시스〈*πεποίθησις*〉, 즉 다르레인〈*θαρρεῖν*〉의 표지인 무한정의 확신) 성품을 보여 주었다고 비난했다. 그들은 바울의 이러한 처신-Bultmann의 주장(185)이 옳다면-을 "무모한 담대함"(*τολμῆσαι*-톨메사이, 2절; 참조. 10:12; 11:21)을 지닌 행위로 여겼다.

그들은 바울이 세상적인 사람같이 살아가고 있다고 비난했다(2절: *κατὰ σάρκα*-카타 사르카, "육체대로", 그들에게 이것은 프뉴마〈*πνεῦμα*, "영"〉의 반대로서, 그들은 하나님의 능력을 온전히 알고 있다고 공언했고, 그것을 고린도 교인들에게 나누어 주고자 했다, 11:4). 그들은 고린도 교회의 "공식적인" 지도자로서의 바울의 권위(*ἐξουσία*-엑수시아, 8절)를 부정하고, 바울의 육체적인 약함(*ἀσθένεια*-아스데네이아)에 대하여 조소를 퍼부으며, 자신조차도 치유할 수 없는 병자라고 조롱했다(그가 12:1-10에서 언급하고 있는 비난). 무엇보다도 특히 바울은 자기가 "그리스도에게 속한 사람"(*Χριστοῦ εἶναι*-크리스투 에이나이, 7절)이라는 것을 주장한다. 그러나 그러한 명칭은 그들이 그들 자신에 대하여 주장했던 것이고(7b절) 바울에 대해서는 부정했던 것이었다. 왜냐하면 그리스도인의 삶과 사역에 대한 그들의 평가에 의하면, 바울은 거기서 배제되어 있었기 때문이다.

이러한 일련의 증거들은 바울이 자신의 변호(apologia)에서 당시에 고린도 교회에서 사용되고 있었던 관용어들과 표현들을 활용하고 있다는 결론이 옳다는 것을 보여 주는 것으로 보인다. 바울은 자신의 인격과 주장들을 경멸하는 명칭들과 묘사들을 인용해서 새로운 맥락 속에 적용하거나 단어 유희를 통해서 수정함으로써(예를 들면, 2b절의 로기조마이〈*λογίζομαι*〉는 2c절과 연결되고, 로기스무스〈*λογισμούς*, 4절〉는 7절의 로기제스도〈*λογιζέσθω*〉와 연결된다. 2절의 카타 사르카〈*κατὰ σάρκα*〉는 3절에서 엔 사르키〈*ἐν σαρκί*〉로 바뀌면서 의미가 뚜렷하게 달라진다) 새로운 의미를 부여한다.

또한 바울은 여기서 당시의 철학자들이 궤변론자들과의 논쟁 속에서 사용했던 수사학적인 장치들과 병행되는 문체를 사용한다(Betz, ibid., 55). 이 "변호의 서신" 속에서 우리는 진정한 철학자가 가짜 철학자와 자신을 구별하기 위해서 사용했거나 고전 시대의 헬라에서 진정한 지도자들이 허풍을 치는 협잡꾼으로부터 자신을 구별하는 데 사용했던 몇 가지 논증들을 보게 된다(*γόης, ἀλαζών*-고에스, 알라존). 그러한 구별들을 이끌어 내었던 통상적인 방법으로는 풍자, 반어법, 패러디 등이 있었다. (1) 풍자, 그리고 좀더 강력한 특징인 독설을 보여 주는(Marshall, "Invective") 여러 가지 예들은 이 네 개의 장들 전체에 걸쳐서, 특히 바울이 자기가 의도적으로 한번 "어리석은 자"가 되어서 자신의 실제 모습을 자랑하고 있는(*καύχησις*-카우케시스) 11:1-12:10의 단락 속에 잘 나타난다(Zmijewski, *Der Stil der paulinischen "Narrenrede"*를 보라). 바울이 그의 대적자들을 조롱하는 것은 10:1-11에서 그가 그들을 "견고한 진"(4절)으로 과장되게 묘사하고, 군사적인 은유를 사용하여 그들의 "높아진 생각"(5절)을 "무너져야" 할 필요가 있는 것(5절, 바울은 그렇게 할 권세를 지니고 있다, 8절)으로 묘사하고 있는 것 속에서 드러난다. (2) 바울이 사용한 반어법은 대적들이 그에 대하여 말한 것을 그가 직접적으로 부정하지 않는 것을 통해서 나타난다. 그는 자신에 대한 인신 공격적인(ad hominem) 비난을 그대로 가져와서, 자기에 대한 그들의 부정적이고 편향적인 평가를 비틀어서 자신에 대한 긍정적이고 인격적인 신뢰를 나타내는 단언으로 만들어 버린다(예를 들면, "소심함"이라는 비난은 그가 낮아지신-지금은 높아지셨지만-주님을 전하느라 겸비하게 헌신한 것으로 바뀐다: Güttgemanns, *Der leidende Apostel*, 135-41에서는 "기독론적인 선포로서의 사도적 실존"이라는 인상적인 표제를 단 단원에서 빌 2:6-11에 나오는 신조에 의거하여 바울의 약함 속에서 주의 현재적인 능력이 어떻게 나타나고 "선포되고" 있는지를 보여 주고, 바울의 비참한 삶⟨고후 4:10⟩은 이 땅에서의 예수의 삶을 본받은 것임을 보여 준다). (3) 패러디의 문체는 바울이 그의 대적자들의 문학적인 표현들을 모방해서 사용하면서도 그에 대한 그들의 평가를 정반대로 돌려놓는 것 속에서 드러난다(11:16-33에서 특히 분명하게) – 이 참된 철학자가 소크라테스처럼 자신의 대적자들을 조롱하기 위하여 마치 진상을 모르는 것처럼 행함으로써 자주 애용하는 수법. 이러한 문학적이고 문체적인 장치들의 사용을 통해서 "바울은 자신의 사도직과 복음에 대한 이 감동적인 변호를 제시한다"(Fallon, 83).

이 짧은 절들 속에는 은유들이 풍부하게 나온다. 군사 설비들(4절)과 군인들의 출정(5절: *αἰχμαλωτίζοντες* – 아이크말로티존테스)에 관한 은유들이 사용된다 – 이러한 용어들은 "마카비 가의 전쟁"에 관한 문헌으로부터 가져온 것으로 보인다("주석"을 보라). 논증(5절)과 추론(5절)을 개발하는 수사학파들이 간접적으로 암시되고 있다. 건물을 세우고 부수는 것과 관련된 쌍둥이 개념들(8절) – 후자의 동사는 4절의 개념과 연결되어 있다 – 은 친숙한 관용 표현들이다. 또한 법정적인 용어들이 사용되고 있는 것 같다(6절, "복종치 않는 것을 벌하려고": 참조. 롬 13:4). 우리가 카다이룬테스(*καθαιροῦντες*, 4절)와 에파이로메논(*ἐπαιρόμενον*, 6절), 휘파코에(*ὑπακοή*, 5-6절)와 파라콘(*παρακοήν*, 6절)의 유은법, 은유들이 연달아서 나오고 때로는 서로 뒤섞여 있는 것(5절), 11절의 교차대구법적인 구조에서처럼 단어들이 세심하게 배치되고 있는 것 등에서 알 수 있듯이, 이 단락은 주의 깊게 쓰여진 글이다.

*τῷ λόγῳ*(토 로고) *παρόντες*(파론테스)

*ἀπόντες*(아폰테스) *τῷ ἔργῳ*(토 에르고)

10절에도 교차대구법적인 구조가 사용되고 있는 것 같다. 서로 대비되는 형용사들인 아스데네스//이스퀴라이(*ἀσθενής*//*ἰσχυραί*)와 엑수데네메노스//바레이아이(*ἐξουθενημένος*//*βαρεῖαι*)가 교차하는 방식으로 배치되어 있다. "각각의 쌍은 다른 쪽의 의미를 결정하는 데 도움을 준다"(Plummer, 282). 또한 특히 판…판…파산 파라코엔(*πᾶν…πᾶν…πᾶσαν παρακοήν*, 5-6절)에서 *π*로 시작되는 단어들을 통한 두운법이 사용되고 있는 것도 주목하라.

## 주석

1 "너희를 대하여 대면하면 겸비하고 떠나 있으면 담대한 나 바울은 이제 그리스도의 온유와 관용으로 친히 너희를 권하고"(*Αὐτὸς δὲ ἐγὼ Παῦλος παρακαλω ὑμᾶς διὰ τῆς πραΰτητος καὶ ἐπιεικείας τοῦ Χριστοῦ, ὅς κατὰ πρόσωπον μὲν ταπεινὸς ἐν ὑμῖν, ἀπὼν δὲ θαρρῶ εἰς ὑμᾶς*-아우토스 데 에고 파울로스 파라칼로 휘마스 디아 테스 프라우테토스 카이 에피에이케이아스 투 크리스투, 호스 카타 프로소폰 멘 타페이노스 엔 휘민, 아폰 데 다르로 에이스 휘마스). "나 바울은 이제…친히"(*Αὐτὸς δὲ ἐγὼ Παῦλος*-아우토스 데 에고 파울로스). 사도가 사용한 공식적인 도입부는 우연한 것도 아니고(이것을 10-13장을 최종 본문 속에 삽입하기 위하여 편집자가 써 넣은 것이라고 보지 않는 경우에: 참조. Bornkamm, "History"〈서론을 보라〉) 효과를 위하여 첨가된 것도 아니다. 이 도입부는 12:13(*αὐτὸς ἐγὼ*-아우토스 에고, "내 자신이"); 로마서 9:3; 15:4; 또는 갈라디아서 5:2(*ἴδε ἐγὼ Παῦλος*-이데 에고 파울로스, "보라 나 바울은")에서처럼 이하에 나오는 내용에 대하여 권위를 부여하는 역할을 한다. 블랙(D. A. Black, *Paul, Apostle of Weakness*, 133)이 생각하듯이(참조. Plummer, 271), 바울은 공동 저자인 디모데로부터(1:1) 자신을 의도적으로 차별화하고 있는 것 같지는 않다. 도리어 바울은 이 네 개의 장들 속에서 중심적인 주제가 되고 있는 사도적 권위라는 외투를 입을 준비를 하고 있는 것이다.

그렇지만 그의 태도는 두 가지 점에서 누그러져 있다. 첫째, 우리는 그가 동사 파라칼로 휘마스(*παρακαλῶ ὑμᾶς*, "너희를 권하고")를 선택해서 사용하고 있다는 점을 지적할 수 있다. 이 동사에는 권위적인 명령의 어조보다는 간청의 어조가 더 뚜렷하게 나타난다(롬 12:1; 15:30; 고전 1:10에서처럼). 비예르크런드(Bjerkelund, PARAKALÔ, 188)는 바울이 파라칼레오(*παρακαλέω*)와 더불어 여러 절들(clauses)을 사용하고 있는 것과 관련해서 이 동사는 "명령의 의미(*ἐπιτάσσω*-에피타쏘)나 간청의 의미(*δέομαι*-데오마이)를 지니고 있지 않고, 파라칼레오(*παρακαλέω*)는 바울에 의해서 권위에 관한 것이 전혀 문제가 되지 않을 때 사용되는 것으로서, 사도는 그들이 자신을 사도로 인정하리라는 것을 알고서 고린도 교회의 지체들을 자신의 형제들로 여겨서 말하고 있는 것"이라고 결론을 내렸다. 우리가 본문에서 볼 수 있는 것은 교회들의 도덕적인 판단과 영적인 독립성을 고려한 그런 유형의 권면이다(Holmberg, *Paul and Power*, 86; 참조. Bjerkelund, ibid., 190). 물론 고린도 교회에서 바울의 권위가 문제되고 있지 않았던 것은 아니다. 그러나 바울이 파라칼로(*παρακαλῶ*)와 데오마이(*δέομαι*, 2절)를 겸해서 사용하고 있다는 것은 미묘한 문제에 대하여 그가 우회적으로 항변하는 가운데-아마도 강력한 의미를 담은 동사를 먼저 제시하고 나서, "내가 구하노라"(*δέμαι*-데오마이) 같은 좀더 부드러운 어조를 채택하여 자신의 태도를 누그러뜨림으로써(Plummer, 273)-확고하지만 기지를 발휘해서 다루고 있다는 것을 보여 준다(참조. 12:12; 13:10).

바울이 두 번째 근거로 제시하고 있는 것은 "그리스도의 온유와 관용으로"(*διὰ τῆς πραΰτητος καὶ ἐπιεικείας τοῦ Χριστοῦ*-디아 테스 프라우테토스 카이 에피에이케이아스 투 크리스투)인데, 이것은 다음 두 가지 상황 중 어느 한쪽과 관련되어 있는 성품상의 두 가지 특징이다. 그것들은 (1) 그리스도의 지상적인 삶을 가리키는 것일 수 있다(마 11:29; Kümmel, 208; Windisch, 292; G. N. Stanton, "Matthew 11:28-30," *ExpTim* 94[1982] 3-9; 또한 마 5:5을 보라; 에피에이케스(*ἐπιεικής*, "관용")는 복음서들에는 나오지 않지만, 빌립보서 4:5에서는 기독교인의 한 특징으로 나오는데, 거기서 토 에피에이케스(*τὸ ἐπιεικές*)는 그리스도인들이 다른 사람으로부터 위협을 받을 때도 기꺼이 복수하기를 포기하고자 한다는 의미에서의 "관용"으로 번역될 수 있고, 그러한 의미는 여기서도 어느 정도 적절하다〈R. P. Martin, *Philippians*, NCB ad loc.〉; 딤전 3:3; 딛 3:2, 특히 벧전 2:18). 주의 태도(골 3:13에서처럼)는 이러한 호소를 촉발시켰을 것이다. 우리가 바울은 왜 지상적인 이름인 예수스(*'Ιησοῦς*)를 사용하지 않고 그 대신에 크리스토스(*Χριστός*)라고 표현했는지를 묻는다면, 그 대답은 "고린도 교인들 중 일부는 특별한 의미에서 그들이 그리스도의 사람(*Χριστοῦ*-크리스투)이라고 주장했기 때문에 크리스투(*Χριστοῦ*)를 사용하는 것이 더 적절했기 때문"(Plummer, 173; 10:7에 대한 "주석"을 보라)이라고 할 수 있을 것이다. 또는 이 두 가지 특징은 (2) 그리스도가 성육신을 통해서 겸비를 보여 주신 것을 가리킬 수 있다(8:9에서처럼; 그의 "순종"이 무게 중심으로 되어 있는 빌 2:6-11을 참조하라, Güttgemanns, *Der leidende Apostel*, 140; R. P. Martin, *Carmen Christi*², xxiii-xxv). 그러나 이러한 두 가지 해석은 서로 밀접하게 연관되어 있다(Barrett, 246). 그리스도의 성육신과 그의 성품은 둘 다 그리스도인의 행실을 위한 패러다임을 설정하는 데 토대가 되는 것들이었다. 레비스타드(Leivestad, "The Meekness," 156-64)는 10:1을 선재하는 그리스도와 결부시키는 견해를 제시하고 있지만, 스탠튼(G. N. Stanton, *Jesus of Nazareth in New Testament Preaching* SNTSMS 27, Cambridge: University Press, 1974, 108)은 그러한 견해에 도전한다. 그러나 Bultmann, *Theology* 1:294를 보라. 여기서 바울은 2:6-10에서 자기에게 잘못한 자를 그가 다룬 것을 상기시키는 용어들을 사용해서 1:23-24에 나와 있는 그의 목회적인 태도를 되풀이하고 있다(Strachan, 9).

관계사 호스(*ὅς*, "who")는 바울을 가리키지만, 귀테만스(Güttgemanns, ibid., 137)는 도입부의 관계대명사를 지닌 송영 문체의 일부로서 로마서 4:25; 빌립보서 2:6; 골로새서 1:13[15]; 디모데전서 3:16을 인용해서 이 관계사가 기독론적인 차원을 지닐 수 있다는 것을 밝혀 내었다. "깊은 의미"는 바울의 겸비한(*ταπεινός* - 타페이노스, 좋은 의미에서) 성품은 그리스도의 삶의 방식을 모델로 해서 형성된 것이라는 것이다(그리스도인의 덕목으로서의 겸손은 바울 서신 속에서 여러 가지 서로 다른 뉘앙스를 지니고 찬상(讚賞)된다, 고전 4:21; 갈 5:23; 골 3:12; 엡 4:2; 딤전 6:11; 딤후 2:25; 딛 3:2). 바울의 섬김은 스스로 낮아져서 십자가에 못 박히신 그리스도라는 기준에 의해서 설정된 특징들을 공유하고 있는 것이었다(4:7-10; 6:4-10에서처럼). 하지만 우리가 위에서 살펴보았듯이, 문맥상으로 타페이노스(*ταπεινος*)는 바울의 대적자들이 고린도 교회에서의 그들의 강력하고 힘있는 사역(10:10; 11:20)과는 대조적으로 바울을 무기력하고 나약한 것으로 보았다는 뜻을 내포하고 있는 경멸적인 의미를 지닌다(Plummer는 대적자들이 바울을 거짓 겸손이라는 의미에서 "야비하게 굽실거리는" 것으로 본 것이라고 말하며, "매우 겸손하게" 자기를 낮추었지만 실제로는 교활하고 사악한 인물인 Uriah Heep의 모습을 상기시킨다). 바울은 그에 대한 대적자들의 평가를 인용하면서, 동시에 거기에 성육신하신 주의 모델을 토대로 한 자기 자신의 평가를 덧붙임으로써 이 단어가 이중적으로 해석되는 말이 되게 만든다. 타페이노스(*ταπεινός*)의 반대말은 5:6, 8; 7:16에서처럼 "자신만만하다, 용기 있다"(BGD 352)로 번역되는 동사(*θαρρεῖν* - 다르레인)에서 온 다르레사이(*θαρρῆσαι*)지만, 이 단어는 10:1의 맥락 속에서는 "오만한, 무례한" 또는 "콧대 높은"(우리는 이것을 선호한다)이라는 나쁜 의미(in malam partem)를 지닌다(바울이 나중에 5절에서 항변한 것과 연결시켜서: *πᾶν ὕψωμα* - 판 휘프소마, "모든 높아진 생각들"). 우리는 바울의 이러한 빈정대는 말 속에서 그가 고린도 교회를 떠나 있을 때 자신의 권리를 강하게 주장하면서 그것으로 고린도 회중을 주관하고 있다는 대적자들의 비난을 들을 수 있다(에이스 휘마스〈*εἰς ὑμᾶς*, "너희를 대하여"〉 같은 어구는 바울의 우월적인 태도, 그의 "오만방자함"이라는 개념을 표현한 것일 수 있다, Bultmann의 말, *Frechheit*).

여기에는 두 가지의 상반된 태도가 언급된다: 비굴하게 구는 것과 우월감을 보이는 것. 바울은 그러한 표현들을 자신의 대적자들로부터 가져와서, 그들의 의도와는 정반대되는 의미로 사용한다. "나는 스스로 낮아지신 그리스도를 따르는 겸비한 종이지만, 하나님이 주신 그리스도를 대표하는 권세를 지니고 있다"–특히 내가 고린도 교회에 없는 동안에 강력한 서신들을 통해서(10절; 바울과 고린도 교회의 관계와 관련해서 "있을 때와 없을 때"를 대비시키고 있는 것에 대해서는 Polycarp, *Phil.* 3:2을 참조하라). 바울은 10:11에서 이러한 대비로 다시 돌아간다.

2 "또한 우리를 육체대로 행하는 자로 여기는 자들을 대하여 내가 담대히 대하려는 것같이 너희와 함께 있을 때에 나로 하여금 이 담대한 태도로 대하지 않게 하기를 구하노라"(*δέομαι δὲ τὸ μὴ παρὼν θαρρῆσαι τῇ πεποιθήσει ᾗ λογίζομαι τολμῆσαι ἐπί τινας τοὺς λογιζομένους ἡμᾶς ὡς κατὰ σάρκα περιπατοῦντας*–데오마이 데 토 메 파론 다르레사이 테 페포이데세이 헤 로기조마이 톨메사이 에피 티나스 투스 로기조메누스 헤마스 호스 카타 사르카 페리파툰타스). 데오마이(*Δέομαι*, "구하노라")는 한층 더 달래는 듯한 어조이지만, 기도가 아니라 요청으로 취급되어야 한다(Bachmann, 아마도 Barrett, 248; 그러나 ich bete가 아니라 ich bitte로 번역하면서 euch를 추가하는 Bultmann, 185를 참조하라). 왜냐하면 이 동사는 자신의 항변을 더 추가적으로 누그러뜨리려는 것이 아니라 1절에 나오는 동사를 보완하는 것이기 때문이다. 그런 까닭에 "너희에게"라는 말을 덧붙이는 것이 옳다. 이러한 요청의 내용은 히나 메(*ἵνα μή*)라는 절(BDF § 399.3)에 의해서 표현되고 있는데, 바울이 장차 고린도 교회를 방문하게 될 것에 관한 내용을 담고 있다(13:1-13). 그때도 이러한 대적자들이 바울의 편지에 의해서 수그러들지 않고, 고린도 교인들이 여전히 그들을 추종하고 있다면, 바울에게는 특별한 방식으로 "담대할"(*θαρρῶ*–다르로) 것밖에는 다른 선택의 여지가 없게 될 것이다. 따라서 그는 우리가 세상적인 방식으로(*κατὰ σάρκα*–카타 사르카) 행하고 있다고 생각하는(*λογιζομένους*–로기조메누스) 자들에 대하여 자기가 얼마든지 담대하게(*τῇ πεποιθήσει ᾗ λογίζομαι τολμῆσαι*–테 페포이데세이 헤 로기조마이 톨메사이) 대할 자신이 있다고 쓴다. 여기서의 문장은 비비꼬여 있어서 얽힌 것을 풀기가 쉽지 않지만, 그 의미는 그럭저럭 분명한 편이다. 이 문장의 핵심적인 열쇠는 2번 반복되고 있는 중간태 동사인 로기제스다이(*λογίζεσθαι*, 이 장들에서 핵심 동사: 10:7, 11; 11:5; 12:6; 참조. 3:5; 아마도 고린도 교인들의 표어였거나 바울의 대적들의 슬로건이었을 것이다, Bultmann, 185)에 있다. 이 동사는 평가와 그에 따른 행동이라는 의미를 내포한다. 그들은 바울이 "세상 사람" 같은 태도를 취하고 있고, 그 동기들과 행동들이

"육체"(σάρξ–사륵스), 즉 이기심에 의해서 지배되고 있다고 "상상했다"(λογιζο-μένους–로기조메누스: Plummer는 여기서 이 동사의 질감이 미묘한 변화를 보여 주고 있다는 점을 지적한다, 274). 바울은 그들이 사용한 단어를 가져와서, 고린도 교인들을 다시 얻기 위하여 어떠한 조치가 필요할 것인지에 대한 자신의 평가와 관련된 생각(λογίζομαι–로기조마이)을 가리키는 데 이 단어를 "소독해서" 사용한다(즉 고린도 교회에서의 자신의 명성을 잃게 할 수도 있는 과감한 일을 벌이는 사람의 담대함을 가져다 준, 다르레인〈θαρρεῖν〉에 함축된 좋은 의미에서의 "용기"). 동사 톨메사이(τολμῆσαι, "담대하다")는 대적자들이 사용했던 또 하나의 슬로건일 가능성이 있다. 왜냐하면 그들은 바울을 그 정반대의 말로 비난하면서(ταπεινότης–타페이노테스=1절의 소심함), 그를 "변덕스럽고 오락가락하며, 말이 많고, 허영심이 강한 동시에 겁쟁이이자 난폭한 깡패"로 여겼기 때문이다(Plummer, 275).

이렇게 극단적으로 바울과 대립했던 사람들은 간접적으로 언급된다: "여기는 자들을 대하여"(ἐπί τινας–에피 티나스). 바렛(Barrett, 249)은 바울은 이 어구 속에서 고린도 교회의 독자들을 염두에 두고 있는 것이 아니라고 올바르게 지적한다. 가우지(Goudge, 93, 94)는 여기에 나오는 티나스(τινας)라는 베일에 가려진 언급 배후에 있는 사람들의 정체에 대하여 문제를 제기한 몇 안 되는 주석가들 중의 한 사람이다. 그는 (1) 비한정적인 "어떤 자들"(특정한 자들"이라는 번역이 더 나을 것이다)은 바울이 고린도 교인들을 가리키고 있지 않다는 것을 보여 주고, (2) 다른 한편으로, 이 절의 항변은 바울이 엄하게 행동하느냐 그렇지 않느냐는 것이 고린도 교인들의 행동에 달려 있다는 것을 전제하고 있다고 주장한다. 이러한 두 가지 생각이 결합되어 있는 것에 대한 해법은 티나스(τινας)를 고린도 교인들이 아니라 바울의 사도적 사역에 대하여 간섭하고자 했던 사자들(곧 그들의 정체가 밝혀지겠지만: 11:4을 보라)로 보는 것이다.

이 사람들은 1-9장으로 이루어진 서신이 고린도 교회에 보내진 이후에 고린도 교회에 "온"(1:4) 외부인들이었다. 사람들이 바울의 동기를 나쁜 쪽으로 바라보고 문제가 있다고 생각한 것은 이번이 처음이 아니었다(참조. 1:12, 17). 여기서 사륵스(σάρξ, "육체")는 바울이 영적인 사람이 아니라는 것, 특히 지도자로서 눈에 보이는 카리스마적인 은사들이 결여된 자라는 뜻을 내포하고 있는 것 같다(ἐξουσία–엑수시아; 참조. 8절; 13:2ff.: Käsemann, Legitimität, 10에서는 이 단락을 3장의 히카노테스〈ἱκανότης, "자격"〉와 연결시킨다).

3 "우리가 육체에 있어 행하나 육체대로 싸우지 아니하노니"(ἐν σαρκὶ γὰρ

*περιπατοῦντες οὐ κατὰ σάρκα στρατευόμεθα*－엔 사르키 가르 페리파툰테스 우 카타 사르카 스트라튜오메다). 엔 사르키(*ἐν σαρκί*, "육체에")는 앞 절에 나온 전치사 카타(*κατὰ*)를 엔(*ἐν*)으로 바꾸어서 사륵스(*σάρξ*)를 중립적인 의미로 사용한다(엔 사르키〈*ἐν σαρκί*〉와 카타 사르카〈*κατὰ σάρκα*〉를 동일시하고자 하는 "영지주의적인" 시도에 대한 바울의 답변에 대해서는 R. Jewett, *Paul's Anthropological Terms*, 153, 154를 보라). 바울은 자기가 세상의 기준에 영합하는 방식으로(*κατά*－카타) 살았다는 것을 부인하지만, 인생의 우여곡절을 무수하게 겪은 이 땅에서의 삶을 살고 있다는 것을 재빨리 단언한다(참조. 4:7-10; 6:4-10; 이것은 11:23-33에서 자세히 설명된다). "육체에"라는 번역은 문자 그대로의 직역이지만, 이것은 그가 세상에서 벗어나 은둔자로 산 것이 아니라, 그의 삶이 현재의 이 세상 속에 있다는 것을 의미하는 것임에 틀림없다(고전 5:10은 여기서와 비슷하게 고린도 교인들이 잘못 오해해서 받아들인 말의 좋은 예다). 그의 사도적 이력은 군사적인 표현의 사용을 통해서 예시된다: *στρατευόμεθα*－스트라튜오메다, "우리가 싸움을 수행한다"(참조. 바울 서신에서는 6:7; 고전 9:7; 롬 13:12, 13; 살전 5:8; 엡 6:10-17; 딤전 1:18; 딤후 2:3f.; 그리고 Wisd Sol 5:17-20).

4 a-b "우리의 싸우는 병기는 육체에 속한 것이 아니요 오직 하나님 앞에서 견고한 진을 파하는 강력이라"(*τὰ γὰρ ὅπλα τῆς στρατείας ἡμῶν οὐ σαρκικὰ ἀλλὰ δυνατὰ τῷ θεῷ πρὸς καθαίρεσιν ὀχυρωμάτων*－타 가르 호플라 테스 스트라테이아스 헤몬 우 사르키카 알라 뒤나타 토 데오 프로스 카다이레신 오퀴로마톤). 바울은 이 싸움의 병기가 분명히 "육체에 속한"(*σαρκικά*－사르키카) 것이 아니라고 설명함으로써 자기가 세상 사람들처럼 "육체대로"(*κατὰ σάρκα*－카타 사르카) 싸우거나 외적인 힘과 영향력에 의지하여 싸우지 않았다는 앞서의 자신의 말을 더욱 상세히 부연 설명한다. 아마도 여기에는 하나님의 말씀과 관련된 "궤휼"(*πανουργία*－파누르기아)과 "혼잡케 함"(*δολοῦν*－돌룬)을 동사 페리파테오(*περιπατέω*, "행하다"), 즉 하나님의 공인된 종들로서 살아가는 것(참조. 12:16)과 연결시키고 있는 4:2에 대한 간접 인용이 존재하는 것 같다. "우리의 싸우는 병기들"(*ὅπλα τῆς στρατείας ἡμῶν*－호플라 테스 스트라테이아스 헤몬)은 "하나님 앞에서 강력"(*δυνατὰ τῷ θεῷ*－뒤나타 토 데오)으로 묘사되는데, 이것은 (1) 하나님 보시기에 그 병기들이 강력하다는 것(히브리적 표현이라는 것과 관련해서는 BDF § 192를 참조하라; Moule, *Idiom Book*, 184) 또는 (2) 그 병기들이 하나님을 위하여 강력하다는 것(BDF § 188.2에서는 토 데오〈*τῷ θεῷ*〉를 유익의 여격〈dat commodi〉으로 본

다. 즉 하나님은 이 병기들을 통해서 강력하게 일하실 수 있다〈Plummer, 276; Barrett, 251〉. 왜냐하면 그것들은 고전 2:4에서처럼 성령의 인도하심을 받는 "영적인"〈*πνευματικά*-프뉴마티카〉 것들이기 때문이다)을 의미한다. 사본들의 읽기는 스트라테이아스(*στρατείας*, B)와 스트라티아스(*στρατίας*, ℵ C D G)로 나뉜다. 엄밀하게 말해서, 전자는 "원정"(선호되는 의미)을 의미하고 후자는 "군대"를 의미하지만, 이 두 용어는 동의어로 보아야 한다(이 두 단어가 서로 철자법이 바뀌어서 사용된 것에 대해서는 Deissmann, *Bible Studies*, 132를 보라). 피츠너(V. C. Pfitzner, *Paul and the Agon Motif*, 160)는 "스트라테이아(*στρατεία*)라는 이미지는 사도의 삶과 사역을 총체적으로 묘사하는" 것이라고 말한다.

사도의 사역에 있어서 이러한 병기들이 효력이 있다는 것은 그 다음에 이어지는 결과절 속에서 볼 수 있다: "견고한 진을 파하는"(*πρὸς καθαίρεσιν ὀχυρωμάτων* -프로스 카다이레신 오퀴로마톤)은 잠언 21:22(LXX)에 대한 간접 인용이다: "지혜로운 자는 견고한 성에 올라가서 불경건한 자들이 의뢰하는 진(*ὀχύρωμα*-오퀴로마)을 파하느니라"(*πόλεις ὀχυρὰς ἐπέβη σοφὸς καὶ καθεῖλεν τὸ ὀχύρωμα ἐφ' ᾧ ἐπεποίθεισαν οἱ ἀσεβεῖς*-폴레이스 오퀴라스 에페베 소포스 카이 카데일렌 토 오퀴로마 에프 호 에페포이데이산 호이 아세베이스). 이와 비슷한 비유를 통해서 궤변론자들이 공격한 것은 Philo, *De Conf. Ling.* 129-31에 언급되어 있다(Windisch, 297, 298; Bruce, 230; Betz, *Der Apostel Paulus*, 68에서는 이러한 맥락 속에서 동사 톨만〈*τολμᾶν*, "담대하다"〉의 용법도 지적한다). 필로의 글은 바울이 드물게 사용하는 표현들 중 두 가지와 13:10의 중요한 구절 속에 다시 나오는 하나의 명사를 함께 사용하고 있다는 점에서 주목할 만하다: "마음을 하나님을 공경하는 것으로부터 벗어나게 하기 위하여…유창한 화술을 통해(*διὰ τῆς τῶν λόγων πιθανότητος*-디아 테스 톤 로곤 피다노테토스) 건축된 진(*ὀχυρώματος*-오퀴로마토스)을…허물어뜨리는 것(*καθαίρεσιν*-카다이레신)." 그렇지만 오퀴로마(*ὀχύρωμα*)는 마카베오 1서(예를 들면, 5:65)에서 자주 등장하기 때문에, 바울은 이 자료로부터 몇몇 개념들을 빌어온 것으로 보인다(예를 들면, 5절에 나오는 아이크말로티존테스〈*αἰχμαλωτίζοντες*〉; 1 Macc 8:10에도 오퀴로마타〈*ὀχυρώματα*〉가 나온다: Plummer, 276, 277). 11:32-33에 대한 "주석"을 보라.

4c-5 "모든 이론을 파하며 하나님 아는 것을 대적하여 높아진 것을 다 파하고 모든 생각을 사로잡아 그리스도에게 복종케 하니"(*λογισμοὺς καθαιροῦντες, καὶ πᾶν ὕψωμα ἐπαιρόμενον κατὰ τῆς γνώσεως τοῦ θεοῦ, καὶ αἰχμαλωτίζοντες πᾶν νόημα εἰς τὴν ὑπακοὴν τοῦ Χριστοῦ*–로기스무스 카다이룬테스, 카이 판 휩소마 에파이로메논 카타 테스 그노세오스 투 데우, 카이 아이크말로티존테스 판 노에마 에이스 텐 휘파코엔 투 크리스투). "파하다"(*καθαίρειν*–카다이레인)라는 은유는 계속되지만, 약간의 변화가 가미된다: 여기서 분사들–카다이룬테스(*καθαιροῦντες*, 이론들을 "파하며"), 아이크말로티존테스(*αἰχμαλωτίζοντες*, 모든 생각을 "사로잡아", 6절), 엔 헤토이모 에콘테스(*ἐν ἑτοίμῳ ἔχοντες*, "예비하는 중에 있노라", 6절)–은 바울이 자신의 사도적 직무를 수행하기 위하여 하나님에게 속한 병기들로 무장하는 목적을 서술해 나간다. 마치 헬라 철학이 자신을 방어하기 위하여 궤변론자들의 엉터리 같은 궤변들을 조소한 것과 마찬가지로, 로기스모이(*λογισμοί*, "이론들")라는 용어는 바울의 대적자들이 이성을 사용하고 있는 것에 대하여 도전하기 위한 것이고(롬 1:21; 고전 3:20; 빌 2:14에서 디알로기스모스〈*διαλογισμός*〉에 대한 평가를 참조하라. 그러나 여기에는 그러한 배경은 없다), 11:5에서 다시 부정적인 의미로 언급되는 로기제스다이(*λογίζεσθαι*, 2절)에 대한 단어 유희가 존재한다.

"하나님 아는 것을 대적하여 높아진 모든 고상한 생각들"(*πᾶν ὕψωμα ἐπαιρόμενον κατὰ τῆς γνώσεως τοῦ θεοῦ*–판 휘프소마 에파이로메논 카타 테스 그노세오스 투 데우). 어떤 사람을 반대한다는 것을 표현하기 위하여 어떤 사람에 대항하여 성벽을 높이 쌓아 올린다고 말하는 것은 LXX 욥기 19:6(*γνῶτε οὖν ὅτι ὁ κύριός ἐστιν ὁ ταράξας, ὀχύρωμα δὲ αὐτοῦ ἐπ' ἐμὲ ὕψωσεν*–그노테 운 호티 호 퀴리오스 에스틴 호 타락사스, 오퀴로마 데 아우투 에프 에메 휘프소센, "그러므로 여호와께서 나에 맞서 진을 높이 쌓음으로써 〈나를〉 괴롭게 하여 오셨다는 것을 알아야 할지니라"; Bultmann, 187에 의해서 제시됨)에서 발견되지만, 바울이 그의 대적들이 자기 자신과 고린도 교인들 사이에 경쟁의 성벽을 높이 쌓았다는 것을 생각하고서 은유를 바꾼 것일 수도 있다. 바울이 할 일은 그 성벽을 허물어뜨리는 것이다. 왜냐하면 바울에게 이러한 성벽을 쌓는 것은 고린도 교인들이 하나님의 복음의 진리에 이르는 것을 봉쇄하고 있다는 것을 보여 주는 표시이기 때문이다(4:2-4; 6:7; 13:8에서는 모두 바울의 복음을 하나님을 아는 지식을 전해 주는 하나님의 진리로 규정하고 있다; 참조. Wisd Sol 14:22: *πλανᾶσθαι περὶ τὴν τοῦ θεοῦ γνῶσιν*–플라나스다이 페리 텐 투 데우 그노신, 사람들은 "하나님을 아는 그들의 지식에서 잘못되어 있다." 우상들과 우상 숭배에 대하여 비난을 퍼붓는 장에서; 고린도 교회에서의 지식에 대해서는 Barrett, *Essays on Paul*, 6-14를 보라). 바울이 하는 일은 오직 하나의 목표만을 지니고 있다: 모든 생각(*νόημα*–노에마, 하나님의 뜻과 어긋나는 인간의 "계획"〈"design", Barrett의 역어〉을 가리키는 또 다른 논쟁적인 용어; 고린도후서에서 노에마〈*νόημα*〉는 언제나 부정적인 의미로 사용된다: 2:11; 3:14; 4:4; 11:3)을 사로잡아서 그리스도에게 복종하게 만드는 것. 동사 아이크말로티제인(*αἰχμαλωτίζειν*)은 원래 "전쟁 포로로 잡다"를 의미하는데, 바울의 선교 동역자들은 이 동사가 지닌 좋은 의미에서 그렇게 지칭된다: 명단에 대해서는 W.-H. Ollrog, *Paulus und seine Mitarbeiter*(1979) 76를 보라. 나쁜 의미에서 이 동사는 독립하고자 하는 인간의 죄악된 열망들(롬 1:18-23; 7:23; 참조. 딤후 3:6)에 재갈을 물려서 그리스도에게 굴복하게 만든다는(*εἰς τὴν ὑπακοὴν τοῦ Χριστοῦ*–에이스 텐 휘파코엔 투 크리스투) 의미를 내포하고 있다(Plummer, 277). 실제적인 관점에서 보면, 그리스도에 대한 그러한 복종은 거짓 교사들의 활동으로 말미암아 고린도 교회에서 신뢰성을 상실할 위험에 처해 있었던(11:4) 바울의 케리그마에 복종하는 것을 포함한다.

6 "너희의 복종이 온전히 될 때에 모든 복종치 않는 것을 벌하려고 예비하는 중에 있노라"(*καὶ ἐν ἑτοίμῳ ἔχοντες ἐκδικῆσαι πᾶσαν παρακοήν, ὅταν πληρωθῃ ὑμῶν ἡ ὑπακοή*–카이 엔 헤토이모 에콘테스 에크디케사이 파산 파라코엔, 호탄 플레로데 휘몬 헤 휘파코에). 그리스도와 그의 말씀에 대한 인간의 반응과 관련해서 바울이 즐겨 사용하는 용어들 중의 하나인 "순종"(Bultmann, *Theology* 1:314-24를 보라)은 지금 여기서는 반대파에 대한 바울의 요구가 무엇인지를 나타내 준다. "우리가 예비하는 중에 있노라"는 엔 헤토이모 에콘테스(*ἐν ἑτοίμῳ ἔχοντες*, 라틴어로는 in promptu habere=*ἐν ἑτοίμῳ ἔχειν*–엔 헤토이모 에케인)를 번역한 것으로서 고린도 교회에서 거짓 사도들이 악한 영향을 미치고 있는 것과의 차별화를 보여 주는 것인데, 바울은 이러한 자들이 고린도 교회의 신자들 가운데서 방해 공작을 한 것이 무너지고, 교회가 자기 편으로 되돌아오는 것("너희의 복종"〈*ὑπακοή*–휘파코에〉에 대한 그의 확신의 표현 속에 함축되어 있는)이 "온전히" 될(이 동사는 기동〈起動〉의 의미를 지닌다: Héring, 71; BDF § 331를 보라) 때에 그들의 "모든 복종치 않는 것"(*πᾶσαν παρακοήν*–파산 파라코엔)을 벌할(*ἐκδικῆσαι*–에크디케사이, 법정적인 용어) 준비를 하고 있다. 달리 말하면, 바울은 외부로부터 고린도 교회로 들어와서 사탄적인 활동을 하고 있던 자들과 자기 자신을 구별하고서(11:13-15), 그들의 사탄적인 활동을 무너뜨리고 고린도 교인들로부터 그들의 악한 영향력을 제거하고자 하는데, 고린도 교인들이 일탈과 유혹의 덫으로부터 회복될 것에

대하여 낙관적인 기대를 품고 있다(11:1-4). 거짓 사도들의 이러한 "불순종"은 그들이 안디옥에서 맺어진 합의를 깬 것과 관련이 있다는(갈 2:7-9, 본서의 서론을 보라) 바렛(Barrett, 참조. *1 Corinthians*, 238 ff)의 주장이 옳다면, 좀더 중요한 강조점은 순종/불순종의 반복에 두어지고 있는 것이라고 할 수 있다. 이와 동일한 문제는 다음에 나오는 단락인 10:12-18 배후에도 존재하고, 바울의 변호의 흐름 속에서 그 단락이 삽입된 이유를 설명해 준다. 고린도 교회의 상황에 대한 이러한 해석은 그 밖의 다른 견해들보다 선호되어야 한다: 일단 고린도 교인들이 그들의 최근의 변절에서 돌아온다면, 바울은 그들이 이전에 했던 비판들(예를 들면, 1:17)을 다 들추어 내서 그들의 지난 잘못들에 대하여 그들을 벌하겠다는 것, 또는 그렇게 되었을 경우에 바울은 자신의 싸움의 영역을 넓혀서 세상에서의 모든 반대에 대항하겠다는 것(Windisch, 299), 또는 고린도 교회가 참된 복음으로 되돌아오고 대적자들의 복음을 거부하면 바울은 거짓 복음을 받아들였던 지체들을 벌할 준비가 되어 있다는 것(Fallon, 86).

7 "너희는 외모만 보는도다 만일 사람이 자기가 그리스도에게 속한 줄을 믿을진대 자기가 그리스도에게 속한 것같이 우리도 그러한 줄을 자기 속으로 다시 생각할 것이라"(*τὰ κατὰ πρόσωπον βλέπετε…εἴ τις πέποιθεν ἑαυτῷ Χριστοῦ εἶναι, τοῦτο λογιζέσθω πάλιν ἐφ' ἑαυτοῦ, ὅτι καθὼς αὐτὸς Χριστοῦ, οὕτως καὶ ἡμεῖς* -타 카타 프로소폰 블레페테…에이 티스 페포이텐 헤아우토 크리스투 에이나이, 투토 로기제스도 팔린 에프 헤아우투, 호티 카도스 아우토스 크리스투, 후토스 카이 헤메이스). 타 카타 프로소폰 블레페테(*τὰ κατὰ πρόσωπον βλέπετε*)는 몇 가지로 해석될 수 있다. (1) 직설법으로서 반어법적인 것으로: 따라서 로빈슨(J. A. T. Robinson, *The Body*, 26)은 "너희가 너희 코 끝만을 보는도다"로 번역하고, NIV는 "너희가 사물의 표면만을 보는도다"라고 번역한다. (2) 의문문으로: "너희는 외적인 모습을 따라서 사물을 보는 것이냐"(J. H. Kennedy, *The Second and Third Epistle*, 184; 또한 KJV/AV, Bultmann, 198). (3) 명령문으로: "너희 앞에 있는 것을 보라"(NIV MG, RSV, NEB, 그리고 Allo, Windisch, Héring, Hughes의 여러 사역들; Hughes는 "분명한 사실들을 직시하라"로 번역한다, 355). 클라인크네히트(Kleinknecht, *Der leidende Gerechtfertigte*, 285-89)는 이것이 바울의 대결 전략으로서, 바울은 대적자들에게 자신의 "연약한" 실존을 보라고 명령하고 있다는 근거하에서 이 문장이 명령의 의미를 지니고 있다고 주장한다. 어떤 해석이 가장 좋은 것인지를 결정하기란 쉽지 않지만, 중요한 것은 1절에 나오는 카타 프로소폰(*κατὰ*

*πρόσωπον*, "얼굴을 맞대고")을 상기시키고 있다는 점이다. 거기서 바울은 자기가 고린도 교인들 가운데 있었던 때를 말했다. 이제 그는 그들에게 그의 최초의 복음 전도가 고린도 교회에서 의심을 받고 있는 때에 그가 그들에게 있어서 함께 했던 것이 무엇을 의미했는지를 곰곰이 생각해 보도록 요청한다. 또는 이것은 "외모"를 신뢰하고 외적인 표적들을 의지해서 그들의 직분을 정당화하고자 했던 자들에 대한 통렬한 지적일 가능성도 있다(5:12: Bultmann, 189). 이 말이 논쟁적인 어조를 지니고 있고, 블레페테(*βλέπετε*)가 "주의하다"라는 추가적인 의미를 지닐 수 있다는 것(빌 3:2에서처럼)은 그 직후에 나오는 내용에 의해서 확증된다: 직역하면 "자기 자신을 신뢰하는 자가 있다면."

바울은 분명히 에이 티스 페포이텐 헤아우토(*εἴ τις πέποιθεν ἑαυτῷ*)라는 표현을 통해서 특정한 대상을 염두에 두고 있었을 것이다: 바로 그 대상은 고린도 교회에서 자신을 반대하는 자들, 이 서신을 통해서 바울이 반박하고 있는 주제넘고 터무니없는 주장들을 한 자들이다-여기서 그들은 갈라디아서 5:10; 골로새서 2:8에서처럼 마치 한 사람인 양 의인화되고 있다(*τις*-티스). 바렛(Barrett)은 11절에 나오는 토이우토스(*τοιοῦτος*)가 7절에 나온 티스(*τις*)에 걸리는 것으로서 "특별한 방식으로 그리스도에게 속한(*Χριστοῦ*-크리스투) 것으로 주장하는 특정한 인물"을 가리키는 것이라고 올바르게 지적한다("Cephas and Corinth," *Essays*, 35). 이 문제는 크리스투 에이나이(*Χριστοῦ εἶναι*, "그리스도에게 속하다")-이것은 분명히 고린도 교인들 사이에서 오르내렸던 캐치프레이즈였음에 분명하다-가 무엇을 의미하는지에 달려 있다(Käsemann, *Legitimität*, 11, 12). 이 대적자들은 이러한 칭호를 그들 자신에게 적용했지만, 바울이 여기서 이 주장에 대하여 쓰고 있는 방식(*πεποιθέναι ἑαυτῷ*-페포이데나이 헤아우톤, "자기를 신뢰하다, 믿다," 오만의 한 표본으로서; 참조. 눅 18:9; 또한 이와 비슷한 어구가 나오는 빌 3:3; 거기서 *ἐν σαρκὶ πεποιθέναι*-엔 사르키 페포이데나이는 "스스로를 의지하는 것"을 의미한다〈Beare, *Philippians*, HNTC, New York: Harper & Row, 1959, ad loc.〉)은 그가 그들의 주장을 받아들이지 않았다는 것을 분명하게 보여 준다. 그러나 바울은 이 칭호가 그들에게 적용되는 것을 부정하는 대신에, 바울 자신도(*καὶ*-카이) 그들과 똑같이 그리스도에게 속한 자임을 주장할 수 있다는 것을 고려해 보도록(*λογίζεσθαι*-로기제스다이, 아마도 그들이 사용했던 용어일 것이다; 이것은 2절의 사고, 특히 4절에 나오는 로기스모이〈*λογισμοί*〉에 대한 비판으로 되돌아가는 것이다) 그들에게 권한다. 카도스…후토스(*καθὼς…οὕτως*)를 결합해서 사용한 것은 바울이 고린도 교회에서 기독교 지도자로 대우받을 권리가 없고, 심지어 그리스도인으로서의 지위조차도 가지고 있지 않다는 비난을 물리치기 위한 그의 반박을 강화하기 위한 것이다.

크리스투 에이나이(*Χριστοῦ εἶναι*)의 의미에 대해서는 많은 논란이 있다: 대표적인 견해들에 대해서는 Baur, *Paul*(270-86); Hughes(356-58); Barrett(256-58); Schmithals, *Gnosticism*, 197-99(참조. ibid. 200-206); Georgi, *Die Gegner*, 227-29; Oostendorp, *Another Jesus*, 17-20를 보라. 빈디쉬(Windisch, 301)는 주요한 견해들을 다음과 같이 요약해 놓는다. (1) 크리스투스 에이나이(*Χριστοῦ εἶναι*)는 고린도전서 3:23; 15:23에 나오는 병행문들처럼 단순히(simpliciter) 그리스도인이라는 것을 의미한다(Oostendorp, 18, 19). 약간 뉘앙스가 다르기는 하지만, 케제만(Käsemann, *Legitimität*, 11, 12)은 여기서 문제가 되고 있는 것이 바울의 "그리스도인으로서의 실존"이라는 점을 들어서 그러한 견해를 따른다(Baur, *Paul*, 286를 보라; 그러나 Kümmel의 답변, 208도 보라). (2) 이 표현은 고린도 교회에 있는 그들-또는 거기에 온 유대 기독교 선교단의 지체들-은 자신들이 지상의 예수를 직접 따라다녔던 제자들이라고 주장했고(Baur, *Paul*, 276), 따라서 그들이 고린도에 교회를 세운 최초의 사람들이었다고 주장한 것과 결부되어 있다. 타이센(G. Theissen, *Social Setting*, 46)은 마가복음 9:41의 "너희를 그리스도에게 속한 자라 하여"(*ὅτι Χριστοῦ ἐστε*-호티 크리스투 에스테)에 의거해서 최근에 이러한 견해를 주창하면서, 이 어구를 고린도전서 9장에서 사도들의 보수와 접대에 관한 고린도 교회에서의 논쟁과 연결시킨다(참조. 마 10:10//눅 10:7).

(3) 이 어구는 주로부터 교회들을 섬기도록 위임받은 사도의 특별한 직위를 가리킨다. 그러므로 대적자들이 그들 자신과 관련하여 자처했던 이 칭호는 11:13-15, 에이스 아포스톨루 크리스투…호이 디아코노이 아우투…디아코노이 디카이오쉬네스(*ἐις ἀποστόλου Χριστοῦ…οἱ διάκονοι αὐτοῦ…διάκονοι δικαιοσύνης*)와 실질적으로 동일하고(이러한 칭호들을 해석하는 여러 가지 방식들에 대해서는 해당 "주석"을 보라), 이 문제는 누가 이 직분을 수행할 수 있는 진정한 "권세"(*ἐξουσία*-엑수시아)를 가지고 있느냐는 문제에 달려 있다(Bachmann; Georgi, 227; Betz, *Der Apostel Paulus*, 133, 134는 이 문제를 13:1-3에 나오는 도키메〈*δοκιμή*〉와 연결시킨다: 누가 시험에 통과해서 크리스투 에이나이〈*Χριστοῦ εἶναι*〉로 인정 받게 될 것인가? 그러므로 이것은 "사실들을 보라"(ibid., 56), 즉 증거를 제시하라는 요구가 된다; 또한 F. C. Baur, *Paul*, 274는 그리스도에게 속한 자〈*Χριστοῦ εἶναι*-크리스

투 에이나이〉라는 주장을 엑수시아…에이스 오이코도멘〈*ἐξουσία…εἰς οἰκοδομήν*〉 –"어떤 사람이 기독교의 복음을 널리 알리는 데 수고하면서 드리는 힘과 에너지" –과 연결시키고, 이 무리를 "그들이 외적으로 예수 또는 사도들 중에 으뜸인 베드로와 가깝다는 것을 자랑하고, 그런 것 속에서 크리스투 에이나이〈*Χριστοῦ εἶναι*〉의 참된 판별 기준을 찾은 모든 자들"과 결부시킨다).

(4) 슈미탈스(Schmithals, loc. cit.)는 이 간단한 어구 크리스투 에이나이(*Χριστοῦ εἶναι*)의 핵심에는 하늘의 그리스도와의 영지주의적이고 신비적인 관계라는 개념이 자리잡고 있다고 말하면서, 계속해서 그러한 관계는 프뉴마티코이(*πνευματικοί*), 곧 프뉴마(*πνεῦμα*)에 충만해서 그들이 그러한 관계를 가지고 있다는 것을 보여 주는 표적으로서 놀라운 능력과 은사들을 행한 성령 충만한 자들이 주장했던 관계라고 해석한다. 그렇다면 이 어구의 의미는 고린도전서 14:37에서처럼 다소 반어법적인 것일 수 있다(Martin, *The Spirit and the Congregation*, chap. 5).

우리는 빈디쉬(Windisch)와 바렛(Barrett)이 (2)와 (1)로부터 가져온 요소들을 통합하고 있는 (3)을 선호한 것이 옳다고 믿는다. 논쟁의 중심은 고린도 교회에 등장한 대적자들의 주장에 맞서서 바울이 자신의 사도직을 옹호하고 있는 것이다. 그들은 자신들이야말로 진정한 사도들이라고 주장했고, 또한 그렇게 행동했다. 바울은 반어법과 변호(apologia)라는 문학적인 기법을 사용해서 그들의 주장을 먼저 액면 그대로 가져와서는 증거들을 제시하며 그 주장들에 정면으로 도전한다. 그런 까닭에 블레페테 (타 카타 프로소폰)(*βλέπετε* 〈*τὰ κατὰ πρόσωπον*〉)이라는 명령이 나오고 있는 것이다. 게다가, 바울은 자기도 합당한 권세(*ἐξουσία*–엑수시아, 8절)를 지닌 그리스도의 대표자라고 반론을 제기한다–그들은 바울이 과연 그리스도인인지에 대해서도 사실상 의심의 눈초리를 보내고 있다는 것을 그들이 부정한다고 해도. "결국 여기서 제기되고 있는 문제는 바울이 그리스도인이냐 그렇지 않느냐는 것이다"(Barrett, 257에서는 계속해서 바울은 자신의 사도적 지위를 근거로 삼아서 자신을 변호하고 있다고 지적한다. 그러나 바울이 자기가 고린도 교회를 세운 자라고 주장하면서, 오직 참된 사도와 진정한 그리스도인만이 그러한 일을 해낼 수 있다고 주장함으로써 세 번째 요소가 등장하면서 사도라는 정체성과 그리스도인이라는 정체성은 서로 겹치게 된다: 고전 3:10; 9:1; 그런 까닭에 고린도 교인들은 "그리스도에게 속한"〈*Χριστοῦ*–크리스투, 고전 3:23〉 자들이라 불리는 것이 옳고, 바울은 그 누구보다도 그러한 관계를 공유하고 있다).

8 "주께서 주신 권세는 너희를 파하려고 하신 것이 아니요 세우려고 하신 것이

니 내가 이에 대하여 지나치게 자랑해도 부끄럽지 아니하리라"(*ἐάν*, 〈*τε*〉 *γὰρ περισσότερόν τι καυχήσωμαι περὶ τῆς ἐξουσίας ἡμῶν ἧς ἔδωκεν ὁ κύριος εἰς οἰκοδομὴν καὶ οὐκ εἰς καθαίρεσιν ὑμῶν οὐκ αἰσχυνθήσομαι* – 에안, 〈테〉 가르 페리쏘테론 티 카우케소마이 페리 테스 엑수시아스 헤몬 헤스 에도켄 호 퀴리오스 에이스 오이코도멘 카이 우크 에이스 카다이레신 휘몬 우크 아이스퀸데소마이). 바울은 이제 자신의 반격을 확실하게 마무리하고서 핵심적인 사항에 초점을 맞춘다: 공인된 지도자에게 주어진 "권세"(*ἐξουσία* – 엑수시아)라는 문제. 마지막에 나오는 동사인 우크 아이스퀸데소마이(*οὐκ αἰσχυνθήσομαι*, "내가 부끄럽지 아니하리라") 속에는 위기감이 어른거린다. 그러나 여기에는 반박하는 자의 목적이 대적자를 부끄럽게 하고자 하는 것이라는 수사학적인 배경이 존재한다고 할지라도, 그 부끄러움은 개인적이거나 감정적인 것이 아니다(Marshall, "Invective"). 바울이 염려한 것은 대적자들이 득세하여 고린도 교인들을 자신으로부터 멀어지게 함으로써 고린도 교회에서의 자신의 사역이 수포로 돌아가게 되는 것이다(이 동사가 지닌 이러한 의미에 대해서는 빌 1:20을 참조하라). 만약 그렇게 된다면, 바울의 사도로서의 신뢰성만이 아니라 고린도를 중심으로 한 아가야 지방 전체에서의 이방 선교가 위태롭게 될 것이다. 고린도 교회가 무너지면, 바울의 사역 전체는 위험에 빠지게 된다 – 이방 교회에서 연보를 모아서 예루살렘 교회에 보내고자 한 그의 계획은 말할 것도 없고, 장차 서방(로마, 서바나)으로 선교를 떠나고자 한 그의 계획도. 바울의 인생에서 이때 커다란 염려가 그를 짓눌렀던 이와 같은 여러 가지 이유들에 대해서는 본서의 서론을 보라. 그러므로 우리는 이 동사를 "나는 불신을 받지 아니하리라"로 번역한다. 바울은 자신의 사도직에 대한 그의 주장이 검증을 통과하지 못하면(*ἀδόκιμος* – 아도키모스, 13:7) 신뢰성을 잃어버리게 될 것이었다.

바울은 자신의 권세(*ἐξουσία* – 엑수시아)의 정당성이 입증되리라는 것을 내다보고 있기 때문에, 기꺼이 "자랑할"(*καυχᾶσθαι* – 카우카스다이) 준비가 되어 있다. 여기서 카우카스다이(*καυχᾶσθαι*)라는 모티프가 도입되어 10:15-18과 11-12장에서 자세하게 전개될 것이다(해당 절들에 대한 "주석"을 보라). 여기서 바울은 당분간은 주로부터 위임받은(13:10) 자신의 "권세"(*ἐξουσία* – 엑수시아)를 강조하는 것으로 만족한다. 하지만 그의 첫 번째 주장은 자기가 "그리스도에게 속한 자"(*Χριστοῦ εἶναι* – 크리스투 에이나이)라는 것이다. 왜냐하면 암호 같은 표현인 페리쏘테론(*περισσότερον*)은 비교의 의미를 나타내기 위해서 어떤 말을 보충하는 것이 필요할 것으로 보이기 때문이다: 내가 (그리스도에게 속한 자라는 것에 대하여) 자랑하고, 거기에 더하여(테⟨τε⟩ – 이것이 본문의 일부라면 – 는 개사가 아니라, 롬 7:7b에서처럼 조건이나 진술을 강화하는 기능을 한다) 사도로서의 권세에 대하여 더욱 자랑할지라도(NIV의 번역은 애매모호하고, RSV의 번역은 잘못된 것이다). 바울은 "지나치게" 자랑하는 것에 대하여 말하고 있는 것이 아니라, 비교의 의미를 담고 있는 진술을 하고 있는 것이다(여러 가지 예들에 대해서는 Barrett를 참조하라; 다른 견해로는 Hughes, 359, n. 14). 모팻(Moffatt)의 번역도 마찬가지로 의심스럽다: "내가 나의 권세에 대하여 어느 정도 대놓고 자랑한다고 해도." 여기에 나타난 바울의 태도 속에는 가정의 의미가 들어 있다고 할 수 없다. 그는 대놓고 어리석은 자처럼 행동하고 있는 것이다.

바울이 기뻐하는 주께서 주신 일은 "너희를 파하지 않고 세우는 것"(*εἰς οἰκοδομὴν καὶ οὐκ εἰς καθαίρεσιν ὑμῶν* – 에이스 오이코도멘 카이 우크 에이스 카다이레신 휘몬)으로 묘사된다. 오이코도메(*οἰκοδομή*)라는 은유가 교회를 세우는 것을 가리키는 데 사용되고 있는 것은 바울 서신에서 잘 확인된다(이 단어의 신학적인 차원에 대해서는 Ph. Vielhauer, *Oikodome*⟨Munich: Kaiser Verlag, 1979 ed.⟩ 77f., 108를 보라: "이 단어의 주어는 언제나 하나님이고, 목적어는 언제나 교회다⟨고전 14:4은 이 단어가 경멸적인 용법으로 사용된 것으로서 하나의 예외다; 참조. 고전 8:1⟩). 하나님의 궁극적인 목표는 경건한 개인들을 세우시는 것이 아니라, 신약의 철저하게 종말론적인 의미에서 하나의 거룩한 보편 교회를 세우시는 것이다. 특히 고전 14장에는 이 단어가 여러 차례 등장한다. 14:19, 23, 26, 28, 35: R. P. Martin, *The Spirit and the Congregation*, chap. 4를 보라). 이 단어의 반대말은 카다이레시스(*καθαίρεσις*, "파하는 것")인데, 이것은 하나님에게 속한 바울의 병기는 견고한 진을 파하는 능력을 지니고 있다는 4절을 상기시킨다. 바울은 여기서 이러한 병기들을 사용할 수 있는 자신의 권세(*ἐδουσία* – 엑수시아)를 단언한다(13:10에서처럼). 불트만(Bultmann, 191)은 이 "권세"가 바울의 카우카스다이(*καυχᾶσθαι*, "자랑하는 것")와 어떻게 섞여 짜여져 있는지를 잘 보여 준다. 헤링(Héring, 72, n. 10)은 바울이 어떻게 하면 고린도 교인들이 "망할" 수 있었을까라는 질문을 던진 몇 안 되는 학자들 중의 한 사람이다. 이 질문에 대한 대답은 바울이 생각하기에 오직 망하는 데만 기여하는 온갖 거짓된 사상들에 반대하지 않음으로써 – 따라서 바울의 답변은 "거룩한 법의 문장들"(Sätze der heiligen Rechts)이나 마찬가지다 – "하나님의 성전을 더럽힌 자들이 멸망 받게 하는 것"(고전 3:16-17), 또는 11:28; 13:10에 언급된 대로 자신의 목회적인 권세를 행사하는 일을 태만히 하는 것이다. 셋째, 그것은 특별히 죄를 범한 자들을 교회 공동체로부터 출교할 수 있는 그의 권세를 가리키는 것일 수 있다(참조. 2:5-11; 고전 5:1-13〈Lampe, "Church Discipline," *Christian History and its Interpretation*, 352-55〉; J. Munck, *Paul and the Salvation of Mankind*〈1959〉 190; 참조. Fallon, 89).

9 "이는 내가 편지들로 너희를 놀라게 하려는 것같이 생각지 않게 함이니"(*ἵνα μὴ δόξω ὡς ἂν ἐκφοβεῖν ὑμαις διὰ τῶν ἐπιστολῶν*-히나 메 독소 호스 안 에크포베인 휘마이스 디아 톤 에피스톨론). 8절과의 연결 관계가 분명하지 않기 때문에, 사도의 사고에 있어서의 흐름이 어떠한 것이었는지에 대해서는 여러 가지 해석이 제시되어 왔다. 문제는 히나 메 독소(*ἵνα μὴ δόξω*, "생각지 않게 함이니")의 의미에 집중되어 있는데, 이 어구는 과연 앞에 나온 어떤 내용을 말하고 있는 것인지가 문제다. 여러 가지 해석들(Barrett, 285f.) 중에서 가장 설득력이 있는 것-그러나 이것도 최선이라고 할 수는 없다(바울의 정교한 사고 패턴을 감안하면)-은 이 어구를 "주께서 우리에게 권세를 주셨다"와 연결시키는 것이다. 그렇게 보면, 그 다음에 나오는 절은 그 권세가 어떻게 행사되어야 가장 유익한지를, 즉 바울은 그의 독자들을 놀라게 하거나 겁주려고 하는 것으로 보이기를 원하지 않는다는 것을 설명하기 위하여 덧붙여진 것으로 이해된다. 이러한 해석은 히나(*ἵνα*) 절이 앞의 내용과 밀접하게 연결되어 있다는 것을 전제한다(Plummer, 281). 또 다른 가능성은 히나(*ἵνα*) 절이 새로운 문장의 도입부를 이루면서 앞에 나온 내용과는 단지 느슨하게만 연결되어 있다고 보는 것이다. 마울(Moule, *Idiom Book*, 145)은 히나(*ἵνα*)가 명령의 의미로 사용되고 있다고 본다. 그렇다면 이 어구는 "내가 너희를 놀라게 하려는 것같이 생각지 말라"로 번역될 수 있을 것이다. 이렇게 번역하면 문맥의 흐름은 아주 자연스러워진다. 세 번째 가능성은 10절을 삽입구로 보는 것인데, 이렇게 보면 히나 메 독소(*ἵνα μὴ δόξω*)를 통해서 새로운 생각이 도입되고 있는 구절은 나중에 11절을 통해서 마무리되고 있는 것이다. 그러면 사고의 흐름은 9절에서 11절로 이어지게 된다: "내가 편지들로 누구를 놀라게 하려는 것같이 생각지 않게 하려 말하노니 그런 사람은 우리가 떠나 있을 때에 편지들로 말하는 자가 어떠한 자이면 등등." 이것은 아마도 가장 좋은 설명으로 보이는데, 이러한 해석은 불가타 역본으로 거슬러 올라가고(ut autem non existimer tamquam terrere vos per epistolas; 그러나 Plummer, 281에서는 autem〈"그러나"〉이라는 단어가 불필요하게 도입되었다는 것에 반대하고, Héring, 72도 데〈*δέ*〉를 보충할 필요성을 인정하며, 사실상 Lietzmann은 그런 의미를 보충해 넣는다), 바울의 편지들에 관한 것이 계속

되는 주제임을 보여 주고, 10절이 여기에 하나의 예시로서 끼어들게 된 이유를 만족스럽게 설명해 준다. 그 밖의 다른 해석들로는 우리는 "오직"을 첨가해서 동사 에크포베인(ἐκφοβεῖν)을 수식하게 해서 8절과 9절이 서로 결합되게 해야 한다는 것이다. 바울의 부끄러움의 이유(Bachmann, Héring에 의해서 지지되고 있는 이 견해에 의하면)는 그가 "단지 겁을 집어먹도록 하기 위하여 허공을 치는 자"(Héring, 72)로서 자신의 편지들을 통해서 그의 독자들을 겁주고자 하는 것으로 보이지 않는다는 것이다. 그러나 이러한 설명은 너무도 포괄적이어서, 10절이 고린도 교인들은 바울의 편지는 힘이 있고 강력하다고 생각했다는 것을 단언하면서 직접 대할 때는 약하다는 말을 하고 있는 이유를 설명해 주지 못한다. 빈디쉬(Windisch, 305)는 몇몇 단어들이 생략되어 있는 것이라고 보고, 휴즈(Hughes, 361)는 이 구절에 나타나 있는 정서가 반어법적인 것이라고 보지만, 둘 중의 어떤 제안도 설득력이 없다.

10 "저희 말이 그 편지들은 중하고 힘이 있으나 그 몸으로 대할 때는 약하고 말이 시원치 않다 하니"(*ὅτι αἱ ἐπιστολαὶ μέν, φησίν, βαρεῖαι καὶ ἰσχυραί, ἡ δὲ παρουσία τοῦ σώματος ἀσθενὴς καὶ ὁ λόγος ἐξουθενημένος* – 호티 하이 에피스톨라이 멘, 페신, 바레이아이 카이 이스퀴라이, 헤 데 파루시아 투 소마토스 아스데네스 카이 호 로고스 엑수데네메노스). 우리의 해석에 의하면, 이 절은 보충 설명을 위한 삽입구로서 고린도 교인들 중의 일부가 바울이 그들을 "놀라게 하기"(*ἐκφοβεῖν* – 에크포베인, 의미를 강화시키는 접두사가 붙어 있다, 신약의 "하팍스 레고메논": Windisch, 305, 그러나 욥 7:14; 4 Macc 9:5) 위하여 쓴 것이라고 생각할 것을 우려하여 그것을 해명하기 위해서 덧붙여진 것이다. 바울이 염두에 두고 있는 사람들은 그가 명성을 가지고 있다는 것을 인정하지 않을 수 없다(*φησίν* – 페신, "몇몇 사람들이 말하고 있다", 비록 이것은 3인칭 단수형이기는 하지만). 이 단어는 바울의 대적자들이 사용한 공식적인 비난의 말을 도입하기 위한(참조. Bultmann, *Der Stil*, 10, 66, 67) 비난의 문체(BDF § 130.3; Betz, 8, 44, 45)이거나, 또는 프랑스어의 *on dit* 또는 독일어의 *man sagt*와 같이 "사람들이 말하고 있다"를 의미하는 비한정적인이거나, 동사 또는 7절의 티스(*τις*)와 연결되어서 특정한 사람을 염두에 둔 표현으로 설명된다. 바울은 이 단락 속에서 자신을 반대하는 무리들의 우두머리를 염두에 두고 있는 것으로 보이기 때문에(Denney, 307; Goudge, 96; Hughes, 362 n. 19; Barrett, 260), 마지막에 제시된 해석이 가장 설득력이 있는 것 같다.

바울은 고린도 교회에 편지를 여러 차례 보냈는데, 고린도와 그 근방에 보내진 바울의 서신들에 대한 우리의 이해에 의하면 여기서 주로 거론되고 있는 것은 이른

바 "엄중한 서신"(2:4; 7:8)이다. 독자들은 그 편지가 바울의 다른 편지들과 마찬가지로 "중하고(즉 인상적이고) 힘있는(즉 효력이 있는)"(*βαρεῖαι καὶ ἰσχυραί*-바레이아이 카이 이스퀴라이) 것임을 인정했다-그 편지들이 쓴 사람의 의도를 잘 드러내었기 때문만이 아니라 그 편지들이 경고와 가르침의 어조를 띠고 있었기 때문에(Bultmann, 192). 바울이 그의 편지들에 대한 이러한 평가를 곧이곧대로 받아들였을지는 의문이지만(참조. 1:24; 바울이 강력한 단어인 에피타게(*ἐπιταγή*, "명령")를 피하고 있는 것에 대해서는 J. D. G. Dunn, *Jesus and the Spirit*, 277-80를 보라; 참조. 고후 8:8), 그는 사람들이 자신의 편지를 황제의 칙령처럼(빌 3:15-16) 맹목적으로 복종하는 것은 아닐지라도 주의 깊게 읽고서 거기에 따라 행동할 것을 기대했다(고전 14:37, 38; 참조. 골 4:16; 살전 5:27). 하지만 10절의 찬사는 빈정거리는 것이다. 왜냐하면 (a) 그것은 바울이 안전한 거리를 두고서 편지들을 효과적이고 강력하게 쓰는 법을 알고 있다는 것을 의미하기 때문이다-하이 에피스톨라이…(*αἱ ἐπιστολαὶ κτλ*-)는 아폰 데 다르로(*ἀπὼν δὲ θαρρῶ*, 1절)와 대응된다(Bultmann, 192). 홀츠(T. Holtz, "Die Bedeutung des Apostelkonzils für Paulus," *NTS* 16, 1974, 110-48〈147, n. 5〉)의 견해가 지지를 받을 수 있다면, 이러한 해석은 더욱 힘을 지니게 된다. 그는 바울이 서신들을 자신이 세운 교회들과 의사를 소통하는 방식으로 사용하기 시작한 것은 주후 49/50년의 공의회와 안디옥에서의 사건(갈 2:11-16) 이후라고 주장한다. 왜냐하면 바울이 자신의 전도를 통해서 회심한 자들로부터 멀리 떨어져 있게 되었을 때 그들이 여러 가지 반복음적인 활동에 의해서 상처를 입을 수 있다는 것을 알게 되면서부터 자신의 또 하나의 분신(alter ego; 참조. 앞에서 인용한 Polycarp, *Phil.* 3:2)인 서신들에 의지했기 때문이다. 하지만 그의 대적들은 바울이 문제가 되고 있는 교회의 신자들을 직접 대면하기(*κατὰ πρόσωπον*-카타 프로소폰, 1, 7절)보다는 멀리에서 편지를 보내는 안전한 방법을 택한 것이라고 비난하면서 바울의 이러한 방침에 대하여 부정적인 해석을 했다. 바울은 신자들과 직접 대면하여 만났을 때는 그의 엄중한 편지들 속에 표현된 태도와는 두드러지게 대비되는 모습으로 설설 기고 아부하며 알랑거리는(*ταπεινός*-타페이노스, 1절) 것으로 보였다. 바울의 대적들은 그의 편지들을 잘난 척하고 오만하며 도저히 말릴 수 없을 정도로 뻔뻔하고(*θαρρῆσαι*-다르레사이: Plummer, 274) 너무도 무모한(*τολμῆσαι*-톨메사이, 12절) 것으로 해석했다.

(b) 이러한 찬사 속에 곱지 않은 시선이 들어 있음을 보여 주는 또 다른 측면은 바울을 직접 대면해 보면(*παρουσία*-파루시아) 별 볼일 없어 보이고 그의 말(*λό-*

γος-로고스)은 시원치 않다는 평가가 그의 편지들에 대한 찬사를 상쇄시키고 있다는 것이다. 바울을 직접 대해 보면 "약하다"(ἀσθενής-아스데네스)고 한 것은 아마도 그가 병약하고, 격렬한 반대에 직면해서 견고하지 못하고 슬금슬금 뒤로 물러난다는 의미를 포함하고 있는 것 같다(Windisch, 293; 참조. 12:7; 또한 H. Clavier, "La santé," *Studia Paulina*[1953] 66-82, 특히 77; J. Jervell, "Der schwache Charismatiker," 109-14를 보라). 바울의 체격에 대해서는 *Acts of Paul and Thekla*, chap. 3을 보라. 데클라가 바울에게 매료되어서 자신의 약혼자로부터 떠났다는 전승에 대해서는 E. M. Howe, "Interpretations of Paul in the Act of Paul and Thecla," *Pauline Studies*, FS F. F. Bruce(ed. D. A. Hagner and M. J. Harris[Grand Rapids: Eerdmans/Exeter: Paternoster, 1980] 33-49[37])를 보라. 그러나 베츠(Betz, *Der Apostel Paulus*, 46f.)가 Schmithals, *Gnosticism*, 176-79에 의거해서 보여 주고 있듯이, 아스데네스(ἀσθενής)에 대한 이러한 견해는 절대적이거나 주된 것은 아니다. 후자는 이 단어가 표현하는 것은 영지주의적인 프뉴마티코스(πνευματικός)의 핵심적인 특징들, 즉 "능력"(δύναμις 뒤나미스)과 "권세"(ἐξουσία-엑수시아)가 결여되어 있고 "나타남"(ἀπόδειξις-아포데익시스)과 "수사학적인 기교"(λόγος-로고스)가 없는 바울의 타페이노테스(ταπεινότης)라고 주장한다. 무엇보다도, 바울은 그의 메시지의 능력과 효력을 강력하게 전달해 주는 역동적이고 인상적인 힘이라는 의미에서 "신적인 능력"(ἀρετή-아레테, Georgi, *Die Gegner*, 145ff., 220ff.를 보라)과 프뉴마(πνεῦμα)가 없었다. 그들은 바울이 "영적인 말을 하지 못하는"(ἰδιώτης-이디오테스), 즉 방언(11:6; Käsemann, *Legitimität*, 9, 그러나 참조. 고전 14:18)이나 수사학적인 기교를 사용하지 못한다고 비난했다. 또한 우리가 12:1-10의 증언을 참조한다면, 아마도 그들은 바울이 그를 그토록 약하게 만들었던 자신의 질병을 고칠 수 없다는 것을 비난했을 것이다(참조. Jervell, loc cit., "병들고 약한 카리스마적 인물이자 이적을 일으키는 자라는 말은 그 말 자체가 모순"이라고 그들은 주장한다, 194; 이 점과 관련해서 좀더 자세한 논의는 Georgi, *Die Gegner*, 229, n. 7; Güttgemanns, *Der leidende Apostel*, 154-56; Schmithals, *Gnosticism*, 164-66; U. *Wilckens, Weisheit und Torheit*[Tübingen: Mohr, 1959], 218; Kleinknecht, *Der leidende Gerechtfertigte*, 295-303; 최근의 것으로는 J. Jervell, "The Signs of an Apostle," tr. R. A. Harrisville, *The Unknown Paul*[Minneapolis: Augsburg, 1984] 94를 보라).

바울의 말(λόγος-로고스)에 대한 그들의 평가는 엑수데네메노스(ἐξουθενη-

*μένος*)라는 풍부한 의미를 지닌 단어로 요약되고 있는데, 이 단어를 번역하면 그 의미를 포착하기가 어렵게 된다(고전 1:28; 6:4; 16:11; 갈 4:14를 보라). 이 동사에 대해서 BGD, 277에서는 어떤 사람을 "경멸하다, 멸시하다"라는 의미를 제시하고 있는데, 10:10에서 그들은 "사도가 사람들 앞에서 말하는 언변을 보면, 그것은 아무것도 아니다"(NIV, 그러나 이러한 번역은 너무도 약하다)라고 평한다. 그들의 평가는 그러한 소극적인 것이 아니라 끔찍할 정도로 적극적인 것이다. 그들이 한 말은 바울이 사람들 앞에서 하는 말을 들어 보니 바울의 수사학적인 능력은 아예 없는 것이나 다름없고, 그가 대중들에게 전하는 메시지는 그들에게 경멸과 코웃음만을 자아내게 할 뿐이라는 뜻을 담고 있다. 따라서 그들은 바울이 참된 사도로 받아들여질 수 없고 가짜 사도(*γόης*-고에스, 사기꾼)임에 틀림없다고 결론을 내렸다. "증거들"에 대한 심사에서 바울은 그들이 직접 만나 본 인상과 수사학적인 재능이라는 두 가지 면에서 적어도 그들의 평가에 의하면 낙제점을 받았다. 이 두 가지 점에서 바울은 사도로서의 "권세"(*ἐξουσία*)를 주장할 만한 자격을 갖추지 못했다.

11 "이런 사람은 우리가 떠나 있을 때에 편지들로 말하는 자가 어떠한 자이면 함께 있을 때에 행하는 자도 그와 같은 자인 줄 알라"(*τοῦτο λογιζέσθω ὁ τοιοῦτος, ὅτι οἷοί ἐσμεν τῷ λόγῳ δι' ἐπιστολῶν ἀπόντες, τοιοῦτοι καὶ παρόντες τῷ ἔργῳ*-투토 로기제스도 호 토이우토스, 호티 호이오이 에스멘 토 로고 디 에피스톨론 아폰테스, 토이우토이 카이 파론테스 토 에르고). 이제 바울이 자신의 평가를 제시할 차례가 되었다. 그는 이러한 맥락 속에서 이례적인 소극적인 접근 방식을 사용해서 그들의 평가를 단호하게 반박한다. 그는 "저희 말"(10절)을 단도직입적으로 부정하는 것으로 시작한다. 바울은 "그들이 그렇게 말한다면, 그들이 그렇게 말하도록 그냥 두라"고 하는 것이 아니라, 그들의 말을 정면으로 반박하면서 "이런 사람(*ὁ τοιοῦτος*-호 토이우토스)은 우리가 떠나 있을 때에 어떠한 자이면 우리가 함께 있게 될(Menzies, 93은 여기에 에소메다〈*ἐσόμεθα*, 'we will be'〉를 보충하는데, 이것이 에스멘〈*ἐσμεν*, 'we are'〉을 보충해 넣고 있는 Barret의 견해보다 더 낫다) 때도 그런 자인 줄을 알아야(*λογιζέσθω*-로기제스도, 7절의 주제넘은 생각들〈*λογισμοί*-로기스모이〉을 수정하는 것; 참조. 2절) 할 것이다"라고 말한다. 바울은 자신에 대하여 이렇게 경멸적으로 말하는 자를 향하여 답변을 시작한다. 12절의 "자기를 칭찬하는 자들"(*τινες*-티네스)과 11:13의 "거짓 사도들인 자들"(*οἱ…τοιοῦτοι ψευδαπόστολοι*-호이 토이우토이 프슈다포스톨로이)에서 다시 등장하는 것은 2:6-7에 나온 사람이 아니라 직접적인 청중들이다. 바울의 직접적인 대적자들

을 11:5; 12:11에 언급된 "지극히 큰 사도들"(*ὑπερλίαν ἀπόστολοι*–휘페르리안 아포스톨로이)로 보는 것은 무리가 있는 것 같다–Barrett("Cephas and Corinth," 35-38)는 그러한 견해를 지지하지만. 아폰/파론(*ἀπών/παρών*)의 대비는 1-2절에서 가져온 것으로서, 이렇게 하여 교차대구법적 구조(*τῷ λόγῳ ἀπόντες/παρόντες τῷ ἔργῳ*–토 로고 아폰테스/파론테스 토 에르고)를 지닌 자족적인 단락은 수미쌍관법적 구조에 의해서 마무리된다. 또한 에피스톨라이(*ἐπιστολαί*, "편지들")와 에르가(*ἔργα*, "행위들") 간에도 추가적인 대비가 존재한다. 고린도전서 4:20을 참조하라: 하나님의 나라는 "말에" 있지 아니하고 "오직 능력에" 있다(*ἐν λόγῳ…ἀλλ' ἐν δυνάμει*–엔 로고…알 엔 뒤나메이). 이러한 경고는 13:2, 10에 다시 나오는데, 바울은 거기서 그의 강력한 "권세"(*ἐξουσία*–엑수시아)를 분명하게 보여 주지만, 그 권세는 "무너뜨리는 것, 파하는 것"(*καθαίρεσις*–카다이레시스, 8절)이 아니라 "세우는 것"(*οἰκοδομή*–오이코도메)을 위한 것이기 때문에 사랑과 진리에 봉사하는 엑수시아(*ἐξουσία*)가 될 것이다(13:8). 그것은 "바울을 통해서" 역사하는 "그리스도의 능력"(13:3-4)이다. 바울은 말에 있어서 일관되고, 또한 일관되고자 하기 때문에(Barrett, 261), 약속과 경고는 곧 행동으로 나타나게 된다. 그러므로 그는 자기가 한 말을 곧 행동(*τῷ ἔργῳ*–토 에르고)으로 옮기게 될 것이다. 이것은 아마도 그가 고린도 교회의 순종치 않는 지체들을 처리할 계획을 가지고 있다는 충고일 수 있지만(8절: "주석"을 보라), 좀더 구체적으로는 그들을 유혹했던 거짓 교사들에 대한 경고다(11:2-3). 녹수(W. L. Knox, *St. Paul*, 101, 102)와 멍크(J. Munck, *Paul and the Salvation of Mankind*, 190)가 주장하듯이, 여기서의 행동(*ἔργον*–에르곤)은 구체적인 의미, 즉 교회 밖의 사탄의 "어두운 영지"로의 출교라는 의미를 지닐 수 있다.

## 해설

"사실들을 정면으로 직시하라"(7절, NEB)는 말은 1절에 내포된 그의 대적자들의 비난에 대한 바울의 단도직입적인 항변이자 답변이다: "나를 비난하는 자들은 내가 직접 너희를 대할 때에 약하다고 말했다."

바울의 반론은 그리스도의 종들이라는 특별한 지위를 지니고 있다고 주장하면서(7절) 바울이 그들보다 열등하다는 근거를 대며 사도를 주저없이 비판했던(10절) 대적자들을 겨냥하고 있다. 그들은 자신들이 권위를 지닌 교사들로서 교회에서 특별한 위치를 누리고 있고, 교회를 주관할 권세를 지니고 있는 것처럼 말했다. 게다가, 그들은 자신들에게 유리한 한 가지 커다란 장점을 지니고 있었다: 그들은 고린도 교회에 있었기 때문에 거기서 직접적으로 영향력을 발휘할 수 있었다.

또한 그들은 자신들이 고린도 교회에 있는 것을 자신들의 목적을 위하여 최대한으로 활용했던 것으로 보인다. 왜냐하면 바울이 한 말 속에는 그가 고린도 교회에 직접 없었기 때문에 논쟁에 휘말리게 되었다는 속내가 함축적으로 표현되어 있기 때문이다. 그들이 집요하게 물고 늘어진 것은 바울이 안전한 거리를 두고 멀리서 편지를 통해서만 자신에 대한 변호를 하는 전략을 택했다는 것이었다(9-10절). 그러한 전략은 겁쟁이나 할 짓이라고 그들은 비난했다. 왜냐하면 그들은 바울이 편지를 쓸 때는 강력한 인물인 것처럼 보이지만, 막상 직접 대해 보면 신통치 않다는 뜻의 말을 하고 있기 때문이다. 이런 말들을 통해서 볼 때, 아마도 바울의 대적자들은 그가 우유부단하게 행동한 것(1:17)과 약속한 대로 고린도 교회에 오지 않은 것(2:1)을 지적하고 있었던 것 같다. 그들은 고린도 교인들에게 그러한 것들에 대하여 설명하고서, 바울이 고린도 교회로 오지 않은 것을 이용하고자 했다: 이제 우리는 진짜 이유를 알고 있다. 그는 오기가 두려워서 안전이 보장되는 먼 곳에서 쓴 편지들을 통해서 사람들을 겁주려고 하는 것이다(9절).

이 짧은 단락을 읽으면서 오늘날의 그리스도인들은 서신의 저자로서의 바울이 지닌 시간을 초월한 의미를 제대로 인식할 수 있다—바울의 최초의 독자들에게는 가능하지 않았던 방식으로. 16세기의 종교 개혁을 통해서 역사적 바울이 재발견되었을 때 이러한 측면이 발견된 것은 적지 않은 성과였다: "사도 바울의 말들은 죽은 말들이 아니라, 사람을 실어 나르는 손과 발을 지닌 살아 있는 생명체들이다"(루터).

## B. 바울의 직분에 관한 논쟁(10:12-18)

### 참고문헌(see also under 10:1-11)

**Barrett, C. K.** "Christianity at Corinth." In *Essays on Paul*, 1-27. ______. "Cephas and Corinth." In *Essays on Paul*, 28-39. **Betz, H.-D.** *Der Apostel Paulus und die sokratische Tradition.* **Georgi, D.** *Die Gegner des Paulus im 2. Korintherbrief.* **Gunther, J. J.** *St. Paul's Opponents and Their Background.* **Holmberg, B.** *Paul and Power.* **Horsley, G. H. R.** (ed.) *New Documents Illustrating Early Christianity*(1976, 1977). North Ryde, NSW: Macquarie University, 1981, 1982. **Käsemann, E.** *Die Legitimität des Apostels.* **Luedemann, G.** *Paul, Apostle to the Gentiles. Studies in Chronology.* Tr. F. Stanley Jones. Philadelphia: Fortress, 1984. **Munck, J.** *Paul and the Salvation of Mankind.* **Schlatter, A.** *Paulus, der Bote Jesu.* **Schütz, J. H.** *Paul and the Anatomy of Apostolic Authority.* **Schweizer, E.** *Church Order in the New Testament.* SBT 32. Tr. Frank Clarke. London: SCM 1961. **Stuhlmacher, P.** "Erwägungen zum ontologischen Charakter der *καινὴ κτίσις* bei Paulus." *EvT* 27(1967) 1-35. **Theissen, G.** *The Social Setting of Pauline Christianity.*

## 본 문

**12** 우리가 어떤 자기를 칭찬하는 자로 더불어 감히 짝하며 비교할 수 없노라 그러나 저희가 자기로서 자기를 헤아리고 자기로서 자기를 비교하니 지혜가 없도다

**12** We do not have the effrontery to class or compare ourselves with some of those who recommend themselves. Rather, when they measure themselves by themselves and compare themselves with themselves, they appear as without understanding,[a]

**13** 그러나 우리는 분량 밖의 자랑을 하지 않고 오직 하나님이 우리에게 분량으로 나눠 주신 그 분량의 한계를 따라 하노니 곧 너희에게까지 이른 것이라

**13** We, however, will[a] not boast beyond proper limits, but only within the sphere of service which God has assigned to us as our sphere, a sphere that reaches as far as to you.

**14** 우리가 너희에게 미치지 못할 자로서 스스로 지나쳐 나아간 것이 아니요 그리스도의 복음으로 너희에게까지 이른 것이라

**14** For we are not overreaching our limit, as we should be doing if we had not [already] reached you, for we did come as far as to you with our preaching of Christ.

**15** 우리는 남의 수고를 가지고 분량 밖에 자랑하는 것이 아니라 오직 너희 믿음이 더할수록 우리의 한계를 따라 너희 가운데서 더욱 위대하여지기를 바라노라

**15** We did not go beyond the proper limits by boasting of the work done by others, but we have the hope that as your faith continues to grow, so our work may, within the sphere we have, be greatly expanded among you.

**16** 이는 남의 한계 안에 예비한 것으로 자랑하지 아니하고 너희 지경을 넘어 복음을 전하려 함이라

**16** The result is that we may preach the Gospel in places beyond you. We do not wish to boast about what has already been done in another

| | |
|---|---|
| | person's sphere [of service]. |
| **17** 자랑하는 자는 주 안에서 자랑할지니라 | **17** But rather, "let the one who boasts boast only about the Lord." |
| **18** 옳다 인정함을 받는 자는 자기를 칭찬하는 자가 아니요 오직 주께서 칭찬하시는 자니라 | **18** For it is not the person who recommends himself who is approved, but the person whom the Lord recommends. |

## 원문주해

a. 10:12의 끝 부분과 13절의 처음 부분의 본문이 불확실하다. 위의 번역은 대다수의 사본들에 의해서 지지를 받고 있는 Nestle[26]을 따른 것이다. D* G itd,g,61 Ambrosiaster의 읽기인 좀더 짧은 서방 본문은 우 쉬니아신…헤메이스 데(*οὐ συνιᾶσιν…ἡμεῖς δέ*, "지혜〈총명〉가 없도다 그러나 우리는")를 생략한다. 짧은 본문은 이렇게 되어 있다: "우리는 자기로서 자기를 헤아리고 자기로서 자기를 비교하여(즉 분사들이 1인칭을 가리키는 것으로 수정해서) 분량 밖의 자랑을 하지 않는다." 이렇게 되면 긴 본문에서 바울의 대적자들을 가리키는 것이 탈락되고, 12절에서 자신의 기준을 따라서 헤아린다는 말은 좋은 의미를 지니게 된다(Barrett). 이러한 의미에 대해서는 Käsemann, *Die Legitimität*, 45에서 인용하고 있는 고전 2:15-16을 참조하라. 그는 바울이 자기 자신을 세상적인 기준으로 그 정당성을 입증할 필요가 없고 단지 성령을 통해서 하늘의 공인을 받은 신령한 자라고 말하고 있다는 것을 근거로 짧은 읽기를 지지한다(참조. Schlatter, *Paulus*, 623; Georgi, *Die Gegner*, 230). 그러나 Kümmel, 208, 209에서는 그런 식으로 해석하게 되면 엔 헤아우토이스 헤아우투스 메트룬테스(*ἐν ἑαυτοῖς ἑαυτοὺς μετροῦντες*)를 의미 있게 해석하는 것이 얼마나 어려워지는지를 지적한다－이 어구는 재귀대명사 헤아우투스(*ἑαυτούς*, 이 단어는 헬레니즘 헬라어에서는 대체로 사용되지 않게 되었다)의 고전적인 용법에도 불구하고 바울이 아닌 다른 사람들을 가리키는 것으로 해석되어야 하기 때문에(아우토이〈*αὐτοί*〉는 새로운 주제가 제시됨을 나타낸다, Plummer, 285). 또한 대비가 존재한다는 전제를 하지 않는다면, 12절과 13절이 어떻게 연결되는지를 아는 것도 문제가 된다: 바울의 대적들은 하나님의 잣대 대신에 그들 스스로의 기준을 통해서 그들 자신을 헤아림으로써 그들에게 "지혜가 없다"는 것을 스스로 입증하고 있다. 바울은 자기 자신의 기준을 통해서가 아니라 하나님이 자신에게 주신 잣대(*κανών*－카논)에 의해서 자기 자신을 헤아린다.

바렛(Barrett, 164)은 짧은 본문을 지지하는 사본 증거들이 라틴 또는 헬라-라틴에서 기원한 것임을 재치 있게 지적하면서, 라틴어로 된 번역은 이 동사가 1인칭 형태를 필요로 한다는 믿음 하에서 실수를 저지르게 된 것이라고 주장한다. 좀더 간단히 말하면, 필사자가 우(*οὐ*)에서 우크(*οὐκ*)로 바로 넘어감으로써 중자 탈락에 의한 생략이 일어나서 그 중간에 있던 단어들이 사라지게 된 것일 수도 있다.

하지만 짧은 본문은 BDF § 416.2; Windisch, 309; Bultmann, 194, 5; Strachan, 15, 16; Héring, 73의 지지를 받고 있고, 통상적으로 Westcott-Hort가 분류한 "훼손되지 않은 서방 본문"의 범주를 보여 주는 한 예로 여겨진다. Plummer, 285에서는 이러한 생략을 눈에 거슬리는 단어들을 제거함으로써 원래의 본문을 좀더 분명하게 하고자 한 시도라고 본다. ℵ* 88에서의 우 쉬니아신 헤메이스(*οὐ συνιᾶσιν ἡμεῖς*)라는 읽기는 정서법상의 실수다(Metzger, *Textual Commentary*, 583): 만약 이 읽기대로라면, 본문은 다음과 같은 의미를 띠게 된다: "그들은 그들이 그렇게 하고 있다는 것을 알지 못한 채 그들 자신으로 그들 자신과 비교한다" – 바울은 이런 식으로 말했을 것 같지 않다.

## 양식/구조/배경

10:12에서는 자신의 대적들에 대한 바울의 "담대함"(*τόλμα* – 톨마)을 단언하는 내용으로 되어 있는 이 서신의 긴 단락이 시작된다(Bultmann, 193). 분명히 "담대함"은 10:1에서 사용된 단어들과 비슷한 이중적인 의미를 지닌다("주석"을 보라). 바울에게 있어서 그의 사도적 소명과 지위보다 더 확실한 것은 없었기 때문에(1:1), 이것은 그에게 자신감을 불어넣어 주었고(*πεποίθησις* – 페포이데시스, 1: 15; 3:4, 8, 22; 10:2), 하나님에 의지해서 자신의 "자격"(*ἱκανότης* – 히카노테스) – 그는 이것을 은혜로 받은 것으로 여겼다(*λογίζεσθαι* – 로기제스다이) – 을 고백하는 것(3:5)으로 표현되었다. 그러한 자신감은 그에게 담대하게 말할 수 있는(*παρρησία* – 파르레시아, 3:12) 힘을 주었고, 특히 그는 잘못된 고린도 교인들을 향하여 솔직하게 모든 것을 말할 수 있었다(7:4). 무엇보다도, 그는 자기가 교회를 세운 자이자 믿음으로 하나님의 공동체를 "세울" 권한을 받은 사도로서의 "권세"(10:8; 13:10)를 가지고 있다고 주장했다.

이러한 것들이 인상적인 신임장이긴 했지만, 특히 바울에게 전혀 애정을 갖고 있지 않았던 자들에 의해서 곡해될 가능성이 얼마든지 열려 있었다는 것은 분명하다. 나중에(11:4에서) 우리는 이 대적자들이 누구였는지를 규명해 볼 것이다. 여기서는 그들이 어떻게 고린도 교인들에게 영향을 미쳐서 바울을 종교적인 협잡꾼이자 거짓 지도자에 불과하다고 생각하게 만들었는지를 살펴보는 것만으로 충분할 것이다. 그들은 바울의 "담대함"은 자신을 과장해서 과시하는 것 – 그들은 이것을 "자랑"(*καύχησις* – 카우케시스)과 "자천하는 것"(10:17, 18)이라고 표현하고 있다 – 에 불과하다고 주장했다. 그 밖의 다른 요소들도 바울의 사도직에 대한 반대자들의 비난 목록에 들어가 있는데, 예를 들면 그가 교활하고 영악하다는 것(12:26), 그가 병자로서 약함에도 불구하고 자기 자신을 치유할 수 없다는 것(12:7-10) 등과 같은 그러한 요소들은 적절한 때가 되면 등장할 것이다. 고린도 교회에서 뜨거운 논쟁을 불러일으켰던 하나의 특별한 주제가 10:12-18에서 다루어진다. 그것은 바울이 애초부터 고린도 교회를 선교할 선교사로서의 "자격 또는 권한"을 지니고 있었느냐는 문제와 관련되어 있다. 논리적으로 볼 때, 이것은 바울을 어떤 식으로 공격하든지 가장 먼저 고찰되어야 할 사항이었다–따라서 자신의 복음과 그 복음을 구현하는 것으로서의 사도직에 대한 바울의 변호가 여기서 행해진다. 대적자들의 주장은 "하나님이 우리의 분량으로 우리에게 나누어 주신 구역의 분량"(Barrett의 번역, 10:13, *τὸ μέτρον τοῦ κανόνος οὗ ἐμέρισεν ἡμῖν ὁ θεὸς μέτρου*–토 메트론 투 카노노스 후 에메리센 헤민 호 데오스 메트루)에 집중되어 있다. 이 어구 속에 나오는 모든 단어들은 번역하기가 어렵다. 왜냐하면 메트론(*μέτρον*)과 카논(*κανών*)은 둘 다 분명히 준전문적인 방식으로 사용되고 있음에 틀림없기 때문이다. 하지만 분량이라는 개념, 구체적으로 말해서 초대 교회에서 사도적인 지도자들에게 할당된 지리적인 영역이라는 개념이 이 문제의 핵심에 놓여 있다(참조. 갈 2:7-9; 참조. E. A. Judge, *New Docs*[1976] 9[1977] 55). 그들의 주장의 핵심은 바울이 고린도에 대한 관할권을 가지고 있지 않다는 것이었다–그들은 사람들이 동의하든 안 하든 고린도는 베드로의 관할 구역이라고 주장했을 것이다(Barrett, "Cephas and Corinth"를 보라). "다른 사람의 구역"이라는 개념에 대해서는 15절과 로마서 15:19-20을 보라. 따라서 대적자들은 고린도에 대한 바울의 선교는 애초부터 불법적인 것이었기 때문에, 그의 전도를 통해서 회심한 자들은 거짓 사도이자 협잡꾼을 추종한 자들이라는 오명을 쓰게 되었다는 것이다. 문제가 되었던 것은 바우르(F. C. Baur, *Paulus*, 289; E. T. *Paul*, 281)가 "사도적 권위에 대한 진정한 기독교적 개념"이라 불렀던 것 또는 케제만(Käsemann, *Die Legitimität*, 34)이 좀더 최근에 표현한 바에 의하면 사도로서의 자격을 심사하는 합법성의 기준(Legitimitätsprinzip)이었다. 좀더 정밀하게 말하면, 그것은 "불간섭의 원칙"에 관한 것이었다(Holmberg, *Paul and Power*, 502에서는 11:4, 13-15에 나오는 사자들에게서 그 영향력을 감지할 수 있는 게바파가 이러한 원칙을 주장했다고 본다. 좀더 온건한 견해로는 Barrett, "Cephas and Corinth," 35-38를 참조하라).

여기에 대한 바울의 대답은 그가 선구적인 선교사로서 고린도에 와서 최초로 복음을 전하고 교회를 세웠다는 것을 근거로 제시하는 것이었다(참조. 고전 3:6-10).

그렇게 함에 있어서 그는 다음과 같은 명제들을 제시한다(앞으로 보게 되겠지만, 그의 추론은 사실 이러한 진술들이 보여 주는 것보다 덜 분명하고, 그의 문체는 몇몇 군데에서 비비꼬여 있고 모호하다는 것을 주목하라). (1) 그는 이러한 상황을 효과적으로 다룰 수 있는 능력을 지니고 있고, 그것은 그의 편지들에 국한된 능력이 아니다(10:10). 그는 강력한 편지들을 쓸 수 있는 것과 마찬가지로 강력한 조치들을 취할 수도 있다(10:11). (2) 그는 자신의 직분 및 사역과 관련해서 하나님이 자신에게 나눠 주신 "분량" 이외의 다른 "기준"을 받아들이기를 거부한다. 바울은 자신의 대적들이 그들 자신의 권위를 기준으로 제시하고 있는 것에 대하여 그들을 "어리석은"(12절, *ἄφρονες*-아프로네스) 자들로 낙인찍는다. 아마도 그것은 "영"(*πνεῦμα*-프뉴마)에 대한 그들의 인식 및 "표적들"(12:12)로서의 은사적인 능력들의 향유와 관련이 있었을 것이다. (3) 그는 14절에서 고린도 교회의 과거 역사를 근거로 제시한다. 그는 11:4("만일 누가 가서")에 언급된 선교 사역에 앞서서 가장 먼저 고린도에 이르렀다고 주장한다. 따라서 바울은 갈라디아서 2:6-10(롬 15:17-20을 보라)의 협정에 따라서 그에게 양도된 이방인 영역으로서의 고린도에 대한 권한을 갖고 있었다. 그러나 바렛(Barrett)이 지적하듯이(167), 사역과 관련된 이러한 지역 배정과 협정은 개인적인 문제가 아니었다. 그것은 바울이 알고 있었고 선포했던 복음, 즉 이방 세계를 위해서 의도된 좋은 소식과 관련된 협정이었다(롬 1:13, 16; 3:29, 30; 15:16; 이 모든 본문들은 실질적으로 동일한 내용, 즉 유대인이 아닌 이방인에 대한 바울의 선교는 하나님의 재가를 받은 것으로서 유효한 것으로 인정되어야 하는데, 이는 그것이 열방의 아버지인 아브라함에 대한 약속에 참여하게 된 만민을 하나님이 모두 받아들이신다는 것에 근거를 두고 있기 때문이라는 것을 말하고 있다(롬 4:9-25; 갈 3:28, 29; 이방인을 위해 의도된 복음은 화해를 중심으로 한 것이다, R. P. Martin, *Reconciliation*, 153, 154). 바로 이러한 복음의 메시지는 유대 그리스도인으로 구성된 선교단이 정반대의 가르침을 들고 오기 전에(11:4) 먼저 고린도에 이르렀다. 베츠(Betz, *Der Apostel Paulus*, 130, 131)는 바울이 병행을 이루고 있는 13, 15절의 카논(*κανών*)과 알로트리오스 카논(*ἀλλότριος κανών*)을 서로 대비시키고 있다는 것을 인정한다.

(4) 끝으로, 바울은 자신이 이미 고린도 교회를 "본거지"(11:12에서는 아포르메〈*ἀφορμή*〉라는 단어를 사용한다)로 구축해 놓았고, 그 곳을 발판으로 해서 더욱 폭넓은 지역들로 복음 전파하는 일을 할 구상을 세워 놓았다는 것을 암시한다(16절). 이러한 계획은 로마서 1:1-15; 15:23, 24, 28에 나타나 있는 생각과 정확히 일치하

는데, 거기서 그는 선교(복음을 전하는 것, 롬 1:15)를 로마로 확장하고, 거기서 또 다시 하나님이 자신에게 정해 주신 목적지인 서바나의 이방 세계를 복음화하기 위하여 서쪽으로 진출할 구상을 밝힌다(*1 Clem* 5:6, 7: 바울은 "동방과 서방에서 복음의 전령사가 되어, 그의 믿음을 통해 귀하고 유명한 자들을 얻었다. 그는 온 세상에 의를 가르쳤고, 서방의 끝까지 이르러서〈*ἐπὶ τὸ τέρμα τῆς δύσεως*-에피 토 테르마 테스 뒤세오스〉 왕들 앞에서 복음을 증거했다"). 따라서 결론부를 통해서 그는 자신의 선교 사역은 하나님의 재가를 보여 주는 서명과 날인을 지니고 있다고 단언한다. 바로 이러한 확신이 그의 "자랑"(17절)의 토대임이 드러난다. 그는 구약의 증언(testimonium)의 정신을 따라서 주의 인정을 그 근거로 자신 있게 내놓으면서 "자랑하는 자는 주 안에서 자랑할지니라"(렘 9:24)고 말한다. 왜냐하면 그가 추구하는 것은 주의 인정을 받는 것이기 때문이다(18절).

이러한 것들은 고린도에서의 바울의 선교와 이방인들을 위한 그의 사도직, 즉 에베소서 3:1-2의 표현에 따르면 "너희 이방인들을 위하여 내게 주신 하나님의 그 은혜의 경륜"(나아가 그의 주된 강조점은 엡 3:6에 제시된다)이 정당하다는 것을 말하기 위한 "변호"의 주요한 주제들이다. 그러나 에베소서의 언어가 장중하고 절도 있으며 열광적인 반면에, 고린도후서 10:12-18의 논증은 "상당히 엉성하고" "헷갈리는 표현들"과 "용납하기 어려운 구문들"을 담고 있으며(Windisch, 313) "문장들을 조각조각 잘라서 아무렇게나 한 군데에 던져 놓은 듯한" 글들로 가득 차 있다(Lietzmann, 143, *gehackten, grimmig hingeworfenen Satzbrocken*, 이 말 속에는 분명히 약간의 과장이 있다). 바울이 "문법상의 난맥상으로 인하여 자승자박하고 있다"(Barrett, 261)는 말이 나올 정도로 문장 구조가 복잡하게 뒤엉켜 있다는 것은 부정할 수 없다. 우리는 바울이 이 편지를 쓰면서 감정적인 것이 많이 개입되어 있었고, 마음보다 말이 먼저 성급하게 나왔기 때문에 이런 유형의 글이 쓰여지게 된 것이라고 볼 수 있을 것이다. 바울은 그의 대적들이 사용한 용어들을 염두에 두고 있음이 분명하지만, 자기가 사용한 단어들이 함축하고 있는 모든 의미를 일부러 애써서 설명하려고 하지 않는다. 우리는 이 단락 속에서 바울이 선교 사역을 가리키는 전문적인 용어들을 사용하고 있다는 것(Betz, *Der Apostel Paulus*, 130)과 그가 대적들이 그들의 권한이라고 주장한 것들에 대한 그들 자신의 평가를 인용하여 거기에 자신의 평가를 대비시킴으로써 그러한 주장들을 반박하고 있는 것을 보게 된다(Käsemann's insight, *Die Legitimität*, 43-51). 우리는 이러한 특징을 12-15절에서 보게 될 것이다. 케제만(Käsemann, *Die Legitimität*, 49, 50)의 구체적인 논증이 설득력이 있다면, 바울을 그토록 열정적으로 만든 것은 그가 거짓 사도일 뿐만 아니라 가짜 그리스도인이라는 대적들의 비난과 그의 전도를 통해서 회심한 고린도 교인들은 "잘못 낳아진"–고전 4:15(*ἐν…Χριστῷ Ἰησοῦ διὰ τοῦ εὐαγγελίου ἐγὼ ὑμᾶς ἐγέννησα*–엔…크리스토 예수 디아 투 유앙겔리우 에고 휘마스 에겐네사, "그리스도 예수 안에서 복음으로써 내가 너희를 낳았음이라")의 은유를 사용하자면–것이라는 그들의 결론을 반박해야 했기 때문이다.

이 단락의 모난 문체에도 불구하고 수사학적 양식들과 관련된 몇몇 흔적들이 존재한다. (1) 12절에는 엥크리나이/쉥크리나이(*ἐγκρῖναι/συγκρῖναι*)에 대한 단어 유희가 나온다. 앞의 동사는 "판단하다", "분류하다"를 의미하고, 뒤의 동사는 "결합시키다", 따라서 "비교하다"를 의미하는 좀더 약한 형태다. 유운법은 "짝하다"와 "비교하다"를 서로 연결시키고 있다는 것을 보여 준다(Plummer, 286, 그는 Bengel의 aequiparare aut comparare에 토대를 둔다). (2) 두운법은 바울이 "분량", "한계"(참조. 15절, *ἄμετρα*–아메트라)라는 개념을 반복해서 사용하고 있는 13절의 에메리센…메트루(*ἐμέρισεν…μέτρου*)에서 볼 수 있다.

## 주석

12 "우리가 어떤 자기를 칭찬하는 자로 더불어 감히 짝하며 비교할 수 없노라 그러나 저희가 자기로서 자기를 헤아리고 자기로서 자기를 비교하니 지혜가 없도다"(*οὐ γὰρ τολμῶμεν ἐγκρῖναι ἢ συγκρῖναι ἑαυτούς τισιν τῶν ἑαυτοὺς συνιστανόντων, ἀλλὰ αὐτοὶ ἐν ἑαυτοῖς ἑαυτοὺς μετροῦντες καὶ συγκρίνοντες ἑαυτοὺς ἑαυτοῖς οὐ συνιᾶσιν*–우 가르 톨모멘 엥크리나이 헤 쉥크리나이 헤아우투스 티신 톤 헤아우투스 쉬니스타논톤, 알라 아우토이 엔 헤우토이스 헤아우투스 메트룬테스 카이 쉥크리논테스 헤아우투스 헤아우토이스 우 쉬니아신). 이 절에서는 대적들이 바울을 비난하는 근거를 고찰하는 새로운 단락이 시작된다. 문제는 "자천"(재귀동사 형태인 헤아우투스 쉬니스타논톤⟨*ἑαυτοὺς συνιστανόντων*⟩에 내포되어 있는)에 관한 것인데, 사도에 대한 비난은 그가 너무 소심하고 약해서(10절, *ἀσθενής*–아스데네스) 자기 자신을 사도이자 지도자로 담대하게 내세우지 않는다는 것이다. 그는 앞서(11절) 자기가 고린도 교회의 반대자들을 엄하게 처리할 계획을 가지고 있다고 말했었다. 그런 점에서 12절은 앞의 내용과 밀접하게 연결되어 있다. 이제 그는 자신이 기본적으로 결함을 지닌 성품을 지니고 있기 때문에 그러한 경고

를 제대로 실천에 옮길 수 없을 것이라는 비난을 물리치고자 한다. 그는 자신의 대적들과는 달리 자기 자신을 자랑하고(13절, *καυχᾶσθαι*－카우카스다이) 자기 자신을 내세우기를 거부한다－그는 지금 그 대적자들의 주장을 반박하고 답변하는 중이지만.

바울의 전략은 짐짓 자기 자신은 아무것도 아니라는 자세를 취하는 것이다: 나는 실제로 이런 사람들의 반열에 오를 수 없기 때문에, 내가 그들과 짝하며(*ἐγκρῖναι*－엥크리나이) 나 자신을 그들과 비교할(*συγκρῖναι*－쉉크리나이) 수 없다. 반수사학적이고 반궤변론적인 자세－대중 철학에서 "쉰크리시스"(*σύγκρισις*－쉉크리시스)를 휘페로케(*ὑπεροχή*)에 대한 부정으로서 반박하는 것(참조. 고전 2:1)－를 어느 정도 활용한 분명한 단어 유희를 통해서(Betz, *Der Apostel Paulus*, 119, 120를 보라) 바울은 그가 뽐낸다고 말한(3:1; 10:1) 자들에게 답변한다. 자화자찬하는 게임에서 나는 그런 놀이를 할 재간을 갖고 있지 않다고(11:6, *ἰδιώτης τῷ λόγῳ*-이디오테스 토 로고를 보라) 그는 반박한다.

유운법에 의해서 연결되어 있는(우리가 앞에서 보았듯이) 이 두 동사는 분명히 그런 류의 어리석음을 잠재우기 위해서 선택된 것이다. 물론 바울은 나중에 그의 논쟁 속에서 자신의 근거를 바꿀 수밖에 없게 되겠지만 말이다(12:11, "내가 어리석은 자가 되었으나〈나 자신을 자랑한 것〉 너희가 억지로 시킨 것이니"를 보라. 이 주제는 11:10에서 시작되어 12:10까지 계속된다. 이런 말이 나오게 된 계기는 11:4에서 언급된 고린도 교회의 교사들 때문이었을 것이다). 현재에 있어서 바울은 이런 류의 자기 과시를 하지 않는다. 동사 우 톨모넨(*οὐ τολμῶμεν*, "우리가 감히…하지 않는다")은 11:21에 다시 나온다: 톨모 카고(*τολμῶ κἀγώ*, "나도 담대하리라")－내가 어리석은 자로 말할 때. 동사 톨만(*τολμᾶν*, "충분히 용감하다", 따라서 "감히 〈대담하게도〉…하다")은 폭넓은 의미의 범위를 지닌다. 이 동사가 사람이 자기 자신을 내세워서 자기를 위하여 말하거나 행동하기를 주저하지 않는다는 의미를 지니고 있다는 것은 잘 확인된다(Epict.; 3 Macc 3:21; Philo, *Somn.* 1.54; 톨마〈*τόλμα*, "담대하고 뻔뻔스러움"〉가 철학자들과 궤변론자들의 논쟁에서 사용된 어휘들 중의 일부였다는 것을 보여 주는 자료들에 대해서는 Betz, ibid., 67-69를 보라). 바울은 11:21에서는 이 단어를 반어법적으로 사용하고 있는 반면에, 여기서는 "뻔뻔스러움"과 관련된 비난이 분명하게 부정되고, 바울의 "담대함"(*θαρρῆσαι*－다르레사이)이 그에 대한 비난이 되고 있는 10:1과 연결된다.

정확히 여기서 논쟁이 되고 있는 것은 "자천"(自薦)(*συνιστάναι ἑαυτόν*－쉬니스타나이 헤아우톤)에 관한 것이다(바울은 그러한 관행에 참여하기를 거부하는데, 이 점은 5:12에서 이미 언급된 바 있다). 또한 우리는 그가 이후의 장들에 나오는 "변호"의 긴급한 필요성 때문에 어쩔 수 없이 그렇게 할 때까지는(참조. 11:21ff.) 이것이 그의 입장이었다는 것을 덧붙여 말해 두어야 한다. 그러므로 비록 역설적으로 바울이 자기 자신에 대하여 스스로를 추천하며 인정 받고자 했던 것이 그의 약함(*ἀσθένεια*-아스데네이아)이었기는 하지만, 그는 어쩔 수 없이 자신을 자랑하지 않을 수 없게 된다.

현재의 단락 속에서 주제는 선교 사역의 범위라는 관점에서의 자기 평가다. 바울은 스스로를 과시하는 주장들을 하지 않겠다고 이미 분명하게 말한 바 있다. 알라(*ἀλλά*, "도리어")는 바울의 입장을 그의 대적자들(*αὐτοί*-아우토이)의 입장으로부터 분명하게 구별하는 역할을 하는데, 이것을 통해서 새로운 주제가 시작되고 있는 것은 아니다(Kümmel, 208에서 주장하는 것과는 달리; 그러나 Bultmann, 194에서는 이것을 올바르게 반박하고 있다). "저희가"(*αὐτοί*-아우토이)는 자기 자신에 대한 그들 자신의 판단을 그들의 사역의 잣대(*μέτρον*-메트론)로 사용하고 그들 자신이 내세운 행동 기준들을 그들 자신에 대한 판별 기준으로 사용하는(*ἑαυτοῖς ἑαυτοὺς μετρεῖν*-헤아우토이스 헤아우투스 메트레인) 대적자들을 가리킨다. 그 결과로 앞에서 이미 말한 결론이 도출된다: 그들은 그들 자신이 자격을 잘 갖추고 있고 칭찬할 만하다는 것을 발견한다. 그들에 대한 바울의 판단은 정반대였다: "그들은 지혜가 없다"(*οὐ συνιᾶσιν*-우 쉬니아신: 바울이 롬 3:11에서 인간의 잘못에 대하여 사용하고, 고전 1:19에서 하나님이 거부하시는 인간의 지혜를 나타내는 명사로 사용하는 부정의 동사).

이러한 부정적인 평가의 이유는 바울이 나중에 제시하는 몇몇 대비들을 통해서 보여지게 될 것이다. 바울은 "지나쳐 나아간"(14절) 것이 아니라, 하나님이 그에게 정해 주신 사역의 한계를 따른 것이었고, 그의 자랑(*καυχᾶσθαι*-카우카스다이)은 자기 자신 속에 있는 것이 아니라 그를 칭찬하시는(*συνίστησιν*-쉬니스테신, 12절의 동사를 반복하고 있다) 주께 있다(18절).

13 "그러나 우리는 분량 밖의 자랑을 하지 않고 오직 하나님이 우리에게 분량으로 나눠 주신 그 분량의 한계를 따라 하노니 곧 너희에게까지 이른 것이라"(*ἡμεῖς δὲ οὐκ εἰς τὰ ἄμετρα καυχησόμεθα ἀλλὰ κατὰ τὸ μέτρον τοῦ κανόνος οὗ ἐμέρισεν ἡμῖν ὁ θεὸς μέτρου, ἐφικέσθαι ἄχρι καὶ ὑμῶν*-헤메이스 데 우크 에이스 타 아메트라 카우케소메다 알라 카타 토 메트론 투 카노노스 후 에메리센 헤민

호 데오스 메트루, 에피케스다이 아크리 카이 휘몬). 데(δέ)와 더불어서 대명사 헤메이스(ἡμεῖς)를 시작으로 자신의 사역에 대한 바울의 평가가 고백의 형태로(ex professo) 시작된다. 그러나 바울은 우리로 하여금 "대적자들이 그들의 사도적 신분을 자랑했다"는 것을 추론하도록 의도하고 있는 것 같다(Barrett, 263). 바울은 대적자들 스스로에게서 나온 그러한 주장을 멀리 하고자 한다. 따라서 그는 "분량을 넘어서서" 자신을 내세우는 그 어떤 시도도 하지 않았다고 단언한다. 타 아메트라(τὰ ἄμετρα)는 단순히 다음과 같은 것을 의미할 수 있다: 우리는 분량을 넘어선 방식으로 자랑하고자 하는 것이 아니라, 하나님이 우리에게 정해 주신 분량을 따라서 우리의 사도적 주장들을 그 어떤 과장된 방식으로가 아니라 온건하게 펼치고자 한다. 이렇게 해석하면 12절과의 대비가 분명해진다: 그들은 사도적인 인물들로서는 지나치게 과도한 주장들을 했지만, 우리는 우리의 "자랑"을 절제해서 그 자랑이 하나님의 정하심을 따라 우리에게 주어진 선교의 한계 내에 머물게 했다(갈 2:7). 마울(Moule, *Idiom Book*, 71)도 이와 비슷한 견해를 취한다.

다른 한편으로, 이 문장이 전개되는 방식은 더욱 복잡한 사고의 연쇄와 개념들의 흐름이 존재한다는 것을 보여 준다. 단서는 그 뒤에 나오는 동사인 에메리센…호 데오스(ἐμέρισεν…ὁ θεὸς)와 투 카노노스(τοῦ κανόνος)에 걸리는 동사의 보어 메트루(μέτρου)에서 발견된다. 우리는 당연히 "우리에게 우리의 직분을 주셨다(ἔδωκεν-에도켄)"라는 말이 나올 것으로 기대하지만, 바울은 하나님의 뜻에 따른(참조. 고전 7:17; 롬 12:3) 배정 또는 사역의 영역이라는 의미를 분명하게 나타내기 위하여 메리제인(μερίζειν, "할당하다")이라는 단어를 선택해서 사용한다(*Missionsgebiet*; Bultmann, 196). 그런 까닭에 바울이 하나님께서 그에게 정해 주신 할당된 사역지를 벗어난 적이 없다는 단 한 가지 사항을 강력하게 강조하기 위해서 겉보기에는 불필요해 보이고 동어반복적인 아메트라(ἄμετρα)…메트론(μέτρον)…헤메리센(ἐμέρισεν)…메트루(μέτρου)라는 중첩된 표현들이 사용된 것이다. 따라서 바울이 "자랑할" 수 있었던 것은 그의 카우카스다이(καυχᾶσθαι)의 대상-그의 "선교지"-이 그 자신이 스스로 선택한 것이 아니라 하나님이 그에게 배정해 주신 것이었기 때문이다(17절).

연결고리가 되고 있는 개념은 12절에 나오는 동사 메트레인(μετρεῖν)이다: 바울의 대적자들은 "잣대(μέτρον-메트론)를 잘못 사용했기 때문에, 그 잣대는 단지 그들의 교만을 부풀리고 그들의 자화자찬을 뒷받침해 주는 데만 기여했다. 그들은 합당한 잣대(μέτρον-메트론)를 사용하는 데 실패했다. 바울에게 그러한 잣대 또는 분량의 역할은 어떤 사람의 "특정한 영역"(κανών-카논)을 규정해 주고 그 범위를 명확하게 표시해 주어서(Plummer, 287) 자유롭게 활동할 수 있게(Schweizer, *Church Order*, 203, 24k, n. 779) 해주는 것이었다. 바울이 이렇게 용어들을 사용함에 있어서 약간 불공정한 점이 있다는 것을 주목하라. 왜냐하면 그는 자기 자신에 대하여 주장하고 싶어하는 바로 그 측면, 즉 그가 새로운 지역들로 나아가 선교를 하는 것은 정당하다는 것(16절)을 그의 대적들의 메트론 투 카노노스(μέτρον τοῦ κανόνος)와 관련해서는 부정하고 있기 때문이다. 그러나 그는 자신의 이러한 견해를 "헬라인들에 대한 선교"(갈 2:7-8)는 그 지역이 점점 확대되어 갈 수밖에 없다는 것을 근거로 정당화할 수 있었을 것이다. 카논(κανών)-"기준"이라는 의미에서-은 측정된 길이를 나타내고, 직선상의 거리를 의미한다(예를 들면, 원의 중심으로부터의 반지름의 길이 또는 육상 경기에서의 주행로; Hughes, 366에서는 12절에서 달리기에 관한 은유를 발견한다, 엥크리네인〈ἐγκρίνειν〉="경쟁하다"). 그러나 이 단어는 그렇게 측정된 영역을 포함하는 경향도 보여 주기 때문에, 경계와 더불어서 영역을 의미하기도 한다(하지만 카논〈κανών〉이 "평가"라는 의미를 지니는 것에 대해서는 Judge, art. cit.〈316〉을 보라). 영어의 "line"도 이와 동일한 여러 가지 중첩적인 의미를 지닌다(참조. 갈 6:16): 직선, 어떤 사람의 "분야"(예를 들면, 사업 분야, 취미 분야 등등).

이렇게 카논(κανών)을 경계 또는 주변 경계에 의해서 둘러싸여 있는 영역을 의미하는 것으로 해석하는 것은 성공의 증표들을 통해서 입증될 필요가 있었던 바울의 복음 전도(15b절에 함축되어 있는 것으로 주장됨: τῆς πίστεως ὑμῶν ἐν ὑμῖν μεγαλυνθῆναι-테스 피스테오스 휘몬 엔 휘민 메갈륀데나이, "너희 믿음이 더할수록"; 고전 9:2)와 관련된 "판단 기준"을 가리키는 것이 여기서 카논(κανών)의 의미이고(*Beurteilungsmassstab*: H. W. Beyer가 사용한 명칭, *TDNT* 3:598-600) 합법성과 관련된 것이라고(Käsemann이 사용한 용어, ibid., 49) 주장하는 Käsemann, *Die Legitimität*, 43-51, Georgi, *Die Gegner*, 229, 230, Kümmel, 209의 견해와 반대된다.

바렛(Barrett, "Christianity at Corinth," 18)은 몇 가지 근거 위에서 이러한 이해를 올바르게 비판한다. (1) 그러한 해석은 잣대를 가리키는 단어들(μέτρον, κανών-메트론, 카논)을 불필요하게(이렇게 주장된다) 반복하고 있는 이유를 설명할 수 없다. (2) 에피케스다이 아크리 카이 휘몬(ἐφικέσθαι ἄχρι καὶ ὑμῶν, "너희에게까지 이른 것이라")은 바울이 그 지역으로 진출한 것을 말하고(이러한 의미에 대해서는 *1 Clem* 41:1을 참조하라), 고린도 교회에서의 그의 성공을 말하는 것이 아닌데, 그는 바울의 선교가 고린도 교회의 설립과 성장을 포함한다는 것을 인정한다.

카논(*κανών*)의 그 밖의 다른 의미들로는 (1) 바울의 "복음"과 동의어로 사용되는 것-이것과 관련해서는 14절에서 유앙겔리온(*εὐαγγέλιον*)이 사용되고 있는 것 속에 어느 정도의 증거가 존재한다(T. Lønning, "*Kanon im Kanon*": *Zum dogmatischen Grundlagenproblem des neutestamentlichen Kanon*, Oslo-Munich, 1972〈Holmberg, *Paul and Power*, 46에서 재인용〉), (2) 유대의 묵시론적인 사상을 배경으로 해서 창조주 하나님의 종말론적이고 사법적인 "권한"을 나타내는 히브리어 켄(קן)과 상응하는 의미-이러한 개념은 바울이 종말의 때의 선지자로 부르심 받은 것의 배경 속에 존재한다(Stuhlmacher, "Erwägungen," 6, 7에서는 측량/측량줄과 관련된 유대의 여러 본문들을 근거로 제시한다: 욥 38:5; *T. Naph.* 2:3; *1 Enoch* 61; 1QH 1:28; 3:27; 10:26) 등이 있다.

고린도는 바울에게 할당된 지역에 포함되어 있었다: *ἐφικέσθαι ἄχρι καὶ ὑμῶν*-에피케스다이 아크리 카이 휘몬, "너희에게까지 이르다". 여기서 부정사는 결과를 나타내고(BDF § 391.4을 보라), 카이(*καὶ*)는 강조의 의미를 지닌다. 우리의 선교는 하나님 아래서 "심지어 너희에게까지" 미치고 있다. 따라서 바울은 이렇게 결론을 내린다. 고린도에 있는 너희는 우리의 적법성(*ἱκανότης*-히카노테스: 참조. 2:16; 3:4-6)의 영역에 속하고, 하나님이 그어놓으신 선(*κανών*-카논)은 너희를 포함하도록 그어져 있다. 바울은 이 말이 무엇을 의미하는지를 곧 분명하게 밝힐 것이다(14절에서). 그러나 주된 단어는 대적자들의 몇몇 주장들에 대항하여 이미 확고하게 제시되어 있다: 바울은 고린도에 복음을 전한 최초의 사람이었고, 그가 받은 위임은 하나님에게서 직접 나온 것이다(고전 9:1-3, 15-18; 15:8-11).

14 "우리가 너희에게 미치지 못할 자로서 스스로 지나쳐 나아간 것이 아니요 그리스도의 복음으로 너희에게까지 이른 것이라"(*οὐ γὰρ ὡς μὴ ἐφικνούμενοι εἰς ὑμᾶς ὑπερεκτείνομεν ἑαυτούς, ἄχρι γὰρ καὶ ὑμῶν ἐφθάσαμεν ἐν τῷ εὐαγγελίῳ τοῦ Χριστοῦ*-우 가르 호스 메 에피크누메노이 에이스 휘마스 휘페레크테이노멘 헤아우투스, 아크리 가르 카이 휘몬 에프다사멘 엔 토 유앙겔리오 투 크리스투). 우리가 제시한 번역에서는 동사 에피크네이스다이(*ἐφικνεῖσθαι*, "…에 이르다": 신약성경에서는 "하팍스 레고메논"이지만, 고전 헬라어에서는 흔하게 사용된다)를 토대로 해서 이 절이 사도직에 대한 변호를 시도하는 것으로 본다. 14절은 앞에 나온 내용을 설명하는 방식으로 13절과 연결되어 있는 것이 아니라, 도리어 15절에 걸린

다(Plummer, 288). 14절에는 단순한 삽입구 이상의 내용이 들어 있다. 동사 휘페레크테이네인(*ὑπερεκτείνειν*, "…를 넘어서 지나쳐 뻗쳐 가다")은 이례적이고 아주 드물게 사용되는 것인데(BGD, 840; Bultmann, 197를 보라), 이러한 사실은 이 동사가 대적자들의 비난에서 유래했을 가능성이 많다는 것을 보여 준다. 그들은 바울이 "스스로 지나쳐 나아가서" 고린도 교회에 대한 선교에서 자신의 분량을 벗어나 그것을 자신을 자랑하고 오만하게 행하는 데 활용했다(*εἰς τὰ ἄμετρα καυχᾶσθαι*-에이스 타 아메트라 카우카스다이: Betz, ibid., 130, 131)고 주장했다. 이 말 속에는 바울이 좀더 온건한 평가(*σωφροσύνη*-소프로쉬네, "제약, 절제", 분량을 따라서 〈*κατὰ μέτρον*-카타 메트론〉 행하여 그 어느 것도 지나치지 않는 것〈*μηδὲν ἀγᾶν* -메덴 아간〉)를 마다하고 자신의 선교 사역을 지나치게 높임으로써 자기 자신이 지나친 교만의 죄(*ὕβρις*-휘브리스)를 범했다는 비난의 흔적이 있는 것 같다. 호머(Homer) 이후의 시인들과 극작가들의 헬라 전통 속에서 그러한 태도는 필연적으로 "착각, 우매함"(*ἄτη*-아테)을 초래하여 결국 징벌과 신의 응보를 받게 되는 것으로 보았다. 마샬(P. Marshall, "Hybrists not Gnostics in Corinth," 근간, SBL Seminar Papers)은 휘페르리안(*ὑπερλίαν*, 11:5; 12:11)에서처럼 휘페르(*ὑπερ-*)라는 접두사와 리안(*-λίαν*)이라는 요소가 "여러 가지 다양한 구문 속에서 잡종(Euripides, Aristotle, Lysias에 나오는 증거들)을 만들어 내는" 과도함을 나타내는 경멸적인 용법들의 예들이라고 주장하면서, "자신의 분량을 넘어서서 괘씸하게도 자신의 언변과 지식과 업적을 비롯한 문화적인 특질들을 바울 자신의 것과 비교한(참조. 12절) 사도들은 부끄러운 잡종들 또는 자랑하는 자들"이라고 바울이 말하고 있는 것이라고 주장한다. 그는 호이 휘페랄리안 아포스톨로이(*οἱ ὑπεραλίαν ἀπόστολοι*, 11:5; 12:11)를 "잡종 같은 사도들"이라고 번역할 것을 제안한다.

바울의 변명은 고린도 교회에 대한 자신의 선교는 사도로서의 그의 소명을 벗어난 것이 아니라는 것이다. 에피크누메노이(*ἐφικνούμενοι*)의 분사 형태는 이러한 의미를 내포하고 있다(RSV, "마치 우리가 너희에게 이르지 않은 것처럼"; 우리의 번역은 이 점을 좀더 강조하고자 했다). 실제로, 바울은 자기가 고린도에 최초로 복음을 전한 선교사였다는 반론을 제시한다. 바울의 복음 전도 사역(*ἐν τῷ εὐαγγελίῳ Χριστοῦ*-엔 토 유앙겔리오 크리스투: 참조. 16절: 유앙겔리제스다이〈*εὐαγγελίζεσθαι*〉는 여기에 해당하는 동사로서 "복음을 전하다"를 의미한다)은 논란이 될 수 없는 사실이었기 때문에, 그는 자신 있게 독자들에게 "우리가 이르렀다"(*ἐφθάσαμεν*-에프다사멘; 이 단어는 살전 4:15과 고전적인 용례들 속에서처럼 "먼저 이르다"〈φθάνειν - 프다네인〉라는 의미를 지니고 있고, 후대의 용법에서는 단순히 "이르다, 오다"를 의미하는데〈살전 2:16; 롬 11:31; 빌 3:16〉, Bultmann, 197에서는 이 의미를 선호한다)는 것을 인정하라고 호소할 수 있었다. 그러나 문맥상으로 보면, 이 단어는 다음과 같은 의미를 지닌다. 우리는 너희에게 가장 먼저, 즉 그 어떤 복음 전도자들보다도 앞서서 너희에게 이르렀다(Barrett, 266; Héring, 74). 왜냐하면 다음 절로 이어지는 것은 바로 이러한 생각이고, 이러한 생각은 바울의 논증의 토대를 이루기 때문이다.

게다가, 상황으로 보아서 바울은 그러한 반응을 보일 수밖에 없었다. 예루살렘 교회의 사자들이 고린도 교회에 왔다는 것은 부인할 수 없는 사실이다(11:4에 대한 설명을 보라). 그는 자기가 고린도에 가장 먼저 이르렀기 때문에 고린도를 자신의 선교지(κανών - 카논)로 주장할 권리가 있다는 것을 근거로 대적자들의 주장을 효과적으로 반박해야 했다. 왜냐하면 이러한 전략은 그가 계획한 것이었고(롬 15:17-20), 실제로 예루살렘의 "기둥" 같은 사도들과 합의한 것이었기 때문이다(갈 2:6-7). 바렛(Barrett, 267)의 견해와 마찬가지로, 우리는 바울의 이러한 선언을 이 절을 비롯해서 앞으로 나오는 내용을 주석함에 있어서 근본적으로 중요한 의미를 지니는 것으로 본다. 바울은 이미 잘 알려져 있던 것을 말하고 있는 것뿐이다. 그는 선교에 있어서 황무지였던 고린도에 처음으로 와서 복음을 전한 자다. "바울의 목표는 가장 먼저 깃발을 꽂는 것이었고"(Héring, 75), 고린도는 이방인의 사도로서의 그의 "사역 영역"에 속하는 곳으로서(고전 2:1-5; 9:1-3), 2:12; 8:18에서 말했듯이 그의 선교 활동, 즉 "복음을 통한" 전도 사역의 일부로서 그에게 할당된 구역이었다. 그는 다음과 같은 권리 주장을 하고 있는 것이다: 고린도는 그의 관할 구역에 속하는 곳이기 때문에, 나중에 그 곳에 와서 복음을 전한 자들은 사도의 대권을 침해하고 찬탈한 자들로 여겨지는 것이 합당하다.

여기에 우리는 한 가지 내용을 더 추가할 수 있을 것이다: 바울이 적절한 때에 로마와 그 너머를 향한 그의 서방 선교에 착수하기 위한 전진 기지로서 고린도 교회를 바라보았다면, 그가 고린도 교회를 자신의 "본 교회"라고 주장하며 옹호하는 것은 분명히 그에게 엄청난 중요성을 지니고 있었다. 여기에는 한 지역 교회의 변절이라는 문제보다 훨씬 더 심각한 것이 결부되어 있었던 것이다. "복음 안에서의" 바울의 현재와 미래의 사역은 고린도의 신자들이 바울과 그의 선교로부터 다시 빠져 나가게 되는 일이 발생할 수도 있는 상황에 의해서 위기에 봉착해 있었다.

15-16 "우리는 남의 수고를 가지고 분량 밖에 자랑하는 것이 아니라 오직 너희

믿음이 더할수록 우리의 한계를 따라 너희 가운데서 더욱 위대하여지기를 바라노라 이는 남의 한계 안에 예비한 것으로 자랑하지 아니하고 너희 지경을 넘어 복음을 전하려 함이라"(*οὐκ εἰς τὰ ἄμετρα καυχώμενοι ἐν ἀλλοτρίοις κόποις, ἐλπίδα δὲ ἔχοντες αὐξανομένης τῆς πίστεως ὑμῶν ἐν ὑμῖν μεγαλυνθῆναι κατὰ τὸν κανόνα ἡμῶν εἰς περισσείαν εἰς τὰ ὑπερέκεινα ὑμῶν εὐαγγελίσασθαι, οὐκ ἐν ἀλλοτρίῳ κανόνι εἰς τὰ ἕτοιμα καυχήσασθαι* – 우크 에이스 타 아메트라 카우코메노이 엔 알로트리오이스 코포이스, 엘피다 데 에콘테스 아욱사노메네스 테스 피스테오스 휘몬 엔 휘민 메갈륀데나이 카타 톤 카노나 헤몬 에이스 페리쎄이안 에이스 타 휘페레케이나 휘몬 유앙겔리사스다이, 우크 엔 알로트리오 카노니 에이스 타 헤토이마 카우케사스다이). 연결고리가 되고 있는 동사는 14절에서와 마찬가지로 여기서도 분사(*καυχώμενοι* – 카우코메노이)인데, 특히 논증의 흐름이 16절까지 계속 이어지고 있다는 점을 감안할 때, 이 분사는 문맥의 흐름을 부드럽게 해주고 있지도 못하고 쉽게 그 뜻이 이해되지도 않는다. 15절의 첫 번째 부분은 그래도 그 의미가 꽤 분명하다. 바울은 다른 사람들이 차지하고 있던 선교 지역을 침입했다는 비난을 받을 수 없고, 그가 분량의 한계를 넘어섬으로써(*τὰ ἄμετρα* – 타 아메트라) 자신을 자랑했다는(*καυχᾶσθαι* – 카우카스다이, "자랑하다") 그들의 주장은 단호하게 거부된다. 또는 우리가 13절을 해석하면서 보았듯이("주석"을 보라), 타 아메트라(*τὰ ἄμετρα*)라는 어구는 부사적으로 해석되어서, 우리는 부당하게 또는 과장된 방식으로 또는 터무니없게 자랑하고자 하지 않는다는 의미를 지닐 수 있다. 이 단어는 대적자들이 사도를 공격하기 위한 무기로 사용한 표어라는 점을 감안하면, 전자의 견해가 더 나은 것 같다. 바울은 단순히 그러한 것을 부인함으로써 대적자들의 비난을 반박하고 있는 것이다. 하지만 바울이 제시한 근거는 중요하다. 만약 바울이 "다른 사람들"의 사역을 존중하지 않고서, 다른 사람의 "선교지"(*κανών* – 카논, 16절)에 속한 공로 중 일부를 자기 자신이 취한 것이라면, 그가 라틴어로 "수페르비아"(superbia), 즉 과도한 자랑(14, 16절에 나오는 카우카스다이〈*καυχᾶσθαι*〉와 휘페레케인〈*ὑπερέκειν*〉이라는 어근에 내포되어 있는 의미)이라는 이러한 비난을 받는 것은 마땅했을 것이다. 다른 사람들이 누구였는지는 불확실하다. 이 수수께끼 같은 사람들은 로마서 15:20, "이는 남의 터 위에 건축하지 아니하려 함이라"(*ἵνα μὴ ἐπ' ἀλλότριον θεμέλιον οἰκοδομῶ* – 히나 메 에프 알로트리온 데멜리온 오이코도모)는 말씀 속에서도 언급된다. 우리가 최대한으로 말할 수 있는 것은 이 어구는 바울의 사역에 대한 대적자들의 비난의 일부였을 가능성이 높다는 것이다. 그렇다면 여기서 이것이 가리키는 것은 유대 그리스도인들의 지도자들을 옹호하는 주장, 즉 특히 게바(고전 1:12; 3:22; 9:5; 15:5)를 비롯한 사도들이 고린도 교회의 합법적인 설립자들이라는 주장이 될 것이다. 바렛(Barrett, "Cephas and Corinth," 35, 36)은 베드로가 직접 고린도 교회에 대한 선교를 진두지휘했을 것이지만, 바울은 예를 갖추고 지혜롭게 행하기 위하여 베드로라는 이름을 직접 거명하지 않고 "이런 사람"(10:11) 또는 16절에 나오는 "남의 한계 안에"(*ἐν ἀλλοτρίῳ κανόνι* – 엔 알로트리오 카노니)라는 특이한 말을 통해 애매모호한 표현을 사용하고 있다고 주장한다. 이렇게 그 배후에 있는 인물의 정체를 가리기 위해서 바울은 고린도후서 10-13장 전체에 걸쳐서 이름들을 구체적으로 거명하기를 꺼린다(그 밖의 다른 이유에 대해서는 나중에 나오는 설명을 보라). 베드로가 결부되었을 가능성을 보여주는 것은 갈라디아서 2장에 나오는 "사도들의 분업"에 관한 협정에서 유대 그리스도인들에 대한 베드로의 리더십은 명백한 것이었고, 10:12-18에 나오는 바울의 "변호"는 이러한 합의에 토대를 두고 있다는 것이다(Barrett, ibid., 37; 그러나 "다른 예수"〈11:4〉를 베드로가 전했다는 것은 말이 되지 않는다). 따라서 바렛(Barrett, ibid., 38)은 이렇게 결론을 내린다: "바울의 대적자들은 베드로를 활용해서 고린도에서의 바울의 사역을 파괴하고자 획책했다." Holmberg, *Paul*, 50; Gunther, *St. Paul's Opponents*, 301-3에서도 이와 비슷한 결론에 도달하고 있는 것을 보라. 따라서 "다른" 사람의 정확한 정체와 관련된 문제를 제외한다면, 이 문장의 의미는 분명하다. 이 문장은 일단 고린도 교회의 상황이 깨끗이 해결되어서 고린도 교회가 바울에 대한 신뢰를 재천명한다면, 그가 서방으로의 선교를 위한 전진 기지로 고린도 교회를 사용하는 길이 열리게 될 것이라는("우리가 너희 지경을 넘어 복음을 전하려 함이라") 바울의 기대(*ἐλπίδα…ἔχοντες* – 엘피다…에콘테스)에 대한 서술이다. 분명히 바울은 이 복잡하게 뒤얽힌 문장을 통해서 몇 가지 작업을 하고 있다. (1) 그는 모든 일이 결국에는 잘될 것이라는 낙관론을 펴고 있다(엘피스〈*ἐλπίς*〉는 신약에서는 항상 하나님의 선한 목적에 대한 그리스도인들의 신뢰를 나타내는 "선한 소망"이라는 의미를 지닌다: Moule, *The Meaning of Hope*, Facet Book 5〈Philadelphia: Fortress, 1963〉 passim을 보라). (2) 그는 고린도 교인들의 믿음이 더 커지게 되는 것을 이러한 소망의 직접적인 대상이라고 말한다(아욱사노메네스 테스 피스테오스 휘몬〈*αὐξανομένης τῆς πίστεως ὑμῶν*〉은 절대적 속격이다. 하지만 피스티스〈*πίστις*〉는 바울의 복음에 대한 그들의 믿음 또는 바울의 선교에 대한 그들의 신실함을 의미하는데, 이것은 롬 1:11-12에서처럼 바울의 장래의 사역에 대한 버팀

목으로서의 역할을 하게 될 것이다: 로마 교인들의 믿음은 바울의 믿음을 견고하게 해주고 그로 하여금 서쪽으로 선교를 해 나갈 수 있게 힘을 줄 것이다. 그러므로 바울이 고린도 교인들의 믿음이 더 커지기를 바라는 것은 선교와 관련되어 있다). (3) (2)에 있어서 후자의 견해는 엔 휘민…카타 톤 카노나 헤몬(*ἐν ὑμῖν…κατὰ τὸν κανόνα ἡμῶν*, 직역하면 "우리의 선교 활동 영역에 따라서 너희 가운데서-또는 너희 눈 앞에서"; Barrett, 267)이라는 난해한 어구에 의해서 확증된다. 바울이 고린도 교인들의 충성의 결과라고 보는 것은 그들이 그가 자신의 합법적인 관할 구역의 일부로서 고린도에서 사역을 했다는 것을 인정하고자 하는 것이다. (4) 이것은 그가 선교 사역을 더욱 확장하기 위하여(*εἰς περισσείαν*-에이스 페리쎄이안, 16절에 부가된 어구: Héring, 75), 즉 그가 원래 고린도 교회에 가져왔던 것과 동일한 복음(14절)을 "너희 지경을 넘어"(*τὰ ὑπερεκεινα ὑμῶν εὐαγγελίσασθαι*-타 휘페레케이나 휘몬 유앙겔리사스다이) 전하기 위하여 원하는 토대다. 바울은 잠시 멈춰 서서 자신이 선교하고자 하는 지역들이 어디어디인지를 자세하게 말하지 않는다. 그러나 로마서 1:15; 15:23-39을 통해서, 우리는 바울이 로마와 서바나에 대한 선교를 염두에 두고 있었을 것이라고 어느 정도 자신 있게 말할 수 있다.

(5) 이러한 "원대한 계획"에 있어서 한 가지 부정적인 평가는 그런 말을 함으로써 그는 이 단락 전체를 관통하고 있는 대적자들의 명백한 비난(13, 14, 15절)에 대하여 굳이 답변하고자 하지 않는다는 것이다. 바울이 이제 막 끝나 가고 있는 동부 지중해에서의 사역을 넘어서서 그러한 지역들로 선교를 확장한다면(롬 15:19: *πεπληρωκέναι τὸ εὐαγγέλιον τοῦ Χριστοῦ*-페플레로케나이 토 유앙겔리온 투 크리스투), 그는 자기가 자랑하는 것(*καυχᾶσθαι*-카우카스다이)이 정당하다는 것을 변명할 필요가 없게 될 것이다. 왜냐하면 "다른 사람의 영역에서 이미 행해진 일"은 분명히 그가 자신의 선교 사역 속에서 다음 단계로 계획해 놓은 것을 포함하지 않을 것이기 때문이다. 에이스 타 헤토이마(*εἰς τὰ ἕτοιμα*)에 대한 언급은 에이스 타 휘페레케이나 휘몬(*εἰς τὰ ὑπερέκεινα ὑμῶν*)과 대응된다(부사와 함께 사용된 속격에 대해서는 BDF § 184를 보라). 바울은 "우리의 한계를 넘는" 지경(sc. *μέρη*-메레)에 "복음을 전하고"(*εὐαγγελίζεσθαι*-유앙겔리제스다이), 우리가 이르기 전에 다른 사람에 의해서 이미 "예비된"(*ἕτοιμος*-헤토이모스) 선교 사역에 대한 공로를 취하거나(Plummer, 290) 다른 지도자들이 그들의 사역 범위 내에서 행한 일들에 대한 공로를 자기가 취하는 것을 반대하고 있다(예를 들면, 안디옥에서의 베드로; 하지만 Theissen, *Social Setting*, 50, n. 53이 추측하듯이, 팔레스타인은 아

닐 것이다). 바울은 자신이 안디옥으로부터 고립되고 있다는 것을 점차 크게 느꼈지만(본서의 서론; M. Hengel, *Acts and the History of Earliest Christianity*, 123-26), 여기서는 그의 경쟁자들이 정당하게 허용된 영역을 가지고 있다는 것을 너그럽게 인정한다. 우리가 에이스 타 헤토이마(*εἰς τὰ ἕτοιμα*)를 엔 알로트리오 카노니(*ἐν ἀλλοτρίῳ κανόνι*)와 결부시킨다면, 이러한 의미는 상당히 확증된다. 각각의 선교 집단에게는 각자에게 예비된 영역, 즉 하나님이 각자에게 할당한 것에 대응되는 영역이 존재한다. 그렇지만 에이스(*εἰς*)와 부정사 유앙겔리사스나이(*εὐαγγελίσασθαι*)를 결합시킨 구문은 거칠은 것이어서, 빈디쉬(Windisch, 313)는 이 구문이 "용납될 수 없는" 것이라고 말한다. 15-16절의 구문론상의 복잡한 문제에 대한 논의로는 Héring, 75를 보라.

17-18 "자랑하는 자는 주 안에서 자랑할지니라 옳다 인정함을 받는 자는 자기를 칭찬하는 자가 아니요 오직 주께서 칭찬하시는 자니라"(*ὁ δὲ καυχώμενος ἐν κυρίῳ καυχάσθω…οὐ γὰρ ὁ ἑαυτὸν συνιστάνων, ἐκεῖνός ἐστιν δόκιμος, ἀλλὰ ὃν ὁ κύριος συνίστησιν*-호 데 카우코메노스 엔 퀴리오 카우카스도…우 가르 호 헤아우톤 쉬니스타논, 에케이노스 에스틴 도키모스, 알라 혼 호 퀴리오스 쉬니스테신). 바울은 자신의 전형적인 방식을 따라서 구약의 인용문에 보충적인 설명을 붙인 것(18절에서)을 통해서 자신의 요지를 견고히 뒷받침하고 있는데, 이것은 12절에 나오는 그의 논의의 첫 번째 부분을 18절에 나오는 결론부와 "수미쌍관법적 구조"로 결합시킨다. 여기서 연결고리가 되고 있는 단어는 쉬니스타네인(*συνιστάνειν*, "칭찬하다/천거하다")이다. 본문에서 문제가 되고 있는 것은 카논(*κανών*)과 그 경계에 관한 것, 즉 (1) 칭찬의 기준이 되는 것은 인간의 노력의 결과이기 때문에, 어떤 사람이 선교 사역을 통해서 행한 일로 인하여 칭찬받거나 책망 받는 것이냐, 아니면 (2) 칭찬이 유효한지를 판단하는 "주"로부터의 평가가 기준이 되어서 오직 주로부터 칭찬받는 자만이 "옳다 인정함을 받는"(*δόκιμος*-도키모스; 13:3-5에 대한 복선임이 분명하다: Bultmann, 199) 것이냐는 문제다.

본문에 나온 구약 인용문의 출처는 예레미야 9:22-23(LXX)인데, 이 구절의 핵심에 다음과 같은 행이 나온다.

> *ἀλλ' ἢ ἐν τούτῳ καυχάσθω ὁ καυχώμενος*-알 헨 엔 투토 카우카스도 호 카우코메노스: "자랑하는 자는 이것을 그의 자랑으로 삼으라."

예레미야의 예언을 여기서와 비슷하게 사용하고 있는 것에 대해서는 고린도전서

1:31을 참조하라.

바울은 하나님의 이름을 포함시킴으로써(*ἐν κυρίῳ*-엔 퀴리오) 자신의 요지가 강조되도록 인용문을 손질하고 있는데, 이 하나님의 이름은 이어지는 절 속에서 다시 사용된다: "옳다 인정함을 받는(*δόκιμος*-도키모스) 자는 자기를 칭찬하는(*συνιστάνων*-쉬니스타논) 자가 아니요 오직 주께서 칭찬하시는 자니라"(여기서 퀴리오스⟨*κύριος*⟩는 높아지신 예수를 가리키는 것 같고⟨Kramer, *Christ, Lord, Son of God*, sec. 43*a*, n. 570⟩, "주 안에서"는 17절에서 할랄 베⟨הלל ב⟩의 용법과 일치한다⟨ibid., 50a, n. 651⟩).

결론부는 바울의 주된 취지를 강화시킨다: 하나님의 카논(*κανών*)에 따라서 하나님의 계획으로부터 나온 것임과 동시에 하나님의 영광(이것의 반대는 자화자찬이다)을 더욱 드러내고자 하는 그리스도인의 일만이 하나님의 궁극적인 시험을 통과할 수 있다. 이것은 바울의 자신의 행위에 대한 변호(apologia pro vita sua)에 있어서 주요한 단언인데, 그는 자신의 행위(vita)가 고린도에서와 그 밖의 다른 지경들에서의 하나님의 지속적인 선교와 결부되어 있는 것으로 여긴다. 이와 비슷한 정서는 고린도전서 15:10; 로마서 15:17; 갈라디아서 2:8(참조. 엡 3:7, 8)에서 찾아볼 수 있다.

## 해설

사도는 이제 일련의 잘못된 가치들을 들어서 그의 대적들을 비난함으로써(12절) 공격을 취하는 것으로 자신에 대한 "변호"를 개시한다(역설적으로). 이와 동시에, 그는 자기가 하나님께서 자신의 선교 사역을 위하여 정해 주신 한계를 벗어나지 않았다는 것을 분명히 한다. 그는 무엇보다도 특히 이방인들의 사도이고, 이것은 그가 회심하고 부르심을 받았을 때 그에게 구체적으로 주어진 소명이며(행 9:15; 22:21에 의하면), 예루살렘에서의 합의에 따라서 "기둥" 같은 사도들에 의해서 인정 받은 소명이다(갈 2:9). 실제로 이방인들에 대한 선교는 하나님이 직접 그에게 배정해 주신 그의 특별한 영역이다(13절). 그리고 고린도는 유대인들보다는 이방인들이 훨씬 더 많이 살고 있던 곳으로서 그러한 범주에 속한다.

이러한 언급은 분명히 유대 그리스도인들이 이방 교회의 지체들을 못살게 괴롭히면서 복종의 멍에와 어떤 잘못된 신앙을 그들에게 억지로 부가하려고 애쓰고 있는 것을 견제하기 위한 것이다(11:3, 4, 20). 바울은 어떤 전도자가 고린도 교회에서 "한계를 벗어난" 것이 있다면, 그것은 바울 자신이 아니라 자신들에게 할당된 한계를 넘어서서 자신들이 맡은 고유의 "활동 근거지"를 존중하지 않은 침입자들이라고 답변한다(11:12을 보라).

바울은 자신이 고린도에 처음 이르렀을 때 깨끗한 양심으로 고린도에 왔고, 다른 그리스도인들의 선교 영역을 "침범하고자" 하는 의도는 전혀 없었다고 역설하면서(15-16절; 참조. 롬 15:20) 자신의 결백함을 아주 조심스럽게 정당화한다(14절).

인간적으로 말해서, 고린도 교회를 세운 것은 자기였다는 바울의 주장은 정당한 것이었다(고전 3:6: "나는 심었고"). 고린도 교회에 나중에 등장한 전도자들은 과연 바울의 사역을 침범할 권한을 가지고 있는 것인가(고전 9:1; 고후 3:2)? 그들에게 위임된 권한은 고린도 교회에서는 통하지 않는 것이었다.

그렇지만 복음 전도와 관련된 "분업"과 관할 구역에 관한 문제에서 최종적인 결정자는 사람들로 구성된 위원회가 아니고, 또한 그리스도인들 간에 만들어진 합의도 주께서 명하신 것이 아니라면 별 소용이 없다. 하나님은 그의 종들이 그들 사이에 한 약속과 합의를 존중하기를 바라시고, 선교 구역과 관련된 합의를 무시하고 무책임하게 행동하지 않기를 바라신다. 그러나 그것은 하나님께서 행하시는 일이고, 복음 전도에서의 성공은 하나님으로부터 오며, 모든 공로와 영광은 오직 하나님에게만 속한다(렘 9:24를 인용한 17-18절).

데니(Denney, 309)는 자주 그러하듯이 여기서도 사도의 메시지를 시간을 초월하는 방식으로 적용한다.

> 이 단락 전체에 걸쳐서 두 가지 감정이 뒤섞여 있다: 복음은 모든 피조물에게 전파되어야 한다는 하나님의 뜻에 대한 강렬한 공감 – 바울의 영혼은 그러한 공감으로 가득 차 있다. 다른 사람의 땅에 슬며시 침입해 들어와서, 모든 사람들을 선한 제자들로 만드는 것보다는 분파를 형성해서 몇몇 사람들을 훌륭하게 보이게 만드는 데 더 신경을 쓰는 자들에 대한 강한 경멸.

# C. 대적들의 정체를 드러내고 반박함(11:1-15)

## 참고문헌

**Barrett, C. K.** *Essays on Paul.* "Christianity at Corinth." 1-27. ______. ibid. "Paul's Opponents in 2 Corinthians." 60-86. ______. ibid. "*ΨΕΥΔΑΠΟΣΤΟΛΟΙ*(2 Cor 11.13)." 87-107. **Betz, H.-D.** *Der Apostel Paulus und die sokratische Tradition.* **Black, D. A.** *Paul, Apostle of Weakness.* **Ellis, E. E.** "Paul and His Opponents." In *Prophecy and Hermeneutic in Early Christianity,* 80-115. Grand Rapids: Eerdmans, 1978. **Fahy, T.** "St. Paul's 'Boasting' and 'Weakness.'" *ITQ* 31(1964) 214-27. **Friedrich, G.** "Die Gegner des Paulus im 2 Korintherbrief." *Abraham unser Vater.* 181-221. **Georgi, D.** *Die Gegner des Paulus im 2. Korintherbrief.* **Goppelt, L.** *Apostolic and Post-Apostolic Times.* Tr. R. A. Guelich. New York: Harper/London: A. & C. Black, 1970. **Hainz, J.** *Ekklesia.* 157, 158. **Holsten, C.** "Zur Erklärung von 2 Kor 11, 4-6." *ZWT* 16 (1873) 1-56. **Horsley, G. H. R.,** ed. *New Documents Illustrating Early Christianity (1976).* North Ryde, NSW: Macquarie University, 1981. **Judge, E. A.** "Paul's Boasting in Relation to Contemporary Professional Practice." *ABR* 16(1968) 37-50. ______. "Cultural Conformity and Innovation in Paul: Some Clues from Contemporary Documents" *TynB* 35(1984) 3-24. **Käsemann, E.** *Die Legitimität des Apostels: eine Untersuchung zu II Korinther 10-13.* **Kee, Doyle.** "Who Were the 'Super-Apostles' of 2 Cor 10-13?" *RestQ* 23(1980) 65-76. **Kleinknecht, K. T.** *Der leidende Gerechtfertigte.* **Marshall, P.** "Invective: Paul and his Enemies at Corinth." *In Perspectives on Language: Essays and Poems in Honor of Francis I. Andersen's Sixtieth Birthday.* ed. E. W. Conrad and E. G. Newing. Winona Lake, IN: Eisenbrauns, 1987. **McClelland, S. E.** "'Super-Apostles, Servants of Christ, Servants of Satan,' A response"[to M. E. Thrall]. *JSNT* 14(1982) 82-87. **Mozley, J. F.** "2 Cor 11:12." *ExpTim* 42 (1930-31) 212-14. **Munck, J.** *Paul and the Salvation of Mankind.* 1959. **Oostendorp, D. W.** *Another Jesus. A Gospel of Jewish Christian Superiority in II Corinthians.* Kampen: Kok, 1967. **Schlatter, A.** *Paulus, der Bote Jesu*[3], 1962. **Schütz, J. H.** *Paul and the Anatomy of Apostolic Authority.* **Theissen, G.** *The Social Setting of Pauline Christianity. Essays on Corinth.* ______. *Sociology of Early Palestinian Chri-*

*stianity*. Tr. J. Bowden. Philadelphia: Fortress Press, 1978. **Thrall, M. E.** "Super-Apostles, Servants of Christ and Servants of Satan." *JSNT* 6(1980) 42-57. **Travis, S. H.** "Paul's Boasting in 2 Corinthians 10-12." SE VI(TU 112, 1973) 527-32. **Ward, R. B.** "The Opponents of Paul." *RestQ* 10(1967) 185-95. **Zmijewski, J.** *Der Stil der paulinischen "Narrenrede." Analyse der Sprachgestaltung in 2 Kor 11, 1-12, 10 als Beitrag zur Methodik von Stiluntersuchungen neutestamentlicher Texte*. Köln-Bonn: Hanstein, BBB 52, 1978.

## 본 문

**1** 원컨대 너희는 나의 좀 어리석은 것을 용납하
라 청컨대 나를 용납하라
**2** 내가 하나님의 열심으로 너희를 위하여 열심
내노니 내가 너희를 정결한 처녀로 한 남편인 그
리스도께 드리려고 중매함이로다

**1** I would[a] that you might put up with my little
display of folly! Yes, please put up with me![b]
**2** for I am jealous for you, with a jealousy God
inspires [in me], because I have promised you in
marriage to a single husband, even Christ, to pre-
sent you to him an undefiled virgin.

**3** 뱀이 그 간계로 이와를 미혹케 한 것같이 너희
마음이 그리스도를 향하는 진실함과 깨끗함에서
떠나 부패할까 두려워하노라
**4** 만일 누가 가서 우리의 전파하지 아니한 다른
예수를 전파하거나 혹 너희의 받지 아니한 다른
영을 받게 하거나 혹 너희의 받지 아니한 다른 복
음을 받게 할 때에는 너희가 잘 용납하는구나

**3** My fear, however, is that just as the snake led
Eve astray by craftiness, so your minds should be
corrupted from a sincere commitment[c] to Christ.
**4** For if the person who has come to you pro-
claims a rival Jesus, whom we did not proclaim
or if you welcome a different Spirit, which you
did not welcome [in our message] or if [you
accept] a different gospel, which you did not
accept [as our Gospel] then, you put up with[d]
this person right well!

**5** 내가 지극히 큰 사도들보다 부족한 것이 조금
도 없는 줄 생각하노라
**6** 내가 비록 말에는 졸하나 지식에는 그렇지 아
니하니 이것을 우리가 모든 사람 가운데서 모든
일로 너희에게 나타내었노라

**5** For I counted myself to be in no way inferior
to "the highest ranking apostles"!
**6** I may indeed be untrained in public speaking,
but I am not [deficient] in knowledge [of the
truth]. Rather, in every way we have made
[God's truth] known to you as to all.

**7** 내가 너희를 높이려고 나를 낮추어 하나님의
복음을 값없이 너희에게 전함으로 죄를 지었느냐

**7** Did I do wrong in humbling myself that you
might be lifted up, because I proclaimed the Good
News of God to you without levying a charge?

**8** 내가 너희를 섬기기 위하여 다른 여러 교회에
서 요를 받은 것이 탈취한 것이라

**8** Rather, I robbed other congregations, taking
my expenses [from them] in fulfillment of my
ministry to you

9 또 내가 너희에게 있어 용도가 부족하되 아무에게도 누를 끼치지 아니함은 마게도냐에서 온 형제들이 나의 부족한 것을 보충하였음이라 내가 모든 일에 너희에게 폐를 끼치지 않기 위하여 스스로 조심하였거니와 또 조심하리라

9 and when I was with you and ran into need, I laid no [financial] burdens on anyone; for it was the brothers who arrived from Macedonia who made good my deficiency. In all ways I kept myself from being a burden to you, and I will continue to do so.

10 그리스도의 진리가 내 속에 있으니 아가야 지방에서 나의 이 자랑이 막히지 아니하리라

10 As certain as God's truth is on my side, this boasting of mine will not be stopped in the districts of Achaia.

11 어떠한 연고뇨 내가 너희를 사랑하지 아니함이냐 하나님이 아시느니라

11 How so? Is it because I do not love you? God knows I do.

12 내가 하는 것을 또 하리니 기회를 찾는 자들의 그 기회를 끊어 저희로 하여금 그 자랑하는 일에 대하여 우리와 같이 되게 하려 함이로라

12 The course I have taken I will keep to, that I may put an end to the opportunity of those men who are seeking such an opportunity to be regarded, in what they boast of, as just like us.

13 저런 사람들은 거짓 사도요 궤휼의 역군이니 자기를 그리스도의 사도로 가장하는 자들이니라

13 On the contrary, these people are bogus apostles, workers of deceit, masquerading as Christ's apostles.

14 이것이 이상한 일이 아니라 사단도 자기를 광명의 천사로 가장하나니

14 Do not be surprised at that;[e] for Satan himself masquerades as a messenger of light.

15 그러므로 사단의 일꾼들도 자기를 의의 일꾼으로 가장하는 것이 또한 큰 일이 아니라 저희의 결국은 그 행위대로 되리라

15 It is no great surprise, then, if his servants too masquerade as servants of righteousness. Their fate will be what their deeds deserve.

## 원문주해

a. P[46] ℵ B와 그 밖의 다른 필기체 사본들을 따라서 오펠론(ὄφελον, 논증 없이: BDF § 67.2)으로 읽는다. D[3] F G K L Ψ에 나오는 오펠론(ὤφελον)이라는 읽기는 고전 헬라어에 나오는 형태이지만, 에이데(εἴθε)와 함께 사용되고 그 뒤에는 부정사가 온다(BDF § 359.1는 신약에서 이 구문은 이루어지지 못한 소원을 표현하는 데 사용되는 것으로 본다). 바울은 아이러니를 전달하기 위해서 탄성을 동사가 아니라 불변사로 사용하는 경향을 보여 준다(갈 5:12; 고전 4:8). 알라(ἀλλά)가 이루어지지 못한 소원을 어떤 식으로 수식하고 수정하는지를 주목하라. "원문주해" b를 보라.

b. 아네케스데(ἀνέχεσθε)는 일종의 명령으로 보는 것이 가장 좋다(BDF § 448.6: "나는 단지 소원만을 표현하고자 하는 것이 아니라, 너희에게 간청하고자 한다"). 또 다른 대안은 이 동사를 직설법으로 번역하는 것이다: "그러나 너희는 이미 그렇게 했다." Plummer, 293에서는 이 동사를 직설법으로 이해하게 되면, 지금 말해지는 것을 강조하기 위한 카이(καί)와 더불어서 더 많은 수정과 강조가 행해지는 것이라고 생각한다.

Lietzmann, 144는 알라 카이(ἀλλὰ καί)를 앞에 나온 진술을 뒤집고서 선언적인 구절을 도입하는 역접의 의미로 해석해야 한다고 주장하는데, Bultmann, 201도 마찬가지다. 그러나 알라(ἀλλά)를 계사로 보게 되면(Barrett, 271: "나는 너희가 정말 그렇게 하기를 원한다"), 다음에 나오는 내용으로 넘어가는 것이 좀더 부드러워진다(Robertson, *Grammar*, 1186).

c. 본문상의 문제는 카이 테스 하그노테토스(καὶ τῆς ἁγνότητος, "그리고 정결함의")가 그리스도에 대한 "헌신에서"(ἀπὸ τῆς ἁπλότητος-아포 테스 하플로테토스) 뒤에서 원래의 문장의 일부인지에 달려 있다. 긴 본문은 $P^{46}$ ℵ* B G $syr^{h}$ $cop^{sa,bo}$ goth eth에서 발견된다. 그러므로 이 어구를 생략하고 있는 사본들($ℵ^{c}$ Dc H K P ψ lat $syr^{p,h}$ arm)과 이 어구를 지니고 있지만 테스 하플로테토스(τῆς ἁπλότητος, Ambrose, Augustine with Lucifer—모든 라틴 교부들)를 배제하고 있는 사본들은 필사자가 동일한 어미를 지니고 있는 단어들(두 경우 모두에 -οτητος: 즉 "유사 종결"〈homoeoteleuton〉에 의해서)을 지나친 것으로 설명될 수 있을 것이다. 그렇지만 D* $it^{d}$ Epiphanius는 명사들이 반대의 순서로 나오기 때문에, 본문상의 문제가 완전히 해명되었다고 할 수는 없다. Lietzmann, 145에서는 하그넨(ἁγνὴν, "정결한"; 2절) 때문에 3절의 명사가 생겨난 것이라고 보는데, 이러한 견해는 일리가 있다. Barrett, 270에서는 하그노테스(ἁγνότης)의 위치가 다양하다는 것은 나중에 본문이 확장되었음을 보여 주는 것이라고 지적한다(lectio brevior potior의 원칙 위에서). 그러나 Allo, 276과 Hughes, 376에서는 이것을 중복오사에 의한 생략이 아니라 중자탈락을 근거로 포함시킬 것을 주장한다(Windisch, 325). *Textual Commentary*, 583, 584를 보라.

d. 칼로스 아네케스데(καλῶς ἀνέχεσθε, "너희가 잘 용납하는구나"; $P^{46}$ B D* 33 sa)라는 읽기는 반어법적인 진술로 읽는 것이다(Plummer, 297). 다른 읽기인 아네이케스데(ἀνείχεσθε, ℵ $D^{3}$ 대문자 사본들, lat)는 비록 안(ἄν)이 사용되고 있지는 않지만, "만일 그런 일이 생기면"이라는 조건의 요소를 첨가한 것이다: "그가 전파한다면 너희는 그를 용납하고자 한다." 그러나 바울은 고린도 교인들이 바울의 대적들이 된 선교단에 대하여 대접한 방식과 관련해서 의구심을 갖고 있는 것은 아니다. 또한 이 문장을 의문문으로 보고서, 고린도 교회에 출현한 다른 선교사와 관련된 단순한 질문을 던지는 것으로 보는 견해도 설득력이 없다. Schlatter, *Paulus*, 635에서는 이 선교사가 결정권자로 생각되었던 베드로를 대신하여 예루살렘에서 파송된 것이라고 생각한다(Schiedsrichter). Käsemann, *Die Legitimität*, 15, Bultmann, 203, n. 16에서 그렇게 규정하는 것은 불가능하다고 역설한 것은 옳다. 왜냐하면 하네케스데(ἀνέχεσθε)와 함께 사용된 칼로스(καλῶς) 구문은 (1) 가설적인 경우가 아니라 실제적인 경우를 가리키는 것이고, (2) 19절의 어조와 마찬가지로 고린도 교회에서의 가상적인 문제가 아니라 실제적인 문제를 드러내는 것이기 때문이다(Strachan, 18를 보라).

e. 우 다우마(*οὐ θαῦμα*)는 ℵ B D* F G의 읽기이고, D[b,c] E K에서는 우 다우마스톤(*οὐ θαυμαστόν*)이라는 다른 읽기가 발견된다. 후자는 잘 사용되지 않는 용어를 칠십인역에서 자주 발견되고 신약성경에서도 꽤 자주 나오는 잘 알려진 용어로 바꾸기 위한 시도인 것 같다.

## 양식/구조/배경

중요한 결정이 11:1-15의 해석자를 기다리고 있다. 이 단락을 바울이 선교 사역과 관할 구역에 관한 논쟁이라는 그의 주된 주제(10:12-18)에서 잠시 떠나 11:16에 가서 다시 "자랑"(10장과 11:18-21과 이후의 장들 속에 나오는 카우카스다이〈*καυχᾶσθαι*〉)이라는 공통의 연결고리를 통해서 그 주제로 되돌아오기 위한 하나의 간주곡 정도로 치부하는 것은 해석자들의 가장 간단한 선택이 된다. 또 다른 대안은 10:13-18을 비록 주된 주제와 연결되어 있기는 하지만 하나의 여담으로 보는 것이다. 그런 후에 11:1에서 독자들은 분노의 표출에 의해서 선도되는 새로운 주제의 시작을 맞닥뜨리게 된다(Barrett, 271; Plummer, 292). 어떤 학자들은 이 두 단락이 정밀한 연결 관계를 가지고 있지는 않고 단지 모호하게만 연결되어 있는 것으로 본다(Hughes, 372).

우리의 선택은 바울이 이제까지는 자세하게 밝혀지지 않았던 새로운 위협, 즉 다른 선교사들이 고린도 교회에 출현해서(11:4) 고린도 교인들에게 극히 해로운 영향을 미치고 있는 상황(11:13-15)에 대처하는 데 눈을 돌리고 있다는 점을 근거로 해서 첫 번째 대안을 선호하는 것이다. 사실 "자랑하다"라는 말이 이 단락 속에 나오기는 하지만(11:10, 12), 10:13-18에서 아주 두드러지게 부각되었던 사도적 권위와 "선교 영역"(Missionsgebiet)이라는 쟁점은 그 주제가 새로운 강조점을 지니고서 전개되는 11:16이 될 때까지는 재개되지 않는다. 거기서의 문제는 이런 것이다: 왜 고린도 교인들은 외부 세력이 자신들을 주관하도록 허용했는가(11:20)? 좀더 구체적으로 말하면, 왜 그들은 일련의 인상적인 신임장들을 그들에게 보여 준 바 있는 그들의 사도인 바울을 경멸했는가(11:21-33)? 그는 고린도 교인들로부터 돈을 받는 것을 거절한 자신의 일관된 관행에 계속해서 충실했던 자가 아니던가(8-11절)? 케제만(Käsemann, *Die Legitimität*, 37 et passim)이 명확하게 보여 주었듯이, 논쟁의 중심은 누가 합법적인 사도냐는 것이었고, 이 문제는 "증거와 관련된 문제"(Evidenzproblem, Betz, *Der Apostel Paulus*, 132-37), 즉 어떤 종류의 증거(*δοκιμή*-도키메)가 그리스도의 참된 종임을 입증해 주는가, 좀더 구체적으로 말하면 그리스도인으로서의 실존의 중심은 어디에서 찾아볼 수 있는가라는 문제에 달려 있었다. 그것은 선교에서의 성공과 그에 따라서 신자들 위에 군림하며 "자랑하는 것" 속에서 찾아볼 수 있는 것인가, 아니면 바울 자신의 약함 속에서의 강함에서 찾아볼 수 있는 것인가? 이 단락의 중심에는 무대를 설정하는 하나의 문장이 놓여 있다: 12절에서 바울은 대적자들이 그들의 복음을 자랑하는 것을 핵심적인 쟁점으로 삼는다. 그들은 자신들이 바울의 선교 사역과 동일한 조건 하에서 자신들의 사역을 실천하고 있다고 주장했다. 바울은 10:13-18로 거슬러 올라가는 이유들과 13:1-4에 나오는 결정적인 반박과 관련된 이유들을 들어서 그들의 그러한 주장을 단호하게 부정한다. 이것은 이 논의의 핵심으로서 - 그 기본적인 차원에서 - 바울에게 그의 "변증의 패턴"(*τύπος ἀπολογητικός* - 튀포스 아폴로게티코스, Windisch, 8은 Demetrius of Phalerum, *Typi epistolares*, 18를 인용해서 그렇게 부른다)을 진술할 "기회"(*ἀφορμή* - 아포르메, 11:12)를 제공해 준다. 또한 베츠(Betz)는 이 장들을 "서신 형태로 된 변호"(ibid., 14)라고 좀더 섬세하게 지칭한다.

10-13장의 몇몇 단락들에 관한 이러한 입장은 여러 가지 방식으로 옹호될 수 있다. 그러나 현재 우리가 살펴보고 있는 11:1-15의 단락과 관련해서 어떠한 결론이 도출되든지 간에, 우리는 이 장들의 핵심인 11:1-12:10의 문체적이고 수사학적이며 문학적인 특징들에 대한 포괄적인 검토를 바탕으로 한 즈미쥬스키(Zmijewski)의 결론들을 주목할 필요가 있다(이하의 내용들은 *Der Stil*, esp. 412-22에서 가져온 것이다). 그는 이 절들이 반어법, 비꼼, 짐짓 겸손한 체하는 것, 단어 유희, 통렬한 비난, 수사학적인 비교(헬. "쉰크리시스")가 중요한 역할을 하는 "어리석은 자의 변(辯)", 즉 공들여서 단어들을 선택하고 세심하게 구상하여 쓴 "Narrenrede"를 담고 있는 것으로 본다. 그렇지만 그는 자서전으로서의 바울 자신의 개인적인 기여가 지닌 역할을 폐기하거나 폄하하려고 하지 않는데(Kleinknecht, *Der leidende Gerechtfertigte*, 264-66에서는 실제로 바울의 자전적이고 실제적인 체험들에 대한 관심을 바울을 이해하기 위한 열쇠라고 부른다), 이러한 관심은 11:22-33에 나오는 "환난 목록"("페리스타세이스")을 통한 바울의 논증 속에 집중되어 있다. 이 경우에 있어서 즈미쥬스키(Zmijewski)는 바울은 수사학적인 양식들을 사용하고 있기는 하지만 문학적인 양식(Genos) 자체에 대해서는 큰 관심을 보이지 않고, 단지 그가 그런 것을 사용할 수 있기 때문에 사용하는 것뿐이며, 그의 대적들을 그들이 말하고 있는 근거 하에서 다룰 수밖에 없었기 때문에 그렇게 한 것뿐이라는 취지의 프륌(Prümm, *Diakonia* 2:96)의 입장과 일치한다. 그는 철학자들과 궤변론자들 간의 논

쟁 양식을 이 두 개의 긴 장에서 주요하게 고려해야 한다고 주장하는 베츠(Betz, ibid., 121, 122)와 결별한다. 즈미쥬스키(Zmijewski, ibid., 424)는 시적인 이행구(parallelismus membrorum), 12:2-47에서의 이행구들의 사용, 11:8, 9, 32, 33에서 병렬적으로 문장들을 나열한 것, 11:5, 6에서 정형 동사들과 하나의 분사를 사용하고 있는 것, 구약의 기자들과 랍비들이 "가벼운 것과 무거운 것"이라는 이름 하에 사용했던 "하물며" 논법(a minori ad maius)의 논증이 11:13, 14에서 사용되고 있는 것, 12:7b에서 신학적인 "신성 수동태"가 사용된 것(하나님에 의해서 "내게 주어졌다"), 12:1에서 동사를 문장의 처음에 놓은 것, "내가 그의 손들을 피했다"(11:33) 같은 특징적인 유형의 표현, 11:9에서 파론(*παρών*)에 프로스(*πρός*)를 사용하고("내가 너희와 함께 했다"), 12:5, 9에서는 카우카스다이(*καυχᾶσθαι*)와 함께 휘페르(*ὑπέρ*) 또는 엔(*ἐν*)을 사용하며, 12:10에서 유도코(*εὐδοκῶ*)와 함께 엔(*ἐν*)을 사용하는 등 헬라어에서 이례적인 전치사를 사용한 것들, 12:2에서 "…할 때"("time when")를 사용한 표현 방식 등과 같이 셈어적인 것으로 분류될 수밖에 없는 문체상의 특이점들을 지적한다-이 모든 특징들은 구약 및 랍비적인 사고 방식에서 기인한 문체를 보여 주는 것으로 인용된다(J. H. Moulton-N. Turner, *Grammar* 4, Edinburgh: T. & T. Clark, 1976, 86-99를 보라).

물론 베츠(Betz, *Der Apostel Paulus*)는 헬라 세계로부터 가져온 많은 대비되는 병행들을 제시하고, 즈미쥬스키(Zmijewski)가 거의 다루지 않았던 13장, 특히 13:1-4 속에서 그의 주장을 뒷받침해 주는 주된 증거들 중의 하나를 발견해 낸다. 따라서 최종적인 결정은 우리가 나중에 그러한 절들을 모두 다룬 후로 미루어져야 한다.

현재로서는 우리는 10:11에 토대를 둔 즈미쥬스키의 주된 주장을 근거로 사용할 수 있을 것이다(근본적인 가치를 지니는 몇몇 부차적인 논점들이 존재한다. 예를 들면 바울의 변호는 그리스도 중심적이다: 11:10, 23a; 12:9, 10을 보라; 고린도 교인들에 대한 바울의 모든 관계 속에서 가장 크게 부각되고 있는 것은 그의 목회적인 동기들이다. 중심적인 문제는 아스데네이아/뒤나미스〈*ἀσθένεια*/*δύναμις*, "약함/강함"〉와 연관되어 있는 사도의 자기 이해다; ibid., 419-21). 우리는 즈미쥬스키의 견해를 따라서 10:11이 그 뒤에 나오는 모든 내용을 위한 무대를 설정하는 것으로 봄으로써(ibid., 432, 433) 10:13-18이 중심적인 쟁점이라는 확증을 발견하게 된다. 이 절(10:11)은 우리를 주로 선교 영역과 관련된 내용을 다루고 있는 앞의 단락으로 데려다 준다. 그러나 고린도 교회에서는 바울의 인격과 그의 효과적인 사역 간의 대비로부터 생겨난 우선적인 관심사가 존재했다(Windisch, 307). 대륙의 학자들(예를 들면, Windisch, loc. cit.; Bultmann, 193; Schlatter, ibid., 622)은 로고스(*λόγος*, "말")와 에르곤(*ἔργον*, "행위")의 대비가 고린도 교인들과 바울의 논쟁의 중심에 있다는 것을 강조해 왔다. 그가 연약하고(즉 소심하고 시류에 편승하는) 언변이 없다는 비난에 대답하여, 바울은 자신이 멀리에서(*ἀπόντες*-아폰테스) 보낸 서신에서 힘을 보여 준 것처럼 고린도 교회에 가게 되면 그것과 비슷한 강력한 성품(*παρόντες τῷ ἔργῳ*-파론테스 토 에르고)을 보여 줄 것이라고 응수한다.

이것에 비추어 볼 때, 11:1-15의 흐름은 두 가지 현실을 정면으로 다루기 위한 것이다. (1) 바울의 대적들은 고린도 교회에서 자신들만이 합법적인 사도들이라는 그들의 주장에 편승하여 고린도에 이르렀고, 바울은 그들의 활동을 눈치챘다(11:4). (2) 바울은 명확한 어조로 그들을 규탄하고(11:12-15) 고린도 회중에 대한 그들의 영향력을 차단함으로써 그가 나중에 고린도 교회에 가게 될 때 무슨 일이 일어날 것인지에 대하여 말한다. 그들의 주장과 그의 사역 중에서 어떤 것이 더 강력한가와 관련된 힘 겨루기에서 바울은 자기에게는 수사학적인 재주(*λόγος*-로고스, 이것은 바울의 강점이 대중적인 설교가 아니라 편지를 쓰는 것에 있다고 말하는 10: 11과 연결된다: 고전 2:1-5을 보라)가 없다는 것을 솔직하게 인정하지만(ad hominem), 자신이 고린도 교인들에게 이미 보여 준(*φανερώσαντες*-파네로산테스, 11:6, 이것은 4:2과 연결된다) 것, 즉 자신의 사역 가운데 "모든 점에서" 나타난 성령의 아포데익시스(*ἀπόδειξις*, 6:4의 엔 판티 쉬니스탄테스 헤아우투스 호스 데우 디아코노이〈*ἐν παντὶ συνιστάντες ἑαυτοὺς ὡς θεοῦ διάκονοι*〉와 연결된다; 이와는 대조적으로, 그의 원수들은 사탄의 디아코노이〈*διάκονοι*, "일꾼들"〉다, 11:15)와 자신의 복음을 토대로 고린도 교인들에게 충성을 요구한다. 사도의 말(*λόγος*-로고스)과 행위(*ἔργον*-에르곤, 즉 고난받는 사도로서의 그의 처신)는 이렇게 서로 결합되어 있어서 "분리될 수 없다"(Schlatter, ibid., 622에서는 바울은 "교회를 세워 나가는 자신의 일을 위하여 살아간다"는 말을 덧붙인다; Schütz, *Paul and the Anatomy of Apostolic Authority*, 182에서 13:10을 인용해서 오이코도메(*οἰκοδομή*)라는 견지에서 묘사하고 있듯이, 바로 그 점에서 사도로서의 권세와 "공동체에 대한 책임감"을 바울은 말할 자격이 있었다). 그러나 그러한 사도적 권세는 필연적으로 그에게 정면으로 대적하는 자들을 엄하게 다스리고 고린도 교인들을 이전의 충성으로 되돌아오게 하고자 하는 관심을 내포할 수밖에 없었다. 왜냐하면 그는 그리스도의 종으로서(11:10) 고린도 교회에서 복음 신앙이 제대로 잘 자라나도록 헌신할 책무가 있었기 때문이다. 또한 이것과 더불어서 바울이 고린도 교회를 자신의 선교 전략의 핵심적인 본거지로 삼고 투자한 것도 이 문제와 결부되어 있었다. 따라서 11:10에 나오는 그의 기독론적인 기원(祈願)과 11:15에 나오는 그의 종말론적인 탈리오의 법칙(lex talionis: 그들의 "결국"〈telos〉은 10:11과 연결되어서 그들의 행위들〈*ἔργα*-에르가〉과 대응될 것이다: 내가 그들에게 갈 때에 나의 행위〈*ἔργον*-에르곤〉도 그렇게 될 것이다) 속에 추가적인 통렬함이 존재한다. 이렇게 해서 수미쌍관법적 구조를 지닌 논증은 바울이 고린도 교회를 방문할 때 사탄의 사자들에 의해서 이끌어진 약간의 반대라도 발견하는 경우에는 그가 심판하겠다고 경고한 그러한 행위(*ἔργα*-에르가)에 대하여 저주 문구를 선언하고 있는 11:15에서 끝이 난다.

11:1-15이라는 좀더 큰 틀 속에서 13-15절은 내용뿐만 아니라 문체상으로도 분명하게 구별되고 구분되는 단락을 형성한다(Zmijewski, *Der Stil*, 166, 167). 다음과 같은 특징들이 두드러진다: 스타카토식의 표현들(14a, 15a, 15b절), 지배적인 명사 형태들, 문장 구조에 있어서의 병행법들, 셋씩 묶여져 있는 열거법 같은 수사학적 숫자들(13절), 단어들의 반복, 예를 들면 메타스케마티제스다이(*μετασχηματίζεσθαι*, 3x), 디아코노이(*διάκονοι*, 2x), 대비되는 쌍들, 예를 들면 "거짓 사도들"/"그리스도의 사도들", "사탄의 종들"/"의의 종들"(이것은 동의어에 의해서 보충된다, "종들"="그리스도의 사도들"), 15절에서 순환적인 단어 배치(*οἱ διάκονοι*-*ὡς διάκονοι*, *ὧν*-*αὐτῶν*〈호이 디아코노이-호스 디아코노이, 온-아우톤〉)와 두운법을 통해서 여러 단어들이 서로 다른 뉘앙스를 보여 주는 기법(-*οι*로 끝나는 13절의 여러 단어들), 좀더 중요한 것은 아마도 논증 양식일 것이다: 주제 제시(propositio, 13절), 해설(ratio, 14절), 결론(conclusio, 15a절), 예변법적인 판단 문구(proleptic judgment-formula, 15b절). 이 하위 단락 전체는 대적자들을 첫 부분과 마지막 부분에서 언급하는 수미쌍관법적 구조로 정교하게 구성되어 있고, 랍비들이 사용했던 논증 방식인 점층법(a fortiori: "가벼운 것"/"무거운 것")이 사용되고 있다(Bultmann, 211).

그 밖의 다른 문체상의 특징들은 주변의 절들에 의해서 공유되고 있는데, 그 특징들은 다음과 같은 것들을 포함한다: 반복(9c, 12절), 7절의 자유롭게 풀어 쓴 문체(*Umschreibungsstil*): 헤마르테라(*ἡμάρτησα*) 대신에 사용된 하마르티안 에포이에사(*ἁμαρτίαν ἐποίησα*), 강력한 감정적 내용을 담은 단어들을 삽입하는 것, 예를 들면, 쉴란(*συλᾶν*, "빼앗다"), 아가판(*ἀγαπᾶν*, "사랑하다"), 에크콥테인(*ἐκκόπτειν*, "잘라내다"), 프라쎄인(*φράσσειν*, "멈추다"). Zmijewski, ibid., 187를 보라.

## 주석

1 "원컨대 너희는 나의 좀 어리석은 것을 용납하라 청컨대 나를 용납하라"(*ὄφελον ἀνείχεσθέ μου μικρόν τι ἀφροσύνης· ἀλλά καὶ ἀνέχεσθέ μου*-오펠론 아네이케스데 무 미크론 티 아프로쉬네스 알라 카이 아네케스데 무). 우리가 취한 견해에 의하면, 10:13-18에 나온 "선교에 있어서의 자랑"이라는 앞서의 주제-바울은 11:16에서 다시 이 주제로 되돌아갈 것이다-로부터 약간 이탈되어 있는 이 문장의 양식은 상당히 인상적이다. 이 문장은 두 개의 서로 상반된 진술들이 결합되어 있는 형태를 띠고 있다: 하나의 실현될 수 없는 소원(*ὄφελον*-오펠론: 이루어질 수 없는 소원을 도입하는 불변사로서의 역할을 하는 고정된 양식, BDG, 599)과 바울의 소원을 용납해 달라는 선언, "그래, 나는 정말 요구해서는 안 될 것을 요구하고 있다"-알라(*ἀλλα*)는 대비의 의미를 지니고 있기는 하지만 양보의 의미가 더 강하다. 중간에 위치한 용어는 동사 아네케스다이(*ἀνέχεσθαι*, "참다, 용납하다")다. 분명히 여기서는 마지막에 언급한 번역 같은 것이 요구된다(막 9:19에서처럼, *ἕως πότε ἀνέξομαι ὑμῶν*-헤오스 포테 아넥소마이 휘몬). 바울은 이러한 용납, 즉 고린도 교인들이 자기가 "어리석음"(*ἀφροσύνη*-아프로쉬네: 이 문장과 다음에 나오는 "어리석은 자의 변"〈Narrenrede〉 전체-4절을 보라-에서 "결정적인 단어": Zmijewski, *Der Stil*, 78)을 나타내는 것을 용납해 줄 것을 요청하는 일을 정말 하고 싶지 않았다. 첫 번째 무(*μου*)는 어리석음이라는 명사에 걸리는 것으로 보아야 한다: "나의 이 어리석은 것"(Bultmann, 201; 그러나 대부분의 번역자들은 "나를 용납하라"로 번역하는 쪽을 택한다). 바울은 이러한 생각을 그의 독자들 앞에 계속해서 상기시키고자 한다(11:16, 17, 19, 21; 12:6, 11). 아프론/아프로쉬네(*ἄφρων/ἀφροσύνη*, "어리석은 자/어리석음")는 유대의 지혜 문헌(특히 잠언과 전도서, 또한 시락서와 솔로몬의 지혜서에서)에서 소포스/소프로쉬네(*σοφός/σωφροσύνη*, "지혜로운 자/지혜")와 대비되는 전문적인 표현이다(Windisch, 318). 고린도전서 1:18-2:6에 나오는 그러한 대비를 보라(이 본문들에 대해서는 Barrett, "Christianity at Corinth," 6-14; E. E. Ellis, "Wisdom and Knowledge in 1 Cor," *Prophecy and Hermeneutic in Early Christianity*, 45-62를 참조하라). 11:19에서 프로니모이(*φρόνιμοι*)를 반어법적으로 사용하고 있는 것은 바울이 소포스(*σοφός*)를 나쁜 의미로(in malam partem) 사용하고 있는 것과 그리 다르지 않다.

바울이 "어리석음"을 나타내는 말을 하게 된 것은 그의 의도에 의한 것이기는 하지만, 그는 그렇게 하지 않을 수 없도록 내몰려 왔다(12:11). 그런 점에서 리츠만(Lietzmann, 144)이 여기서 대적자들이 바울의 행실을 놓고 비난하면서 자랑하는 자라고 비난한 슬로건을 발견하는 것은 옳다(10:1; 바울이 소프론〈*σώφρων*〉, 즉 절제하는 자와는 정반대되는 자로 비난을 받고 있음을 보여 주는 5:13을 참조하라). 그렇지만 불트만(Bultmann, 202)은 그렇다면 그 반대는 모리아(*μωρία*, "어리석음")라는 비난을 받는 모로스(*μωρός*, 고전 4:10)가 되어야 했을 것이라고 지적한다-그러나 그것은 세상의 눈에 그렇게 비친 것이고, 교회의 눈에는 그렇지 않다는 점을 우리는 언급해 두고자 한다. 수사적 표현에 대해서는 BDF § 495.3을 보라.

2 "내가 하나님의 열심으로 너희를 위하여 열심 내노니 내가 너희를 정결한 처녀로 한 남편인 그리스도께 드리려고 중매함이로다"(*ζηλῶ γὰρ ὑμᾶς θεοῦ ζήλῳ, ἡρμοσάμην γὰρ ὑμᾶς ἑνὶ ἀνδρὶ παρθένον ἁγνὴν παραστῆσαι τῷ Χριστῷ*-젤로 가르 휘마스 데우 젤로, 헤르모사멘 가르 휘마스 헤니 안드리 파르데논 하그넨 파라스테사이 토 크리스토). 이 문장은 바울이 지닌 목회적인 의도를 잠시 언급하는 여담으로서 그가 모든 교회들과 고린도 교회에 대하여 관심을 갖는 이유가 무엇인지를 보여 준다(11:28). 가르(*γὰρ*, "왜냐하면")는 앞 문장과의 연결을 위한 것이다. 그는 "질투"(*ζῆλος*-젤로스) 또는 "열심"으로 타오르고 있는데, 이 용어는 신부인 이스라엘의 유일한 남편 되시는 여호와의 특성으로부터 가져온 것이다(호 1-3장; 겔 16장; 사 50:1-2; 54:1-8; 62:5). 혼인 이미지는 신구약 전체에 걸쳐서 지속적으로 등장한다: 거룩한 혼인이라는 모티프에 대해서는 C. Chavasse, *The Bride of Christ*(London: Religious Book Club, 1930); J. P. Sampley, *"And the Two Shall Become One Flesh": A Study of the Traditions in Ephesians*, SNTSMS 16 (Cambridge: University Press, 1971), 특히 34-51를 보라(그러나 Windisch, 320-22에서 주장하듯이, 이것은 천상의 결합은 아니다). 베이티(R. A. Batey, *New Testament Nuptial Imagery*, Leiden: Brill, 1971)는 그리스도를 신랑으로 묘사하는 것은 흔히 잘못되어서 감상적으로 다루어지고 있다고 지적한다. 그러한 묘사의 주된 강조점들 중의 하나는 그리스도가 그의 신부, 즉 교회를 주관하신다는 것을 단언하는 것이다(ibid., 67, 68; 특히 엡 5:25-27, 31 이하와 나의 논문인 *IDB* 1:209에 나오는 참고문헌들을 보라).

그리스도와 그의 신부 간의 이러한 배우자 관계에 있어서 바울은 필로스 투 뉨피우(*φίλος τοῦ νυμφίου*)의 역할을 한다(요 3:29: 히브리어로는 신랑 들러리 역할을 했던 "쇼세빈"; 해당 "주석"과 앞서의 설명을 보라). 신랑의 들러리로서 바울은 정결한 신부(virgo intacta, *παρθένον ἁγνήν*-파르테논 하그넨)를 얻고자 하는 그리스도의 소원을 돕는 일에 큰 관심을 가지고 있다. 그는 여호와를 "질투하는 하나님"(출 20:5)-질투는 사랑의 또 다른 측면이다-이라고 말하는 구약의 이미지에 의거해서 자신의 감정을 표현한다. "질투가 지닌 배타적인 감정을 제쳐둔다면 모든 사랑은 질투를 내포한다"(Goudge, 101). 바울은 고린도 교인들에 대한 그의 사랑의 표시로서 이러한 태도를 공유하고 있다(6:14-7:4을 보라. 이러한 서약은 12:15에 다시 나온다: Windisch, 319를 보라). 바울이 사용한 동사 헤르모사멘(*ἡρμοσάμην*, "내가 중매했다", 하르모제스다이⟨*ἁρμόζεσθαι*⟩의 중간태: 바울의 개인적 관심에 대해서는 BDF § 316.1; Moulton, *Grammar* 1:160를 보라)에서 이것이 지배적인 개념이라면, 우리는 "정결한 처녀"와 더불어서 안드리(*ἀνδρί*)와 함께 사용된 헤니(*ἑνί*, 즉 "한 남편")에 좀더 무게를 두어야 할 것 같다. 태스커(Tasker, 145)는 "한"이라는 말을 덧붙인 것은 "혼인 관계가 배타적인 것과 마찬가지로, 그리스도를 믿는 자들은 그에 대한 배타적인 충성을 드려야 할 의무가 있다"는 것을 강조하기 위한 것이라고 설명한다. 따라서 헤니 안드리(*ἑνὶ ἀνδρί*)는 교회는 오직 그리스도와만 하나가 되고, 그리스도 외에 다른 것과 연합하거나 그리스도를 대체하는 다른 것과 하나가 되어서는 안 된다는 뜻을 내포하고 있다(Bultmann, 202). 4절에서 분명히 말하고 있듯이 그리스도를 버리는 것은 "다른 예수"를 위하여 바울의 참된 복음을 버리는 것이다.

교회라는 신부를 그녀의 장래 남편에게 드리는 것(동사 파라스테사이⟨*παραστῆσαι*, "드리다"⟩는 4:14에서처럼 재림과 연결되어 있다)도 사도로서의 바울의 책무 중 일부다-아버지의 비유가 사용되든(고전 4:15; 또한 6:12; 7:4에 대한 "주석"을 보라) 신랑 들러리라는 비유가 사용된 것이든(이 가능성이 더 많다). 그러나 바울의 소망들은 3절에 나온 이유로 인해서 그리 낙관적이지 않다. (혼인과 관련된 맥락 속에서 "드리다"라는 동사는 종말론적인 차원을 전혀 지니고 있지 않은 엡 5:27에서는 다른 의미를 지닌다: H. Schlier, *Der Brief an die Epheser*6⟨Düsseldorf: Patmos Verlag, 1968⟩ 252-80.) 여자와 그녀의 어머니와 관련해서 POxy 3177.2, 3에서 보여 주는 파르데노스(*παρθένος*)의 예시는 이 절에 대하여 어느 정도의 빛을 던져 준다. 하지만 호슬리(Horsley, *New Docs*⟨1976⟩ 25, "'A Pure Bride'⟨2 Cor 11.2⟩," 71, 72)는 "우리는 한 무리의 사람들을 집단적으로 파르데노스(*παρθένος*, '처녀')-이것은 구약에서 교회론적인 명칭이 아니다-로 여기고 있는 것에 대한 그 어떤 유비도 찾아볼 수 없다"고 지적한다.

[3] "뱀이 그 간계로 이와를 미혹케 한 것같이 너희 마음이 그리스도를 향하는 진실함과 깨끗함에서 떠나 부패할까 두려워하노라"(*φοβοῦμαι δὲ μή πως, ὡς ὁ ὄφις ἐξηπάτησεν Εὔαν ἐν τῇ πανουργίᾳ αὐτοῦ, φθαρῇ τὰ νοήματα ὑμῶν ἀπὸ τῆς ἁπλότητος* 〈*καὶ τῆς ἁγνότητος*〉 *τῆς εἰς τὸν Χριστόν* – 포부마이 데 메 포스, 호스 호 오피스 엑세파테센 유안 엔 테 파누르기아 아우투, 프다레 타 노에마타 휘몬 아포 테스 하플로테토스 〈카이 테스 하그노테토스〉 테스 에이스 톤 크리스톤). 이러한 염려와 두려움(*φοβοῦμαι δὲ* – 포부마이 데)은 분명히 바울이 고린도 교인들을 이끌어서 신부로서의 온전한 정결함을 갖추게 하고자 하는 것과 연관되어 있다. 핵심적인 동사는 분명히 이와 비슷한 플라나스다이 아포(*πλανᾶσθαι ἀπό*, "…로부터 떠나다")를 본떠서 만든 구문인 프다레나이(*φθαρῆναι ἀπό*, Lietzmann, 145)인데, 여기서 이 전치사는 좀더 통상적이고 단순한 의미를 지닌 속격 대신에 구별과 분리를 표현하는 역할을 한다(BDF § 211). 아포(*ἀπό*)와 함께 사용된 이 동사는 부패시키는 영향력(즉 파멸로 이끄는)과 옳고 깨끗한 것으로부터 떠나도록 유혹하는 것이라는 두 가지 의미를 모두 지니고 있다(*καὶ ἀποστῇ* – 카이 아포스테 〈히 3:12〉 또는 메타데〈*μεταθῇ*, 갈 1:6〉의 의미에 대해서는 Zmijewski, *Der Stil*, 89를 보라). 바울이 보기에 고린도 교회의 상황은 이질적인 세력이 위험스러운 활동을 해서 고린도 교인들의 마음(*νοήματα* – 노에마타, 3:14; 4:4; 10:5에서처럼 적절해 보인다, Barrett, 272는 여기에 반대)을 하플로테스(*ἁπλότης*, 1:12에 대한 설명을 보라 – 이것이 옳은 읽기라고 할 때), "진실한 헌신" 또는 그리스도에 대한 온전한 헌신으로 표현된 참된 충성으로부터 떠나게 했다는 것이다. 아울러 카이 테스 하그노테토스(*καὶ τῆς ἁγνότητος*)를 원래의 본문의 일부로 본다면("원문주해"를 보라), 이러한 헌신은 3절과 연결되어서 "정결한" 것으로도 묘사된다. 신부의 하그노테스(*ἁγνότης*)는 "순전한 가르침"의 상징이고(Lietzmann, 145) 하플로테스(*ἁπλότης*)의 동의어다(Zmijewski, *Der Stil*, 87).

고린도 교회가 바울의 메시지로부터 떠나가게 된 것에서 보여지는 해로운 결과는 악한 영향력에 기인하는 것으로 여겨진다. 하와가 미혹됨으로써(*ἐξαπατᾶν* – 엑사파탄, 딤전 2:14에서도 사용된다) 그녀에 의해서 부추김을 받아 아담과 하와가 사탄의 계략에 말려들어 벌어지게 된 "인간의 최초의 불순종"을 통해서 인간의 무죄함이 상실된 것을 말하고 있는 창세기 3장의 이야기를 사용하면서, 바울은 정경 이외의 자료도 활용하고 있다. 멘지스(Menzies, 77, 78)는 3절과 14절을 연결해서 보면 바울이 유대교의 학가다 또는 성경에 토대를 둔 "이야기"를 알고 있었다는 것을 보여 준다고 주장한다. 이것은 뱀이 에덴 동산에서 하와를 성적으로 유혹했다고 말하는 랍비들의 전설(*Yebam.* 103b; ʿAbod. Zar. 22*b*; *Šabb.* 146a)이지만, 이와 동일한 이야기의 여러 변형들이 초기 유대교의 묵시록들에서 발견된다(*1 Enoch* 69:6; *2 Enoch* 31:6: "마귀는 낙원에 들어와서 하와를 더럽혔지만, 아담에게는 손을 대지 않았다", F. I. Andersen's tr.; A*poc. Abr.* 23; 그리고 외경인 *Life of Adam and Eve* and *Apoc. Mos.*에도 이런 이야기가 나온다). 이 주제는 주후 2세기에 나온 외경과 이단 문헌들 속에서 더욱 발전된다(*Prot. Jas.* 13; *Apocryphon of John* 23: 지배자 Yaldabaoth는 하와를 유혹했다; Irenaeus, Hippolytus〈*Refut* 5.26.22f.〉, Epiphanius *Haer.* 40.5.3에 의해서 반박된 영지주의적인 기원론 속에서; 전거들은 Windisch, 323, 324에 나온다). 하와가 미혹된 것에 대해서는 A. T. Hanson, "Eve's Transgression," *Studies in the Pastoral Epistles* (London: SPCK, 1968) 65-77; D.C. Verner, *The Household of God*, SBLDS 71(Chico, CA: Scholars Press, 1983) 170를 보라(참조. *Ep. Diog.* 12:8).

하지만 바울이 사용한 일차적인 자료는 정경인 창세기 3장인데, 3:13(LXX)에서 하와는 "뱀이 나를 속여서 내가 먹었나이다"라고 말하고 있지만, 우리의 본문에서는 그것을 약간 수정한 것으로 보이고, 칠십인역 본문에 나오는 단순 동사 형태는 엑세파테센(*ἐξηπάτησεν*)이다. 또한 창세기 3:1에는 엔 테 파누르기아 아우투(*ἐν τῇ πανουργίᾳ αὐτοῦ*, "그의 간교함으로")라는 병행문도 나오는데, 칠십인역 본문에는 프로니모타토스(*φρονιμώτατος*, "아주 간교한")로 되어 있는 것이 아퀼라 역본과 심마쿠스 역본에서는 파누르고스(*πανοῦργος*)로 되어 있다(Bauernfeind, *TDNT* 5:725, n. 17을 보라). 비록 사탄을 에덴 동산의 뱀과 동일시한 것이 솔로몬의 지혜서 2:24보다 이전의 일이 아니기는 하지만(참조. *1 Clem* 3:4), 이것은 바울이 이러한 용어들을 사용하고 있는 이유를 설명해 주기에 충분할 것이다(참조. Philo, *Leg. All.* 3.59).

베츠(Betz, *Der Apostel* 104, 105)는 파누르고스/파누르기아(*πανοῦργος*/*πανουργία*, "간교한"/"간계")가 궤변론자들에 대항한 논쟁이나 종교적인 미신(Aberglaube)에 대한 철학자들의 비판 속에서 사용된 용어들이라고 주장한다. 따라서 바울이 자신을 고에스(*γόης*) 또는 가짜 사도라고 비난했던(그 이유에 대해서는 12:16을 보라) 대적자들을 대항하여 해롭고 악한 영향력을 끼치고 있는 자는 바로 그들이라고(참조. 2:17) 반박하는 것은 적절하다. 그렇게 함으로써 바울은 11:13-15에 나오는 결론을 준비하고 있는 것이다: 그들은 사탄의 종들이고 거짓 사도들이다. 그러나 윤리적인 문제들이 개입되어 있다는 것을 감안할 때 엔 테 파누르기아 아우투(*ἐν τῇ πανουργίᾳ αὐτοῦ*)를 "창세기 3:13에 대한 탈굼적인 첨가"(Windisch, 323)라고 보는 것만으로도 설명은 충분할 것이다. 바울은 고린도 교인들의 도덕이 부패되어 있을 수 있다는 염려를 하고 있는 것이다(12:20-21에서; 비록 Barrett는 바로 이와 같은 경고가 내포되어 있다는 것을 부정하지만, 274).

4절. *εἰ μὲν γὰρ ὁ ἐρχόμενος*(에이 멘 가르 호 에르코메노스)
*ἄλλον Ἰησοῦν κηρύσσει*(알론 예순 케뤼쎄이)
*ὃν οὐκ ἐκηρύξαμεν*(혼 우크 에케뤽사멘),
*ἢ πνεῦμα ἕτερον λαμβάνετε*(에 프뉴마 헤테론 람바네테)
*ὃ οὐκ ἐλαβετε*(호 우크 엘라베테)
*ἢ εὐαγγέλιον ἕτερον ὃ οὐκ ἐδέξασθε, κτλ.*(에 유앙겔리온 헤테론 호 우크 에덱사스데…)

"만일 누가 가서 우리의 전파하지 아니한 다른 예수를 전파하거나 혹 너희의 받지 아니한 다른 영을 받게 하거나 혹 너희의 받지 아니한 다른 복음을 받게 할 때에는 너희가 잘 용납하는구나." 이 절은 네 개의 장으로 이루어진 단락(10-13장) 전체에서 가장 중요하고 명시적이며 논란이 되고 있는 절임에 거의 틀림이 없다. 그 이유를 찾는 것은 그리 어렵지 않은데, 케제만(Käsemann, *Die Legitimität*, 14)은 이것을 잘 표현하고 있다: 이 절은 "고린도 교회에 출현한 대적자들을 이해하고 10-13장을 해석함에 있어서 열쇠"가 된다. 그가 본문상의 증거들과 관련해서 칼로스 아네이케스데(*καλῶς ἀνείχεσθε*, 이것은 이 동사의 형태를 추정해 본 것으로서 문헌에서는 확인되지 않는다: Lietzmann, 145) 또는 에네이케스데(*ἠνείχεσθε*)라는 재구성된 "읽기"-이것은 미완료 시제로서 실제적인 절("다른 예수가 전파될 때에 너희는 그것을 잘 용납했다!") 또는 가정의 절("…라고 한다면, 너희가 그것을 용납하는 것이 과연 옳은 일이냐?": R. Reitzenstein, *Hellenistic Mystery-Religions*, tr. J. E. Steely〈Pittsburgh: Pickwick Press, 1978〉 465에서는 마치 헬라어 본문이 칼로스 안 에이케테〈*καλῶς ἂν εἴχετε*〉로 되어 있는 듯이 최종적으로 "과연 그것이 너희에게 좋은 일이냐?"로 번역할 것을 제안한다)을 표현하는 것으로 설명된다-를 보여 주는 이독을 거부하는 것은 옳다("원문주해"를 보라). 불트만(Bultmann, 204)이 지적하듯이, 만약 의심 또는 가정의 요소가 도입되면-마치 고린도 교회에 외부 세력이 침입하는 것을 단지 예상하거나 멀리 있는 위험성을 미리 내다보는 것인 양-가르(*γάρ*, "왜냐하면")가 요구하고 있는 것같이 4절을 앞에 나오는 내용과 연결시키는 것이 어려워진다. 그런 경우에 19-21절은 저 멀리에 있는 위험이나 가상의 위험이 아니라 매우 실제적이고 현재적인 위험을 서술하고 있는 것이기 때문에 의미를 잃게 된다. 그러나 우리는 잠시 멈춰 서서, 이것은 고린도 교회에 외부 세력이 침입했다는 것에 대한 명시적인 선언임과 동시에 바울이 그의 서신들 속에서 발견되는 단죄의 표현 중에서 가장 강력한 몇몇 표현들(참조. 갈 1:8; 2:11; 5:10; 골 2:8에 나오는 가장 가까운 병행들)을 사용해서 격렬하게 대응하고 있는 새로운 상황이라는 점을 지적해 두지 않으면 안 된다. 이 새로운 위협이 고린도 교회에서 현실화되어 있었다는 것은 바울이 앞서 한 부탁(1-3절: 그의 "어리석은 행위"를 용납해 달라는 요구, 즉 이 장에서 나중에 나오게 될 자랑하는 것)을 설명해 주고, 고린도 교인들이 "정결한 처녀"로 보존되는 것이 무너질 것과 아가야 선교 지역에서 그의 사도적 지위가 무너질 것에 대한 이 커다란 염려를 설명해 준다. 우리는 여기서 논쟁의 가장 예민한 부분을 접하게 된다. 그것은 10:12에서 언급된 사람들, 즉 5-6절에서처럼 바울의 선교 사역을 그들의 사역과 비교하고서 바울이 사도로서 자격이 미달된다고 말했던 자들에 관한 것이다. 그러나 이것은 그가 사도적 "권위"(*ἐξουσία*-엑수시아)와 합법성의 문제에 있어서 판별 기준과 관련하여 그들과는 다른 토대를 제시함으로써 그들의 주장을 부인하기 위하여 일시적으로 잠시 용인한 것에 불과하다.

호 에르코메노스(*ὁ ἐρχόμενος*, 직역하면 "오는 자")라는 호칭은 많은 것을 말해 준다: 이 무리들은 분명히 한 명의 우두머리에 의해서 지휘를 받고 있었다. 왜냐하면 이 선교단은 대변인을 두고 있었던 것으로 보이기 때문이다(Barrett, 275; 따라서 10:7〈*τις*-티스〉, 10〈*φησίν*-페신〉, 11〈*ὁ τοιοῦτος*-토이우토스〉, 11:20-21〈*τις*-티스〉에서처럼 단수형인데, 이것은 Plummer, 296; Allo, 279; Zmijewski, *Der Stil*, 99, 100, 413를 비롯해서 이 본문에 대하여 설명한 대부분의 저술가들이 믿는 것과는 달리 총칭적인 표현이 아니다-물론 Zmijewski는 단수형 호 에르코메노스〈*ὁ ἐρχόμενος*〉를 고린도에 선교하러 온〈이러한 의미가 *κηρύσσει*…*ἐκηρύξαμεν*-케뤼쎄이…에케뤽사멘이라는 표현에 내포되어 있다〉 무리들의 "우두머리"를 가리키는 집합적 용법이라고 보지만 말이다). 좀더 중요한 것은 다음과 같은 고찰들이다. (1) 이 무리들은 10:14-15과는 대조적으로 외부로부터 왔고, (2) 바울이 보기에 진정한 사도적 선교의 목적을 위해서 온 것이 아니라 자의적으로 온 자들이었다. 그들은 보내심을 받지도 않았고 하나님의 재가도 없이 그저 "온" 것이기 때문에 참된 사도들이 아니었다(Hughes, 377; Barrett, 275를 보라; 우리는 여기에 "사람들에 의한 권한 부여도 없이"라는 말을 덧붙일 수 있을 것이다). 그들은 프슈다포스톨로이(ψευδαπόστολοι, "거짓 사도들", 11:13)였다-이 단어는 11:12의 톤 델론톤(τῶν θελόντων), 18절의 폴로이(πολλοί)와 마찬가지로 여러 가지 복수형들 중의 하나로서 분명히 이 무리를 염두에 두고 있다.

이 절이 그 외부 세력이 고린도 교회에 이미 당도했다고 말한 것으로 볼 때, 우리는 두 가지 서로 다른 질문을 제기해야 한다. (i) 그들은 어떤 종류의 메시지를 가져왔던 것인가? (ii) 그들이 가져온 메시지와 그 다음에 나오는 절-연결 관계는 그리 분명하지 않지만-에 비추어 볼 때 그들은 누구였을까(Windisch, *recht unklar*, 329)? 그러나 연결을 위한 가르(γὰρ)가 나오는 것으로 보아서 모종의 연결 관계가 존재하는 것이 분명하다. 우리는 내용과 정체에 관한 이 두 가지 질문을 사실 분리할 수 없다.

즈미쥬스키(Zmijewski, ibid., 92, 93)가 제안하고 있듯이, 4절은 운율과 수사학과 절정을 지닌 세 개의 행으로 된 운문 형태로 제시될 수 있다. 반어법적인 칼로스 아네케스데(καλῶς ἀνέχεσθε, 직역하면 "너희가 잘도 용납하는구나!")에서 이 운문은 절정에 도달하는데, 아마도 호 에르코메노스(ὁ ἐρχόμενος)는 관련된 자들을 가리키는 것 같다. 동사 아네케스다이(ἀνέχεσθαι)는 프륌(Prümm 1:595)과 즈미쥬스키(ibid., 79, 418)가 "관용의 말들"(*Toleranzvokabeln*)이라고 표현했던 것, 즉 고린도 교인들이 이러한 외부의 전도자들과 그들의 메시지에 대하여 제멋대로 환대를 베푼 것-11:16의 데케스다이(δέχεσθαι)도 포함되어야 한다-을 조소하기 위하여 반어법적으로 사용된 "관용의 말들"에 속한다. 고린도 교회는 외부 세력의 그러한 영향력들을 받아들였고, 참된 사도에 대한 의구심과 적대감은 점차 커지게 되었다. 그런 까닭에 바울은 이 외부 세력의 정체를 노골적으로 폭로하는 말을 하게 된 것이다.

(I) 외부 세력들이 들어와서 선포한 내용과 관련하여 우리는 이 행들이 지닌 양식상의 특징들로부터 바울이 그의 케리그마에 대한 삼중적인 부정에 대하여 어떻게 대응하고 있는지를 알 수 있다. 그렇지만 이 세 가지 사항은 모두 서로 얽혀 있다.

알로스 예수스(ἄλλος Ἰησοῦς, "다른 예수"), 프뉴마 헤테론(πνεῦμα ἕτερον, "다른 영"), 유앙겔리온 헤테론(εὐαγγέλιον ἕτερον, "다른 복음")은 바울이 정도(正道)에서 벗어난 것으로 취급한 가르침을 나타낸다. 갈라디아서 1:6-7에서와는 달리, 알로스(ἄλλος)와 헤테로스(ἕτερος) 간에는 의미상으로 결정적인 차이가 존재하지 않는다. 물튼(Moulton, *Grammar* 3:197)은 이렇게 단어를 바꿔 쓴 것을 문체상의 이유 때문이라고 설명한다. 이 두 형용사는 모두 "이질적이다", "대항하다"라는 나쁜 의미에서 "다른"을 의미한다. 또한 람바네인(*λαμβάνειν*)과 데케스다이(*δέχεσθαι*) 간에도 식별 가능한 차이는 존재하지 않는다. 물론 다른 맥락들 속에서 후자는 자발적인 행위를 가리키고, 전자에는 그러한 의미가 반드시 내포되어 있는 것은 아니지만(11:16을 보라) 말이다. 앞으로 보게 되겠지만, 여기서의 쟁점은 기본적으로 기독론적인 것이다. 따라서 "예수"라는 표현은 고린도 교회가 주를 영지주의화했든, 아니면 가현설적인 견해, 에비온주의적인 견해(즉 예수의 신성을 부인하는 것: Héring, 79), 민족주의적인 견해(예수를 지상적이고 유대적인 메시아로 취급하는 것)를 가졌든 그것은 바울의 이해와 부합하지 않았다는 뜻을 내포한다. 우리는 여기서 문제가 되고 있었던 것은 그리스도인으로서의 실존을 위한 규범을 설정하는 것으로서의 예수의 성격에 관한 문제였다는 것을 논증하게 될 것이다. 그들은 주(主)를 전했고, 그들 자신을 주의 강력하고 "카리스마적인" 대표자들(4:5에서 부인된 특징)로 자처했다.

"영"(*πνεῦμα*-프뉴마)은 삼위일체의 한 위격인 성령에 대한 언급이라고 할 수 없다. 왜냐하면 만약 그렇다고 한다면, 우리는 그들이 비정통적인 삼위일체에 관한 가르침을 시대착오적으로 베풀었다고 생각해야 하기 때문이다. 헤링(Héring, 79)은 "나의 어머니 성령이 나의 머리카락 하나를 붙잡아서 나를 이끄셨다"고 말하고 있는 후대의 히브리인 복음서를 근거로 제시한다(Frag. 3, *New Testament Apocrypha* 1, ed. W. Schneemelcher, tr. R. McL. Wilson[London: Lutterworth Press, 1963] 164). 그러나 고린도후서에는 그러한 기괴한 성령론의 흔적이 전혀 없다(하지만 13:13에 대한 설명을 보라). 프뉴마(*πνεῦμα*)는 외적인 행실 속에서 보여지는 그리스도인의 삶의 결과들을 가리킬 것이다: 회중 앞에서 그들의 삶의 태도는 약함(*ἀσθένεια*-아스데네이아) 속에서의 강함과 관련된 바울의 가르침이나 실천과는 정반대되는 영을 보여 준다(Black, *Paul, Apostle of Weakness*, 132-38; idem, "*Paulus Infirmus*: the Pauline Concept of Weakness," *Grace Theological Journal* 5[1984] 77-93). 끝으로, 유앙겔리온(*εὐαγγέλιον*)은 이러한 맥락 속에서 분명히 잘못된 명칭이다. 왜냐하면 바울에게는 오직 하나의 유일한 복음만이 존재하고(갈 1:6-9), 그의 대적들의 메시지는 복된 소식("유앙겔리온")이 아니라 나쁜 소식("뒤상겔리온")이기 때문이다.

(II) 이제 고린도 교회에 침투한 외부 세력이 과연 누구였는지에 대한 다양한 견해들을 검토함에 있어서 우리는 다음과 같은 견해들을 기각할 수 있을 것이다. (1)

그것은 갈라디아서 1:6-9에서처럼 유대화된 복음에 관한 문제였다는 견해. 왜냐하면 로고스(λόγος)와 그노시스(γνῶσις)라는 용어들(여기서 발견되는)은 갈라디아서에서 문제를 일으켰던 자들에 대한 바울의 답변 속에서 전혀 역할을 하지 못하고 있고, 고린도후서에는 할례, 안식일, 율법 같은 "유대화"와 관련된 핵심적인 용어들이 나오지 않는 것이 두드러지기 때문이다(Barrett, 30에서는 이러한 견해에 반대한다. 그러나 그는 Bultmann, 204에서 보여 주고 있는 것같이 이 장들, 아니 실제로는 고린도후서 전체에서 노모스〈νόμος, "율법"〉가 나오지 않는다는 사실을 간과한다). (2) 외부 세력이 고린도 교회에 전한 복음은 "영지주의적인 성령론"과 관련된 복음이었을 것이라는 불트만(Bultmann)의 견해(205)도 마찬가지로 불만족스럽다(Schmithals, *Gnosticism*, 124-35에서도 이런 견해를 주장하면서, 여기서 일련의 "특별하고 교의적이며 기독론적인 가르침들"을 지나치게 찾아 내는 경향을 보여 준다. 예를 들면, 그는 고전 12:3을 토대로 해서 인간 예수에 대한 부정을 찾아내는데, 사실 바울은 그의 논쟁 속에서 이 점을 고려하고 있지 않다). 하지만 우리는 곧 불트만(Bultmann)의 부수적인 제안들을 다시 살펴보게 될 것이다.

그 밖에도 몇 가지 견해들이 존재한다. (3) 오스텐도르프(Oostendorp, *Another Jesus*, 83 et passim)는 이 사람들은 유대 그리스도인들로서 이스라엘의 우월성을 강조했고, 원래의 사도들이 주축을 이룬 "유대 기독교의 우월성"을 주창했다고 주장한다. 이러한 견해는 이 외부 세력의 배후에 베드로라는 인물과 고린도 교회에서의 베드로파의 영향력이 존재했다는 바우르(F. C. Baur, *Paul*, 274-77)의 독창적인 가설과 밀접하게 결부되어 있다. 5절의 "지극히 큰 사도들"이 가리키는 것이 열두 사도라고 보면, 이 외부에서 온 선교사들은 "예루살렘 교회에서 보낸 사자들"로 온 것이라는 바렛(Barrett)의 견해(30-32, 276)는 베드로가 그들의 활동을 재가했다는 것을 반드시 필요로 하지 않는다(Thrall, "Super-Apostles"를 보라). 약간의 예외를 제외하면, 대다수의 저술가들은 13-15절이 이 동일한 사람들에 관한 것이라면, 바울이 베드로 또는 예루살렘 교회의 지도자들을 사탄의 사자들로 낙인 찍는다는 것은 거의 상상할 수도 없는 일이고, 특히 바울이 거룩한 도성에 있는 성도들을 위하여 모으고 있는 연보를 지원해 달라고 고린도 교인들에게 호소하고 있는 상황을 생각하면 더더욱 그런 것은 불가능하게 된다(Kee, "Who Were the Super-Apostles?" 66).

드롤(M. E. Thrall, ibid.)은 고린도 교회에 온 자들은 베드로의 명령을 받고 온 것이라고 주장했으며, 바울은 그들이 베드로와 연결되어 있다는 것을 잠시 잊어 버리고서 그들에 대하여 맹렬한 공격을 퍼부은 것이라고 본다(loc. cit., 50). 또는 그녀는 바울이 "사탄의 종들"을 단죄하는 말을 한 것은 마가복음 8:33//마태복음 16:23에서 예수가 사탄의 대변인이 된 베드로를 책망한 것과 동일한 정신으로 대응한 것이라고 본다-이것은 의심스러운 편의적 설명으로서, 베드로를 고린도 교회에서 그의 추종자들이 본받고자 했던 이적을 일으키는 자(Wundermann)의 역할로 묘사하고 있는 사도행전 3:1-10; 5:15, 16; 9:32-34, 36-43에 의해서 더욱 받아들여지기 어렵게 된다. 그녀의 견해에 의하면, 12:12에 나오는 바울의 진술은 사도행전 5:12에 나오는 전승과 대응시키기 위하여 의도적으로 설정된 것이다. 맥클리랜드(McClelland, "A Response")가 바울은 "지극히 큰 사도들"과의 동등성이 아니라 그들에 대한 우월성을 단언하고 있다고 지적한 것은 옳다(ibid., 84). 하지만 고린도 교회에 등장한 자들과 예루살렘 교회 간의 연결 관계를 부정하는 그의 입장은 받아들여지기가 힘들다. 왜냐하면 11:22, 23은 서로 연결되어 있고, 바울이 자기가 "유대인이라는 것"을 단언할 만한 충분한 이유가 존재하고 있었음에 틀림없기 때문이다. 종합적으로 고려해 볼 때, 우리는 고린도 교회에 침입한 외부 세력은 유대 그리스도인들 및 예루살렘 교회와 연결되어 있었다는 결론을 내릴 수밖에 없지만, 그들에 대한 바울의 엄중한 판단이 그들이 대표하고 있다고 주장했던 베드로에 대한 가혹한 평가를 수반했다는 견해는 근거가 없는 것으로 보인다.

11:5; 12:11에 나오는 "사도들"은 예루살렘 교회 또는 열두 사도와 아무런 연관성이 없다는 멍크(Munck, *Paul and the Salvation of Mankind*, 176-78)의 반론은 거의 유지되기가 힘든데, 그 이유는 다음과 같다. (a) 그러한 주장은 바울이 11:22-23에서 자기가 유대인이라는 것을 단언할 필요성이 있었다는 것을 무시하는 것이다. (b) 그러한 주장은 그의 부인에도 불구하고(ibid., 178, n. 1) 바울은 언제나 예루살렘 교회의 지도자들을 "사도들"이 아니라 "열두 사도"로 표현하고 있다는 사실을 간과하는 것이다-갈라디아서 1:17과 열두 사도를 포함해서 여러 사도들을 지칭하는 데 "사도들"이라는 표현을 사용하고 있는 고린도전서 15:5, 7. (c) 그러한 주장은 10:16에 나오고 11:12에서 다시 재개되는 관할 문제에 대한 논쟁을 설명해 주지 못한다.

따라서 이 견해를 지지하는 대다수의 학자들은 이 외부에서 온 선교단은 베드로의 권위를 주장하긴 했겠지만 베드로의 동의를 받아서 온 것은 아니었다고 믿는다. 바울의 비꼬는 말들은 예루살렘 교회의 사도들(바울은 그들을 갈 2:2-9에서는 어느 정도 예우를 갖추어서 대했다: Barrett, "Paul and the 'Pillar' Apostles," *Studia*

*Paulina*, FS de Zwaan, 1-19를 보라; 그러나 호이 도쿤테스 스튈로이 에이나이〈*οἱ δοκοῦντες στῦλοι εἶναι*, "기둥들처럼 보였던 자들"〉라는 표현과 베드로를 "단죄한" 2:11을 주목하라)이 아니라 열두 사도에게서 권한을 위임받았다고 거짓으로 주장한 세력들에 대한 것이다(Goppelt, *Apostolic…Times*, 100를 보라: "자신들의 권위를 정당화하기 위해서 그들은 자신들의 뿌리가 팔레스타인 유대교에 있고〈xi.22ff.〉 자신들은 직접 바울이 아이러니컬하게도 지극히 큰 사도들〈xi.5; xii. 11〉이라고 부른 가장 최초의 사도들과 닿아 있다는 점을 강조했다; 그러나 Goppelt에 의하면, 그들은 "성령"을 앞세운 영지주의적인 선교사들이라고도 주장했다. 이렇게 4절에서는 "다른 예수", "다른 영", "다른 복음"이라는 세 축이 발견된다).

(4) 타이센(G. Theissen, *Social Setting*, 44-54)은 이 대적자들이 유대인이라는 암시를 날카롭게 지적하면서, 이 사람들은 예수가 그의 지상적인 사역을 하면서 선택하고 불러서 위임하셨던 원래의 무리 속에 그들의 뿌리를 두고 있다고 주장한 팔레스타인 출신의 순회 전도자들이라고 보려고 한다(ibid., 50). 타이센(Theissen)에 의하면, 이러한 연결 관계를 강력하게 시사해 주는 한 가지는 그들은 자신들과 관련된 재정적인 부담을 고린도 교회가 져야 한다는 점을 강조했는데, 이것은 그들이 예수가 열두 사도를 전도를 위하여 보낼 때 그들의 생활에 필요한 것들을 그들을 파송한 사람들이 책임지도록 한 공관복음서의 선교 명령(막 6:7-13)을 근거로 그들이 열두 사도의 합법적인 후계자들이라고 자처했기 때문이다(Theissen, *Sociology of Early Palestinian Christianity*, 8-14를 보라). 다른 한편으로, 바울은 고린도전서 9:15-18에서 말한 근거들 하에서 그러한 대접을 사양했고, 그런 이유 때문에 진정한 사도로 인정을 받지 못하게 되었다(예수의 첫 제자들의 특징이었던 은사적인 표적들이 없다는 것과 더불어서: 위에서 말한 막 6:7-13을 보라). 그러나 게오르기(Georgi, *Die Gegner*, 285)가 역설하고 있듯이, 이러한 재구성은 이러한 사람들에 대한 바울의 반론이 본질적으로 기독론적인 토대 위에 서 있다는 점을 설명해 주지 못한다.

(5) 유대 기독교적인 사도적 인물들에 대한 이러한 일반적인 호칭에 있어서 또 하나의 변형된 견해는 케제만(Käsemann, *Die Legitimität*, 14-30)에 의해서 제시되었는데, 그는 "지극히 큰 사도들"(5절)은 열두 사도를 가리키고(ibid., 28), 4절에서 언급된 자들은 그들이 예루살렘 교회 지도자들의 재가를 받았다고 믿고서 고린도 교회에 온 자들이라고 본다. 실제로, 그들은 이방 교회를 자신들의 주관 하에 둘 권한을 부여한 것은 예루살렘의 "모교회"라고 주장했다. 이러한 주장의 핵심에

는 그들이 역사적 예수를 따라다녔다는 것-바울은 가지고 있지 못했던 특권-이 놓여 있었다(5:16). 케제만(Käsemann)은 자신의 글에서 새로운 개념, 즉 4-15절에는 두 부류의 사람들이 염두에 두어지고 있다는 개념을 도입한다. "지극히 큰 사도들"은 유대 그리스도인들의 지도층을 가리키는 말이고, 13-15절에 나오는 "거짓 사도들"(*ψευδαπόστολοι*-프슈다포스톨로이)은 예루살렘의 모교회로부터 파송되었다고 스스로 주장하는 자들이다. 그러나 바렛(Barrett, "Paul's Opponents," 70)은 바울은 "그가 한 부류의 사람들로부터 다른 부류의 사람들로 옮겨가고 있다는 것을 전혀 보여 주고 있지" 않다는 것을 들어서 이렇게 두 부류의 사람들로 구별하는 견해를 비판한다. 따라서 우리는 바울의 사고가 4절에서 5절로 넘어가면서 얼마나 "건너뛰고"(ibid., 24) 있느냐는 석의상의 문제를 해결하지 않으면 안 된다: 그는 거짓 메시지를 전한 자들은 열두 사도일 리가 없다고 말한다. 쉬츠(Schütz, *Paul*, 169, n. 1)는 이 문제가 케제만(Käsemann)에게 얼마나 근본적으로 중요한 것이었는지를 올바르게 주목하고서, "11:4과 11:5이 어떻게 서로 나란히 있을 수 있는지에 관한 그의 완벽하게 설득력 있는 질문"은 그의 비판자들에 의해서 반박되지 못하고 있다고 지적한다. 우리는 곧 이 문제로 되돌아가서 그 이유를 제시할 것이다.

(6) 이렇게 반대파를 "지극히 큰 사도들"(*Überapostel*)과 "거짓 사도들"(*Falschapostel*)이라는 범주들로 나누어서 다변화하는 것은 근거가 충분해 보이지만, 케제만(Käsemann)의 전반적인 분석은 특히 프리드리히(G. Friedrich, "Die Gegner")에 의해서 바울은 고린도 교회에 있는 그의 대적들이 율법주의적인 신앙을 지니고 있다는 이유로 그들에 대한 비판을 제기하고 있지 않다는 것을 근거로 해서 공격을 받아 왔다: 바울은 "행위로 말미암은 의"(*Werkgerechtigkeit*)에 관한 그들의 가르침을 공격하지 않는다. 프리드리히(Friedrich)에 의해서 지적된 그 밖의 다른 사항들, 예를 들면 팔레스타인 유대인들이 이적들, 환상들, 성령의 나타남에 의지하지 않았다는 것은 실제로 받아들여질 수 없지만(참조. Theissen, *Sociology*), 그의 주된 주장은 견고해 보인다. 그러므로 우리는 이 대적자들이 영지주의적인 냄새를 풍기는 헬라파 유대인들이었을 가능성을 묻지 않을 수 없게 되는데, 이러한 견해는 이미 빈디쉬(Windisch, 328)에 의해서 제기된 바 있다.

이것은 프리드리히(Friedrich)의 견해이지만, 이 견해의 주된 주창자는 게오르기(Georgi, *Die Gegner*)이고, Bornkamm, *Paul*, 172; Rissi, *Studien*, 42-44; Collange, *Enigmes*, 18-20 et passim; (그리고 어느 정도는) Schütz, *Paul*, 177-86도 이 견해에 동의한다. 이 견해의 중심에는 한 무리의 헬라파 유대인 선교사들이 존재했다는

전제가 놓여 있는데, 그들은 고대 세계에서 여러 곳을 유랑하면서 종교적인 가르침을 베풀었던 자들, 즉 "신인"(θεῖοι ἄνδρες – 데이오이 안드레스, Georgi, ibid., 205-18)이라는 명칭으로 알려져 있는 자들의 생활 양식과 전도 방식을 모델로 삼은 자들이었다. 그들의 행동 패턴은 예언, 이적을 일으키는 것, 그들의 신분을 보장해 주는 추천서들을 가지고서 사람들을 강력하게 주관하는 것이었다(Georgi, ibid., 241-46). 출발점은 자천과 자랑에 관한 논의였지만, 그것은 10-12장의 많은 부분의 밑바닥에 깔려 있는 실제적인 문제, 즉 바울이 고린도 교회에서 생계를 위한 지원받기를 거절한 것 – 바울의 대적자들은 종교적인 가르침을 베푸는 교사들로 자처하면서 마땅히 그러한 재정적인 지원을 받을 자격이 있다고 생각했기 때문에 바울의 그러한 처신을 잘못된 것이라고 보았다(11:7-11; 12:13-18) – 으로 바뀐다. 또 다른 측면에서 바울은 그러한 명예를 거부했고, 그의 직분을 보증해 줄 만한 그 어떤 증표들(σημεῖα – 세메이아)도 지니고 있지 않았기 때문에 별로 존중을 받지 못했다. 이 점은 11:4의 삼중적인 분석을 통해서 부각된다. 외부에서 온 선교사들은 "다른 예수"를 전파한다. 그들의 평가에 의하면, "예수"는 카리스마적인 능력을 지닌 인물, 초기의 이적 이야기들 속에서 보여지는 신인(θεῖος ἀνήρ – 데이오스 아네르) 그리고 본질적으로 "육체를 따른"(κατὰ σάρκα – 카타 사르카, 5:16) 인물이다. 이것은 바울에 대한 반대의 핵심이었다. 왜냐하면 그 시금석은 기독론적인 것이기 때문이다(Georgi, 285: "바울과 그의 대적들 간의 차이는 무엇보다도 기독론에 있었다"). 그들은 그들의 직분이 필로(Philo)의 유대교의 모세를 닮았던 예수라는 인물을 모델로 하고 있었기 때문에(3:1-18에 대한 "주석"을 보라), 자신들이 종말론적인 성취의 새로운 시대에 하나님의 계시를 나타내는 대변인들이라고 자처했다(13:3: 여기서 시금석〈δοκιμή – 도키메〉은 누가 참으로 진정한 하나님의 "말씀"을 말하고 있는가라는 문제가 된다). 그들이 자신들의 사역과 행위를 바울의 사역과 행위와 대비시키고 있는 모든 면에서 바울은 초라한 인물일 수밖에 없다(12:11, οὐδέν εἰμι – 우덴 에이미, "나는 아무것도 아니다"를 보라). 그는 말솜씨가 신통치 않았고, 몸은 병들어 있었으나 자신의 병을 치유할 수 없었으며, 소심하고 겁이 많아서 고린도 교회에 감히 나타나지 못했고, 그들이 십자가에 못 박히기 전에 성령으로 활동하셨던 예수와 연결되어 있다고 공언하면서 주로 주장했던 "능력"(δύναμις / πνεῦμα – 뒤나미스/프뉴마: Georgi, "Mission als pneumatische Demonstration," ibid., 210-18를 보라)을 보여 주는 온갖 표적들이 결여되어 있었다. 따라서 바울이 표현하고 있듯이, "다른 영"(πνεῦμα – 프뉴마)은 "다른 복음"(εὐαγγέλιον – 유앙겔리온)을 나타낼 수밖에 없다.

바울의 답변은 자신이 전한 복음이 오직 겸비와 자기 부인의 오랜 길을 거쳐서만 자신의 영광에 도달했던 고난받은 주(*κύριος*-퀴리오스, 바울이 즐겨 사용했던 용어) 속에서 표현된 진정한 "하나님의 능력"이라는 것을 보여 주며 그 정당성을 단언하는 것이었다. 바울의 사역은 이러한 특질들을 공유하고 있었다. 왜냐하면 그는 고린도 교회의 주 되시는 분의 "종"(*δοῦλος*-둘로스)이라고 자신을 소개했을 뿐 자기 자신을 전파하지 않았으며(4:5), 참된 프뉴마(*πνεῦμα*)와 들림없는 유앙겔리온(*εὐαγγέλιον*)의 특징적인 표시인 "약함 속에서의 강함"의 삶을 살았기 때문이다. 게오르기(Georgi)의 논증은 적어도 11:4의 의미를 조명해 주고, 그 절이 10-13장의 전반적인 기조만이 아니라 이 서신(특히 2:17-4:15) 전체에 걸친 바울의 일관된 자기 묘사의 전반적인 기조와도 일치한다는 것을 보여 준다.

이러한 견해에 대한 주된 비판은 헬라-로마 사회에서 데이오스 아네르(*θεῖος ἀνήρ*)라는 인물이 존재했다는 전제를 겨냥해 왔고, 사실 그러한 "유형"의 인물들이 실제로 존재한 적이 있었는지에 대하여 의문이 제기되어 왔다("데이오스 아네르"라는 표현이 근본적으로 모호한 의미를 담고 있고, "데이오스 아네르"를 이적을 행하는 자와 동일시하는 것은 옳지 않다는 것을 근거로 해서 이 용어의 사용에 대하여 근본적으로 비판을 제시하는 C. H. Holladay, *Theios Aner in Hellenistic-Judaism*, 237-41를 보라). 이러한 부적절하다는 비난을 미리 상쇄시키고, 티아나의 아폴로니우스(Apollonius of Tyana) 같은 헬라의 영웅들 또는 모호한 헬레니즘적 인물들을 다루고 있는 문제 있는 본문들에 부당하게 의거하고 있다는 지적을 부분적으로 피하기 위해서 프리드리히(Friedrich, ibid., 196-208)는 좀더 잘 확인되는 예들을 주목해서, 사도행전 6-7장에 나오는 스데반과 그의 동료들을 지목한다. 스데반과 그의 "직분"(*διακονία*-디아코니아)의 예는 외관상의 은사들을 지니고서(행 6:9, 10; 참조. 8:6에서의 빌립) 효과적이고 확대된 사역을 수행하는(행 11:19-20) 헬라파 유대 그리스도인 지도자의 역할을 충족시킨다. 스데반은 "표적들과 기사들"(행 6:8), 환상들(행 7:55), 말과 조리(*λόγος*-로고스)에 있어서의 극적인 능력으로 평판이 나 있었다. 더 근거가 희박한 이야기이기는 하지만 빌립이 탈혼 상태 속에서 이동된 것(행 8:39)은 바울이 12:2에서 하르파제인(*ἁρπάζειν*, "낚아채다")을 사용하고 있는 것과 대응되는 것으로 인용된다. 이러한 것들보다 더 설득력 있는 것은 사도행전의 이야기 속에서 스데반의 언변과 순교자의 경험이 독사(*δόξα*, "영광")라는 주제를 다루고 있다는 것인데, 바울은 고린도후서에서 그것을 재해석하여(3:6-4:6) 모세의 영광(출 34:29-35)과 권위를 "신인"으로 칭송했던 유대 기독교적인 해석을 반박한다. 바울의 대적들에게 있어서 예수는 하나님의 고난받는 종이 아니라 두 번째 모세로 여겨졌다(Friedrich, 191). 그 다음 단계는 "의인"에 관한 스데반의 기독론(행 7:52)을 데이오스 아네르(*θεῖος ἀνήρ*)라는 모델과 결부시켜서 고린도후서 11:4에 나오는 유대 기독교의 선교단이 전파한 이러한 가르침을 설명하는 것이다. 프리드리히(Friedrich, ibid., 212)는 이렇게 결론을 내린다: 그러한 독립적인 선교단이 스데반 진영에서 고린도 교회로 왔다는 것은 충분히 이해할 수 있는 일이다. 그런 후에, 그는 계속해서 사도행전 6장에서 출발하여 마태복음의 유대 기독교와 빌립보서 1:15-18에 나오는 순회 전도자들을 거쳐서 고린도후서 3, 10-13장에 이르는 일련의 발전 과정을 추적해 나간다 – 참으로 대단한 탐사 여행이다!

(7) 프리드리히(Friedrich)의 가설은 지나치게 깔끔하고 협소한 틀을 사용하고 있는 것으로 보인다. 그렇지만 그러한 가설 속에는 우리가 잠정적인 결론에 도달하고자 하고 이 문제를 요약하고자 할 때 사용할 수 있는 몇 가지 의미심장한 개념들이 들어 있다. 11:4-15에는 두 부류의 사람들(*dramatis personae*)이 등장한다는 케제만(Käsemann)의 혁신적인 주장은 권장할 만하고, 바울은 그러한 구별을 하고 있다는 암시를 전혀 주고 있지 않다는 바렛(Barrett)의 반론은 바울이 양면적인 태도를 취할 수밖에 없었다는 답변에 의해서 해명될 수 있을 것이다. 바울은 고린도 교회에서의 자신에 대한 신임이 위기에 처해 있었기 때문에 반대파를 규탄할 수밖에 없었다. 그러므로 반어법(11:4)과 독설(11:13-15)을 사용한 공공연한 규탄은 그의 목적을 이루기 위한 것이었다. 그러나 다른 한편으로, 바울은 이방 교회들과 예루살렘에 있는 모교회 간의 관계를 공고히 하고자 하는 염원에서 예루살렘 교회의 지도층에 대하여 경의를 표한다. 그런 까닭에 그는 그러한 목적을 염두에 두고서 연보를 모으는 일에 온 힘을 쏟아 왔다(9:12-15에 대한 "주석"을 보라). 그렇지만 외부로부터 선교사들이 고린도 교회에 와서 그들이 "기둥" 같은 사도들로부터 권한을 위임받았다고 자처하거나 적어도 유대 기독교를 대표하는 것으로(11:22에 함축되어 있듯이) 자처하며, 그들을 "그리스도의 종들"(11:23: 또한 Georgi, *Gegner*, 31-38, 254)로 내세웠을 때, 바울은 예루살렘 협약(갈 2:6-9)에 비추어서 "지극히 큰 사도들"의 지위를 존중하면서도 약간의 경멸적인 방식으로 그 사도들이 지닌 지위를 제대로 이야기하지 않을 수 없었다. 호이 휘페르리안 아포스톨로이(*οἱ ὑπερλίαν ἀπόστολοι*, "지극히 큰 사도들", 11:5; 12:11)에 대한 두 번의 언급은 그가 그들보

다 열등하다는 주장, 그가 그들과 나란히 설 수 있는 데 필요한 자격을 갖추고 있지 않다는 간단한 진술을 통해서 행해진 비난에 대하여 대답하고 있는 것이다. 실제로 그는 자신의 직분이 "이방인들의 사도"(롬 11:23)이고, 자신은 시대의 전환점에서 종말론적인 인물(고후 5:16-6:2)이라고 높임으로써 자기가 "우월하다"고 말하고 있다. 11:6에서 그는 자기가 하나님으로부터 온 구원의 진리를 전달하는 4:4-6의 진정한 복음에 관한 "지식"을 가지고 있고, 하나님께서 이방인을 대상으로 한 그의 사역 속에서 베풀어 주신 "사도의 표적들"(롬 15:19-20에서처럼)을 가지고 있다고 말한다. 이 두 가지 근거 위에서 바울은 자신의 사도직을 예루살렘의 사도들의 직분과 동등한 반열에 올려놓는 것은 물론이고, 더 나아가서 자신의 사도직과 관련된 특별한 섭리를 주장한다(3:6-12). 이렇게 함으로써 그는 자신에게 "표적들"이 없다는 것을 자신을 공격하고 자신의 사도직이 가짜라고 낙인 찍는 데 무기로 사용하고 있었던 대적자들을 무너뜨리고 있는 것이다(Käsemann).

그러나 바울은 11:13-15에서 왜 그토록 살기등등한 분노를 보여 주고 있는 것인가? 그러한 질문에 대한 답변은 11:4에 대한 불트만(Bultmann)의 해석에서 주어진다. 바울이 전한 것과는 다른 "예수-영-복음"이라는 삼각축은 모두 더해져서 바울이 알고 있던 기독교의 전체 케리그마에 대한 잘못된 인식을 구성하게 된다. 그들이 전파한 그리스도는 "육체를 따른"(*κατὰ σάρκα*-카타 사르카, 5:16) 것으로서, 이것은 그들이 나타낸 능력은 눈에 보이는 것이고 자기 중심적인 것임을 의미한다. 프뉴마(*πνεῦμα*)는 엑수시아(*ἐξουσία*)의 영으로 나타나는데, 그들은 그것을 주관하는 능력으로 해석했고, 그것이 카우카스다이(*καυχᾶσθαι*, "자랑")를 가져다 준다고 여겼다(Travis, "Paul's Boasting," 527-32를 보라). 바울은 그들이 전한 "복음"을 거짓된 메시지로 낙인 찍는데, 그것은 그 복음이 십자가와 "자기를 즐겁게 하지 않았던"(15:3) 그리스도를 전하는 바울의 메시지와 상반된 것이었기 때문이다. 그들에게는 그리스도의 연약한 처신 속에 숨겨져 있는 것(10:1; 13:3, 4)과 "믿음"에 토대를 둔 삶(5:7)이 들어설 여지가 없었기 때문에, 그들은 외모를 자랑했다(5:12). 팰런(Fallon, 94)에 의해서 제시된 4절에 대한 요약은 이러한 점들을 분명하게 보여 준다: 대적자들에게 있어서 "다른 예수"는 바울이 전한 십자가에 못 박혔다가 부활하신 주가 아니라 이적을 일으키는 예수였다. 그들이 전한 다른 "영"은 바울이 온몸으로 보여 주었던 그리스도의 영이 아니라 대적자들이 소유하고 있고 그들의 사역을 통해서 보여 주고 있다고 주장했던 능력과 탈혼의 영이었다. 그들이 전한 새로운 "복음"은 사람들이 알지 못하는 사이에 부지불식간에 나타나고 인내하는 사랑 속에서 그 능력이 드러나는 고난받는 그리스도에 관한 바울의 케리그마(13:3-4)가 아니라 그리스도의 종들로 자처하는 대적자들의 삶 속에서 가시적으로 나타난 신성(神性)의 증표들과 권세의 증거들을 토대로 한 능력과 현재적인 영광의 메시지였다(13절). 무엇보다도 둘 사이의 극명한 대비는 바울의 대적자들이 간과했지만 바울이 잘 설명한 것, 즉 "참된 사도"는 예수의 수난 이야기를 선포하는 자일 뿐만 아니라 그것을 삶으로 살아내는 자라는 진리 속에서 드러난다(Schlatter, *Paulus*, 553; Friedrich, ibid., 189).

우리가 보기에, 11:13-15의 심판의 어조로 이어지는 11:4에 대한 이러한 설명은 꽤 만족스럽고 일관된다. 이러한 설명은 고린도 교회의 문제점들에 대한 바울의 전체적인 대응을 고린도후서 전체에 걸쳐서 일관된 것으로 보는 장점을 지니고 있으면서도, 바울이 다음과 같은 이유들로 인해서 정죄할 필요가 있다고 생각했던 심각한 반대가 새롭게 생겨났다는 것을 인정한다. (a) 새롭게 일어난 반대는 바울의 사도직을 공격했고, 그것은 곧 바울이 전한 복음이 잘못되었다고 말하는 결과를 초래했다. (b) 이러한 새로운 반대의 출현은 왜 바울이 4-5절에서 자신에 대한 변호를 애매모호한 표현으로 말해야 했는지를 설명해 주는데, 그것은 그가 "기둥"(*στῦλοι*-스틸로이) 같은 지도자들 및 예루살렘의 모교회와의 관계를 그대로 유지하기를 원했기 때문이다. (c) 이러한 새로운 반대는 13-15절에 나타나는 바울의 격한 어조를 설명해 주는데, 그것은 그 사람들이 바울에 의해서 사탄적인 것으로 낙인 찍힌 잘못된 기독론을 전파했기 때문이다. 바울은 그들이 전파한 기독론은 필연적으로 고린도 교회의 회중 가운데서 합당치 못한 생활 양식을 초래하게 될 것이라고 보았다(6:3-13; 또한 고린도 교인들에 대한 이러한 가르침의 영향이 어떤 결과를 초래했는지에 대해서는 11:19-20; 12:20-21을 보라). 바울이 단죄하고 있는 자들은 사탄의 세력에 붙잡혀 있는 "불신자들"이나 다름없는 자들이었기 때문에(4:4), 바울은 고린도 교인들에게 이미 그들과의 모든 관계를 끊으라고 경고한 바 있었다(6:14-7:1). 바울은 이미 화해의 요청을 한 바 있지만(5:19), 거짓 사도들이 마음대로 행동하도록 고린도 교인들이 허용한다면 고린도 교회에 자신이 전한 복음과 관련하여 장래의 소망이 없을 것임을 알고 있었다. 그런 까닭에 이 단락은 단호한 경고의 말(11:15)로 끝난다.

5 "내가 지극히 큰 사도들보다 부족한 것이 조금도 없는 줄 생각하노라"(*λογίζομαι γὰρ μηδὲν ὑστερηκέναι τῶν ὑπερλίαν ἀποστόλων*-로기조마이 가르 메덴 휘스테레케나이 톤 휘페르리안 아포스톨론). 동사 로기조마이(*λογίζομαι*, "나는 생

각하노라", 10:2을 보라)는 여기서의 맥락 속에서는 거의 전문적인 의미를 지니는 표현으로서, 고린도 교인들이 바울의 선교에 대한 잘못된 평가들을 받아들인 것과 그가 그들에게 그것과 관련된 사실들을 "숙고해" 보라고 요청한 것(10:7)에서 사용된 단어를 다시 가져와서 사용하고 있는 것이다. 이제는 사도가 자신을 변호하기 위하여 평가를 할 차례다. 아마도 그는 고린도 교회에서 사용된 슬로건을 가져와서 여기서 되풀이하고 있는 것 같다(Betz, ibid., 68). 그는 "현재 완료"(BDF § 341)로 분류될 수 있는 동사 휘스테레케나이(*ὑστερηκέναι*)의 형태를 사용하고 있다. 따라서 그가 말하는 것은 "나는 열등하지 않다"는 뜻이다. 그는 대적자들이 자신에 대하여 빈정거리며 한 말이었던 것에 대하여 자신의 평가를 내린다: 바울은 "지극히 큰 사도들"-예루살렘 교회의 지도자들을 가리키는 다소 반어법적인 표현-에 비하여 열등하다는 것(Héring, 79; Käsemann, *Die Legitimität*, 28: "지극히 큰 사도들"은 "원사도들"과 동일시되어야 한다고 대다수의 주석가들은 주장한다〈하지만 Windisch, Bultmann, 205는 반대다: BGD 841를 보라〉. 그러나 즈미쥬스키〈Zmijewski, ibid., 116〉는 최근에 단수형 호 에르코메노스〈*ὁ ἐρχόμενος*〉가 복수 형태인 톤 휘페르리안 아포스톨론〈*τῶν ὑπερλίαν ἀποστόλων*〉으로 흡수되고 있다는 문체상의 근거들 위에서 이러한 동일시를 다시 쟁점화했다. 따라서 그는 4절에 나오는 "방문자"와 "지극히 큰 사도들" 간에는 아무런 차이가 없다고 주장한다. 그러나 우리가 5절과 13절에 나오는 사도적인 인물들을 동일시하는 것을 기꺼이 받아들이지 않거나 두 대목 모두에서 그들을 언급하고 있다는 것을 부인하지 않는다면, 그렇게 되는 것은 불가능하다. McClelland, "Response"). 바울이 휘페르리안(*ὑπερλίαν*, "지극히 큰", "도를 넘은")을 사용하고 있는 것은 이례적이다. 왜냐하면 이 부사는 신약에서 "하팍스 레고메논"인데도, 바울은 잠시 멈춰 서서 이 단어를 설명하고자 하지 않기 때문이다. 우리는 이 표현이 반어법적이고 다소 경멸적인 것이라고 생각할 수 있다(Zmijewski, ibid., 116, 117를 참조하라). 우리가 이것을 인용 부호를 첨가해서 번역한 것은 바로 그 점을 나타내기 위한 것이다.

4절과 5절의 연결 관계는 어떤 식으로 설명을 하더라도 해명하기가 어렵기 때문에, 이 두 절을 연결시켜 주고 있는 가르(*γὰρ*)를 눈여겨 볼 필요가 있다(앞에서의 설명을 보라). 우리는 이 두 절의 연결 관계를 외부 세력들이 정말이든 거짓말이든(후자의 가능성이 훨씬 더 높다) 예루살렘에 있는 "지극히 큰 사도들"과의 관계를 그들의 권위의 근거로 제시했다는 것에서 찾는 해석을 제시했다. 따라서 바울은 그가 예루살렘의 지극히 큰 사도들과 적어도 동등한 반열에 있다는 것, 특히 이방인들에 대한 사도로서의 자신의 높은 직분을 단언하지 않으면 안 되었다. 다음 절은 어떤 점에서 그가 그런 주장을 할 자격이 있는지를 설명해 준다.

6 "내가 비록 말에는 졸하나 지식에는 그렇지 아니하니 이것을 우리가 모든 사람 가운데서 모든 일로 너희에게 나타내었노라"(*εἰ δὲ καὶ ἰδιώτης τῷ λόγῳ, ἀλλ' οὐ τῇ γνώσει, ἀλλ' ἐν παντὶ φανερώσαντες ἐν πᾶσιν εἰς ὑμᾶς*-에이 데 카이 이디오테스 토 로고, 알 우 테 그노세이, 알 엔 판티 파네로산테스 엔 파신 에이스 휘마스). 다시 한 번 이 절은 중추적이면서도 당혹스럽다. 여기에는 주어가 명시적으로 표현되어 있지도 않고 계사도 나오지 않지만(BDF § 128.2), 이 절은 분명히 자전적인 것이고 스스로를 밝히는 것인 동시에 논쟁적인 것이기도 하다. 우리의 견해에 의하면, 앞 절은 열두 사도의 사도적 권위를 염두에 둔 삽입구 같은 것이다. 이제 바울은 자기가 그들과 동등한 동역자라는 것과 고린도전서 15:8-11(참조. 엡 3:2-10)의 의미에서 특별한 사도라는 것을 주장했기 때문에 고린도 교회에서 그의 사도직이 위협받고 있는 상황으로 다시 눈을 돌린다. 고린도 교회에 있던 대적자들은 바울을 수사학에 있어서 "훈련을 받지 못한"(*ἰδιώτης*-이디오테스) 자(그러나 바울은 놀리는 말로 이 말을 하고 있는 것인가? Judge, "Paul's Boasting"은 바울의 이 말을 반어법적인 것으로서 수사학적 효과를 위해 짐짓 자기가 그런 체하는 "아스테이스모스"〈정중한 방식으로 감정을 표현하는 것〉 또는 "프로스포이에시스"〈어떤 것이 없다고 주장함으로써 자신의 솜씨를 과시하는 것〉의 일종으로 취급한다〈37〉), 즉 전문적인 대중 연설가가 아니라 아마추어 또는 평신도 수준의 전도자로 폄하했다(Judge, *TynB*, 12-14, 35). 겉보기에 그는 그들의 평가를 받아들이고 있는데, 그것은 비록 용인하는 방식이긴 하지만(에이 카이〈*εἰ καὶ*〉라는 표현을 통해서: BDF § 374; Zmijewski, ibid., 118) 거기에는 또다시 반어법적인 뉘앙스가 깃들어 있는 것 같다(Allo, 279). 그러므로 이 문장의 무게 중심은 알라(*ἀλλά*, "그러나": 2x)에 의한 대비들에 놓여 있다. 대적자들의 기준에서 볼 때는 바울은 말을 잘 못하는 자일 수 있다(*τῷ λόγῳ*-토 로고; 여격에 대해서는 BDF § 197를 보라)는 것을 논쟁의 목적상 인정하면서도, 그럼에도 불구하고(*ἀλλ'*-알) 바울은 사도로서 갖추어야 할 진정으로 중요한 자격 요건, 즉 하나님을 알고 그의 복음을 아는 지식(*γνῶσις*-그노시스)을 가지고 있다(고전 1-2장; Barrett, "Christianity at Corinth," 6-14). 또한 "그럼에도 불구하고"(*ἀλλ'*-알) 바울은 이 복음을 10:13-18의 선교지(Missionsgebiet)에 있는 자신의 선교의 참된 대상들인 모든 자들에게 그들이 잘 알 수 있는 방식으로 알게 했다(그러므로 엔 판티〈*ἐν παντί*〉는 6:4과 정확히 대응된

다). 바울은 여기서 또다시 동사 파네로산테스(*φανερώσαντες*, 여기에는 명확한 목적어가 나오지 않기 때문에, 이것은 간결한 표현 또는 압축된 어구라는 수사학적 특징을 이룬다: 우리는 여기에 "그것", 즉 앞 구절에서 하나님의 진리로서의 복음을 의미하는 텐 그노신〈*τὴν γνῶσιν*〉을 가리키는 대명사를 첨가해야 한다)를 일부러 선택해서 사용한다. 왜냐하면 파네로시스(*φανέρωσις*, "나타냄")의 문제는 고린도 교회에서 많은 논란을 불러일으켰던 쟁점이었기 때문이다(*πανουργία*-파누르기아, "간교함, 간계"의 정반대의 것, 즉 메시지를 은밀하고 기만적으로 다루는 것을 의미하는 맥락 속에서 4:2에 대한 설명을 보라). 바울의 글은 "짧게 생략한 말"의 표본이기 때문에, 본문상의 생략 또는 훼손을 의심할 필요는 없다(Schlatter, *Paulus*, 642〈Bultmann, 206에서 재인용〉에서는 여러 가지 다른 읽기들을 열거하고 있는데, 그 중에 하나도 설득력이 없고, 모두 본문의 의미를 명확히 하거나 대다수의 사본상의 증거들을 수정하거나, Lietzmann, 147에서 파네로산테스〈*φανερώσαντες*〉 뒤에 토 뮈스테리온 테스 그노세오스/테스 피스테오스〈*τὸ μυστήριον τῆς γνώσεως*/*τῆς πίστεως*, "지식/믿음의 비밀"〉라는 어구를 보충하고 있는 것처럼 그 의미를 풍부하게 하기 위한 것들이다). 그러나 라이첸슈타인(R. Reitzenstein, *Hellenistic Mystery-Religions*, 466)은 6절의 끝부분에서 7절로 넘어가는 연결 관계를 밝히는 것이 불가능하다는 결론을 내린다. 따라서 그는 엔 판티, 아멤프투스 헤마스(*ἐν παντί, ἀμέμπτους ἡμᾶς*) 뒤에 "우리는 흠이 없다"라는 어구를 보충해 넣어야 한다고 주장한다.

위에서 제시한 해석은 여러 가지 가능성들 중에서 단지 한 가지 가능성에 불과하다. (1) 불트만(Bultmann, 205, 206)은 바울이 자기가 말(*λόγος*-로고스)을 잘못한다고 인정하는 것 속에서 바울이 고린도전서 2:4에서처럼 영지주의적인 사변으로부터 떠나 참된 복음적 지식(*γνῶσις*-그노시스)에 대하여 관심을 보인 것을 발견한다. (2) 케제만(Käsemann, *Legitimität*, 9)은 쟁점이 되고 있었던 것은 바울이 방언을 하지 않았고 탈혼 상태에서 말을 하지 않았기 때문에, 그가 진정한 프뉴마티코스(*πνευματικός*, "신령한 자")가 아니라는 평가를 받은 것이라고 생각한다(그러나 고전 14:18을 보라). (3) 베츠(Betz, ibid., 59)는 여기서 궤변론자들과 철학자들의 논증 간의 대비를 보고(Plato, *Ion* 532D에서는 소크라테스를 "소박한 사람"〈*ἰδιώτης ἄνθρωπος*-이디오테스 안드로포스〉이라 부르고 있는데, 반면에 궤변론자들은 수사학적인 솜씨가 뛰어난 것으로 유명했다: Munck, *Paul and the Salvation*, 158, n. 2: Travis, "Paul's Boasting," 528-31를 보라), 바울이 형식(Aussprache, *λόγος*–로고스)과 내용(Inhalt, *γνῶσις*–그노시스)을 구별했던 견유학파의 견해를 지지하고 있다고 본다. 그러나 바렛(Barrett, 280)은 그노시스(*γνῶσις*)가 고린도 서신에서 여기서의 맥락을 비롯하여 여러 맥락들 속에서 느슨한 정의(定義)를 지닐 수 있다는 것을 지적한다. (4) 휴즈(Hughes, 380-82)는 바울은 일부러 복음의 말씀을 혼잡케 할 우려가 있는 인간적인 수사학을 피하고 "소박하고 분명한 말"을 하고자 했다는 것을 근거로 해서 여기서는 오직 일반적인 대비만을 볼 수 있다고 주장한다. 이것은 사실이지만, 그것이 일련의 준전문적인 용어들이 나오는(*ἰδιώτης*, *λόγος*, *γνῶσις*–이디오테스, 로고스, 그노시스) 이 본문에 대한 유일한 설명일 수는 없는 것 같다.

7 "내가 너희를 높이려고 나를 낮추어 하나님의 복음을 값없이 너희에게 전함으로 죄를 지었느냐?"(*ἢ ἁμαρτίαν ἐποιησα ἐμαυτὸν ταπεινῶν ἵνα ὑμεῖς ὑψωθῆτε, ὅτι δωρεὰν τὸ τοῦ θεοῦ εὐαγγέλιον εὐηγγελισάμην ὑμῖν*–에 하마르티안 에포이에사 에마우톤 타페이논 히나 휘메이스 휩소데테, 호티 도레안 토 투 데우 유앙겔리온 유엥겔리사멘 휘민). 바울의 반어법은 계속된다. 도입부의 에(*ἤ*)는 아마도 의문문을 나타내기 위한 것 같다(Zmijewski, *Der Stil*, 122-26; BGD, 342; BDF § 440.1). 여기서 제기된 문제는 바울이 고린도 교회에서의 자신의 사역을 위해서 재정적인 지원을 받기를 거절한 것과 관련되어 있다(고전 9:6-18을 보라). 이 문제는 앞에서 이미 논의된 바 있지만, 지금 여기서는 이 본문 속에 내포된 대적자들의 비난, 즉 그가 재정적인 지원을 받지 않고 복음을 전했기 때문에 그는 참된 사도가 아니라는 비난으로 인하여 좀더 첨예하게 다루어진다. 따라서 바울은 투덜거리듯이 반문한다: 내가 말씀을 전하고서 그 대가를 받지 않기로 한 것이 잘못을 저지른(*ἁμαρτίαν ἐποίησα*–하마르티안 에포이에사, "죄를 범하다") 것이란 말이냐? "바울의 반어법은 여기서 최고조에 달하는데"(Barrett, 281), 이 문장에서의 강조점은 서로 병렬된 어구인 "하나님의 복음"을 "값없이"(*δωρεὰν τὸ τοῦ θεοῦ εὐαγγέλιον*–로레안 토 투 데우 유앙겔리온) 전한 것에 두어진다(Plummer, 303).

사도가 취한 입장은 그 배후에 있어서 두 가지 특징을 지닌다. (1) 궤변론자들은 가르침이 거저 주어진다면 그러한 가르침은 아무런 가치도 없는 것이라는 이유에서 자신들이 돈을 받고 가르치는 것을 합리화했다–돈을 받고 지혜를 파는 것을 반대했던 Socrates(Xenophon *Mem.* 1.6.1), Plato(*Gorg.* 520; *Apol.* 20), Aristotle(*Etr. Nic.* 9.1.5-7)가 그들의 관행에 대하여 단죄하자 거기에 맞서서 그들이 제시한 반론(Plummer, 302를 보라). (2) 그러나 또 다른 시각에서 볼 때, 헬라인들의 태도는 바울이 자신의 직업을 통해서 스스로를 부양한 것(고전 4:12; 살전 2:9; 참조. 살후 3:7-9; 행 18:3⟨R. F. Hock, *The Social Context of Paul's Ministry*, 59-65에서는 바울의 장막 만드는 활동은 사회적 존경의 상실을 의미하는 것이었다고 주장한다⟩, 20:34에 나오는 증언들)을 정당화하는 것을 어렵게 만들었을 것이다. 아리스토텔레스(Aristotle, *Pol.* 3.5)에 의해서 대변된 헬라의 "상류 계층"의 전형적인 정서는 손으로 하는 노동을 경멸하는 것이었고, 그들은 자유 시민 - 여기에는 철학자도 틀림없이 포함된다 - 은 극도의 빈곤의 상황을 제외하고는 육체적인 일에 종사해서는 안 된다고 주장했다. 바울의 대적자들은 그가 고린도 교회에서 사역할 때 교회로부터의 재정적 지원을 거부하고 자신의 손으로 노동을 해서 생계를 꾸려 나간 것에 대하여 비판했을 때 이러한 두 가지 태도를 염두에 두었을 가능성이 높다(12절에서도; 바울은 이 단락에서 그에게 가해진 공격들에 대하여 답변을 하고 있다; Goudge, 103).

이 시점에서, 특히 그가 교회로부터 지원을 받을 "권한"(엑수시아이, 복수형)이 있다는 것과, "생계를 위해 일하지 않아도 될"(고전 9:4-6) - 이것은 바울이 "주님의 말씀"(9:14; Theissen, *Social Setting*, 40-44; Theissen은, 바울에게 쏟아졌던 비난은 그가 고의적으로 "카리스마적인 가난"의 요청을 회피했다는 것과, 그가 생계를 위해 일하기로 한 것이 하나님께서 선교사들의 필요를 채워 주실 것이라는 믿음이 그에게 없었음을 나타낸 것이었다고 주장함으로써 이러한 "특권"에 대해 특별한 관점을 부여하고 있다)에서 그 근거를 찾은 양보 사항이었다 - 권한이 있다는 것을 솔직하게 인정했음에도 불구하고, 왜 바울이 이러한 입장을 취했는지에 대한 의문이 제기된다. 바울은 자신이 교회의 재정적인 지원을 받아서 생계를 꾸려 나갈 수 있는 "특권"(의무가 아니라)을 스스로 포기한 것은 구약의 근거 위에서 정당화된다고 주장했다. 그러나 그것보다 더 핵심적인 것은 바울이 이렇게 자신의 자유를 지키고자 했던 것은 오직 그렇게 할 때만 자신이 은혜로(gratis) 행해진 사역을 통해서 전해지는 복음의 길에 장애물을 놓는 것을 피할 수 있었기 때문이었다는 것이다(고전 9:12; 이 단어의 사용은 고후 6:3; 참조. 2:17; 살전 2:5에서와 비슷하다. 이것이 내포하는 의미는 그는 사람들이 그리스도인이 되는 것을 가로막고 싶지 않다는 것이다). 고린도전서 9:17에서 바울은 더 나아가 "사도적 의무"라는 개념을 자신이 얼마든지 사양할 수 있다고 느낀 - 그러나 여기서와는 다른 이유로 - 특권이라는 의미로 재해석하고 대체해야 한다고 주장했다(B. Gerhardsson, *Memory and Manuscript*, ASNU 22, tr. E. J. Sharpe⟨Copenhagen/Lund: Gleerup, 1961⟩ 207의 구별을 사용해서). 여기서 그는 사역을 하고서 수고비를 받는다는 개념을 역전시켜서, 복음을 거저 전하는 것 자체가 상급이라고 주장한다. 그는 복음의 종(*δοῦλος*-둘로스)이고, 종은 주인이 하라고 지시한 일을 했다고 해서 대가를 바랄 수 없는 법이다(Holmberg, *Paul and Power*, 88-95, 특히 93를 보라).

하지만 상황은 겉으로 보이는 것만큼 간단하지가 않다. 9절에서 보여 주듯이, 바울은 마게도냐 교인들로부터 도움을 받는 것에 동의했다. 우리는 바울이 다른 교회들과 관련해서는 자신의 원칙을 쉽게 포기했음에도 불구하고, 고린도 교회에서만은 유독 자신의 원칙을 고수하도록 만든 것이 과연 무엇이었는지를 추측해 내지 않으면 안 된다. 홈버그(Holmberg, ibid., 93, 94)가 바울의 원칙은 교리적인 것이라기보다는 실제적인 상황에 의해서 결정된 것이었다고 본 것은 옳은 것 같다. 고린도 교회에서 우발적으로 일어난 사건들은 그로 하여금 사도적 자유를 하나의 쟁점으로 삼지 않을 수 없게 만들었던 반면에, 두 가지 조건이 충족된 경우에는 바울은 얼마든지 교회로부터의 지원을 받아도 된다고 생각했다. 물론 빌립보서 4:10-20은 그가 빌립보 교인들의 반복적인 지원에 대하여 초연한 입장을 취하고 있는 것과 관련해서 주목할 만한 것이기는 하지만 말이다(Martin, *Philippians*, NCB, 160-69에서는 Lohmeyer 등이 말한 그의 역설적인 "감사 없는 감사"에 대하여 논평한다). 두 가지 조건은 다음과 같은 것들이었다. (1) 바울은 자기가 세운 교회를 떠난 후에야 비로소 그 교회로부터 재정적인 지원을 받았다(Plummer, 205). (2) 빌립보 교회의 경우에서처럼 사도와 교회 간에 우호적인 관계가 정립되어 있는 경우에만-이것은 코이노니아(*κοινωνία*, "교제, 사귐"; Nickle, *The Collection*, 105, 106에서는 이 용어가 연보의 동의어라고 본다: 앞에 나온 8:4; 9:13에 대한 설명을 보라)에 표현되어 있다-바울은 재정적인 지원을 받는 데 동의했다.

이러한 분석(Holmberg, ibid., 94, 95에서 가져온)은 베츠(Betz)의 부정적인 평가(*Der Apostel Paulus*, 104; "우리는 고전 9장에서 바울의 행동과 관련된 진정한 이유들을 알 수 없다는 인상을 피하기가 어렵다"; 동일한 맥락에서, Barrett, 281)에 대하여 대답해 줄 뿐만 아니라, 우리가 살펴보고 있는 절과 그 이후에 나오는 절들에 대하여 상당한 정도의 빛을 던져 준다. 고린도 교인들은 외부에서 온 선교사들의 부추김을 받아서 바울의 행동이 일관성이 없다고, 즉 바울의 행동은 그의 우유부단함과 표리부동한 이중적 처신을 보여 주는 또 하나의 예라고 비난했다(1:17-20에 대한 설명을 보라). 그것은 편파적인 태도와 그들에 대한 사랑의 결여를 보여주는 것이라고 그들은 말했다(11절; 12:13, 15). 이와 같은 상황은 고린도 교인들에게 바울이 예루살렘 교회를 위한 연보를 모으는 일을 의심스러운 눈초리로 바라보게 만들었다. 왜냐하면 이 연보의 일은 이제 바울이 사도로서의 자신의 지위를 공고히 하기 위한 교묘한 꼼수로 여겨질 수 있었기 때문이다(Georgi, *Die Gegner*, 241). 더 나아가서, 바울의 태도 전체는 그가 사도로서의 지위를 결여하고 있다는 것을 보여 주는 증거로 해석될 수도 있었다. 왜냐하면 바울은 이제 명백히 마태복음 10:8-10//누가복음 10:7의 예수 전승을 그들의 지위를 뒷받침하는 데 사용했던 (Q〈*Did.* 13:1, 2〉; D. L. Dungan, *The Sayings of Jesus in the Churches of Paul* 〈Oxford: Blackwell, 1971〉 76-80) "지극히 큰 사도들"에 비하여 열등한 것으로 여겨졌기 때문이다. 게다가 게오르기(Georgi, ibid., 237, n. 6)의 논증이 유력한 것이라면, 12:13에 반영되어 있는 것과 같이 고린도 교인들이 도출해 내었던 결론은 바울은 지극히 큰 사도들이 지니고 있는 온전한 "영적 은사들"(*πνευματικά*-프뉴마티카)을 공유하고 있지 못하기 때문에 그가 고린도에 교회를 세운 것은 결함이 있는 일이었다는 것이다. 이것은 바울이 자신을 사도라고 주장한 것이 거짓임을 보여 주는 추가적인 증거였다(Lietzmann, 158).

위에서 말한 것을 배경으로 볼 때, 우리는 이 현재의 절이 지닌 대단히 종교적인 어조를 제대로 이해할 수 있게 된다(7절): 하마르티아(*ἁμαρτία*, "죄"), 타페이눈(*ταπεινοῦν*, "낮추다"), 휩순(*ὑψοῦν*, "높이다") 같은 단어들은 유앙겔리제스다이/유앙겔리온(*εὐαγγελίζεσθαι/εὐαγγέλιον*, "전하다/복음")과 더불어서 신학적인 용어들이다(Fallon, 96). 우리는 바울이 그러한 단어들을 선택하여 사용한 것을 통해서 그가 고린도 교회에서의 자신의 사역이 위태롭게 되었다는 것을 얼마나 강하게 느꼈는지를 추측할 수 있다. 이 단어들은 소극적인 것임과 동시에(하마르티안 포이에인〈*ἁμαρτίαν ποιεῖν*〉은 스스로 자신을 단죄하는 것이다〈Selbsteinwurf〉; Windisch, 334; Zmijewski, ibid., 177) 적극적인 것이다(중첩적 표현인 유앙겔리온/유앙겔리사멘〈*εὐαγγέλιον/εὐηγγελισάμην*〉은 수사학적으로 어원론적인 기법〈figura etymologica〉으로 분류된다, Zmijewski, 181). 반어법적인 어조는 상황의 심각성을 조금도 약화시키지 않는다. 바울은 종이라는 신분(고린도 교인들이 오해했던 말 10:1을 보라)으로 고린도에 왔을 뿐만 아니라, 낮아지셨다가 높아지신 주의 복음을 들고서 고린도에 왔다(8:9; 13:4; 빌 2:6-11; Martin, *Carmen Christi* 2〈1983 ed.〉 xviii, xix, xxxv-xxxix에는 그리스도의 높아지심을 낮아지신 예수가 높이 들리운 것으로 보는 이유들이 제시되어 있는데, 8c절에 나오는 그의 십자가는 현재의 권세 및 우주적인 주 되심에 관한 모든 개념들과 관련된 패턴을 설정하고, 그것들을 재해석한다). 지금 바울은 독자들에게 "십자가 아래에서"(고전 1:18-2:5) 이루어진 최초의 복음 전도와 교회를 세운 것이 엄청나게 잘못된 것이었는지를 되돌이켜서 숙고해 보라고 요구하고 있다. 그는 11:21; 12:13에서도 여기서와 병행되는 방식으로 이 문제를 제기하는데, 거기서는 그의 "약함"(*ἀσθένεια*-아스데네이아)이 쟁점이 되고 있고, 그것은 그가 연약한 예수를 전파하는 것과 결부된다(13:4). Güttgemanns, *Der leidende Apostel und sein Herr*, 177, 178를 보라.

8 "내가 너희를 섬기기 위하여 다른 여러 교회에서 요를 받은 것이 탈취한 것이라"(*ἄλλας ἐκκλησίας ἐσύλησα λαβὼν ὀψώνιον πρὸς τὴν ὑμῶν διακονίαν*-알라스 에클레시아스 에쉴레사 라본 옵소니온 프로스 텐 휘몬 디아코니아안). 바울은 이제 자신의 수사의문문에 대하여 답변하면서, 몇 가지 생생하고 대담한 표현들을 사용함으로써 뚜렷한 대비를 만들어 낸다. 그는 자기가 다른 교회들로부터 재정적인 지원을 받았다는 것을 인정한다(특히 빌립보 교회에서: 빌 2:25; 4:10-20). 에쉴레사(*ἐσύλησα*, "내가 탈취했다, 강탈했다")라는 강력한 용어는 고전 헬라어에서 전쟁터에서 죽은 병사의 갑옷을 벗기는 것을 가리키는 데 사용되었던 동사다(Hughes, 385를 보라). "군사의 급료"(*ὀψώνιον*-옵소니온)에 대한 언급을 통해서 군대와 관련된 은유는 계속된다(Deissmann, *Bible Studies*, 266를 보라; 참조. 눅 3:14; 고전 9:7; Dungan, *Sayings of Jesus*, 29에서는 빌 4:15-17; 고후 11:8, 9에 근거해서 빌립보 교회가 바울에게 "봉급이라는 용어를 사용해도 좋을 정도로 충분한 분량의 재정적 지원"을 했다고 주장한다). 그러나 호크(R. F. Hock, *The Social Context of Paul's Ministry*〈Philadelphia: Fortress Press, 1980〉 92)는 (1) 옵소니온(*ὀψώνιον*)은 단지 "양식"을 의미할 뿐이고(참조. C. Caragounis, "*ὀψώνιον*: A Reconsideration of its Meaning," *NovT* 16 37-57), (2) 바울은 빌립보서 4:17에서는 도마(*δόμα*, "선물")라는 다른 용어를 사용하고 있으며, (3) 고린도후서 12:14에서 바울은 단지 고린도 교인들 자신이 부담했어야 할 고린도로의 계획된 여행을 위한 "경비"만을 언급하고 있다는 점을 들어서 그러한 추론을 반박했다.

바울은 자신이 어떻게 다른 교회들을 "탈취한" 것이라는 말을 들을 수 있는지를 설명한다(그는 이것을 통해서 그의 대적자들이 무슨 짓을 하고 있는 것인지를 암시하고 있다: 고린도 교인들로부터 돈을 착취하는 것, 11:19?). 바울은 고린도에서의 자신의 사역(*διακονία*-디아코니아)을 제대로 해내기 위해서, 즉 십자가에 못 박히신 주와 거저 주시는 은혜의 복음(*δωρεάν*-도레안적인 성격)-이것은 바울이 전한 메시지의 두 가지 측면으로서, 우리가 이미 말했듯이 그의 아가야 지방 선교의 막바지에 좀더 날카로운 방식으로 정형화되었다(본서의 서론을 보라) -을 전파하는 것과 합치하는 방식으로 그 사역을 이루기 위해서 그리스도의 사도로서의 자신의 권한을 사용해서 다른 그리스도인들로부터 재정적인 지원을 받았을 뿐이다(살전 2:6: Holmberg, ibid., 91를 보라).

9 고린도 교회를 처음 방문해서(행 18:1-17) "내가 너희와 함께 있었을 때에" (*καὶ παρὼν πρὸς ὑμᾶς* - 카이 파론 프로스 휘마스, 개역 성경에서는 "또 내가 너희에게 있어"). 아마도 8절에 언급된 다른 교회들은 바울이 마게도냐에서 고린도로 갔을 때 여행 경비와 생활비를 도와주었던 것 같다(Bultmann, 207). 바울은 돈이 떨어지거나 스스로 일을 할 수 없어서(고전 4:12; 살전 2:9) "궁핍에 처했을"(*ὑστερηθείς* - 휘스테레데이스, 단순과거 분사) 때 마게도냐에서 온 형제들, 아마도 실라와 디모데(행 18:5)가 가져온 것을 통해서(*προσανεπλήρωσαν* - 프로사네플레로산, 이 동사는 "다시 채우다" 또는 "어떤 것을 보충해서 더하다"라는 의미를 지닌다) 극심한 곤경에서 벗어날 수 있었다. 바울은 자신의 주된 취지를 말하기 위해서 이러한 상황을 설명하느라 애쓴다: "나는 누구에게도 (재정적인) 짐을 지우지 않았다." 직역하면 "나는 아무에게도 압력을 가하지 않았다"(*οὐ κατενάρκησα οὐθενός* - 우 카테나르케사 우데노스). 단순한 형태의 동사인 나르칸(*ναρκᾶν*)은 압박을 가함으로써 감각을 잃고 마비시키는 것에 대하여 사용되고(창 32:25-33 LXX), 접두사 카타(*κατα-*)가 첨가되면 이 동사는 "짐을 지우다"를 의미한다(라틴어 gravare에 대해서는 BGD, 414, 415를 보라; 불가타 역본에서는 onorosus fui가 에바뤼나 〈*ἐβάρυνα*〉에 해당한다). 그러나 여기에는 바울이 고린도 교인들에게 "압력을 가해서" 자신의 재정적인 목적을 달성하고자 했다는 비난을 암시하는 좋지 않은 뉘앙스가 들어 있을 수 있다(12:16, 17; Bultmann, 208). 만약 이것이 사실이라면, 바울은 두 곳에서 모두 그것을 부인한다. 브루스(Bruce, 238)는 지나치게 부당한 요구를 하거나 속여서 빼앗는다는 의미를 지닌 "어떤 사람의 옆구리를 쿡쿡 찔러서 괴롭게 하여 많은 것을 뜯어낸다"는 구어적인 표현이 카타나르칸(*καταναρκᾶν*, "마비되다")과 비슷한 의미를 갖는다고 말한다. 그러나 "찌르다"는 미국 영어에서는 또 다른 구어적인 의미를 지닌다.

"내가 모든 일에 너희에게 폐를 끼치지 않기 위하여 스스로 조심했거니와"(*ἐν παντὶ ἀβαρῆ ἐμαυτὸν ὑμῖν ἐτήρησα* - 엔 판티 아바레 에마우톤 휘민 에테레사). 다른 곳에서도 발견되는 비난(12:16; 살전 2:9; 참조. 살후 3:8; 딤전 5:16)에 대한 답변이 이어진다. 어근 *βαρ*-는 파피루스들에서 재정적인 비용을 부과하는 방식으로 "짐을 지운다"는 의미로 사용된다(J. G. Strelan, "Burden-Bearing and the Law of Christ: A ReExamination of Galatians 6:2," *JBL* 94[1975] 266-76를 보라).

10 "그리스도의 진리가 내 속에 있으니 아가야 지방에서 나의 이 자랑이 막히지 아니하리라"(*ἔστιν ἀλήθεια Χριστοῦ ἐν ἐμοὶ ὅτι ἡ καύχησις αὕτη οὐ φραγήσεται εἰς ἐμὲ ἐν τοῖς κλίμασιν τῆς Ἀχαΐας*-에스틴 알레데이아 크리스투 엔 에모이 호티 헤 카우케시스 하우테 우 프라게세타이 에이스 에메 엔 토이스 클리마신 테스 아카야스). 맨처음에 나오는 어구는 로마서 9:1에서처럼 맹세 문구이고(Bultmann, *Schwurformel*, 208), 13:3에서처럼 사도를 통해서 말하는 분은 그리스도이기 때문에(하나님의 이름에 있어서 변화가 있는 5:20을 참조하라) "그리스도의 진리"라는 어구에서 크리스투(*Χριστοῦ*)는 주격적 속격이다. 바울은 자기가 진리를 말하고 있다는 것을 맹세로써 말한다. 그러나 그것은 반어법적이기도 하다. 왜냐하면 "자랑하는 것"(*καύχησις*-카우케시스)은 그가 어쩔 수 없는 경우에만 최후에 의지하는 수단이기 때문이다(11:21; 12:11; 카우케시스〈*καύχησις*〉는 "어리석은 자의 변"으로 명명된 단락 전체에서 중요한 역할을 하는 결정적인 슬로건이다: 11:12, 16, 17, 18, 30; 12:1, 5, 9; Zmijewski, *Der Stil*, 139를 보라). 아마도 우리는 여기서 바울이 자신의 사리사욕을 채우기 위해서 고린도 교인들로부터 연보를 걷고자 함으로써 고린도 교인들에 대하여 이기적이고 음흉한 방식으로 처신했다는 비난과 누명에 답변하면서 분노의 어조로 말하고 있는 것을 읽을 수 있는 것 같다. 바흐만(Bachmann, 371)과 프륌(Prümm, *Diakonia Pneumatos* 1:622)이 주장한 것과는 달리, 카우케시스(*καύχησις*)의 주어가 바울이 아니라 아가야 지방의 그리스도인들일 가능성은 거의 없다. 12절까지 이어지는 문맥의 흐름은 그러한 견해가 옳지 않다는 것을 보여 준다. 거기서 바울은 또 다른 자랑과 맞선다.

따라서 바울은 자기에게 할당된 지역에서 행해진 그들의 선교에 대하여 "자랑하는" 자들에 대하여 다시 언급하면서 분통을 터뜨린다(10:13-18). 이것은 아가야 지방에서(*ἐν τοῖς κλίμασιν τῆς Ἀχαΐας*-엔 토이스 클리마신 테스 아카야스)라는 어구 속에서 언급된다(BGD, 436: 클리마〈*κλίμα*〉는 성경에서 드문 용어다: Windisch, 337, n. 1; Allo, 284; 남부 헬라 지방 전체가 여기서는 테스 아카야스〈*τῆς Ἀχαΐας*〉로 불린다). 그는 자신의 선교 지역에 속하는 아가야 지방에 대한 선교와 관련된 사도로서의 자신의 자랑이 삭감되지 않을 것이라고 단언한다. 마지막에 나오는 동사인 프라쎄인(*φράσσειν*)은 "가로막다" 또는 "가로막히다", 그러므로 "침묵하게 되다"라는 의미를 지닌다. "자랑"은 아마도 부차적인 개념임에도 불구하고,

마치 진정한 쟁점은 바울의 권위가 고린도 교회에 출현한 다른 전도자들에 의해서 도전을 받고 있었던 이 지방에서의 그의 자랑인 것처럼 바울이 말하고자 하는 취지가 압축되어 있다. 그러므로 바울이 단언하고 있는 것은 아가야 지방에서의 그의 싸움으로 인해서 "나의 자랑(선교와 관련된)은 제한을 받거나 잘려 나가지(*unterbunden werden*: so Bultmann, 208, 이 동사가 호 2:6; 애 3:9에서처럼 길을 봉쇄한다거나 잠 25:16; 유딧서 16:3에서처럼 댐을 쌓아서 강을 막는다는 의미를 배경으로 하고 있다면; 후자의 개념은 Plummer, 306에 의해서 지지된다) 않으리라는" 것이다. 이것은 충분히 가능성이 있는 해석이다.

11 "어떠한 연고뇨 내가 너희를 사랑하지 아니함이냐 하나님이 아시느니라"(*διὰ τί; ὅτι οὐκ ἀγαπῶ ὑμᾶς; ὁ θεὸς οἶδεν*–디아 티? 호티 우크 아가포 휘마스? 호 데오스 오이덴). 바울이 자신을 돌아보며 사랑과 관련된 항의를 하는 것은 그의 목회적인 관심(12:15를 보라)과 그가 고린도 교인들을 사랑하지 않았다는 암묵적인 비난에 대한 그의 응답을 반영한 것이다. 고린도 교인들이 사도에 대한 재정적인 지원의 문제와 관련된 바울의 태도에 비추어서 그들에 대한 그의 사랑을 의심했던 것인지, 아니면 11:4의 대적자들이 그들의 마음속에 이러한 의심을 심어 준 것인지는 분명하지 않다. 어느 쪽이든, 그것은 바로잡아야 할 필요가 있는 상황이었다. 바울은 따뜻하면서도 애정어린 반박을 한다(앞서 6:11-13; 7:2, 3에서 살펴본 특징). 그렇지만 문장들은 복잡하고 생략되어 있으며, 분명히 종교적인 파토스가 실린 뉘앙스를 지니고 있음과 동시에 "맹세 문구"(*ὁ θεὸς οἶδεν*–호 데오스 오이덴, "하나님이 아시느니라!")에 의해서 강화된 질문과 답변으로 된 대화라는 틀 속에 자리잡고 있다(Zmijewski, ibid., 140-43를 보라). 디아 티(*διὰ τί*, BDF § 299를 보라): 내가 왜 나의 선교 사역지(Arbeitsraum)인 고린도에 대한 나의 정당한 권리를 포기하겠다고 결심한 것인가? 바울이 고린도 교인들로부터 재정적인 지원을 받지 않은 것은 그가 그들을 사랑하지 않았거나 다른 교회들을 더 편애한다는 것을 보여 주는 표시가 아니다(11:28). 바울은 하나님이 아신다고 말함으로써 자신의 답변이 틀림없다는 것을 결정적으로 못 박는다(11:31; 12:2에서처럼).

12 내가 하는 것을 또 하리니 기회를 찾는 자들의 그 기회를 끊어 저희로 하여금 그 자랑하는 일에 대하여 우리와 같이 되게 하려 함이라(*ὃ δὲ ποιῶ, καὶ ποιήσω, ἵνα ἐκκόψω τὴν ἀφορμὴν τῶν θελόντων ἀφορμήν, ἵνα ἐν ᾧ καυχῶνται εὑρεθῶσιν καθὼς καὶ ἡμεῖς*–호 데 포이오, 카이 포이에소, 히나 에콥소 텐 아포르멘 톤 델론톤 아포르멘, 히나 엔 호 카우콘타이 휴레도신 카도스 카이 헤메이스). 첫 번째

히나(ἵνα)까지 이어지는 서두의 절은 두 가지 방식으로 해석될 수 있다: "내가 하고 있는 것을 또한 계속해서 하리니 이는 …하려 함이로라(ἵνα-히나)", 또는 "내가 하고 있고 앞으로도 계속해서 하는 것은 …하려 함이로라(ἵνα-히나)." 알로(Allo, 284)는 이 구절의 의미가 바울이 고린도 교인들에게 짐을 지우지 않으려 한다고 말하는 구절과 통한다는 것을 근거로 후자의 해석을 선호한다. 어느 쪽으로 보든, 그 요지는 동일하다. 재정 지원과 관련된 바울의 태도가 비판의 도마 위에 올라 있었기 때문에, 지금은 바울이 그에 대하여 이러한 공격을 함과 동시에 고린도 교인들에게 그에 대하여 중상모략을 하고 있었던 자들을 향하여 말할 때였다. 따라서 바울이 한 이 말의 대상은 톤 델론톤 아포르멘(*τῶν θελόντων ἀφορμήν*, "그런 기회를 찾고 있는 자들")이라는 어구 속에 표현되어 있다. 아포르메(*ἀφορμή*)는 "기회"(우리는 중립적인 의미를 지니는 용어를 선택해서 사용하고 있지만, 이 단어가 원래는 "원정을 위한 전진 기지"라는 의미를 지니고 있다는 것을 상기할 필요가 있다, BGD, 127) 또는 "빌미"(Héring 79)를 뜻하고, 그들이 찾고 있는 것에 대한 바울의 대응은 동사 에콥소(*ἐκκόψω*, "내가 끊기 위해서"; 에콥테인〈*ἐκκόπτειν*〉은 롬 11:23, 24; 마 3:10; 7:19에서는 원예와 관련해서 가지치기를 나타내는 용어이지만, 손과 발 등을 "절단하다"를 의미하는 의학 용어이기도 하다, Stählin, *TDNT* 3:857-60)로 표현된다. 바울이 앞서 고린도 교인들이 계속해서 고집을 부리며 대적자들 편에 선다면 강력한 조치를 하겠다고 경고했던 것과 비슷하게(10:6, 8을 보라), 여기서도 철저하고 근본적인 조치가 상정된다. 이 본문에는 감정이 실린 표현들이 사용되고 있음이 분명한데(Zmijewski, ibid., 153), 이것은 13-15절을 위한 복선이다.

두 번째의 히나(ἵνα) 절은 톤 델론톤 등(*τῶν θελόντων κτλ*)에 걸리는 것으로서 그들이 찾는 "기회"가 무엇이었는지 그 내용을 제시한다(Bultmann, 209): 그들은 문자 그대로 그들의 자랑인 것 속에서(*ἐν ᾧ καυχῶνται*-엔 호 카우콘타이) 우리가 행하고 있는 것(*καθὼς καὶ ἡμεῖς*-카도스 카이 헤메이스)과 동일한 일을 하고 있는 것으로 "보여지거나 여겨지기를"(*ἵνα…εὑρεθῶσιν*-히나…휴레도신: 갈 2:17에서처럼 이 동사에는 놀람의 요소가 담겨 있는 것 같다; Lightfoot) 원한다. 우리는 여기서 몇 가지 해석을 살펴볼 수 있을 것이다. (1) 바울이 이 말을 통해서 그들에 대하여 반론을 제기하고 있는 것은 그가 자신의 선교 영역이라고 믿고 있는 곳, 즉 고린도 교회에 대한 그들의 관할권을 주장함에 있어서 그들의 "자랑"(*καυχᾶσθαι*-카우카스다이)이다. 따라서 그들은 그들에게 속하지 않은 선교 지역에 침입해

들어온 자들이다. 바울이 십자가에 못 박히신 예수와 거저 주어지는 복음(δωρεάν-도레안의 원칙, Bultmann, 209)에 토대를 둔 자신의 선교 사역을 지속하는 한, 그들은 고린도에서 작전을 행할 여지를 얻지 못할 것이다. 바울은 자신의 활동 영역을 침범해서 가로채고자 하는 그들의 활동을 효과적으로 차단할 것이다.

그 밖의 해석들로는 다음과 같은 것들이 있다. (2) 그들은 진정한 사도적 선교사들로서의 고결한 지위를 주장했기 때문에 고린도 교인들에게 짐이 되고 있었다. 따라서 바울은 그 침입자들에 대항함으로써 독자들의 짐을 덜어 주고자 한다(Plummer, 307, 308). (3) 그들은 질시의 죄를 범하고 있었고(Bultmann: *ihr Motiv ist also Eifersucht*〈"그러므로 그들의 동기는 질시다"〉 209), 고린도 교인들을 얻고자 했으며-아마도 고린도 교회에 대한 관할권이 예루살렘의 모교회에 있다고 주장하면서(그러나 이것은 Bultmann의 입장은 아니다)-적어도 고린도 교인들을 그들 편으로 만들고자 했다(20절을 보라). (4) 고린도 교회에서의 당면한 문제는 사도에 대한 재정적 지원에 관한 것이었고, 그들은 당연히 자신들에게 그러한 권한이 있다고 주장했다(그들의 καύχησις-카우케시스: Kümmel, 210, 211, 그는 Windisch, 339, 340를 인용한다). 따라서 바울은 자기가 고린도 교회로부터 재정적인 지원을 받기를 거절하고 있었기 때문에 대적들로부터 그들의 사도적 지위(Apostelamt)를 자랑할 기회를 박탈하고자 한다. (5) 그렇지만 또 다른 해석(Fallon, 97)은 두 번째 히나(ἵνα) 절이 주동사인 에콥소(ἐκκόψω)에 걸리는 것으로 보고자 하는 것이다. 그렇게 하면, 이 본문에 대한 번역은 다음과 같이 된다. "기회를 찾는 자들로부터 그 기회를 끊기 위해서, 그리고 그들이 자랑하는 일에 있어서 우리와 같이, 즉 어리석은 자들이 되게 하기 위하여." 여기서의 요지는 그들은 자신들의 직분을 보증해 주는 여러 가지 요소들(다른 교회들로부터의 추천서들, 훌륭한 언변, 이적의 능력, "영"의 나타남들, 재정적 지원을 받을 권한)을 사용함으로써 바울을 그들 자신과 동일한 반열에 둘 기회를 찾고 있다는 것이다. 그러나 이렇게 해석을 하게 되면, 바울이 재정적 지원을 받지 않는 것이 어떻게 해서 그들로 하여금 재정적 지원을 받지 못하게 하는 원인이 될 수 있는지-이것이 에콥소(ἐκκόψω)를 두 번째 히나(ἵνα) 절과 결합시킬 때 요구되는 것이다-를 알기가 어렵다(그러나 Bruce, 238를 보라).

우리는 위에서 살펴본 (1)의 견해를 취하고자 하는데, 그 주된 근거는 여기서 문제가 되고 있는 것이 외부로부터 온 선교사들이 하나님의 참된 대표자들임을 자처하며 고린도 교회로 옮겨와서 그 곳을 그들의 활동의 본거지로 삼으려 하고, 바울이 가짜로 취급했던 "복음"을 전하는(11:4) 것이었다고 한다면, 그것은 13절, 그 서두에 다음과 같은 고발이 나오는 내용으로 넘어가는 연결 관계를 잘 설명해 주기 때문이다: "저런 사람들은 거짓 사도요"(*οἱ γὰρ τοιοῦτοι ψευδαπόστολοι* – 호이 가르 토이우토이 프슈다포스톨로이) – 그들을 아포스톨로이(*ἀπόστολοι*)라고 부르는 것은 잘못된 것인데, 이는 아무도 그들을 보낸 적이 없으므로, 그들은 고린도 교회에 있을 자격이 없기 때문이다. 그들이 그리스도에 의해서 보내심을 받았다고 하면서 자처하는 사도라는 칭호는 단지 흉내낸 것에 불과한 가짜다. 왜냐하면 그들은 잘못된 메시지와 거기에 수반된 생활 양식을 가지고서 고린도에 왔고(11:4, 20에 대한 설명을 보라), 그것은 바울이 전한 복음을 부인하는 것이며, 그리스도인으로서의 도덕을 붕괴시키는 것이기 때문이다(12:20-21).

13 "저런 사람들은 거짓 사도요 궤휼의 역군이니 자기를 그리스도의 사도로 가장하는 자들이니라"(*οἱ γὰρ τοιοῦτοι ψευδαπόστολοι, ἐργάται δόλιοι, μετασχηματιζόμενοι εἰς ἀποστόλους Χριστοῦ* – 호이 가르 토이우토이 프슈다포스톨로이, 에르가타이 돌리오이, 메타스케마티조메노이 에이스 아포스톨루스 크리스투). 여기서는 비록 바울의 관점에서이기는 하지만 고린도로 원정을 온(아포르메〈*ἀφορμή*〉에 대해서는 앞 절을 보라) 외부의 선교단의 정체가 처음으로 밝혀진다. 가르(*γὰρ*)가 가리키는 것은 이 사람들이 "활동의 본거지"에 대한 어떠한 권리 주장을 하든지 간에 바울은 그가 자신의 선교 영역으로 주장하는 것 속에 그들은 그 어떤 권한도 가지고 있지 않다고 말한 것이다. Zmijewski, ibid., 151에서 12절과 13절을 어떻게 연결시키고 있는지를 보라. 12절에 대해서 그는 이렇게 쓴다: "그의 대적자들에 대한 사도의 이어지는 독설(13-15절)이 그 절정에 도달하면서, 그가 선택해서 사용한 표현들(*ἀφορμή, ἐκκόπτειν* – 아포르메, 에콥테인)을 통해서 갈등의 상황이 분명하게 반영된다." 따라서 바울은 그들에게 말려들어서 잘못된 고린도 교인들을 상대로 해서 그들을 규탄하지 않을 수 없었고, 그렇게 함에 있어서 강력한 표현을 사용하지 않을 수 없었다.

호이 토이우토이(*οἱ τοιοῦτοι*, 롬 16:18을 보라)는 "부정적인 경고에 강조점을 둔 것"(Zmijewski, ibid. 155)으로서 일반적인 지시대명사인 후토이(*οὗτοι*)보다 더 날카로운 표현이고, 바울의 날카로운 공격의 대상이 누구인지를 분명하게 부각시켜 준다. 여기에는 세 가지 호칭이 나오는데, 그것들은 모두 초기 기독교 선교와 관련된 고정된 용어들이지만(Windisch, 342), 각각의 호칭은 바울의 손에 의해서 경멸적인 뉘앙스를 띄게 된다. (1) 프슈다포스톨로이(*ψευδαπόστολοι*)는 신약의 "하팍스 레고메논"으로서(Rengstorf, *TDNT* 1:446를 보라) 바렛(Barrett, *Signs of an Apostle*, 70-73)에 의해서 열거된 몇 가지 의미를 지니는 그리스도의 대표자이자 사자로서 좋은 의미에서의 아포스톨로스(*ἀπόστολος*, "사도")와 그 의미를 역전시키는 부정의 접두사 프슈도(*ψευδο-*, "거짓된")를 결합시킨 복합어인데, 이와 비슷한 결합은 고린도전서 15:15의 프슈도마르튀레스(*ψευδομάρτυρες*), 갈라디아서 2:4; 고린도후서 11:26의 프슈아델포이(*ψευδάδελφοι*)에서 찾아볼 수 있다. 벤틀란트(Wendland, 237)가 프슈다포스톨로이(*ψευδαπόστολοι*)는 바울이 이러한 용어들을 예로 삼아서 직접 만들어 낸 용어라고 말한 것은 아마도 옳은 것 같다. 여기서의 맥락 속에는 말 자체가 모순(contradictio in adjecto)이라는 의미가 존재하기 때문에, 이 용어는 반어법적으로 사용되고 있는 것이다. 바울의 논증은 그 토대로서 오직 자기만이 고린도로 보내심을 받았다는 단언을 필요로 한다. 그들은 보내심을 받지 않았기 때문에, 그들의 "선교"(*ἀποστέλλειν*-아포스텔레인, "보내다"에 함축되어 있는)라는 말은 그 자체가 잘못된 말이다. 우리는 바울이 이어서 그들을 그들이 갖고 있지 않은 것을 마치 갖고 있는 것처럼 "가장한다"(*μετασχηματίζειν*-메타스케마티제인)고 규탄하고 있는 것과 더불어서 그러한 개념을 그대로 유지하기 위하여 "가짜 사도들"이라고 번역했다. 따라서 그들은 "거짓" 사도들이기도 하다. 왜냐하면 그들은 "다른 복음"(*εὐαγγέλιον ἕτερον*-유앙겔리온 헤테론, 4절)을 전했기 때문이다. 이 단어가 지닌 두 가지 측면은 분명하다: 주관적으로 말해서, 그들의 행동은 그들이 어떤 자들인지를 나타내거나, 그들은 마치 그들이 정말 "우리와 같다"는 듯이 행동한다(12절). 객관적으로-비록 그들이 그들 자신을 "그리스도의 종들"(11:23)로 여긴다고 할지라도-그들은 다른 복음을 전하는 자들이다(C. Kruse, *New Testament Foundations of Ministry*[London: Marshall, Morgan & Scott, 1983] 105는 이러한 해석에 반대하여, 고린도 교인들이 "거짓 사도들"에게 영향을 미친 것으로 본다). 불트만(Bultmann, 210)은 두 번째 요소를 강조한다. 그들은 거짓 사도들(Lügenapostel)이지만(Zmijewski, 156), 영지주의자들이거나 유대주의자들은 아니다(Bultmann and Barrett, "*ΨΕΥΔΑΠΟΣΤΟΛΟΙ*[2 Cor. 11.13]," 특히 102, 103에서는 여기에 반대하지만). 왜냐하면 그들과 바울의 차이점은 기독론에 있고, 사변이나 율법 또는 할례 또는 안식일에 있지 않기 때문이다. 후자의 모든 요소들은 고린도후서에 전혀 나오지 않는다. 따라서 게오르기(Georgi, *Die Gegner*, 285, 249)는 바울과 그의 대적들 간의 차이는 누가 갈등이 있는 지역들에서 선교활동에 참여할 능력과 권한을 가지고 있느냐는 문제에 있었다고 지적함으로써 이 문제를 다루고 있는 그의 단원(ibid., 39-49)을 끝마친다. 따라서 논쟁은 메시지와 생활 방식, 진정한 신임장에 있어서 유효한 "사도의 증표들"(12:12)을 누가 가지고 있느냐에 관한 것이었다(Ollrog, *Paulus und seine Mitarbeiter*[1979] 83, n. 111을 보라).

(2) 에르가타이 돌리오이(*ἐργάται δόλιοι*, 직역하면 "속이는 일꾼들"; NEB, "그들의 모든 행위들에서 굽은〈crooked in all their practices〉")에서 형용사는 이미 3절에서 언급된 바 있는 "간계"(*πανουργία* – 파누르기아)라는 개념을 가져와서 사용하고 있다. 바울은 그의 독자들에게 이미 거짓 "복음"으로 빠지는 결과를 초래하게 될 유혹에 굴복해서는 안 된다고 경고한 바 있다. 여기서 이 어구는 명사 형태로 번역하는 쪽이 더 낫다: "궤휼의 역군"(참조. 2:17; 4:2: *μηδὲ δολοῦντες τὸν λόγον τοῦ θεοῦ* – 메데 돌룬테스 톤 로곤 투 데우; 빌 3:2, 빌립보서에서는 "언약과 관련된 율법주의"에 강조점이 두어지고 있기 때문에, 관련된 사람들이 정확하게 동일하지 않다는 것이 거의 확실하기는 하지만). 하지만 에르가타이(*ἐργάται*)는 일관되게 기독교의 선교 활동에 참여하는 자들을 가리키기 때문에(마 9:37//눅 10:2; 참조. 눅 10:7 = 딤전 5:18; 딤후 2:15; *Did.* 13.2) 훨씬 더 중요한 용어다. 여기에 관련된 사람들은 그리스도의 종들이자 그리스도인 전도자들로 "일하고" 있다고 자처하면서 자신들이 "선교를 위한 사도직"(Sendungsapostolat)이라는 직분을 지니고 있다고 주장했다(Georgi, ibid., 50). 이것은 그들이 스스로 자처한 직분이었고, 바울은 부정(否定)의 의미를 지니는 돌리오이(*δόλιοι*)를 그 명칭에 붙임으로써 그들의 주장을 부정한다. 바울이 보기에 그들은 주제넘은 직분을 자처하는 교만한 자들이었다(Zmijewski, ibid., 157). 나중에 바울은 자신이 이렇게 그들을 평가하게 된 기준을 그들의 비윤리적인 행실과 관련하여 자세하게 밝히겠지만(11:20; 또한 12:20-21), 여기서는 그들이 고린도 교회에서 자신을 향하여 제기한 비난 자체를 반박한다(나중에 나오는 12:16이 보여 주듯이, *πανοῦργος δόλῳ* – 파누르고스 돌로, "내가 공교한 자가 되어 궤계로 너희를 취했다").

(3) 바울이 그들에게 반감을 보이는 또 다른 이유는 그들이 "그리스도의 사도들로 가장했다"는 것인데, 이때 바울은 동사 메타스케마티제인(*μετασχηματίζειν*, "가장하다")을 사용한다(Schneider, *TDNT* 7:957-59). 이 동사의 핵심에는 어떤 대상의 형태 또는 모습을 의미하는 스케마(*σχῆμα*, "보이는 모습")가 놓여 있다(Prümm, *Diakonia* 1:628, n. 3). 외적인 모습만을 보면, 그들은 그리스도의 사도들로 그들 자신을 과시하지만, 실제로 그들은 그리스도의 큰 원수인 사탄의 사자들에 다

름아니다(2:11; 4:4; 6:15을 보라; Windisch, 341에서는 이것이 명백한 이원론이라고 말하지만, 그것은 확실하지 않다). 따라서 바울이 이 동사를 사용해서 제시한 호칭은 "그리스도의 사도들"(이것은 분명히 11:23에서 그들의 디아코니아〈*διακονία*〉를 염두에 두고서 스스로 선택한 명칭이다)이라고 자처한 그들의 주장에 대하여 경멸을 퍼붓는 데 기여한다. 바울은 계속해서 이러한 가장이 어떻게 일어날 수 있고, 또한 일어났는지를 설명한다.

14 "이것이 이상한 일이 아니라 사단도 자기를 광명의 천사로 가장하나니"(*καὶ οὐ θαῦμα· αὐτὸς γὰρ ὁ σατανᾶς μετασχηματίζεται εἰς ἄγγελον φωτός*-카이 우 다우마 아우토스 가르 호 사타나스 메타스케마티제타이 에이스 앙겔론 포토스). 이행 문구인 카이 우 다우마(*καὶ οὐ θαῦμα*)는 반어법과 호소로 가득 차 있어서 이례적으로 두드러진다. 바울은 그들이 (습관적으로) 스스로 변신하여-메타스케마티제타이(*μετασχηματίζεται*)의 현제 시제가 단지 고린도 교회에 크게 드리워져 있는 현재적인 위험을 가리키는 표현이 아니라면-광명의 천사로 가장하는 그들의 주인인 사탄의 역할을 맡고 있는 것이라고 말한다. "이것이 이상한 일이 아니다"(*καὶ οὐ θαῦμα*-카이 우 다우마)에는 경고의 뉘앙스가 존재하지만, 그것은 보충해설을 통한 암울한 지적(Barrett, 286)이 아니라 귀에 거슬리는 경보음이다. 그리고 이 어구가 지닌 스타카토식의 어조는 15a절에 나오는 우 메가 운(*οὐ μέγα οὖν*)과 상응한다(Zmijewski, ibid., 164).

대적자들과 그들의 해악의 원천 간의 연결 관계는 호 둘로스 호스 호 퀴리오스 아우투(*ὁ δοῦλος ὡς ὁ κύριος αὐτοῦ*, 마 10:25; Plummer, 309: "그 주인에 그 종")라는 격언 같은 형태를 따르고 있다. 이 둘을 연결시켜 주는 말은 기만적인 모습(*σχῆμα*-스케마)으로 가장하는 능력이다(13절에 나오는 돌리오이〈*δόλιοι*〉와 대응된다. 그러나 훨씬 앞서서 3:18에서의 논의와 연결된다는 Fallon, 97의 주장은 두 가지 모두의 의미에서 "너무 멀리에서 가져오는" 것으로 보인다). 바울이 사탄의 가장과 관련된 이야기를 어디에서 가져왔는지는 확실하지 않다. 창세기 3장에 나오는 이야기는 사탄이 "광명의 천사"로 가장한 것에 대한 언급을 전혀 하고 있지 않고, 실제로 사탄에 대한 언급조차 나오지 않는다. 정경에서 이 어구와 가장 가까운 병행은 욥기 1:6-12이다(Windisch, 342). 이 어구와 가장 밀접한 병행은 위경 문서인 아담과 하와의 생애 9:1인데, 거기서 사탄은 광채가 나는 천사의 모습으로 변신하고서 하와와 대화를 나눈다. 이 이야기는 하와가 유대교, 기독교, 영지주의의 문헌들 속에서(위의 설명을 보라) 마귀와 밀접한 연관을 지니는 뱀에 의해서 속임을 당했다고 말하는 11:3과 연결된다. 마찬가지로, 모세 묵시록 17:1에서 하와는 이 사건을 회상하면서 사탄을 천사의 모습으로 나타난 것으로 묘사한다: "그는 천사들같이 찬송을 불렀다. 그래서 나는 담장 밖으로 몸을 구푸려서 그를 보았는데, 그는 천사와 같은 모습을 하고 있었다." 그렇지만 그 어디에도 앙겔로스 포토스(*ἄγγελος φωτός*)와 정확히 동일한 표현이나 거기에 상당하는 표현은 발견되지 않는다. 바울은 분명히 즉흥적으로 이 어구를 사용하고 있는 것이다. 이 관용 표현이 그에게 낯선 것이 아니었음을 보여 주는 많은 증거들이 존재한다. 이미 4:6; 6:14-7:1에서 그는 도덕적인 대비를 나타내기 위해서 빛/어둠이라는 반대말을 사용한 적이 있다(참조. 골 1:12, 13; 엡 5:11-14; 6:12). 랍비 유대교에는 사탄이 타락하기 전에는 광명의 천사였다는 전승이 존재한다(K. L. Schmidt, "Luzifer als gefallene Engelsmacht," ThZ 7[1951] 261-79). 앙겔로스(*ἄγγελος*)는 12:7에서 사탄적인 세력을 나타내기 위하여 사용된다. 갈라디아서 1:8에서는 잘못된 가르침을 전하는 자들을 "하늘로부터 온 천사"(*ἄγγελος ἐξ οὐρανοῦ*-앙겔로스 엑스 우라누)에 비유하는데, 프륌(Prümm, *Diakonia* 1:629)은 이러한 유비를 근거로 해서 바울은 대적자들이 그들 자신을 "사도"로 자처한 것을 그들이 사탄의 "사자들"(*ἄγγελος*-앙겔로스의 또 다른 의미)로서의 역할을 자처한 것이라고 보았다고 주장한다. 모든 자료들을 종합해 볼 때, 사탄이 "광명의 천사"를 가장한다는 설명은 바울 자신이 만들어 낸 표현으로 보이지만, 그가 이러한 표현을 만들어 냈을 때 사용할 수 있었던 풍부한 배경 자료들이 존재한다.

15 "그러므로 …는 큰 일이 아니라"(*οὐ μέγα οὖν εἰ*-우 메가 운 에이, 드문 표현). 그러나 메가(*μέγα*)는 14절에 나오는 다우마(*θαῦμα*)에 걸리고, 어쨌든 문자 그대로의 번역은 의미를 오도한다. 속이는 자들이 고린도에 이르러서 고린도 교회에 들어온 것은 큰 일이었다. 바울은 그 위험을 축소시킬 수도 없었고, 그 위험을 사소한 것으로 치부해 버릴 수도 없었다.

카이(*καὶ*, "또한")는 부사적인 의미(="마찬가지로": BDF § 442.10)를 지니면서 14절이 말한 것, 즉 사탄이 광명의 천사로 가장한다는 것을 대적자들이 지금 "마찬가지로" "그의 일꾼들"(*οἱ διάκονοι αὐτοῦ*-호이 디아코노이 아우투)의 지위를 가지고서 "의의 일꾼"(속성의 속격)으로 가장하고 있는 것과 연결시키는 역할을 한다. 그들의 가장은 이 두 가지와 관련해서 모두 헛되다는 것이 바울의 요지다. 여기서 우리는 다시 한 번 바울의 말이 함축하고 있는 것을 알기 위해서 저 뒤에 나오는 23절로 가지 않으면 안 된다. 이 속이는 자들은 그리스도의 종과 사도에게 요구되는 자격을 갖추지 못했다. 오히려 그들이 전한 메시지와 고린도 교회에서 보여 준 행실은 영락없이 그들이 사탄의 일꾼들이라는 것을 보여 주는 것이었다. 그들의 주장은 그들이 율법을 전하는 자들이 아니라(*νόμος*-노모스가 빠져 있다) "의의 일꾼들"이라는 것이었지만, 그들은 마치 자신들의 주장이 옳기나 한 것처럼 그리스도의 참된 일꾼(*διάκονοι*-디아코노이)의 가면을 쓰고 있는 것이라고 바울은 말한다(Bultmann, 211: 그들은 의의 능력에 봉사한다고 공언했다, Ziesler, *The Meaning of Righteousness*, 161). 바울은 앞서 자기가 전하는 복음과 관련하여 "의의 일꾼"(*ἡ διακονία τῆς δικαιοσύνης*-헤 디아코니아 테스 디카이오쉬네스)이라는 표현을 사용한 바 있는데(3:9; 5:19-21; 또한 6:7), 여기에 나오는 어구를 설명하는 데는 두 가지 방식이 있다. (1) 바울은 그의 대적들이 날조한 이러한 주장이 그가 3:9에서처럼 자기 자신에 대하여 단언하고 있는 "사도의 직함"(Windisch, 343)에 관한 것이라고 보고 있는 것이다. (2) 대적자들은 스스로 이러한 직함을 자처했기 때문에, 그 직함은 긍정적인 의미로 이해되어야 한다(Georgi, ibid., 249; 그는 Plummer, 321, ibid., 30의 견해를 따라서 이 직함이 "사도"라는 말과 같은 것이라고 본다; 만약 그렇다면 그들이 스스로를 디아코노이 디카이오쉬네스〈*διάκονοι δικαιοσύνης*〉로 자처하는 것은 그들이 공인된 사도들이라는 것을 단언한 것이다). 이 두 번째 견해에 의하면, 대적들이 단언하고 있는 것은 그들의 도덕적인 성품일 것이다. 그러므로 바울은 그것에 대하여 응수를 하고 있는 것이다. 그들은 자신들이 정직하다는 주장에도 불구하고 스스로 속고 있다. 바울은 다른 칭호들과 마찬가지로 이 칭호도 용납할 수 없었다(Barrett, 287). 드롤(Thrall, "Super-Apostles," 50-55)은 이러한 칭호들을 액면 그대로 받아들여서, 바울이 대적들의 그러한 주장을 유효한 것으로 인정하고 있다고 본다. 그러나 즈미쥬스키(Zmijewski, 177, 188, 189)가 이 단락의 양식과 내용이 일관되게 단죄의 어조를 띄고 있음을 보여 주는 것에서 알 수 있듯이, 그러한 주장은 이 단락에서의 바울의 혹독한 비난과 조화되기가 거의 불가능하다.

이 사람들이 다른 것과 관련해서 무슨 짓을 했든지 간에, 그들은 철저하게 가장된 모습을 보임으로써 고린도 교인들을 미혹시켜서 형편없이 부패하게 만들었기 때문에(11:1-6), 바울은 대놓고 아주 심한 경고를 할 수밖에 없는 입장이 되었다(12:20; 13:2, 5, 10). 그들을 다루는 이 모든 글들 속에서 바울이 그의 대적자들의 이름을 단 한 번도 거론하지 않고, 그들에 대한 단죄를 의미하는 경멸적이고 묘사적인 어구들을 제외하고는 다른 어떤 방식으로도 그들을 지칭하지 않는다는 것은 놀라운 일이다. 마샬(Marshall, "Invective: Paul and his Enemies")은 이러한 특징이 수사학적인 장치로서 의미가 있다고 본다. 대적자들의 이름을 언급하지 않거나 우회적으로 표현하게 된 것은 몇 가지 이유 때문이었다. (1) 그 사람들은 당시에 잘 알려져 있던(아마도 너무나 잘 알려져 있었던) 사람들이었다. (2) 그렇게 함으로써 바울은 그 사람들을 풍자할 수 있었다. (3) 그렇게 함으로써 바울은 그들을 비교 대상으로 사용할 수 있었다(쉰크리시스). (4) 그렇게 함으로써 바울은 그들을 부끄럽게 하기 위하여 직설적인 단죄와 우회적인 경고 둘 다를 사용할 수 있었다. 그는 이러한 특징들이 10:12, 18(그들은 휘브리스〈ὕβρις〉로 가득 찬 "자천하는 자들"로 스스로를 칭찬한다), 11:4(그들은 "지극히 큰 사도들"의 지지를 받고 있다고 주장하면서 고린도 교회에 등장한다〈11:5; 12:11〉), 11:12 속에 나타나 있다고 본다. "이러한 우회적으로 말하는 장치를 통해서 바울은 익명성을 활용하여 자신의 대적들의 행실을 적나라하게 드러내어 사도로서의 자신의 모범적인 행실과 비교하면서 그들의 행위를 단죄할 수 있었다"(Marshall). 바울은 그들을 직접적으로 공격하지 않는다. 왜냐하면 그렇게 하는 것은 그의 논증의 "양식"(form)을 파괴하게 될 것이고, 그의 위엄을 잃게 만들어 버릴 것이기 때문이었다(C. Forbes 〈Marshall에서 재인용〉).

그러므로 바울이 말한 마지막 구절은 그들의 "행위"-하나님의 심판과 관련하여 유대인들이 흔히 제시하는 잣대(시 62편〈LXX 61편〉:13; 잠 24:12; *Apoc. Bar.* 11:9; *T. Abr.* 9:8; 행 10:35; 약 2:14-26; 3:13; 요일 3:7, 12, 18)-에 토대를 둔 심판의 문장이다. 그들의 텔로스(τέλος, Delling, *TDNT* 8:54-56), 즉 "운명"이라는 의미에서의 "종말"은 그들이 지금까지 행해 온 것, 특히 잘못된 가르침을 베풀고(11:4) 고린도 회중을 유혹한 것(11:3, 20)에 상응하는 것이 될 것이다. 마지막에 나오는 구절은 하나님이 그들을 심판하시리라는 말과 다름없다(Bultmann, 211). 그러나 문체상의 절정은 이 단락에 무게를 더해 준다. 그러므로 이 단락은 "거룩한 법의 진술"로 분류될 수 있는 응보에 관한 암울한 말(lex talionis), "파괴하는 자를 멸하라"는 명령의 말로 끝난다(고전 3:17; E. Käsemann, *New Testament Questions of Today*, tr. W. J. Montague[London: SCM Press, 1969] 66-81). 하나님의 법정에 호소하는 것은 바울 서신의 다른 곳에서도 발견되지만(롬 2:16; 3:8; 고전 4:5; 빌 3:19; 참조. 행 17:31), 바울이 세운 교회들 속에 침투한 거짓 전도자들은 그들이 공언하는 직함들에 대한 모든 권리를 상실했고, 결국 그들이 자신들이 잘못 행한 것들에 대하여 벌을 받게 되리라는 것은 분명히 가장 직설적이고 단호한 선언이다. 그들은 사탄의 일을 했기 때문에 사탄의 운명을 따라가게 될 것이다.

13-15절의 "우주적인" 배경은 클라인크네히트(Kleinknecht, *Der leidende Gerechtfertigte*, 292, 293)에 의해서 잘 밝혀졌는데, 그는 13-15절에 나오는 어휘들, 관용 어구들, 개념들이 바울의 싸움이 이 땅에서 친숙한 세력과의 싸움이 아니라는 것을 보여 주기 위하여 세심하게 선택되었다는 것을 보여 준다. 바울은 하나님과 그의 대적인 사탄 간의 싸움에 참여하고 있는 것이다. 바울은 하나님의 대변인이자 "전우"(Mitkämpfer)의 역할을 하는데, 이러한 이미지는 10:3-6과 연결되고, 11:8의 이미지를 가져와서 사용한 것이기도 하다. 다음 단락은 그가 "그리스도의 사도"로서 이러한 싸움에 참여하도록 권한을 부여받았다는 것을 보여 주는 유효한 자격 요건들을 가지고 있다는 것을 보여 줄 것이다.

## 해설

바울이 당시의 교회들에 보낸 서신들을 읽으면서 우리가 직면하는 어려움 중의 하나는 그가 사용하는 어구가 지닌 뉘앙스와 관련된 배경을 정확히 알지 못한다는 것이다. 우리는 고린도 교회의 전반적인 상황에 대해서는 꽤 잘 알고 있다는 것이 사실이지만, 좀더 세부적인 몇몇 내용들은 우리에게 여전히 모호한 채로 남아 있다. 그리고 아마도 앞으로 계속해서 그렇게 남아 있을 것임에 틀림없다. 현재의 장은 12장과 더불어서 그 좋은 예이다.

분명히 바울은 몇몇 대목들에서 반어법적인 말들을 사용하고 있다(1, 8, 11절). 바울은 자기가 왜 자신의 옳음을 증명할 필요가 있고 자신의 행동을 해명할 필요가 있는지를 설명하는 것이 내키지는 않지만 꼭 그렇게 해야 한다는 것을 알고 있다. 그러나 바울이 그렇게 할 필요가 있었던 것은 그가 여기서 그리스도의 신부에 비유된 교회와 밀접한 연관을 지니고 있었기 때문이다(2절).

그는 그리스도의 백성들에 대하여 지극한 관심을 가지고 있었기 때문에 제발 그들이 어그러진 길로 가지 않도록 하기 위하여 애타하며 모든 노력을 아끼지 않는다(3절). 어떻게 이런 일이 일어날 수 있는지를 우리는 묻지 않을 수 없다.

몇몇 중요한 절들은 나중에 호되게 책망을 받게 될 자들이 어떤 자들인지를 개략적으로 묘사한다(13-15절). 이 단락 속에는 그들이 한 일에 대한 세 가지 묘사가 나온다.

(1) 그들이 한 가장 위험스러운 일은 믿는 자들을 유혹해서 그리스도에 대한 온

마음을 드린 헌신으로부터 멀어지게 한 일이었는데, 그들이 이런 일을 한 것(참조. 막 13:22)은 에덴 동산에서 뱀이 그랬던 것처럼 마귀의 일을 한 것이었다(3, 14절; 이 두 본문은 창세기 3:4, 13과 유대 묵시 문헌의 마귀론에 토대를 둔 것이다). 이것이 우리를 깜짝 놀라게 하는 사상으로 보인다면, 우리는 마가복음 8:33; 마태복음 7:15-23; 갈라디아서 1:6-10; 요한일서 4:1-6; 계시록 2:20-24을 떠올려 볼 수 있을 것이다.

(2) 이 사람들-바울의 대적자들-은 바울이 전한 예수와는 다른 예수를 중심으로 한 다른 복음을 전파한 잘못된 자들이었다(4절). 바울은 자신의 진술 앞에 "만일"이라는 단어를 두고 있다는 것이 사실이지만, "그는 가상의 전제들 때문에 실제적인 염려를 품고 있는 것 같지는 않다"(Strachan, 18). 따라서 "만일"(4절)은 실제로는 "사실이 그러하듯이"라는 의미를 지닌다. 이 경고가 무엇을 가리키기 위한 것인지는 확실히 말하기가 어렵다. 그것은 거짓 교사들이 순전히 인간적인 예수를 전한 것을 가리키는 것인가, 아니면 그들이 전한 것이 전체적으로 예수를 일종의 반신(半神, demi-god)으로 바꾸어 버린 후대의 영지주의자들같이 이단적인 내용이었다는 것을 가리키는 것인가? 우리는 알 수가 없다. 그러나 전체적인 인상은 그들이 "신인(神人)으로서의 예수"를 전했다는 것인데, 그들은 이 예수가 보여 준 이적을 일으키는 능력을 자신들도 똑같이 지니고 있다고 주장했다. (3) 이 사람들은 아이러니컬하게도 "너무도 특별한 사자들"(Phillips)이라는 별칭을 지닌 예루살렘 교회의 사도들의 권위를 주장했다. 그들은 베드로, 야고보, 요한이 바울에 대하여 반대한다는 것을 근거로 해서(아마도 그들 자신이 만들어 낸 말일 것이다) 자신들이 바울을 반대하는 것을 뒷받침했다. 그러나 바울은 자기가 그러한 사도들과 경쟁 관계에 있다거나 열등하다는 것에 대하여 전혀 알지 못한다(5-6절).

7-11절에 이르게 되면, 1절의 "좀 어리석은 것"이 이제 설명된다. 바울의 심기를 불편하게 만들고 그로 하여금 주저하게 만들었던 것은 그가 자신이 한 일을 스스로 정당화해야 한다는 것이었다. 그는 교회들로부터 재정적인 지원을 받아서 생활하는 것을 거절했었다(7절).

바울의 대적자들은 그가 이런 식으로 행동한 것은 그가 마음속으로 자신이 사도의 지위를 갖고 있지 않다는 것을 알고 있어서 교회들에 대한 자신의 정당한 요구를 할 자격이 그에게 없다는 것도 알고 있었기 때문이라고 비난했다.

그러나 바울은 고린도전서 9장에서 이미 자신의 입장을 분명하게 밝힌 바 있지만, 다시 여기서 이 문제를 꽤 자세하게 애써 설명한다. 실제로, 그는 자신의 사역을 값없이 거저 베풀어 주고자 하는 그 동일한 사심 없는 마음을 다시 반복해서 말하고 있는 것이다(7절: "너희에게 값없이"). 그가 이렇게 하는 것은 그가 지닌 어떤 열등감이나 재정적인 도움을 받기 싫은 것 때문이 아니다. 사실, 그는 이미 마게도냐 교회들로부터 도움을 받은 바 있고, 그것에 대하여 감사했으며(9절), 특히 빌립보 교인들은 바울의 생계를 위해서 주기적으로 연보를 보내 주었다(빌 4:15-19).

고린도 교회에서 문제가 되었던 것-데살로니가 교회에서와 마찬가지로-은 대적들이 바울이 교회로부터 재정적인 지원을 받지 않은 것에 대하여 악의적으로 해석한 것과 관련되어 있었다. 고린도 교회를 비롯해서 여러 교회들에서(살전 2:9; 참조. 살후 3:8, 9) 바울은 의도적으로 사도로서의 자신의 대권을 행사하는 것을 자제했다. 물론 항상 동일한 이유에서 그렇게 한 것은 아니었지만 말이다.

또 한 가지 점은 11절에 나온다. 바울이 고린도 교회에서 재정적인 지원을 받기를 거절한 것은 다른 식으로 악용되고 있었다. 대적들은 바울이 스스로 가짜 사도라는 것을 알고 있었기 때문에 일부러 재정적인 지원을 받는 것을 거절한 것이라고 비난했다. 바울의 친구들은 그가 그런 식으로 행동하는 것을 마음 아프게 생각한다고 공개적으로 말했는데, 대적들은 그것을 그가 동역자들을 존중하지 않았고, 동역자들이 바울의 눈 밖에 난 것임을 보여 주는 표시라고 해석했다. 그런 까닭에 바울은 "하나님께서 내가 너희를 사랑하는 줄을 아시느니라"고 마음속으로부터 부르짖는다.

바울은 그리스도의 종으로서의 두 가지 특권을 주장했다. (1) 교회들에 의해서 생계를 부양받을 권리(고전 9:3-14), (2) 그러한 것을 거절할 수 있는 권리(고전 9:12, 15; 참조. 행 18:3; 20:34). 또한 우리는 그가 다른 사람들과 관련해서는 무엇을 주장하는지를 눈여겨 보아야 한다(갈 6:6; 또한 딤전 5:17, 18; 딤후 2:6). 이것은 (a) 평신도 사역과 (b) 전임 목회자의 사역에 대하여 목회적으로 중요한 의미를 지닌다. 교회가 목회자를 부른다고 해서, 그것이 반드시 그 목회자를 재정적인 문제로부터 해방시켜 준다고 서약하는 것은 아니지 않은가?

교회로부터 재정적인 지원을 받는 것과 관련된 자신의 태도에 대한 이러한 설명을 둘러싸고 벌어졌던 논쟁으로 되돌아와서, 바울은 고린도 교회에서 말썽을 부리고 있었던 거짓 교사들을 맹렬히 공격한다. 그들이 단지 바울을 공격해서 고린도 교인들로 하여금 바울의 사역에 대하여 불신하도록 만들고자 한 것이라면, 그것은 별개의 문제가 될 수 있었을 것이다. 하지만 그것보다 훨씬 더 심각한 문제는 그들이 거짓 복음을 전파함으로써 갈라디아서 1:6-9의 심판 아래 그들 자신을 두게 된 것이었다.

그들은 여러 가지 자격 요건들을 제시하면서 자신들이 사도로서의 권위를 지니고 있다고 자처했다. 바울은 넌즈시 이렇게 반박한다: "사도라니? 그들은 가짜 사도들이고 거짓 일꾼들이다-그들은 그리스도의 사도로 가장하고 있다"(13절, Moffatt). 왜냐하면 그들은 하나님의 사자로 가장하는 그들의 지도자인 사탄을 흉내내고 있는 것이기 때문이다.

여기서의 교훈은 분명하다: 겉으로 보이는 것들은 기만적인 것이다. 따라서 우리는 하늘로부터 보내심을 받은 사자들이라고 자처하는 교사들이 지닌 표면상의 매력에 의해서 지나치게 쉽게 미혹되어서는 안 된다. 진정한 사도인지 아닌지를 알아내기 위한 시금석은 한층 더 엄격하고 중요한 것이다; 그들은 무엇을 가르치고, 그들의 성품은 그들이 전하는 메시지와 합치하는가-삶의 원칙과 방식이 하나님의 계시와 부합하는가? 우리는 여기서 예수의 가르침(마 7:15-22)을 떠올릴 수 있을 것이다. 목회자에게 적용되는 엄격한 기준(딤후 3:10-17)을 적용하는 것이 적절하다. 또한 요한(요일 4:1-5; 요이 7-11절)과 디다케의 저자(*Did.* 11:7-12:5)의 진지한 권면을 주목하라.

14절은 흥미로운 내용을 말하고 있다. 창세기 3장은 마귀가 뱀을 이용해서 그럴듯한 약속과 속임수를 통해 하와를 유혹한 것에 대하여 말하고 있지만(딤전 2:14을 보라), 마귀가 광명의 천사로 변신했다는 것에 대한 언급은 없다. 바울은 여기서 분명히 사탄이 한때 "천사"의 모습을 하고서 다른 천사들과 더불어서 하나님을 찬송한 것에 대하여 말하는 유대 전승을 사용하고 있는 것이다. 바울의 사상의 원천이라는 문제와 관련해서 이러한 배경은 분명한 의미를 지닌다.

바울은 여기서 또다시 사탄으로부터 영감을 받아서 속임수를 행하는 자들에 관한 말을 조심스럽게 하지 않고 단도직입적으로 한다. 그들은 고린도 교회에서 사탄의 일꾼들이기 때문에, 사탄과 동일한 운명을 맞게 될 것이다(15절; 참조. 마 25:41, 46).

# D. 바울이 들려주는 "어리석은 자의 변"(11:16-12:10)

이 긴 단락은 다음과 같이 좀더 작은 단락들로 나누어 살펴보는 것이 좋을 것이다:

1. 참된 자랑과 거짓된 자랑(11:16-21a)
2. 바울의 환난(11:21b-33)
3. 바울의 탈혼 체험과 그 평가(12:1-10)

## 1. 참된 자랑과 거짓된 자랑(11:16-21a)

### 참고문헌

**Barrett, C. K.** "*ΨΕΥΔΑΠΟΣΤΟΛΟΙ*(2 Cor 11.13)." In *Essays on Paul*, chap. 5. **Berger, K.** "Die impliziten Gegner: Zur Methode des Erschliessens von 'Gegner' in neutestamentlichen Texten." In *Kirche*, FS Günther Bornkamm, ed. D. Lührmann and G. Strecker, 373-400. Tüingen: Mohr, 1980. **Betz, H.-D.** *Der Apostel Paulus*. BHT 45. Tübingen: Mohr, 1972. **Bowersock, G. W.** *Greek Sophists in the Roman Empire*. Oxford: Clarendon Press, 1969. **Deissmann, G. A.** *St. Paul*. Tr. W. D. Wilson. London: Hodder & Stoughton, 1925. **Judge, E. A.** "Paul's Boasting in Relation to Contemporary Professional Practice." *ABR* 16(1968) 37-50. ______. "The Early Christians as a Scholastic Community." *JRH* 1(1960-61) 125-37. ______. *The Social Pattern of Christian Groups in the First Century*. London: Tyndale Press, 1960. ______. "St. Paul and Classical Society." *Jahrbuch für Antike und Christentum* 15(1972) 29 ff. **Kleinknecht, K. T.** *Der leidende Gerechtfertigte*. **Lattey, C.** "*λαμβάνειν* in 2 Cor. xi.20." *JTS* 44 O.S.(1943) 148. **Malherbe, A. J.** *Social Aspects of Early Christianity*. Baton Rouge/London: Louisiana State University Press, 1977. ______, ed. *The Cynic Epistles*. Missoula: Scholars Press, 1977. **Marshall, P.** "Invective: Paul and His Enemies in Corinth."(Forthcoming). **Theissen, G.** *The Social Setting of Pauline Christianity*.

**Walter, E.** "Die Kraft wird in der Schwachheit vollendet." *GuL* 28(1955) 248-55. **Weiss, J.** "Beiträge zur paulinischen Rhetorik." In *Theologischen Studien B. Weiss*, 165-247. Göttingen: Vandenhoeck & Ruprecht, 1897. **Zmijewski, J.** *Der Stil der paulinischen "Narrenrede,"* 1978.

## 본 문

**16** 내가 다시 말하노니 누구든지 나를 어리석은 자로 여기지 말라 만일 그러하더라도 나로 조금 자랑하게 어리석은 자로 받으라

**16** I say again, let no one take me for a fool. But even if you do, please accept me and let me play the fool's part: let me in turn have a little boast.

**17** 내가 말하는 것은 주를 따라 하는 말이 아니요 오직 어리석은 자와 같이 기탄 없이 자랑하노라

**17** What I am speaking, it is not on the Lord's authority, but (as it were) in my foolishness and on the ground of my making a proud boast.

**18** 여러 사람이 육체를 따라 자랑하니 나도 자랑하겠노라

**18** Since there are many who are boasting as "people of the world,"[a] I too will boast.

**19** 너희는 지혜로운 자로서 어리석은 자들을 기쁘게 용납하는구나

**19** For you gladly put up with fools, since you are wise people yourselves!

**20** 누가 너희로 종을 삼거나 잡아 먹거나 사로잡거나 자고하다 하거나 뺨을 칠지라도 너희가 용납하는도다

**20** Indeed, you put up with the one who enslaves you, the one who exploits you, the one who lays hands on you, the one who lords it over you, even when he deeply insults you!

**21** 우리가 약한 것같이 내가 욕되게 말하노라

**21** [a]I say this to my shame: I admit that (as it were) "we were weak."[b]

## 원문주해

a. 카타 텐 사르카(*κατὰ τὴν σάρκα*)는 א² B D1 ψ TR의 읽기이고, 축약된 읽기인 카타 사르카(*κατὰ σάρκα*)는 P⁴⁶ א* D* G에서 발견된다. 관사를 보충해 넣은 것은 수정일 가능성이 높기 때문에, 후자의 읽기가 더 나은 읽기일 것이다(Windisch, 346, n. 3). Allo, 290; Prümm, *Diakonia* 1:631을 참조하라. 하지만 어느 쪽을 취하든 의미에는 영향이 없다.

b. 에스데네카멘(*ἠσθενήκαμεν*, P⁴⁶ א B). 좀더 무리가 없는 동사 형태인 에스데네사멘(*ἠσθενήσαμεν*, D E G 대문자 사본들)이 이차적인 것이다. 하지만 Allo, 290, 292를 참조하라.

## 양식/구조/배경

우리는 이 표제 아래서 두 가지 문제를 제시하고 살펴볼 필요가 있다. (I) 11:16 (또는 엄밀하게 말해서 11:1)에서 시작되어 12장까지 이어지는 이 단락의 문체상의 특성, (II) 16-21절과 앞에 나온 단락들, 특히 11:1-15 간의 연결 관계(좀더 나아가서 10:13-18과 연결되는 것).

I. 고린도후서에서 이 단락의 양식은 바울이 헬라의 수사학적 패턴들과 장치들을 어떻게 사용하고 있는지에 대한 좀더 폭넓은 관심의 일환으로서 몇몇 연구의 주제가 되어 왔다. 우리가 관심을 갖는 특징들은 주로 반어법, 독설, 패러디, 성토문, 대조법, 역설, 환난 목록, 충고의 말 등이다. 10-13장은 이러한 것들을 보여 주는 몇 가지 예들을 담고 있기는 하지만, 바울의 글을 "어리석은 자의 변"(Narrenrede: 이 단락의 앞뒤 경계는 슬로건이 되고 있는 11:1과 12:11〈ἄφρων-아프론〉에 나오는 아프로쉬네〈ἀφροσύνη, "어리석음"〉에 의해서 설정되고 있기 때문에, 이 단락은 수미쌍관법적 구조로 이루어져 있다)이라고 부르는 것이 가장 좋을 긴 항변을 이루고 있는 것은 11:1-12:11이다. 즈미쥬스키(Zmijewski, *Der Stil*)는 바이스(J. Weiss)의 *Beiträge zur paulinischen Rhetorik*(1897) 이래로 가장 최근에 가장 자세하게 이 문제를 다룬 책으로서 연구사에 대한 유익한 개관을 제공해 준다.

그가 이룬 획기적인 업적들은 다음과 같은 것들이라고 할 수 있다. (1) 바울의 논쟁 서신들 속에서의 문장 구조들을 주목했던 바이스(Weiss)의 연구는 그야말로 획기적인 일이었다. 그는 수사학적인 양식들은 기본적으로 구어체(Sprechstil)로 되어 있기 때문에 눈으로 보는 것보다는 귀로 듣는 편이 더 쉽게 이해될 수 있다는 것을 알아냈다. 시적인 이행구들(parallelismus membrorum), 연(聯)들(Martin, *Carmen Christi*[2], 24를 보라), 견유학파와 스토아 학파의 성토문 또는 논쟁 문체 같은 양식상의 특징들이 바울 서신에서 나타난다는 것은 바이스(Weiss)에 의해서 처음으로 밝혀졌다.

(2) 노르덴(E. Norden)의 선구자적인 연구들, 특히 *Die antike Kunstprosa*(Leipzig, 1913; Stuttgart: Teubner, 1974 ed.)와 *Agnostos Theos. Untersuchungen zur Formengeschichte religiöser Rede*(Leipzig/Berlin: Teubner, 1913; 1956 reprint)는 바울 서신들이 고전 헬라어의 양식들에 빚을 지고 있다는 것을 보여 주는 증거들을 찾아냈는데, 사도는 그의 서신을 쓰는 습관들 중 몇몇 특징들과 관련해서 고대 헬라라는 환경 속에 확고하게 자리잡고 있다는 것이 밝혀졌다.

(3) 불트만(R. Bultmann)의 *Der Stil der paulinischen Predigt und die kynisch-stoische Diatribe*(FRLANT 13[Göttingen: Vandenhoeck & Ruprecht, 1910])는 바울이 특히 에픽테투스(Epictetus) - 그의 작품들은 A. Bonhöffer, *Epiktet und das Neue Testament*(Giessen: Töpelmann, 1911; 1964 reprint)의 연구 대상이었다 - 와 관련해서 성토문이라는 논쟁 양식을 사용하고 있다는 것을 밝히는 데 집중했다. 특히 불트만(Bultmann, ibid., 109)은 성토문이 수사학적인 대조법(antithesis)의 중요한 특징이라는 점을 지적했지만, 이러한 수사학적인 기법(figura)이 신학적인 목적에 어떻게 기여했는지를 밝히는 것은 후대의 연구자들(특히 N. Schneider〈나중에 나오는 설명을 보라〉)의 몫이었다.

(4) 그의 서신의 하나의 주제로서의 바울의 수사학은 다이스만(G. A. Deissmann, *Paulus: eine kultur- und religionsgeschichtliche Skizze*[2][Tübingen: Mohr, 1925])에 의해서 널리 대중화되었는데, 바울의 유대 - 헬레니즘적인 배경은 그의 사상을 해명하는 열쇠로 밝혀졌지만, 교회들 및 그의 변증과 관련된 그의 총체적인 관계에 대한 이해는 뒷전으로 밀려나게 되었다.

(5) 유대-헬레니즘적인 회당의 자녀로서의 바울의 역할은 좀더 최근에 H. Thyen, *Der Stil der jüdisch-hellenistischen Homilie*(FRLANT 65[Göttingen: Vandenhoeck & Ruprecht, 1955])의 연구에 의해서 탐구되었는데, 이 연구는 회당에서 칠십인역 성경을 사용한 것이 사도의 글쓰기와 논증의 방식에 영향을 미쳤다는 것을 보여 주었다.

(6) W. Bujard의 *Stilanalystische Untersuchungen zum Kolosserbrief*(SUNT 11 [Göttingen: Vandenhoeck & Ruprecht, 1973])는 바울의 정신적 및 문학적 배경을 세 가지 단계로 나누어서 접근했다: 그의 이력이 (a) 조상 때부터의 그의 고향, (b) 회당에서의 그의 훈련과 경험, (c) 다소에서의 그의 삶에 의해서 영향을 받았을 때 보여진 유사점들과 차이점들(ibid., 132). 이 저자가 원한 것은 바울의 문체, 즉 문장의 구성, 사고의 흐름, 수사학적인 기법에 토대를 둔 "통일된 관점"을 확보하는 것이었다(ibid., 221).

(7) 다섯 가지의 특별한 특징들은 좀더 최근에 와서 고찰되어 성과를 거두었는데, 그것들은 고린도후서 10-13장에 대한 석의와 이해에 직접적인 영향을 미치기 때문에 특별히 눈여겨 볼 가치가 있다.

(a) 슈나이더(N. Schneider, *Die rhetorische Eigenart der paulinischen Antithese*, HUTh 11[Tübingen: Mohr, 1970])는 바울의 문체 중에서 한 가지 중요한 특징,

즉 "대조법"(antithesis)을 특별히 주목했다. 그는 바울의 글은 고전 헬라의 저술가들이 사용했던 고대의 수사학적인 양식들과는 대조적으로 코이네 헬라어와 구약성경, 후기 유대교의 문헌들에 더 많은 빚을 지고 있었고(ibid., 63), 강력한 신학적 관심을 지니고 있다는 것을 보여 주고자 했다(ibid., 65-67).

(b) 베츠(H.-D. Betz)의 *Der Apostel Paulus und die sokratische Tradition*(1972)은 고린도후서의 마지막 네 개의 장을 집중적으로 다룬 연구서인데, 그는 이 단락을 "반궤변론적인 성향"이라는 문학적 특징들을 공유한 "서신 형태의 변호"(ibid., 14)라고 부르는 것이 가장 적절하다고 보았다. 이 논쟁 속에서 바울의 대적자들은 궤변론자들의 역할을 맡고 있고, 바울 자신은 철학자로 묘사된다(18). 고린도후서 10-13장의 배경 및 해석과 관련하여 베츠(Betz)는 세 가지가 중심적이라고 본다. (i) 바울이 자기 자신을 "자랑하고" 있는 "자화자찬의 말" 전체는 Plutarch, *On Self-Praise Without Offending*(Gr. *περὶ τοῦ ἑαυτὸν ἐπαινεῖν ἀνεπιφθόνως*[75, 95])으로부터 알려지게 된 페리아우톨로기아(*περιαυτολογία*)라는 수사학적인 양식과 부합한다. (ii) "환난 목록"(*περιστάσεις*-페리스타세이스, 6:4에 대한 설명을 보라; 11:23-33)은 견유학파와 스토아 학파의 성토문이라는 문학적인 양식을 사용하고 있다(98). (iii) 12:2-4의 단락은 대단히 반어법적인 어조로 묘사되고 있는 "하늘로의 여행" 모티프에 대한 패러디이고(89), 12:7b-10은 "영웅담"의 패러디, 즉 헬라-로마 사회에서 신들, 영웅들, 고명한 자들의 덕과 능력을 칭송함으로써 그들에게 바쳐진 찬사에 대한 패러디다. 바울이 이러한 진부한 수사학적 양식(topos)을 사용하는 것은 그의 "인내"를 부각시키고 그의 "약함"(13:1-3)에 관한 글로 넘어가기 위한 절인 12:12에 나오는 "사도임을 보여 주는 증표들"을 통해서 그것을 뒤엎기 위한 것이다(93; 12:1-10에 대한 "주석"을 보라). 이것은 대적들이 제시한 "표적들" 또는 자격 조건들을 반박하기 위하여 바울이 내놓고 있는 "증거"(*δοκιμή*-도키메)다. 그는 자신이 거짓 사도라는 비난에 답하기 위하여 "지혜로운 바보"의 역할을 하고 있는 것이다.

궤변론자와 철학자(소크라테스로 대표되는) 간에 벌어진 헬레니즘 세계에서의 논쟁에서 철학자는 흔히 "어리석은 자"로 희화화되었다. 왜냐하면 철학자는 자기 자신과 그의 세계에 대하여 중용(*μέτρον*-메트론)을 잃은 것으로 생각되었기 때문이다. "어리석은 자"라는 말은 궤변론자에게 답변하는 철학자의 문체를 사용해서 대답하고 있는 바울에 대한 비난인 것으로 보인다. 그는 자기 자신에 대하여 자랑하고 싶어하지 않는다. 그러나 만약 그가 자기 자신을 자랑한다면, 그것은 "하늘에 올라간 것"을 그들의 특별한 자랑거리의 일부로 포함시켜서 탈온 체험들을 자랑했던 자신의 대적들로 하여금 기가 죽게 하기 위한 것이다. 바울은 자기도 그러한 체험을 "자랑할" 수 있다는 것을 상기시키면서도, 이러한 초자연적인 사건조차도 사도로서의 그의 자격을 조금도 증명해 주는 것이 아니라고 말하면서, 어쨌든 그가 엿들은 신비한 비밀들을 누설하기를 거부한다(12:4). 그는 오직 자신의 약함만을 자랑하고자 한다. 그리고 그것이 그의 사도직을 입증해 주는 판별 기준이다. 그가 대적자들이 사용했던 표현과 사고 형태들을 가져와서 사용하고 있는 것은 단지 그들이 궤변론자의 역할에 대하여 두었던 가치를 깎아 내리기 위한 것이다(카우카스다이〈*καυχᾶσθαι*〉와 관련해서는 12:1을 보라: "무익하나마 내가 부득불 자랑하노니").

(c) 바울의 엄밀하게 자전적인 차원은 변호와 패러디 같은 수사학적인 패턴들을 근거로 삼고 있는 베츠(Betz)의 주장 속에서는 단지 사소한 역할만을 할 뿐이다. 이와는 대조적으로, 즈미쥬스키(Zmijewski, *Der Stil*, 1978)는 바울 자신의 삶의 체험 속에서 "약함을 자랑하는 것"(11:30; 12:9)이 중요한 역할을 했다는 점을 강조한다. 그가 수사학적인 양식들을 사용하는 것을 해명하는 열쇠는 그의 전기(傳記)다. 왜냐하면 그는 "어리석은 자의 변"(*Narrenrede*)은 결국 특정한 환난들에 처한 특정한 회중에게 바울이 쓴 편지에서 단지 하나의 구성 부분이라는 것을 나타내려고 항상 애쓰기 때문이다(ibid., 421). 그런 까닭에 대화의 요소는 수사학적인 장치들과 쌍을 이루어서 함께 다루어지지 않으면 안 된다(ibid., 422).

(d) 즈미쥬스키(Zmijewski)의 주된 반론(Betz에 대한)은 고린도후서 10-13장의 문체에 대하여 연구한 가장 최근의 학자인 클라인크네히트(K. T. Kleinknecht, *Der leidende Gerechtfertigte*, 1984)에 의해서 강화되었다. 그는 서신적인 요소, 자전적인 요소, 변호적인 요소를 강조하지만, 이 네 개의 장과 관련된 신학적인 배경을 밝히고자 하는 좀더 폭넓은 관심을 보인다. 그는 사도가 하나님의 편이 되어서 하나님의 적들과 대항하여 싸우며 고난받는 역할을 하고 있는 것 속에서 이러한 신학적인 배경을 발견해 낸다(ibid., 293). 바울의 사고틀(*Denkrahmen*)은 기본적으로 유대적이고, 일차적으로 그를 움직이는 것은 자신의 삶과 사역을 이해하는 길인 "약한 것을 자랑한다"는 개념을 강조하고자 하는 것이다. 그런 까닭에 자전적인 차원은 그의 사고를 푸는 열쇠가 된다(ibid., 295, 296).

(2) 저지(E. A. Judge)는 포브스(C. Forbes)나 마샬(P. Marshall)과 더불어서 바울이 자랑하는 것을 수사학적으로 훈련을 받아서 세련된 고린도 교회의 회중에 대

한 그의 항변이라는 배경 속에 둔다. 바울이 일련의 수사학적인 양식들을 사용하는 것은 결코 우연이 아니다. 왜냐하면 그는 그들 중의 한 사람이기 때문이다(10:10에도 불구하고). 또한 그가 어리석은 자의 역할을 자임하고 나선 것은 "영합하지 않는 자"(Marshall가 사용한 용어)의 전략으로 설명될 수 있다. 바울이 수사학을 사용하기를 거부한 것은 그의 본심이다. 왜냐하면 그는 그러한 현란한 수사학을 사용하는 것은 자신이 전한 복음과 사도직에 대한 자신의 개념과 부합하지 않는다고 믿었기 때문이다. 그러나 그는 자신의 수장을 함에 있어서 겸손한 반면에, 그들(11:6; 12:11에 나오는 대적자들)은 "교만"(*ὕβρις*-휘브리스)의 사람들(그러나 그들은 이러한 평가를 받아들였는데, 이는 그들에게 이러한 말은 하나의 미덕이었기 때문이다. 바울의 평가는 20절에 나오는 동사 에파이레스다이〈*ἐπαίρεσθαι*, "자고하다"〉에서 볼 수 있다. 즉 그것은 바울의 자랑으로 단죄된다: Zmijewski, ibid., 212)이라는 단 한 가지 점에서만 대적자들 및 고린도 교인들과 다른 헬라파다. 바울의 대적자들은 "자랑하는 자들"이었다. 그러나 이것은 경멸적인 말이 아니라 헬라인들이 자기 자신을 존중하여 자신을 칭찬한다는 의미에서 하나의 찬사였다. 바울이 그들을 어떻게 다루어야 할지를 알았느냐는 것은 마샬(Marshall)이 제기한 질문이다. 그러나 그가 이 질문에 대한 답변을 함에 있어서 바울의 신학을 배제하기로 스스로 한계를 설정한 것은 그의 연구가 보여 주는 약점인데, 만약 그렇게 하지 않았다면 그의 연구는 아주 대단한 것이 되었을 것이다.

II. 11:16에서 시작되는 단락과 앞 단락이 어떻게 연결되는지와 관련해서는 문제가 없지 않다. 두 가지 가능성이 존재한다. 한편으로, 11:16("누구든지 나를 어리석은 자로 여기지 말라")과 11:1("너희는 나의 좀 어리석은 것을 용납하라") 간의 연결 관계는 분명하기 때문에, 얼핏 보면 16절은 바울이 본론을 벗어나서 잠시 그의 대적자들의 성격과 특성을 밝힌 후에 "어리석음"이라는 주제를 재개하고 있는 것으로 보일 수 있다. 그러나 이 두 절은 동일한 것을 말하고 있지 않다(Plummer, 313; 그러나 Lietzmann, 149에서는 여기에 반대한다. "의미는 실제로 동일하다"; Bultmann, 211; Zmijewski, *Der Stil*, 193). 1절에서의 요구는 나의 어리석음을 용납하라는 것인 반면에, 16절의 강조점은 나를 어리석은 자로 생각하지 말라는 것에 있다. 1절에서 바울은 잠정적인 태도를 취하면서 그가 생각하기에 고린도 교인들이 거부하지 않을 것 같은 요구를 한다. 하지만 16절에서 그는 분명히 한층 더 불확실한 것임에도 불구하고, 자신이 고린도 교인들의 눈에 어리석은 자로 여겨지리라는 것을 확신한다. 아마도 그 이유는 11:4, 13-15에서 바울이 그의 원수와 그 영향력을 폭로한 것 속에서 찾아볼 수 있을 것이다. 바울은 이 장이 전개되어 갈수록 훨씬 더 진지한 태도를 보여 준다. 아마도 연결 고리가 되고 있는 단어들인 에덱사스데-덱사스데(*ἐδέξασθε*–*δέξασθε*, 4, 16절)가 그것을 설명해 주는 것 같다. 고린도 교인들은 바울이 전한 것과 다른 가르침을 "용납했기" 때문에, 바울이 바랄 수 있는 최선의 것은 그들이 자신을 어리석은 자로(ad absurdum) "용납하는" 것일 수 있었다.

다른 한편으로, 두 번째 가능성은 11:1-15 전체(in toto)를 고린도에서의 바울의 선교와 선교지에서의 자랑이라는 문제를 다루었던 10:13-18에서 시작된 주된 주제로부터 벗어난 것으로 취급하는 것이다. 바울은 11:4-5, 13-15에서 그 위협의 진정한 성격을 설명한 후에 이제 앞서 말한 문제를 다시 가져와서 그것을 "자랑"이라는 견지에서 발전시킨다. 그가 어리석은 자의 역할을 스스로 자임하고 나선 것은 10:16-18로 거슬러 올라가는 "자천하는 것"이라는 좀더 일반적인 주제의 일부다. 그 단락은 바울의 참된 자랑, 즉 그를 사도로 지명하고 권한을 주어서 고린도에 맨처음으로 보내신 주를 자랑하는 것과 관련된 구약성경의 구절을 인용하는 것으로 끝났었다.

우리가 보기에는, 다음과 같은 근거들 위에서 이와 같은 연결 관계가 받아들여져야 한다. (1) "관용의 어휘들"(데케스다이〈*δέχεσθαι*〉와 아네케스다이〈*ἀνέχεσθαι*, 1, 4, 19, 20절〉)은 여기서 문제가 되고 있는 것이 인물들의 충돌이 아니라 선교의 합법성 및 진정한 사도성을 보여 주는 증거와 관련된 것임을 보여 주는데(Käsemann, *Die Legitimität*, 37-51), 이것과 관련해서 바울은 자신이 겪은 환난들과 약함과 자격들을 다루게 된다. (2) 17-18절에서 카타 퀴리온(*κατὰ κύριον*)과 카타 사르카(*κατὰ σάρκα*)를 대비시키고 있는 것(직역하면 "주를 따라"/"육체를 따라")은 이 짤막한 단락의 중심에 자리잡고 있다. 퀴리오스(*κύριος*, "주")에 대한 언급은 참된 자랑은 "주 안에서"(*ἐν κυρίῳ*–엔 퀴리오) 자랑하는 것이라고 말하고 있는 10:17과 오직 주가 칭찬하시는 자만이 인정을 받게(*δόκιμοι*–도키모이) 될 것이라고 말하는 10:18에 걸린다. 그 정반대의 모습은 사륵스(*σάρξ*, "육체")를 토대로 해서 자랑하는 것인데, 이것은 10:15에서 바울의 대적자들이 주장하는 것이었다: 그들은 그들의 카논(*κανών*)을 자랑한다. 그러나 우리는 그렇게 하기를 거부한다. 왜냐하면 바울이 말하고 있듯이 그러한 모든 자랑은 십자가에 의해서 이미 심판을 받은 자기 중심적인 삶에 의해서 결정된 것이고(갈 6:13, 14; 빌 3:3), 그러한 자랑이 다른 사람들에게 먹혔을 때 그들은 자기 자신을 "지혜로운 자들"(프로니모이)이다

(이 어구는 바울에 의해서 터무니없는 말〈ad absurdum〉로 사용되고 있는 반면에, 바울은 아스데네스〈*ἀσθενής*, "약한 자": 21a절〉라고 자처하게 되기 때문이다. 하지만 분명히 프로니모이(*φρόνιμοι*)는 대적자들의 선교 활동의 결과로 생겨나게 된 "고린도 교인들의 주관적인 자기 평가"다〈Prümm, *Diakonia* 1:634〉). (3) 어휘의 사용과 관련된 증거를 볼 때, 카우카스다이/카우케시스(*καυχᾶσθαι*/*καύχησις*)는 16-21a절(4x)에서 가장 자주 나오는 단어군에 속한 반면에, "어리석음"은 중요한 하위 주제이기는 하지만 단지 바울이 "참된 자랑과 거짓 사랑"이라는 좀더 폭넓은 문제를 다루어야 했기 때문에 그 중요성을 얻게 된 것이다. 상호적인 단죄와 관련된 하나의 주제로서의 "자화자찬"에 대해서는 K. Berger, "Die impliziten Gegner," 385를 보라.

16-21a절의 제목과 관련해서, 즈미쥬스키(Zmijewski, ibid., 217)는 바울이 고린도 교회에서 활동하던 선교사들이었던 대적자들의 권위에 도전하면서 자기가 직접 대적자들의 편에 서 본 것을 가리켜서 "아이러니컬한 용인(容認)"이라는 표현을 사용했다. 그런 대적들이 있었다는 것은 폴로이(*πολλοί*, "많은 사람", 개역 성경에서는 "여러 사람", 18절)라는 표현 속에서 드러나는데, 이 표현은 대적들의 수가 꽤 많았다는 것을 보여 준다. 하지만 이 단락은 단순히 인간적인 차원에서(*κατὰ σάρκα*—카타 사르카, 참조. 10:3) 대적자들과 대결하는 내용이 아니라, "참된 사도직에 대한 변호"라고 할 수 있는데, 이것은 이미 앞에서 시작된 주제다.

바울은 대적자들과 대비되는 자신의 입장을 몇 가지 방식으로 제시한다. (a) 그들은 고린도 회중을 주관하지만(20절), 그는 신랑의 들러리로서 고린도 교인들을 후원하는 자다(2-3절). (b) 그들은 고린도 교인들을 교묘히 속여서 "강탈한" 반면에, 바울은 "값없는" 복음을 선포했다(7-11절). (c) 그들은 유혹하는 말들을 통해서 고린도 교회의 지체들을 덫에 걸리게 만든 반면에(18절), 바울이 전한 메시지는 그리스도의 진리이고(10절) 하나님의 유일한 복음이다(4, 7절). (d) 그들은 자화자찬한 반면에, 바울은 자기를 낮추어서 겸손한 자세로 고린도 교인들에게 나아왔다(7a절). (e) 바울은 고린도 교인들에게 해를 입히기는커녕 그들을 사랑한다(11절).

그렇지만 고린도 교인들이 바울이 밝힌 진심을 쉽게 믿으려 하지 않았다는 것은 분명하다. 따라서 바울은 설명하기 어려운 태도를 취할 수밖에 없었다. 그는 한 번 어리석은 자가 되어 보기로 작정한다. 바울은 자기가 그런 태도를 취하는 것을 "내가 부끄럽게도"라고 말하고 있지만, 그가 이렇게 한 번 어리석은 자가 되어서 스스로를 자랑하는 것은 고린도 교인들로 하여금 "부끄러워하게" 하기 위한 것이다. 그는 약한 자로서 그들 앞에 나타나고자 하는데(21절), 이것은 그를 겨냥한 비난이었고(10:1), 그가 반박한 비난이었다(10:2). 그는 10:10에 나온 자신에 대한 대적자들의 견해, 즉 "그 몸으로 대할 때는 약하고 말이 시원치 않다"는 비난으로 옮겨간다(Bultmann, 214). 바울의 취지는 이런 것이다: 나는 실제로 그러한 특성들을 지니고 있다는 것을 인정한다. 그렇다면 너희는 나의 약함과 대적자들의 소위 강력한 군림 및 뛰어난 언변 중에서 어느 쪽을 택하고자 하느냐? 이 논의와 관련해서 핵심이 되고 있는 표현을 우리는 놓치기가 쉽다: 그것은 17절의 호스(ὡς, "…인 양")와 21a절의 호스 호티(ὡς ὅτι, "…인 것인 양")인데, 이 단어는 원인을 나타내는 불변사(="우리가 약하기 때문에," Bachmann, 377; Windisch, 348; Schlatter, *Paulus*, 651; Lietzmann, 148〈그러나 Kümmel, 211에서는 반대다〉)가 아니라 보충 설명을 위한 불변사다. 이 단어가 후자의 의미를 지닌다는 것은 불트만(Bultmann, 214)에 의해서 뒷받침되는데, 그는 호스 호티(ὡς ὅτι)가 레고(λέγω)에 걸려서 그 동사를 설명하고 있는 것으로 본다(이것과 유사한 예는 5:19에 나온다). BDF § 396도 이 단어가 ὅτι="that"과 동일한 의미라고 본다. 그러나 헤링(Héring, 83)은 이 단어가 "마치 우리가 약한 것처럼"이라는 의미를 지니는 호스(ὡς)라고 본다. 모든 것을 종합해 볼 때, 호스(ὡς)는 호티(ὅτι)의 의미를 제한하는 역할을 하고 있을 가능성이 높기 때문에, 호티("ὅτι)가 이끄는 내용은 다른 사람의 생각을 그대로 나타낸 것이어서, 화자는 그 정확성을 보증하지 않는다는 것을 암시하는" 역할을 한다(Plummer, 317; Allo, 290: 호티〈ὅτι〉는 "통상적으로 다른 사람들의 견해를 나타낸다"). 또 다른 대안은 이 불변사를 비교의 의미로 해석하는 것이다(BGD, 589: "내가 너희에게 행한 것을 너희가 다른 사람들로부터 받은 폭력적인 대우와 비교해 볼 때 내가 인정할 수밖에 없는 것처럼"〈20절〉). 그러나 바울이 호스 호티(ὡς ὅτι)를 보충 설명을 도입하는 것으로 썼든("내가 부끄러움을 무릅쓰고 고백하건데 나는 약했다") 비교의 의미로 썼든("나는 너무 약해서 대적자들을 본받지 못했다"), 어느 경우든 그것은 반어법을 나타내는 것이다. 바울은 대적자들이 그에 대하여 소문을 퍼뜨린 내용, 즉 그가 약하다는 것을 의도적으로 회고하고 있는 것으로 보인다. 그는 이러한 평가를 액면 그대로 받아들이고 "용인해서"(Einräumung, Prümm, *Diakonia* 1:635), 실제로 어리석은 자로서의 역할을 한 번 실제로 해보인다. 여기에 그리스도의 종인 바울의 "자화상"이자 기괴한 패러디로서의 11:1-12:10의 "어리석은 자의 변" 전체를 푸는 열쇠가 있다(Zmijewski, ibid., 230).

## 주석

16 "내가 다시 말하노니"(*πάλιν λέγω*-팔린 레고)는 앞쪽으로 11:1과 연결된다. 이 어구는 오늘날의 표현으로는 "내가 반복하노니"로 번역되어야 하지만, 우리는 17절에 나오는 랄로(*λαλῶ*, "내가 말하노니")와의 대비 및 21절과의 수미쌍관법적 구조를 보여 주기 위해서 레고(*λέγω*)를 "말하다"로 번역했다.

여기서 핵심 단어는 아프론(*ἄφρων*, "어리석은 자")인데, 이 단어는 바보 또는 어릿광대("광대 노릇을 하다"에서처럼)를 뜻하는 것이 아니라, 헬레니즘-로마 사회에서 자기 자신과 자기 주변의 세계에 대한 올바른 판단의 척도(*μέτρον*-메트론)를 상실해 버린 자를 가리키는 전문적인 용어다(Fallon, 92). 소크라테스 같은 참된 철학자는 흔히 어리석은 자로 여겨졌다-특히 궤변론자들에 의해서(주후 2세기 궤변론의 발전에 대해서는 G. W. Bowersock, *Greek Sophists*를 보라; G. C. Field, "Sophists," *Oxford Classical Dictionary* 2, ed. n. G. L. Hammond and H. H. Scullard 〈Oxford: Clarendon Press, 1970〉, s.v.). 왜냐하면 그는 참된 척도를 상실해 버린 것으로 여겨졌기 때문이다(*δοκεῖν*-도케인: 이 구문에 대해서는 BDF § 397를 보라. 이 동사는 여기 16a절에서 기동〈起動〉의 동사다).

양보절은 에이 데 메 게(*εἰ δὲ μή γε*, "만일 너희가 그러하더라도". 이는 생략법 구문으로서 "그렇지 않다고 하면"을 의미한다. BDF § 439, 480.6)로 시작된다: 나를 어리석은 자로 받으라. 내가 너희에게 나 자신을 어리석은 자로 나타낼 터이니, 너희는 어리석은 자들을 잘 용납한 것같이 어리석은 자로 말하는 나를 받아 줄 것이라고 나는 기대한다. 안(*ἄν*)과 카이(*καὶ*)가 결합된 칸(*κἄν*)은 "적어도", "그러하더라도"라는 의미를 내포한다(BDF § 374; Bultmann, 211). 덱사스데(*δέξασθε*)는 11:4에서 이미 고린도 교인들이 대적자들의 메시지를 받아들인 것을 나타내기 위하여 사용된 동사다. 바울은 이 연결어를 통한 대비를 십분 활용하고 있다.

히나 카고 미크론 티 카우케소마이(*ἵνα κἀγὼ μικρόν τι καυχήσωμαι*). 바울이 한 번 어리석은 자의 역할을 하겠다고 나선 것은 그의 답변 속에서 주된 항목이 되고 있는 "자랑하는 것"에 초점을 맞추기 위한 것이다. 자랑하는 것에 대한 그의 태도는 부정적이다. 왜냐하면 자랑하는 것은 10:18에 나오는 구약의 증언(testimonium)과 반대되기 때문이다. 불트만(Bultmann, 212)은 카우카스다이(*καυχᾶσθαι*)가 헬라 철학에서 휘브리스(*ὕβρις*)의 한 표본으로 여겨졌다는 것을 지적한다(참조. Plutarch, *De se ipsum citra invidiam laudando*〈*Moralia* 539Aff.〉; Betz, ibid., 75,

95). 하지만 고린도 교회에 있던 대적자들은 이러한 논쟁 속에서 궤변론자들의 역할을 맡았기 때문에, 바울은 어쩔 수 없이 그들이 규정해 놓은 조건 아래서 시합을 하지 않을 수 없었다(12:11). 그러나 바울은 자기가 한 번 양보를 해서 그들과 놀아 준다는 식으로 그 시합에 응하고 있는 것이다. 미크론(*μικρόν*, "좀")은 대적자들이 제시하고 있던 거창한 주장들을 폄하하여 놀림감으로 삼기 위해서 바울이 선택한 비유적 표현(*litotes*)이다. 타동사로 사용된 카우카스다이(*καυχᾶσθαι*) 뒤에서 이것은 "자랑하는 것에 좀 참여하는 것"을 나타낸다(BDF § 148.2).

17 호 랄로(*ὃ λαλῶ*, "내가 말하는 것은")가 이끄는 삽입구가 뒤따른다. 여기서 반복되고 있는 이 동사는 13:3과 연결된다: 고린도 교인들은 그리스도가 바울을 통해서 말씀하고 있다는(*λαλοῦντος Χριστοῦ* – 랄룬토스 크리스투) "증거"를 찾고 있었다. 그는 자기가 어쩔 수 없이 이렇게 자랑하는 것(*καυχᾶσθαι* – 카우카스다이) 속에서 그리스도의 메시지를 찾으려고 해서는 안 되고, 그리스도의 메시지는 오직 자신의 약한 것을 자랑하는 데 있다는(11:30) 의미의 말을 한다. 따라서 그는 "주의 권위를 따라서"(*κατὰ κύριον* – 카타 퀴리온) 말하고 있는 것이 아니라, 정반대로 "오직 어리석은 자와 같이"(*ὡς ἐν ἀφροσύνῃ* – 호스 엔 아프로쉬네) 말하고 있는 것이다("non x, sed y"라는 정형 문구에 대해서는 Schneider, *Die rhetorische Eigenart*, 50, 51, 62를 보라). 이러한 대조법은 수사학적으로 바울이 대적자들의 주장을 반박하면서 올바르게 바로잡는 수단(correctio)으로서의 기능을 한다(Schneider, ibid., 47-49).

바울이 "어리석은 자와 같이(*ὡς* – 호스)" 말하는 것은 "나의 자랑의 근거"(〈*ἐν*〉 *ταύτῃ τῇ ὑποστάσει τῆς καυχήσεως* – 〈엔〉 타우테 테 휘포스타세이 테스 카우케세오스, *ὑπόστασις* – 휘포스타시스: 9:4에서처럼 영어에서 그 의미가 동일한 것을 찾기 어려운 단어; 해당 "주석"을 보라. 이 단어는 "확신" 또는 "계획" 중 하나의 의미를 지닌다. 우리는 어원론에 근거한 Héring〈82〉의 주장을 따랐는데, 그는 "전제" 또는 "근거"로 번역한다)에 의거한 것이다. 바울이 어리석은 자의 태도를 한번 취함으로써 "가설"을 제시하고 있다는 것을 의미하는 맨 마지막의 견해는 화자가 "이 자랑의 일과 관련해서"(Hughes, 398, n. 60; Bultmann, 212) 역할극을 하고 있다는 뜻을 함축하고 있는 호스(*ὡς*)에 의해서 뒷받침되는 것일 가능성이 있기는 하지만 별로 설득력은 없다. 바울은 왜 그가 어리석은 자의 역할을 한번 해 보고자 하는지를 보여 주고 있는 것이다.

18 "여러 사람이 육체를 따라 ('세상 사람들처럼') 자랑하니 나도 자랑하겠노라"

(*ἐπεὶ πολλοὶ καυχῶνται κατὰ σάρκα, κἀγὼ καυχήσομαι*－에페이 폴로이 카우콘타이 카타 사르카, 카고 카우케소마이). 여기서도 반어법적인 어조는 뚜렷하게 드러난다. (호이) 폴로이(〈*οἱ*〉 *πολλοί*, "많은 사람들")는 2:17에서처럼 상당한 세력을 지닌 반대파가 있었음을 보여 준다. 그러나 그와 같은 표현은 바울의 눈에 보기에 그 위험의 심각성을 극대화하기 위한 문체상의 이유로 사용된 것일 수 있다(참조. 빌 3:18). 대적자들이 오만하게 주장한 내용이 무엇이었는지는 언급되고 있지 않지만 10:16에서 추론될 수 있다: "남의 한계 안에 예비한 것으로 자랑하는 것"(*ἐν ἀλλοτρίῳ κανόνι εἰς τὰ ἕτοιμα καυχήσασθαι*－엔 알로트리오 카노니 에이스 타 헤토이마 카우케사스다이).

더 중요한 것은 부사구인 카타 사르카(*κατὰ σάρκα*, "육체를 따라")이다. 슈바이처(E. Schweizer *TDNT* 7:128)는 이 곳의 맥락 속에서 사륵스(*σάρξ*, "육체")가 도덕적인 견지에서 인간과 하나님 간의 결정적인 차이라는 것을 보여 주었다. 카타 사르카(*κατὰ σάρκα*)는 카타 안드로폰(*κατὰ ἄνθρωπον*, 고전 3:3)과 동일한 의미다. 왜냐하면 전자의 표현 중에서 사륵스(*σάρξ*)는 죄악된 피조물인 인간을 구성하고 있는 것을 가리키는 용어이기 때문이다. 사륵스(*σάρξ*)는 인간이 지닌 연약함을 가리키는 것으로서, 인간은 죄의 유혹과 강력한 공격에 무너져서 하나님을 떠나 독립적으로 살아가게 된다. 이 곳의 맥락 속에서 대적자들이 "세상 사람들"(*σαρκικοί*－사르키코이, 고전 3:1, 3; 참조. 빌 3:3; 갈 5:13-26)로서 자랑한다는 것은 그들이 외적인 영적 현상들을 의지하고, "눈에 보이는 것"(*εἶδος*－에이도스, 고후 5:7)을 의지하며, "외모"(고후 5:12)를 자랑한다는 것을 가리키는 것인데, 반면에 바울은 "주 안에서"(*ἐν κυρίῳ*－엔 퀴리오, 11:17, 18) 또는 "그리스도인으로서"(*κατὰ κύριον*－카타 퀴리온, Héring, 81) 자랑하기 때문에, 그의 소망은 오직 그리스도와 자기 자신의 약함에 있다(13:1-3). 따라서 바울은 그의 대적자들과 마찬가지로 자신을 자랑하겠다고 말하면서도, 실제로 그가 자랑하는 것은 그의 취약한 것과 깨지기 쉬운 것을 너무도 분명하게 나타내 주는 그의 여러 가지 특질들, 즉 그의 약함이다(12:5).

19 "너희는 지혜로운 자로서 어리석은 자들을 기쁘게 용납하는구나"(*ἡδέως γὰρ ἀνέχεσθε τῶν ἀφρόνων φρόνιμοι ὄντες*－헤데오스 가르 아네케스데 톤 아프로논 프로니모이 온테스). 부사 헤데오스(*ἡδέως*, "기쁘게, 달게")는 사도에 의해서 사용되고 있는 "용인"(容認) 발언의 일부로서 아네케스다이(*ἀνέχεσθαι*, "용납하다")와 함께 사용됨으로써 오직 반어법의 강도를 증가시키는 역할만을 할 뿐이다. 이 동사

는 16절에 나온 덱사스데(δέξασθε)와 병행을 이루고 있고, 이 두 동사는 고린도 교인들이 외부에서 침투한 선교사들에게 지나치게 후한 대접을 한 것에 대하여 논평하는 것들이다. 고린도 교인들은 누구랄 것 없이 모든 사람들을 다 환대하고 영접하는 데 능숙하기 때문에, 분명히 그들은 바울이 어리석은 자로 행세한다고 할지라도 그를 용납해 줄 수 있을 것이다! 그들은 "지혜로운 자들"(φρόνιμοι-프로니모이)이다. 물론 그들은 진정으로 지혜로운 것이 아니라 반어법적인 의미에서 지혜로운 것이다. 지혜로운 자들이라는 호칭은 그들의 주제넘은 주장들에 대한 바울의 논평이다. 이것은 바울의 태도를 이해하는 데 있어서 자연스러운 방식이다. 이와는 반대로, 불트만(Bultmann, 213)은 여기서 말하고 있는 것은 고린도 교인들이 거짓 교사들을 용납한 것에 관한 것이 아니라 바울이 어리석은 자로서 그들에게 말한다고 할지라도 자신을 용납하고 참아 달라는 것이라고 주장한다. 불트만의 주장이 옳을 수도 있지만, 그러한 견해를 받아들이게 되면 바울은 고린도 교인들이 진정으로 지혜로운 자들(φρόνιμοι-프로니모이)이라는 것을 인정하는 것이 된다. 바울은 고린도전서 4:10에서와 흡사하게 여기서 프로니모이(φρόνιμοι)를 경멸적인 의미로 사용하고 있을 가능성이 더 높다.

우리는 여기서 리차드슨(P. Richardson, "The Thunderbolt in Q and the Wise Man in Corinth," *From Jesus to Paul*, FS F. W. Beare〈Waterloo, Ont.: Laurier University Press, 1984〉 91-111)이 제안한 새로운 주장을 살펴볼 필요가 있다. 물론 저자는 구체적으로 그의 주장을 고린도후서 10-13장과 결부시키고 있지는 않지만 말이다. 그의 주장의 요지는, 고린도 교회에서의 논쟁은 지혜와 관련된 바울의 입장을 중심으로 한 것이었다는 것이다-지혜는 어록 전승(Q), 특히 마태복음 11:25-27에서 강조되고 있는데, 리차드슨은 이것을 아볼로를 비롯한 그의 분파와 결부시킨다. 고린도 교인들이 "지혜로운 자들"(φρόνιμοι-프로니모이)이라고 자처한 것은 비꼬는 말이 아니라 진지하게 받아들여져야 하는데, 그것은 그들이 지혜 기독론만이 아니라 아볼로가 고린도 교회에 파견한 대표자들을 열렬히 옹호했다는 것을 보여 주는 것이다. 우리는 이러한 주장과 관련하여 결론을 도출해 낼 수는 없지만, 이 주장이 건전한 것이라면, 그것은 우리가 11:4, 13-15을 이해하는 데 도움이 될 것이다. 이 주장을 따른다면 우리는 "다른 예수"가 무엇을 가리키는지를 규명해 낼 수 있고, 바울과 그의 대적자들 간의 논쟁의 역학(力學)을 제대로 이해할 수도 있다. 그들의 논쟁은 "지혜"를 중심으로 한 것으로서, 그 쟁점은 바울이 제시한 십자가의 지혜 또는 바울의 표현에 의하면(고전 1:19; 3:18, 19; 4:19) 아볼로의 "지혜로운 자들의 지혜" 중에서 어느 유형의 지혜가 진정한 케리그마냐는 것과 결부되어 있었다. 리차드슨의 논증을 보완하는 것으로 우리는 11:13-15에서 동사 메타스케마티제스다이(*μετασχηματίζεσθαι*)가 사용된 것은 고린도전서 4:6에 비추어 보았을 때 적절하다는 것(ibid., 105)과 고린도전서 1:30과 고린도후서 10:18에서 "자랑하는 자는 주 안에서 자랑할지니라"는 동일한 구약의 증언이 동일한 배경 속에서 사용되고 있다는 것을 추가할 수 있을 것이다. 그러나 이러한 재구성은 프로니모이(*φρόνιμοι*)가 비꼬는 식의 말이 아니라 실제적인 의미로 사용되었다는 것을 전제하는 것인데, 이것은 이 단락 전체에 골고루 반어법이 스며들어 있다는 것을 고려할 때 그리 가능성이 크지 않다.

20 "누가 너희로 종을 삼거나 잡아 먹거나 사로잡거나 자고하다 하거나 뺨을 칠지라도 너희가 용납하는도다"(*ἀνέχεσθε γὰρ εἴ τις ὑμᾶς καταδουλοῖ, εἴ τις κατεσθίει, εἴ τις λαμβάνει εἴ τις ἐπαίρεται, εἴ τις εἰς πρόσωπον ὑμᾶς δέρει* – 아네케스데 가르 에이 티스 휘마스 카타둘로이, 에이 티스 카테스디에이, 에이 티스 람바네이 에이 티스 에파이레타이, 에이 티스 에이스 프로소폰 휘마스 데레이). 이것은 거짓 사도들에 대하여 아주 많은 것을 밝혀 주는 문장으로서 그들의 생각과 행동에 대하여 새로운 정보를 제공해 준다. 문체상으로는 열거법(enumeratio) 같은 많은 인상적인 특징들이 존재하는데, 다섯 개의 동사들이 각각의 동사가 바울의 폭로에 점점 더 무게를 더해 주는 "점층법"(Zmijewski, ibid., 207)을 따라서 연속적으로 열거되어 있다. 신약에서 오직 여기에만 나오는 두 개의 "하팍스 레고메논"을 비롯한 일련의 동사들을 통한 강조는 앞에 나온 것을 가리키는 (에이) 티스(*⟨εἴ⟩ τις*) – 의 다섯 번의 반복과 유운법(낭랑한 어조의 *-οι*, *-ει*, *-ει*, *-αι*, *-ει*)에 의해서 더욱 강화되고 있다(W. Bujard, *Stilanalystische Untersuchungen*, 184를 보라). 나아가서 이 동사들의 의미를 문자 그대로 해석해야 하는지(Allo, 290; Barrett, 291, 부분적으로는 불분명한 태도를 취한다), 아니면 은유적으로(Lietzmann, 211; Windisch, 347; Bultmann, 213), 또는 수사적으로, 즉 논쟁에 있어서 수사적인 표현으로(Betz, ibid., 116, 117) 해석해야 하는지에 대해서는 논란이 되고 있지만, 이 문장의 의도는 분명하다. 바울은 분명히 반어법적인 어조를 지속적으로 사용하는 가운데 자기가 그의 대적들에 의해서 공격을 받도록 스스로 허용하고 있었던 그의 독자들로부터 "소외되어" 있다고 공언하고 있는 것이다. 두 개의 핵심적인 동사는 다음과 같은 것들이다. (1) 람바네이(*λαμβάνει*)는 문자 그대로는 "취하다"(개역성경에서는 "사로잡다")를 의미하지만 "범하다, 처녀성을 빼앗다"라는 성적인 함의

를 지닌 "손대다"를 의미하는 것 같은데, 이것은 교회를 유혹을 받아서 강간당할 위험에 처해 있는 처녀에 비유하고 있는 11:2-3과 결부된다(Zmijewski, ibid., 212을 보라). (2) 에파이레타이(ἐπαίρεται)는 10:5에서처럼 "높아지다"로 번역될 수도 있지만, "주제넘다, 오만방자하다, 교만하게 행하다"라는 도덕적인 의미를 지니고 있을 가능성이 크기 때문에 너희를 "주관하다"를 의미한다. 이 동사는 고린도 교인들을 주관하여 그리스도 안에서 그들이 지닌 자유를 억압하는 자들을 묘사하는 데 사용되고 있다. 이러한 묘사 속에는 고린도 교인들을 무책임하게 주관하고 통제한다는 개념이 함축되어 있는 것으로 보이는데, 바울은 이러한 묘사를 통해서 1:24의 "우리가 너희 믿음을 주관하려는 것이 아니요"(⟨οὐ⟩ κυριεύομεν ὑμῶν τῆς πίστεως-⟨우⟩ 퀴리유오멘 휘몬 테스 피스테오스)에서 언급한 바 있던 자신의 목회적인 염려나 걱정과는 완전히 대비되는 대적자들의 본질을 드러내고 있다.

그 밖의 다른 동사들도 마찬가지로 대적자들에 대하여 분명한 것들을 말해 주고 있다. 고린도 교인들은 거짓 사도들이 고린도에 이르렀을 때 마음을 활짝 열고 그들을 맞이했고, 심지어 거짓 사도들이 그들을 "종을 삼고자"(καταδουλοῦν-카타둘룬) 하는 의도를 지니고 있었음에도 불구하고 그들을 환영했다. 갈라디아서 2:4에도 동일한 동사가 사용되고 있지만, 여기서와 동일한 대적을 염두에 두고 있는 것 같지는 않다. 여기에는 노모스(νόμος, "율법")가 전혀 나오지 않기 때문에 이 구절의 맥락 속에서는 "율법의 종"(Plummer, 316; Hughes, 199; Tasker, 157)이라는 의미가 의도되었을 가능성이 거의 없다. 카타 둘룬(κατα δουλοῦν)은 스스로를 주인으로 자처하고서 고린도 교인들을 "종들"(δοῦλοι-둘로이)로 삼은 자들의 행태를 묘사하는 말인 반면에, 바울은 그리스도의 종(δοῦλος-둘로스)이다(4:5). Windisch, 347를 보라. 그러나 베츠(Betz, ibid., 116, n. 535, 117)는 바울의 평가가 개략적인 것에 불과하다고 생각한다.

카테스디에인(κατεσθίειν)은 문자 그대로 "먹어 치우다"를 의미하는데, 접두사인 카타(κατα)는 강조의 의미를 지닌다(파피루스들에서의 용법들에 대해서는 MM s.v를 보라). 대적자들은 고린도 교회의 회중을 집어삼킨 것으로 생각되고 있는데, 이것은 그들에게 해를 끼쳤다는 문자적인 의미가 아니라 사적인 이득을 위해서 그들을 착취했다는 의미다. 마가복음 12:40//누가복음 20:47에서 이 동사가 어떻게 사용되고 있는지를 보라. 거기서 이 동사는 가산을 삼킨 것, 즉 불법적으로 남의 재산을 가로챈 것을 가리키는 데 사용되고 있다(BGD, 422). 바울이 이 동사를 통해서 말하고자 한 것은 대적자들이 플레오넥시아(πλεονεξία)라는 죄를 범한 탐욕스러운 자들이라는 것인데, 이러한 주제는 12:16-18에서 바울이 자신을 변호할 때 다시 등장하게 된다. 따라서 쟁점이 되었던 것은 사도로서의 바울의 "생계를 부양받을 권리"였던 것 같은데, 바울은 그러한 권리를 스스로 포기했지만, 거짓 사도들은 철저하게 그러한 권리를 이용했다(Barrett, 291; Lietzmann, 149; Bultmann, 213). 또는 논쟁이 되었던 것은 연보와 관련된 것일 수도 있지만, 연보 문제는 10-13장에서 두드러지게 부각되고 있지 않다(Betz, ibid., n. 6).

람바네이(*λαμβάνει*, "취하다")는 12:16에서처럼 "사로잡다"라는 중립적인 의미를 지닐 수도 있고, 앞에서 이야기했듯이(위의 설명을 보라) 성적으로 "범하다", "이용하다"라는 좀더 공격적인 의미를 지닐 수도 있다. 래티(Lattey)가 제안한 "손대다"라는 의미는 어느 쪽으로도 해석될 수 있지만, 그가 라카흐(לקח, "붙잡다")를 람바네인(*λαμβάνειν*)으로 번역하고 있는 칠십인역 본문을 근거로 들고 있다는 점을 주목하라(Kümmel, 211).

에파이레타이(*ἐπαίρεται*, "너희를 주관하다, 자고하다")는 바울이 말한 대적자들이 고린도 교인들을 무례하고 오만하게 대했다는 것을 한층 더 강력하게 시사해준다. 그러나 이 동사가 12:7에서 바울이 자신의 "교만"(휘브리스)을 부인하는 말 속에 다시 나온다는 것을 주목하라(Betz, ibid., 95, 102).

에이스 프로소폰 데레인(*εἰς πρόσωπον δέρειν*, "뺨을 치다"). 이 동사 속에는 거의 분명히 신체적인 폭력이라는 의미가 내포되어 있는 것 같다. 물론 이 동사는 일종의 구타 같은 모욕을 묘사하는 생생한 표현일 수도 있다. Philostratus, *Life of Apollonius* 7.23에는 모논 우크 에피 코르레스 파이에이(*μόνον οὐκ ἐπὶ κόρρης παίει*)라는 어구가 나오는데, 이 어구는 통속 철학자들이 부자들 앞에서 설설 기거나 부자들의 못된 행실을 묵과한다고 비난 받았을 때 그들이 귀에 한 방을 얻어맞은 것처럼 묘사하고 있다. 대적자들에 대한 바울의 비난은 휘브리스(*ὕβρις*)다. 왜냐하면 "온갖 과도한 부(富)는 오만방자함을 낳는" 법이기 때문이다.

이 동사는 의도적이고 계산된 모욕(눅 22:63에 나오는 장면과 비슷한)을 가리키는 것으로서 어떤 사람에게 굴욕감을 주기 위한 방법으로 그 사람의 얼굴을 한 대 치는 것과 관련된 유대적인 이미지를 공유한다(마 5:39을 보라: "오른 뺨을 친다"는 것은 손등으로 어떤 사람의 얼굴을 한 대 치는 것을 의미하는 것으로서 특별히 모욕을 주기 위한 공격이다. 그런 까닭에 Mishnah, *B. Qam.* 8.6에서는 그러한 행동에 대하여 특별히 무거운 벌금을 규정한다: T. W. Manson, *The Sayings of Jesus* 〈London: SCM Press, 1945〉 51를 보라). 또한 우리는 고린도후서 12:7, 메 콜라피제(*με κολαφίζῃ*, "나를 쳐서"; 마 26:67에 나오는 이 동사를 참조하라－수난 기사 속에서 사용된 또 하나의 용어)와의 연결 관계도 주목해야 한다.

21a "우리가 약한 것같이 내가 욕되게 말하노라"(*κατὰ ἀτιμίαν λέγω, ὡς ὅτι ἡμεῖς ἠσθενήκαμεν*－카타 아티미안 레고, 호스 호티 헤메이스 에스데네카멘). 두 부분으로 이루어진 이 문장은 하나의 소단락(16-21a절, 레고〈*λέγω*〉가 처음과 끝에 모두 나온다)을 요약하면서 그 결론부를 이룬다. 여기서 다시 한 번 바울의 "반어법적인 용인"(*ironische Einräumung*)이 정형화된 형태로 나오는데, 이것을 통해서 그는 자신의 독자들이 지혜로운 자들(*φρόνιμοι*－프로니모이)이라는 것이 자명하기 때문에 그가 어리석은 자의 역할을 한 번 해보는 것은 그들이 고려할 가치가 없는 욕된 일로 보일 것임에 틀림없다는 것을 느닷없이 용인한다. "나의 수치"는 원래의 읽기다(Plummer, 317).

게다가, 아프론(*ἄφρων*)과 프로니모스(*φρόνιμος*) 간의 반어법적인 비교는 바울의 대적들은 강력한 태도를 보였지만, 그는 그것과는 대조적으로 약했다는 것을 인정하고 받아들이는 것으로 이어진다. 바울이 동사 앞에 호스 호티(*ὡς ὅτι*)를 사용한 것은 그가 채택하고 있는 자세를 나타내는 것이다(위의 설명을 보라). 나중에(13:3-4에서) 바울은 반어법적이지 않은 방식으로 좀더 온전한 평가를 제시할 것이다. 하지만 여기서는 당분간 바울은 자기 자신과 교회에 그토록 영향력을 발휘해 왔던 대적자들 간의 대비를 부각시키기 위하여 10:10에 나오는 평가를 일단 받아들이고 아스데네이아(*ἀσθένεια*)를 내세워서 그의 사도적인 권세(*ἐξουσία*－엑수시아)를 숨기고 있다.

## 해설

더 많은 반어법이 16절에 나타나 있다. 아마도 바울이 대적자들과 논쟁을 벌였던 이전의 경우들에서처럼 여기서도 "어리석은 자"라는 용어가 그를 향하여 쏟아진 비난의 실제적인 내용을 이루고 있었던 것으로 보인다. 바울이 "나도"(16절)라는 말을 포함시키고 있다는 것을 우리가 기억할 때, 자랑의 패턴은 외부로부터 온 거짓 교사들에 의해서 이미 설정되어 있었던 것으로 보인다. 이런 마당에, 바울이 자신을 자랑하지 않을 이유가 어디에 있겠는가?

17절은 그 자체가 삽입구로서 독자들이 자기가 하는 말의 의미를 제대로 파악하는 데 실패하지 않도록 하기 위하여 바울이 꼭 집어넣지 않으면 안 된다고 느꼈던 단서의 내용을 담고 있다. 그는 "그리스도인으로서"(NEB) "주를 따라" "자랑하고" 있는 것이 아니라, 그가 그 가면을 벗기고자 하는 자들의 입장에 서서 의도적으로 행해 보고자 하는 인간으로서의 "자랑을 하고" 있는 것이다. 전문적인 용어를 사용하자면, 바울은 "상황 대응적으로"(*ad hominem*) 호소하고 있다.

대적자들은 고린도 교회의 회중 속으로 침투하여 파고드는 데 놀라울 정도로 성공을 거두고 있었고, 20절은 그들이 고린도 교인들로부터 어떠한 환대를 받았는지에 관한 기가 막힌 진술이다. 고린도 교인들은 신기할 정도로 분별력을 잃어 버리고 거의 바보 수준의 순진함을 가지고서 거짓 사도들의 거창한 주장을 그대로 받아들여서 그들을 환대했다. 따라서 바울은 이렇게 말한다: 내가 어리석은 자가 되어서 한 번 행한다면, 여러분은 나에게도 동일한 태도를 보여서 나를 환영해 줄 것이 아니겠는가?

고린도 교인들은 이 거짓 사도들을 받아들여서, 거짓 사도들이 그들에게 명령하고 그들의 돈을 빼앗으며(참조. 2:17) 그들을 봉으로 삼아서 뺨을 치더라도-유대인들이 가장 치욕적인 것으로 여기는 방식으로 모욕을 당한다고 할지라도-용납했다. 바울은 이러한 극히 풍자적인 단락을 통해서 단지 그가 지금부터 말하게 될 자신의 호소를 잘 경청해 주기만을 요청하고 있는 것이다. "너희가 불한당들을 싸고도는 것처럼 보이니, 그러한 것보다 우리에게 더 참담한 일이 어디에 있겠는가"라는 것이 바울의 최종적인 항변이다(21절).

## 2. 바울의 환난(11:21b-33)

### 참고문헌

**Betz, H.-D.** *Der Apostel Paulus und die socratische Tradition.* **Bultmann, R.** *Der Stil der paulinischen Predigt und die kynisch-stoische Diatribe.* **Burchard, Ch.** *Der dreizehnte Zeuge. Traditions- und Kompositionsgeschichtliche Untersuchungen zu Lukas' Darstellung der Frühzeit des Paulus.* FRLANT 105. Göttingen: Vandenhoeck & Ruprecht, 1979. **Caisson, L.** *Travel in the Ancient World.* Toronto: Hakkert, 1974. **Collins, J.**

**N.** "Georgi's envoys in 2 Cor. 11:23." *JBL* 93(1974) 88-96. **de Vaux, R.** *Early History of Israel.* Tr. David Smith. Philadelphia: Westminster Press, 1978. **Fridrichsen, A.** "Zum Stil des paulinschen Peristasenkatalogs. 2 Cor. 11,23ff." *SO* 7(1928) 25-29. ______. "Peristasenkatalog und res gestae: Nachtrag zu 2 Cor. 11, 23ff." *SO* 8(1929) 78-82. **Georgi, D.** *Die Gegner des Paulus im 2. Korinther*, 1964. **Horsley, G. H. R.,** ed. *New Documents Illustrating Early Christianity: A Review of Greek Inscriptions and Papyri Published in 1978.* North Ryde, NSW, Australia: Macquarie University, 1983. **Hort, F. J. A.** "A Note on *κόφινος, σπυρίς, σαργάνη.*" *JTS* O.S. 10(1909) 567-71. **Jervell, J.** *The Unknown Paul.* chap. 5: "The Signs of an Apostle." Tr. R. A. Harrisville. Minneapolis: Augsburg, 1984. **Jewett, R.** *A Chronology of Paul's Life.* Philadelphia: Fortress, 1979. **Judge, E. A.** "The Conflict of Educational Aims in NT Thought." *Journal of Christian Education* 9(1966) 32-45. **Kleinknecht, K. T.** *Der leidende Gerechtfertigte.* 1984. **Marshall, P.** "Enmity and Other Social Conventions in Paul's Relations with the Corinthians." Diss., Macquarie University, 1980. Forthcoming in WUNT. **Ogg, G.** *The Chronology of the Life of Paul.* London: Epworth Press, 1968.(American Title: *Odyssey of Paul*) 16-23. **Osborne, R. E.** "Paul's Silent Years." *JBL* 84(1965) 59-65. **Rauer, M.** *Die "Schwachen" in Korinth und Rom nach den Paulusbriefen.* BS 21:2-3. Freiburg: Herder, 1923. **Sehürer, E.** *The History of the Jewish People in the Age of Jesus Christ.* Ed. G. Vermes and F. Millar. Edinburgh: T. & T. Clark, 1973. 1:340-53. **Starcky, J.** "The Nabateans: A Historical Sketch." *BA* 18(1955) 84-106. **Steinmann, A.** *Aretas IV. König der Nabatäer. Eine historisch-exegetische Studie zu 2 Kor 11, 32f.* Freiburg: Herder, 1909. **Theissen, G.** *The Social Setting of Pauline Christianity*, 1982. **Thrall, M. E.** "Super-Apostles, Servants of Christ, and Servants of Satan." *JSNT* 6(1980) 42-57. **Travis, S. H.** "Paul's Boasting in 2 Corinthians 10-12." *SE* 6(1973) 527-32. **van Unnik, W. C.** "Tarsus or Jerusalem. The City of Paul's Youth." In *Sparsa Collecta*, pt. 1, 259-327. NovTSup 29. Leiden: Brill, 1973.

# 본 문

**21b** 그러나 누가 무슨 일에 담대하면 어리석은 말
이나마 나도 담대하리라
**22** 저희가 히브리인이냐 나도 그러하며 저희가
이스라엘인이냐 나도 그러하며 저희가 아브라함

**21** [b]Yet—speaking foolishly—whenever anyone
presumes to make a claim, I too can do the same.
**22** Do they claim to be Hebrews? So am I. Do
they claim to be Israelites? So am I. Are they

의 씨냐 나도 그러하며
23 저희가 그리스도의 일꾼이냐 정신 없는 말을 하거니와 나도 더욱 그러하도다 내가 수고를 넘치도록 하고 옥에 갇히기도 더 많이 하고 매도 수 없이 맞고 여러 번 죽을 뻔하였으니

23 Are they Christ's servants? I am more one than they – even if I am out of my senses in claiming this – with far more toils, in prison more often, in suffering beatings beyond number, at death's door frequently.

24 유대인들에게 사십에 하나 감한 매를 다섯 번 맞았으며

24 Five times I took thirty-nine lashes from the Jews.

25 세 번 태장으로 맞고 한 번 돌로 맞고 세 번 파선하는데 일주야를 깊음에서 지냈으며

25 Three times I was beaten with rods. Once I was stoned. Three times I was shipwrecked. A night and a day I have spent adrift on the open sea.

26 여러 번 여행에 강의 위험과 강도의 위험과 동족의 위험과 이방인의 위험과 시내의 위험과 광야의 위험과 바다의 위험과 거짓 형제 중의 위험을 당하고

26 During my frequent journeys I have been exposed to dangers from rivers, dangers from brigands, dangers from my own people, dangers from Gentiles, dangers in the town and in the country, dangers at sea, dangers at the hands of false brothers.

27 또 수고하며 애쓰고 여러 번 자지 못하고 주리며 목마르고 여러 번 굶고 춥고 헐벗었노라

27 I have lived my life in toil and hard work, through many a night without sleep, in hunger and thirst, often deprived of food, suffering from cold and destitution.

28 이외의 일은 고사하고 오히려 날마다 내 속에 눌리는 일이 있으니 곧 모든 교회를 위하여 염려하는 것이라

28 And, aside from all the other things, there is the daily pressure[a] that concern for all the congregations brings me.

29 누가 약하면 내가 약하지 아니하며 누가 실족하게 되면 내가 애타하지 않더냐

29 Who is the weak person ? Then, I am that person. Who is tripped up? Then, I am the one to feel indignation.

30 내가 부득불 자랑할진대 나의 약한 것을 자랑하리라

30 If there has to be boasting, I will boast [only] of my weakness.

31 주 예수의 아버지 영원히 찬송할 하나님이 나의 거짓말 아니하는 줄을 아시느니라

31 The God and Father of our Lord Jesus – he who is ever-blessed – knows that I do not lie.

32 다메섹에서 아레다 왕의 방백이 나를 잡으려고 다메섹 성을 지킬새

32 At Damascus, the ethnarch under king Aretas was guarding the city of the Damascenes in order to capture[b] me,

33 내가 광주리를 타고 들창문으로 성벽을 내려가 그 손에서 벗어났노라

33 and I had to be lowered in a basket through a window by the wall so that I could escape out of his clutches.

## 원문주해

a. 두 가지 이독이 이 절에서 발견된다. 에피스타시스(ἐπίστασις, Nestle-Aland[26])는 P[46] ℵ B D F G의 읽기이고, 동일한 어원에서 나온 명사이기는 하지만 좀더 폭력적인 반응("소요, 난동, 봉기," BGD, 301; 참조. 민 16:40)을 시사해 주는 에피쉬스타시스(ἐπισύστασις)는 K L M P의 읽기다. 또한 에피(ἐπι)+여격이 더 통상적이기 때문에(BDF § 202) 모이(μοι, P[46] ℵ* B)가 무(μου, ℵ[2] D Ψ TR lat Ambst)보다 더 강력한 읽기다. 무(μου)는 바울이 다른 사람들에게 압력을 가했다는 뜻이 되는데, 이것은 자연스럽지 못한 문맥의 흐름을 가져온다.

b. 조동사가 없는 피아세이 메(πιάσει με)는 분명히 제한된 수의 사본상의 지지를 받고 있기는 하지만(B D* lat syr[p] cop[sa]), ℵ D[2] Ψ syr[h] bo TR에 첨가되어 있는 델론(θέλων, "원하여")은 본문을 좀더 부드럽게 하기 위한 것이기 때문에 버려야 한다.

## 양식/구조/배경

이 단락은 도덕 철학자들과 도덕 교사들이 겪는 환난("페리스타세이스") 목록의 사용에 의해서 지배되고 있다(참조. Epictetus Diss. I:11, 33; 18, 22; II:19, 24; Seneca *Ep. Mor.* 41.4; 82.14; 바울과 견유학파 또는 스토아 학파의 대중 설교가 간의 비교에 대해서는 Bultmann, *Der Stil*, 19, 71-80, 그리고 그의 고린도후서에 대한 주석서, 116, 117, 170-76, 230, 231를 보라). 하지만 분명한 차이점들도 존재한다. 특히 대중적인 도덕 철학자는 순전히 인간적인 것으로서 페리스타세이스(περιστάσεις)를 겪은 반면에, 바울은 그의 생애의 모든 역경 속에 하나님의 뜻이 관통하고 있는 것을 보았다(참조. A. Bonhöffer, *Epiktet*, 301; Zmijewski, *Der Stil*, 322에서는 12:9-10이 얼마나 분명하게 기독론적으로 구성되어 있는지를 지적한다).

이것과 유사한 목록들과 관련된 또 다른 배경은 프리드릭센(Fridrichsen, loc. citt.)에 의해서 다루어지고 있는데, 그는 "자랑하는 것"을 증거로 내세우는 역설—그러나 그 증거는 결국 "약함"을 보여 주는 증거라는 것이 밝혀진다—과 관련해서 우리는 "동방의 왕들의 금석문들, 로마 황제들의 업적, 헬라 소설들 속에서 이야기되는 신들과 영웅들의 공적들"을 생각해 보아야 한다고 말한다(Kümmel, 211). 불트만(Bultmann, 217)은 헬레니즘 세계의 군주들이나 로마 황제들의 업적들(res gestae)과의 형식상의 유사점들에도 불구하고, 고린도후서 11장의 목록 속에 나오는 바울은 여전히 외경에 속한 사도행전에 묘사된 이적을 일으키는 바울과는 거리가 멀다는 것이 사실이라고 지적한다. 하지만 예르벨(J. Jervell, "The Signs of an

Apostle," 90-95)은 불트만과는 다른 평가를 내린다. 불트만은 12:12의 증언을 예외적인 것으로 보는 반면에, 예르벨(Jervell)은 바울의 이적 활동이 그 밖의 다른 몇몇 대목들 속에 나타나 있는 것으로 본다(롬 15:19; 갈 3:1-5; 살전 1:5). 나중에 나오는 설명을 보라.

바울이 그러한 형태의 환난 목록들에 빚을 지고 있다는 것은 고린도후서 4:8-10; 6:4-10; 고린도전서 4:10-13; 로마서 8:35-9로부터 분명히 드러난다. 문체와 주제에서 가장 공통적인 연결 고리들은 (1) 환난이 일어난 상황을 나타내기 위하여 전치사 엔(ἐν, "…안에")을 사용한다는 것, (2) 수사의문문들(고후 11:22-23a, 29에서 볼 수 있는), (3) 위험들의 극복(11:32, 33), 특히 (4) 이 목록에 기독교적인 분위기를 부여하고 있는 기독론적인 요소다.

"어리석은 자"의 변은 11:21b에서 본격적으로 시작되어서 12:11까지 계속된다. 23절에 서론이 나오고, 24-27절에서는 바울이 선교 사역 중에 겪은 환난들에 대한 설명이 장황하게 되풀이된다. 이 대목 전체에 걸쳐서 바울은 "어리석은 자로서 말하고" 있고, 대적자들의 주장과는 대조적으로 자신의 사역을 "그리스도의 일꾼"(*διάκονος Χριστοῦ*-디아코노스 크리스투)으로 의도적으로 규정한다. 이러한 특징들 중 몇 가지 속에는 특별한 점이 존재한다. 25-27, 31-33절에서 아주 자세하게 묘사되고 있는 여행의 위험들은 바울이 전통적인 자화자찬의 주제를 어떻게 뒤집어 버리고 있는지를 잘 보여 준다(Marshall, "Invective"; idem, "Enmity"를 보라). 고대에 육로이든 해로이든 교역로를 따른 모든 여행은 많은 위험을 내포하고 있었고(참조. L. Casson, *Travel*, chaps. 9-11), 여행에서 무사히 집으로 돌아오게 된 것을 감사하는 통상적인 방식은 신들에게 감사제를 드리는 것이었다(Homer *Od.* 1.5.12-16. Horsley, *New Documents*, 1978에서는 파피루스들에 나온 예들을 제시한다, 18). 바울은 이러한 위험들을 겪은 것과 관련해서 하나님을 찬송하고 하나님께 감사하는 것 대신에 자신의 성공이 아니라 자신의 약함을 자랑한다. 그는 자신의 보잘것없음과 소심함을 보여 주는 작은 이야기(*narratiuncula*)를 이 목록과 관련된 예기치 않은 절정으로 삼는다(11:30-33에 대한 "주석"을 보라).

바울은 자신의 목적을 달성하기 위해서 자신의 이야기를 주의 깊고 논리적으로 구성한다. 이미 우리는 11:16-21a에 서술된 서론적인 주제를 살펴본 바 있는데, 거기서 21b절은 "회고적인 고찰"(Zmijewski, 276에서는 *reflektierende*라는 의미로 *reflexive*라는 표현을 사용하고 있음이 분명하다; 참조. Kleinknecht, ibid., 286, n. 139)이다.

바울은 22절에서 사중적인 방식으로 배경을 설정한 후에 23-29절에서 환난 목록을 서술한다: 이 대적자들이 히브리인, 이스라엘인, 아브라함의 씨, 그리스도의 종이냐? 우리는 바울이 사용한 용어들 속에서 일반적인 것에서 구체적인 것으로 나아가는 점층법적인 강조를 찾아볼 수 있다. 바울이 사용한 용어들 속에는 음절의 수와 관련해서도 점층법이 사용된 것일 가능성도 있는데, 헤브라이오이(Ἑβραῖοι)는 세 음절로 되어 있고 디아코노이 크리스투(*διάκονοι Χριστοῦ*)는 여섯 음절로 되어 있다. 이것은 마치 바울이 자신의 "인상파적인 문체"(Zmijewski, ibid., 254, n. 166; 참조. Judge, "Paul's Boasting," 48-50)를 부각시키기 위한 것처럼 보인다.

또 다른 "회고적인 고찰"이 11:30-31에 나오고, 그 뒤로는 다메섹에서 피신한 이야기가 간주곡으로 등장한다(11:32-33). 이 시점에서 바울은 "환상들과 계시들"에 관한 두 번째의 주된 단락(12:1-10)을 도입할 준비가 다 되어 있었다. 21-33절에 대한 이러한 개략적인 분석은 바울이 당시의 수사학적인 패턴을 사용하고 있다는 것과 다음과 같은 두 가지 목적을 위해서 "자랑하는 말"(*Ruhmesrede*)이라는 자전적인 자세한 서술을 활용하고 있다는 것을 보여 준다. (1) 그가 얼마든지 "담대할"(*τολμᾶν*-톨만, 11:21b, 이것은 고린도 교회가 계속해서 그의 말에 순종하지 않는다면 과감한 조치를 취할 것이라고 경고하고 있는 10:2을 뒷받침해 준다) 수 있다는 것을 보여 줌과 동시에 (2) 자신의 "능력"이 오직 "약함" 속에서만 온전케 되는 고난받는 사도로서의 역할을 생각해서 그러한 "담대함"을 제한하고 있다는 것(12:9-10, 이 구절들은 11:21과 연결된다). 모든 문학적인 장치들, 패턴들, "기교들"은 이러한 두 가지 목적을 분명하게 제시하는 데 동원되고 있다.

문체와 양식 분야에서 관심이 가는 주된 것들은 다음과 같다.

(1) 점층법적인 전개. 비록 질서 있게 사용되고 있는 것은 아니지만 "한 번", "세 번"(2번), "다섯 번" 같은 문체상의 변화를 통해서 문장들이 점점 더 그 강도가 증대되고 있는 것(예를 들면, 코포이-퓔라카이-플레가이-다나토이⟨*κόποι-φυλακαί-πληγαί-θάνατοι*⟩, 22, 23, 28, 32, 33절) 속에서 볼 수 있다. 배수(倍數)를 나타내는 이러한 단어들은 왕들의 치적(*res gestae*) 문학 속에서 "암기하기 좋게 서술된 연대기"의 일부다(Fridrichsen, "Peristasenkatalog," 81, 82). 바울이 열거한 위험들의 목록 속에서는 "8배"(5+3)의 배수가 발견된다(Zmijewski, ibid., 251). 나중에 나오는 26, 27절과 관련된 도표를 보라.

(2) 앞에서 말한 것보다 한층 더 주의 깊게 구조화되어 있는 것은 일련의 개념들의 배열인데, 거기서는 먼저 일반화된 진술들이 나오고 그 뒤로 세부적인 내용들이

전개된다. 클라인크네히트(Kleinknecht)의 도표(288)가 보여 주듯이, 도표를 그려 보면 이러한 특징은 아주 분명하게 드러난다. 특히 주목해야 할 것은 수직적인 표시들 속에서 점층적인 배열을 보여 주는 화살표로 된 선들이다.

**11:21-29에 대한 분석**

21 Ἐν ᾧ δ' ἄν τις τολμᾷ, ἐν ἀφροσύνῃ λέγω· τολμῶ κἀγώ.
22 Ἑβραῖοί εἰσιν; κἀγώ.
Ἰσραηλῖταί εἰσιν; κἀγώ.
σπέρμα Ἀβραάμ εἰσιν; κἀγώ·
23 διάκονοι Χριστοῦ εἰσιν; παραφρονῶν λαλῶ, ὑπὲρ ἐγώ·
ἐν κόπος* περισσοτέρως,
ἐν φυλακαῖς* περισσοτέρως,
ἐν πληγαῖς* ὑπερβαλλόντως,
ἐν θανάτοις πολλάκις
24 ὑπο Ἰου πεντάκις 40-1 ἔλαβον
25 τρὶς ἐρραβδίσθην,
ἅπαξ ἐλιθάσθην,
τρὶς ἐναυάγησα,
νυχθήμερον ἐν τῷ βυθῷ πεποίηκα
26 ὁδοιπορίαις πολλάκις,
κινδύνοις ποταμῶν,
κινδύνοις λῃστῶν,
κινδύνοις ἐκ γένους,
κινδύνοις ἐξ ἐθνῶν,
κινδύνοις ἐν πόλει,
κινδύνοις ἐν ἐρημίᾳ,
κινδύνοις ἐν θαλάσσῃ,
κινδύνοις ἐν ψευδαδέλφοις
27 κόπῳ καὶ μόχθῳ ἐν ἀγρυπνίαις* πολλάκις,
ἐν λιμῷ καὶ δίψει, ἐν νηστείαις* πολλάκις,
ἐν ψύχει καὶ γυμνότητι

28 χωρὶς τῶν παρεκτὸς ἡ ἐπίστασις μοι καθ' ἡμέραν,
ἡ μέριμνα πασῶν τῶν ἐκκλησιῶν

29 τὶς ἀσθενεῖ καί οὐκ ἀσθενῶ;
τὶς σκανδαλίζεται καί οὐκ ἐγὼ πυροῦμαι;

기호 해설
↓ = 전개 방향
┆ = 격변화, 단어 유희, 단어 사용 등을 통해서 연결된 각 행 간의 연결 관계
* = 고후 6:5, 6에도 나오는 단어

(3) 동사들의 단순과거 시제들의 행위 유형을 통해서 자전적인 요소들이 분명한 특징으로 나온다: 엘라본-에르랍디스덴-엘리다스덴-에나우아게사(ἔλαβον-ἐρραβδίσθην-ἐλιθάσθην-ἐναυάγησα). 이 동사들 중 일부는 행위들이 반복되다가 종결되었다는 것을 나타내는 "사실 확인적인" 단순과거들이다: 25절의 트리스 에르랍디스덴(τρὶς ἐρραβδίσθην, BDF § 332.2). 그 밖의 다른 단순과거들은 자전적인 성격을 지닌 정보를 제공해 주는 "서사적인" 단순과거들로 분류될 수 있다(Windisch, 324: 이 동사들은 "오직 사도행전으로부터 부분적으로만 알려져 있는 구체적인 전기 자료들"을 제공해 준다, 25, 27, 31-33절). 그 밖의 다른 동사 시제들, 예를 들면 완료 시제로 되어 있는 페포이에카(πεποίηκα, 25절)는 명백한 이유 없이 단순과거들과 나란히 나온다(BDF § 343.2). 이러한 동사의 용법들은 서사적인 특질을 공유하고 있는 것일 수 있고, 또는 "공포"의 요소를 갖고 있는 것이거나(예를 들면, 25절), 또는 로벗슨(A. T. Robertson, *Grammar*, 896, 897)이 페포이에카(πεποίηκα)의 완료 시제 속에서 감지해 냈고 빈디쉬(Windisch, 350)가 "극적인 대화에 가까운" 것으로 여긴 22-23a절에 나오는 단어 유희를 통한 문답식 대화 속에서 감지되는 극적인 강조를 낳는다. 여기에 우리는 29절의 수사의문문들을 더할 수 있는데, 이 두 개의 수사의문문은 큰 소리로 읽을 때 연극적인 효과를 지니게 된다.

(4) 복수 명사들의 반복도 하나의 특징으로 거론될 수 있는데, 예를 들면 킨뒤노이(κινδύνοι, "위험들")는 8번 반복된다-거기서 복수형은 자연스럽다. 그러나 다나토이(θάνατοι, "죽음들")는 복수형으로 사용되는 것이 부자연스럽고, 호도이포리아이(ὁδοιπορίαι, "여행들")는 거기에 열거된 모든 위험들을 설명하기 위하여 복수형으로 사용되고 있다(Fridrichsen, "Zum Stil," 27). 그리고 "다메섹"-"다메섹성"이라는 표현들로 인해서 그 문장은 과부하가 걸리게 되었다(32절).

(5) 명사들은 서로 관련되는 것끼리 둘씩 짝지워져 있다. 예를 들면, 코포 카이 모크도(κόπῳ καὶ μόχθῳ) – 엔 리모 카이 딥세이(ἐν λιμῷ καὶ δίψει) – 엔 프쉬케이 카이 귐노테티(ἐν ψύχει καὶ γυμνότητι). 여기서 부사 폴라키스(πολλάκις)는 이 여러 부분을 서로 연결시킴과 동시에 "기능적인 힘"(Fridrichsen, ibid., 27)을 제공함으로써 바울의 말에 무게를 더해 준다. 부야르트(Bujard, *Stilanalytische Untersuchungen*, 187)는 이러한 배열 속에서 병행법이 사용되고 있다는 점을 지적한다. 그러나 여기서 사용된 용어들은 또한 흥미로운 방식으로 연결되어 있는데, 즈미쥬스키(Zmijewski, ibid., 263)는 다음과 같은 패턴을 지적한다.

1. 동의어
   "수고하며" (서로 짝을 이룸) … "애쓰고"
2. 반의어
   "주리며" (서로 짝을 이룸) … "목마르고"
3. 환유어
   "헐벗었노라"(즉 "궁핍했다") (서로 짝을 이룸) … "춥고"

(6) 예전적인 문구들(31절, "주 예수의 아버지 하나님")은 맹세 문구(31절: *οὐ ψεύδομαι* – 우 프슈도마이, "내가 진실을 말하고 있다"; 곡언법)와 더불어서 이 이야기에 추가적으로 무게를 더해 줌으로써 바울이 고린도 교회에서 사도로서의 자신의 신뢰성을 단언하기 위한 과제의 일부로서 자신을 변호하지 않을 수 없었다는 것을 부각시킨다.

(7) 역설, 반어법, "수사학적 비교"(*synkrisis*: 문학 장르로서의 이 용어에 대해서는 Prümm, *Diakonia* 2:368, 369를 보라) 같은 지속적인 특징들은 12장까지 이어지고, 거기에 유머 감각이 더해진다. 33절에서 바울은 여러 가지로 다양하게 평가되어 온 하나의 단락(30-33절)을 통해서 엘리트 코스(*cursus honorum*)를 끝맺는다. 바울이 다메섹에서 피신한 이야기는 그의 편지를 대필했던 필사자가 덧붙인 난외주(Windisch, 364)이거나, 또는 바울이 나중에 보충해 넣은 것(Lietzmann, 151)이거나, 또는 바울의 대적들이 그가 얼마나 겁이 많은 사람이었는지를 보여 주려고 나중에 집어넣은 이야기(10:1, 10)이거나, 또는 여기에 포함되어 있을 명백한 이유가 없는 작은 이야기(Bultmann, 220)로 여겨져 왔다. 하지만 훨씬 더 가능성이 있는 견해는, 이 이야기가 여기에 있게 된 이유를 바울의 수사학적인 목적 속에서 찾고자 하는 시도다. 즉 바울은 마치 자신이 그리스도를 섬기면서 얼마나 비참한 꼴을

당했는지를 증명하기라도 하려는 듯이 그의 "재난과 약함에 관한 이야기"의 절정으로서 이 이야기를 집어넣은 것이거나, 자신이 12:2-4에서 삼층천에 "올라간" 이야기를 하기 위한 하나의 복선으로서 성벽을 타고 "내려간" 것을 강조하고자 했기 때문에 이 이야기를 삽입했다는 것이다(Harris, 393). 바울이 다메섹에서 피신한 것과 관련하여 저지(Judge, "Conflict," 45)와 트래비스(Travis, "Boasting," 530)는 흥미로운 해석을 제시하는데, 그는 바울이 아주 볼품없는 광주리를 타고 다메섹 성벽을 내려온 것은 적의 성을 공략할 때 최초로 성벽을 넘은 로마 병사에게 주어지는 영예를 패러디한 것이라고 본다. 이렇게 적의 성벽을 최초로 넘은 로마 병사는 코로나 무랄리스(*corona muralis*: 직역하면 성벽의 관, Livy 23.18)의 영예, 즉 그의 용맹을 기리기 위한 면류관을 상으로 받았다. 바울의 주장은 "내려와서" 피신했다는 것이다. 이렇게 함으로써 그는 다시 한 번 어리석은 자이자 "대면하면 약한" 자로서의 자신의 역할을 통해서(10:1, 10) 당시의 관습을 뒤집고 있는 것이다(11:30을 보라). 이렇게 바울이 간주곡으로 다메섹 사건을 회상하고 있는 정확한 이유가 무엇이든지 간에, 이 이야기는 대단히 반어법적이고 유쾌한 이야기로서 유머로 가득 차 있고 정곡을 찌른다. 또한 이 이야기는 수사학적으로 패러디의 양식을 지니고 있으면서 자전적인 성격을 띤다.

## 주석

21b "그러나 누가 무슨 일에 담대하면 어리석은 말이나마 나도 담대하리라"(*ἐν ᾧ δ' ἄν τις τολμᾷ, ἐν ἀφροσύνῃ λέγω, τολμῶ κἀγῴ*–엔 호 단 티스 톨마 엔 하프로쉬네 레고, 톨모 카고). 세 부분으로 된 문장의 두 번째 부분인 삽입구 엔 아드로쉬네 레고(*ἐν ἀθροσύνῃ λέγω*)는 분명히 한정적이다. 바울은 아프론(*ἄφρων*)으로서의 자신의 역할을 계속하고자 하고, "어리석은 자의 변"(*Narrenrede*)은 바울이 그의 대적자들과 대화 형식을 빌어서 비교하는 것으로 시작된다. 논쟁은 톨만(*τολμᾶν*, "담대하다")으로 표현된 개념을 중심으로 하고 있는데, 이것은 용기 있다는 것을 가리킬 수도 있지만, 여기서의 문맥으로 보아서는 오만방자하다거나 교만하다는 의미가 더 적절하다. 엔 호 단(*ἐν ᾧ δ' ἄν*)으로 시작된 조건절은 상황을 나타낸다. 왜냐하면 바울은 그의 대적자들을 20절에 설명된 그들의 행위에 비추어서 바로 그러한 태도를 보이고 있다고 비난하고 있는 것이 분명하기 때문이다. 바울은 대적자들이 보여 준 이러한 특징들로 인해서 논쟁에 휘말리게 되었다. 그런

까닭에 반복을 의미하는 톨모(*τολμῶ*, "나도 담대하다")는 그들이 무엇이든지 간에 자신도 그러하다는 원칙에 토대를 둔 것이다(Windisch, 350). 그렇지만 중간에 나오는 어구인 "어리석은 말이나마"는 화자가 취하고 있는 반어법적인 태도를 보여 주는 것으로서, 23절의 파라프로논 랄로(*παραφρονῶν λαλῶ*, "미친 놈처럼 말하고 있다"; 개역 성경에서는 "저희가 정신 없는 말을 하거니와")에 의해서 더욱 강화되고 있다. 여기에 나오는 짤막한 문구는 잘 설계된 것으로서 아프로쉬네(*ἀφροσύνη*)라는 모티프가 각각 -*ω*로 끝나서 유운법을 이루고 있는 세 개의 단어 전체에 걸쳐 있다: 레고-톨모-카고(*λέγω—τολμῶ—κἀγώ*).

피처(Fitzer, *TDNT* 8:184, 185)가 열거하고 있듯이, 톨만(*τολμᾶν*)은 신약에서 네 가지 의미를 지닌다: 중립적인 방식으로 "과감하다"(롬 5:7), 용기 있는 고백으로서 감히 말하다, 감히…하다=밀어붙이다(Lietzmann, 149), 오만방자하다. 피처(Fitzer)는 이 절이 중의법적(重意法的)인 의미를 지니는 것으로 보아서, 마치 바울이 자신의 대적들에게 예의를 갖추어서 말하고 있는 듯한 인상을 준다고 생각한다. 그러나 대화 상대방(*Gesprächspartner*)으로서의 대적들의 용기(두 번째 의미)를 정중하게 칭찬하고 있는 것은 단지 화자가 주제넘고 건방지다는 것(세 번째 의미)을 반어법적이고 풍자적인 방식으로 보여 주는 것일 뿐이다. 하지만 이 단어에 대한 진정한 설명은, 톨만(*τολμᾶν*)은 대적자들이 바울을 멸시하여 사용한 슬로건이었다는 것이다(10:1-2). 여기서 바울은 그들이 사용했던 이 단어를 다시 그들을 향하여 인신공격적인 방식으로 활용하고 있다. 그들이 자칭 그리스도의 종이라고 하면서 여러 가지 주장들을 담대하게 제시했다고 한다면, 바울도 자기가 그리스도의 종이라는 것을 보여 주는 여러 가지 주장들을 제시할 것인데, 이것은 앞에서 말한 두 가지 의미에서 모두 담대한 행위다. 그런 식으로 바울은 그들의 담대함이 얼마나 주제넘고 뻔뻔스러운 것인지(네 번째 의미)를 보여 주고자 한다. 쟁점은 기본적으로 사도의 자기 인식이라는 문제인데(Fitzer, ibid.), 이 문제와 관련해서 바울은 도전을 받고 있고, 또한 자신의 주장이 옳다는 것을 재천명하고자 한다-그러나 카타 퀴리온(*κατὰ κύριον*)이 아니라 카타 사르카(*κατὰ σάρκα*)를 따라서 말하여 10:17-18의 제한과 주의를 (의도적으로) 배제함으로써 이러한 우회적이고 반어법적인 방식으로.

우리는 티스(*τις*, "누가, 어떤 사람이")를 통해서 바울이 가리키는 것은 11:13-15이라는 견해를 취해 왔는데, 이 거짓 사도들은 22-23a절에서 다시 그들의 목소리를 낸다. 바렛(Barrett, 292)은 그 범위를 더욱 넓혀서, 여기서 바울의 생각은 그의 직접적인 대적자들을 넘어서서 그들 배후에 있는 예루살렘의 지도자들에게 초점이 맞춰져 있다고 생각한다. 따라서 그의 해석에 의하면, 22-23a절에 나오는 사중적인 칭호는 "기둥" 같은 사도들을 가리키는 것이 되지만, 바울의 생각이 직접적인 대적자들을 넘어서서 그 배후까지 미치고 있다고 보는 것은 별 설득력이 없다-대적자들의 문제가 전면에 부각되어 있지 않은 고린도전서 15:9-11과의 피상적인 병행에도 불구하고. 우리가 보기에는 10:13-18과의 연결 고리들은 무시하기에는 너무나 강력하기 때문에, 우리는 다음 절들에 나오는 네 가지 칭호들은 예루살렘의 기둥들(*στῦλοι*-스튈로이)에게는 적용되지 않고, 스스로 주제넘은 주장들을 했을 뿐만 아니라 그러한 주장들 위에서 고린도 교회로 와서 진정한 사도라도 되는 듯이 행세했던 유대인 선교단을 가리키는 것이라고 할 때 가장 잘 의미가 통한다고 본다.

22-23a "저희가 히브리인이냐 나도 그러하며 저희가 이스라엘인이냐 나도 그러하며 저희가 아브라함의 씨냐 나도 그러하며 저희가 그리스도의 일꾼이냐 정신 없는 말을 하거니와 나도 더욱 그러하도다"(*Ἑβραῖοί εἰσιν κἀγώ. Ἰσραηλῖταί εἰσιν; κἀγώ. σπέρμα Ἀβραάμ εἰσιν; κἀγώ· διάκονοι Χριστοῦ; κἀγώ, παραφρονῶν λαλῶ, ὑπὲρ ἐγώ*-헤브라이오이 에이신 카고 이스라엘리타이 에이신 카고 스페르마 아브라암 에이신 카고 디아코노이 크리스투 카고, 파라프로논 랄로, 휘페르 에고). 네 개의 "영예로운 칭호들"은 이 수사의문문들에서 중심적인 위치를 차지하고 있는데, 그 각각에 대하여 바울은 반박을 한다: 모음 축약으로 형성된 카고(*κἀγώ*)=카이 에고(*καὶ ἐγώ*, "나도")가 3번 나오고, 마지막 질문은 번역하기 난해한 어구인 휘페르 에고(*ὑπὲρ ἐγώ*)를 통해서 답변된다. 아래에 나오는 설명을 보라.

문학 양식은 "생생한 구어체"를 보여 주는 "수사학적 접속사 생략"(BDF § 494)으로 분류될 수 있다. 여기서 사용된 단어들은 점점 그 강도가 증가하기 때문에, "그리스도의 종"이라는 말은 그들의 모든 주제넘은 주장들 중에서 가장 오만방자한 주장이라는 것이 드러난다. 게다가, 파라프로논 랄로(*παραφρονῶν λαλῶ*, 원형은 파라프로네인〈*παραφρονεῖν*, "분별 없이 행하다"; BGD, 623〉)라는 바울의 말은 그가 이 마지막 주장을 얼마나 굉장한 것으로 여겼는지를 보여 준다. 우리가 여기서 추론할 수 있는 것은 그리스도의 일꾼(*διάκονος*-디아코노스)보다 더 높은 직분은 존재하지 않지만, 바울은 그 칭호를 그의 대적자들에게 허락하려 하지 않는다는 것이다. 이것이 사실이라면, 이 칭호들은 열두 사도들을 가리키는 것이 될 수 없고, 고린도 교회에 와서 예루살렘 교회 지도자들의 권위를 업고 있는 것처럼 행세한 자들을 가리킬 것임에 틀림없다.

물론 바울의 답변의 일부분을 이루고 있는 휘페르 에고(*ὑπὲρ ἐγώ*)가 무엇을 가리키는지는 모호해서 "내가 더 그리스도의 일꾼이다"라는 것을 의미하는 것인지(참조. NIV, RSV) 또는 "내가 그리스도의 일꾼임을 보여 주는 증거들을 더 많이 가지고 있다"-환난 목록은 바울이 그러한 증거들을 "더 많이"(*ὑπέρ*-휘페르) 가지고 있다는 것을 보여 준다-를 의미하는 것인지를 결정하기는 쉽지 않다.(하지만 세 번째의 가능성이 존재하는데, 이것에 대해서는 나중에 나오는 설명을 보라.) 그러나 휘페르(*ὑπέρ*)를 마치 말론(*μᾶλλον*, 빌 3:4; Lietzmann, 151; Windisch, 353; Bultmann, 217; Héring, 83)의 의미를 지니는 것처럼 부사로 보는 것이 더 낫기 때문에(BDF § 230) 우리는 첫 번째 번역을 택한다. 전체적으로 문체는 "만연체"(Bujard, *Stilanalytische Untersuchungen*, 162)이다. 즉 여기서의 문체는 울림이 큰 어조들(ibid., 184)과 강조적인 수사적 표현들을 꽉 차게 사용하여 독자들을 압도하고자 하는 의도를 지니고 있다. 따라서 수사학적 비교를 염두에 두고 사용된 휘페르(*ὑπέρ*, "더욱"), 페리쏘테로스(*περισσοτέρως*, "넘치도록"), 폴라키스(*πολλάκις*, "자주") 같은 부사들이 결정적인 역할을 한다.

대적자들에게 도전하기 위하여 사용된 네 개의 칭호들은 동의어들로 취급되어서는 안 되고, 따라서 수사학적인 근거들 위에서 설명될 수 있는 동일한 의미의 다른 표현들로 여겨질 수 없다(Lietzmann, 150의 주장과는 달리). 그러나 빈디쉬(Windisch, 350)와 불트만(Bultmann, 215)은 지혜롭게도 이 다양한 칭호들을 모두 "영예로운 칭호들"(*Ehrenprädikate*)이라고 여길 뿐 너무 자세하게 구별하려고 하지는 않는다. 다른 한편으로, 디아코노이 크리스투(*διάκονοι Χριστοῦ*)는 다른 모든 것을 한정하는 표현으로서 다른 칭호들을 해명하는 단서를 지니고 있다는 게오르기(Georgi)의 견해(*Die Gegner*, 76-82)에 대해서는 할 말이 많다. 그의 견해에 의하면, 마지막에 나오는 칭호는 그리스도인으로서의 자기 이해를 나타내고 있는 것으로서, 이것은 바울의 대적자들이 유대 그리스도인으로서의 그들의 지위를 사도 직분(*διακονία*-디아코니아)의 진정한 핵심으로 보았다는 것을 말해 준다는 것이다: "히브리인"(*Ἑβραῖοι*-헤브라이오이)은 그들의 직분의 외적인 "형태"를 나타내고, "이스라엘인"(*Ἰσραηλῖται*-이스라엘리타이)은 민족적 정체성의 내적 성격인 반면에, "아브라함의 씨"(*σπέρμα Ἀβραάμ*-스페르마 아브라암)는 모든 믿는 자들의 조상의 이름을 담고 있기 때문에 그들이 자처한 영예로운 칭호였다. 디아코노이 크리스투(*διάκονοι Χριστοῦ*)는 그들이 앞에 나온 칭호들을 토대로 행사하도록 위임받았다고 생각한 중요한 기능을 나타내는 직임인 사도로서의 그들의 권한에 관한 주장의 절정을 이룬다. 그러므로 이 칭호들은 모두 합해서 그들이 파송을 받았다는 것을 함축하는 선교사로서의 자기 인식을 나타낸다(*ein missionarisches Sendungsbewusstsein*, Zmijewski가 사용한 어구, ibid., 241). 따라서 우리는 그들이 "파송한 주체"가 예루살렘 교회라는 것을 주장했다는 것–단지 주장한 것에 불과한 것이었지만–을 알 수 있다(Thrall, "Super-Apostles"는 이러한 견해에 반대한다). 바울은 자기가 여기서 말하고 있는 칭호들을 논증의 필요에서 일단(*e concesso*) 그들에게 적용하지만, 그들이 그러한 칭호들을 받기에 합당하다는 것을 인정하고 있는 것은 아니다. 실제로 11:13-15이 여기서와 동일한 자들에 대하여 말하고 있는 것이라면, 그들이 디아코노이 크리스투(*διάκονοι Χριστοῦ*)라는 칭호를 자처하는 것은 잘못된 것이다. 왜냐하면 그들은 "거짓 사도들"(*ψευδαπόστολοι*–프슈다포스톨로이)과 사탄의 사도들(*ἀπόστολοι*–아포스톨로이)로 부르는 것이 더 합당하기 때문이다. 이러한 요소는 앞의 어구에 관한 결론을 더 강력하게 만드는 것으로 보인다. 즉 "나도 더욱 그러하다"에서 부사 휘페르(*ὑπέρ-*)는 배타적인 의미를 지니게 된다. 이제 휘페르(*ὑπέρ*)의 이러한 용법을 좀더 자세하게 살펴볼 때가 되었다.

우리가 위에서 살펴본 대안은 휘페르(*ὑπέρ*)를 비교급을 나타내는 것으로 보든지, 아니면 대비를 나타내는 것으로 보는 것이었다. 어느 쪽으로 보든, 그 의미는 "나는 대적자들보다 더 그리스도의 종이다"–대적자들이 디아코노이 크리스투(*διάκονοι Χριστοῦ*)라는 칭호를 자처했다는 것을 암묵적으로 전제하고서(Lietzmann, 151; Allo, 294; Wendland, 241)–가 되거나, "나의 직분이 그들의 직분보다 더 낫다"가 될 것이다. 따라서 나는 그 칭호를 주장할 더 많은 이유를 지니고 있다(참조. Windisch, 353). 그러나 우리는 이 부사의 의미를 최상급 또는 배타적인 의미로 해석할 수 있다: 나는 그리스도의 종이고, 그들이 그 칭호를 자처할 때 그것은 잘못된 것이다. 왜냐하면 그들의 주장은 어떻게 보아도 "미친 주장"(Wahnsinn)이고, 그들이 분명히 "정신 없는 말을 할"(*παραφρονεῖν λαλῶν*–파라프로네인 랄론) 때만 그들은 그런 주장을 할 수 있기 때문이다. 그런 후에 바울은 자기가 그리스도의 일꾼(*διάκονος*–디아코노스)이라는 것을 분명하게 선언하고서, 대적자들이 제시할 수 없는 증거들을 자세히 열거해 보겠다고 말한다. 그러고 나서 바울은 역설적으로 그의 능력 있는 역사(役事)들이 아니라 그의 약함을 보여 주는 증거들을 제시한다(30절). 따라서 바울은 그러한 토대 위에서 자기가 사도라고 주장할 수 있는 합당한 권리(*Rechtanspruch*)를 갖고 있다.

헤브라이오이(*Ἑβραῖοι*, 신약에서는 여기서와 행 6:1; 빌 3:5)는 두 가지 의미를 지닌다. (1) 순수한 혈통의 유대인, (2) 히브리어를 사용하는 사람. 후자는 가치 있는 자산으로 여겨졌다(참조. de Vaux, *Early History*, 209, 210). 또한 이 용어는 적어도 가족 관계에 있어서 "이스라엘에서 태어났고" 헬라파 유대인이 아니라는 의미를 내포하고 있었다는 주장도 존재한다(Windisch, 350; *contra* Georgi, ibid., 51-63; 그러나 Kümmel은 이 주장을 반박하면서〈211〉 "히브리인들"은 바울이 지상적 예수를 개인적으로 알지 못했다는 사실을 그에 대한 가장 큰 비난거리로 삼았던 팔레스타인 유대인들로 본다〈5:16〉. 바울이 그들과 싸워야 했던 "이중적인 선선"은 〈a〉 그들이 팔레스타인과 연결되어 있었던 것과 〈b〉 그들이 "영적인 지식"과 결부되어 있었다는 것이다). 길리기아에서의 그의 가족사가 그의 형성기에 얼마나 기여를 했든지 간에, 바울이 예루살렘에 머물렀던 청년기에 대해서는 Gutbrod, *TDNT* 3:390; van Unnik, "Tarsus or Jerusalem"을 보라.

이스라엘리타이(*'Ισραηλῖται*, 요 1:47; 롬 9:4; 11:1에서처럼; 참조. 갈 6:16)는 사회적이고 종교적인 구별을 보여 주는 용어다(Barrett, 293). 이 용어는 구원사의 공동체의 지체라는 것을 나타내고, 하나님의 뜻에 참여하고 있다는 것을 나타낸다(Windisch, 350).

스페르마 아브라암(*σπέρμα 'Αβραάμ*)은 다양한 배경을 지니고 있어서 좀더 복잡하다(요 8:33, 37; 히 2:16; 롬 9:7; 11:1을 보라; 특히 "아브라함의 씨"에 기독론적인 의미를 부여하고 있는 갈 3:16을 보라; 이 어구는 하늘의 구원에 참여하게 된 택함받은 〈그리고 신비적인〉 공동체의 지체가 될 것을 요구하기 위하여 갈라디아 교인들에게 제시된 슬로건이었을 것이다; R. Jewett, "The Agitators and the Galatian Congregation," *NTS* 17〈1970-71〉 198-212의 견해는 H. J. Holtzmann, *Lehrbuch der hist.-krit. Einleitung in das NT2*〈Freiburg: 1886〉 243로 소급되는데, 그는 스페르마 아브라암〈*σπέρμα 'Αβραάμ*〉을 유대 그리스도인들의 모토로서 그들이 예루살렘 교회 출신임을 나타내는 것이라고 본다: Jewett, 204; Georgi, ibid., 63-82, esp. 74-76).

"아브라함"은 유대 그리스도인들의 선교 활동에 대한 광고 속에서 사용된 이름이었고, "아브라함의 씨"는 그들이 사용한 것을 바울이 다시 인용한 용어였다면, 필로(Philo)의 글을 토대로 볼 때 유대 그리스도인들에게 아브라함이 중요했던 것은 최초의 믿는 자이자 "성령의 사람"(*Pneumatiker*; Georgi, ibid., 78, 79, 그는 W. L. Knox, "Abraham and the Quest for God," *HTR* 28〈1935〉 55-59를 인용한다)으로서의 그의 역할이었다. 또한 그들은 그들 자신을 프뉴마티코이(*πνευματικοί*)이자 아브라함을 "모델"(Vorbild)로 한 자기 이해와 선교 의식(Georgi, 82)을 지닌 전도자들로 자처했다. Zmijewski, ibid., 240에서는 이 어구와 관련된 쟁점은 족장 아브라함이 물려받은 하나님의 약속들(롬 4:16, 18; 9:6-9; 갈 3:29; Jeremias, *TDNT* 1:8, 9)을 중심으로 한 것이었다고 본다. 바울은 그의 대적들과는 대조적으로 그리스도인으로서의 자신의 정체성을 나타내는 영예로운 칭호로서 "아브라함의 씨"를 자기 자신에게 적용한다. 그러나 다른 곳에서 스페르마 아브라암(*σπέρμα 'Αβραάμ*)이 사용되고 있는 것을 보면, 그것은 이 용어가 초대 교회에서 폭넓게 통용되고 있었음을 보여 주는데, 이 용어는 분명히 주장과 반박이 오가는 논쟁이라는 배경 속에서 사용되었을 것이다.

"그리스도의 일꾼들"(*διάκονοι Χριστοῦ*-디아코노이 크리스투). 바울은 여기서 자신과 고린도 교회의 대적자들 간의 논쟁에서 근본적인 문제가 무엇이었는지를 분명하게 밝힌다. 그는 대적자들에게 이 칭호를 적용하기를 거부한다. 왜냐하면 이 칭호는 그의 삶과 사역에만 붙일 수 있는 품질 보증서이기 때문이다. 그는 사도로서의 "권한"을 지닌 선교사이자 종으로서 그의 메트론 투 카노노스(*μέτρον τοῦ κανόνος*, 10:13)인 고린도에 왔는데, 이것은 그의 대적들이 공유할 수 없는 그만의 특권이었다. 그들이 "선교를 위하여 파송된 자들"(Käsemann, *Die Legitimität*, 36, 37)로서 그들의 선교지(*Missionsgebiet*)에서 합법적으로 활동하고 있다는 주장의 일환으로서 이러한 칭호를 자처했다는 견해가 제시되었지만, 이 문제는 아직 해결되지 않았다. 만약 우리가 그러한 견해를 받아들인다면, 그것은 (1) 바울이 왜 특히 자기 자신에게 적용될 수 있고 그의 대적들에게는 적용되지 않는 이 용어를 사용했고, (2) 프슈다포스톨로이(*ψευδαπόστολοι*)와 사탄의 아포스톨로이(*ἀπόστολοι*; 11:13, 15)인 그의 대적들에게는 결코 적용될 수 없는 아포스톨로이 크리스투 예수(*ἀπόστολοι Χριστοῦ 'Ιησοῦ*)라는 칭호(1:1을 보라)를 사용하지 않았는지를 설명해 줄 수 있을 것이다.

바울의 답변 속에서 "나도 더욱 그러하도다"(*ὑπέρ ἐγώ*-휘페르 에고)는 아마도 그의 대적들이 고린도 교회에 침투하여 활동하면서 그 권위를 들먹였던 "지극히 큰 사도들"(*ὑπερλίαν ἀπόστολοι*-휘페르리안 아포스톨로이, 11:5)을 얼핏 상기시키기 위한 것인 것 같다. 이 지도자들이 잠시 후에 무대에 다시 등장하는 것을 보면 특히 그러하다(12:11). 어쨌든 바울이 사용한 말들 속에는 반어법이 뚜렷하게 드러나는데, 바울은 과장법, 비교법, 극적인 서사 등 모든 "기법들"을 총동원해서 "하나님의 일꾼"(*θεοῦ διάκονος*-데우 디아코노스, 6:4)으로서의 자신의 삶을 자세하게 서술하는 것으로 나아간다.

23b "내가 수고를 넘치도록 하고 옥에 갇히기도 더 많이 하고 매도 수없이 맞고 여러 번 죽을 뻔했으니"(*ἐν κόπος περισσοτέρως, ἐν φυλακαῖς περισσοτέρως, ἐν πληγαῖς ὑπερβαλλόντως, ἐν θανάτοις πολλάκις*-엔 코포스 에리쏘테로스, 엔 퓔라카이스 페리쏘테로스, 엔 플레가이스 휘페르발론토스, 엔 다나토이스 폴라키스). 각각 엔(*ἐν*)을 수반한 일련의 용어들은 선교 활동을 하면서 겪은 온갖 일들의 목록을 형성하고 있는데, 또한 각각의 항목에는 부사가 수반되어 있다. 그가 사용한 처음 두 개의 비교 표현들은 점차 "수없이 맞고 여러 번 죽을 뻔했다"는 과장되고 강조된 표현으로 넘어간다. 실명사들인 코포이-퓔라카이-플레가이-다나토이(*κόποι-φυλακαί-πληγαί-θάνατοι*)는 위험이 점차 증대되는 점층법을 따라 배열되어 있는데, 에게노멘(*ἐγενόμην*, "내가 …였다")을 보충해 넣어서 해석해야 의미가 통한다. 코포스(*κόπος*)는 육체적인 수고를 뜻하는 단어이지만, 고린도후서 6:5; 10:15; 고린도전서 15:58; 데살로니가전서 1:3; 2:9; 3:5에서처럼 그리스도인으로서의 섬김과 사역에 적용되고 있다. 이 동사에 대해서는 빌립보서 2:16도 보라(Martin, *Philippians*, NCB, 106). 감옥에 갇힌 체험들(행 16:23-30에서처럼; 참조. 고전 15:32; 고후 1:8-10; 롬 16:3-7; 바울의 투옥과 관련하여 신약성경 및 성경외적인 문헌들에 나오는 자료들을 고찰한 것으로는 Martin, *Colossians and Philemon* NCB[1981] 26-32를 보라. 클레멘트 1서 5:6은 바울이 일곱 번 쇠사슬에 묶였다고 말한다)과 여기서의 언급은 6:5과 병행된다: *ἐν φυλακαῖς*-엔 퓔라카이스. 부사 페리쏘테로스(*περισσοτέρως*, "더 자주")는 다른 선교사들과의 비교를 보여주는 것일 수 있다. 즉 나는 다른 어떤 사람들보다도 더 많이 옥에 갇혔다. 그러나 다음에 나오는 어구에 비추어 볼 때, 이 부사는 문체상의 효과를 나타내기 위한 것일 수도 있다.

엔 플레가이스 휘페르발론토스(*ἐν πληγαῖς ὑπερβαλλόντως*, "매도 수없이 맞고"; 참조. 6:5)는 문자 그대로 직역하면 "수없이"라는 의미를 지니기 때문에 과장법임이 분명하다(헬레니즘 세계에서의 환난 목록〈*Perisistasenkatalog*〉에서 환난들이 많았다는 것을 강조하기 위하여 사용된 과장, Fridrichsen, "Zum Stil," 26). 그러나 이 부사는 고린도 교회에서 쟁점이 되고 있었던 주제였던 바울의 담대함을 보여주는 증표로서(10:1, 10) 그가 겪은 육체적 환난의 정도를 가리키는 것으로 보아서 "지나치게"로 번역될 수도 있다. 바울은 이 논쟁 속에서 자신의 환난들을 사실에 근거하지 않은 채로 환난들을 과장하여 제시함으로써 말도 안 되는 항변을 하고 있다는 비난을 자초할 이유가 없었다. 헤링(Héring, 83)은 바울은 법정에서 심리도 받지 않고서 "아무런 이유도 없이"(re incognita, 행 16:37에서처럼) 갇힌 것으로 해석한다.

"여러 번 죽을 뻔했으니"(*ἐν θανάτοις πολλάκις*-엔 다나토이스 폴라키스)는 바울이 끊임없이 죽음에 노출되었고 죽음의 위협에 직면했다는 것을 보여 준다(1:9, 10; 4:11; 고전 15:32; 롬 8:36을 보라). "죽을 뻔한 위험들"(Héring, 83)이라는 번역은 이 어구의 정확한 의미를 포착한 것이다(Prümm, *Diakonia* 1:642). 스트라토네이코스(Stratoneikos)도 신이 자기를 위험에서 구해 준 것을 감사하는(*σωθεὶς ἐγμεγάλου κινδύνου*-소데이스 에그메갈루 킨뒤누) 글에서 자기가 자주 "죽을 뻔했다"(*ἰσοθανάτους*-이소다나투스)고 고백한다-우리의 본문과 병행을 보여 주는 어구. Horsley, *New Docs*(1983), 59를 보라.

24 바울이 겪은 구체적인 신체적 형벌의 형태가 유대적인 관용 표현을 통해서 서술된다. "나는" 태형을 최대한 40대로 규정한 신명기 25:2-3을 토대로 Mishnah, Mak. 3.10이 법으로 규정한 39대의 매를 "맞았다"(*ἔλαβον*-엘라본; 나의 형벌로서, Str-B 3:527-30). 유대의 법은 매를 때릴 때 대수를 잘못 셈으로써 율법에 규정된 40대를 초과할 것을 염려하여 태형을 최대 39대로 규정했다. 이 형벌은 몇몇 범죄들에 대한 "재판의 집"(베트 딘)의 평결로서 회당에서 범죄자들에게 내린 벌이었다(부정한 상태로 예루살렘 성전에 들어간 죄를 비롯해서 *Mak*. 3.1-9에 나와 있는 목록을 보라. 하지만 연대기적으로 고린도후서보다 나중에 쓰여진 행 21:28을 참조하라: Barrett, 296). 바울이 다섯 번 매를 맞은 것은 아마도 그의 선교 활동의 초기, 즉 그가 회당 공동체에서 출교를 당할 때까지의 이른바 "침묵의 기간"(참조. Osborne, "Paul's Silent Years")에 일어난 일이었을 것이다(Schürer, *History*, II.2.262를 보라). 믹스(Meeks, *First Urban Christians*, 26)는 이 절을 고린도전서 9:20과 연결시켜서, 바울은 유대인들을 대상으로 선교 활동을 하다가 이스라엘의 거짓 교사에게 내려지는 회당의 처벌들을 받은 것이라고 주장한다. 그러나 Luedmann, *Paul, Apostle to the Gentiles*, 121, n. 91에서는 그러한 추론을 반박한다. 사도행전과 바울의 나머지 다른 서신들은 바울의 회당 선교에 대하여 침묵하고 있다. 하지만 사도행전은 그리스도인으로서의 바울의 초기 활동과 관련된 다른 측면들에 있어서 불완전하다(Hengel, *Acts and the History of Earliest Christianity*, 109). "사십에 하나 감한 매"라는 표현 형태는 랍비적인 것이지만, 이러한 어구가 헬라어에서도 사용되었다는 것이 확인된다(BDF § 236.4).

25 "세 번 태장으로 맞고 한 번 돌로 맞고 세 번 파선하는데 일주야를 깊음에서 지냈으며"(*τρὶς ἐρραβδίσθην, ἅπαξ ἐλιθάσθην, τρὶς ἐναυάγησα, νυχθήμερον ἐν τῷ βυθῷ πεποίηκα*-트리스 에르랍디스덴, 하팍스 엘리다스덴, 트리스 에나우아게사, 뉘크데메론 엔 토 뷔도 페포이에카). 태장(*ῥαβδίζειν*-랍디제인)으로 맞는 형벌은 사도행전 16:22(형리들〈*ῥαβδοῦχοι*-랍두코이, 직역하면 "매를 든 자들"〉이 방백들을 대행했다)에서처럼 로마의 방백들에 의해서 가해진 형벌을 가리키는(virgis caedere as a verberatio) 전문적인 측면을 지니고 있다. 물론 빈디쉬(Windisch, 356)는 이 헬라어 동사를 칠십인역을 배경으로 해석하고자 한다. 엄밀한 의미에서 바울은 로마 시민으로서 이러한 형벌로부터 면제되어 있었다(T. Mommsen, "Die Rechtsverhältnisse des Apostels Paulus," *ZNW* 2[1901] 90; A. N. Sherwin-White, *Roman Society and Roman Law in the New Testament*[Oxford: Clarendon, 1963] 48-98를 보라). 그러나 바울이 자기가 로마 시민이라고 밝혔는데도 방백들이 그의 말을 무시한 경우가 종종 있었다(Cicero *In Verrem* 5.62-66: 그는 메시나에서 한 로마 시민이 "나는 로마 시민이다"라고 소리쳤지만 매를 맞은 경우를 언급한다).

바울은 이러한 모욕적인 대우를 세 번이나 겪었다고 말한다. 이러한 사실은 로마의 총독들이 법을 집행함에 있어서 언제나 세심한 주의를 기울인 것은 아니었음을 보여 주는 서글픈 증거인데(Livy, 10.9), 바울은 자기가 로마 관리들의 잘못으로 "빌립보에서 능욕을 당한"(*ὑβρισθέντες…ἐν Φιλίπποις*-휘브리스데테스…엔 필립포이스) 것에 대하여 말한다(살전 2:2). 따라서 불트만(Bultmann, 217)의 생각과는 달리, 바울이 환난을 당한 것이 그가 로마 시민으로서의 자신의 특권을 행사하지 않기로 결심했기 때문이라는 것은 사실이 아니었다. 주후 64/65년에 알비누스(Albinus)의 뒤를 이어서 유대의 총독으로 부임한 플로루스(Florus)는 기사(騎士) 작위가 있는 군사들에게 로마 시민으로서의 그들의 권리를 무시하고 태형을 가했다(Josephus, *J. W.* 2.308). 바울의 경우에 그가 매를 맞은 것은 많은 사람들에게 경고하기 위한 것이거나 그가 사회의 암적인 존재로 취급되었기 때문이다.

바울이 돌로 맞은 일(*λιθάζειν*-리다제인)은 그가 루스드라를 방문한 것과 관련하여 기록되어 있다(행 14:5, 19). 이 형벌은 유대적인 것으로서 통상적으로 배교자들, 신성 모독자들, 간음한 자들에게 내려진 사형 판결을 집행하기 위한 절차였다(신 17:5; 22:22-24; Mishnah, *San.* 7.56-60; 또한 행 5:26; 7:58; 요 8:5; 10:31-33; 11:8; 히 11:37을 보라). 사도행전에 나오는 기록은 바울이 거의 죽을 뻔했다고 말하고 있기는 하지만(행 14:19), 바울은 자기가 사형 선고를 받았다는 것을 말하는 것은 아니다.

바울이 세 번이나 파선을 당했다는 것(*ναυαγειν*-나우아게인, 선원들이 사용하는 용어)은 우리에게는 전혀 알려져 있지 않은 내용이다. 사도행전 27장에서 그가 파선을 당한 것에 관한 상세한 이야기는 비록 그가 이미 해로를 통해서 여러 차례 수행했던 선교 여행들(Barrett, 298에 열거되어 있는)에 관한 이야기 속에 나오는 것이기는 하지만 당연히 그가 고린도후서를 쓴 이후의 일이다. 바다에서의 끔찍한 경험들은 헬레니즘 세계의 이야기들 속에서 흔히 등장하고, Conzelmann(*Die Apostelgeschichte*[HNT 7] Tübingen: Mohr, 1963) 146, 147에서는 사도행전 27장에서 누가가 자신의 서술이 진실로 보이도록 하기 위하여 그러한 이야기들을 사용했을 것이라고 주장한다. 그러나 R. P. C. Hanson, "The Journey of Paul and the Journey of Nikias," *SE* 4, TU 102(1968) 315-18의 강력한 반론을 보라. 신약성경에서 이 동사가 비유적인 의미로 사용된 유일한 예는 디모데전서 1:19인데, 이러한 의미는 Philo, *Mut. Nom.* 215; *de Somn.* 2.143에서도 발견된다.

바울은 자신이 바다에서 죽을 뻔한 또 다른 경험을 "일주야를"(*νυχθήμερον*-뉘크데메론, BDF § 161.2) "깊음에서 지냈다"는 말로 표현한다. "지냈다"로 번역된 동사는 페포이에카(*πεποίηκα*)로서 이 곳의 문맥 속에서는 "내가 있어 왔다"를 의미하는데, 극적인 효과를 위해서(앞에서의 설명을 보라) 또는 그 경험이 기자(記者)의 눈 앞에 너무도 생생했기 때문에 이례적으로 완료형으로 표현되고 있다. 자세한 것은 Moulton, *Grammar* 1:144를 보라. "깊음 위에 있다"라는 어구 전체는 구약의 이미지(시 68:3; 67:23 LXX)를 상기시키는데, 빈디쉬(Windisch, 357)는 이것과 관련하여 "동방적이고 교훈적인 과장일 가능성이 높다"고 보지만, 그러한 판단은 근거가 없다. 히브리인들은 선천적으로 바다(תהום-트홈)에 대한 공포를 지니고 있었는데, 이러한 공포는 시원(始原)의 혼돈의 세력과 결부되어 있었다: 엔 토 뷔도 페포이에카(*ἐν τῷ βυθῷ πεποίηκα*)라는 어구를 잘 설명해 주고 있는 G. von Rad, *Theology of the Old Testament*, tr. D. M. G. Stalker(London: Lutterworth Press, 1962) 1:150, 151를 보라. 또 한 번의 그러한 경험이 바울을 기다리고 있었다(행 27:44a).

26 "여러 번 여행에 강의 위험과 강도의 위험과 동족의 위험과 이방인의 위험과 시내의 위험과 광야의 위험과 바다의 위험과 거짓 형제 중의 위험을 당하고"(*ὁδοιπορίαις πολλάκις, κινδύνοις ποταμῶν, κινδύνοις λῃστῶν, κινδύνοις ἐκ γένους, κινδύνοις ἐξ ἐθνῶν, κινδύνοις ἐν πόλει, κινδύνοις ἐν ἐρημίᾳ, κινδύνοις ἐν*

*θαλάσσῃ, κινδύνοις ἐν ψευδαδέλφοις*－호도이포리아이스 폴라키스, 킨뒤노이스 포타몬, 킨뒤노이스 레스톤, 킨뒤노이스 에크 게누스, 킨뒤노이스 엑스 에드논, 킨뒤노이스 엔 폴레이, 킨뒤노이스 엔 에레미아, 킨뒤노이스 엔 달라쎄, 킨뒤노이스 엔 프슈다델포이스). "여러 번 여행에"(*ὁδοιπορίαις πολλάκις*－호도이포리아이스 폴라키스)라는 전체적인 표제 아래서 "환난 목록"은 계속되는데, 이 어구는 바울의 선교 활동을 가리키는 데 사용되는 어구로서, 바울은 이 표제 아래서 그가 선교 여행 중에 만난 여러 가지 다양한 위험들을 열거한다. 킨뒤노이스(*κινδύνοις*)라는 용어는 수사학적인 효과를 위해서 8번 반복된다. 우리는 바울이 당한 모든 위험들은 그가 "사도"(*ἀπόστολος*－아포스톨로스)직에 임명된 것의 직접적인 결과로 그에게 닥쳐왔다는 점을 주목하지 않으면 안 된다. 바울은 사인(私人)이나 여행자로서가 아니라 오직 "그리스도의 종"으로서 이러한 환난과 곤경들을 겪은 것이었다. 여기에 열거된 위험들의 부류는 (1) 사물과 관련된 것들과 (2) 사람들과 관련된 것들인데, 바울은 이 두 가지 부류를 역순으로 열거한다.

(1) 포타모이(*ποταμοί*, "강들")는 건너는 데 위험이 따른 자연적인 장애물이었을 것이고, 물이 불어났을 때는 더욱 위험했을 것이다.

폴리스(*πόλις*, "시내")는 아마도 아주 으리으리한 곳을 암시하는 것 같다. 이 단어는 광야와는 대조적으로 사람들이 사는 곳이라는 의미를 내포하고 있다. 에레미아(*ἐρημία*, 개역 성경에서는 "광야")는 광야를 의미하는 것이라기보다는 사람이 살지 않는 지역 또는 사람이 조금밖에 살지 않는 곳을 가리킨다. 이 두 지역은 혼자 여행하는 자에게 각각 서로 다른 위험이 되었을 것이다.

달라싸(*θάλασσα*, "바다")는 바울이 앞서 자신이 파선을 겪고 바다에서 표류하는 동안에 위험에 노출되었다고 말한 것(25절)과 연결된다. 전치사 엔(*ἐν*, "안에")은 그가 겪은 위험들의 진원지를 나타낸다.

(2) 바울은 일련의 개인들과 집단들로부터 여러 가지 위험들을 겪었는데, 이와 같이 사람들로부터 온 위험들을 나타내기 위해서 전치사를 에크(*ἐκ*, "…로부터", 기원을 나타낸다, BDF § 166)로 바꾼다.

레스타이(*λῃσταί*, "강도들")는 무리를 지어 배회하다가 아무런 방비도 없는 여행자들을 공격하는 자들을 가리키는데, 여기서는 렝스토르프(Rengstorf, *TDNT* 4:260)의 생각처럼 노상 강도들을 가리키는 것 같다.

소유 형용사를 첨가해서 해석해야 의미가 통하는 게노스(*γένος*, "동족")는 바울의 동족인 유대인들로부터의 위험을 가리킨다. 사도행전에 의하면(9:23, 29; 13:8,

45; 14:2, 19; 17:5; 18:6, 12; 20:3, 19; 21:11, 27), 이것은 바울의 생애에서 자주 일어난 서글픈 일이었다. 그렇지만 자신의 동족에 대한 바울의 사랑은 그칠 줄을 몰랐다(롬 9:1-5; 11:1; 참조. 롬 10:1).

이와는 대조적으로, "이방인들"(*ἔθνη*-에드네)로부터의 위험들(사도행전에 나오는)은 덜 심각한 것이었고 자주 일어나는 일도 아니었지만(행 16:20; 19:23), 바울은 이방인들의 사도로 부르심을 받았기 때문에(롬 15:16을 보라; 참조. 엡 3:1, 6) 그가 끊임없이 감수해야 했던 위험이었고, 그가 에드네(*ἔθνη*)를 여기서 특별히 언급한 것도 자신이 이방인의 사도로 부르심을 받았음을 나타내기 위한 것인 듯하다.

프슈다델포이(*ψευδάδελφοι*, "거짓 형제들")는 "기독교에서 새롭게 만들어 낸 용어"(Windisch, 358)로서 특히 바울이 갈라디아서 2:4; 고린도후서 11:13에서처럼 *ψευδ*-(거짓)+명사의 패턴을 따라서 만들어 낸 표현이다. 환난 목록 속에 나오는 일련의 환난들 중에서 바울은 이것을 좀더 강조하여 부각시키기 위하여 절정의 위치에 두었다. 바이스(J. Weiss, "Beiträge," 186)가 오래 전에 지적했듯이, 이 목록에서 바로 앞에 나온 환난(*ἐν θαλάσσῃ*-엔 달라쎄)과 그 뒤에 나오는 프슈다델포이(*ψευδάδελφοι*)라는 환난 사이에는 그 어떠한 논리적인 관계도 존재하지 않는다. 빈디쉬(Windisch, 358)는 이 마지막 항목의 위치가 잘못되었다고 주장하지만 그의 주장대로라면 이 목록은 엔 달라쎄(*ἐν θαλάσσῃ*)로 끝나서 절정이 없는 게 되어 버린다. 또 어떤 학자들(Lietzmann, 151; Prümm, *Diakonia* 1:643; Wendland, 242)은 거짓 형제들의 위험을 바다에서 바울이 겪은 위험들과 어떤 식으로든 연결시켜서 설명하거나, 서로 비견되는 이 두 가지 위험("바다"-자연 세계에서 가장 큰 위험; "거짓 형제들"-인간 세계에서 가장 큰 위험)을 바울이 한데 결합시켜 놓은 것이라고 설명하고자 했다(만약 우리가 25절의 "파선"의 위험을 바울이 겪은 온갖 위험들 중에서 가장 생명을 위협한 위험으로 여길 수 있다면, 이러한 설명은 일리가 있을 것이지만, 그럴 가능성은 별로 없다). 또는 바울은 단지 연대기 순으로 위험들을 제시하고자 했을 뿐이고, 프슈다델포이(*ψευδάδελφοι*)가 마지막에 나온 것은 거짓 형제들이 현재 그의 가장 절박한 문제였고, 그가 "거짓 형제들"과의 현재의 대결에 대하여 어떤 생각을 지니고 있는지를 고린도 교인들에게 알려야 할 필요가 있다고 느꼈기 때문일 수 있다(Zmijewski, ibid., 259에서는 바울이 지금까지 만난 모든 거짓 형제들을 염두에 둔 것이라고 보는 Bultmann, 218의 견해에 반대하여 이런 주장을 했지만, 그의 주장도 별로 설득력이 없어 보이고, 바울이 이미 유대인들과 이방인들을 언급했기 때문에 "거짓 형제들"을 포함시켰다는 Barrett의 견해 〈299〉도 그리 설득력이 없다-그들이 공식적으로 신앙을 고백했던 그리스도인들이었다는 그의 지적은 옳지만). 우리가 보기에는 바울은 이 환난 목록에 강력한(비록 한탄스러운 일이긴 하지만) 결론부를 덧붙이고, 고린도의 독자들에게 그들이 거짓 형제들을 환대한 것(11:4, 19)이 자신에게 지금 얼마나 큰 근심의 원인인지를 힘주어 말하기 위해서 프슈다델포이(*ψευδάδελφοι*)를 의도적으로 이 목록의 끝에 둔 것이다. 고린도 교회에 침투한 이 거짓 형제들은 단순히 바울의 경쟁자들이 아니라 사탄의 일꾼들이다(13-15절).

27절. *κόπῳ καὶ μόχθῷ*(코포 카이 모크도)…A
*ἐν ἀγρυπνίαις πολλάκις*(엔 아가뤼프니아이스 폴라키스)…B
*ἐν λιμῷ καὶ δίψει*(엔 리모 카이 딥세이)…A
*ἐν νηστείαις πολλάκις*(엔 네스테이아이스 폴라키스)…B
*ἐν ψύχει καὶ γυμνότητι*(엔 프쉬케이 카이 귐노테티)…A

"또 수고하며 애쓰고 여러 번 자지 못하고 주리며 목마르고 여러 번 굶고 춥고 헐벗었노라." "환난 목록" 안에서 그것을 하나로 묶는 주제를 일반화하여 요약한 특징들을 담고 있는 이 문장(Weiss, "Beiträge," 186; Fridrichsen, "Zum Stil," 26, 27; Windisch, 359; Allo, 297; Plummer, 327; Héring, 86)은 사도가 그의 선교 활동의 직접적인 결과로 어떠한 고난들을 겪었는지를 말하는 데 집중한다(Wendland, 242). 이 어구들은 한데 합쳐져서 A-B-A-B-A이라는 패턴을 지닌 도식을 형성한다. 또는 각각 엔…폴라키스(*ἐν…πολλάκις*)가 사용된 어구를 수반한 두 개의 쌍인 코포 카이 모크도/엔 리모 카이 딥세이(*κόπῳ καὶ μόχθῳ*/*ἐν λιμῷ καὶ δίψει*)가 서로 결합되어 있고, 세 번째 행을 이루는 결론부는 느닷없이 엔 프쉬케이 카이 귐노테티(*ἐν ψύχει καὶ γυμνότητι*)로 끝남으로써 한층 더 극적인 효과를 지닌다고 볼 수도 있다. 마지막 행이 "쉼표"로 끝나는 이 세 개의 행으로 된 연(聯)은 주의 깊게 고안된 것이다(Weiss, "Beiträge," 186). 동의어들 또는 거의 동일한 표현들의 사용(예를 들면, "수고하고"/"애쓰고," "춥고"/"헐벗었노라"[Bujard, *Stilanalytische Untersuchungen*, 187])을 통해서 반복들과 장황한 말들이 가득 차 있고, 폴라키스(*πολλάκις*, "여러 번")는 세 개의 행을 한데 연결시킨다. 단어들의 선택과 배치를 통해서 "꽉 찬 느낌"과 "강렬한 느낌"이 전달된다(Zmijewski, ibid., 261).

바울의 의도는 분명히 사도로서의 그의 삶의 특징을 이루고 있던 여러 가지 박탈된 모습들을 보여 주는 것이다(참조. 고전 4:9-13).

코포스(κόπος)는 23절에 걸린다(참조. 고전 15:10, 58; 또한 고후 6:5을 보라). 모크도스(μόχθος, "애쓰고")는 실질적인 동의어다. 바울은 이러한 쌍을 데살로니가전서 2:9; 데살로니가후서 3:8에서 함께 사용하고 있는데, 이것은 "그가 좋아한 결합"이다(Allo, 297에서는 이 단어들이 사용된 순서 속에서 수동적인 뉘앙스와 능동적인 뉘앙스를 구별하고자 한다). 이 단어들의 쌍은 한데 합쳐져서 이하에 나오는 내용을 위한 표제로서의 역할을 한다.

아그뤼프니아(이)(ἀγρυπνία⟨ι⟩, 직역하면 "깨어 있음", "자지 못함")는 다음과 같은 세 가지 의미를 나타낼 수 있다: 밤중에 여행하거나 일하는 것 같은 야밤의 활동(Sir 38:26-30; 2 Macc 2:26 LXX, 밤을 새워 책을 쓴 것에 대하여 사용됨), 또는 걱정이나 두려움 때문에 잠을 이루지 못한 것(참조. Sir 34[31]:2 LXX; Windisch, 359), 또는 영적인 삶을 살기 위하여 일부러 밤을 지새운 것(6:5을 설명할 때 언급된 Müller-Bardorff, *TLZ* 81[1956] 347-52, 해당 "주석"을 보라). 바울이 자지 못하고 밤을 새운 것이 자발적인 것이었는지 아니면 어쩔 수 없는 일이었는지를 알기는 어렵다(행 16:25은 후자의 경우를 보여 주는 것 같다). 바울이 그가 사도로서 사역하기 위하여 어떠한 대가를 치러야 했는지를 입증하려 하고 있다는 점을 감안하면, 후자일 가능성이 더 높은 것으로 보인다.

분명히 이행구(二行句)인 엔 리모 카이 딥세이(ἐν λιμῷ καὶ δίψει)는 곤경이 더욱 심했다는 것을 말해 준다. 리모스(λιμός)는 "굶주림"을 의미하는데, 로마서 8:35에서는 그 대구(對句)인 딥소스(διψός, "목마름")와 함께 사용된다. 후자의 명사는 신약에서 "하팍스 레고메논(*hapax legomenon*, 단 한 번밖에 사용되지 않은 단어)이다(Allo, 297). 물론 이 단어의 동사형은 다른 곳에서도 발견되지만 말이다. 여기에 서술된 바울의 고난은 그의 빈한함을 증언해 주는 것일 수 있다. 하지만 그것은 그가 어쩔 수 없이 밥을 굶었다는 것이 아니라 선교 여행을 다닐 때의 그의 혹독한 삶을 묘사하는 것일 가능성이 더 높다(Plummer, 328).

네스테이아이(νηστείαι, "굶는 것들")도 동일한 문제를 불러일으킨다. 그것은 영적인 훈련의 일환으로서 자발적인 금식을 뜻하는 것인가, 아니면 혹독한 삶으로 인해서 먹을 음식이 없어서 굶은 것을 가리키는 것인가? 알로(Allo, 298)와 바렛(Barrett, 300)은 전자를 주장하는 반면에, 빈디쉬(Windisch, 359)는 그런 주장을 바울의 금욕주의를 주장하는 것으로 보고서 거부하고, 바울은 곤궁한 삶 또는 빈번한 투옥으로 인해서 어쩔 수 없이 밥을 굶을 수밖에 없는 경우들이 있었던 것이라고 말한다. "환난 목록"의 패턴 속에서 그러한 경험은 철학자가 선한 사역을 위하여 겪어야 했던 운명 같은 고난의 삶으로서(참조. Betz, *Der Apostel Paulus*, 98) 아주 자연스러운 일이라고 지적한 즈미쥬스키(Zmijewski, ibid., 263)의 말이 일리가 있긴 하지만, 프륌(Prümm, *Diakonia* 1:643, n. 5)은 이 문제를 미완으로 남겨 둔다.

마지막 쌍은 가치들의 눈금자에서 낮은 수치에 해당한다. 프쉬코스(*ψῦχος*, "추위")와 귐노테스(*γυμνότης*, 직역하면 "벌거벗음")는 한데 합쳐져서 존엄과 자존(自尊) 상실을 포함하여 극도의 상실을 나타내는 표지(標識)들이다. 성경에서 환난을 당하고 욕을 당하는 자들의 벌거벗음을 이야기할 때 그것은 "수치"의 뉘앙스를 담고 있는데(창 2:25; 3:7, 10, 11; 겔 16:8; 나 3:5; 미 1:11; 계 3:18), 그러한 뉘앙스를 보여 주는 고린도전서 4:11; 로마서 8:35을 보라. 바울이 엘리트 코스(cursus honorum)를 밟아 온 것을 생각할 때, 환난 목록 가운데서 이 마지막 항목은 그가 생각하기도 싫고 아주 끔찍한 것에 대한 언급이었으리라는 것은 참으로 역설적이다(5:3에 대한 설명을 보라).

28 코리스 톤 파렉토스(*χωρὶς τῶν παρεκτὸς*)는 그 의미를 파악하기가 힘든 당혹스러운 도입부로서 몇 가지 해석이 가능하다. 접속사의 생략과 그 뒤에 따라나오는 어색한 주격(*ἡ ἐπίστασις*-헤 에피스타시스)에도 불구하고, 바울이 기노메논(*γινομένων*)으로 이해되는 이 수사학적인 문구를 통해서 이 목록을 결론부로 이끌고자 했다는 것은 분명한 것 같다(Windisch, 360). 문제는 이것이다. 바울의 말은 "내가 너무 사소한 것으로 여겨서 생략한 나머지 것들"을 의미하는 것인가(Denney, 340; Plummer, 329), 아니면 "이러한 외적인 일들은 고사하고"를 의미하는 것인가(Barrett, 300에서는 이 본문을 마치 타 에코〈*τὰ ἔχω*〉 또는 타 에코텐〈*τὰ ἔχωθεν*〉으로 읽는 것처럼 해석한다)? 크리소스톰(Chrysostom)처럼 의미가 통하게 하기 위하여 타 파라레이프텐타(*τὰ παραλειφθέντα*, "내가 말하지 않고 남겨놓았거나 지나친 일들")를 보충한 전자의 해석이 더 나은 것 같다(Windisch, 360; Prümm, ibid., 637, Tasker, 164). 그 이유는 여격인 모이(*μοι*)를 지배하는 "복합 동사적 실명사"(BDF § 202.2)로서 비문법적 어구인 헤 에피스타시스…(헤 메림나)(*ἡ ἐπίστασις*…〈*ἡ μέριμνα*〉, "내 속에" 모든 교회를 위한 "염려"로 인하여 "눌리는 일")의 배후의 의미에 놓여 있다. 그러므로 이러한 목회적인 문제들은 바울로 하여금 사람들과의 관계에 휘말리게 하지 않았다는 의미에서 "외적인" 일들이 아니었다고 해야 한다. 그렇지만 이 환난 목록의 절정을 이런 식으로 설정한 것은 바울이 진정한 사도직을 지니고 있음을 보여 주는 또 하나의 증거로서, 그는 목회적인 염려라는 주제로 빨리 넘어가기 위해서 그 외에도 자기가 언급하고 싶었던 다른 일들이

있다는 것을 파격 구문을 통해서 언뜻 말하고 신속하게 넘어가고자 하는 것으로 보인다. 따라서 코리스 톤 파렉토스(χωρὶς τῶν παρεκτὸς)는 바울이 고린도 교인들에게 말하고 싶은 것으로 넘어가기 위해서 그가 말할 것이 많은데도 그런 것들을 그냥 넘기고자 한다는 것을 말하기 위하여 "문맥을 끊는 어구"(Zmijewski, ibid., 268)다. 바울은 이전에 자신이 한 말들(6:11-13; 7:2-4)의 정신을 따라서 그가 세운 모든 교회들, 특히 고린도 교인들에 대한 자신의 "염려"(μέριμνα-메림나)를 피력한다.

내게 요구된 에피스타시스(ἐπίστασις, "관심" 또는 "염려"), 내게 부과되어 있는 감독의 부담(BGD, 300를 보라)은 "염려"(μέριμνα-메림나)를 의미하든 "관심"을 의미하든 인간의 정서를 표현하는 단어(동일한 어원에서 나온 동사는 빌 2:20; 4:6; 고전 7:32, 33, 34; 12:25에서 찾아볼 수 있다; 참조. 벧전 5:7)와 동의어다. 또는 에피스타시스(ἐπίστασις)와 관련된 구문은 동격으로 되어 있는 주격 메림나(μέριμνα)에 의해서 보충 설명되고 있다는 해석도 가능하다. 첫 번째 단어(사본상의 다른 읽기에 대해서는 "원문주해"를 보라)는 그 어원상으로 사건들이 어떤 사람에게 미치는 영향이라는 뉘앙스를 지닌다(행 24:12을 보라; 또한 Bachmann, 380에서는 이것을 통해서 여격인 모이〈μοι〉를 설명한다). 그러나 이 단어가 지닌 이러한 일반적인 의미는 두 가지 뉘앙스를 지닐 수 있다. (1) 친구들 또는 동료들에 의해서 행사된 압력, (2) 곤란하거나 골치 아픈 일들 또는 상황들에 의해서 야기된 압박감(참조. 2 Macc 6:3 LXX; Windisch, 360). 우리가 29절의 티스 아스데네이…(τίς ἀσθενεῖ…)를 염두에 둔다면, 여기서 의도되고 있는 것은 바울의 목회적인 염려, 그리스도의 종이자 그리스도의 백성으로서의 "그의 사역 전체에 대한 포괄적인 염려"라는 것이 분명해 보인다(Wendland, 242). 이러한 관점은 바울에게 있어서 고린도전서 12:25과 이 대목-여기서 "염려"는 자기를 생각하지 않는 이타적인 관심을 의미한다-을 제외하고는 통상적으로 경멸적인 의미를 지니는(빌 4:6; 고전 7:32-34) 메림나(μέριμνα)를 해명하는 데 도움이 된다.

이러한 좋은 의미에서의(*in bonam partem*) 염려(μέριμνα-메림나)는 책임감으로 인해서 바울의 심령을 날마다(καθ' ἡμέραν-카드 헤메란; 참조. 4:16: ἡμέρα καὶ ἡμέρᾳ-헤메라 카이 헤메라) 짓누르고 있었고, 이것은 고린도 교회만이 아니라 가정 교회들을 포함한 "모든 교회들"을 위한 것이었다. 바울의 목회적 염려에 관한 이러한 진술은 "환난 목록"의 절정에 놓여져서, 바울이 모든 교회들을 위하여 진정한 사자(使者), 설립자, 인도자로서 사역한 것을 "생생하게 전달해" 준다(Zmijewski, ibid., 270). 나아가서, 좀더 깊은 차원에서 바울은 하나님 안에서 그들의 아비다(7:2-4; 12:14에 대한 "주석"을 보라).

29 교회의 지도자로서의 바울의 삶에 있어서 "염려하는 것"(*μέριμνα*-메림나)이 무엇을 의미했는지에 대한 두 가지 예시(例示)는 한 쌍의 병행되는 의문문을 통해서 표현된다. 이 두 개의 의문문은 각각 그 중간에 카이(*καὶ*)가 나오는데, 두 경우 모두에 있어서 이 단어는 카이 연속법(*καί*-consecutivum, BDF § 442.2)의 기능을 하는 것 같다. 즉 이 단어는 "…때문에"로 번역되어야 할 것으로 보인다. 따라서 우리는 "그렇다면"으로 번역했다. 강조점은 이 의문문 자체가 아니라 이 복합문 속에서 두 번째 부분을 구성하는 답변-긍정문으로 해석되어야 하는-에 있다. "누가 약한가?" 그렇다면 나도 말할 것도 없이 약해진다. 이러한 구문은 바울이 나타내보일 응답이 너무도 자명한 성격을 지니고 있다는 것을 강조하는 것이다. 마찬가지로, "누가 실족했는가?" 그렇다면 그것을 애타하는 사람은 바로 나였다.

두 개의 동사 중에서 첫 번째는 아스데네인(*ἀσθενεῖν*, "약하다")이다-이 장의 어리석은 자의 변(辯)에서 핵심적인 단어(11:21a, 30; 12:5, 9, 10). 이 동사는 폭넓은 범위의 의미들을 지닌다: 육체적으로 약하거나 아픈 것(Allo, 299는 malade, 즉 병으로 해석한다), 또는 예민한 양심을 가리키는 종교적인 의미(롬 14:1, 2; 15:1; 고전 8:11, 12), 또는 회중을 이끌어 가지 못하는 무능(고전 8:9에 나오는 자료를 토대로 한 Rauer, *Die "Schwachen" in Korinth*, 67; 참조. 고전 8:10, 11; 10:15, 31: G. Theissen, *Social Setting*, chap. 3, "The Strong and the Weak in Corinth," 121-43를 보라).

우리가 스칸달리제인(*σκανδαλίζειν*, "실족하다, 걸려서 넘어지다")을 엄밀한 병행법적 구조 속에 있는 것으로 본다면, 이 두 동사의 의미는 종교적인 함의를 지니는 것으로 보이고, 로마서 14:13(*πρόσκομμα…σκάνδαλον*-프로스콤마…스칸달론), 14:21(*προσκόπτει*-프로스콥테이), 고린도전서 8:13(*σκανδαλίσω*-스칸달리소)에 나오는 용례들도 이것을 뒷받침해 준다(Prümm, *Diakonia* 1:644; Windisch, 361; Bultmann, 219, 그들은 "약하다"의 비유적인 의미를 지지한다). 그러므로 바울은 약한 믿음 또는 괴로운 양심 아래서 살아가는 자가 있다면 나도 "약한 자들에게는 내가 약한 자와 같이 되었다"는 고린도전서 9:22의 정신을 따라서 그들의 상태에 동참했다고 말하고 있는 것이다. 그러나 이것은 이 곳의 문맥 속에서 전혀 예기치 못한 것으로서 바울이 새로운 진로(進路)를 추구하는 것으로 보인다. 불트만(Bultmann)은 바울의 카이 우크 아스데노(*καί οὐκ ἀσθενῶ*, "나도 약하다" 또는

"내가 약하지 아니한가?")는 "약한 자들"의 입장에 동조했다는 것이 아니라, 그들에 대한 염려와 관심을 보였다는 것을 의미한다고 설명하면서 난점을 감지했다.

그러므로 우리는 두 경우 모두에 약하다는 것을 그 다음에 나오는 30절에 대한 복선으로서 문자 그대로의 의미로 해석하고자 하는데, 30절은 "환난 목록" 전체에 걸쳐서 나타난 바울의 육체적인 약함을 염두에 둔 12:5, 9-10과 "29절에서의 약함의 의미를 확증해 준다"(Barrett, 302). 그러나 10:10에서처럼 "약함"은 단지 육체적인 것이 아니라, 바울의 보잘것없는 풍채와 고린도 교회에 왔을 때 외적으로 별 힘이 없었던 것을 비롯해서 그의 존재 전체와 관련되어 있다. 즉 약함이라는 말 속에는 육체적인 약함과 "카리스마적이지 못한 인물"이라는 두 가지 개념이 한데 엉켜 있는 것이다. 이것은 아스데베이아(ἀσθέβεια)를 (1) 흙으로 지음 받아서 하나님에게 의존하고 있는 인간의 본성을 보여 주는 표지(標識)로서의 약함과 (2) 바울의 약함은 "약하심으로 십자가에 못 박히신" 분인(고후 13:4) "그리스도 안에서"의 약함이기 때문에 바울의 사도적 삶과 관련된 기독론적인 측면으로서의 약함으로 분류한 블랙(Black)의 분석과 일치한다(*Paul, Apostle of Weakness*, 228-40를 보라).

스칸달리제스다이(σκανδαλίζεσθαι)는 "미혹되어서 악 또는 거짓된 것에 빠지다"(Bultmann, 219)를 의미한다. 그러나 이 두 동사는 동의어가 아니다. 왜냐하면 약함은 바울의 인간적 운명의 일부로서 중립적인 상태인 반면에, "실족하게" 된다는 것은 죄에 빠지는 것을 의미하고(Schlatter, *Paulus*, 656; Stählin, *TDNT* 7:356), 실족한 자는 거기에 대하여 책임이 있기 때문이다. 그러므로 그 취지는 서로 약간 다르다. 두 번째 의문문의 취지는 "믿는 자가 어그러진 길로 이끌리게 되면(11:2-3에서처럼 고린도 교인들이 바로 그러한 상황 속에 있었다), 애타하는 자는 바로 나(교회의 아비이자 설립자인)다"라는 것이다(πυροῦσθαι-퓌루스다이, "애타하다", 어그러진 길로 가는 그리스도인을 사랑의 마음으로 회복시키고자 하거나 11:13-15과 관련해서 다른 교인들을 어그러진 길로 이끈 자들에 대하여 분노하는 것; 고린도 교회에서의 하나님의 일에 대한 열심의 "활활 타오르는 불"은 렘 20:9의 정신 속에 있기 때문에, 이 두 가지가 모두 가능하다). 이런 류의 목회적인 염려는 바울이 사도임을 보여 주는 가장 진정한 증표로 여기는 바로 그것이다: "이적들을 일으키는 것이 아니라 공동체를 향한 사랑"(Fallon, 102, 103). 바울은 이적을 일으킬 능력이 없다는 의미에서 약한 자들과 더불어서 스스로 약했다. 바울은 고린도 교인들이 참된 복음으로 떨어져서 어그러진 길로 갔고, 그 결과 고린도 교회에서의 그의 사역이 위태롭게 되었을 때 애가 탔다.

30-33 우리는 이미 서사적인 이야기로의 느닷없는 이행을 언급한 바 있는데, 몇몇 주석가들은 이것을 문제 삼는다. 하지만 사실 이 절들은 바울이 사도로서 사역을 하면서 겪은 일들을 열거한 목록을 계속해서 강력하게 이어가면서 그 절정을 이루고 있기 때문에, 이 절들이 여기에 나오는 것에 의문을 제기할 이유는 없다. 앞의 목록에서 바울은 한 번 "어리석은 자"가 되어서 기탄없이 자랑하겠다는 입장을 취했는데, 이것을 프랑스어로는 "가스꽁나드"(gasconnade), 즉 허풍선이의 말이라고 부른다. 바울은 독자들에게 이것이 자신의 스타일이라는 것을 상기시키기라도 하려는 듯이 카우카스다이(*καυχᾶσθαι*)의 근거로서의 자신의 "약함"이라는 주제를 다시 반복하면서, "최고의 예화"(Black, ibid., 145; Barrett, 303에서 재인용) 속에서 자신을 겨냥한 비난을 다시 거론한다(11:21).

"내가 부득불 자랑할진대 나의 약한 것을 자랑하리라"(*εἰ καυχᾶσθαι δεῖ, τὰ τῆς ἀσθενείας μου καυχήσομαι*-에이 카우카스다이 데이, 타 테스 아스데네이아스 무 카우케소마이). 이것은 대격 목적어가 술어인 카우케소마이(*καυχήσομαι*) 앞에 나오고 타(*τὰ*)가 테스 아스데네이아스 무(*τῆς ἀσθενείας μου*)와의 분명한 연결 관계 없이 남겨진다는 점에서 도치법(inversio)이라는 수사학적 양식을 보여주는 좋은 예이다. 따라서 주석가들은 그 연결 관계를 서로 다른 방식으로 본다: 바울이 자랑하는 것은 그의 약함을 보여 주는 증거들(Windisch, 362)이거나, 또는 그의 약함의 결과들(Schlatter, *Paulus*, 657)이거나, 또는 단지 그의 약한 상태를 구성하고 있는 것들(Prümm, *Diakonia* 1:644; Barrett, 302)이다.

카우케소마이(*καυχήσομαι*)의 미래 시제는 엄숙한 맹세의 뉘앙스를 지니고 있고, 독자들에게 10절을 상기시킨다(Windisch, 362). 연결 관계를 이렇게 파악하는 견해는 현재의 절에서 새로운 단락이 시작되는 것으로 보는 견해(Hughes, 418에서 제시한)보다 더 낫다. 이 절은 바울이 그의 대적자들에게 답변하는 가운데 앞에 나온 내용을 요약한 것으로서 12:1에 비추어 볼 때 그들이 내세운 슬로건인 카우카스다이 데이(*καυχᾶσθαι δεῖ*, "사람은 자랑해야 한다")를 인용하고 있는 것 같은데(Betz, ibid., 72-74, 90), 이것은 그러한 자랑은 아무런 유익이 없고 회중의 덕을 세우지도 못한다는 바울의 반박(12:19)이다. 그렇지만 바울의 반어법은 30절에 나오는 그의 진술을 완화시키고, 바울은 역설적으로 그의 대적들이 조롱하는 바로 그러한 증거들을 나열한다.

31 이 "엄숙한 맹세 문구"(Bultmann, 219)는 10절에 걸리고, 둘 사이의 연결 관

계를 보여 준다. 바울은 자기가 진실을 말하고 있다는 것을 확실히 하기 위하여 하나님의 이름을 보증으로 내세운다. 이것은 13:3에서 쟁점으로 제기될 것이다. 하나님에 대한 지나치게 장황한 서술인 호 데오스 카이 파테르(*ὁ θεὸς καὶ πατὴρ*, "하나님 아버지"), 투 퀴리우 예수(*τοῦ κυρίου Ἰησοῦ*, "주 예수의"), 호 온 율로게토스 에이스 투스 아이오나스(*ὁ ὢν εὐλογητὸς εἰς τοὺς αἰῶνας*, "영원히 찬송할 분")는 바울의 맹세에 무게를 더해 주고, 이 문장 전체의 구문은 유대의 찬송 문구의 첨가와 기독론적인 확장을 통해서 풍부해진다. "찬송할 하나님"(*εὐλογητός*-율로게토스=ברוך-바룩: Beyer, *TDNT* 2:759-65; Str-B 3:64, 530)은 기도문에서 사용되는 표현이었고(1:3에 대한 "주석"을 보라), 예수는 주(*κύριος*-퀴리오스)시라는 것은 초기 기독교에서 신앙 고백적인 표현이었다(롬 10:9; 고전 12:3; 빌 2:11). 게다가, 이 문구에 덧붙여진 카이 파테르 투 퀴리우(*καὶ πατὴρ τοῦ κυρίου*)는 1:3을 상기시키는 것으로서 후대의 예전적인 어구들(엡 1:3; 벧전 1:3; Hippolytus, *Apostolic Tradition* Sec. 7, Cuming's ed. 12) 속에서 확대된 표현으로 발견된다. 분사를 실명사로 사용한 동사적 표현인 호 온(*ὁ ὢν*)은 여기서 개별화된 의미를 지닌다(BDF § 413.1): "…인 자"(동일한 구문으로 되어 있는 롬 1:25; 9:5을 참조하라).

"나의 거짓말 아니하는 줄을"(*οὐ ψεύδομαι*-우 프슈도마이)은 11:10에서처럼 좀더 간단하게 "내가 진실을 말한다"로 표현될 수 있는 것을 나타내는 곡언법(litotes, 반의어를 부정함으로써 강한 긍정을 나타내는 기법)이다. 그러나 프슈드(*ψευδ-*)를 접두사로 사용한 동사는 "거짓 사도들"(*ψευδαπόστολοι*-프슈다포스톨로이, 참조. 26절)을 사탄의 일꾼들로 규정한 11:13-15을 독자들에게 상기시켰을 것임에 틀림없다. 바울은 여기서 자신의 말이 진실이라는 것을 확실히 하기 위하여 하나님의 이름들을 보증으로 내세움으로써 자신의 사도직이 참되다는 것을 아울러서 단언하고 있다. 이 맹세는 회고적인 것으로서 앞서 그의 사도직에 대한 진정한 증거인 그의 "약함을 자랑한 것"과 직접적으로 연관된다(Hughes, 419, 420; 여기에 반대하여 Tasker, 167에서는 여기서 바울이 하나님을 증인으로 내세운 것은 23-27절에서 그가 말한 것에 걸리는 것으로 보고, Calvin과 Strachan, 28에서는 32-33절에 나올 내용에 걸리는 것으로 본다).

32-33 우리가 앞에서 언급했듯이, 이 절들을 본문 속으로 끼어든 난외주로 보는 학자들이 있다(예를 들면, Goudge, 110). 빈디쉬(Windisch, 364)와 헤링(Héring, 87)은 이 이야기를 바울이 편지를 구술하는 과정에서 디모데에게 추가적으로 말해

준 후기(後記)였다고 생각한다. 그러나 우리는 왜 편집자가 이 절들을 여기에 삽입했는지를 물어야 하기 때문에, 어떤 목적이 존재했다고 한다면, 이 절들은 그러한 목적에 이바지하고 있는 것으로 보는 것이 더 안전하다(Barrett, 303). 우리는 몇 가지 가능성들을 언급한 바 있다. 가장 유력한 것들로는 다음과 같은 것들이 있다. (1) 이 경험은 바울의 선교 활동의 초창기에 실질적인 사역을 위한 "최초의 도제 수업"(*haec persequutio erat quasi primum tirocinium Pauli*, Calvin)으로서 그의 기억에 지울 수 없는 흔적을 남겼다(Strachan, 28; Denney, 345; Wendland, 243에서는 이 사건의 연대를 바울이 회심한 후 2년 이내로 잡는다). (2) 바울이 다메섹에서 피신한 것은 그의 대적들에게 알려져 있었을 것이기 때문에, 이 일은 그의 겁 많음을 보여 주는 증표로 사용되었다. 그리스도인으로서 바울이 보여 준 최초의 행위는 도망하는 것이었다. 따라서 그는 약한 자요 겁쟁이였다. 그는 이 일을 꼭 이야기해야겠다고 생각했지만, 이 일은 "환난 목록"에는 잘 맞지 않는 것이어서, 그 이야기를 여기에 후기(後記)로 제시했다(Menzies, 88, 9를 보라). (3) 프리드릭센(Fridrichsen, "Zum Stil," 29)은 유머가 반어법과 어우러져 있었던 당시의 환난 목록(*Peristasenkatalog*)의 "서사 연대기 양식"(Allo, 300, 301) 속에서 그 병행을 찾는다. (4) 이 이야기는 사도행전 9:23-25에서처럼 (전혀 수치의 뉘앙스를 띠고 있지 않은 가운데) 하나님의 구원을 보여 주는 증거로서 바울의 낮아짐을 보여 주는 단순한 예화다(Plummer, 333; 참조. Lietzmann, 151). (5) 바울이 성벽을 내려온 것에 관한 이야기는 그것과 대비가 되는 그 다음에 나오는 이야기, 즉 바울이 삼층천에 갔다 온 이야기(12:1-4)에 대한 복선이다. 따라서 이것은 내려감-올라감의 연관 관계를 보여 주는 것이다(Zmijewski, ibid., 289).

우리가 이 여러 가지 가능성들 중에서 하나를 선택해야 한다면, 마지막 해석이 가장 유력해 보인다. 하지만 우리는 여기에 한 가지를 더 추가해서 고찰해야 하는데, Judge, "Conflict"(45)와 Travis, "Paul's Boasting"(530)에서 지적했듯이 포위된 적의 성벽을 가장 먼저 오른 군사에게 영예로운 상을 내린 로마의 관습과의 유비가 바로 그것이다. 바울은 이러한 관념을 완전히 뒤집음으로써 자랑하는 것과 관련된 개념 전체에 대하여 조소를 퍼붓는다(그가 12:11에서 명시적으로 그렇게 하고 있듯이). 그러나 이 이야기를 바울이 잠언 21:22의 "지혜로운 자는 용사의 성에 올라가서 그 성의 견고히 의뢰하는 것을 파하느니라"(*πόλεις ὀχυρὰς ἐπέβη σοφὸς καὶ καθεῖλεν τὸ ὀχύρωμα, ἐφ' ᾧ ἐπεποίθεισαν οἱ ἀσεβεῖς*-폴레이스 호퀴라스 에페베 소포스 카이 카데일렌 토 호퀴로마, 에프 호 에페포이데이산 호이 아세베이스)

를 염두에 두고서 말한 10:4-5의 이미지와 연결시키는 학자는 아무도 없었다. 우리는 바울이 다메섹으로부터의 피신에 관한 이야기를 쓸 때 이 구약의 구절이 여전히 그의 생각 속에 있었을 것이라고 본다. 바울은 약함을 보여 주는 그의 삶을 지혜로운 자들－그들이 거짓 사도들이든(10:5에서처럼) 대면할 때의 담대함과 이적들을 행하는 것을 내세워서 의기양양했던 고린도 교인들(11:19에서처럼)이든－의 혁혁한 업적들과 의도적으로 대비시키고 있다. 바울은 그들과는 대조적으로 보잘것없는 모습을 보여 준다. 그들은 용사의 성에 올랐지만, 그는 광주리를 타고 성벽을 내려와서 겨우 목숨을 부지했다. 그들은 적군의 요새를 무너뜨렸지만, 그는 자기를 돕는 자들의 힘을 빌어서 원수인 아레다 왕의 수비대로부터 겨우 피신할 수 있었다. 그들은 승리를 거두고 의기양양해 했지만, 그는 패배를 경험했다. 그렇지만 그 패배는 그의 영광이자 자랑이었다. 그는 이 이야기를 자신을 건지신 분은 주님이셨고, 자신은 오직 주님만을 자랑할 수 있다는 것을 보여 주는 증거로 사용한다(10:17-18). 그가 정반대의 성격을 지닌 일들을 체험했을 때도(12:1-4, 9b) 이것은 그대로 적용된다. 자기가 낮아졌든지(11:32-33) 높아졌든지(12:1-4) 바울의 태도는 변함이 없었다. 자랑하는 것은 하나님이 정하신 한도 내에서(10:13) 이루어지고 그리스도의 은혜에 의거하지 않는다면(12:9) 아무것도 이루지 못한다.

아레다 4세 치하의 다메섹은 분봉왕(개역 성경에서는 "방백")이 다스렸는데, 분봉왕은 나바테아의 봉신(封臣) 왕들이 지닌 칭호였다. 이 아레다 왕은 주전 9년부터 주후 39/40년까지 페트라(Petra)를 다스리고 있었다(Steinmann, *Aretas IV*). 그는 헤롯 안디바의 장인이었는데, 헤롯 안디바는 자신의 조카딸이자 이복 누이였던 헤로디아와 혼인하기 위하여 아데다 왕의 딸과 이혼했다(막 6:17-18). 아레다 왕은 헤롯의 이러한 행동에 분노하여 몇 년 후에 복수를 감행한다. 헤롯은 수리아의 로마 총독이었던 비텔리우스(Vitellius)를 희생시켜서 티베리우스 황제의 총애를 얻었기 때문에(Josephus *Ant.* 18.104, 5), 주후 36년에 아레다 왕은 헤롯에게 보복하고자 했던 비텔리우스의 후원하에 진격하여 페트라를 침공했고, 거기서 헤롯의 군대를 격파했다(*Ant.* 18.116). 티베리우스 황제는 헤롯 군대의 패배를 로마의 동맹국에 대한 모욕으로 보고서 수리아 총독 비텔리우스에게 아레다 왕을 쳐서 보복하라고 명령했다. 그러나 티베리우스 황제가 주후 37년에 죽음으로써 이 명령은 실행되지 못했다. 아레다 왕은 다메섹을 장악하고 있었던 것으로 보이지 않는다. 왜냐하면 비텔리우스의 길은 그가 아레다 왕을 그러한 전략적 성으로부터 쫓아낼 필요를 느끼지 못했다는 것과 수리아에 주둔하고 있던 로마의 군단들이 다메섹에 대한 침공을 가로막았을 것임을 보여 주기 때문이다. 다메섹에서 주전 34년과 62년 사이에 주조된 로마의 주화들이 발견되지 않는다는 것은 우연으로 보이기 때문에, 오늘날의 대부분의 역사학자들은 이러한 소극적인 증거를 아레다 왕이 칼리굴라 황제 치세 초기까지 다메섹을 장악하고 있었음을 증명해 주는 증거로 사용하지 않는다. 이 황제는 아레다 왕에게 호의적인 태도를 보여 주었다. 따라서 오늘날의 통설(Jewett, *A Chronology*, 30-33에 나와 있음; 그렇지만 Luedemann, *Paul*, 31에서는 여기에 도전한다; 참조. Burchard, *Zeuge*, 150-58)은 아레다 왕의 다메섹 통치는 주후 37년부터 시작되었다는 것이다. 아레다 왕은 주후 39/40년에 죽었기 때문에, 바울이 다메섹 성에서 도망한 사건은 이 2년 사이에 일어났을 것이다(참조. Hughes의 설명, 424-28; Ogg, *Chronology*, 22, 23도 여기에 동의한다).

아마도 가장 안전한 결론은 바울의 피신 사건은 아레다 왕이 죽기 전에 일어났음에 틀림없다는 것이다. 갈라디아서 1:17에서 바울이 "아라비아"와 다메섹을 방문했다고 말한 것이 우리가 살펴보고 있는 절에 언급된 것과 동일한 사건이라면(Luedemann, ibid., 63를 보라), 바울의 위험은 그로부터 조금 나중에 생겨나서 그의 피신을 초래한 것이 된다. 그러나 바울 자신이 언급한 연대기는 이 일이 언제 일어났는지에 대하여 침묵하고 있다. 그러므로 갈라디아서 1:18에서 말하는 "삼 년 후에"는 그 연대가 주후 31년, 34년, 37년 등으로 다양하게 추정되는 그의 피신으로부터 기산되어야 한다(Luedemann, ibid., 262; Jewett, ibid., 99).

이 분봉왕("방백")은 "아마도 다메섹에 있던 반(半)자율적인 나바테아 공동체의 지도자로서…이 지역의 로마 당국과 관련하여 그들의 대변인이자 대표자 역할을 했던 것 같다"(Bruce, 245; E. Schürer, "Der Ethnarch des Königs Aretas," *TSK* 72 [1899] 95-99에서는 지역의 족장이라고 생각한다). 그 주민들 가운데 유대인들은 알렉산드리아에서처럼 분봉왕 아래서 조직될 수 있었을 것이다(Josephus *Ant.* 14.117에서는 Strabo를 언급한다). 바울에 대한 적대 세력이 성 내부로부터 온 것인가, 아니면 그들은 "나를 잡으려고"(*πιάσαι με*-피아사이 메) 외부에서 성벽을 감시하고 있었던 것인가라는 질문이 종종 제기된다. 주이트(Jewett, ibid., 30, 31)가 E. Haenchen, "The Book of Acts as Source Material for History of Early Christianity," *Studies in Luke-Acts*(FS. P. Schubert, ed. L. E. Keck and J. L. Martyn, [London: SPCK, 1968] 268-69)와 Bultmann, 219의 견해에 반대하여 아레다 왕의 군사들은 성 안에 있었음이 틀림없다고 말하며 제시한 논증은 결정적이다: "군사들이 성을 둘러싸고 있었다면, 성 안에 있으면 아무런 해도 입지 않을 텐데 일부러 성벽 아래로 내려뜨려서 군사들의 수중에 들어가게 하는 것은 터무니없는 짓이 될 것이다."

이 사건에 관한 자세한 내용 속에는 인명들이 풍부하게 나온다: 다메섹-다메섹인들(26절의 *κίνδυνοι ἐν πόλει*-킨뒤노이 엔 폴레이를 풍부하게 해주는 "췌언법," Windisch, 366), 호 에드나르케스(*ὁ ἐθνάρχης*, 정관사에 대해서는 BDF § 268.1을 보라. 그러나 여기서는 바울의 위험과 관련된 자의 정체를 확정하기 위하여 사용된 것일 가능성이 크다), 아레다. 이 모든 이름들은 바울에게 일어난 일이 역사적으로 신빙성이 있다는 것을 보여 주기 위한 것이다. 또한 우리는 다메섹을 두 번이나 언급한 것은 바울이 새로운 삶으로 부르심을 받은 것과 사역을 위임받은 것이 바로 이 성에서 일어났음을 암시하는 것은 아닌가 생각해 볼 수 있다-사도행전 9:15-17; 22:15; 26:17, 18에서 이방인들에 대한 선교는 마지막에 나오는 구절에서 특히 강조된다(D. M. Stanley, "Paul's Conversion in Acts: Why the Three Accounts?" *CBQ* 15〈1953〉, 315-38를 보라).

이 이야기 속에서 사용된 그 밖의 다른 용어들인 프루레인(*φρουρεῖν*-프루레인, "지키다"; 참조. 은유적으로 사용된 빌 4:7; 갈 3:23), 피아제인(*πιάζειν*-피아제인, "잡다"; 어떤 사람을 없애고자 하는 의도를 지녔음을 말해 주는 행 12:4; 요 7:30; 행 9:24, *ὅπως αὐτὸν ἀνέλωσιν*-오포스 아우톤 아넬로신)은 극적인 효과를 더해 주고 있는데, 사르가네(*σαργάνη*, 행 9:25의 스퓌리스〈*σπυρίς*〉 또는 막 6:43의 코피노스〈*κόφινος*〉가 아니라)는 원래 "물고기를 잡는 그물"(Prümm, 1:657)을 뜻하지만 겨나 털실 밑에 병기들을 감추는 데 사용된 광주리를 가리킬 수도 있다(Hort, loc cit., 571). 어쨌든 그런 방식으로 성을 빠져나간 것은 볼품없는 짓이었다. 우리가 Prümm, ibid.; Schlatter, *Paulus*, 657, n. 1; Windisch, 365의 결론을 따른다면, 바울이 선택한 단어들은 그 "수치"를 더욱 강화시킨다. 그들은 바울이 자기가 "들창문으로"("작은 문": *διὰ θυρίδος*-디아 뒤리도스, 참조. POxy I. 69.7: "훔친 밀을 들창문을 통해서〈*διὰ τῆς…θυρίδος*-디아 테스…뒤리도스〉 몰래 들여왔다), "성벽 틈으로"(*διὰ τοῦ τείχους*-디아 투 테이쿠스, "성벽을 넘어서"가 아니라) 내려갔다고(*χαλᾶν*-칼란, 고기 잡는 것과 관련된 용어, 눅 5:4, 5; 참조. 행 27:17) 서술하고 있음을 지적한다-바울은 성벽 틈새를 통해서 피신했기 때문에. 그들은 이러한 어구들은 기생 라합의 집으로부터 정탐군들이 피신한 것(수 2:15-18)을 모델로 삼은 것이라고 결론을 내린다. 게다가 우리가 위에서 제시한 견해에 의하면, 바울은 사실 용맹스러운 로마인으로서 스스로 "성벽을 넘은" 것이 아니라(행

9:25에서처럼) 성벽에 난 들창문을 통해서 마치 물건처럼 내리워졌다는 점을 지적할 수 있을 것이다. 호트(Hort)의 서술(loc. cit., 571)을 빌린다면, 바울은 다메섹성에서 밀반출되어야 했다. 그러나 결국 최종적인 고백은 하나님의 손길에 의해서 적대적인 세력의 수중에서(ἐκ-에크와 함께 사용된 히브리적 표현; 참조. 눅 1:71; Moulton, *Grammar* 4:92) 구원을 받았다는(ἐκφεύγειν-에크퓨게인) 것이다.

바렛(Barrett, 304)은 이 이야기와 굴욕적인 경험이라는 사실을 약화시키고 바울의 생명이 위협을 받았다는 것을 부각시키고 있는 사도행전 9:23-25의 몇몇 대비점들을 지적한다-두 사건이 동일하다고 전제하고(그럴 가능성이 대단히 높다). 고린도후서 11:27-33 전체는 고난받는 자로서의 사도의 극단적인 삶을 부각시키고 있지만, 앞으로 12:1-10이 보여 주듯이 바울은 비범한 지도자다(이것은 사도행전의 경향성과 부합한다. 사도행전의 세부적인 내용과 여기서의 바울을 조화시키려고 하는 의심스러운 시도들에 대해서는 Burchard, *Zeuge*, 158, n. 100을 보라).

## 해설

바울은 자기가 한 번 어리석은 자가 되어서 자랑해 보겠다고 한 후에 계속해서 그리스도와 복음을 위하여 섬긴 자신의 과거의 삶에 관한 기록을 제시한다.

그는 사도임을 보여 주는 진정한 시금석은 큰소리로 허풍을 치고 아무런 근거도 없이 뽐내고 자랑하는 것에 있지 않다고 단언한다. 진정한 시금석은 사도임을 주장하는 자가 다른 사람들의 선과 유익을 위하여 고난을 받고 섬기며 다른 사람들과 마음을 같이 했음을 보여 주는 삶의 기록에 있다(롬 15:15-19을 보라; 참조. 딤후 2:10; 3:10-12).

바울은 자신이 겪은 환난들에 대하여 주목할 만한 기록을 갖고 있는데, 그가 한 말들 속에서 우리는 이 대목이 아니었다면 결코 알지 못했을 많은 것들을 알게 된다.

그는 자기가 진정한 유대인으로서 순수한 혈통을 지니고 있다는 것을 주장하는 것으로 시작한다(22절). 그런 후에 그는 그의 궁핍들과 고난들의 목록을 열거함으로써 자기가 "그리스도의 일꾼"(23절)이라는 것을 보여 주는 것으로 나아간다. 그에게는 환난과 곤경으로 점철된 육체적인 고난의 삶(23-27절)만이 아니라 정신적이고 영적인 고통도 존재했다: "모든 교회를 위하여 염려하는 것"(28절). 고린도교회만큼 그에게 큰 염려를 안겨 준 교회는 없었다! 끝으로, 그는 "영혼들을 돌보고자 하는" 책임감으로 항상 눌리고, 곤경에 처한 자들을 도울 기회를 찾아다니며, 그들의 절박한 필요를 동정하고, 그들의 곤경에 동참하고자 하는 자신의 삶을 말한다(29절).

바울은 다메섹 사건(참조. 행 9:23-25)을 후기(後記)로 직접 진술하는 것으로써 이 단락을 마무리한다. 이 사건은 그 자체로만 본다면 23-27절의 끔찍한 경험들과 위험들에 비해서 사소한 것일 수 있는데, 바울은 왜 이 사건을 맨마지막에 배치한 것인가? 한 가지 가능한 해법은, 바울의 대적자들은 이 사건을 집요하게 물고 늘어져서 왜곡하여 다메섹에서 겁쟁이처럼 피신한 것을 이유로 바울을 비난하는 데 활용했다는 것이다. 또한 칼빈(Calvin)이 채택한 견해, 즉 바울은 이 사건이 자신이 회심한 후 그리스도에 대한 충성으로 인하여 겪은 최초의 환난으로서 그의 마음에 지워지지 않는 흔적을 남겼기 때문에 이 경험을 특별히 언급하고자 했다는 견해도 가능하다. 본 주석서에서는 군사적인 용어들을 통해서 서로 결합되어 있고 로마 군사의 용기와 영웅적인 행동을 반영하고 있는 10:4-5과 11:32-33 간의 연결 관계 속에서 이 이야기가 여기에 배치된 좀더 깊은 이유를 찾고자 했다. 반면에, 바울은 그런 로마 군사와는 달리 자기는 그렇게 특별한 인물이 아니라는 것을 인정하고자 했다. 군사의 용맹을 오만하게 뽐내는 것과는 달리, 사도로서의 바울의 삶은 굴욕과 수치로 점철되어 있었다. 그러나 비록 그가 받은 영광의 훈장들은 하나님을 섬기다가 입은 상처들이었음에도 불구하고(갈 6:17), 하나님은 그와 함께 하셔서 그를 구원하셨다(1:8-10).

## 3. 바울의 탈혼 체험과 그 평가(12:1-10)

### 참고문헌

**Barré, M. L.** "Qumran and the Weakness of Paul." *CBQ* 42(1980) 216-27. **Baumgarten, J.** *Paulus und die Apokalyptik.* WMANT 44. Neukirchen-Vluyn: Neukirchener Verlag, 1975. **Betz, H.-D.** "Eine Christus-Aretalogie bei Paulus(2 Cor 12, 7-10)." *ZTK* 66(1969) 288-305. **Bieder, W.** "Paulus und seine Gegner in Korinth." *TLZ* 17(1961)

319-33. **Binder, H.** "Die angebliche Krankheit des Paulus." *TZ* 32(1976) 1-13. **Bowker, J. W.** "'Merkabah' Visions and the Visions of Paul." *JJS* 16(1971) 157-73. **Cambier, J.** "Le critère paulinien de l'apostolat en 2 Cor 12, 6s." *Bib* 43(1962) 481-518. **Güttgemanns, E.** *Der leidende Apostel und sein Herr.* Göttingen: Vandenhoeck & Ruprecht, 1966. **Jervell, J.** "The Signs of an Apostle." *In The Unknown Paul.* **Jewett, R.** *Paul's Anthropological Terms.* Leiden: Brill, 1971. **Lincoln, A. T.** *Paradise Now and Not Yet.* SNTS 43. Cambridgc: University Press, 1981. ______. "Paul the Visionary: the Setting and Significance of the Rapture to Paradise in 2 Corinthians 12:1-10." *NTS* 25(1979) 204-20. **Marshall, P.** "A Metaphor of Social Shame: *ΘΡΙΑΜΒΕΥΕΙΝ* in 2 Cor. 2:14." *NovT* 25(1983) 302-17. **Mullins, T. Y.** "Paul's Thorn in the Flesh." *JBL* 76(1957) 299-303. **Nisbet, P.** "The Thorn in the Flesh." *ExpTim* 80(4, 1969) 126. **O'Collins, G. G.** "Power Made Perfect in Weakness: 2 Cor 12:9-10." *CBQ* 33(4, 1971) 528-37. **Park, D. M.** "Paul's *ΣΚΟΛΟΨ ΤΗ ΣΑΡΚΙ*: Thorn or Stake?" *NovT* 22(1980) 179-83. **Price, R. M.** "Punished in Paradise(An Exegetical Theory on 2 Corinthians 12:1-10)." *JSNT* 7(1980) 33-40. **Rowland, C.** *The Open Heaven. A Study of Apocalyptic in Judaism and Early Christianity.* London: SPCK, 1982. 380-86. **Saake, H.** "Paulus als Ekstatiker. Pneumatologische Beobachtungen zu 2 Kor 12, 1-10." *Bib* 53(1972) 404-10; also in *NovT* 15(1973) 153-60. **Schmithals, W.** *Gnosticism in Corinth.* **Scholem, G.** *Jewish Gnosticism, Merkabah Mysticism and Talmudic Tradition.* New York: Jewish Theological Seminary of America, 1960. **Sevenster, J. N.** and **W. C. van Unnik,** eds. *Studia Paulina in honorem Johannis de Zwaan.* Haarlem: de Erven F. Bohn N. V., 1953. **Smith, N. G.** "The Thorn That Stayed. An Exposition of 2 Cor 12:7-9." *Int* 13(1959) 409-16. **Spittler, R. P.** "The Limits of Ecstasy: An Exegesis of 2 Corinthians 12:1-10." In *Current Issues in Biblical and Patristic Interpretation,* in honor of Merrill C. Tenney, ed. G. F. Hawthorne, 259-66. Grand Rapids: Eerdmans, 1975. **Wilckens, U.** *Weisheit und Torheit.* BHT 26. Tübingen: J. C. B. Mohr, 1959. **Wood, J. E.** "Death at Work in Paul." *EvQ* 54(1983) 151-55. **Zmijewski, J.** "Kontextbezug und Deutung von 2 Kor 12, 7a: Stilistische und Strukturale Erwägungen zur Läsung eines alten Problems." *BZ* n.s. 21(1977) 265-77. ______. *Der Stil der paulinischen "Narrenrede."* BBB 52. Köln-Bonn: Hanstein, 1978.

# 본 문

1 무익하나마 내가 부득불 자랑하노니 주의 환상과 계시를 말하리라

2 내가 그리스도 안에 있는 한 사람을 아노니 십사 년 전에 그가 셋째 하늘에 이끌려 간 자라 (그가 몸 안에 있었는지 몸 밖에 있었는지 나는 모르거니와 하나님은 아시느니라)

3 내가 이런 사람을 아노니 (그가 몸 안에 있었는지 몸 밖에 있었는지 나는 모르거니와 하나님은 아시느니라)

4 그가 낙원으로 이끌려 가서 말할 수 없는 말을 들었으니 사람이 가히 이르지 못할 말이로다

5 내가 이런 사람을 위하여 자랑하겠으나 나를 위하여는 약한 것들 외에 자랑치 아니하리라

6 내가 만일 자랑하고자 하여도 어리석은 자가 되지 아니할 것은 내가 참말을 함이라 그러나 누가 나를 보는 바와 내게 듣는 바에 지나치게 생각할까 두려워하여 그만두노라

7 여러 계시를 받은 것이 지극히 크므로 너무 자고하지 않게 하시려고 내 육체에 가시 곧 사단의 사자를 주셨으니 이는 나를 쳐서 너무 자고하지 않게 하려 하심이니라

8 이것이 내게서 떠나기 위하여 내가 세 번 주께 간구하였더니

9 내게 이르시기를 내 은혜가 네게 족하도다 이는 내 능력이 약한 데서 온전하여짐이라 하신지라 이러므로 도리어 크게 기뻐함으로 나의 여러 약한 것들에 대하여 자랑하리니 이는 그리스도의 능력으로 내게 머물게 하려 함이라

10 그러므로 내가 그리스도를 위하여 약한 것들과 능욕과 궁핍과 핍박과 곤란을 기뻐하노니 이는 내가 약할 그 때에 곧 강함이니라

1 I must go on boasting.[a] Though it is of no advantage,[b] I will come[c] to visions and revelations of the Lord.

2 I know a man in Christ who fourteen years ago – whether in the body or out of the body, I do not know, only God knows – was caught up to the third heaven.

3 And I know that this man – whether in the body or apart from[d] the body, I do not know, only God knows –

4 was caught up to paradise and he heard unspeakable words which a human being is not permitted to utter.

5 I will boast on behalf of this man, but I will not boast on my behalf, except in [my][e] weaknesses.

6 Even if I should choose to boast,[f] I would not be foolish, for I speak the truth. But I refrain [from boasting] so that no one will think more of me than what he sees in me[g] or hears from me,

7 even the extraordinary revelations. Therefore,[h] in order that I should not become conceited, I was given a thorn in the flesh, a messenger of Satan, in order to batter me, that I should not become conceited.[i]

8 Concerning this I pleaded with the Lord three times to take it away from me.

9 And he said to me, "My grace is sufficient for you, for [my][j] power is fulfilled[k] in weakness." Therefore I will most gladly boast in my weaknesses, in order that the power of Christ may rest upon me.

10 For this reason I delight in weaknesses, in insults, in[l] anguish, in persecutions and[m] distress, for the sake of Christ; when I am weak, then I am powerful.

## 원문주해

a. 몇몇 사본들(א$^2$ H vg)에는 카우카스다이(καυχᾶσθαι) 앞에 에이(εἰ)가 있지만, 이러한 첨가는 원래의 것으로 보이지는 않는다(Plummer, 339). 우리의 본문은 P$^{46}$ א B D F G H* 0243 it syr cop(11:30을 보라)의 지지를 받는다. א D* ψ bo에서는 데이(δεί)가 아니라 데(δέ)로 되어 있다. 이것은 필사자가 부주의로 "이오타"를 남겨 놓은 결과인 것 같다(Hughes, 428, n. 97). 또 다른 읽기는 데이(δεῖ)를 데(δή)로 읽는 것인데 K Athan Chrys에서 발견된다. 이러한 차이는 데이(δεῖ)와 게(γή)의 음이 서로 비슷한 데서 생겼을 것이다. 그러나 Hughes(ibid.)가 반대로의 현상이 일어난 것일 수 있다고 인정한 것은 옳다(고전 6:20을 보라). Metzger(*Textual Commentary*, 584)는 Nestle-Aland$^{26}$의 본문이 원래의 것이라고 믿는다. 그의 입장은 모든 학자들에 의해서 받아들여지고 있지는 않다(Hughes를 보라; Windisch, 367에서는 이 본문이 훼손되었다고 생각한다).

b. 이 본문은 P$^{46}$ א B F G 0243 cop의 지지를 받는다. 또 다른 읽기는 쉼페론(συμφέρον) 대신에 쉼페레이(συμφέρει, D*)로 읽는 것이다. 또한 쉼페론 모이(συμφέρον μοι, D$^1$ H ψ it vg)라는 읽기도 발견된다.

c. 멘(μέν)과 데(δέ)가 사용되고 있는 것을 주목할 필요가 있다("주석"을 보라). D ψ syr에는 가르(γὰρ)로, B에는 데 카이(δέ καὶ)로 되어 있다.

d. 에크토스(ἐκτός)는 א D$^2$ F G H ψ 0243의 지지를 받는다. 이 본문(χωρὶς-코리스로 되어 있는)은 오직 P$^{46}$ B D*에서만 발견되지만, 이것이 가장 초기의 읽기였던 것 같다. 에크토스(ἐκτός)가 2절의 영향을 받아서 4절 속으로 들어온 것일 가능성이 높다(Metzger, ibid., 585).

e. 무(μου)는 본문 속에 나오지 않는다(P$^{46}$ B D* 0243). 일부 사본들(א D$^2$ F G ψ Ambst)에서는 타스 아스데네이아이스(τᾶς ἀσθενείαις) 뒤에 무(μου)가 나온다. 본문에는 무(μου)가 나오지 않지만, 우리는 문장의 의미를 통하게 하기 위하여 "나의"를 괄호 안에 넣었다.

f. 우리는 델로(θέλω)가 P$^{46}$에서 발견된다는 점을 지적해 둔다.

g. Nestle-Aland$^{26}$의 본문에는 티(τι, P$^{46}$ א$^2$ D* ψ 0243 vg Ambst)가 포함되어 있지만, 괄호로 처리되고 있다. 짧은 읽기(א* B D$^2$ G cop$^{sa,bo}$)가 사본상의 강력한 지지를 받고 있다. 티(τι)는 불필요한 것으로서 어색하게 놓여져 있다는 것을 보기가 그리 어렵지 않은데, 이것이 이 단어가 탈락된 주된 이유였을 것이다(Metzger, ibid., 585).

h. 12:7에 나오는 처음 다섯 개의 단어들과 관련하여 문제가 제기되어 왔다(καὶ τῇ ὑπερβολῇ τῶν ἀποκαλύψεων-카이 테 휘페르볼레 톤 아포칼륍세온). 문제는 이 단어들이 12:6에서 시작된 문장의 결론부인가, 아니면 새로운 문장의 시작인가에 관한 것이다. 또한 디오(διό)가 포함되는지의 여부도 문제다. 이 추론의 접속사는 P$^{46}$ D ψ it vg syr cop^sa에는 나오지 않는다. 그러나 알렉산드리아 사본(ℵ A B G 33 81 1739)이 지닌 힘과 "어려운 읽기가 우선"(*difficilior lectio potior*)이라는 원칙의 적용을 고려해서 디오(*διό*)를 그대로 두어야 할 것으로 보인다(Metzger, ibid.와 Hughes, 448, n. 138의 유익한 설명을 보라). 디오(*διό*)는 통상적으로 문장을 시작할 때 사용된다. 따라서 디오(*διό*)를 그대로 둔다면, 12:7a은 12:6에 붙어야 할 것이다. Barrett는 12:7a에서 새로운 문장이 시작된다고 주장한다(313-314). 즈미쥬스키(Zmijewski)는 구조 분석을 사용해서 12:7a이 12:6의 일부라는 것을 보여 준다("Kontextbezug"를 보라. 또한 디오〈*διό*〉가 원래의 것이라고 믿어야 할 이유들에 대해서는 동일한 저자의 *Der Stil*, 355-57; 353, 354를 보라). Metzger(ibid.)는 몇몇 필사자들이 실수로 12:7a에서 새로운 문장을 시작했고, 이것으로 인해서 일부 사본들이 디오(*διό*)를 생략하게 되는 결과를 가져온 것이라고 믿는다.

i. 일부 사본들(ℵ* A D F G 33)은 12:7에서 두 번째의 히나 메 휘페르아이오마이(*ἵνα μὴ ὑπεραίωμαι*)를 생략한다. 이것은 아마도 어떤 필사자가 이 구절을 불필요한 것으로 평가했기 때문인 것 같다. 이 구절을 나중에 삽입했다기보다는 원래의 본문에서 이 구절을 탈락시켰다고 보아야 설명이 더 잘 된다. 이 구절은 $P^{46}$ B ψ 81 1739 syr cop goth arm에서 발견되는데, 의심할 여지 없이 바울이 육체의 가시를 갖게 된 이유를 강조하고자 한 것을 반영한 것이다.

j. 공인 본문(TR)을 비롯해서 후대의 사본들(ℵ² A² D² ψ 0243 syr^bo)은 헤 가르 뒤나미스(*ἡ γὰρ δύναμις*)로 읽는다. 이것은 하나님이 하신 말씀의 뜻을 분명히 하기 위하여 후대에 첨가한 것으로 보인다(Metzger, ibid., 585). 초기의 사본 증거들(P46vid ℵ* A* B D* F G it vg cop goth eth)은 소유대명사 무(*μου*)를 생략한다.

k. 텔레이우라이(*τελειοῦραι*)는 ℵ² D² E K L P에서 발견된다. 좀더 유력한 증거들은 텔레이타이(*τελεῖται*, ℵ* A B D* F G)라는 본문을 지지한다.

l. $P^{46}$ ℵ*에서는 카이(*καὶ*)가 아낭카이스(*ἀνάγκαις*) 앞에 나온다.

m. 이 본문은 $P^{46}$ ℵ* B 104 326 1175 1838의 지지를 받는다. 그 밖의 다른 읽기로는 카이 엔(*καὶ ἐν*, 0243 630 1739 1881)과 엔(*ἐν*, ℵ² A D G K P ψ 33 614 1241)이 있다. 첫 번째 이독은 본문 합성의 결과일 뿐이다. 두 번째의 다른 읽기, 즉 엔(*ἐν*)으로 대체한 것은 필사자들이 전치사 엔(*ἐν*)을 통해서 이 일련의 것들을 이어가기 위한 시도일 것이다(Metzger, ibid., 586).

## 양식/구조/배경

바울이 현재의 단락에서 말하고자 하는 것의 취지는 그의 강함은 그의 약함을 받아들인 데서 온다는 것이다. 그는 이러한 교훈을 배웠고, 대단히 논쟁적인 배경 속에서 12:1-10을 통해 고린도 교인들에게 그 교훈을 나누어 준다. 현재의 단락의 전체적인 그림은 바울이 자기를 자랑하는 자세를 취하고 있다는 것이다(12:1a; Zmijewski, *Der Stil*, 325). 나중에 말하게 되겠지만, 그는 고린도 교인들 때문에 그렇게 할 수밖에 없었다(12:11). 바울은 그러한 자랑이 아무런 가치도 없다는 것을 잘 알고 있었지만(그의 대적들이 스스로를 자랑하며 뽐내고 있을 때), 자신이 본 환상을 이야기하는 것으로 나아간다(12:1b-4). 그는 이 이야기를 하면서 3인칭으로 말하는 방식을 택함으로써 자신에게 주의가 집중되지 않도록 세심하게 배려를 한다. 바울은 삼층천에 갔다 온 "이런 사람"을 알고 있나. 그 환상은 그 사람이나 다른 어떤 사람도 이르지 못할 말들을 담고 있었다(12:4). 5절에서 바울은 자기가 12:2-4의 "신비의" 사람이라는 것을 독자들에게 암시한다. 그렇지만 바울은 이러한 사실을 자신의 사도직이 얼마나 엄청난 것인지를 보여 주는 기회로 활용하고자 하지 않는다. 도리어 그는 11:23-33의 연속선상에서 독자들의 관심을 자신의 약함으로 이끈다. 바울은 다른 사람들이 볼 수 없는 것들을 본 것을 자랑하기는커녕 독자들에게 그들이 자기에 대하여 알고 있는 것을 보도록 강권한다(12:6). (앞으로 보게 되겠지만, 바울은 자신의 사도직이 진정하다는 것을 보여 주는 증거들, 즉 자신의 약함과 자신이 고린도 교회를 세운 자라는 것을 제시한다〈Lincoln, *Paradise Now*, 76, 77〉. "증거"〈*δοκιμή*-도키메〉라는 주제는 13장에서 다시 등장하게 된다.) 이것은 육체의 가시(12:7)와 그 가시를 없애 달라고 그가 기도했다는 것(12:8)에 관한 바울의 저 유명한 구절로 이어진다. 안 된다는 응답을 받았다는 말을 한 후에 바울은 계속해서 하나님의 능력이 인간의 약함을 통해서 온다는 말을 한다. 이러한 경험에 비추어서(12:9) 바울은 자신의 약함을 자랑한다. 왜냐하면 그러한 약함 속에서 그리스도의 능력이 그에게 임하기 때문이다. 그런 후에, 바울은 자기가 약할 때야말로 자기가 강할 때라는 것, 즉 사도의 일을 할 수 있는 때라는 이유를 들어서(빌 4:13) 자기는 약함을 기뻐한다고 말하는 것으로(12:10) 이 단락을 끝맺는다.

간단히 말해서, 이 말은 12:1-10의 요약이다. 그러나 우리가 문학적인 양식을 발견하고자 하는 의도를 가지고서 이 단락을 살펴보지 않는다면, 그것은 우리의 임무를 태만히 하는 것이 될 것이다(Zmijewski, *Der Stil*, 396-411를 보라). 12:1-10에서 우리는 여러 가지 문학적인 장치들이 모자이크처럼 결합되어서 한 폭의 흥미로운 그림을 형성하고 있음을 본다. 이 단락에서 바울은 그의 대적들로부터의 비판, 즉 바울에게는 자랑할 것이 별로 없고, 그가 자랑한다고 해도 그것은 단지 약한 것에 대한 것들뿐이라는 비판에 대하여 답변하고 있다. 바울의 답변은 상황 대응적인(ad hominem) 논증이다. 그는 대적자들의 차원으로 내려가서 그들의 비판을 즉각적으로 반박하고 나서, 하나님께 속한 것은 그들의 사역이 아니라 자신의 사역이라는 것을 노련한 방식으로 보여 준다. (현재의 단락은 6:11-13〈이 절들에 대한 "주석"을 보라〉에서 바울이 "마음을 연 것"을 생각나게 한다. 앞서의 단락에서 바울은 자신의 생각을 그저 마음에 담아 둔 것이 아니라 그가 의도했던 것보다 더 많이 나타내 보였다. 현재의 단락에서 바울은 자신의 속마음을 다시 열어서, 이번에는 그 때까지는 오직 그와 하나님만이 알고 계셨던 일들을 말해 준다. 10:13에서 그는 자신을 자랑하지 않겠다고 단단히 결심했지만, 지금은 11:4, 13-15에서 말하고 있듯이 그의 사도직에 대한 심각한 위협들 때문에 자신의 자랑을 말할 수밖에 없는 상황으로 내몰리게 되었다.)

바울은 삼층천에 갔다 온 "어떤 사람"을 묘사하는 절들에서 11:33의 예 – 친구들이 그를 다메섹 성벽을 통해서 달아내린 것 – 를 따른다. 변증적인 형태로 되어 있는 12:1-6a은 무용담, 즉 헬레니즘 세계의 신 또는 위인(偉人)를 기리는 찬가로 보인다. 바울이 이 사람의 이야기를 하는 것은 단지 그런 체험을 했다고 스스로 자랑하는 것이 진정한 사도임을 보여 주는 증표가 아니라는 것을 지적하기 위한 것으로 보인다. 바울이 여기서 제시하는 굉장한 체험을 한 사람 또는 반쯤은 신이나 다름없는 자에 대한 묘사는 궤변론자들을 상기시킨다("주석"과 Betz의 논증을 보라. 그러나 그 내용이 서로 완전히 다르다는 이유로 이러한 판단에 대하여 유보적인 입장을 취하는 Zmijewski〈ibid., 379, n. 402; 411〉를 보라). 바울은 이런 식으로 복음을 전파하고자 하는 것을 공격하고 있는 것으로 보인다. 왜냐하면 12:7-10은 독자들로 하여금 자신의 약함을 나타내는 것이야말로 그리스도를 섬기며 따르는 데 있어서 유일하게 올바른 길이라는 것을 알도록 하고자 하기 때문이다(또한 13:3-5을 보라; Käsemann, *Die Legitimität*, 64를 보라: "이것은 그가 오직 그의 섬김을 토대로 해서만 이해 받기를 원하고 있다는 것을 의미한다"). 이 마지막 말은 단지 12:1-10의 마지막 부분에만 국한되는 것이 아니다. 그러나 서두의 반어법을 통해서 바울은 12:1에서 자기가 어쩔 수 없이 계속해서 자랑하고 있기는 하지만, 자랑을 통해서 얻을 것은 아무것도 없다는 자신의 생각을 제시한다(J. L. Cheek, "Paul's Mysticism in the Light of Psychedelic Experience," *JAAR* 38[1970], 381-89를 보라).

12:2-4에서 바울은 이전에는 오직 그와 하나님만 알고 있던 자전적인 내용을 밝힌다. 14년 전에(이 환상의 연대에 관한 논의에 대해서는 "주석"을 보라) 바울은 삼층천, 즉 낙원으로 이끌려 갔다. 사도는 이러한 체험이 몸 안에서 일어난 것인지 몸 밖에서 일어난 것인지, 즉 감각적인 인식을 지닌 가운데 일어난 것인지 그러한

인식이 없는 채로 일어난 것인지는 잘 모르겠다는 말을 두 번이나 한다. 그는 이 체험을 서술하는 동안(그의 묘사는 모호하고 신비하지만) 내내 3인칭을 사용한다. 이것은 바울의 유대적 배경을 반영한 것일 수도 있고, 단지 그가 그의 대적들과 마찬가지로 환상들과 계시들을 경험하고 있지만, 그럼에도 불구하고 바울이 지금 말하고 있는 그런 사람은 그가 닮고자 하는 사람이 아니라는 것을 독자들로 하여금 알게 하고자 했기 때문일 수도 있다. 빈디쉬(Windisch, 370)는 이 이야기를 화자의 겸손을 반영한 문체(*Bescheidenheitsstil*)라고 설명하지만, 그러한 설명은 의문시된다(Zmijewski, ibid., 336를 보라). 또한 바울이 "자신을 객관화하고" 있는 것이라는 설명(Dunn, *Jesus and the Spirit*〈Philadelphia: Westminster Press, 1975〉, 214, 215)이나 그가 유대의 묵시론적 전통 속에서 익명의 선견자가 자신이 직접 체험한 것을 잘 알려진 유명한 인물에게 투영해서 묘사하는 익명성의 관행을 활용하고 있는 것이라는 설명(Lincoln, *Paradise Now*, 75; contra J. Baumgarten, *Paulus und die Apokalyptik*, 143, 144를 보라)도 의심스럽다. 바울은 돈이나 이득을 위해서 자신의 가르침을 파는 자도 아니었고, 단지 자신의 현학적인 지식을 자랑하기 위해서 신비적인 언어들을 사용하여 청중들을 헷갈리게 만드는(궤변론자들처럼) 자도 아니었다. 도리어 12:4은 바울이 사도로서 알고 있는 것들을 논쟁적인 방식으로 말하고 있다. 바울은 말로 표현할 수 없는 말들을 들었다. 이러한 역설적인 진술은 고린도 교인들에 의해서 검증될 수 없는 것이었다. 그런데도 이런 말을 한 바울의 취지는, 그는 독자들이 자신에 대하여 보고 들은 것(즉 그의 처절한 경험들을 있는 그대로 보여 주는 증거들: 위의 설명을 보라)만을 토대로 자신을 평가하기를 바란다는 것이었다(12:6). 바울이 이것이 올바른 길이라는 것을 고린도 교인들에게 확신시킬 수 있다면, 그들은 바울의 대적들에게 이와 비슷한 눈에 보이는 증거들을 제시하도록 요구하게 될 것이다. 이것은 11:21-23에서 처음으로 제시된 도전이다. 바울은 자신의 항변이 고린도 교인들로 하여금 그의 대적들이 하나님께서 보시기에 거짓되다는 것을 볼 수 있게 해줄 것임을 확신했다.

이 단락(2-4절)에서 우리는 삼층천에 갔다 온 체험에 관한 바울의 두 가지 서술이 병행적인 구조를 지니고 있음을 본다. 첫 번째 서술은 2절에 나오고, 두 번째 서술은 3-4절에 나온다(이 두 절의 관계에 대한 설명으로는 Zmijewski, *Der Stil*, 335; Rowland, *The Open Heaven*, 381를 보라).

| 2절 | 3-4절 |
|---|---|
| a) *οἶδα ἄνθρωπον ἐν Χριστῷ*<br>(오이다 안드로폰 엔 크리스토) | a) *καὶ οἶδα τὸν τοιοῦτον ἄνθρωπον-*<br>(카이 오이다 톤 토이우톤 안드로폰) |
| b) *πρὸ ἐτῶν δεκατεσσάρων-*<br>(프로 에톤 데카테싸론) | b) --- |
| c) *εἴτε ἐν σώματι οὐκ οἶδα*<br>(에이테 엔 소마티 우크 오이다) | c) *εἴτε ἐν σώματι*<br>(에이테 엔 소마티) |
| d) *εἴτε ἐκτὸς τοῦ σώματος οὐκ οἶδα*<br>(에이테 에크토스 투 소마토스 우크 오이다) | d) *εἴτε χωρὶς τοῦ σώματος οὐκ οἶδα*<br>(에이테 코리스 투 소마토스 우크 오이다) |
| e) *ὁ θεὸς οἶδεν*<br>(호 데오스 오이덴) | e) *ὁ θεὸς οἶδεν-*<br>(호 데오스 오이덴) |
| f) *ἁρπαγέντα τὸν τοιοῦτον*<br>(아르파겐타 톤 토이우톤) | f) *ὅτι ἡρπάγη*<br>(호티 헤르파게) |
| g) *ἕως τρίτου οὐρανοῦ*<br>(헤오스 트리투 우라누) | g) *εἰς τὸν παράδεισον*<br>(에이스 톤 파라데이손) |
| h) --- | h) *καὶ ἤκουσεν ἄρρητα ῥήματα, ἃ κτλ.*<br>(카이 에쿠센 아르레타 레마타, 하 …) |

이 도표에서 알 수 있듯이, 두 개의 서술은 동일한 사건에 관한 것으로 보인다. 3절은 카이(*καὶ*)로 시작되는데, 일부 학자들("주석"을 보라)은 이 "그리고"가 또 하나의 다른 환상을 소개하는 것이라고 생각하지만, 그런 생각이 옳은지는 의심스럽다. 3-4절은 2절에 서술된 사건을 반복한 것으로서, 이 두 번째 서술은 좀더 깊은 인상을 만들어 내기 위해(*Stilempfinden*, 종합적 병행법과 비슷한 셈어적인 수사 장치) 추가된 것일 가능성이 많다. 우리는 바울이 2-4절에서 오직 한 가지 사건만을 말하고 있는 것으로 본다(자세한 논의는 "주석"을 보라).

12:5에서 바울은 또다시 반어법을 사용한다(12:1을 보라). 이러한 환상을 체험한 자는 분명히 자기가 대단하다는 것을 자랑할 수 있지만, 바울에 의하면 올바른 길은 자기가 대단하지 않다는 것, 즉 자신의 약함을 자랑하는 것이다. 12:5에서 바울은 이러한 환상을 체험한 자가 자기라고 말한다. 이러한 "소개"는 5절의 병행 구문 속에서 드러난다.

*ὑπὲρ τοῦ τοιούτου καυχήσομαι*(휘페르 투 토이우투 카우케소마이)

*ὑπὲρ δὲ ἐμαυτοῦ οὐ καυχήσομαι, εἰ μὴ ἐν ταῖς ἀσθενείαις*
(휘페르 데 에마우투 우 카우케소마이, 에이 메 엔 타이스 아스데네이아이스)

두 번째 행의 후반부는 바울이 약하게 된 것을 지적한다(역접의 데〈*δὲ*〉를 주목하라; Zmijewski, *Der Stil*, 347). 12:4에서 시작된 변증은 5절에서도 계속된다. 왜냐하면 바울은 지금 자신을 그의 대적들과 대비시키고 있기 때문이다. 그는 12:6에서도 비록 제한적인 방식으로이긴 하지만 이러한 변증을 계속해 나간다. 만약 바울이 자기가 이룬 것들을 자랑했다고 해도, 그 자랑은 사실이다. 왜냐하면 그는 스스로 자랑할 만한 많은 것들을 지니고 있었기 때문이다. (바울은 11:21-23에서처럼 분명히 그의 대적들의 주장들의 진실성을 의심하고 있었다.) 그러나 바울은 그의 대적들을 좀더 격렬하게 공격하는 대신에 그가 자신을 자랑할 수 있는 이유들로부터 그렇게 하지 않는 이유들로 넘어가기 때문에, 12:7-10의 단락은 약함에 관한 논의가 되었다. 또는 베츠(Betz)의 표현을 빌면, 이 단락은 "그리스도의 무용담"이다("Aretalogie"을 보라). 12:7-10에서 바울은 약함이야말로 능력이 나타나는 길이고, 이 능력은 "약하심으로 십자가에 못 박히신"(13:4) 그리스도로부터 온다고 설명한다. 푸크스(E. Fuchs)는 이것을 "신약성경에서 가장 놀라운 역설"이라고 불렀다(Güttgemanns, *Der leidende Apostel*, 167, n. 110를 보라).

바울이 말한 육체의 가시는 많은 논란의 원천이 되어 왔다(가시의 정체에 관한 여러 가지 다양한 학설들에 대해서는 "주석"을 보라). 바울은 이 "가시"가 무엇이었는지에 대해서는 침묵을 지킨다. 고린도 교인들은 바울이 무슨 말을 하고 있는지를 알고 있었을 것이다. 바울의 환상에 관한 기사가 다메섹 성을 허겁지겁 빠져 나온 사건(11:32-33)과 육체의 가시에 대한 언급 사이에 놓여져 있다는 점이 주목되어 왔다(Lincoln, *Paradise Now*, 84, 85). 이렇게 해서 바울이 말하는 환상은 그의 약함을 보여 주는 경험들에 관한 기록으로 둘러싸여 있어서 그 강도가 약화되어 있다. 육체의 가시가 주어진 것은 바울이 "너무 자고하게" 되는 것을 방지하기 위한 것이었다(11:20을 보라). 바울은 비록 간접적인 방식이긴 하지만 여전히 그의 대적들을 겨냥한 변증을 계속하고 있다. 바울의 대적들은 그들도 자고하게 되지 않도록 해줄 비슷한 "보증들"을 제시했던 것인가? 아니면, 그들은 단지 바울에게 주어진 "가시"를 더욱더 고소한 심정으로 바라보았던 것인가? 이것은 바울이 그가 지닌 가시로 인해서 조롱을 당했을 가능성이 높다는 점에서 한층 더 주목할 만하다. 만약 그 가시가 질병이나 육체적인 결함이었다면, 그의 대적들은 왜 그가 스스로를 치유할 수 없었느냐고 힐난했을 것이다("병든 카리스마"라는 Jervell, "Der schwache Charismatiker," 196, 197의 말을 보라: "바울은 약하고 병든 카리스마로 묘사된다"). 그러나 어떤 의미에서 바울은 자기가 치유받았다고 말하고 있는 것이다. 왜냐하면 이 질병은 하나님으로부터 왔고, 하나님의 능력 안에서 바울은 "온전하여졌기" 때문이다.

7b절은 얼핏 보아도 교차대구법적인 구조로 되어 있다.

| | |
|---|---|
| *ἵνα μὴ ὑπεραίωμαι* | *ἐδόθη* |
| (히나 메 휘페르아이오마이) | (에도데) |
| *κολαφίζῃ* | *ἵνα μὴ ὑπεραίρωμαι* |
| (콜라피제) | (히나 메 휘페르아이오마이) |

그러나 여기서 이러한 고찰에서 멈추는 것은 에도데(*ἐδόθη*)와 콜라피제(*κολαφίζῃ*) 간에 또 하나의 교차대구법이 성립한다는 사실을 간과하는 것이다(Zmijewski, *Der Stil*, 366).

| | |
|---|---|
| *ἐδόθη μοι*(에도데 모이) | *σκόλοψ τῇ σαρκί*(스콜롭스 테 사르키) |
| *ἄγγελος σατανᾶ*(앙겔로스 사타나) | *με κολαφίζῃ*(메 콜라피제) |

이 두 번째 또는 내적인 교차대구법은 "사단의 사자"가 "육체의 가시"와 동격 관계에 있다는 점을 부각시킨다(Zmijewski, *Der Stil*, 365, n. 299; 366). 육체의 가시가 바울이 지닌 질병을 가리키는지, 바울의 대적자를 가리키는지에 대해서는 많은 논란이 있다. 어느 쪽이 맞는지를 결정하기는 어렵지만(각각에 관한 논의에 대해서는 "주석"을 보라), 우리가 기억해야 할 중요한 것은 바울이 삼층천에 갔다오는 체험을 했음에도 불구하고 하나님이 그를 약한 상태로 유지시키기 위한 조치를 취하셨고, 바울의 약함(10:10에 연결되는)은 "사도직의 판별 기준"이 된다는 것이다(Jervell, ibid., 197; 참조. Käsemann, *Die Legitimität*, 60-64).

이러한 설명에 의하면, 바울은 자신에게 임한 하나님의 능력을 힘입어서 약함을 승리로 전환시켜 놓았다. 이러한 전환이 바울과 연관이 있다는 것은 12:9의 교차대구법적인 구조에서 드러난다. 왜냐하면 은혜와 능력이라는 개념은 바울 자신과 결부되고 있기 때문이다(O'Collins, "Power," 534; Plummer, 354; Zmijewski, ibid., 377).

| | |
|---|---|
| A *ἀρκεῖ*(아르케이) | C´ *ἡ γὰρ δύναμις*(헤 가르 뒤나미스) |
| B *σοι*(소이) | B´ *ἐν ἀσθενείᾳ*(엔 아스데네이아) |
| C *ἡ χάρις μου*(헤 카리스 무) | A´ *τελεῖται*(텔레이타이) |

바울은 어떤 의미에서 이미 치유함을 받은 것이었다-이 단어의 통상적인 의미에서는 그렇지 않겠지만(Betz〈"Aretalogie," 294-97〉는 이 절〈12:9〉을 치유의 말씀으로 보지만, Zmijewski〈ibid., 379〉의 비판이 옳다. 이 절을 겟세마네 동산에서의 예수의 기도를 보여 주는 막 14:32-36 같은 유대의 기도문 양식으로 보는 것이 더 적절하다. Windisch, 389; 참조. Plummer, 445; Allo, 312; Prümm, *Diakonia* 1: 670). 바울은 하나님의 응답을 고분고분 받아들여서, 그의 가시가 제거되지 않았음에도 불구하고 사역을 계속했기 때문에 그리스도의 능력을 덧입을 수 있었다.

바울은 그의 대적들의 주장을 다시 한 번 반박하기 위하여 하나의 역설적인 슬로건을 사용함으로써 이 단락을 절정으로 이끈다. "내가 약할 그 때에 곧 강함이니라"는 바울의 말은 그의 대적들의 입장을 반박하는 것이다. 사도는 사람이 자랑하려면 오직 약함만을 자랑함으로써 하나님의 능력이 나타날 기회를 제공해야 한다고 이미 말한 바 있다(10:17). 바울이 제시한 9b-10절의 병행적인 구문들에 비추어 보면, 이 점은 쉽게 드러난다. 우리는 즈미쥬스키(Zmijewski, *Der Stil*, 388)가 빈디쉬(Windisch, 393)를 토대로 제시한 것을 인용하고자 한다.

9b절 *ἥδιστα οὖν…ἐν ταῖς ἀσθενείας…ἵνα ἐπισκηνώσῃ*
(헤디스타 운…엔 타이스 아스데네이아스…히나 에피스케노세)
[… *δύναμις τοῦ Χριστοῦ*
(… 뒤나미스 투 크리스투)
10a절 *διὸ εὐδοκῶ…ἀσθενείαις, κτλ…ὑπὲρ Χριστοῦ*
(디오 유도코…아스데네이아이스…휘페르 크리스투)
10b절 *ὅταν γὰρ…ἀσθενῶ τότε δυνατός εἰμι*
(호탄 가르…아스데노 토테 쉬나토스 에이미)

바울의 약한 것들-복음을 위해 받는 그의 고난들 속에서 드러난 것들이든 육체의 가시를 중심으로 한 것들이든-은 진정한 사도직의 기준이었다. 그는 자기가 이룬 업적을 자랑하기 위해서가 아니라 자신의 약한 것들을 자랑하기 위해서 이 난투극에 뛰어든 것이었다. 그렇게 함으로써 그는 고린도 교인들에게 자신을 괴롭히고 있는 대적들의 주장과는 완전히 다른 대안을 제시했다. 그 대안은 약함을 토대로 한 강함이었는데, 그것은 의심할 여지없이 바울의 대적들에게는 낯설고 생소한 것이었지만, 십자가에 못 박히신 주에 관한 그의 복음의 핵심을 표현하는 것이었다(Güttgemanns, ibid., 170: 그의 약함은 십자가에 못 박히신 분의 능력이다).

## 주석

1 "내가 부득불 자랑하노니"(*καυχᾶσθαι δεῖ*-카우카스다이 데이). 문자 그대로 직역하면 이 본문은 "자랑하는 것이 필수적이다"가 된다. 비인칭 동사 데이(*δεῖ*, "…하지 않을 수 없다")를 사용한 것은 독자들에게 자랑이라는 주제가 여전히 그들 앞에 계속되리라는 것을 일깨워 주기 위한 것이다. 바울은 10장(8, 13, 15, 16, 17절)과 11장(10, 12, 16, 17, 18, 30절) 전체에 걸쳐서 "자랑해" 왔는데, 이 장에서도 그 주제를 계속하고자 한다(1, 5-6, 9절). 바울은 앞 장에서 자기가 누구인지를 열거함으로써 그의 대적들에게 반격했다(Tasker, 169). 그는 최고의 혈통을 자랑하는 유대인이었다(11:21-22). 게다가, 그는 참된 사도로서의 자격 요건들을 갖추고 있었다. 그는 그리스도의 복음을 위하여 많은 고난을 당해 왔다(11:23-28). 그렇지만 바울은 스스로를 자랑하는 것을 주저했고, 도리어 하나님의 능력을 보여 주기 위하여 자랑했다. 그는 앞서 "자랑하는 자는 주 안에서 자랑할지니라"(10:17)고 쓴 바 있다. 나아가 11:30에서 바울은 이와 비슷한 자랑을 하기 위한 길을 닦아 놓는다. 그는 자신의 약함을 보여 주기 위하여 자랑한다. 데니(Denney)는 바울이 사람들이 약하고 부끄러운 것들이라고 생각할 것들을 자랑하기로 결심한 것이라고 본다(343).

바울은 주변 상황에 의해서 자랑할 수밖에 없도록 내몰렸다(12:11). 그는 세상 사람들이 그러하듯이(카타 퀴리온〈*κατὰ κύριον*〉이 아니라 카타 사르카〈*κατὰ σάρκα*〉: 11:17에 대한 설명을 보라; Windisch, 368) 한 번 짐짓 어리석은 자가 되어서(*γέγονα ἄφρων*-게고나 아프론) 자신을 자랑할 수밖에 없는 처지로 내몰린 것이었다. 우리는 12:1에서 바울이 이러한 자랑을 계속하려고 한다는 것을 보게 되는데, 이 점은 현재 시제에 의해서 드러난다. 그것은 11:17과 연결된다(Bultmann, 220). 카우카스다이(*καυχᾶσθαι*, "자랑하다")는 현재 부정사로서 아마도 바울이 이 때 자랑하기를 멈추지 않으려 한다는 것을 보여 주는 역할을 한다(12:11을 보라). 그러나 바울의 공격 속에는 하나의 방법론이 존재한다. 그는 자기가 이른바 "지극히 큰 사도들"(11:5; 12:11)보다 결코 열등하지 않는다는 것을 보여 주어야 했다.

그렇게 하기 위해서 바울은 그의 대적들과 마찬가지로 자신을 자랑한다. 그러나 바울의 자랑은 궁극적으로 하나님의 영광으로 귀결되는데, 이것은 그의 대적들이 결코 목표로 설정하고 있지 않은 것이다(10:12). 바울은 자랑하는 것이 효과가 있을지에 대해서는 의구심을 지니고 있었음에도 불구하고, 고린도 교인들의 관심을 끎과 동시에 그의 대적들의 입장을 뒤집어 엎기 위해서 자신을 자랑할 수밖에 없다고 느꼈던 것으로 보인다.

바렛(Barrett)은 "내가 부득불 자랑하노니"라는 말을 고린도 교인들이 내세운 슬로건이었다고 본다(306). 바울은 슬로건들을 사용하는 습성을 지니고 있었기 때문에(고전 6:12-13; 7장을 보라; 고린도후서에서는 5:18-21에 대한 설명을 보라) 이러한 주장은 터무니 없는 것은 아니다. 바울이 그의 대적들이 사용한 "전투 방식"에 대하여 대응하고 있는 것이었다면, 그가 이러한 슬로건을 사용한 것은 일리가 있다. 12:1의 서두에 나오는 말의 주된 취지는 바울은 분명히 자신을 자랑하는 것을 자신을 향해 쏟아진 반대의 물결을 극복하기 위한 최선의 방식이라고 여겼다는 것이다. 그는 대적들이 내세웠던 용어나 슬로건을 사용하지만, 12:1b에 첨가한 말을 통해서 "그 가치를 평가절하하고 그의 언어의 장르를 암시한다"(Fallon, 105).

"무익하나마"(*οὐ συμφέρον μέν*-우 쉼페론 멘). 우리는 이미 이 구절과 관련된 본문상의 이독들에 대하여 살펴본 바 있다. 하지만 끊어 읽기와 관련된 문제는 여전히 남아 있다("원문주해"를 보라). KJV/AV는 멘(*μέν*) 뒤에 마침표를 찍는다. 그러나 이러한 끊어 읽기는 최선의 선택은 아니다. 이 구절은 "내가 부득불 자랑하노니"와 "주의 환상과 계시를 말하리라" 사이에 둔 삽입구일 가능성이 높다(Barrett, 306, 307; Zmijewski, *Der Stil*, 325, 326). 이것은 12:1의 구문에서 바울이 멘(*μέν*)과 데(*δέ*)를 사용한 것에서 드러난다. 이 불변사들은 이 절의 두 번째 구절과 세 번째 구절을 한데 묶는 역할을 한다. 로벗슨(Robertson)은 분사 쉼페론(*συμφέρον*, 원형은 쉼페레인〈*συμφέρειν*〉)을 절대적 대격이라 부른다(*Grammar*, 1130). 그러나 이 구절의 구문은 우리의 주된 관심사가 아니다.

표면상으로 떠오르는 우리의 질문은 이 서신의 기자(記者)는 무익할 줄을 알면서도 왜 그러한 "어리석은 말"(자랑하는 말, Héring, 89)을 계속 하고자 하느냐는 것이다. 우리가 바울의 말을 문자 그대로 해석하여 받아들인다면, 이것은 타당한 질문이 될 것이다. 바울은 쉼페레인(*συμφέρειν*)을 통상적으로 개인이 아니라 그리스도인 공동체의 유익을 가리키는 의미로 사용한다(8:10; 고전 6:12; 10:23; 12:7). 바울은 정말 자신의 자랑이 교회에 덕을 세워 줄 것이라고 느꼈던 것인가? 이것은

Schlatter, *Paulus*, 658에 의해서 제기된 쟁점인데, 그는 "교회의 유익이라는 기준"이 여기서의 논의에서 지배적인 요인으로 작용하고 있다고 주장한다. 그것은 바울이 앞서 고린도 교인들에게 보낸 편지에 나오는 오이코도메($oi\kappa o\delta o\mu\acute{\eta}$)에 해당된다(Baumgarten, *Paulus*, 145, 146에서는 바울의 교회론을 그의 대적들의 "열광주의" 및 개인적인 유익에 대한 관심과 대비시킨다). 바울은 무엇보다도 교회의 덕을 세우기 원한다는 것을 간접적으로 내비친다(13:10; 그러나 우리는 바울이 그의 삶 속에서 경험했던 환상에만 머무르는 것은 교회의 덕을 세우는 데 아무런 도움도 되지 못하는 무익한 것이라고 보았다는 것을 알게 된다〈Lincoln, *Paradise Now*, 72〉). 이것은 우리가 바울의 말을 곧이곧대로 문자적으로 해석하지 않는다면 금방 뚜렷하게 드러난다. "무익하나마"라는 어구는 대적들이 그들 자신의 주장을 관철하기 위하여 자랑을 일삼았던 것에 대한 논쟁적인 진술일 가능성이 크다. 자기 자신을 자랑하는 것은 사도임을 보여 주는 참된 증표가 아니다. 바울은 자랑하는 것이 궁극적으로 사람이 아니라 하나님에게 영광을 돌리는 것이 되지 않는다면 그 자랑은 무익한 것이라고 보고 있는 것이다. 앞으로 보게 되겠지만, 바울의 진정한 사도직은 심지어 자랑할 때조차도 약함에 의해서 규정된다. "육체의 가시"는 바울의 영광이 아니라 하나님의 영광을 위한 수단이다.

바울에게 있어서 자랑하는 것은 그 자체로 아무런 유익도 없다. 필슨(Filson)이 바울은 고린도 교인들에게 그들이 거짓 사도들의 자랑 속에서 선한 것을 보는 것은 잘못된 것임을 보여 주고자 하고 있다고 지적한 것은 옳다(405). 이 마지막에 한 말이 사실이라면, "무익하다"라는 말-이것을 문자 그대로 받아들인다면-은 바울의 의도 전체를 반영하고 있는 것이 아니다. 사실 사도는 이 말을 함으로써 자랑하는 것에 대한 그의 혐오감을 표현하고 있는 것이다. 그럼에도 불구하고, 그는 절박한 상황으로 인해서 극단적인 조치가 필요하다는 것도 알고 있다(Filson, ibid.). 아마도 바울은 고통스러운 또는 엄중한 편지를 썼을 때와 마찬가지로(2:4; 7:8) 자랑하는 것과 관련된 자신의 태도 속에서 양면적인 감정을 지니고 있었던 것 같다. 바울은 그 엄중한 편지를 쓸 때 많은 염려를 지닌 채로 그 편지를 썼었다. 게다가, 그는 그 편지의 결과를 확신할 수 없었다. 왜냐하면 그는 고린도 교인들에 의해서 철저하게 버림받을 수도 있었기 때문이다. 마찬가지로, 그는 자신이 자랑하는 것이 과연 어떤 결과를 가져올지를 정확하게 헤아릴 수 없었다. 그렇지만 그는 그렇게 하는 것이 어쩔 수 없는 필요악이라고 느낀다. 바렛(Barrett)이 말하듯이 "자랑하는 것은 바람직한 일이 아니지만, 자랑하지 않는 것은 한층 더 바람직하지 않은 일이 될 수 있었다"(306). 특히 6절에서 바울이 자기가 "어리석은 자가 되어서" 말하고 있다는 것을 인정하는 것을 볼 때 12:1b에는 반어법적인 뉘앙스가 존재하는 것 같다.

"주의 환상과 계시를 말하리라"(*ἐλεύσομαι δὲ εἰς ὀπτασίας καὶ ἀποκαλύψεις κυρίου*–엘류소마이 데 에이스 옵타시아스 카이 아포칼륍세이스 퀴리우). 12:1b에 대한 우리의 평가가 옳다면, 바울은 고린도 교인들에게 이 말을 하면서 여전히 어느 정도의 당혹감을 지니고 있었던 것이 된다. 당연한 말이지만, 바울은 주로부터 받은 환상들에 대하여 허풍을 떨며 자랑하고 있는 것이 아니다. 우리는 사도행전에 나오는 몇몇 언급들을 근거로 바울에 대하여 달리 생각해서는 안 된다(18:9, 10; 22:17-21; 23:11; 27:23, 24; 바울이 고린도에 있을 때 주께서 환상〈*ὅραμα*–호라마, 행 18:9〉 중에 나타나서 그 성에 머물도록 힘을 준 것과 관련된 바울의 환상 체험은 고린도 교인들에게 흥미로운 것이었을 것이다. 그렇지만 누가에게 있어서 바울이 큰 이적을 행하는 자이자 결코 이적들을 통해서 구조되지 않았던 고난받는 인물이라는 것은 여전히 사실이다: Jervell, "The Signs of an Apostle," 85를 보라). 휴즈(Hughes)가 12:2-4의 사건을 바울의 모든 종교적인 체험들 중에서 아마도 "가장 내밀하고 성스러운" 체험이었을 것이라고 평가한 것은 옳다(428). 그렇지만 바울은 이 사건을 고린도 교인들에게 밝히지 않을 수 없는 처지가 되었고, 이것은 자랑하는 것을 통해서 이루어졌다(12:11).

좀더 구체적으로 지적하자면, 바울은 상황 대응적인(*ad hominem*) 형태의 논증 방식을 사용하고 있다. 그는 자신의 자랑의 목적은 자신의 약한 것들을 부각시키는 데 있다는 것을 이미 밝힌 바 있다(11:30). 12:1에서 사도는 자랑하는 것은 아무에게도 도움이 되지 않을 것이라고 말한다. 그렇지만 바울은 자신이 참된 사도라는 것을 고린도 교인들에게 확신시키기 위해서는 그의 대적들을 정면으로 돌파하지 않으면 안 된다는 것을 느끼고 있다. 요컨대, 바울은 자기도 계시들과 환상들에 대한 체험을 지니고 있다는 것을 밝히지 않으면 안 된다고 느꼈다는 것이다(복수형 옵타시아이〈*ὀπτασίαι*, "환상들"〉와 아포칼륍세이스〈*ἀποκαλύψεις*, "계시들"〉의 사용은 바울의 원래의 의도는 몇 가지 환상 체험들을 제시하는 것이었지만〈Lincoln, *Paradise Now*, 72〉, 그는 그러한 체험들을 자랑하는 것에 대한 거리낌이 있었기 때문에 자신의 체험 "목록"을 단 하나로 제한하게 되었다는 것을 보여 준다). 바울은 "특별한" 계시들을 받았고, 이러한 계시들을 하나님이 주신 선물들로 이해했다(퀴리우스〈*κυρίου*〉는 기원의 속격〈*gen. auctoris*〉이다). 그 계시들은 바울의 사도직이 참되다는 것을 증명하기 위하여 주어진 것이 아니었다. 바울은 결코 자신이 받은 환상들과 계시들을 자신이 "특별한 인물"임을 보여 주는 증표들로 사용하지 않는다(Bruce는 바울은 거짓 사도들이 환상들과 계시들을 체험했다는 것에 맞서서 자신의 체험을 말하고 있는 것일 뿐만 아니라, 그의 사도직은 "지극히 큰 사도들"과는 대조적으로 다메섹 도상에서의 체험이라는 환각에 토대를 두고 있는 것이라는 비난에 대하여 답변하고 있는 것이라고 생각한다〈246〉).

바울의 대적들은 바울을 겨냥하여 그에게 "환상" 체험이 없다는 것은 그가 참된 사도가 아니라는 것을 보여 주는 증거라는 비난을 했을 것이다. 그러나 환상들과 계시들에 대한 빈번한 언급이 없다고 해서, 그것이 바울은 환상과 계시 체험이 거의 또는 전혀 없다는 결론을 내릴 수 있는 근거가 되지는 않는다(Lincoln, "Paul the Visionary," 205). 도리어 우리는 바울이 자기가 체험한 환상들에 대하여 말하기를 꺼려한 것은 자기 자신이 지나친 주목을 받는 것을 피하고자 했기 때문이라는 것을 논증한 바 있다. 바울은 당혹감을 감추지 못한 채로 마지 못해서 자기가 체험한 환상에 대하여 설명하기 시작한다.

엘류소마이(*ἐλεύσομαι*, "나는 오리라, 말하리라")는 에르케스다이(*ἔρχεσθαι*)의 미래형이고, 에이스(*εἰς*, "…으로")는 바울의 생각이 지향하고 있는 방향을 보여 주는 역할을 한다. 바울은 자랑하는 것에 반대하지만, 그럼에도 불구하고 주의 환상들과 계시들을 말하기 시작한다. 옵타시아(*ὀπτασία*, "환상")와 아포칼립시스(*ἀποκάλυψις*, "계시") 간에는 큰 차이는 없다. 이 두 단어는 서로 바꿔 쓸 수 있는 단어들이다(Michaelis, *TDNT* 5:352, 353에서는 12:7에서는 바울이 단지 아포칼립세이스〈*ἀποκαλύψεις*, "계시들"〉만 언급하고 있다는 점을 지적한다). 이 두 단어는 바울의 대적들이 사용하던 어휘에서 온 것 같다(Baumgarten, ibid., 137; 아마도 이 단어들은 고린도 교회에 있던 대적들이 주장했던 영지주의화된 "실현된 종말론"을 보여 주는 것 같다. 그들은 그들의 체험들이 탈혼 상태에서 방언을 말하는 것과 결부된 최고 형태의 환상이자 계시라고 주장했을 것이다. Schmithals, *Gnosticism*, 209-11). 후자의 단어인 아포칼립시스(*ἀποκάλυψις*)는 바울의 글들 속에서 빈번하게 등장한다. 바울은 종말론적인 맥락들 속에서 이 단어를 몇 차례 사용한다(롬 2:5; 8:19; 고전 1:7; 참조. 살후 1:7, 그러나 여기서와는 다른 방식으로; Bultmann, 220). 또한 바울은 이 단어를 그의 회심(갈 1:12) 및 예루살렘으로의 여행에 앞서 그에게 주어진 특별한 계시(갈 2:2)와 관련해서도 사용한다. 이것을 볼 때, 바울에게 있어서 "계시"는 "환상"보다 더 폭넓은 중요성을 지닌 것으로 보인다(Denney, 346). 그러나 우리는 이 점을 지나치게 고집해서는 안 된다(Barrett, 307). 플럼머(Plummer)는 모든 환상들이 어떤 것을 계시하는 것은 아니고, 모든 계시들이 환상인 것은 아니라고 지적함으로써 환상들과 계시들이라는 주제를 말할 때 요구되는 태도를 잘 포착하고 있는 것 같다(338; 또한 Tasker, 170를 보라). 그러나 우리는 12:1에서 바울은 12:2-4의 환상이 계시의 원천이라고 말하고 있는 것처럼 보인다는 점을 지적해 두지 않을 수 없다(하지만 12:9은 환상이라는 수단을 통하지 않은 직접적인 계시였을 가능성이 높다는 것은 흥미롭다〈Lincoln, *Paradise Now*, 72〉).

이 마지막 내용은 "주의 환상들과 계시들"(〈*εἰς*〉 *ὀπτασίας καὶ ἀποκαλύψεις κυρίου*-〈에이스〉 옵타시아스 카이 아포칼륍세이스 퀴리우)의 구문에서 드러난다. 대부분의 학자들은 이 속격을 목적격적 속격이 아니라 주격적 속격으로 본다(Barrett, 307; Plummer, 338; Bruce, 246; Tasker, 169, 170; Bultmann, 220; Lincoln, *Paradise Now*, 73; 또한 Zmijewski, *Der Stil*, 327, 328, "기원의 속격," 330, 331; Georgi, *Die Gegner*, 298, n. 1은 바울이 사용한 퀴리우〈*κυρίου*〉의 용법과 그의 대적들의 이해 간의 차이를 보고자 한다. 왜냐하면 바울은 "주"를 계시들을 주는 주체로 보는 반면에, 그의 대적들은 퀴리우〈*κυρίου*〉를 그들이 영화롭게 되어서 그리스도의 형상〈?3:18〉으로 변화되는 것과 관련된 소유의 속격으로 보았기 때문이다). 즉 바울은 환상들 속에서 주를 보았다는 것이 아니라, 주께서 주신 환상들과 계시들에 대하여 말하고 있을 가능성이 높다는 것이다. 그러나 링컨(Lincoln)이 여기서 그러한 차이를 지나치게 구별하고자 하는 것에 대하여 경고한 것은 옳다("Paul the Visionary," 205, 206). 환상들을 주신 주체는 그 환상들의 대상이 될 수도 있는 법이다(Hughes, 428, n. 97을 보라; Dunn, *Jesus and the Spirit*[Philadelphia: Westminster Press, 1975], 414, n. 88에서는 12:1의 속격은 이 두 가지를 모두 포함할 수 있도록 하기 위하여 의도적으로 모호하게 표현된 것일 수 있다고 주장한다).

바울의 대적들은 "환상들과 계시들"과 관련된 그들의 초월적인 체험들을 자랑했을 것이다. 물론 빈디쉬(Windisch, 368)는 이러한 설명에 반대하는 성향을 보여 주지만 말이다("여기서는 그 어디에서도 대적들이 그러한 환상 체험들을 자랑했다는 것을 보여 주지 않는다"). 그러나 슈미탈스(Schmithals, *Gnosticism*, 209)가 바울의 서술 방식은 11:22-23에서 그가 채택한 것과 다르지 않다는 것, 즉 바울은 여기서 "그들이 그렇다면-나도" 또는 "그들이 그렇다면-나는 더욱더"라는 비교를 사용하고 있다는 것을 지적함으로써 그러한 반대를 반박한 것은 분명히 옳다. 하지만 둘 간의 차이는 이 단락의 절정, 즉 사람이 약할 때 하나님의 능력이 나타나는 것이야말로 "사도적 실존의 유일한 토대"(Baumgarten, ibid., 144)라고 말하는(주께 받은 환상이 아니라 주로부터 온 말씀에 있다는 것) 9절에서 드러난다. 이것이 바울의 답변이다. 이렇게 함으로써 바울은 환상 체험을 "하나님의 말씀"이라는 성격을 띤 계시로 바꾸어 놓는다.

2 "내가 그리스도 안에 있는 한 사람을 아노니 십사 년 전에"(*οἶδα ἄνθρωπον ἐν Χριστῷ πρὸ ἐτῶν δεκατεσσάρων*–오이다 안드로폰 엔 크리스토 프로 에톤 데카테싸론). 우리는 바울이 3인칭 구문을 사용하고 있는 것에 화들짝 놀라게 된다. 바울이 3인칭 표현을 통해서 자기 자신을 가리키고 있다는 것은 이해가 가지만, 그가 왜 그러한 서술 방식을 사용한 것인지를 놓고는 여러 가지 견해가 제시되어 왔다(Zmijewski, *Der Stil*, 336를 보라). 그 중 한 가지 견해는, 바울은 랍비들이 자기에 대하여 말할 때 "나"라는 표현 대신에 "이 사람"이라는 표현을 사용했던 관습을 따르고 있다는 것이다(Str-B 3:531). 또 어떤 학자들은 바울이 자기 자신 속에서 두 사람, 즉 환상을 보고 있는 바울과 인간 바울을 구별하고 있는 것으로 본다(Wendland, 219). 그러나 헤링(Héring)이 하늘로 이끌려 올라간 것은 환상을 보고 있는 바울이 아니라 인간 바울이었다는 반론을 제기한 것은 옳다(90). 즉 자아(self)가 반드시 몸을 떠난 것은 아니었다는 것이다(Windisch, 369, 370를 보라). 이러한 필로적이고 헬레니즘적인 구별에 대한 또 다른 반론(Reizenstein, *Hellenistic Mystery-Religions*, tr. J. E. Steely〈Pittsburgh: Pickwick, 1978〉, 82, 83에 의해서 주장된)은, 바울은 그 계시를 기억하고 있다는 것인데, 그것은 두 개의 인격이라는 개념에 대한 반론이 된다. 만약 바울의 인격이 둘로 나뉘었다면, 그가 이 사건을 기억할 리가 없다. 베츠(Betz)는 삼층천에 올라갔다 온 이야기에 대한 이러한 패러디와 이 절들 속에서의 바울의 추론 방식 간에 병행들이 존재한다는 것을 밝힘으로써 상당히 설득력 있는 견해를 제시했다(12:2-4; *Der Apostel Paulus*, 84-92). 베츠(Betz, ibid., 89)는 바울은 소크라테스 시대의 궤변론자들과 대체로 일치하는 문체를 사용했던 그의 대적들을 반박하고 있는 것이라고 말한다. 우리는 "현자"(賢者)라는 직업을 지닌 한 무리의 교사들을 중심으로 해서 소크라테스 학파에 대한 반발이 존재했다는 것을 상기할 수 있을 것이다. 이 순회 교사들은 돈을 받고 가르쳤다. 그들은 개인적인 이익을 위해서 그들의 영향력을 사용했고, 물질적인 성공을 강조한 것이 특징이었다.

베츠(Betz)는 계속해서 참된 철학자는 자신이 옳다는 것을 변증하기 위하여 반어법을 사용했다고 말한다. 참된 철학자에게 있어서 가난과 약함은 그의 주장이 참되다는 것을 입증해 주는 것이었다(ibid., 15-18, 20-38). 통상적으로 참된 철학자는 자신을 자랑하는 것을 꺼려했지만, 어쩔 수 없을 때는 짐짓 한 번 "어리석은 자가 되어서" 자신을 자랑함으로써 거짓 비난들에 맞서 자기 자신을 방어하곤 했다. 그렇게 할 때 참된 철학자는 자신을 직접적으로 언급하기를 피함으로써 자기가 체험하거나 이룬 것이 두드러지지 않게 하고자 했다(ibid., 75-82). 이러한 것이 바울의 상황과 몇몇 유사점들을 지니고 있다는 것은 분명하다. 바울의 대적들은 사역과 관련된 물질적인 측면을 강조했고, 그들의 영향력(이 경우에는 예루살렘 교회의 지도자들의 이름을 팔아서 얻은)을 사도인 바울을 대적하는 무기로 사용했다. 또한 바울은 그의 대적들이 허풍선이이자 협잡꾼들이라는 것을 드러내기 위해서 짐짓 "어리석은 자의 행세를 한다." 그러나 베츠(Betz)의 주장은 지나친 감이 없지 않다. 왜냐하면 바울이 자신에 대한 변증 속에서 의도적으로 소크라테스 식의 논증 방식을 따르고 있었는지는 의심스럽기 때문이다(Lincoln, "Paul the Visionary," 206). 바렛(Barrett)이 전통과는 아무런 상관이 없는 바울의 변호를 위한 내적인 동기를 지적한 것은 옳은 것 같다(307). 클라인크네히트(Kleinknecht, *Der leidende Gerechtfertigte*, 301-3)는 이러한 사도적 증표(*signum apostolicum*) 속에서 전기적(傳記的) 요소를 지적한다(A. Henrichs's review of Betz in *JBL* 94〈1975〉 312를 보라).

바울이 3인칭을 사용한 것은 그가 체험한 일들을 자랑하는 것에 대하여 그의 당혹감(또는 주저함)을 나타내는 것일 가능성이 많다(Furnish, 542-44). 이러한 설명은 그 이후에 나오는 내용을 비추어 볼 때 일리가 있다. 바울은 12:7에서 신성 수동태(*divinum passivum*)를 사용하여 글을 쓰는데, 거기에 나오는 내용은 바울에게 일어난 일에 관한 것이다. 바울이 환상을 체험함에 있어서 스스로 한 것은 아무것도 없었다(Filson, 405를 보라). 이것은 "그리스도 안에서"(*ἐν Χριστῷ*-엔 크리스토)라는 어구에서 드러난다. 그것은 "그리스도인"이 되었다는 것에 대한 단순한 언급 그 이상의 것으로서(Barrett, 308), 이후에 나오는 환상들과 계시들이 그리스도의 능력 안에서 일어난 것임을 보여 주는 바울의 방식이다(Plummer, 340). 여기에는 바울의 능력에 관한 언급은 단 한마디도 나오지 않는다. 이것은 바울의 모든 행위들이 그리스도를 지향하고 있다는 것을 보여 주는 또 하나의 예이다. 왜냐하면 그는 "그리스도 안에서 (살아가는)" 사람이기 때문이다(생략법에 대해서는 Allo, 304를 보라). 태스커(Tasker)는 바울의 이러한 체험을 "그리스도 안에" 있는 것과 결부시켜서, 그리스도가 교회를 경영함에 있어서 "편애"는 존재하지 않기 때문에, 이것은 그리스도인이라면 누구나 이러한 환상을 체험할 특권을 가질 수 있음을 의미하는 것으로 해석될 수도 있다고 주장한다(170). 그러나 11:12은 바울의 사도직이 그의 대적들의 사도직과 대등한 위치에 있다는 것을 부정한다.

"십사 년 전에"(*πρὸ ἐτῶν δεκατεσσάρων*-프로 에톤 데카테싸론). 바울이 이 사건을 생생하게 기억하고 있었다는 것은 그가 이 일이 일어난 때를 기억할 수 있었다는 것에 분명하게 드러난다. 이 서신을 쓰기(또는 적어도 10-13장을 쓰기) 14년 전은 대략 주후 44년이 된다(Hughes, 430; Filson, 405; Denney, 347; Barrett은 주후 40년을 주장한다, 308; Lincoln, *Paradise Now*, 77에서는 주후 41년과 44년 사이로 본다; R. E. Osborne, "St. Paul's Silent Years," *JBL* 84[1965] 59-65를 보라). 바울이 이 사건을 체험한 때가 정확히 언제였든, 그것은 바울이 고린도 교회를 세우기 한참 전의 일이었다. 하지만 바울이 구체적으로 어떤 사건을 말하고 있는 것이냐는 것은 여전히 미스테리로 남는다.

주후 44년이라는 연대를 고려한다면, 신약성경에 기록된 바울의 다른 모든 환상 체험은 배제될 수 있는 것으로 보인다. 바울이 기꺼이 말하기를 좋아했던 다메섹 도상에서의 그의 회심 체험(행 9:3-19; 22:6-10; 26:12-18)은 분명히 주후 44년보다 훨씬 전에 일어났다. 또한 사도행전 22:17-21에 서술된 바울의 탈혼 체험도 배제된다. 왜냐하면 그 기사는 환상 속에서 주님이 바울에 나타났다고 말하기 때문이다. 우리는 거기서 바울이 "주께 이끌려 갔다"는 말을 듣지 못한다(Denney, 347, 348). 마게도냐 사람이 나타나서 바울에게 와서 도와 달라고 간청했다는 환상(행 16:9)과 바울이 고린도에서 체험한 환상(행 18:9-10)은 분명히 주후 44년 이후에 일어난 사건들이었다(Hughes, 430). 갈라디아서 2:1에 나오는 "십사 년"이라는 기간은 단지 우연의 일치에 불과한 것으로 고린도후서 12:2과는 아무런 관련이 없는 것 같다(J. Knox, *Chapters in the Life of Paul*〈New York: AbingdonCokesbury Press, 1950〉 78, n. 3를 보라).

12:2-4에 서술된 체험이 일어난 때와 관련된 한 가지 견해는 그 사건은 바울이 안디옥에 있는 동안에 일어났다는 것이다(Hughes, 430, 431; Denney, 347). 성경은 바울과 바나바는 안디옥에 일 년 내내 머물러 있었다고 말한다(행 11:26). 탈혼 체험(참조. 12:2-4)과 바울과 바나바를 선교사로 위임한 것(행 13:2-3) 간에는 모종의 연관 관계가 존재할 가능성이 있다(Allo, 304; Windisch, 369, 370). 아마도 바울은 안디옥의 그리스도인들에게 자신이 주로부터 환상을 받았다고 말했을 것이다. 브루스(Bruce)는 우리는 단지 바울이 다소로 보냄을 받은 때(행 9:30)와 안디옥에서 바나바와 만난 때(행 11:26) 사이의 어느 때라고만 말할 수 있을 뿐이라고 주장

한다(이것은 갈라디아서로부터 재구성될 수 있을 텐데, Bruce는 바울의 환상 체험을 바울이 수리아-길리기아를 떠난 때〈1:21〉와 그가 회심 후에 두 번째로 예루살렘을 방문한 때〈2:1〉 사이에 둔다. Bruce, 246; 바울이 돌에 맞았을 때 그의 영이 몸을 떠났는데 이때 그런 체험이 있었다거나〈행 14:19〉 바울은 행 11:28-29에 언급된 선지자들 중의 하나였다는 등 여러 가지 이상한 견해들도 제시되어 왔다). 모든 것을 종합해 볼 때, 우리는 어느 견해이든 거기에는 아주 많은 추측이 포함되어 있고, 데니(Denney)의 말마따나 우리가 사도에 대하여 알고 있는 것 중에서 12:2-4에서의 그의 체험이 언제 일어났는지를 말해 줄 수 있는 것은 없다(347)는 것을 인정하는 편이 낫다.

"그가 몸 안에 있었는지 몸 밖에 있었는지 나는 모르거니와 하나님은 아시느니라"(εἴτε ἐν σώματι οὐκ οἶδα, εἴτε ἐκτὸς τοῦ σώματος οὐκ οἶδα, ὁ θεὸς οἶδεν -에이테 엔 소마티 우크 오이다, 에이테 에크토스 투 소마토스 우크 오이다, 호 데오스 오이덴). 바울은 "이 사람"(즉 자기 자신)의 체험을 이야기할 때 지금까지의 자신의 사고의 흐름을 끊고서 삽입문을 끼워넣고 있는 것이다. 이것은 마치 바울이 뭔가를 말하려다 말고 갑자기 자기가 체험한 환상에 대하여 말하고자(비록 극히 짧은 것이기는 하지만) 하는 것같이 느껴진다. 바렛(Barrett)은 이 삽입문에 나오는 말들은 결코 이유가 없는 것이 아니라는 것을 꽤 자세하게 설명한다(308-309). 즉 바울은 "몸 안에 있었는지 몸 밖에 있었는지"라는 말을 해야 할 이유가 있었다는 것이다. 한편으로, 바울은 자기가 몸은 선천적으로 악하다고 생각한다는 인상을 주고자 하지 않았다. 우리는 이것을 5:1-10에 관한 우리의 논의 속에서 보았는데, 거기서 바울은 전인(全人), 즉 몸과 영이 둘 다 구원에 관여된다는 것을 보여 주고자 했다. 달리 말하면, 바울은 사람이 몸 밖에 있는 동안에 종교적 체험이 일어나지 않은 경우에는 그 체험은 유효한 것이 아니라는 고린도 교회의 거짓 사도들의 견해를 잘 알고 있었을 것이라는 말이다(Philo는 모세가 그의 몸을 버렸다고 썼다. *Somn.*〈1:36〉). 다른 한편으로, 바울은 사람이 "몸 밖에" 있는 체험을 할 수 있다는 것을 부정하고자 하지 않았다. 불트만(Bultmann)은 바울이 "몸"(σῶμα)이라는 표현을 사용한 것은 사도가 영혼이 몸을 떠나서 영적인 세계와 접촉할 수 있는 가능성을 열어 두었다는 것을 보여 주는 것이라고 주장한다(*Theology* 1:203). 불트만(Bultmann)은 자신의 주석서, 221에서는 이 표현을 다른 식으로 설명한다: 바울은 마치 그가 단지 구경꾼에 불과한 것처럼 자신의 체험을 멀리서 바라보고 있는 것으로 생각된다(참조. Käsemann, ibid., 55: 바울은 "자신을 이 사건으로부터 거리를 두고서 보도하고 있다". 그러한 "거리두기"는 "나는 모르거니와 하나님은 아시느니라"는 대비 속에서도 볼 수 있다. Zmijewski, ibid., 337).

바울은 이 사건이 일어났을 때 자신의 상태가 어떠했는지를 스스로 몰랐다고 말하고 있는 것일 수 있다(Denney, 347, 348). 그는 자기가 몸을 지닌 채로 또는 영으로 "삼층천"에 간 것인지에 대하여 잘 모르고 있다(이것은 이 사건이 있던 때에 바울이 혼자 있었다는 것을 보여 주는데, 만약 다른 사람들이 그와 함께 있었다면, 그들은 그의 몸이 이 세상에 남겨져 있었는지 그렇지 않았는지에 대하여 말해줄 수 있었을 것이기 때문이다; Plummer, 342를 보라). "하나님은 아시느니라"(ὁ θεὸς οἶδεν-호 데오스 오이덴)고 말한 것은 바울이 이 문제에 대하여 알지 못한다는 것을 말하기 위한 것 같다. 바울은 어느 한쪽으로 자신의 견해를 제시하기를 피하고 있기 때문에, 그의 대적들은 그의 자랑을 완전히 거부할 수 없다. 바울은 자신이 몸 안에 그대로 남아 있었을 가능성을 배제하지 않음으로써 그의 다른 환상 체험들의 유효성이 폄하되는 것을 피한다. 게다가, 몸을 지닌 채로 영적인 세계와 접촉했다는 것을 자랑하는 것은 결코 드문 일이 아니었다(Jewett, *Anthropological Terms*, 278). 또한 "몸 밖에서의" 체험의 가능성을 열어 둠으로써 바울은 5:1-10에서의 자신의 가르침, 즉 몸을 떠난 영을 위한 실존이 존재한다는 것과 이 실존은 "인식과 의식을 수반하는 실존"(Hughes, 431)이라는 것에 대한 가르침을 확증한다. 이 후자의 가르침은 의심할 여지없이 그의 대적들의 주목을 받았을 것이다. 바울이 몸 밖에서의 체험을 했다는 것은 일부 고린도 교인들을 만족시켰을 것이다(Jewett, ibid.). 앞으로 보게 되겠지만, 바울은 이 사건을 결코 자세하게 설명하지 않는다. 바울은 이렇게 이 문제에 대한 입장을 못 박음으로써 그의 설명을 사람들이 어느 한쪽으로 "편향적으로" 해석하지 못하도록("몸 안의" 체험을 원하는 자들, 또는 "몸 밖의" 체험을 원하는 자들) 12:2(그리고 12:3)의 삽입문을 주의 깊게 구성해 놓은 것 같다(Jewett, ibid.; 또한 Saake, 특히 405; *NovT* 15[1973] 154를 보라). 또 다른 측면에서, 슈미탈스(Schmithals, *Gnosticism*, 211; 그의 견해는 Baumgarten, "Paulus," 143에 의해서 받아들여졌다)는 두 번째 어구인 에크토스 투 소마토스(ἐκτὸς τοῦ σώματος)가 바울은 자신이 몸을 떠나지 않았을 수도 있다고 생각했다는 것을 시사해 주는 것으로 보고서 이 어구에 아주 중요한 의미를 부여한다. 그의 견해에 의하면, 바울은 거추장스러운 몸을 떠나서 영이 천상 세계를 여행하는 것에 관한 이원론적인 사고의 영지주의의 중심적인 관심사를 의도적으로 부정하고 있다는 것이다. 여기에는 조롱의 의도가 있을 수 있다. 탈혼 체험을 통해서 영이 하늘로 올라가는 것에 대한 대적들의 확실한 믿음에 대한 답변으로 바울은 그런 것을 잘 모르겠다고 밝히 말하고 있다.

이 삽입문에 대한 인간학적인 고찰들 외에 우리는 구문론과 관련된 세부적인 사항도 주목할 필요가 있다. 이 삽입문에서 처음에 나오는 소마(*σῶμα*)에는 정관사가 없는 반면에, 두 번째로 나오는 것에는 정관사가 있다. 플럼머(Plummer)는 엔 소마티(*ἐν σόματι*)가 구어적인 표현으로서 바울이 엔(*ἐν*)과 오이코(*οἴκῳ*)를 사용해서 "집에서, 집안에서"(고전 11:34; 14:35)라는 의미를 나타내는 것과 비슷하다고 말한다. 플럼머는 정관사 없이 사용된 소마(*σῶμα*)는 부사로서의 역할을 한다고 말한다(343). 아마도 이러한 설명은 단지 에크토스(*ἐκτός*)는 부적절한 전치사의 한 예라는 말인 것 같다. 이것은 바울이 에크토스(*ἐκτός*)를 코리스(*χωρίς*, "…밖에, …와 떨어져서")로 대체한 12:3에서도 볼 수 있다. 이 두 경우에 우리는 부적절한 전치사들을 보는 것 같다. 왜냐하면 "적절한" 전치사들은 항상 관사를 요구하지는 않기 때문이다(Moule, *Idiom Book*, 83, 87, 114, 207를 보라).

"그가 셋째 하늘에 이끌려 간 자라"(*ἁρπαγέντα τὸν τοιοῦτον ἕως τρίτου οὐρανοῦ*-하르파겐타 톤 오이우톤 헤오스 트리투 우라누). 삽입문의 끝에서 바울은 자신의 생각을 마무리한다: "십사 년 전에 그가 셋째 하늘에 이끌려 갔다." 하르파겐타[*ἁρπαγέντα*, "이끌려 갔다", 하르파제인(*ἁρπάζειν*)의 단순과거 수동 분사(동일한 동사인 하파제인〈*ἁπάζειν*〉은 4절에서도 발견된다); 그러한 표현은 "환상들의 황홀경"이라는 개념을 반영한 것이다(Lincoln, *Paradise Now*, 81). *Apoc. Mos. 37:5*를 보라. 또한 "이끌려 가다"라는 개념은 Wisd Sol 4:11; 행 8:39; 계 12:5에서도 발견된다]의 사용은 바울 서신에 국한되어 있다. 이 단어는 현재의 절과 바울이 살아 있는 그리스도인들이 구름 속으로 끌어올려져서 공중에서 그리스도를 영접하게 될 것이라고 말하는 데살로니가전서 4:17에서만 발견된다. 바울 시대에는 어떤 사람이 "황홀경 속에서" 하늘에 갔다왔다는 이야기를 듣는 것은 드문 일이 아니었다(Lietzmann, 153; 또한 Betz, *Lukian*, 38, 142, 169). 묵시 문헌의 상당수는 하늘로 이끌려 가서 그 곳의 진실들을 보게 된 자들이 쓴 글들이다(C. K. Barrett, "New Testament Eschatology," *SJT* 6[1953] 138, 139). 바렛(Barrett)은 바울의 체험을 기록하고 있는 대목과 병행되는 몇몇 자료들을 인용함으로써 이것이 사실임을 보여 준다(309-310). 그러한 자료들은 에녹 1서(39:3-4; 52:1), 에녹 2서(7:1), 제3바룩묵시록(2:2) 같은 묵시 문헌들 속에서 발견된다. 그러나 우리는 랍비 문헌 속에서도 신비적인 관상(觀想)을 만난다(참조. Bowker, "'Merkabah' Visions";

*Ḥag.* 14*b*에는 낙원에 들어간 네 사람이 나온다: 벤 앗자이, 벤 조마, 아헤르, 아키바. 이 네 사람 중에서 오직 아키바만이 아무런 해도 입지 않은 채로 돌아왔다: Scholem, *Jewish Gnosticism*, 14-19를 보라; 또한 P. Schäfer, "New Testament and Hekhalot Literature: The Journey into Heaven in Paul and Merkavah Mysticism," *JJS* 35[1984] 19-35도 보라; 우리는 바울이 그가 갔다온 곳을 앞서 "셋째 하늘"이라고 했다가 12:4에서는 낙원이라고 부르고 있다는 것을 아래서 보게 될 것이다). 바렛(Barrett)이 헬레니즘의 신비주의는 플라톤에게서 찾아볼 수 있는 것과 비슷한 현상을 담고 있다고 말한 것은 놀라운 일이 아니다(*Republic* 10:614-21; 또한 Philo, *Migr. Abr.* 34-35; *De Spec. Leg.* 3:1-2). 따라서 바렛(Barrett)이 바울의 황홀경 체험은 반드시 통상적인 것에서 벗어난 것이었다고 말할 수 없다는 결론을 내린 것은 옳다. 놀라운 것은, 바울은 곧 이어서 이러한 체험의 가치를 폄하한다는 사실이다(Barrett, 310).

학자들에게 난해한 문제가 된 것은 "셋째 하늘에"(*ἕως τρίτου οὐρανοῦ*-헤오스 트리투 우라누)라는 표현을 사용한 것의 배후에 있는 바울의 의도를 중심으로 한 문제다. 현존하는 문헌들을 다 검토해 보아도 이 문제에 대한 해답은 나오지 않는다. 신약성경은 유대교의 우주론에 있어서 하늘들의 수에 관해서 상대적으로 침묵을 지킨다. 에베소서 1:10에는 복수형 우라노이(*οὐρανοί*, "하늘들")라는 표현이 나오지만, 그것은 이 문제를 해결하는 데 거의 도움이 되지 않는다(Lincoln, "Paul the Visionary," 213). 신약에서 발견되는 복수형 "하늘들"은 쌍수형으로 되어 있는 히브리어 샤마임(שמים, "하늘들")의 결과일 가능성이 높다는 지적이 있어 왔다. 시편 63:33에서 시편 기자는 하나님이 "하늘들의 하늘"을 타고 계신다고 묘사한다. 이 절을 근거로 휴즈(Hughes, 432-34)는 벵겔(Bengel)의 연구를 토대로 해서 바울이 셋째 하늘을 언급한 것은 구약에서 하늘을 세 부분으로 나눈 것을 따른 것이라고 주장했다(참조. 느 9:6; 왕상 8:27; 대하 2:6; 6:18; 시 148:4; 또한 C. R. Schoonhoven, *The Wrath of Heaven*[Grand Rapids: Eerdmans, 1966] 64를 보라). 이러한 세 부분으로의 구분을 따라서 대기층의 하늘, 별들이 위치한 하늘(또는 궁창), 하나님이 계시는 무한한 또는 영적인 하늘이 존재한다(Lincoln, *Paradise Now*, 77, 78; Hughes, ibid.). 이러한 구분이 옳다면, 우리는 바울이 가장 높은 하늘에 올라갔다고 말할 수 있을 것이다. 그러나 이러한 결론은 확실한 것이 아니다. 왜냐하면 하늘들의 수와 관련해서 다른 인식들도 존재했기 때문이다(Rowland, *The Open Heaven*, 381).

바울 시대와 유대 민족의 고대 시기에 하늘을 일곱 개로 구분하는 개념이 널리 퍼져 가고 있었다. 이러한 개념은 레위의 유언서 (3:1), 에녹 2서 (8-22), 이사야 승천기 (9)에서 찾아볼 수 있다. 또한 우리는 *Ḥag.* 11*b* 같은 랍비 문헌들 속에서도 일곱 개의 층으로 이루어진 하늘이라는 개념을 찾아볼 수 있다(*Pesiq. R.* 5; *Midr. Ps.* 92; *ʾAbot R. Nat.* 37; Pirqe R. El.〈154*b*〉; H. Traub *TDNT* 5:511-12를 보라). 그러나 하늘을 세 개의 층 또는 일곱 개의 층으로 구분하는 개념만이 존재하는 것은 아니다. 하늘의 층수를 다섯 개(*3 Apoc. Bar.* 111을 보라, "천사가 나를 이 곳에서 옮겨서 오층천으로 이끌었다") 또는 열 개(*2 Enoch* 20:3*b*, "십층천에서")로 규정하는 개념도 나온다. 하늘의 층수와 관련된 이러한 다양한 숫자를 근거로 일부 학자들은 바울이 이 글을 썼을 당시에 어떤 부류의 하늘들의 수를 염두에 두고 있었는지 알 수 없다고 말했다(Bruce, 247; Filson, 405; 특히 Barrett, 310를 보라-그는 셋이 상당한 가능성을 지니고 있는 것으로 보기는 하지만〈Str-B, 3:531, 532〉). 확실한 것은 우리가 바랄 수 없는 것이기는 하지만, 바울은 여기서 세 개의 층으로 구분된 하늘을 염두에 두고 있었을 가능성이 높다는 것이다.

앞의 단락의 끝부분은 바울이 헤오스(*ἕως*, "…에 이르기까지")를 사용한 것에서 드러난다. 처음에 플럼머(Plummer)는 이 "부적절한 전치사"는 바울의 생각 속에서 셋째 하늘이 가장 높은 하늘이었다는 것을 증명해 주기에 충분하지 않다고 생각했다(343-344). 그러나 태스커(Tasker)가 만약 바울이 가장 높은 하늘에 갔다온 것이 아니라면, 그가 이러한 체험을 엄청난 것이었다고 쓴 것은 앞뒤가 맞지 않는 것이 될 것이라고 결론을 내린 것은 옳다(171; Plummer도 나중에 이와 비슷한 결론에 도달한다). 즉 고린도 교인들이 일곱 개의 층으로 이루어진 하늘에 대한 개념을 지니고 있었고, 바울은 단지 삼층천까지만 "갔다온" 것이었다면, 바울은 그들로부터 그의 환상과 계시는 별 볼일 없는 것이라는 비판을 받았으리라는 것이다. 이와 같은 논증은 오래 전에 이레니우스(Irenaeus, *Adv. Haer.* 2, 30, 7)에 의해서 제시되었다. 따라서 이치를 따져 볼 때, 바울이 헤오스(*ἕως*)를 사용한 것은 자기가 가장 높은 하늘, 즉 셋째 하늘에 이끌려 갔다는 것-몸 안에서였든 몸 밖에서였든-을 보여 주기 위한 것이었을 가능성이 매우 높다. 이러한 결론은 신약의 다른 곳에서 발견되는 헤오스(*ἕως*)의 용법에 비추어 보아도 뒷받침된다. 이 전치사는 속격과 함께 사용되는 경우에 "…까지 멀리"를 의미한다(Moule, *Idiom Book*, 85; BGD, 355). "…까지 멀리"라는 표현이 바울이 그 극한까지 갔었다는 것을 확실하게 말해 주는 것은 아니라는 반론도 가능하긴 하지만, 우리의 그러한 해석은 의문점들을 가장 적게 남기는 입장인 것 같다. 신약성경에서 헤오스(ἕως)의 용례들(행 1:8; 참조. *Ps. Sol.* 17:14)은 극한까지 도달했다는 의미를 보여 준다. 또한 우리의 앞서의 논의에 비추어 볼 때, 바울은 고린도 교인들의 신뢰를 얻기 위해서는 하늘의 끝부분까지 가 보았다고 말할 필요가 있었던 것으로 보인다. 게다가 앞으로 우리가 12:4에서 보게 되겠지만, "셋째 하늘"과 동일시되고 있는 "낙원"이라는 개념(Zmijewski, ibid., 339, 그러나 Prümm, *Diakonia* 1:650에서는 이것을 부인한다)은 바울이 가장 높은 하늘에 갔다왔다는 것을 한층 더 분명하게 시사해 준다. 우리의 관점에서 볼 때, 바울은 세 개의 층으로 구분된 하늘을 염두에 두고 있었을 가능성이 높다.

3 "내가 이런 사람을 아노니"(*καὶ οἶδα τὸν τοιοῦτον ἄνθρωπον*–카이 오이다 톤 토이우톤 안드로폰). 이 문장은 2절에서 서술된 사건과 병행을 이루거나 그 사건을 되풀이하여 말하는 절의 시작 부분이다. 플럼머(Plummer)는 서두의 카이(*καὶ*)는 바울이 두 가지의 별개의 사건들, 즉 셋째 하늘에서 일어난 사건과 낙원에서 일어난 사건, 또는 적어도 동일한 사건의 두 개의 별개의 국면들에 대하여 말하고 있다는 것을 강력히 시사해 준다고 결론을 내린다(344). 이러한 가설은 오늘날의 몇몇 주석가들(Denney, 349; Plummer, 344; Filson, 406; Schlatter, *Paulus*, 662, 663)은 물론이고 교부 저술가들(Clem. Alex. *Strom.* 1:5; Irenaeus *Adv. Haer.* 2:55; Tertullian, *De praesc. haer.* 24)에게도 꽤 널리 퍼져 있었다. 우리가 낙원을 셋째 하늘과 구별되는 곳이라고 여기는 것이 바울의 글을 정확하게 인식하는 것이라면, 이러한 입장은 힘을 얻게 될 것이다. 그러나 이러한 해석은 모든 학자들에 의해서 받아들여져 온 것이 아니었다. 일부 학자들은 낙원과 셋째 하늘은 동일하다고 주장한다(Hodge, 283; Windisch, 371, 372; Tasker, 171; Barrett, 310; Hughes, 435). 게다가 사건의 연대가 오직 한 번 주어져 있고(12:1에서 "14년 전에") 사건의 내용에 대한 서술도 오직 한 번 나오는 것으로 보아서(12:4, 바울은 독자들에게 그 내용을 거의 알려주고 있지 않기는 하지만), 12:2과 4에서 바울은 동일한 사건에 대하여 말하고 있는 것으로 보인다(Lincoln, "Paul the Visionary," 211). 현재의 절은 12:2의 주제를 계속해서 이어간다. 빈디쉬(Windisch, 371)가 2절과 3-4절을 행별로 비교한 것에 대해서는 앞의 설명과 Zmijewski, ibid., 335를 보라.

우리가 마지막 입장을 택한다고 해도, 연결사인 카이(*καὶ*)의 사용은 무시되지 않는다. 이 연결사는 또 다른 두 번째의 경험 또는 국면이 아니라 동일한 사건에 대한 추가적인 정보를 제공해 주는 역할을 한다. 카이(*καὶ*)는 바울이 셋째 하늘과 관련된 정보를 추가했다는 것을 보여 주는 것이다. 즉 그는 "셋째 하늘"이라는 표현을 그가 어떤 의미로 사용했는지를 추가적으로 해명하기 위하여, 셋째 하늘을 "낙원"이라고 설명하고 있다는 것이다(아래의 설명을 보라). 그런 까닭에, 바울은 자신의 과거의 경험에 대한 진술을 재개한다(Hughes, 437).

"그가 몸 안에 있었는지 몸 밖에 있었는지 나는 모르거니와 하나님은 아시느니라"(*εἴτε ἐν σώματι κτλ* – 에이테 엔 소마티…). 바울은 짧은 시간 안에 두 번째로 그의 서신 속에서 삽입문을 끼워 넣는다. 이 두 번째의 "방향 전환"은 12:2b의 첫 번째 삽입문과 단어 사용까지 동일한 것은 아니지만 내용에 있어서는 일치한다(Barrett, 310). 유일한 차이점들은 12:3에서 바울은 우크 오이다(*οὐκ οἶδα*, "나는 모른다")라는 어구를 한 번만 사용하고, 에크토스(*ἐκτός*) 대신에 코리스(*χωρίς*, "…밖에, …로부터 떨어져서")를 사용한다는 것이다. 이 두 가지 차이 때문에 12:2에서 서술된 의미가 바뀌는 것은 아니다. 이것은 우리로 하여금 우리의 앞선 논의에 비추어서 바울이 10-13장을 쓰기 14년 전에 일어난 환상 체험에 관한 그의 서술(12:2에서 시작된)을 계속해서 이어가기 위해 12:3을 사용하고 있다고 믿게 만든다. 우리는 바울이 3인칭을 사용하고 있다는 것과 그가 탈혼 체험을 하는 동안에 그의 상태에 대하여 알지 못했다는 것을 인정하고 있다는 것을 주목해야 하는데, 이 두 가지는 분명히 탈혼 체험이 사도직의 진정성을 보증해 주는 것이라고 말한 그의 대적들의 주장을 반박하기 위한 변증적인 장치들이다. 바울은 그의 대적들의 주장과는 달리, 그의 탈혼 체험이 고린도 회중의 덕을 세우는 데 전혀 도움이 되지 않는다고 말한다.

4 "그가 낙원으로 이끌려 가서"(*ὅτι ἡρπάγη εἰς τὸν παράδεισον* – 호티 헤르파게 에이스 톤 파라데이손). 이 절에서 바울은 단순과거 분사 하르파겐타(*ἁρπαγέντα*, 12:2)를 하르파제인(*ἁρπάζειν*)의 단순과거 수동 직설법 동사인 헤르파게(*ἡρπάγη*)로 바꾸었다. 그러나 우리는 이 동사의 두 번의 사용과 디도데(*διδόθη*, "주다", 12:7에서는 *ἐδόθη* – 에도데, "내게 주어졌다")는 바울 편에서의 수동성을 반영하는 것임을 지적하지 않으면 안 된다(수동태는 12:12의 카테이르가스데〈*κατειργάσθη*〉에서도 발견된다). 우리는 이 수동형 동사들의 행위의 주체가 문맥상으로 하나님이라는 것을 알게 된다. 이러한 신성 수동태(*passivum divinum*)의 사용은 바울의 생각을 이해하는 데 중요하다. 그의 자랑은 스스로를 자랑하는 것이 될 수 없다. 왜냐하면 이러한 일들 배후에 있는 숨겨진 행위의 주체는 하나님이시기 때문이다. 바울의 삶에 가시를 둔 것도, 바울을 셋째 하늘, 곧 낙원으로 데리고 간 것도 모두 하나님이시다. 또한 하나님은 바울을 사용해서 일하신다(12:12). 이것은

우리의 앞서의 논의와 잘 맞아떨어진다. 바울은 하나님의 사도다. 왜냐하면 하나님은 이 사도를 통해서 화목의 말씀을 선포하셨고(5:18-20), 그 동일한 사도를 통해서 고린도 교인들에 대한 사역을 수행하셨기 때문이다. 하지만 바울은 지금 그의 대적들과 심각한 갈등을 빚고 있기 때문에 자신을 변호하는 말들을 하나하나 제시하고 있다. 이 갈등은 아주 깊은 것이었기 때문에, 바울은 지금까지는 자기 자신과 주만 알고 있었던 그의 삶 속에서의 한 사건을 고린도 교인들에게 밝힐 수밖에 없었다.

바울은 그가 "낙원"(*παράδεισος*-파라데이소스)에 이끌려 갔다고 분명하게 말한다. 이 단어는 원래 페르시아에서 기원한 말로 둘러쳐진 곳 또는 귀인의 정원을 뜻했다. 낙원을 의미하는 히브리어(פרדס-파르데스; 참조. 전 2:5)와 헬라어(*παράδεισος*-파라데이소스)는 둘 다 이 페르시아어를 빌어온 것들이다. 모든 문헌이 다 낙원이 셋째 하늘에 있다고 말하고 있는 것은 아니다. 종종 우리는 낙원이 일곱째 하늘에 있다는 말을 듣기도 한다(*Asc. Isa.* 9:7; *Ḥag.* 12*b*). 하지만 바울은 셋째 하늘과 낙원이 동일하다고 생각했던 것 같다. 이러한 동일시는 에녹 2서 8장과 모세 묵시록 37:5에서 발견된다(J. Jeremias, *TDNT* 5:765-73를 보라). 흥미로운 것은 칠십인역에서는 지상의 에덴 동산(גן עדן-간 에덴)을 파라데이소스(*παράδεισος*)로 번역하고 있다는 것이다(창 2장과 3장을 보라). 구약에서는 낙원을 죽은 의인들의 처소나 그들의 최종적인 안식처로 언급하지 않는다. 이 용어의 발전 과정은 묵시 문헌 속에서 찾아볼 수 있다(*T. Abr.* 20; *1 Enoch* 60:7-8; 61:12; 70:4; *2 Enoch* 9:1-42:3; A*poc. Abr.* 21:6-7; Windisch, 372, 373).

"낙원"이라는 단어는 신약성경에 단지 3번 나온다. 현재의 본문 외에 이 단어는 예수가 회개한 강도에게 하신 말씀(눅 23:43)과 요한계시록 2:7("이기는 그에게는 내가 하나님의 낙원에 있는 생명나무의 과실을 주어 먹게 하리라")에 나온다. 요한계시록에 언급된 낙원과 현재의 본문에 나오는 낙원이 동일하다는 것은 확실해 보인다. 요한계시록 2:7을 인간이 원래 잃어 버렸던 낙원을 우리에게 생각나게 해주는 서술인 요한계시록 22:1-5과 연결시키는 것도 가능할 것이다. 요한계시록 2:7에 나오는 천상의 낙원은 하늘의 정원에 위치해 있다(Bruce, 247; 참조. *T. Levi* 28:10; 4 Ezra 4:7-8; *3 Apoc. Bar.* 4:8; *Ḥag.* 15*b*; Gen. *Rab.* 65). 누가복음 23:43에 나오는 낙원에 대한 언급은 위치에 대한 정보를 우리에게 제공해 주고 있지 않지만, 거기서 낙원이 의인들이 죽은 후에 모이는 곳을 가리킨다는 것은 의심의 여지가 없다(Bruce; Origen, *De Princ.* 2.9, 6를 보라).

휴즈(Hughes)는 바울이 "셋째 하늘"이라는 표현에서 "낙원"이라는 표현으로 옮겨간 것은 추가적인 설명을 제시하기 위한 것으로서, 이 추가적인 설명 속에서 바울은 셋째 하늘의 성격을 밝히고 있다고 주장한다(437). 앞으로 보게 되겠지만, 우리는 바울이 무엇을 들었는지에 대하여 은밀히 듣고 있는 것이 아니다. 바울은 중간 상태와 최종적인 영화(榮化), 이 둘 다에 대한 비밀들을 허락받았다(Lincoln, "Paul the Visionary," 214; 그러나 그는 12:2-4에 묘사된 환상의 내용을 밝힐 수 없었는데, 아마도 이것이 바울이 서둘러서 믿는 자들의 죽은 후의 상태를 설명하는 것⟨5:1-10을 보라⟩으로 넘어가는 이유인 것 같다). 비텐하르트(H. Bietenhard)가 바울은 장래의 세상이 아니라 내세에 관한 환상을 보았다고 결론을 내린 것은 너무 경직된 것이다(*Die himmlische Welt im Urchristentum und Spätjudentum*[Tübingen: Mohr, 1951] 167). 우리는 내세의 삶과 장래의 삶을 너무 날카롭게 구별해서는 안 된다. 종말론에 대한 바울의 이해는 그러한 엄격한 구별을 허용하지 않는다(12:1-10을 실현된 종말론의 한 형태로 해석하는 Lincoln, *Paradise Now*, 84를 보라. 그러나 이 단락의 경향은 반열광주의적인 측면이 더 많고 즉각적으로 실현된 종말론과 반대된다. Baumgarten, ibid., 146를 보라). 그러나 우리는 우리가 이 주제들(내세의 삶과 장래의 삶)에 관하여 어떠한 가르침을 갖고 있든 바울이 12:2-4의 체험으로부터 우리에게 말해 준 것은 거의 없다는 것을 인정하지 않으면 안 된다. 하나님이 이러한 일들에 대하여 말하지 말도록 금지하셨기 때문이든, 바울 자신이 천상의 개념들을 인간의 언어로 옮길 수 없었기 때문이든(아래의 설명을 보라), 바울은 그의 독자들에게 자세한 이야기를 들려주지 않는다. 여기서 중요한 것은 바울은 "말로 표현할 수 없는 말"이라는 어구를 통해서 그의 대적들이 계시를 받았다고 하는 영지주의적인 비밀들에 대하여 강력한 일격을 가하고 있다는 것이다.

"말할 수 없는 말을 들었으니 사람이 가히 이르지 못할 말이로다"(*καὶ ἤκουσεν ἄρρητα ῥήματα ἃ οὐκ ἐξὸν ἀνθρώπῳ λαλῆσαι* – 카이 에쿠센 아르레타 레마타 하 우크 엑손 안드로포 랄레사이). 바울은 영지주의적이고 신비적인 그의 대적들과는 달리 그가 낙원에 있는 동안에 보거나 들은 것에 대하여 실제로 아무것도 말하지 않는다. 우리는 바울의 말 속에서 역설적인 표현을 감지하지만, 그가 단어 유희를 만들어 내고 있는지(Plummer는 그렇게 생각한다, 345)의 여부는 분명치 않다. 바울은 "말할 수 없는"(*ἄρρητα* – 아르레타, 이 단어는 아르-레타⟨*ἄρ-ρητα*⟩에서 왔다, BDF § 11.1), "입에 담을 수 없는", "말로 할 수 없는"(KJV/AV, "표현할 수 없는"⟨NIV⟩) 말들을 들었다. "입에 담을 수 없는(*ἀ*-privatum)을 뜻하는 아르레타(*ἄρρη*-

*τα*, Barrett, 311)를 사용한 것은 신비 종교들 속에서 그러한 표현을 사용한 것과 비슷하다(Héring, 91, n. 10; 참조. Apuleius, *Metamorphoses* 11:23; Philo, *Leg. All.* 2:56; Euripides, *Bacch.* 472; Aristophanes, *Clouds.*, 302; Herodotus 6:135; Lucian, *Menipp.* 2; Windisch, 377, 378를 보라). 또한 은밀한 계시(참조. disciplina arcani)라는 개념은 랍비 문헌에서 발견된다(J. Jeremias, *Jerusalem in the Time of Jesus*, tr. F. H. and C. H. Cave〈London: SCM Press, 1969〉 237-41; 또한 Spittler, "Limits," 263, 264). 봉인된 계시(바울의 계시는 기본적으로 그런 것이다)라는 개념은 구약에서 발견된다(사 8:16; 단 12:4; 참조. *2 Enoch* 17; 계 14:3). 바울의 경험은 "이례적인" 것은 아니었지만, 그가 기존의 전승을 가져와서 12:2-4을 썼다고 생각하는 것은 지나친 것이다(Barrett, 311).

아르레타 레마타(*ἄρρητα ῥήματα*)를 좀더 면밀하게 살펴보면, 이 어구가 번역될 수 없는 말들(Lincoln, "Paul the Visionary," 210) 또는 그 신성함으로 인하여 함께 나눌 수 없는 말들(BGD 109), 또는 단지 "천계(天界)의 언어"(Käsemann, ibid., 56, 57, 이것은 롬 8:26-27이 가리키는 것일 수 있다: Käsemann, *Commentary on Romans*, tr. G. W. Bromiley〈Grand Rapids: Eerdmans, 1980〉 241를 보라. 그러나 이 장의 2-4절이 "천상의 언어"인 방언에 대한 언급일 수 있다고 할지라도〈고전 13:1; 14:2, 14, 18: 이 절들에 대해서는 저자가 쓴 *The Spirit and the Congregation*, 특히 66, 71를 참조하라〉, 그런 주장은 별 가능성이 없다〈Martin, *The Worship of God*, 179〉)라는 의미를 지닌다는 것이 드러난다. 바울이 들었던 것이 감히 입에 담을 수 없는 그런 말들이었다는 것을 상상해 보기는 그리 어렵지 않다. 그러나 그 뒤에 나오는 구절인 "사람이 가히 이르지 못할 말이로다"(*ἃ οὐκ ἐξὸν ἀνθρώπῳ λαλῆσαι* – 하 우크 엑손 안드로포 랄레사이)는 그가 들은 것들을 사람들에게 알리는 것을 하나님이 금지하셨다는 쪽에 무게를 실어 준다(Lincoln, "Paul the Visionary," 216; *pace* Dunn, *Jesus and the Spirit*, 215에서는 바울의 경험이 너무도 신성한 것이어서 감히 입에 담을 수 없는 것이었다고 주장한다). 바울은 자기가 들은 것을 그 누구에게도 말하고자 하지 않았다. 우크 엑손(*οὐκ ἐξόν*)은 "가능하지 않다"를 의미할 수도 있지만, "합당하지 않다"를 의미할 가능성이 높다. 왜냐하면 에케스티(*ἔχεστι*)의 배후에 있는 통상적인 개념은 "합당하다"이기 때문이다(Hughes, 439, n. 119).

그러나 우리의 결론이 옳다면 – 바울은 그의 경험을 일반적인 표현으로 나타내는 것을 제외하고는 사람들에게 구체적으로 밝히는 것이 허락되지 않았다는 것 – 우리가 던질 수밖에 없는 질문은, 바울의 경험은 어떤 의미와 가치를 지니고 있었느냐는 것이다. 이 사건을 밝히는 것은 고린도 교인들로 하여금 바울이 정말 자랑할 만하다는 것을 알게 해줄 것이라는 점에서 대단히 가치 있는 것이 될 수 있었을 것이다. 또한 그들은 바울의 대적들이 한 자랑이 아니라 바울의 자랑이 하나님의 능력에 근거하고 있다는 것을 알 수 있게 될 것이었다. 그러나 무엇보다도 가장 중요한 것은, 이 경험은 고린도 교회에서 바울의 사도적 리더십을 확인해 주고, 현재적인 영광과 성령에 의한 탈혼 체험을 주장하는 거짓된 종말론과 바울의 대적들의 영향력 속에 하나님의 능력이 임재해 있다는 것 - 대적들은 하나님의 능력을 확증해 주는 아주 많은 눈으로 볼 수 있고 감지될 수 있는 경험들을 지니고 있었기 때문에, 십자가에 못 박히신 예수의 약함을 무시했고, 주 예수의 고난받는 종 바울을 멸시했다 - 을 반박해 준다는 점에서 바울에게 더할 나위 없이 소중한 경험이었다는 것이다(10:10; 13:1-4).

태스커(Tasker)가 "이 특별한 계시는 오직 바울을 위한 것으로서" 바울의 사도직이 독특하다는 것을 보여 준 것이라고 말한 것은 옳다(172). 우리는 여기에 별다른 내용이 나오지 않는 것(5:1-10에서처럼)에 대하여 어느 정도 실망이 되고 힘이 빠질 수도 있겠지만, 이 경험은 "바울에게 자신의 사명을 결코 포기하지 않고 어떤 일이 있어도 끄떡 없이 참고 인내할 수 있는 힘을 특별한 방식으로 주었다"고 한 칼빈(Calvin)의 말이 옳은 것 같다. 이 경험은 비록 사람들에게 말로 전달할 수는 없었지만(그 경험이 신성했기 때문에) 바울에게 무언의 영향력을 끼쳤을 것임에 틀림없다. 이 사건이 주후 44년경에 일어났다면, 그것은 그가 사도직의 수행을 착수하는 데 이루 말할 수 없는 힘과 용기를 주었을 것이다. 우리는 바울이 얼마나 많이 마음속으로 이 사건을 기억함으로써 내적인 힘을 얻었는지(내적으로 새로워짐, 4:16-18)를 결코 알지 못한다. 또한 이러한 "자랑"은 그에게서 끝난 것이 아니라, 차고 넘쳐서 당시의 세대에게로 흘러가서 복이 되었다(Hughes, 439).

5 "내가 이런 사람을 위하여 자랑하겠으나"(*ὑπέρ τοῦ τοιούτου καυχήσομαι* - 휘페르 투 토이우투 카우케소마이). 바울은 두 개의 "보도문"인 1-4절과 7b-9a절 중간에 끼워져 있는 것 같은 모양새를 취하고 있는 한 단락(5-7a절)에서 3인칭 구문을 계속 사용한다. 그는 여전히 자기가 이러한 계시를 받은 자라는 것을 독자들에게 알리기를 꺼려한다. 일부 학자들(Luther; Strachan, 29)은 토이우투(*τοιούτου*)를 중성으로 해석하는데, 그렇게 되면 이 어구는 "이 사람을 위하여"가 아니라 "이 체험에 대하여"로 해석된다. 그러나 그러한 견해는 일반적으로 받아들여지고

있지는 않다. 그 중 한 가지 이유는, 바울은 토이우토스(τοιοῦτος)를 12:2에서 남성으로 사용했고, 12:3에서도 한 사람을 가리키는 데 사용했다는 것이고, 또 다른 이유는 12:5b에 나오는 휘페르…에마우투(ὑπὲρ…ἐμαυτοῦ)는 그 단어와 대칭을 이루는 것으로서 바울을 가리키기 때문에 분명히 남성이라는 것이다. 게다가, 바울이 이 사람이 아니라 12:2-4의 경험을 염두에 두고서 토이우투(τοιούτου)라는 표현을 사용했다면, 그는 전치사 엔(ἐν)을 사용했으리라는 것이다(그가 12:5b의 엔 타이스 아스데네이아이스〈ἐν ταῖς ἀσθενείαις〉에서 그렇게 하고 있듯이). 왜냐하면 바울은 사람을 나타내기 위해서 카우카스다이(καυχᾶσθαι)와 함께 휘페르(ὑπὲρ, "…를 위하여, …를 대신하여")를 사용하는 경향을 보여 주기 때문이다(7:14; 9:2; 참조. Hughes, 441, n. 120; Barrett, 311; Plummer, 345, 346; Bultmann, 224; BDF § 196).

바울이 12:5에서 행하고 있는 것으로 보이는 것은, 자랑하고자 하는 것은 인정하면서도 자기 자신을 자랑하지는 않겠다는 것이다. 물론 12:5a에 언급된 사람은 바울이다. 그러나 바울은 이런 식으로 글을 씀으로써 자신에게 박수갈채가 돌아오는 것을 회피한다. 왜냐하면 12:5의 후반부에서 그는 자신에 대하여 공개적으로 말하되 오직 자신의 약함만을 말하기 때문이다. 바울은 자천함(self-commendation)을 통해서 고린도 교인들 앞에서 자기 자신을 높이고자 했다는 비난을 피하려 하고 있는 것이다. 12:5에서의 목적은 영광이 하나님께 돌아가게 하는 것이다(Tasker, 172, 173).

사도는 12:5에서 자기 자신의 두 가지 측면(12:1에서 논의된)을 구별하고 있다는 주장이 제기되어 왔다. 물론 표면상으로는 그렇게 보인다. 그러나 그가 현재의 절에서 인간론을 다루고 있다는 주장은 의심스럽다. 여기에는 인간의 이원성(duality)이 아니라 하나님에게 관심을 돌리고자 하는 바울의 의도가 존재하는 것으로 보인다(Héring, 91를 보라). 사도는 "묵시론자 바울"과 "인간 바울"을 구별하고 있다는 리츠만(Lietzmann)의 주장(155)보다는, 바울은 그의 환상이 교회의 덕을 세우지 못한다는 이유로 그 환상을 폄하하고 있다는 케제만(Käsemann)의 주장(이것과 비슷하게 바울이 그의 은사들을 폄하하고 있다는 것은 고전 14:19〈방언이라는 주제〉에서 발견된다, Legitimität, 62-66; 또한 R. P. Martin, *The Spirit and the Congregation*〈Grand Rapids: Eerdmans, 1984〉을 보라)이 더 진실에 가깝다. 하지만, 그러한 주장도 여전히 바울이 스포트라이트를 받는 것에서 벗어나려 하고 있다는 것을 포착하는 데는 실패했다. 바렛(Barrett)이 바울의 마음속에 최우선적으로 자리잡고 있었던 것은 약함이라는 사도적 증표였다고 주장한 것은 옳다. 12:5이 반어법적이고, 서신의 기자로서의 바울과 그의 경험 사이에 어느 정도의 "거리를 두는 것"을 보여 주는 대조법 카우케소마이/우 카우케소마(*καυχήσομαι/οὐ καυχήσομα*, Bujard, *Stilanalytische Untersuchungen*, 186) 위에 구축되어 있다면("양식/구조/배경"을 보라), 바렛(Barrett)의 견해가 더 낫다(312). 우리는 앞으로 약함이라는 주제가 12:5b-10에서 중요한 주제가 된다는 것을 보게 될 것이다.

"나를 위하여는 약한 것들 외에 자랑하지 아니하리라"(*ὑπὲρ δὲ ἐμαυτοῦ οὐ καυχήσομαι εἰ μὴ ταῖς ἀσθενείαις*-휘페르 데 에마우투 우 카우케소마이 에이 메 타이스 아스데네이아이스). 바울은 12:1 이래로 처음으로 자기 자신을 직접적으로 언급한다. 12:5b에서 12:10까지 바울은 논의 속에서 가시적으로 등장하는 인물이다. 12:5b에서 그는 이 단락의 나머지 부분을 위한 토대가 되는 준칙을 제시한다. 사도적 약함이 논의의 주제가 될 것이다. 그러나 바울이 그렇게 하는 것은 동정심을 얻어내기 위해서가 아니라, 하나님이 이 사람을 통하여 일하신다는 것을 보여 주기 위해서다. 바울은 합법적인 사도이고, 주님은 독특한 환상 속에서 그에게 나타나셨다.

이 절의 앞부분에서 우리는 카우카스다이(*καυχᾶσθαι*)와 더불어서 휘페르(*ὑπὲρ*)가 사용된 것을 보았다. 현재의 절의 후반부에도 동일한 구문이 나오는데, 단지 부정문으로 되어 있는 것만이 다르다(*οὐ καυχήσομαι*-우 카우케소마이). 바울은 자기 자신을 위해서는 자랑하고자 하지 않는다(에마우투〈*ἐμαυτοῦ*〉가 사용되고 있는 것을 주목하라. 이 단어는 Allo, 309의 생각과는 달리 반어법적이지 않다). 왜냐하면 그러한 자랑은 그가 그릇된 이유들로 인해서 고린도 교인들의 마음속에서 높은 자리를 차지하게 되는 결과를 가져올 수 있기 때문이다. 혹시라도 이런 일이 일어나지 않도록 확실히 해두기 위해서 바울은 "나의 약한 것들 외에"라는 어구를 덧붙인다. 바울은 이 서신 전체에 걸쳐서 고린도 교인들 앞에 약함이라는 개념을 역설해 왔다. 우리는 그러한 개념을 6:4-10에서 보았고, 좀더 최근에는 11:23-28에서 보았다(Barré, "Qumran," 216-19를 보라). 바울은 11:30에서 좀더 구체적으로 자신의 약함을 보여 주기 위해서만 자랑하겠다고 분명하게 밝힌다. 그는 11:30에서 밝힌 자신의 생각을 구체적으로 실천해서, 그가 다메섹 성벽을 내려온 이야기를 했다(11:32-33). 12:7에서 바울은 육체의 가시에 대하여 이야기함으로써 자신의 약함을 또다시 제시한다. 바울의 높아짐의 절정이라고 할 수 있는 것, 즉 14년 전에 있었던 탈혼 체험은 다메섹 성벽을 광주리를 타고 내려온 사건과 육체의 가시(둘

다 그의 보잘것없음을 보여 주는 체험들이다) 사이에 두어진다(14년이라는 세월은 12:2-4의 경험 같은 굉장한 사건에 대하여 계속해서 침묵을 지키기에는 오랜 시간이다. 그런 침묵은 바울이 그런 류의 경험이 그의 사도직의 진정성을 확인해 주는 데 이어서 별 가치가 없는 것으로 여겼다는 것을 보여 준다〈Lincoln, *Paradise Now*, 77〉). 바울은 그가 하나님의 진정한 사도가 아니라는 반론을 제기할 여지를 전혀 남겨두지 않은 것으로 보인다. 한쪽 극단에서 바울은 사도직의 진정한 증표, 즉 약함을 그의 비판자들 앞에 제시했고, 다른 쪽 극단에서는 그 어느 누구도 해보지 못했을 경험, 즉 셋째 하늘에 갔다온 이야기를 제시했다. 그러나 여전히 바울은 진정한 사도직이 "약함으로서의 소명"이라는 그의 이해를 받아들이지 않는 비판자들의 공격에 노출되어 있었다. 그러므로 이 절은 하나님에 대한 개인적인 관계와 바울의 삶에 있어서의 사도적 사역이라는 두 가지 개념을 나란히 배치한다(Kümmel, 212).

6 "내가 만일 자랑하고자 해도 어리석은 자가 되지 아니할 것은 내가 참말을 함이라"(*ἐὰν γὰρ θελήσω καυχήσασθαι, οὐκ ἔσομαι ἄφρων, ἀλήθειαν γὰρ ἐρῶ*–에안 가르 델레소 카우케사스다이, 우크 에소마이 아프론, 알레데이안 가르 에로). 이 어구에 대한 우리의 논의의 방향은 바울이 논쟁적인(비록 제한된 것이기는 하지만) 방식으로 글을 쓰고 있다는 것을 보여 주게 될 것이다. 12:5의 끝부분에서 바울은 현재의 단락 속에 자신을 처음으로 "소개했다"(우리는 이 단락에서 언급된 "어떤 사람"이 바울이라는 것을 내내 알고 있지만, 고린도 교인들은 12:1-10의 첫 부분에서 그러한 사실을 눈치채지 못했을 수도 있다). 현재의 절은 바울의 독자들에게 하나의 이행문의 역할을 한다(아무것도 설명하지 않는데 가르〈*γὰρ*〉를 사용한 것이 어색하긴 하지만; Windisch, 381). 왜냐하면 12:6-10은 마치 바울이 자기 자신에 대하여 명시적으로 이야기해 왔다는 듯이 되어 있기 때문이다. 게다가 위에서 살펴보았듯이, 바울의 약함은 이제 12:6-10의 중요한 주제가 된다. 이렇게 12:6은 고린도 교인들에게는 하나의 전환점을 제공해 준다. 그들의 관심은 이제 바울, 즉 그의 약함에 집중된다.

바울은 약함이라는 주제를 독자들 앞에 계속해서 유지해 두고 있지만, 흥미로운 방식으로 그렇게 한다. 그는 "내가 만일 자랑하고자 해도"(*ἐὰν γὰρ θελήσω καυχήσασθαι*–에안 가르 델레소 카우케사스다이)라는 어구로 12:6을 연다. 동사 델레인(*θέλειν*, "원하다", "…바라다")은 가정법으로 되어 있다. 이 동사는 에안(*ἐάν*, 문법적인 용법에 대해서는 Plummer, 346)의 지배를 받는다. 우리는 단순과거 가정법과 미래 직설법은 종종 별 차이 없이 사용되지만("미래 직설법이 단지 단순과거

가정법 대신 사용되는 것은 얼마든지 가능하다." Robertson, Grammar, 924), 가정법이라는 개념이 우리의 문맥에 더 잘 맞는다는 점을 지적해 두고자 한다. 바렛(Barrett)은 델레인(*θέλειν*)이 의도적인 선택이라는 요소를 지닌다고 말한다(312). 고린도후서의 삶의 자리(Sitz im Leben)를 고려할 때, 우리는 바울에 의한 자랑은 고린도 교인들에 의해서 예상되었음과 동시에 인정되었으리라는 것을 알 수 있다. 그러나 바울은 전혀 다른 길을 선택했다. 즉 그는 자기 자신을 자랑하는 것 대신에 하나님을 자랑한다(10:17-18).

바울은 자기 자신을 자랑하는 쪽을 선택할 수도 있었다. 왜냐하면 그는 자기 자신을 자랑할 만한 확고한 근거들을 지니고 있었기 때문이다. 자신들이 직접 체험하지도 않은 환상들을 자랑했던 대적들과는 달리(Barrett, ibid.), 바울은 자기가 체험한 환상만을 이야기했다. 바울이 사용한 아프론(*ἄφρων*, "어리석은"; 11:16a을 보라)은 거짓된 주장들을 일삼는 사람이라는 개념을 포함하고 있는 것 같다. 바울은 12 :2-4의 탈혼 체험에 대해서만이 아니라 그에게 말할 기회가 주어지기만 한다면 얼마든지 말할 수 있는 그 밖의 다른 환상들과 계시들에 대해서 진실을 말하고 있기 때문에(*ἀλήθειαν…ἐρῶ*-알레데이안…에로: Zmijewski, ibid., 355) 그런 어리석은 자가 되지는 않겠지만, 자랑하는 것 자체가 이미 "육체를 따라서"(*κατὰ σάρκα*-카타 사르카) 행하는 "어리석은 자"의 행동이 될 것이다(Bultmann, 225). 게다가 앞에서 지적했듯이, 바울이 진실을 말하는 것은 그 자체가 그의 대적들에 맞선 논쟁적인 자세다. 왜냐하면 그는 그의 대적들이 진실을 말하고 있는 것으로 생각하지 않기 때문이다(13:8을 보라).

처음에 우리는 바울이 12:2-4의 그의 환상에 대한 "더 많은 증거"를 제시할 수 없다는 것이 그에게 문제점이라고 생각할 수도 있다. 그러나 이것이 바로 바울이 말하고자 하는 것이다. 바울의 대적들은 고린도 교인들에게 자신들이 체험했다고 자랑했던 모든 환상들을 입증할 수 없었다는 의미에서 그들 자신의 주장들을 뒷받침할 수 없었다. 바울은 12:2-4의 환상 체험이 자신이 약한 자로 행하게 하는 결과를 초래했다는 것을 보여 주고자 한다. 나아가, 바울은 자신이 본 환상들은 자신이 판단함에 있어서 기준이 되지 못한다는 것(앞으로 보게 되겠지만)을 말한다(Lincoln, *Paradise Now*, 74, 75). 도리어 그가 하나님을 위하여 살아온 삶 또는 하나님이 세운 기준을 따라서 사도직을 수행한 것(10:13-16로 거슬러 올라가서)이야말로 그를 판단할 때 사용되어야 할 참된 기준이다. 바울의 사도직의 특징은 약함과 교회를 세우는 것이다. 심지어 바울의 대적들조차도 그가 복음을 위하여 여러 번 매를 맞았다는 것이 진실이라는 것을 부정할 수 없고, 바울이야말로 고린도 교회를 세운 장본인이라는 사실을 간과할 수 없다. 이것은 바울의 고난들을 부정확하게 평가하는 것이 될 수도 있지만, 바울이 어떤 사람인지는 모든 사람에게 분명하게 드러나 있다. 바울은 하나님에 의해서 사도로 선택을 받은 하나님의 약한 종이고, 이것이 고린도 교인들과 관련된 바울의 정체다.

"그러나 누가 나를 보는 바와 내게 듣는 바에 지나치게 생각할까 두려워하여 그만두노라"(*φείδομαι δέ, μή τις εἰς ἐμὲ λογίσηται ὑπὲρ ὅ βλέπει με ἤ ἀκούει* ⟨*τι*⟩ *ἐξ ἐμοῦ*-페이도마이 데, 메 티스 에이스 에메 로기세타이 휘페르 호 블레페이 메 에 아쿠에이 ⟨티⟩ 엑스 에무). 바울은 고린도 교인들 중 일부가 12:2-4의 그의 경험을 믿고 받아들이리라는 것을 알고 있다. 이것을 염두에 두고서, 바울은 사람들이 자신을 자신에게 합당한 것 이상으로 지나치게 생각하지 않기를 바라는 마음을 표현한다(Héring, 92). 사람들이 바울이 체험한 환상 때문에 그에게 지나친 찬사를 보낸다면, 복음의 말씀을 가리게 될 것이다. 이것이 바울이 그의 대적들을 향하여 행하는 비난이다. 따라서 바울은 마땅히 그가 받아야 할 대접 이상으로 지나치게 높게 대접받지 않기를 원한다.

페이도마이(*φείδομαι*)는 문자 그대로 직역하면 "내가 아낀다"를 의미한다(1:23; 13:2; 롬 8:32; 11:21; 고전 7:28; "나는 너희를 아끼노라", Barrett, 312). 이 메시지를 읽는 자들을 "박살내기를 원하지 않는다"는 개념이 이 단어의 배후에 있다는 헤링(Héring)의 주장이 옳다면, 바울은 그의 대적들을 직접적으로 염두에 두었을 수 있다(92). 이것은 바울이 그의 대적들에 맞선 이 변증 속에서 보여 주는 절제된 태도를 설명해 줄 수 있다. 그러나 이 동사가 의지(意志)의 의미를 지니는 것으로 본다면(이 현재 시제에 대한 Barrett, 312의 평가), 바울은 고린도 교인들을 그릇된 길로 이끌고자 하지 않는 자신의 의지를 보여 주는 것이라는 결론이 나온다. 그는 얼마든지 자신의 더 많은 환상 체험들을 고린도 교인들에게 밝힐 수 있었지만, 그렇게 하기를 그만둔다(Bultmann, 225: "나는 2-5절에서 이야기한 것과 같은 경험들을 더 많이 이야기할 수 있다. 나는 정말 그러한 체험들을 해 왔다"). 바울이 이런 조치를 취하는 것은 사람들이 그의 체험들 속에서 하나님의 능력을 보고서 공인된 기준, 즉 카타 사르카(*κατὰ σάρκα*)가 아니라 카타 퀴리온(*κατὰ κύριον*)을 따라서 자신을 판단하게 하고자 하기 위한 것이다(11:17-18). 고린도 교인들은 바울이 체험한 환상들을 평가할 수 없다. 왜냐하면 그러한 체험들은 그들에게 여전히 감춰져 있기 때문이다. 하지만 그들은 바울에게서 보고 들은 것을 판단할 수는 있다. 블레페인/아쿠에인(*βλέπειν/ἀκούειν*)이라는 두 개의 동사를 이중으로 사용한 것은 바울의 삶 속에서의 매일매일의 사건들에 대한 단순한 언급 이상의 것으로 해석되어야 한다. 이 동사들은 그의 낮아짐과 약함(에〈*ἤ*〉는 계사다: BDF § 446.1), 그가 하나님에 의해서 참되고 신실한 사도로 받아들여졌다는 것을 가리키는 것으로 이해되어야 한다(Cambier, "Le critère paulinien," 498-505). 바울은 단순히 그의 사역의 외적인 면들 이상의 것을 토대로 판단 받기를 원했다(Käsemann, *Legitimität*, 63, 5:12로 거슬러 올라가는 개념〈해당 "주석"을 보라〉). 그의 사역은 다른 사람들이 그가 그리스도의 대사(大使)라는 것을 볼 수 있는 수단이고, 그의 약함은 4:7의 말씀("주석"을 보라)을 따라서 그리스도의 능력이 진정으로 나타나는 수단이다.

로기세타이(*λογίσηται*, 로기제스다이〈*λογίζεσθαι*〉의 단순과거 가정법 형태)는 상업적인 회계라는 개념을 지니는 것 같다(Lietzmann, 155: Zmijewski, ibid., 359에서는 몬 1:18을 인용해서 그것이 당시의 은유였다는 것을 보여 준다. 참조. BDF § 145.5). 이런 표현은 고린도같이 상업이 발달한 도시에서는 이상한 표현이 아니었겠지만, 분명히 이 서신에서 하나의 슬로건이었다(1:5; 증거 문제와 관련해서는 10:2, 7, 11을 보라. Betz, ibid., 68, 74, 121, 134). 바울은 가시적으로 눈에 보이는 것들을 제외하고는 그 어떤 "물건"도 자신의 수중에 넣어서는 안 된다고 강조해서 말한다. 고린도 교회의 독자들은 바울의 환상들로부터 눈을 돌려서, 그가 전한 메시지와 그가 겪은 고난들을 깊이 생각해야 한다. 바울은 이 절의 파토스(pathos)에 깊이 관여했다. 그는 네 개의 동사(*θελήσω, ἔσομαι, ἐρῶ, φείδομαι*-델레소, 에소마이, 에로, 페리도마이)의 주어일 뿐만 아니라, 우리는 12:6b에서 바울 자신을 가리키는 인칭대명사가 세 번 사용되고 있는 것을 본다(*ἐμὲ, με, ἐμοῦ*-에메, 메, 에무; 또한 참조. 12:5의 *ἐμαυτοῦ*). 이것은 고린도 교인들이 12:7의 말씀을 읽거나 들을 때 12:2-5a에 언급된 "어떤 사람"을 바울과 연결시킬 준비가 되어 있었다는 것을 우리에게 말해 준다. "더 많은 것"과 "나를"이라는 이중적인 대격의 사용은 적절하다(BDF § 157).

사도는 이 시점에서 상당한 절제를 보여 주었다. 왜냐하면 그는 대적들이 자신과 그들 자신을 왜곡했다는 것을 근거로 그들을 직접적으로 공격할 수도 있었기 때문이다. 하지만 바울은 고린도 교인들이 마음속으로 그러한 결론을 내리도록 내맡겨 두는 쪽을 택한다. 그는 참된 하나님의 사람은 환상들과 계시들을 토대로 한 지나친 자기 과시를 피하고자 할 것임을 간접적으로 보여 줌으로써 그렇게 하고 있다. 아마도 비한정적인 메 티스(*μή τις*)라는 표현("아무도…아니다"; 바울은 그 누구도 배제하지 않는다)은 고린도 교회나 그의 대적들이 자명한 것(적어도 그에게는)을 토대로 그를 평가해 주기를 바라는 바울의 소망을 보여 주는 방식인 것 같다(Héring, 92).

7 "여러 계시를 받은 것이 지극히 크므로"(*καὶ τῇ ὑπερβολῇ τῶν ἀποκαλύψεων*–카이 테 휘페르볼레 톤 아포칼륍세온). 오늘날의 해석자는 12:7의 헬라어 본문을 읽은 후에 바울이 이 본문을 그가 의도한 대로 기록한 것인지를 의아해할지도 모른다(Barrett, 313). 우리는 이 절을 둘러싼 본문상의 문제들을 이미 검토해서, 위의 어구가 6절의 문장을 끝맺는 것으로 보는 견해를 채택한 바 있다(12:7에 대한 "원문주해"를 보라). 12:6은 바울이 사람들의 눈에 보이지 않은 것들을 이야기하며 자랑하지 않겠다고 말하는 것으로 끝났었다. 그는 사람들이 눈에 보이는 것, 그들이 볼 수 있는 것, 즉 그가 겪은 환난들을 토대로 자신을 평가해 주기를 바랐다. 그러나 우리는 바울이 자신이 체험한 환상을 고린도 교인들에게 말한 후에 그들이 자신의 참된 의도를 경청해 줄 것이라고 확신했을지에 대해서는 의구심을 갖게 된다(12:2-4; 우리는 일부 사람들은 바울의 다른 환상들, 특히 고린도에서 받은 환상〈행 18:9-10〉에 대해서 알고 있었을 것임을 기억해야 한다). 아마도 고린도 교인들 중 일부는 선한 의도로 바울의 탈혼 체험을 근거로 그가 뛰어난 인물이라고 여겼을 것이다. 결국, 바울은 고린도 교회에서 그의 추종자들을 가지고 있었다("나는 바울에게 속한 자라," 고전 1:12). 게다가, 그는 7:8-16에 기록된 대로 다수의 교인들을 다시 얻은 상태였다. 새로운 문제들이 반복해서 생겨났음에도 불구하고, 이러한 새로운 정보에 접하고서 바울을 높이 평가한 자들이 분명히 존재했을 것이다. 여기서 바울이 원인의 여격(*dativus causae*)인 휘페르볼레(*ὑπερβολῇ*)를 선택해서 사용한 이유는 다소 모호하다. 이 복합 명사는 "도가 지나침"(양에 있어서의 휘페르〈*ὑπέρ-*〉)을 의미할 수도 있고 "이례적임"(질에 있어서의 휘페르〈*ὑπέρ-*〉)을 의미할 수도 있다. 바울이 고린도후서에서 사용한 이 단어의 용례(4:17; 1:8; 또한 참조. 4:7; 롬 7:13; 갈 1:13; 고전 12:31)는 정도가 아니라 특성을 나타내는 용법으로 이 단어가 사용되었다는 쪽으로 저울이 기울어지게 만든다고 할 수 있지만(Zmijewski, "Kontextbezug," 272), 우리는 여기서 지나치게 날카로운 구별을 해서는 안 될 것 같다(Héring, 92를 보라). 아포칼륍세이스(*ἀποκαλύψεις*, "계시들")가 복수형으로 되어 있다는 사실을 근거로 플럼머(Plummer, 347)는 12:2-4이 두 가지의 별개의 계시에 대하여 말하고 있다는 견해를 다시 한 번 제기했다. 그러나 우리는 그러한 입장이 의심스럽다는 것을 이미 살펴본 바 있다(Güttgemanns, *Der leidende*

*Apostel*, 161, n. 55에서는 몇몇 해석자들의 견해에 반대하여 7절은 "감지되는 단절 없이" 4절의 기사로부터 옮겨가고 있다고 주장한다). 게다가 앞에서 이미 언급했듯이, 고린도 교인들은 바울이 몇몇 환상들을 체험했다는 것(그러나 대적들을 충분히 만족시켜 줄 정도는 아니었지만)을 알고 있었을 가능성이 많다. 바울은 정신 나간 사람이라는 비난을 받은 적이 있었다(5:13). 그러나 12:2-4에 나오는 환상에서 중요한 것은 그것이 지닌 "계시"의 차원이다. 요컨대, 이 환상은 어떤 사람들에 의해서 무시되거나 조롱거리가 되었을지라도, 어떤 사람들에게는 폭탄이 떨어진 것과 같은 큰 충격파를 주었을 것이다. 바울은 이 사건으로 인해서 지나치게 교만하게 되거나 뽐내게 되는 일은 결코 없을 것이었다(그는 그 이유를 고린도 교인들에게 곧 설명한다). 그러나 고린도 교인들 중에서 일부가 바울의 신비 체험을 그가 결코 원하지 않는 방식으로 해석할 가능성은 언제나 존재했다.

"너무 자고하지 않게 하시려고 내 육체에 가시 곧 사단의 사자를 주셨으니 이는 나를 쳐서 너무 자고하지 않게 하려 하심이니라"(*διὸ ἵνα μὴ ὑπεραίρωμαι, ἐδόθη μοι σκόλοψ τῇ σαρκί, ἄγγελος σατανᾶ, ἵνα με κολαφίζῃ, ἵνα μὴ ὑπεραίρωμαι* -디오 히나 메 휘페르아이로마이, 에도데 모이 스콜롭스 테 사르키, 앙겔로스 사타나, 히나 메 콜라피제, 히나 메 휘페르아이로마이). 이 절에 대한 논의를 통해서 주석가는 바울이 말한 "육체의 가시"가 과연 무엇이었는지에 대하여 확실한 것을 얻을 수 없다. 휴즈(Hughes)가 적절하게 지적하듯이, 그 가시는 "활용 가능한 증거들 위에서 살펴볼 때 여전히 풀리지 않은 채로 남아 있을 수밖에 없는 그러한 의문들 중의 또 다른 하나다"(442). 그렇다고 해서, 이 주제에 관한 과거의 학설들을 연구하는 것이 아무런 유익도 없을 것이라고 말하는 것은 아니다. 오히려 그 정반대다. 왜냐하면 우리가 바울에게 있어서 하나님의 능력이 역사하기 위한 토대-즉 약함을 통해서-를 이해하려면 그 대안들을 고찰하고, 적어도 바울의 상황에 관한 일반적인 결론들을 알아야 하기 때문이다. 그러나 이것은 우리의 현재의 논의가 지금까지 학자들을 피해 온 확실한 결론을 제시하지 않을 것이라고 말하는 것이 아니다.

"너무 자고하지 않게 하시려고"(*διὸ ἵνα μὴ ὑπεραίρωμαι* -디오 히나 메 휘페르아이로마이). 디오(*διό*, "그러므로")의 사용은 바울의 독자들에게 이 새로운 문장을 통해서 모종의 요약문이 제시될 것임을 일깨우는 역할을 하는데, 이러한 견해는 디오(*διό*)를 나중에 추가한 표현, 본문상의 훼손, 다음에 나오는 단어인 히나(*ἵνα*)에 대한 복선으로 여기는 그 밖의 다른 견해들보다 더 낫다. 이 단어는 "다음에 나오는 연결어"를 추론의 접속사로 소개하는 역할을 한다(Zmijewski, *Der Stil*, 354;

Bultmann, 226, 이 두 사람은 E. Molland, "*Διό*," *Serta Rudbergiana*[1931] 49, 50에 의존하고 있는데, 나는 이 논문을 참조할 수 없었다). 바울은 앞에서 고린도 교인들에게 자신이 독특한 환상을 체험했다는 정보를 제시했었다. 그러고 나서 그는 그러한 체험에도 불구하고 자신은 그것에 대하여 자랑하고자 하지 않는다는 것을 그들에게 말했다(기본적으로 그는 이미 자랑했고, 그가 가치 없는 것으로 여긴 그의 대적들의 행동〈12:1〉에 동참했다고 느끼지만〈12:11〉). 따라서 바울은 이제 자신이 자랑할 수 없는 한 가지 이유를 일반적인 견지에서 제시하는 것으로 나아간다: 하나님은 바울이 자고하게 되는 것을 막고자 하셨다는 것. 하나의 절에서 히나(*ἵνα*, "…하기 위하여")가 두 번 사용된 것은 세 개의 목적절들이 밀접한 대칭 관계를 이루고 있다는 것을 우리에게 일깨워 준다. 첫째, 하나님이 바울에게 육체의 가시를 주신 이유가 있었는데, 그 이유는 바울이 교만하게 되지 않도록 하기 위한 것이었다. 둘째, 사탄의 사자가 바울을 때려눕히기 위해서 찾아왔다. 셋째, 이러한 일은 바울이 자고해 지는 것을 막기 위한 것이었다(이것은 다시 한 번 강조됨). "자고하게 되다"(*ὑπεραίρομαι*－휘페르아이로마이, "우쭐하게 되다")라는 단어는 여기 외에 신약성경에서 단 한 곳(살후 2:4)에 나오는데, 거기서 바울은 "불법의 사람"이 하나님을 대적하여 스스로를 높이는 것에 대하여 말할 때 이 단어를 사용한다. 바울이 스스로를 높이고자 하는 충동, 즉 "교만"(*ὕβρις*－휘브리스)의 행위로서 하나님으로부터 독립하고자 하는 충동을 느꼈다면, 육체의 가시는 그런 일이 발생하지 않도록 하기 위하여 주어졌다. 더 중요한 것은 고린도 교인들이 바울을 "높은 자리에 올려놓고" 숭앙하고자 한다면, 바울에게 있는 육체의 가시는 그런 일을 막아 주리라는 것이다. 바울이 자기 마음대로 자신을 다른 사람들 위에 높일 수 없다는 것을 보여 주고자 했다는 것은 다음과 같은 구문 속에서 드러난다(참조. 롬 12: 3). 히나 메 휘페르아이로마이(*ἵνα μὴ ὑπεραίρωμαι*)라는 동일한 목적절이 이 절의 처음과 끝에 나온다. 그 강조점은 분명하다. 바울은 약하고, 그것은 그의 육체에 주어진 가시에 의해서 추가적으로 드러난다(놀랍게도, NIV는 두 번째의 히나 메 휘페르아이오마이〈*ἵνα μὴ ὑπεραίωμαι*〉라는 절을 번역하는 데 실패하고 있는데, 우리는 슐라터(Schlatter, *Paulus*, 665)가 "두 종류의 구문이 연이어 나오는 것"을 알아차리고, 이 절들을 이 문장의 두 개의 서로 다른 부분과 연결시키면서 6절로 돌아가서 첫 번째 히나〈*ἵνα*〉 절을 일종의 "삽입"인 "여러 계시들"과 연결시키고자 한다는 것을 지적할 수 있다). 바울은 이 육체의 가시에 대하여 책임이 있는 주체가 아니라고 고백한다. 그는 이 가시가 "내게 주어졌다"(*ἐδόθη μοι*－에도데 모이)고 말한다.

비록 스콜롭스 테 사르키(*σκόλοψ τῇ σαρκί*)가 에도데(*ἐδόθη*)의 문법상의 주어이기는 하지만, 사탄이 이 가시를 준 자라는 것은 의심스럽다. 만약 바울이 그러한 사실을 전달하고자 했던 것이라면, 그는 십중팔구 디도나이(*διδόναι*)가 아닌 다른 단어를 선택했을 것이다. 이 단어는 통상적으로 하나님의 은총이 수여된 것을 나타내는 데 사용된다(참조. 갈 3:21; 엡 3:8; 5:19; 딤전 4:14). 플럼머(Plummer)는 만약 사탄이 이 가시를 준 자였다면, 에피티데미(*ἐπιτίθημι*, "…에 두다"; 눅 10:30; 23:26; 행 16:23), 또는 발로(*βάλλω*, "던지다"; 계 2:24), 또는 에피발로(*ἐπιβάλλω*, "두다"; 고전 7:35)라는 표현이 더 적절했을 것이라고 주장한다(348). 앞에서 언급했듯이, 우리는 이 서신 속에서 신성 수동태(*passivum divinum*)의 한 예를 보았다. 이 "신성 수동태"는 하나님이 인간의 삶 속에서 일어난 사건들과 경험들 배후에 숨겨진 행위 주체시라는 것을 보여 주는 기법으로서 바울의 생각과 잘 부합한다. 그는 자신에게 주어진 계시와 가시가 둘 다 하나님에게서 온 것으로 본다(Smith는 바울이 이 가시를 "은사, 선물"로 보지 않았을 것이라는 점을 지적한다. 게다가, 그는 바울은 이 가시가 하나님의 뜻이었다고 말하기를 꺼려 한다고 말한다〈"The Thorn," 411〉. 바울은 이 가시를 그로 하여금 하나님께 더 가까이 나아가게 만든 혹독한 현실로 보았다. 그러나 바울이 이 가시를 애초부터 선한 것으로 보았는지의 여부에 대해 답변하는 것은 여전히 우리의 능력을 벗어나 있다). 그러므로 즈미쥬스키(Zmijewski, ibid., 368)가 "가시"를 "주어졌다"의 문법상의 주어로 볼 수 있다고 하더라도, 실제로는 "모든 증거들은 하나님이 이 행위의 본질적인 주체라는 것을 보여 준다"고 말한 것은 옳다.

"육체에 가시 곧 사단의 사자"(*σκόλοψ τῇ σαρκί, ἄγγελος σατανᾶ*－스콜롭스 테 사르키, 앙겔로스 사타나). 이 어구에 대해서는 많은 연구가 행해져 왔지만, 여전히 미스테리와 불확실성이 남아 있다는 것은 부정할 수 없다. 앞으로 보게 되겠지만, 이 어구와 관련해서 오늘날의 학자들만이 아니라 교회사 전체에 걸쳐서 수많은 주석학적 및 경건적인 연구가 이루어져 왔다.

스콜롭스(*σκόλοψ*)는 "가시" 또는 "말뚝"을 의미하는 것으로 해석될 수 있다(Schlatter, *Paulus*, 666에서는 스콜롭스〈*σκόλοψ*〉가 스타우로스〈*σταυρός*, "십자가"〉와 의미가 비슷하다고 본다; 참조. Origen, *Cont.* 2.68). "가시"라는 번역이 좀 더 통상적인 것이었다는 점은 잘 확인된다(LXX〈민 33:55; 겔 28:24; 호 2:6〉, KJV/AV, RSV, NIV를 보라; NEB는 "육체적인 통렬한 고통"이라고 번역해 놓고, 각주에서 "육체와 관련된 말뚝 또는 가시"라는 설명을 붙여 놓았다. 또한 BGD, 756

756: Delling, *TDNT* 7:411, 412를 보라). "말뚝"으로 번역해야 한다는 주장도 제기된다. 박(Park)은 "말뚝"은 군대에서 빌어온 개념이었을 것이라고 주장한다("Paul's *ΣΚΟΛΟΨ*," 180-82). 그러한 말뚝들은 적의 진군을 늦추기 위해서(울타리 또는 장벽의 형태로), 또는 적을 고문하고 사형을 집행하기 위해서(말뚝으로 찔러 죽이는 것 등을 통해서) 사용되었다. 박(Park)이 바울이 지닌 문제의 심각성을 지나치게 과장한 것(ibid., 182, 183)을 제외한다면, 말뚝"이라는 개념도 설득력이 있어 보인다. "말뚝"이라는 번역은 바울이 지닌 문제의 심각성을 보여 주는 반면에, 가시로 번역하게 되면 피상적인 고통이라는 의미를 지니게 된다고 말하는 것은 만족스럽지 못하다. 나아가, 바울이 처한 상황을 그가 꼼짝없이 말뚝에 찔리는 형벌을 받고 있었다는 말로 표현한 것(Hughes, 447)은 바울이 자기 속에서 역사하고 있다고 느낀 하나님의 능력을 무시해 버리는 것이다. 이런 이유들로 우리는 이 단어를 "가시"로 번역하고자 한다("나무 등의 쪼개진 파편," Bruce, 248; Plummer, 348). (우리는 바울이 테 사르키〈*τῇ σαρκί*〉를 사용한 것을 살펴보기 위해서 "가시"라는 표현과 관련된 다른 가능성들에 대한 논의를 당분간 미루고자 한다.)

바울이 "육체에"라는 표현 속에서 사륵스(*σάρξ*)를 사용한 의도가 정확히 무엇인지를 밝혀내는 일은 쉽지 않다. 여기서의 문제는 이 어구를 "육체 속에"로 번역해야 하는지, 아니면 "육체와 관련된"으로 번역해야 하는지가 핵심이다. 이것은 테 사르키(*τῇ σαρκί*)를 장소의 여격으로 보느냐, 아니면 손해의 여격(Tasker, 174, dativus incommodi)으로 보느냐는 문제다(여격 테 사르키〈*τῇ σαρκί*〉를 모이〈*μοι*〉를 보충 설명하는 것으로 보고서 "내게, 곧 내 육체에 주어진"으로 해석하고자 하는 〈롬 7:18을 토대로〉 Allo의 견해〈310〉는 설득력이 없다. 도리어 이 여격은 "유비를 통해서" 실명사인 스콜롭스〈*σκόλοψ*, 고전 7:28에서와 같은 용법〉와 밀접하게 연결되어 있는 것으로 설명된다〈BDF § 190.3〉). 전자가 타당하다면, 바울은 육체적인 질병 또는 장애에 대하여 말하고 있는 것일 가능성이 대단히 높다. 왜냐하면 우리는 사륵스〈*σάρξ*〉를 중립적인 의미, 즉 신체로서의 몸으로 이해해야 하기 때문이다("육체"가 사람의 신체의 동의어로 사용되는 것에 대해서는 Bruce, 248; Barrett, 315; Filson, 407; Schweizer, *TDNT* 7:125를 보라; Bachmann, 392, n. 1: 인간의 삶이 지닌 가장 실제적인 생리학적 의미에 대한 은유; BGD, 743; 우리는 바울이 사륵스(*σάρξ*)를 비신학적인 의미로 어떻게 사용하고 있는지를 이미 살펴본 바 있다; 7:1에 대한 "주석"을 보라). 이 여격을 장소의 여격으로 보는 것에 대하여 반대하는 근거는 바울이 이 어구를 그런 식으로 이해되기를 의도했다면, 그는 전치사 엔(ἐν, "…안에")을 포함시켰으리라는 것이다(Plummer, 348). 따라서 이 여격은 손해의 여격이라는 주장("육체와 관련된")이 제기되어 왔다. 이 입장을 취한다면, 사륵스(σάρξ)는 인간의 열등한 본성이라는 바울적인 의미를 지니게 된다(Tasker, 174). 이 입장을 반대하는 자들은 바울이 사륵스(σάρξ)가 그런 의미로 해석되기를 원했다면 이 단어를 성령에 대한 모종의 언급과 대비시켰을 것이라고 주장한다(Hughes, 448). 휴즈(Hughes)의 논증을 토대로 해서 우리는 여기서 "육체"의 용법이 비신학적인 범주에 속하는 것으로 이해하고자 한다(Jewett, *Anthropological Terms*에서는 사륵스〈σάρξ〉가 소마〈σῶμα〉와 동일한 것으로 보지만〈158〉, 옛 시대에 속한 것으로 본다〈455〉. 참조. 5:17).

가시가 정확히 무엇을 의미하는지는 여전히 잘 파악되지 않고 있다. 지금까지 아무도 일반적으로 받아들여질 수 있는 해석을 제시하지 못했다. Plummer, 348-51; Hughes, 443-46; Allo, 313-21; Güttgemanns, *Der leidende Apostel*, 162-64에는 이 단어와 관련된 해석사가 개관되어 있다. 최초의 해석은 터툴리안(Tertullian, *de Pudicitia* 13.17)에 의해서 제시되었는데, 그는 이 가시라는 표현을 바울이 귀 또는 머리에 통증을 지니고 있다는 것을 의미하는 것으로 해석했다(또한 Jerome과 Pelagius를 보라). 크리소스톰(Chrysostom, *Hom.* 26)은 사타나스(σατανᾶς, "사탄")를 일반적인 의미에서의 반대자로 이해하고서, 바울이 말한 가시는 그의 대적자들이었다는 결론을 도출했다(Chrysostom은 구체적으로 구리장색 알렉산더를 지목한다). 최근에 이러한 주장이 다시 부활했다(Tasker, 176; Mullins, "Paul's Thorn"; Barré, "Qumran," 222-25는 1QH 2:23-25과 고후 10-13장 간에는 연관 관계가 존재한다고 보는데, 이는 두 개의 본문 속에서 약함은 박해의 결과로 이야기되기 때문이다. Bieder, "Paulus," 319-33에서 반대파는 11:14에 나오는 자들로서 고린도 교회에서 활동하던 이단적인 반대자들이었고, 바울은 그들을 사탄의 사자들이라고 불렀다고 주장한다. 그러나 Güttgemanns, ibid., 164에서는 "사자"를 디아코노이〈διάκονοι〉와 동일시할 수 있는 것이냐고 반문한다. 아래의 설명을 보라). 이 입장을 지지하는 근거들을 우리는 눈여겨볼 필요가 있다.

가시가 바울의 대적자들을 가리킨다는 입장을 뒷받침하는 것으로 제시되는 근거들은 기본적으로 네 가지가 있다. 첫째, 앙겔로스 사타나(ἄγγελος σατανᾶ, "사탄의 사자"; 사타나〈σατανᾶ〉는 불규칙으로 변화하는 사타나스〈σατανᾶς〉의 속격으로서 도리스 방언이라는 것을 주목하라)라는 어구는 어떤 사람을 가리킬 수 있다는 것이다. 왜냐하면 바로 그것이 앙겔로스(ἄγγελος, "사자"〈또는 "천사"〉가 당시에 전문적인 용어였을 가능성은 거의 없다)의 통상적인 용법이기 때문이다. 바울은 사람을 가리키는 경우를 제외하고는 앙겔로스(*ἄγγελος*)를 사용하고 있지 않은 것으로 보인다. 둘째, 우리는 10-13장이 대적자들에 맞선 바울의 싸움을 서술하고 있다는 것을 잊어서는 안 된다. 우리는 12:12에서 바울이 그의 사도직에 의문을 제기하고자 한 자들과 싸우고 있는 것을 보게 된다. 게다가, 11:13-15에서 바울은 그의 대적들과의 싸움을 하나님과 사탄의 싸움으로 이해한다(Kleinknecht, *Der leidende Gerechtfertigte*, 293를 보라). 바울은 자신을 하나님의 대표자로 보고, 거짓 사도들을 사탄을 대표하는 것으로 본다. 이 싸움에서 바울은 사탄을 (거짓된) 광명의 천사로 본다(11:14). 따라서 사자(使者)라는 표현은 질병이 아니라 사람을 가리킨다는 결론이 나온다. 이것이 옳다면, 12:7에서 스콜롭스(*σκόλοψ*)는 어떤 육체적인 질병이나 장애를 가리키는 것으로 이해되어서는 안 된다.

세 번째 근거는 히나 메 콜라피제(*ἵνα με κολαφίζῃ*, "나를 치기 위하여")라는 구절에서 찾아볼 수 있다. 동사 콜라피제인(*κολαφίζειν*, 막 14:65; 마 26:67의 용례들을 보라; 참조. 고전 4:11)은 특히 머리를 여러 차례 가격당하는 것을 통해서 두들겨맞거나 몰매를 맞은 자에 대하여 말할 때 사용된다(K. L. Schmidt, *TDNT* 3:819-21; idem, "*Ἰησους Χριστὸς κολαφιζόμενος* und die 'colaphisation' der Juden," Mélanges offerts à Maurice Goguel, *Bibliothèque Théologique*[Paris: Delachaux & Niestlé, 1950]; *Aux sources de la tradition chrétienne*, FS M. Goguel). 이것을 근거로 일부 학자들은 바울이 스콜롭스〈*σκόλοψ*〉를 선택해서 사용한 것은 특별히 어떤 사람을 가리키기 위한 것이고, 그것은 그의 대적자들을 가리킨다는 결론을 내렸다. 네 번째 근거는 칠십인역에서 우리는 가시를 이스라엘의 대적들과 결부시키는 것을 발견하게 된다는 것이다. 이스라엘에 남도록 허락을 받은 가나안 족속들은 이스라엘에게 "가시들"이었다(민 33:55). 에스겔서(23:24)에서는 이스라엘의 적들을 "가시들"이라고 묘사한다. 이 네 가지 근거는 바울이 말한 가시는 고린도 교회에서 그를 집요하게 괴롭힌 대적자들을 가리키는 것이라는 주장이 얼마든지 성립될 수 있다는 것을 보여 준다(또한 이 주장은 Augustine, Theodoret, Theophylact 등과 같은 교부들의 지지도 받는다).

하지만 가시를 바울의 대적들이 아닌 다른 어떤 것을 가리키는 것으로 보는 견해가 더 많은 지지를 받고 있다. 중세의 사상가들(그레고리 1세로부터 아퀴나스에 이르기까지)은 *stimulus carnis*(육체의 충동)라는 불가타 역본의 번역(그러나 이것은 "오역"이었다, Hughes, 444; "가시"의 해석사에 대한 유익한 보론으로는 442-46를 보라)이 성적인 시험을 뜻하는 것으로 이해했다. 종교 개혁자들(칼빈이나 루터 같은)은 바울이 말한 육체의 가시를 영적인 시험으로 보았다. 오늘날 이러한 견해를 채택하는 채택하는 주석가들은 거의 없다(그러나 J. J. Thierry, "Der Dorn im Fleische," *NovT* 5[1962] 301-10를 보라). 도리어 대다수의 주석가들은 모종의 육체적 질병이나 장애를 가리킨다는 쪽을 선호한다(Windisch, 385-88, "Die Krankheit des Apostels Paulus"에 나오는 자세한 설명과 참고문헌들을 보라). 그들이 흔히 제시한 질병 중의 하나는 심각한 형태의 눈병이었다. 이것은 갈라디아서의 생생한 표현으로부터 추론된다. 4:13에서 바울은 육체(*σάρξ*-사륵스)의 약함에 대하여 말한 후에, 갈라디아인들이 기꺼이 그들의 눈을 뽑아서 자신에게 주고자 했을 것임을 인정하는 말을 한다(4:15). 또한 바울은 자기가 손수 글자를 썼다고 말하는 것으로 갈라디아서를 끝맺는데, 그가 자기 손으로 글자를 썼다는 것은 큰 글자들로 글을 썼다는 데서 드러난다고 말한다(6:11). 또한 사도행전 23:5에는 바울이 대제사장을 알아보지 못했다고 주장하는 장면이 나온다. 이 견해는 계속해서 이러한 시력의 결함은 바울이 회심 체험을 한 후에 그의 눈에서 떨어진 비늘들 때문이었을 것이라고 주장한다(행 9:9, 18). 이러한 견해는 비록 흥미로운 것이긴 하지만 최근에 거의 지지를 받아 오지 못했다(하지만 Nisbet, "The Thorn"을 보라).

주석가들이 제시하는 또 다른 질병은 간질인데(Lightfoot), 이 질병은 아마도 바울이 회심할 때 겪은 체험의 결과였을 것이라고 주장된다. 즉 이것은 바울이 다메섹 도상에서 땅에 엎드러졌다는 사실을 그가 간질 발작을 했다는 것을 보여 주는 증거로 본 것인데, 이러한 주장은 의심스럽다(Allo, 316를 보라).

좀더 매력적인 가설들 중의 하나는 W. M. Ramsay(*St. Paul the Traveller and Roman Citizen* 18[London: Hodder & Stoughton, 1935] 94-97; Allo도 여기에 동조한다)의 견해다. 그는 바울이 모종의 반복적인 말라리아성의 열병을 앓았다고 말한다. 그는 밤빌리아에서 이 질병(구체적으로 말하자면, 몰타 섬 열병; W. M. Alexander, "St. Paul's Infirmity," *ExpTim* 15[1904] 469-73; 545-48)을 얻었다는 주장이 제시되어 왔다. 램지(Ramsay)는 이러한 견해는 바울이 보여 주는 모든 징후들을 다 포괄할 수 있다고 말한다. 이 견해에 의하면, 바울은 이 열병의 공격 때문에 여러 가지 기능들을 상실하게 되었다. 이 열병이 바울의 머리에 침투했다면, 우리는 바울이 왜 흠씬 두들겨맞았다고 느꼈는지를 충분히 이해할 수 있다.

그 밖의 다른 형태의 고통이나 고난도 제시되어 왔다. 예를 들면, 가시는 유대인들이 복음을 거부함으로써 바울이 겪은 고뇌를 의미할 수도 있다(Ph. H. Menoud,

"L'écharde et l'ange satanique[2 Cor 12.7]," *Studia Paulina*, 169). 우리는 이것이 바울에게 큰 고통이었다는 것을 로마서 9-11장, 특히 9:1-3을 통해서 알고 있다. 메누(Menoud)는 바울은 그의 환난 목록에서 질병을 전혀 언급하지 않는다는 사실을 지적한다(Barré, "Qumran," 224에서는 12:7은 11:21b-29과 12:10a이라는 두 개의 환난 목록에 의해서 둘러싸여 있다는 점을 언급한다). 클라비에(Clavier, "La santé de l'apôtre Paul," *Studia Paulina*, 78, 79)는 바울은 그가 겪은 곤경들 및 그의 환상들과 계시들에 의해서 그의 심령이 받은 충격의 결과로 신경계의 이상(異常)을 겪었다고 믿는다. 그렇지만 앞에서 제시된 모든 육체적인 질병들과 관련해서 우리는 빈더(Binder)가 말한 것처럼 "전쟁터"에서 그토록 자주 접전을 벌인 사람이 육체적으로 그렇게 약했다면 과연 그 혹독한 일들을 잘 견딜 수 있었겠느냐는 의문이 든다("Die angebliche Krankheit").

그러나 이것은 바울의 고통이 육체적인 것이었다는 주장이 변호될 수 없다고 말하는 것이 아니다. 우리는 성경의 전승 속에서 사탄은 육체적인 질병과 결부되어 있다는 점을 주목할 필요가 있다. 우리는 이것을 욥기 2:5에서 볼 수 있는데, 거기서 사탄은 욥에게 질병을 가하도록 하나님의 허락을 받는다. 또한 누가복음(13:16)에서는 18년 동안 구루병에 시달린 여자에 대한 책임을 사탄에게 돌린다. "문자 그대로의" 사자(ἄγγελος-앙겔로스)가 이 각각의 질병들과 관련된 원인자였다는 것을 시사해 주는 내용은 없다. 아울러서 "사탄의 사자"라는 용어는 흔하게 사용된 어구는 아니었다(Barrett, 315; 마 25:41; 계 12:7, 9; Str-B 1:136, 983-94를 보라). 앙겔로스(ἄγγελος)를 "사람"(구체적으로, 대적들)을 의미하는 것으로 보는 자들과는 반대로, 바울은 단지 그의 질병을 사탄에게 돌린 것일 수 있다(아마도 사탄의 대리자인 귀신을 통해서; Price, "Punished," 33-40에서는 가시를 귀신으로 이해한다). 물론 하나님이 모든 것을 주관하신다는 확신을 항상 가지고 있었지만 말이다(Barrett, 316). 바울이 그의 대적자들을 육체의 가시로 지칭하고 있다는 입장(지금에 와서는 가시와 관련하여 제시된 여러 가지 견해들이 대략적으로 두 개의 범주, 즉 인간 대적자들과 육체적인 질병으로 분명하게 구분되는 것 같다)을 반대하는 가장 설득력 있는 증거는 12:8에서 발견된다. 이 절은 바울이 가시를 제거해 달라고 하나님께 기도했다고 말한다. 그렇다면 과연 사도가 박해를 벗어나게 해 달라고 기도했겠는가? 그것은 의심스럽다. 왜냐하면 박해는 바울이 성장하기 위한 연료였기 때문이다. 바울은 박해를 받으면 받을수록 자신의 사도직을 지키는 데 더욱 더 결연한 의지를 보였다. 게다가, 이 계시가 바울이 12:2-4의 계시를 받던 무렵에 주어진 것이라면, 바울은 당시에 아직 그의 대적들과 대결하는 국면에 있지 않았기 때문에, 그가 11:13-15에서 대적들에 대하여 말하고 있다고 보는 것은 의심스러운 견해다(Bieder는 여기에 반대한다). 그렇지만 우리는 만성적인 질병을 지닌 바울의 모습은 신약성경에서 찾아볼 수 있는 바울에 대한 묘사와 잘 부합하지 않는다는 것을 솔직히 인정하지 않을 수 없다(따라서 우리는 Binder의 주장을 상기해야 한다). 도리어 바울은 튼튼한 몸과 강인한 체질을 지녔던 것으로 보아져야 한다. 다른 한편으로, 바울의 사도직이 논란에 휩싸여 있었던 고린도 교회에서는 육체적인 약함은 불리한 점으로 작용했던 것으로 보이기 때문에, 바울은 10:10; 11:21; 12:10에 나오는 그에 대한 평가가 아무리 그의 대적들에 의해서 악용되고 있었다고 해도 그 평가를 부정할 수 없었다.

말하는 것과 관련된 어떤 결함도 바울의 가시로 제시되어 왔다(W. K. L. Clarke, *New Testament Problems*[London:SPCK, 1929] 136-40, followed in part by Barrett). 이것은 고린도 교인들이 그의 첫 인상을 나쁘게 보았던 이유를 설명해 줄 수 있다(고전 2:1-5; 고후 10:10). 게다가, 이것은 그가 편지에는 힘이 있지만 말에는 "졸한" 이유를 제시해 줄 수 있다(10:1, 9, 10, 11; 11:6). 그러한 질병은 바울의 힘을 빼놓거나 무기력하게 만들지는 않았겠지만, 그 질병 때문에 바울은 사람들로부터 조롱과 무시를 당하고 볼품없는 자로 여김을 받았을 것이다(Marshall, "A Metaphor of Social Shame," *NovT* 25[1983] 315, 316에서는 가시를 "조롱과 불쾌한 비교의 주제가 되었고 사회적으로 무시당하는 것을 초래한 질병 또는 기형"으로 규정하는데, 이것 때문에 바울의 환상 체험의 가치가 폄하되었다고 말한다. 그는 이 단락의 결론은 다음과 같은 것이라고 주장한다: Marshall이 2:14에 나오는 이 동사를 해석하듯이, 하나님은 그의 사도를 패배시키셨다). 그러나 다시 한 번 말해 두지만, 이것은 단지 추측에 불과하다. 간단히 말해서, 우리는 "육체의 가시"가 지닌 의미를 알지 못한다. 기껏해야 우리가 말할 수 있는 것은 브루스(Bruce)가 말했듯이 이 가시는 바울이 탈혼 체험을 한 후 얼마 되지 않아서 그에게 찾아왔다는 것이다. 콜라피제인(*κολαφίζειν*)이 현재 시제로 되어 있는 것을 볼 때, 이 가시는 지속적인 문제였던 것으로 보인다. 또한 바울은 일종의 육체적인 이상(異常)을 겪었을 가능성이 있어 보이지만, 이것조차도 불확실하다. 고린도 교인들은 십중팔구 바울이 무엇을 말하고 있는지를 알고 있었을 것이다. 하지만 우리는 쌍방의 대화 중에서 한쪽의 이야기를 외부에서 듣고 있는 처지다. 앞으로도 우리는 결코 그 진실을 알 수 없을 것이다(또는 적어도 우리가 진실을 알고 있다고 해도, 그것이 과연 진실인지를 결코 확신할 수 없을 것이다).

그러나 가시가 무슨 의미인지를 이렇게 검토해 본 것은 가치가 있다. 그 가능성들을 검토한 결과, 우리는 두 가지 중요한 점과 몇 가지 결론들을 알아낼 수 있었다. 무엇보다도 먼저 그 가시는 선천적으로 악한 것이었다. 바울은 그 어디에서도 이 가시가 선한 것임을 내비치지 않는다. 그 가시는 바울을 끊임없이 괴롭히고 그에게 큰 당혹감과 고통을 초래하는 데 사용되었다(Zmijewski, ibid., 370, 371에서는 가시라는 이미지는 유동적인 것이기는 하지만, 바울의 고난이 지닌 고통스러운 측면을 가리킨다고 말한다). 두 번째이자 좀더 중요한 것은 가시는 하나님에게서 온 것으로서 선한 목적에 기여했다는 것이다. 수동형 동사 에도데(*ἐδόθη*, "주어졌다")의 중요성은 아무리 과장해도 지나치지 않는다. 하나님은 이 혹독한 체험의 배후에 있는 숨은 행위의 주체다. 역설적인 것은 이 동사의 비인격적이고 수동적인 단어 형태의 배후에 "원인자로서의 하나님에 대한 은밀한 암시"가 숨어 있다는 것이다(Prümm, *Diakonia* 1:657). 몇 가지 중요한 결론들도 도출된다. 첫째, 인간의 환난에 있어서 하나님을 숨겨진 행위 주체로 표현하는 이 수동형 구문은 바울의 이 경험을 신정론(theodicy)과 관련된 신학적인 차원으로 올려놓는다. 바울은 9-10절에서 기독론적인 모티프 및 그리스도를 위한 그의 섬김에 대한 변호를 도입함으로써 이 문제를 부분적으로 언급한다. 그러므로 바울의 고난은 환난을 허용할 뿐만 아니라, 그 환난 속에서 고난당하는 자를 붙들어 주시는 하나님의 은혜라는 맥락 속에서 나타난다(Schlatter, *Paulus*, 668). 이 가시는 바울을 낮추어 주었고, 사람들로부터 굴욕을 당하게 했다. 바울은 이 가시를 생각할 수밖에 없었기 때문에 결코 자기가 받은 큰 환상에 푹 빠져서 즐길 수가 없었다. 그러나 세 번째로 12:9-10이 우리에게 말해 주듯이, 이 부정적인 요소는 하나님이 그의 능력을 나타내실 기회가 되었다. 바울에게는 자신의 약함을 인정하는 것이 바로 하나님의 능력을 인정하는 것이었다. 아마도 바울은 만약 자기가 이 환상을 받지 않았더라면 가시도 받지 않았을 것이라고 수없이 되돌이켜 생각했을 것이다. 그러나 그렇다고 해서 그에게 달라진 것은 거의 또는 전혀 없었다. 바울은 자신의 약함 때문에 하나님을 위한 강력한 도구가 되었다. 바울 자신의 개인적인 관심은 수미쌍관법과 교차대구법적인 형태로 제시된다.

*μοι*(모이, "내게") —— *σκόλοψ*(스콜롭스, "가시")
*ἄγγελος σατανᾶ* —— *με*(메, "나를")
(앙겔로스 사타나, "사탄의 사자")

[8] "이것이 내게서 떠나기 위하여 내가 세 번 주께 간구했더니"(*ὑπέρ τούτου τρὶς τὸν κύριον παρεκάλεσα ἵνα ἀποστῇ ἀπ᾽ ἐμοῦ*-휘페르 투투 트리스 톤 퀴리온 파레칼레사 히나 아포스테 아프 에무). 바울은 12:8에서 자기가 이 사탄의 사자를 제거해 달라고 주께 간구했다는 것에 관한 자전적인 내용을 말하는 것으로 나아간다. 문법적으로 말한다면, 휘페르 투투(*ὑπὲρ τούτου*)는 스콜롭스 엔 사르키(*σκόλοψ ἐν σαρκί*)가 아니라 앙겔로스 사타나(*ἄγγελος σατανᾶ*)를 가리킨다. 이것은 아포스테(*ἀποστῇ*, 원형은 아피스타나이〈*ἀφιστάναι*, "떠나가다, 사라지다"〉, 여기서도 수동형)가 신약성경 전체에 걸쳐서 사물이 아니라 사람에 대하여 사용되기 때문이다(Hughes, 449, n. 139; 참조. 딤전 4:1; 딤후 2:19; 히 3:12; 눅 4:13). 얼핏 생각하면, 우리는 후토스/투투(*οὗτος/τούτου*)를 "이것"(this matter) 또는 단순히 "그것"(중성, NIV; KJV/AV; RSV; NEB)이 아니라 "그"(Barrett, 316)로 번역하고 싶은 생각이 들 것이다. 그러나 이러한 의인화는 유혹적이기는 하지만 바람직하지 않다. 기껏해야 우리가 말할 수 있는 것은 바울이 "사탄의 사자"를 준(準)인격적인 의미로 고찰했다는 것이 전부다(Zmijewski, *Der Stil*, 375; Hughes, 441, n. 120). 우리는 12:7에서 "사탄의 사자"라는 어구는 "육체에 가시"라는 어구와 동격 관계에 있는 것으로 보인다는 점을 지적해 둘 필요가 있다. 따라서 12:8의 "그것"(바울이 자신의 삶으로부터 제거되었으면 좋겠다고 바랐던 대상)은 가시 또는 사자를 의미할 수 있는데, 어느 쪽으로 보아도 이 절의 의미는 영향을 받지 않는다(12:8; "양식/구조/배경"을 보라). 앞에서 말했듯이, 바울은 12:7을 쓸 때 어떤 특정한 사람을 염두에 두고 있지 않았을 가능성이 대단히 높다. 대적자들로부터의 그 어떤 박해, 특히 그에게 고난을 가져다 준 박해는 결코 바울이 피하고자 했던 것이 아니었을 것이다. 바울에게 있어서 그의 고난은 어떤 의미에서 예수의 고난을 반영하는 것이었다(골 1:24). 후토스(*οὗτος*, BDF § 290.3을 보라)는 바울의 가시를 가리킬 것이다. "사탄의 사자"라는 표현은 악의 세력(비록 하나님의 허락을 받긴 했지만)이 그의 삶의 일부였다고 말하는 바울의 방식일 것이다.

바울은 이렇게 말한다: "내가 세 번 주께 간구했더니"(*τρὶς τὸν κύριον παρεκάλεσα*-트리스 톤 퀴리온 파레칼레사). 여기서 퀴리오스(*κύριος*)는 그리스도를 향한 직접적인 기도와 관련된 인격적인 대상일 것이다(Bultmann, 227). 이것은 12:9에서 "내 능력"(이것은 그리스도를 가리킨다)이라고 먼저 말한 후에 "그리스도의 능력"이라고 말하고 있는 데서 알 수 있다. 헤링(Héring)은 이것을 바울이 아버지 하나님에게가 아니라 그리스도에게 직접적으로 기도한 유일한 경우라고 본다(그는

"부정할 수 없을 정도로" 사실이라고까지 말한다, 93, n. 20). 그러나 그의 주장과는 반대로 바울이 그리스도에게 직접 기도한 것으로 볼 수 있는 여러 가지 가능한 예들을 보라(살전 3:12-13; 고전 1:2; 16:22; 또한 Filson, 409; R. J. Bauckham, "The Worship of Jesus in Apocalyptic Christianity," *NTS* 27[1980-81] 322-41; P. F. Bradshaw, *Daily Prayer in the Early Church*[London: Alcuin Club/ SPCK, 1981] 36; R. T. France, "The Worship of Jesus," *Christ the Lord*, FS D. Guthrie, ed. H. H. Rowdon[Leicester: IVP, 1982] 17-36). 곧 이어서, 독자들은 바울이 실질적인 치유를 간구한(*παρεκάλεσα*-파레칼레사: BDF § 392; 그러나 "애걸했다"는 아니다[Barrett, 316, 그리고 8:6; 9:5을 보고, 10:1, 2에 대한 설명을 보라]) 회수(回數)와 관련하여 인상적인 느낌을 받는다(A. Deissmann, *Light From the Ancient East*, 153, 308은 M. Julius Apellas의 기도와의 흥미로운 병행에 대하여 말한다). 세 번이라는 숫자는 겟세마네 동산에서 예수의 시험들을 상기시키는데, 예수는 자기에게서 잔을 치워 달라고 아버지에게 세 번 간구했다. 크리소스톰(Chrysostom)과 칼빈(Calvin)은 트리스〈*τρίς*〉는 수없이 많았다는 것을 나타내는 상징적인 숫자라고 말한다. 그러나 이 "세 번"이라는 숫자는 유대인들이 축복과 관련하여 이 숫자에 부여한 중요성을 반영한 것일 수도 있다(행 10:16; 요 21:17; 또한 *Midr. Teḥuma* 22.2). 세 번까지의 기도는 헬라-로마 종교에서 잘 확인된다(Windisch, 389, 390; 참조. Betz, "Aretalogie," 293). 바울의 의도가 무엇이었든 간에, 그가 자신의 질병이 세 번 공격해 와서 그 때마다 기도한 결과로 세 번 기도한 것이 되었던 것인지, 아니면 그의 질병이 최초에 공격해 온 직후에 세 번 연속해서 집중적으로 기도를 한 것인지는 여전히 의문으로 남는다. 바울이 이 질병을 받아들이는 데 충분한 시간을 가졌고 그 질병과 더불어 살아가는 법을 배웠다는 점에 비추어 볼 때 후자의 견해가 더 잘 의미가 통한다(Bruce, 249). 이것은 그 다음에 나오는 내용 속에서 볼 수 있는데, 특히 파레칼레사(*παρεκάλεσα*)의 단순과거 시제가 "(기도했다는) 사실은 이미 과거지사가 되어 버렸고, 지금은 바울이 더 이상 이 문제로 기도하지 않는다는 것을 보여 주는"(Allo, 312) 것이라면 더욱 그러하다. 그 다음에 나오는 행에서는 시제가 바뀐다는 것은 주목할 만한 일이다. 그러나 아마도 "세 번" 기도했다는 것은 간절하고 절박하게 기도했다는 것을 나타내는 상투적인 표현일 수 있다(Güttgemanns, ibid., 166 n. 94).

9 "내게 이르시기를"(*καὶ εἴρηκέν μοι*-카이 에이레켄 모이). 바울의 기도에 대한 응답은 신탁(神託)의 말씀이라는 형태로 왔는데(Betz, "Aretalogie," 294ff.,

"*eine indikativische Heilsbestätigung,*" esp. 297), 그 응답은 그가 원한 것이 아니라 그에게 필요한 것이었다. 대부분의 독자들의 관심은 이어지는 응답에 쏠리겠지만, 우리는 이 서두에 나오는 어구의 구문을 그냥 지나쳐서는 안 된다. 에이레켄(*εἴρηκεν*, "그가 말씀했다")은 레고(*λέγω*)의 완료형이다(Moule, *Idiom Book*, 15에서는 12:9은 "헬라어에 있어서 진정한 완료 시제를 아주 잘 보여 주는 예"라고 주장하며, 이 완료 시제가 단순과거 시제와 동일하거나〈Windisch, 390, n. 1; 참조. 11:25〉 이것은 "서사적 완료 시제"로 분류된다고 본다. BDF § 343.2에서는 그 밖의 여러 견해들을 반박한다). 바울은 과거에 일어난 일에 대하여 말하기 위해 완료 시제를 사용한 것이 분명하다. 이것은 결국 그가 최종적으로 갖게 된 결심임을 보여 준다(Bachmann, 401). 그러나 이것보다 더 중요한 것은 바울이 완료 시제를 선택한 것은 그가 지금도 하나님의 이 신탁의 말씀을 여전히 듣고 있다는 것을 우리에게 말해 준다는 것이다(에이레케나이〈*εἰρηκέναι*〉는 하나님이 하신 말씀들을 가리키는 데 자주 사용된다〈Plummer, 354; 행 13:34; 히 1:13; 4:3, 4; 10:9; 13:5; 이러한 구절들은 구약 인용문들이다〉). 바울의 세 번째 간구 후에 온 하나님의 응답은 "사도의 귓전에 항상 맴돌고 있었는데"(Hodge, 286), 이 응답의 내용을 검토해 보면 우리는 그 이유를 알게 된다. 바울이 과거에 들었던 그 응답은 현재에도 여전히 그에게 능력과 위로의 원천이었을 것이다(Bruce, 249). 일부 학자들은 이 완료 시제가 특정한 시점을 가리키는 것으로 이해될 수 있다고 주장하지만, 이 경우에는 그럴 가능성이 별로 없다. 우리는 12:8에서 파레칼레사(*παρεκάλεσα*)가 단순과거로 되어 있다는 점을 지적했다. 바울은 주께 간구했지만, 그것은 이미 과거의 일이었다(위에서 인용된 Allo, 312). 바울이 12:8-9에서 완료 시제와 단순과거 시제를 함께 사용한 것은 그가 가시를 제거해 달라고 하나님께 간구하는 것을 그쳤지만(단순과거), 여전히 하나님의 응답은 지속적인 위로의 원천으로 남아 있다(완료)는 것을 고린도 교인들에게 말하고자 한 의도적인 시도로 보인다. 하나님의 응답은 과거에 주어진 것이었지만, 12:9a에서 현재도 생생하고 활기 차게 울려퍼지고 있다. 그 응답은 최종적인 것이었지만, 바울에게 유익한 것이었다. 왜냐하면 그 응답은 하나님의 힘을 얻는 원천이 되었기 때문이다. 바울은 그의 약함에도 불구하고 힘을 얻을 수 있었다. 그는 육체에 가시를 지니고 있었지만 여전히 하나님을 위한 사역을 수행할 수 있었다. 다음 행에 비추어 볼 때, 이것은 분명히 "이 문장의 전체적인 흐름 속에서 진정한 정점"이다(Zmijewski, *Der Stil*, 378).

"내 은혜가 네게 족하도다 이는 내 능력이 약한 데서 온전하여짐이라 하신지라"

(*ἀρκεῖ σοι ἡ χάρις μου, ἡ γὰρ δύναμις ἐν ἀσθενείᾳ τελεῖται* – 아르케이 소이 헤 카리스 무, 헤 가르 뒤나미스 엔 아스데네이아 텔레이타이). "내게 이르시기를"이라는 어구 뒤에 나오는 구절은 바울이 어떤 응답을 받았는지를 드러내 준다. 휴즈(Hughes)는 이 응답을 "이 서신의 정점"이라고 부르면서, "바울의 사도직과 관련된 모든 문제는 이 관점에서 볼 때 가장 뚜렷하게 드러난다"고 말했다(451). 바울은 가시를 제거해 달라는 자신의 간구가 거절되긴 했지만 사탄의 사자가 "자신을 두들겨팰" 때마다 그것을 이길 수 있는 힘이 자신에게 주어지리라는 것을 확신하게 된 것으로 보인다. 여기에 기록된 말씀은 바울이 그리스도에게서 들은 말씀을 그대로 옮겨놓은 것 같다(O'Collins, "Power," 530; 고전 11:23-26에 비추어 볼 때 O'Collins의 견해는 의심스럽기는 하지만, 그의 견해가 옳다면 이 말씀은 바울 서신에서 찾아볼 수 있는 부활하신 그리스도의 유일한 말씀이 된다: 그러나 문제가 직접 화법〈oratio recta〉을 발견해 내는 것이라면, 그의 견해는 옳다: D. E. Aune, *Prophecy in Early Christianity*〈Grand Rapids: Eerdmans, 1983〉 247, 248, 261, 269, 321를 보라).

바울이 사용한 카리스(*χάρις*, "은혜")는 구체적으로 12:1-10에 서술된 그의 상황을 가리킬 수도 있고 그렇지 않을 수도 있다. 카리스(*χάρις*)는 고린도후서에서 널리 사용되어 왔다(1:2, 12; 4:15; 8:1, 2, 4, 6, 7, 9, 19; 9:8, 14). 바울에게 있어서 "은혜"는 사도직으로의 그의 특별한 부르심을 가리킬 수 있다(고전 15:10; 참조. 롬 1:5; 12:3). 은혜의 근본적인 측면은 그리스도 안에서 나타난 인간을 향한 하나님의 사랑이다(8:9). 은혜로 말미암아 사람은 그 어떤 고난(롬 8:38-39)도 그리스도 안에 있는 자들을 압도하여 이길 수 없다는 것을 확신할 수 있다(Barrett, 316). 이 은혜는 "어떤 사람으로 하여금 그리스도인이 되게 하는" 수단이다(ibid.). 바울이 12:9을 이야기할 때 육체의 가시를 염두에 두었을 것은 의심의 여지가 없다. 그러나 바울은 그의 사도직에 수반되었던 지난날의 수많은 고난들도 염두에 두었을 수 있다. 우리는 고린도후서의 지평을 점점이 수놓고 있는 환난 목록들을 기억하기만 하면 될 것이다(6:4-10; 11:23-28; 12:10). 여기서 한 걸음 더 나아가서, 우리는 약함이야말로 그리스도인들과 관련된 일반적인 원리라고 말할 수 있다(Bultmann, 228, 229: 아래의 설명을 보라). 즉 우리는 12:9에서 그리스도인들의 사역과 관련된 법칙을 볼 수 있다는 것이다(Käsemann, *Legitimität*, 39). 하지만 오콜린스(O'Collins, "Power," 534)는 여기에 동의하지 않는다. 이 마지막 논의는 12:9에 대한 우리의 "해설"의 결론부에서 다시 등장할 것이다(아래의 설명을 보라). 하지만 지금으로서는 바울의 삶 속에서 하나님의 은혜가 그의 약함으로 말미암아 나타났다는 것만을 지적해 두는 것으로 충분할 것이다("이 하나님의 은사는 그의 생애 전체에 있어서 지속적으로 족하고 선한 것이었다." Plummer, 354).

아르케인(ἀρκεῖν, "족하다")은 "충분하다"는 의미를 지닌다(G. Kittel, *TDNT* 1:464-67를 보라). 여기서 이 동사는 신학적인 뉘앙스를 지니고 있는데, 이것이 이 동사를 두드러지게 만든다. 에픽테투스(Epictetus, *Diss.* I.1, 7-13, IV.10, 14-16) 같은 스토아 철학자들의 글 속에서의 병행들은 여기서 별로 적합하지 않다. 왜냐하면 비교되고 있는 것은 내적인 자유 또는 충족성이 아니라 성령 또는 하나님의 은사의 소유, 하나님의 힘 주심에 의해서 더욱 고무되어 인간의 약함을 받아들이는 것이기 때문이다. 불트만(Bultmann, 228)은 바울과 스토아 철학자들을 대비시켜서 이 점을 분명하게 드러내 준다. 바울과 유대교의 대비도 주목할 만하다. 왜냐하면 신명기 3:26은 "능력"(δύναμις-뒤나미스)을 적극적으로 받는 것이 아니라 어쩔 수 없는 것에 대한 경건한 체념에 관한 것이기 때문에 적절한 병행이 되지 않기 때문이다. 우리가 말할 수 있는 것은, 바울은 가시나 그 어떤 종류의 환난도 그가 하나님을 섬기는 일을 그치게 하지 못하리라는 것을 확신하고 있다는 것이다. 그 다음에 나오는 구절도 동일한 주제를 다른 식으로 표현해서 말한다.

여기서 말하는 능력(δύναμις-뒤나미스)은 그리스도의 능력이다. 이것이 번역문에 "내"가 삽입되는 이유다(또한 NIV; RSV; KJV/AV; Bruce, 249를 보라; 그러나 NEB와 Barrett, 316에서는 "내"가 번역문에는 나오지 않고, 이차적인 본문 읽기로 처리된다). 12:9의 끝부분에서 바울은 다시 한 번 "그리스도의 능력"(δύναμις τοῦ Χριστοῦ-뒤나미스 투 크리스투)에 대하여 말한다(Tasker, 179를 보라). 뒤나미스(δύναμις)와 카리스(χάρις)를 동의어로 보는 것은 옳다(O'Collins, "Power," 522; Bultmann, 229). 바울은 능력을 그리스도의 능력을 나타내는 것으로 이해함으로써 현재의 절에서 능력을 거의 의인화하고 있다(Héring, 93). 그리스도를 하나님의 능력이라고 말하는 고린도전서 1:24을 보라. 이러한 의인화는 그리스도가 바울 속에서 온전하여진다는(τελεῖν-텔레인) 것을 보여 준다(Windisch, 391; 갈 2:20 as a unio mystica). 그러나 바울에 대한 그러한 이해는 이례적이다. 왜냐하면 그는 믿는 자들이 "그리스도 안에"(Χριστῷ-크리스토) 있다고 말하기를 좋아하기 때문이다. 어구 속에서 그리스도는 자기 안에 모든 그리스도인들을 통합하는 인격으로 취급된다(C. F. D. Moule, *The Phenomenon of the new Testament*, SBT 2d ser. 1 〈Naperville: Allenson, 1967〉 21-42를 보라).

바울이 경험한 능력은 약함(ἀσθένεια-아스데네이아, 이것은 아스데네이아⟨ἀσθένεια⟩와 관련된 바울의 용례들 중에서 가장 두드러진 예이다; Black, *Paul*, 151) 가운데서 온전해진다(τελεῖται: Delling, *TDNT* 8:58-61). "온전해짐"이라는 표현의 배후에 있는 개념은 완성되었다는 것(τελείωσις-텔레이오시스)이다. 일부 학자들은 이 단어를 능력이 온전하게 된 것으로 번역한다. 그러나 "온전해짐"은 여기서 도덕적인 행실에 관한 것이 아니라 바울의 사역의 주된 초점이 된 하나님의 능력에 관한 것이다. 이것이 12:1-10 배후에 있는 주된 취지다. 그러나 바울의 대적자들-그들의 목표는 하나님의 영광이 아니었다-과는 달리, 사도는 자신의 약함(특히 그의 가시)을 자랑한다. 바렛(Barrett)이 "바울과 싸우고 있는 교회의 유력자들의 인상적인 활동들 속에서는 하나님의 능력은 거의 찾아보기 힘들다"(317)고 말한 것은 약간 시대착오적이기는 하지만 분명히 옳다.

일부 학자들은 바울이 텔레인(τελεῖν)이라는 표현을 선택한 것은 영지주의자들을 의도적으로 반박한 것이라고 주장한다. 텔레이오스(τέλειος)가 프뉴마티코스(πνευματικός)와 동의어로 여겨지면 이러한 연관 관계가 성립된다(Schmithals, *Gnosticism*, 163, 164; 또한 E. Güttgemanns, *Der leidende Apostel*, 168; U. Wilckens, *Weisheit*, 218, n. 2). 그러나 바울의 대적들은 유대 그리스도인 선교사들이었다는 게오르기(Georgi)의 또 다른 주장도 무시할 수 없다(또한 O'Collins, "Power," 531; Betz, "Aretalogie," 304, 305). 이 주장이 옳다면, 우리는 뒤나미스(δύναμις)와 아스데네이아(ἀσθένεια)는 영지주의자들의 전유물이 아니었다는 오콜린스(O'Collins)의 견해에 동의할 수 있다. 게다가, 바울은 우리가 살펴보고 있는 이 감성적이고 내밀한 구절 속에서 영지주의자들의 주장에 대하여 의식적으로 반응하고 있는 것이 아니었다. 우리가 말할 수 있는 것은 하나님의 능력이 온전해지는 것은 천상의 환상들이나 탈혼 체험들 속에서가 아니라 약한 것들 속에서라는 것이다(Güttgemanns, ibid.를 보라). 바울과 그의 대적들의 차이와 관련해서 이 두 부류는 계시 체험을 공유했지만, 바울은 그의 대적들과는 달리 그의 사도직의 유효성에 대한 증거를 제시하기 위하여 치유 이적을 제시하지 않는다는 것이 분명하다(Fallon, 106).

약함이라는 개념은 12:9-10에서 중요한 개념이다(이 명사는 3번 나오고, 동사형은 1번 나온다). 오콜린스(O'Collins)가 "바울은 자신의 약함을 기독론적으로 이해하고 있다"고 지적한 것은 옳다("Power," 532: so Güttgemanns, ibid., 169, 170, tellingly). 바울이 기꺼이 고난을 감내한 것은 그리스도를 위한 것이었다. 나아가서 바울은 그리스도가 십자가에 못 박히실 때 약하셨다는 것을 볼 수 있었다(Wilckens, ibid., 48; 참조. 13:4). 또한 그는 하나님의 능력이 부활 속에서 나타났다(성취되었다)는 것을 볼 수 있었다. 이렇게 그리스도의 고난 속에서 하나님의 능력은 온전해졌다. 따라서 바울이 약하다는 것(육체의 가시 때문에 한층 더 약하다는 것)은 "하나님의 능력이 나타나기를 바랄 수 있는 최고의 조건"이었다(Barrett, 317).

"이러므로 나는 도리어 크게 기뻐함으로 나의 여러 약한 것들에 대하여 자랑하리니"(*ἥδιστα οὖν μᾶλλον καυχήσομαι ἐν ταῖς ἀσθενείαις μου*-헤디스타 운 말론 카우케소마이 엔 타이스 아스데네이아이스 무). 바울은 자신의 약함이 하나님을 위한 그의 사역을 방해하지 않을 것이라는 약속을 받고 나서 그의 일생에 지속적으로 유지될 하나의 원칙을 제시한다. 그는 이러한 연약함이 하나님의 영광을 드러내는 길이라는 것을 이해하게 되자 다시는 육체의 가시를 없애 달라고 하나님께 기도하지 않았다. 운(*οὖν*, "이러므로")은 바울이 그의 상황과 관련하여 모종의 결단을 했다는 것을 독자들에게 말해 주는 역할을 한다(BDF § 451.1). 헤디스타(*ἥδιστα*, "크게 기뻐함으로")는 헤데오스(*ἡδέως*)의 최상급이다(따라서 "몹시 기뻐하다"로 번역될 수 있다, Barrett, 317). 비록 그가 원한 것과는 반대의 내용이긴 했지만 바울의 기도(12:8)는 응답을 받았다. 시간이 흐르면서, 바울은 하나님의 이러한 응답이 자신에게 가장 유익한 것이었음을 인정하고 받아들이게 되었다. 카우케소마이(*καυχήσομαι*)가 미래 시제로 되어 있다고 해서 우리는 바울이 자신이 당한 환난들을 자랑하려고 한다고 생각해서는 안 된다. 4:7-18을 얼핏 보기만 해도, 우리는 바울이 자기 자신이 아니라 하나님을 자랑한다는 것을 확실하게 알 수 있다. 그러나 바울은 11:4, 13-15에 나와 있는 대로 "거짓 사도들"이 고린도 교회에 침투한 새로운 긴급한 상황 때문에 어쩔 수 없이 자신을 자랑할 수밖에 없는 처지로 내몰리게 된 것이었다(12:11). 그는 고린도 교인들에게 자기가 체험한 환상을 이야기했다. 그런 다음에 바울은 우리가 앞에서 보았듯이 이 환상 체험이 그의 사도직에 대한 "증표"가 아니라는 것을 말한다. 도리어 그가 겪은 고난들이야말로 그가 하나님의 신실한(bona fide) 일꾼이라는 것을 증명해 준다. 여기서 더 나아가 바울은 그의 약한 것들을 자랑한다. 왜냐하면 하나님은 그의 약한 것들을 통해서 그를 진리와 의의 병기로 사용하시기 때문이다(6:4-10).

바울이 말론(*μᾶλλον*)을 사용한 것과 관련하여 한 가지 문제가 생겨난다. 이 단어는 그 배후에 "도리어"라는 개념을 지닌다(BGD, 489). 말론(*μᾶλλον*)은 최상급들의 의미를 강화시키는 역할을 하지 않기 때문에 헤디스타(*ἥδιστα*)에 걸리는 것으로 보는 것은 의심스럽다(Plummer; 참조. BDF § 246). 바울은 다른 어떤 것이 아니라 그의 약한 것들을 자랑하고자 한다(Robertson, *Grammar*, 664). 그 밖의 다른 어떤 것은 아마도 "계시들과 환상들"인 것 같다(Plummer, 355에게는 유감이지만).

"이는 그리스도의 능력으로 내게 머물게 하려 함이라"(*ἵνα ἐπισκηνώσῃ ἐπ' ἐμὲ ἡ δύναμις τοῦ Χριστοῦ*-히나 에피스케노세 에프 에메 헤 뒤나미스 투 크리스투). 히나(*ἵνα*)는 그리스도의 능력이 바울에게 머무르는 이유(또는 목적)을 소개한다(우리는 약함이 이미 안에 있는 능력을 발견하는 수단인지, 아니면 외부로부터 능력을 받는 수단인지와 관련된 문제를 다루게 될 것이다). 이 접속사는 가정법을 이끄는데, 우리는 그 예를 에피스케노세(*ἐπισκηνώσῃ*, 원형은 에피스케눈〈*ἐπισκηνοῦν*〉)에서 발견한다. 12:10에서 사용된 이 동사는 "하팍스 레고메논"(hapax legomenon)이다. 플럼머(Plummer, 355)는 에피스케눈(*ἐπισκηνοῦν*)의 배후에 있는 개념을 "담대한 은유"라고 부른다. 우리가 여기서 보는 것은 유대의 성막이나 첫 번째 성전 속에서 발견되는 것과 같은 하나님의 임재라는 히브리적 개념이다. 많은 학자들이 이 점을 지적하고서(Plummer, 355; Strachan, 33; Héring, 94; Tasker, 179; Hughes, 452; Barrett, 367; Schlatter, 669; Hodge, 287; Güttgemanns, ibid., 169; Bultmann, 230) 그것을 히브리어 셰키나(שכינה)와 연결시켜 왔다. 구약과 유대교에서 사용된 이 단어는 이스라엘 백성과 함께 거하시는 하나님의 임재를 가리키는 것이었다(출 40:34). 신약에서 어근 스켄-(*σκην-*)은 분명히 "거주하다"를 뜻하는 히브리어 어근인 샤칸(שכן)과 연관이 있다. 요한복음 1:14에서는 그리스도가 "우리 가운데 거하시고"(직역하면 "그의 장막을 치시고") 있다고 말하고, 요한계시록(7:14; 12:12; 13:6; 21:3)에서는 하나님이 성도들과 함께 거하실 것이라고 말한다(또한 겔 37:27과 슥 2:10의 칠십인역 본문을 참조하고, Philo, *Quis. Her.*, 23도 보라). 그러므로 어떤 의미에서는 그리스도의 능력이 바울에게 임한 것은 그가 육체의 가시를 없애지 않겠다는 하나님의 뜻을 받아들인 결과라고 할 수 있다(바울이 장막 이미지를 사용해서 논의를 전개해 나가고 있는 5장을 보라). 그러나 이 점을 면밀히 살펴보면, 우리는 또 다른 질문을 던지지 않을 수 없다: 바울은 약함을 자기 안에 이미 존재하고 있던 능력을 드러내는 수단으로 보았던 것인가, 아니면 약함은 그리스도의 능력이 임하는 통로인 것인가? 이 질문을 다른 식으로 표현해 보면, 그것은 동사 에피스케눈(*ἐπισκηνοῦν*)에서 접두사 에피(*ἐπι-*)는 수직적인가(즉 그리스도의 능력이 위로부터 바울에게 임하는 것, Windisch, 392; Lietzmann, 156), 수평적인가(즉 그리스도의 능력이 바울과 그의 사도적 사역을 통해서 나타나는 것, Michaelis, *TDNT* 7:389; 참조. Schlatter, *Paulus*, 669; Allo, 312)라는 질문이 된다.

불트만(Bultmann)은 12:9을 약함이 지닌 계시적 기능을 가리키는 것으로 해석한다. 그는 하나님은 사람이 힘쓰고 애쓰는 것을 그리스도인의 삶을 살아가기 위한 수단으로 인정하지 않고, 더 이상 힘쓰고 애쓰는 것이 없는 상태인 전적인 순복(順服, surender)만을 기뻐하고 만족하신다고 말한다. 이렇게 할 때에만 사람은 자기가 죄인이라는 것을 진정으로 알게 된다는 것이다(*Theology* 1:285, 349, 351과 그의 주석서, 228-30를 보라). 사람은 자신의 약함을 깨우칠 때에야 자기 속에 있는 능력을 발견하게 된다. 불트만은 능력에 관한 바울의 말(12:9)은 모든 그리스도인에게 해당된다고 지적한다. 플럼머(Plummer)도 하나님의 능력은 약함 속에서 더 실재적인(real) 것이 되는 것이 아니라 더 뚜렷하게(evident) 된다고 말함으로써(354) 동일한 견해를 제시한다. 베츠(Betz)는 바울의 약함을 사탄의 사자가 내주(內住)하는 것이 아니라 십자가에 못 박히신 주의 "나타나심"("*eine Epiphanie*")으로 본다("A-retalogie," 303).

케제만(Käsemann)은 앞에서 살펴본 것과는 정반대의 견해를 제시한다. 그는 약함을 존재론적인 실재(reality)로 이해한다(*Legitimität*, 39; 또한 13:3-4을 보라). 빈디쉬(Windisch, 391, 392)는 바울의 약함을 그리스도의 능력이 그에게 임하는 선결 조건으로 본다. 슈트라한(Strachan)은 이와 비슷한 이해를 보여 주지만, 오콜린스(O'Collins)가 슈트라한의 사고 속에 펠라기우스적인 성향이 있음을 지적한 것은 옳은 것 같다("Power," 530).

오콜린스(O'Collins)는 약함이 계시적이라기보다는 존재론적이라는 입장을 지지한다("Power," 537). 하지만 그는 "계시의 질서와 관련된 그 무엇"이 내포되어 있다는 것을 인정한다. 능력의 존재론적인 실재(實在)는 그 능력의 "나타남"으로 이어진다. 오콜린스는 약함이 바울의 삶 속에서 행했던 역할을 가장 잘 요약하고 있는 것 같다. 우리가 볼 수 있는 것은, 바울은 그가 받은 전반적인 고난, 특히 그의 육체의 가시 때문에 하나님과의 좀더 높은 차원의 교통(communion)을 경험했다는 것이다. 우리는 아마도 바울이 사도직을 수행하느라 보낸 힘든 세월 동안 힘을 얻는 데 있어서 12:1-10의 경험이 한 헤아릴 수 없이 귀중한 역할을 결코 알게 되지 못할 것이다.

하지만 오콜린스(O'Collins)는 12:9의 바울의 가르침을 교회 전체를 위한 일반적인 준칙으로 이해해야 하는지의 여부와 관련해서는 케제만(Käsemann. 그의 견해를 따르는 학자들로는 Schmithals, *Gnosticism*, 163; Windisch, ibid.; Wendland, 224, 225)과 결별한다. 오콜린스(ibid.)는 바울은 12:1-10에서 자기 자신-그의 환상(12:1), 그의 가시(12:7), 그의 기도(12:8)-에 대하여 말하고 있는 것이기 때문에, 우리는 하나님의 응답이 교회 공동체가 아니라 바울을 대상으로 한 것이었다는 베츠(Betz)의 주장("Aretalogie," 297)을 따라야 한다고 말한다. 그러나 과연 바울이 자신의 가르침이 그런 식으로 이해되기를 원했을지는 의심스럽다. 그는 이러한 배타적인 해석을 용납하고자 하지 않았을 가능성이 더 크다. 왜냐하면 그러한 배타적인 해석은 그를 뭔가 특별한 사람으로 만들어 버리기 때문이다. 바울은 고린도후서 전체에 걸쳐서 바로 그러한 엘리트적인 사고에 대항하여 싸우고 있다(1:24; 3:3, 18; 6:3; 7:3; 10:13; 11:21, 특히 13:9; 놀랍게도 O'Collins는 그리스도인들이 12:9의 바울의 말을 그들의 삶에 적용할 권리를 가지고 있다는 것을 인정한다 〈"Power," 534〉. 그러나 이것은 사실상 O'Collins의 입장을 훼손하는 것이다).

10 "그러므로 내가 그리스도를 위하여 약한 것들과 능욕과 궁핍과 핍박과 곤란을 기뻐하노니"(*διὸ εὐδοκῶ ἐν ἀσθενείαις, ἐν ὕβρεσιν, ἐν ἀνάγκαις, ἐν διωγμοῖς καὶ στενοχωρίαις, ὑπὲρ Χριστοῦ*-디오 유도코 엔 아스데네이아이스, 엔 휘브레신, 엔 아낭카이스, 엔 디오그모이스 카이 스테노코리아이스, 휘페르 크리스투). 우리는 디오(*διό*)가 12:7에서 사용된 것을 보았다. 아마도 이것은 거기서의 사고("그러므로 내가 자고하지 않게 하려")와 그가 이 절에서 제시하는 요약을 연결시켜 주는 역할을 한다. 바울은 하나님이 자신에게 주신 육체의 가시 때문에 자고(自高)함에 빠지지 않았다. 그렇지만 바울은 이 가시를 받아들여서 그것과 함께 살아가는 법을 배움으로써 영적인 의미에서 이 가시와 거기에 수반된 약함을 이겨 나갔다. 그는 정확히 4:7에서처럼 그리스도의 능력이 그에게 머물러 있었기 때문에 그의 핸디캡을 극복할 수 있었다.

이 능력이 지금 바울의 능력(부차적인 의미에서)이 되었기 때문에, 그는 자신에게 일어난 일을 기뻐한다(*εὐδοκεῖν*-유도케인). 유도코(*εὐδοκῶ*)를 "만족하다"(RSV) 또는 "매우 만족하다"(NEB; Barrett, 317; 또한 Phillips를 보라, "나는 심지어 기뻐하기까지 할 수 있다")로 번역하는 것은 이 절의 취지를 놓치는 것이다. 바울은 그리스도의 능력(즉 그리스도의 은혜)에 대하여 아주 잘 알고(Tasker, 179는 "인식하고"로 번역한다) 있었기 때문에 자신의 환난들과 약한 것들(*ἀσθένειαι, κτλ.*-아스데네이아이, 단출한 "위기 목록")을 기뻐한다(ב-베, BDF § 196, 206.2

과 함께 사용되는 셈어적인 표현으로서 무엇에 대하여 동의함을 의미한다〈ja sagen zu, Bultmann, 230〉). 수동적인 의미로 해석되는(G. Bertram, *TDNT* 8:305) 명사인 휘브레이스(*ὕβρεις*, "능욕들")는 바울에 의해서 오직 여기서만 사용되고(행 27:10, 21), 구체적으로 바울을 조롱하고(11:19-21) 그의 복음에 반대했던 고린도 교회의 대적들을 암시한다(Windisch, 393). 엔 휘브레신(*ἐν ὕβρεσιν*)을 "위해(危害)들"이라고 옮긴 ASV의 번역은 통상적으로 잘 따르지 않는다. "궁핍들"(*ἐν ἀνάγκαις*-엔 아낭카이스)에 대해서는 6:4에 대한 "수석"을 보라. 여기서 이 어구는 바울의 사도적 사역과 관련된 "능욕들"과 밀접하게 결부되어 있다.

"핍박들"로 번역되는 디오그모이(*διωγμοί*)는 종교적인 이유들로 인한 핍박 같은 것들을 시사해 준다(BGD, 201; 롬 8:35; 참조. 살후 1:4; 딤후 3:11). 스테노코리아이(*στενοχωρίαι*)는 6:4에서도 나왔는데, 그 동사형에 대해서는 4:8을 참조하라.

이 환난 목록은 약함에 관한 바울의 논의를 보완하고 예시하는 역할을 한다. 우리는 바울이 "그리스도를 위하여"(*ὑπὲρ Χριστοῦ*-휘페르 크리스투) 환난들을 견뎌냈다는 것을 지적해 두고자 한다. 이러한 인식은 교회사 속에 종종 침투해 들어왔던 고난에 대한 잘못된 인식을 몰아낸다. 스스로에게 위해(危害)를 가하거나 그러한 것을 장려하며, 단지 의로워지기 위한 수단으로서 순교를 택하고, 하나님의 은총을 얻기 위한 수단으로 금욕을 실천한 자들은 믿음이 아니라 공로를 강조한 죄를 범한 것이다(참조. Ignatius of Antioch). 인간의 고난은 그 자체로는 하나님의 능력을 드러내는 것이 아니다. 그러한 허세(虛勢)는 단지 병적인 광신자나 어리석은 자만을 만들어 낼 뿐이다(Tasker, 179). 또는 휴즈(Hughes)가 지적하듯이, 그러한 시도들의 결과는 "기쁨 없는 불안의 신학"이다. 이와는 반대로, 바울은 하나님의 은혜 안에서의 견고한 안정감에 둘러싸여서 하나님과 기쁘게 동행하는 모습을 보여 준다. 바울의 기쁨은 아주 뿌리 깊은 것이기 때문에, 그가 겪는 고난들은 그리스도 안에서 그가 지닌 기쁨에 비할 바가 못 되었다.

"이는 내가 약할 그 때에 곧 강함이니라"(*ὅταν γὰρ ἀσθενῶ, τότε δυνατός εἰμι*-호탄 가르 아스데노, 토테 뒤나토스 에이미). 이 문장은 12:1-10의 절정을 이루는 금언(金言)이다. 아마도 이것은 패러디일 수 있지만(Betz), 단지 주변적인 의미에서만 그럴 뿐이다(Barrett, 317, 18; Zmijewski, *Der Stil*, 395에서는 이 금언을 이 단락의 정점을 표현해 주는 역설적인 핵심어로 다룬다). 바울은 그의 사도직의 요체(essence)를 몇 마디 간결한 말로 표현했다. 시간을 나타내는 불변사 호탄(*ὅταν*,

"…할 때")은 비한정적인 의미를 지닌다(특정한 때의 약함을 표현하고자 했다면 호테〈ὅτε〉가 사용되었을 것이다. 어떤 의미에서 바울은 육체의 가시 때문에 약했고 할 수 있지만, 그의 약함을 말할 때 그의 사역 전체〈약한 것들, 능욕들, 궁핍들, 핍박들, 곤란〉를 동원하여 표현했다. 바울은 12:10b을 쓸 때 육체의 가시만이 아니라 그의 사역 전체〈또는 그리스도인들의 사역 전반〉를 염두에 두고 있다). 하나님의 종들이 스스로를 낮추고 자신의 약함을 인정할 때마다 그리스도의 능력은 그들을 통해서 흘러나갈 수 있다. 이것은 "내 은혜가 네게 족하도다"라는 주의 말씀이 옳다는 것을 보여 주는 것이다(Plummer). 하나님은 바울에게서 가시를 제거해 주지 않은 것과 관련하여 차고 넘치게 보상해 주셨다. 요컨대, 하나님의 아포크리마(ἀπόκριμα)로서의 12:9a의 응답은 바울에게 가장 유익한 형태의 "응답"이었다는 것이다(우리는 뒤나토스〈δυνατός〉를 "능력 있는"으로 번역했기 때문에, 뒤나미스〈δύναμις〉, 즉 인간의 연약함 속에서의 하나님의 능력과 관련하여 12:9-10 속에는 일관성이 존재한다. 통상적으로는 이러한 번역 과정을 따르지 않는다).

## 해설

현재의 단락은 약함 속에서의 강함의 의미를 가장 잘 깨우쳐 주는 바울의 글들 중의 하나다. 바울은 그의 대적들의 조롱, 즉 그들이 자신들이 고린도 교회에서 하나님의 사역을 수행하기에 더 적합하다고 주장하며 그를 조롱한 것에 대하여 반박한다. 대적들은 그들을 돋보이게 만들어 주는 가시적인 은사들을 가지고 있다는 증거를 보여 주고 그 근거 위에서 그러한 결론을 제기했다. 바울은 자신이 제시하는 사도직의 증거들은 굉장한 환상들이 아니라고 역설함으로써(그는 얼마든지 자신이 체험한 환상들을 말할 수 있었음에도 불구하고) 그들의 주장을 반박한다. 도리어 그는 자신에게 머물러 있어서 자신을 통하여 역사한 그리스도의 능력을 자랑한다. 이것은 바울이 가시적인 은사들을 지니고 있지 않았기 때문이 아니었다. 그는 자신의 약함과 고린도 교인들에 대한 그의 사역을 가지고 있었다. 여기에 역설이 존재한다. 이것들은 바울이 그의 대적들과의 "논쟁"에 들어가게 된 이유들이었다. 그는 자랑하는 것이 하나님의 영광을 드러내는 것이 아니라면 거의 가치가 없다는 것을 보여 주고자 했다. 바울은 약했기 때문에, 바울의 사역도 그러했다. 이렇게 그는 자랑하는 것(이 단어가 지닌 통상적인 의미에서)이 하나님께 속한 것이 아니라는 것을 보여 주었다. 우리는 우리 자신이 아니라 하나님께 영광을 돌리기 위하여 "자랑해야" 한다. 그럴 때 "자랑하는 것"은 이제 또 다른 성격을 지니게 되는데, 이것은 10:17-18의 사고로 돌아가는 것이다.

바울은 자기 앞에 놓여 있는 길을 마음대로 조종하여 헤쳐 나가고자 하는 유혹을 거부했다. 그는 대적들의 조롱과 가격(加擊)들을 피하기 위하여 자천(자화자찬하는 것)이라는 우회로를 얼마든지 택할 수 있었다. 또한 그는 고린도 교인들에게 자신의 흠 없음과 그들을 더 낫게 만들고자 하는 자신의 솔직한 심정을 확신시킬 수 있는 또 다른 길을 택할 수도 있었다. 하지만 바울은 진리를 고수했다(13:8).

바울은 그의 종교적인 체험들(즉 환상들과 계시들)이 유효하고 도움이 된다는 것을 인정했다. 그는 그러한 것들이 자신에게 허락된 것이 특권이고 영예라고 생각했다. 그것들은 하나님으로부터 왔고, 바울은 결코 그것들의 유효성을 의심하지 않았다. 환상과 계시의 체험들, 특히 12:2-4에 설명된 체험은 바울에게 많은 도움이 되었다. 그 환상 체험(12:2-4)을 생각할 때마다 바울은 항상 힘을 얻었을 것이다. 그러나 그는 결코 그러한 환상 체험을 근거로 자신의 사도직을 정당화하지는 않았다. 도리어 그가 제시한 근거는 3:1-3; 13:1-4, 8, 9 같은 대목들에 나온다.

그러나 바울의 가장 큰 자랑은 그에게 머물러 있는 그리스도의 능력이었다. 하나님은 바울의 약함을 받아들이셨다. 하나님과의 대화를 통해서 바울은 그러한 것 - 사람에게 굴욕을 가져다 주는 육체의 가시 같은 것 - 이 사람을 하나님에게로 이끌 수 있고, 또한 이끈다는 것을 배웠다. 하나님의 뜻을 받아들임으로써 바울은 그리스도의 제자이자 복음의 일꾼으로 성장할 수 있었다. 바울은 직접적인 체험을 근거로 그리스도가 십자가를 향하여 가면서 보여 주신 "약함"(13:4)을 이해했다. 게다가, 그는 자신에게 말씀한 하늘에 계신 주님의 부활 속에서 하나님의 참된 능력을 보았다. 12:9-10에서 바울은 세상 사람들의 인식을 뒤집어엎음과 동시에 그리스도 안에서의 섬김과 사역을 위한 열쇠를 제공해 주는 삶의 원칙을 제시한다. 이 원칙은 바울의 지침이 되었다: "내가 약할 그 때에 곧 강함이니라."

# E. 바울이 자신의 사도직을 정당화함(12:11-18)

## 참고문헌

**Barrett, C. K.** "Paul's Opponents in 2 Corinthians." In *Essays on Paul*, chap. 4, 60-86. ______. "Titus." In *Essays on Paul*, chap. 7, 118-31. **Jervell, J.** "The Signs of an Apostle." Tr. R. A. Harrisville, in *The Unknown Paul*. ______. "Der schwache Charismatiker." In *Rechtfertigung*. FS E. Käsemann.

## 본 문

| | |
|---|---|
| **11** 내가 어리석은 자가 되었으나 너희가 억지로 시킨 것이니 내가 너희에게 칭찬을 받아야 마땅하도다 내가 아무것도 아니나 지극히 큰 사도들보다 조금도 부족하지 아니하니라 | **11** I have become a fool:[a] you compelled me to do it. For I ought to be commended by you: for in no way am I inferior to the "highest ranking apostles" –though I am nothing. |
| **12** 사도의 표 된 것은 내가 너희 가운데서 모든 참음과 표적과 기사와 능력을 행한 것이라 | **12** The marks[b] of a [true][c] apostle were displayed [by God][d] among you in all persistence, [along with][d] signs[e] and wonders and mighty works. |
| **13** 내 자신이 너희에게 폐를 끼치지 아니한 일밖에 다른 교회보다 부족하게 한 것이 무엇이 있느냐 너희는 나의 이 공평치 못한 것을 용서하라 | **13** How were you inferior to the other churches, except that I, myself was not a burden to you? Forgive me this wrong! |
| **14** 보라 이제 세 번째 너희에게 가기를 예비하였으나 너희에게 폐를 끼치지 아니하리라 나의 구하는 것은 너희 재물이 아니요 오직 너희니라 어린 아이가 부모를 위하여 재물을 저축하는 것이 아니요 이에 부모가 어린 아이를 위하여 하느니라 | **14** I am now ready to visit you a third time,[f] and I will not be a burden, because I seek you and not your possessions. For children ought not to save up for their parents, but parents for their children. |
| **15** 내가 너희 영혼을 위하여 크게 기뻐함으로 재물을 허비하고 또 내 자신까지 허비하리니 너희를 더욱 사랑할수록 나는 덜 사랑을 받겠느냐 | **15** I will most gladly spend and be spent on your behalf. If[g] I love[h] you more, will you love me less?[i] |
| **16** 하여간 어떤 이의 말이 내가 너희에게 짐을 지우지는 아니하였을지라도 공교한 자가 되어 궤계로 너희를 취하였다 하니 | **16** Though I was not a burden to you,[j] yet, crafty fellow that I am, I caught you by trickery. |
| **17** 내가 너희에게 보낸 자 중에 누구로 너희의 이를 취하더냐 | **17** Did I take advantage of you by any of the men I sent to you? |
| **18** 내가 디도를 권하고 함께 한 형제를 보내었으니 디도가 너희의 이를 취하더냐 우리가 동일한 | **18** I urged Titus [to visit you][k] and I sent the brother with him. Did Titus take advantage of you? |

성령으로 행하지 아니하더냐 동일한 보조로 하지 아니하더냐

Did we not walk in the same spirit and follow the same course?

## 원문주해

a. 일부 사본들(*ψ* 0243 syr)은 카우코메노스(*καυχώμενος*, "자랑함으로")를 첨가하고 있지만("내가 자랑함으로 어리석은 자가 되었으나"), 우리가 택한 본문은 사본상의 충분한 지지를 받고 있다($P^{46}$ ℵ A B D* F G K 33 81 1175 1736). Tasker가 말하듯이, "이 문장은" 첨가가 "없을 때 더 힘이 있다"(179).

b. 우리는 NEB를 따라서 첫 번째의 세메이온(*σημεῖον*)이 12:12에 두 번째로 나오는 것과 다르게 사용되었다고 이해한다. 따라서 우리는 두 번째로 나오는 것은 "표적들"(signs)로, 첫 번째의 것은 "표들"(marks)로 번역했다(BGD, 748에서는 여기에 반대다. "주석"을 보라).

c. 이것은 본문에 나와 있지 않지만, 의미가 통하게 하기 위해서는 보충할 필요가 있다.

d. "원문주해" b에서의 우리의 결정에 비추어서 우리는 하나님에 의해서 이루어진 사도의 표(標)들이 표적들과 기사와 능력을 수반했다는 것을 보여 주기 위해서 "하나님에 의해서", "…와 더불어서"라는 어구들을 삽입했다. 병행으로는 롬 15:18-19을 보라. 하지만 헬라어 본문에는 괄호 안에 있는 어구들이 없다. 그 뒤에서 연속으로 이어지는 세 개의 명사를 여격으로 사용한 것에 대해서는 "주석"을 보라.

e. 이 본문은 $P^{46}$ ℵ B 0243 33 81 1175 1739의 지지를 받는다. 또한 세메이오이스(*σημείοις*, 테〈*τε*〉 없이: A D* Ambst)와 엔 세메이오이스(*ἐν σημείοις*, $ℵ^2$ $D^2$)라는 읽기도 존재한다. Plummer, 360f를 보라.

f. K L P 614 629 945 1241은 투토(*τοῦτο*)를 생략하지만, 십중팔구 이 본문이 옳을 것이다(a A B F G).

g. 공인본문(TR)은 카이(*καί*)가 에이(*εἰ*) 뒤에 나온다($ℵ^2$: Dl K L P vg syr goth arm eth). 일부 사본들(D* $it^{d,g,r}$ Ambst)은 에이(*εἰ*)를 완전히 생략한다. 그러나 우리가 택한 본문은 사본상으로 아주 강력한 지지를 받고 있다($P^{46}$ ℵ* A B F G 33 cop).

h. "내가 너희를 더욱 사랑할수록 너희는 나를 덜 사랑하고자 하는 것이냐"(개역 성경에서는 "내가 너희를 더욱 사랑할수록 나는 덜 사랑을 받겠느냐")의 올바른 읽기와 관련해서 어려운 결정이 요구된다. 첫 번째 문제는 끊어 읽기의 문제이고("원문주해" i를 보라), 두 번째는 동사 아가포(*ἀγαπῶ*, ℵ* A 33 104*) 또는 분사 아가폰(*ἀγαπῶν*, $P^{46}$ $ℵ^2$ B D F G *ψ* 0243)을 포함시킬 것인지의 여부에 관한 문제다. 동사의 형태에 있어서의 혼선은 *η* 앞에서 *ν*을 붙일 것이냐 탈락시킬 것이냐와 관련된 결과인 것 같다(*ΑΓΑΠΩ〈Ν〉*

*ΗΣΣΟΝ*). 다른 곳에서와는 달리, 바울은 독자들이 동사 에이미(*εἰμι*)를 보충해 넣기를 요구하고 있기 때문에, 분사 형태가 더 어려운 읽기다. 아가폰(*ἀγαπῶν*)이 사본상으로 좀 더 많은 지지를 받고 있기 때문에 학자들은 이 읽기를 선호하게 되었지만, 문맥상의 이유로 ν를 괄호로 처리한다(*ἀγαπῶ⟨ν⟩*, Metzger, *Textual Commentary*, 586, 587).

i. 많은 사본들($P^{46}$ $\aleph^{e}$ B D ψ 0243 81 1739 1881 it vg goth Chrys)은 15절 끝에 마침표를 찍는다. 일부 사본들(ℵ* A 33 syr cop)은 15절의 끝에 의문 부호가 나온다. 문맥상으로는 후자가 요구된다. Tasker, 182를 보라.

j. 이 본문은 A B $D^{2}$ y 0243에서 발견된다. 그 밖의 다른 이독들로는 우크 에바레사(*οὐκ ἐβάρησα*, $P^{46}$, 또한 D*)와 우 카테나르케사 휘몬(*οὐ κατενάρκησα ὑμῶν*, ℵ F G 81 104 1881)이 있다.

k. 괄호 안에 있는 단어들은 헬라어 본문에는 나오지 않지만 그런 의미가 내포되어 있기 때문에, 본문은 마치 히나 에르켑사이 프로스 휘마스(*ἵνα ἔρχηψαι πρὸς ὑμᾶς*)인 것처럼 이해된다(Windisch, 403).

## 양식/구조/배경

바울은 12:11-18에서 자랑하는 것을 그치고서(Barrett, 319), 그 대신에 자신을 자랑한 행위를 변호하는 것으로 방향을 선회한다. 12:11-18에서 다시 한 번 바울은 자기가 그렇게 하게 된 동기들을 변호하고 있다. 논의되고 있는 첫 번째 주제는 바울의 자랑과 사도직이다. 바울은 스스로 자랑하기를 원하지 않았지만, 고린도 교회가 그를 변호해 줄 책임을 방기했기 때문에(참조. 5:12) 그렇게 할 수밖에 없도록 내몰린(*ἠναγκάσατε* – 에낭카사테, 12:11) 것이었다. 그 배경을 잠깐 살펴보자. 바울의 대적들이 그를 공격했을 때, 분명히 고린도 교회의 회중들 가운데 바울을 변호하거나 옹호하기 위하여 나선 사람은 거의 없었거나 전무했다.(고린도 교회가 바울을 위하여 나서서 옹호하는 데 실패한 최초의 때는 바울이 고린도 교회를 방문했을 때 어떤 사람이 그에게 불의를 행했던 때였다〈참조. 2:5-11; 7:12〉. 이 사건은 바울이 "엄중한 서신"을 쓰게 된 계기가 되었다〈2:3-4〉. 디도가 고린도 교회에서 돌아와 마게도냐에서 바울에게 좋은 소식을 전한 후에〈7:5-7〉, 분명히 소위 "거짓 사도들"이 고린도 교회에 침투해서 바울에게 반기를 드는 사건이 발생했다〈11:4, 13〉. 이 대적자들은 바울의 사도직을 공격했던 것으로 보인다. 〈바울은 마게도냐에서 고린도를 향해 가는 도중에 상황이 돌변했다는 것을 알게 되었던 것일 수도 있다.〉 고린도 교회는 이 대적자들과 관련해서 앞서 바울에게 불의를 행한 자에게 했던 것과 동일한 태도, 즉 아무런 조치도 취하지 않는 태도를 보였다. 이 대적자들에 대한 고린도 교회의 반응은 바울이 고후 10-13장을 쓰게 된 원인이 되었다.) 그런 까닭에 바울은 짐짓 한 번 어리석은 자처럼 행할 수밖에 없게 된 것이었다(*γέγονα ἄφρων* – 게고나 아프론, 12:11). 12:11a은 12:6에서 시작된 수미쌍관법(inclusio)을 완성하면서 11:1에서 시작된 "순환 구조"(ring-composition)를 마감하고 있는 것으로 보인다. 그 중간에 있는 절들은 "어리석은 자의 변"(*Narrenrede*)이라는 별개의 단락을 구성한다. 12:6에서 바울은 자랑하는 것에 대하여 말하지만, 일반적인 의미에서의 어리석은 자로서 말하고 있는 것이 아니다. 12:11에서 그는 고린도 교인들에게 자기를 어리석은 자로 생각한다면 그들이 그로 하여금 그렇게 행할 수밖에 없도록 했다는 사실을 명심해야 할 것임을 상기시킨다. (이러한 수미쌍관법을 알아차림으로써 우리는 12:1-10과 12:11-18이 서로 연결되어 있다는 것을 보게 된다.) 바울은 그의 대적들을 이기기 위해서 짐짓 어리석은 자의 역할을 담당해 왔었다. 우리는 자신의 약한 것들이 자신의 주장들의 참됨을 보여 준다는 것을 입증하고자 한 참된 철학자의 행위 속에서 이 역할에 대한 병행을 찾아볼 수 있다. 철학자는 원칙적으로 자랑하는 것을 피했다. 만약 거짓 비난들에 맞서서 스스로를 변호하기 위하여 어쩔 수 없이 자랑할 수밖에 없는 경우가 생기면, 철학자는 짐짓 (반어법, 패러디, 독설의 사용을 통해서) 어리석은 자의 역할을 했다. 앞에 나온 설명을 보라. 12:6-11에는 육체의 가시에 관한 이야기가 바울의 "자랑"(12:1)에 대한 대위선율(counterpoint)로 등장한다. 바울은 자랑했지만, 단지 그의 약함만을 자랑했다. 왜냐하면 그는 그 육체의 가시가 하나님께서 보내신 것이고 그가 받아들여야 할 현실이라는 것을 알았기 때문이다. 그렇지만 사람들이 그의 자랑을 "자천하는 행위, 자화자찬의 행위"로 받아들인다면, 바울은 고린도 교인들에게 만약 자신을 변호해 주었더라면 자기가 직접 나서서 그런 자랑을 할 필요가 전혀 없었으리라는 것을 상기시킨다.

고린도 교인들은 마땅히 바울의 대적들을 반박했어야 했다(*ὤφειλον* – 오페일론, 12:11). 따지고 보면, 바울은 사랑이 가득한 아비로서 그들에게 나아가지 않았던가? 바울은 고린도 교회를 세우는 사명을 부여받은 유일한 사도가 아니었던가(10:13-16)? 그럼에도 불구하고, 무감각하고 냉정했던 고린도 교인들은 또다시 대적자들에게 아무런 조치도 취하지 않는 쪽을 택했다. 아니, 좀더 나쁘게 말한다면, 그들은 외부로부터 와서 바울을 공격했던 자들을 환대하고 그들의 편을 들어 주었다(11:4, 19). 이것은 고린도 교인들의 "일관된 태도"를 보여 주는 것이다. 왜냐하면 그들의 그러한 행동은 바울의 고통스러운 방문 동안에 그에게 불의를 행한 자에 대한 그들의 태도를 연상시키는 것이었기 때문이다. 그들의 견고하지 못한 신앙이 그들을 거짓 사도들의 손쉬운 먹이감이 되게 했다. 바울은 또다시 상처를 받았지만, 그의 자녀들에게 등을 돌리고 그들을 떠나고자 하지는 않았다(바울의 대적들이라면 과연 바울처럼 했을 것인가? 즉 대적들이 고린도 교인들이 바울에게 했던 것과 같은 그런 대접을 받았다면, 과연 그들은 고린도 교인들에 대하여 바울만한 사랑과 인내를 보여 주었겠는가?). 바울은 느닷없이 "지극히 큰 사도들" 얘기를 꺼내들고서는, 자기는 어떤 점에서든 결코 그 사도들보다 조금도 부족하거나 열등하지(*ὑστέρησα* – 휘스테레사, 12:11) 않다고 역설한다(대적자들은 분명히 지극히 큰 사도들의 권위를 등에 업고 있다고 주장했을 것이다). [12:11에 언급된 "지극히 큰 사도들"(*ὑπερλίαν ἀπόστολοι* –휘페르리안 아포스톨로이)의 정체와 관련해서 많은 불확실성이 존재한다(참조. 11:5). 그들은 예루살렘의 사도들이었는가, 아니면 11:13의 거짓 사도들이었는가? 또는 우리의 주장처럼 그들은 예루살렘 교회 지도자들의 이름을 들먹이며 그들의 권위를 활용했던 자들인가? 앞에 나온 설명을 보라. 어쨌든, 우리는 여기서 바울의 비꼬는 듯한 어조를 감지할 수 있다. 11:5에 대한 "주석"을 보라. "지극히 큰 사도들"과 "거짓 사도들"(11:13)은 서로 다른 두 집단이라는 것이 본 주석서의 입장이다. 전자는 아마도 베드로, 야고보, 요한을 가리킬 것이다. (또한 "기둥 같은" 사도들〈*στῦλοι* – 스튈로이〉이라는 말이 나오는 갈 2:9을 참조하라.) 후자는 스스로 예루살렘 교회에서 파송된 선교사들로 자처하고서 고린도 교인들을 개종시키기 위하여 고린도 교회에 와서 바울에게 대항한 한 무리를 가리킨다. Harris, 312-14; Barrett, 30-32; 최근의 것으로는 D. A. Carson, *From Triumphalism to Maturity*(Grand Rapids: Baker, 1984) 16-29를 보라.] 바울이 이렇게 갑자기 "지극히 큰 사도들"이라는 어구를 "삽입"한 것은 아마도 "거짓 사도들"을 간접적으로 암시하기 위한 것인 듯하다. 거짓 사도들은 지극히 큰 사도들을 들먹이며 그 후광을 입고서 그들 자신의 권위를 주장하고 있었다(지극히 큰 사도들이 그들에게 그러한 권위를 주었는지는 의심스럽지만). 바울은 이제 자랑이라는 주제를 떠나서 그의 사도직이라는 주제를 중심에 놓는다. 논쟁적인 방식으로 바울은 자기가 "아무것도 아니라"고 응수한다. 이 말은 아마도 고린도전서 15:8에 나오는 말들(*ἐκτρώμα* –에크트로마, "만삭되지 못하여 난 자" 또는 "작은 자" 같은 조롱의 말들: Martin, *The Spirit and the Congregation*, 92, 93, 99, 100)과 마찬가지로 그의 대적들이 그를 조롱하며 한 말로서 바울이 그 말을 그대로 가져와서 쓴 것일 가능성이 크다. 자기 자신을 "아무것도 아니라"고 부르는 것이 지닌 반어법은 주목할 만하다. 바울은 자신의 약한 것들을 인정하고, 그가 가진 모든 것이 하나님에게서 왔다는 것을 고백하기 때문에 "아무것"도 아니다. 그러나 우리가 바울에게 그 말의 속뜻이 무엇이냐고 다그쳐서 캐묻는다면, 바울은 아마도 자기가 아무것도 아니라고 말한 것은 그리스도의 능력 안에서 자기가 모든 것이고 그 이상이라고 말한 것이나 다름없는 것임을 인정하게 될 것이다. 바울은 자신을 중상모략하는 대적들보다 훨씬 나은 자이고, 지극히 큰 사도들에 비해서 전혀 부족하지 않는 자이다. 이러한 "자기 폄하" 모티프가 에베소서 3:7-8에서 사용되고 있는 것을 보라.

바울은 12:12에서 그의 변증을 계속해 나간다. 그는 자기가 사도임을 보여 주는 표(標)들(반드시 "표적들과 기사들과 능력들"에 국한되지 않는)이 고린도 교인들 가운데서 아주 오랫동안 지속적으로(*ἐν πάσῃ ὑπομονῇ*-엔 파세 휘포모네) 시행되어(나를 통해서 하나님에 의해서: 롬 15:18-19) 왔다고 주장한다. 바울은 고린도 교인들이 사용했던 몇몇 단어들을 빌어와서 그 단어들 위에 자신의 주장을 구축하고 있는 것으로 보인다. 바울은 참된 사도로서의 표들 또는 표적들을 갖고 있지 못하다는 비난을 받았을 것이다. 바울이 자랑한 사도의 표들-약함과 고난-은 다른 사람들에 의해서 사도임을 보여 주는 증거로 여겨지지 않았다는 점에서 이것은 분명하다. 바울은 "열등한" 사도로 불렸다(행간의 의미를 생각해 볼 때). 바울이 지니고 있었던 "육체의 가시"가 육체적인 질병이었다면(앞에서의 설명을 보라), 대적자들은 바울이 자기 자신도 치유할 수 없다고 비난했을 가능성이 충분히 있다(Jervell, "Der schwache Charismatiker"를 보라). 또한 우리는 바울이 에바브로디도를 위해 많은 것을 하지 못한 것(비록 그가 회복했다고 할지라도)도 사도 바울에 대한 또 하나의 비난거리가 되었을 가능성을 배제할 수 없다(빌 2:25-28을 보라). 우리는 바울이 자기처럼 질병으로 인해서 사명을 잘 감당할 수 없었던 병약한 기독교 지도자로서 의심의 눈초리를 받고 있었을 에바브로디도의 입장을 공감했으리라는 것을 충분히 이해할 수 있다(딤후 4:20에 나오는 "내가 드로비모는 병듦으로 밀레도에 두었노니"라는 말도 바울이 병을 치유할 수 없었다는 것을 확증해 준다; R. P. Martin, *Philippians*, NCB[Grand Rapids: Eerdmans, 1982] 122를 보라). 게다가, 앞으로 보게 되겠지만, 바울은 고린도 교인들로부터 재정적인 지원을 받지도 않았다. 바울의 대적들은 사역의 대가로 돈을 받는 것을 참된 사도의 "표"로 여겼다(11:7-11). 바울이 여기서 행하고 있는 것("주석"을 보라)은 어떤 사람이 참된 사도인지 아닌지를 결정하는 더 중요한 판별 기준이 존재한다는 것을 확고히 하는 것이다. 사실 바로 이것이 정확히 바울이 10-11장에서 행한 것이었고, 13:4-5에서 다시 다루게 될 것이었다. "주석"이 보여 주듯이, 바울은 이적을 행할 수 있었다(롬 15:19; 살전 1:5; 고전 2:4; 갈 3:1-5을 근거로 제시하는 Jervell, "The Signs of an Apostle," 특히 90-94를 보라. 그러나 고후 12:12에서 그는 거기서 사용된 동사와 휘포모네〈*ὑπομονή*〉에 의해서 수식받고 있는 일련의 어구들을 포함시킨 것이 보여 주는 취지를 놓치고 있다. 어쨌든 Jervell이 인정하듯이, "하나님의 기적적인 능력은 병든 사도의 약함 속에서 표출된다"〈94〉). 그러나 더 중요한 것은 바울은 그가 그리스도를 위하여 견뎌 온 고난, 말씀을 전하는 자의 연약하고 깨어지기 쉬움(4:7), 그가 전하는 메시지가 효력을 나타낸 것(5:18-21)을 증거로 제시하며 자신의 사도직을 증명하고 있다는 것이다.

자기가 자랑한 것과 자신의 사도직을 변호한 후에(12:11-12) 바울은 그와 고린도 교인들 사이에서 아픈 주제(12:11-18의 두 번째 주제), 즉 그가 고린도 교회로부터 사례비를 받기를 거절한 것과 관련된 문제로 눈을 돌린다(12:13-16a). 분명히 고린도 교인들은 바울이 다른 교회들로부터는 재정적인 지원을 받으면서(11:9) 고린도 교회로부터는 받고자 하지 않는 것에 대하여 모욕감을 느꼈을 것이다. 그는 폐를 끼치지 않았다(*οὐ κατενάρκησα*-우 카테나르케사). 그는 반어법을 사용해서 다시 한 번 자신이 고린도 교회의 재정적 지원을 거절했다고 해서 고린도 교회가 "열등한" 것이 아니라는 것을 주장한다. 아마도 바울이 "나의 이 공평치 못한 것을 용서하라"(*χαρίσασθέ μοι τὴν ἀδικίαν ταύτην*-카리사스데 모이 텐 아디키안 타아텐)고 쓴 것은 반어법적인 것이 아닐 수 있다. 이러한 추론은 바울이 자기가 고린도 교인들을 화나게 했다는 것을 진심으로 느꼈다는 전제를 토대로 한 것이다. 고린도 교회는 사도가 그를 돕고자 하는 교회의 자원하는 마음을 의심했거나 그러한 마음을 하찮게 여긴 것이라는 인상을 받았다. 그러나 바울은 그의 대적자들이 고린도 교인들을 교묘한 수단으로 속여서 강탈했다는 것을 알고 있었기 때문에(11:9, 20), 교인들에게 부담을 주지 않기 위해서 스스로 장막 만드는 일을 하여 생계를 꾸려 나갔다. 게다가, 그는 고린도 교인들이 주는 돈을 받을 수 없었다. 만약 그가 그 돈을 받았다면, 그들은 거짓 사도들이 교인들을 속여 강탈한 행위를 그가 묵인한 것으로 여겼을 것이다. 따라서 전체적으로 볼 때, 11:7에서처럼 "나의 이 공평치 못한 것을 용서하라"는 말은 반어법적인 것으로서, 고린도 교인들이 사태의 핵심을 제대로 파악하고 있지 못하다는 것을 나타내는 말이다.

바울은 12:14에서 자녀들로부터 돈을 받지 않고자 하는 자신의 방침을 계속해서 고수해 나가겠다고 말한다. 하지(Hodge, 293)는 바울이 고린도 교인들에게 "너희는 내게 부모로서의 특권을 허용해야 한다"고 말하고 있는 것이라고 본다. 우리는 12:13-14에서 바울이 여전히 논쟁적인 방식으로 글을 쓰고 있다는 것을 놓쳐서는 안 된다. 바울은 그들의 아비였기 때문에 고린도 교인들에게 폐를 끼치지 않기 위해서 그들로부터 한 푼이라도 취한 것이 없었다. 바울은 단지 자연스러운 생활의 법칙을 인용하는 것뿐인데(*νόμος φύσεως* – 노모스 퓌세오스; Bultmann, 236의 입장은 고전 9:14과 긴장 관계에 있다), 그 법칙은 부모가 자식을 돌보는 것이지 그 반대는 아니라는 것이다. 바울은 그의 영적인 자녀들을 위하여 기꺼이 재물을 허비하고 자신을 허비하고자 한다(12:15). 그는 고린도 교인들을 향한 자신의 사랑이 점점 더 커질수록 그에 대한 고린도 교인들의 사랑이 점점 더 줄어들지 않기만을 바랄 뿐이다. 자기가 고린도 교인들을 사랑한다는 이러한 언급은 그가 사실 그들을 사랑하지 않는다는 비난(11:11; 그의 대적자들이 제시한 또 하나의 비난)에 대한 바울의 응답인 것 같다. 바울은 그가 세 번째로 고린도 교회를 방문할 때도 고린도 교회로부터 재정적인 도움을 받고자 하지 않는 그의 태도는 변함이 없을 것이라는 말로 12:13-16a을 끝맺는다. 바울이 12:13-16a에서 행한 것은 겉보기에는 그렇지 않아 보인다고 할지라도, 그가 고린도 교인들에 대한 진실한 마음과 태도를 지니고 있다는 것을 확증하는 것이다. 그는 자신이 다른 교회들로부터만 재정적인 도움을 받는 것으로 인하여 그들이 열등감을 느끼게 하기 위한 것이 아니라, 도리어 고린도 교인들이 최고로 잘 되기만을 바랄 뿐이다(13:9; "주석"을 보라). 바울이 고린도 교인들로부터 돈을 받는다고 해서 그들이 빈곤하게 되지는 않을 것이다. 그러나 그것은 복음을 전하고서 그 대가로 돈을 받는 것을 참된 사도의 증표로 보는 잘못된 자들(바울의 대적자들과 그 추종자들)의 행동을 용인하는 꼴이 되고 말 것이었다. 바울은 그렇게 되기를 원치 않았기 때문에 고린도 교인들과 정직한 거래를 계속해 나가고자 한다.

12:16b-18은 우리에게 세 번째 문제를 보여 주는데, 바울은 이 문제와 관련하여 자신의 행위를 변호할 수밖에 없었다. 대적자들은 바울이 고린도 교회로부터의 직접적인 도움을 거절했다는 것을 부정할 수 없었기 때문에(11:9), 바울이 8:20-21의 보호 장치들에도 불구하고 연보를 몰래 착복했다고 비난했던 것으로 보인다(해당 "주석"을 보라. 또한 고린도 교인들이 바울을 의심하는 태도를 취하게 된 그 밖의 몇몇 요인들에 대해서는 Holmberg, *Paul and Power*, 92를 보라). 대적자들은 바울은 "은밀하게" 돈을 받거나 착복하고 있었기 때문에 그가 행한 사역에 대한 수고

비 같은 "공식적인" 돈을 거절할 수 있었던 것이라고 주장했다. 바울은 고린도 교인들의 공식적인 재정적 도움을 거절하는 모양새를 갖춤으로써 그의 진정한 의도를 은폐할 수 있었다는 것이다. 바울은 자신이 고린도 교인들에게서 이(利)를 취했다는 비난을 듣고 있다는 것을 알고 있다고 말한다(*ἐπλεονέκτησα* – 에플레오네크테사, 12:17, 18). 통렬한 반어법을 통해서 바울은 "내가 공교한 자가 되어"(12:16b)라고 쓸 때 자기가 궤계(*δόλος*–돌로스)로 고린도 교인들을 착취했다는 것을 "인정한다". 그런 후에 바울은 일련의 네 개의 의문문을 통해서 그가 고린도 교인들의 돈을 몰래 착복하고 있다는 고소는 어이없는 말임을 논증한다. 이 의문문들 중에서 처음 두 개는 부정의 대답을 기대하는 방식으로 구성되어 있다(17절, *μή* – 메; 18b절, *μήτι* –메티). 바울은 고린도 교인들에게 자기가 보낸 자들, 특히 디도가 그들을 속여 빼앗은 적이 있었느냐고 반문한다(이것은 그가 대리인들을 통해서 돈을 뜯어내는 교활한 방식으로 행했다는 암묵적인 비난에 답하고 있는 것이다, Georgi, *Die Gegner*, 241). 그런 후에 나머지 두 개의 의문문(12:18c) 속에서 우리는 바울이 긍정의 대답(*οὐ* – 우)을 바라고 있음을 본다. 이 마지막 두 의문문의 취지는 고린도 교인들이 바울과 디도를 비교해 본다면 그들은 믿을 수 있는 디도와 동일한 방식으로 바울이 행하고 있다는 것을 알게 되리라는 것이다. 그들이 디도의 진실성을 의심하지 않는다면, 어떻게 바울의 진실성을 의심할 수 있겠는가?

바울의 행위들에 대한 변호(또는 변명)의 글인 12:11-18의 단락은 기본적으로 10-13장에서 대적자들에 대한 바울의 변증을 마감하는 단락이다. 12:19에서 시작하여 이 서신의 나머지 부분에서 바울은 그가 곧 고린도 교회를 방문하게 될 것을 집중적으로 다룬다. 바울의 대적자들은 비록 그의 마음에서 멀리 사라진 것은 아니라고 할지라도 현재의 서신에서 뒷전으로 밀려나 있다. 고린도후서의 나머지 부분은 바울을 주님의 권위로 오는 자로 묘사한다. 물론 13:1-4은 사도 직분의 성격에 관한 고전적인 진술을 제시하고, 13:8-10은 오이코도메(*οἰκοδομή*, "덕 세우는 것")와 관련된 그의 권세의 특질을 다루고 있기는 하지만 말이다(Strachan, 36).

## 주석

11 "내가 어리석은 자가 되었으나"(*γέγονα ἄφρων* – 게고나 아프론). 이 시점에서 바울의 자랑은 끝이 난다. 여기서 우리는 11:1에서 시작된 수미쌍관법의 끝점을 본다("양식/구조/배경"을 보라). 바울은 10-13장에서 자주 스스로 자랑해 왔지만

(10:8; 11:16-18; 12:5, 6), 그러한 행위는 그의 본성에 반(反)하는 것이었다. 틀림없이 바울은 딜레마에 빠져 있다고 느꼈을 것이다. 만약 바울이 자랑하지 않는다면, 고린도 교인들은 바울이 원한 것과는 달리 그를 주목하지 않을 것이었다. "자랑"이 고린도 교인들의 눈에 사도임을 보여 주는 "표"였기 때문에, 바울은 자랑할 수밖에 없었다. 만약 바울이 자랑한다면, 그는 그가 그토록 혐오했던 행위에 동참하고 있는 것이 될 것이었다. 왜냐하면 자랑하는 것은 그의 대적자들이 상시적으로 몰두해서 행하는 일이었던 것으로 보이기 때문이다. 요컨대 자랑하는 것은 바울에게 "필요악"이었고, 그가 "수사학적으로 까다로운 입맛을 지니고 있었던 고린도 교인들의 호감을 산, 수사학적으로 훈련된 대적자들과의"(E. A. Judge, "Paul's Boasting," *ABR* 16[1968] 48) 싸움을 수행하고 있었던 장(場)인 고린도 교회의 긴급 상황에 의해서 어쩔 수 없는 일이었다.

바울은 마지못해서 자랑을 해 왔다. 우리는 11:21-23에서 바울이 그가 행하고 있는 자랑으로 인해서 스스로 정신이 없어지고 제정신이 아닌 상태에 있다는 것을 깨닫고 있음을 보았다. (11:22에서 바울은 "유대인"으로서의 자신의 출신 성분을 변호함으로써 대적자들이 유대인들이라는 것을 은연중에 보여 준다.) 그는 자신의 자격 요건들을 열거하기 시작하면서, 돌연 정신이 들어서 "내가 어리석은 자로서 말하고 있다"(11:21)는 것을 인정한다. 조금 후에 그는 "내가 이렇게 말하고 있는 것을 보니 내가 제정신이 아닌 것이 틀림없다"(11:23, 개역 성경에서는 "정신 없는 말을 하거니와")는 말을 끼워 넣는다. 마지막으로, 11:30에서 바울은 자기가 자랑하는 것은 자신의 약함을 보여 주는 것이라고 말한다. 그럼에도 불구하고, 그는 자신이 십사 년 전에 경험했던 어떤 계시를 묘사함으로써(12:2-4) "자랑을 늘어놓는 일"을 계속한다. 그는 12:9-10에서 육체의 가시를 포함한 그의 약함은 하나님의 능력이 나타나는 수단이라는 결론을 내린다. 게다가, 바울은 자신이 그러한 약함 속에서 하나님의 능력을 발견했다고 믿는다. 즉 바울은 하나님을 의지할 때 임하는 하나님의 능력을 자랑하고 있는 것이다(10:17-18).

12:11에서 바울은 다시 한 번 자랑을 중단하고자 하는데, 결국 이번에는 성공을 한다. 그는 자기가 짐짓 어리석은 자가 되어 말했다는 것을 보임으로써 11:21과 11:23에서의 그의 사고를 그대로 드러낸다. 그는 이제까지 어리석은 자로(*ἄφρων*-아프론) 말해 왔다. 그는 대적자들보다도 자기가 더 훌륭한 유대인이고 더 헌신된 그리스도의 종이라고 큰소리를 치며 자랑했다. 완료형(*γέγονα*-게고나, "되었다")이 사용된 것은 바울이 자기가 어리석은 자로 말한 것이 일정 시간 동안 사실이었

다는 것을 인정하고 있음을 보여 준다. 그는 위기 상황을 극복하기 위해서 이와 같이 비전형적인("비기독교적인," Barrett, 319) 행위를 감행하지 않을 수 없었다. 앞으로 보게 되겠지만, 바울은 자기가 어리석은 자로서 말해 왔다는 것을 인정하면서도 그렇게 한 것에 대한 책임이 자신에게 없다고 말한다. 목회적인 관심(11:28)으로 인해서 바울은 자신에게 이질적이지만 필요했던 행위를 논쟁 전략의 일부로 사용하지 않을 수 없었던 것이다(고전 9:22-23).

"너희가 억지로 시킨 것이니"(*ὑμεῖς με ἠναγκάσατε* – 휘메이스 메 에낭카사테). 고린도 교인들의 어처구니 없는 행태가 없었더라면, 바울은 "자신을 낮추어서 부끄러움을 무릅쓰고서 결코 그러한 어리석은 행위를 하지 않았을 것이다"(Plummer, 358). 우리는 대명사 휘메이스(*ὑμεῖς*, "너희")가 휴지(休止) 직후에 나온다는 것을 주목한다. 바울에 의한 이러한 배치는 문체상의 이유 때문이 아니라 강조를 위한 것이었다(Filson, 410). 바울로 하여금 어리석은 자처럼 행하도록 강요한 것은 고린도 교인들이었다. 에낭카사테(*ἠναγκάσατε*, 아낭케제인〈*ἀναγκάζειν*〉의 단순과거)는 "강제, 어쩔 수 없음, 압박"이라는 개념을 보여 주는데, 이러한 개념은 오페일론(*ὤφειλον*, 미완료, 안〈*ἄν*〉이 없으면 이 단어는 반드시 할 수밖에 없음, 의무, 도리를 나타낸다; BDF § 358.1)에서도 발견된다. 어떤 사람에게 미치는 이러한 힘은 위협의 결과일 수도 있고 설득의 결과일 수도 있다. 여기서의 경우처럼, 그것은 바울이 자신을 대하는 고린도 교인들의 태도로 인해서 스스로를 자랑하지 않을 수 없게 되었다는 것을 보여 준다. (바울이 이러한 상황을 위기로 보았다는 것–두 번째 방문 때의 앞서의 상황과 비교해 볼 때–은 곧 드러나게 될 것이다. 앞서의 상황에서는 바울 자신이 굴욕을 당한 것이지만, 지금의 상황 속에서 그는 고린도 교인들에게서 그리스도의 복음이 무너지게 될 것을 염려한다. 왜냐하면 그들은 그가 전한 복음과 다른 가르침을 따르고 있기 때문이다〈11:4〉.) 그는 어리석은 자로 행할 수밖에 없었는데 인칭대명사 메(*με*, "나를")를 에낭카사테(*ἠναγκάσατε*)의 목적어로 포함시킴으로써 이 점을 분명히 한다.

"내가 너희에게 칭찬을 받아야 마땅하도다"(*ἐγὼ γὰρ ὤφειλον ὑφ' ὑμῶν συνίστασθαι* – 에고 가르 오페일론 휘프 휘몬 쉬니스타스다이). 이 구절을 통해서 바울은 왜 그가 고린도 교인들의 작태로 인해서 자랑할 수밖에 없게 되었는지를 설명한다. 그는 그들의 영적인 아비였다(6:13; 참조. 12:14). 고린도 교인들은 그들에게 복음 안에서 새로운 삶을 살게 해준 것에 대하여 바울에게 감사해야 했다(고전 4:15). 그들은 내내 바울이 고린도에서 행한 선교 사역에 빚을 지고 있었다(Filson,

410). 바울은 그들에게 이 점을 상기시킨다. 오페일론(ὤφειλον, "마땅하도다")은 "빚지다"를 의미하는 오페일레인(ὀφείλειν)의 미완료형이다. 미완료 시제는 바울이 고린도 교인들의 이러한 "부채"를 지속적인 것으로 보고 있다는 것을 나타내는 것일 수 있지만, 좀더 가능성이 있는 의미에 대해서는 위의 설명을 보라. 그것은 금전적인 채무를 가리킬 수 있지만(마 18:26, 30, 34; 눅 7:41; 16:5, 7; 몬 1:18), 좀더 일반적으로는 비유적인 의미에서 신세진 것, 빚진 것을 가리킨다(롬 13:8; 15:1; 고전 9:10; 11:7; 고후 12:14; 살후 1:3). 또한 바울이 대명사를 사용한 의미는 명백하다. 그는 이 구절의 처음에 에고(ἐγώ, "내가")를 둔다. 바울이 자기를 자랑한 것은 고린도 교인들이 그를 다른 사람들, 즉 그의 대적자들에게 "칭찬하거나 천거하는"(συνίστασθαι-쉬니스타스다이는 이 서신에서 핵심어인 쉬니스타네인〈συνιστάνειν〉의 현재 수동형이다; 3:1, 2; 4:2; 5:12; 6:4; 10:12, 18을 보라) 데 실패한 결과였다. 고린도 교인들은 이전에 죄를 지었던 것과 마찬가지로(7장), 또다시 대적들에게 맞서서 자신의 사도를 변호하고 옹호하는 데 실패하는 죄를 범하고 있는 것이다(Tasker, 179).

물론 고린도 교인들이 바울을 천거하는 것 자체는 그의 사도직을 증명해 주는 토대가 되지는 않는다(고전 4:3, "너희에게나 다른 사람에게나 판단받는 것이 내게는 매우 작은 일이라"). 바울은 자기가 하나님에 의해서 사도로 부르심을 받았다는 말로 정경(正經)의 고린도 서신들을 시작한다. 우리는 고린도후서 5장에서 고린도 교인들의 지원이 없음에도 불구하고 바울이 스스로를 하나님의 참된 사도로 자처하고 있다는 것을 보았다. 그는 복음을 위하여 많은 고난을 견뎌 왔고, 마찬가지로 고린도 교인들의 무관심으로 인한 많은 고통도 견뎌 왔다. 그런데도 바울은 여전히 고린도 교인들을 사랑하고 있었다.

바울의 사도직은 하나님으로부터 온 것이었고, 사람들의 판단에 의해서 좌우되는 것이 아니었다(고전 4:3-4). 그렇지만 바울은 고린도 교인들을 그의 사도직을 확증해 주는 봉인(封印)으로 보았다(고전 9:2). 고린도 교인들은 바울로 인해서 그리스도인들이 된 것인데, 바울이 자신의 사역의 정당성을 증명하는 데 그 밖의 다른 어떤 증거를 제시할 필요가 있겠는가(3:2-3)? 그럼에도 불구하고, 바렛(Barrett)이 지적하듯이, 고린도 교인들은 "위세당당한 대적자들(xi.20)에 비해서 초라하고(xi.7-11; xii. 13-18) 입이 들러붙은 듯 어눌한(x.1, 10; xi.6) 그들의 사도"를 여전히 부끄러워하고 있었다(319, 320).

거의 순간순간마다 변덕을 부렸던 한 무리의 사람들에 의해서 바울이 변덕스럽다는 비난을 받은 것(1:15-23)은 참으로 아이러니하다. 바울이 자신의 첫 번째 방문을 마치고 고린도 교회를 떠난 후에 느닷없이 문제가 터졌다. 바울은 고통스러운 방문 기간 동안에 고린도 교회에서 굴욕을 당했다. 이상하게도(어떤 사람들에게는 그렇지 않겠지만) 디도가 바울의 "엄중한 서신"을 들고서 고린도 교회에 나타나자 바울에 대한 고린도 교인들의 애정은 다시 회복되었다. 하지만 그 후 얼마 되지 않아서 바울의 대적자들(그들은 11:13의 거짓 사도들일 것이다)은 고린도 교인들을 회유하고 구워 삶아서 디도의 방문 이전에 그들이 지니고 있던 바울에 대한 평가로 되돌려 놓았다. (이와 같은 "시계추 효과"는 우리로 하여금 과연 바울〈또는 디도〉이 이 거짓 사도들을 직접 대면했던 것인지 의아하게 만든다. 우리는 고린도 교회가 그 교회에 가장 최근에 온 자에 의해서 좌지우지되고 있다〈11:4〉는 인상을 받는다. 즉 그 사람이 바울이든 바울의 대적자들이든, 고린도 교회에 가장 최근에 방문한 자가 그 교회를 효과적으로 장악하는 현상이 반복되고 있는 것으로 보인다는 말이다. 이러한 "법칙"은 바울의 세 번째 방문에서도 그대로 사실로 입증될 것이다〈이것이 바울의 소망이었다〉. 그런 까닭에 바울이 세 번째 방문을 하게 된다면〈12:14; 13:7〉 그는 그들을 다시 한 번 자기 편으로 되돌릴 수 있을 것으로 보였다〈13:10에 대한 "주석"을 보라〉.)

우리의 앞서의 논의를 토대로 볼 때, 고린도 교인들의 잘못은 그들의 무관심과 잘 속아 넘어가는 것이었던 것으로 보인다(11:19-20을 보라). 그들은 결코 바울을 완전히 거부한 것이 아니었고, 단지 대적자들이 바울을 공격하는 것을 보고서 거기에 끼어들지 않는 편이 더 낫겠다고 생각했다(2:5-11). 마찬가지로, 12:11의 어구는 이 문제가 2:5-11의 배후에 있었던 문제와 동일했다는 것을 보여 준다. 그러나 이제 그 문제는 좀더 불길한 조짐을 띠고 있었다. 고린도 교인들은 마땅히 바울을 그의 대적들에게 천거해야 했다. 바울과 고린도 교인들이 얼마 전에 화해했다는 것(7:2-16)을 감안한다면, 그들은 더더욱 그렇게 해야 했다. 그렇지만 그들은 그렇게 하지 않았다. 우리는 11:4에서 예루살렘 모교회로부터 온 선교단이 고린도 교회에 도착한 후에 이전에 유례가 없던 극적인 상황의 반전이 있었다고 추정해야 한다. 또한 바울의 장래의 선교와 관련된 비전은 그의 사도직에 대한 이러한 최근의 위협에 추가적인 심각성을 더해 주었으리라는 것도 간과해서는 안 된다. 고린도 교회에서 사도로서의 바울의 신뢰성을 뒤집어엎기 위해 외부에서 침투한 선교단이 확고한 발판을 구축했다면, 그것이 바울에게 미치는 결과들은 그가 고린도 교회에 이전에 투자한 것만이 아니라 장차 서방 선교를 위한 그의 계획과 관련해서도 치명적인 것이 될 것이었다(롬 15:18-29). 십자가의 "부끄러움"과 사도직에 토대를 둔 "약함 속에서의 강함"에 대한 바울의 전체적인 강조(12:1-10; 13:1-4)는 그의 생애에서 이 위기의 때에 새로운 추진력을 얻었다(서론을 보라). 그러므로 고린도 교인들의 이러한 "변절"은 바울에 의해서 위험한 상황으로 인식되었다. 우리는 앞서 고린도 교인들이 바울을 버리는 것은 어쨌든 그의 생각으로는 하나님을 버리는 것이라는 취지를 지닌 5:12에서 이 점을 보았다(앞에서 인용한 Bultmann, 149). 그러나 현재의 절은 바울이 고린도 교인들에 의해서 벌어진 이 최근의 사건을 이전의 사건보다 훨씬 더 중대한 것으로 보고 있다는 것을 뚜렷하게 보여 준다. 이 거짓 사도들은 바울을 공격했을 뿐만 아니라 다른 예수와 다른 복음을 전했다(11:4). 고린도 교인들이 바울을 대신하여 힘을 모아 대적자들에게 대항했어야 하는 상황에서 침묵을 지키자, 바울은 스스로를 자랑하는 길로 나서지 않을 수 없게 되었다. 이것은 그의 독자들(고린도 교인들)의 주목을 끌기 위한 것일 뿐만 아니라, 고린도 교인들에게 그들이 취하고 있는 태도가 얼마나 어리석은 것인지를 보여 주고 그들을 대적자들의 악한 영향력으로부터 벗어나도록 이끌기 위한 시도였다(Plummer, 358). 의심할 여지없이, 바울은 고린도 교인들이 이전에 걸었던 이교의 길들로 되돌아가 버리는 지경에 이를까 봐 염려했다. 문제는 그들의 행위(20-21절에 개략적으로 뚜렷하게 묘사된)가 "기독교의 사도들"의 재가 아래서 행해지리라는 것이었다. 그렇게 되면, 바울, 아니 그 어떤 참된 사도라 할지라도 고린도 교회에서 다시 활동하는 것은 불가능하게 되어 버릴 것이다(클레멘트 1서는 주후 96년의 고린도 교회의 상황을 묘사하면서 기분 좋은 내용을 전해 준다-적어도 로마의 한 지도자의 입장에서).

"내가 지극히 큰 사도들보다 조금도 부족하지 아니하니라"(*οὐδὲν γὰρ ὑστέρησα τῶν ὑπερλίαν ἀποστόλων*-우덴 가르 휘스테레사 톤 휘페르리안 아포스톨론). 사도는 고린도 교인들이 대적자들에 맞서서 바울을 견고하게 붙잡는 것에 실패한 것과 관련하여 그들과의 논의를 계속한다. 분명하게 논쟁을 담은 한 문장을 통해서 바울은 자기가 지극히 큰 사도들보다 열등하지 않다는 말을 불쑥 꺼낸다. 이 문장의 첫 마디는 "단 하나의 것에 있어서도"를 의미하는 우덴(*οὐδέν*)이다(Plummer, 358). 우리는 이 단어가 강조의 위치에 와서 그 어떤 단 하나의 점에서도 바울이 열등하거나 못하지 않다는 것을 나타낸다는 점을 주목하게 된다. 휘스테레인(*ὑστερεῖν*)은 직역하면 "못 미치다"를 의미한다. "지극히 큰 사도들"에 대한 앞서의 언급(11:5)에서 이 동사는 완료형(*ὑστερηκέναι*-휘스테레케나이)이었지만, 현재의 절에서는 단순과거 시제(*ὑστέρησα*-휘스테레사)로 되어 있다. 후자의 사용은 바울이 구체적으로 이전에 고린도 교회에 머물렀던 것을 가리키는 것임(Bultmann, 233)을 보여 주는 것일 수 있다(Filson, 411; Plummer, 358; 이것은 열아홉 달 동안 지속되었던 그의 첫 번째 방문이었을 가능성이 높은데, 그의 두 번째 방문은 그 기간이 짧았고 효과도 거의 없었기 때문이다). 바렛(Barrett, 참조. "Paul's Opponents," 71)은 단순과거 시제는 고린도 교인들이 바울을 그의 대적자들과 비교했던 특정한 때를 가리킬 수 있다고 주장한다(320; 그러나 베츠〈Betz, *Der Apostel Paulus*, 121, n. 572〉는 이 단순과거 시제는 단지 "어리석은 자의 변" 단락을 되돌아보는 것이라고 생각한다). 만약 그렇다면 지극히 큰 사도들은 그때 고린도에 있었다는 것이 되기 때문에, 예루살렘 교회의 사도들이 아니라 거짓 사도들을 가리키는 것으로 이해되어야 한다(11:13). 그러나 바렛(Barrett)이 계속해서 말하고 있듯이 이 단순과거 시제가 사실 확인적인 용법이라면, 바울은 1-9장을 쓴 이래로 그와 고린도 교인들 간의 관계에 대하여 말하고 있는 것이기 때문에, 그는 단지 자기가 지극히 큰 사도들(예루살렘 교회에 있는 자들)과 대등하고 결코 열등하지 않다고 말하는 것일 수 있다. 우리는 앞서 "지극히 큰 사도들"(*οἱ ὑπερλίαν ἀπόστολοι*-호이 휘페르리안 아포스톨로이)을 둘러싼 문제를 살펴본 바 있다. 이 사도들은 예루살렘 교회의 지도자들을 가리키는 것인가, 아니면 어떤 다른 집단을 가리키는 것인가(11:5, 13에 대한 "주석"을 보라)? 우리의 결론은 "지극히 큰 사도들"(überapostel)을 "원사도들"(Urapostel)과 동일시하는 케제만(Käsemann, *Legitimität*, 28)의 견해를 따라서 바울은 예루살렘에 있던 원래의 사도들을 가리키기 위하여 "지극히 큰 사도들"이라는 용어를 사용하고 있다는 것이다. 바울이 그의 대적자들(거짓 사도들, Lügenapostel: Friedrich, "Die Gegner," 192)을 다루는 글을 쓰고 있는 12:11-18에서 갑자기 예루살렘의 사도들을 언급하고 있는 것이 이상하게 보일 수 있다. 하지만 바울이 "지극히 큰" 사도들을 언급한 것은 거짓 사도들을 간접적으로 공격하기 위한 의도였을 가능성이 대단히 높다. 거짓 사도들[반드시 할례를 강요하지는 않았지만(고린도후서에는 할례나 율법〈*νόμος*-노모스〉에 대한 언급이 없는 것으로 보아서) 유대-헬레니즘적인 개념들을 고린도 교인들에게 주입시키고자 했다는 의미에서 유대 그리스도인 사자들 또는 "선교사들", Harris, 312, 313를 보라]은 자신들이 지극히 큰 사도들의 본을 따르고 있다고 주장했다면, 이것은 바울이 지극히 큰 사도들을 언급한 이유를 설명해 준다. 바울이 지극히 큰 사도들과 적어도 대등하다면, 어떻게 그가 열등한 사도일 수 있겠는가? 잘 알다시피, 바울은 얼핏 보면 제자리가 아닌 듯이 보이는 요소들을 도입한다. 그러나 우리는 바울이 완벽한 논리를 갖춘 논문을 쓰고 있는 것이 아니라 감정이 많이 섞여 있는 편지를 구술하고 있다는 사실을 기억해야 한다(11:5에 대한 "주석"을 보라). 지극히 큰 사도들이 누구인지와는 상관없이, 바울은 "지극히 큰" 사도들이라는 용어를 반어법적인 방식으로 사용해서("양식/구조/배경"을 보라; Barrett, 320; Tasker, 179, 180) 그들의 선교 지역의 한계를 "넘어선"(10:13-15; 11:12) 대적자들 속에서 구현된 "교만"(ὕβρις – 휘브리스)을 고린도 교인들이 사랑하고 있다는 암시(11:19, 20; Marshall, "Invective: Paul and his Enemies at Corinth"를 보라) 이상의 것을 말하고 있는 것으로 보인다. 이것은 휘페르(ὑπέρ-)가 이 장에서 집중적으로 사용되고 있는 이유를 설명해 준다. 그들은 한계와 분량을 넘어서서 고린도를 찾아온 것이다.

"내가 아무것도 아니나"(*εἰ καὶ οὐδέν εἰμι* – 에이 카이 우덴 에이미). 바울은 자기가 열등한 사도가 아니라고 말한 후에 지나치게 표현한 것으로 보이기를 원하지 않았다. 에이 카이(*εἰ καὶ*)는 양보의 의미로 사용된 것 같고, 우덴(*οὐδέν*, "아무것")은 그의 대적들이 사용한 용어를 반영하고 있는 것으로 보인다(Tasker, 180). 틀림없이 그들은 바울을 아무것도 아닌 자로 여겼고(참조. 6:9), 바울은 단지 그들이 사용한 언어를 되풀이하고 있는 것이다. 우리는 바울이 스스로를 겸손한 용어들로 규정할 수 있었다는 것을 안다(10:1, 2; 고전 15:8, 9; 또한 Plato, *Phaedrus* 234; Epictetus, III.9.14; IV.8.25에서의 우덴⟨*οὐδέν*⟩의 용법을 보라; Betz, ibid., 122-27). 그러나 우리가 간과하지 말아야 할 것은 "나는 아무것도 아니지만"이라는 말이 반어적인 것일 가능성이다(Bultmann, 233에서는 12:5-10에 비추어 볼 때 이 말은 감정이 담긴 진술일 수 있다고 주장한다). 바울이 자기는 아무것도 아니라고 말한 것은 그가 무가치하다거나 쓸모없다는 것을 인정하는 것이 아니다. 도리어 정반대로, 바울은 믿음과 행위에 있어서 적어도 지극히 큰 사도들과 대등하다(Filson, 411). 그는 이 서신 전체에 걸쳐서 그의 사도직은 결코 다른 사도들에 비해서 열등한 것이 아님을 계속해서 논증해 왔다. 그럼에도 불구하고, 그는 자기가 가진 것은 하나님에게서 왔다는 것을 (또다시) 인정한다. 사도는 자신을 자랑하기를 거절하기 때문에(어쩔 수 없는 경우를 제외하고) 사람들에게 아무것도 아닌 자로 보였다. 게다가 그가 자신의 약함을 말한 것들은 그의 대적들의 주장을 뒷받침해 주었다. 이런 의미에서 그는 "아무것"도 아닌 자로 여겨지는 것을 기뻐한다(12:9, 10). 그가 아무것도 아닌 것은 그리스도께서 모든 것임을 나타내기 위한 것이다.

몇몇 옛적의 주석가들(예를 들면, Chrysostom)은 에이 카이(*εἰ και*)를 12:11의 결론부가 아니라 12:12의 도입부로 보았다. 그러나 그러한 견해는 거의 지지를 받지 못해 왔다. 플럼머(Plummer)는 에이 카이(εἰ καὶ)를 12:12 앞에 붙이는 것은 멘(μὲν)을 무시하는 것임과 동시에 12절을 접속사가 생략된 어색한 구문으로 만들어 버린다고 주장한다(358).

12 "(참된) 사도의 표 된 것은 너희 가운데서 내내 (하나님에 의해서) 드러났다"(*τὰ μὲν σημεῖα τοῦ ἀποστόλου κατειργάσθη ἐν ὑμῖν πάσῃ ὑπομονῇ* – 타 멘 세메이아 투 아포스톨루 카테이르가스데 엔 휘민 파세 휘포모네, 개역 성경에서는 "사도의 표 된 것은 내가 너희 가운데서 모든 참음으로 행한 것이라"). 12절의 주된 취지는 바울이 사도임을 보여 주는 "증거"(13:3: 너희는 증거〈*δοκιμή* – 도키메〉를 원한다)에 있어서 모든 자격 요건들을 갖추고 있다는 것이다. 우리가 살펴볼 필요가 있는 것은 두 번 사용된 세메이온(*σημείον*, "표, 표적")이 동일한 것을 가리키느냐, 아니면 서로 다른 것을 가키느냐는 것이다. 우리는 후자의 해석 쪽으로 기운다(NIV는 여기에 반대다. 그러나 RSV와 NEB를 보라). 첫 번째 세메이온(*σημεῖον*, 12:12a)은 두 번째 나오는 것보다 더 일반적이다(Denney, 361, 362). 두 번째 나오는 것은 "기적적인" 행위를 가리키지만, 두 번째 나오는 것이 첫 번째 나오는 것에 포함된다는 점에서 첫 번째 나오는 것과 구별된다(Hughes, 457). 우리는 "고린도 교인들에 의해서 증언된 이 '사도의 표들'(12:12a)에는 '표적들과 기사들과 능력들'(12:12b)이 수반되었다"고 말하는 휴즈(Hughes)의 견해(ibid.)에 동의한다.

우리는 10-13장에서 바울이 자신의 사도직의 토대를 하나님의 부르심에 두고 있다는 것을 보았다(고전 1:1; 고후 1:1). 바울은 이러한 사도직이 그의 삶과 사역 속에서 확인되고 확증되어 왔다고 생각했다(3:1-3). 현재의 절 속에서 첫 번째 나오는 세메이온(*σημεῖον*)의 배후에는 그러한 사고가 존재하는 것으로 보인다. 바울이 "구별되는 표들"이라고 말할 때 당연히 그가 가리키고 있는 것은 이적적인 것들 이상의 것임에 틀림없다(12:12b). 그는 사도직의 이러한 측면(즉 이적적인 것들)을 경시하는 것은 아니지만, "신인"(神人)(*θεῖοι ἄνδρες* – 데이오이 안드레스) 같은 개념이 고린도 교회에 존재하고 있었기 때문에, 그는 그러한 증거를 그의 사도직의 유일한 증거로 제시하는 것을 꺼려했던 것 같다(실제로 Bultmann〈234〉은 동사 카테이르가스데〈*κατειργάσθη*, 직역하면 "행하여졌다"〉를 인용하면서 그것은 "바울이 자신을 데이오스 아네르〈*θεῖος ἀνήρ*〉로 인식하지 않고 있다는 것을 보여 준다"고 말한다). 우리는 바울이 그의 대적들이 아니라 바로 자기가 사도 됨의 참된 증표들 또는 표들을 지니고 있다고 말하는 것으로 이해한다. (사실 바울은 이적적인 것들은 가짜일 가능성에 항상 열려 있다고 여겼다. 살후 2:9을 보라. 막 13:22도 인용하고 있는 Käsemann, *Legitimität*, 52를 참조하라.) 그런 까닭에, 12절의 전반부는 바울의 사도직에 대한 참된 증거에 대하여 말하고 있는 것이다.

바울이 가장 우선적으로 자신이 참된 사도라는 것을 보여 주는 표라고 여긴 것은 자신의 전도의 결과로 사람들의 삶이 변화되었다는 것이다(Denney, 361). 오직 하나님만이 그것을 하실 수 있다(고전 3:5-9). 바울은 고린도에 교회를 "세웠고," 화해의 사자로 고린도에 왔다(5:18-21). 고린도 교인들은 바울이 참된 사도임을 보증해 주는 봉인(封印)이었다(고전 9:2; 고후 3:1-3). 바울이 전한 말씀은 고린도 교인들을 그리스도에게로 인도했고, 그 결과 그들의 삶이 변화되었다. 거짓 사도들이라면, 과연 그들이 전한 말씀이 효력을 발휘했다고 말할 수 있겠는가? 아울러, 바울이 참된 사도임을 보여 주는 또 하나의 표는 그리스도를 닮은 그의 삶이었다(Hughes, 456). 그는 그리스도를 위하여 고난을 감내해 왔다(13:4). 게다가, 바울은 자신에게 불의를 행한 자와 교회 전체에게 하나님이 그의 백성에게 어떻게 살기를 기대하시는지를 보여 주었다. 바울은 자기에게 불의를 행한 자(고통스러운 방문 때 그에게 잘못한, 2:5-11)를 용서해 주었고, 두 팔을 벌리고서 고린도 교회가 다시 그의 편으로 되돌아오기를 간청했으며, 그에게 다시 돌아온 고린도 교회를 반갑게 맞이했었다(7장). 뿐만 아니라, 바울은 고린도 교인들을 항상 정직하게 대해 왔다(14-18절에서 다루어진 쟁점). 그의 동기들은 순수했고, 그의 행위들은 공명정대했다. 그는 정직하고 거룩한 삶을 보여 주었다(1:12; 2:17; 3:4-6; 4:2; 5:11; 6:3-13; 7:2; 10:13-18; 11:6, 23-28). 현재의 어구에 요약되어 있는 것 속에서 우리는 바울의 사역과 삶이 기본적으로 "참된 사도의 표들"을 지니고 있다는 것을 보게 된다. 그가 전한 말씀은 고린도 교회를 세워 나가는 데 도구가 되었고, 그의 삶은 순수하고 정직한 삶이었다. 바울에게 있어서 "사도의 표들은 사도임을 보여 주는 표지(標識)였다"(Hodge, 290).

"사도의 표들"이라는 어구는 바울이 대적자들이 쓰던 슬로건을 빌어와서 사용한 것 같다(Bultmann, 233). 아마도 이 어구는 그의 대적들의 입에서 가져온 것일 가능성도 있지만, 고린도 교인들에게서 유래했을 가능성이 더 크다(Barrett, 321). 여러 부류의 서로 다른 사람들이 사도로 위장하여 고린도 교인들에게 접근했고, 그들은 한결같이 자기들이 참된 사도들이라고 주장했기 때문에, 사도직의 증거 또는 표는 고린도 교인들의 입에 자주 오르내리던 개념이었을 것이다. 가장 가능성이 있는 것은 고린도 교인들은 그들이 "다른" 사도들에게서 보았던 몇몇 특별한 표들을 바울에게 요구했다는 것이다(13:3, 5). 즉 그들은 바울에게 이적을 행하는 능력이라는 증거를 기대하고 있었다. 바울은 12:1-10에서 이미 그러한 "증거"를 제시했다(또한 12:12b에 대한 "주석"을 보라). 그러나 바울은 12:12a에서 그러한 표들은 어떤 사람이 사도인지 아닌지를 결정하기 위한 일차적인 판별 기준이 될 수 없다는 것을 역설하고 있다. 바울은 사도직의 참된 표들, 즉 그의 사역과 삶이야말로 가장 중요한 표들이라고 말하고 있다(즉 그런 표들은 고전 14장에서처럼 "덕을 세우는 것"〈*οἰκοδομή*-오이코도메〉을 목표로 한다; Käsemann, ibid., 62). 바울은 그가 사도직의 표들을 나타내 보여 주는 유일한 인물(온 세상 가운데서)이라고 말하고자 하는 것이 아니다. 그는 결코 "나만이 유일하게 참된 사도"라고 말하고자 하는 것이 아니었다. 바울이 그렇게 말하고자 하지 않는다는 것은 총칭적인 관사 투(*τοῦ*)를 사용한 것에서 알 수 있다(Barrett, 320; Robertson, *Grammar*, 757). 바울은 자기말고도 다른 참된 사도들이 존재한다는 것을 인정했다(가끔 냉소적이기는 하지만, 갈 2:9; 그러나 우리는 그가 자기만큼 고난을 겪은 사도가 과연 또 존재한다고 생각했는지는 의심스럽다. 11:23의 어리석은 자의 변〈argumentum ad insipientem〉을 보라). 그래서 그는 "(참된) 사도의 표"라는 표현을 사용한다.

바울은 이 표들이 고린도 교인들 가운데서 "지속적으로 내내"(*ἐν πάσῃ ὑπομονῇ*-엔 파세 휘포모네) "행해졌다"(*κατειργάσθη*-카테이르가스데, 단순과거 수동태; 즉 하나님의 행위에 대하여 사용된 "신성 수동태")고 말한다. 그의 삶과 사역은 하나님의 능력에 붙들려서 지속되었다. 바울은 자신에게 닥친 온갖 곤경을 스스로의 힘으로 헤쳐 나왔다고 주장하고자 하지 않는다. "인내"라는 개념(Barrett, 321)은 바울이 힘든 긴장 속에 있었음을 나타낸다(6:4). 배척과 조롱과 비방에도 불구하고, 바울은 고린도 교인들을 늘 진심으로 대해 왔다. 자녀를 사랑하는 아버지가 그렇듯이, 바울은 그의 자녀들이 그의 사랑을 깨닫고 돌아오기만을 인내로써 기다려 왔다. "사도 가문의 응석받이 자녀들"(Denney, 361)은 제멋대로 행했지만, 바울은 결코 그들을 완전히 버리지는 않았다. 몇몇 해석자들은 "인내"(참음)를 사도직의 표로 본다(Hughes, 457; Calvin: *primum signum nominat patientiam*〈"인내는 최고의 표이다"〉). 즉 그들은 인내를 바울이 고린도 교회 앞에서 자신의 역할을 어떻게 수행했는지를 묘사하는 표현이 아니라 사도직의 한 증표로 보고 사도의 표들에 포함시킨다. 그러나 그러한 입장이 전적으로 설득력이 있는 것은 아니다. 헤링(Héring, 95)은 인내라는 단어는 바울의 사도직을 나타내는 표라고 보기에는 다소 "빈약한" 감이 없지 않기 때문에 인내를 사도의 "표들"에 꼭 포함시킬 필요는 없다고 말한다. 그럼에도 불구하고, 헤링(Héring)이 휘포모네(*ὑπομονή*)를 "철저한 일관성"으로 번역한 것은 부적절하다. 이러한 번역은 바울의 헌신의 깊이를 포착하는 데 실패하고 있다. "끈질김, 인내"로서의 휘포모네(*ὑπομονή*)는 사도의 놀라운 자격 요건들("표적과 기사와 능력")을 평가하는 데 필요한 "지평"(11:23-33의 환난 목록 속에 나오는)을 제공함으로써 자격 요건들의 목록을 수식하기 위하여 강조되고 있는 것이다(Bachmann, 405; Käsemann, ibid., 53).

"표적과 기사와 능력"(*σημείοις τε καὶ τέρασιν καὶ δυνάμεσιν* – 세메이오이스 테 카이 테라신 카이 뒤나메신). 우리는 삼중적인 서술을 통해서 이적들은 사도의 참된 표들(위의 설명을 보라; 또한 "원문주해" b, c, d)에 "수반되었다"(Barrett, 321)고 본 NEB의 견해에 동의한다. 세 개의 용어를 여격으로 사용한 것은 이러한 해석이 옳다는 것을 보여 준다(Barrett, ibid.). 만약 바울이 사도의 "표들"이 오직 "표적들과 기사들과 능력들"이라는 것을 보여 주고자 했다면, 그는 주격을 사용해서 서술적 주격 구문을 구성하는 것("사도들의 표들은 표적들과 기사들과 능력들이다")이 그러한 의도를 훨씬 더 잘 표현해 낼 수 있었을 것이다. 그러나 바울은 그렇게 하지 않음으로써 "수반되는 것"이라는 개념을 나타내고자 한 것으로 보인다(Moule, *Idiom Book*, 45를 보라). 우리가 아는 바울은 이적들로 구성된 그러한 자격 요건들이 어떤 사람의 사도직이 참되다는 것을 보여 주는 유일한 근거라고 말할 사람이 결코 아니다. "표적들과 기사들과 능력들"이 사도 됨의 일차적인 표들이라고 말하는 것은 10-13장(물론 1-9장도)에 나오는 바울의 가르침과 역행한다. 앞에서 바울은 자기가 많은 고난을 당했기 때문에 그의 사도직이 참된 것이라고 설명한 바 있다(4:7-15; 6:4-10). 또한 그가 화해를 선포한 것은 효과적이라는 것이 입증되었다(5:18-21). 게다가, 큰 이적을 일으키는 능력을 "자랑하는" 것은 어떤 사람으로 하여금 바울이 권장하지 않는 방식으로 나아가게 한다(4:5). 이러한 것을 보여 주는 풍부한 증거는 바울이 그가 체험한 계시들과 환상들을 말하기를 꺼려하는 것에서 잘 드러난다(12:1-10). 따라서 결론은 바울은 이적들을 행하느냐의 여부를 사도직을 판단하는 주된 판별 기준으로 여기지 않는다는 것이다(Jervell, "Signs"는 여기에 반대). 도리어, 12:12a은 어떤 사도가 참된지를 평가하는 데 사용할 다른 판결 기준들이 존재한다는 것을 보여 준다. 이러한 논의의 취지는 바울은 "표적들과 기사들과 능력들" 같은 이적들을 행했을지라도(아니, 그리스도께서 그를 통해서 행하신 것이다) 사도임을 보여 주는 유효한 표들을 더 "자랑했다"는 것을 보여 주는 것이다(12:12a). 이것은 바울이 그의 사도직을 "거짓 사도들"과 구별하고자 했다는 우리의 앞서의 고찰들과 일치한다. 이적들은 속임수와 기만을 통해서 행해질 수 있었다(행 8:13과 칠십인역의 증거들〈예를 들면, 출 7:3, 11-12〉을 참조하라; 또한 D. E. Aune, "Magic in Early Christianity," *Aufstieg und Niedergang der römischen Welt*, 2/26.2, ed. H. Temporini and W. Haase[Berlin & New York: Walter de Gruyter, 1981] 1507-57를 보라). 바울은 고린도 교인들에게 그의 사역과 삶이라는 판별 기준을 토대로 해서 자신을 평가해 달라고 촉구한다("징조들과 예표들"〈*σημεῖα καὶ τέρατα*-세메이아 카이 테라타〉에 대해서는 LXX 사 8:18을 보라. 이 어구는 인간 존재들, 즉 이사야의 자녀들에 대하여 사용되었다). 그렇지만 바울은 하나님의 일꾼들이 이적을 행할 수 있는 능력을 지니고 있을 수 있다는 것을 부인하지 않는다. 또한 바울도 그러한 이적들을 행할 수 있고(6:6-7; Bultmann, 234), 따라서 12:12b의 증언을 포함시킨다. 요컨대, 12:12b은 바울이 다른 어떤 자들과 마찬가지로 이적을 행할 수 있다고 말하는 것이다. 또한 상황 대응적으로(ad hominem) 해석하자면, 12:12a은 바울은 그의 사도직을 공격하는 대적자들을 능가하고 그들보다 훨씬 더 뛰어나다고 말한다.

세메이온 카이 테라스 카이 뒤나미스(*σημεῖον καὶ τέρας καὶ δύναμις*)라는 삼중적인 표현은 흔한 표현이 아니다(행 2:22; 히 2:4; 그 밖의 다른 전거들에는 이 세 가지 중에서 두 개의 단어가 나온다: 롬 15:19; 살후 2:9). "표적들과 기사들"이라는 단어쌍이 더 자주 발견된다(행 2:43; 4:30; 5:12; 7:36; 14:3〈또한 "표적들과 능력들"에 대해서는 8:3도 보라〉). "표적들과 기사들"은 당시에 통용되었던 관용구로서 아마도 이사일어(二事一語, hendiadys; 두 개의 단어로 하나의 일을 나타내는 것-역주)인 것 같다(Héring, 95). 12:12에서 두 번째 나오는 세메이온(*σημείον*, "표, 표적")은 첫 번째에 나오는 것과 동일하지 않다는 것이 우리의 주장이다. 첫 번째로 나오는 것은 일반적인 의미에서의 "표들"을 가리키는 반면에, 두 번째의 것은 좀더 좁은 의미로 사용된다. 두 번째로 나오는 "표적들"은 첫 번째에 나오는 "사도의 표들" 중의 하나를 구성한다(Hughes, 457). "표적, 표"의 기본적인 의미는 영적인 이해를 증진시키는 어떤 사건이다(Denney, 362; Filson, 411; 또한 R. T. Fortna, *The Gospel of Signs*, SNTSMS 11[Cambridge: University Press, 1970]는 요한복음에서 "표적들"이 어떻게 사용되고 있는지를 보여 준다). 테라스(*τέρας*, "기사"〈奇事〉)는 신성한 것의 임재에 대한 놀람이나 충격(Hughes, 457) 또는 "경외감"이라는 개념을 지닌다. 뒤나미스(*δύναμις*, "능력, 권능의 역사")라는 용어는 하나님의 능력이 뚜렷하게 드러나는 어떤 행위다(Filson, 411). 그러나 이러한 계시적인 능력에는 일정한 한계가 존재한다. 오직 유앙겔리온(*εὐαγγέλιον*, "복음")이라는 표제 아래서만 예수의 "능력"(δύναμεις-뒤나메이스)은 그 참된 의미를 지니게 된다는 케르텔게(K. Kertelge, *Die Wunder Jesu im Markusevangelium*, SANT 23[1970], 125)의 견해에 대해서는 R. P. Martin, *Mark: Evangelist and Theologian* (Exeter: Paternoster/Grand Rapids: Zondervan, 1972) 170를 보라. 이와 같은 평가는 바울에게 적용될 수 있을 것이다: 본 저자는 *Mark*, 156-205에서 마가복음과 고린도 교회에서 이해(또는 오해)되었던 바울의 복음 간의 연결 관계를 보고자 시도한 바 있다.

각각의 용어들은 서로 다른 유형의 이적을 묘사하는 것이라는 주장이 제기되어 왔다. 그러나 이 세 개의 용어는 단지 이적들을 세 개의 서로 다른 측면에서 묘사하고 있는 것이라고 주장한 태스커(Tasker)가 옳은 것 같다(180, 181).

이 세 개의 용어들은 모두 치유 이적을 묘사하는 것일 수 있다(Plummer, 360를 보라). 우리는 누가의 사도행전에 의하면, 바울이 초대 교회에서 치유 이적들로 유명했다는 것을 알고 있다(행 13:11; 14:10; 15:12; 16:18; 19:11-12; 28:3-6, 8). 또한 바울은 자기가 많은 사람들 가운데서 이적들을 보아 왔다고 직접 말하기도 했다(롬 15:19; 참조. 갈 3:5). 바울이 12:12b에서 "표적들과 기사들과 능력들"을 언급한 것이 그의 치유 이적들을 가리킬 수 있다고 결론을 내리는 것은 옳지만(Windisch, 379), 그가 은사를 풍부하게 지닌 지도자였다는 것을 보여 주는 증거는 폭넓게 산해재 있다(Holmberg, *Paul and Power*, 75-77를 보라). 기본적으로, 사도는 고린도 교인들에게 아마도 놀림조로 자신이 그의 대적들만큼 능력을 행해 왔다고 말하고 있는 것 같다. 네 개의 장(章)으로 된 서신의 맥락 속에서는 바울이 그의 독자들에게 외적인 표적들만으로는 충분하지 않다는 것을 보여 주고자 애쓰고 있다는 것이 더욱 분명하게 드러난다. "표적들과 기사들과 능력들"은 좋게 말해서 사도직의 판별 기준에서 기껏해야 제한된 일부만이 될 수 있을 뿐이고, 나쁘게 말한다면 사람들을 속이는 것들이 될 수 있다. 12:12b의 용어들에 대한 분석(위를 보라)으로부터 우리는 바울이 고린도 교인들에게 자신이 행한 일들은 하나님을 지향해 왔지만, 그의 대적들이 한 일들은 그렇지 않았다는 것을 확신시키고자 하고 있다고 추론할 수 있다. 심지어 이적들을 말할 때조차도 바울은 그가 아니라 하나님이 그러한 "이적을 일으키는 능력"의 원천이라는 것을 재빨리 인정한다.

그러나 사실 바울이 한 일들(12:12b에 나오는)은 그의 진정한 사도직을 증명해 주는 증거라기보다는 그가 진정한 사도직을 지닌 결과들이다. 하나님이 그를 부르셨기 때문에, 그는 참된 사도다. 바울은 고린도 교인들에게 부차적인 판별 기준들

(표적들, 기사들, 능력들)을 보지 말고 일차적인 판별 기준, 즉 십자가에 못 박힌 예수가 보여 주신 사도의 표(*signa apostolica*)라는 잣대를 통해서 사도직의 진위(眞僞)를 판단하도록 요청하고 있다(13:1-4). 고린도 교인들이 이러한 잣대를 따르기만 한다면, 그들은 바울이 지극히 큰 사도들 또는 거짓 사도들보다 열등하지 않다는 것을 알게 될 것이다. 그러한 잣대가 사용되기 전까지 바울은 계속해서 그들과 비교하여 등급이 떨어지는 이류 사도로 보일 수 있다. 그렇지만 바울의 "종으로서의 역할"은 그가 받아들여 온 패턴으로서, 그의 "사역"(*διακονία*-디아코니아)은 다른 사람들을 위하여 헌신되어 있다(Kleinknecht, *Der leidende Gerechtfertigte*, 303에서 모든 "표적들"은 하나의 사도의 표〈*signum apostolicum*〉, 즉 약함 속에서의 "섬김"과 하나님을 의지하는 것 아래 포섭된다는 것을 분명히 하고 있는 것은 유익하다).

13 "내가 너희에게 부족하게 한 것이 무엇이 있느냐"(*τί γάρ ἐστιν ὅ ἡσσώθητε ὑπὲρ τὰς λοιπὰς ἐκκλησίας*-티 가르 에스틴 호 헤쏘데테 휘페르 타스 로이파스 에클레시아스). 바울은 자기가 참된 사도로 대우 받을 권리가 있다는 것을 호소한 후에 그와 고린도 교인들 사이에 여전히 존재하고 있는 쓰라린 주제로 되돌아온다. 그가 왜 고린도 교인들로부터의 재정적인 지원을 거부했느냐는 문제가 또다시 표면으로 떠오른다. 어떤 의미에서 그는 사도직의 표(標)들에 관한 12:12의 논의를 계속하고 있는 것이다(우리는 가르〈*γάρ*, "왜냐하면"〉가 바울이 이 두 절의 사고를 연결시키는 방식일 수 있다는 점을 주목하지만, Liddell and Scott 1:338에서는 가르〈*γάρ*〉를 돌발적인 의문문들의 일부로 이해한다). 바울은 고린도 교인들로부터 재정적인 지원을 받지 않았다는 이유로 참된 사도가 아니라는 비난을 들었다(11:7-11; 참조. 고전 9:4-18). 그렇지만 12:11-12에서 바울은 자기가 다른 사도들에 비해서 결코 열등하지 않다는 것을 반복하여 말했다. 그는 다른 그리스도인들로부터는 재정적인 도움을 받았다(빌 4:15-17; Holmberg, *Paul and Power*, 89-93). 아마도 고린도 교인들은 바울이 그들로 하여금 그를 돕도록 허용하지 않음으로써 자기들을 무시한 것이라고 느꼈을 것이다(Tasker, 181). 아니, 그들은 바울이 그들을 속이고 기만해서 그들로 하여금 그들의 온전한 은사적 유업을 얻을 수 없게 만들었다고 믿었을 가능성이 더 크다(13a절). 앞서 논의한 Georgi, *Die Gegner*, 237를 보라. 게다가, 고린도 교회는 바울이 사도로서 교회의 부양을 받을 권리를 포기하고 스스로 "독립"하고자 하는 태도를 취한 것으로 인해서 다른 교회들에 비하여 자신들이 열등하다고 느꼈을 수도 있다.

휘페르(*ὑπὲρ*)와 함께 사용된 헤쏘데테(*ἡσσώθητε*, 참조. 롬 11:12과 헤테마 〈*ἥττημα*〉의 사용)는 우리에게 "…에 비하여 열등하다"는 개념을 준다(Moule은 티 가르 에스틴 호 헤쏘데테〈*τί γάρ ἐστιν ὅ ἡσσώθητε*〉를 "관심의 대격"의 한 예로 본다, *Idiom Book*, 131). 요컨대, 바울은 고린도 교인들에게 도대체 그들이 어떤 점에서 다른 교회들에 비하여 열등한지를 말해 보라고 반문하고 있는 것이다. 바울은 고린도 교회를 제외한 다른 교회들에게는 그의 사역에 재정적으로 기여하도록 허용했지만, 그렇다고 해서 고린도 교인들에게 그들이 받아야 할 그 어떤 축복도 빼놓지는 않은 것으로 보인다(Bruce, 250). 도리어 정반대로 바울은 그들에게 폐를 끼치지 않았기 때문에, 그들은 바울이 자신들에게 재정적 도움을 요청하지 않은 것을 자신들에게 부담을 주지 않고자 한 것으로 여겨서 그가 참된 지도자임을 보여 준 표로 받아들여야 했다.

"내 자신이 너희에게 폐를 끼치지 아니한 일밖에"(*εἰ μή ὅτι αὐτὸς ἐγὼ οὐ κατενάρκησα ὑμῶν* – 에이 메 호티 아우토스 에고 우 카테나르케사 휘몬). 바울이 다른 교회들에 비해서 고린도 교인들에게 하지 않은 유일한 예외(*εἰ μὴ* – 에이 메)는 재정적 지원을 받지 않은 것이었다. 그러나 그가 그렇게 하지 않은 것은 그의 대적들이 돈을 받은 것을 정당화하는 듯한 오해를 받지 않기 위해서였다(11:18 -19). 사도들이 복음을 전하고서 돈을 받는 것은 허용된 일이었지만(고전 9:14), 고린도 교인들은 복음을 전한 자는 재정적인 도움을 받아들일 권한도 있고 거절한 권한도 있다는 것을 깨닫지 못했던 것 같다(고전 9:15; 앞에서의 설명을 보라). 바울은 돈을 받는 것이 "사도직의 표"로 잘못 해석될 수 있었기 때문에 거절하는 쪽을 택했다. 우리는 사도직의 표들이 여기서 바울의 생각 속에서 새로운 것이었다고 확신할 수 있다. 그는 이미 자신이 고린도 교인들 가운데서 일하고서 그 대가를 받지 않았다는 것을 말한 바 있다(11:9; 고전 9장). 강조의 아우토스 에고(*αὐτὸς ἐγώ*, "내 자신")를 사용한 것은 다른 동료들과의 비교를 염두에 두었음을 의미하는 것일 수 있지만, 거짓 사도들과의 비교가 의도된 것일 가능성이 더 크다(Plummer, 360; Héring, 96; Lietzmann, 158). 바울은 돈을 받는 것을 사도의 표로 보지 않는다. 카테나르케사(*κατενάρκησα*, 카타나르칸〈*καταναρκᾶν*〉의 단순과거)는 부담을 준다는 개념(아마도 재정적으로)을 나타낸다. 이 동사는 고린도후서에만 나오는 단어로서 오직 속격과 함께 사용된다(11:9; 12:13, 14). 바울은 고린도 교인들에게 무거운 짐이 되고자 하지 않았다(Hughes, 387와 유익한 주해를 보라). 그는 고린도 교회에 침입해서 교인들에게 부담을 지웠던 그의 대적들과는 달리 고린도 교인들에게 전혀 재정적인 부담을 지우지 않았다. 바울이 하는 말은 반어적이다.

"너희는 나의 이 공평치 못한 것을 용서하라"(*χαρίσασθέ μοι τὴν ἀδικίαν ταύτην* – 카리스사스데 모이 텐 아디키안 타우텐). 바울은 계속되는 반어법 속에서 용서를 구하는데, 카리사스데(*χαρίσασθε*)는 카리제스다이(*χαρίζεσθαι*)의 단순과거 명령형이다. 이 단어는 이 서신에서 바울에게 있어서 일차적으로 신학적인 단어가 아니고(Barrett, 323), 양 당사자 간의 용서를 말한다(2:7, 10). "공평치 못한 것, 잘못"으로 번역된(2:10; 7:12을 보라) 아디키아(*ἀδικία*)는 11:7의 하마르티아(*ἁμαρτία*)와 비슷한 단어로서 반어법으로 사용되고 있다(물론 바울은 그가 고린도 교인들의 재정적 지원을 거절한 것을 하찮은 일로 여겼는데, 그것이 그들의 심기를 불편하게 했다는 것을 깨닫고서 진지하게 자신의 그러한 잘못에 대하여 용서를 구한 것일 수도 있지만 말이다). 이 절에서의 반어법은 애정어린 것으로도(Hughes, 459) 냉소적인 것으로도(Strachan, 34) 해석되어 왔다. 우리가 12:13 배후에 있는 바울의 정서를 어떤 식으로 보느냐와는 상관없이, 바울의 혀와 펜의 예리한 일침을 아무도 피할 수는 없었을 것이다. 슈트라한(Strachan)이 바울이 사역에 대한 대가를 받기를 거절한 것이 문제가 된 것은 고린도 교인들에 대한 그의 사역과 관련해서 그에게 가장 괴롭고 깊은 실망을 안겨 준 일들 중의 하나였다고 말한 것은 옳다. 바울이 이것을 자주 생각했다는 것은 그가 이 문제에 많은 주의를 기울였다는 것에서 드러난다. 바울의 실망감을 한층 더해 준 것은 그가 별로 마땅치 않게 여겼던 관행(그의 대적들로 인해서)을 피하고자 함으로써 열등한 사도로 여겨지게 되었다는 것이었다.

14 "보라 이제 세 번째 너희에게 가기를 예비했으나"(*ἰδοὺ τρίτον τοῦτο ἑτοίμως ἔχω ἐλθεῖν πρὸς ὑμᾶς* – 이두 트리톤 투토 헤토이모스 에코 엘데인 프로스 휘마스). 바울의 변호 및 그가 "어리석은 자의 변"을 통해서 "어리석은 자"(*ἄφρων* –아프론)의 역할을 자임한 것과 관련된 주제는 현재로서는 그냥 지나쳐져 왔다. 바울은 재정적인 지원을 받고자 하지 않는다고 재차 얘기한 후에(13절) 고린도 교인들에게 그들을 보러 다시 갈 것이라고 말한다. 그는 감탄사 이두(*ἰδού*, "보라"; Filson, 412; "실은"이라는 번역이 더 낫다)를 사용해서 다른 주제를 도입한다. 바울은 친히 고린도 교회를 방문하러 갈 것이다.

헬라어 구문의 모호성을 둘러싸고 한 가지 문제가 야기된다. 그 문제는 트리톤 투토(*τρίτον τοῦτο*, 트리톤〈*τρίτον*, "세 번째"〉이 강조되어 있다는 것을 주목하라〈Plummer, 361〉)와 부정사 엘데인(*ἐλθεῖν*, "가다") 사이에 헤토이모스 에코(*ἑτοί-

*μως ἔχω*, "예비했다"; 라틴어적인 표현일 가능성에 대해서는 10:6을 참조)를 배치한 것이다(Moule, *Idiom Book*, 161). 적어도 문법적으로 말한다면, 트리톤 투토(*τρίτον τοῦτο*)가 헤토이모스 에코(*ἑτοίμως ἔχω*)에 걸리는 것인지, 아니면 엘데인(*ἐλθεῖν*)에 걸리는 것인지가 확실하지 않다(BDF § 154). 전자가 옳다면, 이 구절의 의미는 "세 번째로 내가 너희를 방문할 준비를 하고 있다"가 된다(R. A. Batey, "Paul's Interaction with the Corinthians," *JBL* 84[1965] 139-46를 보라). 요컨대, 바울은 고린도 교인들에게 자신이 앞서 그들을 방문하기 위하여 두 차례나 준비했지만 결국 그들을 방문하지 못했다고 말하고 있는 셈이다. 따라서 이것은 바울이 그의 두 번째 방문을 준비하고 있다는 결론으로 이어진다. 우리가 후자를 택한다면, 이 구절은 바울이 그의 독자들에게 자신이 그들을 세 번째로 방문할 준비를 하고 있다고 말하는 것이 된다. 대부분의 주석가들은 후자의 해석이 바울이 의도한 것으로 본다(Allo, 326, 327). 알로(Allo)가 지적하고 있듯이, 한편으로 바울은 고린도 교인들에게 그가 세 번째 방문을 위해서 거기에 갈 것이라고 훨씬 더 분명한 표현으로 말하고 있다(13:1에서). 다른 한편으로 그러한 해석은 바울이 이미 앞서 고린도 교회를 두 번 방문했다고 파악한 우리의 결론과 부합한다. 첫 번째 방문은 바울이 고린도 교회를 세운 때였다(행 18장). 두 번째 방문은 2:1에 기록된(비록 아주 간략하긴 하지만) 그의 중간 방문 또는 "고통스러운" 방문이었다. 또한 13:2에 대한 "주석"을 보라. 왜냐하면 이 절도 바울이 자신이 다시 돌아올 때 고린도 교회를 벌할 수도 있다고 경고한 후에 고린도를 떠났다는 것을 보여 주기 때문이다. 바울의 첫 번째 방문이 이렇게 좋지 않은 분위기로 끝났다고 보는 것은 의심스럽다. 따라서 바울은 고린도를 두 번째로 방문했고, 그 방문은 결국 "고통스러운" 방문으로 끝났던 것으로 보인다. 바울이 그의 세 번째 방문을 계획하고 있다면, 우리는 10-13장이 "엄중한 서신"의 일부라는 견해를 배제할 수 있다. 왜냐하면 그 엄중한 서신은 "고통스러운" 방문이든 다른 방문이든 그의 방문 대신에 보내진 것이었기 때문이다(Bruce, 250; 또한 Hughes, 459-62).

"너희에게 폐를 끼치지 아니하리라 나의 구하는 것은 너희 재물이 아니요 오직 너희니라"(*καὶ οὐ καταναρκήσω· οὐ γάρ ζητῶ τὰ ὑμῶν ἀλλὰ ὑμᾶς* – 카이 우 카타나르게소 우 가르 제토 타 휘몬 알라 휘마스). 바울은 고린도 교인들로부터 보수(報酬)를 받지 않고자 한 자신의 방침을 변호해야 했고, 비록 그가 다시 그들에게 갈 것이지만 그렇다고 해서 그에게는 그러한 방침을 포기할 계획이 없었다. 그가 고린도 교회에 다시 가는 것은 그가 원하는 유일한 상(賞), 즉 고린도 교인들을 다시 얻기 위한 것이다: "너희가 가진 것이 아니라 바로 너희"(Denney, 365).

바울은 그의 이전의 두 번의 방문 때와 동일한 방식으로 그들에게 가고자 한다. 바울은 고린도 교인들에게 폐를 끼치거나 부담을 지우려 하지 않는다(*καταναρκᾶν*-카타나르칸; 앞 절에 대한 설명과 11:9에 대한 "주석"을 보라). 그는 그들이 가진 것이나 그들의 재물(*τὰ ὑμῶν*-타 휘몬, "너희의 것")을 원하지 않는다. 그는 거짓 사도들과는 달리 그들이 가진 것을 빨아먹는 "스펀지"(또는 "식객," Plummer, 361)가 되고자 하지 않는다. 11:20은 거짓 사도들을 그들을 대접하는 집주인들의 "집과 가정"을 먹어치우는 식객들로 묘사한다(Barrett, 291). 게다가, 바울은 그 무엇보다도 고린도 교인들을 원하고 있었다. 바울은 고린도 교인들의 재물이 아니라 그들 자신을 훨씬 더 절실하게 원하고 있다(Strachan, 35). 플럼머(Plummer)가 말하듯이(361), "바울은 그들에 대한 관심이 너무도 지대했기 때문에 그들의 재물은 전혀 그의 안중에 들어오지 않았다." 도리어, 바울은 물질에 의해서 충족될 수 있는 것보다 훨씬 더 많은 것을 고린도 교인들에게 요구하고 있는데, 그것은 8:5에서 마게도냐 교인들의 예(example)와 병행을 이루는 개념이다(참조. 빌 4:17). 그는 고린도 교인들에게 그와의 이전의 관계를 회복할 것을 요청한다.

바울은 또다시 그의 대적들을 간접적으로 염두에 둔 가운데 돈을 받는 것은 사도의 표(sign)로 해석될 수 없다는 자신의 입장을 확인한다. 고린도 교인들은 그들의 돈을 그대로 지킬 수 있다: 여기서 그는 16절에서 나오는 비난, 즉 그가 교인들로부터 돈을 갈취했다는 비난에 대하여 복선을 깐다. 바울은 곧 그들에게 갈 것이다. 그러나 그는 결코 패배한 사자(messenger)로서 가고자 하는 것이 아니다. 그는 모든 일을 바로잡기 위해서 갈 것이다(13:2). 그는 곧 있게 될 그의 방문이 고통스러운 방문이 되지 않기를 소망한다. 아마도 고린도 교인들은 바울이 거기를 방문하기 전에 그들의 문제를 바로잡을 수 있을 것이었다(12:20, 21; 13:11). 바울은 복음과 그 요구들을 하나님의 백성에게 전할 수 있는 하나님의 권위를 지니고 있다-하나님의 사자로서(13:10). 아울러, 우리는 바울이 고린도 교인들을 자신의 소유로 만들기 위해서 그들을 구하고 있는 것이 아님을 주목해야 한다. 오히려 정반대로, 바울이 원하는 것은 그들이 자신들과 정혼한(그러나 최근에 소원해진) 남편인 그리스도에게로 돌아오는 것이다(11:2). 바울은 오로지 자신의 개인적인 만족을 위해서 고린도 교인들의 재물이나 그들 자신을 원하는 것이 결코 아니다. 도리어, 그가 고린도 교인들을 "구하는"(*ζητεῖν*-제테인, 13:3에서는 바울로 하여금 그의 사도직의 합법성을 확인해 주기를 바라는 고린도 교인들의 원함과 관련해서 사용되고, 고전 13:5에서는 그들의 잘못된 야심을 고치고자 하는 것과 관련하여 사용된다. 초기 그리스도인들의 도덕적 삶 속에서의 한 용어로서의 이 동사에 대해서는 Martin, *The Spirit and the Congregation*, 49를 보라) 것은 그들로 하여금 그리스도와 그리스도의 길들로 돌아오게 하기 위한 것이다.

앞의 단락은 바울이 고린도 교인들로부터 돈을 받기를 계속해서 거절했다는 것에 대한 언급으로 시작되었다. 그가 돈을 받지 않은 것은 분명히 논쟁적인 방식으로 서술되었다. 그렇다고 해서 우리는 바울이 애정을 가지고 글을 쓰고 있다는 것을 간과해서는 안 된다. 우리는 10-13장에서 발견된 가혹한 말들 때문에 바울이 고린도 교인들을 향하여 지니고 있던 애정어린 마음(6:11-13; 7:2-4에서 특히 두드러지게 나타나는)을 종종 보지 못하게 된다. 휴즈(Hughes)는 여기에 나타난 바울의 사고는 지극히 애정어린 것이라고 본다(462). 알로(Allo, 326)가 바울이 현재의 단락 속에서 그가 1-9장에서 보여 주었던 것과 마찬가지로 고린도 교인들을 향한 동일한 연민을 보여 주고 있다고 지적한 것은 옳다. 이러한 연민은 그가 아비이고 고린도 교인들은 그의 자녀들임을 상기시키는 것에서 가장 극명하게 드러난다. "어린 아이가 부모를 위하여 재물을 저축하는 것이 아니요 이에 부모가 어린 아이를 위하여 하느니라"(*οὐ γάρ ὀφείλει τὰ τέκνα τοῖς γονεδῦσιν θησαυρίζειν ἀλλὰ οἱ γονεῖς τοῖς τέκνοις* – 우 가르 오페일레이 타 테크나 토이스 고네뒤신 데사우리제인 알라 호이 고네이스 토이스 테크노이스). 고린도 교인들이 바울이 그들의 영적인 아버지라는 것을 기억하기만 한다면(고전 4:15), 그들은 그가 행하고 있는 모든 것이 크리소스톰(Chrysostom)이 필로(Philo)의 용어를 빌어와서 말한 대로(아래를 보라) 자연법(*νόμος φύσεως* – 노모스 퓌세오스)을 성취하고 있는 것임을 알게 될 것이었다(Filson, 413). 부모들, 특히 아버지는 자녀들을 부양할 책임을 지고 있다. 오페일레인(*ὀφείλειν*)은 12:11에서 사용되었다. 바울은 고린도 교인들에게 쓸 것을 공급해 줄 책임이 있다.

문맥상으로 볼 때, 돈은 분명히 바울의 논의에 있어서 일차적인 쟁점이었다. 동사 데사우리제인(*θησαυρίζειν*)은 단순한 도움이나 지원이 아니라 돈을 모아 놓는다는 개념을 지닌다. 이것은 우리로 하여금 고린도 교인들이 다른 사도들을 위한 "대규모의 기금"을 이미 만들어 놓았던 것은 아닌가라는 생각을 하게 만든다. 또한 이 동사의 사용은 고린도 교인들이 바울을 위한 특별 기금을 만들고자 추진하고자 했다는 것을 시사해 주는 것일 수도 있다. 어쨌든, 고린도 교인들은 거짓 사도들에게 아낌 없이 재정적으로 지원했던 것(8-9장)에서 볼 수 있듯이 그들의 호주머니를 털 용의가 있음을 보여 주었다. 어떤 의미에서 바울은 고린도 교인들로 하여금 그와 관련해서는 한 푼도 쓸 필요가 없게 했기 때문에 그들에게 "재정적인" 도움을 간접적으로 제공하고 있는 것이다. 달리 말하면, 고린도 교인들은 "사도의 복음 전파"를 위하여 원래 사용되어야 했던 그들의 돈을 아낄 수 있었기 때문에, 어떤 의미에서 바울은 그들에게 돈을 "준" 셈이 된다. 그러나 바울이 그의 자녀들에게 쓸 것을 공급하는 것에 대하여 말할 때 오직 돈에 대해서만 말하고 있는 것인지는 의심스럽다. 바울은 그가 이 논의를 좀더 높은 차원으로 끌어올리고 있다는 것을 곧 보여 주게 될 것이다. 바울은 고린도 교인들에게 돈보다 더 큰 선물을 요구하고 있는 것과 마찬가지로, 그들에게 돈보다 더 큰 선물을 준다(12:15). 그는 아버지로서의 특권을 행사한다(Hughes, 463). 이 특권은 자녀들에게 자기 자신을 주는 것이고, 자녀들의 사랑의 응답 외에는 그 어떤 보답도 바라지 않는 것이다. 이것은 6:11-13에 나온 것과 비슷한 요구다. 그 단락에서 바울은 고린도 교인들에게 그들의 마음을 자신에게 열라고 호소했었다. 사도는 가장 값비싼 사랑을 주고서, 그 대가를 기꺼이 감당하고자 한다(Hughes, ibid.).

7:12의 경우와 마찬가지로, 12:14b에서 하나의 대안의 부정(否定)은 그 타당성을 완전히 배제하는 것은 아니다. 도리어, 우 (가르) 오페일레이(*οὐ* ⟨*γὰρ*⟩ *ὀφείλει*, "해야 하는 것이 아니다")라는 구문은 한쪽 대안을 완전히 부정하는 것이 아니라 다른 쪽 대안이 더 우월하다는 의미를 보여 준다. 즉 바울은 자녀들이 부모를 결코 도울 필요가 없다고 말하고 있는 것이 아니라, 통상적으로 부모가 자녀들을 돕는 것이라는 일반적인 규범을 서술하고 있는 것이다(Plummer, 362; Filson, 413). 필로(Philo, *De Vita Mos.* 2.245)도 지적했듯이, 그러한 의무는 바로 부모들의 어깨 위에 놓여져 있다: "아버지가 아들의 상속자가 되는 것이 아니라 아들이 아버지의 상속자가 되는 것이 자연법이다"(*νόμος φύσεως ἐστι κληρονομεῖσθαι γονεῖς ὑπὸ παίδων ἀλλὰ μὴ τούτους κληρονομεῖν*-노모스 퓌세오스 에스티 클레로노메이스다이 고네이스 휘포 파이돈 알라 메 투투스 클레로노메인). 빈디쉬(Windisch, 399, 400)는 스스로 생계를 꾸려 나갈 수 없는 부모가 아들들(과 딸들)의 보살핌을 받아야 한다는 것을 들어서, 이것이 일반적인 공리(axiom)라고 지적한다. 불트만(Bultmann, 236)은 여기서 말하고 있는 것은 법적인 관계(Rechtsverhältnis)가 아니라 부모-자식 간의 유대가 극히 중요하게 작용하는 사랑의 관계(Liebesverhältnis)라고 말한다.

그렇지만 만약 바울이 12:14b에서 말한 그의 원칙을 엄격하게 따랐다면, 그는 다른 교회들로부터도 결코 재정적인 도움을 받지 않았을 것이다. 하지만 사실은 그렇지가 않았다. 왜냐하면 마게도냐 교인들은 그에게 재정적인 지원을 제공했기 때문이다. 아마도 이렇게 다른 자녀들에 비해서 한 "자녀"를 "편애"한 것은 바울의 "일관성 없는 행동"을 보여 주는 또 하나의 예로 여겨졌을 수 있다. 우리는 앞서 그가 "변덕스럽다"는 비난을 받았다는 사실을 기억한다(1:15-23). 또는 위에서 말했듯이, 일부 독자들은 바울이 그들을 못마땅하게 여기거나 사랑하지 않는 것으로 여겼을 수 있다(11:11). 게나가, 바울은 그의 말씀 사역의 대가로 고린도 교인들에게 돈을 받지 않았기 때문에 사도로서 열등한 것으로 여겨졌다. 그러나 바울은 여기서(12:14b) 단지 고린도 교인들이 믿음 안에서 그의 자녀들이고(Filson, 413에서는 "자녀들"이라는 표현이 사용되고 있는 것으로 보아서 고린도 교회의 대다수의 교인들이 바울을 지지하고 있었다는 의미가 내포되어 있는 것이 아닌가라고 생각하지만, 그러한 판단은 감상적인 것이다), 그는 재정적인 보답 없이도 그들을 위하여 수고하는 것을 너무도 기쁘게 여기고 있다고(12:15) 말하는 것이다(Filson, ibid.). 우리는 "어떤 아버지가 자신의 선한 판단을 따라서 각각의 자녀들(바울의 경우에는 각각의 교회들)을 그들에게 가장 유익이 되는 방향으로 대하는 것-비록 각각의 자녀들이 서로 다른 대접을 받는다고 할지라도-이 잘못인가?"라고 반문할 수 있다. 만약 아버지가 사랑으로 그렇게 하는 것이라면, 이 질문에 대한 대답은 "아니다"가 될 것이다. 바울은 고린도 교인들이 일꾼이 그 삯을 받는 것이 마땅하다는 말씀(고전 9:14; 유대 기독교에서 널리 인정되고 있었던 말씀; 앞에 나온 설명을 보라)에 의거해서 다른 사도들이 재정적인 지원을 받는 것을 사도의 표(sign)라고 보았다는 것을 알고 있었다. 바울은 고린도 교인들의 그러한 판단이 잘못된 것이라고 논증해 왔다(12:11-13). 왜냐하면 사도는 영예롭게도 그러한 "특권"을 거절할 수도 있고, 만약 재정적인 지원을 받는 것이 오해를 불러일으킬 수 있거나 남용될 소지가 있는 경우에는 마땅히 그러한 지원을 거절해야 하기 때문이다. 바울은 그의 자녀들이 그러한 고정관념을 깨뜨리고 나올 수 있도록 돕기 위해서 그들로부터 재정적인 도움을 거절했다. 또한 우리는 바울이 다른 교회들로부터 재정적인 도움을 받았지만, 그것은 결코 그가 요구한(demand) 것이 아니었다는 것을 주목해야 한다(Plummer, 362). 바울이 재정적인 지원을 받든지 안 받든지와는 상관없이, 그는 고린도 교인들에게 언제나 믿음 안에서 아버지였다(Calvin). 태스커(Tasker)는 바울이 고린도 교인들을 향하여 순수한 동기를 지니고 있었음을 보여 주는 증거는 그가 자신의 섬김들에 대하여 그 어떤 대가도 받기를 거절했다는 것에서 드러난다고 지적했다

(181, 182).

12:14의 취지는, 바울은 고린도 교인들에게 재정적으로 부담이 되고자 하지 않는다는 것이다. 그는 12:16에서도 다시 한 번 돈 문제를 언급하게 될 것이다. 사실, 12:14b-18의 대부분은 이 주제에 관한 것이다. 그러나 12:15에서 바울은 "허비하는 것"은 언제나 오직 돈만의 문제가 아니라는 것을 역설한다. 바울은 자신의 모든 것을 주고자 하고, 그 보답으로 돈이 아니라 사랑을 원한다는 것을 분명히 하고자 한다. 동사 데사우리제인(*θησαυρίζειν*, "저축하다")은 비물질적인 의미를 지닐 수 있다(마 6:19, 20; 눅 12:21, 33).

15 "내가 너희 영혼을 위하여 크게 기뻐함으로 재물을 허비하고 또 내 자신까지 허비하리니"(*ἐγὼ δὲ ἥδιστα δαπανήσω καὶ ἐκδαπανηθήσομαι ὑπὲρ τῶν ψυχῶν ὑμῶν* – 에고 데 헤디스타 다파네소 카이 에크다파네데소마이 휘페르 톤 프쉬콘 휘몬). 바울은 아버지로서의 그의 애정에 대하여 계속해서 말한다. 그는 통상적으로 부모들에게서 기대할 수 있는 것 이상으로 고린도 교인들에 대하여 애정을 지니고 있다. 말하기가 좀 민망하지만, 아버지라고 해서 모두가 고린도 교인들처럼 행동한 자녀들과 화해하고자 하는 것은 아니다. 하지만 바울은 자연적인 책임감을 뛰어넘는다(Filson, 413; 이것은 "자연적인" 아버지는 참된 아버지 노릇을 하는 데 역부족이라고 말하는 것이다). 그는 자신의 힘이 닿는 데까지 최선을 다해서 고린도 교인들에게 자신을 다 내어 주고자 한다.

바울은 고린도 교인들로부터 배척을 받았음에도 불구하고 그들을 향한 자신의 사랑을 그들이 알아주기만을 바랐다. 바울이 에고(*ἐγώ*)를 사용한 것은 그가 그들을 지극히 사랑하고 그들에 대하여 지극히 헌신하는 자임을 고린도 교인들 앞에 강조하기 위한 것이다. 그는 그들에게 섬김들을 계속해서 제공하는 것을 "크게 기뻐할"(*ἥδιστα* – 헤디스타: 최상급 형태, BDF § 60.2; 또한 12:9을 보라) 것이다. 바울은 다포네소(*δαπανήσω*, "허비하다")와 에크다파네데소마이(*ἐκδαπανηθήσομαι*, "허비되다")라는 두 개의 미래 시제 동사를 사용한다. 첫 번째 동사는 바울이 교회를 위하여 그의 돈, 시간, 힘, 사랑을 소모하고자 한다는 것을 보여 준다. 두 번째 미래 시제의 동사는 수동태로 되어 있다. 에크(*ἐκ*)와 함께 사용된 이 동사 속에는 "완전히 소모하겠다"는 의도가 들어 있다: 그는 "자기 자신을 완전히 희생하고자" 한다(Bultmann, 236은 Seneca, *Dial.* 1.5.4를 인용한다: boni viri…impendunt, impenduntur et volentes quidem, "선한 자들은…허비하고 허비되는데, 그것도 아주 기꺼이"). 또한 다파난(*δαπανᾶν*)과 함께 에크(*ἐκ*)가 사용된 것은 완료의 의미를 지닐 수 있다(Robertson, *Grammar*, 596를 보라). 어떻게 에크(*ἐκ*)가 어떤 동사를 완료의 의미로 전환시키는지를 보여 주는 좋은 예는 4:8에서도 찾아볼 수 있다. 그 절에서 바울은 답답함을 당하여도(*ἀπορούμενοι*–아포루메노이) 결코 그것이 낙심으로 이어지지(*ἐξαπορούμενοι*–엑사포루메노이) 않는다고 말한다. 요지는 12:15에서 바울은 자기 자신을 포함해서 그가 가지고 있는 그 어떤 자원도 아끼지 않겠다는 것이다. 브루스(Bruce)는 다파난(*δαπανᾶν*)과 에크다파난(*ἐκδαπανᾶν*)을 구별해서, 전자를 바울이 가진 자원들과 연결시키고 후자를 바울 자신과 연결시킨다(250). 우리가 그러한 구별을 할 수 있는지 없는지는 분명하지 않다. 여기서 확실한 것은, 바울이 그가 고린도 교인들을 온갖 정성을 다하여서 돌보았다는 것을 아무도 부정할 수 없을 그런 방식으로 그들에 대한 자신의 사랑을 나타내 보이고자 한다는 것이다. 바울은 이 절에서 단지 돈에 대해서 말하는 것이 아니라 그 이상의 것에 대하여 말한다. 그는 자신이 행하는 모든 일 속에서 그들을 향한 사랑을 나타내 보이고자 한다. 브루스(Bruce, 250, 251)가 "그들을 위한 그의(바울의) 사랑에는 한계가 없다. 그를 위한 그들의 사랑이 너무도 제한적이라는 것은 서글픈 일이다"라고 말한 것은 옳다(또한 6:11-13; 7:2-4를 보라). 바울은 "너희를 위하여"(*ὑπὲρ τῶν ψυχῶν ὑμῶν*–휘페르 톤 프쉬콘 휘몬) 자기 자신을 소모하고자 한다. "너희"를 가리키는 셈어적인 용법으로 해석된 프쉬케(*ψυχή*)의 배후에 있는 개념은 1:23에서 발견된다(Barrett, 324도 보라).

바울은 고린도 교인들을 향한 그의 사랑을 증명하기 위해서라면 자신의 모든 힘을 다 쏟아부을 준비가 되어 있다. 12:15이 일차적으로 돈 문제에 대하여 말하고 있는 문맥 속에 있다고 할지라도, 우리는 이 절이 돈 문제 이상의 것에 대하여 말하고 있는 것으로 이해할 수 있다. 바울은 고린도 교인들에게 자기 자신–그의 모든 힘, 그의 건강, 필요하다면(Tasker, 182) 그의 명성, 그의 애정–을 다 소모하고자 한다. 할 수만 있다면, 그는 자신이 가장 좋아하는 일, 즉 고린도 교인들을 사랑하는 일에 더욱 매진하고자 한다.

"너희를 더욱 사랑할수록 나는 덜 사랑을 받겠느냐"(*εἰ περισσοτέρως ὑγαπω⟨ν⟩, ἧσσον ἀγαπῶμαι*–에이 페리쏘테로스 휘가폰 헤쏜 아가포마이). 이 문장과 관련된 본문상의 문제들에 대한 논의로는 "원문주해"를 보라. 이 구절은 11:1의 비난("내가 너희를 사랑하지 아니함이냐")에 대한 답변인 것으로 보인다(Filson, 414를 보라). 이 문장(12:15에 나오는)이 의문문으로 되어 있는지 그렇지 않은지는 불확실하다. 대부분의 주석가들은 이 문장을 의문문으로 이해한다(NIV; RSV; RV;

NEB; Barrett, 324; Menzies, 97; 그러나 Phillips; KJV/AV; Allo는 여기에 반대다). 이 문장에 나오는 동사를 정형 동사(ἀγαπῶ-아가포)로 읽어야 하는지, 아니면 분사(ἀγαπῶν-아가폰)로 읽어야 하는지는 결정적인 문제는 아니다. "내가 너희를 더욱 사랑한다면, 너희는 나를 덜 사랑하고자 하느냐?"라는 해석과 "너희를 더욱 사랑하므로, 내가 덜 사랑을 받는 것이냐?"라는 해석 간에는 의미상의 차이가 거의 없다. 아가포(ἀγαπῶ)가 더 바울적인 것 같다(Barrett, 324). 또한 좀더 오래된 사본들은 이 구절이 12:15a의 첫 번째 구절에 걸리지 않는 것으로 되어 있다(Tasker, 182를 보라). 그러나 우리는 바울이 12:15b을 의문문의 형태로 제시함으로써 KJV/AV가 보여 주는 것("내가 너희를 더욱 많이 사랑하지만, 나는 덜 사랑을 받는구나")과 같은 무뚝뚝한 단죄가 그의 취지가 아니라는 것을 알 수 있다. 바울의 말을 의문문의 형태로 봄으로써 우리는 고린도 교인들이 마음을 바꾸어서 그들 자신의 사랑으로 바울의 사랑에 보답할 수 있는 길을 열어놓게 된다(Filson, 414). 아마도 바울은 이 의문문을 고린도 교인들 앞에서 제시함으로써 그들에 대하여 열렬한 호소와 항변을 하고 있는 것 같다(Tasker, 182).

페리쏘테로스(περισσοτέρως, "더욱", "더 풍성하게, 더 강렬하게"; 7:13을 보라: 이 비교급 부사는 헤톤〈ἧττον〉, "덜"과 연결해서 해석되어야 한다: "내가 **더욱** 사랑할수록 나는 **덜** 사랑을 받겠느냐")라는 단어는 15b절이 15a절의 사고를 계속 이어가고 있다는 것을 보여 준다. 바울은 고린도 교인들에게 세 번째로 방문해서 그들을 향한 자신의 강렬한 사랑을 다시 새롭게 할 때 어느 정도로 그들을 위해 자신이 "허비될" 수 있는지를 보여 주고자 한다는 것을 이미 말한 바 있다. 또한 15b절은 15a절에 암묵적으로 내포되어 있는 두려움을 소개한다. 바울이 그가 가진 자원들과 모든 힘을 다 소모하고자 하는데, 만약 바울의 이 세 번째 방문을 고린도 교인들이 잘 영접하지 않는다면 무슨 일이 벌어졌을까? 바울이 그의 심혈을 기울인 노력에도 불구하고 고린도 교인들로부터 덜 사랑을 받는다면, 무슨 일이 벌어졌을까? 거기에 대한 대답은, 바울은 비록 그가 고린도 교회를 세 번째로 기꺼이 방문하고자 했을지라도 그들의 그러한 반응으로 인해서 십중팔구 넋이 나가 버리고 말았으리라는 것이다. 15b절에 나오는 바울의 의문문은 고린도 교인들이 상황을 바로잡을 길을 열어 주는 것이기는 하지만, 그것은 또한 바울이 지니고 있던 두려움을 보여 주는 것이기도 하다: "고린도 교인들을 향하여 점점 깊어지는 나의 애정은 결국 고린도 교인들로부터 별로(ἥσσων-헤쏜, "덜한"에서 나온 ἧσσον-헤쏜) 사랑받지 못하는 것으로 끝나 버리고 말 것인가?" 바울의 이러한 두려움이 과연 현실이 되었는지의 여부를 우리는 확실히 알지 못한다. 13:10에 대한 "주석"을 보라.

16 "하여간 어떤 이의 말이 내가 너희에게 짐을 지우지는 아니했을지라도"(*ἔστω δέ, ἐγὼ οὐ κατεβάρησα ὑμᾶς* – 에스토 데 에고 우 카테바레사 휘마스). 이 단락의 나머지 절들(16-18절)은 바울에 대한 한층 더 심각한 고소에 대하여 말한다. 17-18절에서 볼 수 있듯이, 바울은 자신이 예루살렘 교회의 가난한 성도들을 위하여 모은 연보를 착복함으로써 고린도 교인들의 재물을 갈취했다는 고소를 일축한다. 바울을 가장 심하게 비판한 자들조차도 그가 고린도 교인들부터 재정적인 도움을 요구하거나 받지 않았다는 것을 부인할 수 없었다. 그럼에도 불구하고, 그들은 또 다른 쪽에서의 공격을 생각해 낼 수 있었다.

바울이 에스토 데(*ἔστω δέ*, "하여간 어떤 이의 말이…하니": Tasker, 182를 보라)를 사용한 것은 그가 지금까지 아무에게도 직접적으로 재정적인 부담을 지우지 않았다는 그의 말을 고린도 교인들이 다 인정할 것임을 전제하고 있다는 것을 보여 준다. 12:16에서 카타바레인(*καταβαρεῖν*)을 사용한 것은 "강압적이었다"는 의미를 나타낸다(이 단어는 "하팍스 레고메논"으로서 12:13-14에 나오는 것과 다르다 〈그러나 참조. 11:9, *ἀβαρῆ* – 아바레〉). 플럼머(Plummer)는 바울이 에스토(*ἔστω*)를 다른 곳에서는 결코 이런 식으로 사용하고 있지 않다는 것을 지적한다(363). 그러나 로벗슨(Robertson)은 12:15b이 에스토(*εστω*)의 주어라고 주장한다(Grammar, 392). 사실상 그는 바울이 "내가 덜 사랑을 받는다고 하여도 나는 이제까지 너희에게 짐이 된 적은 없었다"고 말한 것으로 이해되기를 의도하고 있다고 주장하는 것이다. 그러나 뒤에 나오는 어구들(17-18절)은 그렇지 않다는 것을 보여 준다. 바울은 자신이 고린도 회중의 연보로 호강해 왔다는 비난과 기꺼이 맞설 채비를 한다. 비록 이러한 고소가 그가 고린도 교인들로부터 돈을 받지 않았기 때문에 그는 사도가 아니며 고린도 교인들을 사랑하는 것도 아니라는 대적자들의 이전의 주장과 모순된다고 할지라도 말이다(11:11). 불트만(Bultmann, 237)은 이와 같은 여러 가지 비난과 고소들이 서로 다른 여러 집단들로부터 나왔다고 생각한다.

"공교한 자가 되어 궤계로 너희를 취했다"(*ἀλλὰ ὑπάρχων πανοῦργος δόλῳ ὑμᾶς ἔλαβον* – 알라 휘파르콘 파누르고스 돌로 휘마스 엘라본). 바울의 대적자들은 그가 그의 섬김들에 대한 대가로 돈을 받기를 거절한 것을 보고 몹시 당혹해 했을 것임에 틀림없다. 물론 거짓 사도들은 신자들로부터 부양 받는 것은 사도 된 표라고 주장했다(그리고 실제로 이러한 주장은 상당한 정도의 성공을 거두었다). 그러나 그러한 입장을 취하는 것만으로는 충분하지 않았다. 아마도 대적자들은 고린도 교인들이 바울을 좋은 시각으로 보지 못하도록 확실히 해두어야겠다고 느꼈던 것이다. 아마도 일부 고린도 교인들은 거짓 사도들이 왜 수고비를 받아야 하는지, 적어도 그들이 왜 그토록 많은 수고비를 받아야 하는지에 대하여 의문을 제기하기 시작했던 것 같다(이것은 11:20에 반영되어 있다). 따라서 그들은 자신들이 행한 작태를 은폐하기 위해서 바울이 공식적인 수고비를 거절한 진짜 이유가 있다며 그에 대한 거짓된 이야기를 만들어 내었다. 그것은 바울의 동기가 순수하고 지고한 것이 아니라 고린도 교인들이 간접적으로 바울을 재정적으로 지원하고 있었다는 것이었다(Hughes, 464). 그들이 날조해 낸 이야기는 이런 것이었다: 바울은 그의 동역자들을 시켜서 고린도 교인들이 낸 연보 중에서 일부를 자신의 몫으로 몰래 챙기게 하는 방식으로 돈을 착복했기 때문에 겉으로는 수고비를 거절하는 그럴듯한 모양새를 취할 수 있었다(Strachan〈35, n. 1〉은 아마도 일정 정도의 돈이 여행 경비라는 미명하에 비축되었을 가능성이 있다고 생각한다〈이러한 관료적인 경비라는 개념은 오늘날에조차도 거의 관심을 받지 않는다〉). 휴즈(Hughes)는 대적자들이 바울을 공격하게 된 동기와 관련해서 또 다른 가능성을 영악스럽게 제시한다(465). 그들은 그들 자신이 연보를 위해 모아둔 돈을 착복했을 가능성이 높다는 것이다. 그러나 이 연보는 예루살렘 교회의 성도들을 위한 것이어서 그들이 접근할 수 없었을 것이기 때문에 그들은 차선책을 택했다. 그들은 자신들의 분노와 좌절감을 쏟아붓기 위해서 바울의 명성을 파괴하고자 했다. 그들은 바울의 "비행"(非行) 때문에 장래의 연보가 삭감될 것을 바랐을 것이다. 고린도 교인들이 바울이 모으고 있던 "성도들을 위한 연보"에서 손을 떼면, 그 결과로 거짓 사도들에게 더 많은 돈이 돌아가게 될 것이었기 때문이다.

고린도 교인들의 고소 또는 그의 대적들의 고소 중에서 바울이 어느 쪽을 상대로 직접적으로 대응하고 있는 것인지는 불분명하다. RSV는 "너희가 말하기를"이라는 어구를 포함시키고 있지만, 이러한 첨가는 헬라어 본문에서는 발견되지 않는다. 아마도 필슨(Filson)의 제안이 더 나은 것 같은데, 그는 "그들이 말하기를"이라는 어구를 보충해 넣을 것을 주장한다(414). 이것은 바울이 연보와 관련해서 부적절한 처신을 했다는 비난이나 고소가 원래 대적자들로부터 나왔다는 것을 보여 주고자 하는 것이다. 이러한 고소는 대적자들에게서 나왔고, 그 후에 고린도 교인들이 그러한 비난을 계속해서 퍼뜨리고 유지했다고 보는 것이 가장 좋을 것 같다.

휘파르콘(*ὑπάρχων*)은 휘파르케인(*ὑπάρχειν*, "존재하다, 있다")의 분사다(8:17; 갈 1:14; 2:14을 보라). 플럼머(Plummer)는 바울이 선택한 휘파르콘(*ὑπάρ-*

*χων*)이라는 용어는 그 의미가 퓌세이(*φύσει*, "…의 성질")와 거의 동일하다고 본다. 바울은 반어법적인 어조로 자기가 고린도 교인들을 영악한 꾀로 의도적으로 속였다고 쓰고 있다. 이 분사는 이 절에서 원인을 나타내는 것으로 이해된다(Moule, *Idiom Book*, 103). 파누르고스(*πανοῦργος*, "공교한, 영악한, 교활한, 파렴치한")는 신약의 다른 곳에는 나오지 않는 형용사다. 헤링(Héring)은 "공교한, 영악한"이라는 역어(譯語)가 바울이 말하고 있는 취지를 약화시킨다고 생각해서 그것을 "무슨 짓이라도 할 수 있는" 자로 번역한다(96 n. 31). 우리는 파누르고스(*πανοῦργος*)가 칠십인역에서는 발견된다는 점을 지적해 두고자 한다(주로 지혜 문학에서: Windisch, 403를 보라. 그러나 Betz, *Der Apostel Paulus*, 104-6에서는 이 단어가 철학자들과 궤변론자들 간의 논쟁 속에서 폭넓게 사용되었다는 흥미로운 고찰을 제시한다. 파누르기아〈*πανουργία*〉는 고에테이아〈*γοητεία*, "마술"〉와 함께 사용되어서 궤변론자에 맞선 변증에서 하나의 슬로건이었다. 파누르기아〈*πανουργία*〉의 반대말은 하플로테스〈*ἁπλότης*〉이다. 참조. 11:3). 바울이 4:2과 11:3에서 명사 파누르기아(*πανουργία*)를 사용한 것(또한 참조. 엡 4:14과 눅 20:23)은 이 용어가 고린도 교회에서 비난과 반박을 하는 데 많이 사용되었다는 것을 보여 준다. 전자의 절(4:2)에서 바울은 그의 독자들에게 그가 궤계(속임수)를 내포한 행위들을 기억하고 있다고 말하고, 후자의 절(11:3)에서는 어떻게 마귀가 하와를 미혹하여 어그러진 길로 이끌었는지를 말하고 있다(이것은 11:4-5에서 그의 대적들과 결부된다). 바울이 파누르고스(*πανοῦργος*)를 선택해서 사용한 것은 논쟁적인 의도에서였음이 거의 분명하다. 그는 그러한 행위를 거부하지만, 그의 대적들은 마귀의 범죄와 연결되어 있다. 또한 우리는 바울이 엘라본(*ἔλαβον*, 람바네인〈*λαμβάνειν*〉의 제2단순과거, 11:20에서도 사용된 동사)을 사용한 것 속에서도 어느 정도 논쟁적인 의도를 찾아볼 수 있다. 두 경우에 이 단어는 사냥과 물고기를 잡는 것에 대한 은유다. 11:20에서 바울은 고린도 교인들을 "사로잡으려고" 시도했고, 또한 거기에 성공했던 그의 대적들을 질타했다. 현재의 절에서 바울은 고린도 교인들을 "취하기" 위해서 그의 먹잇감에 "몰래 접근한" 것으로 보인다. 바울의 논쟁적인 의도에도 불구하고, 우리는 그의 반어법적인 경향을 과소평가해서는 안 된다. 사실 이 두 가지 특징은 서로 밀접하게 결합되어 있다.

바울이 고린도 교인들을 "취할" 때 사용했던 도구는 "궤계"였다(*δόλῳ*, 원형인 돌로스〈*δόλος*〉는 "속임수, 미끼"를 의미한다; Héring, 196를 보라; 동일한 어원에서 나온 동사의 용법에 대해서는 4:2을 참조하라). 엘라본(*ἔλαβον*)이 사냥 은유라는 점에 비추어 볼 때, 바울은 고린도 교인들을 함정에 빠뜨리기 위한 미끼로 예루살렘 성도들을 위한 연보를 제안한 것이라는 비난을 언급하고 있는 것으로 보인다. 그런 후에 연보가 모아지자 바울은 연보궤에서 좀도둑질을 했다는 것이다. 말하기 민망한 일이지만, 바울의 동역자들에게도 이러한 고소들이 행해진 것으로 보인다. 왜냐하면 비난의 손가락질이 바울의 동역자들에게도 향하고 있다는 의미를 내포하고 있는 네 개의 의문문이 신속하게 연달아서 나오기 때문이다. 바렛(Barrett)이 고린도 교인들이 바울의 동역자들을 인정하고 바울이 돈 문제와 관련해서 자신의 결백을 역설하는 내용이 나오는 8-9장이 10-13장 이후에 쓰여졌다고 믿기는 어렵다고 말한 것은 옳다(324). 그의 요지는 앞의 장들(8-9장) 속에는 바울에 대한 그 어떤 고소에 대한 언급도 없다는 것이다-우리도 이 말에 동의한다. 만약 실제로 10-13장이 8-9장보다 앞서 쓰여졌다면, 바울이 그러한 고통스러운 비난과 고소를 다루지 않은 채로 내버려두었을 것이라고 믿기는 어렵다.

17 "내가 너희에게 보낸 자 중에 누구로 너희의 이를 취하더냐"(*μή τινα ὧν ἀπέσταλκα πρὸς ὑμᾶς, δι᾽ αὐτοῦ ἐπεονέκτησα ὑμᾶς;* – 메 티나 혼 아페스탈카 프로스 휘마스 디 아우투 에페오네크테사 휘마스). 바울은 그가 보낸 사자들 중에서 어느 누가 고린도 교인들을 착취한 적이 있었느냐고 일반적인 논조로 반문함으로써 그의 일련의 수사의문문들을 시작한다(헬라어 본문에는 네 개의 의문문이 나오지만, 영어 번역문은 12:18의 마지막 두 개의 의문문을 합쳐서 하나의 의문문으로 번역함으로써 좀더 부드러운 번역이 되게 했다). 바울은 메(*μή*)에서 볼 수 있듯이 아니라는 대답을 기대한다. 12:17에서 바울이 사용한 문장의 구문은 영어 번역문처럼 그렇게 매끄럽지는 않다. 이러한 파격 구문은 셈어적인 표현의 영향 때문인 것 같다. 마울(Moule)은 "격 변화와 성(性)의 구별이 없는 관계사를 사용한 후에 대명사를 통해서 그 격과 성을 나타내는" 것은 신약의 기자들에게 영향을 준 구문법이라고 주장한다(*Idiom Book*, 176). 그러나 우리는 휴즈(Hughes)와 마찬가지로 그것이 사실이라면 왜 바울이 티나(*τινά*) 대신에 디아 티노스(*διά τινός*)를 사용하지 않았는지에 대하여 의문을 제기하지 않을 수 없다. 왜냐하면 디 아우투(*δι᾽ αὐτοῦ*)는 티나(*τινά*)를 그대로 이어받고 있기 때문이다. 휴즈(Hughes)는 우리가 여기서 보는 것은 "관심의 대격"이라고 주장한다(465, n. 153). 바울은 티나(*τινά*)를 강조를 위해서 여기에 둔 것일 수 있다. 또는 바렛(Barrett)이 주장하듯이(325), 이 파격 구문은 단순히 바울이 이 구절을 쓸 때 지니고 있던 감정의 결과일 수 있다. 헤링(Héring, 96, n. 32)이 지적하듯이, 이것은 바울 시대에 흔치 않은 일이 아

니었다(BDF § 466). 우리가 혼(ὧν)을 투톤 후스(τούτων οὓς)를 압축한 것으로 본다면, 그것은 더 쉽다(Bultmann, 237).

이 절에 나타난 바울의 사고는 고린도 교인들과 바울의 조력자들 간의 이전의 상호 작용들에 대한 반영일 수 있다. 8:20-21에서 바울은 의심의 여지가 없는 방식으로 연보가 모아지기를 원하고 있다는 것을 분명하게 밝혔다. 아페스탈카(*ἀπέσταλκα*, 아포스텔레인⟨*ἀποστέλλειν*⟩의 완료형)의 사용은 "단절된 연속성의 완료"임을 보여 준다(Moulton, *Grammar* 1:144; Robertson, *Grammar*, 896; 하지만 Bultmann, ibid.에서는 11:25에서처럼 이 시제를 쓸 이유가 없다고 본다). "반복의 완료"는 바울이 그의 독자들에게 그의 동역자가 고린도 교인들로부터 "이(利)를 취한" 경우를 하나라도 들어보라고 요구하고 있음을 보여 주는 것이다. 단순과거 에플레오네크테사(*ἐπλεονέκτησα*, 원형은 플레오네크테인⟨*πλεονεκτεῖν*⟩)는 2:11; 7:2에서처럼 속여서 빼앗는다는 개념을 지닌다. 2:11에서 이 동사는 사탄이 교회를 속일 수 있다는 가능성과 결부되어서 사용되었다. 7:2에서 바울은 그의 독자들에게 자신을 어느 누구에게서 이(利)를 취하는 것과는 거리가 먼 인물로 받아들여 주기를 강력히 촉구한다. 이것을 염두에 두고 보면, 바울이 12:19에서 이 동사를 사용한 것은 그의 논쟁적인 자세를 반영한 것일 가능성이 크다. 그는 고린도 교인들에게 증명하기가 불가능한 일반적인 비난들을 퍼뜨리며 다니지 말고 구체적인 일들을 살펴보고서 구체적인 항변을 제시해 달라고 요청하고 있다(Barrett, 325). 다음 절에서 우리는 바울이 그가 고린도 교인들에게 보낸 사자들을 특정(特定)해서 언급함으로써 그들의 선택의 폭을 좁혀 주고 있는 것을 본다.

18 "내가 디도를 권하고 함께 한 형제를 보내었으니"(*παρεκάλεσα Τίτον καὶ συναπέστειλα τὸν ἀδελφόν* – 파레칼레사 티톤 카이 쉰아페스테일라 톤 아델폰). 괄호 안에 있는 어구는 헬라어 본문에는 없지만, 그럼에도 불구하고 그 본문 속에 함축되어 있는 내용이다(Barrett, 325; Windisch, 403). 그러나 여기서 우리의 주된 관심은 바울이 말하고 있는 것이 어떤 방문에 대한 것이냐를 아는 것이다. 그 방문은 8:6a에서 언급된 것인가, 아니면 8:16-24에 언급된 것인가?

앞서 디도는 고린도 교회를 방문해서 연보 모으는 일을 시작했다(8:6). 바울이 우리에게 말하고 있는 것을 보면, 디도는 당시에 그 연보 모으는 일을 끝마치지 못했기 때문에, 바울은 디도가 시작했던 일을 마치도록 하기 위해서 그에게 다시 고린도 교회로 가도록 요청했다. 디도가 "엄중한 서신"을 고린도 교회에 전달했던 때에 연보 모으는 일을 시작했던 것인지, 아니면 8:6에 언급된 방문은 이전의 방문이었는지는 불분명하다. 우리는 고린도 교인들이 "엄중한 서신"을 읽고서 회개했던 때에 디도가 연보 모으는 일을 시작했을 가능성을 배제할 수 없지만, 이러한 결론은 단지 우리의 희망 사항일 수도 있다. 한편으로, 이 연보는 바울이 8장을 쓰기 일여 년 전에 시작되었던 것으로 보인다(8:10; Tasker, 113). 그렇다면 이 연보는 "엄중한 서신"을 보내기 전에 시작되었을 가능성이 높다. 또한 8:6이 디도가 "엄중한 서신"을 들고서 고린도 교회를 방문한 때를 가리킨다면, 바울은 엄중한 서신을 들고서 고린도 교회를 방문한 디도에게 고린도 교인들이 순종한 것에 대하여 칭찬했을 때 연보가 시작된 것을 부각시켰을 것으로 보인다(7:15; 우리는 고린도 교인들이 앞서 시작되었던 연보를 지속적으로 추진하고자 한 디도의 계획에 순종했다고 추측할 수도 있지만). 게다가 디도가 "엄중한 서신"을 전달하고 나서 다짜고짜로 연보 모으는 일을 시작했다면, 그것은 너무 주제넘은 일이었을 것이다. 따라서 8:6에 언급된 디도의 방문은 바울의 "고통스러운" 방문 이후의 디도의 고린도 교회 방문보다 앞서 이루어진 것이라고 보는 것이 안전할 것 같다.

8:16-24에 서술된 방문과 관련해서 이 방문이 과연 실제로 있었는지의 여부는 분명하지 않다. 알로(Allo, 329)는 8:17(*ἐξῆλθεν*-엑셀덴)과 8:18(*συνεπέμψαμεν*-쉰에펨프사멘)의 단순과거들은 진정한 단순과거들이기 때문에, 디도가 두 명의 형제들과 함께 바울을 떠났던 것이라고(바울이 8장을 쓰기 전에) 본다. 그러나 알로(Allo)의 주장은 설득력이 없다. 왜냐하면 엑셀덴(*ἐξῆλθεν*)은 서신용의 단순과거 또는 이미 이루어진 것으로 간주하는 단순과거로 해석될 수 있기 때문이다(Hughes, 468; Tasker, 119). 따라서 8:16-24에서 계획된 방문-디도가 두 명의 형제와 함께 가게 되어 있던 방문(8:18, 22)-은 8장을 쓸 당시에 이루어지지 않았고, 10-13장을 쓸 때도 일어나지 않았을 가능성이 높다. 달리 말하면, 바울이 두 개의 편지(1-9장과 10-13장)를 쓸 당시에 디도는 바울과 함께 있었다는 것이다. 만약 실제로 이 방문이 이루어졌다면, 바울이 12:17-18에 디도가 두 명의 형제와 함께 고린도 교회를 방문한 사실을 당연히 포함시켰을 것이다. 그러나 바울은 그렇게 하지 않았다. 게다가, 디도를 언급하고 있는 12:18에서는 그가 오직 한 명의 형제(*τὸν ἀδελφόν*-톤 아델폰)와 함께 방문했다(*συναπέστειλα*-쉰아페스테일라)고 말하고 있다. 이것은 12:18과 8:16-24이 동일한 방문을 말하고 있는 것으로 보고서 동일시하는 것을 배제하는 것으로 보인다. 왜냐하면 후자는 두 명의 형제가 디도를 수행하기로 되어 있었음을 보여 주기 때문이다. 따라서 우리는 8:6과 12:18이 하나의 동일한 방문에 대하여 말하고 있다는 결론에 이르게 된다(물론 12:18에서 바울이

언급하고 있는 방문이 고린도후서에 언급되지 않은 방문이 아니라고 할 때).

바울은 디도에게 간곡하게 요청해서(*παρεκάλεσα* – 파레칼레사, 원형인 파라칼레인〈*παρακαλεῖν*〉의 단순과거), 한 형제(*τὸν ἀδελφόν*–톤 아델폰)를 그와 함께 보냈다(*συναπέστειλα* – 쉰아페스테일라, 원형인 쉰아포스텔레인〈*συναποστέλλειν*〉의 단순과거). 우리는 파라칼레인(*παρακαλεῖν*)이 8:6과 12:18에 동시에 나오고, 이 두 본문이 동일한 방문을 묘사하고 있는 것으로 서로를 결부시킬 근거가 될 수 있다는 점을 주목한다. 또한 12:18의 단순과거들은 진정한 것들로 보이기 때문에(8:6에서와 마찬가지로), 우리는 여기서 8:6과 12:18 간의 또 하나의 연결고리를 본다. 8:6과 12:18이 동일한 방문을 묘사하고 있는 것이라면, 왜 바울이 8:6에서 그 형제를 언급하지 않았는지는 여전히 풀리지 않는 미스테리로 남을 수밖에 없다. 아마도 8:6을 쓸 당시에 바울은 그 형제를 언급하는 것이 중요하다고 생각하지 않았던 것일 수 있다(또한 Bruce, 251; Barrett, "Titus," 127를 보라). 바울은 12장을 쓸 당시에는 연보와 관련된 자신의 행위를 변호해야 했지만, 1-9장을 쓸 당시에는 그럴 필요가 없었다는 점에서 충분히 그럴 수 있었을 것이다. 그 이유가 무엇이었든지 간에, 8:6과 12:18이 동일한 내용을 말하고 있는 것으로 보는 것이 더 합리적인 것 같다(Hughes, 467-69). 게다가, 바울의 논증에 있어서는 디도의 인물됨이 더 중요했다. 한편으로, 디도는 이방인이었다(이 점이 고린도 교인들에게는 중요한 문제였다는 것은 의심의 여지가 없다). 다른 한편으로, 디도는 고린도 교인들의 신임을 얻고 있었다. 디도는 고린도 교회에서 연보 모으는 일을 시작했었고, "엄중한 서신"을 전달한 장본인이기도 했다. 12:18a에 대한 우리의 결론이 무엇이든지 간에, 디도는 바울의 자기 변호에 있어서 아주 중요한 역할을 하고 있는 것으로 보아야 한다.

"디도가 너희의 이를 취하더냐"(*μήτι ἐπλεονέκτησεν ὑμᾶς Τίτος*; – 메티 에플레오네크테센 휘마스 티토스). 바울은 고린도 교인들이 디도의 순수성을 의심하지 않으리라는 것을 매우 잘 알고 있었을 가능성이 크다. 여기서 바울은 그들에게 디도가 그들을 속여서 이(利)를 취했느냐고 반문한다. 바울은 여기서 또다시 이 의문문을 "아니오"라는 대답을 기대하는 방식으로 구성한다(Moule, *Idiom Book*, 156를 보라). 메(*μή*, 12:17) 대신에 메티(*μήτι*)가 사용된 것은 바울에 의한 강조를 위한 것이다. 또한 12:17에서처럼 12:18에서 플레오네크테인(*πλεονεκτεῖν*)을 사용한 것은 바울을 디도와 연관시키고자 하는 시도를 보여 준다. 디도에게 책망할 것이 없는데도 고린도 교인들이 바울이 자신들을 속여서 이(利)를 취했다고 생각한다면,

그것은 "어처구니없는"(Plummer, 365) 일이 될 것이다. 그들이 바울을 정직하지 못하다고 비난한다면, 디도에게도 똑같은 비난을 해야 할 것이다. 불트만(Bultmann, 238)이 바울의 논증 속에는 "순환 논법"(Zirkelbeweis)의 요소가 존재한다는 것을 주목하고서 그러한 비난에 대응하고 있는 것은 옳기는 하지만(Windisch, 404: 바울은 디도를 발판으로 삼아서 자신의 순수함과 결백을 증명한 후에, 디도를 자신의 결백과 연결함으로써 디도의 결백을 변호한다), 바울은 분명히 그의 변호가 잘 먹힐 것이라고 기대하고 있다.

"우리가 동일한 성령으로 행하지 아니하더냐 동일한 자취로 하지 아니하더냐" (*οὐ τῷ αὐτῷ πνεύματι περιεπατήσαμεν; οὐ τοῖς αὐτοῖς ἴχνεσιν;* – 우 토 아우토 프뉴마티 페리에파테사멘 우 토이스 아우토이스 이크네신). 바울의 마지막 두 개의 의문문(영어 번역문에서는 하나의 의문문으로 제시된)은 논증에 있어서의 변화를 보여 준다. 처음 두 개의 의문문에서처럼 부정의 대답을 기대하는(메〈*μή*〉와 메티〈*μήτι*〉의 포함을 통해서) 대신에, 바울은 마지막 두 개의 의문문을 긍정의 대답을 기대하는 방식으로 구성한다(이 두 개의 의문문에는 우〈*οὐ*〉가 나온다). 페리파테인(*περιπατεῖν*, "행하다")은 "살다"라는 윤리적인 의미를 지닌다. 바울은 자신이 디도와 동일한 정신으로 "행하고" 있다는 것을 말하고 있다. "우리"는 단순히 바울을 가리키는 것일 수도 있고, 바울과 디도를 뭉뚱그려서 가리키는 것일 수도 있다. 어느 쪽으로 이해하더라도 그 의미에는 별 영향이 없다. 왜냐하면 바울은 단지 자신과 디도는 둘 다 아무런 잘못도 한 적이 없다는 것을 주장하고 있는 것이기 때문이다(Barrett, 325).

"동일한 정신(성령)으로"(*τῷ αὐτῷ πνεύματι* – 토 아우토 프뉴마티)는 몇 가지 문제점을 보여 준다. 태스커(Tasker)는 "성령"(*πνεῦμα*–프뉴마에 대하여)이라고 번역한 RV를 따라서 바울이 성령을 가리키고 있다고 주장한다(184). 즉 "바울과 디도는 성령의 감동과 인도하심을 따랐다." 그러나 우리는 "동일한 보조로"와 병행이 되도록 "동일한 정신으로"라고 해석해야 할 것 같다. 이것은 우리로 하여금 프뉴마(*πνεῦμα*)가 바울과 디도를 지도자들로서 서로 연결시키고 있는 비신학적인 용법으로 사용되고 있다고 보도록 이끈다(Barrett, 326; Héring, 97; 6:6-7을 보라). 이크노스(*ἴχνος*)는 직역하면 "발자취"를 의미한다(롬 4:12을 보라). 여기에 나오는 두 개의 의문문 속에서 우리는 대명사 아우토스(*αὐτός*)가 한정적 위치에 와서 디도와의 "하나됨"이라는 바울의 주제를 강화시키고 있음을 발견한다.

이 절을 통해서 바울은 그의 순수성과 결백을 의심하는 자들에게 맞선 논증을 마무리한다. 앞으로 분명하게 드러나겠지만, 12:19은 바울의 사고의 흐름 속에서 새로운 방향 전환을 보여 준다. 이제 바울은 자신의 행위와 결백에 대해서는 더 이상 할 말이 없었다. 고린도 교인들이 바울의 목회적 순수성을 의심한다면, 그가 행하거나 말할 수 있는 것은 별로 없다. 그러나 분명히 바울은 소망을 포기하지 않는다. 왜냐하면 바울은 그들이 자신을 받아들일 것이라는 전제 위에서 말을 계속해 나가기 때문이다(13:1-10).

## 해설

12:11-18의 결론부를 통해서 고린도후서에서의 바울의 자기 변호(apologia)는 끝이 난다. 이 서신은 주로 그의 사도직에 대한 변호를 중점적으로 다루어 왔다. 바울은 고린도 교인들에게 그의 다음번 방문에 앞서 최종적인 지시와 경고를 하기 전에 자신에 대한 비난과 고소들을 다시 살펴본다. 일반적으로, 바울이 사도로서 결함이 없다는 것이 의문시되어 왔다. 그는 고린도 교인들을 속여서 이(利)를 취한 "열등한 사도"로 공격을 받아 왔다. 구체적으로 말하면, 그 비난은 그가 예루살렘 성도들을 돕는다는 미명하에 연보를 모으는 척하면서 돈을 착복하고서는 겉으로는 자신의 섬김들에 대해서는 공식적인 수고비를 받지 않는 고상한 태도를 취했다는 것이다. 바울은 사적인 용도로 사용하기 위해서 돈을 횡령했다는 비난을 받았다. 이러한 비난들에 대하여 바울은 그러한 중상모략들은 도대체 말도 되지 않는 것들이라고 열정적으로 변호해 왔다. 바울은 그의 혀와 펜을 통해서 고린도 교인들에게 통렬히 비꼬는 말들을 쏟아놓는다.

11-13절에서 바울은 또다시 독자들에게 그가 쓰고 있는 모든 것은 분명한 목적을 지니고 있는 것임을 상기시킨다. 그가 이 서신을 쓰면서 채택하고 있는 분위기와 이 서신의 내용은 둘 다 고린도 교회의 현재의 상황에 의해서 촉발된 것이다. 고린도 교인들은 바울로 하여금 어리석은 자같이 말할 수밖에 없게 만들었고, 자부심과 자신을 중요시하는 태도를 통해서 제정신이 아닌 자처럼 스스로를 과시하게 만들었다(11절). 그는 제한 없이 자랑했지만, 그것은 모두 고린도 교회를 좀먹고 있던 자들이 그를 겨냥해서 쏟아놓은 비난과 고소들이 허무맹랑한 것들임을 보여 주기 위한 것이었다.

이 세 절(11-13절)은 실제로 대적자들에 맞선 그의 항변에 대한 요약을 제시하고 있다.

(i) "그는 아무것도 아니다"라고 그들은 말한다. 바울은 그렇다고 말하지만, 자기가 어떤 면에서도 그들이 등에 업고 있다고 주장하는 소위 "지극히 큰 사도들"보다 조금도 못하지 않다고 대답한다(11절).

(ii) "그는 평범하고 소박하며 아무런 은사도 없고 특별한 능력도 없는 자이다"라고 그들은 말한다. 바울은 거기에 대하여 이미 준비된 답변을 가지고 있다: 내게는 내가 사도임을 입증해 줄 표들이 있다-이적들과 기사들과 능력들, 그리고 까다로운 고린도 교인들을 끈질기게 설득하고자 하는 그의 자세는 그런 것들보다도 훨씬 더 설득력 있는 사도 된 표이다(12절).

(iii) "그는 사실 너희 고린도 교인들을 돌보지 않았고, 교회를 소홀히 하여 왔다"고 그들은 말한다. 여기에 대하여 바울은 그러한 비방은 전혀 근거가 없는 허무맹랑한 것이라고 말할 수 있었다. 그렇지만 반어법적으로 오직 한 가지는 사실이다: "나는 너희의 돈을 취함으로써 너희에게 폐를 끼치는 일은 하지 않았다(참조. 11:20). 너희에게 폐를 끼치지 않은 것에 대해서 부디 나를 용서하라"(13절).

14-18절에서 바울은 방향을 바꿔서, 그의 세 번째 방문을 약속하며 고린도 교회와의 장래의 관계를 생각한다(14절). 우리가 앞에서 보았듯이, 이 세 번째 방문은 2:1에 언급된 중간 방문을 의미한다. 지금 바울은 이 방문을 미리 생각하면서, 그가 원하는 것은 돈이 아니라 고린도 교회가 모든 의구심과 상호적인 논쟁을 깨끗이 벗어나서 자신의 권위를 전심으로 받아들이고 그리스도께 순복하며 자신을 신뢰해 주는 것임을 분명히 한다.

그러나 아마도 고린도 교인들은 여전히 바울이 영악한 술책들을 통해서 자신들을 속여 왔다고 믿고 있는 것 같다(16절). 대적들은 바울이 아주 영악해서 고린도 교인들로부터 직접적으로 돈을 갈취한 것이 아니라, 그들이 그의 대리인들, 특히 디도에게 모아서 준 연보를 처리하는 과정에 개입하여 돈을 착복했다고 주장한다. 바울은 디도 및 18절의 익명의 형제(8:22에서 언급된 바로 그 형제? 그러나 이것은 확실하지 않다)가 그들에게 어떻게 했는지를 생각해 보라는 말로 그러한 중상모략에 대하여 답변한다. 이 익명의 형제는 아마도 고린도 교인들에게 잘 알려져 있던 인물로서 디도의 정직성-그리고 아울러 부수적으로 바울의 정직성-을 증언해 줄 수 있었을 것이다. 이 형제의 존재는 연보를 모으는 일에 관여했던 그 밖의 다른 그리스도인들의 결백을 보증해 주는 것이었던 것 같다(참조. 8:6).

# F. 경고들과 세 번째 방문에 대한 약속(12:19-13:10)

## 참고문헌

**Barrett, C. K.** "Paul's Opponents in 2 Corinthians." In *Essays on Paul*, chap. 4, 233-54. **Betz, H.-D.** *Der Apostel Paulus und die socratische Tradition.* **Black, D. A.** *Paul, Apostle of Weakness.* 160-67. **Eckstein, H.-J.** *Der Begriff Syneidesis bei Paulus*, WUNT 2d ser. 10. Tübingen: Mohr, 1983. **Güttgemanns, E.** *Der leidende Apostel und sein Herr.* 142-54. **Johnston, G.** "2 Cor 13:8." *ExpTim* 5(1893-94) 68, 69. **Kennedy, H. A. A.** "Weakness and Power." *ExpTim* 13(1901-02) 349, 350. **Roetzel, C. J.** *Judgement in the Community: A Study of the Relationship Between Eschatology and Ecclesiology in Paul.* 1972. **Vielhauer, Ph.** *Oikodome* in his *Aufsätze zur Neuen Testament.* München: Chr. Kaiser Verlag, 1979 ed. **Vliet, H. van.** *No Single Testimony: A Study on the Adopting of the Law of Deut 19:15 par. into the New Testament.* Utrecht: Kemink & Zoon, 1958. **Wiles, G. P.** *Paul's Intercessory Prayers.* SNTSMS 24. Cambridge: University Press, 1974. **Wilckens, U.** *Weisheit und Torheit.* BHT 26. 1959.

## 본 문

**19** 이 때까지 우리가 우리를 너희에게 변명하는 줄로 생각하는구나 우리가 그리스도 안에서 하나님 앞에 말하노라 사랑하는 자들아 이 모든 것은 너희의 덕을 세우기 위함이니라

**20** 내가 갈 때에 너희를 나의 원하는 것과 같이 보지 못하고 또 내가 너희에게 너희의 원치 않는 것과 같이 보일까 두려워하며 또 다툼과 시기와 분냄과 당 짓는 것과 훼방함과 수군수군하는 것과 거만함과 어지러운 것이 있을까 두려워하고

**21** 또 내가 다시 갈 때에 내 하나님이 나를 너희 앞에서 낮추실까 두려워하고 또 내가 전에 죄를 지은 여러 사람의 그 행한 바 더러움과 음란함과 호색함을 회개치 아니함을 인하여 근심할까 두려워하노라

**19** Have you been thinking all along[a] that we are defending ourselves before[b] you?[c] We are speaking before God in Christ and all that we do, beloved, is for your edification.

**20** For I fear that when I come I shall not find you as I wish and that I will not be found by you as you wish. [For I fear] that there will be strife,[d] jealousy,[e] outbursts of anger, selfish ambitions, slander, gossiping, conceit and disorder.

**21** I am afraid that when I come,[f] my God will again humble me before you and that I will mourn[g] for many who have sinned earlier and have not repented of the impurity, fornication, and licentiousness in which they indulged.

**13:1** 내가 이제 세 번째 너희에게 갈 터이니 두세 증인의 입으로 말마다 확정하리라

**13:1** This will be my third visit to you. "On the evidence of two or three witnesses, every matter is established."

**2** 내가 이미 말하였거니와 지금 떠나 있으나 두 번째 대면하였을 때와 같이 전에 죄지은 자들과 그 남은 모든 사람에게 미리 말하노니 내가 다시 가면 용서하지 아니하리라

**2** As I said during my second visit, I now[h] say while absent: when I return I will not spare those who have sinned earlier or anyone else,[i]

**3** 이는 그리스도께서 내 안에서 말씀하시는 증거를 너희가 구함이니 저가 너희를 향하여 약하지 않고 도리어 너희 안에서 강하시니라

**3** since you seek proof that Christ is speaking through me. He is not weak towards you, rather he is powerful among you.

**4** 그리스도께서 약하심으로 십자가에 못 박히셨으나 오직 하나님의 능력으로 살으셨으니 우리도 저의 안에서 약하나 너희를 향하여 하나님의 능력으로 저와 함께 살리라

**4** For in fact[j] he was crucified in[k] weakness, yet he lives by the power of God. For indeed we are weak in him,[l] but we shall live with him[m] by God's power when serving you.[n]

**5** 너희가 믿음에 있는가 너희 자신을 시험하고 너희 자신을 확증하라 예수 그리스도께서 너희 안에 계신 줄을 너희가 스스로 알지 못하느냐 그렇지 않으면 너희가 버리운 자니라

**5** Examine yourselves to see if you are in the faith: test yourselves. Or do you not know that Jesus Christ[o] is in you – unless you fail the test?[p]

**6** 우리가 버리운 자 되지 아니한 것을 너희가 알기를 내가 바라고

**6** I hope that you will realize that we do not fail the test.

**7** 우리가 하나님께서 너희로 악을 조금도 행하지 않게 하시기를 구하노니 이는 우리가 옳은 자임을 나타내고자 함이 아니라 오직 우리는 버리운 자 같을지라도 너희로 선을 행하게 하고자 함이라

**7** We pray[q] to God that you might do nothing wrong, not that we would appear as having passed the test, but rather that you might do right even if we appear to have failed.

**8** 우리는 진리를 거스려 아무것도 할 수 없고 오직 진리를 위할 뿐이니

**8** For we cannot do anything against the truth, but only for the truth.

**9** 우리가 약할 때에 너희의 강한 것을 기뻐하고 또 이것을 위하여 구하니 곧 너희의 온전하게 되는 것이라

**9** For we rejoice when we are weak, though you are strong. Our prayer is for your restoration.

**10** 이를 인하여 내가 떠나 있을 때에 이렇게 쓰는 것은 대면할 때에 주께서 너희를 파하려 하지 않고 세우려 하여 내게 주신 그 권세를 따라 엄하지 않게 하려 함이니라

**10** This is why I write these things while I am yet absent, so that when I am present I might not have to act harshly in accordance with the authority which the Lord has given to me, the authority for building you up, not tearing you down.

## 원문주해

a. $P^{46}$에는 우(*οὐ*)가 포함되어 있어서 12:19a은 긍정의 대답을 기대하는 의문문이 된

다. 이 이독(異讀)은 5:12의 영향을 받은 것일 수도 있고, 앞에서 우(οὐ)로 시작되는 12:18의 의문문들에 동화된 것일 수도 있다. 후자가 옳다면, 가장 초기의 문서들을 필사한 자들은 12:19a을 의문문으로 이해했던 것 같다(참조. Hughes, 469, n. 156). "원문주해" c도 보라. 공인 본문(TR)에는 더 쉬운 읽기인 팔린(πάλιν)으로 되어 있는데, 이 읽기는 3:1과 5:12에 나오는 팔린(πάλιν)에 동화된 것 같다. 그러나 팔라이(πάλαι)가 더 어려운 읽기이고 여러 사본들(ℵ* A B F G 33 330 1175 1739 1881 lat)의 지지를 받고 있는 점을 고려해서, 우리는 현재의 본문을 유지한다.

b. D ψ에는 카테노피온(κατενώπιον)으로 되어 있다. 현재의 본문인 카네난티(κανέναντι)가 훨씬 더 많은 사본들의 지지를 받고 있다($P^{46}$ ℵ A B F G 33 81 7775 1739 1881).

c. 12:19a을 의문문으로 볼 것이냐(KJV/AV; RSV; NIV; Phillips) 서술문으로 볼 것이냐(RV; ASV; NEB; TEV/GNB; *Diglot*)를 놓고는 견해가 나뉜다. 그러나 어느 쪽을 택하든 이 문장의 배후에 있는 올바른 의미는 그대로 유지된다는 Tasker의 말은 옳다(184). Bratcher, *Diglot*(1964); *Translator's Guide*(1983), 139를 보라.

d. 단수형 에리스(ἔρις)는 $P^{46}$ ℵ A 0243 33 1739 1881(본문)에서 발견되고, 복수형 에레이스(ἔρεις)는 B D F G ψ syrh에서 발견된다. 복수형의 읽기는 필사자가 에리스(ἔρις)를 이 절에 나오는 다른 복수형들과 맞추고자 한 결과일 가능성이 크다. "원문주해" e를 보라.

e. 단수형 젤로스(ζῆλος)는 $P^{46}$ A B D* F G 33 $syr^{p}$ $bo^{ms}$의 지지를 받고 있다. ℵ D1 ψ 0143 $syr^{h}$에서 발견되는 복수형 젤로이(ζῆλοι)는 젤로스(ζῆλος)를 12:20의 다른 많은 복수형들과 맞추기 위한 시도다("원문주해" d를 보라).

f. 엘돈타 메 타페이노세 호 데오스 무 프로스 휘마스(ἐλθόντα με ταπεινώσῃ ὁ θεός μου πρὸς ὑμᾶς)는 ℵ ψ 0243에서 발견된다. 또한 엘돈타 메 프로스 휘마스 타페이노세 메 호 데오스 무(ἐλθόντα με πρὸς ὑμᾶς ταπεινώσῃ με ὁ θεός μου; $D^{1}$ $syr^{p}$ Tert)라는 이독도 존재한다. 이 두 가지 읽기는 본문의 어려운 문법을 수정하고자 하는 시도들인 것 같다("주석"을 보라). 현재의 본문은 $P^{46}$ ℵ* A B F G 33 81 1175의 지지를 받는다(Plummer, 360도 보라).

g. $P^{46}$ D F G L P 1175에는 타페이노세이(ταπεινώσει)로 되어 있지만, 특히 메(μή)가 엘돈토스(ἐλθόντος)에 걸리지 않는다면 이 미래 직설법 형태는 여러 가지 의문들을 불러일으킨다("주석"을 보라). 타페이노세이(ταπεινώσει)가 포함되어야 한다면, 우(οὐ)가 메(μή)를 대체한 것으로 보인다. Plummer(371)의 견해와는 달리, 타페이노세(ταπεινώσῃ)라는 읽기는 수정으로 보이지 않는다.

h. $D^{1}$ $vg^{ms}$ $syr^{sa}$에서는 그라포(γράφω)가 뉜(νῦν) 뒤에 나오지만, 그라포(γράφω)가 원래의 것이라면, 그것이 생략될 이유는 없는 것 같다(Metzger, *Textual Commentary*,

587). 나아가, 현재의 본문은 사본상으로 더 나은 지지를 받고 있다($P^{46}$ ℵ A B D* F G 0243 1175 1739 1881). Hughes 476, n. 169를 보라.

i. F G Ambst에서는 호티(*ὅτι*)가 에페이(*ἐπει*) 앞에 나오지만, 이것은 단지 이 구절이 원인을 나타낸다는 것을 강조하기 위한 시도일 가능성이 높다.

j. 몇몇 사본들(ℵ[2] A D[1] ψ lat syr Ambst)에는 카이 가르 에이(*καὶ γὰρ εἰ*)가 나오는데, 그렇게 되면 본문은 "그리스도께서 십자가에 못 박히셨을지라도"로 번역된다. 현재의 본문(에이⟨*εἰ*⟩가 없는)은 $P^{46}$ ℵ* B D* F G 0243 33 81 1739의 지지를 받는다. Barrett (327)가 이 이독은 Nestle-Aland[26]에 나오는 본문의 "활력을 결여하고" 있다고 말한 것은 옳은 것 같다. 에이(*εἰ*, "…한다면")는 약하심과 능력 간의 힘의 균형을 파괴하기 때문에 이 이독을 택했을 때 그러한 "결함"이 나타나게 된다. Barrett는 그러한 균형의 파괴는 바울적이지 않다고 본다.

k. 엑스(*ἐξ*, 원형은 *ἐκ*)의 통상적인 역어(譯語)는 "…로부터"이다. 그러나 이 절의 문맥으로 보아서 이 전치사는 "…때문에"라는 의미를 지닌다. BGD, 235를 보라.

l, m. 많은 사본들(ℵ A F G syr[p] bo)에서 동화 현상이 나타난다. 왜냐하면 13:4c에서 쉰 아우토(*σύν αὐτῷ*)가 사용되었기 때문에 13:4b에서 엔(*ἐν*)이 쉰(*σὺν*)으로 대체되는 결과가 생겨난 것으로 보이기 때문이다. 또한 역(逆)으로의 동화 현상도 존재하는 것으로 보인다. 왜냐하면 $P^{46vid}$ D* 33에서는 13:4c의 쉰(*σὺν*)이 엔(*ἐν*)으로 대체되고 있기 때문이다(Metzger, *Textual Commentary*, 587, 588). 그러나 현재의 본문(B D ψ 0243 vg syr[h] sa)을 취하는 편이 나은 것 같다. 첫 번째 이독은 현재의 본문만큼 사본상의 강력한 지지를 받고 있지 않은 것으로 보인다. 두 번째 이독을 받아들인다면, 바울이 자신이 그리스도와 연합되어 있다는 것을 보여 주고자 하는 시도가 약화될 것이다. 쉰(*σὺν*)은 엔(*ἐν*)보다 그러한 사고를 더 잘 포착한다(물론 우리는 쉰⟨*σὺν*⟩을 바울이 13:4b에서 장래의 삶에 대하여 말하고 있다는 것을 보여 주는 표시로 보는 견해⟨Barrett, 327, 337는 여기에 반대다⟩에 동의하지 않지만 말이다).

n. B D[2]에는 에이스 휘마스(*εἰς ὑμᾶς*)가 생략되어 있다. 그러나 이 어구가 그토록 어색한 자리에 삽입되었는지는 의심스럽다. Hughes, 479, n. 175를 보라.

o. 예수 크리스토스(*Ἰησοῦς Χριστός*, B D ψ vg[ms] syr)라는 어구는 ℵ A F G P 0243 1175 1739 1881 Ambst에는 어순이 거꾸로 되어 있다. Plummer(376)를 보라.

p. 이 절의 구두법(句讀法)을 해석하는 데는 서로 다른 방식들이 존재한다. 그 중 한 가지 방식은 이 절을 의문 부호로 끝내는 것이다(KJV/AV; RSV; NIV; NEB). 또 한 가지 방식은 일련의 의문문들로 보는 것이다. 또한 이 절 전체를 하나의 서술문으로 이해하는 것도 가능하다(Phillips).

q. 유코메다(*εὐχόμεθα*, $P^{46}$ ℵ A B D* F G K P 33 81 1175 lat)보다는 유코마이(*εὔχομαι*, D[2] ψ 0243 vg[mss] syr[p] sa[ms] Ambst)를 취한다. Plummer, 337를 보라.

## 양식/구조/배경

이 단락은 이 서신의 마지막 대단락이다. 바울은 "자랑하는" 것을 그치고 방향을 바꿔서 곧 있게 될 그의 고린도 교회 방문으로 주의를 돌린다(12:20, 21; 13:1; 참조. 12:14). 그는 자신이 고린도 교회를 방문하기 이전에 고린도 교인들이 회개하기를 바란다(행 20:2을 보라).

바울은 자신이 자랑한 것(12:1-18)이 그의 대적들을 이기려고 하는 목적으로 한 것이 아님을 고린도 교인들에게 설득하고자 한다. "그가 자기 변호를 한 목적은 단지 자신에 대한 비방에 대하여 반박하기 위한 것이 아니라 교회의 덕을 세우기 위한 것이다"(Strachan, 36; see too Bultmann, 239: "그가 이 말〈12:19에 나오는 말〉을 한 동기는 자기 변호가 아니라 교회가 더 앞으로 나아가게 하기 위한 것이다"). 그는 고린도 교인들에게 그가 스스로를 변명해(*ἀπολογοῦμαι*-아폴로구마이) 왔다고 생각하는지를 반문하는 것(12:19)으로써 이러한 시도를 하기 시작한다. 바울은 자신이 자랑한 것을 반영하는 앞의 절들에 비추어서 이러한 반문을 하게 된 것이었다. 바울은 지금까지 자신이 행한 모든 것은 교회의 덕을 세우기 위한 것(*οἰκοδομή*-오이코도메, 바울의 핵심어; 나중에 나오는 설명을 보라)이었다고 말한다. 그는 이 교회를 세운 자로서 이 교회를 "살아 있는" 교회로 만드는 데 관심을 갖고 있다. 12:19-21(이 대단락의 첫 번째 부분)의 취지는 고린도 교인들에게 회개하라고 바울이 권면하는 것이다. 왜냐하면 그는 여러 가지 문제점들이 고린도 교회에서 여전히 지속되고 있다는 것을 알고 있었기 때문이다. 바울이 그러한 문제점들을 알고 있었다는 것은 그가 나중에 고린도 교회를 방문하게 될 때 치리권을 행사해야 하는 상황이 올지도 모른다는 그의 우려(*φοβοῦμαι*-포부마이)에 의해서 입증된다. 그는 12:20a에서 그러한 우려를 나타낸다. 이 절에서는 교차대구법적인 구조가 사용되고 있다(Plummer, 368; Furnish, 561).

A *θέλω*(델로) — B *κἀγὼ εὑρεθῶ ὑμῖν οὐ*(카고 휴레도 휘민 우)
B[1] *οὐχ εὕρω ὑμᾶς* (우크 휴로 휘마스) — A[1] *θέλετε*(델레테)

바울이 말하고 있는 것은 그가 고린도 교회를 방문할 때 "자신이 원하는"(A) 것과 같은 "고린도 교인들의 모습을 보지 못하면"(B), 즉 그들이 회개하고서 기꺼이 바울을 참된 사도로 받아들이는 모습을 보지 못하면 어쩌나 하는 것이고, 마찬가지로 그가 매를 들고서 갈 수밖에 없는 상황이 될 수도 있기 때문에 "고린도 교인들이 원하는"(A1) 것과 같은 "자신의 모습을 그들이 보지 못하면"(B1; "주석"을 보라) 어쩌나 하는 것이다. 즉 고린도 교인들이 그들 교회의 문제점들을 바로잡지 않는다면, 바울은 직접 그 잘못된 상황을 바로잡는 것 외에는 다른 선택의 여지가 없게 될 것이다.

고린도 교회의 이러한 문제점들은 12:20b과 12:21b에 자세하게 설명되어 있다. 전자의 구절은 고린도 교회의 분열상을 여실히 드러내 주는 여덟 가지의 죄목을 열거하고 있다. 플럼머(Plummer)는 이 여덟 가지 악덕들이 일련의 네 개의 쌍으로 되어 있는 것으로 본다(369). 에리스(*ἔρις*, "다툼")와 젤로스(*ζῆλος*, "시기")가 서로 연결되어 있다는 주장은 얼마든지 가능하다. 왜냐하면 바울은 고린도전서 3:3에서 이 두 단어를 하나의 쌍으로 사용했기 때문이다(*ζῆλος καὶ ἔρις*–젤로스 카이 에리스; 또한 롬 13:13을 보라). 하지만 두 번째의 쌍인 뒤모스(*θυμός*, "분냄")와 에리데이아(*ἐριθεία*, "당 짓는 것, 이기적인 야심")는 이 곳 외에는 로마서 2:8에서만 함께 사용되고 있고, 거기서조차도 바울이 그의 사고 속에서 이 두 단어가 하나의 쌍으로 이루어져 있다는 것을 보여 주고자 하는 의도는 없어 보인다(롬 2:8에서 뒤모스⟨*θυμός*⟩는 카이⟨*καὶ*⟩의 도움을 얻어서 오르게⟨*ὀργή*⟩와 연결되어 있다). 또한 12:20b에 열거된 그 밖의 다른 네 개의 악덕들–"훼방함"(*καταλαλία* – 카타랄리아), "수군수군하는 것"(*ψιθυρισμοί*–프시뒤리스모이, 오직 12:20에서만), "거만함"(*φυσίωσις* – 퓌시오시스, 오직 12:20에서만), "어지러운 것, 무질서"(*ἀκαταστασία* – 아카타스타시아, 6:5; 고전 14:33)–은 그 어느 것도 신약의 다른 곳에서 하나의 쌍으로 나오는 것이 없다. 이 모든 것은 플럼머의 생각이 지나치게 독창적이라는 것을 보여 준다. 나아가, 만약 바울이 12:20b의 이 목록을 일련의 쌍으로 구성하기를 원했다면, 그는 6:8-9에서 여러 단어들을 쌍으로 사용했을 때 그랬던 것처럼 카이(*καὶ*)를 보조 수단으로 사용해서 구성했을 가능성이 크다.

12:21b에서는 고린도 교회가 성적인 부도덕(음행)에 의해서 골머리를 앓고 있음을 보여 주는 죄악들을 열거하는데, 그 죄악들은 "더러움"(*ἀκαθαραία* – 아카다라이아), "음란함"(*πορνεία* – 포르네이아), "호색함"(*ἀσέλγεια* – 아셀게이아)이다. 세 가지 죄를 열거하면서 오직 하나의 관사(*τῇ*–테)만을 사용하고 있는 것은 바울이 이 세 단어를 동의어로 여겼다는 것을 보여 주는 것일 수 있다(그러나 Tasker, 185-186를 보라). 이와 동일한 세 가지 죄는 갈라디아서 5:19에 열거되고 있지만, 그 어순이 12:21과 다르고 관사도 나오지 않는다.

이 두 개의 목록(12:20b과 12:21b)을 비교해 보면, 우리는 이 두 목록의 성격이 서로 다르다는 결론을 내리게 된다. 전자는 분열에 의해서 교회를 갈갈이 찢어 놓은 죄악들을 나타내고, 후자는 성적인 부도덕에 의해서 골머리를 앓는 교회의 모습을 서술하고 있다. 바울은 동일한 상황에 대하여 말하고 있는 것인가? 만약 그렇다면, 그는 서로 다른 두 부류의 사람들을 염두에 두고 있는 것인가? 첫 번째 질문에 대한 대답은 그렇다는 것이다. 이 점에서 우리는 바렛(Barrett, "Paul's Opponents," 74, 75)의 견해에 동의한다. 바울이 장차 있을 그의 방문을 여기서의 논의의 선면에 부각시키고 있는 마당에(12:20, 21; 13:1, 2) 두 개의 서로 다른 별개의 상황을 병렬시켜 놓고 있다고 보는 것은 의심스럽다. 12:20b과 12:21b은 둘 다 고린도 교회의 당시의 상황을 서술하고 있는 것일 가능성이 크다. 그러나 두 번째 질문에 대한 답변에 있어서 그렇다고 말하는 바렛(Barrett)와는 달리, 우리는 이 두 목록이 두 가지 서로 다른 문제를 다루고 있는 것 이상의 의미를 지니고 있다고 생각한다. 바렛의 추론은 다음과 같다. 바울은 고린도 교회의 문제를 두 부류로 구분했던 것으로 보인다. 구체적으로 말하자면, 바울은 거짓 사도들의 가르침을 받아들여서 분쟁 및 그와 유사한 죄악들로 "빠져든" 자들을 "새로운 죄인들"로 본다. 바렛에 의하면, 이 부류는 12:20b에서 언급된다. 또한 바울은 방탕한 생활, 즉 성적으로 부도덕한 삶을 살면서 회개하지 않은 자들을 "이전의 죄인들"로 본다. 이 부류는 12:21b에서 다루어진다. 우리는 12:20-21이 고린도 교회의 현재적인 상황에 대하여 말하고 있는 것이라는 바렛의 결론을 지지하지만, 13:2("양식/구조/배경")과 나중에 "주석"에서 볼 수 있듯이, 바울이 고린도 교인들을 앞에서 살펴본 두 부류로 구분했다는 바렛의 견해는 지나치게 깔끔하다고 본다. 바렛의 견해에 반대하는 우리의 논증은 아래에서 자세하게 설명될 것이지만, 현재로서는 바울이 프로아마르타네인(*προαμαρτάνειν*)의 사용을 제한해서(여기서와 13:2에서) 오직 음행과 관련된 죄악들에만 사용하고 있다고 보는 것은 의심스럽다는 것을 지적하는 것만으로 충분할 것이다. 바울은 그 죄가 분쟁이든 음행이든 그런 것과는 상관없이 자신의 죄를 지속적으로 행해 온 모든 자들을 염두에 두고 있는 것일 가능성이 크다.

현재의 대단락의 두 번째 부분은 13:1-4이다. 이 절들은 바울이 고린도 교인들을 어떻게 엄하게 다룰 것인지를 구체적으로 서술하고 있다. 바울이 여기서 염두에 두고 있는 방문은 그의 세 번째(*τρίτον*-트리톤) 방문이다(그의 첫 번째 방문은 고린도 교회를 세우는 것으로 이어졌고, 두 번째 방문은 "고통스러운" 또는 "중간" 방문이었다; 2:1을 보라). 우리는 바울이 13:1에서 그의 세 번째 방문을 언급한 것으로 인해서 13:1-4과 12:19-21이 서로 연결되고 있다는 점을 지적하고자 한다-바울이 후자의 단락에서 그의 세 번째 방문을 두 번이나 언급했다는 점에서(바울은 12:20〈*ἐλθών* – 엘돈〉과 12:21〈*ἐλθόντος*–엘돈토스, 이 절대적 속격에 대해서는 많은 논란이 있기는 하지만, "주석"을 보라〉에서 그가 갈 것에 대하여 말한다). 바울은 13:1을 신명기 19:15에 대한 언급으로 끝맺는다("두세 증인의 증거로 일마다 확정하리라", 바울이 한 이 말은 마 18:16의 표현과 더 가깝기는 하지만 신명기〈LXX〉, 본문과 유사하다). 바울이 이 신명기 본문을 인용하는 것은 자신이 고린도 교인들을 치리하는 것(필요한 경우에)이 정당하다는 것을 확증하기 위한 것이다("두세 증인"이라는 표현의 배후에 있을 수 있는 의미들에 관한 논의로는 13:2에 대한 "주석"을 보라).

12:19-21과 13:1-4 간의 또 하나의 분명한 연결 고리는 13:2에서 발견된다. 그 절에서 바울은 완료 분사인 프로에마르테코신(*προημαρτηκόσιν*)을 사용한다(아래의 설명과 12:21을 보라). 13:2에서 바울은 고린도 교인들에게 자신의 권위에 계속해서 맞서는 자는 누구든지 용서하지 않을(*οὐ φείσομαι* –우 페이소마이) 것이라고 다시 한 번 경고한다. 바울은 12:20과 12:21에서 했던 것과는 달리 13:2에서는 구체적인 죄들을 열거하지 않는다. 그러나 죄들을 자세하게 열거하지 않았다고 해서 그가 말하고자 하는 취지가 약화되고 있는 것은 아니다. 그는 그의 두 번째 방문(*ὡς παρὼν τὸ δεύτερον*–호스 파론 토 듀테론) 동안에 앞서 말했고(*προείρηκα* –프로에이레카) 고린도 교회를 떠나 있는(*ἀπὼν*–아폰) 지금 다시 한 번 되풀이해서 말하고 있듯이 그 누구든 용서하지 않을 것이다(1:23을 보라).

13:2을 문자 그대로 직역하면, 그 번역문은 영어권의 독자들에게 어색해 보일 것이다. 그러나 그렇다고 해서 우리가 13:2a의 문학적인 구조를 간과해서는 안 된다. 헬라어 본문을 잘 살펴보면, 바울이 카이(*καὶ*)에 의해서 연결된 일련의 세 쌍의 어구들을 그의 독자들에게 제시하고 있다는 것이 드러난다(Hughes, 476).

*προείημκα καὶ προλέγω*
(프로에이엠카 카이 프로레고)
*ὡς παρὼν τὸ δεύτερον καὶ ἀπὼν νῦν*
(호스 파론 토 듀테론 카이 아폰 뉜)
*τοῖς προημαρτηκόσιν καὶ τοῖς λοιποῖς πᾶσιν.*
(토이스 프로에마르테코신 카이 토이스 로이포이스 파신)

우리는 이 절에서 바울은 프로(*προ-*)로 시작되는 단어들을 줄줄이 엮어놓는 그의 성향을 보여 주고 있다는 점을 지적하고자 한다(9:5; 갈 5:21; 롬 8:29; 딤전 1:18; 5:24; 딤후 3:4을 보라). 이 단어들 중의 하나인 프로에마르테코신(*προημαρτηκόσιν*, 완료 분사)은 우리에게 프로에마르테코톤(*προημαρτηκότων*, 완료 분사; 앞의 동사와 마찬가지로 이 동사의 원형은 프로아마르타네인〈*προαμαρτάνειν*〉이다)을 포함하고 있는 12:21b을 상기시킨다. 12:21b에서 "전에 죄를 지은" 자들은 성적인 음행을 저지른 자들로 묘사된다. 바렛(Barrett)은 12:21에서 "전에 죄를 짓다"라는 표현이 사용된 것은 13:2에서도 이 어구가 동일한 의미로 사용되고 있음을 보여 주는 것이라고 추론한다. 즉 13:2에 나오는 프로아마르타네인(*προαμαρτάνειν*)은 그들의 방탕한 삶을 회개하지 않은 자들을 특별히 부각시키기 위한 것이라는 말이다. 이 완료 시제가 과거를 가리키는 것이라는 데 우리가 동의한다면, 바울이 13:2에서 프로에마르테코신(*προημαρτηκόσιν*)을 사용한 것은 그가 오직 음행 및 그 유사한 죄들을 범한 자들만을 염두에 두고 있는 것이라고 이해해야 하는 것인가? 본 저자는 그렇게 생각하지 않는다. 그것은 바울이 특정한 유형의 죄와는 상관없이 회개하지 않은 **모든** 자들을 염두에 두고 있는 것으로 이해할 때 더 잘 의미가 통하게 된다. 그렇게 이해하지 않는다면, 바울은 거짓 사도들(Barrett가 확실히 보여 주듯이, 그들은 바울의 "고통스러운 방문" 이후에 고린도 교회에 왔다, 7)을 지지한 자들에게는 관심을 갖지 않았다는 것이 된다. 게다가, "그 남은 모든 사람"(*τοῖς λοιποῖς πᾶσιν* – 토이스 로이포이스 파신)이 구체적으로 거짓 사도들을 따른 자들을 가리킨다고 보는 것은 이 사도들에 관한 바울의 가르침과 조화되기가 어렵다. 왜냐하면 그렇게 본다면, 바울은 마치 이 구절을 나중에 보충해 넣은 것으로 보이게 되기 때문이다. 이것은 바울이 10-13장에서 거짓 사도들을 집중적으로 다루어 왔다는 점에 비추어 볼 때 거의 가능성이 없어 보인다. 도리어, "그 남은 모든 사람"이라는 어구야말로 "전에 죄지은 자들"이라는 어구를 보충하기 위한 것이다. 후자의 어구는 바울이 알고 있던 범죄한 고린도 교인들을 나타내고, 전자의 어구 속에는 바울이 알고 있지는 않지만 고린도 교인들 중에서 범죄한 자는 누구든지 포함된다(Tasker, 186).

13:3은 바울이 곧 가서 고린도 교인들을 엄하게 다루고자 한다는 사고를 계속 이어간다. 반어법적인 방식으로 바울은 고린도 교인들이 그리스도께서 자기 안에서 말씀하시는 것을 듣게 될 것임을 당연시한다. 고린도 교인들은 바울이 그리스도의 온전한 사도라는 것을 보여 주는 증거(*δοκιμή* – 도키메)를 원했다. 바울이 그들에

게 주고자 하는 증거는 그들이 요구하고 있는 것의 정반대가 되리라는 점에서 반어법이 작동하고 있다(Plummer, 374; Wilckens, *Weisheit*, 218에서는 은사자〈Pneumatiker〉-바울은 이런 은사자가 아니다-의 필수 조건인 "표적과 기사"에 관한 12:12의 논쟁이 여기서 다시 거론되고 있다는 점을 지적한다). 고린도 교인들은 표적들과 기사들과 이적들을 원했다(12:12). 이것은 바울이 그들에게 그리스도께서 자기 안에 계시다는 증거를 제시하겠다는 말을 그들이 들었을 때 기대하는 바로 그것이다. 그러나 그들이 바울에게서 받게 될 증거는 그들을 향한 바울의 진노가 될 것이다(Black, *Paul*, 162). 그의 치리(그것이 호된 질책이 되든, 출교가 되든)는 그가 고린도 교인들에게 증거를 제시하는 방식이 될 것이다. 그렇지만 바울이 몸으로 구현하고 있는 그리스도는 "약함"을 통해서 알려지고, 역설적으로 바울은 그 어떤 내재적인 능력도 갖고 있지 않다(4b절). 그리스도의 능력은 십자가를 토대로 한 고난받는 사도를 통해서만 드러난다. 십자가에서 하나님은 그분의 약함이 인간의 강함보다 더 강하다는 보여 주셨다(고전 1:25b). 이렇게 해서 서로 모순되어 보이고 서로를 배제하는 것으로 보이는 "능력"과 "약함"은 다음과 같은 방식으로 한데 결합된다: "그것들은 바울에게 있어서 동일한 실체의 두 측면이기 때문에 **함께** 경험된다"(Black, ibid., 163; 또한 Wilckens, *Weisheit*, 48: "엑스 아스데네이아스〈*ἐξ ἀσθενείας*〉는 에크 뒤나메오스〈*ἐκ δυνάμεως*〉와 대응된다"; Güttgemanns, ibid., 153, 154에서는 십자가에 못 박히신 예수의 약함 속에서 드러난 "감추어진 능력"-이것은 사랑의 능력이다-이라는 개념을 활용한다; Bultmann, 245: "이것, 즉 그리스도에게는 아스데네이아〈*ἀσθένεια*〉와 뒤나미스〈*δύναμις*〉가 한데 결합되어 있다는 것은 그리스도의 능력〈*δύναμις*-뒤나미스〉이 아스데네스〈*ἀσθενής*〉로 멸시받고 실제로 아스데네이아〈*ἀσθένεια*〉 속에서 살아가는 바울에게서 효력을 발휘하는 이유다").

따라서 바울은 고린도 교인들이 회개하기만 한다면 그들을 치리할 생각이 전혀 없다. 그로 하여금 고린도 교인들을 끈질긴 사랑으로 대하도록 동기를 부여하고 있는 것(12:15)은 그의 목회적인 관심(11:28-29)이고, 이 때문에 그는 자신이 그들 무리를 향하여 상처받기 쉬운 사랑을 지니고 있다고 말하고, 그가 지닌 온갖 선천적인 약함을 드러낸다(12:10). 이것은 10-13장의 배후에 있는 추론이다. 10-13장으로 이루어진 이 서신은 바울보다 먼저 고린도 교회에 도착하게 될 것이었다. 그는 이 서신이 "엄중한 서신"이 그랬던 것처럼 효력을 발휘하기를 소망한다. 엄중한 서신은 사도와 고린도 교인들 간에 화해가 일어나는 결과(애석하게도 일시적인)를 가져왔었다. 바울의 이러한 소망을 감안할 때, 우리는 13:3b, 4이 이행 단락이라고 주장한다. 왜냐하면 바울은 이 단락 속에서 자신이 가기 전에 고린도 교회가 회개하게 되기를 바라는 그의 소망을 피력하기 시작하기 때문이다. 일이 그렇게만 된다면, 그는 고린도 교회를 치리하지 않아도 될 것이었다.

13:3b은 교차대구법적인 구조를 보여 준다.

A *εἰς ὑμᾶς*(에이스 휘마스) — B′ *δυνατεῖ*(뒤나테이)
B *οὐκ ἀσθενεῖ*(우크 아스데네이) — A′ *ἐν ὑμῖν*(엔 휘민)

그리스도는 이제까지 고린도 교인들을(A) 향하여 약하지 않으셨고(B), 도리어 그들 가운데서(A′) 강하시다(B′; Furnish, 570를 보라). 약함과 강함(또는 능력)이라는 개념은 13:4에서도 계속된다. 이 절은 병행법으로 제시된 사고들을 보여 준다.

*καὶ γὰρ ἐσταυρώθη ἐξ ἀσθενείας*
(카이 가르 에스타로데 엑스 아스데네이아스)
*ἀλλὰ ζῇ ἐκ δυνάμεως θεοῦ*
(알라 제 에크 뒤나메오스 데우)
*καὶ γὰρ ἡμεῖς ἀσθενοῦμεν ἐν αὐτῷ*
(카이 가르 헤메이스 아스데누멘 엔 아우토)
*ἀλλὰ ζήσομεν σὺν αὐτῷ ἐκ δυνάμεως θεοῦ εἰς ὑμᾶς*
(알라 제소멘 쉰 아우토 에크 뒤나메오스 데우 에이스 휘마스)

우리는 각각의 문장이 카이 가르(*καὶ γὰρ*)로 시작되고, 각각의 문장의 두 번째 부분은 역접의 알라(*ἀλλά*)로 시작된다는 것을 알 수 있다. 13:4의 첫 번째 문장에서 바울은 그리스도께서 약하심으로 십자가에 못 박히셨으나 하나님의 능력으로 살아나셨다고 말한다. 이러한 사상은 이 절의 두 번째 문장과 병행을 이루고 있는데, 거기서 바울은 어떻게 자신이 그리스도 안에서 약하지만 하나님의 능력으로 살게 될 것인지를 말한다(일인칭 단수형 대신에 일인칭 복수형이 사용되고 있는 것을 주목하라; M. Carrez, "Le 'nous' en 2 Cor.," *NTS* 26〈1979-80〉 483를 보라: "약한 것과 사는 것은 그리스도와의 밀접한 사귐에 토대를 두고 있고, 이 삶 속에서 바울〈우리〉과 고린도 교인들〈너희〉을 하나로 묶어 주는 것은 그러한 사귐이다. 이런 식으로 그리스도는 고후 5:10에서보다 더 인격적이고 직접적인 방식으로 '우리'에게 그 의미와 능력을 부여하시는 분으로 묘사된다"). 바울이 그의 주제를 엄한 징벌이라는 주제에서 고린도 교인들이 외적으로 나타나는 능력의 결여를 약함과 동일시해서는 안 된다는 것을 깨닫게 될 것이라는 낙관적인 태도로 바꾸었다는 것은 우리의 논의로부터 분명하게 드러난다. 왜 그러한가? 바울은 그리스도께서 고린도 교인들 가운데 계시고(13:3b), 심지어 부활하신 주님께서도 십자가를 짐으로써 자원하여 "약함"의 삶을 따르셨다는 것을 보여 줌으로써 이러한 질문에 앞질러 대답한다. 바울의 요지는 자기도 마찬가지로 약함의 삶을 살아왔다는 것이다. 이것이 사실이고, 그리스도께서 고린도 교인들 가운데 계신다면, 바울은 그리스도의 메시지를 고린도 교인들에게 맨먼저 전한 자이기 때문에(Bruce, 253에서 말하듯이, 그는 "도구"였다) 고린도 교인들은 그를 사도로 받아들여야 마땅하다. 13:1-4이 끝나고 13:5-10이 시작되면서, 우리는 고린도 교회를 벌하는 것이 바울의 주된 관심사가 아니라는 것을 보게 된다. 우리는(그리고 아마도 고린도 교인들도) 바울이 능력과 약함에 관한 그의 주제들을 말함으로써 고린도 교인들이 회개하기를 원하고 있다는 것(13:10a)으로 이해하기 시작한다-물론 이러한 말을 하는 것이 바울이 여전히 약한 모습으로 있고자 한다는 것(이것은 이미 4:7-10; 10:1; 11:21에서 볼 수 있는 특징이다)을 의미한다고 할지라도 말이다("주석"을 보라).

현재의 대단락의 세 번째이자 마지막 단락은 13:5-10이다. 이 단락은 앞의 단락과 연결되어 있다. 우리는 강함과 약함이라는 모티프가 13장의 처음 열 개의 절을 지배하고 있다는 것을 알게 된다. 아스데네인(*ἀσθενεῖν*, 13:3, 4, 9)과 아스데네이아(*ἀσθένεια*, 13:4)는 뒤나테인(*δυνατεῖν*, 13:3, 4, 8), 뒤나미스(*δύναμις*, 13:4), 뒤나토스(*δυνατός*, 13:9)와의 대비를 제시한다(Hughes, 483, n. 181). 또한 이 두 단락(13:1-4과 13:5-10)은 "시험을 통과한다"(*δοκιμή*-도키메, 13:3; *δοκιμάζειν*-도키마제인; *δοκίμος*-도키모스, 13:7)는 개념이 두 곳 모두에서 발견된다는 점에서 서로 비슷하다. 또한 우리는 "시험을 통과한다"는 개념이 13:5-7에 나오는 "버리운 자"라는 개념(13:5, 6, 7의 아도키모스〈*ἀδόκιμος*〉를 보라; Hughes, 482, n. 178)과 대립된다는 점도 지적해 두고자 한다. 13:5-10은 고린도 교인들에게 "시험을 통과하라"(핵심 동사인 도키마제인〈*δοκιμάζειν*〉, 동일한 어원에서 나온 단어들이 고린도전후서에서 17번 사용되고 있고, 그 중에서 6번이 고후 13:1-10에 나온다)고 말하는 바울의 권면이다. 그렇다면 도대체 시험(*δοκιμή*-도키메)이란 무엇인가? 그 시험이라는 것은 고린도 교인들이 그리스도께서 그들 가운데 계신다는 것을 깨닫게 될 것이고(지도자이자 서신의 저자인 바울이 사도로서 거기에 있음으로 인해서, 10:10), 그들은 그들 가운데 그리스도께서 계시다는 것을 인정하기 위해서는 회개해야 한다는 것이다. 그들이 그렇게 회개한다면, 바울은 "엄한" 모습으로 그들에게 가지 않아도 될 것이었다. 바울의 기도(13:7, 9)는 그들이 회개하고 올바른 모습을 회복하게(*κατάρτισις*-카타르티시스) 되는 것이다. 바울의 소망은 고린도 교인들이 시험을 통과하게 되는 것과 그들의 이교적인 길들로부터 돌이킬 것을 결심함으로써 그 어떤 잘못도 범하지 않게 되는 것이라는 두 가지 측면을 가지고 있다(12:20-21).

13:5b은 반어법적이다(Barrett, 338; "온건한 반어법," Hughes, 491). 바울은 고린도 교인들에게 "그들이 믿음 안에(*ἐν τῇ πίστει*-엔 테 피스테이) 있는가"를 알아보기 위해서 스스로를 살펴볼 것(*ἑαυτοὺς πειράζετε*-헤아우투스 페이라제테, 명령형)을 권면하고-즉 그들이 새 시대에 살고 있고(5:17) 그리스도 안에 있으며 그리스도께서 그들 안에 계시다는 것을 알라고 권면하고-그들 자신을 시험하라(*δοκιμάζετε*-도키마제테, 명령형)고 권면한 후에 반어법적인 진술로 옮겨간다. 이 반어법("예수 그리스도께서 너희 안에 계신 줄을 너희가 알지 못하느냐?")은 특별한 목적을 위한 것이다. 고린도 교인들이 스스로를 살펴서 정말 그리스도께서 그들 안에 계시는 것을 발견한다면(물론 바울은 이것이 사실임을 알고 있고, 고린도 교인들도 결국 그 사실을 알게 되리라는 것을 확신한다), 그것은 바울이 참된 사도라는 것을 보여 주는 충분한 증거가 될 것이다. 왜냐하면 그는 복음을 고린도에 맨 처음 전한 자였기 때문이다. 13:5b에서 바울은 고린도 교인들이 스스로 알고 있는 것(*ἐπιγινώσκετε*-에피기노스케테)에 호소한다. 그러나 그는 그리스도께서 실제로 고린도 회중 속에 "결정적인 능력"(als kritische Macht in der Gemeinde, Bultmann, 248)으로 임재해 계시는 실체에 더 많이 호소하고 있다.

바울이 참된 사도라는 주제는 13:6에서도 계속되는데, 거기서 그는 고린도 교인들이 그가 시험을 통과했다는 것을 알게 될 것이라는 소망을 피력한다(바울이 아도키모스〈*ἀδόκιμος*〉를 서로 다른 용법으로 사용하고 있을 가능성에 대해서는 "주석"을 보라). 바울의 소망이 지닌 두 가지 측면(위의 설명을 보라)은 13:7에서 분명하게 드러나는데, 그 절의 구조는 대칭적인 사고로 이루어져 있다.

A *μὴ ποιῆσαι ὑμᾶς κακὸν μηδέν*
(메 포이에사이 휘마스 카콘 메덴)
B *ὑμεῖς τὸ καλὸν ποιῆτε*
(휘메이스 토 칼론 포이에테)

바울의 기도는 고린도 교인들이 악이라면 무엇이라도 피하고(A) 그 대신에 오직 선한 일만을 하게 되는 것이다. 비록 그것이 바울이 시험을 통과하지 못한 것처럼 보이게 하는 결과를 가져온다고 할지라도 말이다. 그는 그런 일이 이루어지는 것 외에는 더 이상 아무것도 바라지 않는다. 왜냐하면 그런 일이 이루어진다는 것은 그들이 회개했다는 것을 보여 주는 것이기 때문이다. 만약 그들이 회개한다면, 바울은 "약한" 자처럼 보일 것이다. 왜냐하면 그는 그의 서신들 속에서 "담대하지" 않을 뿐만 아니라, 실제로 대면해서도 "겸비할"(10:1) 것이기 때문이다(Bultmann, 241를 보라).

우리가 지적해 두어야 할 것은 바울이 "시험을 통과하다"라는 어구(13:5)와 "시험을 통과하지 못하다, 버리우다"(13:5, 6, 7)라는 어구를 사용하고 있기 때문에 13:5-7은 하나의 독립적인 단락이 되고 있다는 것이다. 또한 바울은 시험을 통과하기를 원하는 것과 시험을 통과하지 못한 것으로 보이는 것 사이에서 왔다갔다 하는 것처럼 보일 수 있다는 것이다. 전자는 그가 사도로서 받아들여지는 것에 관한 것이고, 후자는 "약한" 자로, 즉 아스데네스(*ἀσθένης*)의 또 다른 의미인 무력한 자로 판단받는 것에 관한 것이다. 바울은 모든 일이 진리(*ἀλήθεια* – 알레데이아, 13:8)를 따라 이루어진다는 점을 지적한다. 고린도 교인들이 회개한다면, 그는 그의 약함(여기서 약함이라는 것은 치리권 또는 "멸하는"〈*εἰς καθαίρεσιν*–에이스 카다이레신〉 권세의 행사 같은 모종의 권한들을 행사하지 않는 것을 의미한다)을 기뻐할(*χαίρειν*–카이레인) 것이다. 그러나 그가 이 모든 것들(13:10; 즉 10-13장)을 편지로 쓴 것은 고린도 교인들에게 마지막으로 회개할 기회를 주기 위한 것이다. 끝으로 바울은 자신의 목적은 교회의 덕을 세우는 것임을 단호하게 천명한다. 이것은 징벌을 수반할 수 있다. 물론 바울은 자기가 그렇게 하게 되지 않기를 바란다. 그러나 바울이 "벗"으로 가든 "적"으로 가든(그는 이 세 번째 방문이 고전 4:21을 연상시키는 방식으로 고통스러운 방문이 될 것인지 아닌지에 대한 결정권을 고린도 교인들에게 넘겼다), 모든 일은 진리 안에서 교회의 덕을 세우기 위한 목적으로 이루어질 것이다. 바울은 교회의 덕을 세울 "권세"(*ἐξουσία* – 엑수시아)를 지니고 있고, 이 권세는 하나님으로부터 온 것이다.

## 주석

19 "이 때까지 우리가 우리를 너희에게 변명하는 줄로 생각하는구나"(*πάλαι*

*δοκεῖτε ὅτι ὑμῖν ἀπολογούμεθα*; – 팔라이 도케이테 호티 휘민 아폴로구메다이). 우리는 이 구절과 관련된 본문상의 문제점들을 논의한 바 있다("원문주해"를 보라; 또한 자세한 것은 Moulton, *Grammar* 1:118를 보라). 부사 팔라이(*πάλαι*)는 지나간 때, 아마도 긴 기간을 가리키는 것 같다. 도케인(*δοκεῖν*, "생각하다")의 현재형과 함께 사용된 이 부사는 "진행중인"(Robertson, *Grammar*, 879) 또는 "지속적인"(Moulton, *Grammar* 1:119) 때를 의미하기 때문에, 그러한 결합은 영어의 완료 시제에 해당된다. 어떤 의미에서 바울은 고린도 교인들에게 자신이 그들 앞에서 자신을 변명하고 있는 것으로 그들이 내내 생각해 온 것으로 본다고 말하고 있다(BGD, 605). (또한 바울이 일인칭 복수형인 아폴로구메다〈*ἀπολογούμεθα*, 원형은 *ἀπολογοῦσθαι* – 아폴로구스다이, "자신을 변명하다"〉를 사용하고 있는 것이 주목할 만하지만, 그는 12:19a에서 단지 자기 자신만을 가리키고 있을 가능성이 크다. 바울은 12:18에서 디도를 언급했기 때문에 그를 함께 염두에 두었을 수도 있기는 하지만, 오늘날에 와서 바울은 오직 자기 자신만을 염두에 둔 경우에도 "우리"라는 표현을 사용한다는 것이 잘 알려져 있다. 그렇지만 카르레(Carrez, "Le 'nous,'" 480)는 12:18-19에 나오는 "우리"가 "사도적〈이 단어의 넓은 의미에서〉이라 불릴 수 있는 행위들〈엄격한 의미에서는 오직 바울만이 사도라고 할지라도〉을 가리키는" 것으로 보아야 한다는 견해를 제시한다. "〈'우리'는〉 바울과 실라와 디모데가 복음 선포에 있어서의 공통의 사명, 교회에 대한 그들의 권위〈그들의 우월성이 아니라〉와 관련하여 공고한 유대〈紐帶〉를 가지고 있음을 보여 주고, 그들의 권면의 방향을 결정짓는다.")

바울은 앞의 절들에서 자신을 변호해 왔다. 그는 짐짓 어리석은 자로서 기탄없이 말하여(11:21; 12:11), 자기가 사도직을 맡을 자격이 있는 지도자라고 주장했다. 10-13장은 그가 고린도 교인들의 마음을 얻고자 하는 또 다른 시도였다. 그러나 바울이 자신을 변호한(통상적인 의미에서) 것–재판석에 앉아 있는 자들 앞에서 자신의 인물됨을 자화자찬함과 동시에 자신의 이익을 증진시키기 위한 "이기적인 목적의 글"(Barrett, 328)–은 그의 대적들에게 악용당할 위험이 있었다(Furnish, 566, 567). 대적들은 바울이 그의 독자들의 유익을 위해서가 아니라 순전히 자신의 이기적인 목적에서 편지를 쓰고 있다고 주장할 수 있을 것이었다.

아마도 바울은 이제까지 내내 재판석에 앉아서 고린도 교인들을 판단해 온 것으로 보여질 수 있었을 것이다. 플럼머(Plummer)는 고린도 교인들이 사도에 대한 그들의 관계를 오해하지 않아야 한다고 바울이 지적한 것이 바로 그런 것이라고 생각한다(367). 과거에 바울은 약한 모습으로 고린도 교회를 방문했고, 그때 많은 굴욕을 당했었다. 그는 멀리 떨어져 있을 때만 힘이 있는 듯이 보이는 "종이 호랑이"로 여겨졌다(10:10). 그러나 현재의 대단락(12:19-13:10)에서 밝혀지겠지만, 바울은 고린도 교인들에게 심각한 결과들을 가져올 엄한 조치를 내릴 각오를 하고서 고린도 교회를 방문할 수도 있음을 밝힌다(10:2, 6, 11). 이것은 또 한 번의 "고통스러운 방문"이 될 수도 있다. 왜냐하면 고린도 교인들이 계속해서 잘못된 길로 간다면, 바울은 많은 사람들이 그의 분노를 짐작할 수 있는 경고의 조치를 할 작정을 하고 있기 때문이다. 그렇지만 바울은 오로지 고린도 교인들을 사랑하는 마음으로 행하고 있는 것이었고, 이 서신을 통한 바울의 호소(10-13장)는 그들이 회개할 또 한 번의 기회를 주는 것이었다. 요컨대, 바울은 고린도 교인들에게 그의 세 번째 방문이 고통스러운 것이 될지 그 반대가 될지를 스스로 결정하도록 맡겨 놓는다.

"우리가 그리스도 안에서 하나님 앞에 말하노라"(*κατέναντι θεοῦ ἐν Χριστῷ λαλοῦμεν* – 카테난티 데우 엔 크리스토 랄루멘). 바울은 "자신이 고린도 교인들을 위하여 일하고 있다"는 주제를 계속 이어간다(1:24). 이것은 12:15에서 제시되었다. 12:19b에 의하면, 우리는 바울이 자신의 이득이 아니라 고린도 교인들이 잘 되는 것에 관심을 갖고 있음을 보게 된다. 그는 "책임 있는 신학자"로서 처신하고 있다(Barrett, 328). 바울이 자신의 유익을 구하지 않고 있다는 것은 두 전선에서 드러난다. 첫째는 바울이 고린도 교인들의 덕을 세우기 원한다고 말하는 12:19c이 그 증거다(아래의 설명을 보라). 다음으로, 또 하나의 전선은 "한 쌍의 보증" 속에서 찾아볼 수 있다(Plummer, 368). 바울은 "하나님 앞에서"와 "그리스도 안에서"라고 말한다. "…가 보는 앞에서"라는 의미를 지니는 전치사(2:17을 보라; 참조. 4:2)를 사용해서 "하나님 앞에서"(*κατέναντι* –카테난티)라고 말한 것은 하나님의 심판을 염두에 두고 있다는 개념을 지닌다. 바울이 행하고 말하는 모든 것은 주님의 정밀한 검사 아래 놓여 있다(5:10을 보라). 하나님은 바울이 그의 부르심에 신실하기를 기대하신다. 바울은 자기가 이 부르심에 합당치 않은 일은 아무것도 하지 않았다고 생각한다. 대적들이 바울에 대하여 여러 가지로 비난하고 고소하는 죄를 범했기 때문에, 바울은 하나님과 아울러서 다른 사람들에게도 그의 삶과 사역을 정밀하게 조사해 보도록 요청할 수 없는 처지가 되어 버렸을 것이다. 게다가, 바울은 "그리스도 안에서"(*ἐν Χριστῷ* –엔 크리스토) 살아간다. 그의 삶과 실존은 이러한 연대(또는 하나됨)에 의거해 있다. 그는 약한 모습으로 고린도 교회에 왔지만, 하나님은 그를 강하게 하셨다. 우리는 카테난티 데우 엔 크리스토 랄루멘(*κατέναντι θεοῦ ἐν*

*Χριστῷ λαλοῦμεν*)이라는 어구가 2:17에서도 발견된다는 점을 주목한다. 후자의 절에서 바울은 하나님의 말씀을 가지고 장사한 것이 아니라, 도리어 그리스도 안에서 하나님 앞에 진실되게 그 말씀을 전했다는 것을 방금 지적했었다. 또한 우리는 2:17의 맥락 속에서 바울은 고린도 교인들에게 또다시 스스로를 자천할 필요가 없다고 주장했다는 점을 주목한다(3:1; 또한 고전 4:3-5). 바울의 서신들을 얼핏 보기만 해도, 바울의 양심은 잘못이나 비행(非行)으로부터 언제나 깨끗했다는 것이 드러난다(고후 1:18, 23; 4:2; 5:11; 7:12; 11:11, 13; 롬 1:9; 9:1; 빌 1:8; 살전 2:5, 19: 최근의 연구서인 H.-J. Eckstein, *Der Begriff Syneidesis*, 특히 224-32를 보라).

"사랑하는 자들아 이 모든 것은 너희의 덕을 세우기 위함이니라"(*τὰ δὲ πάντα, ἀγαπητοί, ὑπὲρ τῆς ὑμῶν οἰκοδομῆς* - 타 데 판타 아가페토이 휘페르 테스 휘몬 오이코도메스). 우리는 12:19b에서 바울이 고린도 교인들을 위하여 행하고 있다는 것을 보았다. 현재의 본문 속에서 그는 이것을 한층 더 명시적으로 밝힌다: 그에 의해서 행해진 모든 것은 고린도 교인들의 덕을 세우기 위하여(*οἰκοδομή* - 오이코도메) 행해진 것이다. 이와 같은 발언은 사실 지금까지의 그의 자기 변호의 맥락과 일치한다(Bultmann, 239).

플럼머(Plummer)는 "모든 것"(*τὰ πάντα* - 타 판타)이 바울이 "말한" 것들만을 의미하는 것으로 본다(368). 플럼머의 추론은 12:19c에는 동사가 나오지 않기 때문에 12:19b의 랄레인(*λαλεῖν*)은 12:19c로 이어진다는 것이다. 그러나 우리는 특히 바울이 연보 문제와 관련된 그의 처신을 자세하게 변호하고 있다는 점(12:14-18)에 비추어 볼 때 그러한 해석은 지나치게 제한적인 것이 아닌가 의심하게 된다. 요지는 바울이 "이 모든 것"(*τὰ πάντα* - 타 판타)이라고 말할 때 고린도 교인들은 바울이 그의 말만이 아니라 그의 행위까지도 가리키는 것으로 이해했을 가능성이 높다는 것이다. 바울은 10-13장이 고린도 교인들에게 "엄중한 서신"과 비슷한 효과를 갖게 되어서, 그가 세 번째로 방문할 때 그것이 즐거운 방문이 될 수 있기를 소망하고 있었을 것이기 때문에, 그가 "이 모든 것"이라고 말했을 때는 "엄중한 서신"도 당연히 거기에 포함되어 있었을 것이다.

바울이 고린도 교인들을 위하여 행한 모든 것은 그들의 "덕을 세우기" 위한 것이었다(Vielhauer, *Oikodome*, 72, 73, 사도의 선교 사역은 하나님의 집을 세우는 일이다). 휘페르(*ὑπέρ*)는 속격과 함께 사용될 때 "…를 위하여"라는 의미를 지닌다. "건물을 짓는다"(*οἰκοδομή* - 오이코도메)는 은유는 고린도 교인들에게 친숙한 것이었다(고전 3:9; 8:1, 10; 10:23; 14:3, 4, 5, 12, 17, 26: Martin, *The Spirit and the Congregation*, 62, 63; 고전 2:10-15에 대한 J. H. Schütz, *Paul and the Anatomy of Apostolic Authority*, 224, 225, 260). 하나님의 백성의 덕을 세우는 것은 사도로서의 바울의 역할이었다(Barrett, 328; idem., *Signs of an Apostle*). 13:10이 말하고 있듯이, 바울은 고린도 교회의 덕을 세우기 위해서 주님으로부터 권세를 받았다. 이러한 덕을 세움은 엄격한 조치를 취하는 형태로 행사될 수도 있지만, 바울은 그런 일이 생겨나기를 바라지 않는다. 바울의 이러한 단호하고 엄격한 태도의 배후에는 사랑이 자리잡고 있다("무엇을 세울 것인지를 결정하는 기준으로 작용하는 것은 바로 사랑이다"; Schütz, ibid., 262). 이것은 그가 아가페토이(*ἀγαπητοί*, "사랑하는 자들아"; Filson, 415; 애정을 표현하는 용어로서 여기와 7:1에 나온다)를 사용하고 있는 것에서 드러난다. 앞으로 보게 되겠지만, 바울의 기도는 고린도 교인들이 그의 경고를 경청해서 그들의 길들을 고치고 바로잡게 되는 것이다(13:7, 9). 사실, 12:19은 12:1-18에서 그가 다룬 주제들을 반영하고 있는 것으로 보인다("양식/구조/배경"을 보라). 비록 제대로 평가받지는 못했지만, 그가 고린도 교회에서 행해 온 모든 것은 고린도 교회의 덕을 세우기 위한 것이었다. 바울은 그의 대적들과는 달리 교회에 폐를 끼치거나 부담을 주지 않아 왔고, 고린도 교인들에 대하여 유리할 때만 친구 역할을 한 그런 자가 아니었다. 이와는 정반대로, 그는 고린도 교인들에게 해가 될 만한 일은 조금이라도 하지 않으려 했다-Lietzmann, 161에서 주장하듯이, 이것은 13:7로부터 추론될 수는 없지만 옳다. 고린도 교인들이 이 점을 깨닫기만 한다면, 그들은 바울이 자신을 "낮춘 것"은 능력이 없어서가 아니라 하나님의 능력을 드러내기 위한 것이었음을 알게 될 것이었다. 그가 자신을 "무너뜨린 것"은 교회를 세우는 수단이 되기 위한 것이었다. 바울은 자신의 그러한 행위가 성공을 거두게 되기를 소망하고 있지만, 그의 마음속에는 여전히 어느 정도 의구심과 두려움이 어른거리고 있었다.

20 "내가 갈 때에 너희를 나의 원하는 것과 같이 보지 못할까 두려워하며"(*φοβοῦμαι γὰρ μή πως ἐλθὼν οὐχ οἵους θέλω εὕρω ὑμᾶς* - 포부마이 가르 메 포스 엘돈 우크 호이우스 델로 휴로 휘마스). 앞에서 바울은 고린도 교인들을 "수동적으로" 다루어 왔다. 바울은 "두 번째 방문" 기간 동안에 자신에게 불의를 행한 자를 직접 치리하지 않고, 한 발짝 뒤로 물러나서 고린도 교회가 스스로 그 일을 바로잡도록 했다(7:11; 참조. 2:5-11). 바울은 자신의 "두 번째 방문" 기간 동안에 고린도 교회가 자신에게 보여 준 행위에 대하여 책망을 할 때 직접 대면해서가 아니라

서신을 통해서 했고, 그 서신도 그가 직접 전달하지 않았다. 게다가, 바울은 고린도 교회를 방문하고 있는 동안에는 결코 엄한 태도를 보이지 않았다(10:1). 그러나 바울의 이러한 자세는 바뀔 수도 있는 것이었다.

"왜냐하면"(γὰρ – 가르)의 사용에서 볼 수 있듯이, 12:20a의 사고는 12:19c과 연결되어 있다(Plummer, 368). 바울은 고린도 교인들의 덕을 세우고자 하지만, 덕을 세우기 위해서는 "깨끗하게 하는 것"(참조. 6:14-7:1), 이교의 생활 방식들을 버리고 삶을 새롭게 하여 화해를 이루는 것(20-21절)이 먼저 선행되어야 한다. 고린도 교인들의 덕을 세우고자 한 바울의 이전의 시도들은 때때로 효력을 발휘하기도 했지만, 그것은 단지 일시적인 성공이었을 뿐이라는 것이 증명되었다. 고린도전서와 "엄중한 서신"을 통해서 고린도 교회의 상황을 바로잡고자 한 그의 시도들은 지속적인 효력을 지니지 못했다. 거짓 교사들이 고린도 교회에 침투했고(11:4), 고린도 교인들은 그들을 환대했다(11:19). 따라서 바울이 10-13장을 쓸 필요가 있었다는 것은 "엄중한 서신"의 긍정적인 결과들이 결국 뒤집어져 버렸다는 것을 보여 준다. 10장의 어조가 9장과 크게 달라졌다는 것은 새로운 문제가 고린도 교회에서 발생했다는 것을 암시해 준다. 바울은 12:20b에서 이 문제가 무엇이었는지를 자세하게 밝히게 될 것이다. 12:20a에서 그는 12:20b의 죄들을 열거하기 위한 토대를 놓는다. 바울은 그의 앞서의 노력들에도 불구하고 고린도 교인들이 그가 바라던 대로 되지 않으면 어쩌나 하고 두려워한다(φοβοῦμαι – 포부마이). 우리는 메 포스(μή πως)가 인식의 동사 뒤에 나온다는 점을 주목한다(BGD, 519; BDF § 428.6; Moule, *Idiom Book*, 139). 바울은 고린도 교인들이 죄를 회개하지 않고 계속해서 자행하게 됨으로써 그가 그들에 대하여 엄한 조치를 취하지 않으면 안 되는 상황이 오게 될까 봐 무척 고심한다. 그는 자신이 엄한 조치를 취하는 것이 자신의 자녀들에게 도움이 된다면 그러한 악역을 맡는 것을 꺼려하지 않을 것이다. 우리는 영적인 아비로서의 바울의 심정이 이 절 속에 유감없이 드러나 있다고 말한 휴즈(Hughes, 471, 472)의 견해에 전적으로 동의하지 않을 수 없다.

그렇지만 바울은 그러한 불쾌한 일이 일어나지 않게 되기를 소망한다. 우리는 휴로(εὕρω, 원형은 휴리스케인⟨εὑρίσκειν⟩)가 직설법이 아니라 가정법으로 되어 있다는 것을 주목한다. 아마도 이것은 치리를 행해야 한다는 것이 이미 결론이 난 일이 아니라는 것을 말하는 바울의 방식인 것 같다(Bultmann, 239에서는 바울이 진정으로 무엇을 바라고 있는지를 말해 주는 2:3을 인용한다). 그는 고린도 교인들에게 그들의 잘못을 스스로 바로잡을 기회를 주고 있는 것으로 보인다. 그는 자신이 가기 전에 고린도 교인들이 그를 화나게 만드는 바람직하지 못한 것들을 스스로 제거하기를 바란다. 바울은 꼭 필요한 경우에는 영적인 아버지로서의 치리권을 행사하고자 하면서도, 고린도 교인들에게 스스로 바로잡을 시간을 허용함으로써 목회자의 마음을 가지고서 목회적인 지혜를 발휘한다(Hughes, 471). 고린도 교인들의 덕을 세우고자 하는 그의 관심이 그가 그들을 위해 제시하는 여러 선택지들 속에 요약되어 있다는 것을 주목하는 것은 중요하다. 그는 자신의 목적을 달성하기 위해서 취할 수 있는 모든 조치를 기꺼이 취하고자 한다. "그는 교회를 파하는(*καθαίρεσις*-카다이레시스, 10.8; 13.10) 것이 아니라 교회의 덕을 세우는(*οἰκοδομή*-오이코도메) 것을 이루고자 한다"(Bultmann, 239). 그는 고린도 교인들에 대하여 신속하고도 효과적인 치리를 행할 준비가 되어 있다. 그렇지만 그는 13:11에서 다시 한 번 이 주제로 돌아가서 마지막으로 화해를 호소하면서, 고린도 교인들이 그들의 잘못을 스스로 바로잡음으로써 스스로 "세워지기"를 소망한다(이 화해의 호소에 대한 개관으로는 Martin, *Reconciliation*, 90-93를 보라). 우리는 스스로 바로잡는다는 이러한 선택지를 주목할 필요가 있다. 왜냐하면 그것은 12:19-13:10의 밑바닥에 깔려 있는 주제이기 때문이다. 요컨대, 바울은 최선을 소망하면서도 최악의 경우를 대비하고 있다는 것이다.

"또 내가 너희에게 너희의 원하지 않는 것과 같이 보일까"(*κἀγὼ εὑρεθῶ ὑμῖν οἷον οὐ θέλετε*-카고 휴레도 휘민 호이온 우 델레테). 카고(*κἀγὼ*, 카이 에고⟨*καὶ ἐγώ*⟩)의 모음 축약으로 인해서 이 구절에서 "내가"는 강조의 위치게 놓이게 된다. 바울은 고린도 교인들이 자신이 바라던 대로 되어 있지 않을 것에 대한 두려움을 피력하면서, 이와 동시에 그들이 자신에게서 평소의 자신과는 다른 모습을 보게 될지도 모른다고 솔직하게 말한다(이 절의 교차대구법적인 구조에 대해서는 "양식/구조/배경"을 보라). 그는 12:20b에서 고린도 교인들의 바람직하지 못한 모습들을 열거한다. 바울 자신도 바람직하지 못한 모습, 즉 "매"를 든 모습으로 그들에게 나아가게 될 것이다(Barrett, 329). 그런 사람들이 회개하고 삶을 고치지 않는다면, 그는 아무도 용서하지 않을 것이다(13:2). 여기서 우리는 다시 한 번 동사 휴레도(*εὑρεθῶ*, 원형은 휴리스케스다이⟨*εὑρίσκεσθαι*⟩, 하지만 이번에는 능동태가 아니라 수동태로 되어 있다)가 가정법으로 사용된 것을 주목한다. 이렇게 바울은 그들이 삶을 고칠 수 있는 기회의 문을 활짝 열어 놓는다. 요컨대, 그는 고린도 교인들에게 그들이 원하기만 한다면 그의 이번 방문을 유쾌한 방문으로 만들 수 있는 기회를 준 것이었다. 고린도전서 4:21의 말씀(앞서의 방문에 대하여 말하고 있는 것이기는 하지만)은 12:20a과 b의 사고를 정확히 포착하고 있다: "너희가 어느 쪽을 원하느냐? 내가 매를 가지고 너희에게 나아가랴, 사랑과 온유한 마음으로 나아가랴?"

"또 다툼과 시기와 분냄과 당 짓는 것과 중상함과 수군수군하는 것과 거만함과 어지러운 것이 있을까 두려워하고"(〈*φοβοῦμαι*〉 *μή πως ἔρις, ζῆλος, θυμοί, ἐριθεῖαι, καταλαλιαί, ψιθυρισμοί, φυσιώσεις, ἀκαταστασίαι* – 〈포부마이〉 메 포스 에리스 젤로스 뒤모이 에리데이아이 카타랄리아이 피뒤리스모이 퓌시오세이스 아카타스타시아이). "내가 두려워하노라"는 어구는 헬라어 본문에는 실제로 나오지 않지만 영어 번역문에서는 의미가 통하기 위해서 필요하기 때문에 괄호로 처리되었다(Barrett, 329). 또한 바울은 그의 독자들이 12:20b의 첫 번째 부분을 그런 식으로 이해하기를 원한다. 12:20b에서 메 포스(*μή πως*)는 포부마이(*φοβοῦμαι*)를 필요로 한다. 왜냐하면 이 구절 속에는 명시적으로 동사가 나오지 않기 때문이다. 12:20a에서 우리는 포부마이(*φοβοῦμαι*)가 메 포스(*μή πως*) 앞에 온 것을 보았는데, 바울은 12:20b에서도 동일한 것을 행하고 있는 것으로 보인다.

바울은 자신이 두려워하는 것을 이제 구체적으로 열거한다. 12:20에 열거된 죄들에 대한 앞서의 해설 속에서 우리는 이 절에 나온 죄들이 12:21에 언급된 성적인 부정(不淨)과 다르다는 것을 지적했다. 바울이 12:20b에서 열거하고 있는 것은 교회의 분열에 기여한 죄들이고, 12:21b에서 열거하고 있는 것은 성적인 부도덕으로 인해서 교회의 도덕적인 상태가 엉망이 되었음을 보여 주는 죄들이다. 바울이 고린도 교회의 상황을 구성하고 있는 서로 다른 요소들을 구별하기 위해서 의도적으로 이 두 목록을 서로 다르게 하고 있는지는 판단하기가 힘들다. 바렛(Barrett)은 12:20b에 열거된 죄들은 거짓 사도들의 활동의 결과였던 것으로 이해한다("Paul's Opponents," 75; 또한 "양식/구조/배경"을 보라). 고린도 교인들 중에서 일부는 바울 편을 들었고, 일부는 그의 대적자들의 편을 들었기 때문에, 12:20b의 악덕들은 서로 다른 지도자들을 지지하는 파당들의 알력으로 인해서 자연스럽게 생겨난 것들이다(고전 1:10-17; 3:3을 보라). 이러한 입장의 연장선상에서, 12:21의 성적인 죄들은 결코 그들의 이교적인 생활 방식을 바꾸지 않고(6:1) 바울이 전한 화해의 복음을 들은 척 만 척 아랑곳하지 않았던(5:20; 6:14) 자들에 대한 바울의 공격을 나타내는 것일 수 있다. 하지만 바울은 바렛(Barrett)의 견해와는 달리 고린도 교회를 서로 다른 무리들로 나누고 있는 것이 아니라, 고린도 교회의 모든 교인들을 대상으로 이러한 경고를 하고 있는 것일 수 있다. 아마도 그는 독자들이 파당의 죄를 범했든, 성적인 음행의 죄를 범했든, 두 가지 모두를 범했든 그런 죄를 범한 자들이 자신의 충고를 무시하고 회개하지 않는다면 진노를 사게 될 것임을 표현하고 있는 것 같다.

"다툼, 불화, 분쟁"(ἔρις – 에리스). 이 단어는 악덕 목록들에서 발견되는데(롬 1:29을 보라; 이것은 고린도 교인들의 "이교도적인" 성향들에 대한 바울의 우려를 나타내는 것일 수 있다), 종종 젤로스(ζῆλος)와 함께 사용된다(롬 13:13; 또한 BGD, 309: S. Wibbing, *Die Tugend-und Lasterkataloge im Neuen Testament*. BZNW 25[Berlin: Töpelmann, 1959] 96, 97를 보라). 이 한 쌍의 악덕들은 고린도전서 3:3에서도 발견되는데, 거기서 이 단어들은 영적인 미성숙이라는 맥락 속에 놓여 있다. 의식적으로든 무의식적으로든, 바울은 고린도 교인들(적어도 그들 중의 일부)이 그가 이전에 그들을 만났을 때보다 퇴보한 것으로 보인다는 관심사를 피력하고 있다. "다툼"은 세상적인 교회의 부산물이다(빌 1:15; 에리스〈ἔρις〉가 바울을 직접 겨냥하고 있는 것에 대해서는 Martin, *Philippians*〈TNTC, 1959〉 71-73를 보라: 고후 12:20에는 바울과 직접 관련된 측면이 없다는 것에 대해서는 Bultmann, 239, 240를 보라. 그러나 "그의 사도적 권위가 무너지게 되면, 고린도 교회의 도덕적 삶도 산산조각나고 만다." 고린도 교인들은 그들 자신을 하나님께서 "열납하실 만한" 공동체로 세울 책임을 감당해야 한다). 이렇게 해서 우리는 여기서 다시 한 번 고린도전서 3장에서처럼 바울의 사역과 관련된 덕 세움이라는 모티프를 본다. 사도에게 있어서 교회를 세우는 건축자는 하나님이시지만(고전 3:9), 그럼에도 불구하고 바울 자신도 여전히 독자적인 건축자다(고전 3:10). 바울이 교회를 세우는 것은 하나님이 세우시는 것이다. 그렇기 때문에 바울은 오이코도메(οἰκοδομή)를 주장할 수 있다.

"시기"(ζῆλος – 젤로스). 바울은 이 단어를 좋은 의미로 사용하기도 하고(고후 7:7; 11:2) 나쁜 의미로 사용하기도 한다(여기와 고전 3:3; 또한 롬 13:13; 갈 5:20; *1 Clem* 5을 보라: 이것에 대해서는 Cullmann, *Peter* [2][tr. F. V. Filson: London: SCM Press, 1962] 105에 반대하는 Martin, *Philippians*, 72, n. 1을 보라; 또한 에리데이아〈ἐριθεία〉와 함께 사용된 약 3:14, 16을 보라). 후자는 "경쟁심" 또는 "당파심"이라는 의미를 나타낸다(BGD, 337; 또한 Héring, 97, n. 34). 분명히 고린도 교인들은 바울에 대하여 강력한 충성심을 가지고 있었지만, 이 충성심은 마치 바람에 날려가 버리듯이 한 지도자에게서 다른 지도자에게로 옮겨졌다.

"분냄, 화냄"(θυμός – 뒤모스). 본문이 복수형으로 되어 있기 때문에, 우리는 "분냄들"로 번역한다(Büchsel *TDNT* 3:167, 168를 보라). 고린도 교회는 파당들로 나뉘어 있었기 때문에 사람들이 걸핏 하면 화를 내는 일이 잦았으리라는 것은 별로 이상한 일이 아니다. 이 단어는 갈라디아서 5:20; 골로새서 3:8; 에베소서 4:31의 악덕 목록 속에 나온다.

"당 짓는 것, 이기적인 야심"(*ἐριθεία* – 에리데이아)은 헬라어 본문에 복수형 에리데이아이〈*ἐριθεῖαι*〉로 되어 있다. 원래 이 단어는 이기적인 이유로 인해서 관직을 얻고자 하는 자를 묘사하는 데 사용되었다(Aristotle, *Polit.* 5, 3, 1302*b*; 1303*a*, 14). 다툼과 분열로 인해서 저수반은 교회를 그런 식으로 묘사하고 있는 것은 당파를 지어서 서로 다투는 분위기로 인해서 "음모와 술수"(Ränke, Bultmann, 240)가 난무하게 되었다는 것을 보여 주는 것이고, 이것은 뭔가 과감한 조치가 취해지지 않는다면 자신의 사역이 모두 무너질 위기에 처해 있다고 바울이 두려워했다는 것을 우리에게 말해 준다. 이 단어는 악덕 목록들 속에서도 발견된다(갈 5:20; 참조. 빌 1:17; 2:3). (추상적인 표현을 복수형으로 사용하는 것에 대해서는 BDF § 192를 보라.) Büchsel, *TDNT* 2:660, 661를 보라.

"훼방함, 험담, 비방"(*καταλαλιά* – 카타랄리아). 헬라어 본문에서의 복수형(*καταλαλιαί* –카타랄리아이)은 아마도 이 죄가 여러 차례에 걸쳐서 범해졌다는 것을 보여 주기 위해서 사용된 것 같다(BGD, 412). 이 명사는 여기 외에는 베드로전서 2:11에서만 사용되고, 로마서 1:30에서는 형용사 카타랄로스(*κατάλαλος*)가 실명사로 사용된다. 동사 카타랄레인(*καταλαλεῖν*)은 주후 60년대 중반에 예루살렘에서 활동했던 제사장들을 배경으로 하고 있는 야고보서 4:11에서 발견된다(카코로게인〈*κακολογεῖν*〉을 사용한 Josephus, *Ant.* 20.180에 의거한 Martin, "The Life-Setting of the Epistle of James in the Light of Jewish History," W. S. LaSor FS, *Biblical and Near Eastern Studies*, ed. G. A. Tuttle[Grand Rapids: Eerdmans, 1978], 97-103를 보라; 벧전 2:12; 3:16).

프시뒤리스모이(*ψιθυρισμοί*)는 프시뒤리스모스(*ψιθυρισμός*)에서 나온 단어로서 "속살거리는 자" 또는 "이야기를 옮기는 자"를 의미하기 때문에 뒤에서 쑥덕거리며 흉을 본다는 개념을 지닌다. 바렛(Barrett)은 복수형이 사용된 것을 수군거리며 흉보는 일이 고린도 교회에 만연되어 있었음을 보여 주는 것이라고 생각한다(329). 신약에서 이 명사는 오직 여기서만 사용된다(신약 밖에서는 이 단어는 여전히 경멸적인 의미를 지닌다. 예를 들면, 시편 40:8; Sir 5:14; 21:28; *1 Clem* 30:3; 35:5; Windisch, 409를 보라). 이 단어와 비슷한 프시뒤리스테스(*ψιθυριστής*, 제1변화에 속한 남성 명사)은 신약에서 오직 한 번만 사용되고, 또 다른 악덕 목록(롬

1:29)에도 나온다. 우리는 여기서 다시 한 번 고린도 교인들의 부도덕하고 반사회적인 행동 속에서 이교적인 행실에 대한 바울의 염려를 보게 된다.

"거만함"(φυσιώσεις – 퓌시오세이스). 헬라어 본문의 복수형은 퓌시오시스(φυσίωσις)에서 온 것으로서 "팽창된 것", 따라서 "우쭐함, 거만함"을 의미한다. 이 명사는 "하팍스 레고메논"이다. 동사 퓌시우스다이(φυσιοῦσθαι)는 정경(正經)의 고린도 서신에서 자주 발견되는데(고전 4:6, 18, 19; 5:2; 8:1; 13:4), 이것은 고린도 교회가 교만의 죄로 뿌리 깊이 물들어 있었음을 보여 준다. 고린도 교회가 바울의 관심의 초점으로서 그의 여러 서신들이 보내진 곳이었다는 사실에 비추어 볼 때 이것은 결코 이상한 일이 아닌 것 같다. "그리스도의 교회는" 그들에게 "자신을 드러내고 유명해지고자 하는 그들의 열망을 실현하기 위한 각축장이었다"(Denney, "The Superlative Way," *The Way Everlasting*〈London: Hodder & Stoughton, 1911], 152).

아카타스타시아이(ἀκαταστασίαι, "어지러운 것들")는 소란 또는 사회적인 무정부 상태를 나타내는 복합명사에서 온 단어다. 우리는 소란이 바울의 사역에 늘 수반된 것이었다는 것을 알지만(6:5), 여기서 그것은 "이기주의적이고 도량이 좁은" 자들의 책략이라는 개념을 나타내는 것일 가능성이 크다(Barrett, 329). 고린도 교회는 무척 소란스러웠던 것으로 보인다(고전 14:33: 예배에서의 무질서와 혼란을 이 단어로 경고한 것에 대해서는 Martin, *The Spirit and the Congregation*, 82, 83를 보라; 또한 약 3:16).

바울이 세 번째로 방문할 때 고린도 교회가 자신에게 보여 줄 모습을 두려워한다고 말하는 것은 아주 억제된 표현이다. 이 죄들의 목록은 소란으로 들끓는 한 교회의 모습을 보여 준다. 바울이 그러한 상황을 바로잡기 위해서 그 교회에 가고자 했다는 것은 전혀 이상한 일이 아니었다. 그의 평가가 제대로 된 것이었다면, 치유를 위한 조치들이 취해지지 않으면 안 되었을 것이다. 이 대목에서 신약의 다른 곳에서는 별로 나오지 않는 단어들이 사용되고 있는 것은 바울이 고린도 교회의 상황을 예외적인 것으로 생각했다는 것을 보여 준다. 즉 우리가 알고 있는 한, 바울이 세운 교회 중에서 이처럼 죄와 분열로 소란스러웠던 곳은 없었다(그러나 빌립보 교회의 경우는 한 번쯤 고려해 볼 필요가 있다: Martin, *Philippians*, NCB, 22, 23, 31-34). 12:20b과 로마서에 나오는 악덕 목록들(1:28-32; 13:13) 간의 유사성은 바울이 고린도 교인들의 행위를 그리스도인으로서의 생활 양식에 전혀 부합하지 않는 것으로 여겼다는 것을 보여 준다(6:14-7:1을 보라). 바울은 이제 그러한 상황을 바로잡을 수단으로서 과감한 조치들을 취하고자 한다는 의도를 내비친다. 이 조치들이 어떤 것이었을지는 아래에서 논의될 것이다. 요지는 고린도 교회는 제멋대로 행동하는 버릇 나쁜 아이 같아서 징계만이 유일한 치료책으로 보인다는 것이다. 하지만 우리가 앞에서 논의했고, 또한 기억해 둘 필요가 있는 것은 바울은 자신이 거기에 가기 전에 고린도 교인들이 제정신을 차리게 되기를 바라고 있다는 것이다. 그렇게만 된다면, 바울은 만족하게 될 것이었다(13:7).

21 "또 내가 다시 갈 때에 내 하나님이 나를 너희 앞에서 낮추실까 두려워하고" (*μὴ πάλιν ἐλθόντος μου ταπεινώσῃ με ὁ θεὸς μου πρὸς ὑμᾶς* – 메 팔린 엘돈토스 무 타페이노세 메 호 데오스 무 프로스 휘마스). 이 절은 여러 가지 점에서 12:20에서의 바울의 관심을 계속 이어가고 있다. 그러나 12:20과 12:21이 어느 정도나 연속되어 있는지를 결정하기 전에 우리가 해결해야 할 한 가지 기술적인 문제가 존재한다. 그것은 12:21의 문법이 다소 혼란스럽게 되어 있어서, 우리가 12:20b과 12:21b에 열거된 죄들 간의 연관 관계를 판단하기 전에 그 점을 살펴볼 필요가 있다는 것이다.

바렛(Barrett)은 이 구절 속에 팔린(*πάλιν*)이 나옴으로써 "도저히 풀 수 없는 문법상의 문제점"이 발생하게 되었다고 지적한다(330). 문제는 팔린(*πάλιν*)이 엘돈토스(*ἐλθόντος*, "가다")에 걸리느냐, 아니면 타페이노세(*ταπεινώσῃ*, "낮추다")에 걸리느냐는 것이다. 달리 말하면, 우리는 12:21a의 첫 번째 부분을 "내가 다시 갈 때에 내 하나님이 나를 낮추실까"(NIV; NEB; RSV; KJV/AV)로 번역해야 하는지, 아니면 "내가 갈 때에 내 하나님이 나를 다시 낮추실까"(Barrett, 330; Plummer, 369; Furnish, 562; Héring, 98)로 번역해야 하는지를 결정해야 한다는 것이다(Phillips는 팔린〈*πάλιν*〉을 번역에서 완전히 제외하는 편법을 사용한다). 이 두 가지 번역은 어느 쪽이든 문법적으로는 가능하다. 게다가, 바울이 두 가지 선택지 중에서 어느 쪽을 염두에 두고 있었는지를 문맥을 통해서 결정하는 것도 어렵다.

본문 속에서의 위치로 판단한다면, 팔린(*πάλιν*)은 엘돈토스(*ἐλθόντος*)에 걸린다고 할 수 있다. 팔린(*πάλιν*)은 이 분사 바로 앞에 나오기 때문에, "다시 갈 때에"라는 번역이 문법상으로는 가장 적절해 보인다. 그러나 우리는 바렛(Barrett, 330)과 마찬가지로 엘돈토스 무(*ἐλθόντος μου*, "내가 갈 때에")라는 어구가 이 구절의 주동사인 타페이노세(*ταπεινώσῃ*, 타페이눈〈*ταπεινοῦν*, "낮추다, 욕을 당하게 하다"〉의 단순과거 가정법)에 비하여 부차적일 수 있다는 점을 주목한다. 이것은 엘돈토스 무(*ἐλθόντος μου*)가 속격 절대 구문으로 되어 있다는 것에서 드러난다. 만약 바울이 12:21a에서 "그가 갈 때에"를 강조하고자 했다면 부대상황(附帶狀況)을 나타내는 분사를 대격(ἐλθόντα - 엘돈타)으로 표현했을 가능성이 더 크다(그러나 BDF § 423.2를 보라). 엘돈타(ἐλθόντα)를 사용한 것은 메(με)와의 일치를 위한 것일 수 있다. 따라서 속격 절대 구문의 사용(엄밀하게 말해서 부정확한 것이기는 하지만, Barrett, 330)은 바울이 "그가 갈 때에"를 12:21a에서 삽입구적인 진술로 의도했다는 것을 보여 준다. 그렇다면 팔린(πάλιν)은 타페이노세(ταπεινώσῃ)에 걸린다고 해야 한다. 이 구절과 관련된 서로 다른 이독들에서 볼 수 있듯이("원문주해" f를 보라), 12:21a의 올바른 읽기를 둘러싼 불확실성은 분명해 보인다(아마도 읽기를 바꾸고자 한 이러한 시도들은 이 구절을 문법적으로 부드럽게 하기 위한 것들일 것이다).

12:21a의 문맥을 잘 검토해 보아도 이러한 문제점을 깨끗히 해결하는 데는 별 도움이 되지 않는다-팔린(πάλιν)은 엘돈토스(ἐλθόντος)가 아니라 타페이노세(ταπεινώσῃ)에 걸리는 것으로 보아야 한다는 논리적인 주장을 할 수는 있지만. 바울은 방금 그의 다음번 방문 동안에 무슨 일이 일어날지에 대하여 다루었기 때문에(12:14, 20), 그가 12:21a을 쓸 때는 이미 고린도 교인들의 마음속에는 그 방문이 "다시 갈 때"로 인식되고 있었을 것이다. 따라서 바울은 "내가 다시 갈 때에"라고 씀으로써 새로운 주제를 도입하고 있는 것이 아니라고 할 수 있다. 그렇지만 우리는 12:21에서 바울이 "내가 다시 갈 때에"라고 강조한 것은 불필요한 것으로 보인다는 바흐만(Bachmann, 411, 412)의 견해에 동의한다. 다시 가겠다고 말한(12:20) 후에 12:21a에서 "다시"를 되풀이해서 말할 필요가 어디 있겠는가? (Hughes는 만약 바울이 12:21a에서 그가 "다시 갈 때에"라는 개념을 강조하고자 했다면 그는 12:20에서 메 팔린 엘돈〈μὴ πάλιν ἐλθών〉이라고 씀으로써 그의 독자들을 준비시켰을 것이라고 주장한다〈472, n. 166〉.) 플럼머(Plummer)는 팔린(πάλιν)이 강조의 위치에 두어져 있는 것으로 이해한다. 따라서 팔린(πάλιν)은 비록 엘돈토스(ἐλθόντος) 바로 옆에 두어져 있기는 하지만 타페이노세(ταπεινώσῃ)에 걸리는 것으로 해석되어야 한다는 것이다. 플럼머가 지적하듯이, 바울은 "다시 간다"고 말할 때 자주 팔린(πάλιν) 없이 에르케스다이(ἔρχεσθαι)만을 사용한다(369). 이런 예는 고린도 서신의 도처에서 발견된다(고전 4:18, 19; 11:34; 14:6; 16:2, 5, 10, 11, 12; 고후 1:15, 23; 2:3; 8:17; 12:20). 플럼머의 생각이 옳다면, 팔린(πάλιν)이 타페이노세(ταπεινώσῃ)에 걸릴 가능성은 한층 더 높은 것으로 보인다. 이상의 고찰을 통해서 우리는 팔린(πάλιν)을 타페이노세(ταπεινώσῃ)에 붙이는 것이 좀

더 논리적인 접근 방식이라고 보고서 불트만(Bultmann, 240)과 마찬가지로 그러한 쪽을 택했다. 잘 알다시피, 팔린(*πάλιν*)이 어느 쪽에 걸리냐를 놓고는 두 가지 견해 중에서 어느 쪽이든 압도적인 지지를 받고 있지는 못하다. 그러나 우리는 팔린(*πάλιν*)이 타페이노세(*ταπεινώσῃ*)에 걸린다고 보는 쪽이 이치에 맞는다고 믿는다. 따라서 지금까지의 우리의 논의를 요약하자면, 이 문제와 관련된 더 개연성 있는 해법은, 바울은 그가 다시 갈 때 하나님이 그를 고린도 교인들 앞에서 낮추실지 모른다고 두려워한다는 것이다. 우리는 바울이 이전에 고린도 교회를 방문했을 때 굴욕을 당했었다는 것을 기억하는데(두 번째 방문 때, *ἐν λύπῃ*-엔 뤼페: 2:1, 5; 7:2을 보라), 고린도 교회의 작금의 상황으로 보아서 이전과 같은 일이 다시 일어날지도 모른다고 바울은 염려하는 것이다.

바울은 12:20에서 그의 염려와 두려움을 공개적으로 표명했었다(*φοβοῦμαι*-포부마이). 아마도 바울은 자신이 또다시 굴욕을 당하게 될 것을 염려하고 있다는 것을 독자들이 알기를 원하고 있는 것일 가능성이 크다. 메(*μή*)라는 접속사는 "…하지나 않을까 하고"라는 의미를 갖는다. 메(*μή*)가 두려움이나 염려를 나타내는 동사들과 함께 사용될 때 그런 의미를 갖는 것은 드문 일이 아니다(BGD, 517). 물론 우리는 12:21a을 생략 구문으로 이해해야 한다. (Harris는 팔린〈*πάλιν*〉이 이 구절 전체를 꾸미는 것으로 이해해서, "다시 내가 갈 때에 내 하나님이 너희 앞에서 나를 낮추실까 나는 두려워한다"로 번역한다〈401〉. 하지만 오직 그만이 이러한 입장을 취하고 있는 것으로 보인다.) 우리가 물어야 할 것은 또다시 굴욕을 당할 것에 대한 바울의 두려움의 이면에는 도대체 정확히 무엇이 존재하느냐는 것이다. 그것은 그의 첫 번째 굴욕과 다른 것인가? 두 번째 질문에 대한 대답은 그렇다는 것이다. 바울이 그에게 불의를 행한 특정한 자에 의해서 굴욕을 당했던 첫 번째의 경우와는 달리, 이번에 바울은 하나님에 의해서 낮추어지고 굴욕을 당하게 될 것이다. 메타노에인(*μετανοεῖν*, 가정법 단순과거)의 주어는 하나님이고, 바울은 목적어이다(*με*-메). 만약 바울이 고린도 교인들에게서 그가 염려한 대로 도덕적으로 해이한 모습을 발견하게 된다면, 그는 그들에 대하여 근심하며 엄한 조치들을 취하지 않을 수 없을 것이다. 이런 식으로 바울은 굴욕을 당하게 될 것이다. 왜냐하면 그는 그의 선교에 있어서 실패했다고 느끼게 될 것이기 때문이다(Furnish, 567: "그들의 파탄은 그의 패배다." Filson, 416; Lietzmann, 159: "타페이노시스〈*ταπείνωσις*〉는 의심할 여지없이 그의 사역의 실패에 대한 근심의 표현이다." Kümmel, 213에서는 이것을 약간 다르게 표현한다: 바울이 "고린도 교인들의 파탄된 모습을 보는 것은 고린도 교인들 앞에서 그를 굴욕스럽게 만드는 데 충분할 것이다." Bultmann의 견해는 최고의 것이다〈241 ; 그러나 그는 본문에 대한 그의 조치를 따르고 있지는 않다; 아래의 설명을 보라〉: 바울의 두려움은 그가 엄격한 조치들을 취하지 않을 수 없게 될 것에 대한 것이다. 그러므로 사도의 굴욕은 그가 하나님께서 교회의 "덕을 세우라고"〈*οἰκοδομή*-오이코도메〉 그에게 주신 "권세"〈*ἐξουσία*-엑수시아〉를 그 정반대의 목적, 즉 교회를 "파하기"〈*καθαίρεσις*-카다이레시스〉 위한 목적으로 사용해야 한다는 데 있다. 성공이냐 실패냐는 거의 문제가 되지 않는다. 고통을 가져다 주는 문제는 13:9에서 볼 수 있듯이 "진리"〈즉 바울이 전한 복음〉를 지속적으로 거부하는 것인데, 바울은 그러한 완악함을 고치기 위해서는 가장 엄중한 치리의 조치가 필요하다고 느낀다. 그런 까닭에 그는 복음과 어울리지 않는 낯선 것〈opus alienum〉인 자신의 엄한 얼굴을 보여 주게 될 조치, 곧 사법적인 선고만이 효력이 있게 될 상황을 두려워한다). 따라서 우리의 첫 번째 질문에 대한 대답은 바울의 굴욕은 그로 하여금 고린도 교회의 신자들을 깨끗하게 만드는 결과를 가져오게 되리라는 것이다. 우리는 바울의 두 번째 방문 이후로 고린도 교인들이 느꼈던 유일한 "아픔"은 그가 보낸 엄중한 편지뿐이었다는 것을 기억한다. 이제 회개하라는 그의 권면이 먹히지 않는다면, 그들은 그의 진노를 느끼게 될 것이다.

"너희 앞에서"(*πρὸς ὑμᾶς* - 프로스 휘마스)의 사용은 바울이 고린도 교인들에게 사도가 제시한 길로 돌아오라고 하는 호소를 강화시킨다. 그는 특히 고린도 교인들 앞에서 또다시 굴욕을 당하게 되지 않기를 바란다. 바렛(Barrett)은 바울이 고린도 교인들에 의해서 배척당하는 경우를 상정하고 있는 것이라고 주장한다(330). 바울이 그러한 것에 신경을 쓰고 있었다는 것은 분명하지만, 그런 일이 벌어진다면 그것은 참으로 참담한 일이었을 것이다. 그러나 우리의 앞서의 논의에 비추어 볼 때, 바울이 염두에 두고 있었던 굴욕이라는 것은 고린도 교인들에 의한 배척이라기보다는 그가 교회를 엄하게 다룰 수밖에 없는 상황인 것 같다. 교회에 의해서 배척을 당하든, 교회를 엄하게 다룰 수밖에 없는 상황이 되든, 바울은 면목을 잃고 굴욕을 당하게 될 것이었다. 왜냐하면 어느 경우든 그것은 그가 여전히 그리스도의 참된 사도로 받아들여지지 않고 있다는 것을 의미하기 때문이다. 역설적으로 말해서, 만약 바울이 고린도 교인들 중에서 말을 듣지 않는 자들을 징계한다면, 그는 자신이 불신을 받고 있다고 느끼게 될 것이다. 왜냐하면 그의 사도로서의 권세가 교회의 덕을 세우는 것이 아니라 교회를 파하는 데 사용되고 있기 때문이다. 이 점에서 권세에 대한 그의 개념은 대적자들의 개념과 두드러지게 다르다. "대적자들이 지니고 있다고 주장한 권세와는 대조적으로, 바울의 권세는 그 어떤 점에서도 그 자신에 대한 신임(信任)을 나타내는 것이 아니다. 사실 바울이 그 권세를 올바르게 효과적으로 행사하면, 그것은 그가 불신을 받고 있음을 보여 주는 것일 수 있다"(Ivor H. Jones, *The Contemporary Cross*[1973] 55). 불트만(Bultmann, 241)은 이러한 역설을 보지 못했기 때문에 무(*μου*)와 타페이노세(*ταπεινώσῃ*) 사이에 있던 우(*οὐ*, "아니다")가 떨어져 나간 것이라고 생각했다. 만약 불트만의 견해를 받아들인다면, 우리는 바울이 하나님께서 그를 다시 굴욕스럽게 하시지 "않을까 봐" 두려워하고 있는 것으로 해석해야 한다. 이러한 해석은 의심스럽기 때문에, 우리는 바렛(Barrett)의 견해를 따라서(ibid., 331) 불트만의 그러한 논증을 거부한다. 그렇지만 이 모든 것 속에서 바울은 자신이 고린도 교인들 앞에서 굴욕을 당하지 않을 수도 있다는 가능성을 붙잡는다. 타페이노세(*ταπεινώσῃ*)가 가정법으로 사용된 것은 바울이 고린도 교인들을 깨끗케 해야 하는 바람직하지 못한 일이 벌어질 것이라는 비관적인 생각을 지니고 있지 않다는 것을 우리에게 일깨워 준다.

두려워하는 것에 대한 바울의 표현은 계속되고, 구체적으로 그가 무엇을 두려워하고 있는지가 좀더 상세하게 표현된다: "또 내가 전에 죄를 지은 여러 사람의 그 행한 바 더러움과 음란함과 호색함을 회개치 아니함을 인하여 근심할까 두려워하노라." 12:20에서 그는 고린도 교회 안에 많은 분열과 속좁은 처신이 존재하고 있다고 말했다. 현재의 절에서 바울은 자신이 하나님 앞에서 굴욕을 당하게 될 것을 염려한다. 우리는 바울의 굴욕이라는 것이 그가 취할 수밖에 없는 조치들을 통해서 표현되리라는 것을 보았다. 그는 고린도 교인들을 치리하게 될 것이다. 그러나 그것은 바울이 자랑해야 할 일이 아니다. 도리어, 바울은 고린도 교인들을 매질하고 징계하면서 "근심하게" 될 것이다. 펜데소(*πενθήσω*-, 펜데인〈*πενθεῖν*〉의 미래형), "내가 근심할까"는 바울이 여전히 감정적으로나 목회적으로나 고린도 교회에 몰두하고 있다는 것을 우리에게 보여 준다. 불순종하는 자들을 벌해야 한다는 생각을 하고 있는 동안에 그는 내내 근심하게 될 것이다. 고린도 교인들이 이전에 바울에게 기쁨을 가져다 준 것과는 대조적으로(7:6), 그들은 이제 바울에게 근심의 원천이 될 것이다. 바울의 근심의 대상은 죄를 짓고도 회개하지 않는 자들이다(이 대목은 신약에서 펜데인〈*πενθεῖν*〉이 타동사로 사용된 유일한 곳이다; BDF § 148.2; 참조. Robertson, *Grammar*, 475; 또한 1 Esdr 1:30; 1 Macc 12:52; 13:26). 그러나 바울의 이러한 반응은 죄에 대한 그의 통상적인 미워함(예를 들면, 고전 5:1-13) 이상의 것에 의해서 유발된 것이다. 바울은 독자들의 상태에 큰 판돈을 걸고 있었다. 그는 고린도 교회의 상황에 대하여 빌립보서 3:18에서와 유사한 방식(또한 범죄한 신자들에 대한 감정적인 태도에 있어서도)으로 아주 구체적으로 대응하고 있다(Martin, *Philippians*[NCB] 143, 144에서는 빌립보서의 해당 본문에서는 고린도 교회의 상황에서처럼 십자가에 대한 부정이 복음의 윤리적 요구들의 폐기라는 결과를 가져온다는 것을 보여 주고 있다고 말한다. 이것은 아가야 교회들과의 바울의 논쟁이 그의 생애에서 중대한 기로였다는 것을 아주 생생하게 보여 주는 증거다). 인류 전체의 죄는 바울을 괴롭히는 것이었지만(롬 1:18-32), 고린도 교회의 죄는 그를 좀더 깊은 차원에서 괴롭게 했다. 브루스(Bruce)는 바울의 가슴앓이와 관련하여 추가적인 차원을 지적한다(252): 만약 바울이 고린도 교인들 중 다수를 징계해야 한다면, 그것은 이방인들은 할례를 받을 필요가 없다고 주장했던 그의 근본 명제에 대해 유대인 대적자들이 공격할 수 있는 절호의 기회를 제공해 주는 것이 될 것이었다. 바울을 대적하는 자들은 성령의 내주(內住)만으로는 충분하지 않고 그 이상의 뭔가가 필요하다는 것이 입증되었다고 주장할 수 있을 것이다. 바울에 대한 그들의 공격의 토대는 고린도 교인들(이방인 신자들)이 이교도들처럼 행하고 있다는 것이다. 그러나 이런 식의 해석은 도가 지나친 것 같다. 왜냐하면 "할례"는 고린도후서 10-13장에서 쟁점이 아니었고, 그 본문 속에 한 번도 등장하지 않기 때문이다.

바울은 "전에 죄를 짓고 회개치 아니한 여러 사람"(*πολλούς τῶν προημαρτηκότων καὶ μὴ μετανοησάντων*-폴루스 톤 프로에마르테코톤 카이 메 메타노에산톤)으로 인하여 근심하게 될 것이다. 두 개의 분사는 속격으로 되어 있지만(Bultmann, 241에서는 이것을 "별로 의미가 없는" 것으로 본다), 이것은 바울이 부분(partitive)이라는 관점에서, 즉 범죄하고 있는 일부 교인들이라는 관점에서 생각하고 있다는 것을 뜻하는 것이 아니다. 도리어, 폴루스(*πολλούς*)는 범죄하고서도 회개하지 않는 모든 자들이 바울의 근심의 이유라는 것을 보여 준다. 이것과 다르게 해석하는 것은 고린도 교회에는 범죄하고도 회개하지 않는 일부 교인들이 있었고, 바울은 그들에 대하여 연민을 갖고 있지 않았다는 것이 된다. 이것은 바울에게 어울리지 않는 모습이다(Barrett, 332).

첫 번째 속격은 프로아마르타네인(*προαμαρτάνειν*, "전에 죄를 짓다"; BDG, 702; 오직 여기와 13:2에서)의 완료 능동 분사다. 플럼머(Plummer)는 이 완료 시제가 일부 교인들이 지속적으로 죄를 범해 왔다는 것을 가리키는 것으로 해석한다(370). 또한 에프락산(*ἔπραξαν*, 프라쎄인〈*πράσσειν*, "행하다, …에 빠지다"〉의 단순과거)에 걸리는 두 번째 속격(원형은 메타노에인⟨μετανοεῖν⟩)의 단순과거 분사는 계속해서 죄를 범해 온 자들이 바울의 이전의 방문이나 서신에도 불구하고 회개하지 않았다는 것을 보여 준다(Hughes, 473). 그들에게는 회개할 기회가 주어졌지만, 그들은 끝내 그 기회를 활용하지 않았다. 완료 시제와 단순과거 시제를 결합해서 사용한 것은 아마도 고린도 교인들이 회개할 특정한 기회를 가졌지만(단순과거의 이면에는 이러한 실패가 함축되어 있다; Plummer, 370) 회개하지 않았다(완료)고 말하는 바울의 방식일 가능성이 크다. 그들의 범죄는 바울이 10-13장을 쓰고 있는 동안에도 계속되었다.

바울이 프로아마르타네인(*προαμαρτάνειν*)이라는 단어를 선택한 의도가 무엇이었을지에 관한 문제가 표면으로 떠오른다. 접두사 프로(*προ-*)는 이전의 때임을 보여 준다. 바울이 염두에 두었던 때가 고린도 교인들이 회심하기 이전이었다고 보기는 어렵다(Plummer, 370). 회심하기 이전에 지은 죄를 고백할 필요가 있다고 바울이 말했을 것이라고 보는 것은 거의 생각할 수 없는 일이다. 빈디쉬(Windisch)의 이전의 저작인 *Taufe und Sünde im ältesten Christentums bis auf Origenes*(1908)에는 바울에게 있어서 모든 그리스도인들은 죄를 지을 수 없기 때문에 그는 죄를 짓는 그리스도인은 결코 그리스도인이 아니라고 보았다는 주목할 만한 이론이 담겨 있다. 워필드(B. B. Warfield, *Perfectionism*, vol. 1, New York: Oxford University Press, 1931)는 빈디쉬(Windisch, 239-301)의 견해, 특히 12:21에 대한 그의 서술(260-63)을 검토하고 반박하는 데 한 장(章) 전체를 할애한다. 회심은 죄에 대한 회개를 내포한다는 것은 사실이다. 바울은 그의 두 번째 방문 또는 "엄중한 서신" 이후에 계속적으로 저질러져 왔던 죄를 가리키고 있을 가능성이 높다. 바울은 고린도 교인들 중 일부가 하나님의 은혜를 힘입어서 그들의 삶을 바꾸지 않았기 때문에(6:1) 그들에게 "하나님과 화목하라"(5:20)고 간곡하게 권할 필요가 있다는 것을 알고 있었다. 그는 앞서 고린도 교회 안에 그리스도인답게 살아가지 않는 자들이 일부 있다고 지적한 바 있다(6:14-7:1). 바울은 이런 자들 때문에 자신이 근심하게 될 것을 염려한다.

바울은 이 회개하지 않는 자들이 저질렀고 지금도 여전히 저지르고 있는 죄의 유형들을 구체적으로 열거한다: "(특히 성적인) 더러움"(*ἀκαθαρσία* – 아카다르시아, 참조. 롬1:24; 6:19), "음란함"(*πορνεία* – 포르네이아, 아카다르시아⟨*ἀκαθαρσία*⟩의 명확한 한 형태, Plummer⟨370⟩; 참조. 고전 5:1; 6:13, 18; 7:2; B. Malina, "Does *porneia* mean Fornication? *NovT* 14⟨1972⟩ 10-17과 J. Jensen's rejoinder, "A Critique of Bruce Malina," *NovT* 20⟨1978⟩ 161-84를 보라), "호색함, 방탕함"(ἀσέλγεια – 아셀게이아, 롬 13:13). 여기서와 동일한 삼중적인 죄는 갈라디아서 5:19에도 나오고, 처음 두 개의 죄는 골로새서 3:5; 에베소서 5:3에 나오며, 마지막에 언급된 죄는 에베소서 4:19; 베드로전서 4:3; 마가복음 7:22(참조. 유 1:4; 벧후 2:2, 7, 18)에 나온다. 타페이노세(ταπεινώσῃ)와 함께 에피(ἐπί)를 사용하는 것은 통상적인 것이다(Plummer, 370). 에피(ἐπί)는 특히 감정을 표현하는 동사들과 함께 사용된다(BDF § 235.2; 또한 Wisd Sol 12:19과 대상 21:15⟨LXX⟩). 세 가지 죄에 하나의 관사만이 사용되고 있다는 것은 그 죄들이 하나로 결합되어 있다는 것과 세 단어가 모두 동의어라는 것을 보여 주는 것 같다(M. Zerwick, *Biblical Greek*[Rome: Biblical Institute Press, 1964] 184; BDF § 276). 그러나 태스커(Tasker)는 이런 해석에 확신을 갖지 못한다(185, 186). (헨⟨ἥν⟩ 대신에 헤⟨ᾗ⟩가 사용된 것에 대한 논의로는 BDF § 294를 보라.)

우리는 이제 앞서 소개했던 문제를 다룰 준비가 되었다. 바울이 방금 언급한 죄들–고대 고린도에서의 삶의 한 특징을 이루고 있던 성적인 문란을 다루고 있는(본서의 서론을 보라)–은 20절에 언급된 죄들과는 거의 유사성이 없다. 그러므로 우리는 12:20의 목록과 12:21의 목록은 별개의 상황들을 언급하고 있다는 결론을 내려도 되는 것인가? 즉 바울은 12:20에서 죄들을 열거할 때만 고린도 교회에 대한 거짓 사도들의 영향을 염두에 두고 있고, 성적인 부정(不淨)과 관련된 죄들(12:21)을 언급할 때는 별개의 상황(고전 5장 또는 6장에서와 같은)을 생각하고 있는 것인가? 바렛(Barrett)은 그렇게 생각하지 않는다("Paul's Opponents," 75, 76).

그는 영지주의라는 주제가 고린도후서에서는 탈락되었지만 그 영향(성적인 부도덕)은 여전히 사라지지 않았다고 주장하면서, 영지주의적인 영향은 성적인 방종을 위한 길을 열어 주었고 그러한 방종은 여전히 남아 있었다고 본다. 그는 계속해서 고린도 교회에서의 성적인 부도덕(음행) 때문에 바울은 12:21에서 거기에 대응하지 않을 수 없었다고 주장한다. 12:20에서 바울은 자기가 거짓 사도들의 행위를 잘 알고 있다는 것을 보여 주었다. 게다가, 새로운 회심자들은 이 거짓 사도들의 가르침을 받아들였고, 그 결과 고린도 교회는 분열과 질시로 얼룩지게 되었다. 따라서 이 두 개의 목록은 그가 고린도 교회를 방문할 때 볼 수 있는 상황에 대하여 말하고 있는 것이다. 물론 그는 고린도 교회의 죄인들을 별개의 두 부류로 구분했지만(Barrett에 의하면) 말이다. 그러나 우리는 이러한 설명은 지나치게 깔끔한 것이 아닌지 의구심이 든다. 우리는 13:2에서 바울이 죄를 범한 모든 자들을 한 덩어리로 다루고 있는 것을 보게 된다. 또한 우리는 로마서 13:13에서 "호색함"(ἀσέλγεια - 아셀게이아)이 "다툼"(ἔρις - 에리스) 및 "시기"(ζῆλος - 젤로스)와 함께 열거되고 있다는 점도 주목한다. 이것은 유대의 랍비들에게와 마찬가지로(예를 들면, *'Abot* 5:9에서) 바울에게도 성적인 죄들은 분쟁이나 시기 같은 죄들과 꼭 별개로 다루어질 필요가 없었다는 것을 보여 준다. 아마도 바울은 단지 그리스도인에게 합당치 않은 죄들을 계속해서 범하고 있는 자들은 교회의 분열에 대하여 책임이 있는 자들과 동일 인물들일 가능성이 크다는 것을 그가 알고 있다는 것을 보여 주는 것일 수 있다. 요컨대, 우리는 바렛(Barrett)이 포착한 단서를 받아들여서 한 단계 더 진척시킬 수 있다는 것이다. 우리는 이 두 목록이 고린도 교회의 현재의 상황을 묘사하고 있는 것으로 보지만, 한 부류의 집단이 여기에 나오는 두 가지 유형의 죄들을 모두 범한 자들이라고 본다. 바울을 받아들이고 그의 메시지를 거부하는 것은 복음과 그 도덕적 요구들을 거부하는 것이다(참조. 빌립보 교회에서의 문제). 바울은 음행을 용납하는 자들(Strachan〈36〉은 고린도 교인들이 근친상간을 범한 자〈고전 5:1-6〉를 처리하는 것을 미룬 일이 교회에 "독이 되었을" 것이라고 본다)과 거짓 사도를 받아들인 자들 간에는 아무런 차이도 없다고 생각한다. 바울은 두 가지 서로 다른 "유형"의 죄인들을 벌할 계획을 갖고 있지 않다. 도리어, 그는 단지 교회 전체를 벌해야 하는 상황이 벌어질까 봐 염려하고 두려워한다.

13:1 "내가 이제 세 번째 너희에게 갈 터이니"(*τρίτον τοῦτο ἔρχομαι πρὸς ὑμᾶς* - 트리톤 투토 에르코마이 프로스 휘마스). 앞서 바울은 고린도 교회를 두 차례 방문했었다. 첫 번째 방문에서 그는 교회를 세웠고, 그의 두 번째 방문은 "고통스러운 방문"이 되었다. 바울은 "엄중한 서신"(그는 디도에게 이 서신을 고린도 교회에 전달하게 했다)을 쓸 때 고린도 교회를 방문할 계획을 갖고 있지 않았기 때문에, 10-13장이 그 서신의 일부 또는 전부였을 가능성은 매우 희박하다. 우리는 13:1a에서 수식받는 실명사 대신에 중성 형용사가 사용되고 있다는 것을 주목한다. 이것은 통상적인 관행이었다(BDF § 154를 보라).

"두세 증인의 입으로 말마다 확정하리라"(*ἐπὶ στόματος δύο μαρτύρων καὶ τριῶν σταθήσεται πᾶν ῥῆμα* - 에피 스토마토스 뒤오 마르튀론 카이 트리온 스타데세타이 판 레마). 여기서 사용된 신명기 19:15은 칠십인역 본문을 밀접하게 따르고 있는 것이기는 하지만, 바울의 말은 마태복음 18:16과 비슷하다(본문상의 특이점들에 대해서는 R. H. Gundry, *The Use of the Old Testament in St. Matthew's Gospel*, NovTSup 18[Leiden: Brill, 1967] 139를 보라). 어떤 말이 사실임을 증명하기 위해서는 여러 증인들이 필요하다는 사고는 유대적인 사고다(Vliet, *No Single Testimony*, 43-62, 96를 보라). 신명기 19:15은 바울에게 있어서 "삶의 준칙"이었던 것 같다(Vliet, 88). 그러나 바울이 이 본문을 여기에 사용한 진정한 의도가 무엇이었는지에 대해서는 견해가 갈린다.

일부 해석자들은 바울이 신명기에 나오는 이 본문을 인용한 것은 그가 고린도 교회를 세 번째로 방문할 때 공식적인 조사나 사법 "절차"(Verhandlung)를 개시하겠다는 의도를 드러낸 것이라고 생각한다(Filson, 417; Tasker, 188; Hughes, 475; Allo, 335; Schlatter, *Paulus*, 675). 달리 말하면, 바울은 법정을 열어서 두세 증인의 증언에 의거하여 범죄자의 죄를 확정하고 그들을 벌하고자 한다는 것이다. 그러나 이것은 바울이 신명기 19:15을 인용한 의도였을 것 같지 않다. 왜냐하면 그가 벌하고자 하는 것들의 많은 부분은 이미 움직일 수 없는 사실이었기 때문이다. 그 죄들(12:20과 21)은 악명이 높은 것들이었고 다 드러난 것들이었다(Lietzmann, 160: "분명히 이것은 은밀한 죄인들을 밝혀내는 문제가 아니라, 이미 알려진 죄인들을 회개로 이끄는 문제였기 때문에, 굳이 증인들의 도움은 필요하지 않았다"). 고린도 교회의 문제를 밝혀내기 위해서 "심리 법정"(Plummer, 372; Denney, 373)을 설치할 필요는 거의 없었다.

또 어떤 해석자들은 바울의 방문들 자체가 증인들이 되는 것이라고 주장한다(Calvin, 169; Bachmann, 412; Plummer, 372; Bruce, 253; Strachan, 38; Windisch, 413). 이러한 입장을 취하는 것은 앞서의 두 번의 방문과 곧 있게 될 방문을 범죄자들을 기소하기에 충분한 증언으로 보는 것이다. 이러한 입장은 바울의 첫 번째 방문이 고린도 교인들을 치는 증인을 구성한다고 보기 힘들다는 점-왜냐하면 첫 번째 방문은 고린도 교회를 세운 방문이었으므로, 그 방문이 고린도 교인들에 대한 경고의 의미가 있었다고 보는 것은 거의 의미가 통하지 않기 때문에-을 제외한다면 상당한 장점을 지닐 수 있다(Furnish, 575).

또 다른 해법은 바울의 두 번째 방문과 10-13장, 특히 2절에 나오는 언급을 포함하고 있는 이 서신을 고린도 교인들을 치는 두 증인을 구성하는 것으로 이해하는 것이다(Bultmann, 243). 이러한 견해는 바울이 그의 두 번째 방문 이후에 고린도 교회를 떠나 있는 동안에 보냈던 경고를 보여 주는 것일 수도 있는 13:2b에 비추어 볼 때 가능성이 있다. 그러나 좀더 가능성이 있는 것은 바렛(Barrett)의 견해(333)인데, 그는 바울은 단지 고린도 교인들에게 그들이 이미 충분한 경고를 받아 왔다는 것을 일반적인 방식으로(신 19:15에 나오는 증인의 숫자를 어떤 구체적인 것들과 연관시키지 않은 채) 알게 하고자 하는 것이라고 본다(Héring은 바울이 고전 9:9에서 신 25:4과 관련하여 그랬듯이 여기서도 신 19:15을 알레고리적으로 해석한 것이 아닌가 생각한다, 99). 즉 바울이 장차 고린도 교회를 방문할 때 고린도 교인들은 아무도 그들에게 사전에 회개할 기회나 경고가 주어지지 않았다고 항변할 수 없으리라는 것이다. 우리는 신명기 19:15에 나오는 "둘" 또는 "셋"이라는 숫자에 해당하는 어떤 구체적인 사건들을 찾아내고자 하다가 바울이 여기에 구약의 이 본문을 인용하게 된 주된 이유를 간과해서는 안 된다. 바울은 단지 자신이 고린도 교회에 가게 되면 재판을 시작하리라는 것(필요한 경우에)을 말하고 있는 것뿐이다. 그는 가자마자 즉시 재판을 시작하고자 한다. 왜냐하면 그는 자기가 장차 어떤 조치를 취할 수 있는지와 관련해서 무수히 경고해 왔기 때문이다. 바울이 신명기 19:15을 사용한 것은 그와 교회 간에 있은 특정한 사건들을 상기시키는 것이라기보다는 무의식중에 그의 랍비적인 사고의 틀을 드러낸 것이었다. 또한 그가 레마(*ῥῆμα*)를 사용한 것은 다바르(דבר)를 반영한 것일 가능성이 크다(Procksch, *TDNT* 4:92, 93를 보라).

2 "내가 두 번째 대면했을 때에 이미 말했거니와 지금 떠나 있으나 미리 말하노니"(*προείρηκακαὶ προλέγω, ὡς παρῶν τὸ δεύτερον καὶ ἀπὼν νῦν* – 프로에이레카카이 프로레고 호스 파론 토 듀테론 카이 아폰 뉜, 개역 성경에서는 "내가 이미 말했거니와 지금 떠나 있으나 두 번째 대면했을 때와 같이 미리 말하노니"). 우리는 이 절의 구조에 대해서는 이미 살펴본 바 있다("양식/구조/배경"을 보라). 바울은 고린도 교인들에게 그가 곧 있게 될 자신의 방문과 관련해서 충분히 경고해 왔다는 것, 즉 자신의 두 번째 방문과 10-13장에서 한 말들을 상기시킨다. (또한 우리는 신 19:15과 관련된 불트만⟨Bultmann⟩의 주장은 매력적이기는 하지만 지나치게 깔끔해 보인다는 것을 지적하고자 한다. 바울은 디도–또는 다른 어떤 동역자–를 통한 경고만으로 그의 심중을 고린도 교인들에게 전달하는 데 충분했다고 주장하고자 한 것이 아니겠는가? 따라서 바울은 자신의 두 번째 방문 이래로 그 경고가 어떤 방식으로 전달되었든지 간에 고린도 교인들이 자신의 말을 무시할 그 어떤 핑계도 갖고 있지 못하다고 믿었던 것으로 보인다.) 두 번째 방문과 현재의 서신(10-13장)은 바울이 자신의 말에 불순종해 온 자들에 대하여 생각할 때 염두에 두고 있던 기간의 시작점과 끝점이었던 것 같다. 이 기간은 그가 두 번째 방문 때 굴욕을 당한 사건에서 시작되어 10-13장이 고린도 교회에 전달된 때 끝났을 것이다. 이 두 사건 사이의 기간 동안에 바울은 자신을 받아들이라는 권면을 고린도 교인들에게 여러

차례 전달했을 것이다. 그 중에서 가장 특기할 만한 것은 엄중한 서신과 디도를 통한 추가적인 "권면"이었다. 12:21과 13:2에서 바울은 주로 자신의 두 번째 방문 또는 중간 방문 이래로 일어난 일을 집중적으로 다루고 있다.

바울은 두 번째 방문을 마치고 고린도 교회를 떠나고 나서 그들에게 전달했던 자신의 생각이나 경고와 관련해서 마음이 흔들리거나 바뀌지 않았다. 프로에이레카(*προείρηκα*, 프로레게인〈*προλέγειν*〉의 완료 시제)는 "미리 말하다"라는 개념을 지닌다(BDG, 708). 프로레게인(*προλέγειν*)은 경고의 개념을 포함할 수 있다(Liddell and Scott 2:1488). 우리는 프로에이레카(*προείρηκα*)와 프로레고(*προλέγω*, 프로레게인〈*προλέγειν*〉의 현재형)가 그 뒤에 나오는 부사절에 걸리는 것으로 본다.

파론(*παρὼν*, 파레이나이〈*παρείναι*, "대면하다"〉의 현재 능동 분사)은 프로에이레카(*προείρηκα*)에 걸리고, 아폰(*ἀπὼν*, "떠나 있다")은 프로레고(*προλέγω*)에 걸린다. 요컨대, 바울은 "내가 두 번째 방문 때에 미리 너희에게 경고했듯이, 이번에도 이 서신을 써서 너희에게 경고한다"라고 말하고 있는 것이다(Bultmann, 243). 플럼머(Plummer)는 프로에이레카(*προείρηκα*)가 바울의 두 번째 방문 이전에 발생한 죄들을 가리키고, 프로레고(*προλέγω*)는 두 번째 방문 이후의 기간에 대하여 말한다고 생각한다(373). 두 번째 방문 이후의 기간은 "엄중한" 서신이 고린도 교회에 전달된 때와 10-13장이 전달될 때를 포함한다. 이 서신들은 바울이 고린도 교회에서 떠나 있을 때 전달되었다. 사도는 고린도 교인들이 빠져 나갈 구멍을 남겨 놓지 않았다. 바울은 두 번째 방문 때(그가 직접 경고를 주었을 때) 고린도 교회에서 배척을 당한 이래로 고린도 교인들로부터 떠나 있었다. 그렇지만 그는 그들과 서신을 통해서 연락을 취해 왔었다(특히 "엄중한 서신"과 지금의 10-13장을 통해서, 그러나 1-9장도). 바울은 여러 비난과 고소들에도 불구하고(10:1-6, 9) 그가 장차 고린도 교회를 방문할 때 여전히 "죄"(즉 그의 복음에 대하여 반기를 든 것) 가운데 있는 자들을 벌하고자 한다. 그러나 우리는 10-13장을 읽을 때 바울이 현재의 상황에 관심을 가지고 있다는 것을 보는 것은 중요하다. 고린도 교인들이 회개한다면, 그는 자신의 억울함이 풀리고 자신이 옳다는 것이 밝혀지게 되리라고 느낀다. 그러나 그런 일이 일어나지 않는다면(즉 회개하지 않는다면), 그는 고집을 부리고 방자하게 구는 죄들(12:20)과 방탕한 죄들(12:21)에 대하여 단호한 입장을 견지하게 될 것이다. 왜냐하면 전자는 "종교적인 다툼이라는 육성(肉性)"(Denney, 368)을 보여 주는 증거이고, 후자는 한 개인의 정결이 파괴되었음을 보여 주는 증거이기 때문이다. 바울은 그의 두 번째 방문 때 그러한 죄들을 단죄했던 것과 마찬가지로 이 서신을 쓰고 있는 지금도 여전히 그 죄들을 단죄한다.

바울은 "전에 죄지은 자들과 그 남은 모든 사람에게 미리 말하노니 내가 다시 가면 용서하지 아니하리라"는 말로 그의 세 번째 방문과 관련된 전망을 암시한다. 이러한 말을 통해서 바울은 고린도 교회의 모든 죄인들을 한 덩어리로 묶어서 취급한다. 그는 죄인들이 그들의 죄를 회개하지 않는다고 해도 자신이 그들을 용서해 줄 것이라고 생각한다면 그것은 오산(誤算)이 될 것임을 확실히 해둔다. 프로아마르타네인(*προαμαρτάνειν*, "전에 지를 짓다")은 12:21에 나온 바 있다. 이것은 바울이 앞서 그의 두 번째 방문 때 했던 경고를 들었던 많은 자들에게 다시 한 번 경고를 하고 있다는 것을 보여 주는 것이다. 토이스 로이포스 파신(*τοῖς λοιπôς πâσιν*, "그 남은 모든 사람")이라는 어구는 구체적으로 최근에 거짓 사도들을 추종함으로써 바울에게 반기를 든 새로운 회심자들을 가리키는 것 같다. 하지만 프로아마르타네인(*προαμαρτάνειν*)은 오직 12:21의 죄들만을 가리키고, "그 남은 모든 사람"은 12:20의 죄들만을 가리킬 가능성은 희박하다. 왜냐하면 만약 그렇다고 한다면, 바울은 고집을 부리며 방자하게 구는 죄를 나중에 추가적으로 포함시킨 것으로 보이게 될 것이기 때문이다. 도리어, 13:2에서 바울은 음행의 죄와 교회 분열의 죄를 구별하지 않는다. 고린도 교회에 분파와 분열을 조장하는 죄를 범한 자들은 "전에" 범죄했던 것인가? 바울이 사용한 "그 남은 모든 사람"은 성적인 음행과 분쟁이라는 양쪽의 죄를 다 범했지만, 그가 10-13장을 쓸 당시에 알고 있지 못했던 모든 자들을 포함하는 것일 수 있는가? 이 두 가지 질문에 대한 대답은 아마도 그렇다는 긍정의 대답이 될 것이다. 13:2에서 바울은 고린도 교회의 현재의 상황을 일반적이고 폭넓은 견지에서 말하고 있다. 고린도 교인들은 이제 아무도 감히 임박한 "재판"에 대한 경고가 불충분했다고 말할 수 없게 되었다. 또한 그 누구도 바울에게서 경고를 받은 적이 없다고 "핑계"를 댈 수도 없었다. 그는 12:20과 21에서 고린도 교회의 구성원 전체를 대상으로 하여 경고했고, 이제 13:2에서도 마찬가지로 그렇게 하고 있기 때문이다. 바울에게 있어서 어떤 자들이 그의 사도직과 메시지를 거부했다면, 그들은 진리를 거부한 것이었다(13:8; 또한 4:2-4; 6:7). 성적 음행과 관련된 죄들은 시기와 분열의 죄들과 마찬가지로 모두 바울과 그의 메시지를 거부하고 있음을 나타내는 것이다(롬 16:17-18의 부록에서처럼). 이것에 비추어 볼 때, 고린도 교회의 다수는 바울이 앙갚음을 하기 위한 것이 아니라 그가 옳다는 것을 드러내기 위한 진노의 대상이었다.

13:2의 나머지 구절은 바울이 그의 두 번째 방문 후에 고린도 교회를 떠나면서 한 말의 재탕인 것으로 보인다. 호티(*ὅτι*)는 인용 부호와 같은 역할을 하는 것 같다(BDF § 470.2; Furnish, 570; Hughes, 476, n. 170). 인용의 용법으로 사용된 호티(*ὅτι*)는 고린도 교인들의 생각을 "새롭게 일깨우는 데 도움이 되었을" 것이다. 에안(*ἐὰν*) 다음에는 엘도(*ἔλθω*, "내가 다시 가면")라는 가정법이 나온다. 에안(*ἐὰν*)의 통상적인 의미는 "만약 …이라면"이지만, "…할 때"로 해석될 수도 있다(Tasker, 186, 187; Bruce, 253; Hughes, 476). 경고를 하는 당사자가 자신이 현장에 가서 그 경고를 실천에 옮길 수 있을지에 대하여 의심을 갖는다면, 어떤 사람을 "경고하는" 것은 별 의미가 없다. 에안(*ἐᾶν*)이 "…할 때"를 의미하는 것으로 해석되는 요한복음 16:7과 요한일서 3:2을 보라(Tasker, ibid.). 필립스(Phillips)와 NEB는 13:2에서 에안(*ἐὰν*)을 이런 식으로 번역한다. 게다가, RSV는 고린도전서 16:10에서 에안(*ἐὰν*)을 "…할 때"로 번역한다("디모데가 이를 때"; 개역 성경에서는 "디모데가 이르거든"). 호티(*ὅτι*)가 인용의 용법으로 사용되었다는 것은 에안 엘도 에이스 토 팔린 우 페이소마이(*ἐὰν ἔλθω εἰς τὸ πάλιν οὐ φείσομαι*)가 바울의 입에서 나온 그대로의 경고, 그가 두 번째 방문 때 고린도 교회를 떠나면서 했던 경고였다는 것을 보여 준다. 이것을 고려할 때, 우리는 바울이 굴욕을 당한 후에 마음이 상해서 고린도 교회를 떠나오면서 한 이 말(*ἐὰν ἔλθω*–에안 엘도)은 "불확실성의 그림자"(Hughes, ibid.)를 포함하고 있었을 수 있다는 것을 인정한다. 바울이 고린도 교회를 떠나면서 그 교회에 대하여 한 말에 비추어 보면, 그는 자신이 다시 돌아올 수 있을 것인지(또는 돌아오고자 할지)에 대하여 확신을 갖지 못했던 것 같다. 그러나 바울이 13:2을 쓸 때 사용한 에안(*ἐὰν*)은 불확실성이라고는 조금도 포함하고 있지 않았다는 것이 확실해 보인다. 만약 그가 10-13장을 쓸 당시에 다시 고린도 교회를 방문하는 것이 확실하지 않았다면, 왜 쓸데없이 마지막 몇 절을 할애해서 자신의 메시지를 거부한 모든 자를 용서하지 않겠다고 독자들에게 경고했겠는가? 그러므로 바울은 "고린도 교회에 다시 가서 조치를 취하기로 확고하게"(Hughes, ibid.) 결심하고 있는 것이기 때문에, 우리는 에안(*ἐὰν*)을 "…할 때"를 의미하는 것으로 해석한다(에안〈*ἐὰν*〉은 이 곳의 문맥에서 결과가 아니라 때를 나타내는 용법임을 보여 준다; M. Zerwick, *Biblical Greek*, 320).

페이데스다이(*φείδεσθαι*)의 배후에 있는 개념은 누구를 용서한다는 개념이다. 아마도 이 단어는 군사 용어로서 적군을 죽일 기회가 주어졌는데도 그 기회를 활용하지 않고서 전쟁터에서 적군을 살려 준다는 개념을 지니고 있는 것 같다(Liddell and Scott 2:1920를 보라). 바울은 자신이 다시 갈 때 그의 진노를 살 만한 짓을 한 자들은 누구든지 피할 수 없게 될 것이라고 선언했다. 완료형인 프로에마르테코신(*προημαρτηκόσιν*)은 계속해서 죄를 짓고 있다는 의미를 보여 준다. 바울은 회개하는 자들을 벌하지 않을 것이지만, 그 동일한 선상에서 계속해서 죄를 짓는 자들을 용서하지 않을 것이다. 즉 바울은 벌을 받을 만한 짓을 계속해서 하고 있는 자들을 용서하지 않을 것이다. 우리는 바울이 어떤 유형의 벌을 염두에 두고 있었던 것인지를 물을 수 있다. 한 가지 가능성은 두 번째 방문 때 바울에게 대적했던 자에 대한 벌이다. 그 벌이 무엇이었는지에 대해서 우리는 확실히 알 수 없지만, 어쨌든 그 벌은 효과가 있었던 것으로 보인다(2:6-11; 7:9-12). 그렇지만 우리는 고린도 교인들의 대다수는 이러한 조치에 호응했다는 것을 기억해야 한다(2:6). 요지는 바울이 그의 세 번째 방문에서도 고린도 교인들로부터 그와 같은 호응을 받게 될 것인가 하는 것이다. 바울이 염두에 두었던 벌 가운데는 적어도 출교가 포함되어 있었을 것이다. 그러나 바렛(Barrett)이 바울은 그의 세 번째 방문 때 출교를 요구할 처지에 있지 않았을 수도 있다고 말한 것은 옳은 것 같다. 세 번째 방문은 고린도 교인들이 바울을 몰아내고 그와의 모든 관계를 완전히 단절하는 것으로 끝날 수도 있었다. 또 하나의 가능성은 대적자들을 사탄에게 넘겨주는 벌이다. 바울은 앞서 고린도 교인들에게 이 벌을 근친상간을 범한 자에 내리도록 지시한 바 있었다(고전 5:5). 교회는 달랐지만, "후메내오와 알렉산더"도 이와 비슷한 벌을 받을 것이라는 경고를 받았다. 그러한 조치는 지독하게 가혹한 듯이(또한 우리가 이해하기에는 다소 모호한 것으로) 보일 수 있지만, 우리는 사도로서 그의 목적은 그런 자들이 돌이켜서 구원을 받게 되는 것이었다(고전 5:5; 또한 13:9-10). 바울은 엄했을지는 몰라도, 그의 목적은 성도들이 잘 되는 것이었다(12:14). 그는 그리스도에게 대적하고자 했던 자들을 벌하기 위하여 고린도 교회로 갈 생각이었다(에이스〈*εἰς*〉의 사용은 움직임과 쉼의 개념을 보여 준다-"어느 지점에서 끝나는 선," Moule, *Idiom Book*, 68, 69).

3 "이는 그리스도께서 내 안에서 말씀하시는 증거를 너희가 구함이니"(*ἐπεὶ δοκιμὴν ζητεῖτε τοῦ ἐν ἐμοι λαλοῦντες Χριστοῦ* – 에페이 도키멘 제테이테 투 엔 에모이 랄룬테스 크리스투). 바울은 에페이(*ἐπεί*, "…이기 때문에")를 원인의 의미로 사용한다(BDG, 284). 현재의 구절은 13:2에서 시작된 문장의 연속이다. 요컨대, 바울은 고린도 교회에게 그의 사역을 검토할 권한을 용인(容認)한 것이었다. 사실 그는 그런 기회가 있게 되기를 적극적으로 바랐다. 그러나 논쟁의 핵심은 고

린도 교인들이 그의 사역을 평가할 때 사용하기로 선택한 판별 기준이 잘못된 것들이라는 것이다(10:12; 11:12, 17; 12:11-18). 그들은 바울의 대적들에 의해서 휘둘려서, 그 대적들이 지니고 있다고 주장한 이적의 은사들과 현란한 말솜씨를 판별 기준으로 사용해서 바울을 "열등한" 사도로 규정했었다. 그러나 바울이 보기에 고린도 교인들이 내린 그러한 결론은 잘못된 것이었다. 바렛(Barrett)이 "어떤 사역 또는 직분의 유효성을 판가름하는 유일한 시금석은 그것이 그리스도의 말씀을 그의 백성들에게 전하고 있느냐의 여부다"(335)라고 말한 것은 분명히 옳다. 이 점에 비추어 볼 때, 바울은 그리스도의 말씀을 고린도 교인들에게 전했고(고전 2:4), 그것이 그들이 회심하게 된 이유의 일부가 되지 않았던가(고전 4:15; 15:11; 고후 3:1-3; 즉 바울은 고린도 교인들을 하나님과 화목하게 하는 중개자였다⟨5:18-21⟩)? 바울은 하나님의 말씀이 능력으로 임하게 한 "무대"(Barrett, 335) 또는 "통로"(Bruce, 253)가 되어 왔다. 아무리 크고 인상적인 목소리로 말을 전하는 사자(使者)라고 하더라도 그가 항상 권세를 지닌 사자인 것은 아니지만, 바울은 이 원인절을 통해서 반어법적으로 자신이 그리스도에게 속한 자라는 것을 증명하기 위해서 자신의 목소리를 낼 것이라고 말하고 있는 것으로 보인다.

고린도 교인들은 바울에게 증거를 요구했다(*ζητεῖτε*-제테이테). 도키메(*δοκιμή*, "증거")는 현재의 서신에서 앞에서 이미 사용된 바 있다(2:9; 8:2; 9:13). 거기서 바울은 마게도냐 교회들이 시험을 통과했고(8:2), 그가 이전에 고린도 교인들에 대하여 담대함을 가지고 있었다고 말했다(2:9; 9:13). 여기서(13:3) 바울은 고린도 교인들이 원하는 증거를 제시할 용의가 있음을 밝힌다(BDG, 202). 엔(*ἐν*, "…안에")이 도구적인 용법으로 사용된 것에서(Furnish, 570) 우리는 고린도 교인들이 바울이 그리스도의 참된 사도라는 것을 보여 주는 증거를 요구하고 있었다는 것을 알 수 있다. 여기서 논의가 되고 있던 것은 바울의 "영성"(Pneumatikertum, Bultmann, 244)에 관한 것이 아니라, 도리어 그의 사도직의 합법성이다(Käsemann, *Die Legitimität*, 37-43, 47). 거짓 사도들의 선동을 받아서 고린도 교인들은 바울을 "약하고 별 볼일 없는" 자로 보았다(10:1, 10). 그리고 실제로 바울은 전혀 그리스도인이 아니라는 주장도 제기되었음이 분명하다(10:7; Käsemann, ibid., 11, 12). 바울은 협잡꾼으로서 고린도 교회에 있을 자격이 없는 가짜 사도임에 틀림없다는 것이다. 12:12에 의하면, 바울이 참된 사도임을 증명해 줄 증거들은 외적이고 유형적이며 은사적인 "성령의 감동의 표들"이었다(Bultmann, ibid.; Schmithals, *Gnosticism*, 153-56; but 참조. Betz, *Der Apostel Paulus*, 58). 누가 도키모스(*δόκιμος*)이고 누가 아도키모스(*ἀδόκιμος*)이냐는 문제는 13:1-4에서 기본적인 신학적 쟁점이다(Betz, ibid., 132-35).

바울의 답변은 사도임을 보여 주는 증거를 외적이고 겉으로 드러나는 것들로부터 하나님의 참된 정신에 사로잡혀서(고전 7:40; 참조. 고전 14:37) "그리스도의 마음"(*νοῦς Χριστοῦ*-누스 크리스투)을 전함으로써(고전 2:16) 교회의 덕을 세우기 위하여(*οἰκοδομή*-오이코도메) 말하는(*λαλεῖν*-랄레인) 선지자의 역할(고전 14:3)로 옮기는 것이다. 불트만(Bultmann)은 정곡을 찌른다: 그리스도에게서 보내심을 받은 사자의 말-그리스도께서 그 안에서 말씀하고 있다는 표-은 그것이 보여 주는 겉으로 드러나는 형태가 아니라 그것이 담고 있는 유의미한 내용에 의해서(durch seinen sachlichen Gehalt) 확인된다. 즉 사도임을 보여 주는 표는 사람들을 깜짝 놀라게 하는 어떤 이적이 아니라, 그들에게 전달되어서 그들의 삶을 변화시키는 말씀이다(244).

휴즈(Hughes, 477, 478)는 이스라엘 백성들로부터 비판을 받고 불만을 샀던 "권위 있는 인물"로서의 모세(출애굽기-민수기 전승 속에 나오는)와의 연결 관계를 지적한다. 모세에 맞서 반기를 드는 것이 여호와를 모욕하는 것으로 받아들여지는 그 정도만큼 이러한 유비는 타당하게 될 것이다. 그리고 바울이 앞서 출애굽기의 이야기들을 모형론적인 의미에서 사용한 적이 있다는 것은 사실이다(고전 10:11: *τυπικῶς*-튀피코스). 이전에 바울은 옛적의 이스라엘 백성이 음행을 저질러서(고전 10:8) 여호와를 시험했었다(*ἐπείρασαν*-에페이라산)고 말한 바 있다(고전 10:9). 성경이 이렇게 이스라엘에 관한 일들을 기록해 놓은 것은 장래의 세대들이 비슷한 죄들을 짓는 것을 피하게 하기 위한 것이었다(고전 10:6, *κακῶν*-카콘; 또한 고후 13:7, *κακὸν*-카콘). 바울은 고린도 교인들이 옛 이스라엘처럼 회개하고서 벌을 피할 수 있다고 생각했던 것일까(고전 11:27-32; Martin, *Worship in the Early Church*[1974 ed.], 128; Roetzel, *Judgement*, 136-42를 보라)? 이 질문에 대한 답변은 십중팔구 그렇다가 될 것이다. 바울은 고린도 교인들에게 그들에게는 회개할 시간이 있으니 그 시간을 잘 활용할 것(하나님께 순종하지 못했던 모세 시대의 이스라엘 백성과는 달리)을 일깨워 준다(10-13장을 통해서). 바울에게 있어서 13:3a은 13:2의 사고의 연속이다: "너희가 내 안에서 그리스도를 보고자 하니 내가 용서하지 아니하리라." 플럼머(Plummer)가 고린도 교인들은 바울이 그들을 용서하는 것을 불가능하게 만들었다고 생각하는 것은 지나치게 비관적인 견해다(374). 물론 그들이 행실을 고치지 않는다면, 분명히 그런 결과가 있을 것이다. 그러나 바울의 소망(13:7-10)은 자신이 고린도 교인들을 벌하는 것을 피할 수 있게 되는 것이다. 10-13장이 이전의 "엄중한 서신"처럼 고린도 교회에 긍정적인 효과를 미친다면, 바울의 소망은 실현될 수도 있었다.

"저가 너희를 향하여 약하지 않고 도리어 너희 안에서 강하시니라"(*ὅς εἰς ὑμᾶς οὐκ ἀσθενεῖ ἀλλά δυνατεῖ ἐν ὑμῖν* – 호스 에이스 휘마스 우크 아스데네이 알라 뒤나테이 엔 휘민). 이 문장을 통해서 바울은 13:3b을 이해하는 데 영향을 주는 13:4을 위한 토대를 놓는다. 바울이 지금까지 고린도 교인들을 온유하게 대하기로 결심하고서 실제로 그렇게 행했다고 해서, 그리스도가 결코 그들에 대하여 약하신(*ἀσθένης* – 아스데네스) 것은 아니었다(*εἰς ὑμᾶς* – 에이스 휘마스, "너희를 향하여"; "너희"는 고린도 교회 전체를 의미한다, Filson, 417). 도리어, 그리스도는 고린도 교인들 가운데서(*ἐν ὑμῖν* – 엔 휘민) 강력하셨다(*δυνατός* – 뒤나토스). 이것은 예상치 못한 말이었기 때문에, 이것에 자극을 받아서 불트만(Bultmann, 244)은 이 본문을 "우리 가운데서"(*ἐν ἡμῖν* – 엔 휘만)로 읽든가(참조. 10:4; 12:9, 10), 아니면 이 본문을 반어법적으로 해석해서 "너희가 자처하는 대로 그리스도께서 너희 가운데 능력 있게 임재해 계신다"는 의미로 읽어야 하는 것이 아닌가 생각하게 되었다. 만약 후자가 옳다면, 그것은 깊은 뜻을 함축하고 있는 하나의 어구가 어떤 식으로 양면적인 두 가지 의미를 지닐 수 있는지를 보여 준다. 고린도 교인들에게 그리스도는 이적을 행하는 분 또는 영적인 힘으로서 그들 가운데 임재해 계셨다. 바울에게 그리스도는 고린도전서 14:24-25의 "죄를 깨닫게 하는"(*ἐλέγχειν* – 엘렝케인) 선지자적 역할을 수행하는 가운데 거기에 계셔서 그들의 심판자와 판별 기준이 되고 계신다. 우리는 앞서 이 문장의 교차대구법적인 구조를 살펴본 바 있다("양식/구조/배경"을 보라). 우리는 뒤나테인(*δυνατεῖν*)은 신약에서 오직 바울 서신에서만 발견되고(9:8; 13:3; 롬 14:4), 언제나 하나님의 능력에 대하여 말하고 있다는 것을 주목할 수 있다. 바울은 고린도 교인들이 자신의 능력을 이해하는 데 실패했던 것과 마찬가지로 그리스도의 능력을 알아차리는 데도 실패했다고 말하고 있는 것이다. 고린도 교회는 사도라고 하는 자들의 겉으로 드러난 거창한 행위들을 능력과 동일시했다. 바울은 바로 그 정반대가 진실이라고 말하고 있다. 이것은 13:4의 논의 속에서 드러나게 될 것이다. 간단히 말해서, 그리스도는 종의 형체를 취하여 자신을 배척하는 자들을 벌하지 않는 쪽을 선택하셨다는 것이다. 그렇지만 그것은 능력의 표(sign)다. 마찬가지로, 바울은 그리스도와 동일한 길을 선택해 왔다. 13:4에서 보게 되겠지만, 만약 고린도 교인들이 겉으로 보기에 "약해" 보이는 그리스도의 사역이 하나님의 능력에 의해서 이루어졌다는 것을 받아들인다면, 마찬가지로 그들은 바울과 관련해서도 그와 동일한 것을 받아들여야 한다. 결국, 바울은 그들에게 그리스도의 메시지를 전한 자였다(4:7-15).

4 "그리스도께서 약하심으로 십자가에 못 박히셨으나 오직 하나님의 능력으로 살으셨으니"(*καὶ γὰρ ἐσταυρώθη ἐξ ἀσθενείας, ἀλλὰ ζῇ ἐκ δυνάμεως θεοῦ* – 카이 가르 에스타우로데 엑스 아스데네이아스 알라 제 에크 뒤나메오스 데우). 이 절과 관련된 몇 가지 본문상의 문제들에 대해서는 "원문주해"를 보라. 우리는 앞서 13:4a이 13:4b과 병행을 이루고 있다는 것을 지적한 바 있다("양식/구조/배경"을 보라). 전자에서 그리스도는 약하심 속에서 십자가에 못 박히셨지만(*ἐσταυρώθη* – 에스타우로데, 단순과거) "그렇지만"(*ἀλλὰ* – 알라, 역접; BDF § 448.5를 보라) 하나님의 능력에 의해서(*ἐκ* – 에크; 이것은 원천을 나타낸다, Plummer, 375) 살아 계신(*ζῇ* – 제, 현재형) 것으로 묘사된다. 바울은 이제 그의 경우를 말하고자 한다. 왜냐하면 그는 13:4a을 "왜냐하면 사실"(*καὶ γὰρ* – 카이 가르)로 시작하기 때문이다. 이러한 양보 접속사들의 사용(BDF § 457)은 13:4a과 13:4b의 첫머리에서 모두 발견된다.

바울의 기독론적인 이해는 13:4의 그의 논증과 잘 부합한다. 그리스도는 약함과 동시에 강하시다. 바렛(Barrett)이 십자가에 못 박힘 속에서 나타난 그리스도의 약하심은 능력의 부재(不在)의 결과가 아니었다고 지적한 것은 옳다(336; 또한 Käsemann, *Die Legitimität*, 41). 그리스도께서 십자가를 선택하셨을 때, 그분이 그렇게 하신 것은 그분이 하나님의 능력으로 행하고 계셨기 때문이다. 그분은 "약하심"(*ἀσθένεια* – 아스테네이아)을 하나의 역할로 짊어지신 것이었다. 세상 사람들이 정반대로 생각했다는 사실에도 불구하고(참조. 막 15:30-32), 그리스도께서는 하나님의 뜻을 자신의 뜻으로 받아들임으로써 능력으로 행하신 것이었다. 십자가 위에서의 그리스도의 죽음은 그 자신의 선택이었지, 영지주의자들의 생각처럼 사탄과 귀신의 세력 같은 외부의 세력에 굴복하신 것이 아니었다(W. Grundmann, *TDNT* 2:316, 317를 보라). 약하신 예수는 언제나 하나님을 의지하는 자로 행하셨고(Windisch, 418에서는 여기에 반대다), 그분의 "약하심"에 대한 강조는 단지 참 인간 됨의 표가 아니었다(그런 측면이 없는 것은 아니지만). 바울은 여기서 그리스도를 "독자적으로" 능력을 행사한 인물로 본 "영광의 신학"(theologia gloriae)에 맞서 변증을 펼치고 있는 것이다. 이 점은 W. Bieder, *ThZ* 17(1961) 319에서 잘 밝혀 놓고 있는 것으로서, 바울의 대적들이 독립성을 주장한 것(10:13-18; 11:12)과는 반대로 그는 하나님의 "분량"(*κανών*–카논)에 철저히 의지하여 행한 것과 연결된다(loc. cit., 328). 우리는 빌립보서 2:5-11의 그리스도 찬가를 그 근거로 들 수 있을 것이다(어떤 식으로 그리스도께서 종으로 오기로 선택하셨는지를 자세하게 검토하고 있는 R. P. Martin, *Carmen Christi* 2[Grand Rapids, Michigan: Eerdmans, 1983], xxiii-xxxiii, 134-64를 보라). 우리는 거기서 약함(*ἀσθένεια*–아스데네이아, 빌 2:7, 8)과 강함(또는 능력, *δύναμις*–뒤나미스; 빌 2:9; 또한 참조. 롬 6:4; 8:11)이라는 두 개념이 십자가와 부활에 의해서 연결되어 나란히 등장하는 것을 본다. "중심축"은 빌립보서 2:9에 나온다: 아스데네이아(*ἀσθένεια*)와 뒤나미스(*δύναμις*) 사이에서 전환점을 보여 주는 디오 카이(*διὸ καὶ*, "그러므로"). 그러나 십자가는 단지 과거의 사건이 아니다. 십자가에 못 박히신 예수는 이제 부활하신 주님이기 때문에, 십자가는 주님의 현재의 부활의 삶 속에 삼켜져 있고, 그 부활의 삶 속에서 주님은 여전히 십자가에 못 박히신 분이다(십자가는 주님의 궁극적인 영광으로 가는 길에 있어서 하나의 정류장이 아니라 그 주 되심의 실체〈esse〉이기 때문에, 주로서의 그분의 능력은 언제나 그분의 지속적인 약함, 순종, 겸비에 의해서 이루어진다는 고찰에 대해서는 Martin, *Carmen Christi* 2, xviii, xix을 보라). 그리스도는 고린도 교인들의 주(主)이시지만, 그들은 그리스도께서 저 높아지신 위치에 도달하기 위한 수단으로서 십자가를 선택하셨다는 것(고전 1:18)을 기억하지 않으면 안 된다. 13:4b에서 계속 말하고 있듯이, 약함 속에 능력이 존재하고, 바울은 바로 이 모델을 따라 왔으며 몸으로 구현해 왔다. 그리스도와 바울 간의 "유비"(analogy)는 이 복문(複文)의 핵심에 놓여 있다(Güttgemanns, *Der leidende Apostel*, 152-54).

"우리도 저의 안에서 약하나 너희를 향하여 하나님의 능력으로 저와 함께 살리라"(*καὶ γὰρ ἡμεῖς ἀσθενοῦμεν ἐν αὐτῷ, ἀλλὰ ζήσομεν σὺν αὐτῷ ἐκ δυνάμεως θεοῦ εἰς ὑμᾶς*–카이 가르 헤메이스 아스데누멘 엔 아우토 알라 제소멘 쉰 아우토 에크 뒤나메오스 데우 에이스 휘마스). 바울은 고린도 교인들에게 자신이 과거에 그들을 대한 방식은 자신이 "열등한" 사도였기 때문에 그런 것이 아니었다는 것을 설득시키고자 애쓴다. 그는 가혹하게 대하는 것과 우월감을 나타내며 고압적으로 행하는 것(11:19-21)이 아니라, "약함"이 그리스도의 참된 사도의 올바른 자세라는 것을 곰곰히 생각해 보도록 그들에게 요청하고 있다. 13:4b은 13:4a의 사고와 병행을 이룬다. 그리스도는 약하심 속에서 행하셨지만, 하나님은 부활의 삶을 통해서 그리스도가 옳다는 것을 증명해 주셨다(빌 2:9에 대해서는 Martin, *Carmen Christi* 2, 229-35를 보라. 거기서 그는 동사 카리제스다이〈*χαρίζεσθαι*〉를 근거로

"상급"이라는 개념을 배제하고, 공로를 통해서 하늘나라에 가는〈per aspera ad astra〉 법칙을 발견하고자 하는 그 어떤 시도〈so Lohmeyer, *Kyrios Jesus*, 74〉에 대해서도 의문을 제기한다. 도리어, 연결 고리는 이스라엘의 경건한 의인들에게 적용되는 "종말론적인 전복"〈Umwertung〉이라는 연결 고리다: R. P. Martin, "Salvation and Discipleship in Luke's Gospel," *Interpreting the Gospels*, ed. J. L. Mays〈Philadelphia: Fortress Press, 1981〉 214-30를 보라). 마찬가지로, 바울은 "약함" 속에서 행해 왔기 때문에, 하나님은 주님에게 하셨던 것처럼 그가 옳다는 것을 증명해 주실 것이다(바울이 제소멘〈*ζήσομεν*〉이라는 미래 시제를 사용한 것의 배후에 있는 의도에 대해서는 아래의 논의를 보라). 하나님은 그리스도의 사역을 온전히 받으실 만한 것으로 여기셨다. 바울은 고린도 교인들이 그의 사역을 동일한 빛 아래서(적절한 변경을 가하여〈*mutatis mutandis*〉) 보게 되기를 바란다.

13:4은 고린도 교인들의 잘못을 납득시키기 위한 바울의 웅장한(그리고 고상한) 시도다. 이러한 시도가 웅장하다는 것은 바울이 "그리스도의 본"(*Urbild*: 유일무이한 본)을 그의 사역의 모범(*Vorbild*: 따라야 할 모범)으로 제시하고 있기 때문이고, 이러한 시도가 고상하다는 것은 바울이 자신이 가기 전에 고린도 교인들이 "회개할" 길을 닦아 놓고 있기 때문이다. 그는 분명히 고린도 교인들에게 갈 것이었다. 그가 고린도 교회에 이르면, 그는 그 곳의 상황을 평가하게 될 것이다. 만약 그들이 그의 사도직에 대하여 다시 한 번 깊이 재고해서 그의 가르침으로 되돌아왔다는 것과 그들이 자신들의 잘못을 회개했다는 것을 그가 발견한다면, 그는 여전히 계속해서 "약한" 모습으로 남아 있게 될 것이다(그가 이제까지 그랬던 것처럼, 11:21). 왜냐하면 그는 그들과 함께 기뻐하기를 원하고, 어느 한 사람이라도 벌하게 되기를 원치 않기 때문이다. 그들은 바울이 화해의 메시지(화목하게 하는 말씀)를 자신들에게 전했고, 그로 인하여 그리스도께서 비록 약한 모습으로이긴 하지만-이것이 그의 복음의 특징이다-그들 가운데 계시게 되었다는 사실을 되돌아보게 될 것을 바울은 기대한다(고전 1:17-2:5; W. C. Robinson, Jr., "Word and Power[1 Corinthians 1:17-2:5]," *Soli Deo Gloria*, FS W. C. Robinson, ed. J. M. Richards[Richmond, VA: John Knox, 1968] 68-82). 하지만 그들이 그들의 행실이나 바울에 대한 태도를 바꾸지 않았다면, 그는 "능력"으로 그들에게 가게 될 것이다. 고린도 교인들이 바울의 싸움(즉 바울과 그의 대적들 간의 접전)에 대하여 단지 방관자였던 과거와는 달리, 이 세 번째 방문에서 그들은 바울의 매운 매맛을 보게 될 것이다. 그렇지만 그 엄한 얼굴 속에서도 그는 여전히 약한 모습으로, 즉 십자가에 못 박히

신 주님의 낮아지심을 본받아 행할 것이다(12:21; 참조. 4:12, 이러한 변증은 강력한 지도력과 능력을 행하는 인상적인 "사도들"〈*ἀπόστολοι* –아포스톨로이〉이야말로 "능력"을 웅변하는 것이라고 생각하고 있었던 대적들이 이해하기 어려운 개념이었을 것이다; J. H. Schütz, *Paul*, 244-48를 보라). 그러나 반어법적으로 말해서 새로운 모습의 바울은 그들이 원하는 유형은 아닐 것이었다.

바울과 고린도 교인들은 "능력"을 동일한 방식으로 이해하지 않았던 것으로 보인다. 그들에게 있어서 능력은 호전적이고 강력한 개성으로 나타나는 것이었고, 사도에게 있어서 능력은 약함으로 나타나는 것이었다. 고린도 회중이나 대적자들이 깨닫고 있지 못한 것은 "사도의 의미심장한 곤경들(12:10) 속에 예수의 십자가(*Kreuzgestalt*)가 투영되어 있다"(Käsemann, ibid., 42)는 것이다. 바울은 고린도 교회로 가서 교인들을 엄하게 다스려야 한다고 해도, 여전히 약한 모습으로 능력을 행사하게 될 것이었다. 사도는 그가 고린도 교인들을 엄하게 다스릴 필요가 없을 것이라는 의미에서 "약한" 모습으로 나타나게 되기를 소망한다. 한 걸음 더 추론하자면, 사도는 하나님이 자신에게 힘을 주심으로써 자신의 사역이 옳음을 증명해 주실 것이라고 쓰고 있는 것이다. 바울은 하나님의 능력으로 인해서 살게 될 것이다. 하지만 그는 이 능력이 고린도 교인들에게 언제 나타나게 될지에 대해서는 다소 불분명한 태도를 취한다. 13:4b에서 제소멘(*ζήσομεν*)은 미래 시제로 되어 있다. 바울은 고린도 교인들이 "하나님의 나라가 능력으로 임하는"(Barrett, 337) 다음 세대까지는 이 능력을 보지 못하리라고 말하고 있는 것인가? 아니면, 바울은 자신이 고린도 교회에 가게 될 장래의 때를 말하고 있는 것인가(Plummer, 375; Héring, 100, n. 3; Tasker, 188; Hughes, 479; Furnish, 571)? 바울이 종말론적인 내세에 대하여 말하고 있다고 보는 것은 의심스럽다. 우리가 지금 살펴보고 있는 12:19-13:10의 대단락 속에는 장래의 세상에 대한 언급은 나오지 않는 것으로 보인다. 그 대신 바울은 이 대단락 속에서 곧 있게 될 그의 세 번째 방문을 집중적으로 다루어 왔다. 따라서 우리는 바울이 그의 세 번째 방문 기간 동안에 고린도 교인들 앞에서 능력으로 살아가게 될 것에 대하여 말하고 있는 것이라는 결론을 내릴 수밖에 없다. 에이스 휘마스(*εἰς ὑμᾶς*, "너희 앞에서")는 이러한 입장과 잘 부합한다(Furnish, 571). 구체적으로 말해서, 바울은 그가 고린도 교회에 갈 때 하나님의 능력으로 살게 될 것이라는 것이다. 그러나 에이스 휘마스(*εἰς ὑμᾶς*)는 단지 "너희를 세우다"를 의미할 수도 있다(12:15을 보라). 빈디쉬(Windisch, 419)는 1:6; 4:12에 나오는 병행들을 제시한다. 고린도 교회에서의 논쟁에서 증거(*Evidenz*)로서의 바울의 아스데네이아(ἀσθένεια)에 대해서는 Betz, ibid., 99, 100를 보라. 그러므로 이것은 13:5과의 연결고리다(Betz, 132-37, 특히 134). 이상적으로 말해서, 고린도 교인들은 그가 방문하기 전에 이미 회개한 상태일 것이다. 적어도 바울의 생각에, 이것은 그의 사역이 십자가 아래 숨겨져서 눈치채지 못하게 진행된 "능력"의 사역이었음을 분명하게 확증해 줄 것이었다. 그가 몇몇 지체들을 벌할 수밖에 없게 된다고 하더라도, 그의 소망은 여전히 고린도 교회가 자신을 받아들임으로써 그가 "약함" 속에서의 섬김이라는 자신의 사역 방식이 옳다고 증명된 것을 보는 것이다. 우리는 바울이 교회를 세우고자 한다는 사실을 잊어서는 안 된다(13:10). 참된 능력의 나타남은 하나님의 백성의 덕을 세우는 것으로 드러난다. 바울의 목표는 바로 그런 것을 행하는 것이다. 비록 그가 취한 방법이 열매를 맺는 과정에서는 고린도 교인들에게 고통스러운 것이 된다고 할지라도 말이다.

5 "너희가 믿음에 있는가 너희 자신을 시험하고"(*ἑαυτοὺς πειράζετε εἰ ἐστὲ ἐν τῇ πίστει* – 헤아우투스 페이라제테 에이 에스테 엔 테 피스테이). 13:5에서 바울은 새로운 주제를 시작한다. 12:19-13:3에서 그는 곧 있게 될 자신의 방문을 자세하게 다루었었다. 거기서 그는 자신이 갈 때 "재판장이자 배심원이자 집행인"으로서의 역할을 하게 될 가능성이 많다는 점을 강조했었다. 즉 그는 자신이 고린도 교인들에게 전했을 뿐만 아니라 그들 앞에서 스스로 삶으로 보여 준 복음을 따르기를 거부하는 자들을 벌하게 될 것이다. 그러나 13:4에서 바울은 화제를 새로운 방향으로 돌리고 있는 것으로 보인다. 바울은 고린도 교회의 양심에 호소하여 그들에게 그리스도의 본을 잘 생각해 보라고 요청한다. 요컨대, 그는 고린도 교인들에게 그들의 상황을 스스로 바로잡을 기회를 주고 있는 것이다. 그것은 개별 지체들에 의한 자복(自服)을 통해서나 교회가 범죄한 지체들을 치리하거나 둘 다를 통해서 이루어질 수 있었다. 요지는 바울이 13:4에서 고린도 교인들에게 그들의 삶을 고치도록 압력을 넣는 일을 시작했고, 13장의 나머지 부분 전체에 걸쳐서도 계속하리라는 것이다. 바울은 더 이상 바깥에서(*ab extra*) 고린도 교인들을 경고하지 않을 것이다. 이제 그는 6:11-13; 7:2-4로 회귀한 문체를 통해서 그들의 가슴에 호소하고자 한다.

"너희 자신을 시험하라"(*ἑαυτοὺς πειράζετε* – 헤아우투스 페이라제테). 헤아우투스(*ἑαυτοὺς*)는 강조의 위치에 있다(Windisch, 420; 재귀대명사의 삼인칭 복수형은 일인칭과 이인칭의 복수형 대신에 사용된다; Moule, *Idiom Book*, 120를 보라). 바울은 고린도 교인들이 자신이 한 말의 취지를 잘 알아들었는지를 확인하고

자 한다. 그는 고린도 교인들에게 자신을 면밀하게 조사하기보다는 스스로를 "살펴보라"고 권면한다(Wiles, *Paul's Intercessory Prayers*, 243). 다른 곳에서 바울은 페이라제인(*πειράζειν*)을 "시험하다"라는 의미로 사용한다(고전 7:5; 10:3; 갈 6:1; 살전 3:5). 그러나 바울이 여기서 고린도 교인들에게 기본적으로 죄를 촉진시킬 수 있는 유혹이 되는 행위를 하라고 "명령하고" 있다고 보는 것은 의심스럽다. 페이라제인(*πειράζειν*, 고린도후서에서 오직 여기에만 나오는)을 "어떤 사람이 어떤 유형의 사람인지를 분별하다"라는 의미를 지니는 것으로 보는 것이 더 낫다(BDG, 640; 이 동사는 "중립적인" 의미로 이해되어야 한다, Plummer, 376). 이것은 13:5-10의 주제와 부합한다. 왜냐하면 바울은 고린도 교인들이 그들의 양심을 스스로 잘 살펴본다면(Héring, 100) 그리스도께서 그들 "안에", 즉 그들 가운데 계신다는 것을 알게 될 것이라고 소망하고 있기 때문이다. 고린도 교인들이 이것을 발견한다면, 그들은 바울이 참된 사도임을 알게 될 것이고, 따라서 그의 메시지에 순종하게 될 것이다. 고린도 교인들이 바울의 메시지를 받아들이고 따르게 된다면, 그는 고린도 교회를 세 번째로 방문했을 때 그들이 자기가 원하는 모습이 되어 있는 것을 발견하게 될 것이다.

바울은 고린도 교인들에게 과연 "믿음 안에"(*ἐν τῇ πίστει* – 엔 테 피스테이) 있는지(*εἰ* – 에이)를 결정하기 위해서 스스로를 살펴보라고 권면한다. 엔 테 피스테이(*ἐν τῇ πίστει*)라는 어구는 고린도전서 16:13("믿음에 굳게 서라")에서 발견된다. 퍼니쉬(Furnish)는 현재의 절에서 이 어구가 일차적으로 순종을 의미하는 것으로 이해한다(577). 피스티스(*πίστις*)는 신뢰라는 개념(인간의 태도)과 충성스러움이라는 개념(하나님 편에서 보았을 때)을 포함할 수 있다(Héring, 100, 101를 보라). 또한 믿음은 진정한 경건, 즉 대상으로서의 믿음(*fides quae creditur*; 1:24: *τῇ πίστει ἑστήκατε* – 테 피스테이 헤스테카테, "너희가 믿음에 섰음이라", 관사가 붙어 있음)으로 이해되기도 한다(BDG, 663). 여기서 이 어구가 사용된 것은 이러한 것보다 훨씬 더 많은 것을 시사해 준다. 바울은 그리스도인으로서의 새로운 상황과 새로운 실존에 대하여 말하고 있다(5:17; Héring, ibid.). 요컨대, 이러한 이해는 위에서 말한 "믿음"의 온갖 의미들을 다 포괄하지만, 여기에는 특히 거짓 사도들이 전한 복음과 바울이 전한 복음이 어떻게 다른지를 올바르게 파악해야 한다는 의미가 내포되어 있다(11:4). 엔 테 피스테이(*ἐν τῇ πιστει*)는 크리스토스 엔 휘민(*Χριστὸς ἐν ὑμῖν*, "그리스도께서 너희 가운데 계신다")과 동일한 의미로 이해될 수 있다. 바울에게 있어서 "믿음은 그리스도의 임재의 실체다"(Wendland, 231;

또한 Héring, 100, n. 6, 101, n. 7). 바울은 여기서 고린도 교인들이 스스로를 살펴서 과연 그들이 그리스도의 사도를 따름으로써 그리스도의 길로 행하고 있는지 어떤지를 분별하게 되었으면 하는 소망을 피력하고 있는 것이다(고전 11:1). 아마도 바울은 그들이 "너희는 그리스도인이 된다는 것이 무엇인지를 정말 이해하고 있느냐"(Furnish, 577)는 질문에 대답하기를 바라는 것 같다. 고린도 교인들은 바울의 사역에 의문을 제기하는 것이 아니라 도리어 그들 자신의 태도에 의문을 제기해야 한다. 왜냐하면 그리스도 앞에서의 그들의 지위가 위기에 처해 있기 때문이다(Filson, 420). 달리 말하면, 바울은 고린도 교인들에게 "우리가 정말 그리스도인인가, 아니면 그러한 지위를 잃어버린 것인가"라고 스스로 반문해 보라고 요청하고 있다는 것이다. 앞서(고전 9:27; 고후 6:1) 바울은 거짓된 소망들을 토대로 해서 부주의하게 삶을 살다가는 구원을 잃을 수도 있다는 것을 말한 바 있다(또한 갈 5:4을 보라). 하나님의 양심적인 일꾼으로서 바울은 고린도 교인들이 그들의 판단하는 눈을 교회 지도자에게서 돌려서 그들 자신에게로, 아니 좀더 정확히 말해서 그들 가운데 "결정적인 능력"(Bultmann)으로 임재해 계시는 그리스도께로 향하도록 하기 위하여 그들에게 이 메시지를 제시한다.

"너희 자신을 확증하라"(*ἑαυτοὺς δοκιμάζετε* – 헤아우투스 도키마제테). 우리는 여기서 다시 한 번 헤아우투스(*ἑαυτοὺς*)가 강조의 위치에 있는 것을 보게 되고, 또한 동사(여기서는 *δοκιμάζειν*–도키마제인)가 명령형으로 되어 있는 것을 보게 된다. 도키마제인(*δοκιμάζειν*)은 "옳음이 입증될 것을 기대하는 가운데 검증하고 살핀다"는 개념을 지닌다(Plummer, 376; 또한 8:22; 고전 11:28; 롬 2:18; 14:22; 엡 5:10; 살전 2:4). 우리는 13:5-7에서 이 동사와 동일한 어원의 형용사들이 사용될 것을 미리 예감한다(참조. 10:18). 바울은 고린도 교인들에게 스스로를 살피고 검증해 보라고 강력히 촉구했다(명령형들을 주목하라). 그의 목적은 그리스도께서 그들 "안에"(*ἐν*–엔) 계시다는 것(13:5d에서 반어법이 사용되고 있는 것을 보라)을 그들이 깨닫게 되는 것이다. 바울은 고린도 교인들이 회개하게 되기를 바란다. 고린도 교인들이 그리스도께서 그들 가운데 계신다는 것을 깨닫기만 한다면, 그들은 바울이 이전에 이미 그들을 대상으로 하나님의 뜻을 따라서 사역해 왔다는 것을 알게 될 것이고, 그럼으로써 바울은 세 번째 방문에서도 "약한" 모습으로 그들에게 갈 수 있을 것이다. 바울이 간절히 바라는 것은, 고린도 교인들이 그를 참된 사도로 받아들임으로써 그가 그의 "권세"(*ἐξουσία*–엑수시아)로 그들을 벌할 필요가 없게 되는 것이다.

그리스도인이라고 고백하는 모든 자들에 적용되는 시금석은 다음과 같은 것이다: "예수 그리스도께서 너희 안에 계신 줄을 너희가 스스로 알지 못하느냐 그렇지 않으면 너희가 버리운 자니라." 바울은 한 걸음 더 나아가서 고린도 교인들에게 그들이 주장하는 대로 그리스도께서 과연 그들 가운데 계신지를 스스로 검증해 보라고 항변한다. 그는 고린도 교인들에게 "너희는 스스로를 이해하거나 비판할 능력을 가지고 있지 않은 것이냐"(Bultmann, 247)고 반문하고 있는 것이다. 에(ἤ, "또는")가 의문사로 사용되는 것은 드문 일이 아니다(고전 6:16; 롬 6:3; 9:21). 에피기노스케인(ἐπιγινωσκειν)에서 접두사 에피(ἐπι-)는 "완전한"(Plummer, 376) 또는 "철두철미한"(Hughes, 481, n. 177) 지식이라는 개념을 지닌다. 또한 그것은 그리스도의 참된 지체들이라는 개념을 나타내기 위하여 사용된 것이기도 하다(BDG, 291). 바울은 고린도 교인들에게 그들의 비판적인 눈을 그들 자신에게로 돌리라고 권면하고 있다(이것은 심지어 명령이기까지 하다. 이것은 그가 고린도 교인들에 대하여 어떠한 영향력을 지니고 있는지, 그들이 그의 명령에 순종하는지를 알아보기 위한 바울의 시도인가?). 고린도 교회가 그 지체들이 실제로 믿음 안에서 행하고 있다는 것을 깨닫게 될 가능성은 있다. 그렇게 된다면, 바울은 그들에게 진리로 나아간 것이 되고(13:8), 그들은 그의 사도적 신임장을 보여 주는 진정한 증거가 된다(고후 3:1-3).

바울은 이 절을 반어법으로 이루어진 짧은 어구로 끝맺는다("양식/구조/배경"을 보라). 그는 "너희가 시험에 통과하지 못하지 않는다면"(개역 성경에서는 "그렇지 않으면 너희가 버리운 자니라")는 말을 덧붙인다. 에이 메티(εἰ μήτι, "그렇지 않다면," BDF § 376)는 메(μή)의 강조된 형태를 포함하고 있다. 아도키모스(ἀδόκιμος, 13:5, 6, 7) 배후에는 "시험에 통과하지 못했다"("위조된, 가짜의," Bruce, 254)는 개념이 있다. 13:5의 끝에 나오는 어구에도 불구하고, 바울은 고린도 교인들이 실제로는 시험에 통과하게 될 것임을 낙관한다(Filson, 420의 견해와는 반대로). 태스커(Tasker)는 고린도 교인들이 시험에 통과하지 못할 것이라는 개념을 일축하고 있다고 본다(188). 이러한 견해는 바울이 좋은 결과를 위해서 기도하는 내용을 담고 있는 13:7a과 부합하지 않는다. 또한 고린도 교인들은 이전에 바울에게 호의적으로 대해 왔었다. 이것은 "엄중한 서신"에 대한 그들의 긍정적인 반응 속에서 찾아볼 수 있었다. 바울은 얼마든지 고린도 교인들을 기꺼이 좋은 방향으로 생각하고자 한다. 고린도 교인들에 대한 그의 신뢰는 그의 대적자들에 대한 은근한 반박일 수 있다. 만약 고린도 교회가 대적자들을 바울에게 했던 것처럼 홀대하고 내친다면, 대적자들은 과연 바울처럼 고린도 교회에 대하여 그토록 많은 인내심을 보여 주겠는가?

6 "우리가 버리운 자 되지 아니한 것을 너희가 알기를 내가 바라고"(*ἐλπίζω δὲ ὅτι γνώσεσθε ὅτι ἡμεῖς οὐκ ἐσμὲν ἀδόκιμοι* – 엘피조 데 호티 그노세스데 호티 헤메이스 우크 에스멘 아도키모이). 첫 번째 호티(*ὅτι*)는 목적어 절을 이끈다("나는 …하기를 바란다"). 바울의 소망은 고린도 교인들이 그가 시험에 통과했다는 것을 알게 되는 것이다. (여기서 바울은 또다시 일인칭 단수형과 복수형을 왔다 갔다 하면서 사용한다; Plummer, 377를 보라; Carrez, "Le 'nous' en 2 Corinthiens," *NTS* 26[1979-80] 474-86에서는 "6절은 나-너희-우리가 〈연속적으로 나옴으로 해서〉 의외다. '너희' 고린도 교인들의 태도는 바울의 사도직을 인정하는 데 이의를 제기하는 그런 것이다. 그렇다면 고린도 교회 자체도 사도적 교회이기를 멈춘다. 바울이 부적합한 자로 여겨져서 시험에 통과하지 못하고 버리운 자〈'아도키모스'〉가 되었다면, 고린도 교회도 마찬가지의 운명을 맞게 된다! 바울은 고린도 교인들이 인정하는 제한적인 심사를 통과하여 사도로 인정 받게 될 그런 사역자가 아니었다. 4절은 이 점을 아주 분명하게 보여 준다…약한 것과 사는 것은 그리스도와의 긴밀한 교제를 토대로 하는 것이고, 바울〈'우리'〉과 고린도 교인들〈'너희'〉을 이 삶 속에서 하나로 묶어 주는 것은 바로 이 교제다. 따라서 그리스도는 '우리'에 의미와 힘을 부여해 주는 분으로 제시된다"〈483〉.) 바울이 여기서 사용한 기노스케인(*γινωσκειν*)과 13:5에서 사용한 에피기노스케인(*ἐπιγινώσκειν*) 간에는 의미상의 차이가 없는 것 같다(복합 동사들은 한 번 사용된 후에는 단순 형태로 반복된다, Moulton, *Grammar*, 1:115). 그러나 그노세스데(*γνώσεσθε*)는 미래 시제로 되어 있는데, 이것은 고린도 교인들이 또다시 바울을 시험하리라는 것을 나타낸다. 그들은 그의 첫 번째 방문 때 그렇게 했었다. 왜냐하면 그들은 그의 메시지를 받아들였고, 교회가 세워졌기 때문이다. 또한 그들은 "엄중한 서신"을 받아들였을 때도 그의 사역을 시험했었다. 또다시 그들은 그의 권면을 따랐다. 이제 그들은 다시 한 번 그를 평가하도록 요청 받는다. 그는 자신이 시험을 통과했다는 것, 즉 자신이 버리운 자가 되지 않았다는 것을 그들이 알게 되기를 바란다. 여기에 나오는 것과 동일한 단어인 아도키모스(*ἀδόκιμος*)는 13:5에서도 발견된다. 그러나 헤링(Héring)은 5절과 6절에서 사용된 이 형용사가 시험의 대상과 관련해서 차이가 있을 가능성이 있다는 점을 지적한다. 13:5에서 바울이 염두에 두고 있었던 것은 고린도 교인들의 양심이었다. 그러나 13:6에서는 바울이 아도키모이(*ἀδόκιμοι*)라는 단어를 사용한 것이 고린도 교인들에게 그의 양심을 시험해 보라고 요청하고 있는 것이라고 보는 것은 의심스

렵다. 그는 사도로서의 자신의 역량과 자격 요건들을 면밀히 검사하고 살펴보라고 말한 것일 가능성이 더 높다. 즉 바울은 고린도 교인들에게 자신의 사도직을 시험해 보라고 요청하고 있다는 말이다(Héring, ibid.). 13:6에서 그는 고린도 교인들이 자신의 사도직을 받아들이지 않으면 어쩌나 하는 염려와 두려움을 피력한다(Strachan, 39). 이것은 바울에게 새삼스러운 것이 아니다. 왜냐하면 지금까지 고린도후서의 많은 부분이 그러한 두려움을 드러내고 있었기 때문이다. 바울의 소망은 고린도 교인들이 자신이 하나님의 참된 일꾼이라는 것을 깨닫게 되는 것이다. 그렇게만 된다면, 그들은 그의 경고들을 경청하고 그의 권위를 존중하게 될 것이고, 그 결과로 회개에 이르게 될 것이다. 그렇게만 된다면, 그는 그의 세 번째 방문에서 그들을 엄하게 대할 필요가 없을 것이다. 바울은 그들을 깨부수는 것이 아니라 그들의 양심에 호소하고자 애쓰고 있다(Héring, 101). 이러한 호소를 통해서 바울은 강력한 논증을 구축해 왔다. 그는 고린도 교인들 가운데서의 그리스도의 사역이 약함(weakness)의 사역이었다고 설명한 후에, 그렇지만 그 사역은 하나님에 의해서 축복을 받은 사역이었다고 말한다(고전 9:1-2에서처럼: Wiles, *Paul's Intercessory Prayers*, 244, n. 3). 마찬가지로 바울은 고린도 교인들 가운데서의 그의 사역도 약함 속에서 이루어진 것이었지만(고전 2:3) 동일한 결과를 가져왔다고 설명했다. 고린도 교인들이 스스로를 면밀하게 살핀다면, 그들은 그리스도께서 그들 가운데 계시지 않는다는 것(불순종의 확실한 표)을 발견하게 되거나 그리스도께서 그들 가운데 정말 계신다는 것을 알아차리게 될 것이다. 고린도 교인들이 후자의 결론에 이르게 된다면(바울은 그렇게 되기를 소망한다), 그들은 바울을 받아들이고 거짓 사도들을 내쳐야 한다. 이것과 다르게 행하는 것은 다른 복음을 좇는 것이다(11:4). 요컨대, 고린도 교인들이 바울의 사도직을 의심한다면, 그것은 그들이 그리스도인으로서의 그들의 신분을 의심할 수밖에 없는 결과로 귀결되리라는 것이다. 게다가 고린도 교인들이 바울을 받아들인다면, 그것은 그들의 기독교 신앙을 확증하는 것이다(Barrett, 338; Windisch, 420: "그것이 고린도 교인들로 하여금 스스로를 살피도록 이끈다면…그들은 그들의 기독교 신앙이 참되다는 것을 발견하게 될 것이다"). 그러나 불트만(Bultmann, 248)은 이러한 견해를 혹평한다. 그는 "결정적인"(*kritische*)이라는 단어를 사용한 유희를 통해서 "도리어 결정적인 문제는 고린도 교인들이 그리스도께서 회중 가운데 결정적인 능력으로 살아 계시는 것을 알고 있느냐의 여부다"라고 말한다. 바울은 고린도 교인들을 그의 사도직을 인쳐 줄 존재로 여기고 있는데, 지금 그들은 다시 한 번 이 점을 기억할 필요가 있다(고전 9:1-3

을 보라). "그들의 '시험을 통과했다'(δοκιμή-도키메)는 것은 바울이 '시험에 통과했다'(δοκιμή-도키메)는 것을 인정하는 것을 통해서 입증되어야 한다." 왜냐하면 바울은 에스테 아도키모이(ἐστε ἀδόκιμοι)가 아니라 호티 헤메이스 우크 에스멘 아도키모이(ὅτι ἡμεῖς οὐκ ἐσμὲν ἀδόκιμοι)라고 쓰고 있기 때문이다. "이 두 가지 인식은 동시적으로 일어난다"(Bultmann, 248).

7 "우리가 하나님께서 너희로 악을 조금도 행하지 않게 하시기를 구하노니"(εὐχόμεθα δὲ πρὸς τὸν θεὸν μὴ ποιῆσαι ὑμᾶς κακὸν μηδέν-유코메다 데 프로스 톤 데온 메 포이에사이 휘마스 카콘 메덴). 바울은 고린도 교인들에게 그("우리"를 주목하라)가 고린도 교인들을 위하여 기도하고 있다(현재 시제)는 것을 알린다. 유코메다 프로스(εὐχόμεθα πρός)라는 표현은 이례적인 것이 아니다(LXX: 민 11:2; 21:7; 왕하 10:2; 또한 Jub 22:27; 2 Macc 15:27). 바울은 그의 다른 서신들에서 그렇게 하고 있듯이(빌 1:9) 그의 기도 내용을 독자들과 함께 나눈다. 그는 고린도 교인들이 악을 행하지 않게 되기를 하나님께 기도하고 있다. 여기서 바울은 그들이 시험을 통과하기를 바라는 그의 소망의 다른 측면을 도입하는데(Furnish, 577), 그 다른 측면이라는 것은 그들이 그 어떤 악도 행하지 않게 되는 것이다(Barrett, 339). 휘마스(ὑμᾶς, "너희")는 대격으로 되어 있기 때문에, 문법상으로 말한다면 단순과거 부정사 포이에사이(ποιῆσαι, 원형은 포이에인〈ποιεῖν〉)의 주어(RSV)로 해석될 수도 있고 목적어로 해석될 수도 있다. 하지만 후자일 가능성은 없어 보인다. 고린도 교인들이 목적어라면, 주어는 하나님(Lietzmann, 160-62; 그러나 Kämmel, 214도 보라: "하나님이 너희에게 그 어떤 해도 입히시 않기를") 또는 바울 자신(NEB, 1961 ed.: "우리가 너희에게 해를 끼치지 않게 되기를 〈구하노니〉")이 되어야 하는데, 어느 쪽으로 보든, 문맥의 흐름은 어색해진다. 왜냐하면 그 뒤에 이어지는 내용은 바울이 고린도 교인들이 가장 잘되기만을 바라고 있다는 것을 보여 주기 때문이다. 이것은 7c절의 병행적인 사고(ἵνα ὑμεῖς τὸ καλὸν ποιῆτε-히나 휘메이스 토 칼론 포이에테, "너희로 선을 행하게 하고자 함이라") 속에서 드러난다("양식/구조/배경"을 보라). 또한 바울은 13:9b에서 자신이 그들의 회복을 위하여 기도하고 있다고 언급한다(Barrett, 339를 보라). 요지는 휘마스(ὑμᾶς)를 포이에사이(ποιῆσαι)의 목적어로 본다면 13:5-10에서의 바울의 사고의 흐름과 어긋나는 결과가 초래된다는 것이다. 따라서 휘마스(ὑμᾶς)는 포이에사이(ποιῆσαι)의 주어일 가능성이 대단히 높다(Furnish, 572; Héring, 101; Bultmann, 249; Wiles, *Paul's Intercessory Prayers*, 244, n. 6, 그러나 그가 열거하고 있

는 Lietzmann은 아니다). 바울의 기도는 그들이 악을 조금도 행하지 않게 되는 것이다. 여기서 "악"은 회개하라는 바울의 권면들(12:20-21)을 따르기를 거부하는 것을 가리킬 것이다. 또한 악은 바울이 거기에 갈 때 그를 배척하는 행위를 가리킬 수도 있다(Harris, 404). 좀더 간단해 말해서, 그것은 그들이 "버리운 자"(*ἀδόκιμοι*-아도키모이)가 되지 않기를 바라는 그의 소망을 소극적인 방식으로 말하고 있는 것이다.

"이는 우리가 옳은 자임을 나타내고자 함이 아니라"(*οὐχ ἵνα ἡμεῖς δόκιμοι φανῶμεν* – 우크 히나 헤메이스 도키모이 파노멘). 바울은 자신의 기도 제목을 고린도 교인들과 나눈 후에 자기가 그렇게 기도 제목을 그들에게 알려 주는 동기가 무엇인지를 밝힌다. 그는 자신이 이기적인 동기에서 그렇게 기도하는 것이 아니라는 것을 먼저 말한다. 고린도 교인들이 회개하고 회복된다면, 바울은 만족하게 될 것이다. 그러나 앞으로 보게 되겠지만, 이러한 회복이 그의 방문 이전에 일어난다면, 분명히 바울은 시험을 통과한 자**같이 보이지** 않을 것이다(*ὡς*–호스: 고린도 교인들의 관점에서 볼 때). 이것은 우리가 지금 살펴보고 있는 현재의 어구 배후에 있는 사고를 평가하는 한 가지 방식이다. 그러나 여기와 그 다음에 나오는 히나(*ἵνα*) 절이 모호하기 때문에, 기도 제목을 알리는 것이 어디에서 끝나는지가 불확실하다. 플럼머(Plummer, 377)의 견해처럼 히나(*ἵνα*)가 이끄는 절들은 그들이 악을 행하지 않게 되기를 바란다는 바울의 기도의 목적에 보충적인 설명들을 더하는 것이거나, 와일즈(Wiles, ibid., 244, 245, n. 7)의 주장처럼 그 절들은 그의 기도 제목의 내용을 계속해서 이어가고 있는 것이거나 둘 중의 하나다. "우리는 우리가 옳은 자로 드러나기를 기도하는 것이 아니라(*οὐχ ἵνα*–우크 히나) 너희가 선을 행하게 되기를(*ἀλλ' ἵνα*–알라 히나) 기도한다." 후자의 구문에 대해서는 BDF § 392.1를 보라–우리는 이 견해를 취한다. 물론 바울은 자신이 참된 사도로 받아들여진다면 무척 좋아하게 될 것이다. 그리고 기본적으로 고린도 교인들이 회개한다면, 그는 참된 사도로 받아들여지게 될 것이다. 그러나 그렇게 되면, 대적자들은 바울이 "능력 있고 힘있는" 사도로서의 시험을 통과하는 데 실패한 것으로 보게 될 것이다. 왜냐하면 바울은 그런 상황에서 고린도 교회에 가게 되는 경우에는 굳이 능력 있고 힘있게 자신의 권세를 행사할 필요가 없게 될 것이기 때문이다. 따라서 그는 또다시 멀리 떨어져 있을 때는 담대하지만 직접 대면하면 소심하게 행동한다는 비난을 듣게 될 것이다(10:1, 10). 하지만 그가 가기 전에 고린도 교인들이 회개함으로써 그가 "증거"(*δοκιμή*–도키메)를 통해서 자신의 사도로서의 정체성을 확고히 할 필요성이 없어지는 것이 바울이 바라는 것이었다. 이 절은 바울이 "시험에 통과한다"는 개념을 언급한 세 번째의 절이다. 그가 이 개념을 언급할 때마다, 그의 의도는 약간씩 달랐다. 13:5에서의 시험은 고린도 교인들이 스스로의 양심을 살피는 것을 의미하는 것으로 보이고, 13:6에서는 바울이 고린도 교인들에게 그의 사도직을 "시험해 보라"고 요청하고 있으며, 현재의 절에서 바울은 또 다른 뉘앙스를 보여 주는 것 같다. 13:7에서 언급된 "시험"은 바울의 대적자들이 제시한 "기준들"과 연관되어 있다. 대적자들은 바울이 과연 강력한 매를 들고 올지를 알아보기 위해서 그를 면밀하게 주시하고 있을 것이다. 그들은 바울이 지금 뜨거운 쟁점이 되고 있는 그의 "권세"(*ἐξουσία*-엑수시아)를 행사하느냐 안 하느냐의 여부에 따라서 그를 판단하게 될 것이다. 달리 말하면, 과연 바울은 고린도 교회에 와서 "외적인 능력"을 보여 줄 것인가? 요약하자면, 바울은 고린도 교인들이 13:5과 13:6에 부과된 시험들을 통과하는 데 관심을 갖고 있다. 그러나 그가 13:7의 시험을 통과하지 **않게** 되면, 그는 더 행복해 할 것이다. 그가 그 시험을 통과하지 못하게 되리라는 것은 고린도 교인들이 회개함으로써 그가 교회를 징계할 필요가 없어졌다는 것을 의미하기 때문이다. "시험에 통과하다"의 각각의 용법은 나름대로의 특징을 지니고 있기는 하지만, 그럼에도 불구하고 모든 용법들을 관통하는 공통의 요소가 존재하는데, 그것은 그리스도의 임재와 능력이 각각의 경우에 있어서 드러나게 되리라는 것이다. 고린도 교인들이 그들의 양심을 시험해서 그 시험을 통과하게 되면, 그들은 그리스도께서 "능력으로" 그들 가운데 계신다는 것을 알게 될 것이다(13:5). 고린도 교인들이 바울이 시험을 통과한 것을 알게 된다면, 그들은 그의 사도직 속에서 그의 약함 가운데 드러나는 그리스도의 능력을 알게 될 것이다(13:6). 사도가 고린도 교회를 벌할 필요가 없게 됨으로써 그의 대적자들의 "시험을 통과하지" 못하게 된다면(13:7), 그리스도의 능력과 임재는 거기서도 분명하게 드러나게 될 것이다. 왜냐하면 고린도 교인들은 이미 바울의 사역과 사도직(그리스도의 임재 가운데서 능력으로 하나님에 의해서 재가된 사도직)을 받아들인 상황일 것이기 때문이다. 이 공통의 요소는 그 자체로 13:4에 나오는 사고의 반복이다.

"오직 우리가 버리운 자 같을지라도 너희로 선을 행하게 하고자 함이라"(*ἀλλ' ἵνα ὑμεῖς τὸ καλὸν ποιῆτε, ἡμεῖς δὲ ὡς ἀδόκιμοι ὦμεν*-알 히나 휘메이스 토 칼론 포이에테 헤메이스 데 호스 아도키모이 오멘). 이 어구(*ἀλλ'*…*ποιῆτε*-알…포이에테)는 13:7a("너희로 악을 조금도 행하지 않게 하시기를")에 표현된 사고와 대칭을 이룬다. 히나(*ἵνα*)는 우리가 앞에서 본 바울의 기도의 목적(Plummer, 377)

또는 그 내용(Wiles, 244, n. 7)을 이끈다. 바울은 그들이 선(τὸ καλὸν-토 칼론)을 행하게 되기를 기도하고 있다. 고린도 교인들이 선을 행하게 된다는 것은 바울의 메시지를 받아들이고 그들의 죄를 회개하게 되었다는 것을 의미한다. 그것이 바울이 악을 행하고 있는 것처럼("버리운 자처럼"; 호스〈ὡς〉는 이것이 참된 도키메〈δοκιμή〉가 아니라 고린도 교인들의 평가임을 보여 준다) 보이게 만들지라도 말이다. 알…오멘(ἀλλ'…ὦμεν)은 직역하면 "우리가 (sc. 너희에 의해서) 버리운 자가 될지라도 너희가 선을 행하게 하고자"(Filson, 420)가 된다.

고린도 교인들이 돌이켜서 바울에게 호의적인 된다면, 그는 자신이 "외적으로" 강하다는 것을 증명할 기회를 얻지 못하게 될 것이다(Hughes, 482). 그러나 이러한 "증명의 부재(不在)"는 오직 그의 대적들에게만 그렇게 보일 뿐이다. 왜냐하면 바울에게 돌아온 자들은 사도가 진정으로 능력이 있다는 것을 알게 될 것이기 때문이다. 고린도 교인들이 옳은 길을 선택하는 것이야말로 바울의 최대의 관심사다. 그는 자신이 고린도 교인들을 벌하게 될 상황이 오게 되는 것보다 그들이 스스로 옳은 길을 선택하기를 바란다. 9b절이 분명하게 보여 주겠지만, 고린도 교인들의 구원에 대한 관심은 바울에게 있어서 가장 중요한 일이었다(Héring, 101).

바울의 그러한 사고는 독자들에게 12:19을 상기시켜 주는데, 거기서 바울은 그가 행하고 말하는 모든 것은 고린도 교회의 덕을 세우기(οἰκοδομή-오이코도메) 위한 것이라고 말했다. 바울은 고린도 교인들이 복음을 배척하는 것을 심각하게 받아들인다. 따라서 카콘/토 칼론(κακὸν/τὸ καλὸν)이라는 대조법은 진부하고 쓸데없는 말처럼 보일 수 있지만, "복음을 위한"(*pro vita et evangelio*) 바울의 변호의 일부로 보아야 한다(Prämm, *Diakonia* 1:724; Wiles, 245). 이것은 유대인들이 메시아를 배척한 것에 대한 그의 고뇌(롬 9:2-4a; 10:1-3)와 거짓 형제들에 대한 그의 참담한 감정(롬 6:1-14; 빌 3:18, 19; 참조. 고후 11:13-15, 26) 속에서 드러난다. 그는 고린도 교인들이 그의 메시지를 따라서 살아가는 것을 돕는 데 필요한 일이라면 무엇이든지 기꺼이 하고자 한다. 그것이 그가 고린도 교인들을 벌하는 것이든(바울은 그런 일이 일어나지 않기를 바라지만, Tasker, 189) 그가 실패자로 보이는 것이든 말이다.

바렛(Barrett)은 바울이 고린도 교인들에 의한 배척을 기꺼이 받아들이겠다고 말한 것을 고린도 교인들이 마음을 돌이켜서 선을 행하게 되었지만 여전히 바울을 사도로 받아들이지 않게 되는 상황이 일어날 수도 있다는 것을 보여 주는 표(標)로 본다(그러나 "주석"을 보라, 9절). 이 점에서 바렛은 "바울이 여기서 말하고 있는 것보다 그가 예수 그리스도의 공인된 대표자인 참된 사도임을 더 극명하게 보여 주는 대목은 없다"고 지적한다(339; 또한 Denney, 380). 바울은 여기서 기꺼이 다른 사람들의 죄를 스스로 짊어지고서 "그들을 의롭다 하기 위하여 범죄자로 여김을 받고자"(Barrett, ibid.) 하는 것으로 보인다. 이것은 우리로 하여금 정신이 확 들게 만드는 해석이지만, 그러한 해석은 바울에게 전혀 생소한 것은 아닐 것이다. 왜냐하면 고난받는 종으로서의 사도라는 개념은 고린도후서에서 이미 앞서 나온 바 있기 때문이다(6:1-2을 보라).

8 "우리는 진리를 거스려 아무것도 할 수 없고 오직 진리를 위할 뿐이니"(*οὐ γὰρ δυνάμεθά τι κατὰ τῆς ἀληθείας, ἀλλὰ ὑπὲρ τῆς ἀληθείας* – 우 가르 뒤나메다 티 카타 테스 알레데이아스 알라 휘페르 테스 알레데이아스). 이 보충 설명을 위한 문장의 취지(Wiles, ibid., 246)는 바울은 진리 밖에서는 아무것도 할 수 없다는 것이다. 일반적인 공리(公理)로 표현된 이러한 사고는 10절에 대한 복선이라는 것을 보는 것은 그리 어렵지 않다. 가르(*γὰρ*, "왜냐하면") 절은 13:8이 앞 절의 사고를 잇고 있다는 것을 보여 준다(Tasker, 189; Barrett, 339; Hughes, 483). 이 구절의 요지는 바울이 무슨 행위를 하든–"약함"으로 가든, "능력" 가운데 가든–그것은 "진리"와 합치한다는 것이다. 바울이 방문했을 때 고린도 교회의 일들이 잘 되어 가고 있다면, 그가 권세를 행사하지 않는 것은 진리가 배척을 받지 않는 경우에는 바울이 엄하게 행할 필요가 없다는 진리에 합치하는 것이다("그는 권위가 권위주의로 변질되는 것을 허용하지 않을 것임에 틀림없다," Hughes, 484). 이 절에서 알레데이아(*ἀλήθεια*, "진리")는 복음을 의미하는 것 같다(Denney, 381; Furnish, 573, 579; Filson, 421; Tasker, 189; 참조. 4:2; 6:7; 11:10: 참조. 갈 2:14). 불트만(Bultmann)은 "진리"를 다른 복음에 맞선 바울의 가르침을 가리키는 것으로 이해한다(*TDNT* 1:244; 참조. 11:4). 진리를 따라서(*ὑπέρ* – 휘페르, "…를 위하여") 행하는 것은 분명히 바울의 책무이지만, 바울처럼 복음에 헌신된 자에게 그것은 실천을 통해서 보여 주는 것을 함축하는 것이었다(Johnston, "2 Cor 13:8," 68, 69). 바울이 그의 약함 속에서 행하는 것은 그의 통상적인 대응 방식이었다. 그의 삶이 "알레데이아(*ἀλήθεια*)에 봉사하는 것"(Bultmann, 250)에 헌신되어 있는 것과 마찬가지로, 그의 약한 모습도 진리에 부합하는 것이었다. 바울이 엄하게 행할 수밖에 없다면, 그것은 그가 진리에서 떠났다는 것을 보여 주는 증표가 아니라, 도리어 진리의 또 다른 측면이다. 여기서의 개념은 "진리에 순종한다"는 것인데, 크벨(Quell)이 특히 의(義)에 대한 바울의 이해를 고려할 때(Héring, 101, n. 9) 알레데이아(*ἀλήθεια*)

의 배후에 의라는 개념이 있다고 생각하는 것(*TDNT* 1:233: Bultmann, 250)은 너무 지나치게 나아간 것이 아닌가 생각된다.

의심할 여지없이 13:8은 바울의 대적자들에 대한 변증으로서, 바울이 지금까지 해 온 모든 일은 그가 이해한 하나님의 뜻에 따른 것이었다고 말한다. 그는 언제나 진리 안에서 행해 왔다. 요컨대, 바울은 그가 곧 고린도 교회를 방문할 토대를 닦아 놓았다는 것이다. 그가 고린도 교회의 상황을 어떻게 파악해서 어떤 식으로 행하든지 간에, 그것은 하나님의 영광을 위하여 행해질 것이다. 그가 그들의 회개를 기뻐하든, 교인들 대다수를 공격하든(아마도 바울은 개혁된 교회를 살아 있는 교회로 본 것 같다; Kennedy, "Weakness and Power," 350), 바울은 자신의 행위를 통해서 하나님의 뜻을 더욱 진전시키고자 한다(그는 항상 그런 의도로 행한다). 이렇게 그는 죽음 속에서의 삶(4:12을 보라)과 마찬가지로 약함 속에서의 강함, 배척함 속에서의 받아들임이라는 변증법을 통해서 "진리", 즉 그에게 맡겨진 복음을 섬기는 데 헌신하고 있다. 바울은 그의 세 번째 방문에서 이러한 원칙을 파괴하고자 하지 않는다.

9 "우리가 약할 때에 너희의 강한 것을 기뻐하고"(*χαίρομεν γὰρ ὅταν ἡμεῖς ἀσθενῶμεν, ὑμεῖς δὲ δυνατοὶ ἦτε* – 카이로멘 가르 호탄 헤메이스 아스데노멘 휘메이스 데 뒤나토이 에테). 가르(*γὰρ*, "왜냐하면")는 13:8, 아니 13:7의 사고를 잇고("확증하고," Plummer, 378) 있다. 우리는 앞서 현재의 단락 속에서 아스데네이아(*ἀσθένεια*, "약함")와 그 동족어들(cognates)의 용법을 다루어 왔다(또한 4:7-12; 11:21; 12:9을 보라). 약함 속에서의 강함에 관한 바울의 가르침에서 이 두 가지 속성은 서로 연관되어 있다(Barrett, 340; 또한 13:4). 바울이 "약한" 것은 고린도 교인들을 "강하게" 하기 위한 것이다(12:10). 이러한 역설은 13:4에서 부각되었고, 13:7에서 또다시 다루어졌다. 바울은 고린도 교인들이 그들의 평가대로 "강하게" 되었다면(10:4; 11:19), 그는 그들이 말한 대로(10:10; 11:21, 30; 13:4) "약한" 모습으로 그대로 있는다고 해도 만족할 것이다. 따라서 이 공리 속에는 고린도 교인들이 사용했던 슬로건이나 표어에 대한 간접 인용이 존재하고 있음이 분명하다. 하지만 바울은 "약함"과 "강함"을 예수의 십자가라는 빛 아래서 봄으로써 그것들이 각각 무엇인지에 대한 그들의 이해를 수정하고 있다(13:4; Güttgemanns, *Der leidende Apostel*, 153, 154).

"또 이것을 구하니 곧 너희의 온전하게 되는 것이라"(*τοῦτο καὶ εὐχόμεθα, τὴν ὑμῶν κατάρτισιν* – 투토 카이 유코메다 텐 휘몬 카타르티신). 바울은 그가 13:7에서 고린도 교인들을 위한 그의 기도에 대하여 말한 것에 보충적인 말을 덧붙인다. 그는 이제 그들의 "회복"(*κατάρτισις*-카타르티시스, 개역 성경에서는 "온전하게 되는 것")을 위하여 기도한다. 이 명사는 신약의 "하팍스 레고메논"으로서 카타르티제인(*καταρτίζειν*, 13:11; 고전 1:10; 갈 6:1; 살전 3:10; 참조. 히 13:21; 벧전 5:10; 막 1:19; 마 4:21)에서 온 것이다. 또한 카타르티스모스(*καταρτισμός*, 엡 4:12)의 용법을 보라. RSV는 여기서 카타르티시(*κατάρτισις*)를 "개선"으로 번역하지만, 그러한 번역은 지나치게 약한 번역으로 보인다(Lietzmann의 역이인 *Besserung*, "개선"도 마찬가지다). 이 단어는 개선이라는 개념 이상의 것을 포함하고 있어서(Héring, 102, n. 10) "온전하게 됨, 합당한 상태로 됨, 회복됨"이라는 개념에 더 가깝다(BDG 417, 418; 또한 13:11; 참조. Gal 6:1). 원래 이 단어는 탈골된 뼈를 제자리에 맞추어 넣는다는 개념을 지니고 있었기 때문에(Liddell and Scott 1:910) 잘못된 것을 바로잡는다는 의미를 지닌다(Barrett, 340; Plummer, 378; Allo, 340). 카타르티시스(*κατάρτισις*)는 종교적이고 도덕적인 완전에 도달한다는 의미를 보여 주기는 하지만(Filson, 421; 그러나 "완전주의"는 아니다, Hughes, 484), 하나됨이라는 의미도 바울의 생각과 그리 먼 것은 아니다(고전 1:10을 보라). 바울이 염두에 두고 있는 것은 깨어진 것의 회복과 수리(修理)다. 균열된 몇몇 관계들이 존재했다. 한편으로, 바울과 고린도 교회의 관계는 수리될 필요가 있었다. 디도가 좋은 소식을 들고서 고린도 교회를 떠난 후에(7:2-16) 고린도 교회로 하여금 바울로부터 소원해지게 만드는 원인이 된 사건이 발생했다(11:4, 13-15에서 말하고 있는 거짓 사도들의 침입이 바울과 고린도 교회의 좋은 관계를 붕괴시킨 원인일 가능성이 크다). 10-13장에서 우리는 바울이 깨어진 관계를 회복하고자 애쓰고 있다는 것을 발견한다. 다른 한편으로, 고린도 교인들과 하나님의 관계도 마찬가지로 주목할 필요가 있다. 의심할 여지없이 바울은 고린도 교인들이 자신을 받아들이지 않는다면, 하나님에 대한 그들의 관계도 위태로운 상태에 있는 것이라고 보았다(이 점은 고린도 교인들은 회개했으면서도 여전히 바울을 받아들이지 않은 것이라는 바렛〈Barrett〉의 입장을 받아들이기 어렵게 만든다. 위의 설명을 보라). 또한 고린도 교회 지체들 가운데서의 교제 관계도 엉망진창이 되었을 것이다. 고린도 교인들이 하나님과 그의 사자(使者)인 바울에 대한 그들의 관계를 올바르게 하기만 한다면, 교회는 다시 하나가 되고 화목하게 될 것이었다(13:11). 당시에 고린도 교회에는 불화(disunity)가 만연해 있었던 것으로 보인다. 우리는 12:20에 열거된 죄들 속에서 그 점을 볼 수 있고, 클레멘트 1서(주후 96년)는 그와 같은 파벌 의식이 어떻게 끈질기게 지속되고 있었는지를 보여 준다.

고린도 교인들을 위한 바울의 기도는 그들이 악을 행하지 않게 되는 것(13:7), 그들이 하나님, 사도, 그들 서로간의 관계에 있어서 회복되게 하는 것(13:9)이었다. 그의 소망은 그가 고린도 교회를 방문하기 전에 그런 일들이 이루어지는 것이었다. 그렇지만 그는 자신이 방문했을 때 염려했던 것을 발견하게 되는 경우에는 계속해서 고집을 부리는 자들을 벌할 준비가 되어 있었다(12:20-21). 그러나 바울은 그들을 벌한다고 할지라도 대적자들의 예를 본받아서 자신의 권세를 과시하기 위해("강하게 보이기 위해서") 그렇게 하는 것은 아닐 것이었다(11:19-20). 도리어 그가 고린도 교인들을 엄하게 대할 수밖에 없다고 할지라도, 그것은 "회복"의 결과를 가져오기 위한 것이 될 것이다. 바울이 생각하기에는 치리가 꼭 필요하다면 그것은 교회의 유익을 위한 것이 되어야 했다. 그는 13:10에서 이 점에 대하여 자세하게 말한다. 그의 목적은 고린도 교회의 덕을 세우는 것(*οἰκοδομή*-오이코도메)이었다. 그의 소망은 그가 바라는 이와 같은 결과가 10-13장을 쓰는 수고를 통해서 이루어졌으면 하는 것이었다. 그러나 필요하다면, 그는 "매를 들고"(고전 4:21의 이미지를 사용해서) 갈 것이다.

10 "이를 인하여 내가 떠나 있을 때에 이렇게 쓰는 것은"(*διὰ τοῦτο ταῦτα ἀπὼν γράφω*-디아 투토 타우타 아폰 그라포). 디아 투토(*διὰ τοῦτο*, "이를 인하여", "이런 이유로", Plummer, 378; 참조. 14:1; 7:13; 고전 4:17). 13:10의 서두에서 바울은 그가 이 네 개의 장(10-13장)을 통해서 이루고자 했던 것을 되돌아보면서, 고린도 교회에서 회복과 회개가 이루어지게 하는 것이 자신의 목적이었음을 밝힌다. 바울이 떠나 있을(*ἀπὼν*-아폰) 동안에 이런 일들이 일어나게 된다면, 그는 대면할 때(*παρών*-파론) 고린도 교인들에게 엄하게 할 필요가 없을 것이다. 13:10에서 아폰(*ἀπών*)과 파론(*παρών*)을 함께 사용한 것은 바울이 고린도 교회로부터 떠나 있을 때와 대면할 때에 대하여 말했던 10:11과 13:2을 우리에게 상기시킨다. 아폰(*ἀπών*)은 이 두 절에서 그가 고린도 교회를 떠나 있으면서 10-13장을 쓰고 있는 때를 가리키는 것으로 이해된다. 고린도 교인들이 바울이 떠나 있으면서 쓴 이 장들(이것이 하나의 독립된 서신이든, 한 서신의 일부이든)을 읽는다면(참조. Polycarp, *Phil.* 3:2), 바울은 이것을 통해서 고린도 교인들에게 경고할 수 있게 된다. 그러나 그것보다 더 중요한 것은 그가 고린도 교인들에게 그의 편으로 돌아올 기회를 제공해 주고 있다는 것이다. 13:2에 나온 파론(*παρών*)은 13:10의 파론(*παρών*)에서 언급된 것과는 다른 방문을 가리킨다. 전자는 그의 고통스러웠던 방

문(두 번째 방문)을 가리키고, 후자는 장차 있게 될 것으로 기대된 즐거운 방문(세 번째 방문; 13:1; 12:14)을 가리킨다. 우리는 여기서 서신용의 단순과거가 나올 것으로 예상했지만(Moule, *Idiom Book*, 12, n. 1), 실제로는 현재 시제의 그라포(*γράφω*)가 사용되었다(Furnish, 574; 또한 Robertson, *Grammar*, 845, 846). 타우타(*ταῦτα*, "이것들")는 10-13장에 나오는 모든 것을 가리킨다(Furnish, 574; Filson, 422; Barrett, 340). 1-9장과 10-13장의 상호적인 저작 연대(본서의 서론을 보라)에 관한 논의와는 상관없이, 이 두 부분은 꼭 분리되어야 한다(Windisch, 425). 즉 1-13장이 하나의 단일한 서신으로 쓰여졌을 가능성은 대단히 희박하는 것이다. 1-9장과 10-13장은 바울에 의해 따로따로 쓰여진 별개의 서신들일 가능성이 높다. 바울은 "엄중한 서신"을 써서 고린도 교회에 보냈을 때 생겨난 것과 비슷한 결과를 만들어 내기 위해서 10-13장의 변호의 글(apologia)을 썼지만, 11:4, 13-15에 언급된 새로운 상황, 즉 거짓 교사들이 고린도 교회에 침투해서 반바울적인 메시지를 전하며 영향을 미친 일에 대응하여 이 글의 강도가 더 높아졌다.

"대면할 때에 내가 엄하지 않게 하려 함이니라"(*ἵνα παρὼν μὴ ἀποτόμως χρήσωμαι* – 히나 파론 메 아포토모스 크레소마이). 바울은 고린도 교회를 방문하기 전에 교인들에게 이 서신을 보내는 자신의 목적을 밝힌다(*ἵνα*–히나 절이 보여 주듯이). 바울은 그가 엄하게(*ἀποτόμως* – 아포토모스, 부사; 롬 11:22〈2x〉에서 사용된 아포토미아〈*ἀποτομία*, "엄위, 엄함"〉를 보라) "행하거나 처리하지"(*χρήσωμαι* – 크레소마이, 원형인 크레스다이〈*χρῆσθαι*〉의 가정법) 않게(*μὴ*–메) 되기를 소망한다(그리고 기도한다). 그는 그들이 "회복"되기만을 바라고, 그의 최종적인 호소를 강화하기 위해서 그의 독자들이 여전히 꿈쩍도 하지 않을 가능성을 다시 언급한다. 이렇게 해서 그는 12:19-13:4에서 제시된 경고의 말, 특히 10:8, 11의 경고의 말로 되돌아간다.

"주께서 너희를 파하려 하지 않고 세우려 하여 내게 주신 그 권세를 따라"(*κατὰ τὴν ἐξουσίαν ἣν ὁ κύριος ἔδωκέν μοι εἰς οἰκοδομὴν καὶ οὐκ εἰς καθαίρεσιν* – 카타 텐 엑수시안 헨 호 퀴리오스 에도켄 모이 에이스 오이코도멘 카이 우크 에이스 카다이레신). 이 어구는 바울이 "네 장으로 된 서신"의 첫머리에서 밝힌 사고를 반영하고 있다. 왜냐하면 10:8에서 바울은 그가 세우고(*οἰκοδομή*–오이코도메) 파하기(*καθαίρεσις*–카다이레시스) 위하여 주께 권세(*ἐξουσία* – 엑수시아)를 받았다(*ἔδωκεν*–에도켄은 단순과거)는 것을 고린도 교인들에게 알리고 있기 때문이다. 카다이레시스(*καθαίρεσις*)는 요새를 무너뜨린다는 개념을 지닌다(10:4). 분명히 바울은 그의 교훈을 받아들여서 회개하기를 거부하는 자들과 싸움을 벌일 준비를 하고 있는 것이다. 그러나 이것은 그가 선택한 목표는 아니다. 도리어 그는 사도로서의 그의 부르심을 이루는 것(1:1), 즉 고린도 교인들을 세우기를 원한다. 바울은 그가 취하는 그 어떤 "파하는" 행위도 장기적으로는 역설적인 방식으로 고린도 교회를 세우는 데 기여할 것이라고 생각한다. 그는 고린도 교회가 온전함에 이르는 것을 돕는 데 꼭 필요한 일이라면 온유하게든 진노 속에서든 무슨 일이라도 행하고 자신의 권세를 기꺼이 행사하고자 한다(9절).

13:10의 이 어구는 바울이 10:1-2에서 도입한 주제를 되풀이하고 있다. 그는 고린도 교인들에 의해서 어쩔 수 없이 "담대히" 행할 수밖에 없는 경우가 발생하지 않는다면 결코 "담대히" 행하고자 하지 않을 것이다. 이 네 장에 걸쳐서 그는 자신의 입장을 충분히 전달했고, 잘못을 범한 자들이 자신의 죄를 깨닫기(선지자적 사역으로서의 엘렝케인〈ἐλέγχειν, "깨닫게 하는 것"〉: 고전 14:24-25; 그러나 수사학적 "비교"〈10:12〉에 있어서 엘렝케인〈ἐλέγχειν〉의 역할에 대해서는 Betz, *Der Apostel Paulus*, 77도 보라)에 충분하고도 남을 정도의 증거를 제시했다. 바울이 이렇게 고린도 교회에 친히 가기 전에 편지를 써서 자신의 뜻을 충분히 밝힌 것은 외부의 세력(11:1-3)에 의해서 어그러진 길로 갔던 자들이 이 편지를 통해서 그들의 잘못을 깨닫고 상황을 바로잡기를 바라는 마음에서였다. 우리는 비록 바울의 세 번째 방문이 어떤 결과를 낳았는지에 대해서는 전혀 모르는 상태에 있지만, 그 결과가 괜찮았을 것이라는 해리스(Harris)의 추측(404, 405)이 옳기를 바랄 뿐이다. 바울의 세 번째 방문이 상당히 긍정적인 결과를 낳았을 것임을 보여 주는 몇 가지 암시가 있다(직접적인 증거는 아니지만). 그 중 한 가지는 바울이 헬라에 있는 동안에(행 20:2-3에 언급된 세 달이라는 기간) 고린도 교회를 방문했고, 그가 고린도에서 로마서를 썼다면(R. P. Martin, *New Testament Foundations 2*[Grand Rapids: Eerdmans, 1978], 190) 로마서 15:30-31은 우리의 관심사에 대하여 어느 정도 빛을 던져 줄 수 있다는 것이다. 로마서의 이 절들 속에서 우리는 바울이 현재가 아니라 장래의 일과 관련하여 염려하고 있는 모습을 본다. 우리의 입장이 옳다면, 바울은 로마서를 쓸 당시에 고린도 교회와 관련하여 목회적인 염려를 갖고 있지 않았던 것으로 보인다(11:28). 바울이 고린도 교회를 방문한 후에도 교회가 10-13장에 묘사된 것과 여전히 동일한 상황에 있었다고 한다면, 바울은 틀림없이 그러한 상황과 관련하여 로마 교인들에게 기도해 줄 것을 요청했을 것이다. 게다가, 주변 상황이 바울에게 적대적이었다면 로마서 같은 서신을 쓸 여력이 과연 그에게 있었을지 의

심스럽다. 로마서가 그의 "최후의 유언"으로 의도되었다면 몰라도 말이다. 물론 그는 감옥이라는 그리 좋지 않은 환경 속에서 몇몇 서신들을 썼다는 것은 사실이다. 그러나 그 경우에 그는 그가 서신을 쓸 장소를 스스로 선택할 수 있는 위치에 있지 않았다. 하지만 고린도에서는 겨울이 끝난 후에 바닷길이 열려 있었다고 할 때 그는 원하기만 한다면 얼마든지 고린도를 떠날 수 있었을 것이다.

다른 한 가지도 로마서와 관련된 것인데, 우리는 바울이 추가적인 복음 전도를 위한 계획을 말하고 있다는 점(15:24, 28)을 주목한다(Hams의 견해를 따라서). 고린도 교회가 여전히 엉망진창인 상태에 있었다면, 과연 바울은 복음 전도를 위해서 서방으로(즉 서바나로) 진출하고자 그토록 열렬히 소망했을 것인가? 게다가, 연보를 모으는 일(고후 8-9장)이 고린도 교인들 가운데서 완료되었던 것으로 보인다(롬 15:26-27). 만약 고린도 교회가 10-13장을 읽은 후에도 바울을 배척했다면, 과연 이런 일이 일어났을지 의심스럽다. 그렇지만 사도행전 20:4-5에 의하면 연보를 예루살렘 교회에 전달하기 위하여 파송된 사절단 속에는 고린도 교인들이 전혀 보이지 않는다(앞의 설명을 보라). (또한 Harris는 고린도후서가 보존되었다는 사실은 바울의 세 번째 방문이 성공적이었음을 보여 주는 것이라는 말을 덧붙인다.) 하지만 "엄중한 서신"이 소정의 효과를 거두었음에도 불구하고 보존되지 않은 이유는 여전히 의문으로 남는다. 잘 알다시피, 이러한 사실들은 바울의 세 번째 방문의 결과에 대하여 직접적인 빛을 비춰 주지는 않는다. 바울과 고린도 교회는 서로 화해를 해서 다시 좋은 관계 속에 있게 되었다고 보는 것은 아마도 지나치게 낙관적인 추측일 수 있다. 그러나 적어도 우리는 바울이 10-13장을 쓴 것이 아무런 소용이 없었던 것은 아니었음을 보여 주는 몇몇 암시들이 존재한다고는 말할 수 있다. 아마도 고린도 교회의 상황은 꽤 호전되었을 것이다. 해리스(Harris)의 추정은 바울이 고린도 교인들에게 권세를 행사해야 했던 것인지, 아니면 그가 갔을 때 그들은 이미 회개한 상태였던 것인지에 대해서는 전혀 빛을 비춰 주지 못한다. 바울이 마침내 고린도 교회에서 받아들여졌을 가능성은 배제될 수 없다. 그러나 우리는 비록 고린도 교회의 상황이 잠시 바울에게 유리하게 되었다고 할지라도, 고린도 교회는 결국 그 이전의 행실로 되돌아갔고(주후 96년에 쓰여진 클레멘트 1서를 보라), 바울의 영향력은 전반적으로 쇠퇴해 갔다는 것을 주목해야 한다.

## 해설

이 절들(12:19-13:10)은 바울이 고린도 교회를 세 번째로 방문하기 전에 그들에게 미리 경고한 내용들을 기록해 놓고 있다. 디도가 고린도 교회를 떠나 온 후에 무슨 일인가가 그 교회에서 일어났던 것으로 보인다. 바울의 동역자는 "엄중한 서신"을 들고서 고린도로 향했고, 우리는 고린도 교인들이 "엄중한 서신"을 받고서 회개했다는 것을 알고 있다. 따라서 디도는 마게도냐로 돌아와서 바울을 만났을 때 사도에게 고린도 교인들이 그들의 잘못을 깨닫고서 바울의 가르침대로 따랐다는 좋은 소식을 전했다(7:2-16). 이 소식을 듣고서 바울은 감사의 서신인 1-9장을 썼다. 그러나 디도가 고린도 교회의 상황을 잘못 읽었던 것인지, 아니면 어떤 외부인들이 고린도 교회에 침투했던 것인지(11:4, 13-15)는 몰라도(후자의 가능성이 더 높다), 바울은 디도의 보도에도 불구하고 고린도 교회의 상황이 결코 좋지 않다는 말을 전해 들었다. 10-13장에서 우리는 외부에서 온 선교사들에 의해서 악화된 고린도 교회의 상황과 관련하여 바울이 보인 반응의 전부는 아니라 할지라도 그 일부를 보게 된다.

바울은 고린도 교인들을 벌하러 다시 가겠다고 경고하는 것으로 이러한 반응을 시작한다. 그런 후에, 그는 왜 고린도 교인들이 그들에게 영향을 미친 대적자들을 지지함으로써 자신과 자신의 메시지를 배척해서는 안 되는지 그 이유를 설명한다. 이렇게 바울은 10:12의 개념을 이어받아서 그의 대적들과의 "자랑" 시합에 뛰어든다. 우리의 사도는 자신이 고린도 교인들을 사랑과 정직함으로 대해 왔다는 것을 열정적으로, 그렇지만 조리 있게 논증한다. 이 자랑이라는 주제는 바울의 가시에 관한 논의 속에서 드러나지만, 거기서 바울은 약함 속에서 하나님의 능력을 체험한다는 자신의 신념을 강조한다. 그는 12:19까지 자신의 행위들에 대한 변호를 계속해서 이어가다가, 거기서 자신을 변호하는 것을 멈추고서 그가 곧 고린도 교회를 방문하게 될 것을 집중적으로 부각시킨다.

바울은 자기가 고린도 교인들이 기뻐하지 않은 방식으로 그들에게 나아가게 될 것이라고 경고한다. 바울의 세 번째 방문은 그의 두 번째 방문과는 달리 그에 대한 배척을 그냥 두고 보는 그런 방문이 되지 않을 것이다. 그가 사도로 세우심을 받은 목적은 교회를 세우기 위한 것이었다. 바울은 하나님으로부터 그렇게 할 권세를 받았다. 이렇게 교회의 덕을 세우는 것은 바울이 교회를 치리하는 것과 그가 알고 있던 비기독교적인 분위기와 행위들을 징계하는 것이 없다면 이루어질 수 없다. 그는 고린도 교회가 분열(12:20) 및 성적 음행(12:21)과 관련된 여러 죄들에 의해서 만신창이가 되어 있다는 것을 알고 있었다. 그러나 고린도 교회를 벌하겠다고 말하는 바울의 표현이 가혹하긴 하지만(우리는 그의 말의 진실성을 의심할 만한 그 어떤 근거도 가지고 있지 않다), 우리는 바울이 고린도 교인들에 대하여 엄한 조치를 취하지 않게 되기를 바랐다는 것을 보지 못한다면 그가 10-13장을 쓴 진정한 동기를 놓치게 될 것이다. 바울의 목적은 고린도 교인들로 하여금 10-13장을 읽고서 그들이 잘못되었다는 것을 깨닫고 회개하여 자신의 사역과 메시지를 받아들이게 하는 것이다. 이러한 변화가 일어난다면, 사도는 만족할 것이다.

곧 있게 될 세 번째 방문에 대한 약속과 전망(12:14)은 13:1에서 다시 한 번 주어진다. 바울은 그리스도의 권세 있는 대변자로서 고린도 교회의 범죄한 지체들의 윤리적인 해이에 대하여 이미 직접적이고 강력한 경고를 한 바 있다(3절). 그는 그러한 경고를 다시 한 번 반복하면서(2절), 자신이 계속적인 무질서와 기독교의 도덕 기준을 우습게 여기는 것에 대하여 엄하게 다루겠다는 것을 그들에게 분명하게 말한다. 바울은 분명히 규범적인 윤리를 옹호하는 자였다.

2-3절에는 모종의 치리가 있을 것임에 대한 경고가 은연중에 나타나 있는데, 바울은 독자적인 권한이나 자신의 이름으로 그 치리권을 행사하고자 하는 것이 아니라, 오직 전체적으로 교회가 가장 잘 되기를 바라시는 그리스도의 진정한 사자(使者)로서 그렇게 하고자 하는 것이다(9절).

그렇지만 엄한 징계가 있을 것이라는 바울의 경고는 몇몇 역설적인 사고들(3b절)에 의해서 완화된다. 바울 자신은 약하고, 고린도 교회의 위협적인 상황을 바로잡기에는 역부족이다. 그러나 그는 그리스도의 사도-그리스도의 인격적인 대표자-로서의 그의 신분으로부터 나오는 권세를 덧입고 있기 때문에 이 추악한 문제를 단호하게 처리하고, 교회의 머리 되시는 그리스도의 능력으로 그 문제를 해결할 수 있는 능력을 지니고 있다. "교회는 그리스도에게 복종해야 하고"(엡 5:24), 또한 교회에 대하여 그리스도를 대표하는 사도에게 복종해야 한다. 그렇지만 이 권세는 권위주의적이거나 독재적인 방식으로 행사되어서는 안 되기 때문에(우리가 1:24을 상기한다면), 바울은 마음 내키는 대로 교회에 자신의 뜻을 강요해서는 안 되는 것이었다. 그것은 십자가에 못 박히신 분의 정신으로 행사되어서 고린도 교인들에게 그들의 행실이 얼마나 어리석은 것인지를 스스로 알게 만들어야 하는 그러한 권세다(4절). 달리 말하면, 그것은 불순종과 적대감을 하나님의 뜻을 기쁘게 받아들이게 하고 이기적인 목적을 인간의 삶에 대한 하나님의 더 고상한 목적으로 기꺼이 바꾸게 함으로써 그들을 복종시키는 사랑의 권세다. 그것은 고린도 교회에서 어그러진 길로 간 반역의 무리에 의해서 초래된 어렵고 미묘한 상황에 적용된 십자가의 메시지다(11:2-3).

핵심 어구는 "약하심으로 십자가에 못 박히셨다"는 것이다. 이 어구에 대한 본회퍼(Bonhoeffer)의 해설에 귀를 기울여 보자: "동방의 종교들에서처럼 기괴하고 무질서하며 요원하고 무시무시한 동물의 형태도 아니고, 절대자, 형이상학적인 자, 무한자 등과 같은 개념적인 형태들도 아니며, '그 자체로 인간'인 헬라의 신인(神人) 형태가 아니라 '남들을 위한 사람', 즉 초월자를 벗어버리고 십자가에 못 박히신 자로서 인간의 형태로 오신 하나님"(*Letters and Papers from Prison*[New York: Macmillan, 1972] 381, 382).

우리는 의심할 여지없이 바울이 고린도 교회의 최고의 유익-그들이 "회복"되는 것(9절), 그들의 "덕을 세우는 것"(10절), 그들이 주를 중심에 모시는 그리스도인 공동체로 견고히 서는 것(5절)-을 소중히 생각하고 있다는 인상을 받는다. 이러한 목적을 달성하기 위한 길들은 과연 무엇인가?

(i) 스스로를 살피는 것(5절). 이것은 스스로를 분석해 보는 고통스러운 과정으로서 현재의 상태를 가차없이 다루며 과거의 죄들과 잘못들 같은 유쾌하지 못한 모습을 직시하기를 거부하지 않는 것이다. 그러나 이것은 다음과 같은 것으로 이어진다.

(ii) 회개, 즉 하나님의 심판을 받을 만한 과거의 악한 행실들을 고백하고 그 행실들로부터 떠나는 것(12:21). 바울은 값싼 은혜를 제공하거나 하나님의 은총을 다시 회복하게 해줄 손쉬운 길을 제시하고 있는 것이 결코 아니다. 참회-그리고 죄악된 행위들과 기질들을 버리기 위해서 요구되는 모든 것-는 친교의 회복에 필수불가결한 조건이다.

(iii) 사도의 기도도 고려되어야 할 하나의 요소다(7-8절). 왜냐하면 그는 고린도 교회의 유익을 위하여 그 짐을 그의 목회적인 심정 속에 담고서, 그들이 주님 및 자기와 올바른 관계 속에 있게 되는 것을 보기를 간절히 원하고 있기 때문이다.

(iv) 바울이 경고를 사용하기를 꺼려하지 않고 있다는 것(10절)은 독자들이 자신이 떠나 있는 동안 문제들을 바로잡지 않는다면 자신이 와서 잘못한 자들을 엄하게 다스릴 수 있다는 것을 일깨워 준다. 그리고 이렇게 미리 경고를 했기 때문에, 바울은 이방인의 사도로서 고린도 교회가 가장 잘 되게 하기 위하여 지니고 있는 하나님이 주신 권세를 행사하는 데 아무런 가책을 갖지 않아도 될 것이었다.

(v) 낙관적인 생각이 마지막 요소다. 왜냐하면 바울은 그의 교회들에 대하여 억누를 수 없는 소망을 지니고 있기 때문이다. 바울은 진리는 힘이 있고 반드시 관철되기 때문에(8절), 고린도 교인들이 그의 호소가 진실하다는 것을 깨닫기만 한다면 그 호소를 받아들여서 행하게 될 것임을 확신한다. 이렇게 해서 그는 결국 모든 것이 잘될 것을 기대한다(9절).

# VIII. 결론(13:11-13)

## 참고문헌

**Campbell, J. Y.** "κοινωνία and Its Cognates in the New Testament." *JBL* 51(1932) 352-80. **Champion, L. G.** *Benedictions and Doxologies in the Epistles of Paul.* Oxford: Published privately, 1934. **De Passe-Livet, J.** "L'existence chrétienne: participation à la vie trinitaire, 2 Cor 13, 11-13." *AsSeign* 31(1973) 10-13. **Dobschätz, E. von.** "Zwei- und dreiliedrige Formeln. Ein Beitrag zur Vorgeschichte der Trinitätsformel." *JBL* 50(1931) 117-47. **George, A. R.** *Communion with God in the New Testament.* London: Epworth Press, 1953. **Hainz, J.** *Koinonia*: Kirche als Gemeinschaft bei Paulus. BU 16. ______. *Ekklesia.* BU 9, 1972. Regensburg: Verlag F. Pustet, 1982. **Hermann, I.** *Kyrios und Pneuma.* Studien zur Christologie der paulinischen Hauptbriefe. SANT 2. Mänchen: Kösel-Verlag, 1961. 135-38. **McDermott, M.** "The Biblical Doctrine of κοινωνία." *BZ* n.f. 19(1975) 64-77, 219-33. **Muellensiefern, R.** "Wie sind 2 Kor 13:13 die drei Teile des Segenswunches inhaltlich auseinderzuhalten und miteinander zu verbinden?" *TSK* 72(1899) 254-66. **Mullins, T. Y.** "Benediction as a New Testament Form." *AUSS* 15(1977) 59-64. **Panikulam, G.** *Koinonia in the New Testament.* AnBib 85. Rome: Pontifical Biblical Institute, 1979. **Rigaux, B.** *The Letters of St. Paul.* Ed. and tr. S. Yonich. Chicago: Franciscan Herald Press, 1968. **Seesemann, H.** *Der Begriff* KOINONIA *im Neuen Testament.* BZNW 14. Giessen: Töpelmann, 1933. **Wainwright, A. W.** *The Trinity in the New Testament.* London: SPCK, 1962. 241, 242. **Wiles, G. P.** *Paul's Intercessory Prayers.* SNTSMS 24. 1974.

## 본 문

**11** 마지막으로 말하노니 형제들아 기뻐하라 온전
케 되며 위로를 받으며 마음을 같이 하며 평안할
지어다 또 사랑과 평강의 하나님이 너희와 함께
계시리라 거룩하게 입맞춤으로 서로 문안하라
**12** 모든 성도가 너희에게 문안하느니라

**13** 주 예수 그리스도의 은혜와 하나님의 사랑과

**11** Finally, brothers, rejoice,[a] aim for restora-
tion,[b] encourage one another,[c] be of the same
mind,[d] live in peace. And the God of love and
peace will be with you.
**12** Greet[e] one another with a holy kiss.[f,g] All the
saints send their greetings.
**13** The grace of the Lord Jesus Christ[h] and the

성령의 교통하심이 너희 무리와 함께 있을지어다

love of God and the fellowship[i] of the Holy Spirit be with you all.[j,k]

## 원문주해

a. 카이레인(*χαίρειν*)은 직역하면 "기뻐하다"(*gaudete*)를 의미하지만, 몇몇 권위자들은 13:11에서 바울은 이 단어를 평범한 인사말로 사용하고 있는 것으로 이해한다: "안녕"(작별 인사)(*valete*; Plummer, 380; Denney, 384; Bultmann, 252; KJV/AV; RSV; NEB); "안녕"〈godbye〉" (Barrett, 342; NIV). 하지만 우리는 NASB; Furnish, 581; Hughes, 486; Moule, *Idiom Book*, 161를 따라서 "기뻐하다"라는 의미를 고수한다. Phillips는 "기분을 북돋우다"라는 의미를 제안하지만, 그러한 번역은 지나치게 구어적인 표현으로서 여기서는 의미가 잘 통하지 않는다. Filson은 "기뻐하라" 또는 "안녕"이라는 번역이 둘 다 가능하다고 믿는다(422, 423). BGD, 873, 874를 보라. 이 문제에 대하여 좀더 자세한 것은 "주석"을 보라. 많은 것이 11-13절이 네 장으로 된 서신(10-13장)의 결미(結尾)인지, 현재의 고린도후서를 최종적으로 편집한 자가 전체의 결미로 삽입해 넣은 것인지에 달려 있다. 나중에 나오는 설명을 보라.

b. 에스데(*-εσθε*)로 끝나는 이인칭 복수 명령형은 중간태 또는 수동태로 번역될 수 있다. 해당 동사인 카타르티제스데(*καταρτίζεσθε, καταρτίζειν* – 카타르티제인, "회복하다")는 13:9에 나온 명사 카타르티시스(*κατάρτισις*, "회복")와 동일한 어원에서 나온 것으로서, Bultmann(252)은 이 점을 간과하고 9절에서 Lietzmann의 Besserung("개선")이라는 번역을 "다소 약하다"고 보고 bessert euch("좋아지다")로 번역한다. 이 동사를 수동태로 번역하고자 한다면, 우리는 살전 3:10에서처럼 하나님에 의해서 "온전케 되라"로 번역할 수 있다(Windisch, 426; Allo, 342; Furnish, 581, 582). 중간태로 번역하고자 한다면, 우리의 번역은 "온전케 되고자 하라"가 될 것이다("너희의 행실을 고치라," RSV; NEB; 하지만 그러한 번역은 너무 약한 것으로 여겨진다〈Filson, 423〉. "냉정을 되찾으라"[Barrett, 342]는 번역은 지나치게 구어적이다. 또한 카타르티제인〈*καταρτίζειν*〉을 "회복"이 아니라 "온전함"이라고 번역하는 것은 이 절을 이해하는 데 도움이 되지 않는다〈RV; NIV; 또한 Hughes, 486; Harris, 405〉). 앞으로 "주석"에서 보게 되겠지만, 13:11에 대한 가장 좋은 해석은 카타르티제인(*καταρτίζειν*)을 중간태로 보는 것이다.

c. 카타르티제스데(*καταρτίζεσθε*)와 마찬가지로 파라칼레이스데(*παρακαλεῖσθε*)와 관련해서도 하나의 결정이 요구된다(파라칼레인〈*παρακαλεῖν*〉은 축약 동사이고, 여기서는 이인칭 복수 명령형 어미를 지니고 있다는 점을 주목하라). 파라칼레이스데(*παρακαλεῖσθε*, 원형은 통상적으로 "권하다, 격려하다"를 의미하지만, 폭넓은 의미를 지닌다 〈BGD, 617〉)는 중간태인가, 수동태인가? 이 동사를 수동태로 번역하면 "나의 호소를 받

아들여라"가 된다(NIV; RSV; "take our appeal to heart," NEB; Hughes, 487; Furnish, 582; Plummer 380). 그러나 중간태로 보면 "서로를 격려하라"가 되는데, 이것이 바울이 말하고자 한 것일 수 있다(Phillips; Barrett, 342; Bultmann, 252, 그는 Windisch, 426에 의거해서 격려를 히 13:22과 비견될 수 있는 "경고"〈Mahnung〉로 본다). 좀더 자세한 논의에 대해서는 "주석"을 보라.

d. 프로네이테(*φρονεῖτε*, 원형은 *φρονεῖν* – 프로네인, "생각하다")는 축약 동사다. 에이테(*-ειτε*)는 이인칭 복수 직설법 어미 또는 이인칭 복수 명령형 어미로 해석될 수 있다. 그러나 프로네이테(*φρονεῖτε*)는 일련의 명령형들 가운데 나오기 때문에 다른 동사들과 마찬가지로 권면의 명령형으로 해석되어야 한다는 것은 별 의문이 없다.

e. 아스파사스데(*ἀσπάσασθε*, 원형은 *ἀσπάζεσθαι* – 아스파제스다이, "문안하다")는 13:11에 나오는 많은 동사들과 마찬가지로 명령형이다. 그러나 그 절에서 명령형들은 모두 현재 시제로 되어 있다. 일련의 현재 명령형들이 나온 후에, 13:12에서 단순과거(*ἀσπάσασθε* – 아스파사스데)가 사용된 데는 무슨 의미가 있는가? 단순과거는 지금까지의 패턴을 깨뜨리고 있기는 하지만, 이러한 변화를 너무 지나치게 강조할 필요는 없는 것 같다(Moule, *Idiom Book*, 8, 21; Moulton, *Grammar* 3:75; BDF § 320, 337.4). "주석"을 보라.

f. 엔 하기오 필레마티(*ἐν ἁγίῳ φιλήματι*)라는 본문은 ℵ B D K의 지지를 받고 있지만, 일부 사본들(A F G L)에는 필레마티 하기오(*φιλήνατι ἁγίῳ*)로 되어 있다. 후자의 읽기는 13:12을 마찬가지로 거룩한 입맞춤에 대하여 말하고 있는 다른 본문들(고전 16:20; 롬 16:16; 살전 5:26)과 맞추기 위한 시도일 가능성이 크다. Plummer, 381를 보라.

g. 몇몇 판본들과 역본들(TR, TEV/GNB)은 13장을 13개의 절로만 나눈다. 그 밖의 다른 많은 역본들(KJV/AV; RV; ASV; RSV; NEB; NIV)에서는 13장이 14절로 되어 있다. 13장을 14절로 나눈 첫 번째 판본은 the Bishops' Bible의 제2판(1572년)이었던 것 같다(Furnish, 583). 우리는 Nestle-Aland[26]의 절 구분을 따른다.

h. B *ψ* 1881에는 크리스투(*Χριστοῦ*)가 생략되어 있다.

i. 코이노니아(*κοινωνία*)를 "사귐, 친교"로 번역할 것인지, 아니면 "참여"로 번역할 것인지에 관한 문제가 존재한다. 문제는 투 하기우 프뉴마토스(*τοῦ ἁγίου πνεύματος*)를 주어적 속격으로 볼 것이냐, 아니면 목적어적 속격으로 볼 것이냐는 것이다. 전자로 보면, 이 어구는 "성령에 의해서 만들어지고 주어지는 사귐과 교제"라는 의미가 된다. 후자로 보면, 이 어구는 성령에의 "참여"라는 개념(마치 코이노니아〈*κοινωνία*〉=멥소케 카이 메타렙시스〈*μεψοχὴ καὶ μετάληψις*〉인 듯이)을 지닌다(Hainz, *Koinonia*, 47-51를 보라). 현재의 속격보다 앞서 나온 두 개의 속격(헤 카리스 투 퀴리우 예수 크리스투〈*ἡ χάρις τοῦ κυρίου Ἰησοῦ Χριστοῦ*〉와 헤 아가페 투 데우〈*ἡ ἀγάπη τοῦ θεοῦ*〉)이 주어적 속격

임을 감안해서, 우리는 현재의 속격도 주어적 속격으로 번역하는 쪽을 택했다. 그러나 그렇다고 해서 우리가 나머지 대안을 완전히 배제하는 것은 아니다("〈상호적인〉 나눔을 통한 교제〈*Gemeinschaft durch 〈gemeinsame〉 Teilhabe*〉라는 Hainz, ibid. 54의 번역처럼, 이 두 가지 개념이 다 들어 있는 것으로 이해할 수도 있을 것이다). 게다가, 헤 코이노니아 투 하기우 프뉴마토스(*ἡ κοινωνία τοῦ ἁγίου πνεύματος*)는 주어적 속격으로 이해될 수 있다는 우리의 입장은 결코 유일하게 지지받을 수 있는 입장이 아니다. 자세한 논의로는 "주석"과 Martin, "Communion," *IBD*, pt 1, 307, 308를 보라.

j. 공인 본문(TR)은 ℵ[c] k ψ it[d] vg syr cop goth을 따라서 아멘(*ἀμήν*)을 첨가한다. 아멘(*ἀμήν*)을 포함하지 않는 본문은 P[46] ℵ* A B F G 33 it[g] vg[mss] arm[mss] eth의 지지를 받는다. Metzger, *Textual Commentary*, 588를 보라. 유대 기독교 문헌들에서 아멘=אמן이라는 것에 대해서는 R. Deichgräber, *Gotteshymnus und Christushymnus in der frühen Christenheit*, SUNT 5. Göttingen: Vandenhoeck & Ruprecht, 1967, 25-27를 보라.

k. 바울은 그가 쓴 모든 서신들에서 마지막에 서명을 하고 있는데, 고린도후서도 예외가 아니다. 고린도후서에 나오는 서명은 프로스 코린디우스…(*πρὸς Κορινθίους β-*)이다(이 서명에 대한 여러 가지 읽기에 대해서는 Metzger, ibid.를 보라). 이 간단한 읽기는 바울 서신들에 나오는 다른 서명들의 공통된 패턴을 따른 것이다. 서명은 표제로서의 역할을 하는 것으로서 바울의 서신들이 하나의 모음집으로 취합되기 전까지는 필요하지 않았던 요소다(Metzger, *The Text of the New Testament*[New York: Oxford University Press, 1968], 205, 206를 보라). KJV/AV에 나오는 고린도후서에 대한 서명이 특이하다: "고린도후서는 마게도냐의 도시 빌립보에서 디도와 누가에 의해서 쓰여졌다." KJV/AV는 바울의 서신들에 대한 그러한 첨가들로 유명하다. 이 첨가들은 통상적으로 서신이 쓰여졌을 것으로 추정되는 도시와 필사자 또는 서신 전달자의 성명을 알려 준다.

## 양식/구조/배경

이 마지막 절들은 고린도후서를 마무리하는 어구들로 이루어져 있다. 전체적으로, 이 절들은 바울 서신들의 결미(結尾)의 통상적인 패턴을 따르고 있다. 그러한 결미들은 인사말, 송영(doxology), 축도에 할애된다(특히 고전 16:19-24; 빌 4:21-23; 또한 R. P. Martin, *New Testament Foundations 2*[Grand Rapids: Eerdmans, 1978] 246, 247; Champion, *Benedictions*, 20, 25-37; Rigaux, *Letters of St. Paul*, 131-33; W. Doty, *Letters in Primitive Christianity*[Philadelphia: Fortress, 1973] 39-43; Mullins, "Benediction," 59-64). 바울은 그의 서신들이 예배 속에서 그 일부로 읽혀지는 것을 예상하여 서신을 구성한 것으로 보인다(Martin, ibid.; 고전 16:

20-24은 서신의 결미만이 아니라 예배 자체로 넘어가는 글로서의 기능을 하도록 구성되었다는 주장이 있어 왔지만, C. F. D. Moule, "A Reconsideration of the Context of Maranatha," *NTS* 6〈1959-60〉 307-10과 M. Black, "The Maranatha Invocation and Jude 14, 15〈1 Enoch 1:9〉," *Christ and Spirit in the New Testament*, FS C. F. D. Moule, ed. B. Lindars and S.S. Smalley[Cambridge: University Press, 1973] 189-96를 보라).

몇몇 학자들(Strachan, 145)은 13:11-13은 원래 고린도후서 1-9장의 결미였는데, 최종 편집자가 1-9장과 10-13장을 하나의 서신(정경의 고린도후서)으로 묶을 때 1-9장의 결미를 가져다가 10-13장의 끝에 둔 것이라고 생각한다. 그렇게 해서, 결국 1-9장의 결미가 고린도후서의 결미가 되었다는 것이다. 하지만 13:11-13은 원래 10-13장의 끝에 있었다는 주장도 대단히 일리가 있다(Plummer, 379, 380; Windisch, 426). 바울 시대의 관행은 편집자가 두 개의 서신을 하나로 묶을 때는 첫 번째 서신의 서두와 두 번째 서신의 결미를 그대로 두는 것이었던 것 같다. 단지 피치 못할 사정이 있는 경우에 편집자는 그러한 관행을 따르지 않았을 수도 있었을 것이다(Furnish, 585). 게다가, 13:11-13은 그 앞에 나온 절들과 연결되어 있다. 13:9에서 우리는 "기뻐하다"를 의미하는 단어(*χαίρειν*-카이레인)를 발견하게 된다. 이 단어는 13:11에서도 발견된다. 또한 13:9에서 바울은 고린도 교인들의 관계 회복(*κατάρτισις*-카타르티시스, 하나님과 바울과 서로에 대한 관계)을 위하여 기도했다. 13:11에서 카타르티제인(*καταρτίζειν*, "회복하다")은 13:9에 나오는 카타르티시스(*κατάρτισις*)와 동일한 어원에서 나온 동사다. 13:11-13을 9:15 뒤에 놓는다면, 앞뒤가 제자리가 아닌 것처럼 잘 연결되지 않을 것이다. 왜냐하면 바울은 9장을 낙관적인 말로 끝내고 있기 때문이다. 9장의 마지막 몇 절들은 하나가 되어 있는 교회에 대하여 말한다. 13장의 마지막 몇 절들은 하나가 되지 못하고 불화하는 것을 극복하라는 호소다. 왜냐하면 바울은 고린도 교인들에게 마음을 같이 하라(*φρονεῖτε*-프로네이테)고 권면하고 있기 때문이다. 아울러, 10-13장의 끝부분은 이 동일한 장들의 서두에서 발견되는 호소를 일부 반영하고 있다. 10:8-9에서 바울은 자신이 고린도 교인들을 엄하게 다루게 될 것에 대한 염려를 표현하는 것으로 시작한다(또한 12:19-13:10을 보라). 13장의 끝부분에 이르러서 그는 그러한 경고의 어조를 누그러뜨리고, 고린도 교인들이 스스로 잘못들을 바로잡게 될 것이라는 소망을 피력했다. 요지는, 바울은 13장의 마지막 절에서와 마찬가지로 10장의 서두의 절들에서도 그가 고린도 교회의 상황을 시정할 조치를 취해야 할 필요가 있을 것을 염려하는 심정을 피력하고 있다는 것이다. 9장에는 그러한 염려에 대한 암시가 조금도 나오지 않는다. 이러한 논의에 비추어 볼 때, 슈트라한(Strachan)의 입장은 너무 불확실해서 받아들이기 힘든 것으로 보인다.

이 마지막 절들 속에서 바울은 고린도 교인들에게 최종적으로 호소한다. 이 호소는 예리하기는 하지만 호의적이다(Filson, 422; 여기에 나오는 바울의 호소는 Harris⟨405⟩의 지적과는 달리 일반적이지 않다). 13:11-13에 대한 간략한 개요는 11절이 간결한 권면들로 이루어져 있고(Furnish, 585), 그 뒤로 인사말(12a, 12b)과 축도(13절)가 나온다는 것을 우리에게 보여 준다. 사도는 11절을 부사인 로이폰(*λοιπόν*, "마지막으로")으로 시작하는데, 이것은 그의 글이 끝나 가고 있다는 것을 보여 주는 것이다. 그는 고린도 교회를 그의 마음에 여전히 사랑스러운 존재로 여긴다. 이것은 10-13장에서는 전혀 사용되지 않았고 1:8과 8:1에서만 사용된 표현인 아델포이(*ἀδελφοί*, "형제들")가 사용되고 있는 것을 통해서 드러난다. 그런 후에 바울은 일련의 명령문들을 통해서 고린도 교인들에게 그리스도인답게 살라고 권면하는 것으로 나아간다. 13:11a에만 다섯 개의 명령문이 나오는데 모두 현재 시제로 되어 있다: 카이레테(*χαίρετε*-, "기뻐하라"; 카이레테⟨*χαίρετε*⟩를 평범한 인사말로 보는 것도 가능하다; "원문주해" a와 "주석"을 보라), 카타르티제스데(*καταρτίζεσθε*, "온전하게 되라, 회복을 위해 애쓰라"; 이 동사는 중간태로도 수동태로도 볼 수 있다; "원문주해" b와 "주석"을 보라), 파라칼레이스데(*παρακαλεῖσθε*, "서로를 격려하라"; 파라칼레인⟨*παρακαλεῖν*⟩은 여러 가지 의미를 지닐 수 있고, 13:11에서 수동태 또는 중간태로 해석될 수 있다. "원문주해" c와 "주석"을 보라), 토 아우토 프로네이테(*τὸ αὐτὸ φρονεῖτε*, "마음을 같이 하라"), 에이레뉴에테(*εἰρηνεύετε*, "평안하라, 평안하게 살라"). 이 곳 외에도 바울 서신들에는 몇몇 권면들을 담고 있는 결미들이 있기는 하지만(롬 16:17을 보라), 우리는 13:11a에 많은 수의 명령문들이 사용되고 있는 것을 주목하지 않을 수 없다. 이것은 바울이 고린도 교인들에게 자신이 가기 전에 교회의 상황을 바로잡으라고 절박하게(그리고 열정적으로?) 권하고 있다는 것을 보여 준다. 바울의 그러한 권면은 그가 고린도 교인들에게 그들의 문제를 스스로 처리할 기회를 주기 위해 편지를 쓰고 있다고 말하는 13:5-10의 주된 취지와 부합한다. 바울의 이러한 전략은 10:6; 13:2에서 그가 피력한 경고를 약화시키거나 배제시키지 않는다. 도리어 그는 "너희가 나의 경고를 경청한다면(아니, 오직 그럴 때만), 나의 경고는 실천으로 옮겨지지 않게 될 것이다"라고 말하고 있는 것이다. 바울이 그의 세 번째 방문 이전에 10-13장을 고린도 교회에 보낼 계획을 가지고 있다는 사실 자체는 그가 고린도 교회를 벌할 필요가 없기를 소망하고 있음을 보여 주는 증거가 된다. 이 서신이 "엄중한 서신"처럼 효력을 발휘한다면, 바울의 세 번째 방문은 즐겁고 기쁜 방문이 될 것이고, 그가 교회를 치리할 필요도 없게 될 것이다. 그는 10-13장을 마무리하면서 고린도 교인들에게 마지막으로 그의 감정을 실어서 호소한다(13:11a). 이 호소는 간략하지만, 그럼에도 불구하고 정곡을 찌르고 있다.

일련의 명령문들은 단순한 계사(繫辭, copulative)를 통해서 그 뒤에 나오는 구절과 연결되어 있다. 그 구절에서는 에이미(εἰμι)의 미래형, 즉 에스타이(ἔσται)가 사용된다. "사랑의 하나님"(ὁ θεὸς τῆς ἀγάπης-호 데오스 테스 아가페스)이라는 표현은 신약(아니, 사실 칠십인역이든 히브리어 성경이든 구약의 그 어느 곳에서도)의 다른 곳에서는 발견되지 않는다. 물론 그러한 개념은 다른 곳들에서도 발견되지만 말이다(참조. 롬 5:8). "평강의 하나님"이라는 표현은 자주 나온다(롬 15:33; 16:20; 고전 14:33; 빌 4:9; 살전 5:23; 살후 3:16; 또한 참조. 히 13:20). 이 후자의 표현은 바울이 흔하게 사용하던 결미 어구인 것으로 보인다(Barrett, 343). "평강의 하나님"(살후 3:16)이라는 표현과 아울러서 "사랑의 하나님"이라는 표현을 함께 사용한 것은 그리 큰 의미가 있는 것이 아닐 수 있다(Furnish, 586). 다른 곳에서는 오직 로마서 15:5의 이독 속에서만 이 표현이 나온다. 그러나 중요한 것은 카이(καὶ)에 의해서 앞의 권면들과 좀더 긴밀하게 결합되어 있는 11b절의 약속이다. 11절 전체는 바울이 빌립보서 4:8, 9a과 4:9b을 구성한 것과의 병행을 보여 준다.

| 권면 | → | 약속 |
|---|---|---|
| 고후 13:11a | → | 13:11b |
| 빌 4:8, 9a | → | 9b |

빌립보서 4:8-9a은 바울이 행하고 말하고 가르친 것을 실천하라는 명령임과 아울러서 순전하고 선한 것들을 생각하라는 명령이다. 4:9b(카이〈καὶ〉에 의해서 빌 4:8-9a과 연결되어 있는)에는 평강의 하나님이 빌립보 교인들과 함께 하실 것이라는 약속이 나온다.

좀더 자세하게 살펴보면, 이 두 대목이 더 많은 공통점을 지니고 있다는 것이 드러난다. 두 대목은 모두 로이폰(λοιπόν, 빌 4:8의 토 로이폰〈τὸ λοιπόν〉)으로 시작된다. 물론 빌립보서에서 이 부사의 사용이 그 서신의 끝을 나타내는 것은 아니지만 말이다(그러나 Martin, *Philippians*〈NCB〉 16-22, 157를 보라). 또한 바울은 두 대목에서 모두 성도들에게 마음을 같이 하라(*τὸ αὐτὸ φρονεῖν*-토 아우토 프로네인)고 권면한다(빌 2:2, 5; 4:2을 보라; 빌립보 교회에서 이 권면은 구체적으로 유오디아와 순두게에게 주어진다). 두 서신에서 권면들(위를 보라) 다음에는 "평강의 하나님이 너희와 함께 계시리라"는 약속이 나온다. 이러한 논의의 요지는 바울이 (아가야 지방에 있을 때 쓴 서신들에서) 두 번 이상 그의 권면을 공고히 하기 위해서 "평강의 하나님이 너희와 함께 계시리라"는 어구를 사용했다는 것이다(빌립보서에서 4:9b에 나오는 평강의 하나님이라는 어구는 4:7에서 시작된 수미쌍관법적 구조를 완성하는 역할을 한다; Martin, *Philippians*〈NCB〉 160를 보라). 이 두 대목 간의 연관성은 단순한 우연이 아니라는 것이 분명하다. 결국, 바울이 고린도 교인들에게 편지를 썼을 때 마게도냐 교회들(8장과 9장)이 그의 마음속에 있었다는 말이 된다. 이 두 서신 속에서 회중들에 대한 그의 관계는 가장 중요한 요소였다.

바울의 약속(13:11b)은 평강을 빌어주는 축복문을 각색한 것일 수 있는데, 이 축복문은 바울의 다른 서신들에서와 마찬가지로 빌립보서에서도 발견된다(롬 15:33; 16:20; 살전 5:23; 참조. 고전 14:33; 또한 Bultmann, 252). 미래형인 에스타이(*ἔσται*)를 사용한 것은 이것이 조건문임을 나타내는 것일 수 있다: "너희가 나의 호소를 따른다면, 하나님이 너희와 함께 계시리라"(Barrett, 342를 보라; 또한 참조. 6:17). 그러나 바울은 "내가 너희에게 행하라고 강권하고 있는 것을 행하라 그리하면 그 과정에서 하나님이 너희와 함께 계시리라"고 말하고 있거나 선언을 하고 있는 것(Moule, *Worship in the New Testament*[London: Lutterworth Press, 1961] 78, 79)이 아니라 중재자로서 평강을 기도하고 있는 것(Wiles, *Paul's Intercessory Prayers*, 36, 107)일 가능성이 더 많다("주석"을 보라). 우리가 "평강"과 "사랑"을 바울을 통해서 고린도 교인들에게 주어지는 하나님의 선물들이라고 본다면, 후자의 해석이 더 이해하기가 쉽다. 하지만 "사랑"과 "평강"을 하나님의 속성으로 이해한다면, 우리는 13:11b을 조건의 의미로 해석할 수 있다(Tasker, 191; 또한 Harris, 405). 그러나 바울은 "사랑"과 "평강"이 하나님의 속성이자 선물이라고 이해했을 수 있다고 바렛(Barrett)이 결론을 내린 것은 옳을 것이다.

11절이 끝난 후에(개역 성경에서는 11c절부터) 바울은 인사말로 방향을 전환한다. 그는 고린도 교인들에게 거룩한 입맞춤으로 서로 문안하라고 탄원한다. 단순과거 명령형인 아스파사스데(*ἀσπάσασθε*)는 13:11에 나오는 일련의 현재 명령들 가운데서 두드러진다("원문주해" e와 "주석"을 보라). 다른 그리스도인들에게 거룩한 입맞춤을 하라는 권면은 바울의 서신들에서 공통적으로 나온다(고전 16:20; 롬 16:16; 살전 5:26; 또한 벧전 5:14을 보라; 모든 경우에 아스파사스데⟨ἀσπάσασθε⟩가 사용된다). 형제로서의 입맞춤은 반드시 기독교 특유의 관행이었던 것은 아니었다. 물론 회당 예배에서 그것이 사용되었다는 것이 확인되지는 않지만 말이다(Windisch, 427). 그럼에도 불구하고, 거룩한 입맞춤은 화해를 토대로 한 교회의 친교와 하나됨을 나타내는 것이었다-유대적인 모티프. 하기오스(ἅγιος, "거룩한")의 사용은 이것을 보여 주기 위한 명시적인 시도일 수 있다(Plummer, 382). 교회적인 배경 속에서 거룩한 입맞춤이 지닌 정확한 의미를 둘러싸고 여전히 불확실성이 존재하긴 하지만("주석"을 보라), 바울은 그 입맞춤이 고린도 교회의 지체들 사이에서 상호적인 용서와 화해를 보여 주는 것이기를 바라고 있었다고 볼 수 있을 것이다. 바울은 다른 교회들에게도 입맞춤으로 서로에게 문안하라고 권했었지만, 다른 그 어느 때보다도 그가 13:12을 썼을 때 교회가 자신의 조언을 따라주기를 간절히 바랐을 것이다.

12b절은 고린도 교인들에게 문안 인사를 전하는 "모든(πάντες-판테스) 성도(οἱ ἅγιοι-호이 하기오이)"를 언급함으로써 13:11-13의 인사말 부분을 계속해서 이어간다("모든 성도"가 누구를 가리키는지는 여전히 불확실하다⟨"주석"을 보라⟩). 이러한 인사말은 로마서 16:6에서도 발견되고, 빌립보서 4:22에는 어순이 뒤바뀌어서 나온다. 바울은 종종 형제들(ἀδελφοί - 아델포이; 빌 4:22; 고전 16:20; 또한 딛 3:15)의 문안 인사를 전한다. 우리가 주목해야 할 중요한 것은 이 서신 전체를 관통하는 주제가 되고 있는 것, 즉 하나가 되라는 바울의 권면이다. 그는 13:11에서 그것을 요구했고, 13:12에 나오는 권면은 하나됨을 나타내는 증표(거룩한 입맞춤)를 보이라는 것이었다. 13:12b(개역 성경에서는 12절 전체)에서 바울은 고린도 교인들이 한층 더 많은 수의 그리스도인들, 즉 다른 교회들과 하나가 되어야 한다는 것을 상기시킨다. 13:12b(개역 성경에서는 12절 전체)은 하나됨은 하나님의 백성의 삶의 방식이라는 것을 말하는 바울의 방식이다.

바울은 13:13의 사도적 축도문으로 이 서신을 끝맺는데, 알로(Allo, 343)는 이 절을 "지극히 중요한 절"이라고 말한다. 여기에 나오는 축도문은 바울의 모든 서신들에 나오는 축도문들 중에서 "가장 상세한 것"으로 불려 왔다(Filson, 424). 통상적으로 바울은 그의 서신들을 "우리 주 예수 그리스도의 은혜가 너희에게 있을지어다"(롬 16:20b; 고전 16:23; 갈 6:18; 빌 4:16; 살전 5:28; 살후 3:18; 몬 1:25; 또한 골 4:18b; 딤전 6:21b; 딤후 4:22b; 딛 3:15b)로 끝을 맺는다. 바울의 그러한 패턴은 13:13에서 왜 은혜가 가장 먼저 나오는지를 설명하는 데 도움을 준다(그러나 아래의 설명을 보라). 현재의 절 속에는 그리스도, 하나님, 성령이 순서대로 함께 언급된다. 다른 곳들에서 바울은 그의 다양한 논의들 속에 이 세 위격을 포함시켜 왔다(고전 12:4-6을 보라; 또한 Martin, *The Spirit and the Congregation*, 10, 11; Hainz, *Ekklesia*, 325-27; 참조. 갈 4:4-6; 롬 8:5-11; 엡 4:4-6). 그러나 바울이 카리스(*χάρις*), 아가페(*ἀγάπη*), 코이노이아(*κοινωνία*)를 주목할 만한 방식으로 결합시키는 가운데 그리스도와 하나님과 성령을 이렇게 독특한 방식으로 결합시키고 있는 곳은 없다. 특히 주목할 만한 것은 프뉴마(*πνεῦμα*)를 빌립보서 2:1과는 판이하게 다른 방식으로 코이노니아(*κοινωνία*)와 연결시키고 있는 대목이다(Hainz, ibid. 327; idem, *Koinonia*, 55-61; 그러나 Hermann, *Kyrios und Pneuma*, 140-43에서는 이에 반대다).

삼위일체를 구성하는 세 위격의 사역은 서로 병행을 이룬다고도 볼 수 있는 별개의 구절들을 통해서 표현된다.

A *ἡ χάρις τοῦ κυρίου Ἰησοῦ Χριστοῦ*(헤 카리스 투 퀴리우 예수 크리스투)
*καὶ*(카이)
B *ἡ ἀγάπη τοῦ θεοῦ*(헤 아가페 투 데우)
*καὶ*(카이)
C *ἡ κοινωνία τοῦ ἁγίου πνεύματος*(헤 코이노니아 투 하기우 프뉴마토스)

우리가 이 세 개의 구절들을 주어적 속격으로 본다면, 이 구절들이 서로 병행을 이룬다는 결론이 성립된다. 처음 두 개의 구절들이 주어적 속격이라는 데는 대체로 견해가 일치된다(Plummer, 384에서는 두 번째 속격이 목적어적 속격일 수 있다고 주장하기는 하지만). 그러나 세 번째 구절을 어떻게 해석해야 하느냐는 문제가 여전히 남는다("원문주해" i를 보라). 투 하기우 프뉴마토스(*τοῦ ἁγίου πνεύματος*)를 주어적 속격으로 해석하게 되면, 이 구절은 바울이 믿는 자들 가운데서 향유되고 있는 성령에 의해서 만들어지고 주어진 친교에 대하여 말하고 있는 것이 된다. 많은 학자들이 이 견해를 취한다(Plummer, 383; Bruce, 255; Tasker, 191; Hughes, 488; Harris, 406; Schlatter, *Paulus, der Bote Jesu*, 62; Wendland, 234). 그러나 모든 학자들이 이 견해가 옳다고 보는 것은 아니다(Barrett, 344; Hauck, *TDNT* 3:807; Furnish, 584; Windisch, 428; Lietzmann, 162; Bultmann, 253). 이 속격은 목적어적 속격으로 해석될 수도 있는데, 그럴 경우에 이 세 번째 구절은 하나의 위격으로서의 성령에 참여한다거나 성령과 교제한다는 것을 의미한다("주석"을 보라). 게다가, 바울이 이 세 번째 구절만이 메타 판톤 휘몬(μετὰ πάντων ὑμῶν, "너희 무리와 함께, 너희 모두와 함께")에 걸리는 것으로 의도했다고 본다면, 세 번째 구절은 처음 두 구절과 병행을 이루지 않게 된다. 그러나 바울이 세 가지 "덕목들" –은혜, 사랑, 교통하심–모두가 모든 고린도 교인들과 함께 있기를 빌고 있는 것이라면(바울은 고린도 교인들 중 어느 한 사람도 그의 축복에서 제외시키고 있지 않다는 것을 주목하라), 세 구절은 모두 병행을 이룰 가능성이 높아진다. 아마도 이것에 대한 대답은, 바울은 세 번째 구절에서 성령에 의해서 만들어진 교제와 성령과의 교제 둘 다를 의도하고 있다는 것이 될 것이다(Denney, 388; Hainz, *Koinonia*, 61). 이 문제는 나중에 다시 다루어지게 될 것이다("주석"을 보라).

문법상의 분석은 그렇다 치고, 우리는 이 축도문이 야기하고 있는 또 다른 문제를 살펴보지 않으면 안 된다. 그 문제는 13:13이 보여 주는 삼위일체적인 분위기와 관련되어 있다. 바울은 후대에 발전된 삼위일체론을 의도적으로 반영해서 13:13을 하나의 정형 문구로 제시한 것이 아니었다(Barrett, 345). 게다가, 이 정형 문구(또는 이것과 유사한 문구)가 다른 교회들 사이에서 유포되었다고 보는 것도 의심스럽다. 왜냐하면 우리는 바울의 후기 서신들 속에서 이 문구를 발견할 수 없기 때문이다(Plummer, 382, 383). 예레미아스(Jeremias)는 이 문구가 세례 시의 정형 문구였을 것이라고 생각하지만(참조. 마 28:19; *Jerusalem zur Zeit Jesu*[Göttingen: Vandenhoeck & Ruprecht, 1958], II, 109), 이 문구는 "역사적이고 종말론적인 하나님의 구원 행위에 대한"(Kümmel, 214) 바울의 자발적인 신앙고백(Hughes, 488)이었을 가능성이 더 많다. 삼위일체 각각의 위격의 이름을 부르며 세례를 주는 것은 디다케 7장이 쓰여진 때 이래로 하나의 표준이 되긴 했지만(Martin, *The Worship of God*, 93, 94에 실린 본문들을 보라; 주된 전거들은 Justin, *Apol.*, 46; 참조. 6:2; 65:3; 67:2, 13; Irenaeus, *Epideixi* 7; Hippolytus, *Apostolic Tradition*, sec. 21 Cuming's text, 19이다), 바울에게 있어서 일차적인 초점은 그리스도에 대한 고백이었다. 하나님은 십자가상에서의 그의 아들의 죽음을 통해서 그분의 사랑을 계시하셨다. 고린도 교인들은 그리스도의 은혜로 말미암아 하나님의 사랑을 깨달았다(고후 8:9). 이 축도문에서 그리스도에 대한 언급이 맨 먼저 나오는 것은 하나님의 사랑이 역사적으로 계시된 것은 그리스도 안에서였고, 이 계시는 그의 백성에 대한 하나님의 사랑을 확증해 주는 것이었기 때문이다. 아울러서 이 백성들은 성령 안에서의 새로운 삶으로 들어가게 되었다(Strachan, 145; Denney, 358). 이러한 사고는 우리가 "경륜상의 질서"(economic order, 인간 세상에 대한 삼위일체 각 위격의 관계)를 볼 수 있는 이유를 설명해 준다. 통상적으로, 신조들은 아버지, 아들, 성령의 순서를 지킨다. 그러나 이것은 바울의 이해는 아니다. 삼위일체론의 세부적인 내용을 고심해서 만들어 낸(hammer out) 것은 후대의 교회였다(Tertullian이 만들어 낸 용어인 trinitas: *de Pudicitia* 21; 또한 발전 과정에 대해서는 von Dobschütz, "Zwei- und dreiliedrige Formeln," esp. 141 ff; J. N. D. Kelly, *Early Christian Doctrines*[London: A & C. Black, 1958] 109-37; idem, *Early Christian Creeds* 2[London: Longmans, 1960], chaps. 1-3을 보라).

그러나 이것은 우리가 여기서 보는 것은 삼위일체적인 신앙고백과 관련된 신조적인 진술(벧전 1:2을 보라)의 발전을 위한 "출발점"(Barrett, 345)이었다는 것을 부인하는 것이 아니다(Kümmel〈214〉과는 달리). 교회가 하나님에 대한 자신의 이해를 (가능한 한 가장 명료하게) 표현한 교리를 발전시키고자 한 것(Filson, 425)은 불가피한 일이었다(Barrett, ibid.). 바울은 하나님과 예수 그리스도의 차이를 결코 혼동하지 않았다(빌 2:11을 보라. 물론 고후 3:17은 높아지신 주님과 성령의 관계라는 문제를 야기시키지만 말이다: 해당 주석과 Hermann, ibid. 69-122; Hainz, *Koinonia*, 58-61를 보라). 바울의 이러한 세심함은 13:13의 대칭적인 구절들 속에서도 드러난다. 사실 바울은 "하나의 본질과 세 위격"(una substantia et tres personae)이라는 개념을 변호하기 위한 시도로서 이 글을 쓰고 있었던 것이 아니었다. 이런 의미에서 바울은 교회 공의회들의 삼위일체 교리들과는 여전히 거리가 멀었다(Héring, 104). 바울의 목적은 삼위일체를 이루는 각각의 위격을 부각시키고 강조하고자 하는 것이 아니었다. 도리어, 그의 강조점은 고린도 교인들에게 주어진 은혜와 사랑과 교통하심에 있다(Barrett, 345). 10-13장에서 바울의 목적은 고린도 교회 안에서의 화해를 촉진시키는 것이었다. 하나님은 그리스도의 사역을 통해서 고린도 교인들을 하나님과 화목하게 하셨고(5:18-21), 이미 시작되었지만 아직 실현되지 않은 새 시대의 증표로서 성령을 주셨다(1:22; 5:5). 이 서신에서 성령은 참된 사도직임을 증명해 주는 것으로서의(3:1-6; 5:1-10; 11:4) 탈혼 체험(이것은 능력 있는 말과 행위를 통해서 종말이 아직 실현되지 않았다는 주장을 삼켜 버렸다[J. D. G. Dunn, *Jesus and the Spirit*, 330])과 연관된 "실현된 종말론"의 증표이자 (바울의 답변 속에서) 아직 성취되지 않은 재림에 대한 소망을 보장해 주는 증거와 아직 종말이 실현되지 않았음을 확신시켜 주는 능력이라고 주장된 것으로 보아서, 이 결미(結尾)도 논쟁적인 성격을 띠고 있을 가능성이 있다. 특히 우리가 주목할 것은 고린도 교인들은 외부 세력의 영향 하에서 바울이 알고 있는 성령, 즉 바울의 사역 속에서 드러났지만 지금은 공격을 받고 있는 십자가에 못 박히신 예수의 영(12:18)과는 "다른 영"(*πνεῦμα ἕτερον*-프뉴마 헤테론)을 받아들였다고 말하는 11:4이다.

바울이 그의 기원을 담은 마지막 기도 속에서 이 성령의 교통하심(*κοινωνία*-코이노니아)을 포함시킨 것(Wiles, *Paul's Intercessory Prayers*, 115에서는 10-13장으로 이루어진 서신의 경향을 감안할 때 그리스도인들의 체험을 근거로 한 바울의 항변은 지금 논쟁적인 성격을 띠고 있다고 본다)은 고린도 교인들이 성령으로 말미암아 그리스도 안에서 하나님의 은혜를 체험했다는 진리(13:8), 즉 교회를 탄생시킨 바로 그 진리(Hainz, *Koinonia*, 61)를 붙잡음으로써 그의 편으로 돌아와야 한다는 호소를 강화시키기 위한 것이다. 하나님께서 역사하셨기 때문에(직설법), 고린도 교인들은 하나님의 백성으로서 살아야 한다(명령법). 사랑과 평강의 하나님은 그의 백성이 그 본분에 합당한 삶을 살도록 도우시기 위하여 그의 성령을 통해서 스스로를 나타내신다. 13:13에서 바울의 관심은 조직신학자가 아니라 목회자로서의 역할을 하는 것이다. 그렇지만 여기서 신학은 대적자들에 의해 제기된 성령에 대한 그릇된 강조에 대항하는 데 기여한다. 우리는 이 축도문 속에서 삼위일체 공식의 "붕아적인" 형태를 본다고 말할 수 있다(Harris, 406; Hainz, *Koinonia*, 47). 바울은 이 서신의 결미(結尾)에서 그의 주된 관심사를 되풀이하는데, 그것은 위협과 두려움에 직면한 그의 독자들이 필요로 하는 것들을 충족시키기 위하여 하나님이 가지신 자원들에 호소하는 것이었다(11:2, 3; 12:21; 13:10).

## 주석

11 "마지막으로 말하노니 형제들아"(*λοιπόν, ἀδελφοί* – 로이폰 아델포이). 바울은 이 서신을 하나 되라는 호소로 끝맺는다. 이 호소는 고린도 교회가 잘 되기를 진심으로 바라는 자의 호소다(13:11-13이 원래 1-9장의 결미였는지, 아니면 10-13장의 결미였는지에 대한 논의를 보라). 로이폰(*λοιπόν*, "마지막으로")은 독자들에게 바울이 그의 서신을 마무리하고 있다는 것을 일깨워 주는 역할을 한다. 로이폰(*λοιπόν*, 토 로이폰〈*τὸ λοιπόν*〉 대신에)을 사용한 것은 좀더 구어적이다(Plummer, 380). 현재의 절에서 이 부사가 "마지막으로"를 의미한다는 것은 명백하다. 그러나 이 부사를 해석할 때는 주의를 기울일 필요가 있는데, 이는 이 부사는 불변사의 역

할도 하기 때문이다(Moule, *Idiom Book*, 160, 161; 또한 Thrall, *Greek Particles*, 25-30). 우리는 빌립보서 3:1("종말로 나의 형제들아 주 안에서 기뻐하라⟨*χαίρετε* - 카이레테⟩")에서 토 로이폰(*τὸ λοιπόν*)의 또 다른 용례를 본다. 이것은 13:11에 나오는 카이레인(*χαίρειν*)을 이해하는 데 도움이 된다(아래의 설명을 보라).

"형제들"(*ἀδελφοί* - 아델포이). 이 신뢰를 나타내는 용어는 바울이 아직 고린도 교회의 상황을 돌이킬 수 없는 것으로 여기고 있지 않다는 것을 보여 준다. 고린도 교인들을 가리키는 이 호칭은 "정감어린 어소"를 지니고 있는 것으로서 바울이 고린도 교인들을 여전히 그리스도인 신자들로 여기고 있음을 말해 준다(Filson, 422). 그는 앞에서도 고린도 교인들과 관련하여 이 용어를 사용한 바 있다(1:8; 8:1; 그러나 이 네 장으로 이루어진 서신에서는 사용되지 않았다. 이 용어는 고린도전서에서만 20번 사용된다). "형제들"은 고린도 교회의 회중 전체를 다 포괄하는 호칭이다(Furnish, 581; 112, 113). "형제"라는 용어는 초기 그리스도인들 사이에서 흔한 호칭이었고(마 23:8; 참조. 12:50; 또한 Deissmann, *Bible Studies* 87, 88, 142), 회중에 속한 여자들을 포함하는 것이었다(Barrett, *1 Corinthians*, 31; 참조. 갈 3:28; 골 3:2). 바울의 호소 속에 "온" 회중이 포함되어 있다는 것은 여기서도 그대로 드러난다(*πάντες* - 판테스, 12절). 아델포이(*ἀδελφοί*)는 흔히 파라칼레인(*παρακαλεῖν*, 롬 16:17; 고전 16:15; 살전 4:10; 5:14)과 함께 사용되는데, 현재의 절에서도 마찬가지다.

"기뻐하라"(*χαίρετε* - 카이레테). 고린도 교회를 "형제들"이라는 애정어린 호칭으로 부른 후에, 바울은 "일련의 스타카토식의 명령들"로 나아간다(Hughes, 486). 일련의 다섯 개의 명령문들을 통해서 바울은 고린도 교회가 서로 하나 되어서 화목하게 지내라고 최종적으로 호소한다. 이 호소가 먹힌다면, 바울은 고린도 교회를 치리할 필요가 없게 될 것이다(13:10). 카이레인(*χαίρειν*, "기뻐하다")은 (현재의 절에서) "안녕"(farewell)을 의미하는 것으로 이해되어 왔다(BGD, 874; NIV KJV/AV RSV; NEB; Plummer, 350; Denney, 384; "good-bye," Barrett, 342; 마치 이 동사가 에르로소⟨*ἔρρωσο*⟩, 에르로스데⟨*ἔρρωσθε*⟩ 또는 에르로스다이 세/휘마스 유코마이⟨*ἐρρῶσθαί σε/ὑμᾶς εὔχομαι*⟩와 동일한 것을 의미하는 양). 이러한 입장을 밑받침하기 위하여 인용된 본문들은 사도행전 15:23(글라우디오 루시아가 벨릭스에게 보낸 서신의 서두), 23:26(예루살렘 공의회가 이방 신자들에게 보낸 서신의 서두), 야고보서 1:1이지만, 이 모든 용례들에서 이 단어는 서신의 끝부분이 아니라 시작부분에 나온다(13:11의 경우와는 달리). 또한 빌립보서 4:4도 바울이 카이레인

(χαίρειν)을 "안녕"이라는 의미로 사용했다는 입장을 뒷받침해 주는 것이라고 주장되어 왔지만, 빌립보서의 이 절이 어떻게 해서 그러한 입장을 뒷받침하고 있는 것인지는 분명하지 않다. 따라서 카이레테(χαίρετε)는 "기뻐하라"를 의미하는 것으로 해석하는 것이 더 좋은 것 같다(Hughes, 486; Furnish, 581; NASB; Moule, *Idiom Book*, 161). 이것은 바울이 고린도 교인들이 강하게 되기만 한다면 자기는 얼마든지 약한 것을 "기뻐하겠다"고 말하면서 13:9에서 카이레인(χαίρειν)을 사용하고 있는 것과 맥을 같이 한다. 또한 그러한 해석은 13:11과도 잘 어울린다. 바울의 소망은 그에게 들려온 나쁜 소식과 그가 고린도 교인들에게 행한 경고들에도 불구하고 그들이 기뻐하는 것이다(13:2). 고린도 교인들이 바울의 조언에 순종한다면(그리고 그가 고린도 교회를 방문하기 전에 그의 경고를 경청해서 잘못된 것들을 고칠 기회를 삼는다면), 소망을 가질 이유는 충분하다. 그들은 하나님이 그들을 사랑하시고, 사도인 바울이 그들을 사랑한다는 것을 기뻐할 수 있다(비록 그들이 이러한 것에 대하여 의문을 지니고 있었다고 할지라도: 12:15). 데니(Denney)가 단언하는 것(384)과는 달리, "기뻐하라"는 이러한 맥락 속에서 카이레테(χαίρετε)에 대한 지나치게 강한 번역이 아니고, 또한 바울이 아무도 용서하지 않겠다고(οὐ φείσομαι－우 페이소마이) 경고한 것(이것은 13:5-10의 요지다)과 모순되는 것도 아니다. 고린도 교인들은 그들이 마음만 먹는다면 얼마든지 현재의 상황을 바로잡을 수 있다는 것을 기뻐할 수 있다. 바울은 작별 인사를 하기 위해서 일부러 카이레인(χαίρειν)을 포함시킬 필요가 없었다. 왜냐하면 그는 이미 로이폰(λοιπόν)의 사용을 통해서 자신이 작별 인사를 하고 있음을 보여 주었기 때문이다.

"온전하게 되라, 회복을 위해 애쓰라"(καταρτίζεσθε – 카타르티제스데). 이 명령형을 어떻게 해석해야 하는지－중간태로 볼 것이냐("mend your ways," RSV; NEB; "pull yourselves together," Barrett; 342; "set yourselves right," Héring, 102; NIV), 수동태로 볼 것이냐("be restored"; Windisch, 426; Allo, 342; Furnish, 581, 582)－에 관한 문제는 이미 우리가 살펴본 바 있다("원문주해" b를 보라). 동사 카타르티제인(καταρτίζειν, BGD, 417, 418)은 13:9에 나오는 명사 카타르티시스(κατάρτισις, "회복")와 동일한 어원에서 나왔다. 그 절에서 바울은 고린도 교인들이 지금까지 빠져 있었던 그릇된 길들에서 회복되기를 기도했다(11:2-3). 퍼니쉬(Furnish, 581, 582)는 바울은 화목하라는 그의 명령과 관련해서 고린도 교인들이 다소 수동적이라고 보고 있는 것이라고 해석한다. 그러나 우리는 이 명령형이 고린도 교인들에게 필요한 행동을 암시하는 중간태라는 전제하에, 바울은 상황을 바로

잡기 위해서 고린도 교인들 편에서의 모종의 행위를 요구하고 있는 것일 가능성이 크다고 생각한다. 이 동사를 수동태로 보게 되면, 바울은 고린도 교인들이 어떤 행동을 보여 주어야 할 부담을 덜어 주고 있는 것이 된다. 이것은 그가 방문하기 전에 고린도 교인들이 모종의 행동을 보여 주기를 바라는 그의 소망에 비추어 볼 때 가능성이 희박해 보인다.

"서로를 위로하라"(*παρακαλεῖσθε* - 파라칼레이스데). 여기서도 우리는 파라칼레인(*παρακαλεῖν*)을 중간태로 번역할 수도 있고("서로를 격려하다," Barrett, 342; Bruce, 254, 55), 수동태로 번역할 수도 있다("나의 호소를 받아들이라," NIV; RSV; NEB; Hughes, 487; Furnish, 582; Plummer, 380). 바울은 고린도 교인들이 다시 화목한 가운데 살게 되기를 바라고 있다는 점을 감안할 때, 우리는 이 동사를 중간태로 해석해야 한다고 본다. 바울은 고린도 교인들을 격려하고자 하고 있고, 그렇게 함으로써 그들도 서로를 격려할 수 있게 되기를 바란다(Barrett, 342). 이러한 격려의 결과는 그들이 "위로를 받는" 것이다("위로"는 파라칼레인〈*παρακαλεῖν*〉의 여러 의미들 중의 하나다. BGD, 617와 1:3-5에 대한 "주석"을 보라). 태스커(Tasker)는 1:3-7에서 발견되는 위로라는 개념이 현재의 절 속에도 있는 것으로 본다(191). 고린도 교인들이 바울 및 그의 가르침과의 화해를 구하고 있다면, 그 화해를 이루는 데는 서로를 격려하고 권면하는 것 - 바울에 대한 배척으로 인해서 야기된 불화에 대하여 상호적인 "책망"이라는 의미에서도(참조. 살전 4:18; 5:11) - 보다 더 좋은 길이 없다(Bjerkelund, *PARAKALÔ*, 134, 137를 보라).

"마음을 같이 하라"(*τὸ αὐτὸ φρονεῖτε* - 토 아우토 프로네이테). 바울은 고린도 교회가 서로 화목한 태도와 삶으로 돌아오도록 하기 위하여 그의 권면들을 계속해 나간다. "마음을 같이 한다"는 사고는 로마서(12:16; 15:5)와 빌립보서(2:2; 4:2)에서도 발견된다. 13:11에서 "마음을 같이 하라"고 한 것은 분열이 여전히 고린도 교회의 현실이라는 것을 보여 준다(Filson, 423; 또한 고전 1:10). 바울은 하나님께서 고린도 교인들에게 인간의 노력으로는 도달할 수 없는 그 어떤 것을 허락해 주시기를 원한다(롬 15:5). 그는 각각의 고린도 교인들에게 자신의 개체성 또는 개성을 포기하라고 요구하고 있는 것이 아니다(바울은 "인위적인 획일화가 아니라 그리스도인으로서의 하나됨"을 원한다. Hughes, 487). 도리어 사도는 고린도 교인들에게 좀더 깊은 차원에서의 하나됨, 즉 진리 안에서 마음을 같이 하는 것에 토대를 둔 하나됨을 권면한다(Hughes, ibid.; Tasker, 191). 동사 프로네인(*φρονεῖν*)은 바울의 목회 신학에서 특히 불화와 분쟁에 의해서 만신창이가 된 교회들과 관련하여 중요한 동사다(빌 2:2, 5을 보라; 이 동사는 "하나의 태도를 채택하라는 요구임과 동시에 그 태도를 실천으로 옮기라는 권면이다"; Martin, *Philippians*, NCB, 90).

"평안할지어다, 평안하게 살라"(*εἰρηνεύετε* – 에이레뉴에테). 마음을 같이 하라는 명령은 평안하게 살라는 고린도 교인들에 대한 바울의 호소로 이어진다. 평안은 마음을 같이 하게 될 때 자연스럽게 흘러나오는 결과다(Plummer, 380). 마음을 같이 하지 못하면 그리스도의 몸인 교회는 분파주의(Tasker, 191)와 분쟁으로 얼룩지게 된다(12:20). 평안하게 사는 것은 하나님을 체험하는 것이다(13:11b을 보라). 바울은 다른 그리스도인들에게 거룩한 입맞춤으로 문안하라고 말할 때(13:12) 다시 평안(또는 평강)이라는 개념으로 되돌아갈 것이다. 독자들에게 평안하게 살라고 권면하는 또 다른 권면들에 대해서는 로마서 12:18과 데살로니가전서 5:13을 보라(참조. 막 9:50).

바울의 이러한 호소는 현재 명령법들의 사용에 의해서 표현된다. 이러한 현재 명령법은 지속적인 또는 오랫동안 계속되는 행위를 암시한다(Moule, *Idiom Book*, 20, 21; 우리가 13:12에서 보게 되겠지만, 이것은 예외가 없는 원칙이 아니다). 바울은 그리스도인들이 교회의 화목을 위하여 끊임없이 애써야 한다고 말하고 있는 것이다(참조. 엡 4:3).

"또 사랑과 평강의 하나님이 너희와 함께 계시리라"(*καὶ ὁ θεὸς τῆς ἀγάπης καὶ εἰρήνης ἔσται μεθ' ὑμῶν* – 카이 호 데오스 테스 아가페스 카이 에이레네스 에스타이 메드 휘몬). 계사(繫辭)인 카이(*καὶ*)는 바울의 권면(13:11a)을 축복의 약속(13:11b)과 연결시키는 역할을 한다(Furnish, 586를 보라). 우리는 앞서 13:11이 내용과 구조에 있어서 빌립보서 4:8-9과 어떻게 병행을 보여 주는지를 살펴본 바 있다("양식/구조/배경"을 보라). 요약하자면, 바울은 고린도 교인들에게 그들이 하나님의 말씀에 따라 올바르게 응답하여 행하면 거기에는 하나님의 축복이 기다리고 있다고 말하는 것이다. 아마도 13:11b의 축복문은 바울의 사상에 맞는 어떤 축복문 단편을 개작한 것 같다(Bultmann, 252; 롬 15:33; 16:20; 살전 5:23; 빌 4:9; 참조. 고전 14:33; 살후 3:16). 바울은 흔히 어려움을 겪고 있던 신자들에게 편지를 써서 그들이 평강하기를 기도했다(G. F. Hawthorne, *Philippians*, WBC 43 [1983] 190). 바울이 신자들에게 "평강"을 빈 것은 그들을 위하여 하나님의 가장 큰 축복을 빈 것이었다(Martin, *Philippians*[TNTC 11] 173). 또한 바울은 하나님을 평강의 하나님으로 생각할 때 새롭게 힘을 얻는 체험을 했을 것이다. 왜냐하면 이 시기의 그의 삶은 많은 역경과 난관들로 얼룩져 있었기 때문이다(Hawthorne, ibid.).

하나님이 평강을 주신다는 생각 또는 하나님 자신이 평강이시라는 생각은 바울에게 중요한 것이었다(또한 C. Bigaré, "La paix de Dieu dans le Christ Jésus: Prière et mettre en pratique, Ph 4, 6-9," *AsSeign* 58[1974] 11-15를 보라). 일련의 명령문들(13:11a) 중에서 마지막 명령문은 고린도 교인들에게 평안하게 살라는 권면이다. 이것은 성령의 역사(役事)을 통해서 가능해지는데, 성령의 열매 중의 하나가 바로 평안이었다(갈 5:22). "평강의 하나님"이 고린도 교인들과 함께 하신다는 개념은 바울에게 "축복의 기도"가 되었다(Hawthorne, ibid.). 그것은 유대교의 예전과 권면의 말들(예를 들면, *T. Dan* 5:2: *ὁ θεὸς τῆς εἰρήνης*-호 데오스 테스 에이레네스)에 토대를 둔 것이지만, 신약의 대다수의 용례들 속에서는 에이레네(*εἰρήνη*)에 "종말론적인 구원과 관련된 포괄적인 의미를 부여하고 있고, 종말론적인 구원을 가져오시는 분으로서의 하나님을 이 칭호로 부르기도 한다"(R. Deichgräber, *Gotteshymnus und Christushymnus*, 94, 95).

"평강의 하나님"이라는 바울적인 어구 속에 바울은 "사랑의 하나님"이라는 어구를 끼워 넣었다. 이 후자의 어구는 신약의 그 어디에서도 발견되지 않는다. 물론 그러한 개념은 등장하지만 말이다(롬 5:8; 요일 4:16). 퍼니쉬(Furnish)는 이 어구의 삽입에 많은 의미를 부여하지 않지만, 우리는 바울이 "사랑의 하나님"이라는 어구를 "하나님의 사랑"이라는 어구가 들어 있는 그의 축도문(13:13)에 대한 복선으로 활용하고 있는 것이라고 본다. 어쨌든, 고린도 교회는 사랑과 관련해서 이렇다 할 것을 보여 주지 못했다(그런 까닭에 고전 8:1의 서글픈 책망이 나온 것이다). 바울은 고린도 교회에서 사랑 대신에 시기와 분쟁을 발견했을 뿐이다. 바울의 소망과 기도는 고린도 교인들이 "사랑의 하나님"을 닮게 되는 것이다. 사랑을 나타내는 단어는 잘 알려져 있는 용어인 아가페(*ἀγάπη*)인데, 이 용어는 고린도전서 13장에서 다른 사람의 최고의 유익을 구하는 행위를 의미하는 것으로 설명된다(Barclay, *New Testament Words*[Philadelphia: Westminster Press, 1974] 21, 22를 보라). 그러한 행위는 고린도 교회에서 너무도 절실하게 필요로 하는 것이었고, 바울은 "사랑과 평강의 하나님"의 임재가 고린도 교인들에게 힘을 북돋아 주고 격려하는 유인책이 되었으면 하는 소망을 지니고 있었다.

13:11의 결론부인 "너희와 함께 계시리라"(*ἔσται μεθ' ὑμῶν*-에스타이 메드 휘몬)는 우리로 하여금 13:11b의 약속을 위한 토대를 검토해 보도록 요구한다. 미래형인 에스타이(*ἔσται*)의 사용은 약속이 조건부라는 것을 말해 준다(Harris, 405).

바울은 너희가 13:11a에 나와 있는 나의 명령들을 따를 때만 사랑과 평강(이것들은 하나님의 속성들이다)의 하나님이 너희와 함께 계시게 될 것이라고 말하고 있는 것인가? 이것은 선언이라기보다는 바람의 의미를 함축하고 있는 조건의 요소이지만(W. C. van Unnik, "Dominus Vobiscum," *New Testament Essays* in memoriam T. W. Manson, ed. A. J. B. Higgins[Manchester: University Press, 1959] 270-305를 인용한 Wiles, *Paul's Intercessory Prayers,* 33, 34), 엘데렌(B. van Elderen, "The Verb in the Epistolary Invocation," *CTJ* 2[1967] 46-48)은 이것은 단순한 바람 그 이상의 것, 즉 "성취에 대한 강력한 확신"을 표현하고 있는 것이라고 주장했다. 또는 사도는 13:11의 그의 명령들을 고린도 교인들이 이루어 가는 과정에서 그들이 그 일을 이룰 수 있도록 하나님께서 그들에게 사랑과 평강이라는 자원들(은사들)을 주실 것이라고 말하고 있는 것인가? 태스커(Tasker)는 조건의 의미가 있다는 쪽을 선호하지만(191), 우리는 두 가지 의미(속성들과 은사들)가 모두 바울에 의해서 의도되고 있다고 주장하는 바렛(Barrett, 343)이 더 진실에 가깝다고 믿는다. 이것은 바울이 다른 곳에서 "평강의 하나님"이라는 어구를 사용한 용법을 반영하고 있다. 로마서 15:33에는 조건의 의미가 전혀 나타나지 않고, 빌립보서 4:9에서도 에스타이(ἔσται)가 사용되고 있다. 아마도 휴즈(Hughes)가 13:11b의 의미를 잘 포착하고 있는 것 같은데, 그는 13:11c의 명령들을 이룰 수 있도록 은혜를 주시는 분은 오직 하나님이시지만, 교회의 각각의 지체가 매일 사랑과 평강을 실천하기 위하여 의식적으로 노력하고 애써야 한다는 점에서 이러한 "성취"는 거저 주어지는 것이 아니라고 말한다. 오직 그럴 때만 하나님의 임재는 보장된다. 왜냐하면 "시기와 분쟁이 있는 곳에는 약속(13:11b)이 이루어질 수 없기"(488) 때문이다.

"거룩하게 입맞춤으로 서로 문안하라"(*ἀσπάσασθε ἀλλήλους ἐν ἁγίῳ φιλήματι* – 아스파사스데 알렐루스 엔 하기오 필레마티). 바울은 이제 문안 인사라는 주제로 넘어가지만, 그렇다고 해서 13:11에서 다루어졌던 평강과 화목(harmony)이라는 주제가 무대에서 완전히 사라진 것은 아니다. 거룩한 입맞춤으로 서로에게 문안하라는 명령은 13:11의 주제를 계속 이어가고 있다(Strachan, 145). 입맞춤은 동방의 통상적인 인사 방식이었다. 분명히 왕의 입맞춤 또는 사랑하는 자들 사이에서의 입맞춤같이 서로 다른 경우들을 위한 서로 다른 형태의 입맞춤이 존재했을 것이다(Stählin, *TDNT* 9:119-24). 교회는 이러한 입맞춤의 관습을 받아들여서 거기에 "특별하고 신성한 의미"(Harris, 405)를 부여했다. 신약의 서신들을 보면 교회에서 입맞춤을 하는 관행은 일상적인 것이었던 것 같다(롬 16:16; 고전 16:20; 살전

5:26; 벧전 5:14). 게다가 이러한 형태의 인사는 예전(禮典)의 일부였을 가능성이 큰데(Stählin, ibid., 142-46; Justin, *1 Apology* 65:2; Windisch, 427: *Apostolic Tradition* Sec. 4[Cuming's text, 10]를 보면, 이러한 인사는 Hippolytus의 경우처럼 주교 서품식에서 한 역할을 했다), 아마도 성찬식(참조. 고전 16; 20b, 22) 또는 세례식(Hippolytus, *Apostolic Tradition*, Sec. 21: Cuming's text, 21)을 거행하기 전에 행해졌던 것 같다. 그리스도인들이 예배를 드리기 위해서 만났을 때 입맞춤을 교환했다는 사실(Tasker, 191)은 형용사 하기오스(*ἅγιος*, "거룩한")가 사용된 이유를 설명해 주는 것 같다. 왜냐하면 이 입맞춤은 성도들 사이에서 행해졌기 때문이다(*ἅγιοι* – 하기오이: Filson, 423; Plummer, 382를 보라; 거룩한 입맞춤이 남자와 여자 사이에서도 행해졌는지는 불확실하다; Athenagoras, *Legatio pro Christianis* 32[MPG 6 col. 964]는 성적인 동기에서 거룩한 입맞춤을 하는 자는 영생을 잃을 수도 있다고 말한다; Héring, 103). 바렛(Barrett, *1 Corinthians*, 396)은 바울의 말 속에는 그가 거기에 있었다면 행했을 입맞춤을 고린도 교인들이 서로에게(*ἀλλήλους* – 알렐루스) 행하라는 의미가 내포되어 있다고 주장한다.

이러한 입맞춤은 고린도 교회에서 이미 행해지고 있었을 가능성이 더 높다. 그러나 제롬(Jerome, *Ep.* 82.3)이 후대에 성찬식에 대하여 악한 생각을 품고서 "(성찬을 받기 위하여) 그의 손을 내밀고 얼굴을 돌리고 거룩한 잔치에서 유다의 입맞춤을 한" 자를 책망했던 것처럼, 바울은 이 입맞춤이 무의미하거나 악한 몸짓이 아닌 거룩한 몸짓이 되게 하고자 했다. 그는 이 입맞춤이 모든 사람에 대한 내면의 사랑을 나타내는 실제적인 증표가 되게 하고자 했다(Tasker, 191). 입맞춤은 가족의 삶을 상징하는 것으로서 고린도 교회의 각각의 지체가 다른 각각의 지체를 한 가족의 일원으로 여기고 있다는 것을 보여 주는 것이었다(Denney, 384). 아울러서 바울은 이 입맞춤이 용서와 화해의 표시가 되기를 소망했다. 우리가 곧 보게 되겠지만, 거룩한 입맞춤을 하라는 권면은 고린도 교회에만 독특하게 주어진 것이 아니었다.

단순과거 명령형 아스파사스데(*ἀσπάσασθε*, "문안하라")는 바울이 그의 독자들에게 거룩한 입맞춤으로 서로에게 문안하라고 권면하고 있는 다른 모든 경우들에도 공통적으로 사용된다(롬 16:16; 고전 16:10; 살전 5:26; 또한 벧전 5:14). 현재의 절에서 특기(特記)할 만한 것은 이 단순과거 명령형이 13:11a에 나오는 일련의 현재 명령형들 다음에 나온다는 것이다. 엄밀하게 말해서, 단순과거 명령형은 어떤 것을 일회적으로 행하라고 명령할 때 사용된다(그러나 Moule, *Idiom Book*, 20, 21를 보라; 또한 Moulton, *Grammar* 3:75). 그러나 바울이 고린도 교인들에게 오직 한 번만 서로에게 입맞춤하라고 말하고 있는 것으로 보는 것은 의심스럽다. 그가 여기서 단순과거 명령형을 사용한 것은 단순히 다른 사람들에게 거룩한 입맞춤으로 문안하라고 권면할 때 그가 통상적으로 사용하던 표현을 그대로 보여 주는 것에 불과하다. 고린도 교인들은 그들이 예배를 드리기 위해서 함께 모일 때마다 거룩한 입맞춤을 교환해야 한다는 것을 자연스럽게 받아들이고 있었을 것이다. "평안의 입맞춤"을 하는 것과 13:13의 "예전적" 축복문 사이에 모종의 연관 관계가 존재할 수 있지만(Lietzmann 162: idem, *Mass and Lord's Supper*. Tr. D. H. G. Reeve[Leiden: Brill, 1979] 186), 바렛(Barrett)은 종종 주장되는 것과 같은 그런 강력한 연관 관계가 과연 존재하는지에 대하여 의문을 제기한다(343).

예전의 역사 속에서 정도 차이는 있지만 "평안의 입맞춤"(pax vobiscum이라는 문안 인사의 말과 더불어서)은 중요한 역할을 했다. 주후 2세기 중엽에 로마에서 행해졌던 저스틴(Justin)의 예배 순서를 보면, 거룩한 입맞춤은 성찬식을 집례하는 자에게 떡과 잔을 가져다 주기 전, 모든 회중에 의한 공동 기도가 끝난 후에 행해졌다. 로마 교회를 비롯한 몇몇 서방 교회들은 기도 후의 평안의 입맞춤이 "기도를 인치는 것"(signaculum orationis, Tertullian, *de Orat.* 18: 성 금요일에 입맞춤이 생략되는 것을 제외한다면, 이러한 입맞춤이 없이는 기도가 완결된 것이 아니었기 때문에)이라는 의미를 지닌다는 사고를 그대로 유지했다. 교황 이노센트(Innocent)는 주후 416년에 데켄티우스(Decentius)에게 보낸 서한에서 거룩한 입맞춤은 미사에서 행해진 모든 것에 대하여 신자들이 동의하고 인치는 의미가 있기 때문에 미사의 끝부분에 나누는 것이 옳다고 말했다(*Ep. ad Decent.* 1). 터툴리안(Tertullian)은 금식 후에 거룩한 입맞춤을 금지했던 카르타고 사람들에 반대하여 그러한 입맞춤은 마태복음 6:16-18의 정신을 따른 기쁜 화해를 뜻하는 것이라고 높이 평가했다.

고대 프랑스와 스페인 교회의 예식에서는 동방 교회의 예전에서처럼 입맞춤은 감사송(Preface) 전에 행해져서 봉헌송과 연관되어 있었다(참조. Irenaeus *Adv. Haer.* 4.18.1). 예배 속에서 입맞춤의 순서와 관련된 전거는 마태복음 5:23-24이었는데(참조. *Did.* 14.2), 이렇게 입맞춤을 성찬식과 연결시킨 것은 하나됨의 성례전이라는 성찬식의 주도적인 개념을 강조하는 것이었다. 그러나 스롤리(J. H. Srawley, *The Early History of the Liturgy2*[Cambridge: University Press, 1947], passim), 리차드슨(R. D. Richardson, Lietzmann, *Mass and Lord's Supper*, 528-46에서 재인용), 웨인라이트(G. Wainwright, *Doxology: The Praise of God in Worship, Doctrine, and Life*[New York: Oxford Univ. Press, 1980], 31, 32)가 분명히 하고

있듯이, 모든 자료들이 다 명료한 것은 아니다.

12 "모든 성도가 너희에게 문안하느니라"(ἀσπάζονται ὑμᾶς οἱ ἅγιοι πάντες – 아스파존타이 휘마스 호이 하기오이 판테스. 13장의 절 구분과 관련된 차이들에 대해서는 "원문주해" g를 보라.) 바울은 고린도 교인들이 좀더 큰 몸, 즉 보편 교회의 일부라는 것을 지적한다(고전 12:28과 Martin, The *Spirit and the Congregation*, 31). 바울이 서신을 쓸 때 자기와 함께 있는 자들로 하여금 자신의 독자들에게 문안 인사를 하게 하는 습관은 잘 확인된다(롬 16:3-23; 고전 16:19, 20; 빌 4:21; 골 4:10-15; 딛 3:15; 몬 1:23; 참조. 딤후 4:19-21). 13:12-13에 언급된 성도들의 정체는 여전히 불확실하다. 그들은 빌립보 교인들일 수도 있고, 데살로니가 교인들일 수도 있으며, 베뢰아 교인들일 수도 있다. 하지만 그들은 마게도냐의 그리스도인들일 가능성이 더 높다(Bruce, 255). 그러나 우리가 최대한으로 말할 수 있는 것은 여기서 "성도들"은 바울이 10-13장을 쓸 당시에 그와 함께 있었던 그리스도인들이라는 것이다. 고린도전서 16:20에서 바울은 "형제들"("성도들"이 아니라)이 고린도 교인들에게 문안 인사를 한다고 말했다. "형제들"과 "성도들" 간에 어떤 차이가 존재한다고 보는 것은 의심스럽지만(Barrett, 343: 이 후자의 용어에 대해서는 1:1에 대한 "주석"을 보고, 호이 아델포이〈οἱ ἀδελφοί, 관사가 붙은〉라는 호칭은 "기독교 선교 또는 사역을 주업으로 하는 자들을 중심으로 한 비교적 제한된 수의 일꾼들의 무리"를 가리킨다는 E. E. Ellis, "Paul and his Co-workers," *Prophecy and Hermeneutic in Early Christianity*[Grand Rapids: Eerdmans, 1978] 15의 견해를 주목하라), 바울이 "형제들"과 "동역자들"을 동일시하고 있는 것은 결코 증명되지 않는다. 도리어, 11절에서 이 용어는 "전체로서의 교회"를 의미한다(W.-H. Ollrog, *Paulus und seine Mitarbeiter*, WMANT 50[1979] 78). 우리가 여기서 기억해야 할 중요한 것은 바울은 하나됨을 요구하고 있다는 것이다. 거룩한 입맞춤이 하나됨을 나타내는 "서신상의 문안 인사"(Harris, 405)였던 것과 마찬가지로, 다른 "성도들"로부터의 문안 인사도 마찬가지였다. 바울이 세운 교회들 전체에 걸쳐서 그리스도인들은 그리스도 안에서 하나가 되어 있었고, 적어도 이론상으로는 바울에 대한 그들의 헌신에 있어서 확고했다. 판테스(πάντες, "모든")는 문장의 끝에 나온다. 이것은 고린도 교인들이 그들의 이전의 행위에도 불구하고 여전히 그에 의해서 그리스도의 몸에 속해 있는 것으로 여겨지고 있다는 것을 강조하는 바울의 방식일 수 있다(Plummer, 381). 이렇게 다른 그리스도인들은 고린도 교인들과 하나이고, 또한 계속해서 그럴 것이다(Hughes, 488). 하나됨(연합)은 12-13절에서도 바울의 생각 속

에 그대로 남아 있고, 고린도 교인들에게 문안 인사를 보내는 자들이 개인적으로는 고린도 교회가 모르는 자들일 가능성이 있음에도 불구하고 바울이 그들의 문안 인사를 보내는 것을 통해서 표현되고 있다(Tasker, 191).

13 "주 예수 그리스도의 은혜와 하나님의 사랑과 성령의 교통하심이 너희 무리와 함께 있을지어다"(*ἡ χάρις τοῦ κυρίου 'Ιησοῦ Χριστοῦ καὶ ἡ ἀγάπη τοῦ θεοῦ καὶ ἡ κοινωνία τοῦ ἁγίου πνεύματος μετὰ πάντων ὑμῶν* – 헤 카리스 투 퀴리온 예수 크리스투 카이 헤 아가페 투 데우 카이 헤 코이노니아 투 하기우 프뉴마토스 메타 판톤 휘몬). 13:13이 삼위일체론의 분위기를 띠고 있는 문제는 이미 앞에서 다룬 바 있다("양식/구조/배경"). 13:13의 축도문에 대하여 퍼니쉬(Furnish)는 이렇게 쓴다: "바울의 그 어떤 서신도" 여기에 나오는 "것처럼 신학적으로 이토록 훌륭한 축도로 끝나지 않는다"(587). 이 절은 세 개의 병행 구절들로 이루어진 구문으로 보인다.

"주 예수 그리스도의 은혜"(*ἡ χάρις τοῦ κυρίου 'Ιησοῦ Χριστοῦ* – 헤 카리스 투 퀴리우 예수 크리스투). 이 구절은 통상적으로 바울 서신들의 말미에서 발견된다(롬 16:20b; 고전 16:23; 갈 6:18; 빌 4:23; 살전 5:28; 몬 25절; 참조. 고후 1:2; 또한 Héring, 103를 보라). 이러한 통상적인 용법은 그가 이 구절을 세 구절 중에서 가장 먼저 언급한 이유를 설명해 주는 것 같다. 그러나 "은혜"(*χάρις*–카리스, 여기서와 8:9; 12:9에서 기독론적으로 사용되었다)는 행위와 선물 양쪽으로 이해될 수 있기 때문에(Barrett, *1 Corinthians*, 398), 바울은 사람들이 하나님의 사랑을 깨닫게 되어 성령 안에서의 삶으로 인도받게 된 것은 십자가(눈으로 볼 수 있는 사건)를 통해서였다는 것을 감안해서 "주 예수 그리스도의 은혜"를 이 절의 맨처음에 둔 것일 수 있다[참조. 엡 2:18: 이 절에 대해서는 J. D. Crichton을 인용하고 있는 Martin, *The Worship of God*, 92를 보라. "'성령 안에서 아들로 말미암아 아버지에게'라는 패턴은 계시의 역사의 기저에 존재하는 패턴이고, 이것은 예전의 패턴이기도 하다"("A Theology of Worship," *The Study of Liturgy*, ed. C. Jones, G. Wainwright and E. Yarnold〈London: SPCK, 1978〉 19)]. 따라서 그리스도의 사역을 묘사하는 초기의 진술이 기독교의 구원에 관한 지식을 전달함에 있어서 맨처음 왔다는 것은 이치에 맞는다(후대에 가서야 아버지의 택하심이 이것에 선행하게 되었다: 벧전 1:2; 엡 1:3-14; 딤전 2:5). 의심할 여지없이 여기서의 속격(*τοῦ κυρίου 'Ιησοῦ Χριστοῦ*–투 퀴리우 예수 크리스투)은 주어적 속격이다. 왜냐하면 바울은 믿는 자에 의해서 그리스도에게 주어진 은혜가 아니라 그리스도에게서 그의 백성에게 온 은혜를 말하고 있는 것이기 때문이다.

"그리고 하나님의 사랑"(*καὶ ἡ ἀγάπη τοῦ θεοῦ* – 카이 헤 아가페 투 데우). 첫 번째 구절은 단순한 계사(copulative)인 "그리고"에 의해서 13:13의 두 번째 구절과 연결되어 있다. "하나님의 사랑"이라는 어구는 로마서에서도 발견된다(5:8; 8:39). 하나님의 사랑은 그리스도의 사랑과 밀접하게 결부되어 있다(롬 8:35, 37; 참조. 고후 5:14; 갈 2:20; 또한 롬 8:39: "우리 주 그리스도 예수 안에 있는 하나님의 사랑"). 하나님께서 세상을 자기와 화해하게 하시기 위하여 그의 아들을 보내신 것보다 하나님의 사랑을 더 극명하게 나타낸 것은 결코 없었다(5:18-21). 우리는 그리스도로 말미암아 하나님의 구원하시는 은혜를 받는다(롬 5:1, 2; 갈 1:15, 16; 2:12; 고후 8:9; 또한 우리는 성령의 사랑을 받는다. 롬 15:30; Filson, 425를 보라). 13:13의 이 두 번째 구절은 주어적 속격일 가능성이 높다. 왜냐하면 이 구절에서 부각되고 있는 것은 하나님을 향한 그리스도인들의 사랑이 아니기 때문이다(Tasker, 101; Furnish, 583; 그러나 Plummer, 384를 보라).

"그리고 성령의 교통하심이 너희 무리와 함께 있을지어다"(*καὶ ἡ κοινωνία τοῦ ἁγίου πνεύματος μετὰ πάντων ὑμῶν* – 카이 헤 코이노니아 투 하기우 프뉴마토스 메타 판톤 휘몬). 그러나 13:13의 앞의 두 구절에 나오는 속격이 주어적 속격이냐 아니냐를 놓고는 거의 논란이 없는 반면에, 현재의 구절과 관련해서는 견해 차이가 심하다("원문주해" i를 보라). 양 진영(이 속격을 주어적 속격으로 보는 진영 〈성령 안에서의 교제〉과 목적어적 속격으로 보는 진영〈성령과의 교제〉)이 제시하는 증거들은 아주 팽팽하게 맞선다. 이 속격을 주어적 속격 또는 기원의 속격(Hainz, *Koinonia* 50) 또는 저자의 속격(Prümm, *Diakonia* 1:730)으로 본다면, 바울은 성령에 의해서 만들어지고 주어지는 교제가 고린도 교회의 지체들 사이에서 향유되는 것에 대하여 말하고 있는 것이 된다. 앞의 두 구절에서 의심할 여지없이 주어적 속격들이 사용되고 있다는 점에 비추어 볼 때, 이러한 해석은 논리적이다. 여기서 바울이 믿는 자들 가운데서 성령이 촉진시키는 교제에 대하여 관심을 갖고 있다고 보는 것은 어렵지 않다. 13:11-13의 취지는 고린도 교회 내에서의 평안과 화해를 역설하는 것이었다(Plummer, 383, 384; Bruce, 255; Tasker, 191, 192; Harris, 406; Schlatter, *Paulus*, 682; Wendland, 234; Schweizer, *TDNT* 6:434는 결국 어느 쪽을 선택하느냐는 것은 별로 중요하지 않다고 생각한다). 그러나 바울은 현재의 구절을 목적어적 속격으로 제시하고자 했고, 따라서 우리에게 성령에의 참여, 즉 하나의 위격으로서의 성령과의 교통에 대하여 말하고자 했을 가능성도 있다

(Barrett, 344; Hauck *TDNT* 3:807; Moule, *Idiom Book*, 41; Furnish, 584; Windisch, 428; Lietzmann, 214; H. Seesemann, *Der Begriff KOINONIA*〈62-73〉이 제시한 Geistesgemeinschaft〈"성령 공동체"〉라는 개념은 바울의 이 어구에 대한 설명이라기보다는 예시라고 보아야 하는데, 이 개념에 대해서 Hainz, *Koinonia*, 48에서는 냉담한 반응을 보인다; Seesemann, 73에서 사용한 표현인 innige Anteilnahme am〈"…에의 친밀한 참여"〉이 더 낫다; 그것은 고전 1:9과 비슷하다). 이 후자의 입장은 코이노니아(*κοινωνία*)를 "…에의 참여"라는 의미로 사용하고 있는 다른 용례들에 토대를 두고 있다(고전 10:16과 빌 3:10; 참조. 롬 15:27; 빌 2:1; 몬 6절; 또한 고후 1:7; 6:14; 8:4, 23; 9:13; A. R. George, *Communion with God in the New Testament*, 175-77). 또한 "성령에의 참여"라는 해석이 "성령에 의해서 주어진 교제"라는 해석보다 "너희 무리와 함께 있을지어다"(*μετὰ πάντων ὑμῶν*-메타 판톤 휘몬)라는 어구와 더 잘 어울린다는 주장도 제시되었다(Barrett, 344). 그러나 그러한 입장은 별로 설득력이 없어 보인다(B. *Reicke, Diakonie, Festfreude und Zelos*[Uppsala: Lundequistska bokhandeln, 1951]; J. Y. Campbell, "*Κοινωνία* and Its Cognates in the New Testament," *JBL* 51[1932] 378, 379를 보라).

세 번째로 가능한 해석은 이 어구를 주어적 속격과 목적어적 속격 양쪽 모두로 이해하는 것이다(Filson, 425). 데니(Denney)가 설명하고 있듯이, "성령의 교제"라는 개념과 "서로 간의 교제"라는 개념 간에는 별 차이가 없다(386). 바울은 믿는 자들이 성령과 갖는 "교통"을 무시했을 것 같지 않다. 그렇지만 우리는 바울이 세 개의 구절들(구조에 있어서 서로 병행되는 것으로 보이는)을 만들어 내면서 처음 두 구절에서는 주어적 속격을 사용했다가 세 번째 구절에서 느닷없이 목적어적 속격으로 바꾼 이유를 이해하기 힘들다는 것을 발견한다(이러한 "조화의 결여"〈*Inkonzinnität*: Hermann, *Kyrios und Pneuma*, 136〉는 병행이 없는 것은 아니다-Lohmeyer가 훌륭하게 구조 분석을 하고 있는 빌 2:1을 보라〈이것에 대해서는 Martin, *Philippians*, TNTC, 46-50를 보라〉; 어쨌든 빌 2:1은 고후 13:13과 정확히 병행이 되지는 않는다; W. Kramer, *Christ, Lord, Son of God*, SBT 50, tr. B. Hardy〈London: SCM, 1966〉 20b에서는 처음 두 구절은 바울 이전에 이미 만들어져 있던 정형 문구였고, 바울은 거기에 성령의 "교통하심"〈*κοινωνία*-코이노니아〉을 첨가한 것이라고 믿는다. 이 첨가를 통해서 바울은 "성령"이 구원의 선물이 아니라 구원의 시혜자라는 사상을 제공함으로써 이위일체적인 신조의 조화를 깨뜨렸다. 13절의 삶의 자리〈Sitz im Leben〉를 감안할 때, 세 번째의 구절은 교회가 성령에 의해서 만들어졌음을 강조하는 것으로서, 거기에 나오는 속격은 주어적 속격일 가능성이 크다). 고린도 교인들은 바울이 성령에 의해서 만들어진 교제에 대하여 말하고 있는 것으로 이해했을 것이다. 왜냐하면 그러한 개념이 당시의 상황과 좀더 직접적으로 연관되어 있었을 것이기 때문이다. 그러나 우리가 이 속격을 어떤 쪽으로 해석하느냐와는 상관없이, 성령의 역할은 그리스도의 사역과 하나님의 사역을 연결시키는 것이다(롬 8:9을 보라). 이 속격을 목적어적 속격으로 보는 것은 그리스도의 은혜와 하나님의 사랑은 성령에의 참여를 통해서 현재화된다고 보는 것이다(성령은 "이 땅에서의 하나님의 역사"인 "은혜"와 "사랑"을 현실화하고 효력을 발생시킨다. Hermann, *Kyrios und Pneuma*, 136, 137). 이 속격을 주어적 속격으로 보는 것은 성령과의 교제는 일차적으로 성령에 참여하는 것이 아니라 성령이 믿는 자들 가운데 만드는 친교, 은혜와 사랑이라는 특징을 지니는 친교를 나누는 것이라고 보는 것이다(Héring, 103). 그러나 이 두 가지 해석을 결합해서, 바울이 "성령에 함께 참여하는 것을 통한 교회의 교제"에 대하여 말한 것으로 이해하는 것도 분명히 가능하다(Hainz, *Koinonia*, 61를 보라).

하나님의 축복들이 "너희 무리와 함께" 한다는 개념은 바울의 서신들에서 흔히 그 말미에 나온다(롬 16:20b; 고전 16:23; 살전 5:28). 바울은 종종 하나님의 축복들이 어떤 사람의 심령에 함께 하시기를 기원하기도 한다(갈 6:18; 빌 4:23; 몬 25절; 참조. 고전 12:18). 우리가 주목할 것은, 바울은 통상적으로 그의 서신들을 약속(*Segensverheissung*)이 아니라 축복(*Segenswunsch*)을 기원하는 것으로 끝맺고 있다는 것이다(Deichgräber, ibid. 95의 용어들). 그러나 여기와 데살로니가후서 3:18을 제외하고, 바울은 거기에 판테스(*πάντες*, "모두"; 개역 성경에서는 "무리") 라는 단어를 포함시키지 않았다. 통상적으로 그는 "그리스도의 은혜가 너희에게 있을지어다"라고 말하곤 했다. 그러나 13:13에서 그는 "너희 무리와 함께"라고 쓴다. 판테스(*πάντων*, "모두")는 그가 고린도 교회의 모든 지체에게 말하고 있다는 것을 강조하고자 하는 방식이다(Plummer, 384). 바울은 아무도 그의 호소에서 배제되고 있지 않다는 것을 보여 주고자 했다. 그는 교회의 모든 지체들이 그의 권면을 경청하기를 요청하고, 모두가 순종의 유익을 거두게 될 것을 소망한다. 그는 13:11을 "형제들아"라는 호칭으로 시작했는데, 이것도 그가 교회의 모든 지체들을 향하여 말하고 있다는 것을 보여 준다. 그는 이 단락(13:11-13), 그리고 아울러서 이 서신 전체를 "모두"라는 단어로 끝맺는데, 이것도 모든 독자들이 그의 권면의 범위 속에 포함되어 있음을 보여 주는 것이다.

## 해설

두 개의 마지막 단락들은 바울의 호소를 끝맺으면서 그의 "작별 인사"를 담고 있다. 또한 우리는 12:14과 13:1-2, 10에 비추어 볼 때 "다시 만날 때까지"(au revoir)라는 말도 덧붙여야 할 것 같다. 11-13절은 고린도 교회의 신자들에게 그가 분열된 고린도 교회가 서로 화목하게 잘 지내는 것에 대하여 끊임없이 관심을 가지고 있다는 것을 보여 주면서 그러한 화목을 부탁한다. 바울은 그들의 화해를 열렬히 기대하면서 하나님의 축복을 약속한다(11b절). 이것의 외적인 증표는 "거룩한 입맞춤"의 실천으로 표현된다. 거룩한 입맞춤의 관행은 참된 가족의 삶을 보여 주는 증표로서 초기 기독교의 예배와 연관되어서(롬 16:16; 고전 16:20; 살전 5:26; 벧전 5:14) 후대 교회의 예전적인 삶 속에서 지속되었고, 신약의 서신들의 결미(結尾)에 나오는 그것에 대한 언급들은 이 서신들이 공중 예배에서 큰 소리로 봉독되게 되어 있었고(살전 5:27; 골 4:16은 분명하고, 계 1:3도 가능성이 높다) 이 봉독이 끝난 후에 성찬식이 이어졌다는 것을 추가적으로 뒷받침해 준다. 그러므로 거룩한 입맞춤은 상호적인 애정과 신뢰의 행위로서 교회의 지체들이 하나의 떡과 잔에 참여함으로써 하나됨을 새롭게 깨닫게 될 것을 기대하는 가운데 그들 간의 온갖 불화들을 떨쳐내 버린다는 의미를 담고 있었을 것이다(마 5:23, 24; 고전 10:16, 17). 그러나 사도행전 20:37은 이 관행이 단지 당시에 형제로서의 문안 인사를 나타내는 방식이기도 했다는 것을 우리에게 일깨워 준다.

마지막에 나오는 절은 사도의 친숙한 축도문으로서 신약에서 "경륜적인" 삼위일체, 즉 각 위격들의 관계를 인간 세계와 관련하여 설명하는 형식의 삼위일체에 대한 분명한 진술이다. 그런 까닭에 순서는 그리스도인들이 경험하는 순서로 되어 있어서, "주 예수 그리스도의 은혜"가 가장 먼저 나온다. 왜냐하면 우리가 아버지의 사랑을 알게 되고 성령의 교제 속에서 기뻐하게 되는 것은 성육신해서 십자가에 못 박히셨다가 승리하신 그리스도를 통해서이기 때문이다(요 1:14-18; 롬 5:8-11; 히 9:14). 마지막 세 번째로 나오는 구절은 성령이 믿는 자들 가운데서 촉진시키는 교제(엡 4:3)를 의미할 수도 있고 그리스도인들이 위격으로서의 성령과 갖는 교제(요 14:17)를 의미할 수도 있다. 하지만 세 번째 견해가 바람직한데, 그것은 성령의 사역은 "믿는 자들의 참된 교제"를 만들어 내어서 그 사역에 참여하게 하는 것이고, 이것은 새 시대의 증표라는 것이다(1:22; 5:5).

존스(Ivor H. Jones, *The Contemporary Cross*, 57, 58)는 바울의 마지막 호소의 요

지를 5-10절에 비추어서 다음과 같이 요약한다.

우리는 바울이 고린도 교인들에게 요구하고 있는 것을 과소평가해서는 안 된다. 그는 그들에게 우리가 생각하기에 아주 어려운 그런 종류의 결정, 당시에 유행했던 경향들과 태도들에 의해서 더욱 어렵고 복잡해진 결정을 하라고 요구하고 있다-대중들의 제비 뽑기에 찬성할 것인가 반대할 것인가, 대세(大勢)에 찬성할 것인가 반대할 것인가. 바울은 그들에게 옛 이스라엘 사람들이 하나냐와 예레미야 간의 싸움을 목격했을 때 해야 했던 그런 종류의 결정, 둘 중의 하나는 완전히 잘못되어 있어서, 만약 그들이 올바르게 볼 수만 있다면 그들의 잘못된 결정이 얼마나 큰 재난을 초래하게 될지를 알 수 있는 상황 속에서 이 두 선지자 중의 어느 한쪽을 선택해야 하는 결정을 하도록 요구하고 있다. 그것은 바울이 그들에게 요구하고 있었던 그런 종류의 결정이었다. 고린도 교회에서 바울의 말을 듣고 따른 자들은 옛적에 예레미야의 말을 들은 자들처럼 서로에 대하여 현실적인 책임을 져야 한다는 도전을 받아들여야 했다.

바울을 지켜보기만 했던 자들은 옛적에 예레미야를 지켜본 자들처럼 바울이 하나님을 위하여 진지하게 고난을 짊어지고서 신앙이라는 것이 그런 것임을 의심하지 않는 모습을 그저 바라보는 것 외에는 딱히 할 일이 없었다. 그러나 그들의 결정이 행해졌던 전체적인 맥락 속에는 추가적인 요소가 존재했다. 바울은 결론을 빌어서 그 공동체에게 다음과 같이 말하고 있다: "주 예수 그리스도의 은혜와 하나님의 사랑과 성령의 교통하심이 너희 무리와 함께 있을지어다"(13:13).

# 고린도후서


- 2013년 3월 30일 초판 2쇄 발행
- 지은이 : 랠프 P. 마틴
- 옮긴이 : 김 철
- 펴낸이 : 박영호
- 펴낸곳 : 도서출판 솔로몬
- 등록번호 : 제16-24호
- 등록일 : 1990년 7월 31일
- 주소 : 서울시 동작구 사당 3동 207-3 신주빌딩 1층
- 전화 : 599-1482　　팩스 : 592-2104
- 직영서점 : 596-5225

ISBN 978-89-8255-402-5
ISBN 978-89-8255-267-0(세트)